アイルランド・ゲール語辞典

三橋敦子先生に捧ぐ

アイルランド・ゲール語辞典
Foclóir Gaeilge-Seapáinis

前田 真利子 編著
醍醐 文子

大学書林

アイリッシュ・ハープ：アイルランドの紋章
ケルト模様：「ダロウの書」より

まえがき

　本書を作成する機会を得た時に，まず，私たち自身がアイルランド・ゲール語(以下ゲール語と表す)を学び始めた頃，手軽で使い易い辞書がなくて苦労したことを思い浮かべた。とりわけ，語形(語尾)変化の多い名詞や動詞の中から必要な語を見つけるのに骨が折れた。その時の経験を元に，ゲール語を学び始める人の立場に立って，そのような苦労から出来るだけ開放されるものがあればと思い，出来上がったものがこの辞典である。

　そこで，主として名詞と動詞は，見出し語に続けて変化形を太字で〚　〛内に記し探し易くした。
　例文も太字にし，その中で語形が大きく変化した語は直後に（＜．．．）の形式で原形を記した。
　名詞は原則として，主格，対格，与格が通格で，見出し語はそれらの格の単数形である。そのため見出し語につづけて，単数形は属格のみを，複数形は主格と属格を記すのが便利であると考えた。
　動詞は，よく使われる動名詞と動形容詞を記し，例外的な語尾変化をする語には，現在形，未来形なども加えた。
　大きく変化し，見付けにくいと思われる一部の語は，見出し語として挙げた。
　また，前置詞と人称代名詞が一語に成った語が多くあり，それらが頻繁に使われる。このような結合語も見出し語としている。さらに，前置詞付き代名詞一覧表として，巻末にも付記した。
　動詞も人称代名詞と結合するものがある。それらのうち，よく使われてしかも分かりにくいと思われる語（１人称単数形のみ）も見出し語とした（英語で書かれた参考書には，動詞は原形ではなく，この１人称単数形との結合形が見出し語として出ているものが多い）。
　例文には，ゲール語の特徴である語頭音変異を含むものを多く取り入れたつもりである。従って，幾分は巻末の変化表を参照する手間も省けるのではないかと思う。

まえがき

　この辞典は，比較的容易にゲール語に親しめるようにと念願し，初めての学習者を念頭に次の事柄に努めた。
　①慣用例が多い
　②初心者向け内容をできるだけ多く取り入れて使い易い
　③ある程度に達した学習者にも便利
　そして，ゲール語の特徴やその背景にある文化が，限られた語彙や例文から，少しでも見えてくれれば非常な喜びである。

　作成に当たっては，最初から日本アイルランド文学会名誉会長三橋敦子先生のご指導を受けてきた。しかし，誠に残念なことに本書の刊行を待たずして，2002年5月末に他界なされた。ここに，先生のご冥福をお祈りすると共に，これまでのご指導に対しお礼と感謝の念を捧げる。先生が亡くなられた後，私たちなりに最善を尽くしたが，多くの不備な点を残しているのではないかと恐れている。実際に利用される学習者やその他の方々のご叱責とご助言，ご意見を頂ければ幸いに思う。そして将来に向け完成させるよう努力するつもりである。

　なお，本辞典刊行に当たり，(株)大学書林の佐藤政人社長，菊池正敏氏及び印刷に当たられた(株)写研の方々には，私たちの不慣れな仕事で，再三再四ご迷惑をおかけしましたが，その都度非常な忍耐をもって，適切にご指導下さいました。皆様のお陰でこの出版に至りましたことに深く感謝し，御礼を申し上げます。

　　　平成15年6月

　　　　　　　　　　　　　　　　　　　　　　　　　　　編著者

目　次

まえがき………………………………………………………… i

ゲール語のアルファベット …………………………………… iv

本書を使う前に ………………………………………………… v

ゲール語―日本語……………………………………………… 1

日本語―ゲール語……………………………………………… 656

付録
  1．数詞表………………………………………………… 722
  2．アイルランドの都市・川・湖など………………… 723
  3．世界の国・都市・海など…………………………… 724
  4．前置詞付き代名詞一覧表…………………………… 726
  5．形容詞変化表………………………………………… 727
  6．連結動詞変化表……………………………………… 728
  7．規則動詞変化表……………………………………… 729
  8．不規則動詞変化表…………………………………… 746

補遺……………………………………………………………… 759

ゲール語のアルファベット
an Aibítir

ゲール文字	
大文字	ᴀbcdefghilmnopRStu
小文字	a b c d e f g h i l m n o p r s t u
ローマ文字	
大文字	A B C D E F G H I L M N O P R S T U
小文字	a b c d e f g h i l m n o p r s t u

1. 現代ゲール語はローマ文字表記であり，アルファベットの発音は，ローマ文字と同じである。
2. 18文字の外に，借用語として，J j, K k, Q q, V v, W w, X x, Y y, Z z がある。
3. A a, E e, I i, O o, U u の5文字が母音字，残りが子音字である。
4. 母音字に長音記号「´」（ファダ fada）が付いた文字が使われる。
   - Á, á は アーファダ
   - É, é は イーファダ
   - Í, í は アイファダ
   - Ó, ó は オーファダ
   - Ú, ú は ユーファダ と読む。

本書を使う前に

I　見出し語

1．収録語は約14,000語である。収録語の選択に当たっては，主として「Foclóir Gaeilge-Béarla 1977版」(編者 Niall Ó Dónaill) とアイルランド教育省出版局発行の「Foclóir Póca 1986版」(An Gúm 社) を参照した。

2．よく使われる語の変化形や，品詞の異なる2語の結合語も見出し語に加えた。見出し語に続けて〚　〛内に記された他の変化形の語も数に入れると収録語数はさらに多くなる。

　　例：よく使われる語の変化形　　　**arb** [arb] ☞ is
　　　　結合語(前置詞 le＋人称代名詞 mé)　**liom** [l′om] ☞ le
　　　　他の変化形
　　　　　　fág [fa:g] 動I 他〚動名 **fágáil**, 動形 **fágtha**〛

3．綴りが同じでも語源が異なる語は見出し語として，肩番号を付けた。また綴りが同じで品詞が異なる語は――で示した。

　　例：肩番号　　**dá**[1] [da:] 接
　　　　　　　　dá[2] [da:] do[3]と a[4] の結合語
　　　　異なる品詞
　　　　　　blogh [blau] 名 女〚属単 **-a**, 複 **-anna**〛 かけら, 破片.
　　　　　――動I 他〚動名 **bloghadh**, 動形 **bloghta**〛粉砕する.

II　アルファベット

ゲール語のアルファベットは，a, b, c, d, e, f, g, h, i, l, m, n, o, p, r, s, t, u の18文字(大文字と小文字がある)であったが，現在では j, k, q, v, w, x, y, z の8文字(大文字と小文字がある)も借用語として使われている。

III　発音

1．発音は北部，中部，南部方言等により多少異なり，標準の発音となるものは特にない。
　　本書では文部科学省に当たるアイルランド教育省の諮問委員会で考案された「発音記号」を採用し [ ] 内に入れ，見出し語の直後

に示した。それらの記号は，ゲール語使用地域の普遍的な発音ルールをふまえ，特定の方言に偏らず，どの方言にも容易に受け入れられうる，上記諮問委員会のいう"中立普遍的"ないしは"中核的"な音を表したものである。

2．上記「発音記号」について，一音一音の説明は省略し，正確な音とはほど遠いものの，参考までに，敢えて仮名に置き換えてみた。子音の記号中，右肩に「ひげ(′)」の付いたものと，付かないものがある。子音には2種類があり，前者は狭子音(e, i に支配または隣接される)で，後者は広子音(a, o, u が支配)である。

狭子音は広子音に比し，唇の緊張が伴うか硬口蓋音化する。敢えて言えば，「イ」音が含まれた音である。広子音は「ウ」音が含まれた音と言える。

日本語表記は，カタカナを狭子音に，ひらがなを広子音に当てた。

[b′/b]	bean [b′an] ビャん	babaí [babi:] ばびー
[k′/k]	cead [k′ad] キャどう	caife [kaf′ə] かフェ
[d′/d]	déan [d′e:n] ジェーん	dó [do:] どー
[f′/f]	fiú [f′u:] フィュー	fuil [fil′] ふぃリ
[g′/g]	geall [g′al] ギァる	Gaeilge [ge:l′g′ə] げーリゲ
[h′/h]	thit [h′it′] ヒッチ	hata [hatə] はた
[l′/l]	liom [l′om] リョむ	luí [li:] りー
[m′/m]	mé [m′e:] ミェー	moch [mox] もほ
[n′/n]	neart [n′art] ニャるとう	Nollaig [noləg′] のらギ
[p′/p]	pinc [p′iŋ′k′] ピんキ	páiste [pa:s′t′ə] ぱーシチェ
[r′/r]	fuair [fuər′] ふぁリ	fuar [fuər] ふぁる
[s′/s]	sé [s′e:] シェー	salach [saləx] さらは
[t′/t]	teach [t′ax] チャは	tóg [to:g] とーぐ
[v′/v]	bhí [v′i:] ビィー	vóta [vo:tə] ぶぉータ
[ɣ′/ɣ]	dhíol [ɣ′i:l] イーる	dhá [ɣa:] がー
[x′/x]	cheal [x′al] ヒャる	chomh [xo:] ほー
[z′/z]	xileafón [ˈz′il′əˌfo:n] ズイリャふぉーん	zú [zu:] ずー

3．母音
広母音と狭母音があり，それぞれに短音と長音がある。
長音には á, é のように文字の上に長音記号(síneadh fada シーニャ　ファダ)を付けて表す。

|広母音：|短音 a, o, u [a, o, u]|長音 á, ó, ú [aː, oː, uː]|
|狭母音：|短音 e, i [e, i]|長音 é, í [eː, iː]|

この他に，あいまい(中間)母音と呼ばれる [ə] の音がある。これらの母音は日本語の母音から比較的容易に理解できると思われるので例を省いた。

4．アクセント
通例第1音節にあるので示していない。
第2音節以下にある場合は次のように示した。

例：①第2音節のみ　　　**amach** [əˈmax]
　　②第1，第2音節の両方　**bunscoil** [ˈbunˌskolʹ]
　　　（第1アクセントが第1音節に，第2アクセントが第2音節にあることを示す）

5．語頭音変異
この音変異は語尾変化に似て，性・数・格・時制などを表すもので，語の最初の音に起こる。この音変異には次の2種類がある。

①　Séimhiú（シェービュー）：本書では（**S**変化）と表記。
この変異は，語頭の b, c, d, f, g, m, p, s, t 音を軟音化する。ゲール語の旧文字を使っていた頃は，(日本語で濁点を打つように)影響を受ける子音の上に点を打つ方法でその変化を表していた。しかし，20世紀に入って実用的なローマ字表記が一般化し，現在は次のように h を用いて表している。

b → bh [v(w)/ vʹ]　　c → ch [x/xʹ]　　d → dh [ɣ/ɣʹ]
f → fh [黙音]　　　g → gh [ɣ/ɣʹ]　　m → mh [v(w)/vʹ]
p → ph [f/fʹ]　　　　s → sh [h/hʹ]　　t → th [h/hʹ]

上記2．の例中
thit（＜tit）[hʹitʹ] ヒッチ（＜チッチ）, **dhíol**（＜díol）[ɣʹiːl] イーる（＜ジーる）
等はこの音変異の例である。

②　Urú（ウルー）：本書では（**U**変化）と表記。
この変異は，天体の食が太陽や月の光を覆い隠し本来の光を陰ら

せるように，表記上の新しい音が元の音を消失させてしまうことをいう。
語頭の b, c, d, f, g, p, t と母音が影響を受け，次のように表す。

c → gc [g/gʹ]　　　f → bhf [v(w)/vʹ]　　　p → bp [b/bʹ]
t → dt [d/dʹ]　　　b → mb [m/mʹ]　　　　d → nd [n/nʹ]
g → ng [ŋ/ŋʹ]　　　母音 → n+母音 [n+母音/nʹ+母音]

換言すると，変異前の無声音が有声音に変わり，有声音は鼻音化することである。

例：**bhur bpáistí**(<páistí<páiste) [baːsʹtʹiː] ばーシチー(<ぱーシチー)
　　a mbád(<bád) [maːd] まーど(<ばーど)
　　ár nathair(<athair) [nahərʹ] なはり(<あはり)

註1　上記①②の例中，変異を→で示した直後の [ ] 内は広子音/狭子音の発音記号を表している。また，カタカナ，ひらがなで音を表記した部分は，変異後の音を [ ] の直後に示し，変異前の音を ( ) 内に示した。

註2　ゲール語には非常に大事な次の規則がある。即ち，「**広母音には広子音を，狭母音には狭子音を組み合わせる**」というものである。語尾変化はこの規則に従って行われている。

Ⅳ　略語

1．品詞

名	名詞	形2	第2活用の形容詞
名男	男性名詞	形3	第3活用の形容詞
名女	女性名詞	副	副詞
代	代名詞	接	接続詞
動Ⅰ	第1活用の規則動詞	間投	間投詞
動Ⅱ	第2活用の規則動詞	接頭	接頭辞
動	不規則動詞・欠如動詞	接尾	接尾辞
	連結動詞他	冠	冠詞
助動	助動詞	小	小詞
形	形容詞	前	前置詞
形1	第1活用の形容詞		

2.〖 〗内に示した語形変化語
　1）名詞
　　　　属単 — 属格単数　　　複 — 主格・属格複数
　　　　主複 — 主格複数　　　与 — 与格
　　　　属複 — 属格複数　　　対 — 対格
　　　　〜　 — 見出し語と同じ

　　　例：**barr** [baːr] 名男 〖属単 **bairr**, 主複 **-a**, 属複 〜〗
　　　　　属格単数は **bairr**, 主格複数は **barra**, 属格複数は **barr**
　　　　　を示す。

　2）動詞
　　　　動名 — 動名詞　　　　従 — 従属形
　　　　動形 — 動形容詞　　　肯 — 肯定形
　　　　現　 — 現在形　　　　否 — 否定形
　　　　未　 — 未来形　　　　他 — 他動詞
　　　　過　 — 過去形　　　　自 — 自動詞

　　　例：**fág** [faːg] 動I 他〖動名 **fágáil**, 動形 **fágtha**〗
　　　　bí [biː] 動　存在動詞.（不規則動詞変化表参照）〖動名
　　　　bheith；現 **tá**,（従）**bhfuil**, **níl**, **atá**(a^5+**tá**)；未
　　　　beidh；過 **bhí**,（従）**raibh**〗

　3）形容詞
　　　　属単男 — 属格単数男性　　　比較 — 比較級
　　　　属単女 — 属格単数女性　　　主複 — 主格複数

　　　例：**bodhar** [baur] 形1〖属単男　**bodhair**,　属単女・比較
　　　　bodhaire, 主複 **bodhra**〗

　4）前置詞
　　　　前置詞＋人称代名詞は，前置詞付き代名詞として〖　〗に，
　　　　1人称単数，2人称単数，3人称単数男性，3人称単数女性，
　　　　1人称複数，2人称複数，3人称複数
　　　　の順序で示した。

　　　例：**ar** [erʲ] 前〖前置詞＋人称代名詞　**orm**, **ort**, **air**（男），

uirthi（女）, **orainn, oraibh, orthu**》

5）語頭音変異
　　S 変化　　Séimhiú(シェービュー)　　Ⅲ 発音 5 参照
　　　　　　表示のある語の後続語にこの変異を生じさせる。
　　U 変化　　Urú（ウルー）　　　　　　Ⅲ 発音 5 参照
　　　　　　表示のある語の後続語にこの変異を生じさせる。

3．語義，例文その他
　　　　～　　　　見出し語と同じ
　　　　( )　　　補足的説明あるいは省略可能なもの
　　　　[ ]　　　主に言い換えが可能な場合
　　　　＋　　　　品詞の異なる語の結合
　　　　{ }　　　( )を包括する補足的説明
　　　　☞　　　　…を見よ
　　　　数字　　　語義，働きが大きく異なる場合はローマ数字を用いた。
　　　　　　　　アラビア数字は動名詞と通常の名詞，あるいは動形容詞と形容詞の別を表したり，語義が多い場合などに使用した。
　　　　㋑㋺㋩…　1単語の語義が多い場合に使用した。

参考文献

Foclóir Gaeilge-Béarla : Niall Ó Dónaill 1978
Foclóir Póca : An Gúm (An Roinn Oideachais) 1988. (Foras na Gaeilge) 2001
Foclóir Scoile : An Gúm (An Roinn Oideachais agus Eolaíochta) 1998
Foclóir Gaedhilge agus Béarla : P.S.Dinneen, The Educational Co. of Ireland Ltd., 1979
English-Irish Dictionary : Tomás de Bhaldraithe, Oifig an tSoláthair 1959
A Grammar of the Irish Language : P.W.Joyce, The Educational Co. of Ireland Ltd., 1922
New Irish Grammar : The Christian Brothers, Fallons 1977
A Literary History of Ireland : Douglas Hyde, Ernest Benn Ltd., 復刻版 1980
The Celts : T.G.E.Powell, Thames and Hudson Ltd., London 1980
The Irish Language : Government of Ireland 1985
Facts About Ireland : Government of Ireland 1985
ゲール語四週間：カハル・オー・ガルホール，三橋敦子，大学書林 1983
アイルランド文学はどこからきたか：三橋敦子，誠文堂新光社 1985
アイルランド政府ウェブサイト
在日本アイルランド大使館ウェブサイト

A

a¹ [ə] 小 呼びかけ. (S変化) a Phóil ねぇポール(よ). a Bhríd, a chara (手紙の書き出し)ブリージさん.

a² [ə] 小 基数詞に付く小詞. (後続の語頭の母音に h を付ける) a haon, a dó, a trí 1, 2, 3. bus a trí 3番[3時]のバス.

a³ [ə] 前 動名詞に付く. (S変化) A) 名詞・代名詞と動名詞を結ぶ. talamh a threabhadh 土地を耕すこと. B) 行動の目的…するために. d'éirigh sé a chaint 彼は話をするため立ち上がった. (成句) a chlog (時刻の)…時.

a⁴ [ə] 形 所有形容詞3人称. A) 彼[それ]の. (S変化) a athair agus a mháthair 彼の父母. a bhaile 彼の住まい. B) 彼女[それ]の. (語頭の母音に h を付ける) a hathair 彼女の父. a baile 彼女の住まい. C) 彼ら[それら]の. (U変化. 語頭が母音の場合 n- を付ける) a mbaile 彼らの住まい. a n-athair 彼らの父. D) (成句) a chéile 互いに. a lán 多量[数].

a⁵ [ə] 小 動詞に付き関係詞の働きをする. ① A) (S変化. 但し語頭が d', fh の場合を除く) a) 先行詞が関係詞節の動詞の主語または直接目的語に相当する場合. an fear a chuireann síol 種を蒔く(その)男. an síol a chuireann sé 彼が蒔く(その)種. an cat a d'ól an bainne ミルクを飲んだ(その)猫. b) 先行詞が時の副詞に相当する場合. an lá a baisteadh é 彼が洗礼を受けた日. B) (U変化. 語頭が母音の場合 n- を付ける) A) 以外の場合. an gort a gcuirfidh sé an síol ann 彼が(そこに)種を蒔くつもりの畑. ② (U変化) 関係代名詞的働き. an bhfuair tú a raibh uait? 君が欲しかった全てのものを手に入れたか?

a⁶ [ə] 小 抽象名詞に付き程度を表す. (S変化) bhí iontas orm a dhonacht a bhí sé 彼がとても悪いので私は驚いた.

a⁷ [ə] 接 go⁴と同じ用法.

á¹ [a:] 形 動名詞の目的を表す所有形容詞3人称. (a⁴と同様の語頭変化) A) 彼[それ]を. bhí sé á dhíol go saor 彼はそれを高値で売っていた[それは高値で売られていた]. B) 彼女[それ]を. C) 彼ら[それら]を. bhíomar á gceannach 私たちはそれらを買おうとしていた.

á[2] [a:] 間投 あぁ, おぉ.
ab[1] [ab] 名男 『属単 **-a**, 複 **-aí**』修道院長.
ab[2] [ab] ☞ **is**[1].
abair [abər′] 動 他・自 『動名 **rá**, 動形 **ráite**』(不規則動詞変化表参照). 言う; 話す; 意味する; 主張する. ~ **amach é** 大きな声で[遠慮なく]言いなさい. ~ **amhrán** 歌をうたえ. ~ **leis fanacht liom** 彼に私を待つように言いなさい. **ní tú atá mé a rá** 私は君のことを言っている[意味している]のではない. (成句) ~ **é**[sin] その通りだ. **mar a déarfá** いわば. **sin le rá** すなわち[つまり]. **ná habair é!** まさか!
abairt [abərt′] 名女 『属単 **-e**, 複 **-í**』文; 句, 語句.
ábalta [a:bəltə] 形3 才能のある, …出来る; 立派な体格の.
ábaltacht [a:bəltəxt] 名女 『属単 **-a**』能力; 才能; 資力.
abar [abər] 名男 『属単・主複 **abair**, 属複 ~』沼沢の多い[泥深い]土地. (成句) **in** ~ 立往生して[動きが取れなくなって].
abhac [auk] 名男 『属単・主複 **abhaic**, 属複 ~』小人, 小型の動物.
ábhacht [a:vəxt] 名女 『属単 **-a**』冗談, ふざけ, たわむれ.
abhaile [ə'val′ə] 副 自宅[本国]へ, 家路を指して; 徹底的[効果的]に. ~ **leat!** 帰れ! **chuir sé** ~ **orm é** 彼はそのことを私に納得させた. **dul** ~ 帰宅すること, 効果が現われてくること.
abhaill [avəl′] 名女 『属単 **abhla**, 複 **abhlacha**』リンゴの木.
ábhaillí [a:vəl′i:] 名女 『属単 ~』腕白[いたずら好き]であること, いたずら; (動名詞扱い) **ag** ~ **le** (rudaí) (ものを)いじくり回して[もてあそんで].
abhainn [aun′] 名女 『属単 **abhann**, 複 **aibhneacha**』川; 流れ. **airgead go habhainn** 沢山のお金.
ábhal [a:vəl] 形1 『属単男 **ábhail**, 属単女・比較 **áibhle**, 主複 **-a**』巨大な; 並外れた; 莫大な.
ábhalmhór ['a:vəlˌvo:r] 形1 巨大な, 途方もない, 並外れた.
abhantrach [auntrəx] 名女 『属単 **abhantraí**, 主複 **-a**, 属複 ~』河川流域.
ábhar [a:vər] 名男 『属単・主複 **ábhair**, 属複 ~』材料; 対象; 主題; 素質; 研修生; 原因; うみ; (副詞として)多少. ~ **trua** 哀れみの対象. ~ **dochtúra** 研修医. **ar an** ~ **sin** そんな訳で. **ar an** ~ (**go**) (go 以下)の理由で. **ag déanamh ábhair** 化膿して(いる). **tá sé ar a** ~ **féin** 彼は独立している[自由に好きなことが出来る]. **baineann sé le hábhar** 問題と関連がある.
ábharachas [a:vərəxəs] 名男 『属単 **ábharachais**』実利主義, 物質主義.

ábhartha [a:vərhə] 形3 物質の, 実体的な；関連した, 適切な.
abhcach [aukəx] 形1 小人の.
abhcóide [auko:d╱ə] 名男〖属単 ～, 複 **abhcóidí**〗弁護士.
abhlann [aulən] 名女〖属単 **abhlainne**, 主複 **-a**, 属複 ～〗(キリスト教)聖餐用のパン[ホスチア].
abhlóir [aulo:r╱] 名男〖属単 **abhlóra**, 複 **-í**〗道化, おどけ者.
abhóg [avo:g] 名女〖属単 **abhóige**, 主複 **abhóga**, 属複 ～〗はね飛び, 跳躍；出来心. **tá** ～ **ann** 彼は信頼できない.
ábhraigh [a:vri:] 動II 自〖動名 **ábhrú**〗化膿する；痛む.
abhraiseach [aurəs╱əx] 名女〖属単 **abhraisí**, 主複 **-a**, 属複 ～〗紡績工[業者].
abhras [aurəs] 名男〖属単 **abhrais**〗手細工[手仕事]；紡ぎ糸；報酬.
abhus [ə╎vus] 副 ここで[へ]；こちら側に[へ]；この世で.
―― 形3 こちら側の, ここの；この世の.
ablach [abləx] 名男〖属単・主複 **ablaigh**, 属複 ～〗(獣の)死体；残骸；汚物.
abláil [abla:l╱] 名女〖属単 **ablála**〗台無しにすること；やり損なうこと.
absalóideach [absəlo:d╱əx] 形1 絶対の, 全くの.
abú [ə╎bú:] 間投 永久に！
acadamh [akədəv] 名男〖属単・主複 **acadaimh**, 属複 ～〗アカデミー, 学園[院], 芸術[学士]院.
acadúil [akədu:l╱] 形2 学園[院]の；学問[究]的な.
acaoineadh [╎a╎ki:n╱ə] 名男〖属単 **acaointe**〗哀れげに[訴えるように]叫ぶこと, 悲嘆.
acaointeach [╎a╎ki:n╱t╱əx] 形1 憂いに沈んだ, 哀れを誘う, 悲しげな.
acastóir [akəsto:r╱] 名男〖属単 **acastóra**, 複 **-í**〗(車輪の)心棒, 車軸.
ach [ax] 接 しかし[けれども], …ではなくて；(動名詞と共に) もし…ならば, …という条件で, …である限り；(a[ar]/go[4][gur]と共に) …する[した]時, …するとすぐ；…でなければ[するまで]；…がなかったら；(副詞節を導き否定詞と共に) …ということがなければ[を除けば]；(否定詞, 動名詞と共に) だが…ばかり. **ní Brian atá ann** ～ **Séan** ブリアンではなくそこにいるのはショーンだ. **gheobhaidh tú é** ～ **íoc as** 代金[代償]を払えば君はそれを手に入れられるでしょう. ～ **mise greim a fháil air** 私が彼を捕らえた時. **ní rachaidh mé** ～ **a bhfaighidh mé scéale cinnte** 私は確実な情報を得るまで行かない.

achadh

～ grásta Dé 神の恩恵が無かったなら. ～ go bhfaca mé féin é ní chreidfinn é 私自身がそれを見たのでなければとてもそれを信じられなかっただろう. ní stadann sé ～ ag ithe 彼は休みなく食べてばかりいる.
　――前 (否定詞と共に) …の外, …を除いて. ní raibh agam ～ é それ以外は持っていなかった. (否定詞と共に副詞的用法) …に過ぎない. níl tú ～ ag amaidí 君は単に冗談を言っているだけだ. (成句) ～ beag [～ sa bheag] ほとんど. ～ chomh beag …もまた…しない. (間投詞的に) まあ, それにしても, いやはや.

achadh [axə] 名男〖属単・主複 **achaidh**, 属複 ～〗野, 原野.
achainí [axənʹi:] 名女〖属単 ～, 複 **achainíocha**〗嘆[請]願, 陳情; 要望.
achainigh [axənʹi:] 動II 他〖動名 **achainí**, 動形 **achainithe**〗嘆願する, 懇請する, 請願する.
achainíoch [axənʹi:(ə)x] 名男〖属単・主複 **achainígh**, 属複 ～〗請願[陳情]する人, 嘆願人.
　――形1 懇願する, しがみつく.
achair [axərʹ] 動I 他〖動名 **achairt**, 動形 **achartha**; 現 **achrann**〗嘆願[懇願]する.
achar [axər] 名男〖属単 **achair**〗(2 点・空間・時間などの) 隔たり, 広がり; 地域. bhí sé ～ fada anseo 彼は長時間ここにいた.
achasán [axəsa:n] 名男〖属単・主複 **achasáin**, 属複 ～〗叱責, 非難; 侮辱.
achoimre [ˈaˌxomʹrʹə] 名女〖属単 ～, 複 **achoimrí**〗要約, 摘要, まとめ.
achoimrigh [ˈaˌxomʹrʹi:] 動II 他〖動名 **achoimriú**, 動形 **achoimrithe**〗要約する, 簡潔にまとめる, かいつまんで言う.
achomair [ˈaˌxomərʹ] 形1〖属単男 ～, 属単女・主複・比較 **achoimre**〗簡潔な, 手短で要を得た.
achomaireacht [ˈaˌxomarʹəxt] 名女〖属単 -a〗簡潔, 簡明.
achomharc [ˈaˌxo:rk] 名男〖属単・主複 **achomhairc**, 属複 ～〗控訴, 上訴.
achrann [axrən] 名男〖属単・主複 **achrainn**, 属複 ～〗紛糾; 論争; からまり; 困難. in ～ sna driseacha イバラに取り付かれて[困難に陥って].
achrannach [axrənəx] 形1 入り組んだ; 困難な; 口論好きな; 岩だらけの.
acht [axt] 名男〖属単 -a, 複 -anna〗条件; 立法; 法律, 法令.

achtaigh [axti:] 動II 他〖動名 **achtú**, 動形 **achtaithe**〗法律にする；(法令を)発する, 規定する.

achtúire [axtu:rʹə] 名男〖属単 ～, 複 **achtúrí**〗保険計理士.

aclaí [akli:] 形3 敏捷な, しなやかな；適した；器用な.

aclaigh [akli:] 動II 他〖動名 **aclú**, 動形 **aclaithe**〗しなやかにする, 柔軟にする；(関節など)曲げる.

aclaíocht [akli:(ə)xt] 名女〖属単 **-a**〗しなやかさ；機敏さ；体操[運動]；器用.

acmhainn [akvənʹ] 名女〖属単 **-e**〗受容力；持久力；資力；備品.

acmhainneach [akvənʹəx] 形1 弾力性のある；丈夫な；耐久力のある；裕福な.

acomhal [ˈaˌko:l] 名男〖属単・主複 **acomhail**, 属複 ～〗連結, 交差[接合]点.

acra[1] [akrə] 名男〖属単 ～, 複 **-í**〗(地積の単位)エーカー.

acra[2] [akrə] 名男〖属単 ～, 複 **-í**〗器具, 備品；好都合, 便利；尽力.

acrach [akrəx] 形1 手近な, 便利な；都合のよい.

acu [aku] ☞ ag.

adamh [adəv] 名男〖属単・主複 **adaimh**, 属複 ～〗原子.

adamhach [adəvəx] 形1 原子(力)の；極微の.

adanóidí [adəno:dʹi:] 名 (複)アデノイド.

adh- [a] 接頭 大変に.

ádh [a:] 名男〖属単 **áidh**〗運, 巡り合わせ, 幸運. **an t-ádh a chur ar** (duine) (人)に幸運をもたらすこと. **bhí an t-ádh dearg**[ina rith] **air** 彼は非常に幸運だった.

adhain [ainʹ] 動I 他・自〖動名 **adhaint**, 動形 **adhainte**；現 **adhnann**；未 **adhanfaidh**〗(火を)起こす；燃え立たせる；燃え付く.

adhaint [ainʹtʹ] 名女〖属単 **-e**〗点火, 発火；炎症.

adhair [airʹ] 動I 他〖動名 **adhradh**, 動形 **adhartha**；現 **adhrann**〗崇拝する, 深く敬慕する.

adhairt [airtʹ] 名女〖属単 **-e**, 複 **-eanna**〗下枕, 枕. **bás le hadhairt** 自然死.

adhaltrach [ailtrəx] 名男〖属単・主複 **adhaltraigh**, 属複 ～〗密通[姦通]者.
——形1 不義の.

adhaltranas [ailtrənəs] 名男〖属単 **adhaltranais**〗姦通, 不義.

adhantach [aintəx] 形1 火のような, 燃えやすい；激しやすい.

adhantaí [ainti:] 名男〖属単 ～, 複 **adhantaithe**〗点火器, たきつ

け.

adharc [airk] 名女〖属単 **adhairce**, 主複 **-a**, 属複 ～〗角, 角状のもの; 尖端. in adharca a chéile (動物)争って, (人)仲たがいして. in ～ gabhair ジレンマに陥って. ～ diallaite サドルの前方の部分.

adharcach [airkəx] 形1 角のある; 好色の.

adharcáil [airkaːlʹ] 動Ⅰ 他〖動名 **adharcáil**, 動形 **adharcáilte**; 現 **adharcálann**〗(角・牙で)突く, 突きさす.

adharcán [airkaːn] 名男〖属単・主複 **adharcáin**, 属複 ～〗触角[手・毛].

adhartán [airtaːn] 名男〖属単・主複 **adhartáin**, 属複 ～〗クッション; (血管を圧縮する)圧定布[圧迫包帯].

adhartha [airhə] ☞ adhair, adhradh.

adhascaid [aiskədʹ] 名女〖属単 **-e**〗嘔吐, むかつき; つわり.

adhastar [aistər] 名男〖属単・主複 **adhastair**, 属複 ～〗(牛馬などを引く)はづな; 絞首索.

adhfhuafar [ˈaɪuəfər] 形1 恐ろしい; 忌まわしい, 憎むべき.

adhlacadh [ailəkə] 名男〖属単 **adhlactha**, 複 **adhlacthaí**〗① adhlaic の動名詞. ② 埋葬; 葬式; 墓.

adhlacóir [ailəkoːrʹ] 名男〖属単 **adhlacóra**, 複 **-í**〗引受人, 請負者; 葬儀屋.

adhlaic [ailəkʹ] 動Ⅰ 他〖動名 **adhlacadh**, 動形 **adhlactha**; 現 **adhlacann**〗埋める; 埋葬する; 沈める.

adhmad [aiməd] 名男〖属単・主複 **adhmaid**, 属複 ～〗木材[材木]; 意義; 実質.

adhmadóireacht [aimədoːrʹəxt] 名女〖属単 **-a**〗木工(品).

adhmaint [aimənʹtʹ] 名女〖属単 **-e**, 複 **-í**〗(天然)磁石, 吸引力のある物.

adhmainteach [aimənʹtʹəx] 形1 磁石の, 磁気を帯びた; 人を引きつける.

adhmholadh [ˈaɪvolə] 名男〖属単 **adhmholta**〗賛辞, 称賛, 称揚.

adhnann [ainən] ☞ adhain.

adhnua [ˈaɪnuə] 名男〖属単 ～〗目新しさ, 珍しさ. ～ a dhéanamh de (dhuine) (人)をちやほやすること.

adhradh [airə] 名男〖属単 **adhartha**〗① adhair の動名詞. ② 崇拝, 敬慕, 信奉.

adhraitheoir [airihoːrʹ] 名男〖属単 **adhraitheora**, 複 **-í**〗崇拝者, 信奉者.

ádhúil [aːuːlʹ] 形2 幸運な, 幸せな, 幸先のよい.

admhaigh [advi:] 動II 他・自〖動名 **admháil**, 動形 **admhaithe**〗認める；謝意を表わす；受領を伝える；白状する；(税関)申告する.

admháil [adva:l′] 名女〖属単 **admhála**, 複 **admhálacha**〗認めること, 承認；受領書, 受け取り通知；白状.

aduaidh [ə|duəɣ/] 副前形 北から(の). an ghaoth ～ 北風. ～ lámh anoir [lámh aniar] 北東[西]から(の).

aduain [aduən^] 形1 一風変わった, なじめない；薄気味悪い.

ae [e:] 名男〖属単 ～, 複 **-nna**；(成句)属複 ～〗肝臓. a chara n-ae istigh 親友, 恋人(よ). tá dúil na n-ae aige ann 彼は非常にそれが好きだ.

aeistéitiúil [e:s′t′e:t′u:l′] 形2 美の；美学の；審美的な.

aer[1] [e:r] 名男〖属単 **aeir**〗空気；空；天候；陽気, 愉快. ～ glan [salach] 新鮮な[汚れた]空気. thuas san ～ 上空に. caint san ～ ばかげた話. ～ an tsaoil 世俗の慰み・娯楽. ～ an bhaile mhóir 街のにぎやかさ.

aer[2] [e:r] 名男〖属単・主複 **aeir**, 属複 ～〗曲, ふし, 調べ.

aer(a)(i)- [e:r(ə)] 接頭 空気の, 大気の.

aerach [e:rəx] 形1 気楽な, たわいのない, 悩みのない；空気のような, 風通しのよい.

aerachtúil [e:rəxtu:l′] 形2 薄気味の悪い.

aeradróm [′e:rə|dro:m] 名男〖属単・主複 **aeradróim**, 属複 ～〗飛行場.

aeráid [e:ra:d′] 名女〖属単 **-e**, 複 **-í**〗気候, 風土.

aeráideach [e:ra:d′əx] 形1 気候(上)の, 風土の.

aeráil [e:ra:l′] 名女〖属単 **aerála**〗通気, 通風, 換気.
── 動I 他〖動名 **aeráil**, 動形 **aeráilte**；現 **aerálann**〗新鮮な空気を通す, 空気にあてる；換気する.

aeraíocht [e:ri:(ə)xt] 名女〖属単 **-a**, 複 **-aí**〗戸外の催し物[接待]；(動名詞扱い) ag ～ 外気にあたって[散歩して](いる).

aerálaí [e:ra:li:] 名男〖属単 ～, 複 **aerálaithe**〗換気装置.

aerárthach [′e:r|a:rhəx] 名男〖属単 **aerárthaigh**, 複 **aerárthaí**〗航空機.

aerasól [′e:rə|so:l] 名男〖属単・主複 **aerasóil**, 属複 ～〗(理科・化学の)エーロゾル；煙霧質.

aerbhrat [′e:r|vrat] 名男〖属単・主複 **aerbhrait**, 属複 ～〗大気, 空気；雰囲気, 環境.

aerdhíonach [′e:r|ɣ/i:nəx] 形1 空気を漏らさない, 気密の；寸分のすきもない.

aerfhórsa [ˈeːrˌoːrsə] 图男〖属単 ～, 複 -í〗空軍.
aerfort [ˈeːrˌfort] 图男〖属単・主複 aerfoirt, 属複 ～〗空港.
aerga [eːrgə] 形3 大気[空気]の(ような); 天空の.
aeróbaíocht [eːroːbiːəxt] 图女〖属単 -a, 複 -aí〗エアロビクス.
aeróg [eːroːg] 图女〖属単 **aeróige**, 主複 -a, 属複 ～〗アンテナ(線).
aeroibrithe [ˈeːrˌobʲrʲihə] 形3 空気の, 気体の; 気学の; 空気作用による.
aeroiriúnaigh [ˈeːrˌorʲuːnʲiː] 動II 他〖動名 **aeroiriúnú**, 動形 **aeroiriúnaithe**〗冷暖房(装置)を施す, 空気の温度・湿度を調節する.
aeróstach [ˈeːrˌoːstəx] 图男〖属単・主複 **aeróstaigh**, 属複 ～〗客室乗務員, フライトアテンダント, スチュワーデス.
aerphíobán [ˈeːrˌfʲiːbaːn] 图男〖属単・主複 **aerphíobáin**, 属複 ～〗シュノーケル.
aertha [eːrhə] 形3 ばかな; 軽薄な; 気まぐれな.
áfach [aːfəx] 副 どんなに…でも; けれども.
ag [egʲ] 前〖前置詞+代名詞; **agam, agat, aige**(男), **aici**(女), **againn, agaibh, acu**〗(位置・源・臨席・時など)…において, …(のところ)で[に], …から, …には. **ag an doras** 扉のところに[で]. **ag an scoil** 登校して(いる). **ag am tae** お茶の時間に. 〖慣用表現〗**is mór acu Seán** 彼らはショーンを尊敬している. **an mac sin aige** 彼の息子. (動詞 bí と共に) ㋐所有, ㋺可能, 能力, ㋩義務, ㊁感覚・気持ち, ㋭(ar¹+代名詞・固有名詞を伴って)有利・強み, ㋬行動主等を表わす. **tá teach agus talamh aige** 彼は土地付きの家を所有している. **tá beirt mhac aige** 彼には二人の息子がいる. **tá snámh aige** 彼は泳げる. **tá Spáinnis agam** 私はスペイン語が出来る. **tá a lán le déanamh agam** 私はしなければならないことが沢山ある. **tá airgead agat orm** 私はあなたに借金がある. (動名詞と共に進行形を表わす) **tá sé ag caint** 彼は話をしている. (形容詞と共に) **tá sé trom aici** それは彼女には重い. (一部分を示して) **duine acu** 彼らの一人.
aga [agə] 图男〖属単 ～, 複 -í〗(ある一定の)時間, 合間; 距離.
agaibh [agəvʲ] ☞ ag.
agaill [agəlʲ] 图女〖属単 -e, 複 -í〗みみず, 土中に住む虫.
againn [agənʲ] ☞ ag.
agair [agərʲ] 動II 他〖動名 **agairt**, 動形 **agartha**; 現 **agraíonn**〗懇願[嘆願]する; ～ **ar** 復讐する, (恨み・怒りを)晴らす; 告訴する. **d'agair sé a fheag orthu** 彼は彼らに怒りをぶちまけた.
agairt [agərtʲ] 图女〖属単 **agartha**〗懇願[嘆願], 復讐[報復].

agall [agəl] 名女〖属単 **agaille**, 主複 **-a**, 属複 **～**〗叫び, 感嘆; 討論.
agallamh [agələv] 名男〖属単・主複 **agallaimh**, 属複 **～**〗話し掛け; 談話, 会話, 会見. **～ beirte** 対話.
agam [agəm] ☞ ag.
agat [agət] ☞ ag.
aghaidh [aiɣ'] 名女〖属単 **-e**, 複 **-eanna**〗顔(つき); 前[正]面; (家などの)向き; 表, 外観; (時計の)文字盤. **bán san ～** 青白い顔つき. **～ agus cúl** (コイン・メダルなどの)表と裏. **～ an tí** 家の正面. **～ ar ～** 差向いで. **ar ～** …に向って; 前方へ. **ag dul ar ～** 前進して. **ar ～ leat** 先へ進んで[続けて]. **ceann ar ～** まっ逆さまに. **in ～** に敵対して; 報酬として; …毎に[当り]. **in ～ an lae** 1日毎に. **in ～ na gaoithe** 風に逆らって. **le haghaidh** のために.
agó [ə|goː] 名男〖属単 **～**〗条件; 異議を唱えること, 反対. **gan aon ～** 確実に.
agóid [agoːd'] 名女〖属単 **-e**, 複 **-í**〗抗議, 異議申し立て.
── 動I 自〖動名 **agóid**〗抗議する, 異議[不服]を申し立てる. **ag ～ in aghaidh ruda** ことに抗議して(いる).
agóideach [agoːd'əx] 形1 異議申し立てをする; いやがる; 意地悪な.
agra [agrə] 名男〖属単 **～**, 複 **agraí**〗訴訟, 告訴.
agraíonn [agriːən] ☞ agair.
agúid [aguːd'] 名女〖属単 **-e**, 複 **-í**〗揚音アクセント(符).
aguisín [agəs'iːn] 名男〖属単 **～**, 複 **-í**〗付加(物), 追加(物); (本の巻末などの)付録[増補].
agus [agəs] 接 (**is** とも綴る)(等位接続詞として語・句・節を対等に結ぶ.) …と[や・に], そして; …も(また); それなのに; …付きの; 足す[加えて]; しかも. **a trí ～ a ceathair** 3+4 [3と4]. **breis ～ bliain** 1年以上. **níor ith sé ～ níor ól sé** 彼は飲みも食べもしなかった. **bhí sé ann ～ níor labhair sé** 彼はそこにいたがしゃべらなかった. **achainím ort ～ ná déan é** 後生だからそれをするな. **fainic ～ ná tit** 転ば[落ち]ないよう気をつけなさい. {慣用表現}(従属接続詞として修飾句・節を導く. 条件により agus が導く節の動詞 bí は省略される.) ㋑(原因・様子などを限定して). **d' imigh sé ～ fearg air** 彼は怒って立ち去った. ㋺(時) …の時に, …する[した・している]時. **bhuail an teileafón ～ mé ag fágáil an tí** 私が家を出ようとしている時電話が鳴った. ㋩(思慮・斟酌) …を考えれば[であるから]. **is dóigh go raibh rud éigin uaidh ～ é a theacht anseo** 彼がここへ来たからには恐らく何かが入り用だったのだろう. ㋥(条件節で) たとえ…でも, 仮に…だとしても. ㋭ **chomh**+形容詞 **～** [**ar mhéad ～**] …と同じ程, 非常に

agús

…なので. chomh maith ～ is féidir le (duine) (人)が出来る(と同じ)だけうまく. ⓔ (拡充[補足]的説明). tiocfaidh mé ～ fáilte 私は喜んで参ります. tháinig mé abhaile ～ mé tuirseach cloíte 私は疲れ切って帰宅した. ⓑ amhail ～ あたかも…であるかのように. (成句) go fiú ～ (～以下)でさえも. i ndúil ～ go (go 以下)を望んで. le súil ～ go (go 以下)を期待して. breis ～ …より以上に. timpeall[tuairim] ～ céad 約100.

agús [aguːs] 名男 〖属単・主複 **agúis**, 属複 ～〗制限, 付加事項を加えること; 資格.

aibéil [abʹeːlʹ] 名女 〖属単 **-e**〗素早さ; 不意. ～ chainte 口答え[当意即妙の応答].
—— 形1 素早い, すぐの.

áibhéalta [aːvʹeːltə] 形3 誇張された; 広大な, 巨大な.

áibhéil [aːvʹeːlʹ] 名女 〖属単 **-e**〗誇張; 大げさ, 過大視.

aibhéis [avʹeːsʹ] 名女 〖属単 **-e**〗深淵; 深み; 底知れぬこと.

aibhinne [avʹənʹə] 名男 〖属単 ～, 複 **aibhinní**〗並木道, 大通り.

áibhirseoir [aːvʹərsʹoːrʹ] 名男 〖属単 **áibhirseora**, 複 **-í**〗悪魔; 競争相手, 敵手.

áibhle [aːvʹlʹə] ☞ **ábhal**.

aibhléis [avʹlʹeːsʹ] 名女 〖属単 **-e**〗電気; 電流.

aibhleog [avʹlʹoːg] 名女 〖属単 **aibhleoige**, 主複 **-a**, 属複 ～〗石炭の火. ～ dhearg おき, 残り火. ～ dhóite 灰.

aibhneacha [avʹnʹəxə] ☞ **abhainn**.

aibhseach [avʹsʹəx] 形1 大きい, 限りない.

aibhsigh [avʹsʹiː] 動II 他 〖動名 **aibhsiú**, 動形 **aibhsithe**〗強調する; 増大させる; (色彩)鮮明にする.

aibí [abʹiː] 形3 熟した; 成長した; 利口[鋭敏]な. (成句) aer ～ na maidine 朝のさわやかな空気.

aibíd [abʹiːdʹ] 名女 〖属単 **-e**, 複 **-eacha**〗聖職服, 法衣.

aibigh [abʹiː] 動II 自・他 〖動名 **aibiú**, 動形 **aibithe**〗熟[成熟]する.

aibíocht [abʹiː(ə)xt] 名女 〖属単 **-a**〗成熟[熟成], 完成; 頭の回転の早いこと.

aibítir [abʹiːtʹərʹ] 名女 〖属単 **aibítre**, 複 **aibítrí**〗アルファベット; 初歩, 基礎.

aibítreach [abʹiːtʹrʹəx] 形1 アルファベット(字母)の, ABC順の.

Aibreán [abʹrʹaːn] 名男 〖属単・主複 **Aibreáin**, 属複 ～〗4月.

aibreog [abʹrʹoːg] 名女 〖属単 **aibreoige**, 主複 **-a**, 属複 ～〗あんず, アプリコット.

aice[1] [ak′ə] 名女 〖属単 ～〗(時・場所・関係などの)近いこと, 近接, 手近. in ～ 近くに[隣接して]. in ～ láimhe 手の届くところに. ina ～ sin それと一緒に；それの外に.
aice[2] [ak′ə] 名女 〖属単 ～, 複 aicí〗(動植物の)生息地. ～ portán かに穴.
aiceann [ak′ən] 名男 〖属単・主複 aicinn, 属複 ～〗アクセント(符号), 強勢.
aiceanta [ak′əntə] 形3 自然界の, 天然の.
aicearra [ak′ərə] 名男 〖属単 ～, 複 -í〗近道；要約(本). ～ a ghearradh ar (dhuine) (人を)出し抜くこと.
aicearrach [ak′ərəx] 形1 (時間的・距離的に)短い；簡潔な, そっけない.
aicearracht [ak′ərəxt] 名女 〖属単 -a, 複 -aí〗(時間的・距離的に)短いこと, 簡潔なこと. in ～ 即座に, 遅滞なく.
aici [ek′i] ☞ ag.
aicíd [ak′i:d′] 名女 〖属単 -e, 複 -í〗病気；疫病；有害物.
aicme [ak′m′ə] 名女 〖属単 ～, 複 aicmí〗(呼称別の)種類；(生物学の)属；(人の)群れ, 集団；(数学の)呼称単位.
aicmeach [ak′m′əx] 形1 (生物学の)属の；階級的な.
aicmigh [ak′m′i:] 動II 他 〖動名 aicmiú, 動形 aicmithe〗分類する.
aicne [ak′n′ə] 名女 〖属単 ～〗にきび.
aicsean [ak′s′ən] 名男 〖属単・主複 aicsin, 属複 ～〗活動, 実行；行い, 行動.
Aidbhint [ad′v′ən′t′] 名女 〖属単 -e, 複 -í〗待降節[降臨節].
aidhleanna [ail′ənə] 名 (複) 防水服.
aidhm [aim′] 名女 〖属単 -e, 複 -eanna〗ねらい；目的. d'aon ～ わざと.
aidhmeannach [aim′ənəx] 形1 計画的な；野心[大望]を抱いた.
aidhnín [ain′i:n′] 名男 〖属単 ～, 複 -í〗導火線.
aidiacht [ad′iəxt] 名女 〖属単 -a, 複 -aí〗形容詞.
aidréanailín [ə′d′r′e:nə]l′i:n′] 名男 〖属単 ～, 複 -í〗アドレナリン.
aife [af′ə] 名女 〖属単 ～〗引き潮；衰微. taoide ～ 引き潮[衰退期].
aiféala [af′e′:lə] 名男 〖属単 ～〗嘆き；遺憾, 後悔；恥ずかしさ.
aiféalach [af′e:ləx] 形1 後悔している；恥ずべき；悲しむ.
aiféaltas [af′e:ltəs] 名男 〖属単 aiféaltais〗当惑, 困惑, 恥ずかしさ.
áiféis [a:f′e:s′] 名女 〖属単 -e〗たわごと, 無意味なこと；誇張.

áiféiseach [aːfʲeːsʲəx] 形1 誇張された；ばかげた, 不合理な.
aifir [afʲərʲ] 動II 他〖動名 **aifirt**, 動形 **aifeartha**；現 **aifríonn**〗罰する, 叱責する.
Aifreann [afʲrʲən] 名男〖属単・主複 **Aifrinn**, 属複 ～〗ミサ(の儀式). ～ **a éisteacht** ミサにあずかること. ～ **a léamh** (do dhuine) (人のために)ミサを捧げること.
aige [egʲə] ☞ ag.
aigéad [agʲeːd] 名男〖属単・主複 **aigéid**, 属複 ～〗酸；酸性物.
aigéadach [agʲeːdəx] 形1 酸性の, 酸っぱい；辛らつな.
aigéan [agʲeːn] 名男〖属単・主複 **aigéin**, 属複 ～〗大洋[海], 海洋. **an tAigéan Atlantach** 大西洋.
aigéanach [agʲeːnəx] 形1 大洋(性)の；広大な.
aigeanta [agʲəntə] 形3 元気のいい, 快活な, 陽気な.
áigh [aːi] 間投 あ痛っ!, 痛いっ!
aighneas [ainʲəs] 名男〖属単 **aighnis**〗討論, 議論, 争議.(動名詞扱い) **ag** ～ 討論すること.
aigne [agʲnʲə] 名女〖属単 ～〗(思考・意志・感情[覚]などを表す)心, 精神；生気；快活[陽気]. ～ **an duine** 人の心. **tá sé ar** ～ **agam labhairt leis** 私は彼に話をするつもりだ. **cadé atá ar d'aigne?** 何を気にしているのか? **chuir an bia** ～ **ann** 彼はその食物で元気になった. **faoi** ～ 快活な.
aigneolaíocht [ˈagʲnʲoːliː(ə)xt] 名女〖属単 **-a**〗心理学.
áil [aːlʲ] 名 (動詞 is と共に) 願望, 欲望, 望み. **mar is** ～ **leat** 君が好きな[望む]ように. **ní háil liom iad** 私はそれらは好きでない. **cad ab leat díom?** ご用は何ですか?
ailb [alʲəbʲ] 名女〖属単 **ailbe**, 複 **-eanna**〗白衣, アルブ(ミサ用の祭服).
ailceimic [ˈalʲˌkʲemʲəkʲ] 名女〖属単 **-e**〗錬金術.
áiléar [aːlʲeːr] 名男〖属単・主複 **áiléir**, 属複 ～〗屋根裏(部屋)；歩廊；さじき.
ailgéabar [alʲ(ə)gʲeːbər] 名男〖属単 **ailgéabair**〗代数(学).
ailibí [alʲəbʲiː] 名男〖属単 ～, 複 **-onna**〗アリバイ.
ailigéadar [alʲəgʲeːdər] 名男〖属単・主複 **ailigéadair**, 属複 ～〗アフリカワニ.
ailínigh [ˈalʲiːnʲiː] 動II 他〖動名 **ailíniú**, 動形 **ailínithe**〗1列にそろえる, 整列させる.
ailiúnas [alʲuːnəs] 名男〖属単・主複 **ailiúnais**, 属複 ～〗(離婚・別居後夫が妻に支払うべき)生活費；生計費.

aill [alʹ] 名女〖属単 **aille**, 複 **aillte**〗断崖, 絶壁.
áille [aːlʹə] 名女〖属単 〜〗美[麗]しさ；美貌；美人.
　——形 ☞ álainn.
áilleacht [aːlʹəxt] 名女〖属単 **-a**〗美しさ, 素晴らしさ；楽しさ.
áilleagán [aːlʹəgaːn] 名男〖属単・主複 **áilleagáin**, 属複 〜〗おもちゃ；小さな飾り物；人形.
ailléirge [alʹeːrʹgʹə] 名女〖属単 〜, 複 **ailléirgí**〗アレルギー, 異常敏感症.
ailléirgeach [alʹeːrʹgʹəx] 形1 アレルギーの, アレルギー体質の.
aillte [alʹtʹə] ☞ aill.
ailp [alʹpʹ] 名女〖属単 **-e**, 複 **-eanna**〗(チーズや肉などの)大きな固まり, 厚切り；ノブ(ドアの取っ手).
ailse [alʹsʹə] 名女〖属単 〜, 複 **ailsí**〗癌(がん).
ailt [alʹtʹ] 名女〖属単 **-e**, 複 **-eanna**〗峡谷, 谷間, 山峡.
áilteoir [aːlʹtʹoːrʹ] 名男〖属単 **áilteora**, 複 **-í**〗詐欺師；手品師；道化役者.
áilteoireacht [aːlʹtʹoːrʹəxt] 名女〖属単 **-a**〗(計略で)だますこと, かつぐこと；ふざけること.
ailtire [alʹtʹərʹə] 名男〖属単 〜, 複 **ailtirí**〗建築家, 建築技師.
ailtireacht [alʹtʹərʹəxt] 名女〖属単 **-a**〗建築学[術]；建築様式；構造.
áiméan [aːmʹeːn] 間投 アーメン.
áiméar [aːmʹeːr] 名男〖属単 **áiméir**〗機会, 好機.
aimhleas [ˈavʹɪlʹas] 名男〖属単 **-a**〗有害, 害悪, 損害.
aimhleasach [ˈavʹɪlʹasəx] 形1 有害な, 不利益な；見当違いの.
aimhréidh [ˈavʹɪrʹeːɣʹ] 名女〖属単 **-e**〗もつれ；からませるもの. dul in 〜 もつれること.
　——形1 (糸・髪など)もつれた；入り組んだ；一様でない.
aimhrialta [ˈavʹɪriəltə] 形3 不規則な；例外的な, 異例の.
aimhrialtacht [ˈavʹɪriəltəxt] 名女〖属単 **-a**〗変則[例外](的なこと), 異常なこと.
aimhriar [ˈavʹɪriər] 名女〖属単 **aimhréire**〗不服従, 反抗；不一致, 不調和.
aimiréal [amʹərʹeːl] 名男〖属単・主複 **aimiréil**, 属複 〜〗海軍大将；タテハ蝶. 〜 **dearg** 赤タテハ.
aimiréalacht [amʹərʹeːləxt] 名女〖属単 **-a**〗海軍省；海事裁判所.
aimitis [amʹətʹəsʹ] 名女〖属単 **-e**, 複 **-í**〗アメジスト.
aimléis [amʹɪlʹeːsʹ] 名女〖属単 **-e**〗不幸[不運]；惨めな境遇[状態].

aimlithe [amʲlʲihə] 形3 みじめな; 不幸な; びしょぬれの.
aimliú [amʲlʲu:] 名男 〖属単 **aimlithe**〗(雨などで)びしょぬれになること.
aimnéise [amʲnʲe:sʲə] 名女 〖属単 ～〗健忘症, 記憶喪失.
aimpéar [amʲpʲe:r] 名男 〖属単・主複 **aimpéir**, 属複 ～〗アンペア.
aimplitheoir [amʲpʲlʲiho:rʲ] 名男 〖属単 **aimplitheora**, 複 **-í**〗アンプ, 増幅器.
aimrid [amʲrʲədʲ] 形1 不妊の, 実を結ばない; 不毛の.
aimride [amʲrʲədʲə] 名女 〖属単 ～〗不妊, 実を結ばないこと; やせ地.
aimridigh [amʲrʲədʲi:] 動II 他〖動名 **aimridiú**, 動形 **aimridithe**〗不妊にする, 結実しないようにする; 不毛にする.
aimseartha [amʲsʲərhə] 形3 時(間)の; (文法)時を表す; この世の.
aimsigh [amʲsʲi:] 動II 他〖動名 **aimsiú**, 動形 **aimsithe**〗(銃などを)向ける, (ねらって)投げる; (的に)当てる; 見つける, 突き止める.
aimsir [amʲsʲərʲ] 名女 〖属単 **-e**〗天気, 気象, 天候; 時代; 時, 時期; 期間; (文法)時制. ～ **mhór** 嵐のような天気. **nósanna na haimsire seo** 今日の習慣. **le haimsir**[le himeacht aimsire] そのうちに(は)[やがて]. **i gceann na haimsire** 事が順当に運べば; やがて. ～ **na Nollag** クリスマスシーズン, 聖霊降臨節. **ar**[in] ～ **ag** (duine) (人)に雇われて[に在職して]いた期間.
aimsitheoir [amʲsʲiho:rʲ] 名男 〖属単 **aimsitheora**, 複 **-i**〗射撃[弓]の名手; 探知する人[もの]; ファインダー.
aimsiú [amʲsʲu:] 名男 ☞ aimsigh.
ain- [anʲ] 接頭 (狭母音・狭子音の語頭に使われ S 変化) 不, 非, 無, 悪.
ainbhios [ˈanʲɪvʲis] 名男 〖属単 **ainbheasa**〗無知; 無学.
ainbhiosach [ˈanʲɪvʲisəx] 形1 無学の; 愚かな.
ainbhiosán [ˈanʲɪvʲisa:n] 名男 〖属単・主複 **ainbhiosáin**, 属複 ～〗無学[無知]な人.
aincheist [anʲxʲesʲtʲ] 名女 〖属単 **-e**, 複 **-eanna**〗困惑; 苦境; ジレンマ.
ainchleachtadh [ˈanʲɪxʲlʲaxtə] 名男 〖属単 **ainchleachta**〗未経験; 不慣れ; 世間知らず.
ainchreideamh [ˈanʲɪxʲrʲedʲəv] 名男 〖属単 **ainchreidimh**〗不信心[仰]; 不誠実; 不信.
ainchreidmheach [ˈanʲɪxʲrʲedʲvʲəx] 名男 〖属単・主複 **ainchreidmhigh**, 属複 ～〗不信仰者, 異教徒.
ainchríonna [ˈanʲɪxʲrʲi:nə] 形3 ずうずうしい; 軽率な, 無分別な.

aincis [aŋ′k′əs′] 名女〖属単 **-e**〗悪意[敵意] ; 気難しいこと.
aindiachaí [ˈan′ˌd′iəxi:] 名男〖属単 **～**, 複 **aindiachaithe**〗無神論者.
aindiachas [ˈan′ˌd′iəxəs] 名男〖属単 **aindiachais**〗無神論 ; 神の存在の否定.
aindiaga [ˈan′ˌd′iəgə] 形3 神を敬わない ; 不信心な ; 不敬な.
aindleathach [ˈan′ˌd′l′ahəx] 形1 不法の, 違法の, 非合法な.
aindlí [ˈan′ˌd′l′i:] 名男〖属単 **～**〗法律のない[法律を守らない]こと.
aineamh [an′əv] ☞ ainimh.
áineas [a:n′əs] 名男〖属単 **áineasa**〗喜び, 楽しさ ; 気晴らし.
ainéistéiseach [ˈan′ˌe:s′t′e:s′əx] 名男〖属単・主複 **ainéistéisigh**, 属複 **～**〗麻酔薬.
── 形1 麻酔(術)の, 麻痺させる ; 無感覚の.
aineoil [ˈan′ˌo:l′] 形3 未知の, 未確認の ; 奇妙な.
aineolach [ˈan′ˌo:ləx] 形1 無学の ; 無知の.
aineolas [ˈan′ˌo:ləs] 名男〖属単 **aineolais**〗無学, 無知.
aingeal [aŋ′g′əl] 名男〖属単・主複 **aingil**, 属複 **～** ; 呼格複 **aingle**〗天使, エンジェル.
ainghléas [ˈan′ˌɣ′l′e:s] 名男〖属単 **ainghléis**〗(機械などを)狂わせること. **ar ～, in ～** 故障して.
ainghníomh [ˈan′ˌɣ′n′i:v] 名男〖属単 **ainghnímh**, 複 **-artha**〗極悪 ; 暴挙 ; 残虐行為.
aingí [aŋ′g′i:] 形3 悪意のある ; 腹立ちやすい, 気難しい.
aingiallta [ˈaŋ′ˌg′iəltə] 形3 理性のない ; 分別のない ; ばかげた.
aingíne [aŋ′g′i:n′ə] 名女〖属単 **～**〗アンギナ(扁桃などの炎症).
ainglí [aŋ′l′i:] 形3 天使の ; 天使のような ; 非常に高徳な.
ainimh [an′əv] 名女〖属単・主複 **-e**, 属複 **aineamh**〗きず[損傷] ; 外観を損なうこと.
ainiochtach [ˈan′ˌixtəx] 形1 残虐な, 無慈悲な, むごい.
ainligh [an′l′i:] 動II 他〖動名 **ainliú**, 動形 **ainlithe**〗巧みにあやつる ; うまく事を処理する ; (舟を)先導する ; 動かす. **an scéal a ainliú** 事柄を巧妙に処理すること.
ainm [an′əm′] 名男〖属単 **～**, 複 **-neacha**〗名(前), 名目 ; 世評 ; (文法)名詞. **～ agus sloinne** 姓名[氏名]. **～ leabhair** 本の題名. **in ～ Dé!** 頼むから, 後生だから! **in ～ a bheith ag obair** 働いていることになっている. **an bhfuil scian agat? tá an t-ainm agam** 君ナイフを持っているか? うん, 名ばかりのものなら. (**duine**) **a chur as a ～** (人)を呼び誤ること, ののしること. **tá ～ an léim air** 彼は学識家とい

う評判だ.

ainmfhocal [ˈanʲəmʲˌokəl] 名男〖属単・主複 **ainmfhocail**, 属複 〜〗名詞.

ainmheasartha [ˈanʲˌvʲasərhə] 形3 節度のない, 中庸を欠いた；極端な.

ainmheasarthacht [ˈanʲˌvʲasərhəxt] 名女〖属単 **-a**〗節度を欠くこと；極端[過度].

ainmhéid [ˈanʲˌvʲeːdʲ] 名女〖属単 **-e**〗巨大さ；育ち過ぎ；はびこり.

ainmhí [anʲəvʲiː] 名男〖属単 〜, 複 **ainmhithe**〗動物, 獣, 畜生.

ainmhian [ˈanʲˌvʲiən] 名女〖属単 **ainmhéine**, 複 **-ta**〗激情；渇望；肉欲.

ainmhianach [ˈanʲˌvʲiənəx] 形1 熱烈な；激しい；欲望の強い；肉欲的な.

ainmhíoch [anʲəvʲiː(ə)x] 形1 動物の；動物的な；乱暴[残虐]な.

ainmliosta [ˈanʲəmʲˌlʲistə] 名男〖属単 〜, 複 **-í**〗カタログ.

ainmneach [anʲəmʲnʲəx] 名男〖属単・主複 **ainmnigh**, 属複 〜〗 (文法) 主格(の語).
——形1 (文法) 主語[主格]の.

ainmní [anʲəmʲnʲiː] 名男〖属単 〜〗(文法) 主語, 主部.

ainmnigh [anʲəmʲnʲiː] 動II 他〖動名 **ainmniú**, 動形 **ainmnithe**〗名を付ける[名を呼ぶ]；(候補者として) 指名[推薦]する；指定する.

ainmnithe [anʲəmʲnʲihə] 形3 世に知られた；選出された.

ainmnitheach [anʲəmʲnʲihəx] 名男〖属単・主複 **ainmnithigh**, 属複 〜〗指名[推薦・任命]された人.

ainmniúchán [anʲəmʲnʲuːxaːn] 名男〖属単・主複 **ainmniúcháin**, 属複 〜〗指名[推薦・任命].

ainmniúil [anʲəmʲnʲuːlʲ] 形2 名目上の, 印ばかりの；著名な.

ainneoin [ˈanʲoːnʲ] 名 (成句) d'ainneoin [in 〜] …にもかかわらず[を無視して]. de m'ainneoin 私を無視して[をものともせず]. 〜 [d'ainneoin] gur labhair mé leis 私は彼と話したけれども.

ainneonach [ˈanʲoːnəx] 形1 心ならずの, 不本意な；無意識の.

ainnir [anʲərʲ] 名女〖属単 **-e**, 複 **-eacha**〗若い女[娘]；未婚女性.

ainnis [anʲəsʲ] 形1 不幸な, みじめな；みすぼらしい.

ainnise [anʲəsʲə] 名女〖属単 〜〗悲惨(な有様)；貧苦；卑しさ.

ainniseoir [anʲəsʲoːrʲ] 名男〖属単 **ainniseora**, 複 **-í**〗不幸な人, みる影もない人；卑しい人.

ainriail [ˈanʲˌriəlʲ] 名女〖属単 **ainrialach**, 複 **ainrialacha**〗無秩序, 混乱；無政府状態.

ainrialaí [ˈanˌriəliː] 名男 【属単 ～, 複 **ainrialaithe**】規則[法律]などに従わない者；アナキスト.

ainrialta [ˈanˌriəltə] 形3 無秩序の, 無政府状態の.

ainrianta [ˈanˌriəntə] 形3 規則に従わない；抑制のない；みだらな.

ainriocht [ˈanˌrixt] 名男 【属単 **ainreachta**, 複 **-aí**】窮状, 悲惨な状態, ひどい有様.

ainriochtach [ˈanˌrixtəx] 形1 ぼろぼろになった, 荒れ果てた.

ainscian [ˈanˌsʲkʲiən] 名女 【属単 **ainscéine**】手に負えないこと；激怒, 激情.

ainscianta [ˈanˌsʲkʲiəntə] 形3 手に負えない；猛烈に怒った.

ainseabhaí [anˈsʲəviː] 名男 【属単 ～, 複 **ainseabhaithe**】アンチョビー.

ainseal [anˈsʲəl] 名男 【属単 **ainsil**】(成句) **dul in** ～[chun ainsil] 慢性になること.

ainsealach [anˈsʲələx] 形1 慢性の；くせになった；長期にわたる.

ainsiléad [anˈsʲəlʲeːd] 名男 【属単・主複 **ainsiléid**, 属複 ～】バネばかり, はかり.

ainspianta [ˈanˌsp'iəntə] 形3 奇怪[異様]な, グロテスクな.

ainspiantacht [ˈanˌsp'iəntəxt] 名女 【属単 **-a**】グロテスクなもの[こと]；普通と異なったもの[こと].

Ainspiorad [ˈanˌsp'irəd] 名男 【属単 **Ainspioraid**】悪魔. **an tAinspiorad** 魔王.

ainsprid [ˈanˌsp'rʲid] 名女 【属単 **-e**, 複 **-í**】悪魔；かんしゃくもち.

aint [anʲtʲ] 名女 【属単 **ainte**, 複 **-eanna**】伯[叔]母, おばさん.

aintéine [anʲtʲeːnʲə] 名女 【属単 ～, 複 **aintéiní**】アンテナ.

aintiarna [ˈanˌtʲiərnə] 名男 【属単 ～, 複 **-í**】専制君主, 暴君, 圧制者.

aintiarnas [ˈanˌtʲiərnəs] 名男 【属単 **aintiarnais**】専制政治；圧制的な権力の行使.

aintiarnúil [ˈanˌtʲiərnuːlʲ] 形2 暴君的な；圧制的な；非道な.

aintín [anʲtʲiːnʲ] 名女 【属単 ～, 複 **-í**】おばちゃん；伯[叔]母.

aintiún [anʲtʲuːn] 名男 【属単・主複 **aintiúin**, 属複 ～】聖歌；賛歌, 祝歌.

aíocht [iː(ə)xt] 名女 【属単 **-a**】歓待；宿泊. **teach aíochta** 宿屋, ゲストハウス.

aíochtlann [iː(ə)xtlən] 名女 【属単 **aíochtlainne**, 主複 **-a**, 属複 ～】ゲストハウス；高級下宿.

aíonna [iː(ə)nə] ☞ aoi.

aipindic [ˌaˈpinʲdʲəkʲ] 名女《属単 **-e**, 複 **-í**》突起, 虫垂.
aipindicíteas [aˌpʲinʲdʲəˈkʲiːtʲəs] 名男《属単 **aipindicítis**》虫垂[盲腸]炎.
air [erʲ] 前 ☞ ar¹.
airc [arʲkʲ] 名女《属単 **-e**》飢え; 欲望; 欠乏; 入り用; 飽くなき食欲. ～ chun eolais 知識欲.
áirc [aːrʲkʲ] 名女《属単 **-e**》(円)弧; 弧形.
airceach [arʲkʲəx] 形1 貧窮している; 飽くことを知らない.
aird¹ [aːrdʲ] 名女《属単・複 **-e**》方向, 方面; (羅針盤の)方位. sna ceithre hairde 四方八方に. lá sna naoi n-airde ごくまれに.
aird² [aːrdʲ] 名女《属単 **-e**》注意, 注目, 注意力. duine gan ～ 不注意[軽率]な人. focal gan ～ くだらない話[声明].
airde [aːrdʲə] 名女《属単 ～》高さ, 高度; 背丈; 標高; (音楽など)音の高さ. an ～ 貴族たち, 高い立場[地位]にいる人々. in ～ 空中高く, 上(の方)に, 天へ. (成句) ar cosa in ～ 大急ぎで[全速力で].
airdeall [aːrdʲəl] 名男《属単 **airdill**》警戒を怠らないこと, 用心[注意]深いこと. san ag ～[san ～ ar]を見張って[警戒して].
airdeallach [aːrdʲələx] 形1 油断のない, 用心深い.
aire¹ [arʲə] 名女《属単 ～》注意, 用心, 留意; 世話. ～ a thabhairt do (rud) (もの)の世話[管理・処理]をすること. (duine) a chur ar a ～ (人)に警戒[用心]させること. is iomaí rud ar m'aire 私には傾注する[目が離せない]ことが沢山ある. ～ duit[chugat]! 気をつけなさい!
aire² [arʲə] 名男《属単 ～, 複 **airí**》大臣, 閣僚.
aireach [arʲəx] 形1 注意[用心]深い; 気を配っている; 警戒怠りない.
aireachas [arʲəxəs] 名男《属単 **aireachais**》注意, 留意; 警戒[用心]. bheith in ～ (ruda) (もの・こと)の面倒を見る[管理をする]こと. (duine) a chur ar a ～ (人)に警戒させること.
aireacht [arʲəxt] 名女《属単 **-a**, 複 **-aí**》行政組織の省[省の建物]; 大臣の任務[職務].
aireachtáil [arʲəxtaːlʲ] 名女《属単 **aireachtála**》① airigh の動名詞. ② 知覚, 認識.
aireagal [arʲəgəl] 名男《属単・主複 **aireagail**, 属複 ～》小礼拝堂; 部屋; 病室(棟).
aireagán [arʲəgaːn] 名男《属単・主複 **aireagáin**, 属複 ～》発明, 創案; 考案品.
áireamh [aːrʲəv] 名男《属単 **áirimh**》① áirigh の動名詞. ② 数え

ること；勘定に入れること；計算；数. as an ～ 勘定外で. ～ béil [cinn] 暗算. gan ～ 数えきれない. (rud) a chur san ～ （もの）を勘定に入れること.

áireamhán [aːrʹəvaːn] 名男 〖属単・主複 **áireamháin**, 属複 ～〗計算器[機].

airéine [arʹeːnʹə] 名女 〖属単 ～, 複 **airéiní**〗闘技場, 競技場.

áirge [aːrʹgʹə] 名女 〖属単 ～, 複 **áirgí**〗有用品, 利器；財産.

airgead [arʹəgʹəd] 名男 〖属単・主複 **airgid**, 属複 ～〗銀；お金[硬貨]. ～ buí[geal・rua] 金貨[銀貨・銅貨]. ór agus ～ 金と銀. ～ reatha 通貨. ～ síos 即金で. ～ tirim 現金.

airgeadaí [arʹəgʹədiː] 名男 〖属単 ～, 複 **airgadaithe**〗財政家；融資家.

airgeadaíocht [arʹəgʹədiːxt] 名女 〖属単 **-a**〗通貨政策. (属単は形容詞扱いで)通貨の.

airgeadaithe [arʹəgʹədahʹə] 形 3 銀メッキした.

airgeadas [arʹəgʹədəs] 名男 〖属単 **airgeadais**〗財政, 財務.

airgeadóir [arʹəgʹədoːrʹ] 名男 〖属単 **airgeadóra**, 複 **-í**〗現金出納係.

airgeadra [arʹəgʹədrə] 名男 〖属単 ～, 複 **-í**〗通貨.

airgeadúil [arʹəgʹəduːlʹ] 形 2 銀のような, 銀色に輝く.

áirgiúil [aːrʹgʹuːlʹ] 形 2 設備の整った；広々とした.

airí[1] [arʹiː] 名男 〖属単 ～, 複 **-onna**〗徴候, 症候；ある事物に固有の性質.

airí[2] [arʹiː] 名女 〖属単 ～〗当然受けるべき賞[罰], 当然の報い.

áiria [aːrʹiə] 名男 〖属単 ～, 複 **-nna**〗旋律；アリア.

airigh [aːrʹiː] 動II 他 〖動名 **aireachtáil**, 動形 **airithe**〗知覚[感知・認識]する；聞き知る；～ ó いない[無い]のを寂しく[不自由に]思う. d' airigh mé uaim iad 私は彼らがいないのを寂しく思った[それらが無くて不自由だった].

áirigh [aːrʹiː] 動II 他 〖動名 **áireamh**, 動形 **áirithe**〗数える, 計算する；勘定に入れる；(計算・評価に照らし)見なす[結論する].

airíoch [arʹiː(ə)x] 名男 〖属単・主複 **airígh**, 属複 ～〗管理人；世話人.

airíonna [arʹiːnə] ☞ airí[1].

áirithe[1] [aːrʹihə] 名女 〖属単 ～〗確実であること, 確かさ；保証；定め；(ある一定の)量；配分；d' áirithe[in ～] 定められて[予約の]. níl aon ～ agam air 私はそれを確信出来ない. an ～ chéanna airgid 同額の貨幣. níl agam ach an ～ seo 私はこれだけしか持っていない. tá an bás d'áirithe ag gach aon duine 人はだれでも死ぬ運命を負わされている. suíochán a chur in ～ (座)席を予約すること.

áirithe[2] [aːrʲihə] 形3 ① áirigh の動形容詞. ② ある；外ならぬ. **ach go háirithe** とにかく，いずれにせよ. **go háirithe** とりわけ[特に].

airitheach [arʲihəx] 形1 知覚力のある；知覚の；鋭敏な.

airleacan [aːrlʲəkən] 名男 《属単・主複 **airleacain**, 属複 ～》前金, 前払い(金).

airne [aːrnʲə] 名女 《属単 ～, 複 **airní**》リンボク(の実)(野性のスモモ).

airneán [aːrnʲaːn] 名男 《属単 **airneáin**》夜間訪問；夜更しすること.

airnéis [aːrnʲeːsʲ] 名女 《属単 **-e**》財産；家畜；シラミ.

áirse [aːrsʲə] 名女 《属単 ～, 複 **áirsí**》アーチ；アーチ形のもの.

airteagal [artʲəgəl] 名男 《属単・主複 **airteagail**, 属複 ～》箇条[条項]；一品[個].

airtléire [artʲlʲeːrʲə] 名女 《属単 ～》大砲；ミサイル発射機.

airtríteas [artʲrʲiːtʲəs] 名男 《属単 **airtrítis**》関節炎.

ais[1] [asʲ] 名 後部, 裏. (成句) **ar ～** 元へ[に]；(さらに)また. **droim ar ～** 逆に[転倒]した. **le hais** …と比べて. **ar ～ nó ar éigean** どんな犠牲を払っても, 好むと好まないと.

ais[2] [asʲ] 名女 《属単 **-e**, 複 **-eanna**》軸, 軸線.

ais-[3] [asʲ] 接頭 再び, 改めて；元のように.

áis [aːsʲ] 名女 《属単 **-e**, 複 **-eanna**》便利[便宜], 好都合；利器[考案物]. **an ndéanfá ～ dom?** お願いがあるのですが？ **ar d'áis** 君の都合のいい時に. **ní haon ～ dom é** それは私には何の役にも立たない.

aisce [asʲkʲə] 名女 《属単 ～, 複 **aiscí**》親切(な行為), 好意, 恩恵, 贈物；願い事. **in ～** ただで[無益に]. **obair in ～** 徒労. (rud) **a fháil [athabhairt] in ～** (もの)を無償で得る[与える]こと.

aischothú [ˈasʲˌxohuː] 名男 《属単 **aischothaithe**, 複 **aischothuithe**》フィードバック.

aischur [asʲxur] 名男 《属単・主複 **aischuir**, 属複 ～》(商売など)収入, 収益.

aiseag [asʲəg] 名男 《属単 **aisig**》① aisig の動名詞. ② 吐くこと；回復；償還；収益.

aiseal [asʲəl] 名男 《属単・主複 **aisil**, 属複 ～》車軸, 心棒.

aiséirí [ˈasʲˌeːrʲiː] 名男 《属単 ～》復活, 再起.

aiséirigh [ˈasʲˌeːrʲiː] 動II 自 《動名 **aiséirí**, 動形 **aiséirithe**》よみがえる, 復活する；再起する.

aiséiteach [asʹeːtʹəx] 名男〖属単・主複 **aiséitigh**, 属複 **～**〗修道士, 苦行者; 禁欲主義者.

aiséitiúil [asʹeːtʹuːlʹ] 形2 禁欲(的)な, 苦行[修行]の.

aiseolas [ˈasʹˌoːləs] 名男〖属単 **aiseolais**〗フィードバック.

aisfhreagra [ˈasʹˌrʹagrə] 名男〖属単 **～**, 複 **-í**〗辛らつな応答; 口答え; 論ばく.

aisghabh [ˈasʹˌɣav] 動I 他〖動名 **aisghabháil**, 動形 **aisghafa**〗取りもどす; (情報など)取り出す.

aisghair [ˈasʹˌɣarʹ] 動I 他〖動名 **aisghairm**, 動形 **aisghairthe**〗取り消す; (法律などを)廃止する; 無効にする.

aisghairm [ˈasʹˌɣarʹəmʹ] 名女〖属単 **-e**, 複 **-eacha**〗取消し, 廃止.

aisig [asʹəɡʹ] 動I 他〖動名 **aiseag**, 動形 **aiseagtha**; 現 **aiseagann**〗元にもどす, を回復する; を吐く, 吐き出す.

aiseagaim [asʹəɡəmʹ] aisig+mé.

aisíoc [ˈasʹˌiːk] 名男〖属単 **-a**〗返済; 払いもどし; 償還.
――動I 他〖動名 **aisíoc**, 動形 **aisíoctha**〗返済する; 払い戻す; 償還する.

áisiúil [aːsʹuːlʹ] 形2 便利[好都合]な, 手ごろな, 手近な.

aisléim [ˈasʹˌlʹeːmʹ] 名女〖属単 **-e**, 複 **-eanna**〗(バネ・銃などの)はね返り, 反動.

aisling [asʹlʹəŋʹ] 名女〖属単 **-e**, 複 **-í**〗見えること; 夢, 幻想, 夢想.

aislingeach [asʹlʹəŋʹəx] 名男〖属単・主複 **aislingigh**, 属複 **～**〗夢想家, 空想家.
――形1 幻(影)の; 空想的な; 非現実的な.

aispeist [asʹpʹəsʹtʹ] 名女〖属単 **-e**〗石綿, アスベスト.

aistarraing [ˈasʹˌtarəŋʹ] 動II 他〖動名 **aistarraingt**, 動形 **aistarraingthe**; 現 **aistarraíonn**〗(通貨など)回収する, 取り戻す; (銀行から)引き出す.

aiste[1] [asʹtʹə] 名女〖属単 **～**, 複 **aistí**〗随筆, 作文; 方法; 計画[試み]; 奇行. **ar an ～ sin** あの様に[な](方法で). **ar ～ bia** 食餌療法中で.

aiste[2] [asʹtʹə] 名 (成句) **tá ～ ar an iasc** 魚が餌に食いついている.

aisteach [asʹtʹəx] 形1 奇妙な, 不可思議な, 見慣れない.

aistear [asʹtʹər] 名男〖属単・主複 **aistir**, 属複 **～**〗旅; 回り道; 不都合. **～ farraige** 船旅. **chuir sé ～ air féin** 彼は遠回りをした. **turas in ～** 無益な旅.

aisteoir [asʹtʹoːrʹ] 名男〖属単 **aisteora**, 複 **aisteoirí**〗俳優, 役者. **～ mná** 女優.

aisteoireacht [as′t′o:r′əxt] 名女〖属単 **-a**〗演出；上演；芝居をやること；演技.
aisti [as′t′i] ☞ as¹.
aistreach [as′t′r′əx] 形 1 落ち着かない；不便な；(文法) 他動詞の.
aistreán [as′t′r′a:n] 名男〖属単 **aistreáin**〗辺ぴな所；(交通などの) 不便.
aistreánach [as′t′r′a:nəx] 形 1 不便な, 辺ぴな；移住性の.
aistrigh [as′t′r′i:] 動 II 他・自〖動名 **aistriú**, 動形 **aistrithe**〗移転する；移動[転任・移住]させる；置き換える；翻訳する.
aistritheoir [as′t′r′iho:r′] 名男〖属単 **aistritheora**, 複 **-í**〗翻訳者；移転者, 引っ越し屋.
aistriú [as′t′r′u:] 名男〖属単 **aistrithe**〗移動[転]；転任；翻訳；置き換え.
aistriúchán [as′t′r′u:xa:n] 名男〖属単・主複 **aistriúcháin**, 属複 **～**〗翻訳.
ait [at′] 形 1 奇妙な；こっけいな；好ましい；優れた.
áit [a:t′] 名女〖属単 **-e**, 複 **-eanna**〗場所；空間；地位；立場；特定の箇所. **a ～ sa rang** 学級中の彼の順位. **dá mbeifeá i m'áitse** もし君が私の立場なら. (成句) **an ～** …だから, なぜならば. **cá háit?** どこか？ **in ～** の代わりに. **ina ～ sin** それの代わりに.
aiteacht [at′əxt] 名女〖属単 **-a**〗異様なこと.
aiteall [at′əl] 名男〖属単・主複 **aitill**, 属複 **～**〗雨の晴間(の一時).
aiteann [at′ən] 名男〖属単 **aitinn**〗ハリエニシダ.
aiteas [at′əs] 名男〖属単 **aitis**〗喜び, 楽しさ, 愉快なこと；不安感, 懸念.
aiteasach [at′əsəx] 形 1 愉快な, うれしい, 楽しい.
aiteoireacht [a:t′o:r′əxt] 名女〖属単 **-a**〗論じる[討論する]こと.
áith [a:] 名女〖属単 **-e**, 複 **-eanna**〗炉, かま.
aitheach [ahəx] 名男〖属単・主複 **aithigh**, 属複 **～**〗野卑な男；けちん坊；田舎者.
aitheanta¹ [ahəntə] ☞ ① aithin ② aithne².
aitheanta² [ahəntə] 形 3 認められた, 識別できる, 受け入れられた.
aitheantas [ahəntəs] 名男〖属単 **aitheantais**〗認めること；見分け；(同一であることの) 確認[証明]；知り合い. **dul in ～ ar** 知り合いになること. **cárta aitheantais** ID カード. **～ a thabhairt do** (rud)(もの) を認めること.
aitheasc [ahəsk] 名男〖属単・主複 **aithisc**, 属複 **～**〗演説, 挨拶の言葉；(牧師の) 説教, 訓戒. **d'aon ～** [d'aitheasc aonair] 口をそろえて

[満場一致で].
　——動II 他〖動名 **aitheasc**, 動形 **aitheasctha**〗に演説する；熱心に説く.

aithin [ahən′] 動II 他〖動名 **aithint**, 動形 **aitheanta**；現 **aithníonn**〗知っている；認める；それと分かる；識別する；知覚する. **áit a aithint** (一見して)ある場所と分かること. **aithním lorg a láimhe** 私は彼の筆跡を知っている. **is furasta a aithint** (go) (go 以下)は容易に分かる[知覚している]. (rud) **a aithint ó**[thar]**rud eile** (もの)を他のものと弁別すること.

aithinne [ahən′ə] 名女〖属単 〜, 複 **aithinní**〗火花, 火の粉；たいまつ.

aithis [ahəs′] 名女〖属単 **-e**, 複 **-í**〗中傷；恥辱；不名誉. 〜 **a thabhairt do** (dhuine) (人)を中傷すること.

aithiseach [ahəs′əx] 形 1 中傷的な, 名誉を傷つける(ような)；恥ずかしい.

aithisigh [ahəs′i:] 動II 他〖動名 **aithisiú**, 動形 **aithisithe**〗中傷する, 名誉[名声]を傷つける.

aithne[1] [ahn′ə] 名女〖属単 〜〗知人；面識；見知り；交友関係；見てそれと分かること；認識. 〜 **a chur** [a fháil] **ar** (dhuine) (人)と知り合いになること. **fear** (atá) **ar m'aithne** 私がよく知っている[面識のある]男. (daoine) **a chur in** 〜 **dá chéile** (人々)が互いに紹介し合うこと. **gan** 〜 意識不明の.

aithne[2] [ahn′ə] 名女〖属単 〜, 複 **aitheanta**〗命令；戒律. **na deich nAithne** モーゼの十戒.

aithnid [ahn′əd′] 名女〖属単 **-e**〗知人；外観. **níl a** 〜 **maith** 彼は見かけが悪い. (動詞 is と共に) **is** 〜 **dom** 私は知っている[知り合いである].

aithnidiúil [ahn′əd′u:l′] 形 2 をよく知っている[に通じている], 親しい；有名な. 〜 **ar** に精通して[心安い].

aithním [ahn′i:m′] aithin＋mé.

aithníonn [ahn′i:n] ☞ aithin.

aithreacha [ahr′əxə] ☞ athair.

aithreachas [ahr′əxəs] 名男〖属単 **aithreachais**〗後悔；残念な気持；遺恨.

aithrí [ahr′i:] 名女〖属単 〜〗(罪滅ぼしの)苦行, しょく罪；ざんげ, 悔悟；悔恨.

aithris [ahr′əs′] 名女〖属単 **-e**〗模倣；物語ること, 朗吟, 復唱. 〜 **scéil** 物語の朗吟. **ag déanamh aithrise ar bhéasa** 作法を見習うこと.

aithrisím —— 動II 他・自 〖動名 **aithris**, 動形 **aithriste**; 現 **aithrisíonn**〗(物語風に)述べる, 朗吟する, 復唱する; 見習う[模倣する]. **ag ～ ar** (dhuine) (人)の模倣をして(いる).

aithrisím [ahr′əs′i:m′] aithris+mé.

aithriseach [ahr′əs′əx] 形1 模倣の; あざける.

aithriseoireacht [ahr′əs′o:r′əxt] 名女 〖属単 **-a**〗朗唱[暗唱, 復唱]すること; 詳述すること; (ひやかして)まねること.

aithriúil [ahr′u:l′] 形2 父(として)の; 父親のような; 父方の. **is ～ an mac é** この父にしてこの子.

áitigh [a:t′i:] 動II 他〖動名 **áitiú**, 動形 **áitithe**〗(建物など)占める; (理由をあげて)論じる; 従わせる; **～ i** に落着く; 取りかかる; **～ ar** 説得する; 納得させる. (rud) **a áitiú ar** (dhuine) (もの)を(人に)得心[納得]させること.

áitithe [a:t′ihə] 形3 確立した; 熟練した; 常習的な.

áititheoir [a:t′iho:r′] 名男〖属単 **áititheora**, 複 **-í**〗居住[占有]者.

áitiú [a:t′u:] 名男〖属単 **áitithe**〗占有; 討論, 議論.

áitiúil [a:t′u:l′] 形2 地方の, 地域的な, 土地の.

áitreabh [a:t′r′əv] 名男〖属単・主複 **áitribh**, 属複 **～**〗住居, 住まい; 家屋敷.

áitreabhach [a:t′r′əvəx] 名男〖属単・主複 **áitreabhaigh**, 属複 **～**〗住人.

áitrigh [a:t′r′i:] 動II 他〖動名 **áitriú**, 動形 **áitrithe**〗住む, 居住する.

áitritheoir [a:t′r′iho:r′] 名男〖属単 **áitritheora**, 複 **-í**〗住人, 居住者.

ál [a:l] 名男〖属単 **áil**, 複 **-ta**〗(動物の)一腹の子[一かえりのひな]. **～ páistí** 大勢の子供たち.

ala [alə] 名 (成句) **ar ～ na huaire** 時のはずみで[出来心で]; 即座に. **gach ～** しばしば.

alabhog [ˈaləˌvog] 形1 なまぬるい, 微温の.

alabhreac [ˈaləvˈrˈak] 形1 白黒ぶちの, まだらの, 雑色の.

áladh [a:lə] 名男〖属単・主複 **álaidh**, 属複 **～**〗傷; 急な突き刺し; 不意につかむこと. **～ a thabhairt ar** (rud) (もの)をひっつかむ[にぱくっとかみつく]こと.

álainn [a:lən′] 形1〖属単男 **～**, 属単女・主複・比較 **áille**〗美しい, 見事な; 喜ばしい.

aláram [aˈla:rəm] 名男〖属単・主複 **aláraim**, 属複 **～**〗驚き; 警報

(装置).

Albain [albən] 名女〖属単 **Alban**〗スコットランド.
albam [aləbəm] 名男〖属単・主複 **albaim**, 属複 ～〗アルバム.
Albanach [albənəx] 名男〖属単・主複 **Albanaigh**, 属複 ～〗スコットランド人.
　——形1 スコットランド(人)の.
alcaileach [alkəlʹəx] 形1 アルカリ(性)の.
alcól [alko:l] 名男〖属単 **alcóil**〗アルコール; 酒.
alcólach [alko:ləx] 名男〖属単・主複 **aicólaigh**, 属複 ～〗アルコール中毒患者.
　——形1 アルコール(中毒)の.
alfraits [alʹfratʹsʹ] 名女〖属単 **-e**, 複 **-í**〗悪党, ならず者.
alga [aləgə] 名男〖属単 ～, 複 **-í**〗藻; 海藻.
allabhair [ˈaˌlaurʹ] 名女〖属単 **allabhrach**, 複 **allabhracha**〗こだま, 反響.
allabhrach [ˈaˌlaurəx] 形1 呼び出す, 喚起する.
allagar [aləgər] 名男〖属単 **allagair**〗大声で話すこと; 論争. ag ～ 議論すること.
allaíre [ali:rʹe] 名女〖属単 ～〗耳が遠いこと.
allas [aləs] 名男〖属単 **allais**〗汗; 発汗(作用). ag cur allais 汗をかくこと.
allasúil [aləsu:lʹ] 形2 汗だらけの; 汗の出る. ～ roimh を恐れて.
allmhaire [ˈalˌvarʹə] 名女〖属単 ～, 複 **allmhairí**〗輸入(品).
allmhairigh [ˈalˌvarʹi:] 動II 他〖動名 **allmhairiú**, 動形 **allmhairithe**〗輸入する.
allta [altə] 形3 野生の; 未開の. beithíoch ～ 野獣.
alltacht [altəxt] 名女〖属単 **-a**〗野性; 乱暴. ～ a chur ar (dhuine) (人)をびっくりさせること.
alluaiceach [ˈaˌluəkʹəx] 形1 目がくらむような; めまいがする.
allúrach [ˈalˌu:rəx] 名男〖属単・主複 **allúraigh**, 属複 ～〗外国人.
　——形1 外国(人)の.
almanag [alamənəg] 名男〖属単・主複 **almanaig**, 属複 ～〗暦, 年鑑.
almóinn [aləmo:nʹ] 名女〖属単 **-e**, 複 **-í**〗アーモンド.
almóir [aləmo:rʹ] 名男〖属単 **almóra**, 複 **-í**〗壁にはめ込んだ戸棚; 壁がん(像, 花瓶などを置く壁の窪み).
almsa [aləmsə] 名女〖属単 **-n**〗施し物, 義捐(ぎえん)金.
alp [alp] 動I 他・自〖動名 **alpadh**, 動形 **alptha**〗(飲食物を)飲み込

む, むさぼり食う.
Alpa [alpa] 名 (複) **na hAlpa** アルプス山脈.
alpach [alpəx] 形 1 むさぼり食う；貪欲な.
alpán [alpaːn] 名男 〘属単・主複 **alpáin**, 属複 〜〙(パン・肉など)固まり, 厚切り.
alt [alt] 名男 〘属単・主複 **ailt**, 属複 〜〙関節；継ぎ目；げんこつ；(木の)節；小丘；記事；冠詞. **as** 〜 関節がはずれて[乱れて]. **in** 〜 **a chéile** 理路整然として. **in** 〜 準備ができて. **in** 〜 **na huaire seo** この重大事に. **ar na hailt** 完全な. **an t-alt** 冠詞.
altach [altəx] 形 1 つなぎ合わせた；節だらけの；うねりのある.
altaigh [altiː] 動II 他・自 〘動名 **altú**, 動形 **altaithe**〙(神に)感謝する. **altú le bia** 食前[後]の感謝の祈り.
altaím [altiːm] altaigh+mé.
altán [altaːn] 名男 〘属単・主複 **altáin**, 属複 〜〙小川；峡谷；小丘.
altóir [altoːrʲ] 名女 〘属単 **altóra**, 複 **-í**〙祭壇.
altram [altrəm] 名男 〘属単 **-a**〙養育. **mac altrama** 養子.
altranas [altrənəs] 名男 〘属単 **altranais**〙育児.
altú [altuː] 名男 ☞ altaigh.
alúmanam [əˈluːmənəm] 名男 〘属単 **alúmanaim**〙アルミニウム.
am [am] 名男 〘属単 **-a**, 主複 **-anna**〙時；時間；時期；期間；時代；一生；余暇. **cén t-am é** [**cad é an t-am atá sé**]? 何時ですか？ **an t-am seo inné** 昨日のこの時間. **faoin** 〜 **seo** この時迄には. **fan le d'am** 君の番まで待て. **tá an t-am istigh** 時間切れだ. **seo d'am!** 今こそ君のチャンスだ！ **i rith** [**ar feadh**] **an ama** いつも. **san** 〜 [**ag an** 〜] **céanna** 同時に.
amach [əˈmax] 副形 外へ[に](行く)；広がって；離れて；完全に. ① 動作を伴い: **an bealach** 〜 出口. **ó mo chroí** 〜 衷心より. **sín** 〜 **do lámh** 手を(差し)出しなさい. 〜 **leat!** 出て行け！ ②外部へ: **abair** 〜 **é** はっきり(声を出して)言いなさい. ③時間: **ón lá seo** 〜 今日からは. 〜 **anseo** 後ほど. 〜 **sna fichidí** 20歳[年]代後半に. (成句) 〜 **ó** を除いて. **is deas** 〜 **é** 実にすばらしい. 〜 **is** 〜 完全に. 〜 **is isteach le bliain** 約1年.
amadán [aməda:n] 名男 〘属単・主複 **amadáin**, 属複 〜〙愚かな人, 思慮(分別)のない人.
amadánta [aməda:ntə] 形 3 愚鈍な；実体のない.
amadántacht [aməda:ntəxt] 名女 〘属単 **-a**〙ばかなまねをすること；愚かさ.
amadóir [amədo:rʲ] 名男 〘属単 **amadóra**, 複 **-í**〙タイマー.

amaideach [aməd'əx] 形1 愚かな；ばかばかしい.

amaideacht [aməd'əxt] 名女〖属単 ～〗愚かさ, 愚劣；愚行. **ag** ～ (**le**) をからかうこと.

amaidí [aməd'i:] 名女〖属単 ～〗愚かさ, 愚劣.

amaitéarach [amət'e:rəx] 名男〖属単・主複 **amaitéaraigh**, 属複 ～〗アマチュア, 素人.
——形1 素人の.

amanathar [ə'manəhər] 副名形 明後日(は；の).

amárach [ə'ma:rəx] 副名形 明日(は；の). ～ **an Domhnach** 明日は日曜日だ.

amarrán [aməra:n] 名男〖属単 **amarráin**〗争い；不幸.

amas [aməs] 名男〖属単・主複 **amais**, 属複 ～〗攻撃；狙い；企て.

ambaiste [əm'bas't'ə] 間投 本当に！[?].

ambasadóir [am'basᵢdo:r'] 名男〖属単 **ambasadóra**, 複 **-í**〗大使.

ambasáid [ambəsa:d'] 名女〖属単 **-e**, 複 **-í**〗大使館.

amchlár ['amᵢxla:r] 名男〖属単・主複 **amchláir**, 属複 ～〗時刻表.

amh [av] 形1〖属単男 ～, 属単女・比較 **aimhe**, 主複 **-a**〗生の, 料理していない.

ámh [a:v] 副 実に；けれども.

amhábhar ['avᵢa:vər] 名男〖属単・主複 **amhábhair**, 属複 ～〗原料；素材.

amhail [aul'] 名 (成句) **thug** [**chuir**] **mé in** ～ **labhairt leis** 私は彼に話しかけたかった．[彼に話しかけようとした(がしなかった)]．
——前 のような. ～ **an t-éan i gcrann** 木に止まっている鳥のような.
——接 のように. ～ **a dúirt sé** まさに彼が言ったように.

amháin [ə'va:n'] 形副接 一つの；唯一の；ただ…だけの. **duine** ～ 一人. **is é an** (**t-aon**) **rud** ～ **é** それは同じことだ. (**aon**) **uair** ～ 昔々[ある時]. **uair** ～ **eile** もう一度. **ach** ～ を除いて. **fiú** ～ たとえ…だとしても. **fiú** ～ **dá mbeadh a fhios agam** たとえ私が知っていたとしても.

amhantar [auntər] 名男〖属単・主複 **amhantair**, 属複 ～〗機会；冒険；幸運.

amhantrach [auntrəx] 形1 危険な；投機的な；幸運な.

amhantraí [auntri:] 名男〖属単 ～, 複 **amhantraithe**〗相場師, 投機家.

amhantraíocht [auntri:(ə)xt] 名女〖属単 **-a**〗投機, 思わく買い.

ámharach [aːvərəx] 形1 幸運な.
ámharaí [aːvəriː] 名女 (成句) **ar ～ an tsaoil** 幸運にも.
amharc [aurk] 名男 〖属単・主複 **amhairc**, 属複 **～**〗見ること；視力；視界；景色；見通し. **ar ～** 見える. **dul as ～** 見えなくなること. **～ a fháil** [**a thabhairt**] **ar** (**rud**) (もの)をちらっと見ること. **le hamharc** (**an**) **lae** 夜明けに.
――動 I 他・自 〖動名 **amharc**, 動形 **amharctha**〗見る. **～ ar** (**rud**) (もの)を見る.
amharcaíl [aurkiːlʲ] 名女 〖属単 **amharcaíola**〗じっと見ること.
amharclann [aurklən] 名女 〖属単 **amharclainne**, 主複 **-a**, 属複 **～**〗劇場, 芝居小屋.
amhas [aus] 名男 〖属単・主複 **amhais**, 属複 **～**〗傭(よう)兵；ならず者.
amhastraigh [austriː] 動 II 自 〖動名 **amhastrach**, 動形 **amhastraí**〗吠える；どなる.
amhiarann [ˈavˌiərən] 名男 〖属単 **amhiarainn**〗鉄鉱石.
amhlabhra [ˈavˌlaurə] 名女 〖属単 **～**〗(発音の)不明瞭さ；口べた.
amhlachas [auləxəs] 名男 〖属単・主複 **amhlachais**, 属複 **～**〗外観；見せかけ.
amhlaidh [auliː] 副 この[その]ように, こうして. **is ～ atá sé** 実は…だ. **tá sin ～** そのとおり. **tá mé ～ leat** その点では君と同じだ. **ní hamhlaidh duitse é** 君とは事情が異なる.
amhlánta [aulaːntə] 形3 粗野な, がさつな.
amhola [ˈavˌola] 名女 〖属単 **～**, 複 **-í**〗原油.
amhrán [auraːn] 名男 〖属単・主複 **amhráin**, 属複 **～**〗歌, 詩. **ag ～** 歌うこと. **Amhrán na bhFiann** アイルランド国歌.
amhránaí [auraːniː] 名男 〖属単 **～**, 複 **amhránaithe**〗歌手.
amhránaíocht [auraːniː(ə)xt] 名女 〖属単 **-a**〗歌うこと.
amhras [aurəs] 名男 〖属単 **amhrais**〗不審, 嫌疑；憶測. **ag ～ orm** 私を疑っていること.
amhrasach [aurəsəx] 形1 疑わしい, 怪しい；独断的な.
amlóir [amloːrʲ] 名男 〖属単 **amlóra**, 複 **-í**〗愚か者；手に負えない人.
ámóg [aːmoːg] 名女 〖属単 **ámóige**, 主複 **-a**, 属複 **～**〗ハンモック.
amóinia [aˈmoːnʲiə] 名女 〖属単 **～**〗アンモニア.
amparán [ampəraːn] 名男 〖属単・主複 **amparáin**, 属複 **～**〗手さげ[洗濯]かご.
ampla [amplə] 名男 〖属単 **～**〗飢え；飢饉；どん欲.
amplach [ampləx] 形1 飢えた；欲張りな.

amplóir [amploːrʲ] 名男 〖属単 **amplóra**, 複 **-í**〗ひもじそうな人；大食い.

amscaí [amskiː] 形3 だらしのない；不器用な.

amú [əˈmuː] 副 無駄に；(道に)迷って. **tá dul ~ ort** 君は間違っている.

amuigh [əˈmiɣʲ] 副前形 外(側)に[へ]；屋外で；遠くに；現存している；配られた；終了した. **an teach ~** 隣家. **~ thoir** はるか東に. **tá na bláthanna ~** 花が咲いている. **tá an leabhar ~** 本が出版される. **tá sé ~ ort** 君はそれについては彼に負う所が多い. **tá siad ~ le chéile** 彼らは仲が悪い. **~ agus istigh ar** 約.

an[1] [ən] 冠 定冠詞 〖属単女・複 **na**〗その, あの, 例の(日本語に訳さないことが多い) I. A) 主単女・複単男の b, c, f, g, m, p は S 変化. **an bhean**(＜bean) その女性. B) 主単男の母音；主単女・属単男の s＋母音, sl, sn, sr には t- を付ける. **an t-amhrán** 歌. **an tUachtarán** 大統領. C) ag, ar, faoi, le, ó, roimh, thar, trí, um が先行する時は b, c, f, g, p は U 変化(あるいは b, c, f, g, m, p は S 変化). **faoin mbord** テーブルの下に. D) den, don, sa, san が先行する時は S 変化. **sa mhála** 袋の中に. E) 属単女・主複の母音は語頭に h, 属複は n- を付ける. **muintir na hÉireann** アイルランド国民. **na hasail**(＜asal) ロバ. **líon na n-eisceachtaí** 例外の総計. F) 属複の b, c, d, f, g, p, t は U 変化. **leithreas na bhfear**(＜fear) 男性トイレ. II. 限定用法として. **an fear** その男. **an tsráid** 道路. **hata an fhir** 男の帽子. (固有名詞) **an tAthair Gallchóir** ガルホール神父. (自然界のただ一つのもの) **an Domhan** 地球. (種類の総称) **an pobal** 国民. **an fhearthainn** 雨. (名詞＋指示詞) **an duine seo** この人. **an teach sin** あの家. (抽象名詞) **an grá** 愛. **an tsláinte** 健康. (時間をまとめて指す) **an Nollaig** クリスマス. **an tEarrach** 春. (言語・場所・題名等) **an Ghaeilge** ゲール語. **an Fhrainc** フランス. (成句) **leis an bhfear** その男と共に.

an[2] [ə(n)] 小 動詞の前に置いて疑問形をつくる(U 変化). **an dtagann**(＜tar) **sé?** 彼は来るか？ **an ólfaidh**(＜ól) **sé é?** 彼はそれを飲むだろうか？

an[3] [ən] ☞ is[1].

an-[4] [an] 接頭 非常に；大きい(b, c, f, g, m, p は S 変化). **tá sé an-mhór** それは非常に大きい. **an-chluiche** 大試合.

an-[5] [an] 接頭 不-；否-；非-；悪い；限度を越えた(b, c, f, g, m, p は S 変化). **andúchasach** 土地の生まれでない(人).

anabaí [anəbiː] 形3 未熟な, (人など)成長しきらない；(死など)早まった.

anabaíocht [anəbi:(ə)xt] 名女〖属単 **-a**〗未熟, 未完成.
anacair [anəkərʹ] 名女〖属単 **anacra**, 複 **anacraí**〗不安；でこぼこ；苦悩.
—— 形〖属単男 〜, 属単女・主複・比較 **anacra**〗不安定な；不快な；困難な.
anacal [anəkəl] 名男〖属単 **anacail**〗保護；救出.
anachain [anəxənʹ] 名女〖属単 **-e**, 複 **anachana**〗大きな不幸[災難]；損害.
anacrach [anəkrəx] 形 1 苦しんでいる；悲惨な.
anáid [ana:dʹ] 名女〖属単 **-e**, 複 **-í**〗年金.
anáil [ana:lʹ] 名女〖属単 **anála**, 主複 **análacha**〗呼吸；空間；影響. **labhair faoi d'〜** 小声で話しなさい. **tá 〜 bhreá ag an teach** その家は広々としている. **faoi 〜 an Bhéarla** 英語の影響を受けて.
anailís [anəlʹi:sʹ] 名女〖属単 **-e**, 複 **-í**〗分析.
anailísigh [anəlʹi:sʹi:] 動II 他〖動名 **anailísiú**, 動形 **anailísithe**〗分析する.
anairt [anərtʹ] 名女〖属単 **-e**, 複 **-í**〗リンネル(亜麻繊維). **〜(bheag)** 帆.
anaithnid [ˈanˌahnʹədʹ] 形 1 未知の；無名の；不慣れな.
analach [anələx] 名女〖属単 **analaí**, 主複 **-a**, 属複 **〜**〗類似；類推.
análaigh [ana:li:] 動II 他・自〖動名 **análú**, 動形 **análaithe**〗呼吸する；(音声) h 音を加えて発音する.
anall [əˈnal] 副前形 (向こうから)ここへ；(を越えて)遠くから. **ag teacht 〜 thar an abhainn** 川を越えて来ること. **tar 〜 anseo** こちらへ来なさい. **riamh 〜** 太古[大昔]から.
anallód [əˈnalo:d] 副 (大)昔(に).
anam [anəm] 名男〖属単 **-a**, 複 **-acha**〗魂；生命；元気. **tá a hanam istigh ann** 彼女は彼を熱愛している. (mo) **sheacht mh'〜 thú!** ブラボー[うまいぞ]! **dar m'〜!** これは驚いた! **lán d'〜** 元気よく.
anamchara [ˈanəmˌxarə] 名男〖属単 **-d**, 複 **anamchairde**〗聖人.
anamúil [anəmu:lʹ] 形 2 活発な, 元気のよい.
anann [anən] 名男〖属単・主複 **anainn**, 属複 **〜**〗パイナップル.
anás [ana:s] 名男〖属単 **anáis**〗窮乏, 貧困(者). **ar an 〜** 困窮した. **in 〜 (ruda)** (もの)が入用で.
anásta [ana:stə] 形 3 貧乏な；ぎこちない.
anatamaíocht [əˈnatəmi:(ə)xt] 名女〖属単 **-a**〗解剖学.
anbhá [ˈanˌva:] 名男〖属単 **〜**〗パニック；仰天；恐怖.

anbhann [anəvən] 形1 弱々しい；微かな.
anbhuain [ˈanˌvuənʹ] 名女〖属単 **-e**〗落ち着きのなさ；不安；騒ぎ.
ancaire [aŋkərʹə] 名男〖属単 ～, 複 **ancairí**〗錨(いかり).
anchaoi [ˈanˌxi:] 名 (成句) in ～ [ar ～] 具合が悪い[苦境に].
anchúinseach [ˈanˌxu:nʹsʹəx] 形1 奇怪な；異常な；無節操の.
anchuma [ˈanˌxumə] 名女〖属単 ～〗顔色の悪いこと；異常さ.
anchumtha [ˈanˌxumhə] 形3 奇形の；不格好な.
andóchas [ˈanˌdo:xəs] 名男〖属単 **andóchais**〗推定, 憶測, 仮定.
andóigh [ˈanˌdo:γʹ] 名女〖属単 **-e**, 主複 **-eanna**〗ありそうもないこと[人].
andúchasach [ˈanˌdu:xəsəx] 形1 外国(産)の, 外来の, 異国(風)の.
andúil [ˈanˌdu:lʹ] 名女〖属単 **-e**〗切望；常用癖.
andúileach [ˈanˌdu:lʹəx] 名男〖属単・主複 **andúiligh**, 属複 ～〗中毒者；熱中者, 大のファン.
aneas [əˈnʹas] 副前形 南から(の). an ghaoth ～ 南風. ag teacht ～ 南から来ること.
anfa [anəfə] 名男〖属単 ～, 主複 **-í**〗嵐, 暴風雨；恐怖, 抑圧.
anfhorlann [ˈanˌo:rlən] 名男〖属単 **anfhorlainn**〗暴力；圧迫.
angadh [aŋgə] 名男〖属単 **angaidh**〗膿(うみ).
angar [aŋgər] 名男〖属単 **angair**〗苦悩, 悲痛. go bun an angair とことん(最後まで).
anghrách [ˈanˌγrʹa:x] 形1 好色な, エロティックな.
Anglacánach [aŋləka:nəx] 名男〖属単・主複 **Anglacánaigh**, 属複 ～〗英国国教会(教徒).
――― 形1 英国国教会の.
Angla-Éireannach [aŋlə-e:ranəx] 形1 アングロアイリッシュの.
anglais [aŋləsʹ] 名女 水で割った牛乳；つまらない[気の抜けた]話；弱虫. ～ tae 薄い[ぬるい]茶.
aniar [əˈnʹiər] 副前形 西から(の)；(後方から)前方へ(の). an ghaoth ～ 西風. teacht ～ aduaidh ar (dhuine) (人)に不意打ちを食わせること. druid ～ chun na tine 火のそばに来なさい. ～ ó chianaois 大昔から. chugam ～ tú! うまい！
aníos [əˈnʹi:s] 副前形 (下から)上に[へ]；北から(の)；遠方から(の). teacht ～ 上がって来ること. ag teacht ～ sa saol 出世すること.
anlaith [ˈanˌlah] 名男〖属単・複 **anlatha**〗暴君, 専制君主.
anlann [anlən] 名男〖属単 **anlainn**〗調味料；ソース.
anlathas [ˈanˌlahəs] 名男〖属単 **anlathais**〗専制政治.
anluchtaigh [ˈanˌloxti:] 動II 他〖動名 **anluchtú**, 動形 **anlucht-**

aithe》荷を積み過ぎる；飽食する.

ann[1] [an] 副 (存在を表して)がある；そこに(へ). **tá lá maith ~** (天候の)いい日だ. **tá an-t-earrach ~** 春だ. **bhí fear ~ fadó** 昔ある男がいた. **tá beirt againn ~** 我々ふたりがいる[ふたりは似ている]. **nuair a tháinig ~ dó** 彼が成長した時. **cé atá agam ~** [**cé seo agam ~**]? どなたですか? **ná bí ~ as** ちゅうちょするな. **ag dul ~** そこへ行くこと. **níl ~ ach mise** 私だけである. **níl ~ ach go bhfeicim**(< feic+mé) **é** 私はそれが殆ど見えない.

ann[2] [a(:)n] 名 (成句) **in ~** …できる. **in ~** (rud) **a dhéanamh** (こと)をすることができる. **in ~ aige** 彼の好敵手. **in ~ ag an obair** その仕事をやる能力がある.

ann[3] [an] ☞ i.

annáil [ana:l] 名 女《属単 **-e**, 複 **annála**》(複)年代記；歴史.

annamh [anəv] 形 1 まれな, 珍しい；ほんの時々の. **go hannamh** まれに.

anó [ˈanˌoː] 名 男《属単 ~》不快；苦悩；悲惨.

anocht [əˈnoxt] 副名形 今夜(は；の). **go dtí ~** 今夜まで.

anoir [əˈnorʲ] 副前形 東から(の)；前から(の). **an ghaoth ~** 東風. **chruinnigh siad ~ agus aniar** 彼らはあらゆる方面から集まった.

anóirthear [əˈnoːrʲhʲər] 副名形 明後日(は；の).

anois [əˈnoʃʲ] 副 今, 現在. **~ agus arís** 時々. **~ beag** [**díreach**] たった今.

anóiteach [ˈanˌoːtʲəx] 形 1 不快な；惨めな.

anonn [əˈnon] 副前形 越えて；向こう側に[の]；(時が)進んだ. **~ agus anall** あちこちに. **tá sé ag dul ~ sa lá** もはや手遅れだ.

anord [ˈanˌoːrd] 名 男《属単 **anoird**》混沌, 混乱. **in ~** 混乱状態で.

anordúil [ˈanˌoːrduːlʲ] 形 2 混沌とした；無秩序な.

anraith [anrəh] 名 男《属単 ~, 複 **-í**》スープ.

anró [ˈanˌroː] 名 男《属単 ~》苦難；荒天；悲惨な状態. **~ an gheimhridh** 冬の厳しさ.

anróiteach [ˈanˌroːtʲəx] 形 1 厳しい；(天候が)荒れ模様の；痛ましい.

ansa [ansə] 形 3 最愛の.

ansacht [ansəxt] 形 女《属単 **-a**》最愛の人.

anseo [ənʲˈʃʲo] 副 ここに[へ]. **fan ~** ここに居なさい. **ár seal ~** この世で. **~ agus** [**is**] **ansiúd** あちこちに.

ansín [ənʲˈʃʲinʲ] 副 そこに[へ]；それから；その時. **cuir ~ é** それをそこに置きなさい. **~ féin** それでも. **thall ~** あそこに.

ansiúd [ənʲˈʃʲuːd] 副 あそこに, 向こうに. **thall ~** はるか彼方に.

ansmacht [ˈanˌsmaxt] 名男 〖属単 **-a**〗専制(政治);いじめ.
anta(i)- [antə] 接頭 反対の-.
antaibheathach [ˈantəˌvʼahəx] 名男 〖属単・主複 **antaibheathaigh**, 属複 ～〗抗生物質.
　——形 抗生の.
antaiseipteán [ˈantəˌsʼepʼtʼaːn] 名男 〖属単・主複 **antaiseipteáin**, 属複 ～〗防腐剤.
Antartach [anˈtartəx] 名男 南極. an tAntartach 南極大陸.
　——形 1 南極の.
antlás [ˈanˌtlaːs] 名男 〖属単 **antláis**〗どん欲, 強欲.
antlásach [ˈanˌtlaːsəx] 形 1 欲張りな, 非常に欲しがる.
antoisceach [ˈanˌtosʼkʼəx] 名男 〖属単・主複 **antoiscigh**, 属複 ～〗過激論者.
　——形 1 極端な;過激な.
antraipeolaíocht [ˈantrəpʼˌoːliː(ə)xt] 名女 〖属単 **-a**〗人類学.
antráth [ˈanˌtraː] 名男 〖属単 **-a**, 複 **-anna**〗都合の悪い時間;遅い時間.
antráthach [ˈanˌtraːhəx] 形 1 遅い;時機を失した. go hantráthach san oíche 夜遅く.
anuas [əˈnuəs] 副前形 (上から)下に[へ]; 南から; 下に(置く). teacht ～ 下へ降りてくること. le bliain ～ 今年は. ～ ó ghlúin go glúin 世代から世代へ. teacht ～ ar an luach 値段を下げること. ná tabhair ～ an scéal sin あの話はするな. leag ～ ar an mbord é それをテーブルに置きなさい. tá sin ～ ar mo choinsias 私の良心がとがめる.
anuasal [ˈanˌuəsəl] 形 1 〖属単男　**anuasail**,　属単女・主複・比較 **anuaisle**〗下劣な, 下品な.
anuraidh [əˈnuriː] 副名形 昨年(は;の). ó ～ anois [óː bʼiː ～ ann] 昨年以来.
aoi [iː] 名男 〖属単 ～, 複 **aíonna**〗(宿泊)客.
aoibh [iːvʼ] 名女 〖属単 **-e**〗微笑み;喜びの表現.
aoibheall [iːvʼəl] 名男 〖属単 **aoibhill**〗ふざけること;じゃれること;(子牛, 子羊など)はね回り.
aoibhinn [iːvʼənʼ] 形 1 〖属単男 ～, 属単女・主複・比較 **aoibhne**〗楽しい, 喜ばしい. aimsir ～ 晴天.
aoibhiúil [iːvʼuːlʼ] 形 2 楽しい, 愉快な; 微笑む.
aoibhneas [iːvʼnʼəs] 名男 〖属単 **aoibhnis**〗喜び, 歓喜.
aoileach [iːlʼəx] 名男 〖属単 **aoiligh**〗(牛馬などの)ふん.

aoin [i:n] ☞ aon¹.
Aoine [i:nʹə] 名女〖属単 ～, 主複 **Aointe**〗金曜日. **Dé hAoine** 金曜日に. **ar an** ～ 金曜日に.
aoir [i:rʹ] 名女〖属単 -e, 複 **aortha**〗風刺文〔詩〕.
aoire [i:rʹə] 名男〖属単 ～, 主複 **aoirí**〗羊飼い; (議会)院内幹事.
aoirigh [i:rʹi:] 動II 他〖動名 **aoireacht**, 動形 **aoireachta**〗(羊を)飼う〔見張る〕.
aois [i:sʹ] 名女〖属単 **-e**, 主複 **-eanna**〗年齢; 寿命; 年寄り; 時代. **cá haois** [cén ～] **tú?** 君は何歳ですか? **táim fiche bliain d'aois** 20歳です. **an fichiú haois** 20世紀. **an t-aonú haois is fiche** 21世紀.
aoiseachas [i:sʹaxəs] 名男〖属単 **aoiseachais**〗年齢差別.
aon¹ [i:n] 名男〖属単 **aoin**, 複 **-ta**〗(数) 1. (数える時) **a haon** 1. **a haon déag** 11. **fiche a haon** [a haon is fiche] 21. **céad agus a haon** 101. **a haon is a haon** 1+1. **a haon a chlog** 1時. **uimhir** [cuid] **a haon** 1番〔号; 巻〕. **gach** ～ すべての人. **ar an gcéad** ～ まず第1に. **mar** ～ **le** に加えて. **ar** ～ 両方.
―― 形 1の; だれか〔どれか〕; 同じ; 唯一の (b, c, f, g, m, p は S 変化). ～ **mhac amháin** 息子の1人. ～ **fhear déag** 11人の男性. ～ **teach is fiche** 21軒の家. ～ **uair amháin** 昔々〔ある時〕. ～ **duine** [～ **neach**] だれか. ～ **ní** [～ **rud**] どれか. **níl** ～ **ní air** 彼はどこも具合はわるくない. **ní raibh** ～ **airgead agam** 私は金がなかった. **in** ～ **áit** [in ～ **bhall**] どこか. **an t-aon iníon** (amháin) **atá acu** 彼らのひとり娘. **d'aon ghuth** 満場一致で. **d'aon ghnó** [d'aon turas] 故意に.
aon-² [i:n] 接頭 1の; 単一の.
aonach [i:nəx] 名男〖属単 **aonaigh**, 主複 **aontaí**〗市(場); 集会.
aonad [i:nəd] 名男〖属単・主複 **aonaid**, 属複 ～〗一体; 構成(単位), ユニット.
aonar [i:nər] 名男〖属単 **aonair**〗ひとり; 孤独. **tá mé i m'aonar** 私はひとりぼっちだ.
aonarach [i:nərəx] 形 1 ひとりだけの; 孤独な.
aonarán [i:nəra:n] 名男〖属単・主複 **aonaráin**, 属複 ～〗独身; 独居者.
aonaránach [i:nəra:nəx] 形 1 ひとり(ぼっち)の, 孤独な; 孤立した.
aonbheannach [ˈi:nˌvʹanəx] 名男〖属単・主複 **aonbheannaigh**, 属複 ～〗ユニコーン(一角獣).
aonchineálach [ˈi:nˌxʹinʹa:ləx] 形 1 同種〔質; 性〕の.
aonfhoirmeach [ˈi:nˌorməx] 形 1 同形の; 一様な.
aonghnéitheach [ˈi:nˌɣnʹe:həx] 形 1 均一の; 同形(型)の.

aonraic [iːnrəkʲ] 形1 ひとりだけの, 孤独な.
aonraigh [iːnriː] 動II 他『動名 **aonrú**, 動形 **aonraithe**』孤立させる, 隔離する, 離す.
aonréad [ˈiːnˌreːd] 名男『属単・主複 **aonréid**, 属複 〜』独唱[奏].
aonta[1] [iːntə] 形3 ひとつの；独身の.
aonta[2] [iːntə] ☞ aon[1].
aontacht [iːntəxt] 名女『属単 **-a**』統一；連合；結合.
Aontachtaí [iːntəxtiː] 名男『属単 〜, 複 **Aontachtaithe**』ユニオニスト(19世紀末〜20世紀初にアイルランド自治に反対した統一党員).
aontaigh [iːnti] 動II 他・自『動名 **aontú**, 動形 **aontaithe**』合体させる；同意する.
aontaithe [iːntiːhə] 形1 結合[連合]した.
aontaobhach [ˈiːnˌtiːvəx] 形1 偏った, 一方的な, 片側だけの.
aontas [iːntəs] 名男『属単・主複 **aontais**, 属複 〜』連合, 結合, 合同. an tAontas Eorpach ヨーロッパ連合.
aontíos [ˈiːnʲˌtʲiːs] 名男『属単 **aontís**』同棲；同居.
aontonach [iːntonax] 形1 単調な, 退屈な.
aontumha [ˈiːnˌtuːə] 名女『属単 〜』(特に宗教的理由による)独身(主義).
aonú [iːnuː] 形3 (語頭の母音は h を付ける) 第1の. an t-aonú háit 1番目の場所. ar an 〜 lá is fiche (月の)21日に.
aor [iːr] 動I 他『動名 **aoradh**, 動形 **aortha**』風刺する.
aorach [iːrəx] 形1 風刺的な；風刺を好む.
aos [iːs] 名男『属単 **-a**』人々. an t-aos óg 若者.
aosaigh [iːsiː] 動II 自『動名 **aosú**, 動形 **aosaithe**』年をとる；(時が)過ぎる.
aosánach [iːsaːnəx] 名男『属単・主複 **aosánaigh**, 属複 〜』若者, 青年.
aosta [iːstə] 形3 年寄りの, 老齢の. na daione 〜 老人.
ápa [aːpə] 名男『属単 〜, 複 **-í**』猿；類人猿.
ar[1] [erʲ] 前『前置詞＋代名詞 **orm, ort, air**(男), **uirthi**(女), **orainn, oraibh, orthu**』① の上[中]に；に接して；に所属して. (場所) ar talamh 地上に. ar an urlár 床(上)に. ar an mbaile seo この町に. ar mo chúl 私の後ろに. (日・時) ar maidin 朝に. ar a seacht a chlog 7時に. (出席) ar scoil 通学している. ar an triú a tháinig aréir 昨夜は(会員の中の)3人が出席した. (状態) ar díol 販売中. ar crith 震えている. (サイズ) ar fad agus ar leithead 縦と横. (価格) ar chaoga

punt 50 ポンドで. (から判断して) **ar a tuin chainte** そのなまりから判断して. (のために) **ar mhaithe leis féin** 彼自身のために. (によって) **ar m'anam** 誓って. (と加えて) **duine ar fhichid** 21 人. (方向) **ar deis** 右に. **ar aghaigh** 前に. (手段) **ar an traein** 列車で. (行動時に) **ar éirí dom** 私が起きる[起きた]時に. ②動詞 **bí** と共に: (色・形) **tá dach dubh ar an gcarr** 車は黒色だ. **tá cosa fada uirthi** 彼女の足は長い. (病気・感情) **tá slaghdán air** 彼は風邪をひいている. **tá brón orm** 残念です[お気の毒です]. **cad tá ort?** どうかしたのか? (前兆) **tá sneachta air** 雪になりそうだ. (順序) **bhí sé ar an gcéad duine anseo** 彼は最初にここへ来た. (義務) **tá orm dul abhaile** 私は家に帰らなければならない. **tá orthu an áit a ghlanadh** 彼らはその場所を掃除しなければならない. (借り) **tá fiacha air** 彼は借金がある. **tá airgead agam ort** 君は僕に借金している. (より上位) **tá bliain agat orm** あなたは私より 1 歳年上です. (形容詞を前に置いて) **tá sí ceanúil ar pháistí** 彼女は子供好きだ. ③成句: **ar ais** 後ろに. **ar ball** しばらくして. **ar bith** 全く(…でない). **ar buile** 怒って. **ar dtús** 最初に. **ar eolas** 知られた. **ar feadh** の間. **ar fud** 全体で. **ar ndóigh** 勿論. **ar oscailt** 開いている. **ar siúl** 続けて.

ar[2] [erʲ] 動 欠如動詞. (3人称単・複数の強形が主語の時に使われる)(直接話法)言う, 言った. **ar seisean** 彼は言った. **ar sise** 彼女は言った.

ar[3] [ər] 小 関係詞の働きをし動詞に付く. ①先行詞が主語にも直接目的語にも相当しない場合. **an gort ar cuireadh**(＜cuir) **an síol ann** 種が蒔かれたその畑. ②関係代名詞的働き. **ar cheannaigh sé** 彼が買ったものすべて.

ar[4] [ər] 小 動詞の前に置いて疑問形をつくる. **ar bhris tú é?** 君はそれを壊したか? **ar briseadh é?** それは壊されたか?

ar[5] [ər] ☞ **is**[1].

ár[1] [aːr] 名男〖属単 **áir**〗虐殺; 破壊.

ár[2] [aːr] 形 2人称複数の所有形容詞. 私達の. (U 変化; 語頭の母音は n- を付ける). **ár dtithe**(＜teach) 私達の家々. **ár n-ainmneacha**(＜ainm) 私達の名前.

ara[1] [arə] 名男〖属単 ～, 複 -í〗古代の戦闘[競争]用二輪馬車の御者.

ara[2] [arə] 名男〖属単 ～, 複 -í〗こめかみ.

ára [aːrə] 名女〖属単・属複 -nn, 主複 -nna〗腎臓; (複)腰; 生命維持に不可欠なもの.

árach[1] [aːrəx] 名男〖属単・主複 **áraigh**, 属複 ～〗棺台; 担架.

árach[2] [aːrəx] 名男〖属単・主複 **áraigh**, 属複 ～〗足かせ, 拘束; 保

証；好機.

árachaigh [aːrəxiː] 動II 他〖動名 **árachú**, 動形 **árachithe**〗保険をかける，保証する.

árachas [aːrəxəs] 名男〖属単 **árachais**〗保険.

arae [əˈreː] 接 なぜなら，というのは.
—— 副 けれども，とはいえ.

aragail [arəgəlʲ] 名女〖属単 **-e**, 複 **-í**〗(壁, 窓などから突き出た) 棚；岩棚.

araí[1] [ariː] 名女〖属単 **-on**, 複 **-onacha**〗馬ろく；綱；束縛.

araí[2] [ariː] 名女〖属単 **〜**〗容貌；外観.

Araibis [arabəs] 名女〖属単 **-e**〗アラビア語.

araicis [arəkʲəsʲ] 名女〖属単 **-e**〗接近. **dul in 〜** (duine)(人)に会いに行くこと.

araiciseach [arəkʲəsʲəx] 形1 あわただしい；短気な.

araid [arədʲ] 名女〖属単 **-e**, 複 **-í**〗(ふた付き)大箱；整理だんす.

araile [əˈrilʲə] 代 (成句) **〜 lá** ある日に. **le haraile** 互いに. **ó láimh go haraile** 一方から他方へ. **agus 〜** など[その他].

Árainn [aːrən] 名女〖属単 **Árann**〗アラン(島). **Oileáin Árann** アラン島.

araíonacht [ariːnəxt] 名女〖属単 **-a**〗抑制, 拘束.

aralt [arəlt] 名男〖属単・主複 **arailt**, 属複 **〜**〗先駆者；伝達者.

araltas [arəltəs] 名男〖属単 **araltais**〗紋章.

arán [araːn] 名男〖属単 **aráin**〗パン. **tá a chuid aráin ite aige** 彼は万事休した.

arann [arən] 名男〖属単 **arainn**〗感情.

aranta [arəntə] 形3 おこりっぽい；不機嫌な.

araon [əˈriːn] 副 両方(とも). **sinn 〜** 我々二人. **〜 le** 一緒に.

áras [aːrəs] 名男〖属単・主複 **árais**, 属複 **〜**〗住居；建物；容器.

árasán [aːrəsaːn] 名男〖属単・主複 **árasáin**, 属複 **〜**〗アパート, 共同住宅.

áraslann [aːrəslən] 名女〖属単 **áraslainne**, 主複 **-a**, 属複 **〜**〗アパートの棟.

arb [arb] ☞ **is**[1].

arbh [arv] ☞ **is**[1].

arbhar [arəvər] 名男〖属単 **arbhair**〗穀物；トウモロコシ.

arcán [arkaːn] 名男〖属単・主複 **arcáin**, 属複 **〜**〗子豚.

ard[1] [aːrd] 名男〖属単 **aird**, 主複 **-a**, 属複 **〜**〗高地；小丘；頂上. **in 〜 an lae** 真昼に. **in 〜 a shaoil** 彼の人生の絶頂期に. **os 〜** 公然と.

ard-

──形1 高い；(声が)高い；(望みが)高い. farraige ～ 荒海. tá a shúil ～ 彼は野望を抱いている. go hard sa tráthnóna 真っ昼間に.

ard-[2] [aːrd] 接頭 高い；主な；上等の. (b, c, f, g, m, p は S 変化).

ardaigh [aːrdiː] 動II 他・自 〖動名 **ardú**, 動形 **ardaithe**〗上げる；高める；増す；昇進させる；興奮させる；持ち去る. luach a ardú 値上げ. staighre a ardú 階段を上ること.

Ard-Aighne [ˈaːrdˈainʲə] 名男 〖属単 ～, 複 **Ard-Aighní**〗司法[法務]長官.

ardaím [aːrdiːm] ☞ ardaigh+mé.

ardaitheach [aːrdihəx] 形1 上昇する；優勢な.

ardaitheoir [aːrdihoːrʲ] 名男 〖属単 **ardaitheora**, 複 **-í**〗エレベーター.

ardán [aːrdaːn] 名男 〖属単・主複 **ardáin**, 属複 ～〗小丘；プラットホーム；舞台；観覧席；テラス.

ardbhrú [ˈaːrdˈvruː] 名男 〖属単 ～, 複 **-nna**〗高圧. ～ fola(<fuil) 高血圧.

ardchathair [ˈaːrdˈxahərʲ] 名女 〖属単 **ardchathrach**, 複 **ardchathracha**〗首都，中心都市.

ardcheannas [ˈaːrdˈxʲanəs] 名男 〖属単 **ardcheannais**〗至高，最高；主権.

ardchlár [ˈaːrdˈxlaːr] 名男 〖属単・主複 **ardchláir**, 属複 ～〗高原，台地.

ardeaglais [ˈaːrdˈagləsʲ] 名女 〖属単 **-e**, 複 **-í**〗大寺院.

ardeaspag [ˈaːrdˈaspəg] 名男 〖属単・主複 **ardeaspaig**, 属複 ～〗(カトリック)大司教.

Ard-Fheis [ˈaːrdˈesʲ] 名女 〖属単 **-e**, 複 **-eanna**〗全国大会.

ardintinneach [ˈaːrdˌinʲtʲənʲəx] 形1 元気のいい；頑固な.

ardmháistir [ˈaːrdˈvaːsʲtʲərʲ] 名男 〖属単 ～, 複 **ardmháistrí**〗校長.

ardmháistreás [ˈaːrdˈvaːsʲtʲrʲaːs] 名女 〖属単 **-a**, 複 **-aí**〗(女性の)校長.

ardmhéara [ˈaːrdˈvʲeːrə] 名男 〖属単 ～, 複 **-í**〗(大都市の)市長.

ardnósach [ˈaːrdˌnoːsəx] 形1 勿体ぶった，気取った；形式ばった.

ardrí [aːrdriː] 名男 〖属単 ～, 複 **-the**〗大王.

ardscoil [aːrdskolʲ] 名女 〖属単 **-e**, 複 **-eanna**〗高等学校.

ard-teicneolaíochta [ˈaːrdˈtʲekʲnʲoːliː(ə)xtə] 形1 高度[先端]技術の，ハイテクの.

ardtráthnóna [ˈaːr(d)ˌtraˈnoːnə] 名男 〖属単 ～, 複 **ardtráth-**

nónta』真昼.
ardú [aːrduː] ☞ ardaigh.
aréir [əˈreːrʲ] 副名形 昨夜[は；の]. **stoirm na hoíche** ～ 昨夜の嵐.
arg [arg] 動I 他〖動名 **argain**, 動形 **argtha**〗破壊する；強奪する.
argóin [arəgoːn] 動I 他・自〖動名 **argóint**, 動形 **argóinte**；現 **argónann**〗議論する.
ariamh [ariəv] =riamh.
arís [əˈrʲiːsʲ] 副 再び；のちに. ～ **agus** ～ **eile** 何度も. **ar ais** ～ 戻って[繰り返して] **go brách** [go deo] ～ 二度と…しない. **faoin am seo** ～ 来年のこの時までに. **déanfaidh**(＜déan) **mé** ～ **é** 私はそれをいつの日かやる.
arm [arəm] 名男〖属単・主複 **airm**, 属複 ～〗武器；陸軍. **faoi** ～ 武装して.
armach [arəməx] 形1 武装した.
armadóireacht [arəmədoːrʲəxt] 名女〖属単 **-a**〗兵器製造.
armáil [arəmaːlʲ] 動I 他〖動名 **armáil**, 動形 **armála**；現 **armálann**〗武装させる.
armas [arəməs] 名男〖属単・主複 **armais**, 属複 ～〗紋章；楯.
armlón [ˈarəmˌloːn] 名男〖属単 **armlóin**〗弾薬.
armóin [arəmoːnʲ] 名女〖属単 **-e**, 複 **-í**〗調和, ハーモニー；足踏みオルガン.
armónach [arəmoːnəx] 形1 調和的.
armónaigh [arəmoːniː] 動II 他〖動名 **armónú**, 動形 **armónaithe**〗調和させる.
armúr [arəmuːr] 名男〖属単 **armúir**〗よろい, 甲冑(かっちゅう).
armúrtha [arəmuːrhə] 形3 装甲の.
arna [a(ː)rnə] ar¹と a⁵との合成語. (動名詞と共に) ～ **chríochnú**(＜críochnaigh) **dom** 私がそれを終えた時. ～ **fhoilsiú**(＜foilsigh) **ag** によって出版された.
arracht [arəxt] 名男〖属単 **-a**, 複 **-aí**〗巨人；モンスター, 妖怪.
arrachtas [arəxtəs] 名男〖属単 **arrachtais**〗筋力, 腕力.
arraing [arəŋʲ] 名女〖属単 **-e**, 複 **-eacha**〗刺すような痛み. **in arraingeacha an bháis** 死の苦しみ.
arsa [ərsə] 動 欠如動詞. (直接話法)言う, 言った. "**tá go maith**", ～ **Brian**「元気です」とブリアンは言った.
ársa [aːrsə] 形3 古代の, 昔の；年取った.
ársaíocht [aːrsiː(ə)xt] 名女〖属単 **-a**〗老齢；老兵；骨董趣味.
art [art] 名男〖属単・主複 **airt**, 属複 ～〗石. **chomh marbh le hart**

完全に死んだ.
Artach [artəx] 名男 〖属単 **Artaigh**〗北極. **an tArtach** 北極地方.
── 形 1 北極の.
artaire [artərʹə] 名男 〖属単 〜, 複 **artairí**〗動脈.
árthach [a:rhəx] 名男 〖属単 **árthaigh**, 複 **árthaí**〗船; 容器.
artola [ˈartˌolə] 名女 〖属単 〜〗石油.
arú [aru:] 名 (成句) 〜 **inné** 一昨日. 〜 **amárach** 明後日. 〜 **anuraidh** 一昨年.
arúil [aru:lʹ] 形 2 肥沃な, 耕作に適する.
as[1] [as] 前 〖前置詞＋代名詞; **asam, asat, as**(男), **aisti**(女), **asainn, asaibh, astu**〗…から. (源泉) **bain as do phóca é** 君のポケットから出しなさい. (出身地) **cad as tú**[duit]? どちらのご出身ですか? **bean as Corcaigh** コーク出身の女性. (出発地点) **míle as Sligeach** スライゴから1マイル. **i bhfad as seo** ここから遠くに. (時) **as a naíocht** 彼の幼児期から. (材料) **tá sé déanta as admhad** それは木製だ. (手段) **abair as Gaeilge é** それをゲール語で言いなさい. (からはずれて) **as ordú** 故障して. **as amharc** 見えないところに. **as obair** 失業して. **cé atá as láthair?** 欠席者は誰か? (原因) **labhair sé as fearg** 彼は怒りのあまり言った. (から引く) **a haon as a dó** 2−1.: (成句) **bíodh dóchas agat as Dia** 神を信じなさい. **as a chéile** 続々と. **bhí sé ag siúl as féin** 彼はひとりで歩いていた.
── 副 離れて; 止まって. **as go brách leis** 彼は去っていった. **cuir as an solas** 明かりを消せ. **tá tú as** 君のことは含まれていない. **go maith as** 裕福な. **go holc as** 貧乏な.
as[2] [as] ☞ **as**[1].
asaibh [asəvʹ] ☞ **as**[1].
asainn [asənʹ] ☞ **as**[1].
asáitigh [ˈasˌa:tʹi] 動II 他 〖動名 **asáitiú**, 動形 **asáitihe**〗移動させる; 撃退する.
asal [asəl] 名男 〖属単・主複 **asail**, 属複 〜〗ロバ.
asam [asəm] ☞ **as**[1].
asanálaigh [ˈasˌana:liː] 動II 他・自 〖動名 **asanálú**, 動形 **asanálaithe**〗吐き出す; 発散[放出]する.
asarlaí [asərli:] 名男 〖属単 〜, 複 **asarlaithe**〗魔法使い, 魔術師; 手品師.
asarlaíocht [asərli:(ə)xt] 名女 〖属単 **-a**〗魔法; 奇術.
asat [asət] ☞ **as**[1].
asbheir [ˈasˌvʹerʹ] 動II 他 〖動名 **asbheirt**, 動形 **asbheirthe**〗演

繹する；推論する.

ásc [a:sk] 名 (成句) ar an gcéad ～ まず第一に. ar an ～ sin 直ちに.

ascaill [askəlʹ] 名女 〖属単 **-e**, 複 **-í**〗腋の下；奥；(玄関への)並木道. ～ mhara(＜muir) 入り海.

aschur [ˈasˌxur] 名男 〖属単 **aschuir**〗生産高；出力.

asclán [askla:n] 名男 〖属単・主複 **ascláin**, 属複 ～〗腕いっぱい, ひとかかえ.

asléamh [aslʹe:v] 名男 〖属単 **asléimh**, 複 **-a**〗(コンピューター)情報の読出し.

aslonnaigh [ˈasˌloni:] 動II 他〖動名 **aslonnú**, 動形 **aslonnaithe**〗(軍隊など)撤退させる.

aspal [aspəl] 名男 〖属単・主複 **aspail**, 属複 ～〗使徒.

aspalacht [aspələxt] 名女 〖属単 **-a**〗使徒職；(カトリック)教皇職.

aspalóid [aspəlo:dʹ] 名女 〖属単 **-e**〗(キリスト教)赦免.

asphrionta [asfrintə] 名男 〖属単 ～, 複 **-í**〗(コンピューター)プリントアウト.

astaróideach [astəro:dʹəx] 名男 〖属単・主複 **astaróidigh**, 属複 ～〗小惑星.
―― 形1 星状の.

astitim [ˈasˌtʹitʹəmʹ] 名女 〖属単 **-e**〗(核爆発後の)原子灰の降下.

astralaíoch [astrəli:(ə)x] 形1 〖属単男 ～, 属単女 **astralaíche**, 主複 **-a**〗占星術の.

astralaíocht [astrəli:(ə)xt] 名女 〖属単 **-a**〗占星術.

astu [astu] ☞ as¹.

at [at] 動I 自〖動名 **at**, 動形 **ata**〗膨張する；腫れる.

atá [əta:] ☞ bí.

atáirg [ˈaˌta:rʹgʹ] 動I 他〖動名 **atáirgeadh**, 動形 **atáirgthe**〗再生させる；繁殖させる.

atáirgeach [ˈaˌta:rʹgʹəx] 形1 再生の；生殖の.

atarlú [atarlu:] 名男 〖属単 **atarlaithe**〗再現；回想；循環.

ath- [ah] 接頭 再び；古い；元の；後の. (b, c, d, f, g, m, p は S 変化；ath＋t＝at).

áth [a:] 名男 〖属単 **-a**, 複 **-anna**〗(川など)浅瀬；入江；(洞窟など)入口.

athair¹ [ahərʹ] 名男 〖属単 **athar**, 複 **aithreacha**〗父；先祖. ～ mór [～ críonna] 祖父. ～ altrama 養父. ～ céile 義父. an tAthair Séan Ó Néill ショーン オニール神父.

athair² [ahərʹ] 名女 〖属単 **athrach**〗つる植物.

athaontaigh [ˈahˌiːntiː] 動II 他〖動名 **athaontú**, 動形 **athaont-aithe**〗再結合させる；再会させる.

athartha[1] [ahərhə] 名女〖属単 〜〗祖国.

athartha[2] [ahərhə] 形3 父の；世襲の.

atharthacht [ahərhəxt] 名女〖属単 -a〗父性；世襲財産.

áthas [aːhəs] 名男〖属単 **áthais**〗喜び，嬉しさ. tá 〜 orm go bhfuil tú go maith あなたがお元気で嬉しく思います. ag gol le háthas 嬉し泣きすること.

áthasach [aːhəsəx] 形1 喜ばしい，嬉しい. is é sin an scéal 〜 liom それを伺って嬉しく思います.

athbheochan [ˈaˌvʲoːxən] 名女〖属単 -a〗復興. an Athbheochan ルネッサンス. Athbheochan na Gaeilge アイルランド文芸復興.

athbheoigh [ˈaˌvʲoːɣ] 動II 他〖動名 **athbheochan**, 動形 **athbheochana**；現 **athbheonn**〗復興［復活］させる.

athbhliain [ˈaˌvʲlʲiənʲ] 名女〖属単 **athbhliana**〗新年. 〜 faoi shéan (agus faoi mhaise) duit！新年おめでとう！

athbhreithnigh [ˈaˌvʲrʲehnʲiː] 動II 他〖動名 **athbhreithniú**, 動形 **athbhreithe**〗復習する；改訂［修正］する.

athbhrí [ˈaˌvʲrʲiː] 名女〖属単 〜〗取り戻した元気；あいまいさ.

athbhríoch [ˈaˌvʲrʲiː(ə)x] 形1〖属単男 〜, 属単女・比較 **athbhríche**, 属複 -a〗刺激する，元気づける；あいまいな.

athbhuille [ˈaˌvilʲə] 名男〖属単 〜, 複 **athbhuillí**〗反撃；動悸；（病気）再発.

athbhunaigh [ˈaˌvuniː] 動II 他〖動名 **athbhunú**, 動形 **athbhunaithe**〗再建する，再編成する.

athchaint [ˈaˌxanʲtʲ] 名女〖属単 -e〗悪口，陰口；厚かましさ.

athchairdeas [ˈaˌxaːrdʲəs] 名男〖属単 **athchairdis**〗和解，調停.

athchaite [ˈaˌxatʲə] 形3 使い古した；（脱ぎ）捨てた.

athcheannaí [ˈaˌxʲaniː] 名男〖属単 〜, 複 **athcheannaithe**〗古物商.

athchluiche [ˈaˌxlixʲə] 名男〖属単 〜, 複 **athchluichí**〗再試合.

athchogain [ˈaˌxogənʲ] 動II 他・自〖動名 **athchogaint**, 動形 **athchoganta**；現 **athchognaíonn**〗反芻(はんすう)する；熟慮する.

athchóirigh [ˈaˌxoːrʲiː] 動II 他〖動名 **athchóiriú**, 動形 **athchóirithe**〗再整理する；革新する；再建する.

athchomhair [ˈaˌxoːrʲ] 動II 他〖動名 **athchomhaireamh**, 動形 **athchomhairthe**〗再計算する，数え直す.

athchomhairle [ˈaˌxoːrlʲə] 名女〖属単 〜〗心変わり，考え直すこ

と.

athchraiceann [ˈaˌxrakʼən] 名男〖属単 **athchraicinn**, 複 **athchraicne**〗張り板；化粧張り.

athchuimhne [ˈaˌxivʼnʼə] 名女〖属単 〜, 複 **athchuimhní**〗回想, 追憶；記憶.

athchuir [ˈaˌxirʼ] 動I 他〖動名 **athchur**〗植え直す；再拘置する；戻して置く.

athchum [ˈaˌxum] 動I 他〖動名 **athchumadh**, 動形 **athchumtha**〗変形[変態]させる；ゆがめる.

athchuma [ˈaˌxumə] 名女〖属単 〜, 複 **-í**〗変形[変換]；ゆがみ.

athchúrsáil [ˈaˌxuːrsaːlʼ] 動I 他〖動名 **athchúrsála**〗（廃物を）再利用する. **buidéil a 〜** ビンのリサイクル.

athdhúchasach [ˈaˌɣuːxəsəx] 形1 隔世遺伝の；先祖返りの.

athfhill [ˈahˌilʼ] 動I 他・自〖動名 **athfhilleadh**, 動形 **athfhillte**〗再発する；戻る；循環する.

athfhillteach [ˈahˌilʼtʼəx] 形1 循環する, 再発する；（文法）再帰（用法）の.

athfhreagra [ˈaˌrʼagrə] 名男〖属単 〜, 複 **-í**〗返答, 応答.

athfhriotal [ˈaˌrʼitəl] 名男〖属単・主複 **athfhriotail**, 属複 〜〗引用（語句）；相場；見積り.

athghabh [ˈaˌɣav] 動I 他〖動名 **athghabháil**, 動形 **athghafa**〗取り戻す, 奪い返す.

athghair [aɣar] 動II 他〖動名 **athghairm**, 動形 **athghairthe**〗呼び戻す；回収する；廃止する.

athghlaoigh [ˈaˌɣliːɣʼ] 動II 他・自〖動名 **athghlaoch**, 動形 **athghlaoite**；現 **athghlaonn**；未 **athghlaofaidh**〗呼び戻す.

athiomrá [ˈahˌimraː] 名男〖属単 〜, 複 **-ite**〗陰口, 中傷.

athlá [ˈaˌlaː] 名（成句）(rud) **a chur ar 〜** （こと）を他日に延期すること.

athlámh [ˈaˌlaːv] 名女〖属単 **athlámhe**, 与単 **athláimh**〗（成句）**ar athláimh** 間接に[中古で]. **culaith athláimhe** 着古して捨てられた洋服.

athlas [ˈaˌlas] 動I 他・自〖動名 **athlasadh**, 動形 **athlasta**〗火をつける, 燃え上がらせる；炎症をおこす.

athleag [ˈaˌlág] 動I 他〖動名 **athleagan**, 動形 **athleagtha**〗中継する；再び置く；言い換える.

athleáigh [ˈaˌlʼaːɣʼ] 動I 他〖動名 **athleá**, 動形 **athleáite**；現 **athleánn**；未 **athleáfaidh**〗精錬[精製]する.

athléim [ˈaˌlʲeːmʲ] 名女〖属単 **-e**〗跳ね返り；反響；反動.
athléimneach [ˈaˌlʲeːmʲnʲəx] 形1 跳ね返る, 弾力のある；はつらつとした.
athlíon [ˈaˌliːn] 動I 他・自〖動名 **athlíonadh**, 動形 **athlínta**〗再び詰める；補充する.
athluaigh [ˈaˌluəɣʲ] 動I 他〖動名 **athlua**, 動形 **athluaite**；現 **athluann**；未 **athluafaidh**〗反復する.
athluaiteachas [ˈaˌluətʲəxəs] 名男〖属単 **athluaiteachais**〗類語 反復；重複.
athmhagadh [ˈaˌvagə] 名男〖属単 **athmhagaidh**〗ものまね.
athmhuintearas [ˈaˌvinʲtʲərəs] 名男〖属単 **athmhuintearais**〗和解, 調停.
athnuaigh [ˈaˌnuəɣʲ] 動I 他〖動名 **athnuachan**, 動形 **athnuaite**；現 **athnuann**；未 **athnuafaidh**〗更新する；若返る.
athrá [ˈaˌraː] 名男〖属単 〜, 複 **-ite**〗繰り返し, 反復.
athrach [ahrəx] 名男〖属単 **athraigh**〗変化, 変更；二者択一.
athraigh [ahriː] 動II 他・自〖動名 **athrú**, 動形 **athraithe**〗変える；改める；動かす.
athraím [ahriːm] athraigh+mé.
athraitheach [ahrihəx] 形1 変わりやすい, 定まらない；変えられる.
athraon [ˈaˌriːn] 動I 他〖動名 **athraonadh**, 動形 **athraonta**〗屈折させる.
athscinmeach [ˈaˌsʲkʲinʲəmʲəx] 形1 弾力のある, 伸縮性のある.
athscinn [ˈaˌsʲkʲinʲ] 動I 他 〖動名 **athscinneadh**, 動形 **athscinnte**〗跳ね返る；戻る.
athscríobh [ˈaˌsʲkʲrʲiːv] 動I 他 〖動名 **athscríobh**, 動形 **athscríofa**〗書き直す；書き写す.
athscríobhaim [ˈaˌsʲkʲrʲiːvəm] athscríobh+mé.
athschondach [ˈaˌhondəx] 形1 反響する, 鳴り響く.
athsmaoineamh [ˈaˌsmiːnʲəv] 名男〖属単 **athsmaoinimh**, 複 **athsmaointe**〗再考. teacht ar 〜 考えを変えること.
athuair [ˈahˌuərʲ] 名（副詞として）再び, 二度. (rud) a dhéanamh 〜 [an 〜]（こと）を再度行うこと.
atit [ˈaˌtʲitʲ] 動I 自〖動名 **atitim**, 動形 **atite**〗墜落する.
Atlantach [ˌatˈlantəx] 形1 大西洋の. an tAigéan 〜 大西洋.
atlas [atləs] 名男〖属単・主複 **atlais**, 属複 〜〗地図書.
atmaisféar [ˈatməsˌfʲeːr] 名男〖属単 **atmaisféir**〗大気；雰囲気.

atóg [ˈaˌtoːg] 動I 他 〖動名 **atógáil**, 動形 **atógtha**〗再建する；取り戻す.
atógaim [ˈaˌtoːgəm] atóg＋mé.
atráth [ˈaˌtraː] 名男 〖属単 **-a**, 複 **-anna**〗別の時(機会). **cur ar ～** 延期［休会］.
atuirse [ˈaˌtirsʼə] 名女 〖属単 **～**〗疲労；落胆.
atuirseach [ˈaˌtirsʼəx] 形1 飽き飽きした；疲れ果てた；落胆した.
aturnae [atuːrneː] 名男 〖属単 **～**, 複 **-tha**〗代理人；弁護士.

B

b', ba[1] [bə] ☞ **is**[1].
ba[2] [bə] ☞ **bó**.
bá[1] [baː] 名女 〖属単 **～**, 複 **-nna**〗湾；入り込んだ所；仕切部分.
bá[2] [baː] 名女 〖属単 **～**〗好み；愛好；同情；共感. **tá ～ agam leis** 私は彼が好きだ.
bá[3] [baː] 名男 〖属単 **～**〗① **báigh** の動名詞. ② 溺れること；出水，増水；没入，浸水.
babaí [babiː] 名男 〖属単 **～**, 複 **babaithe**〗赤ん坊, 乳児.
babánta [baːbaːntə] 形3 赤ん坊のような, 子供じみた；純真な.
babhdán [baudaːn] 名男 〖属単・主複 **babhdáin**, 属複 **～**〗お化け；こけおどし, かかし.
babhla [baulə] 名男 〖属単 **～**, 複 **-í**〗どんぶり, はち, ボール.
babhlaer [bauleːr] 名男 〖属単・主複 **babhleir**, 属複 **～**〗山高帽子.
babhláil [baulaːlʼ] 動I 他・自 〖動名 **babhláil**, 動形 **babhláilte**；現 **babhlálann**〗(球を)転がす；(球・車などが)滑るように転がる.
babhlálaí [baulaːliː] 名男 〖属単 **～**, 複 **babhlálaithe**〗投球者, 球を転がす人.
babhta [bautə] 名男 〖属単 **～**, 複 **-í**〗交替；一続き；一時；機会；一試合, (スポーツ)ラウンド. **～ oibre** 一続き［一交替］の仕事. **an chéad bhabhta** 初めて. **an ～ seo** この機会に. (副詞として) **babhtaí** 以前に, 時には.
babhtáil [bautaːlʼ] 名女 〖属単 **babhtála**〗交換, 取替え.
bábhún [baːvuːn] 名男 〖属単・主複 **bábhúin**, 属複 **～**〗外ほう［要塞

bábóg [ba:bo:g] 名女 〖属単 **bábóige**, 主複 **-a**, 属複 〜〗人形, 可愛い子.

babún [ˌbaˈbu:n] 名男 〖属単・主複 **babúin**, 属複 〜〗ヒヒ.

bac [bak] 名男 〖属単・主複 **baic**, 属複 〜〗妨害；(出入を阻む)柵；障害物. 〜 **tráchta** 交通止め[麻痺].
── 動I 他・自 〖動名 **bacadh**, 動形 **bactha**〗妨げる, (道など)をふさぐ, 挫折させる；邪魔する；〜 **le** 干渉する, お節介をやく. **ná** 〜 **leo** 彼らに構うな, 彼らのことを気にするな. **ná** 〜 **leat**! 続行しろ！(だが後悔するだろうよ). (rud) **a bhacadh ar** (dhuine) (人)の(することを)邪魔[妨害]すること.

bacach [bakəx] 名男 〖属単・主複 **bacaigh**, 属複 〜〗こじき；身体障害者.
── 形1 〖属単女・比較 **bacaí**〗手足が不自由な；(韻律など)不完全な；ためらいがちな.

bacachas [bakəxəs] 名男 〖属単 **bacachais**〗物ごいをすること, たかること.

bacadradh [bakədrə] 名男 〖属単 **bacadraidh**〗足が不自由なこと, のろのろ進むこと.

bacaí [baki:] 名女 〖属単 〜〗手足が不自由であること；不十分であること.

bácáil [ba:ka:lʹ] 動I 他 〖動名 **bácáil**, 動形 **bácáilte**；現 **bácálann**〗(パンなどをオーブンで)焼く. (レンガ・陶器などを窯で)焼き固める.

bacainn [bakənʹ] 名女 〖属単 **-e**, 複 **-í**〗柵, 障壁；障害(物)；妨げ.

bácálaim [ba:ka:ləmʹ] **bácáil**＋**mé**.

bacán [baka:n] 名男 〖属単・主複 **bacáin**, 属複 〜〗鉤(ｶｷﾞ)(状のもの)；曲り；木[目・掛け]くぎ. (rud) **a iompar ar bhacán do láimhe** (もの)を腕に抱え運ぶこと. (成句) **ar na bacáin** 準備中で[進行中で・(船など)建造中で](ある).

bacart [bakərt] 名男 〖属単・主複 **bacairt**, 属複 〜〗直角定規.

bách [ba:x] 形1 〖属単男 〜, 属単女・比較 **báiche**, 主複 **bácha**〗愛情のある；慈愛の深い, 優しい.

bachall [baxəl] 名女 〖属単 **bachaille**, 主複 **-a**, 属複 〜〗曲ったもの, 牧杖, 司教杖；巻き毛. (成句) **go barra** 〜 豊富に.

bachallach [baxələx] 形1 曲った；鉤状の；カール状の.

bachlaigh [baxli:] 動II 自 〖動名 **bachlú**, 動形 **bachlaithe**〗芽ぐむ, つぼみが出る.

bachlóg [baxlo:g] 名女〘属単 **bachlóige**, 主複 **-a**, 属複 〜〙芽, つぼみ; 若枝.

baclainn [bakləɴ/] 名女〘属単 **-e**, 複 **-eacha**〙(ものを抱えるため)曲げた腕. **tá an leanbh ina**[ar a] 〜 **aici** 彼女は片腕に赤ん坊を抱えている. 〜 **mhóna** 腕一杯のターフ.

bacóide [bako:d/ə] 名 (成句) **ar chos bhacóide** 片足で立っていること[片足でぴょんぴょん跳ねること].

bacstaí [baksti:] 名男〘属単 〜〙ボックスティ(いもパンの一種).

bácús [ba:ku:s] 名男〘属単・主複 **bácúis**, 属複 〜〙パン屋; パン焼き場[製造所].

bád[1] [ba:d] 名男〘属単・主複 **báid**, 属複 〜〙ボート, 小舟, 船. 〜 **seoil** 帆船[ヨット].

bád[2] [ba:d] 名男〘属単・主複 **báid**, 属複 〜〙ボー[ボード](電算機のデータ処理速度の単位).

badhbh [baiv] 名女〘属単 **baidhbhe**, 主複 **-a**, 属複 〜〙戦争の女神; (黒)コンドル, はげわし. 〜 **chaointe** バンシー(女の妖精).

badmantan [badməntən] 名男〘属単・主複 **badmantain**, 属複 〜〙バドミントン.

bádóir [ba:do:r/] 名男〘属単 **bádóra**, 複 **-í**〙ボートの漕ぎ手, 船頭.

bagair [bagər/] 動 II 自・他 〘動名 **bagairt**, 動形 **bagairtha**; 現 **bagraíonn**〙脅す; (凶器など)を振り回す; (危険・災害など)に迫る; (目・手などで)合図する. **tá an bás ag bagairt air** 彼は死の危険にさらされている.

bagairt [bagərt/] 名女〘属単 **bagartha**, 複 **-í**〙脅し, 脅迫, 威嚇.

bagáiste [baga:s/t/ə] 名男〘属単 〜〙(旅行用)手荷物.

baghcat [ˈbaiˌkat] 名男〘属単・主複 **baghcait**, 属複 〜〙ボイコット, 不買同盟, 共同排斥.

baghcatáil [ˈbaiˌkata:l/] 動 I 他〘動名 **baghcatáil**, 動形 **baghcatáilte**; 現 **baghcatálann**〙ボイコットする, 同盟排斥する.

bagrach [bagrəx] 形 1 脅かす(ような); 威嚇的な; 険悪な.

bagraím [bagri:m/] **bagair**+**mé**.

bagraíonn [bagri:n] ☞ **bagair**.

bagún [bagu:n] 名男〘属単 **bagúin**〙ベーコン.

baic [bak/] 名女 (成句) 〜 **an mhuiníl** うなじ[えり首]. **lán go** 〜 あふれるばかり(に), ふち一杯に.

baiceáil [bak/a:l/] 動 I 他・自〘動名 **baiceáil**, 動形 **baiceáilte**; 現 **baiceálann**〙後援[支持]する; 後退させる; 後に戻る.

báicéir [ba:k/e:r/] 名男〘属単 **báicéara**, 複 **-í**〙パン菓子類製造業

者, パン屋.

báicéireacht [baːkʲerʲəxt] 名女〖属単 -a〗パン菓子類を焼く[製造する]こと.

baicle [bakʲlʲə] 名女〖属単 ～, 複 **baiclí**〗(人の)群れ[一団]; 徒党, 派閥.

baictéar [bakʲtʲeːr] 名男〖属単・主複 **baictéir**, 属複 ～〗細菌(類); (複)バクテリア.

baictéarach [bakʲtʲeːrəx] 形 1 細菌[バクテリア]の.

baictéareolaíocht [ˈbakʲtʲeːrʲoːliː(ə)xt] 名女〖属単 -a〗細菌学.

baig [bagʲ] 動 I 他〖動名 **baigeadh**, 動形 **baigthe**〗袋に入れる; こっそりもらう; 積み上げる.

báigh [baːɣʲ] 動 I 他〖動名 **bá**, 動形 **báite**; 現 **bánn**; 未 **báfaidh**〗溺れさせる; 沈める; 浸す; (土地)に氾濫する. **báite i bhfiacha** 借金に埋もれて. **báite i** (rud) (もの)に夢中になること. **tine a bhá** 鎮火すること.

bail [balʲ] 名女〖属単 -e〗繁栄[成功]; ふさわしい状態; 境遇[有様]. ～ **ó Dhia ar an obair** お仕事の成功を祈ります. **chuir sí** ～ **ar a cuid gruaige** 彼女は自分の髪を整えた. **cén bhail atá oraibh?** お元気ですか[いかがですか].

bailbhe [balʲəvʲə] 名女〖属単 ～〗口のきけないこと; どもること; 無言.

bailc [balʲkʲ] 名女〖属単 -e, 複 -eanna〗どしゃ降り; 降り注ぎ. —— 動 I 他〖動名 **balcadh**, 動形 **balctha**; 現 **balcann**〗注ぐ; 大量に流し出す.

bailchríoch [ˈbalʲxrʲiːx] 名女〖属単 **bailchríche**〗(最後の)仕上げ, 仕上げの一筆. ～ **ort!** ご幸運を!

baile [balʲə] 名男〖属単 ～, 複 **bailte**〗(生活を営む)家; 家庭; 故郷; 町村区分. **im** ～ 自家製のバター. **sa bhaile**[**ag baile**] 在宅して. **as** ～ 留守にして. ～ **beag** 村. ～ **mór** 町[街].

bailé [balʲeː] 名男〖属単 ～, 複 **-anna**〗バレエ.

baileabhair [balʲaurʲ] 名〖成句〗～ **a dhéanamh de** (dhuine) (人)をばかにすること. **tá mé i mo bhaileabhair acu** 私は彼らに激怒している.

baileach [balʲəx] 形 1 (主に副詞的に使われる)正確な, 的確な; きっかりの. **níl a fhios agam** (**go**) ～ 私は正確には知らない.

bailéad [balʲeːd] 名男〖属単・主複 **bailéid**, 属複 ～〗民謡, 歌謡, バラッド.

bailí [balʲiː] 形 3 正統な根拠のある; 有効な, 確実な, 妥当な.

bailigh [balʹi:] 動II 他・自 〖動名 **bailiú**, 動形 **bailithe**〗(1 カ所に)集める; 化のうする; ～ **le** 立ち去る; ～ **thar** 急いで過ぎ去る. **ag bailiú oilc** 化のうして. **bhailigh sé leis** 彼は立ち去った. (成句) **bheith bailithe de** (rud) (もの)にうんざりすること.

bailím [balʹi:mʹ] bailigh＋mé.

bailitheacht [balʹihəxt] 名女 〖属単 -a〗退屈, 倦怠.

bailitheoir [balʹiho:rʹ] 名男 〖属単 **bailitheora**, 複 -**í**〗収集家, 採集者.

bailiúchán [balʹu:xa:n] 名男 〖属単・主複 **bailiúchain**, 属複 ～〗収蔵品, コレクション; 集めること. ～ **daoine** 人々の集い.

báille [ba:lʹə] 名男 〖属単 ～, 複 **báillí**〗地方行政官; 土地管理人.

bain [banʹ] 動I 他・自 〖動名 **baint**, 動形 **bainte**〗抜く, 掘り出す; 刈(り取)る; (受け口などから)はずす; たたく; (勝利)を得る. **gual a bhaint** 石炭を採掘すること. **laiste a bhaint** 掛け金[かんぬき]をはずすこと. **boschrann a bhaint** ドアノッカーをたたくこと. **duais a bhaint** 賞(品)[懸賞(金)]を獲得すること. ｛**bain**＋前置詞｝㋑ ～ **amach** 得る; 抜く; 取り除く; 到着[達]する. **beatha a bhaint amach** 生計を立てること. **nuair a bhaint mé an teach amach** 私が家へ着いた時. ㋺ ～ **anuas** 降ろす; 取り除く. ㋩ ～ **as** …から得る[取る・取り出す]; 急いで去る; 長引かせる. **bhain sé gáire asam** 彼は私を笑わせた. **bainfidh mé tamall as** 私は当分それで事足りる[間に合う]だろう. ㊁ ～ **de** …から移す; 取り去る, 脱ぐ; 減じる. **an ghruaig a bhaint de** (dhuine) (人)の散髪をしてやること. ～ **díot an hata** 帽子を脱ぎなさい. ㋭ ～ **do** 触れる; (否定語と共に)手をつける; 干渉する; に関係する; 身に降り懸かる[生じる]. **ní bhaineann sé duit** それは君に関係ない. **cad a bhain dó?** 彼はどうかしたのか？[何が起きたのか？]. ㋬ ～ **faoi** 落着く, とどまる; 平静な状態にもどす; …の土台を侵食する. **baint faoi** (duine) (人)をなだめる[落ち着かせる]こと. ㋣ ～ **le** 触れる; 干渉する; に関係する, に付随する. **ní bhaineann sé liom** それは私に係わりない; 彼は私の縁故者ではない. **tá costas ag baint leis** それには費用が伴う. ㋠ ～ **ó** 取り上げる, 奪い取る; 減じる. (成句) **baineadh siar as** 彼は不意を打たれた[びっくりした]. ～ **siar as an airgead** お金を倹約しながら使いなさい.

baincéir [baŋʹkʹe:rʹ] 名男 〖属単 **baincéara**, 複 -**í**〗銀行家, 銀行業者.

baincéireacht [baŋʹkʹe:rʹəxt] 名女 〖属単 -a〗銀行業; 銀行業務.

baineanda [banʹəndə] 形3 男らしくない; 女々しい.

baineann [banʹən] 形1 女(性)の; 女々しい.

baineannach [banʹənəx] 名男 〖属単・主複 **baineannaigh**, 属複 〜〗女;(動物の)雌.
—— 形 女性の; 雌の.
báiní [ba:nʹi:] 名女 〖属単 〜〗逆上, 激怒, 激昂. **bhí sé le** 〜 彼は烈火のごとく怒っていた.
báinín [ba:nʹi:nʹ] 名男 〖属単 〜, 複 **-í**〗毛織物; ホームスパン; フランネル; 白フランネルの上着.
baininscneach [banʹənʹsʹkʹnʹəx] 形 1 (文法) 女性(形)の.
bainis [banʹəsʹ] 名女 〖属単 **-e**, 複 **-eacha**〗結婚式; 婚礼の祝宴. 〜 **bhaiste**(<baist) 洗礼の集会[儀式].
bainisteoir [banʹəsʹtʹo:rʹ] 名男 〖属単 **bainsteora**, 複 **-í**〗支配人, マネージャー.
bainisteoireacht [banʹəsʹtʹo:rʹəxt] 名女 〖属単 **-a**〗経営(すること); 支配人職.
bainistí [banʹəsʹtʹi:] 名女 〖属単 〜〗倹約, 節約.
bainistíocht [banʹəsʹtʹi:(ə)xt] 名女〖属単 **-a**〗倹約[節約]すること.
bainistreás [banʹəsʹtʹrʹa:s] 名女〖属単 **-a**, 複 **-aí**〗女性支配人, 女マネージャー.
bainne [banʹə] 名男 〖属単 〜〗乳, ミルク; 乳状液. 〜 **bó bleachtáin** [bleacht] 黄花桜草(の液).
bainniúil [banʹu:lʹ] 形 2 牛乳のような[乳白色の]; 乳を多く出す; (植物が)乳状の液を出す.
báinseach [ba:nʹsʹəx] 名女〖属単 **báinsí**, 主複 **-a**, 属複 〜〗緑地; 芝生.
baint [banʹtʹ] 名女〖属単 **-e**〗① **bain** の動名詞. ② 関係, 関連(性).
báinté [ˌba:nʹtʹe:] 名 (成句) **tá an fharraige ina** 〜 海は全く波がなく穏やかだ.
bainteach [banʹtʹəx] 形 1 〜 **le** に巻き込まれた; に関連のある.
baintreach [banʹtʹrʹəx] 名女〖属単 **baintrí**, 主複 **-a**, 属複 〜〗やもめ; 未亡人; 男やもめ.
baintreachas [banʹtʹrʹəxəs] 名男〖属単 **baintreachais**〗やもめ暮し.
báíocht [ba:i:(ə)xt] 名女〖属単 **-a**〗共感; 同情; 仲間意識, 連帯感.
bairdéir [ba:rdʹe:rʹ] 名男〖属単 **bairdéara**, 複 **-í**〗看守, 門番.
báire [ba:rʹə] 名男〖属単 〜, 複 **báirí**〗試合[競技]; ゴール; ハーリング試合[競技]. **i dtús** 〜 手始めに. **i lár** 〜 真中に. **i ndeireadh** 〜 ついに[やっと]. **cúl** 〜 ゴールキーパー.
bairéad [barʹe:d] 名男〖属単・主複 **bairéid**, 属複 〜〗ベレー, 帽子;

balbhán

ビレッタ(カトリック聖職者の帽子).

báireoir [baːrʹoːrʹ] 名男 〖属単 **báireora**, 複 **-í**〗競技者; ハーリングの選手.

bairille [barʹəlʹə] 名男 〖属単 〜, 複 **bairillí**〗樽(たる), バレル.

bairín [barʹiːnʹ] 名男 〖属単 〜, 複 **-í**〗パン[ケーキ]の一塊, 直方体の塊(の食品), ローフ.

bairneach [baːrnʹəx] 名男 〖属単・主複 **bairnigh**, 属複 〜〗笠貝(岩礁地帯に分布する笠形の貝).

bairrín [baːrʹiːnʹ] 名男 〖属単 〜, 複 **-í**〗ミトラ(司教の儀式用冠).

báirse [baːrsʹə] 名男 〖属単 〜, 複 **báirsí**〗伝馬船, はしけ(平底の荷船).

báisín [baːsʹiːnʹ] 名男 〖属単 〜, 複 **-í**〗洗面器, たらい.

baisleac [basʹlʹək] 名女 〖属単 **baislice**, 主複 **-a**, 属複 〜〗バシリカ公会堂[聖堂].

baist [basʹtʹ] 動I 他 〖動名 **baisteadh**, 動形 **baiste**〗洗礼を施す, 洗礼名を授ける; 命名する.

baiste [basʹtʹə] 名男 〖属単 〜, 複 **baistí**〗洗礼, 浸礼; 命名(式).

Baisteach [basʹtʹəx] 名男 〖属単・主複 **Baistigh**, 属複 〜〗バプテスト教徒; 洗礼を施す人.

báisteach [baːsʹtʹəx] 名女 〖属単 **báistí**〗雨, 降雨; 雨量. **lá báistí** 雨降り日. **tá 〜 air** 雨が降りそうだ.

baisteadh [basʹtʹə] 名男 〖属単 **baiste**, 複 **baistí**〗洗礼[浸礼].

baistí [basʹtʹiː] 形3 洗礼の, 浸礼の. **athair**[**leanbh**] 〜 代父[代子]. **máthair bhaistí** 代母.

báistigh [baːsʹtʹiː] 動II 自 〖動名 **báisteach**, 動形 **báistithe**〗雨が降る, 雨のように降る.

baistim [basʹtʹəmʹ] baist+mé.

báistiúil [baːsʹtʹuːlʹ] 形2 雨の, 雨降りの, 雨の多い.

báite [baːtʹə] ☞ **báigh**.

báiteach [baːtʹəx] 形1 淡い[薄い]; 青白い; パステル風の.

baithis [bahəsʹ] 名女 〖属単 **-e**, 複 **-í**〗頭のてっぺん, 頂上; 額.

baitíc [batʹiːkʹ] 名女 〖属単 **-e**, 複 **-í**〗ろうけつ染; ジャワ更紗.

baitín [batʹiːnʹ] 名男 〖属単 〜, 複 **-í**〗小棒, バトン, 指揮棒.

baitsiléir [batʹsʹəlʹeːrʹ] 名男 〖属単 **baitsiléara**, 複 **-í**〗未婚[独身]の男子; 学士.

bál [baːl] 名男 〖属単・主複 **báil**, 属複 〜〗ボール; ダンスパーティー.

balbh [baləv] 形1 口のきけない; 無言の; 黙音「字」の.

balbhán [baləvaːn] 名男 〖属単・主複 **balbháin**, 属複 〜〗口のきけ

ない人；黙っている人．
balc [balk] 名男〘属単・主複 **bailc**, 属複 ～〙角[梁]材；堅い材質のもの．
balcais [balkəsʹ] 名女〘属単 **-e**, 複 **-í**〙衣料の1品(コート，ドレス，ガウンなど)；布切れ．
balcóin [balkoːnʹ] 名女〘属単 **-e**, 複 **-í**〙バルコニー．
ball [bal] 名男〘属単・主複 **baill**, 属複 ～〙(身体の)器官；構成要素[(全体の)1部分・1員]；1品目；地[時]点；斑点. **baill bheatha** 生命維持に不可欠な器官．～ **de theaghlach** 家族の一員. **i mball éigin** どこかで(へ)．**ar an mball** 即座に．**ar** ～ **(beag)** (少し)前に；(少し)後に；今のところ．～ **gréine** そばかす[太陽の黒点]．
balla [balə] 名男〘属単 ～, 複 **-í**〙壁．
ballach [baləx] 形 1 斑点のある，まだらの，しみの付いた．
ballán [balaːn] 名男〘属単・主複 **balláin**, 属複 ～〙乳首(状のもの)．
ballasta [baləsta] 名男〘属単 ～〙バラスト(底荷)；敷き砂利．
ballchrith [ˈbalˌxʹrʹih] 名〘属単 **ballchreatha**〙手足の震え．**ar** ～ 身震い，おののき．
ballóg [baloːg] 名女〘属単 **ballóige**, 主複 **-a**, 属複 ～〙屋根のない家，廃屋．
ballóid [baloːdʹ] 名女〘属単 **-e**, 複 **-í**〙投票用紙；投票総数；投票．
ballra [balrə] 名男〘属単 ～〙(集合的な)会員，社員；会員[社員]数．
ballraíocht [balriː(ə)xt] 名女〘属単 **-a**〙(ある団体の)一員[会員]であること；会員資格；会員数．
balsam [balsəm] 名男〘属単 **balsaim**〙バルサム(芳香剤)；香油，鎮痛剤．
balsamaigh [balsəmiː] 動II 他〘動名 **balsamú**, 動形 **balsamaithe**〙(死体に)防腐措置を施す．
balscóid [balskoːdʹ] 名女〘属単 **-e**, 複 **-í**〙出来物[腫(は)物]；汚れ[染み]．
balún [baluːn] 名男〘属単・主複 **balúin**, 属複 ～〙風船，(軽)気球．
bambach [bambəx] 形 1 退屈な，飽きのくる．
bambú [bambuː] 名男〘属単 ～, 複 **-nna**〙竹，竹材．
ban-[1] [ban] 接頭 女の，女性の．
ban[2] [ban] ☞ **bean**.
bán[1] [baːn] 名男〘属単 **báin**, 複 **-ta**〙牧草地，草原；未耕地，空地．
bán[2] [baːn] 名男〘属単 **báin**, 主複 **-a**, 属複 ～〙白；白色；白いこと[もの]．
——形 1 白い，白色の；青白い；空白の；本当らしい．**airgead** ～ 銀

貨. sioc ～ 白霜. aghaidh bhán 青白い顔. teach ～ 空家. leath-anach ～ 空白のページ. tá béal ～ aige 彼は口(先)がうまい.
ban-ab [ˈbanˌab] 名女 〖属単 **-a**, 複 **-aí**〗女子(大)修道院長.
bánaí [baːniː] 名 (成句) ～ **a dhéanamh** (**le páiste** etc.) (子供, その他を)猫可愛がりすること.
bánaigh [baːniː] 動II 他・自 〖動名 **bánú**, 動形 **bánaithe**〗白くする; 中身を出して空にする; 荒廃させる; 白む. **bhánaigh siad an halla** 彼らは(中にいた人をことごとく出し)ホールを空にした. **ag bánú na tíre** 国を荒廃させて(いる). **bhánaigh an lá** 夜が明けた.
banaisteoir [ˈbanˌasˈtʲoːrʲ] 名男 〖属単 **banaisteora**, 複 **banaisteoirí**〗女優, 女性の役者.
banaltra [banəltrə] 名女 〖属単 ～, 複 **-i**〗女性看護師. ～ **fir** 男性看護師.
banaltracht [banəltrəxt] 名女 〖属単 **-a**〗看護すること.
banana [bəˈnanə] 名男 〖属単 ～, 複 **-í**〗バナナ.
banbh [banəv] 名男 〖属単・主複 **bainbh**, 属複 ～〗小豚, 子豚.
bánbhuí [ˈbaːnˌviː] 形3 クリーム色の.
banc [baŋk] 名男 〖属単・主複 **bainc**, 属複 ～〗銀行.
banchéile [banˈxʲeːlʲə] 名男 〖属単 ～, 複 **banchéilí**〗妻.
banchliamhain [ˈbanˌxʲlʲiəvənʲ] 名男 〖属単 ～, 複 **-eacha**〗義理の娘.
bánchorcra [ˈbaːnˌxorkrə] 形3 ふじ色の, モーブ色の.
banda[1] [bandə] 名男 〖属単 ～, 複 **-í**〗たが; ベルト[バンド].
banda[2] [bandə] 形3 女の, 女らしい; 女性にふさわしい.
bándearg [ˈbaːnʲdʲarəg] 形1 ピンク(色)の.
bandia [ˈbanʲdʲiə] 名男 〖属単 **bandé**, 複 **bandéithe**〗女神.
bandochtúir [ˈbanˌdoxtˈuːrʲ] 名男 〖属単 **bandochtúra**, 複 **-í**〗女医.
banéigean [ˈbanˌeːɡʲən] 名男 〖属単 **banéigin**〗レイプ.
banfhile [ˈbanˌilʲə] 名男 〖属単 ～, 複 **banfhilí**〗女性詩人.
bang [baŋ] 名男 〖属単 **-a**, 複 **-anna**〗泳法, ストローク; 奮闘.
bangharda [ˈbanˌɣaːrdə] 名男 〖属単 ～, 複 **-í**〗婦人警官, 婦警.
bánghnéiteach [ˈbaːnˌɣnʲeːhʲəx] 形1 生色がない, 青ざめた.
banimpire [ˈbanˌimʲpʲərʲə] 名男 〖属単 ～, 複 **banimpirí**〗女帝, 皇后.
banna[1] [banə] 名男 〖属単 ～, 複 **-í**〗(音楽の)バンド, 楽団, 音楽隊.
banna[2] [banə] 名男 〖属単 ～, 複 **-í**〗縛るもの; 保証(人); 証文; **bannaí** 保釈金[保釈保証人]; (教会で行われる結婚の)予告. ～ **a**

bánna

chur ar (rud) (もの)を縛ること. **dul i mbannaí ar** (dhuine) (人)の(ために)保釈保証人になること. **bannaí pósta** 結婚予告.

bánna ☞ **bá**¹.

banoidhre [ˈbanˌoɣrʲə] 名男【属単 ～, 複 **banoidhrí**】女子相続人, 女性後継者.

banóstach [ˈbanˌoːstəx] 名男【属単・主複 **banóstaigh**, 属複 ～】女主人；ホステス.

banphrionsa [ˈbanˌfrʲinsə] 名男【属単 ～, 複 **-í**】王女, プリンセス；王妃.

banrach [banrəx] 名女【属単 **banraí**, 主複 **-a**, 属複 ～】パドック；(家畜小屋近くの)さくのある小放牧場.

banríon [ˈbanˌriːn] 名女【属単 **-a**, 複 **-acha**】女王[女帝]；王妃.

banspásaire [ˈbanˌspaːsərʲə] 名男【属単 ～, 複 **banspásarí**】女性宇宙飛行士.

bantiarna [ˈbanˌtʲiərnə] 名女【属単 ～, 複 **-í**】(首長・貴族などの)女性に冠する称号)…夫人[…嬢]など.

bantracht [bantrəxt] 名女【属単 **-a**】女性[婦人]；女(性)たち.

bánú [baːnuː] 名男【属単 **bánaithe**】① **bánaigh** の動名詞. ②明ける[明るくする]こと；白くすること；消散；取り片付け.

banúil [banuːlʲ] 形2 女らしい；しとやかな；謙遜な.

banúlacht [banuːləxt] 名女【属単 **-a**】女らしさ；女性気質；慎み深さ.

baoi [biː] 名男【属単 ～, 複 **baoithe**】浮標, ブイ；浮袋；(釣具)浮き.

baois [biːʃ] 名女【属単 **-e**】愚かさ；愚かな行為.

baoite [biːtʲə] 名男【属単 ～, 複 **baoití**】えさ[餌].

baoiteáil [biːtʲaːlʲ] 動I 他【動名 **baoiteáil**, 動形 **baoitáilte**；現 **baoiteálann**】(釣り針・わなに)えさをつける.

baol [biːl] 名男【属単 **baoil**】危険(状態)；危[損]害の恐れ；脅威；{慣用表現} **is beag an ～** …しそうにない. **níl sé ～ ar** なかなか[到底]…でない. **i mbaol báis** 死の危険にさらされて. **is ～ liom** 私は恐れている[不安だ]. **níl sé lán ná ～ air** それではまだまだ一杯ではない.

baolach [biːləx] 形1 危険な, あぶない；(成句) **is ～ go** (go 以下)ではないかと思われて[心配されて]いる.

baosra [biːsrə] 名男【属単 ～】愚；愚行；空威張り.

baoth [biː] 形1 愚かな；実質[内容]のない；(船など)不安定な.

baothdhána [ˈbiːˌɣaːnə] 形3 無鉄砲な, 無謀な, 向こう見ずな.

baothghalánta [ˈbiːˌɣalaːntə] 形3 俗物的な, きざな.

baoth-thonn [biːhon] 名男【属単 **baoth-thoinn**】けいれん, ひき

つけ.

bara [barə] 名男〖属単 〜, 複 -í〗(手押の)一輪車[ねこ車].

baracáid [baraka:d′] 名女〖属単 -e, 複 -í〗バリケード; 障害物.

baraíd [bari:d′] 名〖複 -í〗(成句) ar baráidí[ag 〜 ar] (rud) a dhéanamh 今まさに(こと)をするところ. tá sé ar 〜 imeacht 彼は今丁度出ていくところだ.

baraiméadar [ˈbarəm′e:dər] 名男〖属単・主複 baraiméadair, 属複 〜〗気圧計, 晴雨計, バロメーター.

baráiste [bara:s′t′ə] 名男〖属単 〜, 複 baráistí〗(軍の)一せい援護射撃.

baránta [bara:ntə] 名男〖属単 〜〗保証; 許可, 認可.

barántas [bara:ntəs] 名男〖属単・主複 barántais, 属複 〜〗保証書; 証明書; 令状.

barántúil [bara:ntu:l′] 形2 真正[本物]の; 信頼[信用]できる.

baratón [barəto:n] 名男〖属単・主複 baratóin, 属複 〜〗バリトン.

barbarach [barəbərəx] 名男〖属単・主複 barbaraigh, 属複 〜〗野蛮人; 野人; 異邦人.
——形1 未開人の; 粗野な; 異邦の.

barbartha [barəbərhə] 形3 野蛮な; 教養のない; (言葉が)下品な.

barbarthacht [barəbərhəxt] 名女〖属単 -a〗暴虐; 蛮行; 野卑. 〜 chainte 下品な言葉.

bárc [ba:rk] 名男〖属単・主複 báirc, 属複 〜〗バーク船, 小型帆船.

bárcadh [ba:rkə] 名 (成句) ag 〜 allais 汗を流して.

bard [ba:rd] 名男〖属単・主複 baird, 属複 〜〗(古代ケルト族の)吟遊詩人, バード; 詩人.

barda[1] [ba:rdə] 名男〖属単 〜, 複 -í〗警備隊.

barda[2] [ba:rdə] 名男〖属単 〜, 複 -í〗(市などの)行政区画; 病棟.

bardach [ba:rdəx] 名男〖属単・主複 bardaigh, 属複 〜〗管理人; 長(官).

bardal [ba:rdəl] 名男〖属単・主複 bardail, 属複 〜〗鴨・家鴨の雄.

bardas [ba:rdəs] 名男〖属単・主複 bardais, 属複 〜〗市当局; (地方)自治体.

bardasach [ba:rdəsəx] 名男〖属単・主複 bardasaigh, 属複 〜〗市会議員.
——形1 市(政)の, 市営の.

barócach [baro:kəx] 形1 バロック様式の.

barr [ba:r] 名男〖属単 bairr, 主複 barra, 属複 〜〗先端; 絶頂[頂点]; 表面, 上部; 卓越; 収穫. 〜 méire 指先. 〜 crainn 木のてっぺん.

barra

i mbarr a háille 彼女の美しさの真っ盛りに. tá an teach ar bharr solais その建物はすっぽり光に包まれている. ～ láin (mhara) [～ taoide] 高潮位標. (成句) de bharr …の結果として[のせいで]. de bharr go (go 以下) だから. dá bharr sin その結果として[従って]. le ～ nirt 腕力で. mar bharr ar an ádh [ar an mí-ádh] 運良く[運悪く]. thar ～ 優秀な, 卓越した. thar ～ amach すっかり[遠慮なく].

barra [barə] 名男《属単 ～, 複 -í》横木, (木, 金属の)棒;インゴット;(法廷の)仕切り;(楽譜の小節用)縦線;砂州. ～ óir 金の延べ棒.

barrachas [barəxəs] 名男《属単 **barrachais**》卓越[優位];支配;余分.

barrachód [ˈbarəˌxoːd] 名男《属単・主複 **barrachóid**, 属複 ～》バーコード.

barraicín [barəkʲiːn] 名男《属単 ～, 複 -í》つま先;(靴の)つま革.

barraíl [bariːlʲ] 名女《属単 **barraíola**》刈り落した切枝;空の穀物.

barraíocht [bariː(ə)xt] 名女《属単 **-a**》過剰, 超過. (動名詞扱い) (duine) **a bharraíocht** (人)に勝る[を出し抜く]こと.

barrchaite [ˈbaːrˌxatʲə] 形3 着古した, すり切れた;時が経った.

barrchaolaigh [ˈbaːrˌxiːlʲiː] 動II他《動名 **barrchaolú**, 動形 **barrchaolaithe**》先細にする;次第に減らす.

barrchéim [ˈbaːrˌxʲeːmʲ] 名女《属単 **-e**, 複 **-eanna**》(劇)最高潮, クライマックス.

barriall [ˈbaːrˌiəl] 名女《属単 **barréille**, 複 **-acha**》靴ひも.

barrloisc [ˈbaːrˌlosˠkʲ] 動I他《動名 **barrloscadh**, 動形 **barrloiscthe**》表面を焼く, 焦がす.

barróg [baroːɡ] 名女《属単 **barróige**, 主複 **-a**, 属複 ～》抱擁, 抱きしめること;取っ組むこと.

barrshamhail [ˈbaːrˌhaulʲ] 名女《属単 **barrshamhla**, 複 **barrshamhlacha**》理想.

barrthuairisc [ˈbaːrˌhuərʲəsˠkʲ] 名女《属単 **-e**, 複 **-í**》補足的情報.

barrthuisle [ˈbaːrˌhisˠlʲə] 名男《属単 ～, 複 **barrthuislí**》つまずき[よろめき]. ～ **a bhaint as duine** 人をつまずかせること.

barrúil [baruːlʲ] 形2 楽しい;ひょうきんな;奇妙な.

barúil [baruːlʲ] 名女《属単 **barúla**, 複 **barúlacha**》考え, 意見;思いつき. tá ～ agam [is é mo bharúil] go 私の考え[意見]は(go 以下)です. cad é do bharúil orthu? あなたは彼[あれ]らをどう思うか?

barúlach [baruːləx] 形1 意見をよく述べる, 自説を曲げない.

barún [baruːn] 名男《属単・主複 **barúin**, 属複 ～》男爵.

bás [baːs] 名男《属単 **báis**, 複 **-anna**》死, 死亡. ～ **a fháil** (de[le)

(…が原因で)死ぬこと. **tá sé le ～** 彼は死にかけている. **go ～** 死ぬまで. (bheith) **idir ～ is beatha** 生死の境をさまよって(いること). **ar bhás an domhain** どんなことがあっても. **eagla a bháis** ひどい恐れ.

basadóir [basədo:rʹ] 名男〚属単 **basadóra**, 複 **-í**〛仲人.

básaigh [ba:si:] 動II 他・自〚動名 **bású**, 動形 **básaithe**〛(人を)殺す, 処刑する ; 死ぬ.

basár [bəˈsa:r] 名男〚属単・主複 **basáir**, 属複 **～**〛バザール.

basc [bask] 動I 他〚動名 **bascadh**, 動形 **basctha**〛強く打つ ; めった切りにする ; (押し)つぶす.

bascadh [baskə] 名男〚属単 **basctha**〛強打, 粉砕. **fuair sé ～** 彼はひどくぶたれた.

bascaed [baske:d] 名男〚属単・主複 **basceid**, 属複 **～**〛バスケット, かご.

Bascais [baskəsʹ] 名女〚属単 **-e**〛バスク語.

básmhar [ba:svər] 形1 死ぬべき運命の, 死を免れない.

básta [ba:stə] 名男〚属単 **～**, 複 **-í**〛(人体)腰部, ウエスト ; (馬)腹帯.

bastallach [bastələx] 形1 大げさな ; あげ足取りの ; 意地の悪い.

bastard [bastərd] 名男〚属単・主複 **bastaird**, 属複 **～**〛非嫡出子 ; 雑種. **～ madra** 雑種犬.

bástcóta [ˈba:stˌko:tə] 名男〚属単 **～**, 複 **-í**〛チョッキ, ベスト.

bastún [bastu:n] 名男〚属単・主複 **bastúin**, 属複 **～**〛武骨者, 田舎者 ; イグサで作ったつえ[支え].

bású [ba:su:] 名男〚属単 **básaithe**, 複 **básuithe**〛① **básaigh** の動名詞. ② 処刑.

basún [basu:n] 名男〚属単・主複 **basúin**, 属複 **～**〛バスーン[ファゴット].

bata [batə] 名男〚属単 **～**, 複 **-í**〛棒(切れ) ; 指揮棒, むち ; つえ. **～ is bóthar a thabhairt do** (dhuine) (人)を即座に解雇すること.

bataire [batərʹə] 名男〚属単 **～**, 複 **batairí**〛電池, バッテリー ; 砲台.

batráil [batra:lʹ] 動I 他〚動名 **batráil**, 動形 **batráilte** ; 現 **batrálann**〛連打する ; (打ち)壊す.

báúil [ba:u:lʹ] 形2 同情的な, 思いやりのある ; 気の合った.

bé [bʹe:] 名女〚属単 **～**, 複 **-ithe**〛娘, 少女, 未婚婦人.

béabhar [bʹe:vər] 名男〚属単・主複 **béabhair**, 属複 **～**〛ビーバー.

beacán [bʹaka:n] 名男〚属単・主複 **beacáin**, 属複 **～**〛きのこ. **～ bearaigh** 毒きのこ.

beach [bʹax] 名女〖属単 **beiche**, 主複 **-a**, 属複 ~〗蜂. ~ **chapaill** [~ ghabhair] すずめ蜂；怒りっぽい人.

beachaire [bʹaxərʹə] 名男〖属単 ~, 複 **beachairí**〗養蜂家；蜜蜂の巣.

beacht [bʹaxt] 形1〖属単男 ~, 属単女・比較 **beaichte**, 主複 **-a**〗正しい, 厳密な, 適切な.
—— 名女〖属単 **-a**〗正確な計測.

beachtaigh [bʹaxtiː] 動II 他〖動名 **beachtú**, 動形 **beachtaithe**〗(誤りを)直す. ~ **ar** 批判する.

beachtaíoch [bʹaxtiː(ə)x] 形1〖属単男 ~, 属単女・比較 **beachtaíche**, 主複 **-a**〗あら探しの好きな；揚足取りの.

beachtaíocht [bʹaxtiː(ə)xt] 名女〖属単 **-a**〗正確；批評；あら探し.

beachtas [bʹaxtəs] 名男〖属単 **beachtais**〗正確；精密；(機械)精度.

beadaí [bʹadiː] 名男〖属単 ~, 複 **beadaithe**〗食通, 美食家, グルメ.
—— 形3 (食物に対し)好みの難しい. **bia** ~ 美味な食品.

béadán [bʹeːdaːn] 名男〖属単 **béadáin**〗中傷, ひぼう；うわさ話. ~ **a dhéanamh ar dhuine** 人を中傷すること. (動名詞扱い) **ag** ~ (人の)陰口を言って；ぺらぺらとむだ話をして.

béadchaint [ˈbʹeːdˌxanʹtʹ] 名女〖属単 **-e**〗(口頭の)名誉棄損.

beag[1] [bʹeg] 名男〖属単 **big**, 複 **-anna**〗(程度・範囲・度量・数などが)小さい[少ない]こと；(年齢・地位などが)低いこと；(価値・重要さなどが)わずかなこと. **an** ~ **is**(＝**agus**) **an mór** 地位の高い人も低い人も[老いも若きも]. **a bheag a dhéanamh de** (**rud**) (もの)を過小評価する[軽んじる]こと. (成句) **ach** ~ [**ach sa bheag**] 殆ど. **ar a bheag** 少なくとも. (動詞 **is** と共に)少しの人[物]. **is** ~ **a tháinig** (人は)殆ど来なかった.
—— 形〖属単男 **big**, 属単女 **bige**, 主複 **beaga**, 比較 **lú**〗(数・度量・範囲・形・大きさ・規模・人・動物などが)小さい；(距離・時間などが)短い；(価値・程度・信用度・重要さなどが)少ない[わずかな]；(年齢・地位などが)低い；少しの. **an ceann** ~ 小さい物；より重要でない方の物. **inné** ~ つい[ほんの]昨日. **solas** ~ 薄暗い. (成句) **ar an gcuid is lú** 少なくとも[せめて]. **is** ~ **orm é** 私はそれが嫌いだ. **is** ~ **le rá é** それは話す価値がない. **ní** ~ **sin!** もうたくさんだ！ **nach** ~ 殆ど(ない). **is** ~ **duine ann** ほんのわずかの人しかいない. (副詞扱い) **is** ~ **nár thit mé** 私はもう少しで落ちるところだった. **is** ~ **a thaitin sé liom** 私はそれがあまり好きでなかった.

beag-[2] [bʹeg] 接頭 小さい[少ない]；無, 不, 非.

beagán [b'ega:n] 名男〘属単・主複 **beagáin**, 属複 ～〙(量・程度などが)(ほんの)少し, わずか；わずかな給料[収入]；(副詞扱い)いくらか, ある程度(まで). ～ **ar bheagán** 少しずつ[だんだん]. **ar bheagán aráin** パンが不足して. **i mbeagán focal** 手短に[簡潔に].

beagmhaitheasach [ˈb'egˌvahəsəx] 形 1 価値のない, 役立たずの, 無益な.

beagnach [b'egnax] 副 殆ど, もう少しで.

beaguchtach [ˈb'egˌuxtəx] 名男〘属単 **beaguchtaigh**〙意気消沈, 落胆.

beaichte [b'axt'ə] 名女〘属単 ～〙正確, 厳密, 厳正.

beaignit [b'ag'n'ət'] 名女〘属単 **-e**, 複 **-í**〙銃剣.

beairic [b'ar'ək'] 名女〘属単 **-e**, 複 **-í**〙兵舎, バラック(式建物).

béal [b'e:l] 名男〘属単・主複 **béil**, 属複 ～；(成句)複 **béala**〙口, くちびる；開口部；入り口；へり, 刃；表, 前[正]面；瀬戸, 海峡；始まり；言葉. ～ **duine**[**ainmhí**] 人[動物]の口. ～ **cupáin** カップのへり[縁]. ～ **gleanna** 谷間の入り口. ～ **milis** 甘いもの好き[へつらい]. ～ **faoi** うつ向いて[伏して]. **as** ～ **a chéile** 声をそろえて. **teacht chun an bhéil chuig** (**duine**) (人)に浮かぶこと. ～ **gan scáth** おしゃべりな人. ～ **scine** ナイフの刃. **i mbéal na doininne** 嵐に逆らって. **teacht ar bhéala** (**duine**) (人)に先立つこと. **i mbéal**[**mbéala**] または **ar bhéal**[**bhéala**] まさに…しようとして[…の準備が出来て]. **tá sé i mbéal a mhaitheasa** 彼は全盛期に入っている. **i mbéal**[**i mbéala**] **báis** 死に瀕して.

bealach [b'aləx] 名男〘属単 **bealaigh**, 複 **bealaí**〙道(路), 主要道路, 街路；路線；進行；方向；方法；チャンネル；距離. ～ **mór** ハイウェー. ～ **aeir** 航空路. ～ **cúil** 抜け道[わき道]. ～ **isteach**[**amach**] (進)入口[(進)出口]. **cuireadh chun bealaigh é** 彼は追い出された. **déan ar do rogha** ～ **é** 君の好きなやり方でしなさい. **ar bhealach** ある意味では；幾分. **ar bhealach éigin** とにかく[何とか]. **as** ～ それて[間違って].

bealadh [b'alə] 名男〘属単 **bealaidh**〙脂肪；潤滑油, グリース.

bealaigh [b'ali:] 動II 他〘動名 **bealú**, 動形 **bealaithe**〙油脂を塗る, 潤滑油を塗る. **caint bhealaithe** お世辞たっぷりの言葉.

béalaithris [ˈb'e:lˌahr'əs'] 名女〘属単 **-e**〙伝承；口碑；言い伝え；口伝えの叙述.

béalastánach [ˈb'e:lˌasta:nəx] 形 1 大言壮語の；むだ口をたたく.

béalbhach [b'e:lvəx] 名女〘属単 **béalbhaí**, 主複 **-a**, 属複 ～〙馬ろく(くつわ, 手綱など)；くつわのはみ.

béalchrábhadh [ˈbʲeːlˌxraːvə] 名男〖属単 **béalchrábhaidh**〗信心家ぶること；偽善．

béalchráifeach [ˈbʲeːlˌxraːfʲəx] 形 1 信心ぶる；殊勝げな；偽善の．

béaldath [ˈbʲeːlˌdah] 名男〖属単 **-a**, 複 **-anna**〗口紅．

béalghrá [ˈbʲeːlˌɣraː] 名男〖属単 〜〗口先だけの愛情［厚意・忠誠］．

béaliata [ˈbʲeːlˌiətə] 形 3 口を固く閉じた；秘密主義の．

béalmhír [ˈbʲeːlˌvʲiːrʲ] 名女〖属単 **-e**, 複 **-eanna**〗(道具類の)先端(ドリル，かんな，おの類の刃・錐の穂先など)．

béalóg [bʲeːloːg] 名女〖属単 **béalóige**, 主複 **-a**, 属複 〜〗(楽器の)吹口，歌口；(動物の)鼻づら；小さい割目［口］．

béaloideas [ˈbʲeːlˌodʲəs] 名男〖属単 **béaloidis**〗民間伝承；フォークロア．

béaloscailte [ˈbʲeːlˌoskəlʲtʲə] 形 1 全開の；(人など)大口をあけた．

béalscaoilte [ˈbʲeːlˌskiːlʲtʲə] 形 3 思慮のない，軽率な．

Bealtaine [bʲaltənʲə] 名女〖属単 〜, 複 **Bealtainí**〗5月．lá 〜 メーデー．idir dhá thine Bhealtaine 困惑して，ジレンマに陥って．

bean [bʲan] 名女〖属単・主複 **mná**, 属複 **ban**〗女，婦人，女性．〜 chéile 妻．〜 phósta 既婚女性．〜 rialta 尼僧．éadaí ban 婦人服．〜 tí 主婦；家計を切り盛りする婦人．〜 Sheáin Uí Néill ショーン・オニール夫人．Máire 〜 Uí Néill (オニール夫人の)モイラ・オニールさん．Seán agus a bhean ショーンと彼の妻．a 〜 lóistín 女性家主；おかみ．Mná (トイレなどの標示)婦人用．

beangán [bʲaŋgaːn] 名男〖属単・主複 **beangáin**, 属複 〜〗枝芽，(接木の)接穂；(名門の)子孫；とがった先．

beann[1] [bʲan] 名女〖属単 **binne**, 主複 **-a**, 属複 〜〗角，枝角，角状の尖端．

beann[2] [bʲan] 名女〖属単 **binne**〗注目；考慮，関心，心配；敬意，好意．tá mé beag 〜 [beag de bheann] air 私は彼のことを殆ど気にしない［恐れていない］．

beanna [bʲanə] ☞ binn[1]．

beannach [bʲanəx] 形 1 角のある，角のような；先のとがった．

beannacht [bʲanəxt] 名女〖属単 **-a**, 複 **-aí**〗祝福(の言葉)；(神・自然の)恵み，恩恵．〜 Dé ort 神のお恵みがありますよう［ご成功を！］．

beannachtach [bʲanəxtəx] 形 1 (成句) buíoch 〜 感謝感激する［心底からありがたがる］．

beannaigh [bʲaniː] 動II 他・自〖動名 **beannú**, 動形 **beannaithe**〗祝福する；…への神の恵みを祈る；〜 do に挨拶(あいさつ)する；go mbeannaí Dia duit 今日は［やあ］．níl siad ag beannú dá chéile 彼らは言葉

を交す間柄ではない[仲たがいしている].

beannaím [b′ani:m′] beannaigh+mé.

beannaithe [b′anihə] 形3 祝福された, 神聖な.

beannaitheach [b′anihəx] 形1 祝福を与える[至福をもたらす]力のある.

beannú [b′anu:] 名男〖属単 **beannaithe**〗挨拶(あいさつ)すること, 会釈; 祝福.

beár [b′a:r] 名男〖属単・主複 **beáir**, 属複 ～〗パブ, バー.

béar [b′e:r] 名男〖属単・主複 **béir**, 属複 ～〗熊. an ～ Beag[Mór] 小熊[大熊]座.

beara [b′arə] ☞ bior.

bearach [b′arəx] 名男〖属単・主複 **bearaigh**, 属複 ～〗若い雌牛.

bearbóir [b′arəbo:r′] 名男〖属単 **bearbóra**, 複 **-í**〗理髪師, 床屋.

bearbóireacht [b′arəbo:r′əxt] 名女〖属単 **-a**〗整髪[理髪]をすること, ヘアードレッシング.

béarfaidh [b′e:rhi:] ☞ beir.

béarla [b′e:rlə] 名男〖属単 ～〗話すこと; (話す)言語; Béarla 英語.

béarlachas [b′e:rləxəs] 名男〖属単 **béarlachais**〗英国風[式]; 英国人的な慣習; 英国英語の慣用語法.

béarlagair [b′e:rləgər′] 名男〖属単 ～〗(職業・集団などによる)特殊用語, 専門用語, 通語, 隠語.

Béarlóir [b′e:rlo:r′] 名男〖属単 **Béarlóra**, 複 **-í**〗英語圏の人, 英語を話す人.

bearna [b′a:rnə] 名女〖属単 ～, 複 **-í**〗間隙, 途切れ, 切れ目; 中断. ～ mhíl 兎唇.

bearnach [b′a:rnəx] 形1 穴の開いた, すき間のある; 不備[不完全]の.

bearnaigh [b′a:rni:] 動II 他〖動名 **bearnú**, 動形 **bearnaithe**〗破る[突破する]; (たるなどの)口[栓]を開ける; 飲み口を付ける.

bearnas [b′a:rnəs] 名男〖属単・主複 **bearnais**, 属複 ～〗峠道.

bearr [b′a:r] 動I 他〖動名 **bearradh**, 動形 **bearrtha**〗刈り込む, 切る, そる; (上ずみなどを)すくいとる. ingne a bhearradh つめを切ること. mata a bhearradh じゅうたんの毛を刈りそろえること. (duine) a bhearradh (人)の髪を刈る[ひげをそる]こと; (金品強奪などで人を)丸裸にすること.

bearradh [b′arə] 名男〖属単 **bearrtha**, 複 **bearrthaí**〗そること, ひげそり. ～ gruaige 散髪. ó bearradh go diúra 頭のてっぺんから足の先まで[すっかり]. ～ cainte 大目玉.

bearránach [bʹaraːnəx] 形1 いらいらさせる, じらす；人を悩ます.
beart[1] [bʹart] 名男《属単 **birt**, 主複 **-a**, 属複 **~**》束；小包.
beart[2] [bʹart] 名男《属単 **birt**, 主複 **-a**, 属複 **~**》計画, 画策；行為, 実行, 行動. **~ a dhéanamh de réir do bhriathair** 言ったことをすぐ実行すること. **tar éis na mbeart** 結局. **caith**[**imir**] **do bhearta mar is cóir** 正々堂々と勝負[試合]をしなさい[公明正大に行動しなさい]. **i mbearta crua** 非常に難渋して.
beart[3] [bʹart] 名男《属単 **bearta**, 複 **-anna**》(船の)停泊所；船台.
beart[4] [bʹart] 名男《属単 **birt**, 主複 **-a**, 属複 **~**》(コンピューター)バイト.
beartach [bʹartəx] 形1 計画的な, ずるい；機略に富んだ.
beartaigh [bʹartiː] 動II 他《動名 **beartú**, 動形 **beartaithe**》たくらむ；(凶器など)を振り回す；**~ ar** 決意する.
beartaíocht [bʹartiː(ə)xt] 名女《属単 **-a**》たくらむこと；計略, 巧妙な仕掛け. **~ láimhe** 手品[奇術].
beartán [bʹartaːn] 名男《属単・主複 **beartáin**, 属複 **~**》小束；小包, 小荷物.
beartas [bʹartəs] 名男《属単・主複 **beartais**, 属複 **~**》政策, 方針；手段.
beartú [bʹartuː] 名男《属単 **beartaithe**》計画；たくらみ；考案.
béas[1] [bʹeːs] 名男《属単・主複 **-a**, 属複 **~**》くせ, 習慣；行動[振舞い], 行儀. **~ a dhéanamh de** (rud) (こと)を習慣[くせ]とすること. **tá fios a bhéas aige** 彼は身の処し方を心得ている.
béas[2] [bʹeːs] 名男《属単・主複 **-a**, 属複 **~**》ベージュ(色).
béasach [bʹeːsəx] 形1 行儀のよい, 礼儀正しい, 上品な.
béascna [bʹeːsknə] 名女《属単 **~**, 複 **-í**》習慣；振舞い方；ライフスタイル.
beatha [bʹahə] 名女《属単 **~**, 複 **-í**》命；生活；人生；生計；食物, 滋養物；生気を与える人[もの]. **~** (duine) **a scríobh** (人)の伝記を書くこと. **gléas ~**[**slí bheatha**] 生活手段[生計]. **is é a ~** 彼女を歓迎する. **~ agus sláinte chugat** (あなたに)長寿と健康を. **tá ~ sna prátaí** じゃがいもは滋養がある食物だ.
beathach [bʹahəx] 形 (成句) **beo ~** 生きていて敏活な.
beathaigh [bʹahiː] 動II 他《動名 **beathú**, 動形 **beathaithe**》(人や動・植物など)に食物[餌・養分]を与える, を養う[育てる].
beathaisnéis [ˈbʹahǀasʹnʹeːsʹ] 名女《属単 **-e**, 複 **-í**》伝記, 一代記.
beathaisnéisí [ˈbʹahǀasʹnʹeːsʹiː] 名男《属単 **~**, 複 **beathaisnéisithe**》伝記作家.

beathaithe [bʹahihə] 形3 栄養の十分な, よく肥えた.
beathaitheach [bʹahihəx] 形1 滋養分の多い, 肥満させる, 肥やす.
beathú [bʹahu:] 名男【属単 **beathaithe**】食物, 滋養分；養育.
beathúil [bʹahu:lʹ] 形2 栄養に富んだ, 滋養分の多い.
béic [bʹe:kʹ] 名女【属単 **-e**, 複 **-eacha**】叫び[わめき](声)；大声.
　──動I自【動名 **béiceadh**, 動形 **béicthe**】かん高い声で叫ぶ, どなる, 大声で言う.
béicíl [bʹe:kʹi:lʹ] 名女【属単 **béicíola**】鋭い声で叫ぶ[わめく]こと, 大声で言うこと.
beidh [bʹeɣʹ] ☞ bí.
béidh =beidh
beifear [bʹefʹər] ☞ bí.
béifear =beifear
béil [bʹe:lʹ] ☞ béal. (形容詞扱い)口頭の, 口述の.
béile [bʹe:lʹə] 名男【属単 ～, 複 **béilí**】(定時の)食事, 一度の食物.
beilt [bʹelʹtʹ] 名女【属単 **-e**, 複 **-eanna**】ベルト, バンド, 帯.
béim [bʹe:mʹ] 名女【属単 **-e**, 複 **-eanna**】強打, 殴打；打撃；(言語の)強勢. ～ **thua**[de thua] 斧の一撃. ～ (síos) **a bhaint as** (duine) (人)の(高慢の)鼻っ柱を折ること.
Beinidicteach [bʹenʹədʹəkʹtəx] 名男【属単・主複 **Beinidictigh**, 属複 ～】ベネディクト会.
　──形1 ベネディクト会の.
beinsín [bʹenʹsʹi:nʹ] 名男【属単 ～, 複 **-í**】ベンジン.
beir [bʹerʹ] 動他・自【動名 **breith**, 動形 **beirthe**；未 **béarfaidh**】(不規則動詞変化表参照). 生[産]む；生まれる；得る[取る]；持って行く；持って来る；～ **ar** 捕らえる[つかむ]；進む. **rug sé ar lámh orm** 彼は私の手をとった. **breith ar fhocal** 言葉の意味をつかむこと. **uan** [ubh] **a bhreith** 小羊[卵]を産むこと. (人の場合は通常；自律形＋do³) **rugadh leanbh**[mac óg] **di** 彼女に赤子[男の子]が生まれた. (rud) **a bhreith chuig duine**[ó dhuine] (もの)を人に持って来る[人から取り去る]こと. ～ **uaim thú** 立ち去りなさい. ～ **as é** 取り去りなさい[片付けなさい]. ～ **as tú**！出て行け[まさか]！**ag breith as** 急ぎ去ること[逃走すること].
beireatas [bʹerʹətəs] 名男【属単・主複 **beireatais**, 属複 ～】(成句) **ráta**[teastas] **beireatais** 出生率[出生証明書].
beirfean [bʹerʹəfʹən] 名男【属単 **beirfin**】煮えたぎる(ような)熱.
beirigh [bʹerʹi:] 動II他・自【動名 **beiriú**, 動形 **beirithe**】沸騰させる, 煮る；煮えたぎる；(ケーキなど)焼く.

béirín [b′e:r′i:n′] 名男〖属単 〜, 複 -í〗縫いぐるみの熊.
beiriste [b′er′əs′t′ə] 名男〖属単 〜〗(トランプ)ブリッジ.
beirt [b′ert′] 名女〖属単 -e, 複 -eanna〗二人; 二人一組. 〜 fhear [bhan] 二人の男[女]. **an bheirt agaibh** あなた達2人[両方].
beirthe [b′er′hə] ☞ beir.
beirtreach [b′ert′r′əx] 名女〖属単 **beirtrí**, 主複 -a, 属複 〜〗カキの養殖床.
beith[1] [b′eh] 名女〖属単 -e, 複 -eanna〗(木)カ(ン)バ.
beith[2] [b′eh] 名女〖属単 -e〗(哲学)実在, 存在.
beithé [b′ehe:] 名男〖属単 〜, 複 -anna〗物笑いの種, 笑い草.
beithíoch [b′ehi:(ə)x] 名男〖属単・主複 **beithígh**, 属複 〜〗動物, 獣, 畜生.
beo [b′o:] 名男〖属単・複 〜〗生き物; 生命; 暮らし; (爪の下・傷口などの)生肉. **le mo bheo** 私の命ある限り[私が生れてこの方]. **tairne sa bheo** (絶え間のない)苦痛の種.
── 形3 生きている; 生の; 生き生きとした, 活発な. **slán 〜 leis！** 神のご加護がありますように[お大事に]！ **aibhleog bheo** 赤々と燃えてる石炭. **sreang bheo** 送電線. (bheith) 〜 **le daoine** 人々があふれて.
beochán [b′o:xa:n] 名男〖属単・主複 **beocháin**, 属複 〜〗(成句) 〜 **gaoithe** そよ風[微風]. 〜 **tine** 弱い火.
beocht [b′o:xt] 名女〖属単 -a〗息吹; 活気; 快活; 生命の源泉.
beoga [b′o:gə] 形3 生き生きした; 快活な, 陽気な; 鮮やかな.
beoigh [b′o:γ′] 動I 他・自〖動名 **beochan**, 動形 **beoite**; 現 **beonn**, 未 **beofaidh**〗に生命を与える; 活気づける; 元気にする; 新しくなる; 生き生きする. **cluiche**[duine] **a bheochan** ゲームを活気づける[人を元気づける]こと.
beoir [b′o:r′] 名女〖属単 **beorach**, 複 **beoracha**〗ビール.
beola [b′o:lə] 名 (複) **béal** (主複)の異形. 両唇.
beophianadh [′b′o:ˌf′iənə] 名男〖属単 **beophianta**〗気がかりや不安などで落ちつかない状態; サスペンス.
beostoc [′b′o:ˌstok] 名男〖属単 **beostoic**〗家畜類.
bheadh [v′ex] ☞ bí.
bhéadh =bheadh
bhéarfadh [v′e:rhəx] ☞ ① beir. ② tabhair (条件法)の異形.
bheas [v′es] ☞ bí.
bheifí [v′ef′i:] ☞ bí.
bheith [v′eh] ☞ bí.
bhfuil [vil′] ☞ bí.

bhí [vʲiː] ☞ bí.
bhiodh [vʲiːx] ☞ bí.
bhíothas [vʲiːhəs] ☞ bí.
bhítí [vʲiːtʲiː] ☞ bí.
bhuel [welʲ] 間投 (驚き)へぇー[まぁー]；(安堵)やれやれ；(言葉を続けて)えーと，それから；(同意)なるほど．
bhur [vuːr] 形 所有形容詞2人称複数．(後続の語頭子音はU変化．母音には n- をつける)．あなた達(方)の． ～ dtithe あなた方の家． ～ n-ainmneacha あなた達の名前．
bí [bʲiː] 動 存在動詞．〘動名 **bheith**；現 **tá**，(従)**bhfuil**，(否)**níl**, **atá** (a⁵+**tá**)；未 **beidh**；過 **bhí**，(従)**raibh**〙(不規則動詞変化表参照)．存在する，ある，いる；(～+補語)…である，となる． **tá fear is fearr ná tú** 君よりもよい人がいる． **tá daoine a deir** (**go**) (go以下)のように言う人がいる．(場所の副詞がなく漠然としている場合 ann を代用する) **tá fear ann** 男がいる． **tá cóta ar urlá** コートが床[フロアー]にある． **tá lá deas ann** 天気のよい日である． **tá gaoth ann** 風がある[出ている]． **an lá atá inniu ann** 現代．(～+形容詞) **tá sé mór**[**beag**] それ[彼]は大きい[小さい]です．(～+**go**+形容詞) **bhí go maith** (**go**) (go以下)迄は順調だった[良かった]． **tá sé go sásta** 彼は満足である．(～+副詞) **cá bhfuil siad ?** 彼らは何処にいるのか？ **bhí sé amuigh** 彼は外にいた．(～+名詞) 名詞を副詞扱いして．**bhí an lá cineál fuar** その日はやや寒かった．(～+**chomh**+形容詞+**le**) と同じ程度…である． **tá sé chomh bán le sneachta** それは雪のように白い．{連結動詞扱い} ⓐ (～+**i**+所有代名詞) **tá sé ina shagart** (今は)彼は牧師だ． ⓑ (関係詞+～+**i**+代名詞) 先行詞と代名詞が一致する． **bean maith a bhí inti** 彼女はいい人だった． **leabhar atá ann** それは本です．{助動詞扱い} ⓐ (～+**ag**[**do**・a³]+動名詞) 動作の進行・継続・状態などを表す． **tá madra ag rith** 犬が走っている． **céard tá tú a déanamh ?** 君は何をしているのか？ ⓑ (～+**chun**[**le**]) 意図された行動を表す． **tá sé chun**[**le**] **leabhairt leat** 彼は君と話をするつもりだ． ⓒ (～+動形容詞) 動作の完了(文脈により受身動作)を表す． **tá a croí briste** 彼女の心はぼろぼろになっている．{～+前置詞の慣用表現} 各前置詞の項参照． ⓐ (～+…**ag**+代名詞) …を所有している；…が出来る． **tá Gaeilge agam** 私はゲール語が話せる．(～+**ag**+代名詞+**le**) (le以下)をしなければならない． **tá agam le litir a scríobh** 私は手紙を(一通)書かねばならぬ． ⓑ (～+…**ar**+代名詞) 体に密接するもの，感覚[感情]等を表す． **tá ocras**[**tuirse**] **air** 彼は空腹である[疲れている]． **tá cosa fada aici** 彼女は長い足をしている．(～+**ar**+代名詞+(**a**)動名

詞)しなければならない. **tá orm a rá** 私は言わねばならない. ㈧ (〜+**do**+所有形容詞+動名詞)所有形容詞は動名詞の目的語扱い. **tá sé do mo bhualadh** 彼は私をたたいている. ㈠ (〜+**faoi**+代名詞+動名詞)…するつもり. **má tá fút imeacht** もし君が出ていくつもりなら. ㈩ (〜+**ó**+代名詞+動名詞)欲する. **tá uaim labhairt leis?** 私は彼と話したい. ㈪ (〜+**i**+代名詞+動名詞)することが可能である. **ní raibh ionam seasamh** 私は立てなかった. {成句} **mar atá**[**mar a bhí**] すなわち. **má tá** しかしながら；それについては. **cá bhfuil mar?** どう(して)[どんなふうに；どのようにして]？ (返事の冒頭に付けて) **cé atá ann? tá, mise**「(そこにいるのは)どなた」「えぇ、私よ」. **bíodh is**(=**agus**) **go** (go 以下)にもかかわらず.

bia [bʹiə] 名男 〖属単 〜, 複 -**nna**〗食物[量], 餌；中身[実質].

biabhóg [bʹiəvo:g] 名女 〖属単 **biabhóige**〗ダイオウ(の葉柄)(スパイスの一種)；ダイオウの根茎(下剤用).

biachlár [ˈbʹiəˌxla:r] 名男 〖属単・主複 **biachláir**, 属複 〜〗献立表.

biaiste [bʹiəsʹtʹə] 名女 〖属単 〜, 複 **biaistí**〗時季, 最盛期, 旬. 〜 **na bprátaí** じゃがいもの出盛り期. 〜 **a dhéanamh ar** (**rud**) (何か)を腹いっぱい食べる[を楽しむ]こと.

bialann [bʹiələn] 名女 〖属単 **bialainne**, 主複 -**a**, 属複 〜〗レストラン.

bianna [bʹiənə] 名男 〖属単 〜, 複 -**í**〗(ボイラー管など接合部補強用)金輪；(釣竿などの)つぎ目部分；(つえ, かさなど先端補強用の)着せ金具, 石突き；指抜き.

biatach [bʹiətəx] 名男 〖属単・主複 **biataigh**, 属複 〜〗飲食店主. ── 形1 食料を供給する；気前のよい.

biatas [bʹiətəs] 名男 〖属単 **biatais**〗てん菜[ビート].

biathaigh [bʹiəhi:] 動II 他 〖動名 **biathú**, 動形 **biathaithe**〗育てる；供給する；降らせる. **tá sé ag baithú sneachta** 雪片が舞っている.

bibe [bʹibʹə] 名男 〖属単 〜, 複 **bibí**〗よだれ掛け；胸当て.

bíceips [bʹi:kʹe:pʹsʹ] 名女 〖属単 -**e**, 複 -**í**〗二頭筋.

bídeach [bʹi:dʹəx] 形1 非常に小さい, ちっぽけな.

bige [bʹigʹə] 名女 〖属単 〜〗小さいこと；少量；狭量.

bigil [bʹigʹəlʹ] 名女 〖属単 -**e**, 複 -**í**〗(教会の)徹夜の祈り；(教会)祝祭日の宵祭り.

bile [bʹilʹə] 名男 〖属単 〜, 複 **bilí**〗大きい木；聖なる木.

bileog [bʹilʹo:g] 名女 〖属単 **bileoige**, 主複 -**a**, 属複 〜〗葉；(本・金箔などの)1葉[1枚], ビラ；(机などの)たれ板.

bille [b′il′ə] 名男〖属単 ～, 複 **billí**〗勘定書[請求書]; 明細書; 議案; 訴状; 為替手形; 紙幣.

billéardaí [b′il′e:rdi:] 名 (複) ビリヤード.

billiún [b′il′u:n] 名男〖属単・主複 **billiúin**, 属複 ～〗10億[1兆].

bím [b′i:m′] bí+mé.

binb [b′in′əb′] 名女〖属単 **-e**〗毒液; 恨み. (duine) **a choinneáil ar** ～ (人)をいらだたせること.

binbeach [b′in′əb′əx] 形1 金切り声の, 鋭い; 毒を持つ.

bindealán [b′in′d′əla:n] 名男〖属単・主複 **bindealáin**, 属複 ～〗包帯; おくるみ, おむつ.

binn[1] [b′in′] 名女〖属単 **-e**, 主複 **beanna**, 属複 **beann**〗峰[絶頂]; (家の)切妻(壁)[破風]; 断崖; 縁. ～ **tí** 家の破風. ～ **de chathaoir** 椅子の角[へり]. ～ **a gúna** 彼女の服のひざ部分[すそ]. ～ **siosúir** はさみの刃.

binn[2] [b′in′] 形1 (音が)甘美な, 調子のよい, 旋律的な; **go** ～ 見事に[すっかり]. **tá sé ina shláinte go** ～ 彼はすっかり健康になっている.

binneas [b′in′əs] 名男〖属単 **binnis**〗調べの甘美さ, 旋律的なこと, 耳に心地よいこと.

binneog [b′in′o:g] 名女〖属単 **binneoige**, 主複 **-a**, 属複 ～〗ヘッドスカーフ.

binse [b′in′s′ə] 名男〖属単 ～, 複 **binsí**〗ベンチ[長いす]; 席; (役人・議員・判事などの)席, 職(務)にある人; 作業台; 裁判所. ～ **na nAirí** (下院)最前列の席[政党幹部席]. **An** ～ 裁判官[法廷].

Bíobla [b′i:blə] 名男〖属単 ～, 複 **-í**〗聖書[典], バイブル.

biocáire [b′ika:r′ə] 名男〖属単 ～, 複 **biocáirí**〗代理(者); (英国国教会の)教区主管者代理; (カトリック)教皇・司教などの代理.

bíocunta [′b′i:ˌkuntə] 名男〖属単 ～, 複 **-í**〗子爵.

bíog[1] [b′i:g] 名女〖属単 **bíge**, 主複 **-a**, 属複 ～〗(鳥や虫などの鳴声)チッチッ, チュッチュッ; かん高い声.

bíog[2] [b′i:g] 動I自〖動名 **bíogadh**, 動形 **bíogtha**〗ぎくり[どきり]とする, ぎょっとする; (筋肉が)けいれんする.

bíogach [b′i:gəx] 形1 元気のいい, 陽気な; (筋肉が)ぴくぴくする.

biogamach [b′igəməx] 名男〖属単・主複 **biogamaigh**, 属複 ～〗重婚者.

biogamacht [b′igəməxt] 名女〖属単 **-a**〗重婚.

bíogarnach [b′i:gərnəx] 名女〖属単 **bíogarnaí**〗チュッチュッと鳴き声を発すること; キュッキュッときしみ音を出すこと.

biogóid [b′igo:d′] 名男〖属単 ～, 複 **-í**〗がんこ者; 偏屈[狭]者.

biogóideacht [b/igo:d/əxt] 名女〖属単 **-a**〗固執すること; 偏狭[屈].
bíogúil [b/i:gu:l/] 形2 生き生きした; 陽気な; 活発な.
biolar [b/ilər] 名男〖属単 **biolair**〗からし菜の一種, おらんだがらし(葉をサラダに使う).
bíoma [b/i:mə] 名男〖属単 〜, 複 **-í**〗梁(材), けた.
biongó [b/iŋgo:] 名男〖属単 〜〗ビンゴ.
bíonn [b/i:n] ☞ bí.
bior [b/ir] 名男〖属単 **beara**, 複 **-anna**〗先のとがった棒[串・柄・軸]; 鋭い先端. 〜 **iarainn** 大くぎ. 〜 **fiacla** つまようじ. 〜 **seaca** [ciocáin] つらら. 〜 **a chur ar bhata** 棒の先を削る[とがらせる]こと. **tháinig 〜 ar a shúile liom** 彼はキッと突きさすような目を私に向けた. **tá 〜 ar a theanga** 彼は毒舌家だ.
biorach [b/irəx] 形1 先がとがった; 辛らつな; 刺すような.
bioraigh [b/iri:] 動II 他・自〖動名 **biorú**, 動形 **bioraithe**〗先をとがらす, 鋭くする; 傾向を示す. **bhioraigh sé a chluasa** 彼は耳をそばだてた. **tá an geamhar ag biorú** (aníos) とうもろこしが芽を出しかけている.
biorán [b/ira:n] 名男〖属単・主複 **bioráin**, 属複 〜〗ピン; 針.
bioranta [b/irəntə] 形3 身を切るような, 刺すような, 鋭い.
bioróir [b/iro:r/] 名男〖属単 **bioróra**, 複 **-í**〗(鉛筆などの)削り器.
biotáille [b/ita:l/ə] 名女〖属単 〜, 複 **biotáillí**〗(強い)アルコール飲料, 蒸留酒, スピリッツ.
bís [b/i:s/] 名女〖属単 **-e**, 複 **-eanna**〗万力; ねじ(くぎ); ら旋(状のもの). (duine) **a chur faoi luí na bíse** (人)に圧力をかけること. **ar 〜** (人を)どっちつかずの状態にしておくこと.
biseach [b/is/əx] 名男〖属単 **bisigh**〗(健康の)増進, 回復; 上昇, 好転, 増加. **tháinig 〜 air le gairid** 近頃彼はどんどん快癒している. 〜 **a chur ar** (do) **shláinte** (人の)健康を増進させること. 〜 **a dhéanamh do** (dhuine) (人)を治癒させること. **bliain bhisigh** うるう年.
bíseach [b/i:s/əx] 形1 ら旋状[形]の, ねじ状の; スパイラル.
bisigh [b/is/i:] 動II 他・自〖動名 **bisiú**, 動形 **bisithe**〗回復する; 増進させる; 繁栄する.
bisiúil [b/is/u:l/] 形2 生産的な; 肥沃(ﾖｸ)な; 多産の.
bith[1] [b/ih] 名〖属単 **beatha**〗世界; 現世; 存在. **ar 〜** 幾らか, 何でも; (否定詞と共に)全然[少しも]ない. **má tá airgead ar 〜 agat** もし君が幾らかのお金を持っているなら. **níl ciall ar 〜 aige** 彼には全然判断力[良識]がない. **áit ar 〜** どこでも[にも]. **cibé ar 〜** どんな人[物]でも; いずれにしても.

bith-[2] [b′ih] 接頭 ①絶え間ない, 不変の, いつも. ②生命[生物]の.
bithbheo [b′ihv′o] 形3 死なない, 不死の；永遠に続く.
bithcheimic [′b′ih₁x′em₁ik′] 名女〖属単 **-e**〗生[生物]化学.
bithdhílis [′b′i₁ɣ′il′is′] 形1〖属単男 ～, 属単女・主複・比較 **bithdhílse**〗常に忠実な；節操の堅い.
bitheog [b′iho:g] 名女〖属単 **bitheoige**, 主複 **-a**, 属複 ～〗微生物, 細菌.
bitheolaí [′b′iho:li:] 名男〖属単 ～, 複 **bitheolaithe**〗生物学者.
bitheolaíocht [′b′ih₁o:li:(ə)xt] 名女〖属単 **-a**〗生物学.
bithghlas [b′ih′ɣləs] 形1 常緑の, 常緑の葉をつけた.
bíthin [b′i:hən′] 名 (成句) **trí**[ar] **bhíthin** …を通して, のせいで. **dá bhíthin sin** そのような訳で.
bithiúnach [b′ihu:nəx] 名男〖属単・主複 **bithiúnaigh**, 属複 ～〗悪党[漢], ならず者.
biúró [b′u:ro:] 名男〖属単 ～, 複 **-nna**〗事務机；衣装だんす；局；事務局.
bladair [bladər′] 動II 他・自〖動名 **bladar**, 動形 **bladartha**；現 **bladraíonn**〗甘言でだます；お世辞を言う, こびへつらう.
bladar [bladər] 名男〖属単 **bladair**〗おだて, 甘言；お世辞.
bladhaire [blair′ə] 名男〖属単 ～, 複 **bladhairí**〗炎；(火・光の)ゆらめき[輝き].
bladhm [blaim] 名女〖属単 **-a**, 複 **-anna**〗炎；炎の様な光輝；激怒. —— 動I 自〖動名 **bladhmadh**, 動形 **bladhmtha**〗火炎を吐く[燃え盛る]；かっとなる.
bladhmaire [blaimər′ə] 名男〖属単 ～, 複 **bladhmairí**〗自慢する人, ほら吹き.
bladhmann [blaimən] 名男〖属単 **bladhmainn**〗明るい炎；自慢すること.
bladrach [bladrəx] 形1 お世辞の, へつらいの, おだての.
bláfar [bla:fər] 形1 花盛りの；美しい；きちんとした.
blagaid [blagəd′] 名女〖属単 **-e**, 複 **-í**〗はげ頭.
blaincéad [blaŋ′k′e:d] 名男〖属単・主複 **blaincéid**, 属複 ～〗毛布.
blais [blas′] 動I 他〖動名 **blaiseadh**, 動形 **blaiste**〗(飲食物を)味わう；(少量)口にする. **níor bhlais mé aon ghreim inniu** 今日は何も食べていない.
blaisféim [blas′f′e:m′] 名女〖属単 **-a**, 複 **-í**〗冒瀆(ぼう)；悪口雑言.
blaisínteacht [blas′i:n′t′əxt] 名女〖属単 **-a**〗(飲食物を)もてあそぶこと；(用心深く)少しずつかじる[つつく・すする]こと.

blaistigh [blasʲtʲiː] 動II 他〖動名 **blaistiú**, 動形 **blaistithe**〗味付けする, 調味する.

blaosc [bliːsk] 名女〖属単 **blaoisce**, 複 **-anna**〗から, 堅い外皮. ～ **uibhe** 卵のから. ～ **an chinn** 頭蓋(骨).

blár [blaːr] 名男〖属単・主複 **bláir**, 属複 ～〗空所;野(原);戦場. **bheith ar an mblár** (folamh) すっかり参っていること;落ちぶれていること.

blas [blas] 名男〖属単 **blais**, 複 **-anna**〗味;発音様式[なまり];(否定・疑問文中で)無[空]. ～ **a fháil** (＜faigh) **ar** (rud) (もの)の味見をすること. ～ **Gaeilge** ゲール語なまり. **dheamhan** ～ **a fuair mé** 私は全く何一つ得なかった.

blasta [blastə] 形3 味のよい[風味のある];(言葉使いが)正確な[上品な];円滑に動く. **bia** ～ おいしそうな食物. **caint bhlasta** 明確[当意即妙]な言葉遣い.

blastán [blastaːn] 名男〖属単 **blastáin**〗調味(すること);調味料.

bláth [blaː] 名男〖属単 **-a**, 複 **-anna**〗花;開花(期)[花盛り];繁栄[繁茂・潤沢]. **faoi bhláth** 開花して[繁栄・繁盛して]. **i mbláth a shaoil** 彼の壮年期に. **crainn i mbláth a dtoraidh** 果実がたわわに実った木々.

bláthach [blaːhəx] 名女〖属単 **bláthaí**〗バターミルク.

bláthadóir [blaːhədoːrʲ] 名男〖属単 **bláthadóra**, 複 **-í**〗花屋;草花栽培者[研究家].

bláthaigh [blaːhiː] 動II 他・自〖動名 **bláthú**, 動形 **bláthaithe**〗開花させる, 栄えさせる;花が咲く;出世して…になる.

bláthbhreac [ˈblaːvrʲak] 形1 花の, 花のような;花柄の.

bláthchuach [ˈblaːxuəx] 名男〖属単 ～, 主複 **-a**, 属複 ～〗花びん.

bláthfhleasc [ˈblaːlʲask] 名女〖属単 **bláthfhleisce**, 主複 **-a**, 属複 ～〗花輪, 花冠, 花飾り.

bleacht [bʲlʲaxt] 名男〖属単 **-a**〗乳. **bó ar a** ～ 乳牛.

bleachtaire [bʲlʲaxtərʲə] 名男〖属単 ～, 複 **bleachtairí**〗探偵;刑事.

bleachtaireacht [bʲlʲaxtərʲəxt] 名女〖属単 **-a**〗(犯罪など)を看破[探知]すること. **scéal bleachtaireachta** 探偵小説.

bleaist [bʲlʲasʲtʲ] 名女〖属単 **-e**, 複 **-eanna**〗一吹き;激発;胴枯れ病. ～ **ghaoithe** 一陣の風[突風]. ～ **ruda** [de rud] **a ithe** たらふく食べること. ～ **ar phrátaí** じゃがいもの胴枯れ病.

bleaisteáil [bʲlʲasʲtʲaːlʲ] 動I 他・自〖動名 **bleaisteáil**, 動形 **bleaisteáilte**;現 **bleaistálann**〗(ラッパなどを)吹く;害する[枯らす].

bleán [bʲlʲaːn] 名男〖属単 **bleáin**〗① bligh の動名詞. ② 搾乳.

bléasar [bʲlʲeːsər] 名男〖属単・主複 **bléasair**, 属複 ～〗ブレザーコート.

bleathach [bʲlʲahəx] 名女〖属単 **bleathaí**, 主複 **-a**, 属複 ～〗(ひいた)穀物；ひき割り麦芽. ～ **uibhe** エッグノッグ.

bleib [bʲlʲebʲ] 名女〖属単 **-e**, 複 **-eanna**〗球根(植物).

bleid [bʲlʲedʲ] 名女〖属単 **-e**〗(成句) ～ **a bhualadh ar** (dhuine) (甘い言葉で)(人)に話しかけること.

bléin [bʲlʲeːnʲ] 名女〖属単 **-e**, 複 **-te**〗そけい部(ももの付け根).

bléitse [bʲlʲeːtʲsʲə] 名男〖属単 ～〗漂白；漂白剤.

bliain [bʲlʲiənʲ] 名女〖属単 **bliana**, 複 **blianta**, (数詞がある場合) **bliana**〗年, 歳. **an bhliain seo caite** [a chuaigh thart] 去年. **an bhliain seo chugainn** 来年. **i mbliana** 今年. ～ **an Tiarna** キリスト紀元[西暦]. ～ **go ham seo** [is an t-am seo] 昨年の今頃. ～ **ón am seo** 来年の今頃. **in aghaidh na bliana** 一年に(つき). **an Bhliain Úr** 正月, 新年. **tá sé seacht mbliana d'aois** 彼は7歳です.

bliainiris [ˈbʲlʲiənʲˌirʲəsʲ] 名女〖属単 **-e**, 複 **-í**〗年刊；年鑑.

blianacht [bʲlʲiənəxt] 名女〖属単 **-a**, 複 **-aí**〗年金.

bliantóg [bʲlʲiəntoːg] 名女〖属単 **bliantóige**, 主複 **-a**, 属複 ～〗一年生植物.

bliantúil [bʲlʲiəntuːlʲ] 形2 一年毎の, 年刊の, 一年一回の.

bligeard [bʲlʲigʲaːrd] 名男〖属単・主複 **bligeaird**, 属複 ～〗軽べつすべき人, ならず者.

bligh [bʲlʲiɣʲ] 動I 他〖動名 **bleán**, 動形 **blite**；現 **blíonn**；未 **blífidh**〗(牛・羊などの)乳を搾る, 液をしぼり出す；(皮などを)はぐ；搾取する. **bradán a bhleán** 鮭の皮をはぐこと. (duine) **a bhleán** (人)から搾り取ること.

bliosán [bʲlʲisaːn] 名男〖属単・主複 **bliosáin**, 属複 ～〗朝鮮あざみ, アーテチョーク.

bliteoir [bʲlʲitʲoːrʲ] 名男〖属単 **bliteora**, 複 **-í**〗搾乳者.

bloc [blok] 名男〖属単・主複 **bloic**, 属複 ～〗固まり, 塊, ブロック, (ものの)一部分.

blocánta [blokaːntə] 形3 ずんぐりした；頑丈な, (茎などが)太い.

blogh [blau] 名女〖属単 **-a**, 複 **-anna**〗かけら, 破片, 断片.
—— 動I 他〖動名 **bloghadh**, 動形 **bloghta**〗粉砕する, 粉々に打ち砕く.

bloiscíneach [blosʲkʲiːnʲəx] 形1 (女性の)胸が豊かな.

blonag [blonəg] 名女〖属単 **blonaige**〗脂肪, ラード；脂皮, 脂身.

blosc [blosk] 名男 〖属単・主複 **bloisc**, 属複 ～〗急激な鋭い音(爆発音, 雷鳴, 銃声, 平手打ち音など).
——動I 他・自〖動名 **bloscadh**, 動形 **blosctha**〗鋭い音をさせる[出す], 破裂させる; 爆発する.
bloscadh [bloskə] 名男〖属単 **bloscaidh**, 複 **bloscthaí**〗鋭い音, 爆発(音).
blúire [blu:r'ə] 名男〖属単 ～, 複 **blúirí**〗かけら, 破片, 断片.
blús [blu:s] 名男〖属単 **blúis**, 複 **-anna**〗ブラウス.
bó [bo:] 名女〖属単・属複 ～, 主複 **ba**〗雌牛, 乳牛.
bob [bob] 名男〖属単 ～, 複 **-anna**〗(競技などの)柱; 的. (成句) ～ **a bhualadh ar** (dhuine) (人)に悪ふざけをすること.
bobáil [boba:l'] 動I 他・自〖動名 **bobáil**, 動形 **bobáilte**; 現 **bobálann**〗断髪する[ボブにする]; (垣根を)刈り込む; まばたきさせる. **níor bhobáil mé súil aréir** 私は昨夜一睡もしなかった.
bobailín [bobəl'i:n'] 名男〖属単 ～, 複 **-í**〗ふさ, 飾りふさ.
bobaireacht [bobər'əxt] 名女〖属単 **-a**〗いたずら[悪ふざけ]をすること.
bobarún [bobəru:n] 名男〖属単・主複 **bobarúin**, 属複 ～〗間抜け; (競技で)最下位の人; カツオドリ.
boc [bok] 名男〖属単・主複 **boic**, 属複 ～〗(羊, ヤギなどの)雄; プレーボーイ. **an ～ seo** この男[野郎]. ～ **mór** 大立て者.
bocáil [boka:l'] 動I 他〖動名 **bocáil**, 動形 **bocáilte**; 現 **bocálann**〗ぽいと投げる, トスする; (ボールを)弾ませる.
bocaire [bokər'ə] 名男〖属単 ～, 複 **bocairí**〗小型のケーキ; マフィン.
bocánach [boka:nəx] 名男〖属単・主複 **bocánaigh**, 属複 ～〗(悪)鬼.
bóchna [bo:xnə] 名女〖属単 ～〗大海, 海洋. **thar ～** 海を渡って.
bocht [boxt] 名男〖属単・主複 **boicht**, 属複 ～〗貧しい人.
——形1 貧乏な; かわいそうな; 貧弱な; 不毛の. **is ～ an scéal é** それはひどい話[状態]だ. **is ～ liom do chás** お手数かけてすみません.
bochtaigh [boxti:] 動II 他〖動名 **bochtú**, 動形 **bochtaithe**〗貧乏にする; 衰えさせる.
bochtaineacht [boxtən'əxt] 名女〖属単 **-a**〗窮乏.
bochtán [boxta:n] 名男〖属単・主複 **bochtáin**, 属複 ～〗貧困者.
bodach [bodəx] 名男〖属単・主複 **bodaigh**, 属複 ～〗粗野[不作法]な男. ～ **mór** 大立者. ～ **bóthair** 浮浪者. **an Bodach** オリオン座.
bodhaire [baur'ə] 名女〖属単 ～〗聴覚障害; 耳の聞こえないこと;

（音が）鈍いこと．

bodhar [baur] 形1 〖属単男 **bodhair**, 属単女・比較 **bodhaire**, 主複 **bodhra**〗耳が聞こえない；耳を傾けない；まひした．**tá mé ～ ag éisteacht libh** 君達の言うことは聞き飽きた．**toirneach bhodhar** 遠くで轟く雷．**uisce ～** よどんでいる水．

bodhraigh [bauri:] 動II他〖動名 **bodhrú**, 動形 **bodhraithe**〗聞こえなくする；うるさがらせる；弱める．**ná ～ mé** 困らせないでくれ．**pian a bhodhrú** 痛みを消すこと．

bodhraitheach [baurihəx] 形1 耳をつんざくような；防音の．

bodhrán[1] [baura:n] 名男〖属単・主複 **bodhráin**, 属複 ～〗耳の聞こえない人；鈍い人．

bodhrán[2] [baura:n] 名男〖属単・主複 **bodhráin**, 属複 ～〗バウラーン，（アイルランド伝統音楽の）ドラム（太鼓）．

bodhránaí [baura:ni:] 名男〖属単 ～, 複 **bodhránaithe**〗バウラーン奏者，（アイルランド伝統音楽の）ドラム奏者．

bodóg [bodo:g] 名女〖属単 **bodóige**, 主複 **-a**, 属複 ～〗若い雌牛．

bodúil [bodu:lʹ] 形2 粗野な；無愛想な；けちな．

bog [bog] 名男〖属単 **boig**〗柔らかさ．**～ na cluaise** 耳たぶ．
── 形1 柔らかい；優しい；楽な；ゆるんだ．**uisce ～** 生温い水．**tóg (go) ～ é** 気楽にやりなさい．**snaidhm bhog** ゆるんだ結び目．**imeacht ～ te** 大急ぎで立ち去ること．
── 動I 他・自〖動名 **bogadh**, 動形 **bogtha**〗柔らかくする；和らげる；動かす；揺する；ゆるめる．**pian a bhogadh** 痛みをやわらげること．**téad a bhogadh** 綱をゆるめること．**～ díom**（握った私の手を）離せ．**ag bogadh chun siúl** 立ち去ること．**cliabhán a bhogadh** ゆりかごを揺すること．

bogach [bogəx] 名男〖属単・主複 **bogaigh**, 属複 ～〗沼地．

bogadach [bogədəx] 名女〖属単 **bogadaí**〗動き；かき回し；揺れ．**ag ～** 揺り動かすこと．

bogán [boga:n] 名男〖属単・主複 **bogáin**, 属複 ～〗柔らかい土地；むき卵；穏やかな人；（スープなど）薄いこと．**bogáin phrátaí** 水っぽいじゃがいも．

bogarnach [bogərnəx] 名女〖属単 **bogarnaí**〗ぶら下がること．**(rud) a choinneáil ar ～**（もの）をぶら下げて見せびらかすこと．

bogásach [boga:səx] 形1 きざな；自己満足する．

bogearraí [bogərʹi:] 名男（複）ソフトウェア．**～ córais** システムソフトウェア．

bogfhiuchadh [ˈbogˌuxə] 名（成句）**～ a bhaint as**（rud）（もの）を

bogha [bau] 名男 〘属単 ～, 複 **-nna**〙弓; 弧; 輪. ～ **is saighead** 弓矢. ～ **báistí**[ceatha ; síne]虹.

boghaisín [baus′i:n′] 名男 〘属単 ～, 複 **-í**〙輪, 環; 円.

boghdóir [baudo:r′] 名男 〘属単 **boghdóra**, 複 **-í**〙弓の射手.

boghdóireacht [baudo:r′əxt] 名女 〘属単 **-a**〙アーチェリー, 弓術.

boghta [bautə] 名男 〘属単 ～, 複 **-í**〙アーチ形天井.

boglach [bogləx] 名男 〘属単 **boglaigh**〙雨降り; 雪どけ.

bogmheische [ˈbogˌv′es′k′ə] 名〘属単 ～〙軽い酔い.

bogshifín [ˈbogˌhif′i:n′] 名男 〘属単 ～, 複 **-í**〙パピルス, 葦(?).

bogshodar [ˈbogˌhodər] 名男 〘属単 **bogshodair**〙ジョギング; 馬のゆるい駆け足. ar ～ のんびりと.

bogstróc [ˈbogˌstro:k] 名男 〘属単 **bogstróic**〙ゆったりすること. ar ～ ゆったりと.

bogthe [bogha] 形 3 なまぬるい.

bogúrach [bogu:rəx] 形 1 柔らかい; 優しい; 涙もろい.

boicín [bok′i:n′] 名男 〘属単 ～, 複 **-í**〙いきな男; 成り上がり者.

boige [bog′ə] 名女 〘属単 ～〙柔らかさ; 温和さ; 寛容さ.

boigéiseach [bog′e:s′əx] 形 1 優しい; 寛大な.

bóiléagar [bo:l′e:gər] 名 (成句) ar ～ 無視されて. **ná fág do chuid páipéar ar ～** 新聞を置き忘れるな.

boilg[1] [bol′əg′] 名女 〘属単 **-e**, 複 **-eacha**〙岩礁, 暗礁.

boilg[2] [bol′əg] ☞ **bolg**[1].

boilgearnach [bol′əg′ərnəx] 名女 〘属単 **boilgearnaí**〙あわ立つこと.

boilgeog [bol′əg′o:g] 名女 〘属単 **boilgeoige**, 主複 **-a**, 属複 ～〙泡; しずく.

boilsc [bol′s′k′] 名女 〘属単 **-e**, 複 **-eanna**〙ふくらみ; 膨張.

boilsceannach [bol′s′k′ənəx] 形 1 ふくらんだ; 突き出た.

boilscigh [bol′s′ki:] 動Ⅱ 他・自〘動名 **boilsciú**, 動形 **boilscithe**〙ふくらませる; (通貨を)膨張させる(インフレをもたらす). **boilsciú airgeadaíochta** インフレ[物価の暴騰].

bóín [bo:i:n′] 名女 〘属単 ～, 複 **-í**〙～ **Dé** [～ **samhraidh**] テントウ虫.

boinéad [boin′e:d] 名男 〘属単 **boinéid**〙(車の)ボンネット.

boinn [bon] ☞ **bonn**[1,2].

boirbe [bor′əb′ə] 名女 〘属単 ～〙どう猛さ; 不作法; 繁茂.

boirbeáil [bor′əb′a:l′] 名女 〘属単 **boirbeála**〙脅し; (傷が)腫れる

こと. bhí an deoch ag ～ chuige 飲物が彼に効いてきた.

boiric [borʹəkʹ] 名女〖属単 **-e**, 複 **-í**〗隆起, こぶ.

boirrche [borʹəxʹə] 名女〖属単 ～〗膨張；インフレ；(怒りなど)こみあげてくること.

boise [bosə] ☞ bos.

boiseog [bosʹoːg] 名女〖属単 **boiseoige**, 主複 **-a**, 属複 ～〗平手打ち；さざ波. ～ (uisce) **a chur**(＜cuir) **ar d'aghaidh** (もの)を雑に仕上げること.

bóitheach [ˈboːˌhax] 名男〖属単・主複 **bóithigh**, 属複 ～〗牛舎.

bóithre [boːhrə] ☞ bóthar.

bóithreoireacht [boːhrʹoːrʹəxt] 名女〖属単 **-a**〗(歩いて)旅すること；放浪.

bóithrín [boːhrʹiːnʹ] 名男〖属単 ～, 複 **-í**〗小道, 路地.

bólacht [boːləxt] 名女〖属単 **-a**〗家畜；(雌)牛.

boladh [bolə] 名男〖属単 **bolaidh**, 複 **bolaithe**〗におい, 香り；嗅覚.

bólaí [boːliː] 名 (成句) **sna** ～ **seo** これらの部分に. **cuairt a thabhairt**(＜tabhair) **ar na** ～ **sin** その地方を訪れること.

bolaigh [boliː] 動 II 他〖動名 **bolú**, 動形 **bolaithe**〗においをかぐ；におわす；嗅ぎつける.

bolaím [boliːm] ☞ bolaigh+mé.

bolaíocht [boliː(ə)xt] 名女〖属単 **-a**〗におい；嗅ぐこと. **ag** ～ **thart** かぎ回ること[詮索して回ること].

bolb [boləb] 名男〖属単・主複 **boilb**, 属複 ～〗毛虫.

bolcán [bolkaːn] 名男〖属単・主複 **bolcáin**, 属複 ～〗火山.

bolcánach [bolkaːnəx] 形 1 火山の；猛烈な.

bolg[1] [boləg] 名男〖属単・主複 **boilg**, 属複 ～〗腹, 胃；袋；真ん中；(複)ふいご. ～ **gréin**(＜grian) **a dhéanamh** 日光浴をすること. ～ **soláthair** 全集[文集]. **ar bholg na sráide** 公道で.

bolg[2] [boləg] 動 I 他・自〖動名 **bolgadh**, 動形 **bolgtha**〗膨らませる；ふくれでる；火[水]ぶくれになる. **seolta a bholgadh** 帆走すること. **farraige bholgtha** 大波の海.

bolgach[1] [boləgəx] 名女〖属単 **bolgaí**〗～(**Dé**) 天然痘.

bolgach[2] [boləgəx] 形 1 太鼓腹の；ふくれている.

bolgam [boləgəm] 名男〖属単・主複 **bolgaim**, 属複 ～〗口一杯；一口.

bolgán [boləgaːn] 名男〖属単・主複 **bolgáin**, 属複 ～〗泡；電球.

bolgchaint [ˈboləgˌxanʹtʹ] 名女〖属単 **-e**〗腹話術.

bolgóid [boləgo:dʲ] 名女〖属単 **-e**, 複 **-í**〗泡.
bollóg [bolo:g] 名女〖属単 **bollóige**, 主複 **-a**, 属複 ～〗パンのひとかたまり；長方形の食品.
bolscaire [bolskərʲə] 名男〖属単 ～, 複 **bolscairí**〗布告者；広報係.
bolscaireacht [bolskərʲəxt] 名女〖属単 **-a**〗発表すること；広告, 宣伝.
bolta [boltə] 名男〖属単 ～, 複 **-í**〗ボルト；掛け金.
boltáil [bolta:lʲ] 動I 他〖動名 **boltáil**, 動形 **boltála**；現 **boltálann**〗ボルトで締める.
boltanach [boltənəx] 形1 嗅覚の；香りのよい.
boltanas [boltənəs] 名男〖属単・主複 **boltanais**, 属複 ～〗におい, 香り.
bolú [bolu:] ☞ bolaigh.
bómántacht [bo:ma:ntəxt] 名女〖属単 **-a**〗鈍さ；愚鈍.
bóna [bo:nə] 名男〖属単 ～, 複 **-í**〗襟(の折り返し)；首輪.
bónas [bo:nəs] 名男〖属単・主複 **bónais**, 属複 ～〗ボーナス, 特別手当.
bonn[1] [bon] 名男〖属単・主複 **boinn**, 属複 ～〗足裏；靴底；基礎；タイヤ；足跡. **seas ar do bhoinn** (féin) 自立すること. **imeacht sna boinn** 素足で行くこと. **in** [ar] **áit na mbonn** [láithreach ～] 即座に. ～ **ar bhonn** 並んで. ～ **le** ～ 接近して. **bheith** ～ **ar aon le** (duine) (人)と対等の間柄であること. **ó bhonn** (aníos) 徹底的に.
bonn[2] [bon] 名男〖属単・主複 **boinn**, 属複 ～〗コイン；メダル. **bonnbhuaiteoir** メダリスト.
bonnaire [bonərʲə] 名男〖属単 ～, 複 **bonnairí**〗歩く[散歩する]人；(来客の)案内人.
bonnán [bona:n] 名男〖属単・主複 **bonnáin**, 属複 ～〗警笛, サイレン；サンカノゴイ(鳥).
bonneagar [ˈbonˌagər] 名男〖属単 **bonneagair**〗(団体・組織など)下部組織；インフラストラクチャー(道路・学校などの基本的施設).
bonnóg [bono:g] 名女〖属単 **bonnóige**, 主複 **-a**, 属複 ～〗丸いパン；スコーン.
bonsach [bonsəx] 名女〖属単 **bonsaí**, 主複 **-a**, 属複 ～〗投げ槍；小枝. ～ **shalaite** (＜slat) 丈夫なムチ.
borb [borəb] 形1 凶暴な；不作法な；強烈な. **bia** ～ 豪華な食事. **deoch bhorb** 強い[濃い]飲物.
bord [bo:rd] 名男〖属単・主複 **boird**, 属複 ～；(成句)複 **-a**〗テーブ

ル；板；会議；(官庁の)庁. **ar bhord na cathrach** 町のはずれに. **～ ar bhord le** 並んで. **dul ar ～** 乗船[車].

bordáil [boːrdaːlʲ] 動I 他・自 〖動名 **bordáil**, 動形 **bordáilte**；現 **bordálann**〗乗り込む；取り付ける. **ag ～ ar**[**le**] 乗船して. **ag ～ le himeacht** 出発間際に.

borgaire [borəgərʲə] 名男 〖属単 **～**, 複 **borgairí**〗ハンバーガー.

borr [bor] 動I 他・自 〖動名 **borradh**, 動形 **borrtha**〗膨張する, 大きくなる. **ag borradh chuig** (duine) (人)に腹を立てること.

borrach [borəx] 形 1 膨れた；得意になった.

borradh [borə] 名男 〖属単 **borrtha**〗膨張；増大；成長. **～ farraige** 大波. **～ trádála**（<**trádáil**）にわか景気(ブーム).

borróg [boroːg] 名女 〖属単 **borróige**, 主複 **-a**, 属複 **～**〗小型のロールパン.

borrúil [boruːlʲ] 形 2 成長する；意欲的な；うぬぼれた.

bos [bos] 名女 〖属単 **boise**, 主複 **-a**, 属複 **～**〗掌(てのひら)；一握り；平手打ち；平らな部分；刃. **ar iompú boise** 直ちに. **～ camáin**（<**camán**）ハーリングスティックの先端部. **～ rámha** オールの水かき.

bosca [boskə] 名男 〖属単 **～**, 複 **-í**〗箱. **～ bruscair** ごみ箱. **～ ceoil** アコーディオン.

boschrann [ˈbosˌxran] 名男 〖属単・主複 **boschrainn**, 属複 **～**〗ドアノッカー；呼び鈴.

boslach [bosləx] 名男 〖属単・主複 **boslaigh**, 属複 **～**〗手一杯, ひとつかみ.

both [boh] 名女 〖属単 **-a**, 複 **-anna**〗小屋；独立した小部屋.

bothán [bohaːn] 名男 〖属単・主複 **botháin**, 属複 **～**〗掘っ建て小屋, 納屋.

botthántaíocht [bohaːntiː(ə)xt] 名女 〖属単 **-a**〗雑談をするためにちょっと訪問すること.

bóthar [boːhər] 名男 〖属単 **bóthair**, 複 **bóithre**〗道路；方法. **buail** (an) **～!** 逃げろ! **an ～ a thabhairt do** (dhuine) (人)を解雇すること. **as ～** 邪魔にならないように. **bhí bóithre allais leis** 彼は汗を流していた.

botún [botuːn] 名男 〖属単・主複 **botúin**, 属複 **～**〗大失敗.

brá [braː] 名男 〖属単 **～**, 複 **-nna**〗捕虜；人質.

brabach [brabəx] 名男 〖属単 **brabaigh**〗利益；余剰.

brabús [brabuːs] 名男 〖属単 **brabúis**〗利益；有利.

brabúsach [brabuːsəx] 形 1 利益のある, 有利な；もうかる.

brabúsaí [brabuːsiː] 名男 〖属単 **～**, 複 **brabúsaithe**〗日和見主義

者；搾取する人.

brac [brak] 名男〖属単 **braic**, 複 **-anna**〗(軒, 棚などの)支え；張り出し棚.

bráca[1] [braːkə] 名男〖属単 〜, 複 **-í**〗歯止め；苦しみ, 悲惨. **faoi bhráca na hainnise** 全く惨めで.

bráca[2] [braːkə] 名男〖属単 〜, 複 **-í**〗小屋；物置.

brách [braːx] 名 (成句) **go** 〜 永遠に[(否定形と共に)これからは…でない]. **go** 〜 **ná go deo** 二度と…しない. **as go** 〜 **leis** 彼は出ていった(もう戻らないかのように).

brachadh [braxə] ☞ braich.

brachán [braxaːn] 名男〖属単 **bracháin**〗おかゆ；かき混ぜ. 〜 **a dhéanamh** (<**déan**) **de** (**rud**) (もの)を台無しにすること.

bradach [bradəx] 形 1 泥棒する；盗まれた.

bradaí [bradiː] 名男〖属単 〜, 複 **bradaithe**〗泥棒, こそ泥.

bradaigh [bradiː] 動II 他・自〖動名 **bradú**, 動形 **bradaithe**〗盗む, こっそり持ち去る.

bradaíl [bradiːlʹ] 名女〖属単 **bradaíola**〗盗むこと；他人の土地に侵入すること.

bradán [bradaːn] 名男〖属単・主複 **bradáin**, 属複 〜〗鮭(さけ). 〜 **beatha** 生命(の要素).

brádán [braːdaːn] 名男〖属単・主複 **brádáin**, 属複 〜〗霧雨, 時雨(しぐれ).

braich [braxʹ] 名女〖属単 **-e**〗(醸造, 蒸留用の)モルト, 麦芽. ── 動I 他・自〖動名 **brachadh**, 動形 **brachta**；現 **brachann**〗(大麦などを)モルトにする.

bráid [braːd] 名女〖属単 **brád**, 複 **-e**〗首；のど；胸. 〜 (**na**) **coise** 足の甲. **dul thar** 〜 (そばを)通り過ぎること. **faoi bhráid** …の前に. **ar** 〜 現場に.

braighdeanach [braidʹənəx] 名男〖属単・主複 **braighdeanaigh**, 属複 〜〗捕虜；囚人.

braighdeanas [braidʹənəs] 名男〖属単 **braighdeanais**〗囚われ；束縛；屈従.

braillín [bralʹiːnʹ] 名女〖属単 **-e**, 複 **-í**〗シーツ；白い布. **dul faoin mbraillín** 寝ること. 〜 **sneachta** 一面の雪.

brainse [branʹsʹə] 名男〖属単 〜, 複 **brainsí**〗枝；部門；支流.

bráisléad [braːsʹlʹeːd] 名男〖属単・主複 **bráisléid**, 属複 〜〗ブレスレット, 腕輪.

bráite [braːtʹə] 名男〖属単 〜, 複 **bráití**〗漁場；狩り場.

braiteach [bratʹəx] 形1 知覚の; 明敏な.

braith [brah] 動I 他 〖動名 **brath**, 動形 **braite**〗感じる, 知覚する; 見張る. bhraithim go hainnis 私は恐怖を覚えた.: 裏切る. bhraith siad mé 彼らは私を裏切った.: ない[いない]のを惜しむ. braithim uaim iad 私は彼らがいなくて寂しい.: ～ ar 意図する; 頼る; 期待する. tá mé ag brath ar imeacht 私は出て行くつもりだ. táim ag brath ort 僕は君が頼りだ. bhí mé ag brath ar litir uait 君からの手紙を待っていた.: ～ le 待つ. bhí mé ag brath leis 私は彼を待っていた.

bráithre [braːhrə] ☞ bráthair.

bráithreachas [braːhrʹəxəs] 名男 〖属単 **bráithreachais**〗兄弟の間柄; 聖職者団.

bráithriúil [braːhrʹuːlʹ] 形2 兄弟の; 兄弟同様の.

branda[1] [brandə] 名男 〖属単 ～, 複 **-í**〗焼き印; 商標.

branda[2] [brandə] 名男 〖属単 ～, 複 **-í**〗ブランデー.

brandáil [brandaːlʹ] 動I 他 〖動名 **brandáil**, 動形 **brandáilte**; 現 **brandálann**〗焼き印を押す; 烙印を押す.

branra [branrə] 名男 〖属単 ～, 複 **-í**〗止まり木; 三脚; 支え.

braobanta [briːbantə] 形3 横柄な, 無礼な.

braoi [briː] 名女 〖属単 ～, 複 **-the**〗眉(毛).

braon [briːn] 名男 〖属単 **braoin**, 複 **-ta**〗しずく; 一滴; 微量. ～ bainne 少量のミルク. tá ～ air 雨が降りそうだ. ag déanamh braoin (傷が)化膿すること.

braonach [briːnəx] 形1 したたり落ちる; 霧に濡れた; 涙ぐんだ; an domhan ～ 世界中に.

brat[1] [brat] 名男 〖属単・主複 **brait**, 属複 ～〗マント, 外套; 覆い; 舞台のカーテン. ～ urláir ジュウタン. ～ ózóin オゾン層.

brat[2] [brat] 名男 〖属単 ～, 複 **-anna**〗濃いスープ; 煮汁.

bratach [bratəx] 名女 〖属単 **brataí**, 主複 **-a**, 属複 ～〗旗. ～ na hÉireann アイルランド国旗.

brath [brah] 名男 〖属単 **braith**〗知覚; 偵察; 裏切り; 期待; 意志; 依存. tá ～ ann agus ～ as aige 彼は行くか行かないか決めかねている. do bhrath a bheith ar (dhuine) (人)に頼ること.

bráth [braː] 名男 〖属単 **-a**〗運命の決する日. Lá an bhrátha 最後の審判日. go ～ 永遠に.

brathadóir [brahədoːr] 名男 〖属単 **brathadóra**, 複 **-í**〗裏切り者, スパイ; 人指し指.

brathadóireacht [brahədoːrʹəxt] 名女 〖属単 **-a**〗裏切り行為. ag

~ thart うろうろ覗きまわること.

bráthair [braːhərʼ] 名男 〖属単 **bráthar**, 複 **bráithre**〗兄弟 ; 同僚 ; 同一教会員. **bráithre aon cheirde**(＜ceird) 同じ仲間.

bratóg [bratoːg] 名女 〖属単 **bratóige**, 主複 **-a**, 属複 ～〗マント ; ぼろ布. ～ **shneachta** 雪片.

bratógach [bratoːgəx] 形 1 ぼろの ; ぼろをまとった.

breá [bʼrʼaː] 形 3 〖属単男 ～, 属単女・主複・比較 **breátha**〗晴れた ; 素晴らしい ; 美しい ; 立派な ; 上手な. **aimsir bhreá** 好天気. **is ～ liom snámh sa samhradh** 私は夏に泳ぐことが大好きです. **ba bhreá liom a bheith ann** 私はそこにぜひ行きたい. **mar is ～ leat féin** 君が望むように.

breab [bʼrʼab] 名女 〖属単 **breibe**, 複 **-anna**〗賄賂(ゐろ).
—— 動I 他 〖動名 **breabadh**, 動形 **breabtha**〗賄賂を使う, 買収する.

breabaireacht [bʼrʼabərʼəxt] 名女 〖属単 **-a**〗収賄, 贈賄.

breac[1] [bʼrʼak] 名男 〖属単・主複 **bric**, 属複 ～〗(虹)鱒(ます). **chomh folláin le ～** (鱒のように)元気に. **～ (éisc)** 一匹の魚.

breac[2] [bʼrʼak] 形 1 斑点のある, まだらの ; 平凡な. **cuilt bhreac** パッチワーク[キルト]. **aimsir bhreac** まずまずの天気.
—— 動I 他・自 〖動名 **breacadh**, 動形 **breactha**〗斑点を付ける ; 書き込む ; 明るくする ; 彫る. **tuairisc a bhreacadh** (síos) (簡単に)書き留めておくこと. **bhreac an lá suas** 空が少し晴れてきた.

breac-[3] [bʼrʼak] 接頭 中位の ; 半端な ; 臨時の.

breacaireacht [bʼrʼakərʼəxt] 名女 〖属単 **-a**〗多様性 ; まだら ; 彫り物 ; いたずら書き ; 平均(的量). **tá ～ Ghaeilge aige** 彼はゲール語を少しかじっている.

breacán [bʼrʼakaːn] 名男 〖属単・主複 **breacáin**, 属複 ～〗タータンチェック(スコットランドの格子縞) ; 古着.

breaceolas [ˈbʼrʼakˌoːləs] 名男 〖属単 **breaceolais**〗生かじりの知識.

breacfhostaíocht [ˈbʼrʼakˌostiː(ə)xt] 名女 〖属単 **-a**〗臨時仕事[雇い].

Breac-Ghaeltacht [ˈbʼrʼakˌɣeːltəxt] 名女 〖属単 **-a**, 複 **-aí**〗ゲール語と英語の両方を話す地域.

breachta [braxtə] ☞ **briocht**.

breacoilte [ˈbʼrʼakˌolʼtʼə] 形 3 半熟練の ; 半ば熟練を要する.

breacsháile [ˈbʼrʼakˌhaːlʼə] 名男 〖属単 ～〗塩気のある水.

breacsholas [ˈbʼrʼakˌholəs] 名男 〖属単 **breacsholais**〗かすかな

[ちらちらする]光；うす明かり．
bréad [bʹrʹeːd] 名男〘属単 **bréid**〙組み紐；編んだ髪．
bréag¹ [bʹrʹeːg] 名女〘属単 **bréige**, 主複 **-a**, 属複 〜〙嘘，偽り．**moladh bréige** お世辞．〜 **a insint** 嘘をつくこと．
bréag² [bʹrʹeːg] 動I 他〘動名 **bréagadh**, 動形 **bréagtha**〙おだてる；言いくるめる；なだめすかす．
bréagach [bʹrʹeːgəx] 名男〘属単・主複 **bréagaigh**, 属複 〜〙嘘つき．
―― 形1 嘘の，偽りの．
bréagán [bʹrʹeːgaːn] 名男〘属単・主複 **bréagáin**, 属複 〜〙玩具．
bréagfholt [ˈbʹrʹeːgˌolt] 名男〘属単・主複 **bréagfhoilt**, 属複 〜〙かつら．
bréagnaigh [bʹrʹeːgniː] 動II 他〘動名 **bréagnú**, 動形 **bréagnaithe**〙否定する；矛盾する．
bréagnaitheach [bʹrʹeːgnihəx] 形1 矛盾する，両立しない．
bréagriocht [ˈbʹrʹeːgˌrixt] 名男〘属単 **bréagreachta**, 複 **-aí**〙変装，仮装．
breall [bʹrʹal] 名女〘属単 **breille**, 主複 **-a**, 属複 〜〙隆起；突き出した口；きず，欠点．**tá** 〜 **ort** 君は間違っている．
breallach [bʹrʹaləx] 形1 突き出した；失敗の；ぼろぼろの．
breallaireacht [bʹrʹalərʹəxt] 名女〘属単 **-a**〙ばかばかしいこと．**ag** 〜 **(chainte)** ばかげた話をすること．
breallánta [bʹrʹalaːntə] 形3 ばかばかしい．
bréan [bʹrʹeːn] 形1 汚れた；腐って汚い；臭い．**bheith** 〜 **de** (rud) (こと)にむかむかすること．
―― 動I 他・自〘動名 **bréanadh**, 動形 **bréanta**〙汚染する；腐らせる．
bréanlach [bʹrʹeːnləx] 名男〘属単・主複 **bréanlaigh**, 属複 〜〙不潔な場所；汚物[汚水]だめ．
bréantas [bʹrʹeːntəs] 名男〘属単 **bréantais**〙腐敗；汚物；悪臭．
breasal [bʹrʹasəl] 名男〘属単 **breasail**〙(羊などに)赤色で印をつけること；紅色．
Breatain [bʹrʹetən] 名 **an Bhreatain Bheag** ウェールズ．**an Bhreatain** (Mhór) 英国．
breátha [brahə] ☞ breá．
breáthacht [bʹrʹaːhəxt] 名女〘属単 **-a**, 複 **-aí**〙美；装飾品；喜び．
breáthaigh [bʹrʹaːhiː] 動II 他・自〘動名 **breáthú**, 動形 **breáthaithe**〙美しくする．

breathnaigh [bʲrʲahnʲiː] 動II 他・自 〘動名 **breathnú**, 動形 **breathnaithe**〙観察する；調べる；見守る；見える. **bheith ag breathnú ar an teilifís** テレビを見ること. **tá tú ag breathnú go maith** お元気そうですね.

breathnóir [bʲrʲahnoːrʲ] 名男 〘属単 **breathnóra**, 複 **-í**〙観察者；観客.

Breatnach [bʲrʲetnax] 名男 〘属単・主複 **Breatnaigh**, 属複 ～〙ウェールズ人.
―― 形1 ウェールズの.

Breatnais [bʲrʲetnisʲ] 名女 〘属単 **-e**〙ウェールズ語.

breicneach [bʲrʲekʲnʲax] 形1 そばかすのある；斑点のある.

bréid [bʲrʲeːdʲ] 名男 〘属単 ～, 複 **-eanna**〙布；カンバス；包帯.

bréidín [bʲrʲeːdʲiːnʲ] 名男 〘属単 ～, 複 **-í**〙粗い(毛)織物, ツイード.

bréige [bʲrʲeːgʲə] ☞ **bréag**¹.

breis [bʲrʲesʲ] 名女 〘属単 **-e**, 複 **-eanna**〙増加, 追加；余剰. ～ **agus bliain** 1年以上. **sa bhreis** [mar bhreis] **ar** に加えて. **tá ～ aoise agam ort** ぼくは君より年上だ. **chodail sé néal de bhreis aréir** 彼は昨夜はよく寝た. **dul i mbreis** 繁栄. **ar an mbreis** 増加中.

breischáin [ˈbʲrʲesʲˌxaːnʲ] 名女 〘属単 **breischánach**, 主複 **breischánacha**〙付加税.

breischéim [ˈbʲrʲesʲˌxʲeːmʲ] 名女 〘属単 **-e**, 複 **-eanna**〙(文法)比較級.

breiseán [bʲrʲesʲaːn] 名男 〘属単・主複 **breiseáin**, 属複 ～〙(食品)添加物, 付加物.

breisigh [bʲrʲesʲiː] 動II 他 〘動名 **breisiú**, 動形 **breisithe**〙増大させる.

breisiúil [bʲrʲesʲuːlʲ] 形2 増加する；成長する；多産の.

breith¹ [bʲrʲeh] 名女 〘属単 **-e**, 複 **-eanna**〙① **beir** の動名詞. ②誕生, 出生；捕らえること. **lá breithe** [**breithlá**] 誕生日. **lá breithe** [**breithlá**] **shona dhuit!** 誕生日おめでとう！ **níl ～ agam ar mo chuid oibre**(<obair) 私は仕事に追いついていかれない. **má bhíonn ～ agat air** もしそのためのお時間ができれば. **níl aon bhreith aige ort** 彼は君とは比べものにならない.

breith² [bʲrʲeh] 名女 〘属単 **-e**, 複 **-eanna**〙裁判；判決.

breitheamh [bʲrʲehəv] 名男 〘属単 **breithimh**, 複 **breithiúna**〙裁判官. ～ **duiche** 地方裁判所判事.

breithghreamannach [ˈbʲrʲeʲˌɣrʲamənəx] 形1 あら探しをする；意地の悪い.

breithiúnach [bʲrʲehuːnəx] 形1 裁判[司法]の；洞察力のある.
breithiúnas [bʲrʲehuːnəs] 名男〖属単 **breithiúnais**〗裁判；判決.
breithnigh [bʲrʲehnʲiː] 動II 他〖動名 **breithniú**, 動形 **breithnithe**〗判決する；宣告する.
bréithre [breːhrə] 名男 briathar の変形.（文法）動詞.
breo [bʲrʲoː] 名男〖属単 ～, 複 **-nna**〗燃えさし；たいまつ.
breoch [bʲrʲoːx] 形1 輝く, 燃える.
breochloch [ˈbʲrʲoːˌxlox] 名女〖属単 **breochloiche**, 主複 **-a**, 属複 ～〗火打ち石；ライターの石.
breogán [bʲrʲoːgaːn] 名男〖属単・主複 **breogáin**, 属複 ～〗るつぼ；きびしい試練.
breoigh [bʲrʲoːɣ] 動I 他・自〖動名 **breo**, 動形 **breoite**；現 **breonn**；未 **breofaidh**〗真っ赤に燃える；熱する；焼く.
breoite [bʲrʲoːtʲə] 形3 病気の；悩んでいる.
breoiteachán [bʲrʲoːtʲəxaːn] 名男〖属単・主複 **breoiteacháin**, 属複 ～〗繊細な人；病弱な人.
breoiteacht [bʲrʲoːtʲəxt] 名女〖属単 **-a**, 複 **-aí**〗病気, 不健康.
breosla [bʲrʲoːslə] 名男〖属単 ～, 複 **-í**〗燃料.
breoslaigh [bʲrʲoːslʲiː] 動II 他〖動名 **breoslú**, 動形 **breoslaithe**〗燃料を供給する.
brí [bʲrʲiː] 名女〖属単 ～, 複 **-onna**〗意味；力, 活力. cad is ～ don fhocal sin? この言葉の意味は何か？ de bhrí go bhfuil siad mór leis 彼らは彼と親しい間柄なので. dá bhrí sin 従って. ní raibh ～ éisc ann そこには魚はそれほどいなかった.
briathar [bʲrʲiəhər] 名男〖属単 **briathair**, 複 **briathra**〗言葉；約束；動詞.
briathartha [bʲrʲiəharhə] 形3 動詞の. ainm ～ 動名詞. aidiacht bhriathartha 動形容詞.
briathrach [bʲrʲiəhrəx] 形1 饒舌(じょう)な.
bríbhéir [bʲrʲiːvʲeːrʲ] 名男〖属単 **bríbhéara**, 複 **-í**〗ビール醸造者.
bríbhéireacht [bʲrʲiːvʲeːrʲəxt] 名女〖属単 **-a**〗醸造.
bric [bʲrʲik] ☞ breac[1].
bríce [bʲrʲiːkʲə] 名男〖属単 ～, 複 **brící**〗レンガ.
bricfeasta [ˈbʲrʲikʲfʲastə] 名男〖属単 ～, 複 **-í**〗朝食.
bricín [bʲrʲikʲiːnʲ] 名男〖属単 ～, 複 **-í**〗そばかす.
bricíneach [bʲrʲikʲiːnʲəx] 形1 斑点の付いた；そばかすの.
bricliath [ˈbʲrʲikʲˌlʲiə] 形1〖属単男 **bricléith**, 属単女・比較 **bricléithe**, 主複 **-a**〗灰色の；しま模様の.

brídeach [b/r/i:d/əx] 名女 〖属単 **brídí**, 主複 **-a**, 属複 ～〗花嫁.
brídeog [b/r/i:d/o:g] 名女 〖属単 **brídoige**, 主複 **-a**, 属複 ～〗花嫁；聖ブリジッドの儀式像. lá na brideoige 聖ブリジッド祝祭日（2月1日）.
brilléis [b/r/il/e:s/] 名女 〖属単 **-e**〗たわごと, ナンセンス.
brín [b/r/i:n/] 名 (成句) ～ óg のんきな[気苦労のない]若者.
briocht [b/r/ixt] 名男 〖属単 **breachta**, 複 **-aí**〗お守り, 魔除け.
briogáid [b/r/iga:d/] 名女 〖属単 **-e**, 複 **-í**〗団体, 組. ～ dóiteáin 消防隊.
bríomhar [b/r/i:vər] 形 1 強い, 精力的な. bia ～ 健康食.
brionglóid [b/r/iŋlo:d/] 名女 〖属単 **-e**, 複 **-í**〗夢.
brionglóideach [b/r/iŋlo:d/əx] 名女 〖属単 **-dí**〗夢見ること.
―― 形 1 夢見ている.
brionnaigh [b/r/ini:] 動II 他 〖動名 **brionnú**, 動形 **brionnaithe**〗(小切手, 書類などを)偽造する.
briosc [b/r/isk] 形 1 砕けやすい；(食物が)パリパリする；活発な.
briosca [b/r/iskə] 名男 〖属単 ～, 複 **-í**〗ビスケット.
brioscán [b/r/iska:n] 名男 〖属単・主複 **brioscáin**, 属複 ～〗パリパリするもの. brioscáin phrátaí ポテトチップス.
brioscarnach [b/r/iskərnəx] 名女 〖属単 **brioscarnaí**〗バリバリ砕けること；パリパリという音.
brioscóid [b/r/isko:d/] 名女 〖属単 **-e**, 複 **-í**〗クッキー；ショートケーキ.
briota [b/r/itə] 名男 〖属単 ～, 複 **-í**〗小波；三角波. ～ gaoithe そよ風.
briotach [b/r/itəx] 形 1 (波, 葉などが)サラサラいう.
Briotáinis [b/r/ita:nəs/] 名女 〖属単 **-e**〗ブルトン語.
briotaireacht [b/r/itər/əxt] 名女 〖属単 **-a**〗サラサラいう音；舌足らずの発音.
bris[1] [b/r/is/] 名女 〖属単 **-e**, 複 **-eanna**〗損失, 損害；喪失.
bris[2] [b/r/is/] 動I 他・自 〖動名 **briseadh**, 動形 **briste**〗破る, 割る. airgead a bhriseadh お金をくずすこと. an dlí a bhriseadh 法を犯すこと. : ～ amach 突然…し始める. bhris siad amach le chéile 彼らは仲たがいした. : ～ ar 切断する. bhris[briseadh] ar an bhfoighne aige 彼は我慢しきれなくなった. : ～ isteach 押し入る. bhris siad isteach sa teach 彼らはその家に押し入った.
briseán [b/r/is/a:n] 名男 〖属単・主複 **briseáin**, 属複 ～〗すい臓. ～ (milis) (子牛, 子羊の)すい臓.

brisim [bʲrʲisəm] bris+mé.
briste [bʲrʲisʲtʲə] 形3 ①bris の動形容詞. ②壊れた, 砕けた；くじけた, 落胆した. **aimsir bhriste** 曇り. **talamh ～** 耕作地. **airgead ～** 小銭. **～ as gnó** 倒産. **croí ～** 失意.
bríste [bʲrʲiːsʲtʲə] 名男〚属単 ～, 複 **brístí**〛ズボン, パンツ.
bristeach [bʲrʲisʲtʲəx] 形1（天候が）定まらない.
brístín [bʲrʲiːsʲtʲiːnʲ] 名男〚属単 ～, 複 **-í**〛（女性, 子供用）パンティー；半ズボン.
bró [broː] 名女〚属単 ～, 複 **-nna**〛ひき臼；密集体.
brobh [brov] 名男〚属単・主複 **broibh**, 属複 ～〛イグサ；草の一葉；全然価値のないもの.
broc [brok] 名男〚属単・主複 **broic**, 属複 ～〛アナグマ.
brocach [brokəx] 形1 灰色の；汚れた.
brocailí [brokəlʲiː] 名男〚属単 ～〛ブロッコリー.
brocais [brokəsʲ] 名女〚属単 **-e**, 複 **-í**〛穴；むさ苦しい住みか；不潔な場所.
brocamas [brokəməs] 名男〚属単 **brocamais**〛くず, ごみ, 廃物.
brod [brod] 名男〚属単・主複 **broid**, 属複 ～〛（家畜を追うための）突き棒.
bród [broːd] 名男〚属単 **bróid**〛うぬぼれ, 傲慢（ごうまん）；大得意.
bródúil [broːduːlʲ] 形2 誇り高い, 高慢な, うぬぼれている.
bródúlacht [broːduːləxt] 名女〚属単 **-a**〛思い上がり, 傲慢.
bróg [broːg] 名女〚属単 **bróige**, 主複 **-a**, 属複 ～〛（長）靴. **bróga siúil** ウォーキングシューズ.
broghach [braux] 形1 不潔な；陰気な；後ろめたい.
broic [brokʲ] 動I 他〚動名 **broic**〛**～ le** 耐える. **ag ～ le** (rud)（こと）に我慢すること.
broicéad [brokʲeːd] 名男〚属単・主複 **broicéid**, 属複 ～〛錦（模様）.
bróicéir [broːkʲeːrʲ] 名男〚属単 **bróicéara**, 複 **-í**〛ブローカー, 仲買人.
broid[1] [brodʲ] 名女〚属単 **-e**〛切迫, 緊急；苦悩；困窮.
broid[2] [brodʲ] 動I 他〚動名 **broideadh**, 動形 **broidte**〛突く；駆り立てる. **～ an capall** 馬に拍車をかける.
broideadh [brodʲə] 名男〚属単 **broidte**〛刺し, 突き；魚が餌に食いつくこと. **i mbroideadh na súl** あっという間に.
broidearnach [brodʲərnəx] 名女〚属単 **broidearnaí**〛動悸, 脈拍；沸騰.
broidearnúil [brodʲərnuːlʲ] 形2 どきどきする, 脈打つ；（痛みで）ず

きずきする.

broidiúil [brod'u:l'] 形2 圧迫する；押し進める.

bróidnéireacht [bro:d'n'e:r'əxt] 名女〖属単 **-a**〗刺繍；装飾.

bróidnigh [bro:d'n'i:] 動II 他〖動名 **bróidniú**, 動形 **bróidnithe**〗刺繍する.

broidtráth [brod'tra:] 名男〖属単 **-a**, 複 **-anna**；(成句)主複 **-a**〗ラッシュアワー.

bróige [bro:gə] ☞ bróg.

broinn [bron'] 名女〖属単 **-e**, 複 **-te**〗子宮；胸部.

bróis [bro:s'] 名女〖属単 **-e**, 複 **-eanna**〗オートミールがゆ；めちゃくちゃ.

bróisiúr [bro:s'u:r] 名男〖属単・主複 **bróisiúir**, 属複 **～**〗パンフレット, 小冊子.

bróiste [bro:s't'ə] 名男〖属単 **～**, 複 **bróistí**〗ブローチ.

bróitseáil [bro:t's'a:l'] 動I 他 〖動名 **bróitseáil**, 動形 **bróitseáilte**；現 **bróitseálann**〗穴をあける；(話を)切り出す；(樽などの)口をあける.

brollach [broləx] 名男〖属単・主複 **brollaigh**, 属複 **～**〗胸部；前；序文.

bromach [bromǝx] 名男〖属単・主複 **bromaigh**, 属複 **～**〗雄の子馬；強健な若者.

brón [bro:n] 名男〖属単 **bróin**〗悲しみ, 悲嘆. **mo bhrón**！ああ[悲しいかな]！**tá ～ orm** 残念だ[気の毒だ].

brónach [bro:nəx] 形1 悲嘆にくれる；痛ましい.

bronn [bron] 動I 他〖動名 **bronnadh**, 動形 **bronnta**〗授ける；譲渡する；贈る.

bronnaim [bronam] bronn+mé.

bronntanas [brontənəs] 名男〖属単・主複 **bronntanais**, 属複 **～**〗プレゼント, 贈り物.

brosna [brosnə] 名男〖属単 **～**〗まき, たきぎ；点火.

brostaigh [brosti:] 動II 他・自〖動名 **brostú**, 動形 **brostaithe**〗急がせる, せき立てる.

brostaitheach [brostihəx] 形1 刺激する；励ます.

brothall [brohəl] 名男〖属単 **brothaill**〗(蒸し)暑さ；豊富；元気.

brothallach [brohələx] 形1 (蒸し)暑い；うっとうしい.

brú[1] [bru:] 名男〖属単 **～**, 複 **-nna**〗ホステル, 宿泊所. **brú na hÓige** ユースホステル.

brú[2] [bru:] 名男〖属単 **～**, 複 **-nna**〗押し；圧迫；突き. **brúchnaipe**

押しボタン. ~ fola 血圧.

bruach [bruəx] 名男〖属単 **bruaigh**, 主複 **-a**, 属複 ~〗土手; 縁, 端. ~ **abhann** 川岸. **i ngreim an dá bhruach** 不安定な立場に. **léim an dá bhruach a chailleadh** あぶはち取らずになること.

bruachánach [bruəxa:nəx] 形 1 川岸の, 水辺の.

bruachbhaile [ˈbruəxˌvalʹə] 名男〖属単 ~, 複 **bruachbhailte**〗郊外, 近郊.

bruachsholas [ˈbruəxˌholəs] 名男〖属単 **bruachsholais**, 複 **bruachshoilse**〗フットライト, 脚光.

bruadar [bruədər] 名男〖属単・主複 **bruadair**, 属複 ~〗夢, 幻想.

bruar [bruər] 名男〖属単 **bruair**〗破片, かけら; パンくず.

brúcht [bru:xt] 名男〖属単 **-a**, 複 **-anna**〗げっぷ; 突発. ~ **sneachta** 突然の大雪. ~ **farraige** 大津波.
―― 動I 自〖動名 **brúchtadh**, 動形 **brúchta**〗噴出する, 爆発する; 湧き出る.

brúidiúil [bru:dʹu:lʹ] 形 2 獣の; 残酷な; 粗野な.

brúidiúlach [bru:dʹu:ləx] 形 1 (成句) ~ **beathaithe** 肥満した.

brúidiúlacht [bru:dʹu:ləxt] 名女〖属単 **-a**〗野蛮; 残酷, 蛮行.

brúigh [bru:ɣʹ] 動I 他・自〖動名 **brú**, 動形 **brúite**; 現 **brúnn**; 未 **brúfaidh**〗圧する; 押す; 押しつぶす. (rud) **a bhrú ar** (dhuine) (人)に(こと)を押しつけること. ~ **fút** 我慢しなさい.

bruinneall [brinʹəl] 名女〖属単 **bruinnille**, 主複 **-a**, 属複 ~〗美しい女性.

bruíon[1] [bri:n] 名女〖属単 **bruíne**, 複 **-ta**〗宿; 妖精のすみか.

bruíon[2] [bri:n] 名女〖属単 **bruíne**, 複 **-ta**〗争い, けんか.
―― 動I 自〖動名 **bruíon**, 動形 **bruíne**〗争う, けんかする.

bruíonach [bri:nəx] 形 1 けんか好きな, 怒りっぽい.

bruis [brisʹ] ☞ brus.

bruite [britʹə] 形 3 火のような; ゆでた.

brúite [bru:tʹə] 形 3 圧搾した, 押しつぶした.

bruith [brih] 名女〖属単 **-e**〗沸騰; 煮ること; 焼くこと.
―― 動I 他・自〖動名 **bruith**, 動形 **bruite**〗煮る; 焼く; 焦がす.

bruithean [brihən] 名女〖属単 **bruithne**〗熱, 熱さ; 暑さ.

bruithneach [brihnʹəx] 名女〖属単 **bruithní**〗炉, かまど.
―― 形 1 焼け焦げた; 炎熱にさらされた.

bruithnigh [brihnʹi:] 動II 他〖動名 **bruithniú**, 動形 **bruithnithe**〗精錬する; 金属を溶解する.

brúitín [bru:tʹi:nʹ] 名男〖属単 ~〗マッシュポテト; どろどろしたも

の.
bruitíneach [brit′i:n′əx] 名女〖属単 **bruitíní**〗はしか.
brus [brus] 名男〖属単 **bruis**〗くず,ちり;細かいもの.
bruscán [bruska:n] 名男〖属単 **bruscáin**〗破片,切れ端;集まり. ～ **beag airgid** わずかな金.
brúscán [bru:ska:n] 名男〖属単 **brúscáin**〗～(carranna) 車の衝突.
bruscar [bruskər] 名男〖属単 **bruscair**〗くず,ごみ,ちり.
bruth [bruh] 名男〖属単 **-a**〗熱;発疹. ～ (farraige; le tír) 打ち寄せる波.
bruthaire [bruhər′ə] 名男〖属単 ～, 複 **bruthairí**〗料理道具.
bú [bu:] 名男〖属単 ～, 複 **-nna**〗ヒヤシンス.
bua [buə] 名男〖属単 ～, 複 **-nna**〗勝利;才能;良質. **an ～ a fháil** 勝つこと. **de bhua** (ruda) (もの)の力で. **beir ～ agus beannacht** 敬具(手紙の結び文句). **cloch bhua** 宝石.
buabhall [buəvəl] 名男〖属単・主複 **buabhaill**, 属複 ～〗水牛;らっぱ;飲酒用の角.
buabhallaí [buəvəli:] 形3 高貴な;豊富な;豪華な. **bheith go ～** 元気であること.
buacach [buəkəx] 形1 元気な;陽気な.
buacacht [buəkəxt] 名女〖属単 **-a**〗高潔;裕福.
buacaire [buəkər′ə] 名男〖属単 ～, 複 **buacairí**〗栓,蛇口.
buach [buəx] 形1〖属単男 ～, 属単女・比較 **buaiche**, 主複 **-a**〗勝利を得た,勝ち誇る.
buachaill [buəxəl′] 名男〖属単 **buachalla**, 複 **-í**〗少年. ～ **bó** カウボーイ.
buachailleacht [buəxəl′əxt] 名女〖属単 **-a**〗(牛,羊など)群れること.
buachalán [buəxəla:n] 名男〖属単・主複 **buachaláin**, 属複 ～〗ブタクサの類, 雑草.
buachan [buəxən] ☞ buaigh.
buadán [buəda:n] 名男〖属単・主複 **buadáin**, 属複 ～〗(牛など)角を取ったあと;包帯.
buaf [buəf] 名女〖属単 **buaif**, 主複 **-a**, 属複 ～〗ヒキガエル.
buafhocal [ˈbuəˌokəl] 名男〖属単・主複 **buafhocail**, 属複 ～〗あだ名;さわりの言葉, おち.
buaic [buək′] 名女〖属単 **-e**, 複 **-eanna**〗最高点;クライマックス;たて髪. ～ **tí** 屋根の棟. **is é do bhuaic é** それが君には最善だ.
buaiceas [buək′əs] 名男〖属単・主複 **buaicis**, 属複 ～〗ろうそく

[ランプ]の芯.

buaigh [buəy′] 動I 他・自 〘動名 **buachan**, 動形 **buaite**; 現 **buann**; 未 **buafaidh**〙勝つ; 獲得する; ～ ar 負かす; ～ ag[le] 成功する. bhuaigh an codladh orm 私は眠気を克服した. bhuaigh aige (leis) an chloch a thógáil 彼はその石を持ち上げるのに成功した.

buail [buəl′] 動I 他・自 〘動名 **bualadh**, 動形 **buailte**〙打つ, 叩く. ①打つ. (duine) a bhualadh (人)を叩くこと. ②繰り返し叩く. airgead a bhualadh 貨幣の鋳造. ubh a bhualadh 卵のあわ立て. ③(脈などが)打つ. croí ag bualadh 心臓がどきどきすること. ④負かす. an namhaida bhualadh 敵を打ち負かすこと. ⑤襲う; つかむ. bhuail tart mé 急に喉の渇きに襲われた. ⑥進む. ～ ar aghaidh [～ romhat] さあどうぞ[お進み下さい]. ⑦触れる. cladach a bhualadh 海岸に着くこと. ⑧置く. ～ i do phóca é それをポケットに入れなさい. ⑨(～＋前置詞): ～ amach 叩き出す; 出発する: ～ amach faoin spéir 戸外に出る.: ～ ar 打ちつける; 演奏する. ag bualadh ar an veidhlín バイオリンを弾くこと. buailte ar と接触している.: ～ faoi ぶつかる; 着手する. bhualadh faoi bhalla 壁にぶつかること.: ～ le 会う; とりかかる: buailte le に近い. tá an meán oíche buailte linn もう真夜中になる: ～ suas 演奏を始める: ～ suas le 親しくなる.

buaile [buəl′ə] 名 女 〘属単 ～, 複 **buailte**〙牧草地; 囲い.

buaileam [buəl′əm] 名 (成句) ～ sciath ほらふき.

buailteach [buəl′t′əx] 形1 けんか早い, 争い好きな.

buain [buən′] 動I 他 〘動名 ～, 動形 **buana**; 現 **buanann**〙刈る; 収穫する.

buaine [buən′ə] 名 女 〘属単 ～〙永続, 持続; 長命.

buair [buər′] 動I 他・自 〘動名 **buaireamh**, 動形 **buartha**〙深く悲しませる; 悩ませる. ná ～ mé 私を心配させるな.

buaircín [buər′k′i:n′] 名 男 〘属単 ～, 複 **-í**〙球果(マツカサ, ソテツの実など).

buaircíneach [buər′k′i:n′əx] 形1 針葉樹の.

buairt [buərt′] 名 女 〘属単 **buartha**, 複 **buarthaí**〙悲しみ; 苦悩; 心配. tá sé ag déanamh buartha dom 私はそれが気掛かりだ.

buaite [buət′ə] ☞ buaigh.

buaiteach [buət′əx] 形1 勝利の, 勝ち誇った. bheith ～ le[i] (rud) (こと)の勝利者となること.

buaiteoir [buət′o:r′] 名 男 〘属単 **buaiteora**, 複 **-í**〙勝利者.

bualadh [buələ] 名 男 〘属単 **buailte**, 複 **buailtí**〙打つこと; 勝ること; 戦い. inneall buailte 脱穀機. ～ bos 拍手[喝采]. níl do bhualadh

bual-lile

le fáil 君に勝つ人は誰もいない. ní raibh ～ ar bith ar an iasc inniu 今日は魚が全然かからなかった. **builtí croí** 動悸.

bual-lile [ˈbuə(l′)ˌl′il′ə] 名女 スイレン.

bualtrach [buəltrəx] 名女〖属単 **-aí**〗牛ふん.

buama [buəmə] 名男〖属単 ～, 複 ～ **í**〗爆弾.

buamáil [buəma:l] 動 I 他〖動名 **buamáil**, 動形 **buamáilte**; 現 **buamálann**〗爆弾を落とす.

buan[1] [buən] 形 1 恒久的, 不朽の; 堅い. go ～ 絶えず. chomh ～ le carraig 岩のように硬い. más ～ mo chuimhne 私の記憶が確かだとすれば.

buan-[2] [buən] 接頭 永久の; 定着した.

buanaigh [buəni:] 動 II 他〖動名 **buanú**, 動形 **buanaithe**〗永続させる, 不朽にする.

buanchoiste [ˈbuənˌxosʹtʹə] 名男〖属単 ～, 複 **buanchoistí**〗常任委員会.

buanchruthach [ˈbuənˌxruhəx] 形 1 類型的な, 陳腐な, 紋きり型の.

buanfas [buənfəs] 名男〖属単 **buanfais**〗耐久性[力].

buannúil [buənu:lʹ] 形 2 大胆な, 激しい.

buanordú [ˈbuənˌo:rdu:] 名男〖属単 **buanordaithe**, 複 **buanorduithe**〗議事規則; 定期購読; 自動振替依頼.

buanseasmhach [ˈbuənʹˌsʹasvəx] 形 1 忍耐強い, 不動の.

buanseasmhacht [ˈbuənʹˌsʹasvəxt] 名女〖属単 **-a**〗忍耐, ねばり強さ.

buantonn [buənton] 名女〖属単 **buantoinne**, 複 **-ta**〗(髪の)パーマ.

buarach [buərəx] 名女〖属単 **buaraí**; 主複 **-a**, 属複 ～〗畜舎に牛馬などをつないでおく綱.

buartha [buərhə] 形 3 悲しみに沈んだ; 気に病む. bheith ～ faoi (rud) (こと)を悲しむこと. tá cuma bhuartha air 彼は心配げだ.

buatais [buətəsʹ] 名女〖属単 **-e**, 複 **-í**〗乗馬靴, 長靴.

búch [bu:x] 形 1 〖属単男・属単女・比較 **búiche**, 主複 **-a**〗優しい; 愛情深い.

búcla [bu:klə] 名男〖属単 ～, 複 **-í**〗バックル, 留め金; (髪用)小環.

búcólach [bu:ko:ləx] 名男〖属単・主複 **búcólaigh**, 属複 ～〗牧歌, 田園詩.

―― 形 1 羊飼いの; 牧歌的な.

Búdachas [bu:dəxəs] 名男〖属単 **Búdachais**〗仏教.

buí[1] [bi:] 名 感謝. (成句) a bhuí le Dia (それに対する)神への感謝.

buí[2] [biː] 名男〖属単 ～, 複 **-onna**〗黄色.
── 形3 黄色の; 顔色が悪い; 日焼け色の. ～ **ón ngrian** 日焼けした. **iasc** ～ 干し魚. **bróga** ～ なめし革の靴. **Fear Buí** オレンジ党員(18世紀末に組織されたアイルランド北部のプロテスタント).
buicéad [bikʹeːd] 名男〖属単・主複 **buicéid**, 属複 ～〗バケツ.
buidéal [bidʹeːl] 名男〖属単・主複 **buidéil**, 属複 ～〗びん.
buidéalaigh [bidʹeːliː] 動II 他〖動名 **buidéalú**, 動形 **buidéalaithe**〗びん詰めにする.
buígh [biːɣʹ] 動I 他・自〖動名 **buíochan**, 動形 **buíte**; 現 **buíonn**〗黄色にする; 日に焼く.
buile [bilʹə] 名女〖属単 ～〗狂気, 逆上; 熱狂. **dul ar**[le] ～ 熱狂すること.
builín [bilʹiːnʹ] 名男〖属単 ～, 複 **-í**〗(パン, チーズなど)かたまり.
buille [bilʹə] 名男〖属単 ～, 複 **buillí**〗一撃; 一打ち; 一吹き. **ar bhuille boise** 即座に. ～ **faoi thuairim** 当てずっぽう. ～ **oibre** ひと仕事. ～ **súl** 一瞥 (ベツ). ～ **rámha** ひと漕ぎ. ～ **cloig** 時計の鳴る音. **ar dhá bhuille a chlog** 2時に. ～ **croí** 心拍. ～ **luath** 少し早く. **tá sé i mbuille a bheith críochnaithe** それは殆ど終了している.
buillean [bilʹən] 名男〖属単 **buillin**〗金[銀]の塊; (制服の)金[銀]モール.
buime [bimʹə] 名女〖属単 ～, 複 **buimí**〗養母; 乳母.
buimpéis [bimʹpʹeːsʹ] 名女〖属単 **-e**, 複 **-í**〗(靴, 靴下の)つま先; ダンス靴; パンプス.
buinne[1] [binʹə] 名男〖属単 ～, 複 **buinní**〗発芽; 奔流; 噴出.
buinne[2] [binʹə] 名男〖属単 ～, 複 **buinní**〗かご細工の工程.
buinneán [binʹaːn] 名男〖属単・主複 **buinneáin**, 属複 ～〗新芽, 若枝.
buíocán [biːkaːn] 名男〖属単・主複 **buíocáin**, 属複 ～〗卵の黄身.
buíoch [biː(ə)x] 形1〖属単男 ～, 属単女・比較 **buíche**, 主複 ～〗感謝している; 満足する, 喜ぶ. **níl siad** ～ **dá chéile** 彼らは仲が良くない.
buíochan [biː(ə)xən] ☞ **buígh**.
buíochas [biː(ə)xəs] 名男〖属単 **buíochais**〗感謝(の念). ～ **le Dia** ありがたいことに. **níl a bhuíochas ort** どういたしまして. **dá bhuíochas** 彼の努力にもかかわらず. **níl** ～ **ar bith acu air** 彼らは彼が全然気に入らない.
buíon [biːn] 名女〖属単 **buíne**, 複 **-ta**〗隊, 組; 仲間.
búir [buːrʹ] 名女〖属単 **-e**, 複 **-eanna**〗吠え声; 牛の鳴き声; うなり声.

búireach

───動I 自〖動名 **búireadh**, 動形 **búirthe**〗吠える, うなる, 怒鳴る；(牛が)大声で鳴く.

búireach [biːrʹəx] 名女〖属単 **búirí**〗(牛などが)大声で鳴くこと；怒鳴り声.

buirg [birʹəgʹ] 名女〖属単 **-e**, 複 **-í**〗町；都市.

buirgcheantar [ˈbirʹəgʹ¦xʹantər] 名男〖属単・主複 **buirgcheantair**, 属複 ～〗都会.

buirgéiseach [birʹəgʹeːsʹəx] 名男〖属単・主複 **buirgéiseach**, 属複 ～〗自治都市.

───形1 自治都市の.

buirgléir [birʹəgʹlʹeːrʹ] 名男〖属単 **buirgléara**, 複 **-í**〗強盗.

buirgléireacht [birʹəgʹlʹeːrʹəxt] 名女〖属単 **-a**〗強盗すること.

búiríl [buːrʹiːlʹ] 名女〖属単 **búiríola**〗(牛などが)大声で鳴くこと；吠えること；怒鳴ること.

buiséad [bisʹeːd] 名男〖属単・主複 **buiséid**, 属複 ～〗予算.

───動I 他・自〖動名 **buiséadadh**, 動形 **buiséadta**〗予算をたてる.

búistéir [buːsʹtʹeːrʹ] 名男〖属単 **búistéara**, 複 **-í**〗肉屋.

búistéireacht [buːsʹtʹeːrʹəxt] 名女〖属単 **-a**〗畜殺[屠殺]すること.

bulaí [boliː] 名男〖属単 ～, 複 **bulaithe**〗いじめっ子；暴漢. ～ **fir**！(反語的)いい男だ！

bulc [bolk] 名男〖属単・主複 **builc**, 属複 ～〗大きさ；(船の)積み荷.

bulla[1] [bulə] 名男〖属単 ～, 複 **-í**〗ブイ, 浮標.

bulla[2] [bulə] 名 (成句) ～ **gaoithe** 一陣の風.

bulla[3] [bulə] 名 (成句) ～ (**bó**) **báisín** 回転運動.

bulla[4] [bulə] 名男〖属単 ～, 複 **-í**〗(カトリック)大勅書.

bulladóir [bulədoːrʹ] 名男〖属単 **bulladóra**, 複 **-í**〗ブルドッグ.

bullán [bulaːn] 名男〖属単・主複 **bulláin**, 属複 ～〗去勢牛.

bun[1] [bun] 名男〖属単 **buin**, 複 **-anna**〗基礎；底；末端；株；台座；源. ～ **an tsléibhe** 山の麓. **ó bhun go barr** 上から下まで[すっかり]. ～ **na spéire** 地平線. ～ **toitín** たばこの吸いさし. ～ **abhann** 河口. ～ **airgid** 元金. (成句) **is é a bhun is a bharr é** (go) そのことの事実は (go 以下)である. **níl** ～ **ná barr air** 無意味である. **tá sé ag** ～ **a fháis** [**tá sé i mbun a mhéide**] 彼は十分に大人だ. **tá sé ina bhun rúin acu** それは彼らの秘密事だ.：**gnó a chur ar** ～ 事業を始めること. **cad é atá ar** ～? 何かあったのか？：**de bhun tola**(＜**toil**) 喜んで[故意に]. **faoi bhun** 下方に. **i mbun an linbh** 子供の世話. **suí i mbun** (**duine**) (人)の弱みにつけ込むこと.

bun-[2] [bun] 接頭 基礎の；初歩の；媒介の；古い. (b, c, f, g, m, p は S

変化).

bunábhar [ˈbunˌaːvər] 名男〚属単 **bunábhair**〛原料;(著作の)要旨.
bunachar [bunəxər] 名男〚属単 **bunachair**〛基礎, 土台. ～ sonraí データバンク.
bunadh [bunə] 名男〚属単 **bunaidh**〛住民;血統;先祖.
bunaigh [buniː] 動II他〚動名 **bunú**, 動形 **bunaithe**〛設立する, 創立する.
bunaíoch [buniː(ə)x] 形1〚属単男 ～, 属単女 **bunaíche**, 主複 **-a**〛原始(時代)の.
bunaíocht [buniː(ə)xt] 名女〚属単 **-a**, 複 **-aí**〛設立, 創設;確立.
bunairgead [ˈbunˌarʲəgʲəd] 名男〚属単 **bunairgid**〛資本金.
bunáit [ˈbunˌaːtʲ] 名女〚属単 **-e**, 複 **-eanna**〛住居;本拠地.
bunáite [ˈbunˌaːtʲə] 名女〚属単 ～〛大部分, 大多数;(副詞として)殆ど. ～ na tíre 国の大部分. tá an obair ～ déanta 仕事はだいたい終わった.
bunaitheoir [bunihoːrʲ] 名男〚属単 **bunaitheora**, 複 **-í**〛創立者.
bunaosta [ˈbunˌiːstə] 形3 かなり古い;年配の.
bunata [bunətə] 形3 基礎的, 初歩的;根本的.
bunchloch [ˈbunˌxlox] 名女〚属単 **bunchloiche**, 主複 **-a**, 属複 ～〛礎石, 土台石.
bunchnoc [ˈbunˌxnokʲ] 名男〚属単・主複 **bunchnoic**, 属複 ～〛山麓(さんろく)の丘.
bundamhna [ˈbunˌdaunə] 名男〚属単 ～〛主要事項;原料.
bundlaoi [ˈbunˌdliː] 名女〚属単 ～, 複 **-the**〛(わらぶき屋根の)軒(のき), ひさし.
bundún [bundúːn] 名男〚属単・主複 **bundúin**, 属複 ～〛底;尾;株;尻.
bunóc [bunoːk] 名女〚属単 **bunóice**, 主複 **-a**, 属複 ～〛幼児.
bunoideachas [ˈbunˌodʲəxəs] 名男〚属単 **bunoideachais**〛初等教育.
bunoscionn [ˌbunəsˈkʲin] 副形 逆に(の);混乱して;違って;その上に. tá mé ～ ar do ghnóthaí (＜gnó) ぼくは君の問題とは関係がない. chuir sé air a chasóg taobh ～ 彼は上着を裏返しに着ていた.
bunreacht [ˈbunˌraxt] 名男〚属単 **-a**, 複 **-anna**〛憲法.
bunreachtúil [ˈbunˌraxtuːlʲ] 形2 憲法(上)の.
bunrí [ˈbunˌriː] 名女〚属単 ～, 複 **-theacha**〛手首.
bunscoil [ˈbunˌskolʲ] 名女〚属単 **-e**, 複 **-eanna**〛小学校.
bunsócmhainn [ˈbunˌsoːkvənʲ] 名女〚属単 **-e**, 複 **-í**〛固定資産.

bunsprioc [ˈbunˌspʼrʼik] 名女〘属単 **bunsprice**, 複 **-anna**〙杭(ﾋ). **dul go ～** 本題に入ること.
bunsraith [ˈbunˌsrah] 名女〘属単 **-e**, 複 **-eanna**〙下層；土台；根底.
buntáiste [buntaːsʼtʼə] 名男〘属単 **～**, 複 **buntáistí**〙利益, 有利. **～ a bhaint as** (rud) (こと)を利用すること.
buntomhas [ˈbunˌtoːs] 名男〘属単・主複 **buntomhais**, 属複 **～**〙寸法；容積；規格サイズ.
buntús [buntuːs] 名男〘属単・主複 **buntúis**, 属複 **～**〙根本(原理)；基本, 基礎.
bunú [bunuː] 名男〘属単 **bunaithe**〙① bunaigh の動名詞. ② 基礎；設立, 創立.
bunúil [bunuːlʼ] 形2 根拠の確かな；裕福な；独創的な.
bunuimhir [ˈbunˌivʼərʼ] 名女〘属単 **bunuimhreach**, 複 **bunuimhreacha**〙基数.
bunús [bunuːs] 名男〘属単 **bunúis**〙起源；基礎；実質；大部分. **Éireannach ó bhunús** 生っ粋のアイルランド人. **tá ～ maith air** 彼は裕福だ. **～ gach aon lá** 殆ど毎日.
bunúsach [bunuːsəx] 形1 基の；確かな；裕福な.
burdún [buːrduːn] 名男〘属単・主複 **burdúin**, 属複 **～**〙リフレイン(反復句)；噂話；風刺詩.
burla [buːrlə] 名男〘属単 **～**, 複 **-í**〙束, 巻いたもの；たくましい人.
burláil [buːrlaːlʼ] 動I 他〘動名 **burláil**, 動形 **burláilte**；現 **burlálann**〙束にする；巻く；包む.
búrúil [buːruːlʼ] 形2 粗野な, 不作法な.
bus [bos] 名男〘属単 **～**, 複 **-anna**〙バス.
bús [buːs] 名男〘属単 **búis**〙ブンブンいう音；騒音. **～ deataigh** もうもうとした煙.
busáras [ˈbosˌaːrəs] 名男〘属単・主複 **busárais**, 属複 **～**〙バスの発着所.
busta [bostə] 名男〘属単 **～**, 複 **-í**〙胸像.
buta [botə] 名男〘属単 **～**, 複 **-í**〙(ぶどう酒など)大樽；(麦など)刈り株.
buthal [buhəl] 名男〘属単 **～**, 複 **-í**〙(武器, 道具など)太い方の端.

C

cá [kaː] 形 疑問形容詞. (母音で始まる後続の名詞に h を付ける. 程度[度合い]を意味する後続の抽象名詞は S 変化.) 何の, どの様な, いかなる, どの位の. **cá háit ?** どこ[どんな所]か. **cá haois tú ?** 君は何歳か. **cá fhad ?** どの位(の時間)か. **cá mhéad ?** 幾ら(金額)か. どの位(の量・数)か. **cá mhinice ?** どの位(の頻繁さ)か.
―― 代 疑問代名詞. (前置詞付き代名詞と共に) 何, 何物[事], どんなもの[こと]. **cá roimhe a bhfuil eagla ort ?** 君は何を恐れているのか.
―― 副 疑問副詞. (後続の形容詞の語頭母音に h を付ける. 後続の動詞は U 変化. 規則動詞の過去時制の前では→ **cár**. is¹ と結合→ **cár, cárb, cárbh**.) どれだけ, どれ程, どの位 ; どの様に ; どこに[で, へ, から]. **cá hard é ?** それはどの位高いか[彼の身長はどの位か]. **cá bhfuil tú ?** 君はどこにいるのか. **cá n-imreoimid an cluiche ?** 私たちはどこで競技をするのだろうか. (as と共に) **cárb as tú ?** 君はどこの出身[どこから来たの]か. (成句) **cár bith** (=**cá**+**ar¹ bith**) たとえ…でも ; どんな…でも ; 一体何が[を]. **cár bith lá is mian leat** あなたが希望するどの日でも. **cá**+**fios** (U 変化). どうやって, どんな風に. **cá bhfios duit ?** 君はどう知ってる[どうして知ってる]のか. (疑問形容詞, 疑問代名詞, 疑問副詞ともに直接・間接疑問文に使用.)

cab [kab] 名 男 〖属単 **caib**, 複 **-anna**〗(魚)口, あご ; (動物)鼻口部 ; (人)唇, 歯のない口. **cuir sé ～ air féin.** 彼は口をゆがめた.

cába [kaːbə] 名 男 〖属単 ～, 複 **cábaí**〗ケープ ; 襟.

cabaireacht [kabərʹəxt] 名 女 〖属単 **-a**〗(訳の分らぬ)おしゃべりをすること, (小川が)さらさら音をたてること.

cabáiste [kabaːsʹtʹə] 名 男 〖属単 ～, 複 **cabáistí**〗キャベツ.

cábán [kaːbaːn] 名 男 〖属単・主複 **cábáin**, 複 ～〗小屋 ; (トラックなどの)運転台, 操縦室 ; (乗物の)客室.

cabhail [kaulʹ] 名 女 〖属単 **cabhlach**, 複 **cabhlacha**〗(人・動物の)胴体 ; (乗物・建物の)主要本体 ; (衣類の)胴部 ; 婦人用胴着.

cabhair[1] [kaurʹ] 名 女 〖属単 **cabhrach**, 複 **cabhracha**〗手助け, 援助, 助力.

cabhair[2] [kaurʹ] 動 I 他 〖動名 **cabhradh**, 動形 **cabhartha** ; 現

cabhraíonn》浮き彫りにする.
cabhlach [kauləx] 名男〖属単・主複 **cabhlaigh**, 属複 ～〗海軍 (力);艦隊.
cabhrach [kaurəx] 形1 助けになる,役に立つ.
cabhraigh [kauri:] 動II自〖動名 **cabhrú**, 動形 **cabhraithe**〗助ける,手伝う;役立つ. ～ **leis** 彼を助けてあげなさい.
cabhsa [kausə] 名男〖属単 ～, 複 **-í**〗小道,通路;車線.
cábla [ka:blə] 名男〖属単 ～, 複 **-í**〗太綱,ケーブル,電線.
cabóg [ka:bo:g] 名女〖属単 **cabóige**, 主複 **-a**, 属複 ～〗いなか者,おどけ者.
cac [kak] 名男〖属単 **-a**, 複 **-anna**〗排泄物,大便,ふん.
cáca [ka:kə] 名男〖属単 ～, 複 **-í**〗ケーキ,洋菓子.
cacamas [kakəməs] 名男〖属単 **cacamais**〗無価値[無意味]なもの.
cách [ka:x] 名男〖属単 ～〗だれでも,各人, 皆. **mar is eol do chách** だれでも知っているように.
cachtas [kaxtəs] 名男〖属単・主複 **cachtais**, 属複 ～〗サボテン.
cad [kad] 代 疑問代名詞. 何,どんなもの,どこ,何事. ～ **is ainm duit**? あなたのお名前は何ですか. ～ **tá ort**? どうしたの[何事なの]か. ～ **chuige**? なぜか. ～ **chuige ar bhuail tú é**? 君はなぜ彼を殴ったのか. ～ **as duit**? 君はどこの出身か. ～ **eile**? ほかに何[何事・どの様な方法]か. ～ **eile mar a déarfainn é**? 私はそれ以外どう言うべきだったのか. ～ **eile**! もちろん!{慣用用法} ～ **é** 何. (動詞は暗に了解されて) ～ **é an t-am é**? 何時ですか. ～ **é a fhios agam**? どうして私に分るのか. (**is**[1]と共に) ～ **é is cúis leis**? 何がそれの原因か. ～ **é is fearr leat**? 君は何をより好むか. (動詞と共に) ～ **é tá agat**? 何を所有しているか. ～ **é mar** どの様に. ～ **é mar tá tú**? 如何ですか.
cadairne [kadərn'ə] 名男〖属単 ～, 複 **cadairní**〗陰のう.
cadás [kada:s] 名男〖属単・主複 **cadáis**, 属複 ～〗(木)綿;綿布[糸].
cadhail [kail'] 動I他〖動名 **caidhleadh**, 動形 **caidhilte**; 現 **caidhlíonn**〗渦巻き状に巻く,よる;積み上げる.
cadhnaíocht [kaini:(ə)xt] 名女〖属単 **-a**〗(成句) (**bheith**) **ar thús cadhnaíochta** 先頭に立って(いること);先導して(いること).
cadhnra [kainrə] 名男〖属単 ～, 複 **-í**〗電池,バッテリー.
cadóg [kado:g] 名女〖属単 **cadóige**, 主複 **-a**, 属複 ～〗(魚)モンツキダラ,ハドック.
cadráil [kadra:l'] 名女〖属単 **cadrála**〗うわさ話,ゴシップ.
cadránta [kadra:ntə] 形3 頑固な,強情な;無情な.
cafarr [kafa:r] 名男〖属単・主複 **cafairr**, 属複 ～〗ヘルメット.

cág [ka:g] 名男〖属単 **cáig**, 主複 **-a**, 属複 ～〗コクマルガラス.
caibhéad [kavʹeːd] 名男〖属単・主複 **caibhéid**, 属複 ～〗(部屋)奥まった所；戸だな.
caibheár [kaˈvʹaːr] 名男〖属単 **caibheáir**〗キャビア.
caibidil [kabʹədʹlʹ] 名女〖属単 **caibidle**, 複 **caibidlí**〗(本など)章；討議, 討論.
caibín [kabʹiːnʹ] 名男〖属単 ～, 複 **caibíní**〗cab の指小語；歯の無い口.
cáibín [ka·bʹiːnʹ] 名男〖属単 ～, 複 **cáibíní**〗形崩れした古い帽子.
caibinéad [kabʹənʹeːd] 名男〖属単・主複 **caibinéid**, 複 ～〗飾り棚, キャビネット.
caibléir [kabʹlʹeːrʹ] 名男〖属単 **caibléara**, 複 **-í**〗靴直し.
caicí [kakʹiː] 名男〖属単 ～, 複 **-the**〗カーキ色.
caid [kadʹ] 名女〖属単 **-e**, 複 **-eanna**〗フットボール(競技).
caidéal [kadʹeːl] 名男〖属単・主複 **caidéil**, 属複 ～〗ポンプ, 吸水機.
caidéalaigh [kadʹeːliː] 動II 他〖動名 **caidéalú**, 動形 **caidéalaithe**〗ポンプで揚げる[くみ出す].
caidéis [kadʹeːsʹ] 名女〖属単 ～**e**〗詮索好きなこと；(知らない人への)話し掛け. ～ **a chur ar** (dhuine) (人)に近付いて話し掛けること.
caidéiseach [kadʹeːsʹəx] 形1 知識欲の盛んな；詮索好きな.
cáidheach [kaːɣʹəx] 形1 汚い, 不潔な；(言葉)下品な.
caidhp [kaipʹ] 名女〖属単 **-e**, 複 **-eanna**〗(婦人用)ボンネット, 縁なしの帽子. ～ **fir** 愚か者.
caidhséar [kaisʹeːr] 名男〖属単・主複 **caidhséir**, 複 ～〗掘割；水路.
caidhte [kaitʹə] 名男〖属単 ～, 複 **caidhtí**〗輪投げ.
caidreamh [kadʹrʹəv] 名男〖属単 **caidrimh**〗親交, 交際；関係；交渉；情交. ～ **a dhéanamh le** (duine) (人)と親しく付き合うこと. ～ **idirnáisiúnta** 国際関係. ～ **poiblí** 宣伝[渉外・広報]活動.
caidrigh [kadʹrʹiː] 動II 他・自〖動名 **caidreamh**, 動形 **caideartha**〗(人)に話し掛ける[と親しくする]；～ **le** 同棲する. (duine) **a chaidreamh** (人)と近付きになること.
caife [kafʹə] 名男〖属単 ～, 複 **caifí**〗コーヒー；喫茶店, カフェバー.
caifelann [kafʹəlan] 名女〖属単 **caifelainne**, 主複 **-a**, 属複 ～〗カフェテリア.
caifirín [kafʹərʹiːnʹ] 名女〖属単 ～, 複 **-í**〗頭に付けるスカーフ.
caifitéire [kafʹətʹeːrʹə] 名男〖属単 ～, 複 **caifitéirí**〗カフェテリア.
caígh [kiːɣʹ] 動I 他・自〖動名 **caí**, 動形 **caíte**；現 **caíonn**〗(嘆き)悲しむ, 嘆く.

caighdeán [kaidʹɑːn] 名男〖属単・主複 **caighdeáin**, 属複 ～〗標準, 規範 ; 期日. ～ **maireachtála** 生活水準.

caighdeánach [kaidʹɑːnəx] 形 1 標準の, 規準に従った ; 模範的な.

caighdeánaigh [kaidʹɑːniː] 動II他〖動名 **caighdeánú**, 動形 **caighdeánaithe**〗標準[規格]化する, 規準に合せる.

cáil [kɑːlʹ] 名女〖属単 **-e**, 複 **-eanna**〗評判, 名声 ; 質, (本来の)性質 ; 資格. **tá ～ an airgid air** 彼は裕福であるとの評判だ. **i gcáil sagairt** 僧侶の資格で. **sa cháil sin** その点で.

cailc[1] [kalʹkʹ] 名女〖属単 **-e**, 複 **-eanna**〗チョーク ; パイプ白粘土 ; チョークで付けた印 ; 限度 ; (属単の形容詞用法)白亜の様に白い. **déad caile** 白い歯. **dul thar ～** (le rud) (ものの)限度を越えること.

cailc-[2] [kalʹkʹ] 接頭 カルシウムの.

cailciam [kalʹkʹiəm] 名男〖属単 ～〗カルシウム.

caileandar [kalʹəndər] 名男〖属単・主複 **caileandair**, 属複 ～〗カレンダー.

caileann [kalʹən] 名女〖属単 **caille**〗月の第1日[ついたち]. **Lá Caille** 元日.

cailéideascóp [ˈkalʹeːdʹəˌskoːp] 名男〖属単・主複 **cailéideascóip**, 属複 ～〗万華鏡.

cailg [kalʹəgʹ] 名女〖属単 **-e**, 複 **-eanna**〗刺すこと ; (虫の)針, 毒牙.
―― 動I他〖動名 **cailgeadh**, 動形 **cailgthe**〗(虫が)刺す, かむ.

cáiligh [kɑːlʹiː] 動II他・自〖動名 **cáiliú**, 動形 **cáilithe**〗資格[権限]を与える, とみなす ; 制限する ; 資格を取る.

cailín [kalʹiːnʹ] 名男〖属単 ～, 複 **-í**〗少女, (若い)未婚女性 ; メード ; ガールフレンド.

cáilíocht [kɑːlʹiː(ə)xt] 名女〖属単 **-a**, 複 **-aí**〗特性 ; 気質 ; 資格.

cailís [kalʹiːs] 名女〖属単 **-e**, 複 **-í**〗聖杯, カリス ; (花の)がく.

cáilitheach [kɑːlʹihəx] 形 1 資格を与える ; 制限する.

cáiliúil [kɑːlʹuːlʹ] 形 2 有名な, 著名な.

caill [kalʹ] 名女〖属単 **-e**, 複 **-eanna**〗失うこと ; 損害 ; 逸すること. (成句) **níl ～ air** (mar oibrí/ag an léann) 彼は(働き手として/学問で)中々よい.
―― 動I他・自〖動名 **cailleadh**, 動形 **caillte**〗失う ; 逸する ; 死ぬ ; 敗れる ; **～ ar**[le] 損をする, 無駄にする. **ná ～ do chroí** 落胆するな. **chaill sé an bus** 彼はバスに(乗り)遅れた. **meáchan a chailleadh** やせること. **cailleadh go hóg é** 彼は若死にした.

cailleach [kalʹəx] 名女〖属単 **caillí**, 主複 **-a**, 属複 ～〗年を重ねた

女；魔女；(男)おく病者；アルコーブ(室内の入り込み部分)；切株. 〜 dharach オークの切株. (成句) 〜 oíche ふくろう.

caillim [kalʹəmʹ] caill + mé.

cailliúint [kalʹuːnʹtʹ] 名女〖属単 **cailliúna**, 複 **-í**〗① 失うこと；損害；敗北. ② cailleadh の異形.

cailliúnaí [kalʹuːniː] 名男〖属単 〜, 複 **cailliúnaithe**〗紛失者；(失)敗者；金づかいの荒い人.

caillte [kalʹtʹə] 形3 失った；(寒さ・飢えで)弱った；朽ち果てた.

cailltcanas [kalʹtʹənəs] 名男〖属単 **caillteanais**〗喪失；損失；空費.

cáilmheas [ˈkaːlʹɪvʹas] 名男〖属単 **-a**〗(商売の)信用, のれん；得意.

cáim [kaːmʹ] 名女〖属単 **-e**, 複 **-eacha**〗欠点, 汚点, きず.

caime [kamʹə] 名女〖属単 〜〗曲がり；不正直, 不正.

caimiléir [kamʹəlʹeːrʹ] 名男〖属単 **caimiléara**, 複 **-í**〗不正直者, 詐欺師.

caimiléireacht [kamʹəlʹeːrʹəxt] 名女〖属単 **-a**〗曲がっていること；不正(行為), ごまかし.

caimileon [kamʹəlʹoːn] 名男〖属単・主複 **caimileoin**, 属複 〜〗カメレオン.

caimseog [kamʹsʹoːg] 名女〖属単 **caimseoige**, 主複 **-a**, 属複 〜〗(罪のない)うそ.

cáin [kaːnʹ] 名女〖属単 **cánach**, 複 **cánacha**〗料金, 罰金；税. 〜 **bhreisluacha** 付加価値税. 〜 **fhoirne** サービス料.
—— 動I 他・自〖動名 **cáineadh**, 動形 **cáinte**〗(人)に罰金を科す；非難する.

cáinaisnéis [ˈkaːnʹˌasʹnʹeːsʹ] 名女〖属単 **-e**, 複 **-í**〗予算(案).

cainche [kanʹəxʹə] 名女〖属単 〜, 複 **cainchí**〗マルメロ.

caincín [kaŋʹkʹiːnʹ] 名男〖属単 〜, 複 **-í**〗(ずんぐりした)鼻.

cáineadh [kaːnʹə] 名男〖属単 **cáinte**, 複 **cáintí**〗① cáin の動名詞. ② 非難すること；とがめ.

cainéal[1] [kanʹeːl] 名男〖属単・主複 **cainéil**, 属複 〜〗水路, 河道；(テレビ)チャンネル.

cainéal[2] [kanʹeːl] 名男〖属単 **cainéil**〗シナモン, 肉桂.

caingean [kaŋʹgʹən] 名女〖属単・複 **caingne**〗議論, 論争；抗弁.

cáinmheas [ˈkaːnʹɪvʹas] 名男〖属単 **-a**〗(税額・料金の)査定(額).

cainneann [kanʹən] 名女〖属単 **cainninne**, 主複 **-a**, 属単 〜〗リーキ, 西洋ねぎ.

cainneon [kanʹon] 名男〖属単・主複 **cainneoin**, 属複 〜〗峡谷.

cainníocht [kanʲiː(ə)xt] 名女〖属単 **-a**, 複 **-aí**〗量；数量.
caint [kanʲtʲ] 名女〖属単 **-e**, 複 **-eanna**〗① 話すこと；言語能力；言語[話し言葉]. **tá an chaint aige** 彼は話すことが出来る. ～ **na ndaoine** 普通[日常]の言葉. **leagan**[**teilgean**] **cainte** 言い回し. **le beagán cainte** 二言三言で. ～ **a dhéanamh** (ar[faoi] rud) (あることについて)話をすること. **cruinnigh do chuid cainte** 話の要点を言いなさい. ② (動名詞的用法) **ag** ～ (le duine, ar rud) (ある人と[に], あることについて)話をして(いる). **ag** ～ **as Gaeilge** ゲール語で話して(いる).
cainteach [kanʲtʲəx] 形 1 話好きの, おしゃべりな.
cáinteach [kaːnʲtʲəx] 形 1 非難するような；けなす.
cainteoir [kanʲtʲoːrʲ] 名男〖属単 **cainteora**, 複 **-í**〗話者, 弁士.
cáinteoir [kaːnʲtʲoːrʲ] 名男〖属単 **cáinteora**, 複 **-í**〗非難[あら探し]する人.
caintigh [kanʲtʲiː] 動II 他・自〖動名 **caintiú**, 動形 **caintithe**〗話す；～ **le** に話かける.
caíonna [kiːnə] ☞ caoi.
cáipéis [kaːpʲeːsʲ] 名女〖属単 **-e**, 複 **-í**〗文書, 書類.
cáipéiseach [kaːpʲeːsʲəx] 形 1 文書の, 文書による, 記録[写実]の.
caipín [kapʲiːnʲ] 名男〖属単 ～, 複 **-í**〗縁なし帽子；帽子に似たもの. ～ **glúine** ひざの皿. ～ **súile** まぶた. ～ **snámha** 水泳帽.
caipiteal [kapʲətʲəl] 名男〖属単 **caipitil**〗資本(金).
caipitleachas [kapʲətʲlʲəxəs] 名男〖属単 **caipitleachais**〗資本主義(制度).
caipitlí [kapʲətʲlʲiː] 名男〖属単 ～, 複 **caipitlithe**〗資本家；資本主義者.
caipitlíoch [kapʲətʲlʲiːəx] 形 1 (属単男 ～)資本(家)の；資本主義的.
cairbreach [karʲəbrʲəx] 形 1 うねになった；(苦労で)しわの寄った；いかつい. (成句) **na cianta cairbreacha ó shin** 遥か昔に.
cairde[1] [kaːrdʲə] 名男〖属単 ～〗延期［猶予]；一時的休止；遅滞；信用(貸し), 掛売り. (rud) **a fháil** [**a thabhairt**] **ar** ～ (もの)をクレジットで手に入れる[掛売りで渡す]こと. (rud) **a chur ar** ～ (こと)を引延すこと.
cairde[2] [kaːrdʲə] ☞ cara.
cairdeagan [kaːrdʲəgən] 名男〖属単・主複 **cairdeagain**, 属複 ～〗カーディガン.
cairdeas [kaːrdʲəs] 名男〖属単 **cairdis**〗親交, 友情, 友好. (成句) ～ **Críost** (洗礼時の)名付親.

cairdiach [kaːrdʲiəx] 形1 〖属単男 〜, 属単女 **cairdiaiche**, 主複 **-a**〗心臓の.

cairdín [kaːrdʲiːnʲ] 名男 〖属単 〜, 複 **-í**〗アコーディオン.

cairdineal [kaːrdʲənʲeːl] 名男 〖属単・主複 **cairdinéil**, 属複 〜〗(カトリックの)枢機卿.

cairdinéalta [kaːrdʲənʲeːltə] 形3 主要な, 基本的な, 最も重要な.

cairdiúil [kaːrdʲuːlʲ] 形2 友人らしい; 親しい; 友好的な; 役に立つ.

cairéad [karʲeːd] 名男 〖属単・主複 **cairéid**, 属複 〜〗にんじん.

cairéal [karʲeːl] 名男 〖属単・主複 **cairéil**, 属複 〜〗採石場; (知識)源泉.

cáiréas [kaːrʲeːs] 名男 〖属単 **cáiréis**〗(病理)カリエス(骨, 歯などの腐食).

cáiréis [kaːrʲeːsʲ] 名女 〖属単 **-e**〗注意深さ; 微妙さ; 詳細.

cáiréiseach [kaːrʲeːsʲəx] 形1 注意深い; 気むずかしい; 手抜りない.

cairpéad [karʲpʲeːd] 名男 〖属単・主複 **cairpéid**, 属複 〜〗じゅうたん, カーペット.

cairrín [kaːrʲiːnʲ] 名男 〖属単 〜, 複 **-í**〗手押し車.

cairt[1] [kartʲ] 名女 〖属単 **-e**, 複 **-eacha**〗図(表); (法人, 団体などの)憲章[宣言]; (羊皮紙)文書[証書].

cairt[2] [kartʲ] 名女 〖属単 **-e**, 複 **-eacha**〗小型荷車[運搬車], カート.

cairtchlár [ˈkartʲˌxlaːr] 名男 〖属単・主複 **cairtchláir**, 属複 〜〗ボール紙; ダンボール.

cairtéal [kartʲeːl] 名男 〖属単・主複 **cairtéil**, 属複 〜〗カルテル; 捕虜交換条約書.

cairtfhostaigh [ˈkartʲˌostiː] 動II他 〖動名 **cairtfhostú**, 動形 **cairtfhostaithe**〗チャーターする.

cáis [kaːsʲ] 名女 〖属単 **-e**, 複 **-eanna**〗チーズ.

cáisbhorgaire [ˈkaːsʲˌvorəɡərʲə] 名男 〖属単 〜, 複 **-í**〗チーズバーガー.

Cáisc [kaːsʲkʲ] 名女 〖属単 **Cásca**, 複 **-eanna**〗(キリスト教)復活祭, イースター.

caiscín [kasʲkʲiːnʲ] 名男 〖属単 〜〗完全小麦粉(ふすまを取らない小麦粉); 完全小麦粉のパン.

caise [kasʲə] 名女 〖属単 〜, 複 **caisí**〗(液体などの)流れ, ほとばしり. 〜 **uisce** 水の噴出. 〜 **abhann** 川の流れ.

caiseach [kasʲəx] 形1 ほとばしり出る, 噴出する.

caiséad [kasʲeːd] 名男 〖属単・主複 **caiséid**, 属複 〜〗カセット.

caiseal [kasʲəl] 名男 〖属単・主複 **caisil**, 属複 〜〗(古代の)石造りの

caisealta

要塞[砦]；(泥炭・芝など)たい積, 山；こま；(チェスの)城将, ルック.
caisealta [kasʹəltə] 形3 壁で囲った[塞(㍻)いだ].
caisearbhán [kaʹsʹarəvaːn] 名男〖属単・主複 **caisearbháin**, 属複 〜〗たんぽぽ.
caisirnín [kasʹərnʹiːnʹ] 名男〖属単 〜, 複 -í〗(糸, 髪, 綱などの)もつれ[よじれ]；一より；しわ.
caisleán [kasʹlʹaːn] 名男〖属単・主複 **caisleáin**, 属複 〜〗城；大邸宅.
caismír [kasʹmʹiːrʹ] 名女〖属単 **-e**〗カシミヤ.
caismirneach [kasʹmʹərnʹəx] 名女〖属単 **caismirní**〗曲がりくねること；ねじれ.
caismirt [kasʹmʹərtʹ] 名女〖属単 **-e**, 複 **-í**〗動揺；騒乱；騒動.
caisne [kasʹnʹə] 名男〖属単 〜, 複 **caisní**〗(木の)切れ端, 一片.
caite [katʹə] 形3 使い尽くした, 疲れ切った；過ぎ去った；投げ出された. éadach 〜 着古された衣類. Dé Luain seo 〜 先週の月曜日. tá an léas caite 賃貸[借]契約が切れている. an aimsir chaite (文法)過去時制.
caiteach [katʹəx] 形1 消耗させる, 疲れさせる；不経済な.
caiteachas [katʹəxəs] 名男〖属単 **caiteachais**〗経費, 支出(額).
caiteoir [katʹoːrʹ] 名男〖属単 **caiteora**, 複 **-í**〗消費者；お金を使う人；着用者.
caith [kah] 動I 他・自〖動名 **caitheamh**, 動形 **caite**〗I. 身に着ける；使い尽くす；消費する；(たばこ)を吸う, 食べる[飲む]；(時間)過ごす；(忍耐など)尽きさせる；〜 le (金・エネルギー・思考など)費やす, もてなす. 〜 i ndiaidh 渇望する. bróga a chaitheamh 靴を履くこと. muinchillí ag caitheamh 両袖(㍻)が擦り切れていること. iasc a chaitheamh 魚を食べること. an lá a chaitheamh (le rud)(あることで)その日を過ごすこと. san am a caitheamh これまでに. chaith sibh go maith liom 君は私を歓待してくれた. bhí sí ag caitheamh i ndiaidh an bhaile 彼女は故郷を想い焦れた. II. 投げる, (目, 釣針, 地金など)投じる；発射する；注ぐ；失う, 別れる；跳び越す；進路を変える. dorú a chaitheamh 釣り糸を垂れること. uilliúr a chaitheamh 葉を落とすこと. léim a chaitheamh 跳ぶこと. ag caitheamh ó thuaidh 北方へ向きを変えて(いる). {**caith**＋前置詞} ㋑ 〜 amach 投げ出す；突き出る. tá an aill ag caitheamh amach 崖が張り出している. ㋺ 〜 aníos 投げ上げる；吐く. ㋩ 〜 anuas 下方へ投げる, 投げ倒す. (ar を伴い) ag caitheamh anuas ar (dhuine) (人)の悪口を言う[を軽視する]. ㊀ 〜 ar の上に投じる；苦しめる. 〜 ar an tine é そ

れを火にくべなさい. ㋭ ~ as からたたき出す. ~ as do cheann é すっかり忘れてしまいなさい. ㋬ ~ chig[chun] に向けて投げる. ~ chig é それを彼に投げてやりなさい. ㋣ ~ de から投げる; 払い除ける. caitheadh den chapall é 彼は馬から振り落とされた. ㋠ ~ i 投げ込む. caitheadh i dtír iad 彼らは岸に打ち上げられた. ㋷ ~ le 目掛けて投げ付ける. chaith sé cloch liom 彼は私目掛けて石をぶつけた. ㋸ ~ ó 思い止まる, やめる. III. 未来時制と条件法において助動詞的に使い, 必要性・義務・推定などを表す. caithfidh mé imeacht 私は行かねばならない. caithfidh (sé) go raibh deifir orthu 彼らはきっと急いでいるに違いない.

cáith[1] [ka:] 名女〖属単 **cátha**〗もみがら; がらくた, 廃物.
cáith[2] [ka:] 動I 他・自〖動名 **cáitheadh**, 動形 **cáite**〗(穀物を)あおぎ分ける, (良い部分を)抜き出す; しぶきを立てる. **coirce a cháitheadh** カラス麦を(もみがら・ごみを除くため)あおぎ分けること. **ag cáitheadh báisti** 雨がしぶきをあげて降って(いる).
cáitheadh [kahə] 名男〖属単 **cáite**〗そよ風; 水煙, しぶき.
caitheamh [kahəv] 名男〖属単 **caithimh**〗① caith の動名詞. ② 着用; 消耗; 消費; (時の)経過; 投げ(ること), 発射; 強制; 熱望. ~ **tobac** 喫煙. ~ **aimsire** 娯楽, リクリエーション. **i gcaitheamh an lae** [**na seachaine**] その日のうちに[その週のうちに]. **i gcaitheamh an domhain** 最後まで. ~ **i ndiaidh** (ruda) (もの)を熱望すること.
caithfidh ☞ caith. III
cáithíl [ka:hi:lʹ] 名女〖属単 **cáithíola**〗せき払い.
caithis [kahəsʹ] 名女〖属単 **-e**〗愛情, 慈愛; 魅力.
caithiseach [kahəsʹəx] 形1 おいしい; 愛情の深い; 魅力的な.
caithne [kahnʹə] 名女〖属単 ~, 複 **caithní**〗イチゴノキ(南欧産ツツジ科の低灌木).
cáithne [ka:hnʹə] 名男〖属単 ~, 複 **cáithní**〗小片, フレーク.
cáithnín [ka:hnʹi:nʹ] 名男〖属単 ~, 複 **-í**〗① cáithne の指小語. ② 小片, 微片, 微粒子; (複) 鳥肌. ~ **ime** バターの小片. **tá ~ i mo shúil** 私の目にゴミが入っている. **cáithníní seaca** 寒さによる鳥肌.
caithreachas [kahrʹəxəs] 名男〖属単 **caithreachais**〗思春期.
caithréim [kahrʹe:mʹ] 名女〖属単 **-e**, 複 **-eanna**〗勝利, 大成功; 勝利の喜び.
caithréimeach [kahrʹe:mʹəx] 形1 勝利を得た; 意気揚々の.
caitín [katʹi:nʹ] 名男〖属単 ~, 複 **-í**〗① cat の指小語. ② (織物の)けば; 尾状花.
Caitliceach [katʹlʹəkʹəx] 名男〖属単・主複 **Caitlicigh**, 属複 ~〗

カトリック教徒.
——形1 カトリック(教会)の.
Caitliceachas [katʹlʹəkʹəxəs] 名男〖属単 **Caitliceachais**〗カトリック教義[信仰・制度].
cál [ka:l] 名男〖属単・主複 **cáil**, 属複 ～〗キャベツ, ケール. ～ **ceannann** アイルランドの煮込み料理(キャベツ, ジャガイモ, その他の青物野菜を煮込んでつぶしたもの). ～ **faiche** いら草.
calabra [kalabrə] 名男〖属単 ～, 複 **-í**〗直径; 口径.
caladh [kalə] 名男〖属単 **calaidh**, 複 **calaí**〗港; 船着き場; フェリー.
calafort [ˈkalaˌfort] 名男〖属単・主複 **calafoirt**, 属複 ～〗港, 停泊[貿易]港.
calaigh [kali:] 動II 他〖動名 **calú**, 動形 **calaithe**〗停泊させる.
calán [kala:n] 名男〖属単・主複 **caláin**, 属複 ～〗(液量単位)ガロン; 容器.
calaois [kali:sʹ] 名女〖属単 **-e**, 複 **-í**〗裏切り; 詐欺; (スポーツ)反則, ファウル.
calaoiseach [kali:sʹəx] 形1 陰険な; 偽りの; 人をだます; 不正な.
calar [kalər] 名男〖属単 **calair**〗(病理)コレラ.
calc[1] [kalk] 名男〖属単 **cailc**, 複 **-anna**〗(気体などの)濃い密集体.
calc[2] [kalk] 動I 他・自〖動名 **calcadh**, 動形 **calctha**〗(すき間・割目)にものを詰めて水が漏れないようにする; ふさぐ; 詰める. (成句) **calctha leis an tart** 喉がからからで(ある).
calcalas [kalkələs] 名男〖属単・主複 **calcalais**, 属複 ～〗(病理)結石.
call [kal] 名男〖属単 ～〗必要, 要求; (当然の)権利.
callaire [kalərʹə] 名男〖属単 ～, 属複 **callairí**〗大声で話す人; 拡声器.
callaireacht [kalərʹəxt] 名女〖属単 **-a**〗公に報じること; 大声で叫ぶこと.
callán [kala:n] 名男〖属単 **calláin**〗騒音; 叫喚; けん騒.
callánach [kala:nəx] 形1 騒々しい, わめき散らすような.
callóid [kalo:dʹ] 名女〖属単 **-e**, 複 **-í**〗言い争い; 激動; 騒動.
callóideach [kalo:dʹəx] 形1 騒々しい; 荒れ狂う; 厳しい.
callshaoth [ˈkalˌhi:] 名男〖属単 **-a**〗ストレス, 労苦; 争い.
calm [kaləm] 名男〖属単 **cailm**〗穏やかさ; 平静, 落ち着き.
calma [kaləmə] 形3 勇敢な; 頑健な; 素晴らしい.
calmacht [kaləməxt] 名女〖属単 **-a**〗雄々しさ; 頑健.

calóg [kalo:g] 名女〖属単 **calóige**, 主複 **-a**, 属複 **〜**〗薄片, フレーク.
calra [kalrə] 名男〖属単 **〜**, 複 **-í**〗(熱量の単位)カロリー.
cálslá [ka:lsla:] 名男〖属単 **〜**〗(料理)コールスロー.
cam[1] [kam] 名男〖属単 **caim**, 主複 **-a**, 属複 **〜**〗かがり火の油つぼ[火かご]; るつぼ.
cam[2] [kam] 名男〖属単 **caim**, 主複 **-a**, 属複 **〜**〗湾曲した[鈎(ゕぎ)状の]もの; 不正直, 詐欺.
　——形1 曲がった; 不正の; 間違った.
　——動I 他・自〖動名 **camadh**, 動形 **camtha**〗曲げる, ゆがめる. **focal a chamadh** 言葉を曲解すること. **ga solais a chamadh** 光線を屈折させること.
camall [kaməl] 名男〖属単・主複 **camaill**, 属複 **〜**〗ラクダ.
camán[1] [kama:n] 名男〖属単・主複 **camáin**, 属複 **〜**〗ハーリングスティック; (音楽)8分音符. **idir chamáin** 係争[論争・審議]中で.
camán[2] [kama:n] 名男〖属単・主複 **camáin**, 属複 **〜**〗 **〜 meall** [míonla] カモミール(香草).
camarsach [kamərsəx] 形1 波状の; 巻き毛の.
camas [kaməs] 名男〖属単・主複 **camais**, 属複 **〜**〗小湾, 入江; (川の)湾曲(部); (成句) **tá a cheann ina chamas aige** 彼(それ)はうずくまっている. **chuir sé a cheann ina chamas** 彼[それ]は丸くなって(寝て)いる.
cámas [ka:məs] 名男〖属単・主複 **cámais**, 属複 **〜**〗あら探しをすること, けなすこと; 誇示.
camastaíl [kaməsti:lʲ] 名女〖属単 **camastaíola**〗騙(だま)り, ごまかし, 詐欺(行為).
cambheart [ˈkamˌvʲart] 名男〖属単 **cambhirt**, 主複 **-a**, 属複 **〜**〗不正をすること, 詐欺行為.
cambús [ˈkamˌbu:s] 名男〖属単 **cambúis**〗動揺; 動乱; 騒動.
camchéachta [ˈkamxʲˈe:xtə] 名男〖属単 **〜** **an Camchéachta** 北斗七星.
camchosach [ˈkamˌxosəx] 形1 (脚が)湾曲した, O脚の.
camchuairt [ˈkamˌxuərtʲ] 名女〖属単 **-e**, 複 **-eanna**〗観光旅行, 周遊, そぞろ歩き.
camhaoir [kaui:rʲ] 名女〖属単 **-e**〗夜明け, 暁.
camhraithe [kaurihə] 形3 (魚・肉など)腐敗した臭いがする.
camóg [kamo:g] 名女〖属単 **camóige**, 主複 **-a**, 属複 **〜**〗コンマ; 鈎(かぎ)状の棒[カモギースティック].

camógaíocht [kamo:gi:(ə)xt] 名女〚属単 **-a**〛カモギー(ホッケーに似たアイルランドの競技).

campa [kampə] 名男〚属単 ～, 複 **-í**〛キャンプ, 野営(地);(主義・思想・教義などが同じの)仲間〔陣営・派閥〕.

campáil [kampa:lʹ] 動I自〚動名 **campáil**, 動形 **campáilte**;現 **campálann**〛キャンプする;テントを張る;陣を敷く.

campálaí [kampa:li:] 名男〚属単 ～, 複 **campálaithe**〛キャンプ(生活)する人.

campas [kanpəs] 名男〚属単・主複 **campais**, 属複 ～〛キャンパス.

camra [kamrə] 名男〚属単 ～, 複 **-í**〛下水道〔溝〕.

camras [kamrəs] 名男〚属単 **camrais**〛(下水の)汚物;汚水.

can [kan] 動I他・自〚動名 **canadh**, 動形 **canta**〛歌う;唱える;話す;(…にちなんで)…と呼ぶ.

cána [ka:nə] 名男〚属単 ～, 複 **cánaí**〛(竹・きびなどの)茎. ～ **siúcra** さとうきび.

cánach, cánacha ☞ **cáin**.

cánachas [ka:nəxəs] 名男〚属単 **cánachais**〛(義務)課すこと, 賦課;徴税.

canad [kanəd] 副 疑問副詞. どこに〔へ, で〕.

canáil [kana:lʹ] 名女〚属単 **canála**, 複 **canálacha**〛運河, 掘割り.

canaraí [kana:ri:] 名男〚属単 ～, 複 **canáraithe**〛カナリア;カナリア色.

canbhás [kanəva:s] 名男〚属単・主複 **canbháis**, 属複 ～〛カンバス〔画布〕.

cancar [kaŋkər] 名男〚属単 **cancair**〛(病理)口の中の潰瘍(かいよう);(植物)胴枯れ病;(獣)馬の足の裏の病気;気難しいこと;有害.

cancrach [kaŋkrəx] 形1 つむじ曲がりの;意地悪な;潰瘍(かいよう)性の.

cancrán [kaŋkra:n] 名男〚属単・主複 **cancráin**, 属複 ～〛気難し屋, つむじ曲がり.

candaí [kandi:] 名男〚属単 ～〛キャンディ, 砂糖菓子.

candam [kandəm] 名男〚属単・主複 **candaim**, 属複 ～〛量〔額〕;分け前, 割当て.

cangarú [kaŋgəru:] 名男〚属単 ～, 複 **-nna**〛カンガルー.

canna [kanə] 名男〚属単 ～, 複 **-í**〛缶(詰);(金属製)容器. **bheith** [dul] **ar na cannaí** 酔っていること.

cannabas [kanabəs] 名男〚属単・主複 **canabais**, 属複 ～〛マリファナ.

cannaigh [kani:] 動II他〚動名 **cannú**, 動形 **cannaithe**〛缶詰に

する；録音する.

canóin[1] [kanoːnʲ] 名女〚属単 **canóna**, 複 **canónacha**〛教会法, 戒律；(音楽)カノン.

canóin[2] [kanoːnʲ] 名女〚属単 **canóna**, 複 **canónacha**〛大砲；(玉突き)キャノン.

canónach [kanoːnəx] 名男〚属単・主複 **canónaigh**, 属複 〜〛(キリスト教)大聖堂参事会員, (修道会)会員.

canónta [kanoːntə] 形3 宗規にかなった；規範的な.

canrán [kanraːn] 名男〚属単 **canráin**〛ささやくこと, ぶつぶつ言うこと.

canta[1] [kantə] 名男〚属単 〜, 複 **-í**〛(パン・肉・木材など)厚切り, 大きな固まり, (ケーキ)一切れ.

canta[2] [kantə] 形3 ① can の動形容詞. ② 可愛い, 奇麗な；きちんとした.

cantain [kantənʲ] 名女〚属単 **cantana**〛歌うこと；唱和すること, さえずり.

cantaireacht [kantərʲəxt] 名女〚属単 **-a**〛歌(うこと)；唱和(すること)；ぶつぶつ[不平を]言うこと.

cantal [kantəl] 名男〚属単 **cantail**〛いらだち；気難しさ；悲しげなこと.

cantalach [kantələx] 形1 気難しい；怒りっぽい；悲しげな.

cantaoir [kantiːrʲ] 名女〚属単 **-e**, 複 **-í**〛圧搾[圧縮]器具；添え木.

canú [kəˈnuː] 名男〚属単 〜, 複 **canna**〛カヌー.

canúint [kanuːnʲtʲ] 名女〚属単 **canúna**, 複 **-í**〛言葉；方言；国なまり[アクセント].

canúnach [kanuːnəx] 形1 方言の；通語的な.

canúnachas [kanuːnəxəs] 名男〚属単 **canúnachais**〛方言特有の表現, 口語体；方言愛好.

caoch [kiːx] 名男〚属単 **caoich**, 主複 **-a**, 属複 〜〛目が見えない人[生物]. 〜 **láibe** もぐら.

——形1〚属単男 〜〛盲目(的)の；(種物)空の；(建物)作り付けの. **bheith** 〜 **ar** (rud) (もの)を見る目がない[見て見ぬ振りをする]こと. **bhuail sé** 〜 **mé** [bhuaigh sé 〜 orm] 彼は僕を徹底的に打ち負かした.

——動I 他・自〚動名 **caochadh**, 動形 **caochta**〛目を見えなくする；(種物)しぼむ；閉じる. **chaoch an solas mé** 私は光で目がくらんだ. **chaoch an píopa** パイプが詰った. **súil a chaochadh ar** (dhuine) (人)にウインクすること.

caochadh [kiːxə] 名男〖属単 **caochta**〗ウインク, 瞬き. **i gcaochadh na súl** 瞬く間に.

caochaíl [kiːxiːlʲ] 名女〖属単 **caochaíola**〗封鎖(状態).

caochán [kiːxaːn] 名男〖属単・主複 **caocháin**, 属複 〜〗もぐら；半盲の生き物.

caochshráid [ˈkiːxˌhraːdʲ] 名女〖属単 **-e**, 複 **-eanna**〗袋小路, 行き止り.

caochspota [kiːxspotə] 名男〖属単 〜, 複 **-í**〗盲点；見えない場所.

caoga [kiːgə] 名男〖属単 **caogad**, 複 **-idí**；与・主複＋数詞 **-id**〗(数)50. 〜 **a haon** 51. **trí bliana caogad** 53年. **triúr ar chaogaid** 53人. **na caogaidí** 50代.
―― 形 (単数名詞が続く)50の.

caogadú [kiːgədu:] 名男〖属単 〜, 複 **caogaduithe**〗第50[50番目], 50分の1.
―― 形 (後続語の母音に h を付ける) 第50の, 50分の1の.

caoi [kiː] 名女〖属単 〜, 複 **caíonna**〗道；方法；正常な状態；機会, 時機. **is é an chaoi a bhfuil sé** (go) 実は(go 以下)です. **i gcaoil**[sa chaoi] (is) **go** だから, それで. **ar chaoi éigin** どうにかして；どういうわけか. **ar chaoi ar bith** 何としても；とにかく；どの道. 〜 **a thabhairt do** (dhuine) (ar rud a dhéanamh)(ことをするために)(人)に機会[手段]を与えること. 〜 **a chur ar** (rud)(もの)を整頓すること. **cén chaoi a bhfuil tú?** いかがですか？

caoiche [kiːxʲə] 名女〖属単 〜〗盲目；失明.

caoile [kiːlʲə] 名女〖属単 〜〗幅の狭いこと, 細(長)いこと；乏しいこと.

caoilteamán [kiːlʲtʲamaːn] 名男〖属単・主複 **caoilteamáin**, 属複 〜〗やせた人.

caoimhe [kiːvʲə] 名女〖属単 〜〗① 愛らしさ；優しさ；素晴らしさ. ② caomh の属単女・比較.

caoin[1] [kiːnʲ] 形1 きゃしゃな；穏やかな；洗練された；思いやりのある；滑らかな.

caoin[2] [kiːnʲ] 動I 他・自〖動名 **caoineadh**, 動形 **caointe**〗死者を悼む；涙を流して嘆く；(嘆き・悲しみの)叫び声をあげる. **chaoin sí uisce a cinn** 彼女は目を泣きはらした.

caoinchead [ˈkiːnʲˌxʲad] 名〖属単 **-a**〗(成句) **le** 〜 (ó)(の)お許しを得て.

caoindúthrachtach [ˈkiːnʲˌduːhrəxtəx] 形1 まじめな, 敬虔な.

caoineadh [kiːnʲə] 名男〖属単・複 **cainte**〗① caoin[2]の動名詞. ②

(葬式の時大声で泣きながら唱える)哀歌; エレジー.

caoineas [kiːnʼəs] 名男 〖属単 **caoinis**〗優しさ, 物柔らかさ; なだめること.

caoinfhulaingt [ˈkiːnʼˌulənʼtʼ] 名女 〖属単 **caoinfhulaingthe**〗(他人の意見・行動などに)寛容.

caoinfhulangach [ˈkiːnʼˌuləŋəx] 形 1 寛容な.

caointeach [kiːnʼtʼax] 形 1 悲しげな, 哀れな; 悲しませる.

caointeoir [kiːnʼtʼoːrʼ] 名男 〖属単 **caointeora**, 複 **-í**〗嘆く[悲しむ]人; 会葬者.

caoireoil [ˈkiːrʼˌoːlʼ] 名女 〖属単 **caoireola**〗(食用)羊肉.

caoirigh [kiːrʼi] ☞ **caora**.

caoithiúil [kiːhuːlʼ] 形 2 便利な, 手近な; (時が)適当な.

caoithiúlacht [kiːhuːləxt] 名女 〖属単 **-a**〗好都合; 便利; 優しさ. **ar do chaoithiúlacht** あなたの都合のよい時に.

caol [kiːl] 名男 〖属単 **caoil**, 複 **-ta**〗(胴体・手・足など)細い部分; (川・湖など)狭くなったところ; (ゲール語)狭母音[子音]. ～ **an droma** 腰のくびれた部分. ～ **na láimhe** 手首. ～ **na coise** 足首. ～ **na sróine** 鼻柱. ～ **le** ～ **agus leathan le leathan** 狭母音には狭子音をまた広母音には広子音を(隣り合わせる)(ゲール語の綴り規則).
── 形 1 (か)細い, 狭い; 薄い; わずかな; 鋭敏な; かん高い. (成句) ～ **díreach** 真っ直ぐ. **anraith** ～ 薄いスープ. **aigéad** ～ 希酸. **béile** ～ 粗食. **tuiscint chaol** 鋭い洞察力.

caolach [kiːləx] 名男 〖属単 **caolaigh**〗柳, しなやかな小枝; 柳[小枝]細工.

caoladóireacht [kiːlədoːrʼəxt] 名女 〖属単 **-a**〗小枝[柳]細工をすること; かご細工.

caolaigeanta [ˈkiːlʼˌagʼəntə] 形 3 心の狭い.

caolaigh [kiːliː] 動II 他・自 〖動名 **caolú**, 動形 **caolaithe**〗細[狭]くする; (ゲール語)狭母音化する; 希釈する; 斜めに進む. **caolú isteach** じりじり割り込むこと.

caolán [kiːlaːn] 名男 〖属単・主複 **caoláin**, 属複 ～〗小入江; 小腸. **snáithe caoláin** 腸線(ラケットの網などに使用).

caolas [kiːləs] 名男 〖属単・主複 **caolais**, 属複 ～〗海峡, 瀬戸; 狭い場所[入口]; 隘(ቄ)路.

caolchuid [ˈkiːlʼxidʼ] 名女 (成句) **an chaolchuid de** (rud) (もの)の細い[小さい]部分. **bheith ar an gcaolchuid** 窮乏状態にあること.

caolchúis [ˈkiːlʼˌxuːsʼ] 名女 〖属単 **-e**〗微妙; 希薄; かすか; 鋭敏.

caolchúiseach [ˈkíːlʼˌxuːsʼəx] 形 1 微妙な, 薄い; かすかな; 繊細な.

caoldroim [ˈkiːlˌdromʲ] 名男〖属単 **caoldroma**, 複 **caoldromanna**〗背の細い部分; (肉牛)サーロイン; 山の尾根.

caolghlórach [ˈkiːlˌgloːrəx] 形 1 かん高い, 金切り声の.

caolsáile [ˈkiːlˌsaːlʲə] 名男〖属単 ～, 複 **caolsáilí**〗入江, 湾, 河口.

caolsráid [ˈkiːlˌsraːdʲ] 名女〖属単 **-e**, 複 **-eanna**〗細道; 横町; 小道.

caolta [kiːltə] ☞ caol.

caolú [kiːluː] 名男〖属単 **caolaithe**, 複 **caoluithe**〗① caolaigh の動名詞. ② 細り, 減衰, 希釈(度).

caomh [kiːv] 形 1 親愛なる; 優しい; 穏やかな.

caomhnaigh [kiːvniː] 動 II 他〖動名 **caomhnú**, 動形 **caomhnaithe**〗保存[維持]する; 保護する; 慈しむ.

caomhnaitheach [kiːvnihəx] 形 1 保護する; 保存力のある.

caomhnóir [kiːvnoːrʲ] 名男〖属単 **caomhnóra**, 複 **-í**〗保護[守護]者, 後援者, 管理人.

caomhnú [kiːvnuː] 名男〖属単 **caomhnaithe**〗保護; 保存; 貯蔵.

caonach [kiːnəx] 名男〖属単 **caonaigh**〗こけ; 湿地. ～ **móna**(< móin) ピートモス. ～ **liath** 白かび, うどん粉病(植物の病気).

caonaí [kiːniː] 名〖属単 ～〗～ (aonair) 独りぼっちの人.

caor [kiːr] 名女〖属単 **caoire**, 主複 **-a**, 属複 ～〗イチゴ類の果実, ベリー; 球形の物(体); 真っ赤に熱したもの; (色彩が)強烈なもの. ～ **thine**[thintrʲiː] 火球; 雷電[落雷]; 流星. (成句) **tá sé ina chaor bhuile**[mhire] 彼は猛烈に怒っている. **tá sé ar na caora**; **tá sé ina chaor** (le hól) 彼はぐでんぐでんに酔っている.

caora [kiːrə] 名女〖属単・属複 **-ch**, 主複 **caoirigh**〗(雌)羊.

caorán [kiːraːn] 名男〖属単・主複 **caoráin**, 属複 ～〗湿地; 泥炭の切れ端.

caoróg [kiːroːg] 名女〖属単 **caoróige**, 主複 **-a**, 属複 ～〗イチゴ類の小さい実; ～ **léana** ナデシコ, 石竹. ～ **mhara** アルメニア(植物).

caorthann [kiːrhən] 名男〖属単・主複 **caorthainn**, 属複 ～〗ナナカマド[トネリコ].

capaillín [kapəlʲiːnʲ] 名男〖属単 ～, 複 **-í**〗capall の指小語; 小型の馬, ポニー.

capall [kapəl] 名男〖属単・主複 **capaill**, 属複 ～〗馬, 雌馬. (ことわざ) **ní dhéanfadh an saol** ～ **rása d'asal** ウリのつるにはナスビはならぬ(親に似た子しか出来ない).

capán [kapaːn] 名男〖属単・主複 **capáin**, 属複 ～〗木製の受け皿風の皿. ～ **glúine** ひざ頭; ひざ当て.

capsúl [kapsuːl] 名男 〖属単・主複 **capsúil**, 属複 〜〗カプセル.
captaen [kapteːn] 名男 〖属単・主複 **captaein**, 属複 〜〗長；船長；キャプテン.
cár¹ [kaːr] 名男 〖属単 **cáir**〗歯をむき出すこと；しかめ面；(口語)一揃(ぞろ)いの歯. 〜 **a chur ort féin le** (duine) (人)に向かって顔をしかめること.
cár² [kaːr] ☞ cá.
cara [karə] 名男 〖属単 **-d**, 複 **cairde**；属複 **-d**(成句)〗友(達). **a chara na gcarad** 私の一番親しい友よ. 〜 **Críost** [as **Críost**] 代父 [母], 名親. **a chara** (手紙の名宛人につけて)…様, さん.
caracatúr [karəkətuːr] 名男 〖属単・主複 **caracatúir**, 属複 〜〗風刺漫画.
carachtar [karəxtər] 名男 〖属単・主複 **carachtair**, 属複 〜〗性格, 気質；特徴.
carachtracht [karəxtrəxt] 名女 〖属単 **-a**〗性格描写, 特性記述.
caraf [kərəf] 名男 〖属単 〜, 複 **-í**〗ガラスの水差し.
caramal [karəməl] 名男 〖属単・主複 **caramail**, 属複 〜〗カラメル (焼き砂糖).
cárb [kaːrb] ☞ cá.
carbad [karəbəd] 名男 〖属単・主複 **carbaid**, 属複 〜〗戦車.
carbaihiodráit [ˈkarəbəhidraːtʲ] 名女 〖属単 **-e**, 複 **-í**〗炭水化物, 含水炭素.
carball [karəbəl] 名男 〖属単・主複 **carbaill**, 属複 〜〗(硬)口蓋(がい)；歯茎；あご；玉石.
carbán [karəbaːn] 名男 〖属単・主複 **carbáin**, 属複 〜〗鯉(こい).
cárbh [kaːrv] ☞ cá.
carbhán [karəvaːn] 名男 〖属単・主複 **carbháin**, 属複 〜〗キャラバン；旅隊；トレーラー.
carbhas [karuːs] 名男 〖属単 **carbhais**〗酒宴, どんちゃん騒ぎ.
carbhat [karəvat] 名男 〖属単・主複 **carbhait**, 属複 〜〗ネクタイ, (男性用)スカーフ.
carbólach [karəboːləx] 形 1 石炭酸の.
carbón [karəboːn] 名男 〖属単・主複 **carbóin**, 属複 〜〗炭素；カーボン紙；(カーボン紙でとった)写し.
carbradóir [karəbrədoːrʲ] 名男 〖属単 **carbradóra**, 複 **-í**〗キャブレター, 気化器.
carcair [karkərʲ] 名女 〖属単 **carcrach**, 複 **carcracha**〗刑務所 [拘置所]；家畜舎.

cardáil [ka:rda:lʲ] 名女〖属単 **cardála**〗(羊毛, 亜麻の繊維などを)すくこと；討論；うわさ話.
──〖動I〗他・自〖動名 **cardáil**, 動形 **cardáilte**；現 **cardálann**〗(羊毛, 亜麻の繊維などを)すく, 毛羽立てる；吟味する；語り合う.
cargáil [karga:lʲ] 名女〖属単 **cargála**〗押す[突く・ぶつかる]こと.
carghas [kari:s] 名男〖属単・主複 **carghais**, 属複 ～〗四旬節；(飲食物を)断つこと；拒絶.
carn [ka:rn] 名男〖属単・主複 **cairn**, 属複 ～〗(墓などピラミッド形に積み上げた)石塚, ケルン；積み重ね[山]；大量.
──〖動I〗他〖動名 **carnadh**, 動形 **carntha**〗積み上げる[重ねる]；(続けざまに)打つ[叩く].
carnabhal [ka:rnəvəl] 名男〖属単・主複 **carnabhail**, 属複 ～〗謝肉祭, カーニバル；お祭(騒ぎ).
carnach [ka:rnəx] 形1 累積[累加]する；石塚の多い.
carnadh [ka:rnə] 名男〖属単 **carntha**〗① carn の動名詞. ② 堆積, 累積；連打すること.
carnán [ka:rna:n] 名男〖属単・主複 **carnáin**, 属複 ～〗(小さな)山[堆積]；(トランプの)かけ金.
caróg [karo:g] 名女〖属単 **caróige**, 主複 -a, 属複 ～〗カラス；黒髪の女性.
carr[1] [ka:r] 名男〖属単 **cairr**, 複 -anna〗自動車. ～ sleamhnáin そり.
carr[2] [ka:r] 名女〖属単 -a, 複 -anna〗堅くなった外皮[表面]；コーティング；岩だらけの小区画の畑.
carracán [karəka:n] 名男〖属単・主複 **carracáin**, 属複 ～〗岩だらけの高台；巨岩.
carrach [karəx] 形1 (家畜などが)かいせんに罹(かか)った；かさぶたで覆われた；岩の多い.
carraeir [kare:rʲ] 名男〖属単 **carraera**, 複 -í〗(市電などの)乗務員, トラックの運転手；運送人.
carraeireacht [kare:rʲəxt] 名女〖属単 -a〗運搬, 輸送；運送料.
carraig [karəgʲ] 名女〖属単 -e, 複 -eacha〗岩, 岩塊；玉石.
carraigeach [karəgʲəx] 形1 岩の(多い), 岩石から成る；堅固な.
carraigín [karəgʲi:nʲ] 名男〖属単 ～〗トチャカ(アイルランドのコケ).
carráiste [kara:sʲtʲə] 名男〖属単 ～, 複 **carráistí**〗乗物；(鉄道)客車；台車.
carrán [kara:n] 名男〖属単 **carráin**〗バターミルクの薄膜, 濃いバ

ターミルク.

carrchaladh [kaːrxalə] 名男〖属単 **carrchalaidh**, 複 **carrchalaí**〗カーフェリー.

carrchlós [ˈkaːrˌxloːs] 名男〖属単・主複 **carrchlóis**, 属複 ～〗駐車場.

carria [karə] 名男〖属単 ～, 複 **-nna**〗(雄)鹿.

carróstlann [ˈkarˌoːstlən] 名女〖属単 **carróstlainne**, 主複 **-a**, 属複 ～〗モーテル.

cársán [kaːrsaːn] 名男〖属単 **cársáin**〗ぜいぜいいう音; ギャグ.

cársánach [kaːrsaːnəx] 形1 ぜいぜい[はあはあ]いう.

cart [kart] 動I 他・自〖動名 **cartadh**, 動形 **carta**〗(皮を)なめす; 削り落とす; 空にする; 取り除く.

cárt [kaːrt] 名男〖属単・主複 **cáirt**, 属複 ～〗(液[乾]量の単位)クォート.

cárta [kaːrtə] 名男〖属単 ～, 複 **-í**〗(案内・招待などの)カード; トランプの札. ～ **poist** 郵便はがき. **caite i gcártaí** [faoi thóin cártaí]不要の手札を捨てた.

cartán [kartaːn] 名男〖属単・主複 **cartáin**, 属複 ～〗カートン, 厚紙.

carthanach [karhənəx] 形1 慈悲深い; 愛情のある, 親切な.

carthanacht [karhənəxt] 名女〖属単 **-a**〗親切; 愛(情); 友情.

carthanas [karhənəs] 名男〖属単 **carthanais**〗慈善財団[協会].

cartlann [kartlən] 名女〖属単 **cartlainne**〗公文書館.

cartlannaí [kartləniː] 名男〖属単 ～, 複 **cartlannaithe**〗公文書保管係..

cartún [kartuːn] 名男〖属単・主複 **cartúin**, 属複 ～〗一こま漫画, 風刺漫画.

cartúnaí [kartuːniː] 名男〖属単 ～, 複 **cartúnaithe**〗漫画家.

cartús [kartuːs] 名男〖属単・主複 **cartúis**, 属複 ～〗カートリッジ.

carúl [karuːl] 名男〖属単・主複 **carúil**, 属複 ～〗喜び[祝い]の歌, 賛美歌. ～ **Nollag** クリスマスキャロル.

cas [kas] 形1 ら線状の, 巻かれた; 込み入った; 曲折した.

── 動I 他・自〖動名 **casadh**, 動形 **casta**〗ねじる; 回転させる; (ar, thar を伴い)回わす; 巻く; (方向・姿勢など)転換する; 戻る; (声・音楽)歌う; 奏でる; 発する; 軽く打つ. **snáithe a chasadh** 糸をよること. **do mhurnán a chasadh** 足首をくじくこと. **chas sé ar a sháil** 彼は(くるりと)背を向けた. **níor chas sé orainn ó shin** 以来彼は私達の許に戻ってこなかった. **amhrán** [port] **a chasadh** 歌を歌う[曲を奏でる]こと. ～ **le**+人 に責めを負わす; ～ **le**+もの[こと] を試みる.

cás

a locht a chasadh le duine 人に罪を着せる(こと). {前置詞を伴い自律形的用法} ㋓ ～ ar, do, le (人)に会う. **casadh orm** [dom/liom] **é** (思いがけず)僕は彼に会った. ㋔ ～ **chuig** [ag] たまたま所持する. **casadh punt chugam** 私はたまたま1ポンド持ち合わせていた. ㋕ ～ **i** 偶然居合わす. **casadh ina measc é** 彼は偶然あの人達の中に居合わせた.

cás[1] [ka:s] 名男〖属単 **cáis**, 複 **-anna**〗場合；問題；実情；関心(事)；病症；患者；事件；訴訟. **cuir**(eann) **i gcás** (go) (go 以下)としたらどうだろう[としようではないか]. **i mo chás féin** 僕自身の場合は. **is é an** ～ **é** (go) 真相は(go 以下)である. **is trua liom do chás** 君の心配(事)を気の毒に思う. **bheith i gcás faoi** (rud) (もの)を心配していること. **ní** ～ **orm** [liom] **iad** それらは私の知ったことではない.

cás[2] [ka:s] 名男〖属単 **cáis**, 複 **-anna**〗入れ物, ケース；額[枠], (扉・戸・窓など)かまち.

cásach [ka:səx] 形 1 名誉[栄光]を与えられた；尊敬に値する；崇敬の念を起こさせる.

casacht [kasəxt] 名女〖属単 **-a**〗せき(払い). ～ **a dhéanamh** せき(払い)をすること.

casachtach [kasəxtəx] 名女〖属単 **casachtaí**〗せき(払い)をすること. ～ **a bheith ar** (dhuine) (人)がせき(払い)をしていること.

casadh [kasə] 名男〖属単 **casaidh**, 複 **castaí**〗① cas の動名詞. ② ねじり；巻くこと；回転；曲がり；転換；変化；発作. (an[1]と共に) **an** ～ **a bhaint as** (rud) もののねじれをほどくこと. **le** ～ **an phoist** 折り返し(郵便で). ～ **in abhainn** 川の曲がり. ～ **aigne** 吐き気. **súgán gan chasadh** よりをかけていないわら[綱]；決断力のない人. **tá** ～ **beag air** 彼は少し快方に向かっている.

cásaigh[1] [ka:si:] 動II 他〖動名 **cásamh**, 動形 **cásaithe**〗嘆き悲しむ, 悼む；(深く)悔いる；～ **le** (人)に弔慰[同情]を表す；(安否など)尋ねる. **chásaigh sí bás m'athar liom** 彼女は私の父の死を悼み私にお悔やみを言った.

cásaigh[2] [ka:si:] cásach の属単男.

cásáil [ka:sa:l'] 名女〖属単 **cásála**, 複 **cásálacha**〗包装；箱. ── 動I 他〖動名 **cásáil**, 動形 **cásáilte**；現 **cásálann**〗(箱・容器などに)入れる；包む.

casaim [kasəm'] cas+mé.

casal [kasəl] 名男〖属単・主複 **casail**, 属複 ～〗(司祭の)袖(そで)なしの祭服.

cásamh [kaːsəv] 名男〖属単 **cásaimh**〗嘆き悲しむこと；不平を言うこと；哀悼, 弔慰.

casaoid [kasiːdʲ] 名女〖属単 **-e**, 複 **-í**〗不平, 苦情. ~ a dhéanamh (le duine[ar dhuine])(人に)不平を言うこと.

—— 動II 他・自〖動名 **casaoid**, 動形 **casaoidte**〗不平を言う；(苦痛・病状)訴える.

casaoideach [kasiːdʲəx] 形1 不平満々の；不満そうな.

casarnach [kasərnəx] 名女〖属単 **casarnaí**〗柴(林), 雑木林, やぶ.

casaról [kasəroːl] 名男〖属単・主複 **casaróil**, 属複 ~〗(ガラス・陶器など)蓋(ふた)付き焼き鍋(なべ), キャセロール.

casca [kaskə] 名男〖属単 ~, 複 **-í**〗樽(たる).

Cásca [kaːskə] ☞ Cáisc.

caschaint [ˈkasˌxanʲtʲ] 名女〖属単 **-e**〗(ラジオ・電話)混信[線], 雑音；(下院)議論；雑談.

caschlár [kasxlaːr] 名男〖属単・主複 **caschláir**, 属複 ~〗回転台[盆・盤]；(鉄道)転車台.

cáscúil [kaːskuːlʲ] 形2 復活祭の, 過ぎ越しの祝いの.

casfhocal [ˈkasˌokəl] 名男〖属単・主複 **casfhocail**, 属複 ~〗舌をかみそうな言葉, 早口言葉.

casla [kaslə] 名女〖属単 ~, 複 **-í**〗小さい港, 入江.

cásmhaireacht [kaːsvərʲəxt] 名女〖属単 **-a**〗心配；同情；共感.

cásmhar [kaːsvər] 形1 心配そうな；関係のある；同情的な；哀れな. ~ le に同情[好意]的な. ~ i (…を)考える[思いやる].

casóg [kasoːg] 名女〖属単 **casóige**, 主複 **-a**, 属複 ~〗短い上着[ジャケット]；コート；カソック, スータン(司祭などの平服).

casta [kastə] 形3 ① cas の動形容詞. ② よじれた；曲がりくねった；入り組んだ；しなびた. ceist chasta 難問. aghaidh chasta しわくちゃの顔. scéal ~ 込み入った話.

castacht [kastəxt] 名女〖属単 **-a**〗複雑(性), 錯綜したもの.

castaí [kastiː] ☞ casadh.

castainéad [kastənʲeːd] 名男〖属単・主複 **castainéid**, 属複 ~〗カスタネット.

castainn [kastənʲ] 名女〖属単 **-e**, 複 **-í**〗巻上げ機；もつれ.

castaire [kastərʲə] 名男〖属単 ~, 複 **castairí**〗スパナ.

castán [kastaːn] 名男〖属単・主複 **castáin**, 属複 ~〗ヨーロッパ栗.

castóir [kastoːrʲ] 名男〖属単 **castóra**, 複 **-í**〗巻く人[もの], 回す人[もの].

casúireacht [kasuːrʲəxt] 名女〖属単 **-a**〗ハンマーで打つこと.

casúr [kasuːr] 名男〖属単・主複 **casúir**, 属複 〜〗ハンマー[金づち]；(ピアノの弦・木琴の木づちなど)ハンマーに似た物．

cat [kat] 名男〖属単・主複 **cait**, 属複 〜〗猫．〜 **mara** エンジェルフィッシュ, カスザメ(魚類)；不幸[災難]．〜 **breac** (比喩)裏切り者．〜 **riabhach** トラ猫．

catach [katəx] 形 1 巻き毛の；(羊など)耳刻を入れた；(ページの)角が折れた．

catacóm [katəkoːm] 名男〖属単 **-a**, 複 **-í**〗地下墓地；(地下の)ワインセラー．

catalaíoch [katəliː(ə)x] 名男〖属単・主複 **catalaígh**, 属複 〜〗触媒．
───形 1 (属単男 〜)触媒の[による]．

catalóg [katəloːg] 名女〖属単 **catalóige**, 主複 **-a**, 属複 〜〗カタログ．

cátaoir [kaːtiːrʲ] 名女〖属単 **-each**〗(教会)四季の斎日, エンバーデー．

cath [kah] 名男〖属単 **-a**, 複 **-anna**〗戦い, 闘争．**an 〜 a bhriseadh** (難事の)糸口を見付ける[話の口火を切る/和やかな空気にする]こと．

cátha [kaːhə] ☞ **cáith**[1]．

cathach [kahəx] 形 1 戦争の；好戦的な．

cathaigh [kahiː] 動II 他・自〖動名 **cathú**, 動形 **cathaithe**〗そそのかす；戦う, 争う．

cathain [kahənʲ] 副 疑問副詞 (直接・間接疑問文に用いる)いつ(何時)．〜 **a tharla sé?** それはいつ起こったのか？ **ní dúirt sé 〜 a thioctaidh sé** 彼はいつ来るのか言わなかった．

cathair [kahərʲ] 名女〖属単 **cathrach**, 複 **cathracha**〗(都)市, 都会, 町．〜 **ghríobhain** 迷路, 迷宮．**halla cathrach** シティーホール．

cathaitheach [kahihəx] 形 1 人の心をそそる；遺憾に思っている．

cathaitheoir [kahihoːrʲ] 名男〖属単 **cathaitheora**, 複 **-í**〗誘惑者[物]；人の仲を裂く人．

cathanna [kahanə] ☞ **cath**．

cathaoir [kahiːrʲ] 名女〖属単 **-each**, 複 **-eacha**〗椅子；座席；権威の座．〜 **rothaí** 車椅子．**fear cathaoireach** (男性)議長．

cathaoirleach [kahiːrlʲəx] 名男〖属単・主複 **cathaoirligh**, 属複 〜〗議長, 司会者, 委員長．

cathartha [kahərhə] 形 3 (都)市の；市民・公民の．

cathéide [kahʲeːdʲə] 名女〖属単 〜〗戦闘服；よろいかぶと．

cathlán [kahlaːn] 名男〖属単・主複 **cathláin**, 属複 〜〗(軍の)大隊．

cathrach [kahrəx], **cathracha** [kahrəxə] ☞ cathair.
cathróir [kahro:r′] 名男〖属単 **cathróra**, 複 **-í**〗人民, 国民; 市民.
cathróireacht [kahro:r′əxt] 名女〖属単 **-a**〗公民権, 市民権.
cathú [kahu:] 名男〖属単 **cathaithe**, 複 **cathuithe**〗① cathaigh の動名詞. ② 戦い, 争い; (しばしば複数形で)そそのかし, 誘惑; 残念; 悲しみ. **tháinig cathuithe orm** 私は誘惑された. **tá ~** (mo chroí) **orm faoi** 私は…について(心から)残念です.
catsúil [ˈkatˌsu:l′] 名女〖属単・主複 **-e**, 属複 **catsúl**〗横目でちらと見ること, 色目を使うこと.
catúil [katu:l′] 形2 猫の(ような); ずるい; こそこそした.
cé[1] [k′e:] 名女〖属単 **~**, 複 **-anna**〗波止場, 埠(ふ)頭, 桟橋.
cé[2] [k′e:] 代 疑問代名詞. (直接・間接疑問文に用いる)だれ(たち); どんな人(たち), 何者(たち); 何. {**~**+節} **~ a rinne é?** だれがそれをしたのか? **~ atá ann?** (そこにいるのは)どなたですか? **~ a dúirt tú?** 君はだれに言ったのか? **~ a chonaic tú?** 君はだれを見かけたのか? {**cé**+指示代名詞・人称代名詞. (**é, í, íad** は h を付ける)} **~** (**hé**) **seo**[**sin**]**?** この人・これ[あの人・あれ]はだれ[何]ですか? **~ thusa** [**thú féin**]**?** あなたはだれか? {**~**+前置詞付き代名詞}. **~ aige a bhfuil sé?** だれがそれを持っているのか? **~ dó ar thug tú é?** だれにそれを上げたのか? **~ faoi a bhfuil siad ag magadh?** だれを彼らはからかっているのか? **~ leis an ieabhar?** その本はだれのものか? {動詞 is と結合→ **cér, cérb, cérbh**} **cérbh é an fear sin?** あの男は何者だったのか? **cérb iad?** 彼らはどういった人たちか? {**~**+an→ **cén**} 何. ⑦ **cén áit?** どこ(何という場所で). ⑩ **cén fáth?** なぜ(何故に). ⓐ **cén uair?** いつ[何時に]. ⊖ **cén chaoi**[**dóigh**]**?** どのように, どうやって. ⑪ **cén aois é?** 何歳か. {**~**+**againn, agaibh, acu**} 私たち[君たち, 彼ら・それら]のうちどちら(の人). **cé agaibh a dúirt é?** あなた方のうちどちらがそう言ったのか? **~ acu eisean?** 彼らのうち彼(本人)はどの人か? {**~**+**acu**} ⑦ どちらの人[もの]. **cé acu ceann is fearr leat?** どちら(のもの)をよりお好みですか? ⑫ (接続詞的用法) …かまたは…か. **níl a fhios agam cé acu fear nó bean atá ann** 私はそれが男か女か分らない. {**~**+動詞 is} **~ is glaise, duilliúr nó féar?** 葉か草かどちらがより青々しているか? {副詞的に} **cé chomh?** **cé mar?** どの程度, どれ程? **cé chomh mór leis?** 彼はどの位大きいのか? **cé mar a thaitin sé leat?** それはいかがでしたか?
cé[3] [k′e:] 接 …けれども, …とはいえ. **cé go**[**nach**] **bhfeicim iad** 私は彼らが見える[見えない]けれども. (成句) **cé is moite** (**de**) …の外は. **cé nár imigh tú fós?** まだ去っていなかったのか?

ceachartha [kʹaxərhə] 形3 けちな；近い．
ceacharthacht [kʹaxərhəxt] 名女〚属単 **-a**〛けち；卑劣さ．
ceacht [kʹaxt] 名男〚属単 **-a**, 複 **-anna**〛(教科書の)課；学課；授業；けい古；練習(問題)．
céachta [kʹeːxtə] 名男〚属単 〜, 複 **-í**〛鋤(すき)(形の道具)．
ceachtar [kʹaxtər] 代 どちらか一方，どちらでも；(否定詞と共に)どちらも…しない． 〜 **den bheirt** 二人のうちどちらか． **níor labhair** 〜 **againn** 私たちのどちらも話さなかった．
cead [kʹad] 名男〚属単 **-a**, 複 **-anna**〛許し；免許[許可]証；通行証． **le do chead** お許しを願って． **i gcead duit** 失礼ですが． **is** 〜 **liom é** [tugaim a chead] 私はそれを許可する． 〜 **a chinn a thabhairt do dhuine** 人に好きなようにさせる．
céad[1] [kʹeːd] 名男〚属単 **céid**, 複 **-ta**〛(単数名詞が続く．)(数)100；たくさん；一世紀． 〜 **a haon** [〜 **a fiche a haon**] 101[121]． 〜 **fear** [**bliain**] 男100人[100年]． **faoi chéad** 100倍の． **faoin gcéad**[**sa chéad**] パーセント．
céad[2] [kʹeːd] 形 (定冠詞に続く場合は S 変化．ただし単数の与格は除く．後続語の b, c, f, g, m, p は S 変化．) 第1の，1番目の，最初の；(〜 **eile**) 次の． **an chéad bhean** [**fhear**] 1番目の女[男]． **na chéad daoine** 最初の人たち． **a céad** [**a chéad/a gcéad**] **lá** 彼女の[彼の/彼らの]第1日目． **ar an gcéad líne** 第1行目に． **an chéad lá eile** 翌日．
céad-[3] [kʹeːd] 接頭 最初の，第1の，1番目の．
céad-[4] [kʹeːd] 接頭 100の，多くの，たくさんの．
céadach [kʹeːdəx] 形1 100倍の；巨大な；限りない．
ceadaigh [kʹadiː] 動II 他・自〚動名 **ceadú**, 動形 **ceadaithe**〛許可する，承認する，容認する；相談する． **rud a cheadú do dhuine** 人が何かすることを許可する． **cheadaigh sé liom é** 彼はそれに就いて私の意見を求めた．
ceadaím [kʹeːdiːmʹ] ceadaigh+mé．
ceadaithe [kʹadihə] 形3 許された，容認される，差支えない．
ceadaitheach [kʹadihəx] 形1 許可する；寛容な；自由放任の．
ceadal [kʹadəl] 名男〚属単・主複 **ceadail**, 属複 〜〛リサイタル．
Céadaoin [kʹeːdiːnʹ] 名女〚属単 〜, 複 **-eacha**〛水曜日． **ar an gCéadaoin** (ある・いつも)水曜日に． **inniu an Chéadaoin** 今日は水曜日だ． **oíche Chéadaoin**[**oíche Dé** 〜] 水曜日の夜． **Dé** 〜 **seo chugainn** 次の水曜日． **tháinig** [**tiocfaidh**] **sé Dé** 〜 彼は先週の水曜日に来た[来週の水曜日に来る]．
céadar[1] [kʹeːdər] 名男〚属単・主複 **céadair**, 属複 〜〛西洋杉．

céadar² [kʹeːdər] 名男〖属単 **céadair**〗チェダー(チーズ).

céadchosach [ˈkʹeːdˌxosəx] 名男〖属単・主複 **céadchosaigh**, 属複 **-í**〗ムカデ.

céadfa [kʹeːdfə] 名女〖属単 **～**, 複 **-í**〗(身体的器官の)感覚；知覚(作用), 意識. **cúig céadfaí** (corpartha) (身体の)五感.

céadfach [kʹeːdfəx] 形 1 知覚[感覚]の；明敏な, 賢明な.

céadfacht [kʹeːdfəxt] 名女〖属単 **-a**〗感覚(能力)；敏感さ；感受性.

ceadmhach [kʹadvəx] 形 1 許される, 差支えない, 認められる.

céadphroinn [ˈkʹeːdˌfronʹ] 名女〖属単 **-e**, 複 **-te**〗朝食.

céadrata [kʹeːdrətə] 形 3 (地質学)原始期の, 古紀の.

céadta [kʹeːdtə] ☞ **céad**¹.

ceadú [kʹaduː] 名男〖属単 **ceadaithe**, 複 **ceaduithe**〗① ceadaigh の動名詞. ② 許可, 認可, 是認.

céadú [kʹeːduː] 形 (後続語の母音に h をつける)第 100 の, 100 番目の；100 分(の 1)の. **an ～ háit** 100 番目の場所.

céaduair [ˈkʹeːdˌuərʹ] 名 (副詞的成句) **a**[**de**] **chéaduair** 先に[最初に]. **nuair a chonaic mé a chéaduair é** 私が彼を初めて見たとき. **nigh do lámha a chéaduair** 先に手を洗いなさい.

ceadúnaí [kʹaduːniː] 名男〖属単 **～**, 複 **ceadúnaithe**〗被免許者, 免許[鑑札]を受けた人.

ceadúnaigh [kʹaduːniː] 動II 他〖動名 **ceadúnú**, 動形 **ceadúnaithe**〗認可する, 免許[官許]を与える.

ceadúnas [kʹaduːnəs] 名男〖属単・主複 **ceadúnais**, 属複 **～**〗認可, 免許；免許[認可]証.

ceáfar [kʹaːfər] 名男〖属単 **ceáfair**, 複 **ceáfraí**〗跳ね回ること；(悪)ふざけ；奇想曲.

ceáfrach [kʹaːfrəx] 形 1 跳ね回る, 快活な, はしゃぐ.

ceaig [kʹagʹ] 名男〖属単 **～**, 複 **-eanna**〗小樽(㊟).

ceaintín [kʹanʹtʹiːnʹ] 名男〖属単 **～**, 複 **-í**〗簡易[社員・学校]食堂；缶.

ceal [kʹal] 名男〖属単 **～**〗欠乏, 不足；排除, 廃止. (de) **cheal nirt** 力不足で. (rud) **a chur ar ～** (もの)を廃止すること. (rud) **a ligean ar ～** (もの)をすたれさせる[なおざりにする]こと.

céalacan [kʹeːləkən] 名男〖属単 **céalacain**〗朝の断食(朝食前の状態)；絶食, 物断ち. **～ fada** 遅い朝食.

cealaigh [kʹaliː] 動II 他〖動名 **cealú**, 動形 **cealaithe**〗取り消す, 無効にする；廃止する.

cealg [kʹaləg] 名女〖属単 **ceilge**, 主複 **-a**, 属複 **～**〗詐欺, 欺まん；

(虫)針,刺すこと.
　——［動Ⅰ］他〖動名 **cealgadh**, 動形 **cealgtha**〗あざむく；惑わす；おびき寄せる；(虫など)刺す；なだめて寝かしつける.
cealgach [kʹaləgəx] ［形］1 偽りの；(質問)皮肉を含む.
cealgadh [kʹaləgə] ［名］［男］〖属単 **cealgtha**〗あざむくこと；誘惑；うさ晴し；好餌(ジ). **amhrán cealgtha** 子守歌.
ceall [kʹal], **cealla** [kʹalə] ☞ **cill**.
ceallafán [kʹaləfa:n] ［名］［男］〖属単 **ceallafáin**〗セロハン.
ceallalóid [kʹaləlo:dʹ] ［名］［女］〖属単 **-e**〗セルロイド.
ceallalós [kʹaləlo:s] ［名］［男］〖属単 **ceallalóis**〗セルロース, 繊維素.
cealú [kʹalu:] ［名］［男］〖属単 **cealaithe**, 複 **cealuithe**〗廃止, 取り消し.
ceamara [kʹamərə] ［名］［男］〖属単 ～, 複 **-í**〗カメラ.
ceana [kʹanə] ☞ **cion**[1].
ceanastar [kʹanəstər] ［名］［男］〖属単・主複 **ceanastair**, 属複 ～〗缶, 小箱.
ceangail [kʹaŋgəlʹ] ［動Ⅱ］他〖動名 **ceangal**, 動形 **ceangailte**；現 **ceanglaíonn**〗縛る；結合する, 固着させる. ～ **ar** にしっかりくくりつける. ～ **as** 端にくっつける. ～ **de** につなぐ. ～ **i** こびりつく. ～ **le** で結ぶ.
ceangailteach [kʹaŋgəlʹtʹəx] ［形］1 粘着性の；拘束力のある.
ceangal [kʹaŋgəl] ［名］［男］〖属単・主複 **ceangail**, 属複 ～〗縛ること；結合；絆(きずな)；かせ.
ceanglaím [kʹaŋgəli:mʹ] ceangail＋mé.
ceann[1] [kʹan] ［名］［男］〖属単・主複 **cinn**, 属複 ～；(成句)主複 **ceanna**, 与格 **cionn**〗頭(部)；頭脳；長；屋根；頂上；前(部)；(先)端, 終極；一人, 一つ；(前出の事物を指し)それと同じもの[人]. ～ **gruaige** 頭髪. ～ **rua** 赤毛. **tá** ～ **faoi**[～ **síos**] **air** 彼はうつむいて[意気消沈して]いる. **lig a cheann leis** 彼を自由にさせなさい. **thug sé a cheann leis** 彼は生き延びた[逃れた]. ～ **ar aghaidh** わざと；真逆さまに；向こう見ずに. **tá** ～ **maith air** 彼は頭が良い. **tháinig sé i mo cheann** それをふと思いついた. **tá sé trí mo cheann** それについて混乱している. ～ **comhairle** 議長. **tá sé ina cheann maith dóibh** 彼は十分な援助を彼らにしている. ～ **tairne** 釘の頭. ～ **abhann** 川の源. ～ **slinne** スレートぶき屋根. ～ **báid** 船首. **dul chun cinn** 前進すること. ～ **a thógáil do rud** あるものに気付くこと. ～ **téide** ロープの端. **ar an gceann caol**[**is lú de**] 最低[最小]限. **ar an gceann is faide**[**is sia**] 長くても[遅くとも]. ～ **tíre** 岬. ～ **cúrsa**[**scríbe**] 旅路の果て, 目的地.

idir dhá cheann an lae 朝から晩まで. oíche chinn[cheann] féile 前夜祭. an ～ a bhaint de scéal 話の口火を切ること. ～ a chur ar scéal 話を終えること. fuar sé an ～ is fearr orm 彼は私をしのいだ. ～ acu 彼らの一人[それらの一つ]. ina gceann is ina gceann[～ ar cheann] 一つ一つ[一人ずつ]. punt an ceann 1個当たり1ポンド. 《前置詞＋cheann》㋑ ar ～ 先頭で; 果てに; の前[先]に; (目的物の)ために. ar cheann an cholúin 縦欄の見出し. tháinig teachtaire chugam ar a cheann 使いの者が(私のところへ)それを取りにきた. ㋺ de ～ のために; の代わりに. (成句) de chionn go[cionn is go] なぜならば…だから; なので. dár gcionn 前途[方]に. ㋩ faoi ～ の終わりに[最後には]. ㊁ go ～ の期間; 最後まで. ㊣ i ～ の終りに; に達して; に従事して; に加えて. bhí sé i gceann a dheich mbliana d'aois 彼は10歳になっていた. dul i gceann oibre 仕事に着手すること. (成句) i gceann a chéile 一緒に. ㋭ os ～ の上に; 以上に; を越えて; を託されて. os cionn na farraige 海を見晴らす. ㋬ thar ～ のために, に代わって; その代わりに. (成句) thar ceann go にもかかわらず. thar a cheann sin 更に. (bheith) thar cionn 優れて. ㋧ um ～ に関して.

ceann-[2] [k′an] 接頭 第一(位)の; 主要な; 頭(部)が…(状)の.

céanna [k′e:nə] 名男 《属単 ～》(an[1]と共に) an ～ 同じもの, 同様のもの. mar an gcéanna 同様に. mar an gcéanna agamsa é それは私と[も]同様です.
──形 3 全く同じの, 同様な. ar an gcuma chéanna 同様に. an lá ～ 同日. san am ～ 同時に; それにもかかわらず.

ceannach [k′anəx] 名男 《属単 ceannaigh》① ceannaigh の動名詞. ② 購入, 買入れ; 獲得.

ceannachán [k′anəha:n] 名男 《属単 ceannacháin》購入[買].

céannacht [k′e:nəxt] 名女 《属単 -a》同一性, その人[物]自体に相違ないこと; 身元.

ceannadhairt [ˈk′anˌairt′] 名女 《属単 -e, 複 -eanna》枕(まくら).

ceannaghaidh [ˈk′anˌaiɣ′] 名女 《属単・複 ceannaithe》(通常複数で)顔立ち, 容ぼう.

ceannaí [k′ani:] 名男 《属単 ～, 複 ceannaithe》(卸売)商人[業者], 購買者. ～ gearr 小売商人.

ceannaigh [k′ani:] 動II 自・他《動名 ceannach, 動形 ceannaithe》買う; 買物をする; (代償を払って)取戻す; 贈賄する. ag ceannach na síochána 人々をなだめようとして(いる). dár gceannach ón mbás 我らを死のふちから救い出すこと.

ceannaím [kʹaniːmʹ] ceannaigh+mé.

ceannainne [kʹanənʹə] 名女〖属単 ～〗(動物の眉間にただよう)激発, かっと燃え立つもの.

ceannairc [kʹanərʹkʹ] 名女〖属単 -e, 複 -í〗反乱, 暴動, 反抗.

ceannairceach [kʹanərʹkʹəx] 名男〖属単・主複 **ceannaircigh**, 属複 ～〗暴徒, 反逆者.
── 形 1 暴動[反乱]の, 反抗的な.

ceannaire [kʹanərʹə] 名男〖属単 ～, 複 **ceannairí**〗先導者, 指導者 ;(軍)伍長.

ceannaitheoir [kʹanihoːrʹ] 名男〖属単 **ceannaitheora**, 複 -í〗買手, 購入者, バイヤー.

ceannann [kʹanən] 名女〖属単 **ceannainne**, 主複 **-a**, 属複 ～〗顔に白斑がある動物 ; (動物の顔にある)白い斑点.
── 形 1 (動物)顔に白斑のある, 白いとさかのある. (成句) ～ **céanna** 全く同じ.

ceannáras [ˈkʹanˌaːrəs] 名男〖属単・主複 **ceannárais**, 属複 ～〗本部, 本拠, 司令部.

ceannas [kʹanəs] 名男〖属単 **ceannais**〗指揮 ; 支配 ; 権威 ; 権能[限]. **Banc Ceannais na hEireann** アイルランド中央銀行.

ceannasach [kʹanəsəx] 形 1 権威のある ; 支配的な ; 断定的な ; (音楽)属音の.

ceannasaí [kʹanəsiː] 名男〖属単 ～, 複 **ceannasaithe**〗命令する人 ; 指揮官.

ceannasaíocht [kʹanəsiː(ə)xt] 名女〖属単 **-a**〗指導力 ; 命令[指揮] ; 独断.

ceannbhán [kʹanəvaːn] 名男〖属単・主複 **ceannbháin**, 属複 ～〗わたすげ, さぎすげ(白い綿のような穂をもつ植物).

ceannbheart [ˈkʹanˌvʹart] 名男〖属単 **ceannbhirt**, 主複 **-a**, 属複 ～〗ヘルメット, 帽子, 頭に着けるもの.

ceannbhrat [ˈkʹanˌvrat] 名男〖属単・主複 **ceannbhrait**, 属複 ～〗天蓋(がい).

ceannchathair [ˈkʹanˌxahərʹ] 名女〖属単 **ceannchathrach**, 複 **ceannchathracha**〗主要都市 ; 大都市 ; 首都[府].

ceannchathartha [ˈkʹanˌxahərhə] 形 3 首都の ; 大都市(特有)の.

ceanncheathrú [ˈkʹanˌxʹahruː] 名女〖属単 **-n**, 複 **-na**〗本部 ; 司令部.

ceanndána [ˈkʹanˌdaːnə] 形 3〖属単 **-a**〗がん固な ; 強情な, 我ままな.

ceannfhocal [ˈkʲanˌokəl] 名男〖属単・主複 **ceannfhocail**, 属複 〜〗見出語；主要語.

ceannfort [kʲanfərt] 名男〖属単・主複 **ceannfoirt**, 属複 〜〗先導［指導］者；(軍)司令官；署長.

ceannlá [ˈkʲanˌlaː] 名男〖属単・主複 **ceannlae**, 複 **ceannlaethanta**〗定められた日, 期日.

ceannliath [ˈkʲanˌliəh] 形1〖属単男 **ceannléith**, 属単女・比較 **ceannléithe**, 主複 **-a**〗白髪の；年老いた.

ceannlíne [ˈkʲanʲˌlʲiːnʲə] 名女〖属単 〜, 複 **ceannlínte**〗大見出し, 表題, ヘッドライン.

ceannlitir [ˈkʲanʲˌlʲitʲərʲ] 名女〖属単 **ceannlitreach**, 複 **ceannlitreacha**〗大文字.

ceannródaí [ˈkanˌroːdiː] 名男〖属単 〜, 複 **ceannródaithe**〗先導者；先駆者.

ceannsmacht [ˈkʲanˌsmaxt] 名男〖属単 **-a**〗支配；優越；習熟. 〜 **a fháil ar** (dhuine)(人)より優位にあること.

ceannsolas [ˈkʲanˌsoləs] 名男〖属単 **ceannsolais**, 複 **ceannsoilse**〗ヘッドライト.

ceannteideal [ˈkʲanʲˌtʲedʲəl] 名男〖属単・主複 **ceannteidil**, 属複 〜〗表題, 見出し；説明.

ceanrach [kʲanrəx] 名女〖属単 **ceanraí**, 主複 **-a**, 属複 〜〗(馬具類)おもがい；はづな.

ceansa [kʲansə] 形3 おとなしい, 柔和な；飼いならされた.

ceansaigh [kʲansiː] 動II 他〖動名 **ceansú**, 動形 **ceansaithe**〗和らげる, 静［鎮］める；飼いならす.

ceansú [kʲansuː] 名男〖属単 **ceansaithe**〗鎮静；支配(力)；抑制.

ceant [kʲant] 名男〖属単 〜, 複 **-anna**〗競売.

ceantáil [kʲantaːlʲ] 名女〖属単 **ceantála**〗競売(にかけること).
── 動I 他・自〖動名 **ceantáil**, 動形 **ceantáilte**, 現 **ceantálann**〗競売する；〜 **ar** より高値をつける.

ceantálaí [kʲantaːliː] 名男〖属単 〜, 複 **ceantálaithe**〗競売人.

ceantar [kʲantər] 名男〖属単・主複 **ceantair**, 属複 〜〗地方；地域；(行政区分などの)地区.

ceantrach [kʲantrəx] 形1 地方の, 土地の, 地域的な.

ceanúil [kʲanuːlʲ] 形2 愛情のこもった, 愛情のある；愛好する.

ceanúlacht [kʲanuːləxt] 名女〖属単 **-a**〗愛情；親切；愛好.

ceap[1] [kʲap] 名男〖属単 **cip**, 主複 **ceapa**, 属複 〜〗幹；台, さらし台；系図；(市街など)1区画；(木・石の)固まり. 〜 **adhmaid** 角材. 〜

cloiche 石材. ~ gréasaí 靴型. ar ~ (船)建造中の[企画・考案中の]. ~ magaidh 物笑いの種. ~ rotha こしき(車輪の中心部). ~ na tíre 国の中枢. ~ oifigí オフィス街.

ceap[2] [k′ap] 動I 他・自〖動名 **ceapadh**, 動形 **ceaptha**〗考える、みなす；創案する；(詩・曲など)作る；(わなで)捕える；任命する；(日時・場所)を定める. **ceapaim go bhfuil an ceart agat** 私が思うにあなたは正しい. (duine)**a cheapadh do**(rud) (人)を(何か)に任命すること. **ar an uair a bhí ceaptha** 定められた時間に. **focal a cheapadh** (新しい)言葉を造り出すこと. **ceol a cheapadh** 作曲すること.

ceapach [k′apəx] 名女〖属単 **ceapaí**, 主複 **-a**, 属複 ~〗苗床；小耕作地.

ceapachán [k′apəxa:n] 名男〖属単・主複 **ceapacháin**, 属複 ~〗任命；作曲[作文・作詩](法)、(美術)構図.

ceapadóir [k′apədo:r′] 名男〖属単 **ceapadóra**, 複 **-í**〗作曲[作詩・作文]者；発明[考案]者.

ceapadóireacht [k′apədo:r′ə:xt] 名女〖属単 **-a**〗作り上げること.

ceapaim [k′apəm′] ceap[2]＋mé.

ceapaire [k′apər′ə] 名男〖属単 ~, 複 **ceapairí**〗サンドイッチ.

ceapóg [k′apo:g] 名女〖属単 **ceapóige**, 主複 **-a**, 属複 ~〗小区画の耕地；苗床；(園芸用)穴掘り具.

ceapord [′k′ap‚o:rd] 名男〖属単・主複 **ceapoird**, 属複 ~〗(両手で使う)小型の大づち.

céarach [k′e:rəx] ☞ **céir**[1].

cearbhas [k′arəvəs] 名男〖属単 **cearbhais**〗キャラウェー(ひめういきょう).

cearc [k′ark] 名女〖属単 **circe**, 主複 **cearca**, 属複 ~〗雌のにわとり；雌鳥. ~ **fhraoigh** (赤)ライチョウ. ~ **cholgach** シャトル(コック)、羽根.

cearchaill [k′arəxəl′] 名女〖属単 **-e**, 複 **-í**〗横材；ガード、陸橋.

céard [k′e:rd] 代 疑問代名詞. (直接・間接疑問文に用いる)何、どのようなもの[こと]. ~ **é**? (それは)何か？ ~ **faoi**? …はどうか？ ~ **fúmsa**? 私はどうか；私はどうなるのか？

ceardaí [k′a:rdi:] 名男〖属単 ~, 複 **ceardaithe**〗職人、工芸家.

ceardaíocht [k′a:rdi:(ə)xt] 名女〖属単 **-a**〗技能[技巧]；工芸[細工]の仕事. (動名詞的用法) **ag** ~ (職人など)手仕事に従事している.

ceardchumann [′k′a:rd‚xumən] 名男〖属単・主複 **ceardchumainn**, 属複 ~〗(職能別)労働組合.

ceardchumannaí [′k′a:rd‚xuməni:] 名男〖属単 ~, 複 **ceardchu-**

mannaithe』労働組合員.

ceardlann [kʹaːrdlən] 名女〖属単 **ceardlainne**, 主複 **-a**, 属複 ～〗仕事場；ワークショップ.

ceardscoil [ˈkʹaːrdˌskolʹ] 名女〖属単 **-e**, 複 **-eanna**〗専門技術学校, 工芸[工業]学校.

ceardúil [kʹaːrduːlʹ] 形2 よく出来た, 手の込んだ, 精巧な.

cearn [kʹaːrn] 名女〖属単 **-a**, 複 **-aí**〗角, 片隅；地区, 方面. **as gach** ～ あらゆる地区から.

cearnach [kʹaːrnəx] 形1 角のある；正方形の；直角の. **dhá mhéadar** ～ 2平方メートル.

cearnaigh [kʹaːrniː] 動II 他〖動名 **cearnú**, 動形 **cearnaithe**〗四角[正方]形にする；(数学) 二乗する；平方積を求める.

cearnamhán [ˈkaːrnəˌvaːn] 名男〖属単・主複 **cearnamháin**, 属複 ～〗スズメバチ；うるさい人.

cearnóg [kʹaːrnoːg] 名女〖属単 **cearnóige**, 主複 **-a**, 属複 ～〗正方形, 四角；平方[二乗].

cearnógach [kʹaːrnoːgəx] 形1 角ばった；正方形の, 四角の. **rianpháipéar** ～ グラフ用紙, 方眼紙.

cearr [kʹaːr] 名女〖属単 **-a**, 複 **-anna**〗悪(事)；誤り；混乱；損傷.
—— 形 間違った, 不正な, 具合の悪い.

cearrbhach [kʹarəvəx] 名男〖属単・主複 **cearrbhaigh**, 属複 ～〗ばくち打ち；相場師；トランプをする人.

cearrbhachas [kʹarəvəxəs] 名男〖属単 **cearrbhachais**〗ばくちをすること；駆引きすること；トランプをすること.

ceart [kʹart] 名男〖属単 **cirt**, 主複 **-a**, 属複 ～〗正(義)；公正[平]；正確；権利；当然支払われるべきもの；正しい解釈. **an** ～ **a dhéanamh** 正しいことを行なうこと. **a cheart a thabhairt do (dhuine)** (人)に対し公平な扱いをすること. ～ **vótála** 投票権, 参政権. **tá** ～ **agam air** 私はそれについて権利がある. **tá an** ～ **agat** あなた(の言うこと)は正しい. **i gceart** 間違いなく, 正しく. **de cheart** 当然, 正当に. **le** ～ 正確に. **ó cheart** 正しくは, 本来は.
—— 形1 正しい；本物の；正常な；適切な；正当な. **tá** ～! よぉし[オーライ]! **tá tú** ～ あなたの言う通り, 大丈夫. **tá fearg cheart air** 彼は本当に怒っている. ～ **go leor** よろしい, 申し分ない. **mar is** ～ 適切に.

ceárta [kʹaːrtə] 名女〖属単 ～, 複 **-í**〗(鍛冶屋などの)炉；鍛冶工場；(比喩) 温床.

ceartaigh [kʹartiː] 動II 他・自〖動名 **ceartú**, 動形 **ceartaithe**〗

(誤り)を正[直]す; 修正する; 矯正する; 調整する.

ceartaiseach [kʹartəsʹəx] 形1 自己主張の強い, ひとりよがりの.
ceartaitheach [kʹartihəx] 形1 改める, 矯正する, 修正する.
ceartas [kʹartəs] 名男 〘属単・主複 **ceartais**, 属複 ～〙正義; 条理; (複)権利; (当然の)要求(権).
cearthaí [kʹarhi:] 名女 〘属単 ～〙神経過敏, 神経質な動作, おく病.
ceartlár [ˈkʹartˌlaːr] 名男 〘属単 **ceartláir**〙きっちりの中心(部), ど真中.
ceartú [kʹartu:] 名男 〘属単 **ceartaithe**, 複 **ceartuithe**〙訂正, 変更; せっかん; 調整.
ceartúchán [kʹartu:xaːn] 名男 〘属単・主複 **ceartúcháin**, 属複 ～〙訂正, 修正.
céas [kʹeːs] 動I 他・自 〘動名 **céasadh**, 動形 **céasta**〙(人)をはりつけにする; (肉体的[精神的])苦痛を与える; 拷問にかける.
ceasacht [kʹasəxt] 名女 〘属単 **-a**〙不平を言うこと.
céasadh [kʹeːsə] 名男 〘属単・複 **céasta**〙苦悩, 苦痛; 拷問. ～ **ar croch** はりつけ.
céasadóir [kʹeːsədoːr] 名男 〘属単 **céasadóra**, 複 **-í**〙苦しめる人.
céasla [kʹeːslə] 名女 〘属単 ～, 複 **-í**〙カラ(curach)用のかい.
céaslaigh [kʹeːsli:] 動II 他・自 〘動名 **céaslú**, 動形 **céaslaithe**〙水をかいて進む; (カラ・カヌーなど)をかいでこぐ.
ceasna [kʹasnə] 名男 〘属単 ～, 複 **-í**〙苦痛; 難儀; 不平.
ceasnaigh [kʹasni:] 動II 他・自 〘動名 **ceasnaí**, 動形 **ceasnaithe**〙不平[苦情]を言う, 不満をもらす.
céasta [kʹeːstə] 形3 ① **céas** の動形容詞. ②苦痛を与えられた, 拷問にかけられたような; (文法)受動態.
ceastóireacht [kʹastoːrʹəxt] 名女 〘属単 **-a**〙尋問, 質問.
céatadán [kʹeːtədaːn] 名男 〘属単・主複 **céatadáin**, 属複 ～〙百分率; 歩合, 割合.
ceatha [kʹahə] ☞ cith.
ceathach [kʹahəx] 形1 にわか雨のように降る; にわか雨の(多い).
ceathair [kʹahərʹ] 名男 〘属単 ～, 複 **-eanna**〙(数) 4. a ～ **déag** 14. **fiche a** ～ [a ～ **is fiche**] 24. **a** ～ **a chlog** 4 時. **faoi cheathair** 4 倍[4 重]の. **scrios an** ～ (数字) 4 を削除しなさい.
ceathairéad [kʹahərʹeːd] 名男 〘属単・主複 **ceathairéid**, 属複 ～〙カルテット, 4 重奏[唱](曲), 4 重奏[唱]団.
ceathanna [kʹahənə] ☞ cith.
ceathracha [kʹahrəxə] 名男 〘属単 **-d**, 複 **-idí**〙(数) 40. ～ **a haon**

[a dó] 41[42]. (後続名詞は単数) ～ bliain 40年.

ceathrar [kʹahrər] 名男〖属単・主複 **ceathrair**, 属複 ～〗4人. ～ fear[ban] 男[女] 4人.

ceathrú[1] [kʹahru:] 名女〖属単 **-n**, 複 **-na**；(成句)与単 **-in**〗4分の1；(4足獣の)4肢の1つ；大たい部；(鳥)もも；(軍)宿舎；慈悲；4行詩[連句]. **ceathrúna a dhéanamh de rud**[rud a roinnt ina cheathrúna] あるものを4等分すること. ～ **orlaigh** 4分の1インチ. ～ **puint** 4分の1ポンド. ～ **uaire** (時) 15分. **ar ceathrúin** (軍) 宿舎に.

ceathrú[2] [kʹahru:] 形 (後続語の語頭母音に h をつける) 第4の, 第4番目の, 4分の1の.

ceathrúnach [kʹahru:nəx] 形 14分割した；年4回の.

céibhe [kʹe:vʹə] ☞ ciabh.

céid [kʹe:dʹ] ☞ céad[1].

céide [kʹe:dʹə] 名男〖属単 ～, 複 **céidí**〗道路[車道]；台地；集会場所.

ceil [kʹelʹ] 動I 他〖動名 **ceilt**, 動形 **ceilte**〗(事実など)を隠す；否定する；(与えることを)拒絶する；(比喩)ごまかす. **cheil sé a intinn orainn** 彼は自分の目的を私たちに秘密にして明かさなかった. **ní cheileann rosc rún** 一目瞭(りよう)然. **a chuid a cheilt ar**(dhuine) (人)の取り分を拒むこと. **cárta a cheilt** トランプの規則を破ること.

céile [kʹe:lʹə] 名男〖属単 ～, 複 **céilí**〗配偶者；仲間, パートナー. **fear**[**bean**] **chéile** 夫[妻]. **a chéile** 互い(に). **tá sé i gceann a chéile go maith** うまく一つにまとめられている. **ó lá go** (a) **chéile** 日増しに. **ag siúl le chéile** 一緒に歩くこと[機嫌をとること]. **is é an dá mhar a chéile é** 同じことだ. **bhí an fhoireann trí chéile ann** 全チームが揃(そろ)っていた. **trí chéile** 混同した[困惑した].

céileachas [kʹe:lʹəxəs] 名男〖属単 **céileachais**〗交友(関係)；同棲.

céilí [kʹe:lʹi:] 名男〖属単 ～, 複 **céilithe**〗社交的な集い；アイリッシュダンスの夕べ.

céiliúir [kʹelʹu:rʹ] 動I 他・自〖動名 **céiliúradh**, 動形 **céiliúrtha**；現 **céiliúrann**〗を(歌で)祝賀する；(儀式など)を挙行する；消えてなくなる；告別する.

ceiliúr [kʹelʹu:r] 名男〖属単 **ceiliúir**〗さえずり, 声を震わせて歌うこと；あいさつ. ～ **a chur ar** (dhuine) (人)にあいさつする[人を歓迎する]こと. ～ **cumainn a chur ar**(dhuine) (人)をくどくこと. **chuir sé ～ pósta uirthi** 彼は彼女に求婚した.

ceiliúradh [kʹelʹu:rə] 名男〖属単 **ceiliúrtha**〗祝賀・祝典(の執行)；いとまごい.

céill [kʹe:lʹ], **céille** [kʹe:lʹə] ☞ ciall.

céillí [kʹeːlʹiː] 形3 良識のある；理性的な；賢い.
ceilp [kʹelʹpʹ] 名女〖属単 **-e**〗ケルプ(昆布など大型の海藻).
ceilt [kʹelʹtʹ] 名女〖属単 **-e**〗① ceil の動名詞. ②隠すこと；もみ消し；(要求・申し込みなど)断ること. **faoi cheilt** ひそかに.
Ceilteach[1] [kʹelʹtʹəx] 名男〖属単・主複 **Ceiltigh**, 属複 ～〗ケルト人.
── 形1 ケルト人の, ケルト語の. **Teanga Cheilteach** ケルト語.
ceilteach[2] [kʹelʹtʹəx] 形1 隠し立てする；打ちとけない.
Ceiltis [kʹelʹtʹəsʹ] 名女〖属単 **-e**〗ケルト語.
céim [kʹeːmʹ] 名女〖属単 **-e**, 複 **-eanna**〗歩み；一歩；段階；(階段の)段；程度；(角度・音階など)度, (大学)号, (文法)級；(法)親等；身分, 地位；難事. ～ **ar aghaidh**[ar gcúl] **a thabhairt** 一歩前進[後退]すること. ～ **ar chéim** (le) 一歩一歩；に従って. ～ **siar** 逆行. ～ **i gclaí**[i mballa] 踏み段. **céimeanna na gealaí** 月の位相. **ar aon chéim le** と同等で. ～ **ollscoile** 学位. **rug** ～ **orm** 私は難局に陥った.
céimí [kʹeːmʹiː] 名男〖属単 ～, 複 **céimithe**〗(大学)卒業生.
ceimic [kʹemʹəkʹ] 名女〖属単 **-e**〗化学.
ceimiceach [kʹemʹəkʹəx] 形1 化学の；化学作用[薬品]による.
ceimiceán [kʹemʹəkʹaːn] 名男〖属単・主複 **ceimiceáin**, 属複 ～〗化学薬品[製品].
ceimiceoir [kʹemʹəkʹoːrʹ] 名男〖属単 **ceimiceora**, 複 **-í**〗化学者.
céimíocht [kʹeːmʹiː(ə)xt] 名女〖属単 **-a**〗高位；優遇；栄誉.
ceimiteiripe [ˈkʹemətʹerʹəpʹə] 名女〖属単 ～〗化学療法.
céimiúil [kʹeːmʹuːlʹ] 形2 著名な；際立った；特に優れた.
céimneach [kʹeːmʹnʹəx] 形1 段のある, 階段になっている.
céimnigh [kʹeːmʹnʹiː] 動II 他・自〖動名 **céimniú**, 動形 **céimnithe**〗(足を)踏み出す, 大またで歩く；に等級をつける.
céimseach [kʹeːmsʹəx] 形1 徐々の, 漸次の, 段階別に配列された.
céimseata [kʹeːmsʹətə] 名女〖属単 **-n**〗幾何学.
céin [kʹeːnʹ] ☞ cian[1,3].
céine [kʹeːnʹə] ☞ cian[3].
ceinteagrád [ˈkʹenʹtʹəˌgraːd] 名男〖属単 **ceinteagráid**〗摂氏.
ceintilítear [ˈkʹenʹtʹəˌlʹiːtʹər] 名男〖属単・主複 **ceintilítir**, 属複 ～〗センチリットル(100分の1リットル).
ceintiméadar [ˈkʹenʹtʹəˌmʹeːdər] 名男〖属単・主複 **ceintiméadair**, 属複 ～〗センチメートル.
céir[1] [kʹeːrʹ] 名女〖属単 **céarach**, 複 **céaracha**〗ろう(状のもの)；上塗り. ～ **bheach** 蜜ろう. ～ **phortán** 蟹の卵.

céir[2] [kʹeːrʹ] ☞ ciar[1].
ceird [kʹeːrdʹ] 名女〖属単 **-e**, 複 **-eanna**〗(専門的な)職業;(手先・特殊技能の)仕事;(特殊な)技術, 技能.
céire [kʹeːrʹə] ☞ ciar[1].
ceirín [kʹerʹiːnʹ] 名男〖属単 ～, 複 **-í**〗湿布;こう薬.
ceirisín [kʹerʹəsʹiːnʹ] 名男〖属単 ～〗灯油.
ceirnín [kʹeːrnʹiːnʹ] 名男〖属単 ～, 複 **-í**〗レコード, ディスク.
céirseach [kʹeːrsʹəx] 名女〖属単 **céirsí**, 主複 **-a**, 属複 ～〗ツグミ, (雌の)クロウタドリ.
ceirt [kʹertʹ] 名女〖属単 **-e**, 複 **-eacha**〗布切れ;布巾(ﾟ);(複)衣服. ～ **chuimilte** 雑巾. **cuir ort do cheirteacha** 服を着なさい.
ceirtlín [kʹertʹliːnʹ] 名男〖属単 ～, 複 **-í**〗玉(球);糸を巻いた玉. ～ **cabáiste**[**cáil**] キャベツの玉. ～ **snátha** [súgáin] 糸を巻いた玉[わらなわのかせ]. ～ **a dhéanamh**(キャベツなどが)球を形成すること.
ceirtlis [kʹertʹlʹəsʹ] 名女〖属単 **-e**, 複 **-í**〗りんご汁[酒].
céis [kʹeːsʹ] 名女〖属単 **-e**, 複 **-eanna**〗子豚.
céislín [kʹeːsʹlʹiːnʹ] 名男〖属単 ～, 複 **-í**〗扁桃(腺).
céislínteas [kʹeːsʹlʹiːnʹtʹəs] 名男〖属単 **céislíntis**〗扁桃(腺)炎.
ceisneamh [kʹesʹnʹəv] 名男〖属単 **ceisnimh**〗不平を言うこと;苦しめられること. **ní raibh sé i bhfad ag** ～ 彼は(死ぬ前に)長く患わずにすんだ.
ceist [kʹesʹtʹ] 名女〖属単 **-e**, 複 **-eanna**〗質問;照会;問題;論点;関心事;懸念. ～ **a chur** 質問すること. **an cheist a fhreagairt** 問いに答えること. **an rud atá i gceist**(いま)問題の[論争中の]事柄. **bhí sé i gceist agam an áit a dhíol** 私はその場所を売ることを検討していた. **ní** ～ **duit a shláinte** 君が彼の健康を心配することはない.
ceisteach [kʹesʹtʹəx] 形 1〖属単男 **ceistigh**〗物問いたげな, 不審そうな.
ceistigh [kʹesʹtʹiː] 動II 他・自〖動名 **ceistiú**, 動形 **ceistithe**〗質問[尋問]する, たずねる. **duine a cheistiú** 人に質問すること. **cheistigh sé san áireamh mé** 彼は算数[勘定]のことで私に聞いた.
ceistitheoir [kʹesʹtʹihoːrʹ] 名男〖属単 **ceistitheora**, 複 **-í**〗質問者.
ceistiú [kʹesʹtʹuː] 名男〖属単 **ceistithe**〗質問[尋問]すること.
ceistiúchán [kʹesʹtʹuːxan] 名男〖属単・主複 **ceistiúcháin**, 属複 ～〗アンケート;質問(書), 尋問.
ceithearnach [kʹehərnəx] 名男〖属単・主複 **ceithearnaigh**, 属複 ～〗(チェス)歩のコマ;歩兵;(比喩)(人の)手先.

ceithre [kʼehrʼə] 形 (後続語は名詞の〈単・複〉あるいは形容詞の〈複〉. 名詞〈単〉は S 変化. 名詞〈複〉の語頭母音に h を付ける) 4 の, 4 つの [4 倍の]. ~ phunt 4 ポンド. ~ huaire fichead 24 時間.

cén [kʼe:nʼ] ☞ cé².

ceo¹ [kʼo:] 名男 〖属単 ~, 複 -nna〗 濃霧, かすみ, 雲のようなもの. tá ~ ann かすんでいる. ~ deannaigh 立ち上る砂埃(ぼこ). tá ~ ar a intinn 彼はふさぎ込んでいる.

ceo² [kʼo:] 名男 〖属単 ~〗 (否定[疑問]文中で) 何か, 何も, 何もない. an bhfuil aon cheo ar siúl? 何か起こっているのか？ ní dhéanann siad ~ ach ag caint 彼らは(何もせずに)ただおしゃべりばかりしていた.

ceobhrán [kʼo:vra:n] 名男 〖属単 ceobhráin〗 こぬか雨, 霧雨.

ceobhránach [kʼo:vra:nəx] 形 1 こぬか雨の降る；霧のかかった.

ceoch [kʼo:x] 形 1 〖属単男 ~, 属単女・比較 ceoiche, 主複 -a〗 霧の立ちこめた, かすんだ, もうろうとした.

ceol [kʼo:l] 名男 〖属単 ceoil, 複 ceolta〗 音楽, 歌；元気. ~ a bhaint as an saol 人生を楽しむこと. mo cheol thú! ブラボー! tá ~ i mo chuasa 私は耳鳴りがする.

ceolán [kʼo:la:n] 名男 〖属単・主複 ceoláin, 属複 ~〗 鈴；リンリン [チリンチリン]という音.

ceoláras [kʼo:la:rəs] 名男 〖属単・主複 ceolárais, 属複 ~〗 コンサートホール.

ceolchoirm [ˈkʼo:lˌxorʼəmʼ] 名女 〖属単 -e, 複 -eacha〗 音楽会, 演奏会, コンサート.

ceoldráma [ˈkʼo:lˌdra:mə] 名男 〖属単 ~, 複 -í〗 歌劇. ~ grinn (< greann) 喜歌劇.

ceolfhoireann [ˈkʼo:lˌorʼən] 名女 〖属単・複 ceolfhoirne〗 管弦楽団, オーケストラ(席).

ceolmhar [kʼo:lvər] 形 1 音楽的な, 響きの美しい；活気に満ちた.

ceoltóir [kʼo:lto:rʼ] 名男 〖属単 ceoltóra, 複 -í〗 音楽家, 楽士；歌手.

ceomhar [kʼo:vər] 形 1 霧の立ちこめた；おぼろな.

cha [xa] 小 否定を表す. …ない, 否. ① {後続語が動詞の場合} (㋐ 語頭の b, c, f, g, m, p, s は S 変化. ㋑ d, t は U 変化. ㋒ 母音または f+母音の前 → chan. ㊁ 規則動詞の過去時制の場合 → char. ㋬ 動詞 is の ar, arbh と結合 → char, charbh. ~ phósann sí é 彼女は彼と結婚しない. chan ólaim é 私はそれを飲まない [これから先も飲まないだろう]. char ith sé é 彼はそれを食べなかった. ② {その他の品詞の場合} → chan. chan tú Seán 君はショーンではない.

chan [xan] ☞ ① can(過去形) ② cha.
cheal [xʹal] ☞ ① ceal. ② (動詞に付く小詞). きっと. ~ **nár imigh tú fós**? まだ出掛けていなかったのか? ~ **nach bhfuil a fhios sin agat**! 君は必ず知っているはずだ!
cheana [hanə] 副 もう[すでに](しばしば féin を伴う); この前の; 確かに. **tá an oíche ann** ~ **féin** もうこんなに日が暮れている. **an lá** ~ 先日.
chí [xʹiː] ☞ ① feic の異形. ② (成句) ~ **Dia sinn**! まあ哀れな! ~ **Dia sin**! なんと残念な[気の毒な]!
choíche [xiːxʹə] 副 永久に[常に]; どうあろうとも; 否定詞+~ 決して. ~ **agus go deo** 未来永ごう. **ní thiocfaidh sé** ~ 彼は決して来ないであろう. **an fhírinne** ~ 全く正直で. **riamh is** ~ 絶えず.
chomh [xoː] 副 (後続語の母音に h をつける){~+形容詞}同じほど…, それほど…. ~ **geal le sneachta** 雪のように白い. **níl sé** ~ **láidir sin** 彼はそれほど強くない. ~ **hard leis**! 彼は何と背が高いことか! {~+形容詞+**agus**+動詞}と同じほど…する. ~ **luath agus is féidir** 出来るだけ早く.
chonacthas [xonəkəs], **chonaic** [xonəkʹ] ☞ feic.
chuaigh [xuəɣʹ] ☞ téigh².
chuala [xuələ], **chualathas** [xuələhəs] ☞ clois, cluin.
chuathas [xuəhəs] ☞ téigh².
chuig [xigʹ] 副〚前置詞+代名詞〛. **chugam** [xugəm], **chugat** [xugat], **chuige** [xigʹə] (男), **chuici** [xikʹi] (女), **chugainn** [xugənʹ], **chugaibh** [xugəvʹ], **chucu** [xuku]〛…へ[に], …の方へ; (一部の形容詞と共に)…の点で[のために]. **dul** ~ **duine** 人に近付いて行くこと. **dul** ~ **áit**[**cruinniú**] ある所へ[会合に]行くこと. **go maith** ~ **Laidin** ラテン語がよく出来る. **go maith** ~ **slaghdán** 風邪に良い.
chun [xun] 副〚前置詞+代名詞〛. **chugam**, **chugat**, **chuige**(男), **chuici**(女), **chugainn**, **chugaibh**, **chucu**〛(次に属格が来る.) …へ[に], …の方へ[に向かって]; …の点で[に関して]; …するために; …の為の[に]; 適している. **dul** ~ **an aonaigh** (定期)市[お祭]に行くこと. ~ **an bhaile** 自宅に向かって. **dul** ~ **olcais** 悪い方に向かっていること. **lá** ~ **taistil** 旅行に向いている日. ~ **rud a dhéanamh** ある事をするために. **ullmhú** ~ **a bpósta** 彼らの結婚式の為に準備をすること. **ní chugat atá mé** 私は君を引き合いに出しているのではない. **cliste** ~ **na hoibre** 仕事の手際が良い. (時関連の慣用表現) **ceathrú** ~ **a sé** 6時15分前. **an bhliain seo chugainn** 来年. **an t-earrach a bhí chugainn** その翌春. (成句) **chugam aniar thú**! ブラボー! **cad**

chuige? なぜ[どうして]? chugat [chugaibh・chugainn]！気をつけて！ seo chugainn é！ほら彼がやって来るよ！ seo chuige！さぁやるぞ！それっ！

ciabh [kʹiəv] 名女〖属単 **céibhe**, 主複 **-a**, 属複 ～〗毛, 髪.

ciach [kʹiəx] 名男〖属単 **ciagh**〗声がれ；憂うつ.

ciachán [kʹiəxa:n] 名男〖属単 **ciacháin**〗声がれ；しゃがれ声.

ciachánach [kʹiəxa:nəx] 形 1 しわがれ声の, (声の)かれた.

ciachmhar [kʹiəxvər] 形 1 霧の立ちこめた, 暗い；憂うつな.

ciainíd [kʹiənʹi:dʹ] 名女〖属単 **-e**〗シアン化物；青酸カリ.

ciall [kʹiəl] 名女〖属単 **céille**, 主複 **-a**, 属複 ～；(成句)与単 **céill**〗感覚(機能)；知覚(能力)；正気；判断(力)；理解；理由；意義. **duine a chur as a chiall** 人を精神異常に追いやること. **teacht ar do chiall** 正気にかえること. **duine a thabhairt chun céille** 人に道理をわきまえさせること. **in aois (na) céille** 分別のつく年齢. **tú féin a chur i gcéill** (相手に)自分の言うことを理解させること. **cur i gcéill** …らしく見せかけること. **níl sé ach ag cur i gcéill** (go) 彼はただ(go)以下のふりをしているだけだ.

ciallaigh [kʹiəli:] 動II 他・自〖動名 **ciallú**, 動形 **ciallaithe**〗意味する；説明する[解釈する].

ciallmhar [kʹiəlvər] 形 1 良識[分別]のある；道理にかなった.

cian[1] [kʹiən] 名女〖複 **-ta**；与単 **céin**, (成句)与複 **-aibh**〗長時間[長年]；隔り, 遠い所. (成句) **le ～ d'aimsir** この長い間. **na cianta ó shin** ずっと前に[昔]. **i gcéin** 遙か遠くに. **de chéin** 遠方から. **i mbaile is i gcéin** 国内でも外国でも. **ó chianaibh** 少し前に.

cian[2] [kʹiən] 名男〖属複 ～〗悲しみ, 憂うつ, メランコリー.

cian[3] [kʹiən] 形 1〖属単男 **céin**, 属単女・比較 **céine**, 主複 **-a**〗(時間)長い；遠方の.

cianach [kʹiənəx] 形 1 憂うつな, ふさぎ込んだ；不きげんな.

cianaosta [ˈkʹiənˌi:stə] 形 3 原始の, 太古の.

cianda [kʹiəndə] 形 3 離れた, 遠方の.

cianghlaoch [ˈkʹiənˌɣli:x] 名男〖属単 **cianghlaoigh**〗遠方からの[への]通話. ～ **gutháin** 長距離電話.

cianóg [kʹiəno:g] 名女〖属単 **cianóige**, 主複 **-a**, 属複 ～〗ファージング硬貨[小銭]；微力. **ní fiú cros na cianóige é** それはびた一文の値打ちもない.

cianrialú [ˈkʹiənˌriəlu:] 名男〖属単 **cianrialaithe**〗遠隔操作, リモコン.

ciap [kʹiəp] 動I 他〖動名 **ciapadh**, 動形 **ciaptha**〗(肉体的・精神的)

苦痛を与える, 悩ませる, 困らせる.

ciapach [kʹiəpəx] 形1 人を困らせる, うるさい, 苦痛を与える.

ciar¹ [kʹiər] 形1 〖属単男 **céir**, 属単女・比較 **céire**, 主複 **-a**〗暗い; 浅黒い.

ciar² [kʹiər] 動I 他〖動名 **ciaradh**, 動形 **ciartha**〗ろうを塗る, ろうで磨く.

ciarach [kʹiərəx] 形1 ろう引きの, ろう製の; ろうのような.

ciarbhuí [ˈkʹiərˌviː] 形3 黄褐色の.

ciardhubh [ˈkʹiərˌɣuv] 形1 漆黒の, 黒玉のように黒い.

ciaróg [kʹiəroːg] 名女〖属単 **ciaróige**, 主複 **-a**, 属複 〜〗甲虫, (しょうし類の)昆虫.

ciarsúr [kʹiərsuːr] 名男〖属単・主複 **ciarsúir**, 属複 〜〗ハンカチ. 〜 **brád** ネッカチーフ.

cíb [kʹiːbʹ] 名女〖属単 **-e**〗(イグサに似た)スゲ.

cibé [kʹəˈbʹeː] 代 だれ[どんな人]でも; 何でも; どれでも. **déan** 〜 **is gá** 必要なことは何でもやりなさい. **tabhair leat** 〜 **leabhar is fearr leat** どれでも君が好きな本を取りなさい.

—— 形 いずれの. 〜 **ar bith** とにかく. 〜 **ar bith é féin** [〜 **cé hé féin**;〜 **ar bith cé hé féin**] 彼がだれであろうと. 〜 **ar bith cá** 何処であろうとも. 〜 **acu** …かそれとも…か. 〜 **acu inniu nó amárach é** それが今日かそれとも明日か.

cic [kʹikʹ] 名男〖属単 〜, 複 **-eanna**〗蹴(け)り, キック.

ciceáil [kʹikʹaːlʹ] 動I 他・自〖動名 **ciceáil**, 動形 **ciceáilte**; 現 **ciceálann**〗蹴(け)る, 蹴飛ばす.

ciclipéid [ˈkʹikʹlʹəˌpʹeːdʹ] 名女〖属単 **-e**, 複 **-í**〗百科事典[辞典].

cifleog [kʹifʹlʹog] 名女〖属単 **cifleoige**, 主複 **-a**, 属複 〜〗ぼろ(切れ).

cigil [kʹigʹəlʹ] 動II 他・自〖動名 **cigilt**, 動形 **cigilte**; 現 **cigilíonn**〗くすぐる; 喜ばす; (光)ちらつかせる.

cigilt [kʹigʹəlʹtʹ] 名女〖属単 **-e**〗くすぐること; くすぐったい感じ; (光の)ちらつき[ゆらめき].

cigilteach [kʹigʹəlʹtʹəx] 形1 くすぐったがりの; 神経質な; (問題)慎重な扱いを要する, 扱いにくい.

cigire [kʹigʹərʹə] 名男〖属単 〜, 複 **cigirí**〗検査人, 検閲[査閲]官.

cigireacht [kʹigʹərʹəxt] 名女〖属単 **-a**〗検査[点検], 検閲; 視察.

cíle [kʹiːlʹə] 名女〖属単 〜, 複 **cílí**〗竜骨, キール.

cileagram [ˈkʹilʹəˌgram] 名男〖属単・主複 **cileagraim**, 属複 〜〗キログラム.

cileavata [kʹilʹəˌvatə] 名男〖属単 〜, 複 **-nna**〗キロワット.
cilibheart [ˈkʹilʹəˌvartʹ] 名男〖属単 **cilibhirt**, 主複 **-a**, 属複 〜〗キロバイト(情報単位).
cililítear [ˈkʹilʹəlʹi:tʹər] 名男〖属単・主複 **cililítir**, 属複 〜〗キロリットル.
ciliméadar [ˈkʹilʹəmʹe:dər] 名男〖属単・主複 **ciliméadair**, 属複 〜〗キロメーター.
cill [kʹilʹ] 名女〖属単 **-e**, 主複 **cealla**, 属複 **ceall**〗教会;教会の敷地;小室;蜂の巣穴;細胞;電池.
cillín [kʹilʹi:nʹ] 名男〖属単 〜, 複 **cillíní**〗(刑務所の)監房, 独房;小室, (蜂などの)巣穴.
cime [kʹimʹə] 名男〖属単 〜, 複 **cimí**〗捕虜;囚人;被収容者.
ciméara [kʹimʹe:rə] 名男〖属単 〜〗妄想, 錯覚;蜃気楼;キマイラ.
cín [kʹi:nʹ] 名女〖属単 **-e**, 複 **cíona**〗本;著作. 〜 **lae**(<**lá**)日記(帳).
Cincís [kʹiŋkʹi:sʹ] 名女〖属単 **-e**, 複 **-í**〗聖霊降臨祭;ペンテコステ.
cincíseach [kʹiŋkʹi:sʹəx] 名男〖属単・主複 **cincísigh**, 属複 〜〗聖霊降臨節に生まれた人[動物].
cine [kʹinʹə] 名男〖属単 〜, 複 **ciníocha**〗人種[民族];家系. **fear mo chine** 血縁者[同姓の人]. **cén** 〜 **ar díobh é?** 彼の姓は何といいますか? **cúl le** 〜 その家系で見かけない人.
cineál [kʹinʹa:l] 名男〖属単 **cineáil**, 複 **-acha**〗種類;性別;特性;特質;おいしいもの;もてなし. (rud) **a thabhairt chun cineáil** (もの)の特質を発展させること. 〜 **a dhéanamh ar** (dhuine) (人)をもてなすこと. (副詞的に) 〜 **fuar** いくぶん寒い. 〜 **tuirseach** 多少疲れた.
cineálach [kʹinʹa:ləx] 形 1 (生物)属の;一般的な;性質上の.
cineálta [kʹinʹa:ltə] 形 3 親切な;心地よい;良質の;馴れた.
cineáltas [kʹinʹa:ltəs] 名男〖属単・主複 **cineáltais**, 属複 〜〗親切, 優しさ.
cineama [kʹinʹəmə] 名男〖属単 〜, 複 **-í**〗映画.
cinedheighilt [ˈkʹinʹəˌɣailʹt] 名女〖属単 **-e**〗アパルトヘイト, 民族隔離政策.
cinéiteach [kʹinʹe:tʹəx] 形 1 活動力のある, 活力的な.
ciniceas [kʹinʹəkʹəs] 名男〖属単 **cinicis**〗皮肉な気質, 皮肉癖.
cinicí [kʹinʹəkʹi:] 名男〖属単 〜, 複 **cinicithe**〗皮肉屋, 冷笑家.
ciniciúil [kʹinʹəkʹu:lʹ] 形 2 冷笑的な, 皮肉な;気難しい.
ciníoch [kʹinʹi:(ə)x] 形 1 人種(上)の, 民族の, 民族間の.

ciníocha [kʹinʹiːxə] ☞ cine.

ciníochaí [kʹinʹiːxiː] 名男〖属単 〜, 複 **ciníochaithe**〗民族主義者; 人種差別主義者.

ciníochas [kʹinʹiː(ə)xəs] 名男〖属単 **ciníochais**〗民族主義; 人種差別主義.

cinn[1] [kʹinʹ] 動I 他・自〖動名 **cinneadh**, 動形 **cinnte**〗(足)を踏み出す[入れる]; ちょっと足を運ぶ. 〜 **ar** を凌(しの)ぐ; の手に負えない.

cinn[2] [kʹinʹ] 動I 他・自〖動名 **cinneadh**, 動形 **cinnte**〗決定する; 予め定める; を決意する. **cinneadh ar rud a dhéanamh** あることをするよう決定すること. **an rud a chinn Dia liom** 神が(予め)私に定められたもの.

cinneadh [kʹinʹə] 名男〖属単 **cinnidh**〗決心; 決定; (委員会など)調査結果; 判決. 〜 **dáta** 日にちの確定. 〜 **coiste** 委員会の答申.

cinnfhearann [ˈkʹinʹˌarən] 名男〖属単・主複 **cinnfhearainn**, 属複 〜〗(畑の端の)耕していない細長い土地, あぜ.

cinnire [kʹinʹərʹə] 名男〖属単 〜, 複 **cinnirí**〗動物の手綱を引く人; 耕夫, 農夫.

cinniúint [kʹinʹuːnʹtʹ] 名女〖属単 **cinniúna**〗巡合せ, 運命; 不幸. **cor a churi gcinniúint duine** 人の人生行路を変えること.

cinniúnach [kʹinʹuːnəx] 形1 致命的な, 運命を決する.

cinniúnachas [kʹinʹuːnəxəs] 名男〖属単 **cinniúnachais**〗運命[宿命]論, 運命観.

cinnte [kʹinʹtʹə] 形3 間違いのない; 確かな; 明確な.

cinnteach [kʹinʹtʹəx] 形1 一定の, 限定した; 決定的な; 正確な.

cinnteacht [kʹinʹtʹəxt] 名女〖属単 **-a**, 複 **-aí**〗確実なこと; 出し惜しみ.

cinntigh [kʹinʹtʹiː] 動II 他・自〖動名 **cinntiú**, 動形 **cinntithe**〗確かめる; 確認する; 確実にする.

cinntitheach [kʹinʹtʹihəx] 名男〖属単・主複 **cinntithigh**, 属複 〜〗決定要素; (文法)限定詞.
── 形1 決定的な, 決定力のある; 限定的な.

cinntiú [kʹinʹtʹuː] 名男〖属単 **cinntithe**〗確定; 確認.

cinseal [kʹinʹsʹəl] 名男〖属単 **cinsil**〗優勢な状態, 支配, 権勢.

cinsealach [kʹinʹsʹələx] 形1 優勢な; 権勢のある.

cinsealacht [kʹinʹsʹələxt] 名女〖属単 **-a**〗優勢, 優越, 権勢.

cinsire [kʹinʹsʹərʹə] 名男〖属単 〜, 複 **cinsirí**〗(出版物など)検閲官.

cinsireacht [kʹinʹsərʹəxt] 名女〖属単 **-a**〗検閲(すること).

cíoch [kʹiːx] 名女〖属単 **cíche**, 主複 **-a**, 属複 〜〗(人・動物の)胸

cíochbheart

(部）；乳房；(山・丘などの)中腹. an chíoch a thabhairt do leanbh 子供に乳を飲ませること.

cíochbheart [ˈkʲiːxʲvʲart] 名男〖属単 **cíochbhirt**, 主複 **-a**, 属複 ～〗ブラジャー.

cioclón [kʲiklóːn] 名男〖属単・主複 **cioclóin**, 属複 ～〗サイクロン，熱[温]帯性低気圧.

cíocrach [kʲiːkrəx] 形 1 飢えた；どん欲な；がつがつした.

cíocras [kʲiːkrəs] 名男〖属単 **cíocrais**〗飽くなき欲望；渇[熱]望. tá ～ milseán air 彼は甘いものが食べたくてたまらない. ～ léinn 学問に対する熱望. ～ a chur ar (dhuine)（人）に熱望させること.

ciombal [kʲimbəl] 名男〖属単・主複 **ciombail**, 属複 ～〗シンバル.

cion[1] [kʲin] 名男〖属単 **ceana**〗愛情；信頼；影響力；破壊. mac an cheana 愛児. ～ croí a dhéanamh le leanbh 赤ん坊を抱きしめること. (rud) a chur i gcion ar (dhuine)（人）を(こと)で感銘させること. (rud) a chur ó chion （もの)の価値を台無しにすること.

cion[2] [kʲin] 名男〖属単 ～〗取り分，割り当てられた分. ～ duine 一人分. déan do chion oibre 君に割り当てられた仕事をしなさい.

cion[3] [kʲin] 名男〖属単 **-a**, 複 **-ta**〗違反，反則，(犯)罪；(複)(過失の)責任. duine a chur i gcionta le (rud) 人に罪をきせること. ～ sa chion 目には目を. is é a chionta féin é それは彼の落ち度だ.

cíoná [kʲiːnaː] 名男〖属単 ～〗（トランプ)切札の5；大立者，スター.

ciondáil [kʲindaːlʲ] 名女〖属単 **ciondála**, 複 **ciondálacha**〗配分量，割当て量.

―― 動I 他〖動名 **ciondáil**, 動形 **ciondáilte**；現 **ciondálann**〗配分する；(割当て量として)支給する.

ciondargairdín [ˈkʲindərˌɡaːrdʲiːnʲ] 名男〖属単 ～, 複 **-í**〗幼稚園.

cionmhaireacht [kʲinəvərʲəxt] 名女〖属単 **-a**〗比率[割合]；割当て.

cionmhar [kʲinəvər] 形 1 釣り合った；比例した.

cionn [kʲin] ☞ ceann[1].

cionroinnt [ˈkʲinˌronʲtʲ] 名女〖属単 **cionranna**〗配分，割当て.

cionsiocair [ˈkʲinʲˌsʲikərʲ] 名女〖属単 **cionsiocrach**, 複 **cionsiocracha**〗主因，根元，起源. is tú is ～ leis an iomlán 悪いのは全て君なのだ.

cionta [kʲintə] ☞ cion[3].

ciontach [kʲintəx] 名男〖属単・主複 **ciontaigh**, 属複 ～〗犯罪(容疑)者；刑事被告.

―― 形 1 罪を犯した；有罪の；身に覚えのある.

ciontacht [kʹintəxt] 名女 〖属単 **-a**〗非行; 有罪; 罪の意識.
ciontaí [kʹinti:] 名 (成句) is tú is ～ leis それはあなたが悪いのです. níl mo chiontaí leis それは私の責任ではない.
ciontaigh [kʹinti:] 動II 他・自〖動名 **ciontú**, 動形 **ciontaithe**〗非難する; 有罪と宣告する; (法・習慣)背く. tú féin a chiontú (罪を)自白すること. duine a chiontú in gcoir 人に罪の判決を下すこと.
ciontóir [kʹinto:rʹ] 名男〖属単 **ciontóra**, 複 **-í**〗犯罪者; 違反者.
ciontú [kʹintu:] 名男〖属単 **ciontaithe**, 複 **ciontuithe**〗有罪判決.
cíor [kʹi:r] 名女〖属単 **círe**, 主複 **-a**, 属複 ～〗櫛(🛠)(状のもの); 困惑. ～ chinn[chúil] 頭髪用の櫛. ～ fiacla きれいにそろった歯列. tá mé i mo chíor thuathail ag na páistí 私は子供たちに手を焼いている.
—— 動I 他・自〖動名 **cíoradh**, 動形 **cíortha**〗(髪・毛)すく; 綿密に検査する; 議論する; 髪の引っ張り合いをする.
cíoradh [kʹi:rə] 名男〖属単 **cíortha**〗髪をとかすこと; 議論; 綿密な検査; 髪の引っ張り合い.
cíoraim [kʹi:rəm] cíor+mé.
ciorcad [kʹirkəd] 名男〖属単・主複 **ciorcaid**, 属複 ～〗回路, 配線(系統).
ciorcal [kʹirkəl] 名男〖属単・主複 **ciorcail**, 属複 ～〗円; 循環; サークル.
ciorclach [kʹirkləx] 形 1 丸い, 円形の; (数学)巡回的な.
ciorclaigh [kʹirkli:] 動II 他〖動名 **ciorclú**, 動形 **ciorclaithe**〗(丸く)囲む, 取り巻く.
ciorclán [kʹirkla:n] 名男〖属単・主複 **ciorcláin**, 属複 ～〗回状.
cíorláil [kʹi:rla:lʹ] 名女〖属単 **cíorlála**〗徹底捜索; ぞんざいな扱い.
—— 動I 他・自〖動名 **cíorláil**, 動形 **cíorláilte**; 現 **cíorlálann**〗しらみつぶしに捜索する; ぞんざいに扱う; (髪・衣服)乱す.
ciorraigh [kʹiri:] 動II 他・自〖動名 **ciorrú**, 動形 **ciorraithe**〗(たたき)切る; 不具にする; 切り詰める; にらむ.
ciorrú [kʹiru:] 名男〖属単 **ciorraithe**〗(手・足)切断; 不具; 短縮, 削減.
cíos [kʹi:s] 名男〖属単 **-a**, 複 **-anna**〗(家・土地などの)賃貸[借]料; 使用料; 価格. ～ dubh 搾取.
cíosaigh [kʹi:si:] 動II 他〖動名 **cíosú**, 動形 **cíosaithe**〗賃貸[借]する, 賃借料を払う; 償う.
cíoscheannach [ˈkʹi:sxʹanəx] 名男〖属単 **cíoscheannaigh**〗分割払い購入.

ciotach [kʲitəx] 形1 左ききの; 不手際な, 不器用な.
ciotaí [kʲiti:] 名女 【属単 ～】不都合, 迷惑; 不手際; 混乱.
ciotóg [kʲito:g] 名女 【属単 **ciotóige**, 主複 **-a**, 属複 ～】左手, 左の握りこぶし; 左ききの人.
ciotógach [kʲito:gəx] 形1 左利きの; 不手際な.
ciotrainn [kʲitrənʲ] 名女 【属単 **-e**】不器用(なこと).
ciotrúnta [kʲitru:ntə] 形3 不器用な; がん固な.
cipe [kʲipʲə] 名男 【属単 ～, 複 **cipí**】密集隊形; 一団.
cipín [kʲipʲ:nʲ] 名男 【属単 ～, 複 **-í**】棒切れ, 小枝; マッチ棒. (成句) (bheith) **ar cipíní** 気をもんで.
circe [kʲirʲkʲə] ☞ **cearc**.
circeoil [ˈkʲirʲkʲˌo:lʲ] 名女 【属単 **circeola**】鳥肉.
circín [kʲirʲkʲi:nʲ] 名男 【属単 ～, 複 **-í**】**cearc**の指小語. ～ **trá** ハマシギ. ～ **rósta** 熱灰の中で焼いたポテト.
círéib [kʲi:rʲe:bʲ] 名女 【属単 **-e**, 複 **-eacha**】暴動; 浮れ騒ぎ; (暴れて)手に負えない人.
círéibeach [kʲi:rʲe:bʲəx] 形1 暴動的な; 騒々しい.
círín [kʲi:rʲi:nʲ] 名男 【属単 ～, 複 **-í**】とさか[冠毛]; 尾根[頂上]; 波頭. (成句) **dul i gcírín a chéile** 互いに闘うこと.
círíneach [kʲi:rʲi:nʲəx] 形1 紅潮した, 血色のよい; 冠毛のある.
cirte [kʲirtʲə] 名女 【属単 ～】真実; 正義; 正確.
cis[1] [kʲisʲ] 名女 【属単 **-e**, 複 **-eanna**】かご[バスケット], 小枝細工の入れ物.
cis[2] [kʲisʲ] 名女 【属単 **-e**】ハンディキャップ; 抑制.
──動I 他・自 【動名 **ciseadh**, 動形 **ciste**】～ **ar** 立つ, 体重をかける; ハンディキャップを付ける; 抑制する.
ciseach [kʲisʲəx] 名女 【属単 **cisí**, 主複 **-a**】(ぬかるみを編み枝などで)舗装した道, 舗道. (成句) ～ **a dhéanamh de** (rud) (ものを)台無しにすること[踏みつけにすること].
ciseal [kʲisʲəl] 名男 【属単・主複 **cisil**, 属複 ～】(煉瓦など)積んだ層; 地層.
ciseán [kʲisʲa:n] 名男 【属単・主複 **ciseáin**, 属複 ～】バスケット; かご.
cispheil [ˈkʲisʲˌfʲelʲ] 名女 【属単 **-e**】バスケットボール.
cist [kʲisʲtʲ] 名女 【属単 **-e**, 複 **-eanna**】袋状器官; 膀胱(ぼうこう), 胆のう.
ciste [kʲisʲtʲə] 名男 【属単 ～, 複 **cistí**】収納箱; 財産; 資[基]金.
císte [kʲi:sʲtʲə] 名男 【属単 ～, 複 **cístí**】ケーキ, 洋菓子.

cisteoir [kʹisʹtʹoːrʹ] 名男〖属単 **cisteora**, 複 **-í**〗会計係；大蔵大臣.
cistin [kʹisʹtʹənʹ] 名女〖属単 **-e**, 複 **-eacha**〗台所.
citeal [kʹitʹəl] 名男〖属単・主複 **citil**, 属複 ～〗やかん, 湯沸かし.
cith [kʹih] 名男〖属単 **ceatha**, 複 **ceathanna**〗にわか雨；(あられなど)急な一降り；多量の落下. **tháinig mo chuid d'uiscean cheatha orm** 私も人並みに不幸に見舞れた.
cithfholcadh [ˈkʹihˌolkə] 名男〖属単 **cithfholctha**, 複 **cithfholc-thaí**〗シャワー(浴).
cithréim [kʹihrʹeːmʹ] 名女〖属単 **-e**, 複 **-í**〗不具；ぶかっこう.
citreach [kʹitʹrʹəx] 形 1 かんきつ類の.
citreas [kʹitʹrʹəs] 名男〖属単・主複 **citris**, 属複 ～〗かんきつ類.
ciú [kʹuː] 名男〖属単 ～, 複 **-nna**〗(順番待ちの)列.
ciúb [kʹuːb] 名男〖属単 **ciúib**, 複 **-anna**〗立方体；立方[3乗].
ciúbach [kʹuːbəx] 形 1 立方体の, 正六面体の；立方の.
ciúbachas [kʹuːbəxəs] 名男〖属単 **ciúbachais**〗立方派, キュービズム.
ciúbaigh [kʹuːbiː] 動II 他〖動名 **ciúbú**, 動形 **ciúbaithe**〗立方体にする；(数学) 3乗する[体積を求める].
ciúin [kʹuːnʹ] 形 1 静かな, 平穏な；黙した；平静な.
ciumhais [kʹuːsʹ] 名女〖属単 **-e**, 複 **-eanna**〗へり；限界；(ページなど)余白；(土地, 布など)細長い切れ端.
ciumhsach [kʹuːsəx] 形 1 縁取りのある, 房飾りのある.
ciúnaigh [kʹuːniː] 動II 他・自〖動名 **ciúnú**, 動形 **ciúnaithe**〗静める；なだめる.
ciúnas [kʹuːnəs] 名男〖属単 **ciúnais**〗静けさ；沈黙；落ち着き.
ciúta [kʹuːtə] 名男〖属単 ～, 複 **-í**〗気のきいた言葉, 警句.
clab [klab] 名男〖属単 **claib**, 複 **-anna**〗(開けた)口；むだ口.
claba [klabə] 名男〖属単 ～, 複 **-í**〗支え木, 索止め, くさび.
clabaireacht [klabərʹəxt] 名女〖属単 **-a**〗口達者にしゃべること.
clábar [klaːbər] 名男〖属単 **clábair**〗泥, ぬかるみ.
clabhar [klaur] 名男〖属単・主複 **clabhair**, 属複 ～〗暖炉棚を支える横木, マントルピース.
clabhstra [klaustrə] 名男〖属単 ～, 複 **-í**〗(寺院・大学などの中庭を囲んだ)回廊, 屋根のある通路.
clabhsúr [klausuːr] 名男〖属単 **clabhsúir**〗終結；収穫祭, 打ち上げ. **an ～ a chur ar** (rud) こと(もの)を終らせること.
clabhta [klautə] 名男〖属単 ～, 複 **-í**〗強打, 平手打ち；厚切り, 塊.
clabhtáil [klautaːlʹ] 動I 他〖動名 **clabhtáil**, 動形 **clabhtáilte**〗現

clabhtálann》(こぶし・平手で)殴る; (ボールを)強打する.

cladach [kladəx] 名男 〖属単 **cladaigh**, 主複 **cladaí**, 属複 〜〗岸辺, 荒磯浜; 積重なり. 〜 **locha** 湖岸. 〜 **feamainne** 海草の山(積み).

cladhaire [klair′ə] 名男 〖属単 〜, 複 **cladhairí**〗卑怯者; 悪漢.

cladhartha [klairhə] 形3 意気地のない, 決断力のない; 悪党の.

clagarnach [klagərnəx] 名女 〖属単 **clagarnaí**〗(ガチャガチャ[パチパチ]など堅いものが)ぶつかる音; 騒々しさ. 〜 **bháistí** 叩(た)きつけるような激しい降雨.

clagfharraige [ˈklagˌarəgʹə] 名女 〖属単 〜〗荒海, 波の多い海.

claí [kli:] 名男 〖属単 〜, 複 **-ocha**〗壁, 垣根; 堤防.

claibín [klabʹi:nʹ] 名男 〖属単 〜, 複 **-í**〗① clab の指小語. ② ふた; (門などの)掛け金.

cláideach [kla:dʹəx] 名女 〖属単 **cláidí**, 主複 **-a**, 属複 〜〗山間の急流, 急な谷川.

claidhreacht [klairʹəxt] 名女 〖属単 **-a**〗憶病; 非道; 悪事.

claífort [ˈkli:ˌfort] 名男 〖属単・主複 **claífoirt**, 属複 〜〗堤; 築堤.

claig [klagʹ] 名女 〖属単 **-e**, 複 **-eanna**〗窪(くぼ)み, へこみ.

claimhteoir [klavʹtʹoːrʹ] 名男 〖属単 **claimhteora**, 複 **-í**〗剣士.

claimhteoireacht [klavʹtʹoːrʹəxt] 名女 〖属単 **-a**〗剣術; 剣さばき.

claíomh [kli:v] 名男 〖属単 **claímh**, 複 **claimhte**〗剣[刀].

cláiread [kla:rʹeːd] 名男 〖属単・主複 **cláiréid**, 属複 〜〗クラレット, ボルドー産赤ワイン.

cláiríneach [kla:rʹiːnʹəx] 名男 〖属単・主複 **cláirínigh**, 属複 〜〗手足の不自由な人, 身体障害者.

cláirnéid [kla:rnʹeːdʹ] 名女 〖属単 **-e**, 複 **-í**〗クラリネット.

cláirseach [kla:rsʹəx] 名女 〖属単 **cláirsí**, 主複 **-a**, 属複 〜〗ハープ.

cláirseoir [kla:rsʹoːrʹ] 名男 〖属単 **cláirseora**, 複 **-í**〗ハープ奏者.

clais [klasʹ] 名女 〖属単 **-e**, 複 **-eanna**〗溝, 水路; 筋; (魚類の)産卵場所; 落し穴[ピット]; 大量. 〜 **luatha** (炉の中の)灰落し穴. 〜 **éisc** 大量の魚. 〜 **feamainne** 海草の山.

claisceadal [klasʹkʹədəl] 名男 〖属単・主複 **claisceadail**, 属複 〜〗合唱; 聖歌隊.

clamh [klav] 名男 〖属単・主複 **claimh**, 属複 〜〗(家畜の)かいせん, ひぜん(皮膚病).

clamhach [klaux] 形1 皮膚病にかかった; 点々と毛の抜けた.

clamhán [klauaːn] 名男 〖属単・主複 **clamháin**, 属複 〜〗ノスリ(ワシ・タカの仲間).

clamhsán [klausaːn] 名男 〖属単・主複 **clamhsáin**, 属複 〜〗不平,

苦情, あら探し.

clampa [klampə] 名男〖属単 ~, 複 -í〗締め具；(ジャガイモ・泥炭など)積み重ねの山.

clampaigh [klampi:] 動II 他・自〖動名 **clampú**, 動形 **clampaithe**〗締[留]金で締[留]める；うず高く積む.

clampar [klampər] 名男〖属単 **clampair**〗言い争い；騒音；動揺, 混乱.

clamprach [klamprəx] 形1 口論好きの；混乱した, 騒々しい.

clampróir [klampro:r'] 名男〖属単 **clampróra**, 複 -í〗面倒を起す人.

clann [klan] 名女〖属単 **clainne**, 主複 -a, 属複 ~〗子供, 子孫；民族；信奉者. ~ **clainne** 孫[子孫]. (bheith) **ag súil le duine clainne** [**ag iompar clainne**] 人が妊娠して(いること). **clanna Gael** ゲール民族.

claochladán [kli:xlədɑ:n] 名男〖属単・主複 **claochladáin**, 属複 ~〗変圧器, トランス.

claochlaigh [kli:xli:] 動II 他・自〖動名 **claochlú**, 動形 **claochlaithe**〗悪化[低下]する；(形態などを)一変させる；変質する.

claochlú [kli:xlu:] 名男〖属単 **claochlaithe**〗悪化[低下]；変形[質].

claon[1] [kli:n] 名男〖属単 **claoin**, 複 **claonta**〗傾き；傾斜面；強情；少々. **tá an ~ ann** 彼は生れつき意固地だ. **~ éada** 幾分のねたみ. (成句) **~ adhairte** 首の筋違い.
── 形1 傾斜した；(ar, chun と共に)…しがちな；特に好きな.
── 動I 他・自〖動名 **claonadh**, 動形 **claonta**〗傾ける；曲げる. **~ chun**[le] の癖[傾向]がある. **~ ó** からそれる. **~ ar** 裏切る, 背く. **claonadh chun raimhre** 太りやすいこと. **chlaon sé leo** 彼は彼らに味方した. **níor chlaon sí óna rún** 彼女は目的からそれなかった.

claon-[2] [kli:n] 接頭 傾斜した, 曲がった, 偏向した.

claonach [kli:nəx] 形1 人をだます, 偽りの；思い通りにならない.

claonachas [kli:nəxəs] 名男〖属単 **claonachais**〗偏向, 逸脱；悪化傾向.

claonadh [kli:nə] 名男〖属単 **claonta**〗傾き；性癖；曲解.

claonchló [kli:nxlo:] 名男〖属単 ~, 複 -nna〗(写真の)ネガ.

claonmharaigh [ˈkli:nˌvari:] 動II 他〖動名 **claonmharú**, 動形 **claonmharaithe**〗(熱情・欲情を)抑制する.

claonpháirteach [ˈkli:nˌfɑ:rt'əx] 形1 党派的の, 党派心の強い.

claonpháirteachas [ˈkli:nˌfɑ:rt'əxəs] 名男〖属単 **claonpháir-**

claonta [kli:ntə] 形3 ① claon¹ の動形容詞. ② 偏見[先入観]のある ; 部分的な.

claontacht [kli:ntəxt] 名女〚属単 **-a**, 複 **-aí**〛偏見 ; 局部性.

clapsholas [ˈklapˌholəs] 名男〚属単 **clapsholais**〛(日の出前・特に日没後の)薄明り[薄暗り], たそがれ(時).

clár [kla:r] 名男〚属単・主複 **cláir**, 属複 ～〛(特定の目的用)板(材) ; (一覧)表, メニュー, プログラム ; テーブル ; 平面 ; ふた. ～ **darach**(< dair) 樫の板材. ～ **scátala**[toinne] スケート[サーフ]ボード. ～ **fógraí** 掲示板. **éadach cláir** テーブルクロス. ～ **pota** 鍋のふた. ～ **éadain** ひたい. ～ **na Mí** ミース州の平原. **an domhan cláir** 全世界. ～ **comhardaithe** 貸借対照表.

clárach [kla:rəx] 形1 板製[木製]の ; 平板な, 板状の.

cláraigh [kla:ri:] 動Ⅱ他・自〚動名 **clárú**, 動形 **cláraithe**〛記録[登記・登録]する ; 入会[隊]させる ; (一覧)表にする ; 寝る.

cláraitheoir [kla:riho:rʲ] 名男〚属単 **cláraitheora**, 複 **-í**〛記録[登録・登記]係. ～ **ríomhaireachta** コンピュータープログラマー.

clárfhiacail [ˈkla:rʲiəkəlʲ] 名女〚属単 **-e**, 複 **clárfhiacla**〛前歯.

clárlann [kla:rlən] 名女〚属単 **clárlainne**, 主複 **-a**, 属複 ～〛登記所.

clárú [kla:ru:] 名男〚属単 **cláraithe**〛表にすること ; 記録[登記・登録]すること ; 棒で打つこと.

clasach [klasəx] 形1 …を導いた ; 水路を開いた ; 溝を掘[彫]った.

clasaiceach [klasəkʲax] 名男〚属単・主複 **clasaicigh**, 属複 ～〛第一級の芸術作品, 名作 ; 大芸術家.
── 形1 最高水準の, 典型[模範]的な.

clasaigh [klasi:] 動Ⅱ他・自〚動名 **clasú**, 動形 **clasaithe**〛溝を掘[彫]る ; あぜを作る ; (いもなどに)土をかぶせる.

clásal [kla:səl] 名男〚属単・主複 **clásail**, 属複 ～〛条項, 箇条 ; 文節.

claspa [klaspə] 名男〚属単 ～, 複 **-í**〛締[留]め金 ; 握りしめること.

clástrafóibe [ˈkla:strəˌfo:bʲə] 名女〚属単 ～〛閉所恐怖症.

clé [kʲlʲe:] 名女〚属単 ～〛左手, 左側. **ar do chlé** 君の左側に. **faoi chlé** 左へ. **deas agus** ～ 右と左.
── 形3 左の, 左側の. **lámh**[cos] **chlé** 左手[足]. **ar an taobh**[ar thaobh na láimhe] ～ 左手側に.
── 副 左に[へ].

cleacht [kʲlʲaxt] 動Ⅰ他・自〚動名 **cleachtadh**, 動形 **cleachta**〛習慣的に行なう ; (課題を)練習する ; (舞台など)けい古をする.

cleachtach [kʼlʼaxtəx] 形 1 (ar, le と共に) 慣れた.

cleachtadh [kʼlʼaxtə] 名 男 〖(名詞)属単 **cleachtaidh**, 複 **cleachtaí**; (動名詞)属単 **cleachta**〗① cleacht の動名詞. ② 習慣; 練習; 実習; 経験. ～ **dráma** 演劇のリハーサル. **leabhar cleachta** 練習問題集.

cleachtas [kʼlʼaxtəs] 名 男 〖属単・主複 **cleachtais**, 属複 ～〗実習 [演習]; (弁護士などの)実務[業務・開業].

cleachtóir [kʼlʼaxtoːrʼ] 名 男 〖属単 **cleachtóra**, 複 **-í**〗開業医, 弁護士; 開業者.

cleamhnas [kʼlʼaunəs] 名 男 〖属単・主複 **cleamhnais**, 属複 ～〗姻戚関係; 縁組.

cleandar [kʼlʼandər] 名 男 〖属単 **cleandair**〗日程表; カレンダー.

cleas [kʼlʼas] 名 男 〖属単 **clis**, 主複 **-a**, 属複 ～〗策(略), トリック; いたずら; 秘訣; 芸当; 行動. ～ **gasta** 巧妙な策. ～ **magaidh** (実害ある)いたずら. ～ **lúith** 精力的運動[運動競技(法)]. **an** ～ **céanna a dhéanamh arís** 同じことを繰り返し行なうこと.

cleasach [kʼlʼasəx] 形 1 策略にたけた, こうかつな.

cleasaí [kʼlʼasiː] 名 男 〖属単 ～, 複 **cleasaithe**〗詐欺師; 手品師; (トランプの)ジョーカー.

cleasaíocht [kʼlʼasiː(ə)xt] 名 女 〖属単 **-a**〗ごまかすこと.

cléata [kʼlʼeːtə] 名 男 〖属単 ～, 複 **cléataí**〗くさび; (船)索止め; (靴)滑り止め.

cleathóg [kʼlʼahoːg] 名 女 〖属単 **cleathóige**, 主複 **-a**, 属複 ～〗編み枝(細工); (突き)棒.

cléibh ☞ cliabh.

cléibhín [kʼlʼeːvʼiːnʼ] 名 男 〖属単 ～, 複 **-í**〗(小さい)ざる, びく; 小枝細工の小舟[カラ].

cleipteamáine [ˈkʼlʼepʼtʼəmaːnʼə] 名 女 〖属単 ～〗病的盗癖, クレプトマニア.

cléir [kʼlʼeːrʼ] 名 女 〖属単 **-e**〗(集合的)聖職者たち; 一団[隊].

cléireach [kʼlʼeːrʼəx] 名 男 〖属単・主複 **cléirigh**, 属複 ～〗職員[事務員], (カトリック教会などで)ミサ応答(ﾄﾞｳ)をする人.

cléireachas [kʼlʼeːrʼəxəs] 名 男 〖属単 **cléireachais**〗職員[事務員]の身分.

cléiriúil [kʼlʼeːrʼuːlʼ] 形 2 職員[事務員]の.

cléirtheach [ˈkʼlʼeːrʼhax] 名 男 〖属単 **cléirthí**, 複 **cléirthithe**〗(長老教会の)長老会.

cleite [kʼlʼetʼə] 名 男 〖属単 ～, 複 **cleití**〗羽(毛); 羽軸; 小さい物; 羽状のもの. **peann** ～ 鵞(ｶﾞ)ペン. **níor baineadh** ～ **as** 彼は無傷だっ

た. (成句) ～ comhrá 話題. do chleite a chur i (rud)（もの）に干渉すること. tá a cleití síos léi 彼女は意気消沈している.

cleiteach [kʲlʲetʲəx] 名女〚属単 **cleití**〛（羽毛・外皮などの）抜け［生え］変わり.
——形 1 羽の生えた, 羽飾りのある；羽に似た.

cleiteán [kʲlʲetʲaːn] 名男〚属単・主複 **cleiteáin**, 属複 ～〛軒, ひさし；ブラシ, 画筆.

cleitearnach [kʲlʲetʲərnəx] 名女〚属単 **cleitearnaí**〛羽ばたきすること, 翼をばたばたさせること.

cleith [kʲlʲeh] 名女〚属単 **-e**, 複 **-eanna**〛小枝［杖］, 柱, (こん)棒. **imeacht idir ～ agus ursain** 間一髪で免れること. (成句) **bheith i gcleith le duine** 人に依存していること.

cléithe [kʲlʲeːhə] ☞ cliath.

cléithín [kʲlʲeːhiːnʲ] 名男〚属単 ～, 複 **-í**〛副え木；(屋根ふきの)スカラップ仕上げ.

cleithire [kʲlʲehrʲə] 名男〚属単 ～, 複 **cleithirí**〛背が高い細身の男；大きくて強いもの.

cleithiúnach [kʲlʲehuːnəx] 形 1 依存している, 頼っている.

cleithiúnaí [kʲlʲehuːniː] 名男〚属単 ～, 複 **cleithiúnaithe**〛扶養家族の一員, 他人に頼って生活する人.

cleithiúnas [kʲlʲehuːnəs] 名男〚属単 **cleithiúnais**〛依存；頼みの綱. (bheith) **i gcleithiúnas go** (go 以下)と仮定して.

cleithmhagadh [ˈkʲlʲeˌvagə] 名男〚属単 **cleithmhagaidh**〛ひやかすこと, からかうこと.

cleitín [kʲlʲetʲiːnʲ] 名男〚属単 ～〛ひさし, 軒.

cliabh [kʲlʲiəv] 名男〚属単・主複 **cléibh**, 属複 ～〛胸(中)；魚かご；肋(?)材の組立. **cara cléibh** 腹心［親友］.

cliabhán [kʲlʲiəvaːn] 名男〚属単・主複 **cliabháin**, 属複 ～〛揺りかご；小枝細工のかご. **ón gclibhán** 生まれてから.

cliabhrach [kʲlʲiəvrəx] 名男〚属単・主複 **cliabhraigh**, 属複 ～〛体格；胸(部).

cliamhain [kʲlʲiəvənʲ] 名男〚属単 ～, 複 **-eacha**〛義理の息子.

cliant [kʲlʲiənt] 名男〚属単・主複 **cliaint**, 属複 ～〛顧客, 弁護の依頼人, 患者.

cliarlathach [ˈkʲlʲiərˌlahəx] 形 1 階級制度の；ヒエラルキーの.

cliarlathas [ˈkʲlʲiərˌlahəs] 名男〚属単・主複 **cliarlathais**, 属複 ～〛階級［位階］制度；ヒエラルキー.

cliascoil [ˈkʲlʲiəˌskolʲ] 名女〚属単 **-e**, 複 **-eann**〛（キリスト教）神学

校, (宗教団体)学校.

cliath [kʹlʹiə] 名女〖属単 **cléithe**, 主複 **-a**, 属複 **〜**〗(編み枝細工の)構造物[格子枠]; (競技用)ハードル; (音楽)譜表[五線]; つぎ当て; ハロー(農機具の一種). **〜 a chur ar** (rud) (もの)につぎを当てること.

cliathach [kʹlʹiəhəx] 名女〖属単 **cliathaí**, 主複 **-a**, 属複 **〜**〗(肋(ろっ)骨状の)構造[骨組].
——形1 うね[格子]を付けた, (十字に)交差した.

cliathán [kʹlʹiəhaːn] 名男〖属単・主複 **cliatháin**, 属複 **〜**〗わき腹; 横側; (スポーツ)ウイング; (舞台)そで; 左[右]翼.

cliathánach [kʹlʹiəhaːnəx] 形1 横の, 斜めの; 横向きの.

cliathbhosca [ˈkʹlʹiəˌvoskə] 名男〖属単 **〜**, 複 **-í**〗(運送用の)木箱, クレート.

cliathrás [ˈkʹlʹiəraːs] 名男〖属単 **-a**, 複 **-aí**〗ハードル競争.

clib [kʹlʹibʹ] 名女〖属単 **-e**, 複 **-eanna**〗下げ札, 付箋(せん); 垂れ端.

clibíneach [kʹlʹibʹiːnʹəx] 形1 もつれた, 絡み合った; 群がった.

clibirt [kʹlʹibʹərtʹ] 名女〖属単 **-e**, 複 **-í**〗小ぜり合い; (ラグビー)スクラム.

cling [kʹlʹiŋʹ] 名女〖属単 **-e**, 複 **-eacha**〗(鈴など)鳴る音, (ものが金属をはじくような)鋭い音.
——動I 他・自〖動名 **clingeadh**, 動形 **clingthe**〗鈴を鳴らす; チリンチリンと鳴る.

clinic [kʹlʹinʹək] 名男〖属単 **〜**, 複 **-í**〗クリニック.

cliniciúil [kʹlʹinʹəkʹuːlʹ] 形2 臨床の, 病院の.

cliobóg [kʹlʹiboːg] 名女〖属単 **cliobóige**, 主複 **-a**, 属複 **〜**〗雌の若馬; おてんば娘; 快活な人. **ag caitheamh 〜** 馬跳びをして(いる).

clíoma [kʹlʹiːmə] 名男〖属単 **〜**, 複 **-í**〗気候; 風土.

clíomach [kʹlʹiːməx] 形1 気候の; 風土の.

clíomaigh [kʹlʹiːmiː] 動II 他〖動名 **clíomú**, 動形 **clíomaithe**〗(風土・環境に)順応させる, 慣らす.

cliotar [kʹlʹitər] 名男〖属単・主複 **cliotair**, 属複 **〜**〗ガタガタ[パチパチ]音; 騒音; けん騒, 怒号.

clip [kʹlʹipʹ] 動I 他〖動名 **clipeadh**, 動形 **clipthe**〗(針などで)刺す; ねちねちいじめる; 苦痛を与える.

clipe [kʹlʹipʹə] 名女〖属単 **〜**, 複 **clipí**〗**〜 doroma** (魚)背びれ; 逆とげ付き銛(もり); (動物の)小ひれ.

clis [kʹlʹisʹ] 動I 自〖動名 **cliseadh**, 動形 **cliste**〗(驚いて)飛び上る; 衰える; 失敗する. **chlis sé as a shuí** 彼はいすから飛び上った. **chlis**

an carr その車は壊れた. chlis air sa scrúdú 彼は試験に落ちた.
cliseach [kʲlʲisʲəx] 形1 はっとしやすい；飛び跳ねる；ピクピクする.
cliseadh [kʲlʲisʲə] 名男〖属単 **cliste**〗飛び上ること；急な崩壊；故障；失敗.
clisiúnach [kʲlʲisʲuːnəx] 名男〖属単・主複 **clisiúnaigh**, 属複 〜〗破産者；(債務)支払不能者.
clisiúnas [kʲlʲisʲuːnəs] 名男〖属単 **clisiúnais**〗破産.
cliste [kʲlʲisʲtʲə] 形3 利口な；抜け目のない；知的な.
clisteacht [kʲlʲisʲtʲəxt] 名女〖属単 **-a**〗利口；知性；器用.
cliúsaí [kʲlʲuːsiː] 名男〖属単 〜, 複 **cliúsaithe**〗恋をあさる男[女].
cló [kloː] 名男〖属単 〜, 複 **-nna**〗(ものの)外形[外観]；(人の)様子；印象；活字；刻印. **i gcló duine** 人間のかたちに. **fear dá chló** 彼とそっくりなタイプの男. **tá a chló air** 彼はそれなりに見える. **tá 〜 báistí ar an lá** その日は雨模様である. **an chéad chló** 初版[第一印象]. **cló-aghaidh** 活字面.
clóbh [kloːv] 名男〖属単・主複 **clóibh**, 属複 〜〗クローブ(香料).
clóbhuail [ˈkloːˌvuəlʲ] 動I 他〖動名**clóbhualadh**, 動形**clóbhuailte**〗印刷する, 出版する.
clóca [kloːkə] 名男〖属単 〜, 複 **-í**〗マント, 袖(そで)なし外とう.
cloch [klox] 名女〖属単 **cloiche**, 主複 **-a**, 属複 〜〗石(材)；種[核]；宝石[玉]. 〜 **chora** 踏み石. 〜 **phaidrín** ロザリオの玉. 〜 **shneachta** あられ[ひょう]. 〜 **shilín** サクランボの種.
clochach [kloxəx] 形1 石のような, 石[核]の多い, 石質の.
clochán [kloxaːn] 名男〖属単・主複 **clocháin**, 属複 〜〗飛び石；土手道.
clochar [kloxər] 名男〖属単・主複 **clochair**, 属複 〜〗(女子)修道院；石造建築物；石の多い場所.
clóchas [kloːxəs] 名男〖属単 **clóchais**〗生意気, 無遠慮, 出しゃばり.
clóchasach [kloːxəsəx] 形1 小しゃくな, 無遠慮な, 出しゃばりな.
clochraigh [kloxriː] 動II 他・自〖動名 **clothrú**, 動形 **clochraithe**〗石にする；仰天させる.
clóchur [ˈkloːˌxur] 名男〖属単 **clóchuir**〗植字, 活字組み.
clódóir [kloːdoːrʲ] 名男〖属単・主複 **clódóra**, 複 **-í**〗印刷業者；プリンター；捺染工.
clódóireacht [kloːdoːrʲəxt] 名女〖属単 **-a**〗印刷[捺(な)染]すること.
cló-eagraí [ˈkloːˌagriː] 名男〖属単 〜, 属複 **cló-eagraithe**〗植字工.
clog[1] [klog] 名男〖属単・主複 **cloig**, 属複 〜〗時(計)；鐘. 〜 **cuai-**

che 鳩時計. a chlog …時. a haon a chlog 1時. cad a chlog é? 何時ですか? ~ an aingil (カトリック)お告げの[アンジェルスの]鐘.

clog[2] [klog] 名男〖属単・主複 **cloig**, 属複 ~〗(皮膚の)水[火]ぶくれ; 泡; 気泡.
── 動I 他・自〖動名 **clogadh**, 動形 **clogtha**〗水[火]ぶくれを生じさせる.

clogad [klogəd] 名男〖属単・主複 **clogaid**, 属複 ~〗ヘルメット; 鐘状容器. ~ **cosanta** 安全ヘルメット.

clogail [klogəlʲ] 動II 他〖動名 **clogailt**, 動形 **clogailte**〗タイムを記録する. ~ **isteach**[**amach**] (タイムレコーダーで)出勤[退出]時刻を記録する.

clogarnach [klogərnəx] 名女〖属単 **clogarnaí**〗鳴り響く鐘の音; とどろき.

clogás [klogaːs] 名男〖属単・主複 **clogáis**, 属複 ~〗鐘楼[塔], 鐘堂.

clóghrafaíocht [ˈkloːɣrafiː(ə)xt] 名女〖属単 **-a**〗活版印刷(術).

clóic [kloːkʲ] 名女〖属単 **-e**〗覆い隠すもの; 暗がり; 陰うつ; 欠点.

cloicheán [kloxʲaːn] 名男〖属単・主複 **cloicheáin**, 属複 ~〗クルマエビ.

cloichín [kloxʲiːnʲ] 名男〖属単 ~, 複 **-í**〗**cloch** の指小語. ~ **sonais** 幸運の石.

cloichíneach [kloxʲiːnʲəx] 形1 小石だらけの.

cloigeann [klogʲən] 名男〖属単 **cloiginn**, 複 **cloigne**〗頭蓋(がい); 頭; 頭数. ~ **píopa** パイプの頭部. **tá sé tógtha sa chloigeann** 彼はいかれている. **tá an** ~ **agat air** 君は頭一つ分彼より高い. **trí cloigne déag fear** 男13人.

cloígh[1] [kliːɣʲ] 動I 他〖動名 **cloí**, 動形 **cloíte**〗枯渇させる; 征服する; (渇き)癒やす.

cloígh[2] [kliːɣʲ] 動I 自〖動名 **cloí**, 動形 **cloíte**〗~ **le** 粘着[執着]する; 固守する.

clóigh[1] [kloːɣʲ] 動I 他〖動名 **cló**, 動形 **clóite**; 現 **clónn**〗(飼い)慣らす; ~ **le** 習慣づける, 適応させる.

clóigh[2] [kloːɣʲ] 動I 他〖動名 **cló**, 動形 **clóite**; 現 **clónn**〗印刷する; プリントする; 出版する.

cloigín [klogʲiːnʲ] 名男〖属単 ~, 複 **-í**〗① **clog**[1] の指小語. ② 小型のベル[鈴]; 房, 群れ; (つり鐘形をした)花弁[花冠].

cloigíneach [klogʲiːnʲəx] 形1 ベルのある, チリンチリン鳴る; 房になった.

cloigne [klogʲnʲə] ☞ **cloigeann**.

cloigtheach [ˈklogˌhax] 名男〚属単 **cloigthí**, 複 **cloigthithe**〛鐘塔[楼]；ラウンドタワー.

clóim [kloːəmʲ] *clóigh*[1,2] +mé.

clóire [kloːrʲə] 名男〚属単 〜, 複 **clóirí**〛プリンター, 印刷機.

clóirín [kloːrʲinʲ] 名男〚属単 〜, 複 **-í**〛塩素.

clois [klosʲ] 動他・自〚動名 **cloisteáil**, 動形 **cloiste**；過 **chuala**, 自律 **chualathas**〛(不規則動詞変化表参照). 聞く[傾聴する]；便りを得る.

clóiséad [kloːsʲeːd] 名男〚属単・主複 **clóiséid**, 属複 〜〛(特別用途の)小室；戸だな.

cloisteáil [klosʲtʲaːlʲ] 名女〚属単 **cloisteála**〛① clois の動名詞. ② 聞くこと；聞こえること.

cloíte [kliːtʲə] 形3 ① cloígh[1]の動形容詞. ② 打ち砕かれた；疲れ果てた；気力を奪われた. ③ ☞ cloígh[2].

clóite [kloːtʲə] ☞ clóigh[1,2].

cloíteach [kliːtʲəx] 形1 服従させる；疲労[消耗]させる.

cloíteacht [kliːtʲəxt] 名女〚属単 **-a**〛消耗；弱さ；心の貧弱.

cloíteoir [kliːtʲoːrʲ] 名男〚属単 **cloíteora**, 複 **-í**〛征服者.

clólann [kloːlən] 名女〚属単 **clólainne**, 主複 **-a**, 属複 〜〛捺(な)染工場.

clór(a)(i)- [kloːrə] 接頭 緑・塩素を含んだ.

clóraform [ˈkloːrəˌforəm] 名男〚属単 **clórafoirm**〛クロロホルム.

clord [kloːrd] 名男〚属単・主複 **cloird**, 属複 〜〛(ボートの)横木, スワルト；(甲板室と船側の間の)甲板.

clos [klos] 名〚属単 **cloiste**〛① =cloisteáil. ② (成句) **is** 〜 **dom** (go) (go 以下)を聞いている. **tá** 〜 **agam air** 私はそれを聞いたことがある.

clós [kloːs] 名男〚属単・主複 **clóis**, 属複 〜〛中庭；路地, 袋小路.

closamhairc [ˈklosˌaurʲkʲ] 形 視聴覚(教育)の. **áiseanna** 〜 視聴覚教育の用具.

clóscríbhinn [ˈkloːˌsʲkʲrʲiːvʲənʲ] 名女〚属単 **-e**, 複 **-í**〛タイプ原稿[印書].

clóscríobh [ˈkloːˌsʲkʲrʲiːv] 名男〚属単 **clóscríofa**〛タイプ(ライター)を打つこと；タイプ印書.
── 動I 他・自〚動名 **clóscríobh**, 動形 **clóscríofa**〛タイプで打つ.

clóscríobhaí [ˈkloːˌsʲkʲrʲiːvʲiː] 名男〚属単 〜, 複 **clóscríobhaithe**〛タイピスト.

clóscríobhán [ˈkloːˌsʲkʲriːvaːn] 名男〚属単・主複 **clóscríobháin**,

属複 ～』タイプライター.

clostrácht [ˈklosˌtraːxt] 名男〖属単 **-a**〗風説.（法）fianaise chlostráchta 伝聞証拠.

clú [kluː] 名男〖属単 ～〗評判；名声；名誉. is mór[maith] an ～ duit é それは君の多大な名誉となる. ～ a tharraingt ort féin 名を挙げること. droch-chlú a chur ar dhuine 人を中傷すること.

cluain[1] [kluənʹ] 名女〖属単 **cluana**, 複 **-te**〗牧草地[草原].

cluain[2] [kluənʹ] 名女〖属単 **cluana**〗だますこと；そそのかし；説得.

cluais = cluas.

cluaise [kluəsʹə] ☞ cluas.

cluaisín [kluəsʹiːnʹ] 名男〖属単 ～, 複 **-í**〗① cluas の指小語. ② 耳状部；垂れ[つまみ]；名札，タグ；(索引用) 見出し.

cluanach [kluənəx] 形 1 人をだます；おべっかを使う.

cluanaire [kluənərʹə] 名男〖属単 ～, 複 **cluanairí**〗詐欺師；おべっか使い.

cluanaireacht [kluənərʹəxt] 名女〖属単 **-a**〗だますこと；へつらい.

cluas [kluəs] 名女〖属単 **cluaise**, 主複 **-a**, 属複 ～〗耳；取っ手[柄]；耳形のもの. ～ a chur ort féin 聞き耳を立てること. ～ do cheol 音楽の分かる耳. ～ a thabhairt do (rud)（もの）を傾聴すること. cá raibh tú aimsir na gcluas? 耳が悪いのか[聞こえないのか]？ ～ pota 壺の取っ手. ～ caipín 帽子の耳覆い.

cluasach [kluəsəx] 形 1 耳のついている，耳飾りのある.

cluasaí [kluəsiː] 名男〖属単 ～, 複 **cluasaithe**〗聴き手；立ち聞きする人.

cluasáin [kluəsaːnʹ] 名男〖属単 ～, 属複 **cluasán**〗イヤホーン，ヘッドホーン.（片耳用は属複と同じ）

cluasaíocht [kluəsiː(ə)xt] 名女〖属単 **-a**〗盗み聞きすること；密かに聞く[ささやく]こと.

club [klob] 名男〖属単 ～, 複 **-anna**〗クラブ，同好会.

clúdach [kluːdəx] 名男〖属単・主複 **clúdaigh**, 属複 ～〗覆い，カバー，ふた. ～ boird テーブルカバー. ～ litreach 封筒. ～ crua[páipéir]（本）ハードカバー[ペーパーバック].

clúdaigh [kluːdiː] 動 II 他〖動名 **clúdach**, 動形 **clúdaithe**〗覆う，包む，カバーを掛ける. teach a chlúdach 家の屋根をふくこと.

cluich [klixʹ] 動 I 他・自〖動名 **cluicheadh**, 動形 **cluichte**〗追いやる；駆り集める；集まる；追い掛ける. iasc ag cluicheadh 魚が群れをなしていること.

cluiche [klixʹə] 名男〖属単 ～, 複 **cluichí**〗ゲーム，試合[競技]；

cluicheadh

(魚・動物)群れ. **na Cluichí Oilimpeacha** 国際オリンピック大会. ～ **corr** ラウンダーズ競技(野球に似た球技). ～ **faoileán** カモメの群れ.

cluicheadh [klixʹə] 名男〚属単 **cluichte**〛(獲物を)追う[狩る]こと; (人を)悩ますこと; がみがみ言うこと.

cluichíocht [klixʹi:(ə)xt] 名女〚属単 **-a**〛賭博(ばく)をすること; スポーツをすること.

clúid[1] [klu:dʹ] 名女〚属単 **-e**, 複 **-eacha**〛隅; 一郭; 奥まった所.

clúid[2] [klu:dʹ] 名女〚属単 **-e**, 複 **-eacha**〛覆い; 覆う[包む]こと. ～ **oighir** 一面の氷[板氷].

clúidín [klu:dʹi:n] 名男〚属単 ～, 複 **-í**〛幼児用ナプキン, おしめ.

cluimhreach [klivʹrʹəx] 名女〚属単 **cluimhrí**〛羽毛, 羽(根).

cluimhrigh [klivʹrʹi:] 動II 他〚動名 **cluimhriú**, 動形 **cluimhrithe**〛(羽毛を)むしる, 引き抜く; (動物が)羽や毛を整える, (人が)小奇麗にする.

cluin [klinʹ] 動 他・自〚動名 **cluinstin**, 動形 **cluinte**〛(不規則動詞変化表参照). 聞く; 傾聴する; 聞き知る.

cluinteach [klinʹtʹəx] 形1 よく耳を傾ける; よく気をつける.

clúiteach [klu:ʹtʹəx] 形1 有名な, 名声のある.

clúmh [klu:v] 名男〚属単 **clúimh**〛羽毛[綿毛]; (身体の)柔毛[産毛]; 毛皮.

clúmhach [klu:vəx] 名男〚属単 **clúmhaigh**〛①(衣服の)けば[毛くず]; 産毛, 一塊の毛. ② = clúmh.
── 形1 綿毛[羽毛・羊毛]のような, ふわふわした; (果物)かびの生えた.

clúmhilleadh [ˈklu:ˌvʹilʹə] 名男〚属単 **clúmhillte**〛名誉き損, 中傷[ひぼう].

clúmhillteach [ˈklu:ˌvʹilʹtʹəx] 形1 中傷的な, 名誉をき損する.

clúmhúil [klu:vu:lʹ] 形2 綿毛のような, ふわふわした; かびの生えた.

cluthair [kluhərʹ] 名女〚属単 **cluthrach**, 複 **cluthracha**〛避難所; 入り込んだ所.

cluthaireacht [kluhərʹəxt] 名女〚属単 **-a**〛隠れ場; 安らぎと暖かさ; 人目を避けること.

cluthar [kluhər] 形1 保護された; 暖くて心地よい; 隠し立てする.

clutharaigh [kluhəri:] 動II 他〚動名 **clutharú**, 動形 **clutharaithe**〛避難所を与える; 心地よくさせる; 秘密にしておく. **tú féin a chlutharú** くつろぐこと.

cnádán [kna:da:n] 名男〚属単・主複 **cnádáin**, 属複 ～〛(栗)いが, (ゴボウ)実.

cnádánach [kna:da:nəx] 形1 気にくわない, 不愉快な；言い争う.
cnádánacht [kna:da:nəxt] 名女〖属単 **-a**〗(絶え間なく)ののしり合うこと；じれったい[不愉快な]話合い.
cnáfairt [kna:fərt'] 名女〖属単 **-e**, 複 **-í**〗あら[骨], (食物)残り(物)；(火)くすぶり；(指•空パイプ)しゃぶること；(話)つぶやき.
cnag [knag] 名男〖属単 **cnaig**, 主複 **-a**, 属複 ～〗ノック；強打, 殴打；鋭い音；硬球. **buail ～ ar an doras** ドアをノックしなさい. ～ **a bhaint as do mhéar** 指の関節をポキポキ鳴らすこと.
── 動I 他•自〖動名 **cnagadh**, 動形 **cnagtha**〗打つ「叩(たた)く」；打ち倒す；割る；(砕音を立てて)食べる. **cnó a chnagadh** 堅い木の実を割ること. **úll a chnagadh** りんごをガリガリかじること. **bhí mé cnagtha ag slaghdán** 私は風邪で倒れた.
cnagadh [knagə] 名男〖属単 **cnagtha**〗打つこと；割ること；(砕音を立てて)食べること.
cnagaire[1] [knagər'ə] 名男〖属単 ～, 複 **cnagairí**〗打つもの[人].
cnagaire[2] [knagər'ə] 名男〖属単 ～, 複 **cnagairí**〗小酒杯, マグ.
cnagaosta ['knag|i:stə] 形3 高齢の, かなり年輩の.
cnagarnach [knagərnəx] 名女〖属単 **cnagarnaí**〗急な鋭い音, パチパチと鳴る音, (ポリポリ)かみ砕く音.
cnagbheirigh ['knag|v'er'i:] 動II 他〖動名 **cnagbheiriú**, 動形 **cnagbheirithe**〗湯がく, 湯通しする.
cnagbhruite ['knag|vru:t'ə] 形3 軽くゆでた.
cnaguirlis ['knag|u:rl'əs'] 名女〖属単 **-e**, 複 **-í**〗打楽器.
cnaí [kni:] 名男〖属単 ～〗かじること；絶え間ない苦痛；腐食(作用)；(身体)消耗, 衰弱.
cnáib [kna:b'] 名女〖属単 **cnáibe**〗麻(の繊維).
cnaígh [kni:ɣ'] 動I 他•自〖動名 **cnaí**, 動形 **cnaíte**；現 **cnaíonn**〗かじる；腐食する；侵食する；徐々に衰える.
cnáimhseach [kna:v's'əx] 形1 産科(学)の, 助産の.
── 名女〖属単 **cnáimhsí**, 主複 **-a**, 属複 ～〗助産婦.
cnáimhseáil [kna:v's'a:l'] 名女〖属単 **cnáimhseála**〗不平を言うこと.
cnáimhseálaí [kna:v's'a:li:] 名男〖属単 ～, 複 **cnáimhseálaithe**〗不平家, ぐちを言う人.
cnáimhseoir [kna:v's'o:r'] 名男〖属単 **cnáimhseora**, 複 **-í**〗産科医.
cnaipe [knap'ə] 名男〖属単 ～, 複 **cnaipí**〗(飾り)ボタン；ビーズ. (成句) **tá a chnaipe déanta** もう彼にチャンスはない[万事休してい

cnaiste

cnaiste [knasʹtʹə] 名男〖属単 ～, 複 **cnaistí**〗（ベッド）手すり，横垣．
cnaíteach [kniːtʹəx] 形 1 かじる；食い入るような．
cnámh [knaːv] 名女〖属単 **cnáimhe**, 主複 **-a**, 属複 ～〗（人・動物・魚類の）骨．～ **droma** 背骨．～ **dhearg na fírinne** 有りのままの事実．**cnámha scéil** 物語の骨子．**gaol na gcnámh** 血族関係．
cnámhach [knaːvəx] 形 1 骨の（ような）；骨太の；（野菜）あらい葉脈をした．
cnámhaigh [knaːviː] 動II 他・自〖動名 **cnámhú**, 動形 **cnámhaithe**〗骨化する；硬化させる．
cnámharlach [knaːvərləx] 名男〖属単・主複 **cnámharlaigh**, 属複 ～〗骨格［がい骨］；やせこけた人［動物］．
cnap [knap] 名男〖属単 **cnaip**, 複 **-anna**〗突起［つまみ・取っ手］；一塊［山］；（濃密で不定形の）固まり．**tá sé ina chnap codlata** 彼はぐっすり眠っている, ～ **scamall** 雲の固まり．～ **ina scornach** 彼の喉(ほね)にある腫(は)れ物．
── 動I 他〖動名 **cnapadh**, 動形 **cnaptha**〗積み上げる；拾い集める．
cnapach [knapəx] 形 1 でこぼこの；（木など）こぶ［節］だらけの．
cnapán [knapaːn] 名男〖属単・主複 **cnapáin**, 属複 ～〗こぶ［塊］；（不定形の）塊．～ **ime**（丸めた）バターの塊．
cnapánach [knapaːnəx] 形 1 塊の多い；起伏の多い；荒天の．
cnapsac [ˈknapˌsak] 名男〖属単・主複 **cnapsaic**, 属複 ～〗ナップザック．
cnapshiúcra [ˈknapˌhʹuːkrə] 名男〖属単 ～〗角砂糖．
cnapshuim [ˈknapˌhumʹ] 名女〖属単 **-e**, 複 **-eanna**〗総額，一時払い．
cneá [kʹnʹaː] 名女〖属単 ～, 複 **-cha**〗けが，傷．
cnead [kʹnʹad] 名女〖属単 **-a**, 複 **-anna**〗うめき［うなり］(声)，あえぎ；むせび泣き．
── 動I 自〖動名 **cneadach**〗うめく；荒い息をする．
cneadach [kʹnʹadəx] 名女〖属単 **cneadaí**〗あえぐこと；うめくこと．
cneáigh [kʹnʹaːyʹ] 動I 他〖動名 **cneá**, 動形 **cneáite**〗負傷させる，（人・感情・名誉など）を傷つける．
cneáim [kʹnʹaːmʹ] **cneáigh**＋**mé**．
cneámhaire [kʹnʹaːvərʹə] 名男〖属単 ～, 複 **cneámhairí**〗詐欺師，不正直者．
cneas [kʹnʹas] 名男〖属単 **cnis**, 主複 **-a**, 属複 ～〗肌，皮膚；表面；見

掛け.

cneasaigh [k‎ʹn‎ʹasi:] 動II 他・自〖動名 **cneasú**, 動形 **cneasaithe**〗(病気・傷)を治す;(心の傷)を癒やす.

cneaschol [ˈkʹnʹasˌxol] 名男〖属単 **cneaschoil**〗皮膚の色による差別.

cneasluiteach [ˈkʹnʹasˌlitʹəx] 形1 (衣服など)体にぴったりの.

cneasta [kʹnʹastə] 形3 正直[誠実]な;上品な;穏やかな.

cneastacht [kʹnʹastəxt] 名女〖属単 **-a**〗誠実;上品;温和;優しさ.

cniog [kʹnʹig] 名男〖属単 ~, 複 **-aí**〗(タイプ・扉・机など)とんとん打つ[叩く]こと;連打. (成句) **ní raibh cor ná ~ astu** 彼らはじっと動かず一言もしゃべらなかった.
── 動I 他〖動名 **cniogadh**, 動形 **cniogtha**〗とんとん打つ[叩く];(こぶしなどで)打ちつける. **tá sé cniogtha** 彼は(続けざまに)ぶたれた.

cníopaire [kʹnʹi:pərəʹ] 名男〖属単 ~, 複 **cníopairí**〗けちな人.

cníopaireacht [kʹnʹi:pərʹəxt] 名女〖属単 **-a**〗けち, どん欲.

cniotáil [kʹnʹita:lʹ] 名女〖属単 **cniotála**〗編むこと;編んだ物.
── 動I 他・自〖動名 **cniotáil**, 動形 **cniotáilte**;現 **cniotálann**〗編む;編み物をする.

cniotálaim [kʹnʹita:ləmʹ] cniotáil+mé.

cniotálaí [kʹnʹita:li:] 名男〖属単 ~, 複 **cniotálaithe**〗メリヤス工, 編む人;編機(械).

cnó [kno:] 名男〖属単 ~, 複 **-nna**〗木の実[ナッツ];留めねじ[ナット];人. ~ **cócó** ココナッツ. ~ **caisealta** (機械の)みぞ付きナット. ~ **cnuasaigh** (<cnuasach) 貯蔵されたナッツ[秘蔵っ子]. ~ **mullaigh** 最上の木の実[長・チーフ].

cnoc [knok] 名男〖属単・主複 **cnoic**, 属複 ~〗小山, 丘. ~ **oighir** 氷山. ~ **farraige** 大波. **amuigh ar an gcnoc** 戸外に出て.

cnocach [knokəx] 形1 小山の多い;小山のような;丘陵の.

cnocadóireacht [knokədo:rʹəxt] 名女〖属単 **-a**〗小山を登ること.

cnocán [knoka:n] 名男〖属単・主複 **cnocáin**, 属複 ~〗小山;塚;積み上げ.

cnocánach [knoka:nəx] 形1 小山の多い, 平らでない.

cnoga [knogə] 名男〖属単 ~, 複 **-í**〗(止め)くぎ;杭(ﾙ);上部.

cnóire [kno:rʹə] 名男〖属単 ~, 複 **cnóirí**〗くるみ割り器.

cnota [knotə] 名男〖属単 ~, 複 **-í**〗結び(目);飾り結び;(鳥の)とさか.

cnuaisciúin [knuəsʹkʹu:nʹ] 名女〖属単 **cnuaisciúna**〗倹約;整頓;

能率.
cnuaisciúnach [knuəsˈkʼuːnəx] 形1 節約する；きちんとした；能率的な.
cnuasaigh [knuːsiː] 動II 他・自〖動名 **cnuasach**, 動形 **cnuasaigh**〗集める；収穫する；蓄える.
cnuasainm [ˈknuəsˌanʼəmʼ] 名男〖属単 ～, 複 **-neacha**〗集合名詞.
cnuasaitheach [knuːsihəx] 形1 蓄えている；倹約する.
cnuchair [knuxərʼ] 動II 他〖動名 **cnuchairt**, 動形 **cnuchartha**；現 **cnuchraíonn**〗(長方形に切った泥炭を乾かすため)交差させて立てる.
cnúdán[1] [knuːdaːn] 名男〖属単 **cnúdáin**〗(猫など)のどを鳴らすこと.
cobhsaí [kausiː] 形3 安定した，しっかりした；決意の堅い.
cobhsaigh [kausiː] 動II 他〖動名 **cobhsú**, 動形 **cobhsaithe**〗安定させる，固定させる.
cobhsaíocht [kausiː(ə)xt] 名女〖属単 **-a**〗堅固，安定，着実.
coc [kok] 動I 他〖動名 **cocadh**, 動形 **coctha**〗(干し草など)円錐形の山に積み上げる. **ag cocadh féir** 干し草を積むこと.
coca [kokə] 名男〖属単 ～, 複 **-í**〗～ (**féir**) 円錐状の干し草の山.
cocach [kokəx] 形1 ぴんと立った；とんがった；生意気な.
cocáil [kokaːl] 動I 他〖動名 **cocáil**, 動形 **cocála**；現 **cocálann**〗上向きにする. **cluas a chocáil** 耳をぴんと立てること.
cócaire [koːkərʼə] 名男〖属単 ～, 複 **cócairí**〗コック，料理人.
cócaireacht [koːkərʼəxt] 名女〖属単 **-a**〗料理すること；料理法.
cócaireán [koːkərʼaːn] 名男〖属単・主複 **cócaireáin**, 属複 ～〗料理道具.
cocán [kokaːn] 名男〖属単・主複 **cocáin**, 属複 ～〗(植物)萼(がく)；(髪の)まげ. ～ **róis** バラのつぼみ.
cócaráil [koːkəraːlʼ] 動I 他・自〖動名 **cócaráil**, 動形 **cócarála**；現 **cócarálann**〗料理する.
cóch [koːx] 名男〖属単 **cóich**, 主複 **-a**, 属複 ～〗突風，スコール.
cochall [koxəl] 名男〖属単・主複 **cochaill**, 属複 ～〗フード, (僧の外衣)頭巾；マント；(雄鶏などが怒った時に逆立てる)毛. **tháinig** ～ **air** 彼は怒りだした. ～ **gaoithe** 吹流し. ～ **pise** エンドウ豆のさや.
cochán [koxaːn] 名男〖属単 **cocháin**〗(麦)わら.
cócó [koːkoː] 名男〖属単 ～〗ココア. **cnó** ～ ココナツ.
cocún [kokuːn] 名男〖属単 **cocúin**〗まゆ，らんのう.
cód [koːd] 名男〖属単・主複 **cóid**, 属複 ～〗コード；(社会生活上の)

規準；慣例. ～ poist 郵便番号.
coda [kodə] ☞ cuid.
codail [kodəlʹ] 動Ⅱ自〖動名 **codladh**, 動形 **codalta**; 現 **codlaíonn**〗眠る. tá sé in am dul a chodladh 寝る時間だ.
codán [kodaːn] 名男〖属単・主複 **codáin**, 属複 ～〗破片, 断片.
codanna [kodənə] ☞ cuid.
codarsnach [kodərsnəx] 形1 逆の；対照して, 反対側の.
codarsnacht [kodərsnəxt] 名女〖属単 -a〗反対；対比, 対照. i gcodarsnacht le とは対照的に.
codladh [kolə] 名男〖属単 **codlata**〗睡眠, 眠り. ～ na súl oscailte 白昼夢. ～ sámh 熟睡. seomra codlata 寝室. slán codlata a fhágáil ag (duine) (人)におやすみなさいと言うこと. fág ina chodladh (議論など)そのへんでやめよう. tá sé ina chodladh 彼は寝ている.
codlaidíneach [kolədʹiːnʹəx] 名男〖属単・主複 **codlaidínigh**, 属複 ～〗鎮静[催眠]剤.
―― 形1 鎮静の, 麻酔の.
codlatach [kolətəx] 形1 眠い；眠そうな；活気のない.
cófra [koːhrə] 名男〖属単 ～, 複 -í〗(大型の)箱, 整理だんす.
cogadh [kogə] 名男〖属単 **cogaidh**, 複 **cogaí**〗戦争. ～ dearg 徹底的戦争. ～ cathartha 市民戦争. ～ na gcarad 友達同士のけんか. ag ～ le と戦うこと.
cogain [kogʹənʹ] 動Ⅱ他・自〖動名 **cogaint**, 動形 **coganta**；現 **cognaíonn**〗噛む；かじる；磨く；つぶやく. caint a chogaint 不明瞭な話.
cogaíoch [kogiː(ə)x] 名男〖属単・主複 **cogaígh**, 属複 ～〗交戦国[者].
―― 形 好戦的；戦争(中)の.
cogaíocht [kogiː(ə)xt] 名女〖属単 -a〗戦争, 交戦状態.
cógaiseoir [koːgəsʹoːrʹ] 名男〖属単 **cógaiseora**, 複 -í〗薬剤師.
cógaisíocht [koːgəsʹiː(ə)xt] 名女〖属単 -a〗薬屋, 薬局；調剤.
cogar [kogər] 名男〖属単・主複 **cogair**, 属複 ～〗ささやき；ひそひそ話；～! ねえ(聞きなさい)!. ～ scéil (＜scéal) a fháil うわさを聞き込むこと. ～ mé leat [～ mé seo (leat)] 内緒でおしえて下さい. ～ ceilge (＜cealg) 秘密の企み.
cogarnach [kogərnəx] 名女〖属単 **cogarnaí**〗ささやくこと；秘密；内緒話.
cógas [koːgəs] 名男〖属単・主複 **cógais**, 属複 ～〗薬.
cógaslann [koːgəslən] 名女〖属単 **cógaslainne**, 主複 -a, 属複 ～〗

薬局.
cogúil [koguːlʹ] 形2 好戦的な, けんか好きな.
cogús [koguːs] 名男 〘属単・主複 **cogúis**, 属複 〜〙良心.
coibhéis [kovʹeːsʹ] 名女 〘属単 **-e**〙同等, 同価値.
coibhéiseach [kovʹeːsʹəx] 形1 同等の, 同量の.
coibhneas [kovʹnʹəs] 名男 〘属単 **coibhnis**, 主複 **-a**, 属複 〜〙関係; 血族; 割合. **i gcoibhneas** と釣り合って.
coibhneasacht [kovʹnʹəsəxt] 名女 〘属単 **-a**〙関連(性), 相関(性); 相対論[主義].
coibhneasta [kovʹnʹəstə] 形3 関係がある; 比較上の, 相対的. **foirm choibhneasta** (文法) 関係詞.
coicís [kokʹiːsʹ] 名女 〘属単 **-e**, 複 **-í**〙2週間.
coicísiúil [kokʹiːsʹuːl] 形2 2週間毎の; 隔週発刊の.
coigeadal [kogʹədəl] 名男 〘属単 **coigeadail**〙(聖)歌; どよめき.
coigeal [kogʹəl] 名女 〘属単 **coigile**, 主複 **-a**, 属複 〜〙(羊毛など) 糸巻棒; 細い水路.
coigeartaigh [kogʹərtiː] 動II 他 〘動名 **coigeartú**, 動形 **coigeartaithe**〙修正する; 調整する.
coigil [kogʹəl] 動II 他 〘動名 **coigilt**, 動形 **coigilte**; 現 **coiglíonn**〙節約する; 蓄える; かき集める; 隠す. **an tine a choigilt** 灰を火の上にのせること.
coigilteach [kogʹəlʹtʹəx] 形1 質素な, 節約する, 倹約な.
coigilteas [kogʹəlʹtʹəs] 名男 〘属単 **coigiltis**〙保存, 維持, 節約.
coigistigh [kogʹəsʹtʹiː] 動II 他 〘動名 **coigistiú**, 動形 **coigistithe**〙没収する, 押収する.
coigríoch [kogʹrʹiːx] 名女 〘属単 **coigríche**, 主複 **-a**, 属複 〜〙外国. **ar an gcoigríoch** 海外に.
coigríochach [kogʹrʹiːxəx] 名男 〘属単・主複 **coigríochaigh**, 属複 〜〙見知らぬ人; 外国人.
―― 形1 見知らぬ; 外国の.
coileach [kolʹəx] 名男 〘属単・主複 **coiligh**, 属複 〜〙雄鳥(おんどり).
coileán [kolʹaːn] 名男 〘属単・主複 **coileáin**, 属複 〜〙子犬; 動物の子.
coiléar [kolʹeːr] 名男 〘属単・主複 **coiléir**, 属複 〜〙カラー, えり; 首輪.
coilgneach [kolʹəgʹnʹəx] 形1 刺(とげ)のある; 短気な, いらいらする.
coilíneach [kolʹiːnʹəx] 名男 〘属単・主複 **coilínigh**, 属複 〜〙海外移住民; 部外者.

―― 形1 植民(地)の.
coilíneacht [kolʹiːn/əxt] 名女〖属単 **-a**, 複 **-aí**〗移民団; 植民地.
coilínigh [kolʹiːn/iː] 動II 他〖動名 **coilíniú**, 動形 **coilínithe**〗植民地として開拓する, 入植する.
cóilis [koːlʹəsʹ] 名女〖属単 **-e**〗カリフラワー.
coill[1] [kolʹ] 名女〖属単 **-e**, 複 **-te**〗森(林).
coill[2] [kolʹ] 動I 他〖動名 **coilleadh**, 動形 **coillte**〗(動物を)去勢する; (法律など)犯す; 奪い取る; (本など)不適当な個所を削る.
coillteach [kolʹtʹəx] 形1 森の(ある), 樹木の多い.
coim [komʹ] 名女〖属単 **-e**, 複 **-eanna**〗腰; 中心部; マント; おおい隠すもの. **i gcoim na hoíche** 真夜中に. **faoi choim** 秘密に.
coimeád [komʹaːd] 名男〖属単 **-ta**〗保護, 監視; 維持. **ar do choimeád** 警戒して.
―― 動I 他・自〖動名 **coimeád**, 動形 **coimeádta**〗守る; 監視する; 保有する; 拘留する. **an bóthar a choimeád** 道からはずれないこと. ～ **le** 根気よくやる. ～ **ó** やめる(控える). ～ **amach ó** 近づかない. ～ **suas le** 遅れないようについていく. (rud) **a choimheád siar** (こと)を抑えること. **go coimeádta** 安全に.
cóiméad [koːmʹeːd] 名男〖属単・主複 **cóiméid**, 属複 ～〗彗星(すい).
coimeádach [komʹaːdəx] 名男〖属単・主複 **coimeádaigh**, 属複 ～〗保守的な人.
―― 形1 保守的な.
coimeádaim [komʹaːdam] **coimeád** + **mé**.
coimeádán [komʹaːdaːn] 名男〖属単・主複 **coimeádáin**, 属複 ～〗容器, 入れ物.
cóimeáil [koːmʹaːlʹ] 名女〖属単 **cóimeála**〗集会, 会議; 集団. **líne chóimeála** (組立ての)流れ作業(列).
―― 動I 他〖動名 **cóimeáil**, 動形 **cóimeáilte**; 現 **cóimeálann**〗(人を)集める; (物を)集めて整理する, 組み立てる.
coiméide [komʹeːdʹə] 名女〖属単 ～, 複 **coiméidí**〗喜劇.
coiméideach [komʹeːdʹəx] 形1 喜劇の, こっけいな.
coimhdeach [kovʹdʹəx] 形1 同行する; 付随する.
coimhdeacht [kovʹdʹaxt] 名女〖属単 **-a**〗付属物; 付き合い. ～ **dhéanamh** (<**déan**) **ar** (**dhuine**) (人の)付き添い. **lucht coimhdeachta** 随行員. **ag** ～ 一緒に.
cóimheá [ˈkoːvʹaː] 名女〖属単 ～〗バランス, 釣り合い, 平衡.
cóimheáchan [ˈkoːvʹaːxən] 名男〖属単・主複 **cóimheáchain**, 属複 ～〗釣り合い; おもり; 平衡力.

coimhéad [kovʹeːd] 名男〖属単 **-ta**〗見張り, 監視；注目.
　── 動I 他・自〖動名 **coimhéad**, 動形 **coimhéadta**〗見張る；世話をする；用心する；**tá siad ag ~ orainn** 彼らは我々を見張っている.
coimhéadach [kovʹeːdəx] 形 1 用心深い, 警戒して；機敏な.
coimhéadaí [kovʹeːdiː] 名男〖属単 **~**, 複 **coimhéadaithe**〗見張り人；観測家.
cóimheas [ˈkoːˈvʹas] 名男〖属単・主複 **-a**, 属複 **~**〗比較, 対照. **i gcóimheas le** と比較して.
　── 動I 他〖動名 **cóimheas**, 動形 **cóimheasa**〗比較する, 対照する.
coimheascar [kovʹəskər] 名男〖属単・主複 **coimheascair**, 属複 **~**〗闘うこと；戦闘, 乱闘.
cóimhéid [ˈkoːˈvʹeːdʹ] 名女〖属単 **-e**〗同等；同数［量］.
cóimheonach [ˈkoːˈvʹoːnəx] 形 1 気心の合った；同性質の.
cóimhiotal [ˈkoːˈvʹitəl] 名女〖属単・主複 **cóimhiotail**, 属複 **~**〗合金；混ぜ物.
coimhlint [kovʹlʹənʹtʹ] 名女〖属単 **-e**, 複 **-í**〗競争, レース, 対抗. **ag ~ (le)** と競争すること.
coimhlinteoir [kovʹlʹənʹtʹoːrʹ] 名男〖属単 **coimhlinteora**, 複 **-í**〗競技者；競争相手.
coimhthíoch [kovʹhi(ə)x] 名男〖属単・主複 **coimhthígh**, 属複 **~**〗見知らぬ人；外国人.
　── 形 1〖属単男 **~**, 属単女・比較 **coimhthíche**, 主複 **-a**〗外国（産）の；よく知らない；離れた；よそよそしい.
coimhthíos [kovʹhiːs] 名男〖属単 **coimhthís**〗未知；よそよそしさ；はにかみ.
coimín [komʹiːnʹ] 名男〖属単 **~**, 複 **-í**〗共有地；牧草地.
coimíneacht [komʹiːnʹəxt] 名女〖属単 **-a**〗(牧草地の)共同使用権.
coimirce [komʹərʹkʹə] 名女〖属単 **~**〗保護；後援.
coimirceach [komʹərʹkʹəx] 形 1 保護する；後援する；ひいきにする.
coimirceoir [komʹərʹkʹoːrʹ] 名男〖属単 **coimirceora**, 複 **-í**〗保護者；後援者.
coimircí [komʹərʹkʹiː] 名男〖属単 **~**, 複 **coimircithe**〗監視人.
coimisinéir [ˌkoˈmʹisʹənʹeːrʹ] 名男〖属単 **coimisinéara**, 複 **-í**〗委員；理事；長官.
comisiún [ˌkoˈmʹisʹuːn] 名男〖属単・主複 **coimisiúin**, 属複 **~**〗委任, 委託.
coimpeart [komʹpʹərt] 名男〖属単 **coimpeartha**, 複 **coimpear-**

thaí』概念.
coimpléasc [kom′p′l′e:sk] 名男〖属単・主複 **coimpléisc**, 属複 ～〗複合体. ～ **iochtaránachta** 劣等感.
coimpléascach [kom′p′l′e:skəx] 形1 体質が丈夫な；胴まわり[周囲]が太い；複合の.
coimre [kom′r′ə] 名女〖属単 ～〗(体の)均整がとれていること；簡潔なやり方；概要.
coimrigh [kom′r′i:] 動II 他〖動名 **coimriú**, 動形 **coimrithe**〗要約する, 手短に述べる, (語を)中略する.
coinbhinsiún [ˌkon′′v′in′s′u:n] 名男〖属単・主複 **coinbhinsiúin**, 属複 ～〗大会；協定；慣習.
coinbhinsiúnach [ˌkon′′vin′s′u:nəx] 形1 伝統的な；型にはまった；協定(上)の.
coinbhint [kon′(ə)v′ən′t′] 名女〖属単 **-e**, 複 **-í**〗女子修道院.
coincheap [ˈkon′ˌx′ap] 名男〖属単・主複 **-a**, 属複 ～〗概念；観念. —— 動I 他〖動名 **coincheapadh**, 動形 **coincheaptha**〗想像する, 考える.
coincleach [koŋ′k′l′əx] 名女〖属単 **coinclí**〗かび.
coincréit [koŋ′k′r′e:t′] 名女〖属単 **-e**〗コンクリート.
coincréiteach [koŋ′k′r′e:t′əx] 形1 コンクリート製の.
coineascar [kon′əskər] 名男〖属単・主複 **coineascair**, 属複 ～〗夕暮れ, 薄暮.
coinín [kon′i:n′] 名男〖属単 ～, 複 **-í**〗ウサギ.
coinleach [kon′l′əx] 名男〖属単 **coinligh**〗(麦などの)刈り株；無精ひげ.
coinlín [kon′l′i:n′] 名男〖属単 ～, 複 **-í**〗わら一本；茎. **diúl as ～** ストローで飲むこと. ～ **reo** つらら.
coinne [kon′ə] 名女〖属単 ～, 複 **coinní**〗約束；予約；会合. **áit choinne** 会合場所. **ní raibh ～ agam leat** 君は来ないと思っていた. **áit faoi choinne leabhar** 定められた本の置き場所. **tháinig** (<tar) **sé faoi choinne an airgid** 彼は金を受取りに来た. **gan choinne** 思いがけなく. **cur i gcoinne** (duine) (人)に反対すること. **uair i gcoinne na bliana** 年に一度. **os ～** の前に[の向かい側に].
coinneac [ˈkoˌn′ak] 名男〖属単・主複 **coinnic**, 属複 ～〗コニャック；ブランデー.
coinneáil [kon′a:l′] ☞ **coinnigh**.
coinneal [kon′əl] 名女〖属単・複 **coinnle**〗ろうそく；たいまつ；きらめき. **coinnle corra** ブルーベル(の花).

coinneálach [konʹaːləx] 形1 保持[維持]する；記憶力のよい.
coinnealbháigh [ˈkonʹəlˌvaːɣʹ] 動I 他〖動名 **coinnealbhá**, 動形 **coinnealbháite**；現 **coinnealbhánn**〗(キリスト教)破門する；除名する.
coinnigh [konʹiː] 動II 他〖動名 **coinneáil**, 動形 **coinneála**〗保護する；保持する；蓄える；留置する；(規則など)守る. **súil a chonneáil ar** (dhuine) (人)を見張ること. **choinnigh sé air ag caint** 彼は話し続けた. **choinnigh sé leis** 彼はそれを続けてやった. **choinnigh sé liom ag an séipéal** 彼は教会で私に追いついた.
coinníoll [konʹiːl] 名男〖属単 **coinníll**, 複 **-acha**〗条件；契約, 誓約. **ar an gcoinníoll go** という条件で[もし…ならば]. **dar mo choinníoll** 誓って.
coinníollach[1] [konʹiːləx] 名男〖属単・主複 **coinníollaigh**, 属複 ～〗(文法) 条件法[文].
coinníollach[2] [konʹiːləx] 形1 契約[誓約]した；信頼できる；勤勉な. (文法) **modh** ～ 条件法.
coinnleoir [konʹlʹoːrʹ] 名男〖属単 **coinnleora**, 複 **-í**〗燭台, ろうそく立て. ～ **craobhach** シャンデリア.
coinscríobh [ˈkonʹˌsʹkrʹiːv] 名男〖属単 **coinscríofa**〗徴兵(制度)；徴集.
── 動I 他〖動名 **coinscríobh**, 動形 **coinscríofa**〗(人)を徴兵にとる.
coinscríofach [ˈkonʹˌsʹkrʹiːfəx] 名男〖属単・主複 **coinscríofaigh**, 属複 ～〗徴集兵.
── 形1 徴集された.
coinséartó [konʹsʹeːrtoː] 名男〖属単 ～, 複 ～**nna**〗協奏曲, コンチェルト.
coinsias [konʹsʹiəs] 名男〖属単 **-a**, 複 **-aí**〗良心. **dar mo choinsias** 誓って.
coinsiasach [konʹsʹiəsəx] 形1 良心的な, 誠実な.
coinsíneacht [ˈkonʹˌsʹiːnʹəxt] 名女〖属単 **-a**, 複 **-aí**〗委託.
coinsínigh [ˈkonʹˌsʹiːnʹiː] 動II 他〖動名 **coinsíniú**, 動形 **coinsínithe**〗委託する.
cointinneach [konʹtʹənʹəx] 形1 争いを好む, 議論好きな；議論[異論]のある.
coip [kopʹ] 動I 他・自〖動名 **coipeadh**, 動形 **coipthe**〗醗酵させる；あわ立たせる. **uachtar coipthe** ホイップクリーム(あわ立てクリーム).

cóip[1] [ko:pʹ] 名女〖属単 **-e**, 複 **-eanna**〗(人の)一隊, 一団 ; やじ馬連.

cóip[2] [ko:pʹ] 名女〖属単 **-e**, 複 **-eanna**〗(キリスト教)聖職者のマント形の外衣.

cóip[3] [ko:pʹ] 名女〖属単 **-e**, 複 **-eanna**〗コピー, 複写.

cóipcheart [ˈko:pʹˌxʹart] 名男〖属単 **cóipchirt**, 主複 **-a**, 属複 **～**〗著作権, 版権.

coipeach [kopʹəx] 形1 泡のような ; 泡だらけの.

cóipeáil [ko:pʹa:lʹ] 名女〖属単 **cóipeála**〗写すこと, 複写, コピー.
——動I 他〖動名 **cóipeáil**, 動形 **cóipeáilte** ; 現 **cóipeálann**〗写す, コピーする ; 模写する.

cóipleabhar [ˈko:pʹlʹaur] 名男〖属単・主複 **cóipleabhair**, 属複 **～**〗練習帳, ノート.

coir [korʹ] 名女〖属単 **-e**, 複 **-eanna**〗犯罪 ; 過失 ; 危害. **níl mo choir leis** それは私の責任ではない. **duine gan choir** 悪意のない人. **níl ～ air sin** まんざら悪くはない.

cóir [ko:rʹ] 名女〖属単 **córa**, 複 **córacha**〗正義 ; 正当 ; 設備 ; 順序. **～ chodlata** 寝具. **tá gach ní i gcóir** 準備万端整った. **～ éadaigh** 衣服一式. **～ a chur ar** 供給. **～ leighis** 医療. **de chóir** [a chóir] 近くに. **de chóir baile** 家の近くに. **tá sé (de) chóir a bheith déanta** それは殆ど終わっている.
——形2〖属単男 **～**, 属単女・主複・比較 **córa**〗正しい, 公正な ; 正直な.

coirce [korʹkʹə] 名男〖属単 **～**, 複 **coircí**〗オート(麦).

coirceog [korʹkʹo:g] 名女〖属単 **coirceoige**, 主複 **-a**, 属複 **～**〗(円錐形の)ミツバチの巣 ; 円錐形.

coire [korʹə] 名男〖属単 **～**, 複 **coirí**〗大鍋[釜]. **～ bolcáin** 火山の噴火口. **～ (guairneáin)** 渦巻き.

coireach [korʹəx] 名男〖属単・主複 **coirigh**, 属複 **～**〗犯罪者, 反則者.
——形1 邪悪な ; 有罪の.

cóiréagrafaíocht [ˈko:rʹe:ˌgrafi:(ə)xt] 名女〖属単 **-a**〗(ダンス)振付け.

cóireáil [ko:rʹa:lʹ] 名女〖属単 **cóireála**〗治療.
——動I 他〖動名 **cóireáil**, 動形 **cóireáilte** ; 現 **cóireálann**〗治療する.

coiréal [korʹe:l] 名男〖属単 **coiréil**〗サンゴ.

coireolaíocht [ˈkorʹˌo:li:(ə)xt] 名女〖属単 **-a**〗犯罪学.

cóirigh

cóirigh [ko:r′i:] 動Ⅱ 他・自〖動名 **cóiriú**, 動形 **cóirithe**〗整える, 仕上げる；修正する. **leaba a chóiriú** ベッドを整えること.
cóirím [ko:r′i:m] cóirigh＋mé.
cóiríocht [ko:r′i:(ə)xt] 名女〖属単 **-a**〗(宿泊)設備；家具類.
coiriúil [kor′u:l′] 形2 犯罪の.
cóiriúil [ko:r′u:l′] 形2 好意的な；適当な.
coirm [kor′əm] 名女〖属単 **-e**, 複 **-eacha**〗エール(ビール)；宴会, パーティー. ～ **cheoil** コンサート.
coirneach [ko:rn′əx] 名男〖属単・主複 **coirnigh**, 属複 ～〗剃髪(ていはつ)した人；修道士.
────形1 (キリスト教) 剃髪式で剃髪した.
coirnéal [ko:rn′e:l] 名男〖属単・主複 **coirnéil**, 属複 ～〗角, コーナー；大佐. ～ **sráide** 街角. ～ **ciarsúir** ハンカチの角.
coirnín [ko:rn′i:n] 名男〖属単 ～, 複 **-í**〗巻き毛；カール.
coirpeach [kor′əp′əx] 名男〖属単・主複 **coirpigh**, 属複 ～〗犯罪者；人の仲に水を差す人.
coirt [kort′] 名女〖属単 **-e**, 複 **-eacha**〗樹皮；上塗り, コーティング.
coirteach [kort′əx] 形1 樹皮の；つや出しの；毛皮[鱗など]でおおわれた.
coirthe [kor′hə] 名男〖属単 ～, 複 **coirthí**〗(立ち)石.
coirtigh [kort′i:] 動Ⅱ 他〖動名 **coirtiú**, 動形 **coirtithe**〗樹皮[外皮]をはぐ；塗る；被せる.
cois [kos′] ☞ cos.
coisbheart [′kos′v′art] 名男〖属単 **coisbhirt**, 主複 **-a**, 属複 ～〗はきもの.
coisc [kos′k′] 動Ⅰ 他・自〖動名 **cosc**, 動形 **coiscthe**〗(急に)止める；妨げる；抑える；ブレーキをかける. **tá sé coiscthe orm** 私はそれを禁じられている.
coiscéim [kos′k′e:m′] 名女〖属単 **-e**, 複 **-eanna**〗歩み, 足取り；歩調.
coisctheach [kos′k′əx] 形1 予防の, 防止して, 抑える. **tá sé ～ ar thart** それで渇きがいやされる.
coisí [kos′i:] 名男〖属単 ～, 複 **coisithe**〗歩行者；旅人.
coisigh [kos′i:] 動Ⅱ 自〖動名 **coisíocht**, 動形 **coisíochta**〗歩く；徒歩旅行する.
coisíocht [kos′i:(ə)xt] 名女〖属単 **-a**〗歩調, 足取り；徒歩旅行.
cóisir [ko:s′ər′] 名女〖属単 **-e**, 複 **-í**〗宴会；パーティー.
coisric [kos′r′ək′] 動Ⅰ 他〖動名 **coisreacan**, 動形 **coisricthe**〗神

聖にする；祝福する.
coiste [kosʹtʹə] 名男〖属単 ～, 複 **coistí**〗陪審(員団)；委員会.
cóiste [koːsʹtʹə] 名男〖属単 ～, 複 **cóistí**〗(客)車. ～ **capaill** 馬車. ～ **ceithre chapall** 四頭立て馬車. ～ **codlata** 寝台車. ～ **na marbh** 霊柩(れいきゅう)車.
coite [kotʹə] 名男〖属単 ～, 複 **coití**〗小型の船；一人乗りの小舟, ボート.
coiteann [kotʹən] 名男〖属単 **coitinn**〗庶民；公衆；共有地. **an** ～ 普通の人[庶民].
—— 形 1 共通の；一般の.
coitianta [kotʹiəntə] 形 3 普通の, 一般的. **go** ～ 概して.
coitiantacht [kotʹiəntəxt] 名女〖属単 **-a**〗一般大衆, 普通の人；並みのもの.
coitinne [kotʹənʹə] 名女〖属単 ～〗普遍性. **i gcoitinne** 一般に.
col [kol] 名男〖属単 **coil**, 複 **-anna**〗禁止；親等；嫌悪(けんお). ～ **ceathrair** [ceathar] いとこ. ～ **cúigir** いとこの子. ～ **seisir**(< seisear) またいとこ. ～ **móide** 誓いを破ること. **tá** ～ **agam leis** 私はそれが嫌いだ.
cóla [koːlə] 名男〖属単 ～〗コーラ(飲料).
colach [koləx] 形 1 近親相姦の；罪深い；気にくわない.
colainn [kolənʹ] 名女〖属単 **-e**, 複 **-eacha**〗身体；肉体；胴体. **i gcolainn dhaonna** 人間の姿で. ～ **báid** 船体.
coláiste [kolaːsʹtʹə] 名男〖属単 ～, 複 **coláistí**〗カレッジ, 大学. ～ **ollscoile** 総合大学.
coláisteach [kolaːsʹtʹəx] 形 1 大学(生)の；大学生用の.
colaisteáról [ˌkoˈlasʹtʹeːroːl] 名男〖属単 **colaisteáróil**〗コレステロール.
colanda [koləndə] 形 3 物質的；身体の.
colbha [koləvə] 名男〖属単 ～, 複 **-í**〗(外側の)縁, へり, きわ；岩だな.
colg [koləg] 名男〖属単・主複 **coilg**, 属複 ～〗怒り；剣；刃；剛毛；背びれ. **tháinig**(<tar) ～ **air** 彼は怒りだした.
colgach [koləgəx] 形 1 激怒した；あごひげのある；毛がさか立った. **aimsir cholgach** 酷寒の天気.
colgán [koləgaːn] 名男〖属単・主複 **colgáin**, 属複 ～〗メカジキ.
coll [kol] 名男〖属単 **coill**〗ハシバミ(の木). **cnó coill** ハシバミの実.
collach [koləx] 名男〖属単・主複 **collaigh**, 属複 ～〗イノシシ；雄豚.

collaí [koli:] 形3 肉体の; 性的な.
colláid [kola:dʹ] 名女〖属単 **-a**〗現世欲; 肉欲.
colm[1] [koləm] 名男〖属単・主複 **coilm**, 属複 ～〗鳩. ～ **ar cheansa** (鳩のように)やさしい.
colm[2] [koləm] 名男〖属単・主複 **coilm**, 属複 ～〗傷(あと).
colmán [koləma:n] 名男〖属単・主複 **colmáin**, 属複 ～〗小鳩.
colmóir [koləmo:rʹ] 名男〖属単 **colmóra**, 複 **-í**〗メルルーサ(タラに似た食用魚).
colpa [koləpə] 名男〖属単 ～, 複 **-í**〗～ (coise) 子牛(の足). ～ (súiste) (麦打ちの)からさおの柄.
colpach [koləpəx] 名女〖属単 **colpaí**, 主複 **-a**, 属複 ～〗明け2歳馬.
colscaradh [ˈkolˌskarə] 名男〖属単 **colscartha**, 複 **colscarthaí**〗離婚.
colún [kolu:n] 名男〖属単・主複 **colúin**, 属複 ～〗(円)柱; (新聞などの)コラム; 縦列.
colúnaí [kolu:ni:] 名男〖属単 ～, 複 **colúnaithe**〗コラムニスト.
colúr [kolu:r] 名男〖属単・主複 **colúir**, 属複 ～〗鳩.
com [kom] 名男〖属単 **coim**, 複 **-anna**〗深い谷間.
comáil [koma:lʹ] 動1他〖動名 **comáil**, 動形 **comála**; 現 **comálann**〗結ぶ; 組み合わせる.
comair [komərʹ] 形1〖属単男 ～, 属単女・比較 **coimre**〗(形, 姿の)均整のとれた; (様式の)簡潔な.
comaitéir [komətʹe:rʹ] 名男〖属単 **comaitéra**, 複 **-í**〗通勤客.
comaoin[1] [komi:nʹ] 名女〖属単 **-e**, 複 **-eacha**〗義務; 願い; 報い. **tá mé faoi chomaoin agat** 君には恩義がある. ～ **ar scéimh seoda** 美しさを引きたてる宝石. ～ **Aifrinn** ミサの祈り.
Comaoin[2] [komi:nʹ] 名女〖属単 **-e**, 複 **-eacha**〗聖餐(せい)式, 聖体拝領.
Comaoineach[1] [komi:nʹəx] 名女〖属単・属複 ～, 主複 **-a**〗聖餐式, 聖体拝領.
comaoineach[2] [komi:nʹəx] 形1 世話好きな; 親切な.
comard [ˈkomˌa:rd] 名男〖属単・主複 **comaird**, 属複 ～〗同等(物); 等価物.
comh- [ko:] 接頭 共通の; 連体の; 同等の; 完全な.
comha [ko:] 名女〖属単 ～, 複 **-í**〗条件, 協約; 賠償.
comhábhar [ko:a:vər] 名男〖属単・主複 **comhábhair**, 属複 ～〗成分; 構成部分.

comhad [ko:d] 名男〖属単・主複 **comhaid**, 属複 〜〗保存；ファイル.（rud）**a chur i gcomhad**（もの）を安全に保管すること.

comhaill [ko:lʹ] 動I 他〖動名 **comhall**, 動形 **comhalta**； 現 **comhallann**〗遂行する, 実行する. **dualgas a chomhall** 義務を果たすこと.

comhaimseartha [ˈkoːˌamʹsʹərhə] 形3 現代の.

comhaimsir [ˈkoːˌamʹsʹər] 名女〖属単 **-e**, 複 **-í**〗(成句) **i gcomhaimsir le** と同時代の. **lucht ár gcomhaimsire** 同時代の人［同期生］.

comhair[1] [ko:rʹ] 名 (成句) **faoi chomhair**［**i gcomhair**］を意図して. **i gcomhair an turais** 旅行のために. **os 〜** の前に［の反対側に］. **os 〜 an tí** 家の前に. **os 〜 an tsaoil**（＜saol）公然と.

comhair[2] [ko:rʹ] 動I 他・自〖動名 **comhaireamh**, 動形 **comhairthe**〗数える, 計算する.

comh-aireacht [ko:rʹəxt] 名女〖属単 **-a**, 複 **-aí**〗内閣.

comhairím [ko:ri:m] **comhair**[2]＋**mé**.

comhairíocht [ko:rʹiː(ə)xt] 名女〖属単 **-a**〗相互援助. **ag 〜 le** 相互協力すること.

comhairle [ko:rlʹə] 名女〖属単 〜, 複 **comhairlí**〗助言；相談；地方議会. **idir dhá chomhairle faoi** 未決定の. **〜 contae** 州議会.

comhairleoir [ko:rlʹoːrʹ] 名男〖属単 **comhairleora**, 複 **-í**〗コンサルタント；カウンセラー；議員.

comhairligh [ko:rlʹiː] 動II 他・自〖動名 **comhairliú**, 動形 **comhairlithe**〗忠告する；相談する；解決する.

cómhaith [ˈkoːˌvah] 名女〖属単 **-e**〗匹敵する物.

cómhalartach [ˈkoːˌvalərtəx] 形1 相互の, 交互の.

comhall [ko:l] 名男〖属単 **comhaill**〗① **comhaill** の動名詞. ② 実行, 成就；遵守.

comhalta [ko:ltə] 名男〖属単 〜, 複 **-í**〗仲間, 会員.

comhaltacht [ko:ltəxt] 名女〖属単 **-a**〗仲間意識, 連帯感；親交.

comhaltas [ko:ltəs] 名男〖属単 **comhaltais**〗同盟；協会；友愛団体.

comhaois [ko:iːsʹ] 名女〖属単 **-e**, 複 **-eanna**〗同年輩.

comhaontaigh [ko:ʹiːnti:] 動II 他〖動名 **comhaontú**, 動形 **comhaontaithe**〗結合させる；合体させる；**〜 le** 同意する.

comhar [ko:r] 名男〖属単 **comhair**〗相互援助；協力；仕事仲間.

comharba [ko:rbə] 名男〖属単 〜, 複 **-í**〗後継者, 継承者；相続人.

comharbas [ko:rbəs] 名男〖属単 **comharbais**〗継承；相続.

comharchumann [ˈkoːrˌxumən] 名男〖属単・主複 **comh-**

archumainn, 属複 ~〕協同組合.
comh-ard [ˈkoːˈaːrd] 名男〚属単 **comh-aird**〛同じ高さ, 同程度 ; 比較.
—— 形 ~ le 同程度の.
comhardaigh [koːrdiː] 動II 他〚動名 **comhardú**, 動形 **comhardaithe**〛等しくする ; 釣り合わせる.
comharsa [koːrsə] 名女〚属単・属複 **-n**, 主複 **-na**〛隣人 ; 近所. ~ bhéal dorais 隣家の人.
comharsanacht [koːrsənəxt] 名女〚属単 **-a**〛近所, 付近. ag ~ le (duine) (人)のそばに住んでいること.
comharsanúil [koːrsənuːlʲ] 形2 隣人の ; 人付き合いのよい.
comhartha [koːrhə] 名男〚属単 ~, 複 **-í**〛標識 ; 記号 ; 合図 ; 兆候 ; 印. ~ ceiste 疑問符. comharthaí athfhriotail 引用符. slán mo chomhartha ! いやはや［おやまあ］! ~ guaise 危険信号. ~ fearthainne 雨の兆し. ~ carthanais 友情のしるし. ná tóg aon chomhartha de 気にかけるな. tá a chomharthaí anois agam 彼がどういう人物か今は分かる.
comharthaigh [koːrhiː] 動II 他〚動名 **comharthú**, 動形 **comharthaithe**〛表す ; 意味する ; 示す.
comharthaíocht [koːrhiː(ə)xt] 名女〚属単 **-a**〛兆候, 見かけ ; 合図.
comhbhá [ˈkoːˈvaː] 名女〚属単 ~〛共感 ; 同盟.
comhbheith [ˈkoːˈvʲeh] 名女〚属単 **-e**〛共存.
comhbhráithreachas [ˈkoːˈvraːhrʲəxəs] 名男〚属単・主複 **comhbhráithreachais**, 属複 ~〛(宗教, 慈善事業などの)団体 ; 結社.
comhbhrón [ˈkoːˈvroːn] 名男〚属単 **comhbhróin**〛悔やみ ; 同情. ~ leat お悔やみを申し上げます.
comhchaidreamh [ˈkoːˈxadʲrʲəv] 名男〚属単 **comhchaidrimh**〛連合 ; 協会.
comhcheangail [ˈkoːˈxʲaŋɡəlʲ] 動II 他・自〚動名 **comhcheangal**, 動形 **comhcheangailte** ; 現 **comhcheanglaíonn**〛結合させる ; 加入させる.
comhcheilg [ˈkoːˈxʲelʲəɡʲ] 名女〚属単 **-e**, 主複 **comhchealga**, 属複 **comhchealg**〛陰謀.
comhcheol [ˈkoːˈxʲoːl] 名男〚属単 **comhcheoil**〛調和, ハーモニー.
comhchiall [ˈkoːˈxʲiəl] 名 (成句) ar ~ le (人の)気持ちが同じで［同義語で］.
comhchiallach [ˈkoːˈxʲiələx] 名男〚属単・主複 **comhchiallaigh**,

comhfhuaim

属複 〜』同意語, 類義語.
── 形1 〜 le 同意語の, 同義の.
comhchruinn [ˈkoːˈxrinʲ] 形1 球状の; 円形の.
comhchruinnigh [ˈkoːˈxrinʲiː] 動Ⅱ他・自 『動名 **comhchruinniú**, 動形 **comhchruinnithe**』集める; 集合させる.
comhdaigh [koːdiː] 動Ⅱ他 『動名 **comhdú**, 動形 **comhdaithe**』とじ込む, ファイルする.
comhdháil [ˈkoːˌɣaːlʲ] 名女 『属単 **comhdhála**, 複 **comhdhálacha**』会合; 会議.
comhdhéan [ˈkoːˈɣʲeːn] 動Ⅱ他 『動名 **comhdhéanamh**, 動形 **comhdhéanta**』作成する; 構成する.
comhdhlúthaigh [ˈkoːˌɣluːhiː] 動Ⅱ他・自 『動名 **comhdhlúthú**, 動形 **comhdhlúite**』圧縮する; 凝縮する.
comhdhúil [ˈkoːˈɣuːlʲ] 名女 『属単・主複 -e, 属複 **comhdhúl**』混合 [合成] 物; 化合物.
comhdhuille [ˈkoːˈɣilʲə] 名男 『属単 〜, 複 **comhdhuillí**』控え; 半券.
comhéadan [ˈkoːˈeːdən] 名男 『属単・主複 **comhéadain**, 属複 〜』(コンピューター) インターフェイス.
comhéigean [ˈkoːˈeːɡʲən] 名男 『属単 **comhéigin**』強制; 圧政.
comhfháisc [ˈkoːˈaːsʲkʲ] 動Ⅰ他 『動名 **comhfháscadh**, 動形 **comhfháiscthe**』押しつぶす, 圧縮する.
comhfhiontar [ˈkoːˈintər] 名男 『属単・主複 **comhfhiontair**, 属複 〜』ジョイントベンチャー, 合弁事業.
comhfhios [ˈkoːˈis] 名 『属単 **comhfheasa**』(成句) i gcomhfhios (don saol) 公然と.
comhfhiosach [ˈkoːˈisəx] 形1 意識的な; 気づいて.
comhfhocal [ˈkoːˈokəl] 名男 『属単・主複 **comhfhocail**, 属複 〜』複合語, 合成語.
comhfhreagair [ˈkoːˈrʲaɡərʲ] 動Ⅱ他 『動名 **comhfhreagairt**, 動形 **comhfhreagartha**; 現 **comhfhreagraíonn**』一致する; 調和する.
comhfhreagrach [ˈkoːˈrʲaɡrəx] 形1 一致する; 調和する.
comhfhreagracht [ˈkoːˈrʲaɡrəxt] 名女 『属単 -a, 複 -aí』一致; 調和; 責任.
comhfhreagras [ˈkoːˈrʲaɡrəs] 名男 『属単 **comhfhreagrais**』文通.
comhfhuaim [ˈkoːˈuəmʲ] 名女 『属単 -e, 複 -eanna』一致, 調和;

類似音.

comghairdeas [ˈkoːˈɣaːrdʼəs] 名男〖属単 **comhghairdis**〗祝い, 祝賀. ～ (leat/libh)! おめでとう.

comghairm [ˈkoːˈɣarʼəmʼ] 名女〖属単 **-e**, 複 **-eacha**〗会議の召集.

comghéilleadh [ˈkoːˈɣʼeːlʼə] 名男〖属単 **comhghéillte**〗妥協, 和解.

comghleacaí [ˈkoːˈɣʼlʼakiː] 名男〖属単 ～, 複 **comhghleacaithe**〗同輩, 同僚.

comghnás [ˈkoːˌɣnaːs] 名男〖属単 **comhghnáis**, 複 **-anna**〗儀礼; 社会的慣習.

comghnásach [ˈkoːˈɣnaːsəx] 形1 社会的慣習による, 伝統的な.

comghreamaigh [ˈkoːˈɣʼrʼamiː] 動II 自〖動名 **comhghreamú**, 動形 **comhghreamaith**〗首尾一貫している; 密着する.

comghreamaitheach [ˈkoːˈɣʼrʼamihəx] 形1 密着する; 結合力のある.

comghuaillí [ˈkoːˈɣuəlʼiː] 名男〖属単 ～, 複 **comhghuaillithe**〗同盟国.

comhiomlán [ˈkoːˈimlaːn] 名男〖属単 **comhiomláin**〗集合(体); 総計.
——形1 集合的な; 統計の.

comhla [koːlə] 名女〖属単 ～, 複 **-í**〗シャッター; 弁, バルブ.

comhlach[1] [koːləx] 形1 弁の; 心臓弁膜の.

comhlach[2] [koːləx] 形1 連合した, 仲間の; 準-.

comhlachas [koːləxəs] 名男〖属単・主複 **comhlachais**, 属複 ～〗連合, 協会.

comhlacht [koːləxt] 名男〖属単 **-a**, 複 **-aí**〗会社. ～ **teoranta** 有限会社.

comhlán [ˈkoːˈlaːn] 形1 満杯の; 完全な, 全部の.

comhlánaigh [ˈkoːˈlaːniː] 動II 他〖動名 **comhlánú**, 動形 **comhlánaithe**〗完了[完成]する; 補足する.

comhlann [koːlən] 名男〖属単・主複 **comhlainn**, 属複 ～〗試合; 競争; 論争.

comhlántach [ˈkoːˈlaːntəx] 形1 補足的な.

comhlathas [ˈkoːˈlahəs] 名男〖属単・主複 **comhlathais**, 属複 ～〗連邦; 国民; 社会.

comhleáigh [ˈkoːˈlʼaːɣ] 動I 他〖動名 **comhleá**, 動形 **comhleáite**〗溶解させる; 融合させる.

comhlíon [ˈkoːˈlʲiːn] 動I 他〖動名 **comhlíonadh**, 動形 **comhlíonta**〗遂行する；完成させる；満足させる。

comhluadar [ˈkoːˈluədər] 名男〖属単 **comhluadair**〗交際；家庭。

comhluadrach [ˈkoːˈluədrəx] 形1 友とするによい；気さくな；連合の。

comhoibrigh [ˈkoːˈobʲrʲiː] 動II 自〖動名 **comhoibriú**, 動形 **comhoibrithe**〗協力する，共同して働く。

comhoideachas [ˈkoːodʲəxəs] 名男〖属単 **comhoideachais**〗（男女）共学。

comhoiriúnach [ˈkoːˈorʲuːnəx] 形1 ～ do 両立できて；一致して；調和して。

comhoiriúnacht [ˈkoːˈorʲuːnəxt] 名女〖属単 **-a**〗両立，共存。

comhoiriúnaigh [ˈkoːˈorʲuːniː] 動II 他〖動名 **comhoiriúnú**, 動形 **comhoiriúnaithe**〗調和する；協力する。

comhordaigh [ˈkoːoːrdiː] 動II 他〖動名 **comhordú**, 動形 **comhordaithe**〗対等にする；調和させる。

comhphobal [ˈkoːˈfobəl] 名男〖属単・主複 **comhphobail**, 属複 ～〗共同社会。

comhrá [koːraː] 名男〖属単 ～, 複 **-ite**〗会話. ag ～ le と会話すること。

comhrac [koːrək] 名男〖属単・主複 **comhraic**, 属複 ～〗出会い；対戦. ～ aonair 決闘. ～ oíche agus lae (< lá) たそがれ. ～ an dá uisce（二つの流れの）合流点. ～ an dá ráithe 季節の変わり目。

comhraic [koːrəkʲ] 動I 他・自〖動名 **comhrac**, 動形 **comhracte**〗出会う；対戦する. ag comhrac na ceiste [ag comhrac leis an gceist] 問題に苦労すること。

comhráiteach [koːraːtʲəx] 名男〖属単・主複 **comhráitigh**, 属複 ～〗話し好きな人。
―― 形1 会話（体）の；話し好きな。

comhramh [ˈkoːrəv] 名男〖属単・主複 **comhraimh**, 属複 ～〗トロフィー；勝利。

comhréidh [ˈkoːˈreːɣʲ] 形1 平らな，平坦な. crosaire ～ 平面交差［踏切］。

comhréir [ˈkoːˈreːrʲ] 名女〖属単 **-e**〗一致，調和；構文論. i gcomhréir (le) 比例した。

comhréitigh [ˈkoːˈreːtʲiː] 動II 他・自〖動名 **comhréiteach**, 動形 **comhréitigh**〗妥協する；同意する。

comhrialtas [ˈkoːˈriəltəs] 名男〖属単・主複 **comhrialtais**, 属複

〜〗連立政府.
comhrian [ˈkoːˈriən] 名 男 〖属単 **comhriain**, 複 **-ta**〗輪郭；(地理)等高線.
comhrianach [ˈkoːˈriənəx] 形 1 輪郭の；等高線の.
comhshamhlaigh [ˈkoːˈhauliː] 動II 他 〖動名 **comhshamhlú**, 動形 **comhshamhlaithe**〗同化する；吸収(消化)する.
comhshaolach [ˈkoːˈhiːləx] 形 1 同時代の；現代の.
comhshleasach [ˈkoːˈhlʹasəx] 形 1 等辺の；直角の.
comhshondas [ˈkoːˈhondəs] 名 男 〖属単 **comhshondais**〗音の類似；類韻.
comhshuigh [ˈkoːˈhiɣʹ] 動I 他 〖動名 **comhshuí**, 動形 **comhshuite**；現 **comhshuíonn**〗配置する；構成する.
comhshuíomh [ˈkoːˈhiːv] 名 男 〖属単 **comhshuímh**〗構成；合成.
comhthacaigh [ˈkoːˈhakiː] 動II 自 〖動名 **comhthacú**, 動形 **comhthacaithe**〗〜 **le** 確証する；強化する.
comhthacaíocht [ˈkoˈhakiː(ə)xt] 名 女 〖属単 **-a**〗(事実などの)確証；(信念などの)強化；.
comhtháite [ˈkoːˈhatʹə] 形 3 融合させた；密着した；統合した.
comhtharlaigh [ˈkoːˈhaːrliː] 動II 自 〖動名 **comhtharlú**, 動形 **comhtharlaithe**〗〜 **le** 同時に起こる；一致する.
comhthéacs [ˈkoːˌheːks] 名 男 〖属単 〜, 複 **-anna**〗文脈, 文章の前後関係.
comhthiarnas [ˈkoːˈhiərnəs] 名 男 〖属単・主複 **comhthiarnais**, 属複 〜〗共同管理(地)；分譲アパート.
comhthionól [ˈkoːˌhinoːl] 名 男 〖属単・主複 **comhthionóil**, 属複 〜〗集会；集団；社会.
comhthíreach [ˈkoːˈhiːrʹəx] 名 男 〖属単・主複 **comhthírigh**, 属複 〜〗同胞, 同国人.
comhthogh [ˈkoːˈhau] 動I 他 〖動名 **comhthoghadh**, 動形 **comhthofa**〗選挙[任命]する.
comhthráth [ˈkoːˈhraː] 名 (成句) **i gcomhthráth** 併発して.
comhthreomhar [ˈkoːˈhrʹoːvər] 形 1 平行の.
comhuaineach [ˈkoːˈuənʹəx] 形 1 同時の, 同時に起こる.
comóir [komoːrʹ] 動I 他 〖動名 **comóradh**, 動形 **comórtha**〗招集する；祝う；護衛する.
comónta [komoːntə] 形 3 普通の, ありふれた.
comórtas [komoːrtəs] 名 男 〖属単・主複 **comórtais**, 属複 〜〗比較；競争. **i gcomórtas le** と比べて.

compánach [kompa:nəx] 名男〖属単・主複 **compánaigh**, 属複 ～〗仲間, 友.
compántas [kompa:ntəs] 名男〖属単・主複 **compántais**, 属複 ～〗連合, 合同; 協会.
comparáid [kompəra:dʹ] 名女〖属単 **-e**, 複 **-í**〗比較; 類似.
comparáideach [kompəra:dʹəx] 形1 比較(上)の; 相対的な; (文法)比較の.
compás [kompa:s] 名男〖属単・主複 **compáis**, 属複 ～〗羅針盤, コンパス; 限界. **i as** ～ 故障して.
complacht [kompləxt] 名男〖属単 **-a**, 複 **-aí**〗一隊, 一団.
compord [kompo:rd] 名男〖属単 **compoird**〗安楽; 快適; 慰め.
compordach [kompo:rdəx] 形1 快適な, 楽な; 嬉しい.
comrádaí [komra:di:] 名男〖属単 ～, 複 **comrádaithe**〗同志, 友人.
comrádaíocht [komra:di:(ə)xt] 名女〖属単 **-a**〗僚友関係, 友情.
con [kon] ☞ **cú**.
cón [ko:n] 名男〖属単・主複 **cóin**, 属複 ～〗円錐体[形].
conabhrú [ˈkonəˌvru:] 名男〖属単 **-ite**〗つかみ合い, 乱闘.
conablach [konəbləx] 名男〖属単・主複 **conablaigh**, 属複 ～〗死体; 残骸; かさばるもの.
conách [kəˈna:x] 名男〖属単 **conáigh**〗富, 繁栄. **a chonách sin ort**! ご幸運を[いい気味だ]!
cónaí [ko:ni:] 名男〖属単・複 **cónaithe**〗居住(地); 休息; 滞在. **tá siad ina gcónaí ann go fóill** 彼らはまだそこに住んでいる. **dul faoi chónaí** 寝ること. **i gcónaí** いつも[まだ]. **is tú atá ann i gcónaí** 君は少しも変わらない.
cónaidhm [ˈko:ˌnaimʹ] 名女〖属単 **-e**, 複 **-eanna**〗連邦化; 同盟.
cónaigh [ko:ni:] 動II 自〖動名 **cónaí**, 動形 **cónaithe**〗住む; 休む; 留まる.
conáil [koni:l] 動I 他〖動名 **conáil**, 動形 **conáilte**; 現 **conálann**〗(寒さ, 飢えなどが)死なせる, 凍らせる.
cónaím [ko:ni:m] cónaigh+mé.
conair [konərʹ] 名女〖属単 **-e**, 複 **-í**〗小道, 通路. ～ **an bhia** (<bia) 消化管.
conairt [konərtʹ] 名女〖属単 **-e**, 複 **-eacha**〗(猟犬の)一群.
cónaisc [ˈko:ˌnasʹkʹ] 動I 他・自〖動名 **cónascadh**, 動形 **cónasctha**〗連結する; 融合する; 合併する.
cónaitheach [ko:nihəx] 形1 絶え間のない, 継続的な; 辛抱強い.

cónaitheoir [ko:niho:rʲ] 名男〖属単 **cónaitheora**, 複 **-í**〗居住者.
conamar [konəmər] 名男〖属単 **conamair**〗破片, かけら; わずか.
conas [konəs] 副 疑問副詞. どんなふうに, どんな状態で. ～ **atá tú**? ご機嫌いかがですか?
cónasc [ˈko:ˌnask] 名男〖属単・主複 **cónaisc**, 属複 ～〗連結, 結合; (文法) 接続詞.
cónascach [ˈko:ˌnaskəx] 形 1 結合の; 連合する; (文法) 接続詞の.
cónascachas [ˈko:ˌnaskəxəs] 名女〖属単 **cónascachais**〗連邦主義 [制度].
cónascadh [ˈko:ˌnaskə] ☞ cónaisc.
conbharsáid [kon(ə)vərsa:dʲ] 名女〖属単 **-e**〗会話; 交際.
conbhua [ˈkonˌvuə] 名男〖属単 ～, 複 **-nna**〗護送, 護衛.
concas [koŋkəs] 名男〖属単・主複 **concais**, 属複 ～〗征服, 獲得.
conchró [ˈkonˌxro:] 名男〖属単 ～, 複 **-ite**〗犬小屋.
confach [konəfəx] 形 1 狂気じみた; 怒った.
confadh [konəfə] 名男〖属単 **confaidh**〗狂犬病; 怒り; 不機嫌.
cóngar [ko:ŋgər] 名男〖属単・主複 **cóngair**, 属複 ～〗付近; 簡潔; 器具. **i gcóngar áite** 場所の近くに. **ar na cóngair** 近所に. **dul an cóngar** 近道. **cóngair tí** 家庭用品.
cóngarach [ko:ŋgərəx] 形 1 近い; 便利な; (文章が) 簡明な. ～ **don chathair** 街に近い.
conlaigh [konli:] 動II 他・自〖動名 **conlú**, 動形 **conlaithe**〗(落ち穂などを) 拾う; 集める.
conláisteach [konla:sʲtʲəx] 形 1 こじんまりした; 手頃な, 便利な.
conlán [konla:n] 名男〖属単・主複 **conláin**, 属複 ～〗落ち穂; 収集物; 一団. **bheith ar do chonlán féin** 自身のために備えること.
connadh [konə] 名男〖属単 **connaidh**〗薪(まき); 燃料.
cónra [ko:nrə] 名女〖属単 ～, 複 **-í**〗棺(ひつぎ).
conradh [konrə] 名男〖属単 **conartha**, 複 **conarthaí**〗契約; 条約; 同盟; 取り引き. **Conradh na Gaeilge** ゲール同盟.
conraitheoir [konriho:rʲ] 名男〖属単 **conraitheora**, 複 **-í**〗契約者; 同盟 [連盟] の会員.
consairtín [konsərtʲi:nʲ] 名男〖属単 ～, 複 **-í**〗(楽器) コンチェルティーナ.
consan [konsən] 名男〖属単・主複 **consain**, 属複 ～〗子音.
conspóid [konspo:dʲ] 名女〖属単 **-e**, 複 **-í**〗議論, 論争.
—— 動I 他・自〖動名 **conspóid**, 動形 **conspóidte**〗論議する; 異議を唱える.

conspóideach [konspo:d/əx] 形1 論争的な, 物議をかもす.
constábla [konsta:blə] 名男〘属単 ～, 複 -í〙警官, 巡査.
constáblacht [konsta:bləxt] 名女〘属単 -a〙警官隊.
constaic [ˈkonˌstak/] 名女〘属単 -e, 複 -í〙障害(物).
contae [konte:] 名男〘属単 ～, 複 -tha〙州; 郡.
contráil [kontra:l/] 名女〘属単 **contrála**〙正反対; いこじ.
contráilte [kontra:l/t/ə] 形3 正反対の, 逆の; 間違った. **aimsir chontráilte** 悪天候.
contráilteacht [kontra:l/t/əxt] 名女〘属単 -a〙反対; つむじ曲がり.
contralt [ˈkonˌtralt] 名男〘属単・主複 **contrailt**, 属複 ～〙(音楽)アルト.
contrártha [kontra:rhə] 形3 ～ **le** 反対の[逆の]. **go** ～ 逆に.
contrárthacht [kontra:rhəxt] 名女〘属単 -a〙反 対, 対 照. **i gcontrárthacht le** と対照して.
contráth [kontra:h] 名男〘属単 -a〙夕暮れ(時).
contúirt [kontu:rt/] 名女〘属単 -e, 複 -í〙危険, 危機. **dul i gcontúirt** 危険に陥ること.
contúirteach [kontu:rt/əx] 形1 危険な.
cónúil [ko:nu:l/] 形2 円錐形の.
copail [kopəl/] 名女〘属単 -e, 複 -í〙(文法)連結語, 連結動詞(文の主部と述部をつなぐ語. ゲール語では **is**).
copar [kopər] 名男〘属単 **copair**〙銅.
cor [kor] 名男〘属単 **coir**, 主複 -a, 属複 ～〙回転; ねじれ; 曲がり; (ダンスの)旋回. ～ **bealaigh** 回り道. ～ **cainte** 慣用語法. **i mo chora féin de** 私に関する限り. **tá** ～ **sa bhainne** 牛乳は腐りかけている. **as** ～ 故障して. **ar gach aon chor** あらゆる場合に. **ar aon chor** とにかく. **ar chor ar bith** [**in aon chor**] 全く…でない. ～ **éisc** 引き網の漁獲量[漁場].
── 動I 他・自〘動名 **coradh**, 動形 **cortha**〙回転させる; 曲げる.
cór[1] [ko:r] 名男〘属単・主複 **cóir**, 属複 ～〙合唱; 聖歌隊.
cór[2] [ko:r] 名男〘属単・主複 **cóir**, 属複 ～〙軍団, 団体.
córach [ko:rəx] 形1 かっこうのよい; 顔立ちのよい; 好ましい.
coradh [korə] 名男〘属単 **cortha**, 複 **corthaí**〙① **cor** の動名詞. ②(川・道など)湾曲部.
coraíocht [kori:(ə)xt] 名女〘属単 -a〙レスリング, 格闘.
coráiste [kora:st/ə] 名男〘属単 ～〙勇気; 大胆さ.
córas [ko:rəs] 名男〘属単・主複 **córais**, 属複 ～〙組織, 制度, システ

ム.

corc [kork] 名男〖属単・主複 **coirc**, 属複 〜〗コルク(の木); (ビンの)コルク栓.
corca [korkə] 名女〖属単 〜〗人種, 人々.
corcach [korkəx] 名女〖属単 **corcaí**, 主複 **-a**, 属複 〜〗湿地, 沼地.
corcair [korkərʲ] 名女〖属単 **corcra**〗紫(色). **corcairdhearg** 深紅色, **corcairghorm** 青紫[すみれ]色.
corcán [korkaːn] 名男〖属単・主複 **corcáin**, 属複 〜〗ポット, 壺, 鉢.
corcra [korkrə] ☞ corcair.
corda [koːrdə] 名男〖属単 〜, 複 **-í**〗ひも, コード.
corn[1] [koːrn] 名男〖属単・主複 **coirn**, 属複 〜〗(足付き)グラス; (楽器)ホルン; トロフィー[優勝カップ].
corn[2] [koːrn] 動I他〖動名 **cornadh**, 動形 **corntha**〗巻く, 巻きつける.
corna [koːrnə] 名男〖属単 〜, 複 **-í**〗巻物; 巻いたもの.
cornchlár [ˈkoːrnˌxlaːr] 名男〖属単・主複 **cornchláir**, 属複 〜〗食器戸棚.
cornphíopa [ˈkoːrnˌfʲiːpə] 名男〖属単 〜, 複 **-í**〗(楽器)ホーンパイプ.
coróin [koroːnʲ] 名女〖属単 **corónach**, 複 **corónacha**〗王冠. **Coróin Mhuire** ロザリオ.
coróineach [koroːnəx] 名女〖属単 **coróiní**, 主複 **-a**, 属複 〜〗カーネーション.
coróinéad [koroːnʲeːd] 名男〖属単・主複 **coróinéid**, 属複 〜〗小冠; 花冠.
corónaigh [koroːniː] 動II他〖動名 **corónú**, 動形 **corónaithe**〗冠をいただかせる; (王位・チャンピオンなどに)つかせる.
corp [korp] 名男〖属単・主複 **coirp**, 属複 〜〗身体; 死体; 胴体. 〜 **crainn** 木の幹. 〜 **eaglaise** 教会堂の身廊. **ar chorp na sráide** 道の真ん中に. 〜 **na fírinne** まさに本当のこと.
corpán [korpaːn] 名男〖属単・主複 **corpáin**, 属複 〜〗死体.
corpanta [korpəntə] 形3 肥満した.
corparáideach [korpəraːdʲəx] 形1 法人組織の.
corpartha [korpərhə] 形3 身体[肉体]の; 実体的な.
corplár [ˈkorpˌlaːr] 名男〖属単 **corpláir**〗中心, 芯. **i gcorplár an chruinnithe**(<cruinnigh) 群衆の中で.
corr[1] [kor] 名女〖属単 **coirre**, 主複 **-a**, 属複 〜〗突出(部); 角(かど);

縁(⑥). **chuir sé é féin ar a chorr leis** 彼はそのことでは度を越している.
corr[2] [kor] 名女〖属単 **coirre**, 主複 **-a**, 属複 **～**〗サギ; 鶴; コウノトリ.
corr[3] [kor] 形1〖属単男 **～**, 属単女・比較 **coirre**, 主複 **-a**〗奇数の; 風変わりな; 先が細い; 丸い.
corr-[4] [kor] 接頭 風変わりな; 先が細い; 時々の.
corrabhuais [korəvuəsʹ] 名女〖属単 **-e**〗不安, 心配; 混乱.
corrabhuaiseach [korəvuəsʹəx] 形1 不安な, 心配な; 混乱した.
corrach[1] [korəx] 名男〖属単・主複 **corraigh**, 属複 **～**〗沼地, 湿地(帯).
corrach[2] [korəx] 形1 不安定な, 定まらない; 尖った.
corradh [korə] 名男 付加. **～ le**[**agus**; **ar**] …以上. **deichniúr agus ～** 10以上. **～ ar mhíle** 1マイル以上.
corraghiob [ˈkorəɣʹib] 名 (成句) **ar do chorraghiob** しゃがみ込んで.
corraí [koriː] ☞ **corraigh**.
corraiceach [korəkʹəx] 形1 でこぼこの; 不安定な; 風変わりな.
corraigh [koriː] 動II 他・自〖動名 **corraí**, 動形 **corraithe**〗動かす, 感動させる; 惑わす. **～ ort!** 急ぎなさい! **bhí mé corraithe aige** 私はそれに感動した[彼は私を困らせた].
corraíl [koriːlʹ] 名女〖属単 **corraíola**〗運動; 動揺; 興奮.
corraitheach [korihəx] 形1 動かされる; 動揺した, 興奮した.
corrán [koraːn] 名男〖属単・主複 **corráin**, 属複 **～**〗鉤(かぎ); 鎌(かま); 三日月; 下あご.
corránach [koraːnəx] 形1 鉤(かぎ)状の, 鉤[ホック]のついた; 骨張った.
corrdhuine [ˈkorˌɣinʹə] 名男〖属単 **～**, 複 **corrdhaoine**〗奇人, 変人.
corrmhéar [ˈkorˌvʹeːr] 名女〖属単 **corrmhéire**, 主複 **-a**, 属複 **～**〗人差し指.
corróg [koroːg] 名女〖属単 **corróige**, 主複 **-a**, 属複 **～**〗尻, ヒップ.
corrthónach [ˈkorˌhoːnəx] 形1 落ち着きのない, そわそわした.
corrthónacht [ˈkorˌhoːnəxt] 名女〖属単 **-a**〗落ち着かないこと, そわそわ[せかせか]すること.
corruair [koruər] 副 時々.
cortha[1] [korhə] 形3 疲れ(切っ)た.

cortha[2] [korhə] ☞ cor.
corthaí [korhˈiː] ☞ coradh.
córúil [koːruːlʲ] 形 2 合唱(隊)の.
cos [kos] 名 女〘属単 **coise**, 主複 **-a**, 属複 ～;(成句)与単 **cois**〙脚; 足; 把手; 柄; 軸; 茎. ～ **boird** テーブルの脚. **siúl de chois** 徒歩旅行. **ar cosa in airde** 疾走して. **rug**(＜**beir**) **sé a chosa leis** 彼は逃れた. **ag cur a chos uaidh**(馬が)暴れ出すこと[(人が)怒りを表すこと]. (**rud**) **a chur faoi chois** (こと)を抑えること. ～ **ar bolg** 抑圧. **le haghaidh**(＜**aghaidh**) **na coise tinne** まさかの時. **cois cnoic** 丘のふもと. **cois na tine** 炉ばたに. **le cois** そばに[一緒に; その上に]. **ar cois** 進行中.
cosain [kosənʲ] 動 II 他・自〘動名 **cosaint**, 動形 **cosanta**; 現 **cosnaíonn**〙守る; 稼ぐ; 費やす.
cosair [kosərʲ] 名 女〘属単 **cosrach**〙ごみ, とり散らかしたもの.
cosamar [kosəmər] 名 男〘属単 **cosamair**〙廃物, ごみ, くず.
cosán [kosaːn] 名 男〘属単・主複 **cosáin**, 属複 ～〙道; 通路; 方向.
cosantach [kosəntəx] 形 1 自衛上の; 守備の; 保護的な.
cosantóir [kosəntoːrʲ] 名 男〘属単 **cosantóra**, 複 **-í**〙弁護[擁護]者; 被告人;(スポーツ)ディフェンダー;(車)バンパー.
cosc [kosk] 名 男〘属単 **coisc**〙① **coisc** の動名詞. ② 阻止, 制止; 禁止. **Cosc ar Thobac** 禁煙.
coscair [koskərʲ] 動 II 他・自〘動名 **coscairt**, 動形 **coscartha**; 現 **coscraíonn**〙ずたずたに切る; 崩壊させる; 負かす; 溶かす. **tá** ～ **ann** 雪[感情, 緊張など]が解けてきた.
coscán [koskaːn] 名 男〘属単・主複 **coscáin**, 属複 ～〙ブレーキ, 歯[輪]止め.
coscrach [koskrəx] 形 1 つらい; ぞっとするような; 勝ち誇った.
cosmach [kosməx] 形 1 宇宙の.
cosmaid [kosmədʲ] 名 女〘属単 **-e**, 複 **-í**〙化粧品.
cosmaideach [kosmədʲəx] 形 1 化粧用の.
cosmas [kosməs] 名 男〘属単 **cosmais**〙宇宙.
cosmhuintir [ˈkosˌvinʲtʲərʲ] 名 女〘属単 **-e**〙取り巻き; 従者; 弱者.
cosnaím [kosniːm] **cosain**＋**mé**.
cosnochta [ˈkosˌnoxtə] 形 3 裸足の.
cósta [koːstə] 名 男〘属単 ～, 複 **-í**〙海岸, 沿岸.
costáil [kostaːlʲ] 動 I 他〘動名 **costáil**, 動形 **costáilte**; 現 **costálann**〙費用がかかる.
costas [kostəs] 名 男〘属単・主複 **costais**, 属複 ～〙費用, 経費, 値段.

costasach [kostəsəx] 形1 高価な；豪華な.
cosúil [kosu:l'] 形2 ～ le 同様な, 類似の. is ～ (go) (go 以下)のように思われる.
cosúlacht [kosu:ləxt] 名女〖属単 **-a**, 複 **-aí**〗類似；様子, 見かけ. de réir cosúlachta 見たところ.
cóta [ko:tə] 名男〖属単 ～, 複 **-í**〗コート；上着. ～ **mór** オーバーコート.
cotadh ['kotə] 名男〖属単 **cotaidh**〗はにかみ, 内気.
cothabháil [kohəva:l'] 名女〖属単 **cothabhála**〗支持；維持.
cothabhálach [kohəva:ləx] 形1 維持する；栄養のある.
cothaigh [kohi:] 動II 他・自〖動名 **cothú**, 動形 **cothaithe**〗食物を与える；養う；かき立てる.
cothaím [kohi:m] cothaigh+mé.
cothaitheach [kohihəx] 名男〖属単・主複 **cothaithigh**, 属複 ～〗栄養物.
―― 形1 食物を与える；維持する；太らせる.
cothroime [kohrəm'ə] 名女〖属単 ～〗水平；平均；公平.
cothrom [kohrəm] 名男〖属単 **cothroim**〗水平；釣合い；同時；公平. ar ～ 額面高で. ～ na haimsire (<aimsir) sin 同期に. i gcothrom (na) Féinne 正々堂々の試合で.
―― 形1 平らな；平均的な；公正な. chomh ～ le clár 板のように平らな. seachtain ～ 1週間きっかり. le mí ～ (現在まで)丸1カ月間. duine ～ ar bith ただの平凡な人. cluiche ～ 引き分け(試合).
cothromaigh [kohrəmi:] 動II 他〖動名 **cothromú**, 動形 **cothromaithe**〗平らにする；平衡させる；同等にする.
cothromaíocht [kohrəmi:(ə)xt] 名女〖属単 **-a**〗平坦；釣合い；同等.
cothú [kohu:] 名男〖属単 **cothaithe**〗栄養；維持；増進.
cothúil [kohu:l] 形2 滋養になる.
cotúil [kotu:l'] 形2 恥ずかしがりの, 内気な.
crá [kra:] 名男〖属単 ～〗苦痛, 苦悶；悲嘆.
crábhadh [kra:və] 名男〖属単 **crábhaidh**〗信心, 敬虔(ケイケン), 献身.
cradhscal [kraiskəl] 名男〖属単 **cradhscail**〗身震い；大嫌い.
crág [kra:g] 名女〖属単 **cráige**, 主複 **-a**, 属複 ～〗大きい手；(カニ, エビなどの)はさみ；(犬, 猫などの爪のある)足；一握り；クラッチ.
crágach [kra:gəx] 形1 大きな手を持った；(動物が)はさみ[爪]のある.
crágáil [kra:ga:l'] 動I 他・自〖動名 **crágáil**, 動形 **crágáilte**；現

crágálann』爪(手)で引っ搔く；ぎこちなく歩く；手荒く扱う.
craic [krakʼ] 名女〖属単 **-e**, 複 **-eanna**〗雑談；楽しみ.
craiceann [krakʼən] 名男〖属単 **craicinn**, 複 **craicne**〗肌；外皮；表面.
craicneach [krakʼnʼəx] 形 1 なめらかな肌の；磨かれた.
cráifeach [kra:fʼəx] 形 1 宗教的な；信心深い；献身的な.
cráifeacht [kra:fʼəxt] 名女〖属単 **-a**〗献身, 敬虔(けん)；信心.
craígh [kra:ɣʼ] 動I 他〖動名 **crá**, 動形 **cráite**；現 **cránn**；未 **cráfaidh**〗苦悶させる；悲しませる.
cráin [kra:nʼ] 名女〖属単 **cránach**, 複 **cránacha**〗雌豚；(家畜の)雌.
cráinbheach [ˈkra:nʼvʼax] 名男〖属単 **cráinbheiche**, 主複 **-a**, 属複 ∼〗女王蜂.
cráite [kra:tʼə] ☞ cráigh.
cráiteachán [kra:tʼəxa:n] 名男〖属単・主複 **cráiteacháin**, 属複 ∼〗苦悩する[悲嘆にくれる]人；哀れな人.
crampa [krampə] 名男〖属単 ∼, 複 **-í**〗(筋肉の)けいれん.
cranda [krandə] 形 3 (成長を)妨げられた；枯れた；弱った.
crandaí [krandi:] 名男〖属単 ∼, 複 **crandaithe**〗ハンモック. ∼ **bogadaí** シーソー.
crandaigh [krandi:] 動II 他・自〖動名 **crandú**, 動形 **crandaithe**〗発育を止める.
crann [kran] 名男〖属単・主複 **crainn**, 属複 ∼；(成句) 複 **-a**〗木；柱；柄；軸；くじ. ∼ **síorghlas** 常緑樹. ∼ **loinge** 船のマスト. ∼ **solais** シャンデリア. ∼ **snámha** 丸木舟. ∼ **tógála** クレーン. **crainn a chaitheamh**(＜caith) **ar** (rud) [(rud) a chur ar chrainn] (こと)のくじ引きをすること. ∼ **tomhais** 推量. **cé a chuir** ∼ **air**？誰がそれを始めたか？ **dul as do chrann cumhachta** 抑えきれなくなること.
crannaíl [krani:lʼ] 名女〖属単 **crannaíola**〗木組み；格子(細工)；船のマスト.
crannchur [ˈkranˌxur] 名男〖属単・主複 **crannchuir**, 属複 ∼〗くじ, 抽選；賭け.
crannlach [kranləx] 名男〖属単 **crannlaigh**〗茂み；切った小枝；(枯れた)茎.
crannlaoch [ˈkranˌli:x] 名男〖属単 **crannlaoich**, 複 **-ra**〗老兵, ベテラン.
crannóg [krano:g] 名女〖属単 **crannóige**, 主複 **-a**, 属複 ∼〗材木；演壇；(古代アイルランドで湖の人造の島に建てた)湖上住居.

cranra [kranrə] 名男〖属単 ～, 複 -í〗木材の節.
cranrach [kranrəx] 形1 節だらけの;(皮膚が)硬くなった.
cranraigh [kranri:] 動II 他・自〖動名 **cranrú**, 動形 **cranraithe**〗節だらけになる;硬くさせる.
craobh [kri:v] 名女〖属単 **craoibhe**, 複 **-acha**;(成句)属複 ～〗(大)枝;木:勝利. ～ **ghinealaigh**(＜**ginealach**)系図. **dul** [**imeacht**] **le craobhacha** 狂乱. **tugadh an chraobh dó** 彼は勝利を得た. ～ **na hÉireann** アイルランド選手権大会. ～ **de Chonradh na Gaeilge** ゲール同盟支部. ～ **eolais** 道標. ～ **cheoil** 木管楽器. **arbhar craoibhe** 穂の出た穀物. **tá** ～ **fhliuch ar an lá** 雨になりそうな日だ.
craobh-abhainn [ˈkri:vˌaun′] 名女〖属単 **craobh-abhann**, 複 **craobh-aibhneacha**〗(川の)支流.
craobhach [kri:vəx] 名男〖属単 **craobhaigh**〗(切り)枝.
──形1 枝を広げる, 分岐する;なだらかに垂れている.
craobhaigh [kri:vi:] 動II 他・自〖動名 **craobhú**, 動形 **craobhaithe**〗枝を出す;広げる.
craobhchluiche [ˈkri:vˌxlix′ə] 名男〖属単 ～, 複 **craobhchluichí**〗決勝(大会);選手権試合.
craobhchomórtas [ˈkri:vˌxomo:rtəs] 名男〖属単・主複 **craobhchomórtais**, 属複 ～〗選手権(大会).
craobhóg [kri:vo:g] 名女〖属単 **craobhóige**, 主複 **-a**, 属複 ～〗小枝.
craobhscaoil [ˈkri:vˌski:l′] 動I 他〖動名 **craobhscaoileadh**, 動形 **craobhscaoilte**〗放送する;繁殖させる;広める.
craol [kri:l] 動I 他・自〖動名 **craoladh**, 動形 **craolta**〗発表する, 放送する;宣言する.
craolachán [kri:ləxa:n] 名男〖属単 **craolacháin**〗放送;無線電信.
craoltóir [kri:lto:r′] 名男〖属単 **craoltóra**, 複 **-í**〗放送者[会社].
craorag [kri:rəg] 形1 深紅色の, 真っ赤な.
craos [kri:s] 名男〖属単・主複 **craois**, 属複 ～〗食道, のど;胃;抜け口.
craosach [kri:səx] 形1 口を開けた;がつがつしている;吠える.
craosaire [kri:sər′ə] 名男〖属単 ～, 複 **craosairí**〗大食家.
craosán [kri:sa:n] 名男〖属単・主複 **craosáin**, 属複 ～〗食道;小峡谷.
craosfholc [ˈkri:sˌolk] 動I 他〖動名 **craosfholcadh**, 動形 **craosfholctha**〗うがいする.

crap [krap] 動1 他・自 〖動名 **crapadh**, 動形 **craptha**〗縮める；引き締める；短くする.

crapall [krapəl] 名男 〖属単・主複 **crapaill**, 属複 ～〗足かせ, 束縛；無(能)力.

crapallach [krapələx] 形1 手足の不自由な；制限的な.

craplaigh [krapli:] 動II 他 〖動名 **craplú**, 動形 **craplaithe**〗足を不自由にする；足かせをはめる, 束縛する.

craptha [krapə] 形3 不具の；堅苦しい；窮屈な.

cré[1] [k'r'e:] 名女 〖属単 ～, 複 -**anna**〗(粘)土；土壌.

cré[2] [k'r'e:] 名女 〖属単 ～, 複 -**anna**〗(キリスト教)信条；教義.

creabhar [k'r'aur] 名男 〖属単・主複 **creabhair**, 属複 ～〗(牛馬にたかる)(ウシ)アブ；悪運.

creach[1] [k'r'ax] 名女 〖属単 **creiche**, 主複 -**a**, 属複 ～〗襲撃；略奪；獲物；破滅. **mo chreach!** ああ悲しいかな！
——動1 他・自 〖動名 **creachadh**, 動形 **creachta**〗略奪する；破滅させる.

creach[2] [k'r'ax] 動1 他 〖動名 **creachadh**, 動形 **creachta**〗烙印(焼印)を押す.

creachach [k'r'axəx] 形1 略奪する.

creachadóir [k'r'axədo:r'] 名男 〖属単 **creachadóra**, 複 -**í**〗侵略者；略奪者.

créacht [k'r'e:xt] 名女 〖属単 -**a**, 複 -**aí**〗切り傷, 深手.

créachta [k'r'e:xtə] 名女 〖属単 ～〗結核.

créachtach [k'r'e:xtəx] 形1 深い傷を負った.

créachtaigh [k'r'e:xti:] 動II 他 〖動名 **créachtú**, 動形 **créachtaithe**〗深く切る；傷つける.

créafóg [k'r'e:fo:g] 名女 〖属単 **créafóige**〗(粘)土, 土壌.

creagach [k'r'agəx] 形1 岩だらけの；ごつごつした；不毛の.

creagán [k'r'aga:n] 名男 〖属単・主複 **creagáin**, 属複 ～〗岩場；石の多い土地, 荒れ地.

créam [k'r'e:m] 動1 他 〖動名 **créamadh**, 動形 **créamtha**〗火葬にする；(書類などを)焼却する.

creat [k'r'at] 名男 〖属単 -**a**, 複 -**aí**〗骨組み；形, 外見.

creatach [k'r'atəx] 形1 やせ衰えた；弱々しい.

creatha [k'r'ahə] ☞ **crith**.

creathach [k'r'ahəx] 名女 〖属単 -**aí**〗震え.
——形1 震える.

creathadh [k'r'ahə] 名男 〖属単 **creataidh**〗振動すること.

creathán [kʹrʹahaːn] 名男〖属単・主複 **creatháin**, 属複 ～〗身震い, 震え;振動.
creathánach [kʹrʹahaːnəx] 形1 震えている, 恐れおののく;振動する.
creathnaigh [kʹrʹahniː] 動II自〖動名 **creathnú**, 動形 **creathnaithe**〗身震いする;揺れる;ひるむ.
creatlach [kʹrʹatləx] 名女〖属単 **creatlaí**, 主複 **-a**, 属複 ～〗骨組;概要.
créatúr [kʹrʹeːtuːr] 名男〖属単・主複 **créatúir**, 属複 ～〗生き物;人.
cré-earra [ˈkʹrʹeːˌarə] 名男〖属単 ～, 複 ～**í**〗土器;陶器.
creid [kʹrʹedʹ] 動I他・自〖動名 **creidiúint**, 動形 **creidiúna**〗信じる;思う.
creideamh [kʹrʹedʹəv] 名男〖属単・主複 **creidimh**, 属複 ～〗信じること;信仰;宗教.
creidím [kʹrʹedʹiːm] creid+mé.
creidiúint [kʹrʹedʹuːnʹtʹ] 名女〖属単 **creidiúna**, 複 **-í**〗信頼, 信用;名誉.
creidiúnach [kʹrʹedʹuːnəx] 形1 信頼できる;名誉となる;立派な.
creidiúnacht [kʹrʹedʹuːnəxt] 名女〖属単 **-a**〗信用;体面.
creidiúnaí [kʹrʹedʹuːniː] 名男〖属単 ～, 複 **creidiúnaithe**〗債権者, 貸し主.
creidmheach [kʹrʹedʹvʹəx] 名男〖属単・主複 **creidmhigh**, 属複 ～〗信者, 信奉者.
—— 形1 信仰のある;忠実な.
creidmheas [ˈkʹrʹedʹˌvʹas] 名男〖属単 **-a**, 複 **-anna**〗信用貸し, クレジット. **cárta creidmheasa** クレジットカード.
creig [kʹrʹegʹ] 名女〖属単 **-e**, 複 **creaga**〗ごつごつの岩;石だらけの土地, 不毛の地.
creill [kʹrʹelʹ] 名女〖属単 **-e**, 複 **-eanna**〗鐘の音;(教会の)弔いの鐘;あざけり.
creim [kʹrʹemʹ] 動I他・自〖動名 **creimeadh**, 動形 **creimthe**〗ガリガリかじる;腐食する.
creimneach [kʹrʹemʹnʹəx] 形1 かじる;腐食性の;腐敗した.
créip [kʹrʹeːpʹ] 名女〖属単 **-e**, 複 **-eanna**〗縮緬(ちりめん);クレープ(薄いパンケーキ).
créúil [kʹrʹeːuːlʹ] 形2 粘土質の;土くさい.
cré-umha [ˈkʹrʹeːˌuːə] 名男〖属単 ～〗ブロンズ, 青銅.

criadóireacht [kʹrʹiədoːrʹəxt] 名女〘属単 **-a**〙陶磁器類；陶芸, 陶器製造.
crián [kʹrʹiːaːn] 名男〘属単・主複 **criáin**, 属複 ～〙クレヨン.
criathar [kʹrʹiəhər] 名男〘属単・主複 **criathair**, 属複 ～〙ざる, ふるい；穴だらけ.
criathrach [kʹrʹiəhrəx] 名男〘属単・主複 **criathraigh**, 属複 ～〙(窪んだ)沼地.
　── 形 1 窪んだ；沼地の.
criathraigh [kʹrʹiəhriː] 動II 他〘動名 **criathrú**, 動形 **criathraithe**〙ふるいにかける；蜂の巣(状)にする.
crine [kʹrʹiːnʹə] 名女〘属単 ～〙老年；老衰.
críoch [kʹrʹiːx] 名女〘属単 **críche**, 主複 **-a**, 属複 ～〙(成句)与単 **crích**〙境界；領土；目的；完成. is é ～ mo scéil (go) 私の話の結論は(go 以下)です. ～ a chur ar (dhuine) (人)の生活が安定すること. do bheart a chur i gcrích 目的の達成. duine gan chrích 目的を持たない人. Críoch Lochlann スカンジナビア.
críochadóireacht [kʹrʹiːxədoːrʹəxt] 名女〘属単 **-a**〙境界線を引くこと；区分.
críochdheighilt [ˈkʹrʹiːxʹɣʹailʹtʹ] 名女〘属単 **-e**, 複 **-í**〙領土の分割.
críochfort [ˈkʹrʹiːxˌfort] 名男〘属単・主複 **críochfoirt**, 属複 ～〙終着駅, ターミナル.
críochnaigh [kʹrʹiːxniː] 動II 他・自〘動名 **críochnú**, 動形 **críochnaithe**〙完了する, 成し遂げる.
críochnaím [kʹrʹiːxniːmʹ] críochnaigh＋mé.
críochnaitheach [kʹrʹiːxnihəx] 形 1 最終の, 仕上げの；閉会の.
críochnúil [kʹrʹiːxnuːlʹ] 形 2 完全な；手際のいい；順序正しい.
criogar [kʹrʹigər] 名男〘属単・主複 **criogair**, 属複 ～〙～ (iarta) コオロギ. ～ **féir** バッタ[キリギリス].
crion [kʹrʹiːn] 名男〘属単 **crín**, 複 **-ta**〙古いもの, 衰えたもの.
　── 形 古い, 枯れた, しおれた.
　── 動I 他・自〘動名 **críonadh**, 動形 **críonta**〙ふけさせる；枯らす；衰えさせる.
críonna [kʹrʹiːnə] 形 3 賢明な；抜け目のない；年取った. **máthair chríonna** 祖母.
críonnacht [kʹrʹiːnəxt] 名女〘属単 **-a**〙賢明さ；成熟；老齢.
crios [kʹrʹis] 名男〘属単 **creasa**, 複 **-anna**〙ベルト, 帯；地帯. ～ **sábhála** 安全ベルト.

crioslach [kr'isləx] 名男〖属単・主複 **crioslaigh**, 属複 ～〗胸(部); 内部.
crioslaigh [kr'isli:] 動II 他〖動名 **crioslú**, 動形 **crioslaithe**〗帯状に囲む, 取り巻く.
Críost [kr'i:st] 名男〖属単 ～〗キリスト.
Críostaí [kr'i:sti:] 名男〖属単 ～, 複 **Críostaithe**〗キリスト教徒. ――形3 キリスト教(徒)の.
Críostaíocht [kr'i:sti:(ə)xt] 名女〖属単 **-a**〗キリスト教.
criostal [kr'istal] 名男〖属単・主複 **criostail**, 属複 ～〗水晶; 結晶.
criostalaigh [kr'istəli:] 動II 他・自〖動名 **criostalú**, 動形 **criostalaithe**〗結晶させる.
Críostúil [kr'i:stu:l'] 形2 キリスト教の; 慈悲深い, 人間らしい.
Críostúlacht [kr'i:stu:ləxt] 名女〖属単 **-a**〗キリスト教; キリスト教的慈愛.
crith [kr'ih] 名男〖属単 **creatha**, 複 **creathanna**〗身震い; 振動. ～ **talún** 地震. ――動I 自〖動名 **crith**〗震える, 揺れる.
critheagla ['kr'ih₁aglə] 名女〖属単 ～〗恐怖; 臆病.
critheaglach ['kr'ih₁agləx] 形1 (おびえて)震える; 臆病な.
crithim [kr'ihim] crith+mé.
crithir [kr'ihər'] 名女〖属単 **crithre**, 複 **crithreacha**〗火花; ごく少量; 粉末.
critic [kr'it'ək'] 名女〖属単 **-e**, 複 **-í**〗批評, 評論.
criticeas [kr'it'ək'əs] 名男〖属単 **criticis**〗批評, 批判.
criticeoir [kr'it'ək'o:r'] 名男〖属単 **criticeora**, 複 **-í**〗批評家, 評論家.
criticiúil [kr'it'ək'u:l'] 形2 批評の; 批判的な; 批評力のある.
criú [kr'u:] 名男〖属単 ～, 複 **-nna**〗乗組員, クルー.
cró[1] [kro:] 名男〖属単 ～, 複 **-ite**〗囲い; (家畜)小屋; (針など)穴; (銃の)口径; (サーカスなど)円形演技場; (ボクシングなど)リング.
cró[2] [kro:] 名男〖属単 ～〗血, 流血.
crobh [krov] 名男〖属単・主複 **croibh**, 属複 ～〗手; (猫, 鷹など)かぎ爪のある足.
crobhaing [krovəŋ'] 名女〖属単 **-e**, 複 **-í**〗(実などの)房; 集団, 群れ.
croch [krox] 名女〖属単 **croiche**, 主複 **-a**, 属複 ～〗十字架; ハンガー; 吊りさげるもの.

―― 動I 他・自〖動名 crochadh, 動形 crochta〗掛ける, 吊るす; 掲げる.
cróch [kro:x] 名男〖属単 〜〗サフラン, クロッカス(の花).
crochadán [kroxəda:n] 名男〖属単・主複 crochadáin, 属複 〜〗(帽子;コート)掛け;ハンガー.
crochaim [kroxim] croch+mé.
cróchar [kro:xər] 名男〖属単・主複 cróchair, 属複 〜〗棺台;担架.
crochóg [kroxo:g] 名女〖属単 crochóige, 主複 -a, 属複 〜〗靴下留め.
crochta [kroxtə] 形3 吊るされた; 揚げた; 張り出した. cosán 〜 急坂. 〜 le hobair 仕事に熱中して. caint chrochta 気取った言葉遣い.
crochtín [kroxtʲi:nʲ] 名男〖属単 〜, 複 -í〗ハンモック;ブランコ.
cróga [kro:gə] 形3 勇敢な;大胆な;元気のよい.
crógacht [kro:gəxt] 名女〖属単 -a〗勇敢;大胆さ;活発.
crogall [krogəl] 名男〖属単・主複 crogaill, 属複 〜〗クロコダイル(ワニの一種).
croí [kri:] 名男〖属単 〜, 複 -the〗心臓, 心;核, 中心;勇気. a chroí! 愛する人よ!
croíbhriste [ˈkri:vristʲə] 形3 失意の;失恋した.
croíbhrú [ˈkri:ˌvru:] 名男〖属単 〜〗悔恨.
croíbhrúite [ˈkri:ˌvru:tʲə] 形3 悔恨の(情を示している).
croídhícheall [ˈkri:ˌɣʲi:xʲəl] 名男〖属単 croídhíchill〗最高度, 最大の努力. tá sé ar a chroídhícheall 彼は最善を尽くしている.
croílár [kri:la:r] 名男〖属単 croíláir〗真ん中.
croíleacán [kri:lʲəka:n] 名男〖属単・主複 croíleacáin, 属複 〜〗芯, 核心.
cróilí [ˈkro:ˌlʲi:] 名男〖属単 〜〗寝たきりの状態.
―― 形3 寝たきりの.
croiméal [kromʲe:l] 名男〖属単・主複 croiméil, 属複 〜〗口ひげ.
cróineolaíoch [ˈkro:nʲˌo:li:(ə)x] 形1〖属単男 〜, 属単女 cróineolaíche, 主複 -a〗年代順の, 年代記の.
croinic [kronʲəkʲ] 名女〖属単 -e, 複 -í〗年代記, 年表.
cróise [kro:sʲə] 名女〖属単 〜〗かぎ針編み.
croith [kroh] 動I 他・自〖動名 croitheadh, 動形 croithite〗振る, 揺する;まき散らす. 〜 ar[chuig; le] (手, 旗などを)振る.
croithim [krohim] croith+mé.
croíúil [kri:u:lʲ] 形2 心からの, 親切な;元気な.

croíúlacht [kri:u:ləxt] 名女〖属単 **-a**〗親切 ; 真心 ; 元気.
crom [krom] 形 1 曲がった, 身をかがめた. **tá sé ~ ar a chuid oibre** 彼は仕事に熱中している.
── 動I 他・自〖動名 **cromadh**, 動形 **cromtha**〗曲げる, 体をかがめる ; 始める.
cromada [kromədə] 名 (成句) **ar do chromada** かがんで(しゃがんで).
cromán [kroma:n] 名男〖属単・主複 **cromáin**, 属複 ~〗ヒップ, 腰 ; (機械)クランク.
crómatach [kro:mətəx] 形 1 色彩の ; 着色の.
cromleac ['kromˌl'ak] 名女〖属単 **cromleice**, 主複 **-a**, 属複 ~〗ドルメン(巨大自然石の上に平石をのせた太古の墓).
cromógach [kromo:gəx] 形 1 わし鼻の ; 曲がったかぎ状の.
crompán [krompa:n] 名男〖属単・主複 **crompáin**, 属複 ~〗小川 ; (小さな)入江.
crón [kro:n] 形 1 黄褐色の.
crónachan [kro:nəxən] 名女〖属単 **-a**〗薄暗がり, 日暮れ ; 夕闇.
cronaigh [kroni:] 動II 他〖動名 **cronú**, 動形 **cronaithe**〗(人が)いないのを寂しく思う. **cronaím uaim go mór í** 彼女がいないので大変寂しい.
crónán [kro:na:n] 名男〖属単 **crónáin**〗ブンブンいう音 ; ハミングで歌うこと ; さらさらいう音 ; つぶやき ; (猫などが)ゴロゴロとのどを鳴らすこと.
cróntráth ['kro:nˌtra:] 名男〖属単 **-a**, 複 **-anna**〗夕暮れ, たそがれ.
cros[1] [kros] 名女〖属単 **croise**, 主複 **-a**, 属複 ~〗十字架 ; 受難 ; 禁止.
── 動I 他〖動名 **crosadh**, 動形 **crosta**〗十字を切る ; 禁止する ; 逆らう.
cros-[2] [kros] 接頭 十字の- ; 交差した-.
crosach [krosəx] 形 1 交差した ; 傷跡を残した ; 汚い.
crosáid [krosa:d'] 名女〖属単 **-e**, 複 **-í**〗十字軍.
crosáil [krosa:l'] 動I 他〖動名 **crosáil**, 動形 **crosáilte** ; 現 **crosálann**〗横切る, 交差させる.
crosaire [krosər'ə] 名男〖属単 ~, 複 **crosairí**〗交差点, 十字路.
crosbhóthar ['krosˌvo:hər] 名男〖属単 **crosbhóthair**, 複 **crosbhóithre**〗交差道路, 十字路.
crosfhocal ['krosˌokəl] 名男〖属単・主複 **crosfhocail**, 属複 ~〗

クロスワードパズル.
crosógaíocht [kroso:gi:(ə)xt] 名女〖属単 **-a**〗(球技)ラクロス.
cros-síolrach [ˈkro(sʲ)ˌsʲiːlrəx] 形 1 雑種の; 混血の; 合成の.
crosta [krostə] 形 3 ① cros¹ の動形容詞. ② 気難しい; 厄介な; いたずらな.
crotal [krotəl] 名男〖属単・主複 **crotail**, 属複 **~**〗外皮; 殻, さや.
crothán [krohaːn] 名男〖属単・主複 **crotháin**, 属複 **~**〗振り掛け; 軽くおおうこと; 少量. **~ salainn** 少量の塩. **~ eolais** 生かじりの知識.
crú¹ [kruː] 名男 ☞ crúigh¹.
crú² [kruː] 名男 ☞ crúigh².
crua [kruə] 名男〖属単 **~**〗堅さ; 困難; 冷酷.
── 形 3 堅い; 困難な; 強烈な; つらい. **go ~** 一生懸命. **deoch chrua** アルコールの強い飲物.
crua-ae [ˈkruəˌeː] 名男〖属単 **~**, 複 **-nna**〗肝臓.
cruach¹ [kruəx] 名女〖属単 **cruaiche**, 主複 **-a**, 属複 **~**〗積み重ね; 干し草の山.
── 動 I 他〖動名 **cruachadh**, 動形 **cruachta**〗積み重ねる.
cruach² [kruəx] 名女〖属単 **~**〗スチール, 鋼鉄.
cruachan [kruəxən] 名女 ☞ cruaigh.
cruachás [ˈkruəˌxaːs] 名男〖属単 **cruacháis**, 複 **-anna**〗苦境; 困難; 苦悩.
cruacht [kruəxt] 名女〖属単 **-a**〗堅さ; たくましさ.
cruadhiosca [kruəɣiskə] 名男〖属単 **~**, 複 **-í**〗ハードディスク.
crua-earra [ˈkruəˌarə] 名男〖属単 **~**, 複 **-í**〗金物類, 金属製品.
cruaigh [kruəɣʲ] 動 I 他・自〖動名 **cruachan**, 動形 **cruaite**; 現 **cruann**; 未 **cruafaidh**〗堅くする; 困難にする; 強くする.
cruáil [kruːaːlʲ] 名女〖属単 **cruála**〗辛苦; 残酷; けち.
cruálach [kruːaːləx] 形 1 残酷な; けちくさい.
cruálacht [kruːaːləxt] 名女〖属単 **-a**〗残酷; けち.
cruan [kruən] 名男〖属単 **cruain**〗エナメル; (陶器などの)うわ薬.
── 動 I 他〖動名 **cruanadh**, 動形 **cruanta**〗エナメルをかぶせる; うわ薬をかける.
cruas [kruəs] 名男〖属単 **cruais**〗困難; 困窮; けち.
cruatan [kruətən] 名男〖属単 **cruatain**〗苦労; 欠乏.
crúb [kruːb] 名女〖属単 **crúibe**, 主複 **-a**, 属複 **~**〗(鳥獣)かぎ爪(のある足); (牛馬の)ひづめ.
crúbach [kruːbəx] 形 1 (鳥獣)かぎ爪(のある足)の; (エビ, カニの)

はさみ；足の不自由な.

crúbadach [kru:bədəx] 名女〖属単 **crúbadaí**〗はうこと；よじ登ること.

crúbáil [kru:ba:lʹ] 動I 他・自〖動名 **crúbáil**, 動形 **crúbáilte**；現 **crúbálann**〗爪(状のもの)で引っかく.

crúca [kru:kə] 名男〖属単 ～, 複 **-í**〗鉤(かぎ), 留めがね；手中；(衣服の)ホック留め. **éalú as crúcaí** (duine) (人)の手中から逃れること.

crúcach [kru:kəx] 形1 かぎ状の；かぎ付きの.

crúcáil [kru:ka:lʹ] 動I 他・自〖動名 **crúcáil**, 動形 **crúcáilte**；現 **crúcálann**〗(もの)を鉤で引っ掛ける；吊るす；～ **ar** 爪で引っかく.

cruib [kribʹ] 名女〖属単 **-e**, 複 **-eanna**〗かいばおけ；キリストが生まれたときに寝かされた馬槽(うまぶね).

cruibhead [krivʹe:d] 名男〖属単・主複 **cruibhéid**, 属複 ～〗(食卓用の)薬味入れ；(キリスト教)祭瓶(ミサ用の水とぶどう酒を入れる小瓶).

crúibín [kru:bʹi:nʹ] 名男〖属単 ～, 複 **-í**〗かぎ爪のある足；ひづめ.

cruicéad [krikʹe:d] 名男〖属単 **cruicéid**〗(球技)クリケット.

crúigh[1] [kru:γʹ] 動I 他〖動名 **crú**, 動形 **crúite**；現 **crúnn**；未 **crúfaidh**〗(牛, 山羊の)乳を絞る.

crúigh[2] [kru:γʹ] 動I 他〖動名 **crú**, 動形 **crúite**；現 **crúnn**；未 **crúfaidh**〗(馬に)蹄鉄を打つ. **capall a chrú** 馬に蹄鉄を打つこと.

cruimh [krivʹ] 名女〖属単 **-e**, 複 **-eanna**〗蛆(うじ)；小さい虫.

cruinn [krinʹ] 形1 丸い；正確な；筋の通った.

cruinne[1] [krinʹə] 名女〖属単 ～〗丸いもの, 円.

cruinne[2] [krinʹə] 名女〖属単 ～, 複 **cruinní**〗宇宙；地球；世界.

crinneachán [krinʹəxa:n] 名男〖属単・主複 **cruinneacháin**, 属複 ～〗ドーム；丸天井.

cruinneas [krinʹəs] 名男〖属単 **cruinnis**〗正確；集積；明快.

cruinneog [krinʹo:g] 名女〖属単 **cruinneoige**, 主複 **-a**, 属複 ～〗球(状)；天体.

cruinnigh [krinʹi:] 動II 他・自〖動名 **cruinniú**, 動形 **cruinnithe**〗集める；まとめる；焦点を合わせる.

crúiscín [kru:sʹkʹi:nʹ] 名男〖属単 ～, 複 **-í**〗(小型の)水差し；(小型の)広口の瓶.

cruit[1] [kritʹ] 名女〖属単 **-e**, 複 **-eanna**〗(背)こぶ.

cruit[2] [kritʹ] 名女〖属単 **-e**, 複 **-eanna**〗(小型の)ハープ.

cruiteach [kritʹəx] 形1 背中の丸い, ねこ背の.

cruithneacht [krihnʹəxt] 名女〖属単 **-a**〗小麦.

cruitire [kritʼərʼə] 名男〖属単 ～, 複 **cruitirí**〗ハープ奏者.
cruóg [kruːoːg] 名女〖属単 **cruóige**〗緊急; 切迫.
cruógach [kruːoːgəx] 形 1 緊急の, 切迫した.
crúsca [kruːskə] 名男〖属単 ～, 複 **-í**〗水差し; 広口の瓶, ジャー.
crústa [kruːstə] 名男〖属単 ～, 複 **-í**〗パンの皮［耳］; 強打; 拳骨（げんこつ）.
crústach [kruːstəx] 名男〖属単・主複 **crústaigh**, 属複 ～〗甲殻（こうかく）類動物.
―― 形 1 甲殻類の.
crústaigh [kruːstiː] 動II 他〖動名 **crústach**, 動形 **crústaithe**〗投げつける.
crústáil [kruːstaːlʼ] 動I 他〖動名 **crústáil**, 動形 **crústáilte**; 現 **crústálann**〗棒などで打つ.
cruth [kruh] 名男〖属単 **-a**, 複 **-anna**〗形, 姿; 状態. **i gcruth** [sa chruth] (is) **go** そんなわけで［(go 以下)するために］.
cruthach [kruhəx] 形 1 恰好のよい; 均整のとれた.
crúthach [kruːhəx] 名男〖属単 **crúthaigh**〗～ (bainne) 牛の乳出量; 大量.
cruthaigh [kruhiː] 動II 他・自〖動名 **cruthú**, 動形 **cruthaithe**〗創造する; 形成する; 証明する.
cruthaíocht [kruhiː(ə)xt] 名女〖属単 **-a**〗形; 見かけのよいこと.
cruthaitheach [kruhihəx] 形 1 創造的, 創造力のある.
cruthaitheoir [kruhihoːrʼ] 名男〖属単 **cruthaitheora**, 複 **-í**〗創造者; 神.
cruthanta [kruhəntə] 形 3 生きているような; 正確な; 真の.
cruthúnas [kruhuːnəs] 名男〖属単・主複 **cruthúnais**, 属複 ～〗証拠, 証明.
cú [kuː] 名男〖属単 ～, 複 **-nna**; (成句) 属単・属複 **con**〗猟犬.
cuach[1] [kuəx] 名女〖属単 **cuaiche**, 主複 **-a**, 属複 ～〗カッコウ; 裏声; (馬の)いななき.
cuach[2] [kuəx] 名男〖属単 ～, 主複 **-a**, 属複 ～〗鉢; ゴブレット(脚つき酒杯).
cuach[3] [kuəx] 名女〖属単 **cruaiche**, 主複 **-a**, 属複 ～〗束; 結び目; 編んだ髪; 抱擁.
―― 動I 他〖動名 **cuachadh**, 動形 **cuachta**〗束にする; 包む; 巻く; 抱き締める.
cuachach[1] [kuəxəx] 形 1 うら声の.
cuachach[2] [kuəxəx] 形 1 丸くへこんだ形の, 窪んだ.

cuachach[3] [kuəxəx] 形1 巻かれた；渦巻いた；巻き毛の．
cuachóg [kuəxo:g] 名女〘属単 **cuachóige**, 主複 **-a**, 属複 ～〙(リボンなど)ちょう結び．
cuaifeach [kuəf′əx] 名男〘属単・主複 **cuaifigh**, 属複 ～〙～ (gaoithe) 旋風, つむじ風．
cuaille [kuəl′ə] 名男〘属単 ～, 複 **cuaillí**〙棒, 柱；杭(益)．
cuain [kuən′] 名女〘属単 **-e**, 複 **-eanna**〙(動物の)一腹の子；一群；一団．
cuaire [kuər′ə] 名女〘属単 ～〙曲がり, 湾曲；反(₹)り．
cuairt [kuərt′] 名女〘属単 **-e**, 複 **-eanna**；(数詞と共に)複 **cuarta**〙円(周)；訪問；周遊. **bhí siad ar** ～ **againn** 彼らは我々を訪ねた．
cuairteoir [kuərt′o:r′] 名男〘属単 **cuairteora**, 複 **-í**〙訪問者, 来客；観光客．
cual [kuəl] 名男〘属単・主複 **cuail**, 属複 ～〙束；積み重ねた山．～ **connaidh** 薪の束．
cuallacht [kuələxt] 名女〘属単 **-a**, 複 **-aí**〙仲間(意識)；会社, 団体；(カトリック)信心会．
cuan [kuən] 名男〘属単 **cuain**, 複 **-ta**〙避難所；港；湾曲部．
cuanna [kuənə] 形3 顔立ちのよい；上品な；優美な．
cuar [kuər] 名男〘属単・主複 **cuair**, 属複 ～〙曲線, カーブ；輪．
── 形1 湾曲した；輪状の．
── 動I 他・自〘動名 **cuaradh**, 動形 **cuartha**〙曲げる．
cuarán [kuəra:n] 名男〘属単・主複 **cuaráin**, 属複 ～〙サンダル(靴)．
cuardaigh [kuərdi:] 動II 他・自〘動名 **cuardach**, 動形 **cuardaithe**〙捜す, 捜し求める．
cuartaíocht [kuərti:(ə)xt] 名女〘属単 **-a**〙訪問すること；観光旅行．
cuas [kuəs] 名男〘属単 **cuais**, 主複 **-a**, 属複 ～〙空洞；奥まった所；湾．
cuasach [kuəsax] 形1 洞窟の；窪みの多い；凹面の．
cuasnóg [kuəsno:g] 名女〘属単 **cuasnóige**, 主複 **-a**, 属複 ～〙蜂の巣；掘り出し物．
cúb [ku:b] 名女〘属単 **cúibe**, 主複 **-a**, 属複 ～〙鶏小屋；曲がり．
── 動I 他・自〘動名 **cúbadh**, 動形 **cúbtha**〙曲げる；おびえさせる．
cúbláil [ku:bla:l′] 名女〘属単 **cúblála**, 複 **cúblálacha**〙ごまかし；使い込み．

cúcamar

——〖動I〗他・自〖動名 **cúbláil**,動形 **cúblálilte**;現 **cúblálann**〗横取りする;ごまかす.
cúcamar [ku:kəmər]〖名〗男〖属単・主複 **cúcamair**,属複 ～〗キュウリ.
cuí [ki:]〖形〗3 適当な,ふさわしい.
cuibheas [kivʹəs]〖名〗男〖属単 **cuibhis**〗適当さ;礼儀正しさ;上品.
cuibheasach [kivʹəsəx]〖形〗1 かなり良い;普通の,まずまずの.
cuibhiúil [kivʹu:l]〖形〗2 適当な;きちんとした;上品な.
cuibhreach [kivʹrʹəx]〖名〗男〖属単・主複 **cuibhrigh**,属複 ～〗拘束,束縛,制約.
cuibhreann [kivʹrʹən]〖名〗男〖属単・主複 **cuibhrinn**,属複 ～〗会食;区分;割当て地;市民菜園. **bheith i gcuibhreann** (duine)（人と）食事を共にすること[と一緒に].
cuibhrigh [kivʹrʹi:]〖動II〗他〖動名 **cuibhriú**,動形 **cuibhrithe**〗拘束する,束縛する.
cuid [kidʹ]〖名〗女〖属単 **coda**,複 **codanna**〗部分;割当て,分け前. ～ **de na daoine** 何人かの人. ～ **mhór páipéir** 大量の紙. **mo chuid éadaigh**（<**éadach**）私の服. **a gcuid mac** 彼らの息子たち. ～ **iontais é** 驚くべきことだ. ～ **is mó ná** より多い. **ár gcuid a shaothrú**（<**saothraigh**）我々の生計を立てること. **níl mo chuid ort** 私はあなたに頼っていない.
cuideachta [kidʹəxtə]〖名〗女〖属単 ～〗仲間;交際;娯楽.
cuideachtúil [kidʹəxtu:lʹ]〖形〗2 友とするによい;気さくな.
cuideáin [kidʹa:nʹ]〖形〗1 異質の;風変わりな.
cuidigh [kidʹi:]〖動II〗自〖動名 **cuidiú**,動形 **cuidithe**〗～ **le** 助ける,手伝う;報いる. **cuidiú le**（duine）（rud）**a dhéanamh**（<**déan**）（こと）をするために（人）を助けること. **chuidigh sé leis an rún** 彼はその動議に賛成した.
cuidím [kidʹi:m] cuidigh+mé.
cuiditheoir [kidʹihoːrʹ]〖名〗男〖属単 **cuiditheora**,複 **-í**〗助ける人,救助者;賛成者.
cúig [ku:gʹ]〖名〗男〖属単 ～,複 **-eanna**〗(数) 5.
——〖形〗5 の. **a** ～ **déag** 15. **fiche a** ～[～ **is fiche**] 25. **céad is a** ～ 105. ～ **mhíle** 5 マイル. ～ **seachtaine déag** 15 週. ～ **huaire fichead** 25 回[時間].
cúige [ku:gʹə]〖名〗男〖属単 ～,複 **cúigí**〗州;地方. ～ (**Chonnacht/Laighean/Mumhan/Uladh**).（コナフト/レンスター/マンスター/アルスター）州[地方].

cúigeach [kuːgʹəx] 名男〖属単・主複 **cúigigh**, 属複 〜〗地方(出身)の人.
—— 形 1 州の ; 地方の.
cúigeachas [kuːgʹəxəs] 名男〖属単 **cúigeachais**〗地方的特色 ; 郷土愛.
cuigeann [kigʹən] 名女〖属単 **cuiginne**, 複 **cuigne**〗(ミルクを)かき回してバターを造ること ; 攪乳器.
cúigear [kuːgʹər] 名男〖属単・主複 **cúigir**, 属複 〜〗5 人. 〜 **fear** 5 人の男性.
cúigiú [kuːgʹuː] 名男〖属単 〜, 複 **cúigithe**〗第 5.
—— 形 3 第 5 の. **an** 〜 **bean** 第 5 番目の女性. **trí chúigiú de** (rud) (もの)の 5 分の 3.
cuil [kilʹ] 名女〖属単 **-e**, 複 **-eanna**〗ハエ.
cúil [kuːlʹ] 名女〖属単 **cúlach**, 複 **cúlacha**〗(部屋などの)隅[角] ; 貯蔵.
cuilce [kilʹkʹə] 名女〖属単 〜, 複 **cuilcí**〗キルトの掛けぶとん ; 上掛け ; マットレス.
cuilceach [kilʹkʹəx] 名男〖属単・主複 **cuilcigh**, 属複 〜〗悪党 ; 遊び人.
cuileann [kilʹən] 名男〖属単 **cuilinn**〗ヒイラギ(の木).
cúileann [kuːlʹən] 名女〖属単 **cúilinne**, 主複 **-a**, 属複 〜〗美人.
—— 形 1 金髪の.
cuileog [kilʹoːg] 名女〖属単 **cuileoige**, 主複 **-a**, 属複 〜〗ハエ.
cuilithe [kilʹəhə] 名女〖属単 〜, 複 **cuilithí**〗渦巻き ; 中心 ; (病気の)発作.
cuilt [kilʹtʹ] 名女〖属単 **-e**, 複 **-eanna**〗キルト, 刺し子に縫ったもの.
cuimhin [kivʹənʹ] 名 (動詞 is, 前置詞 le と共に) **is** 〜 **liom** 私は覚えている. **ní** 〜 **leat mé** 君は僕を覚えていない.
cuimhne [kivʹnʹə] 名女〖属単 〜, 複 **cuimhní**〗記憶. **cuimhní cinn** 回想録.
cuimhneach [kivʹnʹəx] 形 1 記憶にある ; 思いにふけった. **is** 〜 **liom** 私は覚えている.
cuimhneachán [kivʹnʹəxaːn] 名男〖属単・主複 **cuimhneacháin**, 属複 〜〗祝賀 ; 記念 ; 土産.
cuimhnigh [kivʹnʹiʹː] 動 II 他・自〖動 名 **cuimhneamh**, 動 形 **cuimhnimh**〗思い出させる ; 覚えている ; 考える.
cuimhním [kivʹnʹiːm] cuimhnigh+mé.

cuimhnitheach [kivʹnʹihəx] 形1 記念の；追悼の.
cuimil [kimʹəlʹ] 動II 他・自〖動名 **cuimilt**, 動形 **cuimilte**； 現 **cuimlíonn**〗こする；なでる；拭き取る.
cuimilteoir [kimʹəlʹtoːrʹ] 名男〖属単 **cuimilteora**, 複 **-í**〗ワイパー. **cuimilteoirí gaothscátha** 車のワイパー.
cuimleoir [kimʹlʹoːrʹ] 名男〖属単 **cuimleora**, 複 **-í**〗拭く［こする］人［もの］.
cuimse [kimʹsʹə] 名女〖属単 〜〗多量, 豊富；限度. **as**[thar] 〜 過度の. **tá fuacht as** 〜 **ann** 非常に寒い. **gan chuimse** 無制限の.
cuimsigh [kimʹsʹiː] 動II 他〖動名 **cuimsiú**, 動形 **cuimsithe**〗理解する；含む；規制する.
cuimsitheach [kimʹsʹihəx] 形1 理解力のある；包括的な；焦点の.
cuing [kiŋʹ] 名女〖属単 **-e**, 複 **-eacha**〗くびき（一対の牛などを首のところでつなぐための横木）；束縛；義務；えり首.
cuingir [kiŋʹgʹərʹ] 名女〖属単 **cuingreach**, 複 **cuingreacha**〗くびき；絆；一対；群れ.
cúinne [kuːnʹə] 名男〖属単 〜, 複 **cúinní**〗隅；角(かど).
cuinneog [kinʹoːg] 名女〖属単 **cuinneoige**, 主複 **-a**, 属複 〜〗攪乳器.
cúinse [kuːnʹsʹə] 名男〖属単 〜, 複 **cúinsí**〗顔の表情；事情；策略. **ar aon chúinse** どんなことがあっても…ない. **ar chúinse** (go) (go 以下)という条件で.
cuir [kirʹ] 動I 他・自〖動名 **cur**, 動形 **curtha**〗置く；植える；埋める；送る；捜し出す；提出する；推進させる；投げる. **síol a chur** 種子をまくこと. **tá sé ag cur báistí**[fearthainne] 雨が降っている. **cuirfear amárach é** 彼は明日埋葬される. (cuir+前置詞) ㋐ 〜 **amach** (追い)出す；注ぐ；吐く；発行する. **cuireadh amach as a dteach iad** 彼らは家を立退かされた. ㋑ 〜 **ar** 置く；着る；課す；翻訳する；知る. **an teilifís a chur air** テレビをつけること. **cáin a chur ar** (rud)（もの）に課税すること. ㋒ 〜 **as** 出す；消す. **cuireadh as an rang í** 彼女はそのクラスから出された. **cur as do** (dhuine)（人）を困らせること. **tine a chur as** 消火すること. **solas a chur as** 灯りを消すこと. ㋓ 〜 **chuig/chun** 送る；出発する；適用する. **litir a chur chuig** (duine)（人）に手紙を送ること. (duine) **a chur chun báis** (人)に死を宣告すること. (duine) **a chur chun feirge** (人)を怒らせること. ㋔ 〜 **de** 完成する；克服する. **an bhfuil an obair curtha díot agat?** 仕事は終ったか？ 〜 **díot!** 出ていけ. ㋕ 〜 **faoi** 下に置く；身を落ち着ける. **cuir faoin mbord iad** (それらを)テーブルの下に置きなさい. ㋖ 〜 **i** 入れ

る；表わす. **cur i gcoinne** (ruda)（こと）に反対すること. ⑦ ~ **isteach** 入れる；申込む；悩ます. **cuir isteach d'ainm agus do sheoladh** 名前と住所を記入しなさい. **cur isteach ar**(dhuine)（人）を困らせること. ⑪ ~ **síos** 置く. **cuir síos an peann** ペンを置きなさい. **cur síos ar**(rud)（もの）を記述すること. ⑧ ~ **suas** 揚げる. **is deacair cur suas leis** 彼[それ]には我慢ならない. **cur suas de**(rud)（こと）を引き受けないこと.

cuircín [kirʹkʹiːnʹ] 名男〘属単 ~, 複 **-í**〙とさか，鳥の冠毛.
cuircíneach [kirʹkʹiːnʹəx] 形1 とさかのある；ふさの付いた.
cuireadh [kirʹə] 名男〘属単 **cuiridh**, 複 **cuirí**〙招待；召還. ~ **a fháil**(<**faigh**) **ar dinnéar** 夕食に招待されること.
cuirfiú [kirʹfʹuː] 名男〘属単 ~, 複 **-nna**〙晩鐘；夜間外出禁止.
cuirim [kirʹəm] **cuir**+**mé**.
cúirt [kuːrtʹ] 名女〘属単 **-e**, 複 **-eanna**〙中庭；コート；法廷. ~ **leadóige** テニスコート.
cúirtéis [kuːrtʹeːsʹ] 名女〘属単 **-e**, 複 **-í**〙礼儀，丁重.
cúirtéiseach [kuːrtʹeːsʹəx] 形1 礼儀正しい，丁寧な.
cuirtín [kirtʹiːnʹ] 名男〘属単 ~, 複 **-í**〙カーテン.
cúis [kuːsʹ] 名女〘属単 **-e**, 複 **-eanna**〙原因；事件，告訴；価値. **mé féin is** ~ **leis** 私自身のせいだ. ~ **dlí** 訴訟. **ní raibh aon chúis ann** それは全然よくなかった. **déanfaidh sé** ~ それでよい[間に合う].
cúiseach [kuːsʹəx] 形1 堅苦しい，几帳面な；取り澄ました.
cúisí [kuːsʹiː] 名男〘属単 ~, 複 **cúisithe**〙被告人.
cúisigh [kuːsʹiː] 動II 他〘動名 **cúiseamh**, 動形 **cúisimh**〙告発する；起訴する.
cúisín [kuːsʹiːnʹ] 名男〘属単 ~, 複 **-í**〙クッション.
cúisitheoir [kuːsʹhoːrʹ] 名男〘属単 **cúisitheora**, 複 **-í**〙検事.
cuisle [kisʹlʹə] 名女〘属単 ~, 複 **cuislí**〙静脈；血管；脈拍；前腕.
cuisne [kisʹnʹə] 名男〘属単 ~〙（白）霜.
cuisneach [kisʹnʹəx] 形1 霜の降りる[降りた]；冷やかな.
cuisneoir [kisʹnʹoːrʹ] 名男〘属単 **cuisneora**, 複 **-í**〙冷蔵庫.
cuisnigh [kisʹnʹiː] 動II 他・自〘動名 **cuisniú**, 動形 **cuisnithe**〙凍らせる，冷凍する.
cúistiúnach [kuːsʹtʹuːnəx] 形1 調査(官)の；厳しい.
cúistiúnacht [kuːsʹtʹuːnəxt] 名女〘属単 **-a**, 複 **-aí**〙尋問；審理.
cúiteach [kuːtʹəx] 形1 償いの，応報の.
cuiteog [kitʹoːg] 名女〘属単 **cuiteoige**, 主複 **-a**, 属複 ~〙ミミズ.
cúitigh [kuːtʹiː] 動II 他〘動名 **cúiteamh**, 動形 **cúitimh**〙報いる；

恩返しをする；償う.

cúitineach [ku:tʲiːnʲəx] 名男〖属単・主複 **cúitinigh**, 属複 ～〗（皮膚の）表皮.

cuitléireacht [kitʲlʲeːrʲəxt] 名女〖属単 **-a**〗食卓用刃物（ナイフ、フォーク、スプーンなど）.

cúl [ku:l] 名男〖属単・主複 **cúil**, 属複 ～；(成句)複 **-a**〗背(部)；備え；（スポーツ）バック；ゴール. ～ **tí**(＜teach) 裏庭. **ar chúl na gaoithe** 風から避難して. ～ **cinn** 後頭部. **thug siad a dhá gcúl dá chéile** 彼らは互いに背を向けた. **ina luí ar chúl a chinn** 彼は仰向けに寝た. **dul ar gcúl** 戻る［退く］こと. **cuir an clog ar gcúl** 時計の針を戻せ. **sráid chúil** 裏通り. (marcaíocht) **ar cúla** (オートバイなどの)後部座席. ～ **báire** ゴールキーパー.

cúlaigh [ku:liː] 動Ⅱ他・自〖動名 **cúlú**, 動形 **cúlaithe**〗後退させる.

culaith [kuləh] 名女〖属単 **-e**, 複 **cultacha**〗スーツ、服装；装置、装備.

cúlaitheach [ku:lihəx] 形1 後退する、逆行する.

cúlánta [ku:laːntə] 形3 人里離れた；内気の、引っ込み思案の.

cúlbhóthar [ˈkuːlˌvoːhər] 名男〖属単 **cúlbhóthair**, 複 **cúlbhóithre**〗脇道；裏道.

cúlchaint [ˈkuːlˌxanʲtʲ] 名女〖属単 **-e**〗人の陰口をきくこと；ゴシップ.

cúlchistin [ˈkuːlˌxʲisʲtʲənʲ] 名女〖属単 **-e**, 複 **-eacha**〗台所.

cúlchríoch [ˈkuːlˌxrʲiːx] 名女〖属単 **cúlchríche**, 属単 **-a**, 属複 ～〗内陸地域；奥地.

cúléist [ˈkuːlˌeːsʲtʲ] 動Ⅰ自〖動名 **cúléisteacht**, 動形 **cúléisteachta**〗盗み聞きする.

cúlghabhálach [ˈkuːlˌɣavaːləx] 形1 回顧的；振り返る；後ろ向きの.

cúlgharda [ˈkuːlˌɣaːrdə] 名男〖属単 ～, 複 **-í**〗後衛；しんがり.

cúlionad [ˈkuːlˌinəd] 名男〖属単・主複 **cúlionaid**, 属複 ～〗（絵の）背景.

cúlóg [ku:loːg] 名女〖属単 **cúlóige**, 主複 **-a**, 属複 ～〗（オートバイなどの）後部座席. **ar** ～ 後ろに相乗りして.

cúlra [ku:lrə] 名男〖属単 ～, 複 **-í**〗背景；（絵などの）背景.

cúlráid [ˈkuːlˌraːdʲ] 名女〖属単 **-e**〗人里離れた場所. **ar an gcúlráid** 引きこもって. **fanacht ar an gcúlráid** 表面に出ないでいること.

cúlráideach [ˈkuːlˌraːdʲəx] 形1 隠された；切り離された；隠遁(いん)(とん)した.

cúlsruth [ˈkuːlˌsruh] 名男〖属単 **-a**, 複 **-anna**〗逆流；うず(巻).

cúltaca [ˈkuːlˌtəkə] 名男〖属単 ～〗(コンピューター) バックアップ; 支援.
cultacha [kultəxə] ☞ culaigh.
cultúr [kultuːr] 名男〖属単・主複 **cultúir**, 属複 ～〗文化.
cultúrtha [kultuːrhə] 形3 教養 [文化] のある.
cúlú [kuːluː] 名男 ☞ cúlaigh.
cum [kum] 動 I 他・自〖動名 **cumadh**, 動形 **cumtha**〗形成する; 作曲する; 考案する; 制限する.
cuma[1] [kumə] 名女〖属単 ～, 複 -í〗形; 姿; 外観. **ar chuma éigin** 何とかして. **ar aon chuma** [ar chuma ar bith] とにかく. **ar an gcuma chéanna** 同様に. **de réir cuma** 見たところでは.
cuma[2] [kumə] 形 (動詞 is と共に) 同じ, 等しい. **is ～ liom** 私はかまわない. **is ～ duit** 君には関係ない. **is ～ cad é dúirt sé** たとえ彼が何と言おうとも. **bheith ar nós ～ liom faoi** (rud) (こと) に無関心であること.
cumá [kəˈmaː] 副 疑問副詞. (**ná**[1], **nach**[1] と共に) なぜ (いけない; しない) か? **～ nach suíonn** (<**suigh**) **tú**? お掛けになりませんか?
cumadh [kumə] 名男 ☞ cum.
cumadóir [kumədoːrʹ] 名男〖属単 **cumadóra**, 複 -í〗制作者; 作曲[詩]家; 発明者.
cumadóireacht [kumədoːrʹəxt] 名女〖属単 -a〗作り出すこと; 作曲[詩]; 発明; 小説.
cumaisc [kuməsʹkʹ] 動 I 他・自〖動名 **cumasc**, 動形 **cumaischte**, 現 **cumascann**〗混合する; 結合する.
cumann [kumən] 名男〖属単・主複 **cumainn**, 属複 ～〗友情; 協会; クラブ.
cumannachas [kumənəxəs] 名男〖属単 **cumannachais**〗共産主義.
cumar [kumər] 名男〖属単・主複 **cumair**, 属複 ～〗渓谷; 瀬戸; 合流.
cumarsáid [kumərsaːdʹ] 名女〖属単 -e, 複 -í〗伝達, 通信.
cumas [kuməs] 名男〖属単 **cumais**〗才能, 手腕. **tá an ～ ann** 彼には才能がある.
cumasach [kuməsəx] 形1 有能な, 有力な, 強力な.
cumasaigh [kuməsiː] 動 II 他〖動名 **cumasú**, 動形 **cumasaithe**〗可能にさせる; 極限 [機能] を与える.
cumasc [kuməsk] 名男〖属単・主複 **cumaisc**, 属複 ～〗混合; 複合.
cumha [kuːə] 名男〖属単 ～〗寂しさ; ホームシック; 郷愁.

cumhach [kuːəx] 形1 寂しい；ホームシックになった，思いに沈む．
cumhacht [kuːəxt] 名女〖属単 **-a**, 複 **-aí**〗権威；影響力；勢力．
cumhachtach [kuːəxtəx] 形1 強力な，勢力のある．
cumhdaigh [kuːdiː] 動II 他〖動名 **cumhdach**, 動形 **cumhdaithe**〗おおう；保護する；保存する；供給する．
cumhra [kuːrə] 形3 香りのよい；澄んだ；樹液の多い．
cumhracht [kuːrəxt] 名女〖属単 **-a**〗芳香；香水；純粋．
cumhraigh [kuːriː] 動II 他〖動名 **cumhrú**, 動形 **cumhraithe**〗香水をつける，香りをつける；清潔にする．
cumhrán [kuːraːn] 名男〖属単・主複 **cumhráin**, 属複 ～〗香水；香料．
cumraíocht [kumriː(ə)xt] 名女〖属単 **-a**, 複 **-aí**〗形；姿；形態．
cumtha [kumhə] 形3 姿のよい；均整のとれた；作られた．
cumthacht [kumhəxt] 名女〖属単 **-a**〗かっこうのよさ，姿のよいこと．
cúnaigh [kuːniː] 動II 他・自〖動名 **cúnamh**, 動形 **cúnta**〗助ける，手伝う．
cúnant [kuːnənt] 名男〖属単・主複 **cúnaint**, 属複 ～〗契約；誓約．
cúng [kuːŋ] 名男〖属単・主複 **cúing**, 属複 ～〗狭いところ．
── 形 狭い；限られた．**briste** ～ きついズボン．**déanfaidh sé** ～ **caol é** 彼はそれをするためにどんな手段でも取るだろう．
cúngach [kuːŋgəx] 名男〖属単・主複 **cúngaigh**, 属複 ～〗狭い場所；密集，過密．
cúngaigeanta [ˈkuːŋɡaɡʲəntə] 形3 狭量な，偏狭な．
cúngaigh [kuːŋgiː] 動II 他・自〖動名 **cúngú**, 動形 **cúngaithe**〗狭く［細く］する；制限する．
cunsailéir [kaunsəlʲeːrʲ] 名男〖属単 **cunsaileára**, 複 **-í**〗相談相手；カウンセラー；法廷弁護士．
cúntach [kuːntəx] 形1 役に立つ，有益な；補助の．
cuntais [kuntəsʲ] 動II 他・自〖動名 **cuntas**, 動形 **cuntaiste**〗数える，計算する．
cuntanós [kuntənoːs] 名男〖属単・主複 **cuntanóis**, 属複 ～〗顔つき；（喜びの）表情．
cuntar[1] [kuntər] 名男〖属単・主複 **cuntair**, 属複 ～〗但し書き，条件；期待；危険．**ar chuntar go** という条件で．
cuntar[2] [kuntər] 名男〖属単・主複 **cuntair**, 属複 ～〗（商店などの）カウンター，売り台．
cuntas [kuntəs] 名男〖属単・主複 **cuntais**, 属複 ～〗計算；勘定

（書）；説明．~ bainc 銀行預金口座．

cuntasóir [kuntəsoːrʲ] 名男『属単 **cuntasóra**, 複 **-í**』会計係；簿記係．

cuntasóireacht [kuntəsoːrʲəxt] 名女『属単 **-a**』会計事務；簿記．

cúntóir [kuːntoːrʲ] 名男『属単 **cúntóra**, 複 **-í**』アシスタント，助手；店員．

cunús [kunuːs] 名男『属単 **cunúis**』ごみ，くず；役に立たない人．

cupán [kopaːn] 名男『属単・主複 **cupáin**, 属複 ~』カップ，茶碗．~ tae 紅茶1杯．

cupard [kopərd] 名男『属単・主複 **cupaird**, 属複 ~』(食器)戸棚．

cúpla [kuːplə] 名男『属単 ~, 複 **-í**』(組になっている)二つ，一対；少数．an Cúpla 双子座．

cúplach [kuːpləx] 形1 双子の．

cúpláil [kuːplaːlʲ] 名女『属単 **cúplála**, 複 **cúplálacha**』(動物の)交配．

—— 動I他・自『動名 **cúpláil**, 動形 **cúpláilte**；現 **cúplálann**』(二つのものを)つなぐ；連結する．

cúpón [kuːpoːn] 名男『属単・主複 **cúpóin**, 属複 ~』クーポン(券)．

cur [kur] 名男『属単 **cuir**』① cuir の動名詞．② 種をまくこと；埋葬；設置；列；回転；生産；妨害；権利；~ eile den bhia 食事のお代わり．~ uirlisí 道具一式．~ amach solais 光の放射．~ amach a bheith agat ar (rud)(こと)を知っていること．~ isteach 挿入．~ síos 描写．níl ~ suas agam leo 私は彼らに我慢できない．~ le chéile (協同)一致．~ trí chéile 混乱．~ as bealach 不便．~ chun bóthair [siúil] 出発．

cúr [kuːr] 名男『属単 **cúir**』泡，あぶく．

curach [kurəx] 名女『属単 **curaí**, 主複 **-a**, 属複 ~』カラ(柳細工に獣皮などを張ったアイルランド特有の小舟)．

cúrach [kuːrəx] 形1 泡のような；泡だらけの．

curaclam [kurəkləm] 名男『属単・主複 **curaclaim**, 属複 ~』教科過程，カリキュラム．

curadh [kurə] 名男『属単・主複 **curaidh**, 属複 ~』戦士，英雄；優勝者．

curadóireacht [kurədoːrʲəxt] 名女『属単 **-a**』種をまくこと，耕作すること．

curaí [koriː] 名男『属単 ~, 複 **curaithe**』(料理)カレー．

curaíocht [kuriː(ə)xt] 名女『属単 **-a**』種蒔き，耕作；穀物．

cúram [kuːrəm] 名男『属単 **cúraim**, 複 **cúraimí**』世話；責任；家

族；仕事；必要．

cúramach [kuːrəməx] 形1 注意深い；優しい；おせっかいな．
cúránach [kuːraːnəx] 形1 泡立つ；泡のような；クリーム状の．
curata [kurətə] 形3 勇敢な，大胆な，思い切った．
curca [kurkə] 名男〖属単 ～, 複 -í〗とさか；ふさ；(鳥の)冠毛．
curcach [kurkəx] 形1 とさかのある；ふさのついた．
curfá [kurfaː] 名男〖属単 ～, 複 -nna〗合唱．
curiarracht [ˈkurˌiərəxt] 名女〖属単 -a, 複 -aí〗(スポーツ)レコード，記録．
cúrsa [kuːrsə] 名男〖属単 ～, 複 -í〗方向；進路；過程；経歴；出来事. **cúrsaí an lae** 日常業務. **cúrsaí creidimh** 宗教問題. ～ **spioradálta** 退却. **cúrsaí airgid** 金銭問題. **an** ～ **seo** この折りに．
cúrsáil [kuːrsaːlʲ] 動I 他・自〖動名 **cúrsáil**, 動形 **cúrsáilte**；現 **cúrsálann**〗巡航する；回る；追いかける. **ag** ～ **thart** 走り回ること．
cúrsaíocht [kuːrsi(ə)xt] 名女〖属単 -a〗循環，流通．
cuspa [kuspə] 名男〖属単 ～, 複 -í〗目標，目的；主題．
cuspóir [kuspoːrʲ] 名男〖属単 **cuspóra**, 複 -í〗的；目的；主題．
cuspóireach [kuspoːrʲəx] 名男〖属単 **cuspóirigh**〗(文法)目的格；対格．
── 形1 (文法)目的格の；対格の. **tuiseal** ～ 目的格；対格．
custaiméir [kostəmʲeːrʲ] 名男〖属単 **custaiméara**, 複 -í〗(店の)客；得意先．
custaiméireacht [kostəmʲeːrʲəxt] 名女〖属単 -a〗愛顧，取引先．
custam [kostəm] 名男〖属単 **custaim**〗関税；税関．
cuthach [kuhəx] 名男〖属単 **cuthaigh**〗激怒，憤怒．
cúthail [kuːhəlʲ] 形1 内気な；遠慮がちな，謙遜な．
cúthaileacht [kuːhəlʲəxt] 名女〖属単 -a〗内気，恥ずかしがり；気おくれ．

D

d' [d] de, do[1,2,3] の短縮形.

dá[1] [da:] 接 (後続語は U 変化)(仮定法過去形, 条件法従属形と共に) もしも…ならば; …という条件では. ~ **dtéinn leis** もし私が彼と行くなら. ~ **rachainn leis** もし私が彼と行っていたなら.(動詞 is と共に) ~ **mba ea féin** たとえそうでも. ~ **mb'fhearr leat** もし…のほうをお好みでしたら. ~ **mba mhaith leat** もし…がお好きでしたら. ~ **mb'fhéidir é** もしそれが可能だとすれば.

dá[2] [da:] do[3][de] と a[4] の結合語.(後続名詞の語頭は a[4] と同じ変化をする) ① (do+a) 彼[彼女, それ, 彼ら]のために; **thug sí ~ hathair é** 彼女はそれを父に渡した. ② (de+a) 彼[彼女, それ, 彼ら]から. **bhain sé ~ cheann é** 彼はそれを頭からはずした.

dá[3] [da:] do[3][de] と a[5] の結合語. (U 変化) ① (do+a) …する人[こと](のため)に; **an té ~ dtugas gean** 私が愛を捧げる人. ② (de+a) …する人[こと]から. **iomlán ~ mbaineann linn** 私達に関係ある人のすべて. **gach uair ~ smaoiním** (smaoinigh+mé) **air** それを思うたびに. ~ **fheabhas dá bhfuil sé** 彼がどんなに優秀でも.

dá[4] [da:] de と a[6] の結合語. (S 変化). どんなに…でも. ~ **airde an sliabh** 山がどんなに高くても. ~ **mhéad a fuair sé ní raibh sé sásta** どんなに多く手に入れても彼は満足しなかった.

dá[5] [da:] ☞ **dhá**.

daba [dabə] 名 男 『属単 ~, 複 -**í**』 塗料; しみ; かたまり. **mac an ~** 薬指.

dabhach [daux] 名 女 『属単 **daibhche**, 複 **dabhcha**』 大桶(ホォ), タンク; 水たまり. ~ **folctha** 浴槽.

dabhaid [daudʹ] 名 女 『属単 -**e**, 複 -**eanna**』 断片; 部分; (肉, パンなどの)厚切り.

dabht [daut] 名 男 『属単 ~, 複 -**anna**』 疑い. **gan ~** (**ar domhan**) 確かに.

dada [dadə] 名 男 『属単 ~』 微少, わずか. **ní ~ é** つまらないことだ. **níl ~ bainne acu** 彼らには牛乳がない. **an bhfuil ~ le rá agat?** 何か言うことがありますか?

daibhir [devʹərʹ] 名男〖属単 ～, 複 **daibhre**〗貧しい人.
―― 形〖属単男 ～, 属単女・主複・比較 **daibhre**〗貧乏な.
daibhreas [devʹrʹəs] 名男〖属単 **daibhris**〗貧困.
daichead [daxʹəd] 名男〖属単 **daichid**, 複 **daichidí**〗(数) 40.
―― 形 40 の. ～ **a haon** [a haon is ～] 41. **dhá bhliain is** ～ 42 年. **anonn sna daichidí** 40 年代後半に. ～ **bliain** 40 年.
daicheadú [daxʹədu:] 名男〖属単 ～, 複 **daicheaduithe**〗第 40.
―― 形 3 第 40 の. **an** ～ **bean** 第 40 番目の女性. **trí dhaicheadú de** (rud) (もの) の 40 分の 3.
daid [dadʹ] 名男〖属単 ～, 複 **-eanna**〗おとうさん.
daideo [ˈdaˈdʹo:] 名男〖属単 ～, 複 **-nna**〗おじいちゃん.
daidí [dadʹi:] 名男〖属単 ～, 複 **daidithe**〗おとうちゃん. **Daidí na Nollag** サンタクロース.
daigh [dayʹ] 名女〖属単 **-e**, 複 **daitheacha**〗刺すような痛み. ～ **bhoilg** 腹痛. (複) リューマチ.
dáigh [da:yʹ] 形 1 強情な, がん固な; 意志強固な.
daighear [dair] 名女〖属単 **daighre**, 複 **daighreacha**〗炎; 一陣の風.
daigheartha [dairhə] 形 3 火のような; 刺すように痛い.
dáil[1] [da:lʹ] 名女〖属単 **dála**, 複 **dálaí**; (成句) **dála**〗出会い; 会合; 近接; 状況. (複) 資料, データ. **bheith i ndáil** (duine) (人) と一緒にいること. **Dáil Éireann** アイルランド下院. **i ndáil le bheith déanta** ほぼ終えて. **mo dhála féin** 私自身の場合のように. **dála mar a rinne mise** 丁度私がしたように. **dála an scéil** ところで. **is é an dála céanna agamsa é** 私も同じです. **a dhála sin** 同様に.
dáil[2] [da:lʹ] 動 I 他〖動名 **dáileadh**, 動形 **dáilte**〗分配する; 流す; 割り当てる.
dáilcheantar [ˈda:lʹˌxʹantər] 名男〖属単・主複 **dáilcheantair**, 属複 ～〗投票者; 選挙区.
dáileadh [da:lʹa] 名男〖属単 **dáilte**, 複 **dáiltí**〗分配, 配布, 配分.
dáileog [da:lʹo:g] 名女〖属単 **dáiloige**, 主複 **-a**, 属複 ～〗少量; 一滴; 一服.
dáileoir [da:lʹo:rʹ] 名男〖属単 **dáileora**, 複 **-í**〗分配者, 配給元; 自動販売機. ～ **airgid** キャッシュディスペンサー.
dáilia [da:lʹiə] 名女〖属単 ～, 複 **-nna**〗ダリア.
daille [dalʹə] 名女〖属単 ～〗盲目; 愚かさ.
dáimh [da:vʹ] 名女〖属単 **-e**〗仲間意識, 親和性, 愛情, 愛好.
daingean [daŋʹgʹən] 名男〖属単・主複 **daingin**, 属複 ～〗砦, 要塞;

安全(な場所); 強固. **tá an charraig i ndaingean sa talamh** その岩は地面にしっかりと食い込んでいる.
　——形〖属単男 **daingin**, 属単女・主複・比較 **daingne**〗要塞化した; 防備を固めた; 堅固な. **ag gol go ～** 激しく泣くこと.
daingne [daŋ'n'ə] 名女〖属単 ～〗力; 安全; 強固.
daingnigh [daŋ'n'i:] 動II 他・自〖動名 **daingniú**, 動形 **daingnithe**〗要塞化する; 増強する; 確かめる. **conradh a dhaingniú** 条約の批准. **dhaingnigh an slaghdán ann** 彼の風邪は慢性化した.
dainséar [dan's'e:r] 名男〖属単・主複 **dainséir**, 属複 ～〗危険. **dul i ndainséar** 危険に陥(おちい)ること.
dainséarach [dan's'e:rəx] 形 1 危険な.
dair [dar'] 名女〖属単・属複 **darach**, 主複 **daracha**〗オーク(カシワ, カシ, ナラなど).
dáir [da:r'] 名女〖属単 **dárach**, 複 **dáracha**〗(牛の)興奮.
dáiríre [da:'r'i:r'ə] 名男〖属単 ～〗熱心; 真面目. **i ndáiríre** 真面目に.
　——形 3 真剣な, 真面目な.
　——副 熱心に; 本気で.
dáiríreacht [da:'r'i:r'əxt] 名女〖属単 **-a**〗熱心さ, 真面目さ.
dairt [dart'] 名女〖属単 **-e**, 複 **-eanna**〗ダーツ(ゲーム); (飛び道具としての)土くれ.
dais [das'] 名女〖属単 **-e**, 複 **-eanna**〗ダッシュ(-印).
daite[1] [dat'ə] 形 3 ① **dathaigh** の動形容詞. ② 着色した, 染めた. **fuinneoga ～** ステンドグラスの窓.
daite[2] [dat'ə] 形 3 配分された, 割り当てられた. **an saol atá ～ dúinn** これから待ち受けている人生.
daitheacha [dahəxə] 名女 ☞ **daigh**.
dála [da:l'] ☞ **dáil**[1].
dálach [da:ləx] 名 (成句) **ag obair Domhnach is ～** 休みなしに働くこと.
dálaí [da:li:] ☞ **dáil**[1].
dalba [daləbə] 形 3 大胆な; 前進する; 大きい. **leanbh ～** いたずらな子供. **～ mór** 非常に大きい.
dall [dal] 名男〖属単・主複 **daill**, 属複 ～〗盲人; 愚鈍な人; 薄暗さ.
　——形 1 盲目の; 見えない; 薄暗い. **bheith ～ ar** を知らないこと.
　——動I 他〖動名 **dalladh**, 動形 **dallta**〗盲目にする; 目をくらます; 暗くする.
dallach [daləx] 名 (成句) **～ dubh a chur ar** (人)をだますこと.

dalladh

dalladh [dalə] 名男〘属単 **dallta**〙目を見えなくすること；眩惑(ﾞﾝﾜｸ)；豊富さ. bhí ~ bia agus dí ann たっぷり飲食物があった. ag obair ar ~ 懸命に働くこと. ~ púicin 目隠し遊び〔混乱〕.
dallamullóg [ˈdaləˌmuloːg] 名男〘属単 ~〙混乱；惑わし；あざむき. níl tú ach ag cur ~ ort féin 君は勘違いしているだけだ.
dallóg [daloːg] 名女〘属単 **dallóige**, 主複 -a, 属複 ~〙（窓の）ブラインド, 日除け；目の見えない生物.
dallradharcach [ˈdalˌrairkəx] 形 1 近視の.
dallraigh [dalriː] 動 II 他〘動名 **dallrú**, 動形 **dallraithe**〙目を見えなくする, 目をくらます；（寒さで）しびれさせる.
dallraitheach [dalrihəx] 形 1 目がくらむような, まぶしい.
dalta [daltə] 名男〘属単 ~, 複 -í〙生徒；学生；同窓生；養子.
daltachas [daltəxəs] 名男〘属単 **daltachais**〙里子；生徒の身分.
damáiste [damaːsʲtʲə] 名男〘属単 ~, 複 **damáistí**〙損害, 損傷；（複）損害賠償.
damáisteach [damaːsʲtʲəx] 形 1 損害を与える；有害な；（食物が）腐った. ~ fuar 非常な寒さ.
damanta [daməntə] 形 3 呪われた；悪い；ひどい.
damba [dambə] 名男〘属単 ~, 複 -í〙ダム, 堰(ｾｷ).
dambáil [dambaːlʲ] 動 I 他〘動名 **dambáil**, 動形 **dambáilte**；現 **dambálann**〙ダムで流れをせき止める.
damh [dav] 名男〘属単・主複 **daimh**, 属複 ~〙雄牛.
dámh [daːv] 名女〘属単 **dáimhe**, 主複 -a, 属複 ~〙学部；門下生.
damhán [duːaːn] 名男〘属単・主複 **damháin**, 属複 ~〙子雄牛. ~ alla 蜘蛛(ｸﾓ).
damhna [daunə] 名男〘属単 ~, 複 -í〙物質；原料；資料. ~ bróin 悲しみのもと.
damhsa [dausə] 名男〘属単 ~, 複 -í〙ダンス, 舞踏.
damhsaigh [dausiː] 動 II 自〘動名 **damhsa**〙踊る；飛び回る；（かげろうなど）揺らめく.
dámhscoil [ˈdaːvˌskolʲ] 名女〘属単 -e, 複 -eanna〙吟遊詩人の学校.
damhsóir [dausoːrʲ] 名男〘属単 **damhsósa**, 複 -í〙踊り子, 舞踏家.
damnaigh [damniː] 動 II 他〘動名 **damnú**, 動形 **damnaithe**〙のしる, 呪う.
dán [daːn] 名男〘属単 **dáin**, 複 -ta〙芸術；詩, 韻文；運命. bhí an bás i ndán dó 彼は死ぬ運命にあった.
dána [daːnə] 形 3 大胆な, 勇敢な；自信に満ちた.

dánacht [daːnəxt] 名女〖属単 **-a**〗大胆さ, ずぶとさ；自信.
danaid [danəd′] 名女〖属単 **-e**〗悲嘆；残念；損失.
danaideach [danəd′əx] 形1 嘆かわしい, 悲しい.
danar [danər] 名男〖属単・主複 **danair**, 属複 〜〗外国人, na Danair デーン人(9〜11世紀頃の北欧人).
danartha [danərhə] 形3 残酷な, 野蛮な；非社交的な.
danarthacht [danərhəxt] 名女〖属単 〜**a**〗残酷さ, 野蛮.
dánlann [daːnlən] 名女〖属単 **dánlainn**, 主複 **-a**, 属複 〜〗画廊.
dánta [daːntə] ☞ dán.
daoibh [diːv′] ☞ do³.
daoine [diːn′ə] ☞ duine.
daoineach [diːn′əx] 形1 人口の多い, 多数の.
daoire [diːr′ə] 名女〖属単 〜〗高価；ぜいたく.
daoirse [diːrs′ə] 名女〖属単 〜〗奴隷制度, 束縛；圧迫.
daoirsigh [diːrs′iː] 動II 他・自〖動名 **daoirsiú**, 動形 **daoirsithe**〗値上げする, 値段が高くなる.
daoithiúil [diːhuːl′] 形2 不作法な；(土地が)耕しにくい；けちな.
daol [diːl] 名男〖属単・主複 **daoil**, 属複 〜〗甲虫；昆虫；発作.
daonáireamh [ˈdiːnˌaːr′əv] 名男〖属単・主複 **daonáirimh**, 属複 〜〗国勢調査.
daonchairdeas [ˈdiːnˌxaːrd′əs] 名男〖属単 **daonchairdis**〗博愛主義.
daonlathach [ˈdiːnˌlahəx] 形1 民主主義の.
daonlathaí [ˈdiːnˌlahiː] 名男〖属単 〜, 複 **daonlathaithe**〗民主主義者；(米国)民主党員.
daonlathas [ˈdiːnˌlahəs] 名男〖属単 **daonlathais**〗民主主義.
daonna [diːnə] 形3 人間の, 人道的な.
daonnachas [diːnəxəs] 名男〖属単 **daonnachais**〗人道主義.
daonnacht [diːnəxt] 名女〖属単 **-a**〗人間性；人間愛；親切.
daonnachtaí [diːnəxtiː] 名男〖属単 〜, 複 **daonnachtaithe**〗人道[人文]主義者.
daonnachtúlacht [diːnəxtuːləxt] 名女〖属単 **-a**〗慈悲, 博愛；人文学.
daonnaí [diːniː] 名男〖属単 〜, 複 **daonnaithe**〗人間.
daonra [diːnrə] 名男〖属単 〜, 複 **-í**〗人口.
daor [diːr] 名男〖属単・主複 **daoir**, 属複 〜〗奴隷；囚人.
―― 形1 高価な；有罪の；厳しい.
―― 動I 他〖動名 **daoradh**, 動形 **daortha**〗奴隷にする；有罪と

宣告する．

daoradh [diːrə] 名男〘属単 **daortha**〙奴隷にすること；奴隷状態．

daoránach [diːraːnəx] 名男〘属単・主複 **daoránaigh**, 属複 ～〙囚人，受刑者．

daorbhreith [ˈdiːrʲvʲrʲeh] 名女〘属単 **-e**, 複 **-eanna**〙有罪の判決（宣告）．

daorsmacht [ˈdiːrʲsmaxt] 名男〘属単 **-a**〙奴隷制度；圧迫．

daoscarshlua [ˈdiːskərʲhluə] 名男〘属単 ～, 複 **-ite**〙烏合(うごう)の衆；庶民．

dar[1] [dar] 前 (強調語) ～ **fia** [～ **an leabhar**, ～ **m'fhocal**]！神かけて［誓って］！～ **go deimhin**！まあ［まさか］！

dar[2] [dar] 動 欠如動詞．～ **le** のように思われる［思われた］．～ **liom** 私は思う［思った］．～ **leis féin** 彼自身の見るところでは．～ **liom go bhfuil an ceart agat** 君が正しいと僕は思う．

dar[3] [dar] **do**[3][de] と **ar**[5] の結合語．(後続語が母音で始まり現在形の場合→ **darb**；母音或いは fh＋母音で過去形の場合→ **darbh**．過去形は S 変化)．のために［から］…である人．**an té** ～ **dual an mí-ádh** 不幸を運命づけられている彼．**bean darbh ainm Deirdre** ジェードラという名前であった女性．**cé** ～ **díobh thú**？あなたのお名前は？(誰の子孫か)．

dár[1] [daːr] **do**[3][de] と **ár**[2] の結合語．① (do＋ár) 私達(のため)の．**slí bheatha** ～ **ndaoine** 我が国の生活様式．② (de＋ár) 私達からの．**duine** ～ **gclann** 我が家の子供の一人．**ní** ～ **ngnó é** 我々には関係ない．(慣用表現) **táimid** ～ **gcloí** 私達は参っている．

dár[2] [daːr] **do**[3][de] と **ar**[3] の結合語．① (do＋ar) のために…する．**an dream** ～ **fhóin sé** 彼が尽くした人々．② (de＋ar) から…する．**an crann** ～ **scoitheadh iad** 刈り込まれた木．**gach uair** ～ **smaoinigh mé air** それを思う度に．

dár[3] [daːr] 前 (成句) **an lá** ～ **gcionn** 翌日．**an bhliain** ～ **gcionn** 翌年．

dara [darə] 形 (後続の語頭母音に h を付ける) 第2の；次の．**an** ～ **duine** 2番目の人．**an** ～ **háit** 第2の場所．**gach** (**aon**) ～ **ceann** 一つおきのもの．**níl an** ～ **rogha agam** 私には他に取るべき道はない．

darach [darəx], **daracha** [darəxə] ☞ **dair**.

darb [darb], **darbh** [darv] ☞ **dar**[3].

dartán [dartaːn] 名男〘属単・主複 **dartáin**, 属複 ～〙土の固まり．～ **móna** 泥炭塊．

dásacht [daːsəxt] 名女〘属単 **-a**〙大胆さ；豪放；凶暴．

dásachtach [daːsəxtəx] 形1 大胆な；凶暴な．

báta [da:tə] 名男〖属単 〜, 複 -í〗日付；時間；期間. **tá an 〜 caite** 満期になる.

bátaigh [da:ti:] 動II 他〖動名 **dátú**, 動形 **dátaithe**〗日付を入れる；年代を定める.

dath [dah] 名男〖属単 -a, 複 -anna〗色. **tá 〜 gorm air** それは青い. **〜 a chur ar** (rud) (もの)に色を塗ること. **scéal gan 〜** ありそうにもない話. **níl a dhath céille acu** 彼らは分別がない. **a dhath ar bith** 全く何もない. **a dhath** 何か, いくらか, 何でも；(否定)何もない. **an bhfuil a dhath bainne agat?** いくらかミルクの持ち合わせがおありでしょうか？ **níl a dhath le rá agam** 私は何も言うことはない.

dathadóir [dahədo:rʹ] 名男〖属単 **dathadóra**, 複 -í〗色着け師；画家；ほらふき.

dathadóireacht [dahədo:rʹəxt] 名女〖属単 -a〗染めること；色を塗ること；(話を)誇張すること.

dathaigh [dahi:] 動II 他・自〖動名 **dathú**, 動形 **daite**〗色(ペンキ)を塗る；染める. **scéal a dhathú** 話をもっともらしくすること.

dathannach [dahənəx] 形1 多色の；色彩豊かな.

dathdhall [ˈdahˌɣal] 形1 色覚異常の.

dátheangach [ˈdaˌhaŋɡəx] 形1 カ国語を話す.

dátheangachas [ˈdaˌhaŋɡəxəs] 名男〖属単 **dátheangachais**〗二カ国語使用；二カ国語を話す能力.

dathúil [dahu:lʹ] 形2 多彩な；美しい；気前のよい.

dathúlacht [dahu:ləxt] 名女〖属単 -a〗器量のよさ；美しさ；寛大.

de [dʹe] 前〖前置詞＋代名詞 **díom, díot, de** (男), **di** (女), **dínn, díbh, díobh**〗(位置；起源；原料；原因など)…から；を離れて；の種類の. (その他の結合形；de＋an¹→ **den**；de＋a⁵→ **dá²**；de＋ár²→ **dár**.) (rud) **a bhaint de** (dhuine) (人)から(もの)を奪うこと. **stad sé den ól** 彼は酒をやめた. **leanúint de** (rud) (こと)を続けること. **laistiar den teach** 家の後ろに. **fuair sé bás den ocras** 彼は飢死した. **a leithéid de lá** 大変な日. **éirí de léim** 跳び上がり. (rud) **a chur de ghlanmheabhair** (こと)を忘れること. **ag obair d'oíche** (de＋oíche) **is de lá** 昼も夜も働くこと. **de ghnáth** 概して. **de bhrí gur fíor é** それは真実であるので. **de bharr** …のために. **is den mhúineadh é** 行儀が良い. **bhí sé de nós acu** それが彼らの習慣だった. **is fada de bhlianta** (ó) …以来何年も過ぎた. **má tá sé de mhisneach agat** もし も勇気があるなら. **is fearr de bhia é** (ná) …より美味しい食べ物だ. **tá an áit lán díobh** その場所はそれで一杯だった. **rud eile de** その上に. **cibé ar domhan de** どんなに…でも. **de réir mo thuairime** 私の考

えでは. **de dheoin nó d'ainneoin** 好もうと好むまいと.
-de [dʹə] 接尾（比較級につく）**is fearrde sibh é** 君達はそれで一層有利だ.
dé[1] [dʹe:] 名女〖属単・複 **-ithe**〗ひと吹き；息. **ar an ～ deiradh** 死ぬ間際に. **～ sholais** 微かな光.
dé[2] [dʹe:] 前（曜日の前におく）**Dé Domhnaigh** 日曜日に. **Dé Luain** 月曜日に.
dé-[3] [dʹe:] 接頭 二つの-；複-；2倍の-.
dé[4] [dʹe:] ☞ dia.
dea- [dʹa(:)] 接頭（後続語と -(ハイフン)でつなぐ）良い, 素晴らしい. **dea-araíonach** 美貌の. **dea-scéal** グッドニュース.
deabhadh [dʹauə] 名男〖属単 **deabhaidh**〗急ぎ, 急速. **～ a bheith ort** 急いでいること.
deabhaidh [dʹaui:] 名女〖属単・複 **deafa**〗争い, 闘争, けんか.
déabhlóid [dʹe:vlo:dʹ] 名女〖属単 **-e**〗推移；移転；継承.
deabhóid [dʹavo:dʹ] 名女〖属単 **-e**, 複 **-í**〗捧(ｻｻ)げること；献身；信仰心.
deabhóideach [dʹavo:dʹəx] 形1 信心深い.
deaca(i)- [dʹakə] 接頭 10 倍の意.
deacair [dʹakərʹ] 名女〖属単・複 **deacra**〗困難；苦労；苦悩.
── 形〖属単男 ～, 属単女・主複・比較 **deacra**〗難しい. **～ le** 気が進まない.
déach [dʹe:(ə)x] 形1〖属単男 ～, 属単女 **déiche**, 主複 **-a**〗2 の, 二者の；二重の.
deachaigh [dʹaxi:] ☞ téigh[2].
dea-chlú [ˈdʹaˌxlu:] 名男〖属単 ～〗良い評判；高名；名誉.
deachtafón [ˈdʹaxtəˌfo:n] 名男〖属単 **deachtafóin**, 複 ～〗速記用口述録音機.
deachtaigh [dʹaxti:] 動II 他〖動名 **deachtú**, 動形 **deachtaithe**〗書き取らせる；(詩・文など)作る.
deachthas [dʹaxhəs] ☞ téigh[2].
deachtóireacht [ˈdʹaxto:rʹəxt] 名女〖属単 **-a**〗独裁(制).
deachú [dʹaxu:] 名女〖属単 **-n**, 複 **-na**〗十分の一.
deachúil [dʹaxu:lʹ] 名女〖属単 **deachúla**, 複 **deachúlacha**〗十進法；小数.
── 形2 十進法の；小数の.
deachúlach [dʹaxu:ləx] 形1 十進法の；小数の. **an córas ～** 十進法.
deacra [dʹakrə] ☞ deacair.

deacracht [dʲakrəxt] 名女〖属単 **-a**, 複 **-aí**〗困難；苦悩；不快.
déad [dʲe:d] 名男〖属単 **déid**, 主複 **-a**, 属複 ～〗歯.
déadach [dʲe:dəx] 形1 歯の；歯科医の.
déadchíor [ˈdʲe:dxʲi:r] 名女〖属単 **déadchíre**, 主複 **-a**, 属複 ～〗歯列；(一揃(ぞろ)いの) 義歯.
déag [dʲe:g] 名 (数詞と共に) 10-. aon ～ 11. dó dhéag 12. naoi ～ 19. cúig ～ is fiche 35. trí dhuine dhéag 13人. a dhá oiread ～ 丁度12倍. (複 **-a**) sna déaga is fiche 30年代に.
deagánach [dʲaga:nəx] 名男〖属単・主複 **deagánaigh**, 属複 ～〗(カトリック) 助祭.
déagóir [dʲe:go:rʲ] 名男〖属単 **déagóra**, 複 **-í**〗ティーン エージャー (13〜19歳の男女).
dealagáideacht [dʲaləga:dʲəxt] 名女〖属単 **-a**, 複 **-aí**〗代表派遣 (団).
dealaigh [dʲali:] 動II 他・自〖動名 **dealú**, 動形 **dealaithe**〗分ける；引き離す；区別する. ～ le と別れる. ～ ó 引き算をする.
dealbh[1] [dʲaləv] 名女〖属単 **deilbhe**, 主複 **-a**, 属複 ～〗彫像.
dealbh[2] [dʲaləv] 形1〖属単男 ～, 属単女・比較 **deilbhe**, 複 **-a**〗貧困な；裸の；空っぽの.
dealbhach [dʲaləvəx] 形1 彫像のような.
dealbhaigh [dʲaləvi:] 動II 他〖動名 **dealbhú**, 動形 **dealbhaithe**〗像を彫る.
dealbhóir [dʲaləvo:r] 名男〖属単 **-óra**, 複 **-í**〗彫刻家.
dealbhóireacht [dʲaləvo:rʲəxt] 名女〖属単 **-a**〗彫刻.
dealg [dʲaləg] 名女〖属単 **deilge**, 主複 **-a**, 属複 ～〗とげ；針；ブローチ.
dealgán [dʲaləga:n] 名男〖属単・主複 **dealgáin**, 属複 ～〗編み針.
dealrachán [dʲalrəxa:n] 名男〖属単 **-cháin**〗鎖骨.
dealraigh [dʲalri:] 形 他・自〖動名 **dealramh**, 動形 **dealraithe**〗照らす；…らしい. ～ le にたとえる. dealraíonn sé go (go 以下) と思われる.
dealraitheach [dʲalrihəx] 形1 輝く；端正な；似ている；ありそうな. is ～ lena athair é 彼は父親似だ. scéal ～ (反語的) まゆつばの話.
dealraitheacht [dʲalrihəxt] 名女〖属単 **-a**〗見かけ；類似；真実らしさ.
dealramh [dʲalrəv] 名男〖属単 **dealraimh**〗輝き；外観；類似. ～ gréine 日光. tá ～ aige leat 彼は君に似ている. de réir dealraimh 見たところでは. níl aon ～ leis sin! ばかばかしい!

dealú [dʲaluː] 名男 〖属単 **dealaitne**〗引算; 引くこと.
dealúsach [dʲaluːsəx] 形 1 貧しい, 貧窮した.
deamhan [dʲaun] 名男 〖属単・主複 **deamhain**, 属複 ～〗悪魔, 鬼. **dheamhan a bhfaca mé** 私は何も見なかった. **dheamhan a fhios agam** 私は全然わからない.
deamhanta [dʲauntə] 形 3 悪魔のような, 極悪の. **tá sé ～ fuar** 非常に寒い.
dea-mhéin [dʲa(ː)ˈvʲeːnʲ] 名女 〖属単 **-e**〗好意, 親善. **le ～** 敬具 (手紙の末尾の挨拶).
dea-mhéineach [ˈdʲa(ː)ˈvʲeːnʲəx] 形 1 慈悲深い; 人の幸福を祈る.
dea-mhúinte [ˈdʲa(ː)ˈvuːnʲtʲə] 形 3 行儀のよい, 上品な.
déan[1] [dʲeːn] 名男 〖属単・主複 **déin**, 属複 ～〗(大学) 学部長; (教会) 司祭長; 長老.
déan[2] [dʲeːn] 動 他・自 〖動名 **déanamh**, 動形 **déanta**; 現 **déanann**; 未 **déanfaidh**; 過 **rinne**〗(不規則動詞変化表参照). 行う; 作る. **do dhualgas a dhéanamh** 義務を果たすこと. **Hamlet a dhéanamh** ハムレットを演じること. **an Cháisc a dhéanamh** イースターを祝うこと. **an fhírinne a dhéanamh** 真実を言うこと. **fearg a dhéanamh** 怒りだすこと. **foighne a dhéanamh** 我慢すること. **tae a dhéanamh** 茶を入れること. **na seomraí a dhéanamh** 部屋を片付けること. **do chuid a dhéanamh** 食事すること. **fearthainn a dhéanamh** 雨が降ること. {**déan**+前置詞} ⑦ **～ amach** 作成する; 書く; 決定する; (**ar**[1] と共に) に向かう. **ag déanamh amach ar an tráthnóna** そろそろ夕方になろうとしていること. ㋺ **～ ar** をする; へ進む. **aithris a dhéanamh ar** (**dhuine**) (人) をまねること. **scéala a dhéanamh ar** (**dhuine**) (人) を密告すること. **rinne sé ar an doras** 彼はドアに向かって進んだ. ㋩ **～ as** 作り出す; で間に合わせる; 逃げる. **déanamh as duit féin** 自活すること. ㊁ **～ de** に変える; 減らす; 分ける. **ag déanamh iontais de** 不思議に思うこと. **rinne sé dearmad de** 彼はそれを忘れた. ㋭ **～ do** 作る; 得る; 与える. **trua a dhéanamh do** (**dhuine**) (人) を気の毒に思うこと. **gáire a dhéanamh faoi** (**dhuine**) (人) を笑うこと. **rinne sé faoi mo dhéin** 彼は私を攻撃した. **rinne siad mór leis** 彼らは彼と仲良くなった. (慣用表現) **tá mé ag déanamh go bhfuil an ceart agat** 君は正しいと思う. **déanfaidh sé gnó** それで結構だ.
déanach [dʲeːnəx] 形 1 最後の; 遅い. **ar na blianta déanacha** 近年. **go ～** 最近.
déanaí [dʲeːniː] 名女 〖属単 ～〗遅いこと. **le ～** 最近. **ar a dhéanaí**

遅くとも.

déanamh [dʲeːnəv] 名男〖属単 **déanaimh**〗すること；作ること；製作[造]；…製.

déanfaidh [dʲeːnhiː], **déanfar** [dʲeːnfər] ☞ déan².

déanfasach [dʲeːnfəsəx] 形1 勤勉な；おせっかいな.

déan-féin-é [dʲeːnféːnʲeː] 名男〖属単 ～〗日曜大工, DIY.

déanmhas [dʲeːnvəs] 名男〖属単 **déanmhais**〗形成；構造.

deann [dʲan] 名男〖属単・主複 **-a**, 属複 ～〗刺すこと；激痛；動悸.

deannach [dʲanəx] 名男〖属単 **deannaigh**〗ちり, ほこり.

deannachtach [dʲanəxtəx] 形1 鋭い, 厳しい. **fuar** ～ 身を切るような寒さ.

deannachúil [dʲanəxuːlʲ] 形2 ほこりっぽい；つまらない.

déanta [dʲeːntə] 形3 ① déan の動形容詞. ② 完全な, 完成した. ～ **na fírinne** 実を言うと. ～ **le**[ar] に慣れた.

déantán [dʲeːntaːn] 名男〖属単・主複 **déantáin**, 属複 ～〗人工物；加工物.

déantóir [dʲeːntoːrʲ] 名男〖属単 **déantóra**, 複 **-í**〗製造業者(会社).

déantús [dʲeːntuːs] 名男〖属単・主複 **déantúis**, 属複 ～〗…製[産]；製造, 制作.

déantúsaíocht [dʲeːntuːsiː(ə)xt] 名女〖属単 **-a**〗製造(業).

dear [dʲar] 動I 他〖動名 **dearadh**, 動形 **deartha**〗製図する；設計する.

deara [dʲarə] 名 (成句) (rud) **a thabhairt faoi** ～ (こと)に気付くこと. **thug mé faoi** ～ (go) 私は(go 以下)に気付いた. **tú féin faoi** ～ **é** それは君自身が引き起こしたことだ.

dearadh [dʲarə] 名男〖属単 **dearaidh**, 複 **dearaí**〗デザイン；スケッチ；製図.

dearbh¹ [dʲarəv] 形1 確かな. **is** ～ **liom** (go) (go 以下)を私は確かだと思う. **go** ～ 確かに.

dearbh-² [dʲarəv] 接頭 真の；血の；絶対的.

dearbhaigh [dʲarəviː] 動II 他・自〖動名 **dearbhú**, 動形 **dearbhaithe**〗断言する；確信する；証明する. **dearbhú le** (rud) (こと)を証言すること.

dearbhán [dʲarəvaːn] 名男〖属単・主複 **dearbháin**, 属複 ～〗クーポン券.

dearbhchló [ˈdʲarəvˌxloː] 名男〖属単 ～, 複 **-nna**〗(写真の)陽画.

dearbhú [dʲarəvuː] 名男〖属単 **dearbhaithe**, 複 **dearbhuithe**〗

断言；確証；宣言(書)；申告(書).

dearc [dʲark] 動I 他・自 〖動名 **dearcadh**, 動形 **dearctha**〗見る；熟考する；見守る.

dearcach [dʲarkəx] 形1 洞察力のある；思いやりがある.

dearcadh [dʲarkə] 名男〖属単 **dearcaidh**〗見ること；観点；見解；先見(の明).

dearcán [dʲarkaːn] 名男〖属単・主複 **dearcáin**, 属複 ～〗ドングリ.

Déardaoin [ˌdʲeːrˈdiːn] 名男〖属単 ～〗木曜日. inniu an ～ 今日は木曜日だ. ～ Deascabhála キリスト昇天祭.

dearfa [dʲarəfə] 形3 証明された, 確かな. go ～ 確かに.

dearfach [dʲarəfəx] 形1 肯定的な；断定的な.

déarfaidh [dʲeːrhiː], **déarfar** [dʲeːrfar] ☞ abair.

dearg[1] [dʲarəg] 名男〖属単 **deirg**, 主複 -a, 属複 ～〗赤(色)；口紅.
── 形1 赤(色)の；燃えるような；生の；血の；真の. cneá dhearg 生傷. cosán ～ 常道. bhí an t-ádh ～ air 彼は文字どおり幸運だった.
── 動I 他・自〖動名 **deargadh**, 動形 **deargtha**〗赤くする；赤面させる；燃やす. dhearg sí air 彼女は彼を非難した.

dearg-[2] [dʲarəg] 接頭 赤い；真の；熱烈な.

dearlaic [dʲaːrləkʲ] 名女〖属単 -e, 複 -í〗寄贈, 寄付.
── 動I 他〖動名 **dearlacadh**, 動形 **dearlaicthe**；現 **dearlacann**〗与える；授ける；贈る.

dearmad [dʲarəməd] 名男〖属単・主複 **dearmaid**, 属複 ～〗忘却；怠慢；間違い. ～ a dhéanamh ar について忘れること. mo dhearmad ところで.
── 動I 他〖動名 **dearmad**〗忘れる；見過ごす；省く. ná ～ scríobh chuige 彼に手紙を出すのを忘れるな.

dearmadach [dʲarəmədəx] 形1 忘れっぽい；うわの空の.

dearna[1] [dʲaːrnə] 名女〖属単 -n, 複 -na〗掌(てのひら)；平手打ち. (ag siúl) ar a dhearnana 四つん這(ば)いで.

dearna[2] [dʲaːrnə] ☞ déan[2].

dearnáil [dʲaːrnaːlʲ] 名女〖属単 **dearnála**〗(ほころびの)かがり.
── 動I 他・自〖動名 **dearnáil**, 動形 **dearnáilte**〗(靴下, 編み物などの穴を)かがる, 繕(つくろ)う.

dearóil [dʲaroːlʲ] 形1 もろい；か弱い；冷え性の；惨めな.

dearscnaitheach [dʲarskɲihəx] 形1 優秀な；特有の；顕著な.

dearthair [dʲarhaːrʲ] 名男〖属単 **dearthár**, 複 -eacha〗兄弟. ～ mór 兄. ～ beag (óg) 弟. ～ céile 義理の兄弟.

dearthóir [dʲarhoːrʲ] 名男〖属単 **dearthóra**, 複 -í〗デザイナー.

deas[1] [dʲas] 名 (成句) ó dheas 南に向かって. dul ó dheas 南に行くこと. an taobh ó dheas 南部地方. an bóthar ó dheas 南へ向かう道路.
deas[2] [dʲas] 名 (成句) de dheas [i ndeas] do の近く. tá siad i ndeas dá chéile 彼らは親密だ.
deas[3] [dʲas] 形 1 『属単男 **deis**, 属単女 **deise**, 複 **-a**』右の. an lámh dheas 右手(側). ar an taobh deas [ar thaobh na láimhe deise] 右側に. an bhróg dheas 右足の靴.
deas[4] [dʲas] 形 1 『比較 **deise**』近い; 都合がよい. ～ do bhaile 家に近い. an ceann is deise duit あなたに最も近いもの. bheith～ i ngaol do (dhuine) (人)と近い関係にある.
deas[5] [dʲas] 形 1 『属単男 ～, 属単女・比較 **deise**, 主複 **-a**』素敵な; かわいい; 美味しい; 快い. is ～ a chodlóinn néal 居眠りするのは気持ちがいい(ので好きだ). is é atá ～ air 彼はきっとやれる. ba dheas liom labhairt leo 彼らと話したい.
deasach [dʲasəx] 形 1 右ききの.
deasaigh [dʲasiː] 動II 他・自 『動名 **deasú**, 動形 **deasaithe**』服を着せる; 準備する; 定着させる; 狙いを定める.
deasbhord [ˈdʲasˌvoːrd] 名男 『属単 **deasbhoird**』右舷(げん); (飛行機の)右側.
deasc[1] [dʲask] 名女 『属単 **deisce**, 主複 **-a**, 属複 ～』机.
deasc[2] [dʲask] 動I 他・自 『動名 **deascadh**, 動形 **deasctha**』(液体を)澄ませる; 沈澱させる.
deasca [dʲaskə] 名男 『属単 ～』沈澱物; 澱(おり); イースト. ～ an tslaghdáin 風邪の後遺症. de dheasca の結果として.
deascabháil [dʲaskəvaːlʲ] 名女 『属単 **deascabhála**』(キリストの)昇天.
deascán [dʲaskaːn] 名男 『属単・主複 **deascáin**, 属複 ～』沈澱物; 収集物; 蓄積物.
dea-scéal [ˈdʲa(ː)ˈskʲeːl] 名男 『属単 **dea-scéil**, 複 **-ta**』朗報, グッドニュース.
deaschaint [ˈdʲasˌxanʲtʲ] 名女 『属単 **-e**, 複 **-eanna**』当意即妙な話; 名言.
deasghnáth [ˈdʲasˌɣnaː] 名男 『属単・複 **-a**, 属複 ～』儀式; 祭式; 形式.
deaslabhartha [ˈdʲasˌlaurhə] 形 3 雄弁な, 能弁な; 明瞭な.
deaslámhach [ˈdʲasˌlaːvəx] 形 1 右手ききの; 器用な; 便利な.
deasóg [dʲasoːg] 名女 『属単 **deasóige**, 主複 **-a**, 属複 ～』右手.
deastógáil [ˈdʲasˌtoːgaːlʲ] 名女 『属単 **deastógála**』(カトリック)

聖母被昇天祭.

deatach [dʹatəx] 名男 〖属単 **deataigh**〗煙; 蒸気.

deataigh [dʹatiː] 動II 他 〖動名 **deatú**, 動形 **deataithe**〗煙らす; くん製にする. iasc a dheatú 魚をくん製にすること. bradán deataithe くん製の鮭.

dea-thoil [ˈdʹa(ː)ˈholʹ] 名女 〖属単 **dea-thola**〗好意, 親切; 快諾.

deatúil [dʹatuːlʹ] 形 2 煙る; くすぶる; 蒸気を出す.

débhríoch [ˈdʹeːˌvʹrʹiː(ə)x] 形 1 〖属単男 ～, 属単女・比較 **débhríche**, 主複 -a〗あいまいな, 不明瞭な.

débhríocht [ˈdʹeːˌvʹrʹiː(ə)xt] 名女 〖属単 -a〗あいまいさ; 疑わしさ; 多義性.

décharbónáit [ˈdeːˌxarəboːnaːtʹ] 名女 〖属単 -e〗重炭酸塩; 重曹.

défhócasach [ˈdʹeːˌoːkasəx] 形 1 二焦点の, 二つの焦点のある.

défhoghar [ˈdʹeːˌaur] 名男 〖属単・主複 **défhoghair**, 属複 ～〗二重母音.

deic [dʹekʹ] 名女 〖属単 -e, 複 -eanna〗デッキ, 甲板. ～teach 甲板室.

deich [dʹexʹ] 名男 〖属単 ～, 複 -eanna〗(数) 10.
── 形 10 の. a ～ 10. a ～ is fiche 31. a ～ is daichead 50. céad is a ～ 110. a ～ a chlog 10 時. faoi dheich 10 回[倍]. ～ gcéad 1,000. ～ míle 10,000. ～ bhfuinneog mhóra 10 個の大きな窓.

deichiú [dʹexʹuː] 名男 〖属単 ～, 複 **deichithe**〗第 10.
── 形 3 第 10 の. an ～ fear 10 番目の男性. trí dheichiú de (rud) (もの)の 10 分の 3.

deichniúr [dʹexʹnʹuːr] 名男 〖属単・主複 **deichniúir**, 属複 ～〗10 人. ～ ban 10 人の女性.

déideadh [dʹeːdʹə] 名男 〖属単 **déididh**〗歯痛.

déidhe [dʹeːɣʹə] 名男 〖属単 ～〗2 人[個; 重]. (文法) uimhir dhéidhe 両数[形].

deifir [dʹefʹərʹ] 名女 〖属単 **deifre**〗急ぎ, 急速. tá ～ leis 緊急を要する. déan ～ leis(それを)急げ. níl a dheifir air 彼は急いでいない.

deifnídeach [dʹefʹnʹiːdʹəx] 形 1 決定的な; 限定的な.

deifreach [dʹefʹrʹəx] 形 1 急いでいる, 大あわての.

deifrigh [dʹefʹrʹiː] 動II 他・自 〖動名 **deifriú**, 動形 **deifrithe**〗急がせる; 急ぐ, あせる. deifriú le (rud) (こと)を急がせること.

deighil [dʹailʹ] 動II 他 〖動名 **deighilt**, 動形 **deighilte**; 現 **deighleann**〗離す; 分割する; 区分けする.

deighilt [dʹailʹtʹ] 名女 〖属単 -e, 複 -í〗分割; 分断; 分離; 区分.

deighilteach [dʹailʹtʹəx] 形 1 引き離している；区分をする；分離する. im ~ 柔らかいバター.
deil [dʹelʹ] 名 女 〖属単 **-e**, 複 **-eanna**〗旋盤；条件. ar ~ きちんと整頓されて.
déil [dʹe:lʹ] 名 女 〖属単 **-e**〗モミ材；松材[板].
deilbh [dʹelʹəvʹ] 名 女 〖属単 **-e**, 複 **-eacha**〗骨組み；体格；外観；(織物の)たて糸.
deilbhe [dʹelʹvəʹ] ☞ dealbh[1,2].
deilbhigh [dʹelʹəvʹi:] 動II 他 〖動名 **deilbhiú**, 動形 **deilbhithe**〗組み立てる；形造る. snáth a dheilbhiú 糸を縒(ᵗ)ること.
deilbhíocht [dʹelʹəvʹi:(ə)xt] 名 女 〖属単 **-a**〗裸；欠乏；貧困.
deileadóir [dʹelʹədo:rʹ] 名 男 〖属単 **deileadóra**, 複 **-í**〗物を回す人[物]；旋盤工.
déileáil [dʹe:lʹa:lʹ] 名 女 〖属単 **déileála**, 複 **déileálacha**〗取引；取扱い；商い.
── 動I 自 〖動名 **déileáil**, 動形 **déileáilte**；現 **déileálann**〗取扱う；商う.
déileálaí [dʹe:lʹa:li:] 名 男 〖属単 ~, 複 **déileálaithe**〗商人，ディーラー.
deilf [dʹelʹf] 名 女 〖複 **-eanna**〗いるか.
deilge [dʹelʹgə] ☞ dealg.
deilgne [dʹelʹəgʹnʹə] 名 女 〖属単 ~〗とげ；針.
deilgneach [dʹelʹəgʹnʹəx] 形 1 とげの多い；ちくちく痛む；辛らつな.
deilín [dʹelʹi:nʹ] 名 男 〖属単 ~, 複 **-í**〗単調さ；まとまりのない長話.
deiliús [dʹelʹu:s] 名 男 〖属単 **deiliúis**〗生意気，図々しさ，あつかましさ.
deiliúsach [dʹelʹu:səx] 形 1 生意気な，図々しい.
deimheas [dʹevʹəs] 名 男 〖属単・主複 **deimhis**, 属複 ~〗大ばさみ；~ caorach 羊毛の刈り込み.
deimhin [dʹevʹənʹ] 名 確実，確信，証拠. ~ a dhéanamh de (rud) (こと)を確めること.
── 形 〖属単男 ~，属単女・主複・比較 **deimhne**〗確実な. is ~ [scéal ~] (go) (go 以下)は確かだ. go ~ duit is fíor é 確かに本当のことだ(君に請け合うよ). go ~ 本当に.
deimhneach [dʹevʹnʹəx] 形 1 確かな, 明確な.
deimhnigh [dʹevʹnʹi:] 動II 他・自 〖動名 **deimhniú**, 動形 **deimhnithe**〗証明する；確信する；保証する. dheimhnigh sé dom (go) (go 以下)を必ずすると彼は私に言った.
deimhniú [dʹevʹnʹu:] 名 男 〖属単・複 **deimhnithe**〗証明書；確定；

deimhniúchán [dʹevʹnʹuːxaːn] 名男〖属単 **deimhniúcháin**〗証明すること；認可.
deimhniúil [dʹevʹnʹuːlʹ] 形2 肯定的な；確信的な.
déin[1] [dʹeːnʹ] 名（成句）dul faoi dhéin (duine)（人）に会いに行くこと. ag teacht faoi mo dhéin 私の方にやって来ること.
déin[2] [dʹeːnʹ] ☞ dian.
déine [dʹeːnʹə] 名女〖属単 ～〗迅速；厳しさ；激しさ；強烈.
deinim [dʹenʹəmʹ] 名男〖属単 ～, 複 -í〗デニム.
deir [dʹerʹ] ☞ abair（現在形）.
deirc [dʹerʹk] 名女〖属単 -e, 複 -eanna〗穴；へこみ；空洞.
déirc [dʹeːrʹkʹ] 名女〖属単 -e〗慈愛, 慈悲, 慈善.
deirceach [dʹerʹkʹəx] 形1 へこんだ；落ち込んだ. gealach dheirceach 三日月.
déirceach [dʹeːrkʹəx] 名男〖属単・主複 **déircigh**, 属複 ～〗施しをする人；慈善家；施しを請う人.
—— 形1 慈悲深い；物乞いの.
deireadh[1] [dʹerʹə] 名男〖属単 **deiridh**, 複 **deirí**〗終わり；結末；限界；後半；究極；全体；最後. Deireadh Fómhair 10月. ó thús go ～ 始めから終わりまで. níl tús ná ～ air 彼は全くの混乱状態にある. tá ～ déanta 全部終了した. faoi dheireadh 遂に. an lá faoi dheireadh 先日. roth deiridh 後輪. d'inis sé ～ 彼は全てを話した. as a dheireadh 結果的に. bheith ar ～ [chun deiridh ; faoi dheireadh] le (rud)（こと）に遅れること.
deireadh[2] [dʹerʹə] ☞ abair.
deireanach [dʹerʹənəx] 形1 最後の；遅い；最近の. bheith ～ ag (rud)（こと）に遅れること. ar na blianta deireanacha 近年. an scéala is deireanaí 最新のニュース.
deireanas [dʹerʹənəs] 名男〖属単 **deireanais**〗遅いこと. le ～ 最近.
deirfiúr [dʹerʹəfʹuːr] 名女〖属単 **deirféar**, 複 **-acha**〗姉妹. ～ athar 父方のおば. ～ céile 義姉妹.
deirge [dʹerʹəgʹə] 名女〖属単 ～〗赤(色)；白熱；休閑地.
deirí [dʹerʹíː] ☞ deireadh[1].
déirí [dʹeːrʹiː] 名男〖属単 ～, 複 **déirithe**〗酪農.
déiríocht [dʹeːrʹiː(ə)xt] 名女〖属単 **-a**〗酪農業.
deirtear [dʹerʹtʹərʹ] ☞ abair.
deis[1] [dʹesʹ] 名女〖属単 ～, 複 **-eanna**〗右手, 右側；南側；適当；機

会；施設；手段；利益；良い状態. **casadh faoi dheis** 右へ曲がること. **ar dheis na gréine** 太陽に向かって. **dá mbeadh sé ar mo dheis agam** もし私に都合がよければ. **an ～ a thapú** 機会を捕らえること. **rinne sé ～ dom** それは私の目的にかなった. **tá ～ a labhartha aige** 彼は話がうまい. **～ iompair** 輸送手段. **tá ～ mhaith orthu** 彼らは楽な暮らしをしている. **～ a chur ar** (rud)（もの）を修理すること.

deis² [dʲesʲ] ☞ **deas**³.

deisbhéalach [ˈdʲesʲˌvʲeːləx] 形1（言葉など）機知に富む.

deisceabal [dʲesʲkʲəbəl] 名男〖属単・主複 **deisceabail**, 属複 ～〗弟子；キリスト教信徒.

deisceart [dʲesʲkʲərt] 名男〖属単 **deiscirt**〗南, 南部.

deisceartach [dʲesʲkʲərtəx] 名男〖属単・主複 **deisceartaigh**, 属複 ～〗南部の人.
── 形1 南方の.

déise [dʲeːsʲə] ☞ **dias**¹.

deiseacht [dʲesʲəxt] 名女〖属単 **-a**〗接近, 近接.

deiseal [dʲesʲəl] 名〖属単 **deisil**〗右方向. **dul ～** 時計回り（右回り）に行くこと. **casadh ～** [**ar ～**] 右に曲がること.

deisealach [dʲesʲələx] 形1 右方向へ；きちんとした.

deisigh [dʲesʲiː] 動II 他〖動名 **deisiú**, 動形 **deisithe**〗直す, 修理する；改革する.

deisiúchán [dʲesʲuːxaːn] 名男〖属単 **deisiúcháin**〗修理すること；整理整頓.

deisiúil [dʲesʲuːlʲ] 形2 裕福な；設備の整った.

deisiúr [dʲesʲuːr] 名男〖属単 **deisiúir**〗南面. **ar dheisiúr na gréine** 太陽に向かって.

deismíneacht [dʲesʲmʲiːnʲəxt] 名女〖属単 **-a**〗洗練；几帳面.

deismir [dʲesʲmʲərʲ] 形1 模範的な；きちんとした；洗練された.

deismireacht [dʲesʲmʲərʲəxt] 名女〖属単 **-a**, 複 **-aí**〗例；説明図；整頓；洗練. **～ chainte** 気のきいた言い回し.

déistin [dʲeːsʲtʲənʲ] 名女〖属単 **-e**〗嫌悪, むかつき.

déistineach [dʲeːsʲtʲənʲəx] 形1 嫌い, 不味い, 吐き気がする.

déithe [dʲeːhə] ☞ **dé**¹, **dia**.

den [den] de＋an¹.

dénártha [ˈdeːˌnaːrhə] 形3 二つの, 二つから成る；二進法の.

deo [dʲoː] 名（成句）**go ～** 永遠に；（否定文で）決して…しない. **ní rachaidh mé ann go ～ arís** そこへは二度と行かない.（強調語）**bhí sé an-fhuar go ～** 非常に寒かった. **as go ～ leis** 彼は走り去った. **go**

deoch

～ na ndeor 最後まで. go ～ na díleann 事もあろうに；(否定文で)断じて…ない.

deoch [d′ox] 名女〖属単 **dí**, 複 **-anna**〗飲物；一服；染料；メッキ. ar ～ 一杯機嫌で.

dé-ocsaíd [ˈd′eːˌoksiːd′] 名女〖属単 **-e**〗二酸化物. ～ charbóin 二酸化炭素, 炭酸ガス.

dé-óid [ˈd′eːˌoːd′] 名女〖属単 **-e**, 複 **-eanna**〗二極真空管, ダイオード；半導体ダイオード.

deoin [d′oːn′] 名女〖属単 **deona**, 複 **deonta**〗意志；同意. de do dheoin (féin) 自由意志で.

deoir [d′oːr′] 名女〖属単 **-e**, 主複 **deora**, 属複 **deor**〗涙；一滴；少量.

deoise [d′oːs′ə] 名女〖属単 ～, 複 **deoisí**〗教区.

deolcach [d′oːlkəx] 名男〖属単・主複 **deolcaigh**, 属複 ～〗乳児.

deolchaire [d′oːlxər′ə] 名女〖属単 ～, 複 **deolchairí**〗チップ, 心付け；施し.

deonach [d′oːnəx] 形 1 自発的な, 進んで…する；運のよい.

deonachán [d′oːnəxaːn] 名男〖属単・主複 **deonacháin**, 属複 ～〗寄付, 寄進.

deonaigh [d′oːniː] 動II 他・自〖動名 **deonú**, 動形 **deonaithe**〗承諾する, 満足する；謙遜する.

deonta [d′oːntə] ☞ deoin.

deontas [d′oːntəs] 名男〖属単・主複 **deontais**, 属複 ～〗許可, 承諾. ～ airgid 補助金.

deontóir [d′oːntoːr′] 名男〖属単 **deontóra**, 複 **-í**〗寄贈者, ドナー. ～ fola 献血者.

deonú [d′oːnuː] 名男〖属単 **deonaithe**, 複 **deonuithe**〗許[認]可；許容.

deor [d′oːr], **deora** [d′oːrə] ☞ deoir.

deorach [d′oːrəx] 形 1 涙でいっぱいの.

deoraí [d′oːriː] 名男〖属単 ～, 複 **deoraithe**〗亡命者；見知らぬ人；放浪者；一人ぼっち. ní raibh duine ná ～ ann そこには誰ひとりいなかった.

deoraíocht [d′oːriː(ə)xt] 名女〖属単 **-a**〗追放；亡命.

deoranta [d′oːrəntə] 形 3 見知らぬ；外国の；馴染みのない；一人の.

déroinn [ˈd′eːˌron′] 動II 他〖動名 **déroinnt**, 動形 **déroinnte**〗二等分する.

déscéalaíocht [ˈd′eːˌs′k′eːliː(ə)xt] 名女〖属単 **-a**〗神話.

déshúiligh [ˈdʲeːˌhuːlʲiː] 名男（複）双眼鏡.
détente [dʲeːtʲəntʲ] 名男〘属単 ~〙緊張緩和, デタント.
déthaobhach [dʲeːhiːvəx] 形 1 両側の; 相互の; 当事者双方の.
dhá [ɣaː] 形（数）2の. (an¹, aon¹, céad¹ に続く時は dá) ~ [an dá] **chrann mhóra** 2 本の大木. ~ [an dá] **bhliain déag** 12 年. ~ **mhúinteoir** 2 人の先生.
dháréag [ɣaːrʲeːg] 名男〘属単 ~〙12 人. **an Dáréag** (Aspal)（キリストの）12 使徒.
dheachaigh [ɣʲaxiː] ☞ téigh².
dhéanfainn [ɣʲeːnfən], **dhearna** [ɣʲarnə] ☞ déan².
dhein [ɣʲenʲ] déan² 過去時制の異形.
di [dʲi] ☞ de, do³.
dí¹ [dʲiː] ☞ deoch.
dí-² [dʲiː] 接頭 不-; 非-; 否-.
dia [dʲiə] 名男〘属単 **dé**, 複 **déithe**〙神; ~ **beag**（歌手など）アイドル. **Dia duit!** 今日は！（応えて）~ **is Muire duit!** 今日は. **Dia linn!** 我々に神の御恵みがありますように！**Dia** (go deo) **leat!** ブラボー！
diabhal [dʲiəvəl] 名男〘属単・主複 **diabhail**, 属複 ~〙悪魔. **an** ~ **a dhéanamh ar**（rud）（こと）を目茶苦茶にすること. **an** ~ **gasúir sin** 困った（男の）子. **cad é an** ~ **atá ort？** 一体君はどこの具合が悪いのか？
diabhalta [dʲiəvəltə] 形 3 いたずら好きな;（強調語）~ **te** 酷暑.
diabhlaí [dʲiəvliː] 形 3 悪魔の（ような）; 魔性の.
diabhlaíocht [dʲiəvliː(ə)xt] 名女〘属単 -a〙悪いいたずら; 魔法.
diach [dʲiəx] 名 悪魔. **don** ~ **é！** しまった！
diachair [dʲiəxərʲ] 名女〘属単 **diachra**〙痛み; 苦悩; 悲嘆.
diachrach [dʲiəxrəx] 形 1 痛い; 苦しい; 悲惨な.
diaga [dʲiəgə] 形 3 神の, 神聖な; 神学の.
diagacht [dʲiəgəxt] 名女〘属単 -a〙神(性); 神学.
diaganta [dʲiəgəntə] 形 3 信心深い, 敬虔な.
diagram [dʲiəgrəm] 名男〘属単・主複 **diagraim**, 属複 ~〙図(表); 図解;（列車）ダイヤ.
diaibéiteas [ˈdʲiəˌbʲeːtʲəs] 名男〘属単 **diaibéitis**〙（病理）糖尿病.
diaidh [dʲiəɣʲ] 名（成句）~ **ar ndiaidh** [~ **i ndiaidh**] 次第に. **siúl i ndiaidh** (duine)（人）の後を歩くこと. **mí ina dhiaidh** 1 月後. **i ndiaidh a chéile** 連続して; 整然と, 一緒に; 次第に. **lá i ndiaidh an lae** 毎日. (rudaí) **a chur i ndiaidh a chéile**（もの）の整理をすること. **tá an teacht uaigneach ina ndiaidh** 彼らが出ていった後は家はがら

んとしている. ní bheidh Dia ina dhiaidh orainn 神は我々をうらまない. i ndiaidh an ama 期限後. leath i ndiaidh a haon 1 時半. i ndiaidh a chos a tháinig sé 彼はいやいややって来た. ina dhiaidh sin その後. ina dhiaidh sin is uile それにもかかわらず. i ndiaidh gur iarr mé é たとえ私が招いた災難だとしても.

diail[1] [dʹiəlʹ] 名 女 〖属単 **-e**, 複 **-eanna**〗ダイヤル.
diail[2] [dʹiəlʹ] 形 1 悪魔のような; 目立った; 素晴らしい.
diailigh [dʹiəlʹi:] 動II 他 〖動名 **diailiú**, 動形 **diailithe**〗(電話の)ダイヤルを回す.
diair [dʹiərʹ] 名 (成句) **go ~** 速く, 直ちに.
dí-áirithe [ˈdʹi:ˌa:rʹihʹə] 形 3 無数の, 数え切れないどの.
dialann [dʹiələn] 名 女 〖属単 **dialainne**, 主複 **-a**, 属複 **~**〗日記.
diall [dʹiəl] 動I 自 〖動名 **diall**, 動形 **diallta**〗**~ le**[ar] 傾向がある. **~ ó** に傾く[からはずれる].
diallait [dʹiələtʹ] 名 女 〖属単 **-e**, 複 **-í**〗鞍.
diallaiteoir [dʹiələtʹo:rʹ] 名 男 〖属単 **diallaiteora**, 複 **-í**〗馬具屋.
diamant [dʹiəmənt] 名 男 〖属単・主複 **diamaint**, 属複 **~**〗ダイヤモンド.
diamhair [dʹiəvərʹ] 名 女 〖属単 **-e**, 複 **diamhra**〗闇, 暗がり; 孤独.
―― 形 〖属単男 **~**, 属単女・比較 **-e**, 主複 **diamhra**〗暗い; 神秘的な; 隔絶された.
diamhasla [ˈdʹiəˌvaslə] 名 男 〖属単 **~**〗(神に対する)冒とく; 不敬な言動, ば倒.
diamhracht [dʹiəvrəxt] 名 女 〖属単 **-a**〗神秘(的な雰囲気); 暗さ; 不明瞭.
dian [dʹiən] 形 1 〖属単男 **déin**, 属単女・比較 **déine**, 主複 **-a**〗激しい, 強烈な; 厳しい.
dianchosc [ˈdʹiənˌxosk] 名 男 〖属単 **dianchoisc**〗厳禁.
dianchúram [ˈdʹiənˌxu:rəm] 名 男 〖属単 **dianchúraim**〗集中治療.
dianleathadh [ˈdʹiənʹˌlʹahə] 名 (成句) **ar ~** 広く開いた.
diantréanas [ˈdʹiənʹˌtʹrʹe:nəs] 名 男 〖属単 **diantréanais**〗禁欲主義; (キリスト教)苦行.
dí-armáil [ˈdʹi:ˌarəma:lʹ] 名 女 〖属単 **dí-armála**〗軍備縮小.
―― 動I 他・自 〖動名 **dí-armáil**, 動形 **dí-armáilte**; 現 **dí-armálann**〗武装解除する.
dias[1] [dʹiəs] 名 女 〖属単 **déise**, 主複 **-a**, 属複 **~**〗とうもろこしの穂.
dias[2] [dʹiəs] 名 男 〖属単 **diais**〗自然神論.
diasraigh [dʹiəsri:] 動II 他・自 〖動名 **diasrú**, 動形 **diasraithe**〗

(落ち穂などを)拾う, 収集する.
diathair [dʹiəhərʹ] 名女 〖属単 **-e**〗軌道. ar ～ 軌道上に.
díbeartach [dʹiːbʹərtəx] 名男 〖属単・主複 **díbeartaigh**, 属複 ～〗追放された人; 浮浪者.
díbeartha [ʹdʹiːbʹarhə] ☞ díbir.
díbh [dʹiːvʹ] ☞ de.
dibheán [dəʹvʹaːn] 名男 〖属単・主複 **dibheáin**, 属複 ～〗ソファー, 寝いす.
díbheirg [ʹdʹiːˌvʹerʹəgʹ] 名女 〖属単 **-e**〗激怒; 復讐.
díbheirgeach [dʹiːˌvʹerʹəgʹəx] 形1 激怒した; 復讐心に燃えた.
díbheo [ʹdʹiːvʹoː] 形3 生命のない; 物憂げな; 死にかけている.
díbhinn [dʹiːvʹənʹ] 名女 〖属単 **-e**, 複 **-í**〗配当(金).
díbhirce [dʹiːvʹərʹkʹə] 名女 〖属単 ～〗熱情, 熱心.
díbhirceach [dʹiːvʹərʹkʹəx] 形1 熱心な; 勤勉な; 熱狂的な.
díbholaíoch [ʹdʹiːˌvoliː(ə)x] 名男 〖属単・主複 **díbholaígh**, 属複 ～〗防臭剤.
―― 形 〖属単男 ～, 属単女・比較 **díbholaíche**, 主複 **-a**〗防臭効果のある.
díbir [dʹiːbʹərʹ] 動II 他 〖動名 **díbirt**, 動形 **díbeartha**; 現 **díbríonn**〗追い出す, 追放する. taibhse a dhíbirt 怨霊を封ずること.
díblí [dʹiːbʹlʹiː] 形3 擦り切れた; 疲れ果てた; 品のない.
díbligh [dʹiːbʹlʹiː] 動II 他・自〖動名 **díbliú**, 動形 **díblithe**〗擦り減らす; 衰弱させる; 荒廃させる.
díblíocht [dʹiːbʹlʹiː(ə)xt] 名女 〖属単 **-a**〗弱いこと; 衰弱; 低下; 悲惨.
dícháiligh [ʹdʹiːˌxaːlʹiː] 動II 他〖動名 **dícháiliú**, 動形 **dícháilithe**〗資格を奪う.
dícheall [dʹiːxʹəl] 名男 〖属単 **díchill**〗努力; 全力. tá sé ar a dhícheall 彼は全力を尽くしている. is beag an ～ a rinne tú leis 君はそのことにそんなに精を出していない.
dícheallach [dʹiːxʹələx] 形1 最善を尽くす; 勤勉な.
dícheann [ʹdʹiːˌxʹan] 動I 他〖動名 **dícheannadh**, 動形 **dícheannta**〗首をはねる; 切り取る.
dichéillí [ʹdʹiːˌxʹeːlʹiː] 形3 無分別な, ばかげた.
díchnámhaigh [ʹdʹiːˌxnaːviː] 動II 他〖動名 **díchnámhú**, 動形 **díchnámhaithe**〗(魚, 肉などの)骨を抜く, 切身にする.
díchorda [dʹiːˌxordə] 名男 〖属単 ～〗不協和; 不調和; 不和.
díchorn [ʹdʹiːˌxorn] 動I 他〖動名 **díchornadh**, 動形 **díchornta**〗

díchreidmheach

(巻いたもの)をほどく；(もつれ)を解く；を和らげる.
díchreidmheach [ˈdʹiːxrʹedʹvʹəx] 名 男 〖属単・主複 **díchreidmhigh**, 属複 ～〗不信心者.
―― 形 1 不信心な.
díchuimhne [ˈdʹiːxivʹnʹə] 名 女 〖属単 ～〗忘れっぽさ；忘却.
díchuir [ˈdʹiːxirʹ] 動 I 他 〖動名 **díchur**, 動形 **díchurtha**〗追い出す；分散させる；追い散らす.
dide [dʹidʹə] 名 女 〖属単 ～, 複 **didí**〗乳首(状のもの).
dídean [dʹiːdʹən] 名 女 〖属単 **dídine**〗避難所, 隠れ場所；保護.
dídeanach [dʹiːdʹənəx] 形 1 保護する, 援護する.
dídeanaí [dʹiːdʹəniː] 名 男 〖属単 ～, 複 **dídeanaithe**〗避難民, 亡命者.
dídhaoinigh [ˈdʹiːɣiːnʹiː] 動 II 他 〖動 名 **dídhaoiniú**, 動 形 **dídhaoinithe**〗人口を激減させる.
difear [dʹifʹər] 名 男 〖属単 **difir**〗違い, 相違.
dífhostaíocht [ˈdʹiːosti:(ə)xt] 名 女 〖属単 **-a**〗失業.
dífhostaithe [ˈdʹiːostihə] 形 3 失業中の, 職のない.
dífhostú [ˈdʹiːostuː] 名 男 〖属単 **dífhostaithe**〗解雇.
difríocht [dʹifʹrʹiː(ə)xt] 名 女 〖属単 **-a**, 複 **-aí**〗違い, 相違.
difriúil [dʹifʹrʹuːlʹ] 形 2 ～ **le** 異なった；様々な.
difteire [dʹifʹtʹeːrʹə] 名 女 〖属単 ～〗ジフテリア.
dígeann [dʹiːgʹən] 名 男 〖属単・主複 **díginn**, 属複 ～〗極端, 極度；極点.
dígeanta [dʹiːgʹəntə] 形 3 不屈の, 頑固な.
díghalraigh [ˈdʹiːɣalriː] 動 II 他 〖動 名 **díghalrú**, 動 形 **díghalraithe**〗消毒する.
díghalrán [ˈdʹiːɣalraːn] 名 男 〖属単・主複 **díghalráin**, 属複 ～〗消毒液.
díhiodráitigh [ˈdʹiːhidraːtʹiː] 動 II 他 〖動 名 **díhiodráitiú**, 動 形 **díhiodráithe**〗脱水する.
dil [dʹilʹ] 形 1 愛する, 最愛の. **cara** ～ 親愛なる友.
díláithrigh [ˈdʹiːlaːhrʹiː] 動 II 他 〖動 名 **díláithriú**, 動 形 **díláithrithe**〗移す；取り除く；取り壊す.
díláraigh [ˈdʹiːlaːriː] 動 II 他 〖動名 **dílárú**, 動形 **díláraithe**〗地方分権にする；(人口, 産業など)分散させる.
díle [dʹiːlʹə] 名 女 〖属単 **-ann**, 複 **dílí**〗洪水, 氾濫. **an Díle** ノアの洪水. **thar dhroim na díleann** 波頭を越えて.
díleá [ˈdʹiːlʹaː] 名 男 〖属単 ～〗分解；溶解；消化.

díleách [ˈdʲiːlʲaːx] 形1〖属単男 〜, 属単女・比較 **díleáiche**, 主複 **-a**〗消化を助ける.

dileagra [ˈdʲilʲagrə] 名男〖属単 〜, 複 **-í**〗宛名；覚え書き.

díleáigh [ˈdʲiːlʲaːɣʲ] 動I 他・自〖動名 **díleá**, 動形 **díleáite**；現 **díleánn**〗分解する；消化する.

dílis [dʲiːlʲəsʲ] 形1〖属単男 〜, 属単女・主複・比較 **dílse**〗自分が所有する；固有の；本物の；忠実な；親愛なる. **a dteanga dhílis** 彼ら自身の言語. **a oidhre 〜** 彼の法定相続人. **ainm 〜** 固有名詞. **tá sé 〜 dá ghnó** 彼は仕事をやめない.

dílleachta [dʲiːlʲəxtə] 名男〖属単 〜, 複 **-í**〗孤児.

dílleachtlann [dʲiːlʲəxtlən] 名女〖属単 **dílleachtlainne**, 主複 **-a**, 属複 〜〗孤児院.

dílse [dʲiːlʲsʲə] 名女〖属単 〜〗所有権；保証；忠誠. **dul i ndílse le** (rud) (こと)を固く誓うこと.

dílseacht [dʲiːlʲsʲəxt] 名女〖属単 **-a**, 複 **-aí**〗信頼；忠誠；所有権；特性. **móid dílseachta** 忠誠の誓い.

dílseánach [dʲiːlʲsʲaːnəx] 名男〖属単・主複 **dílseánaigh**, 属複 〜〗所有者, 経営者；忠臣；信奉者.

dílseoir [dʲiːlʲsʲoːrʲ] 名男〖属単 **dílseora**, 複 **-í**〗忠臣, 忠誠者.

dílsigh [dʲiːlʲsʲiː] 動II 他〖動名 **dílsiú**, 動形 **dílsithe**〗(権利, 財産などを)与える；誓約する；隠す. **fiacha a díílsiú** (担保をつけて)借金の支払いを保証すること.

díluacháil [ˈdʲiːluəxaːlʲ] 名女〖属単 **díluachála**〗平価切下げ.
──動I 他〖動名 **díluacháil**, 動形 **díluacháilte**；現 **díluachálann**〗(通貨の)平価を切り下げる.

díluchtaigh [ˈdʲiːluxtiː] 動II 他〖動名 **díluchtú**, 動形 **díluchtaithe**〗(荷・人)を降ろす；から荷揚げする.

diméin [dʲəmʲeːnʲ] 名女〖属単 **-e**, 複 **-te**〗私有[占有]地.

dímheabhrach [ˈdʲiːvʲaurəx] 形1 忘れっぽい, 忘れやすい.

dímheas [ˈdʲiːvʲas] 名男〖属単 **-a**〗失礼, 無礼；軽蔑(ベッ).

dímrí [ˈdʲiːmʲrʲiː] 名女〖属単 〜〗弱々しさ；無力；無能.

dímríoch [ˈdʲiːmʲrʲiː(ə)x] 形〖属単男 〜, 属単女・比較 **dímríche**, 主複 **-a**〗弱々しい；ふがいない；効果のない.

díneach [dʲiːnʲəx] 名男〖属単・主複 **dínigh**, 属複 〜〗ひと飲み；一服.

dineasár [dʲinʲəsaːr] 名男〖属単・主複 **dineasáir**, 属複 〜〗ダイノザウルス, 恐竜.

ding[1] [dʲiŋʲ] 名女〖属単 **-e**, 複 **-eacha**〗くさび(形のもの).

ding 222

―― 動I 他〖動名 **dingeadh**, 動形 **dingthe**〗くさびで留める.
ding² [d′iŋ′] 動I 他〖動名 **dingeadh**, 動形 **dingthe**〗(叩(た)いて)へこます；(押して)印をつける.
―― 名女〖属単 **-e**, 複 **-eacha**〗へこみ, くぼみ, 打った跡.
dinglis [d′iŋ′l′əs′] 名女〖属単 **-e**, 複 **-í**〗くすぐること.
dingliseach [d′iŋ′l′əs′əx] 形1 くすぐる, くすぐったがる.
dinimít [d′in′əm′i:t′] 名女〖属単 **-e**〗ダイナマイト.
dínit [d′i:n′ət′] 名女〖属単 **-e**〗威厳；品位.
díniteach [d′i:n′ət′əx] 形1 威厳のある；品位のある.
dínn [d′i:n′] ☞ de.
dinnéar [d′in′e:r] 名男〖属単・主複 **dinnéir**, 属複 **～**〗夕食.
dinnseanchas [ˈd′in′ˌs′anəxəs] 名男〖属単 **dinnseanchais**〗地勢 (地形).
dintiúr [d′in′t′u:r] 名男〖属単・主複 **dintiúir**, 属複 **～**〗証明書；保証書.
díobh¹ [d′i:v] 動I 他・自〖動名 **díobhadh**, 動形 **díofa**〗消す；除去する；絶滅させる.
díobh² [d′i:v] ☞ de.
díobhaí [d′i:vi:] 形3 消滅した, 絶滅した.
díobháil [d′i:va:l′] 名女〖属単 **díobhála**〗損失；欠乏；傷害. ní haon **～** é a dhéanamh それをやっても害にはならない.
díobhálach [d′i:va:ləx] 形1 有害な；困っている. gráin dhíobhálach 強い嫌悪.
dioc [d′ik] 名男〖属単 **-a**, 複 **-anna**〗こぶ；前かがみの姿勢.
díocas [d′i:kəs] 名男〖属単 **díocais**〗熱望, 熱心.
díocasach [d′i:kəsəx] 形1 熱望する, 熱心な.
díochlaon [ˈd′i:ˌxli:n] 動I 他〖動名 **díochlaonadh**, 動形 **díochlaonta**〗(文法) 格[語形]変化させる.
díog [d′i:g] 名女〖属単 **díge**, 主複 **-a**, 属複 **～**〗みぞ, 堀；排水溝.
díogarnach [d′i:gərnəx] 名女〖属単 **díogarnaí**〗あえぐこと, 息切れ. **～** sholais かすかな光.
díogha [d′i:v] 名男〖属単 **～**〗最悪, 最低.
díograis [d′i:grəs′] 名女〖属単 **-e**〗熱烈, 熱情；最愛の人.
díograiseach [d′i:grəs′əx] 形1 熱烈な, 熱狂的な.
díograiseoir [d′i:grəs′o:r′] 名男〖属単 **díograiseora**, 複 **-í**〗熱狂者.
díol [d′i:l] 名男〖属単 **-a**〗販売；支払い；当然受けるべきもの；十分. i ndíol (ruda) (もの)の代金として. **～** míosa de lón 1月分の食糧.

—— 動I 他・自〖動名 díol, 動形 díola〗売る；裏切る；支払う. dhíol sé go daor as 彼は大きな犠牲を払った.

díolachán [dʹiːləxaːn] 名男〖属単 **díolacháin**〗販売, 売却；取引.

díolaim [dʹiːləmʹ] 名女〖属単 **díolama**, 複 **díolamaí**〗落ち穂(拾い)；収集. ～ **dána** 名詩選.

—— 動II 他〖動名 **díolaim**, 動形 **díolama**；現 **díonn**〗落ち穂を拾い集める；集める.

díolaíocht [dʹiːliː(ə)xt] 名女〖属単 **-a**, 複 **-aí**〗支払い；分割払い；賠償.

díoltas [dʹiːltəs] 名男〖属単 **díoltais**〗復讐, 報復.

díoltasach [dʹiːltəsəx] 形1 復讐心に燃えた；執念深い.

díoltóir [dʹiːltoːrʹ] 名男〖属単 **díoltóra**, 複 **-í**〗売り手, 販売人, 商人.

díolúine [dʹiːluːnʹə] 名女〖属単 ～, 複 **díolúintí**〗免除；免疫；免許.

díom [dʹiːm] ☞ de.

díomá [dʹiːmaː] 名女〖属単 ～〗失望；悲嘆. is mór an ～ dó é 彼はそのことで非常にがっかりしている.

díomách [dʹiːmaːx] 形1〖属単男 ～, 属単女・比較 **díomáiche**, 主複 **-a**〗失望した；悲しそうな.

diomail [dʹiməlʹ] 動II 他〖動名 **diomailt**, 動形 **diomailte**；現 **diomlaíonn**〗浪費する.

diomailt [dʹiməlʹtʹ] 名女〖属単 **-e**〗浪費；ぜいたく.

diomailteach [dʹiməlʹtʹax] 形1 不経済な；ぜいたくな.

diomaíoch [dʹimiː(ə)x] 形1〖属単男 ～, 属単女・比較 **diomaíche**, 主複 **-a**〗恩知らずな；不快な.

diomaite [dʹimətʹə] 前 (成句) ～ **de** は別として[その上].

díomas [dʹiːməs] 名男〖属単 **díomais**〗うぬぼれ, 傲(ゔ)慢；軽蔑.

díomasach [dʹiːməsəx] 形1 高慢な, 横柄な, 人をばかにした.

díomhaoin [dʹiːviːnʹ] 形1 無駄な, 無益な；失業の；使われていない；結婚していない.

díomhaointeas [dʹiːviːnʹtʹəs] 名男〖属単 **díomhaointis**〗無益, むなしさ；失業.

diomú [dʹimuː] 名男〖属単 ～〗不満；不機嫌.

díomua [dʹiːmuə] 名男〖属単 ～, 複 **-nna**〗敗北；欠点；無能.

díomuachas [dʹiːmuəxəs] 名男〖属単 **díomuachais**〗敗北主義.

diomúch [dʹimuːx] 形1〖属単男 ～, 属単女・比較 **diomúiche**, 主複 **-a**〗不機嫌な；不満な.

díon [dʹiːn] 名男〖属単 **dín**, 複 **-ta**〗保護；避難；おおうもの；屋根.

dionach

── 動I 他〘動名 **díon**, 動形 **díonta**〙保護する；防水にする；屋根をふく.
dionach [dʲiːnəx] 形1 保護する；貫き通せない；防水の.
diongbháil [ˈdʲiŋvaːlʲ] 名女〘属単 **diongbhála**, 複 **diongbhálacha**〙好敵手；価値；確信.
diongbháilte [dʲiŋvaːlʲtʲə] 形3 価値のある；安定した；固い；自己過信の. **dúnta go ～** しっかり締まった. **ordú ～** 厳命.
díonmhar [dʲiːnvər] 形1 保護する；防水の；風雨に耐える.
dioplóma [ˌdʲipˈloːmə] 名男〘属単 **～**, 複 **-í**〙免状；卒業証書；賞状.
díorma [dʲiːrmə] 名男〘属単 **～**, 複 **-í**〙隊, 団；派遣.
díorthaigh [dʲiːrhiː] 動II 他〘動名 **díorthú**, 動形 **díorthaithe**〙引き出す；起源を尋ねる；派生する.
díosal [dʲiːsəl] 名男〘属単・主複 **díosail**, 属複 **～**〙ディーゼルエンジン.
díosc [dʲiːsk] 動I 他〘動名 **díosc**, 動形 **díoschta**〙きしらせる, キーキーいう音を出す；神経にさわる.
diosca [dʲiskə] 名男〘属単 **～**, 複 **-í**〙ディスク, 円盤(状のもの).
dioscaireacht [dʲiskərʲəxt] 名女〘属単 **～a**〙家事, 家庭内の仕事.
díoscán [dʲiːskaːn] 名男〘属単 **díoscáin**〙きしる音, キーキー(ギーギー)いう音.
díoscánach [dʲiːskaːnəx] 形1 きしむ；こすってキーキーいう音を出す.
dioscó [dʲiskoː] 名男〘属単 **～**, 複 **-í**〙ディスコ.
d'íosfá, d'íosfadh, d'íosfainn ☞ ith.
díospóireacht [dʲiːspoːrʲəxt] 名女〘属単 **～a**, 複 **-aí**〙論争すること, 口論.
díot [dʲiːt] ☞ de.
díotáil [dʲiːtaːlʲ] 名女〘属単 **díotála**, 複 **díotálacha**〙起訴, 告発.
── 動I 他〘動名 **díotáil**, 動形 **díotáilte**；現 **díotálann**〙起訴(告発)する.
díothach [dʲiːhəx] 形1 不足した；困窮している, 貧乏な.
díothaigh [dʲiːhiː] 動II 他〘動名 **díothú**, 動形 **díothaithe**〙破壊する；消滅させる.
dip [dʲipʲ] 名女〘属単 **-e**, 複 **-eanna**〙浸液. **～ chaorach** 洗羊液〔羊の洗浄〕.
dírbheathaisnéis [ˈdʲiːrʲˈvʲahasˈnʲeːsʲ] 名女〘属単 **-e**, 複 **-í**〙自叙伝.
díreach [dʲiːrʲəx] 名男〘属単 **dírigh**〙直立；正直；直線.
── 形1 まっすぐな, 直立した；正直な；直接の. (副詞扱いで)今し

がた；まさしく，きっかり. soir 〜 真東. anois 〜 ちょうど今. go 〜, ところで. go 〜！全くそのとおり！(文法) insint dhíreach 直接話法.

dírigh [dʲiːrʲiː] 動II 他・自〖動名 **díriú**, 動形 **dírithe**〗まっすぐにする；〜 ar 向ける；先導する. d'aire a díiriú ar (rud)（もの）に注意を向けること.

díríocht [dʲiːrʲiː(ə)xt] 名女〖属単 **-a**〗垂直；直立；直線.

dís [dʲiːsʲ] 名女〖属単 **-e**, 複 **-eanna**〗二人；夫婦；二つ. an 〜 acu 二人共.

dísc [dʲiːsʲkʲ] 名女〖属単 **-e**〗乾燥；不毛. dul i ndísc（川，井戸など）かれること.

díscaoil [ˈdʲiːˌskiːlʲ] 動I 他・自〖動名 **díscaoileadh**, 動形 **díscaoilte**〗ゆるめる；分散させる.

díscigh [dʲiːsʲkʲiː] 動II 他・自〖動名 **dísciú**, 動形 **díscithe**〗干上がる；使い果たす；絶滅する.

discéad [dʲisʲkʲed] 名男〖属単・主複 **discéid**, 属複 〜〗フロッピーディスク.

disciplín [dʲisʲkʲəpʲlʲiːnʲ] 名男〖属単 〜〗訓練, 規律.

discréid [dʲisʲkʲrʲedʲ] 名女〖属単 **-e**〗思慮分別, 慎み；秘密.

discréideach [dʲisʲkʲrʲedʲəx] 形1 思慮深い；遠慮した；秘密の.

díséad [dʲiːsʲed] 名男〖属単・主複 **díséid**, 属複 〜〗デュエット, 二重唱[奏].

díseart [dʲiːsʲərt] 名男〖属単・主複 **dísirt**, 属複 〜〗人里離れた住みか；隠退所；人けのない場所.

díshealbhaigh [ˈdʲiːˌhaləviː] 動II 他〖動名 **díshealbhú**, 動形 **díshealbhaithe**〗奪う；立ち退かせる.

díshioc [ˈdʲiːˌhik] 動I 他〖動名 **díshioc**, 動形 **díshioctha**〗霜[氷]を取り除く；(冷凍食品)解凍する.

dísle [dʲiːsʲlʲə] 名男〖属単 〜, 複 **díslí**〗さいころ.

díspeag [dʲiːsʲpʲəg] 動I 他〖動名 **díspeagadh**, 動形 **díspeagtha**〗軽蔑する；見くびる.

dispeansáid [dʲisʲpʲənsaːdʲ] 名女〖属単 **-e**, 複 **-í**〗分配, (カトリック)特別免除.

díth [dʲiː] 名女〖属単 **-e**, 主複 **díotha**, 属複 **díoth**〗損失；窮乏；必要. tá sé i ndíth a shláinte 彼は健康を害した. 〜 codlata 不眠症.

dithneas [dʲihnʲəs] 名男〖属単 **dithnis**〗急ぎ, 緊急, 切迫.

dithneasach [dʲihnʲəsəx] 形1 緊急の, 切迫した.

díthreabh [dʲiːhrʲəv] 名女〖属単 **díthreibhe**, 主複 **-a**, 属複 〜〗人の住まない場所；荒れ地；隠居所.

díthreabhach [dʲiːhrʲəvəx] 名男〖属単・主複 **díthreabhaigh**, 属複 ～〗隠遁者；世捨て人；家のない人.

diúg [dʲuːg] 名女〖属単 **diúige**, 主複 **-a**, 属複 ～〗少量の酒.
—— 動I 他〖動名 **diúgadh**, 動形 **diúgtha**〗一滴も残さず飲む，飲み干す；吸い取る.

diúgaire [dʲuːgərʲə] 名男〖属単 ～, 複 **diúgairí**〗大酒飲み.

diúgaireacht [dʲuːgərʲəxt] 名女〖属単 **-a**〗(酒を)飲み干すこと；吸い取り.

diúité [dʲuːtʲeː] 名男〖属単 ～, 複 **-ithe**〗義務.

diúl [dʲuːl] 名男〖属単 **diúil**〗吸い込み，吸引.
—— 動I 他・自〖動名 **diúl**, 動形 **diúlta**〗(液体を)吸う.

diúlach [dʲuːləx] 名男〖属単・主複 **diúlaigh**, 属複 ～〗男；若者；少年.

diúltach [dʲuːltəx] 名男〖属単・主複 **diúltaigh**, 属複 ～〗(文法)否定(語).
—— 形1 消極的な；否定の，拒否の；反対の.

diúltaigh [dʲuːltiː] 動II〖動名 **diúltú**, 動形 **diúltaithe**〗否定する，拒絶する；低下させる. **diúltú do** (rud)(もの)を捨てること.

diúnas [dʲuːnəs] 名男〖属単 **diúnais**〗頑固さ，強情.

diúracán [dʲuːrəkaːn] 名男〖属単・主複 **diúracáin**, 属複 ～〗ミサイル.

diúraic [dʲuːrəkʲ] 動I 他・自〖動名 **diúracadh**, 動形 **diúractha**；現 **diúracann**〗投げる；発射する；振り回す.

diurnaigh [dʲuːrniː] 動II 他〖動名 **diurnú**, 動形 **diurnaithe**〗飲み干す；飲み込む；抱擁する.

dlaíóg [dliːoːg] 名女〖属単 **dlaíóige**, 主複 **-a**, 属複 ～〗小さい束；1本の茎；1枚の葉；(髪の)おさげ.

dlaoi [dliː] 名女〖属単 ～, 複 **-the**〗(わら，干し草の)束；(髪の)房；(縄の)縒(よ)り.

dlaoitheach [dliːhəx] 形1 頭髪をたらした；飾り房の.

dleacht [dʲlʲaxt] 名女〖属単 **-a**, 複 **-anna**〗当然払われるべきもの；法的権利；義務. ～ **chustaim** 関税. ～ **údair** 著者の印税. **saor ó dhleacht** 無税.

dleathach [dʲlʲahəx] 形1 合法の；本物の；正しい.

dlí [dʲlʲiː] 名男〖属単 ～, 複 **-the**〗法，法律. **an** ～ **a chur ar** (dhuine)(人)を相手取り訴訟を起こすこと.

dlí-eolaíocht [ˈdʲlʲiːˌoːliː(ə)xt] 名女〖属単 **-a**〗法律学.

dligh [dʲlʲiɣʲ] 動I 他〖動名 **dlí**, 動形 **dlite**；現 **dlíonn**；未 **dlífidh**〗

権利(資格)がある；法的義務がある. **níl an t-airgead sin dlite dó** 彼にはその金をもらう権利はない. **tá sé dlite ort é a dhéanamh** 君はそれをする義務がある.

dlínse [dlʲiːnʲsʲə] 名 女 〖属単 ～, 複 **dlínsí**〗司法権.

dlíodóir [dlʲiː(ə)doːrʲ] 名 男 〖属単 **dlíodóra**, 複 **-í**〗弁護士, 法律家.

dlisteanach [dlʲisʲtʲənəx] 形 1 合法の；正当な；忠実な.

dliteanas [dlʲitʲənəs] 名 男 〖属単・主複 **dliteanais**, 属複 ～〗法的権利；責任；義務.

dlíthí [dlʲiːhi:] 名 男 〖属単 ～, 複 **dlíthithe**〗訴訟当事者(原告または被告).

dlíthiúil [dlʲiːhuːlʲ] 形 2 法律(上)の, 司法[裁判]上の.

dlúimh [dluːvʲ] 名 女 〖属単 **-e**, 複 **-eanna**〗集団；暗雲.

dlús [dluːs] 名 男 〖属単 **dlúis**〗密集；濃度；たっぷりあること. ～ (ruda) **a bheith agat** (もの)が豊富にあること. ～ **a chur le** (rud) (こと)の速度を速めること.

dlúsúil [dluːsuːlʲ] 形 2 勤勉な；急速な. **ag obair go** ～ 勤勉に迅速に仕事をすること.

dlúth[1] [dluː] 名 男 〖属単 **dlúith**〗(織物の)たて糸.

dlúth[2] [dluː] 形 1 密集した；濃い；親密な.

dlúthaigh [dluːhiː] 動 II 他・自 〖動名 **dlúthú**, 動形 **dlúite**〗圧縮する；固くする；団結させる.

dlúthbhaint [dluːvantʲ] 名 女 〖属単 **-e**〗親密な関係.

dlúthchaidreamh [dluːxadʲrʲəv] 名 男 〖属単 **dlúthchaidrimh**〗親密；親交.

dlúthdhiosca [dluːhiːskə] 名 男 〖属単 ～, 複 **-í**〗コンパクトディスク, CD.

do[1] [də] 形 所有形容詞 2 人称単数. あなたの. (**S** 変化；母音[fh+母音]の前では d'). **do mhac** あなたの息子. **do fhreagra** 君の答. **d'athair** 君の父親. **d'fhocal** 君の言葉.

do[2] [do] 小 動詞の過去形・条件法をつくる. (**S** 変化；母音[f]の前では d'). **d'ol sé tae** 彼はお茶を飲んだ. **d'fhreagair tú mo cheist** 君は僕の質問に答えた. (**do**) **rith mé abhaile** 私は家へと走った. (**do**) **ghlan mé an t-urlár** 私は床を掃除した.

do[3] [do] 前 〖前置詞+代名詞 **dom**, **duit**, **dó** (男), **di** (女), **dúinn**, **daoibh**, **dóibh**〗…へ[まで]；…のために. (**S** 変化；母音[fh]の前では d') do+an[1]→ **don**；do+a[4]→ **dá**；do+ár[3]→ **dár**. (方向)へ **dul don chathair** 都市へ行くこと：(人・もの)のために (rud) **a thabhairt do**

(dhuine) (人)に(もの)を与えること. **inis scéal dúinn** 私達に話をして下さい: (挨拶) **oíche mhaith duit**！お休みなさい！ **Nollaig faoi mhaise daoibh**！メリークリスマス！: (動詞 is と共に) **is maith dóibh é** 彼らにとってはよいことだ. **mar is eol duit** ご承知のように. **is cuma duit** 君には大した問題ではない. : (疑問文で) **conas dó**？彼は元気か？ **cad is ainm dó**？彼の名前は？ **cárb as dóibh**？彼らはどこの出身か？ **cá haois duit**？君の年齢は？: (動名詞と共に) **ag teacht dom** 私が来た時に. **ar imeacht dó** 彼が立ち去った時に. : (時を表す副詞と共に) **ar mo leaba dom aréir** 昨夜私が寝ていた時に.

do-[4] [do] 接頭 不可能な；難しい；悪い. (母音[bh；dh；gh；mh]に a [la；ra] が続く時はハイフンでつなぐ).

dó[1] [do:] 名男〖属単 **dó**, 複 **-nna**〗燃焼させること；やけど；焼け焦げ.

dó[2] [do:] 名男〖属単 ～, 複 **-nna**〗(数) 2. **a dó** 2. **a dó dhéag** 12. **fiche a dó** [a dó is fiche] 22. **céad is a dó** 102. **uair nó dhó** 1～2回. **a dó a chlog** 2時. **tá siad a dó is a dó** 彼らはいとこ同士だ. **a dó is a trí** いとこの子[孫].

dó[3] [do:] ☞ **do**[3].

do-aimsithe [ˌdoˈamʲsʲihə] 形 3 到達[達成]できない；つかみどころのない.

do-áirithe [ˌdoˈaːrʲihə] 形 3 数え切れない, 無数の.

do-aitheanta [ˌdoˈahəntə] 形 3 識別できない, 区別[見分け]がつかない.

do-athraithe [ˌdoˈahrihə] 形 3 不変の；取り返しのつかない.

dóbair [doːbərʲ] 動 欠如動詞. が今にも起こりそうだった；が偶然に生じた. **～ dom titim** [～ go dtitfinn；gur thit mé] 私は転びそうだった.

dobhar [daur] 名男〖属単・主複 **dobhair**, 属複 ～〗水, 洪水, どしゃ降り.

dobhareach [ˈdaurˌax] 名男〖属単 **dobhareich**, 主複 **-a**, 属複 ～〗カバ.

dobhogtha [ˌdoˈvokə] 形 3 固定した；無感動の.

do-bhraite [ˌdoːˈvratʲə] 形 3 知覚[感知]できない；ごくわずかな；実体のない.

dobhránta [dauraːntə] 形 3 鈍感な；愚かな.

dobhréagnaithe [ˌdoˈvrʲeːgnihə] 形 3 反駁(ﾊﾞｸ)できない；否定できない；議論の余地のない.

dobhriathar [ˈdoˌvrʲiəhər] 名男〖属単 **dobhriathair**, 複 **dobhriathra**〗副詞.

dobhriste [ˌdoˈvˈrˈisˈtˈə] 形3 こわれにくい.
dobrón [ˌdoˈbroːn] 名男 〖属単 **dobróin**〗深い悲しみ, 不幸.
dobrónach [ˌdoˈbroːnəx] 形1 深く悲しんでいる; 苦しむ; 悩む.
dócha [doːxə] 形 〖比較 **dóichí**〗(動詞 is と共に)ありそうな; …しそうで. **is ~** (go)(go 以下)に思われる. **is ~ é** 多分そうだ. **chomh ~ lena athrach** おそらく…だろう. **is é is dóichí** (de)(go)(go 以下)は多分そうだろう.
dochaideartha [ˌdoˈxadˈərhə] 形3 非社交的な, 交際嫌いの.
dochaite [ˌdoˈxatˈə] 形3 永続性のある, 長持ちする; 無尽蔵の.
dochar [doxər] 名男 〖属単 **dochair**〗損害, 被害; 借り方. **sochar agus ~** 損得.
dóchas [doːxəs] 名男 〖属単 **dóchais**〗希望; 期待; 信頼. **táim i ndóchas** (go)(go 以下)を望む[願う].
dóchasach [doːxəsəx] 形1 希望に満ちた; 確信して; 楽観的な.
docheansaithe [ˌdoˈxˈansihə] 形3 取扱いにくい; 手に負えない.
dochloiste [ˌdoˈxlosˈtˈə] 形3 聞こえない, 聞き取れない.
dochloíte [ˌdoˈxliːtˈə] 形3 不屈の; 征服できない; 反駁(ぼく)できない.
dochma [doxmə] 名男 〖属単 **~**〗窮乏, 辛苦; 陰気; 憂鬱.
―― 形3 苦しむ; 陰気な; 不機嫌な.
dochrach [doxrəx] 形1 有害な; 苦痛を与える; 悲惨な.
dochraide [doxrədˈə] 名女 〖属単 **~**〗難儀, 辛苦; 圧迫感.
dochreidte [ˌdoˈxˈrˈetˈə] 形3 信じられない.
docht [doxt] 形1 〖属単男 **~**, 属単女・比較 **doichte**, 属単 **-a**〗堅い; 厳格な; 厳重な.
―― 動I 他 〖動名 **dochtadh**, 動形 **dochta**〗しっかりと締める; 固くする; 厳重にする.
dochtúir [doxtuːrˈ] 名男 〖属単 **dochtúra**, 複 **-í**〗医師, 医者.
dochtúireacht [doxtuːrˈəxt] 名女 〖属単 **-a**, 複 **-aí**〗博士号(の学位); 医者(の開業).
dóchúil [doːxuːlˈ] 形2 ありそうな; らしい.
dochuimsithe [ˌdoˈximˈsˈihə] 形3 無限の, 限りのない.
dóchúlacht [doːxuːləxt] 名女 〖属単 **-a**〗ありそうなこと; 見込み; 可能性.
dochurtha [ˌdoˈxurhə] 形3 するのに骨が折れる, するのが難しい. **~ i gcaint** 言い表せない.
dócmhainn [doːkvənˈ] 名女 〖属単 **-e**, 複 **-í**〗責任; 義務.
dócmhainneach [doːkvənˈəx] 形1 支払い不能の, 破産した.
dócúl [doːkuːl] 名男 〖属単 **dócúil**〗不快; 不安; 苦痛.

dodach [dodəx] 形1 むっつりした；手に負えない；進もうとしない.
dodhéanta [ˌdoˈɣ/eːntə] 形3 不可能な；するのに難しい.
dodhearmadta [ˌdoˈɣ/arəmətə] 形3 忘れられない.
dodhíleáite [ˌdoˈɣ/iːˌl/aːt/ə] 形3 (食物が)消化しにくい；(学説など)理解できない.
dodhíolta [ˌdoˈɣ/iːltə] 形3 売るに適さない；市場性のない.
do-earráide [ˌdoˈaraːd/ə] 形3 決して誤らない；絶対正しい.
dofhaighte [ˌdoˈaːt/ə] 形3 得がたい, 入手しにくい；珍しい.
dofheicthe [ˌdoˈek/ə] 形3 目に見えない；見分けにくい.
dofhulaingthe [ˌdoˈuləŋ/hə] 形3 耐えられない, 我慢できない.
do-ghafa [ˌdoˈɣafə] 形3 (卵などが)受精できない.
doghonta [ˌdoˈɣontə] 形3 傷つくことのない；不死身の；打ち破れない.
doghrainn [daurən/] 名女 《属単 **-e**》苦悩；悲嘆；困難.
doghrainneach [daurən/əx] 形1 苦悩の多い, つらい；困難な.
dogma [dogmə] 名男 《属単 ～, 複 **-í**》教義, 教理, ドグマ.
dogmach [dogməx] 形1 教義上の, 教理に関する.
dóib [doːb/] 名女 《属単 **-e**》しっくい, 壁土；粘土.
dóibeáil [doːb/aːl/] 動I 他 《動名 **dóibeáil**, 動形 **dóibeála**；現 **dóibeálann**》(壁などをしっくいなどで)塗る.
dóibh [doːv/] ☞ do³.
doicheall [dox/əl] 名男 《属単 **doichill**》粗野；無愛想；不本意. **brú ar an ～** 無理に押しつけること.
doicheallach [dox/ələx] 形1 粗野な；無愛想な.
doichte [doxt/ə] 名女 《属単 ～》堅さ；窮屈；厳格.
doiciméad [dok/əm/eːd] 名男 《属単・主複 **doiciméid**, 属複 ～》文書, 記録.
doiciméadach [dok/əm/eːdəx] 形1 文書の, 書類の；(映画など)事実を記録した.
dóid [doːd/] 名女 《属単 **-e**, 複 **-eanna**》手, 握りこぶし；ひと握り.
do-ídithe [ˌdoˈiːd/ihə] 形3 使いきれない, 無尽蔵の；疲れをしらない.
dóigh¹ [doːɣ/] 名女 《属単 **-e**, 複 **-eanna**》方法；状態；機会. **ar mo dhóigh féin** 私自身のやり方で. **ar an ～ seo** このようにして. **ar dhóigh éigin** 何とかして. **ar an ～** [ar dhóigh ar bith] 何としても. **sa ～ sin de** それに関する限り. **tá ～ mhaith orthu** 彼らは良い暮らしをしている. **bheith gan ～** まずいやり方. **～ a chur ar** (rud) (もの)を取り付けること. **ar ～** 本物の[優秀な]. **ar ～** [ar dhóigh] (go) (go 以下)するために. **～ a fháil ar** (rud) (こと)をする機会を得るこ

と.

dóigh[2] [do:ɣ′] 名女〖属単 **-e**〗希望, 期待; 信用; ありそうなこと. **tá ～ agam**（go）（go 以下）を私は確信する. **～ a dhéanamh**（<**déan**[2]）**de**（rud）（こと）を当然と思うこと. **de mo dhóigh** 私の考えでは. **～ magaidh** 嘲笑の的. **dar ndóigh** [ar ndóigh] 勿論.（動詞 is と共に形容詞として）…らしい, たぶん…だろう. **is ～ liom**（go）（go 以下）私は思う. **is ～ gur fíor é** それは本当らしい.

dóigh[3] [do:ɣ′] 動I 他・自〖動名 **dó**, 動形 **dóite**; 現 **dónn**; 未 **dófaidh**〗燃やす; 焼く; 焦がす.

dóighiúil [do:ɣ′u:l′] 形2 顔立ち[容姿]の整った; 気前のよい; かなりの.

dóighiúlacht [do:ɣ′u:ləxt] 名女〖属単 **-a**〗顔立ちのよいこと; 美; 寛大.

doilbh [dol′əv′] 形1 暗い, 陰気な, 憂鬱な.

doilbhir [dol′əv′ər′] 形1〖属単男 **～**, 属単女・主複・比較 **doilbhre**〗暗い, 陰鬱な; 元気のない.

doiléir [dol′e:r′] 形1 ほの暗い; はっきりしない, 漠然とした. **ceo ～** 濃霧.

doiléire [dol′e:r′ə] 名女〖属単 **～**〗薄暗さ; 不明瞭, あいまいさ.

doilfeoir [dol′əf′o:r′] 名男〖属単 **doilfeora**, 複 **-í**〗魔法使い; 手品師, 奇術師.

doiligh [dol′i:] 形1〖属単男 **～**, 属単女・主複・比較 **doilí**〗困難な; 悲惨な.

doilíos [dol′i:s] 名男〖属単 **doilís**〗悲しみ; 憂鬱; 苦悩.

doilíosach [dol′i:səx] 形1 悲しむ; 憂鬱な; 後悔する.

doimhne [dov′nə] ☞ **domhain**.

doimhneacht [dov′n′əxt] 名女〖属単 **-a**〗深さ, 深度; 深い所. **ag snámh ar an ～** 深い所で泳ぐこと.

doimhnigh [dov′n′i:] 動II 他・自〖動名 **doimhniú**, 動形 **doimhnithe**〗深くする, 深める.

doineann [don′ən] 名女〖属単 **doininne**〗嵐, 暴風雨; 寒々しさ.

doineanta [don′əntə] 形3 嵐の, 荒天の; 陰気な.

do-inste [do|in′s′t′ə] 形3 言い表せない, 名状しがたい.

doire [dor′ə] 名男〖属単 **～**, 複 **doirí**〗森.

doirneog [do:rn′o:g] 名女〖属単 **doirneoige**, 主複 **-a**, 属複 **～**〗丸石.

doirnín [do:rn′i:n′] 名男〖属単 **～**, 複 **-í**〗握り, 柄; 木製の留めくぎ.

doirse [dors′ə] ☞ **doras**.

doirseoir [dors′oːr′] 名男〖属単 **doirseora**, 複 **-í**〗守衛, 門番.
doirt [dort′] 動I 他・自〖動名 **doirteadh**, 動形 **doirte**〗注ぐ, こぼす; 流す. **tá sé ag doirteadh fearthainne** どしゃぶりの雨だ. **tá sí doirte dó** 彼女は彼を熱愛している.
doirteal [dort′əl] 名男〖属単・主複 **doirtil**, 属複 ～〗(台所の)流し.
dóisceanta [doːs′k′əntə] 形 黒ずんだ, 浅黒い.
do-ite [ˌdo¦it′ə] 形3 食べられない, 食用に適さない.
dóite [doːt′ə] 形3 ① **dóigh**³ の動形容詞. ② 焼いた, 焦げた; 枯れた; 乾いた; 苦い; 厳しい. ～ **de** に飽き飽きしている.
dóiteacht [doːt′əxt] 名女〖属単 **-a**〗燃焼; 苦痛; 迷惑.
dóiteán [doːt′aːn] 名男〖属単・主複 **dóiteáin**, 属複 ～〗大火災, 火事. **inneall dóiteáin** 消防車.
dóithín [doːhiːn′] 名男〖属単 ～, 複 **-í**〗(期待などの)源. **ní haon ～ Brian** ブリアンは軽くあしらえない男だ. **ní haon ～ an obair seo** この仕事は簡単ではない.
dol [dol] 名男〖属単・主複 **-a**, 属複 ～〗輪, 環; 輪なわ. ～ **éisc** 漁. ～ **daoine** 人の集団. ～ **a bhaint as** ひと仕事.
── 動I 他〖動名 **doladh**, 動形 **dola**〗(ひもなど)輪にする; わなで捕る; 網を張る.
dól = **dólás**.
dola¹ [dolə] 名男〖属単 ～, 複 **-í**〗木製の留めくぎ.
dola² [dolə] 名男〖属単 ～, 複 **-í**〗損害; 困窮; 料金.
dolabhartha [dolavarha] 形3 言い表せない, 言語に絶する.
doláimhsithe [ˌdo¦laːv′s′ihə] 形3 取扱いにくい, やっかいな.
dólámhach [′doː¦laːvəx] 形1 両手の; 総力を上げての; 全面的な. **ag obair ～** 精力的に働くこと. (成句) **ar ～** 両手で[総力を上げて]. **ag ～ (le)** に奮闘すること.
dólás [doːlaːs] 名男〖属単・主複 **dóláis**, 属複 ～〗分配物; 寄付. 悲しみ.
dólásach [doːlaːsəx] 形1 悲しい; 痛ましい; 苦しい.
doleigheasta [ˌdo¦l′aistə] 形3 不治の; 直らない.
doléite [ˌdo¦l′eːt′ə] 形3 読みにくい, 判読しがたい.
doleithscéil [ˌdo¦l′e¦s′k′eːl′] 形 許せない, 言い訳のたたない, 弁解できない.
dollar [dolər] 名男〖属単・主複 **dollair**, 属複 ～〗ドル.
doloicthe [ˌdo¦lok′ə] 形3 ごく簡単な; 安全な.
doloiscthe [ˌdo¦los′k′ə] 形3 燃えにくい, 不燃性の.
dolúbtha [ˌdo¦luːpə] 形3 曲げられない; 不屈の; 頑固な.

dom [dom] ☞ do³.
domhain [daunʹ] 名女〖属単 **doimhne**, 複 **doimhneacha**〗深さ；深底.
―― 形〖属単男 〜, 属単女・主複・比較 **doimhne**〗深い, 深遠な. go 〜 深く. 〜 san oíche 深夜に.
domhainiascaireacht [ˈdaunʹˌiəskərʹəxt] 名女〖属単 **-a**〗深海漁業.
do-mhaite [ˌdoˈvatʹə] 形 3 許されない, 容赦できない.
domhan [daun] 名男〖属単・主複 **domhain**, 属複 〜〗世界；地球. an Domhan 地球. ar fud an domhain 世界中で. is beag den 〜 é 実にちっぽけなことだ. níl eagla ar 〜 air 彼は少しも恐れてはいない. pé ar 〜 é とにかく. an 〜 de (rud) 大量の(もの). bhí áthas an domhain orm 私は非常に嬉しかった.
domhanda [daundə] 形 3 地球(上)の；現世の；世俗的な. cogadh 〜 世界大戦.
domhanfhad [ˈdaunˌad] 名男〖属単 **domhanfhaid**〗経度.
domhanleithead [ˈdaunʹˌlʹehəd] 名男〖属単 **domhanleithid**〗緯度.
domhantarraingt [ˈdaunˌtarənʹtʹ] 名女〖属単 **domhantarraingthe**〗(地球)引力.
domheanma [ˌdoˈvʹanəmə] 名女〖属単 **-n**〗落胆, 失意.
domhillte [ˌdoˈvʹilʹtʹə] 形 3 破壊できない；不滅の.
domhínithe [ˌdoˈvʹiːnʹihə] 形 3 説明がつかない, 解釈できない, 不可解な.
Domhnach [daunəx] 名男〖属単 **Domhnaigh**, 複 **Domhnaí**〗日曜日. an 〜 日曜日. Dé Domhnaigh 日曜日(に). ar an 〜 日曜日に. i nDomhnach! 本当に!
domhúinte [ˌdoˈvuːnʹtʹə] 形 3 (性格など)直しようのない；頑固な.
domlas [domləs] 名男〖属単 **domlais**〗胆汁；苦々しさ；恨み.
domlasta [domləstə] 形 3 胆汁の；気難しい；苦々しい.
domplagán [dompləgaːn] 名男〖属単・主複 **domplagáin**, 属複 〜〗(スープにいれる)ダンゴ；ギョーザ.
don [don] ☞ do³.
dona [donə] 形 3 不幸な；悪い.
donacht [donəxt] 名女〖属単 **-a**〗悪い状態, 不幸, 哀れ. dul i ndonacht [chun donachta] 悪くなること.
Dónall [doːnəl] 名男〖属単 **Dónaill**〗(成句) 〜 na gréine のんきな人. 〜 na gealaí 架空の人物.

donán [dona:n] 名男 〖属単・主複 **donáin**, 属複 〜〗不幸な人, 惨めな人.

donas [donəs] 名男 〖属単 **donais**〗不幸, 不運；悲惨. tá an 〜 air le fuacht ひどく寒い. is cuma liom sa 〜 私は少しもかまわない.

donn [don] 名男 〖属単 **doinn**〗茶[褐]色；茶色の堅い木材.
―― 形1 茶[褐]色の；茶色の堅い木材で作られた. teach 〜 daingean 堅固で安全な家.

do-oibrithe [do:b/rihə] 形3 実行不可能な.

doraitheacht [dorihəxt] 名女 〖属単 **-a**〗(釣り竿での)魚釣り.

dó-ola [do:lə] 名女 〖属単 〜, 複 **-í**〗燃料油.

doras [dorəs] 名男 〖属単 **dorais**, 複 **doirse**〗ドア, 戸, 出入口. cur ó dhoras 免れること.

dorcha [dorəxə] 名女 〖属単 〜〗やみ, 暗がり.
―― 形3 暗い；浅黒い；見えない.

dorchacht [dorəxəxt] 名女 〖属単 **-a**〗暗さ；あいまいさ, 秘密.

dorchadas [dorəxədəs] 名男 〖属単 **dorchadais**〗暗さ；秘密. i ndorchadas na hoíche 夕闇に.

dorchaigh [dorəxi:] 動II 他・自 〖動名 **dorchú**, 動形 **dorchaithe**〗暗くする；あいまいにする.

dorchla [dorəxlə] 名男 〖属単 〜, 複 **-í**〗廊下；通路.

dord [do:rd] 名男 〖属単・主複 **doird**, 属複 〜〗(蜂, 機械などが)ブンブンいう音；低い音；鼻歌；(音楽)バス.
―― 動I 自 〖動名 **dord**〗ブンブンうなる；低い声で歌う.

dordán [do:rda:n] 名男 〖属単 **dordáin**〗低音；ブンブン(ブーン)という音；つぶやき.

dordghuth [ˈdo:rd‚ɣuh] 名男 〖属単 **-a**, 複 **-anna**〗低音, (音楽)バス.

dordveidhil [do:rdv/ail] 名女 〖属単 **dordveidhle**, 複 **dordveidhlí**〗(音楽)チェロ.

doréitithe [‚doˈre:t/ihə] 形3 ほどけない；解決できない；溶解しない.

doriartha [doriərhə] 形3 手に負えない. 言うことをきかない.

dorn [do:rn] 名男 〖属単 **doirn**, 主複 **doirne**, 属複 〜〗拳(こぶし)；ひと握り. dul sna doirne [ar na doirne] le (duine) (人)となぐり合いになること. cuir 〜 mine それに少量のあらびき粉を加えなさい.

dornáil [do:rna:l/] 名女 〖属単 **dornála**〗拳闘, ボクシング.
―― 動I 他・自 〖動名 **dornáil**, 動形 **dornáilte**；現 **dornálann**〗拳で殴る, ボクシングをする.

dornálaí [do:rna:li:] 名男 〖属単 〜〗ボクサー.

dornálaíocht [doːrnaːliː(ə)xt] 名女〖属単 **-a**〗ボクシング. **ag** 〜 ボクシングをすること.
dornán [doːrnaːn] 名男〖属単・主複 **dornáin**, 属複 〜〗手一杯, ひと握り；ひとつかみ；把手(とっ). 〜 **daoine** 少人数.
dornasc [ˈdoːrˌnask] 名男〖属単・主複 **dornaisc**〗手錠.
dornásc [ˈdoːrˌnaːsk] 名男〖属単 **dornáisc**〗手探り；(魚の)手づかみ. **ag** 〜 **oíche le** (rud) 暗闇で(もの)を手探りすること.
dornchla [doːrnxlə] 名男〖属単 〜, 複 **-í**〗(刀, 短刀の)つか；(武器の)柄.
dornóg [doːrnoːg] 名女〖属単 **dornóige**, 主複 **-a**, 属複 〜〗ミトン, 手袋.
doroinnte [ˌdoˈronʲtʲə] 形3 分割できない, 不可分の.
dorr [dor] 名女〖属単 **doirre**〗怒り；怒鳴り声.
dorrga [dorəgə] 形3 不機嫌な；無愛想な.
dorsán [dorsaːn] 名男〖属単・主複 **dorsáin**, 属複 〜〗太鼓を打つこと；ドンドン[トントン]叩く音；怒鳴り声.
dórtúr [doːrtuːr] 名男〖属単・主複 **dórtúir**, 属複 〜〗(学校など)寄宿舎, 寮.
dorú [doruː] 名男〖属単 〜, 複 **doruithe**〗線；釣り糸. **as** 〜 整列しないで.
dos [dos] 名男〖属単 **dois**, 複 **-anna**〗やぶ, 茂み；雑木林；束. 〜 **féir** 草深いこと. 〜 **gruaige** もじゃもじゃの髪.
dosach [dosəx] 形1 やぶの, 茂みの；(髪など)もじゃもじゃの.
dosaen [doseːn] 名男〖属単 〜, 複 **-acha**〗1 ダース, 12(個).
doscaí [doskiː] 形3 途方もない, 無謀な.
doscaoilte [ˌdoˈskiːlʲtʲə] 形3 ほぐれない；ゆるまない；分解[分離]できない.
do-scartha [ˌdoˈskarhə] 形3 分けることができない, 分離できない.
doscriosta [ˌdoˈsˠkʲrʲistə] 形3 根絶できない, 根深い；破壊できない.
doscúch [doskuːx] 形1〖属単男 〜, 属単女・比較 **doscúiche**, 主複 **-a**〗(人が)頑丈な, たくましい.
doshamhlaithe [ˌdoˈhaulihə] 形3 想像できない, 思いもよらない；考えられないような.
doshaothraithe [ˌdoˈhiːhrihə] 形3 (土地が)開墾できない；埋め立てできない.
dosheachanta [ˌdoˈhaxəntə] 形3 避けがたい, 逃げられない；のっぴきならない.
doshéanta [ˌdoˈheːntə] 形3 否定しがたい, 紛れもない；申し分のな

doshiúlta

い.
doshiúlta [ˌdoˈxʼuːltə] 形3 (道が)通り抜けられない, 通行できない.
dosmachtaithe [ˌdoˈsmaxtihə] 形3 抑制できない, 始末に負えない；気ままな.
dóthain [doːhənʼ] 名女〚属単 〜〛十分(な量), 足りること, 充足. **tá mo dhóthain ite agam.** 充分いただきました(食べました).
dóthanach [doːhənəx] 形1 飽きるほどうんざりした.
dothuigthe [ˌdoˈhikʼə] 形3 理解できない, わかりにくい；不可解な.
dothuirsithe [ˌdoˈhirsʼihə] 形3 疲れない；飽きない, 根気のよい.
dóú [doːuː] 形 (数)第2の. (後続語の母音にはhを前におく). **an 〜 duine** 第2番目[次]の人. **an 〜 háit** 第2番目の場所. **cuid an 〜 fear** [cuid an 〜 fir] 第2番目の男性の取り分. **an 〜 lá déag** (月の)12日. **an 〜 ceann fichead** 第22番目のもの.
drabhlás [drauːlaːs] 名男〚属単 **drabhláis**〛酒宴；放蕩；浪費. **bheith ar an 〜** 放蕩生活を送ること.
drabhlásach [drauːlaːsəx] 形1 放蕩の, 道楽な；品行の悪い.
drabhlásaí [drauːlaːsiː] 名男〚属単 〜, 複 **drabhlásaithe**〛放蕩者, 浪費家.
drae [dreː] 名男〚属単 〜, 複 **-nna**〛荷(馬)車, そり.
draein [dreːnʼ] 名女〚属単 **draenach**, 複 **draenacha**〛放水路；排水.
draenáil [dreːnaːlʼ] 名女〚属単 **draenála**〛排水させること, 水はけ, 下水.
—— 動I 他・自〚動名 **draenáil**, 動形 **draenáilte**；現 **draenálann**〛(水を)排出させる；排水のための溝を掘る.
dragan [dragən] 名男〚属単・主複 **dragain**, 属複 〜〛竜, ドラゴン.
draid [dradʼ] 名女〚属単 **-e**, 複 **-eanna**〛(歯を見せて)にこっと[にやっと]笑うこと；しかめ面. **lán go 〜** あふれるばかりの.
draidgháire [ˈdradʼˌɣaːrʼə] 名男〚属単 〜, 複 **draidgháirí**〛歯を見せる笑い. **ag 〜** にっこり[にやり]と笑うこと.
draighean [drain] 名男〚属単 **draighin**〛リンボク(の花)；怒りで気色ばむこと；気が進まないこと.
draíocht [driː(ə)xt] 名女〚属単・複 **-a**〛ドルイドの術；魔法, 魔力. **bheith faoi dhraíocht** 呪文で縛られること.
draíochtach [driː(ə)xtəx] 形1 魔術的；魅惑する, うっとりさせる.
draíodóir [driː(ə)doːrʼ] 名男〚属単 **draíodóra**, 複 **-í**〛魔法使い；奇術師.
dram [dram] 名男〚属単 **-a**, 複 **-anna**〛(単位)ドラム(約4[1,8]グ

ラム）；微量.

dráma [dra:mə] 名男〖属単 ～, 複 **-í**〗ドラマ, 戯曲, 劇.

drámadóir [dra:mədo:r′] 名男〖属単 **drámadóra**, 複 **-í**〗劇作家, 脚本家.

drámaíocht [dra:mi:(ə)xt] 名女〖属単 **-a**〗戯曲, 演劇, 芝居.

drámata [dra:mətə] 形 3 戯曲の, 劇的な, 芝居がかった.

drámh [dra:v] 名男〖属単 **dráimh**, 複 **dráite**〗切り札のないこと；劣っているもの；不運.

dramhaíl [dravi:l′] 名女〖属単 **dramhaíola**〗くず, 廃物, ごみ.

dramhaltach [draultəx] 名女〖属単 **dramhaitaí**〗踏みつけること；踏みにじられた状態.

dramhpháipéar [′dra(v)ˌfa:p′e:r] 名男〖属単 **dramhpháipéir**〗紙屑, ほご.

drandal [drandəl] 名男〖属単・主複 **drandail**, 属複 ～〗歯ぐき.

drann [dran] 動I 他・自〖動名 **drannadh**, 動形 **drannta**〗歯をむく；（犬など）うなる；近寄る, 邪魔をする.

drannach [dranəx] 形 1 うなっている, うなり声の.

drantaigh [dranti:] 動II 他・自〖動名 **drantú**, 動形 **drantaithe**〗うなる；怒鳴る；おどす.

drantán [dranta:n] 名男〖属単・主複 **drantáin**, 属複 ～〗うなること；怒鳴り；ハミング.

drantánach [dranta:nəx] 形 1 うなっている；がみがみ言う；低い声でやさしく歌う.

draoi[1] [dri:] 名男〖属単 ～, 複 **-the**〗ドルイド；魔法使い；占い師.

draoi[2] [dri:] 名男〖属単 ～〗大多数, 大量. an ～ daoine 多人数.

draoib [dri:b′] 名女〖属単 **-e**〗泥, ぬかるみ；浮きあわ［かす］.

draoibeach [dri:b′əx] 形 1 ぬかるみの, 泥沼のような；泥まみれの.

draoibeáil [dri:b′a:l′] 動I 他〖動名 **draoibeáil**, 動形 **draoibeáilte**；現 **draoibeálann**〗（泥水など）はねかける；泥だらけにさせる.

draoidín [dri:d′i:n′] 名男〖属単 ～, 複 **-í**〗小さい人；極小型のもの.

draothadh [dri:hə] 名〖(成句) ～ **gáire** 微笑［苦笑］.

drár [dra:r] 名男〖属単・主複 **dráir**, 属複 ～〗（机など）引き出し.

dreach [d′r′ax] 名男〖属単・主複 **-a**, 属複 ～〗顔（の表情）；様相；表面.
── 動I 他〖動名 **dreachadh**, 動形 **dreachta**〗描写する；肖像を描く.

dréacht [d′r′e:xt] 名男〖属単 **-a**, 複 **-aí**〗断片；部分；（詩, 曲など）

1編；草案.

dréachtaigh [d'r'e:xti:] 動II 他〖動名 **dréachtú**, 動形 **dréachtaithe**〗起草[立案]する；下絵をかく.

dream [d'r'am] 名男〖属単 **-a**, 複 **-anna**〗人間；集団；部族.

dreancaid [d'r'aŋkəd'] 名女〖属単 **-e**, 複 **-í**〗ノミ；小虫.

dreap [d'r'ap] 動I 他・自〖動名 **dreapadh**, 動形 **dreaptha**〗登る.

dreapa [d'r'apə] 名男〖属単 **～**, 複 **-í**〗登山の際の足場, 岩の突き出た所.

dreapadóir [d'r'apədo:r'] 名男〖属単 **dreapadóra**, 複 **-í**〗登山家.

dreapadóireacht [d'r'apədo:r'əxt] 名女〖属単 **-a**〗登ること. ～ sléibhe 登山.

dreas [d'r'as] 名男〖属単・主複 **-a**, 属複 **～**〗しばらくの間；ひと続き；ひと仕事.

dreasaigh [d'r'asi:] 動II 他〖動名 **dreasú**, 動形 **dreasaithe**〗駆り立てる；急がせる；しきりに勧める.

dreideáil [d'r'ed'(z)a:l'] 動I 他・自〖動名 **dreideáil**, 動形 **dreideáilte**；現 **dreideálann**〗(川の泥を)さらう.

dreige [d'r'eg'ə] 名女〖属単 **～**, 複 **dreigí**〗流星体, 隕(いん)石.

dreigít [d'r'eg'i:t'] 名女〖属単 **-e**, 複 **-í**〗隕石.

dréim [d'r'e:m'] 名女〖属単 **-e**, 複 **-eanna**〗上昇；熱望；争い. ～ le cáilíocht 差別とのたたかい. i ndréim le (duine) (人)と競争して. ── 動I 他・自〖動名 **dréim**, 動形 **dréimthe**〗昇る；熱望する；戦う；期待する. ag ～ le hardú céime 昇進しようと努力すること.

dréimire [d'r'e:m'ər'ə] 名男〖属単 **～**, 複 **dréimirí**〗はしご.

dréimreach [d'r'e:m'r'əx] 形1 はしごのような, 段階的な；(髪が)ウェーブしている.

dreoigh [d'r'o:γ'] 動I 他・自〖動名 **dreo**, 動形 **dreoite**；現 **dreonn**；未 **dreofaidh**〗分解する；腐敗させる.

dreoilín [d'r'o:l'i:n'] 名男〖属単 **～**, 複 **-í**〗(鳥)ミソサザイ. Lá an Dreoilín 聖ステファン祝祭日. ～ teaspaigh バッタ[キリギリス].

dreoite [d'r'o:t'ə] 形3 ☞ dreoigh.

dreoiteach [d'r'o:t'əx] 形1 腐っている；しおれている.

dríodar [d'r'i:dər] 名男〖属単 **dríodair**〗くず, かす, ごみ.

driog [d'r'ig] 名女〖属単 **drige**, 複 **-anna**〗小さなしずく. ── 動I 他・自〖動名 **driogadh**, 動形 **driogtha**〗蒸留する.

driogaireacht [d'r'igər'əxt] 名女〖属単 **-a**〗蒸留(すること).

drioglann [d'r'iglən] 名女〖属単 **drioglainne**, 主複 **-a**, 属複 **～**〗蒸留酒製造所.

driopás [dʼrʼipaːs] 名男《属単 **driopáis**》急ぎ；不器用.
driopásach [dʼrʼipaːsəx] 形1 へまをする；不器用な.
dris [dʼrʼisʼ] 名女《属単 **-e**, 複 **-eacha**》イバラ（とげのある低木）；野バラ.
driseog [dʼrʼisʼoːg] 名女《属単 **driseoige**, 主複 **-a**, 属複 **～**》イバラ；皮肉屋.
driseogach [dʼrʼisʼoːgəx] 形1 イバラの茂った；とげのある；ちくちくする.
drisiúr [dʼrʼisʼuːr] 名男《属単・主複 **drisiúir**, 属複 **～**》鏡台、たんす.
drithle [dʼrʼihlʼə] 名女《属単 **～**, 複 **drithlí**》火花；閃光；くすぐり.
drithleach [dʼrʼihlʼəx] 形1 火花を発する；きらめく；興奮しやすい.
drithleog [dʼrʼihlʼoːg] 名女《属単 **drithleoige**, 主複 **-a**, 属複 **～**》(小さい)火花.
drithligh [dʼrʼihlʼiː] 動II 自《動名 **drithliú**, 動形 **drithlithe**》火花を出す；きらめく；光る.
drithlín [dʼrʼihlʼiːnʼ] 名男《属単 **～**, 複 **-í**》きらめき；けいれん；うずき. **drithlíní allais** 玉の汗. **drithlíní eagla** 恐怖におののくこと.
driuch [dʼrʼux] 名男《属単 **-a**》ぞっとすること；怒った様子, 腹立ち.
droch- [drox] 接頭 悪い；不幸な；非-；不-.
drochaigne [ˈdroxˈagʼnʼə] 名女《属単 **～**》敵意, 反感；憎悪.
drocháiseach [ˈdroxˈaːsʼəx] 形1 不親切な；思いやりのない；腹立たしい.
drochamhras [ˈdroxˈaurəs] 名男《属単 **drochamhais**》疑惑；不信用.
droch-araíonach [ˈdroxˈariːnəx] 形1 醜い；不機嫌な；怒りっぽい.
drochbhail [droxˈvalʼ] 名女《属単 **-e**》悪条件；虐待；無効.
drochbhéas [ˈdroxˈvʼeːs] 名男《属単・主複 **-a**, 属複 **～**》悪癖；悪徳；悪習.
drochbhéasach [ˈdroxˈvʼeːsəx] 形1 悪習の；不作法な；の中毒になって.
drochbhraon [ˈdroxˈvriːn] 名男《属単 **drochbhraoin**》汚点；欠点.
droch-chríoch [ˈdro(x)ˈxʼrʼiːx] 名女《属単 **droch-chríche**》破滅；没落；堕落.
droch-chroí [ˈdro(x)ˈxriː] 名男《属単 **～**》臆病；敵意.

drochfhuadar [ˈdroxˈuədər] 名男〖属単 **drochfhuadair**〗悪さ. tá ~ faoi 彼はいたずら好きだ.

drochiarraidh [ˈdroxˈiəriː] 名女〖属単 **drochiarrata**, 複 **drochiarrataí**〗悪い企み；攻撃；暴行.

drochíde [ˈdroxˈiːdʲə] 名女〖属単 ~〗悪用；乱用；誤用.

drochiompar [ˈdroxˈimpər] 名男〖属単 **drochiompair**〗無作法；不品行；不道徳な行為.

drochiontaoibh [ˈdroxˈintiːvʲ] 名女〖属単 **-e**〗不信用；疑惑.

drochlabhartha [ˈdroxˈlaurhə] 形3 言葉づかいが悪い.

drochmheas [ˈdroxˌvʲas] 名男〖属単 **-a**〗軽蔑, 侮辱；軽視.

drochmhianach [ˈdroxˈvʲiənəx] 名男〖属単 **drochmhianaigh**〗不良品；質の悪さ；卑劣なこと.

drochmhisneach [ˈdroxˈvʲisʲnʲəx] 名男〖属単 **drochmhisnigh**〗落胆, 意気消沈.

drochmhúineadh [ˈdroxˈvuːnʲə] 名男〖属単 **drochmhúinte**〗無作法, 無礼；(馬, 犬など)癖の悪い.

drochmhúinte [ˈdroxˈvuːnʲtʲə] 形3 無作法な；(動物)御しにくい；雑種の.

drochobair [ˈdroxˈobərʲ] 名女〖属単 **drochoibre**, 複 **drochoibreacha**〗悪行；いたずら.

drochrath [ˈdroxˈrah] 名男〖属単 **-a**〗不運, 不幸.

drochrud [ˈdroxˌrud] 名男〖属単 **-a**, 複 **-aí**〗悪い事[物；人]. is é an ~ é. 彼は意地が悪い.

drochscéal [ˈdroxˌsʲkʲeːl] 名男〖属単 **drochscéil**, 複 **-ta**〗悪い知らせ.

drochshaol [ˈdroxˈhiːl] 名男〖属単 **drochshaoil**〗つらい生活；不景気. An Drochshaol 大飢饉.

drochtheist [ˈdroxˈhesʲtʲ] 名女〖属単 **-e**, 複 **-eanna**〗不利な証拠；悪評.

drochuair [ˈdroxˌuərʲ] 名女〖属単 **-e**〗不幸な時；危機. ar an ~ 不幸[不運]にも；あいにく.

drogall [droɡəl] 名男〖属単 **drogaill**〗嫌悪；不本意；気が進まないこと.

drogallach [droɡələx] 形1 いやいやながらの；遠慮がちな；怠惰な.

droichead [droxʲəd] 名男〖属単・主複 **droichid**, 属複 ~〗橋.

droim [dromʲ] 名男〖属単 **droma**, 複 **dromanna**〗背(中)；尾根；隆起(線). ná cuir sa ~ ort é 彼に反対するな. ~ in airde うつ伏せに[さかさまに]. ~ faoi あお向けに. ~ ar ais 後ろ前に. ~ thar ~ 逆

に. ~ ar dhroim 引き続いて. ar a dhroim sin なおその上に. ~ coise 足の甲. ar dhroim talún(<talamh) 地面に. (duine) a chur de dhroim tí(<teach) (人)を家から追い出すこと. dá dhroim sin そのために. ól dá dhroim é 一息にぐいと飲むこと. titim i ndroim dubhach 落胆すること. dá dhroim sin その理由で.

droimeann [drom′ən] 名女〖属単 **droiminne**, 主複 **-a**, 属複 ~〗背中の白い雌牛.
── 形1 白い背をした.

droimneach[1] [drom′n′əx] 名男〖属単・主複 **droimnigh**, 属複 ~〗背中の黒いカモメ類.

droimneach[2] [drom′n′əx] 形1 ゆるやかに起伏する;アーチ形の;凸面の.

droimscríobh [ˈdrom′ˌs′k′r′i:v] 動1 他〖動名 **droimscríobh**, 動形 **droimscríofa**〗(手形など)裏書きする;(免許証など)裏に違反事項を書き入れる.

droinse [dron′s′ə] 名男〖属単 ~, 複 **droinsí**〗水薬.

drol [drol] 名男〖属単 **-a**, 複 **-anna**〗輪, 環;連結;巻き毛.

drólann [dro:lən] 名女〖属単 **drólainne**, 主複 **-a**, 属複 ~〗(複)腸.

dromainn [dromən′] 名女〖属単 **-e**, 複 **-í**〗山の背, うね;塚.

dromán [droma:n] 名男〖属単・主複 **dromáin**, 属複 ~〗反(そ)り;凸面.

dromchla [dromplə] 名男〖属単 ~, 複 **-í**〗表面;頂上.

dromlach [dromləx] 名男〖属単・主複 **dromlaigh**, 属複 ~〗背骨;脊柱;山の背.

drong [droŋ] 名女〖属単 **droinge**, 主複 **-a**, 属複 ~〗人間;集団;派閥.

dronlíne [ˈdron′ˌl′i:nə] 名女〖属単 ~, 複 **dronlínte**〗直線.

dronn [dron] 名女〖属単 **droinne**, 主複 **-a**, 属複 ~〗(背)こぶ, 隆起.

dronnach [dronəx] 形1 こぶ(隆肉)のある;背中を丸くした.

dronuilleog [ˈdronˌil′o:g] 名女〖属単 **dronuilleoige**, 主複 **-a**, 属複 ~〗長方形;矩形.

dronuillinn [ˈdronˌil′ən′] 名女〖属単 **-e**, 複 **-eacha**〗直角.

drúcht [dru:xt] 名男〖属単 **-a**〗露(のしずく).

drúchtín [dru:xt′i:n′] 名男〖属単 ~, 複 **-í**〗露(のしずく). **drúchtíní allais** 玉の汗.

drúchtmhar [dru:xtvər] 形1 露を帯びた, 露にぬれた.

druga [drogə] 名男〖属単 **～**, 複 **-í**〗薬, 薬品.
drugadóir [drogədo:r′] 名男〖属単 **drugadóra**, 複 **-í**〗薬屋, ドラッグストア経営者.
drugáil [droga:l′] 動I 他〖動名 **drugáil**, 動形 **drugáilte**; 現 **drugálann**〗薬物をまぜる; 薬を飲ませる.
druglann [drogləń] 名女〖属単 **druglainne**, 主複 **-a**, 属複 **～**〗薬局; ドラッグストア.
druid [drid′] 動I 他・自〖動名 **druidim**, 動形 **druidte**〗閉じる, 締める; 近づく. **tá siad ag druidim linn** 彼らは我々に近づいている. **tá an ceo ag druidim isteach orainn** 霧が我々の回りに迫ってきている. **～ siar uaim** 私から遠ざかる. **druidim i leataobh** わきへ動かすこと.
druidte [drit′ə] 形3 閉じた; 閉鎖的な; 閉じ込もった. **duine ～** 打ち解けない人. **～ le** に近づく. **mí ～** まる1カ月. **tá an áit ～ leo** その場所はそれらで充満している.
druileáil [dril′a:l′] 名女〖属単 **druileála**, 複 **druileálacha**〗穴をあけること; 種を畝に植えること; 反復練習, ドリル.
────── 動I 他・自〖動名 **druileáil**, 動形 **druileáilte**; 現 **druileálann**〗穴をあける; 反復して教え込む.
druilire [dril′ər′ə] 名男〖属単 **～**, 複 **druilirí**〗錐, 穴あけ機, ドリル.
drúis [dru:s′] 名女〖属単 **-e**〗強い欲望, 渇望.
druma [dromə] 名男〖属単 **～**, 複 **-í**〗ドラム, 太鼓.
druncaeir [droŋke:r′] 名男〖属単 **druncaera**, 複 **-í**〗大酒飲み.
dtí [d′i:]（成句）**go ～** …へ; …まで(も); を除いて. **go ～ an doras** ドアまで. **tháinig sé go ～ mé** 彼は私のところまで来た. **go ～ seo** 今までのところは. **ní haoibhneas go ～ é** これほどの幸せは他にはない.
dú[1] [du:] 名男（動詞 **is** と共に形容詞として）本来の; 自然の; 適当な. **an rud is ～ do** (**dhuine**)（人）にふさわしいこと.
dú-[2] [du:] 接頭 黒い; 非常に; 悪い; 未知の.
dua [duə] 名男〖属単 **～**〗労働; 骨折り, 苦労. **bhí a lán dá dhua agam** それには大変苦労した. **～ oibre** 仕事のストレス.
duáilce [du:a:l′k′ə] 名女〖属単 **～**, 複 **duáilcí**〗悪徳; 弱点; 不幸.
duáilceach [du:a:l′k′əx] 形1 悪意のある; 不道徳な; 不運な.
duainéis [duən′e:s′] 名女〖属単 **-e**〗労苦; 苦悩; 不平.
duairc [duər′k′] 形1 気難しい; 喜びのない; ゆううつな.
duairceas [duər′k′əs] 名男〖属単 **duaircis**〗不機嫌; 元気のなさ; 陰気.
duais[1] [duəs′] 名女〖属単 **-e**, 複 **-eanna**〗贈り物; 報酬; 賞.

duais² [duəsʲ] 名女 〖属単 **-e**〗落胆；心配；苦悩.
duaiseach [duəsʲəx] 形 1 陰気な；落胆した；冷酷な.
duaiseoir [duəsʲoːrʲ] 名男 〖属単 **duaiseora**, 複 **-í**〗受賞者, 入賞者.
duaisiúil [duəsʲuːlʲ] 形 2 骨のおれる, 困難な；落胆した.
duaithníocht [duəhnʲiː(ə)xt] 名女 〖属単 **-a**〗カムフラージュ, 偽装；ごまかし.
dual¹ [duəl] 名男 〖属単・主複 **duail**, 属複 〜〗編んだ髪；（毛髪など）房；より糸.
── 動I 他 〖動名 **dualadh**, 動形 **dualta**〗糸をよる；（ひも, 髪など）組む［編む］；巻きつける.
dual² [duəl] 名 （動詞 is と共に）**an rud is** 〜 **do** (dhuine) （人）にとっては当然のこと. **is** 〜 **di a bheith cineálta** 親切なことが彼女の本質だ. **is** 〜 **athar dó é** 彼はその点では父親に似ている. **is** 〜 **dúinn uile an bás** 死は万人に訪れる. **an oidhreacht is** 〜 **dó** 彼の正当な遺産.
dualach¹ [duələx] 形 1 巻き毛の；ふさを付けた；織り混ぜた.
dualach² [duələx] 形 1 合せ釘で合せた；節のある, 節くれだった.
dualgas [duəlgəs] 名男 〖属単・主複 **dualgais**, 属複 〜〗当然の権利, 義務. **do dhualgas a dhéanamh** 義務を果たすこと. **cé a bhí ar** 〜? 誰が当番だったのか？
duan [duən] 名男 〖属単 **duain**, 複 **-ta**〗詩, 歌.
duán¹ [duːaːn] 名男 〖属単・主複 **duáin**, 属複 〜〗釣り針.
duán² [duːaːn] 名男 〖属単・主複 **duáin**, 属複 〜〗腎臓.
duanaire [duənərʲə] 名男 〖属単 〜, 複 **duanairí**〗名詩選集；作詩者；朗読する人.
duántacht [duːaːntəxt] 名女 〖属単 **-a**〗魚釣り.
duartan [duərtən] 名男 〖属単・主複 **duartain**, 属複 〜〗土砂降り.
duasmánta [duəsmaːntə] 形 3 陰気な；不機嫌な；ぶっきらぼうな.
dúbail [duːbəlʲ] 動II 他 〖動名 **dúbailt**, 動形 **dúbailte**；現 **dúblaíonn**〗2 倍にする；二つに折りたたむ.
dubh [duv] 名男 〖属単 **duibh**〗黒（色）；不正行為；暗闇；〜 **a chaitheamh** 黒服を着ること. **an** 〜 **a chur ina gheal ar** (dhuine)（人に）黒を白と信じ込ませること. 〜 **fríde de** (rud)（もの）の微量. **an** 〜 **a dhéanamh ar** (dhuine)（人）に恥ずべき行為をすること.
── 形 1 黒い；陰気な；無数の；腹黒い；未知の. **tá an áit** 〜 **le daoine** その場所は人がうじゃうじゃいる. **tá mé** 〜 **dóite de** 僕はうんざりしている. **rinne tú go** 〜 **orm é** 君は僕に裏切り行為をした.
dubh- [duv] 接頭 黒い；激しい；悪い.
dubhach [duːəx] 形 1 陰気な；憂鬱な；黒い.

dubhachas [du:əxəs] 名男〖属単 **dubhachais**〗陰気；憂鬱；悲しみ．

dubhaigh [duvi:] 動II 他〖動名 **dúchan**,　動形 **dúchana**〗黒くする；暗くする；悲しませる．

dúblach [du:bləx] 名男〖属単・主複 **dúblaigh**, 属複 ～〗複写；控え；合鍵．
―― 形1 重複の；そっくりの．

dúch [du:x] 名男〖属単・主複 **dúigh**, 属複 ～〗(黒)インク．

dúchan [du:xən] 名女〖属単 **-a**〗黒く(暗く)すること；(ジャガイモの)腐食．le ～ na hoíche 夕暮れに．

dúchán [du:xa:n] 名男〖属単・主複 **dúcháin**, 属複 ～〗インク入れ，インクつぼ．

dúchas [du:xəs] 名男〖属単 **dúchais**〗遺産；故郷；素質．de réir dúchais agus reachta 伝統的な慣習や法によれば．filleadh ar do dhúchas 故郷に帰る［もとに戻る］こと．thug sé leis ó dhúchas é 彼はそれを受け継いでいる［遺伝している］．Éireannach ó dhúchas 生っ粋のアイルランド人．tá an teanga ó dhúchas aige 彼にはその言語は母国語だ．tír dhúchais 故郷．cainteoir dúchais Gaeilge ゲール語を母国語とする人．

dúchasach [du:xəsəx] 名男〖属単・主複 **dúchasaigh**, 属複 ～〗の生まれの人，土地の人．
―― 形1 世襲の，生来の，先天的な．

dúchéalacan [ˈdu:ˌxʼeːləkən] 名男〖属単 **dúchéalacain**〗(宗教上の)断食．

dúcheist [ˈdu:ˌxʼesʼt] 名女〖属単 **-e**, 複 **-eanna**〗パズル，なぞなぞ．

dúchíos [ˈdu:ˌxʼiːs] 名男〖属単 **-a**, 複 **-anna**〗黒い(汚れた)金；身の代(½)金．

dúchroíoch [ˈdu:ˌxriː(ə)x] 形1〖属単男 ～, 属単女・比較 **dúchroíche**, 主複 **-a**〗喜ばない；意地悪い．

Dúchrónach [ˈdu:ˌxroːnəx] 名男〖属単・主複 **Dúchrónaigh**, 属複 ～〗1920年6月アイルランドに英国が派遣した警備隊．

dúdach [du:dəx] 形1 ずんぐりした；物見高い；ふさぎ込んだ．

dúdaireacht [du:dərʼəxt] 名女〖属単 **-a**〗立ち聞き［盗み聞き］すること；ぐっと飲み込むこと；(パイプを)吹かすこと．ヤカンがシューシュー鳴ること．

dufair [dufərʼ] 名女〖属単 **-e**, 複 **-í**〗ジャングル．

duga [dugə] 名男〖属単 ～, 複 **-í**〗ドック，埠頭；内湾．

dúghorm [ˈdu:ˌɣorəm] 形1 紺色の，藍色の．

duibhe [div′ə] 名女〖属単 ～〗黒；暗闇；陰気；悪意．
duibheagán [div′əga:n] 名男〖属単・主複 **duibheagáin**, 属複 ～〗深い淵；混沌；どん底．
duibheagánach [div′əga:nəx] 形1 深い, 奈落の；(思想など)意味深い．
duibhré ['div′ˌre:] 名女〖属単 ～〗oíche dhuibhré 闇夜．
dúiche [du:x′ə] 名女〖属単 ～, 複 **dúichí**〗土地；地方；領土．an Chúirt Dúiche 地方裁判所．
dúid [du:d′] 名女〖属単 **-e**, 複 **-eanna**〗切り株；ずんぐりしたもの；首．～ a chur ort féin (よく見ようとして)首を伸ばすこと．
duifean [dif′ən] 名男〖属単 **duifin**〗暗さ；曇り；しかめ面．
dúil[1] [du:l′] 名女〖属単・主複 **-e**, 属複 **dúl**〗要素；創造物, 生き物．
dúil[2] [du:l′] 名女〖属単 **-e**〗欲望；好み；期待．～ a chur i (rud) (こと)を気に入ること．～ i dtobac タバコをしきりに欲しがること．tá ～ mhór ag na daoine ann 皆は彼が好きだ．má tá ～ agat imeacht もし君が行きたいのなら．ag ～ le (rud) (こと)を望むこと．
Dúileamh [du:l′əv] 名男〖属単 **Dúilimh**〗神, 造物主．
duille [dil′ə] 名男〖属単 ～, 複 **duillí**〗葉；まぶた．
duilleach [dil′əx] 形1 葉の多い, 葉の茂った；葉状の．
duilleog [dil′o:g] 名女〖属単 **duilleoige**, 主複 **-a**, 属複 ～〗葉．～ crainn 木の葉．～ tae 茶の葉．～leabhair 書物の1葉．～ bháite スイレン(の葉)．
duilliúr [dil′u:r] 名男〖属単 **duilliúir**〗(集合的に)葉, 群葉．
dúilmhear [du:l′v′ər] 形1 望んで, 願って, 期待して．
duine [din′ə] 名男〖属単 ～, 複 **daoine**〗人；親族；大人；1人．an ～ 人間[人類]．～ fásta [mór] 大人．～ uasal 紳士．caint na ndaoine 日常の話し言葉．do dhuine féin 自分の親族関係．tháinig sé de dhuine is de dhaoine 彼は名門の出だ．in aois ～ 大人の年齢の．i méid ～ 成人．mo dhuine 夫［恋人］．a dhuine uasail !(男性に対する呼び掛け)あなた[先生；お客さん]！～ de na mná 女性達の一人．～ againn féin 我々の一人．ba(<is) dhóigh le ～ (go) 人は (go 以下)と思うだろう．～ clainne 子供．aon ～ [～ ar bith] だれでも．síleann daoine (go) (go 以下)と考える人も何人かいる．～ éigin だれか．gach aon ～ だれでも．
duineata [din′ətə] 形3 人間らしい；親切な．
dúinn [du:n′] ☞ do[3]．
dúire [du:r′ə] 名女〖属単 ～〗頑固；愚鈍；陰気．
duirling [du:rl′əŋ′] 名女〖属単 **-e**, 複 **-í**〗石の多い[石質の]浜．

dúirt [du:rt/] ☞ abair.(過去形)

dúisigh [du:s/i:] 動II 他・自 〖動名 **dúiseacht**, 動形 **dúiseachta**〗目覚めさせる, 起こす; 奮起させる. **inneall a dhúiseacht** エンジンの始動. **tá sé ina dhúiseacht** 彼は起きている.

dúisitheach [du:s/ihəx] 形 1 呼び起こす, 喚起する.

duit [dit/] ☞ do³.

duitse [dit/s/e] duit の強調形 ☞ do³.

dul [dol] 名 男 〖属単 -a〗① téigh² の動名詞 ② 行くこと, 出発; 方法; 構成; 状態; 機会. **níl ~ níos faide aige** 彼はそれ以上はもう行かれない. **cá bhfuil do dhul?** どこへ行くのか? **tá ~ air** それのやり方がある. **dá mbeadh**(＜bí) **~ agam ar a dhéanamh** それをどうにかしてうまくやれたら. **tá sé in aghaidh dula** それは不自然だ. **~ cainte** 言葉づかい. **den ~ seo** 今回は[この機会に]. **ar an gcéad ~ amach** 第一に. **~ chun cinn** 進歩. **níl (aon) ~ as aige** 彼はそれから抜け出す方法がない. **~ faoi na gréine** 日没. **~ i léig** 衰退. **~ i bhfolach** かくれんぼ. **~ isteach** 入場[入口]. **níl ~ eatarthu** 彼らは別れられない. **~ ó sholas** 夕暮れ.

dúlachán [du:ləxa:n] 名 男 〖属単・主複 **dúlacháin**, 属複 **~**〗湖の鱒(ﾏｽ).

dúlaíocht [du:li:(ə)xt] 名 女 〖属単 -a〗(天候, 風が)寒いこと. **~ an gheimhridh** 真冬.

dúléim [ˈdu:ˌl/e:m/] 名 女 〖属単 -e, 複 -eanna〗向こう見ずな行動; 飛び込むこと.

dúlra [du:lrə] 名 男 〖属単 **~**〗**an ~** 自然力[暴風雨].

dúluachair [ˈdu:ˌluəxər/] 名 女 〖属単 **dúluachra**〗真冬. **~ na bliana** [**i ndúluachair an gheimhridh**] 真冬に.

dumha [du:ə] 名 男 〖属単 **~**, 複 **-í**〗塚, 古墳.

dumhach [du:əx] 名 女 〖属単 **duimhche**, 複 **dumhcha**〗砂丘; (複) 砂地.

dúmhál [ˈdu:ˌva:l] 名 男 〖属単 **dúmháil**〗ゆすり; 恐喝(で得た金品).

── 動I 他 〖動名 **dúmháladh**, 動形 **dúmhálta**〗ゆする, 恐喝する.

dumpáil [dompa:l/] 動I 他 〖動名 **dumpáil**, 動形 **dumpáilte**; 現 **dumpálann**〗(ごみ, 重い物を)投げ捨てる.

dún¹ [du:n] 名 男 〖属単 **dúin**, 複 **-ta**〗要塞; 居住地.

dún² [du:n] 動I 他・自 〖動名 **dúnadh**, 動形 **dúnta**〗閉じる, 締める; 安全にする. **~ do dhorn air** それをしっかり握れ. **dúnadh ar áit** 場

所に近づくこと. **do chasóg a dhúnadh** 上着のボタンをかけること.

dúnárasach [ˈduːnˌaːrəsəx] 形1 無口の; 控え目な.

dúnbhású [ˈduːnˌvaːsuː] 名男『属単 **dúnbhásaithe**, 複 **dúnbhásuithe**』殺人.

dundarlán [dundərlaːn] 名男『属単・主複 **dundarláin**, 属複 ～』がっちりした人; のろまな男.

dúnfort [ˈduːnˌfort] 名男『属単・主複 **dúnfoirt**, 属複 ～』要塞を築いた地, とりで.

dúnghaois [ˈduːnˌɣiːsʲ] 名女『属単 **-e**, 複 **-í**』政策, 方針.

dúnmharaigh [ˈduːnˌvariː] 動II 他『動名 **dúnmharú**, 動形 **dúnmharaithe**』(人を)殺す, 殺害する.

dúnpholl [ˈduːnˌfol] 名男『属単・主複 **dúnphoill**, 属複 ～』マンホール.

dúnta [duːntə] 形3 閉じた, 閉鎖した; 安全な.

dúntóir [duːntoːrʲ] 名男『属単 **dúntóra**, 複 **-í**』ファスナー; 締め具.

dúr [duːr] 形1 固い; 気難しい; しつこい.

dúradán [duːrədaːn] 名男『属単・主複 **dúradáin**, 属複 ～』小さい点, ちり, ほこり. ～ **i súil** 目のほこり[他人の小さな欠点].

dúradh [duːrəv] ☞ **abair**.

dúramán [duːrəmaːn] 名男『属単・主複 **dúramáin**, 属複 ～』愚鈍な人.

dúranta [duːrəntə] 形3 むっつりした; 気難しい.

durdáil [duːrdaːlʲ] 動I 自『動名 **durdáil**, 動形 **durdáilte**; 現 **durdálann**』(ハトが)クークーと鳴く.

durdam [duːrdəm] 名男『属単 **durdaim**』囁き; おしゃべり.

dúrud [ˈduːˌrud] 名男『属単 **-a**』**an** ～ かなりたくさん(の量). **tá an** ～ **airgid aige** 彼は金はたっぷりある.

dúshlán [ˈduːˌhlaːn] 名男『属単・主複 **dúshláin**, 属複 ～』挑戦, 反抗.

dúshlánach [ˈduːˌhlaːnəx] 形1 挑戦的な, 反抗的な, 無謀な.

dúshraith [ˈduːˌhrah] 名女『属単 **-e**, 複 **-eanna**』基礎, 土台; 根本, 原理.

dusta [dostə] 名男『属単 ～』ちり, ほこり.

duthain [duhənʲ] 形1 短命な.

dúthracht [duːhrəxt] 名女『属単 **-a**』熱愛, 熱情; まじめ. **do dhúthracht a chaitheamh le** (rud) (こと)に専念すること.

dúthrachtach [duːhrəxtəx] 形1 勤勉な; 専念して, 熱愛して.

E

é [e:] 代 3人称単数男性主格・与格. 彼は[が]; 彼に[を]; (男性名詞を指し)それは[が]; それに[を]. 能動動詞の主語にはならない. 動詞 is の主語にはなり得る (☞ sé). **déan é** それをやりなさい. **chonaic mé é** 私は彼[それ]を見た. **gan é** 彼[それ]なしで. **ní raibh ann ach é féin** そこには彼(自身)以外は誰もいなかった. **is deas é** それは素敵だ. **is é an fear céanna é** 彼が同じ(その)人です. **b'fhéidir é** そうかも知れない. **is é sin** すなわち. **gurab é duit!** あなたもご同様に!

ea [a] 代 3人称単数中性 (is¹+ea の形で). それは[が]. **is ea** そうです. **ní hea** そうではありません. **an ea?** そうですか? **múinteoir is ea an fear** 夫は先生です. **múinteoir is ea í** 彼女は先生です. **más ea (féin)** もしそうであっても. **cé ea** けれども. **an ea nach dtuigeann tú mé?** 私の言うことが分からないのは君か?

éabann [e:bən] 名男〖属単 **éabainn**〗黒檀(ﾀﾝ), 漆黒(ｼｯ).

eabhadh [auvə] 名男〖属単 **eabhaidh**〗アスペン, ポプラ.

eabhar [aur] 名男〖属単 **eabhair**〗象牙.

éabhlóid [e:vlo:dʹ] 名女〖属単 **-e**〗進化; 展開, 発展.

Eabhrach [auvrəx] 名男〖属単・主複 **Eabhraigh**, 属複 ~〗ヘブライ(人).
―― 形 1 ヘブライ(人)の.

Eabhrais [auvrasʹ] 名女〖属単 **-e**〗ヘブライ語.

each [ax] 名男〖属単 **eich**, 主複 **-a**, 属複 ~〗(乗馬用の)馬.

each-chumhacht [ˈa(x)ₗxuːəxt] 名女〖属単 **-a**〗馬力.

eachma [axmə] 名女〖属単 ~〗湿疹.

éacht [e:xt] 名男〖属単 **-a**, 複 **-aí**〗偉業; 殺害; 離れ業.

éachtach [e:xtəx] 形 1 力強い; 驚くべき, 途方もない.

eachtra [axtrə] 名女〖属単 ~, 複 **-í**〗冒険(旅行); 経験; 冒険談.

eachtrach¹ [axtrəx] 形 1 外部の; 外面的; 外国の.

eachtrach² [axtrəx] 形 1 冒険的な; 冒険好きな; 事件の多い.

eachtraigh [axtriː] 動II 他・自〖動名 **eachtraí**, 動形 **eachtraithe**〗話す, 物語る.

eachtraíocht [axtriː(ə)xt] 名女〖属単 **-a**〗冒険すること. **ag** ~ 冒

険談をすること.
eachtrannach [axtrənəx] 名男〖属単・主複 **eachtrannaigh**, 属複 〜〗外国人.
── 形1 外国(人)の.
eachtrúil [axtruːlʲ] 形2 冒険的, 波瀾の多い.
eacnamaí [aknəmiː] 名男〖属単 〜, 複 **eacnamaithe**〗経済学者.
eacnamaíoch [aknəmiː(ə)x] 形1〖属単男 〜, 属単女 **eacnamaíche**, 主複 **-a**〗経済(学)の; 経済的.
eacnamaíocht [aknəmiː(ə)xt] 名女〖属単 **-a**〗経済; 経済学.
eacúiméineach [ˌeːkuːˈmʲeːnʲəx] 形1 全キリスト教会の.
eacúiméineachas [ˌeːkuːˈmʲeːnʲəxəs] 名男〖属単 **eacúiméineachais**〗世界教会主義.
éad [eːd] 名男〖属単 **-a**〗嫉妬(とつ), 羨(うらや)み. 〜 **a bheith ort**(le) をねたむこと. **tá** 〜 **aige liom** [chugam] 彼は僕をうらやんでいる. **tá sé ag** 〜 **lena bhean** 彼は妻に嫉妬している.
éadach [eːdəx] 名男〖属単 **éadaigh**, 複 **éadaí**〗布; 洋服, 衣類.
éadáil [eːdaːlʲ] 名女〖属単 **éadála**, 複 **éadálacha**〗獲得; 利益; 略奪品; 富. **is beag an** 〜 **dó é** 彼には殆ど得にならない.
éadaingean [ˈeːˌdaŋʲɡʲən] 形1〖属単男 **éadaingin**, 属単女・主複・比較 **éadaingne**〗不安定な; 弱い; 優柔不断な.
éadairbheach [ˈeːˌdarʲəvʲəx] 形1 利益のない, 実を結ばない; 役に立たない.
éadálach [eːdaːləx] 形1 利益のある; 裕福な; 欲しがる.
éadan [eːdən] 名男〖属単・主複 **éadain**, 属単 〜〗前面; 顔; 額(ひたい); 平面; 端. **ní bheadh sé d'éadan orm** 私はそんなに図々しくはない. **in a thola** 彼の意志に反して. **tá sé in** 〜 **a ghnóthaí** 彼は仕事に精を出している. **as** 〜 相次いで. **in** 〜 **na bliana** 毎年.
eadarlúid [ˈadərˌluːdʲ] 名女〖属単 **-e**, 複 **-í**〗幕間(まく); 間奏曲; 合間.
eadhon [aː(ə)n] 副 すなわち.
éadlúth [eːdluː] 形1 (空気・ガス)希薄な.
éadmhar [eːdvər] 形1 嫉妬(とつ)深い; 妬(ねた)ましい; 羨(うらや)ましそうな.
éadóchas [ˈeːˌdoːxəs] 名男〖属単 **éadóchais**〗絶望. **bheith in** 〜 (**ar**) に絶望すること.
éadóchasach [ˈeːˌdoːxəsəx] 形1 絶望した, やけの.
éadóigh [ˈeːˌdoːɣʲ] 名女〖属単 **-e**〗ありそうもないこと. **is** 〜 **go** (go 以下)はありそうもない. **is** 〜 **liom é** それはないと思う.

éadoilteanach [ˈeːˌdolʲtʲənəx] 形1 無意識な, 何気なしの ; 不本意の.
éadoimhneacht [ˈeːˌdovʲnʲəxt] 名女 〘属単 **-a**〙浅いこと ; 浅薄.
eadóirseacht [adoːrsʲəxt] 名女 〘属単 **-a**〙(外国人の)帰化 ; 自然化.
eadóirsigh [adoːrsʲiː] 動II 他 〘動名 **eadóirsiú**, 動形 **eadóirsithe**〙帰化させる ; (外国文化など)取り入れる.
éadomhain [ˈeːˌdaunʲ] 形1 〘属単男 ～, 属単女・主複・比較 **éadoimhne**〙浅い.
eadra [adrə] 名男 〘属単 ～, 複 **-í**〙遅い朝 ; 正午 ; 長時間.
eadraibh [adrəvʲ] ☞ idir¹.
eadráin [adraːnʲ] 名女 〘属単 **eadrána**〙介在, 調停 ; 干渉.
eadrainn [adrənʲ] ☞ idir¹.
eadránaí [adraːniː] 名男 〘属単 ～, 複 **eadránaithe**〙仲介人 ; 調停人.
éadrócaireach [ˈeːˌdroːkərʲəx] 形1 無慈悲な, 無情な, 冷酷な.
éadroime [eːdrəmʲə] 名女 〘属単 ～〙軽さ ; 明るさ ; 薄さ ; 軽率.
éadrom [eːdrəm] 形1 軽い ; 希薄な ; つまらない ; うわついた.
éadromaigh [eːdrəmiː] 動II 他・自 〘動名 **éadromú**, 動形 **éadromaithe**〙軽くする ; 緩和する ; 楽にする.
éadromán [eːdrəmaːn] 名男 〘属単・主複 **éadromáin**, 属複 ～〙風船 ; 浮き袋 ; 軽薄な人.
éag [eːɡ] 名男 〘属単・主複 **-a**, 属複 ～ ; (成句)与複 **-aibh**〙死 ; 凍え ; まひ. **dul in** ～[dul dʲeːɡ] 死ぬ[すたれる]こと. **go héag** 永遠に. **tá siad ar chúl éaga anois** 彼ら[それら]は今は忘れ去られている.) —— 動I 自 〘動名 **éag**, 動形 **éaga**〙死ぬ ; 絶滅する ; すたれる.
eagal [aɡəl] 形1 (動詞 is と共に)恐ろしい ; 気づかって. **is** ～ **liom (go)** 私は(go 以下)ではないかと恐れる[気づかう]. **is** ～ **dó** 彼は危険な状態にある[危篤だ].
eagán [aɡaːn] 名男 〘属単・主複 **eagáin**, 属複 ～〙底 ; くぼみ ; 穴.
éaganta [eːɡəntə] 形3 愚かな ; 注意散漫な.
éagaoin [ˈeːˌɡiːnʲ] 動I 他・自 〘動名 **éagaoineadh**, 動形 **éagaointe**〙嘆く, 悲しむ ; ぶつぶつ言う.
éagaointeach [ˈeːˌɡiːnʲtʲəx] 形1 悲しみに沈んだ ; 哀れな ; 泣き言をいう.
eagar [aɡər] 名男 〘属単 **eagair**〙整理 ; 配置 ; 状態. (rudaí) **a chur in** ～[～ **a chur ar** (rudaí)] (もの)を整理する[順序だてる]こと. **leabhar a chur in** ～ 本の編集(発行). **is bocht an t-eagar a bhfuil sé ann** 彼は哀れな状態にある.
eagarfhocal [ˈaɡərˌokəl] 名男 〘属単・主複 **eagarfhocail**, 属複 ～〙

社説, 論説.

eagarthóir [agərho:r/] 名男〖属単 **eagarthóra**, 複 **-í**〗編集者.

eagarthóireacht [agərho:r/əxt] 名女〖属単 **-a**〗編集(発行).

eagla [aglə] 名女〖属単 ～〗恐れ, 恐怖. ～ **a chur ar** (dhuine)（人）を恐がらせること. **tá** ～ **orm** (go) 私は(go 以下)を恐れる. **ar** ～ (go) (go 以下)するといけないから. **ar** ～ **na heagla** 用心のため.

eaglach [agləx] 形 1 恐れる; 臆病な.

eaglais [agləs/] 名女〖属単 **-e**, 複 **-í**〗教会.

eaglaiseach [agləs/əx] 名男〖属単・主複 **eaglaisigh**, 属複 ～〗聖職者; 牧師.

eaglasta [agləstə] 形 3 教会の, 聖職の.

éagmais [e:(g)məs/] 名女〖属単 **-e**〗不在; 欠乏. **teacht**[déanamh] **in** ～ [d'éagmais] (ruda) (もの) なしですますこと. **ina** ～ **sin** その上に. **tá áit eile acu in** ～ **na feirme seo** 彼らはこの農場は別として他の場所もある.

éagmaiseach [e:(g)məs/əx] 形 1 欠けて; 淋しい; 切望する.

eagna [agnə] 名女〖属単 ～〗賢明; 知性; 理解.

eagnaí [agni:] 名男〖属単 ～, 複 **eagnaithe**〗賢人, 哲人.
── 形 3 賢い, 聡明な, 知性的な.

éagnaigh [e:gni:] 動II 他・自〖動名 **éagnach**, 動形 **éagnaithe**〗嘆く, 悲しむ; 責める.

eagnaíocht [agni:(ə)xt] 名女〖属単 **-a**〗賢明, 知恵, 機知.

éagnairc [e:gnər/k/] 名女〖属単 **-e**〗レクイエム, 死者ミサ, 鎮魂曲.

éagobhsaí ['e:ˌgausi:] 形 3 不安定な.

éagóir [e:go:r/] 名女〖属単 **éagóra**, 複 **éagóracha**〗不正; 不公平. **tá tú san** ～ **dom** [tá an ～ **agat chugam**] 君は僕を不当に扱う.

éagórach [e:go:rəx] 形 1 不公平な, 不公正な; 間違った.

éagothroime ['e:ˌgohrəm/ə] 名女〖属単 ～〗不揃い; 不均衡; 不平等.

éagothrom ['e:ˌgohrəm] 形 1 でこぼこの; 不均衡な; 不公平な.

eagraigh [agri:] 動II 他〖動名 **eagrú**, 動形 **eagraithe**〗整える; 組織する; 飾る.

eagraíocht [agri:(ə)xt] 名女〖属単 **-a**, 複 **-aí**〗組織, 構成.

eagrán [agra:n] 名男〖属単・主複 **eagráin**, 属複 ～〗（雑誌, 新聞など）版, 号.

éagruth ['e:ˌgruh] 名男〖属単 **-a**, 複 **-anna**〗不格好; 醜さ; 形がくずれること.

éagruthach ['e:ˌgruhəx] 形 1 形（定形）のない; 不格好な; 形のくず

れた.
éagsúil [eːgsuːlʲ] 形2 似ていない, 違った, 別種の.
éagsúlacht [eːgsuːləxt] 名女〖属単 **-a**, 複 **-aí**〗似ていないこと; 相違点; 多様(性). a n-éagsúlacht le chéile 彼ら[それら]の間の相違点.
éaguimhne [ˈeːˌgivʲnʲə] 名女〖属単 **〜**〗忘れ(られ)ること, 忘却. dul ar 〜 世間に忘れ去られること.
éaguimseach [ˈeːˌgimʲsʲəx] 形1 無限の, 果てしない; 過度の.
éagumas [ˈeːˌguməs] 名男〖属単 **éagumais**〗無能, 不能.
eala[1] [alə] 名女〖属単 **〜**, 複 **-í**〗白鳥.
eala[2] [alə] 名女 〜 mhagaidh ひやかしの対象.
ealaigh [eːliː] 動II自〖動名 **éalú**, 動形 **éalaithe**〗逃げる; 忍び込む[出る]; 身をかわす.
ealaín [aliːnʲ] 名女〖属単 **-e**, 主複 **ealaíona**, 属複 **ealaíon**〗芸術; 技術; 科学; 工芸; 策略. Máistir Ealaíne 文学修士. 〜 bheathe 生計.
ealaíonta [aliːntə] 形3 芸術的; 風雅な; 技巧に富んだ.
ealaíontóir [aliːntoːrʲ] 名男〖属単 **ealaíontóra**, 複 **-í**〗芸術家; 職人; 策略家.
éalaitheach [eːlihəx] 名男〖属単・主複 **éalaithigh**, 属複 **〜**〗逃亡者, 脱走者.
―― 形1 逃亡する; とらえ所のない.
éalang [eːləŋ] 名女〖属単 **éalainge**, 主複 **-a**, 属複 **〜**〗傷; 欠点; 弱点. 〜 a fháil ar (dhuine) (人)の弱点をつくこと.
éalangach [eːləŋəx] 形1 傷のある; 欠陥のある; 弱い.
eallach [aləx] 名男〖属単 **eallaigh**, 複 **-aí**〗牛; 家畜.
ealta [altə] 名女〖属単 **〜**, 複 **-í**〗群れ. 〜 éan 鳥の群れ.
éalú [eːluː] 名男〖属単 **éalaithe**〗① éalaigh の動名詞. ② 脱出, 逃亡; 逃避.
éalúchas [eːluːxəs] 名男〖属単 **éalúchais**〗現実逃避.
éamh [eːv] 名男〖属単 **éimh**, 主複 **-a**, 属複 **〜**〗① éigh の動名詞. ② 叫び(声); 金切り声.
éan [eːn] 名男〖属単・主複 **éin**, 複 **〜**〗(小)鳥.
eanach [anəx] 名男〖属単・主複 **eanaigh**, 属複 **〜**〗湿地; 山道; 鳥撃ち.
éanadán [eːnədaːn] 名男〖属単・主複 **éanadáin**, 属複 **〜**〗鳥かご.
Eanáir [anaːrʲ] 名男〖属単 **〜**, 複 **-í**〗1月. Mí 〜 1月.
éaneolaíocht [ˈeːnˌoliː(ə)xt] 名女〖属単 **-a**〗鳥(類)学.
éanfhairtheoir [ˈeːnˌarʲhoːrʲ] 名男〖属単 **éanfhairtheora**, 複 **-í**〗バードウォッチャー.

eang [aŋ] 名女〘属単 **-a**, 複 **-aí**〙(足)跡；挿入；細長い切れ；刻み目；隔たり. ～ **in** ～ 一歩一歩[次々と].

eangach[1] [aŋgəx] 名女〘属単 **eangaí**, 主複 **-a**, 属複 ～〙(魚捕りの)網；網状組織, ネットワーク.

eangach[2] [aŋgəx] 形 1 つぎを当てた；刻み目のある；溝のある.

eangaigh [aŋgi:] 動II 他〘動名 **eangú**, 動形 **eangaithe**〙刻み目を付ける.

eanglach [aŋləx] 名男〘属単 **eanglaigh**〙寒さで凍えること；手足のしびれ.

éanlaith [e:nlah] 名女〘属単 **-e**〙鳥類；家禽.

éanlann [e:nlən] 名女〘属単 **éanlainne**, 主複 **-a**, 属複 ～〙(大型の)鳥のおり；飼鳥園.

éar [e:r] 動I 他〘動名 **éaradh**, 動形 **éartha**〙拒否する, 拒絶する；はじく.

earc [ark] 名男〘属単 **eirc**, 主複 **-a**, 属複 ～〙トカゲ；ヘビ.

earcach [arkəx] 名男〘属単・主複 **earcaigh**, 属複 ～〙新兵；新入会員[社員].

earcaíocht [arki:(ə)xt] 名女〘属単 **-a**〙新兵を入隊させること；新会員[党員]採用[募集].

éard [e:rd] 代〈結合語(é+rud)；動詞 is と共に〉…すること[もの]. **is** ～ **a deir sé** (go) 彼の言うことは(go 以下)です. **is** ～[**ba** ～] **a bhí mé a rá** (go) 私の言っていたことは(go 以下)です. **an** ～ **a thit tú?** 転んだのは君か？

éarlais [e:rləsʹ] 名女〘属単 **-e**, 複 **-í**〙手付け金, 頭金.

éarlamh [e:rləv] 名男〘属単・主複 **éarlaimh**, 属複 ～〙守護聖人, 守護神.

earnáil [a:rna:lʹ] 名女〘属単 **earnála**, 複 **earnálacha**〙部門, 部分；種類.

earr [a:r] 名女〘属単 **eirre**, 主複 **-a**, 属複 ～〙先端, 末端. **in** ～ **a ré** [**a aoise**] 彼は高齢で.

earra [arə] 名男〘複 **-í**〙品物；商品；装備. **is olc an t-earra é** 彼はたちの悪いやつだ.

earrach [arəx] 名男〘属単・主複 **earraigh**, 属複 ～〙春, 春期. **an t-earrach a dhéanamh** 春の仕事(種を蒔くなど).

earráid [ara:dʹ] 名女〘属単 **-e**, 複 **-í**〙間違い, 誤り；奇抜. **dul in** ～ 間違うこと.

earráideach [ara:dʹəx] 形 1 誤った, 不正確な；風変わりな.

earralann [arəlan] 名女〘属単 **earralainne**, 主複 **-a**, 属複 ～〙倉

庫；問屋.
eas [as] 名男〖属単 **-a**, 複 **-anna**〗滝；急流.
easair [asərʹ] 名女〖属単・属複 **easrach**, 主複 **easracha**〗(馬屋などの)寝(敷き)わら；ごみ.
easanálaigh [ˈasˌanaːliː] 動II 他・自〖動名 **easanálú**, 動形 **easanálaithe**〗息を吐き出す；蒸気を発散する.
easaontaigh [ˈasˌiːntiː] 動II 他・自〖動名 **easaontú**, 動形 **easaontaithe**〗一致しない, 合わない. **easaontú le** (duine) (人)と意見が合わないこと.
easaontas [ˈasˌiːntəs] 名男〖属単 **easaontais**〗不一致；異議.
éasc [eːsk] 名男〖属単・主複 **éisc**, 属複 ~〗きず, 欠点；弱点.
éasca [eːskə] 形3 速い；自由な；流暢な；楽な.
éascaigh [eːskiː] 動II 他・自〖動名 **éascú**, 動形 **éascaithe**〗楽にこなす；急ぐ；はかどる. ~, ~! 早く, 早く!.
eascaine [askənʹə] 名女〖属単 ~, 複 **eascainí**〗呪い(の言葉).
eascainigh [askənʹiː] 動II 他・自〖動名 **eascainí**, 動形 **eascainithe**〗呪う；誓う.
éascaíocht [eːskiː(ə)xt] 名女〖属単 **-a**〗スピード, 速さ；流暢さ；ゆとり.
eascair [askərʹ] 動II 自〖動名 **eascairt**, 動形 **eascartha**；現 **eascraíonn**〗湧き出る；芽を出す；(夜が)明ける.
eascairdeas [ˈasˌkaːrdʹəs] 名男〖属単 **eascairdis**〗不親切；薄情；敵意. **in** ~ **le** と反目している.
eascairdiúil [ˈasˌkaːrdʹuːlʹ] 形2 非友好的な；敵意のある；遠く離れた.
eascann [askən] 名女〖属単 **eascainne**, 主複 **-a**〗ウナギ；ヘビ.
eascara [ˈasˌkarə] 名男〖属単 **-d**, 複 **eascairde**〗非友好的な人；敵.
easláinte [ˈasˌlaːnʹtʹə] 名女〖属単 ~〗病気.
easlán [ˈasˌlaːn] 名男〖属単・主複 **easláin**, 属複 ~〗病人, 病弱者.
—— 形1 病気の, 病弱な.
easmail [asməlʹ] 動II 他〖動名 **easmailt**, 動形 **easmailte**〗叱責する, 非難する.
easna [asnə] 名女〖属単 ~, 複 **easnacha**〗肋骨, あばら骨.
easnamh [asnəv] 名男〖属単・主複 **easnaimh**, 属複 ~〗欠乏, 不足. **in** ~ (ruda) (もの)が不足して. **níl aon** ~ **orthu** 彼らは生活に不自由していない.
easnamhach [asnəvəx] 形1 不足した, 不充分な；不完全な.
easonóir [ˈasˌonoːrʹ] 名女〖属単 **easonóra**, 複 **easonóracha**〗不

名誉, 不面目, 屈辱.
easpa [aspə] 名女〖属単 ～, 複 **-í**〗欠乏；損失；不在. in ～[d'easpa] codlata 睡眠不足で.
easpach [aspəx] 形1 欠けた；不足した；失った.
easpag [aspəg] 名男〖属単・主複 **easpaig**, 属複 ～〗司教.
easpagóideacht [aspəgo:d'əxt] 名女〖属単 **-a**〗司教の職[管区].
easparta [aspərtə] 名女〖属単 **-n**, 複 **-na**〗夕べの祈り.
easpórtáil [ˈasˌpo:rta:l'] 名女〖属単 **easpórtála**, 複 **easpórtálacha**〗輸出.
—— 動I 他〖動名 **easpórtáil**, 動形 **easpórtáilte**；現 **easpórtálann**〗輸出する.
easrigh [asri:] 動II 他〖動名 **easrú**, 動形 **easraithe**〗(馬屋などに)寝わらを敷く；(ものを)散らかす.
eastát [asta:t] 名男〖属単・主複 **eastáit**, 属複 ～〗財産, 不動産；階級.
easumhal [ˈasˌu:əl] 形1〖属単男 **easumhail**, 属単女・比較 **easumhaile**, 主複 **easumhla**〗不従順な；反抗的.
easumhlaíocht [ˈasˌu:li:(ə)xt] 名女〖属単 **-a**〗不従順；反抗；無礼.
easurraim [ˈasˌurəm'] 名女〖属単 **-e**〗不敬；不遜.
easurramach [ˈasˌurəməx] 形1 非礼な, 不遜な；服従しない.
eatarthu [atərhu] ☞ **idir**[1].
eatramh [atrəv] 名男〖属単・主複 **eatraimh**, 属複 ～〗凪(*)ぎ；小止み；切れ間. ～ a dhéanamh 雨がやむこと.
eatramhach [atrəvəx] 形1 当座の, 仮の；時々とぎれる.
éiceolaíoch [ˈe:k'ˌo:li:(ə)x] 形1 生態学の；環境にやさしい.
éiceolaíocht [ˈe:k'ˌo:li:(ə)xt] 名女〖属単 **-a**〗生態学；自然環境.
éide [e:d'ə] 名女〖属単 ～, 複 **éidí**〗衣服, 洋服；特有の服装. in ～ banaltra 看護師の制服で. faoi ～ 制服を着て.
éideannas [ˈe:ˌd'anəs] 名男〖属単 **éideannais**〗緊張緩和；(政治)デタント.
éidearfa [ˈe:ˌd'arəfə] 形3 未確認の；不確実な.
eidhneán [ain'a:n] 名男〖属単 **eidhinn**〗ツタ.
éidigh [e:d'i:] 動II 他〖動名 **éidiú**, 動形 **éidithe**〗服を着せる；美しく飾る；仕上げる.
éidreorach [ˈe:ˌd'r'o:rəx] 形1 無気力な；虚弱な；取るに足らない.
éifeacht [e:f'əxt] 名女〖属単 **-a**〗力；意味；効果；成就. gáire gan ～ 間の抜けた笑い. teacht in ～ 成熟[出世].
éifeachtach [e:f'əxtəx] 形1 説得力のある；重要な；意義深い.

éifeachtúil [e:fʹəxtu:lʹ] 形2 有効な.
éigean [e:gʹən] 名男〖属単 **éigin**〗暴力；必要；強制；苦悩. is ～ (do [go]) (do[go]以下)に必要である. b'～ dom imeacht 私は行かなければならなかった. ar ～ 殆ど…でない. (is) ar ～ a chreid sé mé 彼は私を殆ど信じなかった.
éigeandáil [ˈe:gʹənˌda:lʹ] 名女〖属単 **éigeandála**, 複 **éigeandálaí**〗緊急(事態).
éigeantach [e:gʹəntəx] 形1 強制的な, 義務的な；苦悩する.
éigeart [e:gʹərt] 名男〖属単 **éigirt**, 主複 -a, 属複 ～〗不正；不当.
éigeas [e:gʹəs] 名男〖属単 **éigis**, 複 **éigse**〗詩人；哲人.
éigh [e:γʹ] 動I 自〖動名 **éamh**, 動形 **éite**；現 **éann**；未 **éifidh**〗叫ぶ；不平を言う. ～ ar 訪問する.
éigiallta [ˈe:ˌgʹiəltə] 形3 非常識な；ばかげた；不合理な.
éigin [e:gʹənʹ] 形 (不変化) ある, 何かの；約. duine ～ ある人. rud ～ ある物. lá ～ いつか. uair ～ eile 別の日. ar dhóigh ～ 何とかして. áit ～ in Éirinn アイルランドのどこか. lá ～ gan mhoill いつか. céad ～ punt 約100ポンド.
éiginnte [ˈe:ˌgʹinʹtʹə] 形3 不確かな；不定の；あいまいな. (文法) alt ～ 不定冠詞.
éiginnteacht [ˈe:ˌgʹinʹtʹəxt] 名女〖属単 -a〗不確実；無限；あいまいさ.
éiginntitheach [ˈe:ˌgʹintʹəhax] 形1 決定[確定]的でない, 優柔不断な.
éigiontach [ˈe:ˌgʹintəx] 形1 無実の, 無罪の.
éigneach [e:gʹnax] 名男〖属単 **éignigh**〗暴力.
——— 形1 暴力的な, 乱暴な.
éigneasta [ˈe:ˌgʹnʹastə] 形3 不正直な, 不誠実な.
éignigh [e:gʹnʹi:] 動II 他〖動名 **éigniú**, 動形 **éignithe**〗強制する；暴行する.
éigríoch [ˈe:ˌgʹrʹi:x] 名女〖属単 **éigríche**〗無限. go héigríoch 際限なく.
éigríonna [ˈe:ˌgʹrʹi:nə] 形3 無分別な；厚かましい；未熟な.
éigse [e:gʹsʹə] 名女〖属単 ～〗詩；学者[詩人]の会.
eile [elʹə] 形 他の；次の；もっと多くの. (an) ceann ～ 別のもの. bealach ～ 他の方法. an lá ～ 先日. uair amháin ～ もう一度. rud ～ de その上.
——— 副 他に. cé ～? 誰か他には？ is beag ～ a bhí le rá aige 彼は他に言うことはなかった.

―― 名 他のもの. níl teach ná ~ aige 彼は家も他のものも何もなかった.
éileamh [e:lʹəv] 名男 〘属単・主複 **éilimh**, 属複 ~〙要求, 主張；請求. ~ a dhéanamh ar (rud) (もの)の請求[要求]. **an t-éileamh a íoc** 勘定の支払い.
eileatram [elʹətrəm] 名男 〘属単・主複 **eileatraim**, 属複 ~〙霊柩車.
eilifint [elʹəfʹənʹtʹ] 名女 〘属単 -e, 複 -í〙象.
éiligh [e:lʹi:] 動II 他・自 〘動名 **éileamh**, 動形 **éilimh**〙要求する；主張する；不平を言う.
Eilíseach [elʹi:sʹəx] 名男 〘属単・主複 **Eilísigh**, 属複 ~〙エリザベス朝.
―― 形1 エリザベス朝の.
eilit [elʹətʹ] 名女 〘属単 -e, 複 -í〙雌鹿；雌山羊.
éilitheoir [e:lʹiho:rʹ] 名男 〘属単・主複 **éilitheora**, 複 -í〙原告；主張者.
éill [e:lʹ] ☞ iall.
éille [e:lə] ☞ iall.
éilligh [e:lʹi:] 動II 他 〘動名 **éilliú**, 動形 **éillithe**〙堕落させる；汚す.
éillín [e:lʹi:nʹ] 名男 〘属単 ~, 複 -í〙ひとかえりのひな, (雌鳥の)一回に抱く卵；一家.
éimigh [e:mʹi:] 動II 他 〘動名 **éimiú**, 動形 **éimithe**〙拒絶する, 拒否する.
éin [e:n] ☞ éan.
eindéimeach [ˌinʹˈdʹe:mʹəx] 形1 その地方特有の, 風土性の.
éindí [e:nʹdʹi:] 名 (成句) in ~ le と一緒に.
éineacht [e:nʹəxt] 名 (成句) in ~ 同時に. in ~ le と共に.
éineart [ˈe:ˌnʹart] 名男 〘属単 **éinirt**〙衰弱.
eipic [epʹəkʹ] 名女 〘属単 -e, 複 -í〙叙事詩.
eipiciúil [epʹəkʹu:lʹ] 形2 叙事詩の.
eipidéimeach [ˈepʹəˌdʹe:mʹəx] 形1 流行している, 伝染性の.
eipistil [ˌeˈpʹisʹtʹəlʹ] 名女 〘属単 -e, 複 -í〙(聖書)使徒書(簡).
eire [erʹə] 名男 〘属単 ~, 複 **eirí**〙荷物, 重荷.
Éire [e:rʹə] 名女 〘属単 **Éireann**, 与単 **Éirinn**〙アイルランド. **muintir** [pobal] **na hÉireann** アイルランド国民. **in Éirinn** アイルランドに[で・の]. **dul go hÉirinn** アイルランドへ行くこと. **i bhfad Éireann níos fearr** ずっと良い.
eireaball [erʹəbəl] 名男 〘属単・主複 **eireabaill**, 属複 ~〙尾；(服

の)すそ; 末尾.

Éireannach [eːranəx] 名男〖属単・主複 **Éireannaigh**, 属複 ～〗アイルランド人.
— 形1 アイルランド(人)の.

eireog [erʹoːg] 名女〖属単 **eireoige**, 主複 **-a**, 属複 ～〗ひよこ, ひな鳥.

éirí [eːrʹiː] 名男〖属単 ～〗① éirigh の動名詞. ② 上がること, 上昇; 増加; 発生; 出世. **le héirí (na) gréine** 日の出に. ～ **amach** 遠出[徴収; 反乱]. **an tÉirí Amach** [Éirí Amach na Cásca] イースターライジング(復活祭蜂起). ～ **in airde** 上機嫌. ～ **croí** 意気揚々. ～ **slí** 強盗.

éiric [eːrʹəkʹ] 名女〖属単 **-e**, 複 **-í**〗賠償; 報い.

eiriceach [erʹəkʹəx] 名男〖属単・主複 **eiricigh**, 属複 ～〗異教徒.

éirigh [eːrʹiː] 動II自〖動名 **éirí**, 動形 **éirithe**〗昇る; 起きる; になる; 増大する. **d'éirigh sí ina seasamh** 彼女は立っていた. **tá an lá ag éirí fuar** 寒くなった. : ～ **as** 引退する; 辞める. **d'éirigh sé as a phost anuraidh** 彼は昨年退職した. : ～ **de** 立ち上がる; 見捨てる. ～ **díom**! (私を)放っておいて! : ～ **do** 起こる. **cad a d'éirigh di?** 彼女がどうかしたか? **d'éirigh go dona dom** 私は不幸な目にあった. : ～ **idir** 仲たがいする. **d'éirigh eadrain** 我々はけんかした. : ～ **le** 成功する. **d'éirigh leis** 彼は成功した. **go n-éirí an t-ádh** [an bóthar leat]! ご幸運[成功]を祈る! : ～ **suas** 成長する. **d'éirigh sé suas ina fhear ard** 彼は背の高い青年に成長した.

éirim [eːrʹəmʹ] 名女〖属単 **-e**, 複 **-í**〗乗ること; 範囲; 才能. **ar an n-éirim** 彼らの旅で. ～ **scéil** 話の趣旨. ～ **aigne** 知能. **tá mórán éirimí aige** 彼は多才だ.

éirím [eːriːmʹ] éirigh+mé.

éirimiúil [eːrʹəmʹuːlʹ] 形2 活力のある; 才能のある; 知性的な.

Éirinn [eːrən] 名女 ☞ Éire.

éiritheach [eːrʹihəx] 形1 上がる; 浮き出す; 繁栄する.

eirleach [eːrlʹəx] 名男〖属単 **eirligh**〗破壊; 大荒れ; 殺りく.

éis [eːsʹ] 名 (成句) **d'éis** [tar ～] の後に. **tar ～ a trí** 3時過ぎに. **tá sé fiche tar ～ a ceathair** 4時20分です. **tar ～ an tsaoil** 結局. **an bhliain dá ～** 翌年. **d'éis a chéile** 次第に. **dá ～ sin is uile** それにもかかわらず.

eisbheartach [esʹvartəx] 形1 貧弱な(みなりの).

éisc [eːsʹkʹ] ☞ iasc[1].

eisceacht [esʹkʹəxt] 名女〖属単 **-a**, 複 **-aí**〗例外.

eisceachtúil [esʹkʹəxtuːlʹ] 形2 例外的.

eischeadúnas [es'xədu:nas] 名男〖属単・主複 **eischeadúnais**, 属複 ~〗(店内での飲食は許さない)酒類販売免許(の店).
eisdíritheach ['es'ˌd'i:r'ihəx] 名男〖属単・主複 **eisdírithigh**, 属複 ~〗外向性の人.
eiseachaid ['es'ˌaxəd'] 動I 他〖動名 **eiseachadadh**, 動形 **eiseachadta**; 現 **eiseachadann**〗(外国からの逃亡犯人などを)引き渡す, 本国に送還する.
eiseachas [es'əxəs] 名男〖属単 **eiseachais**〗実存主義.
éisealach [e:s'ələx] 形1 気難しい; 潔癖な.
eiseamláir [es'əmla:r'] 名女〖属単 **-e**, 複 **-í**〗模範; 例; 説明.
eiseamláireach [es'əmla:r'əx] 形1 模範的.
eisean [es'ən] 代 **é** の強形. 彼は[が]; 彼に[を]. ~ **a rinne é** それをしたのは(他ならぬ)彼だ.
eisigh [es'i:] 動II 他〖動名 **eisiúint**, 動形 **eisithe**〗発行する.
eisimirceach ['es'ˌim'ər'k'əx] 名男〖属単・主複 **eisimircigh**, 属複 ~〗(他国への)移民.
── 形1 (他国へ)移民の.
éislinn [e:s'l'ən'] 名女〖属単 **-e**, 複 **-í**〗攻撃されやすい場所; 危険; 弱点.
éislinneach [e:s'l'ən'əx] 形1 安全でない; 不安定な.
eisreachtaí ['es'ˌraxti:] 名男〖属単 ~, 複 **eisreachtaithe**〗無法者.
eisreachtaigh ['es'ˌraxti:] 動II〖動名 **eisreachtú**, 動形 **eisreachtaithe**〗[禁止]追放する.
éist [e:s't'] 動I 他・自〖動名 **éisteacht**, 動形 **éiste**〗聞く; 心に留める. **éisteacht le fuaim** ある音を聞くこと. **éisteacht le** (duine) (人)の言葉に耳を傾けること. **cás a éisteacht** 事件の審理. ~! 静かに!
éisteacht [e:s't'əxt] 名女〖属単 **-a**〗聞くこと; 聴力; 沈黙. **lucht éisteachta** 聴衆. **tá sé ina** ~ 彼は沈黙している.
éisteoir [e:s't'o:r'] 名男〖属単 **éisteora**, 複 **-í**〗聞き手, 聴取者.
éistim [e:s'təm] éist+mé.
eite [et'ə] 名女〖属単 ~, 複 **eití**〗翼, 羽; (魚の)ひれ.
éite [e:t'ə] ☞ **éigh**.
eiteachas [et'əxəs] 名男〖属単 **eiteachais**〗拒絶, 拒否.
eiteán [et'a:n] 名男〖属単・主複 **eiteáin**, 属複 ~〗糸巻き.
eiteog [et'o:g] 名女〖属単 **eiteoige**, 主複 **-a**, 属複 ~〗翼, 羽. **dul ar** ~ 飛び立ち. **chuir sé eiteoga ar mo chroí** (嬉しさで)天にも上る気持ちだった.

éitheach [eːhəx] 名男〖属単 **éithigh**〗嘘をつくこと,偽り.
eithne [ehnʹə] 名女〖属単 〜, 複 **eithní**〗核心;核.
eithneach [ehnʹəx] 形 1 核の.
eitic [etʹəkʹ] 名女〖属単 **-e**〗倫理学.
eiticiúil [etʹəkʹuːlʹ] 形 2 倫理の.
eitigh [etʹiː] 動 II 他〖動名 **eiteach**, 動形 **eitithe**〗拒絶する.
eitil [etʹəl] 動 II 自〖動名 **eitilt**, 動形 **eitilte**;現 **eitlíonn**〗飛ぶ,羽ばたきする.
eitilt [etʹəlʹt] 名女〖属単 **-e**,複 **-í**〗飛ぶこと,飛行;羽ばたき. **ar** 〜 飛行する. 〜 **na coinnle** ろうそくのちらちらする火.
eitinn [etʹənʹ] 名女〖属単 **-e**〗(肺)結核.
éitir [eːtʹərʹ] 名女〖属単 **-e**〗活力,精力.
eitleán [etʹəlʹaːn] 名男〖属単・主複 **eitleáin**, 属複 〜〗飛行機.
eitleog [etʹəlʹoːg] 名女〖属単 **eitloige**, 主複 **-a**, 属複 〜〗凧(たこ).
eitlíocht [etʹəlʹiː(ə)xt] 名女〖属単 **-a**〗航空;飛行機.
eitneach [etʹnʹəx] 形 1 民族的,民族特有の.
eitneolaíocht [etʹnəlʹiː(ə)xt] 名女〖属単 **-a**〗民俗学;文化人類学.
eitpheil [ʹetʹˌfʹelʹ] 名女〖属単 **-e**, 複 **-eanna**〗バレーボール.
eitre [etʹrʹə] 名女〖属単 〜, 複 **eitrí**〗(あぜの)溝,細長いくぼみ.
eo [o] 名男〖属単・属複 **iach**, 主複 **iaich**〗鮭(さけ). 〜 **fis** (神話)知恵の鮭.
Eocairist [okərʹəsʹtʹ] 名女〖属単 **-e**〗(キリスト教) 聖餐;(カトリック)聖体(拝領).
eochair[1] [oxərʹ] 名女〖属単 **eochrach**, 複 **eochracha**〗鍵,キー.
eochair[2] [oxərʹ] 名女〖属単 **eochrach**, 複 **eochracha**〗縁,端,へり.
eochairchlár [oxərʹxlaːr] 名男〖属単・主複 **eochairchláir**, 属複 〜〗キーボード.
eochraí [oxriː] 名女〖属単 〜〗魚卵.
eol [oːl] 名男〖属単 **eoil**〗(動詞 is と共に) 知識. **is** 〜 **dom** (go) (go 以下)を私は知っている. **mar is** 〜 **duit** ご承知の通り.
eolach [oːləx] 形 1 知識のある,物知りの. 〜 **ar** 精通して.
eolaí [oːliː] 名男〖属単 〜, 複 **eolaithe**〗科学者;学識のある人;案内人[書]. 〜 **an teileafóin** 電話帳.
eolaíoch [oːliː(ə)x] 形 1〖属単男 〜, 属単女・比較 **eolaíche**, 主複 **-a**〗科学的な.
eolaíocht [oːliː(ə)xt] 名女〖属単 **-a**〗科学.
eolaire [oːlərʹə] 名男〖属単 〜, 複 **eolairí**〗(人)名録.

eolas [oːləs] 名男〖属単 **eolais**〗知識；情報；案内. ～ **a chur ar** (**rud**)（こと）を習得すること. **tá sé ar ～ agam** 私はそれを知っている. **tá mé ina ～** 私はそれを熟知している. **cuaille**[**maide**] **eolais** 道標.
Eoraip [oːrap] 名女〖属単 **Eorpa**〗ヨーロッパ. **An Eoraip** ヨーロッパ. **tíortha na hEorpa** ヨーロッパ諸国.
eorna [oːrnə] 名女〖属単 ～〗大麦.
Eorpach [oːrpəx] 名男〖属単・主複 **Eorpaigh**, 属複 ～〗ヨーロッパ人.
────形1 ヨーロッパ（人）の.
eotanáis [oːtənaːsʲ] 名女〖属単 **-e**〗安楽死.

F

fabhal [faul] 名女〖属単・複 **faibhle**〗伝説, 寓話.
fabhalscéal [ˈfaulʲˌsʲkʲeːl] 名男〖属単 **fabhalscéil**, 複 **-ta**〗伝説, 説話, 寓話.
fabhar [fa(ː)vər] 名男〖属単・主複 **fabhair**, 属複 ～〗好意；信望；偏愛. **an ndéanfá ～ dom?** お願いがあるのですが？
fabhcún [faukuːn] 名男〖属単・主複 **fabhcúin**, 属複 ～〗ハヤブサ, 鷹（タカ）.
fabhlach [fauləx] 形1 伝説的な.
fabhra [faurə] 名男〖属単 ～, 複 **-í**〗まつ毛；眉. **fabhraí**(éadaigh) ふさ飾り.
fabhrach [faurəx] 形1 好意ある；えこひいきする.
fabhraigh [fauriː] 動II自〖動名 **fabhrú**, 動形 **fabhraithe**〗形成する；発達する.
fabraic [fabrək] 名女〖属単 **-e**, 複 **-í**〗布, 織物.
fabhraíocht [fauriː(ə)xt] 名女〖属単 **-a**〗偏愛, えこひいき.
fabht [faut] 名男〖属単 ～, 複 **-anna**〗欠点, きず, 短所.
fabhtach [fautəx] 形1 欠点のある, きずのある；裏切りをする.
faca [fakə] ☞ **feic**².
fachnaoid [faxniːdʲ] 名女〖属単 **-e**〗あざけり；からかい；冗談.
facs [faks] 名男〖複 **-anna**〗ファックス.
facsáil [faksaːlʲ] 動I他〖動名 **facsáil**, 動形 **facsáilte**〗ファックス

で送る。

facthas [fakəs] ☞ feic².

fad [fad] 名男〖属単・主複 **faid**, 属複 〜〗長さ, 距離; 期間. **tá a thrí fhad ann** それは3倍の長さがある. 〜 **saoil** 寿命. **míle ar** 〜 1マイル. **an lá ar** 〜 終日. **rud eile ar** 〜 全く別問題. **bíonn sé ina chodladh ar** 〜 彼はいつも寝ている. 〜 **is a bhí mé ann**. 私がそこにいた間. 〜 **is** (is〈＝agas〉) **mian leat** 君が望む限り. **chuaigh mé a fhad leis an droichead** 私は橋まで歩いた. **i bhfad ó bhaile** 故郷を遠く離れて. **ar feadh i bhfad** 長い間. **cá fhad?** どれだけの長さ[時間]か? **dá fhad** (go dtí é) どんなに長かろうと.

fada [fadə] 形 3 〖比較 **faide**〗長い, 長引いた; 退屈な. **is** 〜 **go** まで長くかかるだろう. **go mór** (is go) 〜 非常に. **chomh** 〜 **leis sin de** それに関する限り. **le** 〜 (これまで)長い間. **go ceann** 〜 (これから)長い間. 〜 **ó shin** 昔. **is** 〜 **ó** 以来長く経っている. **an** 〜 **eile go?** まだ長くかかるのか?

fadaigh¹ [fadi:] 動II 他・自〖動名 **fadú**, 動形 **fadaithe**〗(火を)つける, かき立てる; 建てる.

fadaigh² [fadi:] 動II 他・自〖動名 **fadú**, 動形 **fadaithe**〗長くする, 延ばす.

fadálach [fada:ləx] 形 1 遅い; 長引く; 退屈な. **scéal** 〜 長ったらしい話.

fadaraíonach [ˈfadˌariːnəx] 形 1 辛抱強い; 先見の明のある.

fadbhreathnaitheach [ˈfadˌvʲrʲahnihəx] 形 1 先見の明のある; 遠目のきく.

fadchainteach [ˈfadˌxanʲtʲax] 形 1 長たらしい, くどい.

fadcheannach [ˈfadˌxʲanəx] 形 1 先見の明のある; 遠目の聞く; 抜け目がない.

fadfhulaingt [ˈfadˌulənʲtʲ] 名女〖属単 **fadfhulaingthe**〗辛抱強さ, 忍耐.

fadfhulangach [ˈfadˌuləŋəx] 形 1 我慢強い.

fadharcán [fairka:n] 名男〖属単・主複 **fadharcáin**, 属複 〜〗(木の)節(目); こぶ; (足の)たこ.

fadharcánach [fairka:nəx] 形 1 節(目)のある; こぶの; (皮膚が)硬くなった.

fadhb [faib] 名女〖属単 **faidhbe**, 複 **-anna**〗(木の)節(目); こぶ; 問題点. **sin í an fhadhb** 障害にぶつかった.

fadhbáil [faiba:lʲ] 名女〖属単 **fadhbála**〗強打すること.

fadlíne [ˈfadʲˌlʲiːnʲə] 名女〖属単 〜, 複 **fadlínte**〗子午線, 経線.

fadó [ˌfaˈdoː] 副 昔. **bhí rí ann ～** 昔々ある王様がいました.
fadradhrcach [fadrairkəx] 形 1 遠目がきく；遠視の.
fadraon [fadriːn] 形 長距離に達する；長期の.
fadsaolach [ˈfadˌsiːləx] 形 1 長命の；気楽な.
fadsaolaí [ˈfadˌsiːliː] 名 女 〘属単 ～〙長寿；永年勤続；fadsaolach の属単女・比較.
fadtéarmach [fadtˈeːrməx] 形 1 長期の.
fág[1] [faːg] 名 男 〘属単 -a, 複 -anna〙大波；膨張.
fág[2] [faːg] 動 I 他 〘動名 **fágáil**, 動形 **fágtha**〙残して[置いて]おく；離れ(去)る；見捨てられる；預ける. **beidh sí ag fágáil amárach** 彼女は明日出発する. **～ ar ais é** 戻して置きなさい. **tá tuilleadh fágtha** まだ残っている. **d'fhág sé go luath** 彼は早く出た. **is bocht a fágadh iad** 彼らは非常に不幸な状態にある. **～ ann sin** (go) 当然の結果として(go 以下)となる. **～ slán acu** 彼らにさよならと言う. (rud) **a fhágáil ar** (dhuine) (こと)を(人)のせいにする. **～ as seo!** ここから出ていけ！**～ fúmsa é** 私にまかせなさい. **d'fhág siad gan mo chuid leabhar mé** 彼らは私から本を奪った. **～ i do dhiaidh** 置き忘れる. **fágaim le huacht** (go) 私は厳粛に宣言する. **～ uaim é** 私はそれを欲しくない. **airgead a fhágáil thart** 貯金.
fágaim [faːgam] fág[2]+mé.
fágálach [faːgaːləx] 名 男 〘属単・主複 **fágálaigh**, 属複 ～〙弱虫；病弱者.
faghair [fair] 動 II 他 〘動名 **faghairt**, 動形 **faghartha**；現 **faghraíonn**〙(れんがなどを)焼く；熱くする；興奮する.
faghairt [fairtʲ] 名 女 〘属単 **faghartha**, 複 -í〙(鋼鉄など)硬度；炎熱；怒り.
fágtha [faːkə] 形 3 見捨てられた；残された；進まない；無力な.
faí [fiː] 名 女 〘属単 ～, 複 -the〙声；音；嘆き；(文法) 態. **an fhaí chéasta** 受動態.
fáibhile [ˈfaːvʲilʲə] 名 男 〘属単 ～, 複 **fáibhilí**〙ブナ(の木).
faic [fakʲ] 名 女 〘属単 ～, 複 -eanna〙なにも…ない(こと). **níl** (aon) **～ air** 彼には問題点は何もない. **gan ～ a dhéanamh** 何もしないこと. **～ na fríde** [**～ na ngrást**] 全く何もないこと.
faiche [faxʲə] 名 女 〘属単 ～, 複 **faichí**〙芝生；遊び場；運動場.
faichill [faxʲəlʲ] 名 女 〘属単 -e〙注意すること；用心；慎重. (duine) **a chur ar a fhaichill** (人)に警戒させること.
  ── 動 I 他・自 〘動名 **faichill**, 動形 **faichille**〙注意する, 用心する. **níor fhaichill sé é féin ar na taismí** 彼は事故への対策を講じていな

かった. ~! 注意!
faichilleach [fax/əl/əx] 形 1 注意深い, 用心する. bí ~ leis nó doirtfidh tú é 注意しないとこぼしますよ. tiomáin go ~ 注意して運転しなさい.
faicín [fak/i:n/] 名 男〖属単 ~, 複 -í〗おむつ.
fáideog [fa:d/og] 名 女〖属単 **fáidoige**, 主複 **-a**, 属複 ~〗(小)ろうそく(の芯).
fáidh [fa:ɣ/] 名 男〖属単 ~, 複 **fáithe**〗予言者; 賢人.
fáidheadóireacht [fa:ɣ(ə)do:r/axt] 名 女〖属単 **-a**〗予言.
fáidhiúil [fa:ɣ/u:l/] 形 2 予言者の; 予言的な; 知恵がある.
faigh [faɣ/] 動 他・自〖動名 **fáil**, 動形 **faighte**〗(不規則動詞変化表参照). 得る; 受ける; 打たれる; 見出す; できる. **bás a fháil** 死ぬこと. (duine) **a fháil sa cheann** (人)の頭をたたくこと. **fuair mé liom an focal** 私はその言葉をようやく言えた. (rud) **a fháil glanta** (もの)をきれいにすること. **ag fáil dorcha** 暗くなること. **is mór a fuarthas é** 彼の偉大な業績だ. **fuair siad éalú air** 彼らは彼からうまく逃げおおせた. **ní bhfaighfeá iad a shásamh** 彼らは君には不満だった. **fuair sé a bheith istigh** 彼はその夜泊まることを許された.
faighneog [fain/o:g] 名 女〖属単 **faighneoige**, 主複 **-a**, 属複 ~〗殻; (エンドウ豆など)さや.
fail[1] [fal/] 名 女〖属単 **faile**, 複 **-eanna**〗指輪; 腕輪; 囲い.
fail[2] [fal/] 名 女〖属単 **faile**, 複 **-eanna**〗しゃっくり.
fáil [fa:l/] 名 女〖属単 **fála**〗取得すること; 発見; 可能性. **níl ~ air** 得た筈がない. **tá caitheamh is ~ againn** 我々は借金しないでやっていける. **ar ~** 入手できる. **le ~** 得られる. **chuir sé ó fháil orm** 彼は私にそれが手に入らないようにさせた.
fáilí [fa:l/i:] 形 3 楽しい; 好ましい; 人目を忍んだ.
faill [fal/] 名 女〖属単 **-e**, 複 **-eanna**〗怠慢; 無防備; 機会; 時間.
faillí [fal/i:] 名 女〖属単 ~, 複 **-ocha**〗怠慢; 手抜かり; 遅滞.
failligh [fal/i:] 動 II 他・自〖動名 **failliú**, 動形 **faillithe**〗怠ける; 抜かす; 遅らせる.
faillitheach [fal/ihəx] 形 1 怠慢な; 投げやりな.
fáilte [fa:l/t/ə] 名 女〖属単 ~, 複 **fáiltí**〗喜び; 歓迎; 挨拶. **~ a chur roimh**(dhuine) (人)を歓迎すること. **céad (míle) ~ (romhat)** (あなたを)大歓迎(します). **~ romhat**[romhaibh]! いらっしゃい! **Fáilte an Aingil** (カトリック)お告げの祈り.
fáilteach [fa:l/t/əx] 形 1 喜ばしい; 歓迎される.
fáilteoir [fa:l/t/o:r/] 名 男〖属単 **fáiltora**, 複 **-í**〗受付係.

fáiltigh [faːlʲtʲiː] 動II 自〖動名 **fáiltiú**, 動形 **fáiltithe**〗喜ぶ；歓迎する.

fainic [fanʲəkʲ] 名女〖属単 **-e**, 複 **-í**〗注意，警告.
—— 動I 他・自（命令法で）～！注意(しなさい)！～ **thú féin**！気をつけなさい！～ **an mbrisfeá é**（それを）壊さないように気をつけなさい.

fáinleog [faːnʲlʲoːɡ] 名女〖属単 **fáinleoige**, 主複 **-a**, 属複 ～〗ツバメ.

fáinne [faːnʲə] 名男〖属単 ～, 複 **fáinní**〗指輪；小輪；後光. ～ **cluaise** イヤリング. ～ **an lae** 夜明け.

fáinneach [faːnʲəx] 形 1 輪のような；輪になった.

fáinneáil [faːnʲaːlʲ] 名女〖属単 **fáinnála**〗循環すること；回転；はためき.

fáinnigh [faːnʲiː] 動II 他・自〖動名 **fáinniú**, 動形 **fáinnithe**〗輪のように取り囲む. **tá an lá ag fáinniú** 夜が明けかかっている.

faíoch [fiː(ə)x] 形 1〖属単男 ～, 属単女・比較 **faíche**, 主複 **-a**〗大声で泣く；流暢な；豊富な.

fair [farʲ] 動I 他・自〖動名 **faire**, 動形 **fairthe**〗注意してみる；見張る；期待する；通夜をする. **ag faire na huaire** 時間に縛られること. **bheith ag faire ar** (dhuine)（人）を見張ること. ～ **thú féin** [**bí ag faire ort féin**]！気をつけなさい！**corp a fhaire** 通夜.

fáir [faːrʲ] 名女〖属単 **fáire**, 複 **-eacha**〗（めんどりの）巣；（動物の）隠れ場所[ねぐら].
—— 動I 自〖動名 **fáireadh**, 動形 **fáirthe**〗（鳥が）止まり木に止まる；ねぐらにつく.

fáirbre [faːrʲbʲrʲə] 名女〖属単 ～, 複 **fáirbrí**〗刻み目；しわ.

faire [farʲə] 名女〖属単 ～, 複 **fairí**〗見張ること，警備；通夜. **fear** ～ 警備員. **bí ar d'fhaire**！用心しなさい！～ **ort**！注意しなさい！

faíreach [fiːrʲəx] 名女〖属単 **faírí**〗叫ぶこと；（ブーブーと）やじること.

faireogach [faroɡax] 形 1 腺(せん)の.

fairis [farʲəsʲ] ☞ **fara**².

fairsing [farsʲəŋʲ] 形 1 広い，広々とした；豊富な；自由な. **fómhar** ～ 大収穫. **tá croí** ～ **aici** 彼女は率直だ.

fairsinge [farsʲəŋʲə] 名女〖属単 ～〗広さ，広がり；豊富さ；気前のよさ. **amuigh ar an bhfairsinge** 戸外に出る[公になる].

fairsingigh [farsʲəŋʲiː] 動II 他・自〖動名 **fairsingiú**, 動形 **fairsingithe**〗拡大する；延長する；増大させる. **tá an bia ag fairsingiú** 食物がより豊富になっている.

fairtheoir [far'ho:r'] 名男 〖属単 **fairtheora**, 複 **-í**〗監視人, 見張り.

fáisc [fa:s'k'] 動I他・自 〖動名 **fáscadh**, 動形 **fáiscthe**〗絞る；圧迫する；締める；攻撃する. **oráiste a fháscadh** ミカンを絞ること. ～ **ort abhaile** 帰宅を急げ. **fáisceadh as an mbochtaineacht iad** 彼らは生まれた時から貧乏だった.

fáisceán [fa:s'k'a:n] 名男 〖属単・主複 **fáisceáin**, 属複 ～〗つなぐ[結ぶ]もの；包帯.

fáiscín [fa:s'k'i:n'] 名男 〖属単 ～, 複 **-í**〗クリップ；ファスナー；留め金具.

faisean [fas'ən] 名男 〖属単・主複 **faisin**, 属複 ～〗流行；習慣. **i bhfaisean** [san fhaisean] 流行している. **as** ～ 流行遅れの. **ná tabhair an** ～ **sin do na páistí** 子供にそんな癖をつけさせるな.

faiseanta [fas'əntə] 形3 流行の；いきな.

faisisteachas [fas'əs't'əxəs] 名男 〖属単 **faisisteachais**〗ファシズム.

faisnéis [fas'n'e:s'] 名女 〖属単 **-e**, 複 **-í**〗情報；知識；(文法) 述語. ～ **na haimsire** 天気予報.
―― 動I他・自 〖動名 **faisnéis**, 動形 **faisnéise**〗話す；述べる；たずねる.

faisnéiseach [fas'n'e:s'əx] 形1 情報を与える；教育的な；(文法) 述語の.

faisnéiseoir [fas'n'e:s'o:r'] 名男 〖属単 **faisnéiseora**, 複 **-í**〗報告者；密告者；資料提供者.

fáistine [fa:s't'ən'ə] 名女 〖属単 ～, 複 **fáistiní**〗予言すること, 占い.

fáistineach [fa:s't'ən'əx] 名男 〖属単・主複 **fáistinigh**, 属複 ～〗予言者, 占い師；(文法) 未来(時制).
―― 形1 予言(者)の. (文法) 未来の. **an aimsir fháistineach** 未来時制.

faiteach [fat'əx] 形1 恐がる；臆病な；内気な.

faiteadh [fat'ə] 名男 〖属単 **faitidh**〗羽ばたき；はためき. **i bhfaiteadh na súl** あっという間に.

fáithim [fa:həm'] 名女 〖属単 **-e**, 複 **-í**〗へり, 縁；(スカートなど)すそ.

faithne [fahn'ə] 名男 〖属単 ～, 複 **faithní**〗こぶ；欠点. ～ **ailse** 癌の腫瘍.

faitíos [fat'i:s] 名男 〖属単・主複 **faitís**, 属複 ～〗気づかい, 心配；

臆病. **tá ～ orm** (go) (好ましくないことについて) (go 以下) と私は思う. (le) ～ [ar fhaitíos] …することを恐れて.
fál¹ [faːl] 名男〖属単 **fáil**, 複 **-ta**〗垣根；壁；囲い. **níl ～ ar bith ort** 君を阻(はば)むものは何もない.
Fál² [faːl] 名男〖属単 **Fáil**〗アイルランド(の別名). **Críocha Fáil** アイルランド領土.
fálaigh [faːliː] 動II他〖動名 **fálú**, 動形 **fálaithe**〗垣根［柵］をめぐらす；囲う；投獄する.
fallaing [faləŋʹ] 名女〖属単 **fallainge**, 複 **-eacha**〗マント, 外套. **～ sheomra** ガウン［部屋着］.
fálróid [faːlroːdʹ] 名女〖属単 **-e**〗ぶらぶら歩くこと. **ag ～ thart** 歩き回ること.
falsa [falsə] 形3 偽りの；怠慢な. **ag obair go ～** ぐずぐずと働くこと.
falsacht [falsəxt] 名女〖属単 **-a**〗嘘；怠慢.
falsaigh [falsiː] 動II他〖動名 **falsú**, 動形 **falsaithe**〗偽造する；あやまり伝える.
falsóir [falsoːrʹ] 名男〖属単 **falsóra**, 複 **-í**〗怠け者.
faltanas [faltənəs] 名男〖属単・主複 **faltanais**, 属複 **～**〗悪意；うらみ.
fáltas [faːltəs] 名男〖属単・主複 **fáltais**, 属複 **～**〗収入；利益；総額. **fáltais** 売上高.
fámaire [faːmərʹə] 名男〖属単 **～**, 複 **fámairí**〗放浪者；無精者；大きい人［もの］.
fan [fan] 動I自〖動名 **fanacht**, 動形 **fanachta**〗居る；待つ；残す；(状態)のままでいる. **fanacht i do shuí** 座ったままでいること. **～ (ort)！** 待て！ **～ nóiméad！** 少し待って！ **tá siad ag fanacht le cabhair** 彼らは救助を待っている. **fanacht ón scoil** 学校の欠席. **fanacht (amach) ón ól** 禁酒.
fán [faːn] 名男〖属単 **fáin**〗歩きまわること；放浪. **ar ～** 道に迷って.
fána [faːnə] 名女〖属単 **～**, 複 **-í**〗下り坂；垂れること；意気消沈.
fánach [faːnəx] 形1 放浪する；あてもない；めったにない.
fanacht [fanəxt] 名男〖属単 **-a**〗待つこと.
fánaí [faːniː] 名男〖属単 **～**, 複 **fánaithe**〗放浪者；臨時労働者；遊牧民.
fanaiceach [fanəkʹəx] 名男〖属単・主複 **fanaicigh**, 属複 **～**〗熱狂者, 狂信者.
―― 形1 熱狂的, 狂信的.

fanaim [fanəm] fan＋mé.
fanaile [fanəl′ə] 名男〘属単 ～〙バニラ(エッセンス).
fánaíocht [faːniː(ə)xt] 名女〘属単 **-a**〙放浪すること；ハイキング；無目的.
fánán [faːnaːn] 名男〘属単・主複 **fánáin**, 属複 ～〙(車椅子などの)傾斜路；(立体交差路の)ランプ.
fann [fan] 形 1〘属単男 ～, 属単女・比較 **fainne**, 主複 **-a**〙微かな；弱い；元気のない.
fanntais [fantəs′] 名女〘属単 **fanntaise**, 複 **-í**〙気絶, 卒倒.
fantaisíocht [fantəs′iː(ə)xt] 名女〘属単 **-a**〙幻想.
faobhar [fiːvər] 名男〘属単・主複 **faobhair**, 主複 ～〙鋭い刃. ～ a chur ar (rud) (もの)を鋭くする[研ぐ]こと. tá ～ ar a teanga 彼女の言葉は辛らつだ.
faobhrach [fiːvrəx] 形 1 鋭い；激しい；辛らつな.
faobhraigh [fiːvriː] 動 II 他〘動名 **faobhrú**, 動形 **faobhraithe**〙鋭利にする, 研ぐ.
faoi[1] [fiː] 前〘前置詞＋代名詞 **fúm**, **fút**, **faoi** (男), **fúithi** (女), **fúinn**, **fúibh**, **fúthu**〙(S変化). の下に；…以下で；のあたりに；について；に対して. (その他の結合形；faoi＋an[1]→ **faoin**. faoi＋a[4]→ **faoina**, faoi＋ár[2]→ **faoinár**, faoi＋a[5]→ **faoina**, faoi＋ar[3]→ **faoinar**) ～ chré 埋葬されて. tá an ghrian ag dul ～ 太陽が沈む. ～ bhláth 開花して. ～ bhrón 悲しんで. tá fás fúthu それらは成長している. mise ～ duit 私が請け合います. ～ mar まるで…であるかのように. ～ (is) go なぜならば. ～ dhó 2倍[回]. a sé ～ a seacht 6×7. fiche faoin gcéad 20％. amuigh faoin tuath 郊外. ～ láthair 今のところ. ～ dheireadh 遂に. ～ orlach de 間近に. tá scéal agam ～ 私はそれに関して話がある. bhuail sé a chos ～ chloch 彼は石に足をぶつけた.
faoi[2] [fiː] ☞ faoi[1].
faoileán [fiːl′aːn] 名男〘属単・主複 **faoileáin**, 属複 ～〙カモメ.
faoileanda [fiːl′əndə] 形 3 優美な, 上品な.
faoileoir [fiːl′oːr′] 名男〘属単 **faoileora**, 複 **-í**〙グライダー.
faoin [fiːn] faoi[1]＋an[1].
faoiseamh [fiːs′əv] 名男〘属単 **faoisimh**〙除去；軽減；安心.
faoistin [fiːs′t′ən′] 名女〘属単 **-e**, 複 **-í**〙告白.
faoitín [fiːt′iːn′] 名男〘属単 ～, 複 **-í**〙ホワィティング(小型のタラ).
faolchú [′fiːlˌxuː] 名男〘属単 ～, 複 **-nna**〙野生の犬；狼.

faomh [fi:v] 動I 他 〘動名 **faomhadh**, 動形 **faofa**〙受け入れる, 同意する, 認める.

faon [fi:n] 形 1 仰向けに寝た; 元気のない.

faonoscailt [ˈfi:nˌoskəlʹtʹ] 名 女 〘属単 **-e**, 複 **-í**〙少し開いていること; 暗示. **ar ～** 不和で.

faopach [fi:pəx] 名（成句）**san fhaopach** ひどい苦境に.

fara[1] [farə] 名 男 〘属単 **～**, 複 **-í**〙とまり木; 鶏舎.

fara[2] [farə] 前 〘前置詞＋代名詞 **faram**, **farat**, **fairis**（男）, **farae**（女）, **farainn**, **faraibh**, **faru**〙と一緒に; もまた, その上に. **cé a bhí farat!** 誰と一緒だったか？

faradh [farə] 名 男 〘属単 **fartha**〙フェリーで渡すこと, フェリー（ボート）.

farantóireacht [farənto:rʹəxt] 名 女 〘属単 **-a**〙フェリーで渡すこと. **bád farantóireachta** フェリー（ボート）.

faraor [fəˈri:r] 間投 ああ！悲しいかな！ **bheith ar an bhfaraor** 不幸な状態にあること.

farasbarr [ˈfarəsˌba:r] 名 男 〘属単 **farasbairr**〙過多, 超過, より以上のもの.

fardal [fa:rdəl] 名 男 〘属単・主複 **fardail**, 属複 **～**〙目録; 表.

farradh [farə] 名（成句）**i bhfarradh** と一緒に. **～ is** [**i bhfarradh is**] と比べて.

farraige [farəgʹə] 名 女 〘属単 **～**, 複 **farraigí**〙海. **ar ～** [**ar an bhfarraige**] 海上で.

fás [fa:s] 名 男 〘属単・主複 **fáis**, 属複 **～**〙成長; 発展; 若木.
── 動I 他・自 〘動名 **fás**, 動形 **fásta**〙成長する; 栽培する. **duine fásta** 大人.

fásach [fa:səx] 名 男 〘属単・主複 **fásaigh**, 属複 **～**〙荒地; 砂漠, 無人の地. **～ féir**（<**féar**）うっそうと茂った草地.

fásaim [fa:sam] **fás**＋**mé**.

fáscadh [fa:skə] 名 男 〘属単 **fáscaidh**, 複 **fáscaí**〙押すこと; 絞り. **fáscaí gáirí** どっとおこる笑い.

fáschoill [ˈfa:sˌxolʹ] 名 女 〘属単 **-e**, 複 **-te**〙藪(ﾔﾌﾞ); 木立ち.

fáslach [fa:sləx] 名 男 〘属単 **faslaigh**〙成金.

fásra [fa:srə] 名 男 〘属単 **～**〙植物, 草木.

fásta [fa:stə] ☞ **fás**.

fastaím [fasti:m] 名 女 〘属単 **～**〙娯楽; くだらなさ. **ag ～** 楽しむ［ばか話をする］こと.

fáth[1] [fa:] 名 男 〘属単 **-a**, 複 **-anna**〙原因; 理由. **cén ～**? 何故？ **tú**

féin a chur i bhfáth（自分の権利を）主張すること.
fáth-[2] [fa:] 接頭 神秘の；比喩の；賢明な.
fathach [fahəx] 名男 〖属単・主複 **fathaigh**, 属複 ～〗巨人.
fáthach [fa:həx] 形 1 比喩的な；象徴する.
fáthadh [fa:hə] 名（成句）～ an gháire 微笑み.
fáthchiallach [ˈfa:ˌxˈiələx] 形 1 寓話的な；比喩的な.
fáthmheas [ˈfa:ˌvʹas] 名男 〖属単 -a〗診断.
fáthscéal [ˈfa:ˌsʹkʹe:l] 名男 〖属単 **fáthscéil**, 複 -ta〗寓話.
feá [fʹa:] 名女 〖属単 ～, 複 -nna〗ブナ（の木）.
feabhas [fʹaus] 名男 〖属単 **feabhais**〗優秀, 卓越；改善. (rud) ar (a) fheabhas 良質の（もの）. dul i bhfeabhas 進歩. tá ～ mór air 彼は大いに進歩した[病気が回復した].
Feabhra [fʹaurə] 名女 〖属単 ～, 複 -í〗2月. Mí ～ 2月.
feabhsaigh [fʹausi:] 動II 他・自 〖動名 **feabhsú**, 動形 **feabhsaithe**〗改善させる；進歩させる.
feac[1] [fʹak] 名男 〖属単 ～, 複 -anna〗（シャベルなどの）柄.
feac[2] [fʹak] 動I 他・自 〖動名 **feacadh**, 動形 **feactha**〗曲げる.
féach [fʹe:x] 動I 他・自 〖動名 **féachaint**, 動形 **féachta**〗見る；みなす；調べる；ためす. féachaint ar chluiche 観戦. féachaint chuige (go)（go 以下）するように気を配ること. féachaint do (rud)（こと）への考慮. d'fhéach mé leis 私はそれを試した.
féachadóir [fʹe:xədo:rʹ] 名男 〖属単 **féachdóra**, 複 -í〗見物人；観察者.
féachaim [fʹe:xəm] féach+mé.
féachaint [fʹe:xənʹtʹ] 名女 〖属単 **féachana**, 複 -í〗見ること；様子；面；試み. lucht féachana 観客.
feacht [fʹaxt] 名男 〖属単 -a, 複 -aí〗流れ, 流動.
feachtas [fʹaxtəs] 名男 〖属単・主複 **feachtais**, 属複 ～〗作戦；遊説, キャンペーン. ～ toghchánaíochta 選挙運動.
fead [fʹad] 名女 〖属単 **feide**, 複 -anna〗口笛；笛.
féad [fʹe:d] 助動 〖動名 -**achtáil**〗…できる；…すべきである. rinne (<déan[2]) sé ar fhéad sé 彼はできるだけのことはした. nach bhféadfá fanacht？居ることはできないのか？ féadfaidh sé sneachta a dhéanamh (<déan[2]) 雪かもしれない. ní fhéadann tú eagla a bheith ort 君は怖がる必要はない.
feadaíl [fʹadi:lʹ] 名女 〖属単 **feadaíola**〗口笛を吹くこと.
feadair [fʹadərʹ] 動 欠如動詞. 3人称単数形. 〖1単 **feadar**；2単 **feadraís**；1複 **feadramar**〗（否定・疑問形と共に）知る, 知った. ní

fheadair aon duine cá bhfuil sé. 彼がどこにいるのか誰も知らない. an bhfeadair tú [an bhfeadraís] seo dom? これを教えてくれるか? ní fheadramar faic 我々は何も知らない[知らなかった].

feadán [fʹadaːn] 名男〖属単・主複 **feadáin**, 属複 ～〗管, (円)筒; 小水路; (体内の)管.

feadh [fʹaː] 名男〖属単 **feadha**〗範囲; 距離; 期間. ～ **a radhairc** 見渡す限り. **ar** ～ **tamaill** しばらくの間. **ar** ～ **i bhfad** 長い間. **ar** ～ **m'eolais** 私の知る限り. **ar** ～ **an lae** 1日中.

feadhain [fʹaːnʹ] 名女〖属単・複 **feadhna**〗隊, 組. **ceann feadhna** 指揮者.

feadhnach [fʹaːnəx] 名男〖属単・主複 **feadhnaigh**, 属複 ～〗隊; 荷かご; バケツ; 大量.

feadóg [fʹadoːg] 名女〖属単 **feadóige**, 主複 **-a**, 属複 ～〗笛. ～ **stáin** スズ[ブリキ]製の笛. ～ **mhór** フルート.

feag [fʹag] 名女〖属単 **-a**, 複 **-acha**〗イグサ.

feall [fʹal] 名男〖属単 **fill**〗詐欺(ぎ); 裏切り; 失望. **d'imir tú** ～ **orm** 君はぼくを騙(だま)した.
— 動I自〖動名 **fealladh**, 動形 **feallta**〗～ **ar** 騙(だま)す, 裏切る.

feallmharaigh [fʹalvariː] 動II他〖動名 **feallmharú**, 動形 **feallmharfa**〗暗殺する.

fealltach [fʹaltəx] 形1 人を騙す, 裏切りの.

fealltóir [fʹaltoːrʹ] 名男〖属単 **feallttóra**, 複 **-í**〗裏切り者, 反逆者.

fealsamh [fʹalsəv] 名男〖属単 **fealsaimh**, 複 **fealsúna**〗哲学者.

fealsúnacht [fʹalsuːnəxt] 名女〖属単 **-a**〗哲学.

feamainn [fʹamənʹ] 名女〖属単 **-e**〗海草, 藻(も).

fean [fʹan] 名男〖属単 ～, 複 **-anna**〗扇, ファン.

feann [fʹan] 動I他〖動名 **feannadh**, 動形 **feannta**〗(獣の)皮をはぐ; (人を)酷評する; (金など)巻き上げる.

feanntach [fʹantəx] 形1 ひどい, 厳しい. **fuacht** ～ 厳寒.

fear[1] [fʹar] 名男〖属単・主複 **fir**, 属複 ～; (成句)複 **feara**; **fearaibh**〗男; 夫. ～ **léinn** 学者. ～ **teanga** 通訳. ～ **tí** 世帯主[司会者]. ～ (**céile**) 夫. ～ **bréige** かかし.

fear[2] [fʹar] 動I他・自〖動名 **fearadh**, 動形 **feartha**〗授ける; 注ぐ; 実行する; 効く. **ag fearadh na ndeor** 涙を流すこと. **tá sé ag fearadh air le fada** それは長い間彼に影響を与えてきた.

fear-[3] [fʹar] 接頭 男性-; 雄-; 男性的.

féar [fʹeːr] 名男〖属単 **féir**, 主複 **-a**, 属複 ～〗草; 牧草. **le teacht an fhéir** 草が伸び始める時[春に]. **ag tabhairt an fhéir** 墓の中[死亡

していること].

féarach [fʹeːrəx] 名男〖属単 **féaraigh**〗牧場. ar ~ (牛, 羊など)放牧されて.

fearacht [fʹarəxt] 名 同様(なもの); らしさ. ~ duine uasail 紳士的態度.

féaráilte [fʹeːraːlʹtʹə] 形3 公平な, 平等な.

feárán [fʹaraːn] 名男〖属単・主複 **fearáin**, 属複 ~〗ハト.

fearann [fʹarən] 名男〖属単・主複 **fearainn**, 属複 ~〗土地, 領土; 地区.

fearas [fʹarəs] 名男〖属単・主複 **fearais**, 属複 ~〗経営; 整理; 設備. ~ tí 家事.

fearastúil [fʹarəstuːlʹ] 形2 設備が整っている; 有能な; 便利な.

fearg [fʹarəg] 名女〖属単 **feirge**; (成句) 与単 **feirg**〗怒り; いらだち. tá ~ orm 私は怒っている. chuir tú ~ uirthi 君は彼女を怒らせた.

fearga [fʹarəgə] 形3 男らしい; 男性の.

feargach [fʹarəgəx] 形1 怒った; いらいらした; 興奮した. éirí ~ le (duine) (人)に怒ること.

féarmhar [fʹeːrvər] 形1 草の多い, 草深い.

fearn [fʹarn] 名〖属単 -a, 複 -aí〗(植物)ハンノキ.

fearnóg [fʹaːrnoːg] 名女〖属単 **fearnóige**, 主複 -a, 属複 ~〗ハンノキ.

fearr [fʹaːr] ☞ maith[1].

fearsaid [fʹarsədʹ] 名女〖属単 -e, 複 -í〗紡錘(ぼう); 車軸, 心棒.

feart[1] [fʹart] 名男〖属単・主複 -a, 属複 ~〗驚異, 奇跡. a Dhia [a Rí] na bhfeart! 全能の神よ!

feart[2] [fʹart] 名男〖属単・主複 -a, 属複 ~〗塚, 古墳, 墓.

fearthainn [fʹarhənʹ] 名女〖属単 -e〗雨. ag cur fearthainne [ag ~] 雨が降ること.

fearúil [fʹaruːlʹ] 形2 男らしい; 勇敢な.

fearúlacht [fʹaruːləxt] 名女〖属単 -a〗男らしさ, 雄々しさ.

feasa [fʹasə] ☞ fios.

feasach [fʹasəx] 形1 認識している; 物知りの; 知ったかぶりの. is ~ mé [dom] é 私はそれを知っている. go ~ 知っていて(故意に).

feasachán [fʹasəxaːn] 名男〖属単・主複 **feasacháin**, 属複 ~〗広報; 速報. ~ speisialta 特報.

féasóg [fʹeːsoːg] 名女〖属単 **féasóige**, 主複 -a, 属複 ~〗あごひげ.

feasta [fʹastə] 副 これからは, 今後は. bí i do thost ~ air そのことは

feighil

もう言うな.
féasta [fʹeːstə] 名男〘属単 ～, 複 -í〙祝宴；ごちそう.
feic¹ [fʹekʹ] 名男〘属単 ～, 複 -eanna〙(非難の；気の毒な)眺め, 光景.
feic² [fʹekʹ] 動 他・自〘動名 **feiceáil**, 動形 **feicthe**〙(不規則動詞変化表参照). 見る；思える. **fan go bhfeicfidh mé** (考えながら)"ええと". **bheith le feiceáil** 見えていること. **feictear dom** (go) (go 以下)のように私には思える.
feiceálach [fʹekʹaːləx] 形 1 人目を引く, 目立つ, 派手な.
féich [fʹeːxʹ] ☞ fiach¹.
féichiúnaí [fʹeːxʹuːniː] 名男〘属単 ～, 複 **féichiúnaithe**〙借り主.
féichiúnaigh [fʹeːxʹuːniː] 動II 他〘動名 **féichiúnú**, 動形 **féichiúnaithe**〙借方に記入する；貸金として勘定につける.
féichiúnas [fʹeːxʹuːnəs] 名男〘属単 **féichiúnais**〙負債, 借金.
féichiúnta [fʹeːxʹuːntə] 形 3 借金をすぐに返す；時間厳守の.
feicim [fʹeːkəm] feic²＋mé.
feide [fʹedʹə] ☞ fead.
féideartha [fʹeːdʹərhə] 形 3 実現可能な.
féidearthacht [fʹeːdʹərhəxt] 名女〘属単 **-a**〙可能性.
feidhm [fʹaimʹ] 名女〘属単 **-e**, 複 **-eanna**〙作用；義務；能力；必要. **dlí a chur i bhfeidhm** 法律を施行すること. **～ a bhaint as** (rud) (もの)を利用すること. **tá sé in aois feidhme** 彼は十分働ける年頃だ. **duine gan ～** 役に立たない人. **～ mhór** 大仕事. **níl ～ leis** それは必要ない. **níl ～ duit ann** 君には関係ないことだ.
feidhmeannach [fʹaimʹənəx] 名男〘属単・主複 **feidhmeannaigh**, 属複 ～〙職員, 役人, 役員.
feidhmeannas [fʹaimʹənəs] 名男〘属単 **feidhmeannais**〙職能；公共事業. **～ poiblí** 公務員.
feidhmigh [fʹaimʹi] 動II 他・自〘動名 **feidhmiú**, 動形 **feidhmithe**〙機能を果たす, 実行する；(法律など)施行する.
feidhmiúil [fʹaimʹuːlʹ] 形 2 機能的な；有能な；力強い.
féidir [fʹeːdʹərʹ] 名 (動詞 is と共に) **is ～** (go) (go 以下)ができる. **ní ～ liom** 私はできない. **más**(má²＋is¹) **～** できるなら. **b'fhéidir** 多分. **ní ～** (é)！そんな筈はない！
feifeach [fʹefʹəx] 形 1 期待している；注意深い.
feighil [fʹailʹ] 名女〘属単 **feighle**〙警戒すること, 注意；世話. **i bhfeighil an tí**(＜teach) 家の留守番をすること.
—— 動I 他〘動名 **feighil**, 動形 **feighle**；現 **feighlíonn**〙注意し

feighlí [fʲailʲiː] 名男〖属単 〜, 複 **feighlithe**〗見張り；監督. 〜 **páistí** 子守り.
feil [fʲelʲ] 動I 自〖動名 **feiliúint**, 動形 **feilte**〗〜 **do**（似）合う. **d'fheil an obair dom** その仕事は私に適している. **ní fheileann an bia dó** その食べ物は彼の口に合わない.
féil [fʲeːlʲ] ☞ **fial²**.
féile¹ [fʲeːlʲə] 名女〖属単 〜〗寛大さ, もてなし.
féile² [fʲeːlʲə] 名女〖属単 〜, 複 **féilte**〗祝い, 祭り. **Lá Fhéile Pádraig** 聖パトリック祝祭日. **oíche chinn** 〜 前夜祭.
féileacán [fʲeːlʲəkaːn] 名男〖属単・主複 **féileacáin**, 属複 〜〗蝶（ちょう）. 〜 **oíche** 蛾（が）.
féileadh [fʲeːlʲə] 名男〖属単 **féilidh**, 複 **féilí**〗〜 **beag** キルト.
feileastram [fʲelʲəstrəm] 名男〖属単 **feileastraim**〗アイリス, アヤメ科の植物.
féilire [fʲeːlʲərʲə] 名男〖属単 〜, 複 **féilirí**〗カレンダー.
feiliúnach [fʲelʲuːnəx] 形 1 適当な, 似合う；役立つ.
feill- [fʲelʲ] 接頭 腐った；不実な；過度な.
feillbhinn [ˈfʲelʲˌvʲinʲ] 副（成句）**go** 〜 上手く[徹底的に].
feilmeanta [fʲelʲəmʲəntə] 形 3 強い, 精力的な；活発な.
feilt [fʲelʲtʲ] 名女〖属単 **-e**〗フェルト.
féiltiúil [fʲeːlʲtʲuːlʲ] 形 2 祝祭の；周期的；規則的. **go** 〜 祭日に[規則的に].
féimheach [ˈfʲeːvəx] 名男〖属単・主複 **féimhigh**, 属複 〜〗破産者.
féimheacht [ˈfʲeːvəxt] 名女〖属単 **-a**〗破産, 倒産.
féin¹ [heːnʲ; fʲeːnʲ] 代（強調・再帰を表す）…自身（の）. **mé** 〜 私自身. **tusa**[**tú**] 〜 あなた自身. **déan** 〜 **é** 君自身でそれをやりなさい. **é** 〜 夫. **í** 〜 妻. **níl sé** 〜 **istigh** 家の主人は不在だ. **tá mé do mo thuirsiú**（<**tuirsigh**）〜 私（自身）は疲れている. **do scéal** 〜 あなた自身の話. **anois** 〜 今もなお. **mar sin** 〜 それにしても.
féin-² [fʲeːnʲ] 接頭 自己-；自動-.
feiniméan [fʲenʲəmʲeːnʲ] 名男〖属単・主複 **feiniméin**, 属複 〜〗現象.
féiniúlacht [fʲeːnʲuːləxt] 名女〖属単 **-a**〗個性；利己心.
féinmharú [ˈfʲeːnʲˌvaruː] 名男〖属単 **féinmharaithe**〗自殺.
Féinne [fʲeːnʲə] ☞ **Fiann**.
féinriail [ˈfʲeːnʲˌriəlʲ] 名女〖属単 **féinrialach**〗自治；自立（自主）.

féinrialaitheach [ˈfʹeːnʹˌriəlihəx] 形1 自治権のある;自主[自律]的な.
féinseirbhís [fʹeːnsʹerəvʹiːs] 名女〖属単 -e, 複 -í〗セルフサービス.
féinspéis [ˈfʹeːnʹˌspʹeːsʹ] 名女〖属単 -e〗自己中心癖;利己主義.
féinspéiseachas [ˈfʹeːnʹˌspʹeːsʹəxəs] 名男〖属単 **féinspéiseachais**〗利己[自己中心]主義.
féir [fʹeːrʹ] ☞ fiar.
feirc [fʹerʹkʹ] 名女〖属単 -e, 複 -eanna〗(帽子)つば;(短剣など)つか.
feire [fʹerʹə] 名男〖属単 〜, 複 **feirí**〗みぞ, すじ, 縁(ﾍﾘ);枠(ﾜｸ).
féire [fʹeːrʹə] ☞ fiar.
feirg [fʹerg] ☞ fearg.
feirge [fʹergə] ☞ fearg.
féirín [fʹeːrʹiːnʹ] 名男〖属単 〜, 複 -í〗贈り物, プレゼント;報酬.
feirm [fʹerʹəmʹ] 名女〖属単 -e, 複 -eacha〗農場.
feirmeoir [fʹerʹəmʹoːrʹ] 名男〖属単 **feirmeora**, 複 -í〗農場経営者;農場で働く人.
feirmeoireacht [fʹerʹəmʹoːrʹəxt] 名女〖属単 -a〗農業.
feis [fʹesʹ] 名女〖属単 -e, 複 -eanna〗祭り.
Feisire [fʹesʹərʹə] 名男〖属単 〜, 複 **Feisirí**〗英国国会下院議員.
feisteas [fʹesʹtʹəs] 名男〖属単 **feistis**〗建具類;備品;服装.
feistigh [fʹesʹtʹiː] 動Ⅱ他〖動名 **feistiú**, 動形 **feistithe**〗整える;装備する;安全にする.
feith [fʹeː] 動Ⅰ他・自〖動名 **feitheamh**, 動形 **feithimh**〗見る, 見張る. ag feitheamh le を待つこと. ag feitheamh ar を期待すること.
féith [fʹeː] 名女〖属単 -e, 複 -eacha〗腱(ｹﾝ);筋肉;静脈;(石炭などの)層;才能;つる植物.
feithealann [fʹehələn] 名女〖属単 **feithealainn**, 主複 -a, 属複 〜〗待合室.
feitheamh [fʹehəv] 名男〖属単 **feithimh**〗監視;待つこと.
féitheog [fʹeːhoːg] 名女〖属単 **féithoige**, 主複 -a, 属複 〜〗腱;筋肉;静脈.
féitheogach [fʹeːhoːgəx] 形1 腱の;筋骨たくましい.
feitheoir [fʹehoːrʹ] 名男〖属単 **feitheora**, 複 -í〗監督(人);管理者.
feitheoireacht [fʹehoːrʹəxt] 名女〖属単 -a〗監督, 管理, 指揮.
feithicil [fʹehəkʹəlʹ] 名女〖属単 **feithicle**, 複 **feithiclí**〗乗り物.
feithid [fʹehədʹ] 名女〖属単 -e, 複 -í〗小さい生き物;昆虫.
feithideolaíocht [ˈfʹehədʹˌoːliː(ə)xt] 名女〖属単 -a〗昆虫学.

féithuar [ˈfʲeːhˌuər] 形1 身を切るように寒い；辛らつな.
feochadán [fʲoːxədaːn] 名男〖属単・主複 **feochadáin**, 属複 ～〗アザミ.
feodachas [fʲoːdəxəs] 名男〖属単 **feodachais**〗封建主義.
feoigh [fʲoːɣʲ] 動I 自〖動名 **feo**, 動形 **feoite**；現 **feonn**；未 **feofaidh**〗枯れる；腐る.
feoil [fʲoːlʲ] 名女〖属単 **feola**, 複 **feolta**〗肉, 食肉. ～ **mhairt** 牛肉.
feoiliteach [ˈfʲoːlʲˌitʲəx] 形1 (動物が)肉食の.
feoilséantóir [ˈfʲoːlʲˌsʲeːntoːrʲ] 名男〖属単 **feoilséantóra**, 複 **-í**〗菜食主義者.
feolmhar [fʲoːlvər] 形1 肉の；肉付きのよい.
feothan [fʲoːhən] 名男〖属単・主複 **feothain**, 属複 ～〗微風；一陣の風, 突風.
fí [fʲiː] 名女〖属単 ～〗① **figh** の動名詞. ②織り.
fia[1] [fʲiə] 名男〖属単 ～, 複 **-nna**〗鹿.
fia-[2] [fʲiə] 接頭 野生の；特大の.
fiabhras [fʲiəvrəs] 名男〖属単・主複 **fiabhrais**, 属複 ～〗熱；熱病.
fiabhrasach [fʲiəvrəsəx] 形1 熱のある；熱狂的な.
fiacail [fʲiəkəlʲ] 名女〖属単 **-e**, 複 **fiacla**〗歯；端. **tinneas fiacaile** 歯痛. (rud) **a rá faoi d'fhiacla** (こと)を低い声でぶつぶつ言うこと. **fiacla rotha** 歯車の歯. ～ **aille** 絶壁の端.
fiach[1] [fʲiəx] 名男〖属単 **féich**, 主複 **-a**, 属複 ～〗(複)借金；価格；義務. **bheith i bhfiacha** 借金していること. **tá sé d'fhiacha orm é a dhéanamh** 私はそれをしなければならない.
fiach[2] [fʲiəx] 名男〖属単 **fiaigh**, 主複 **-a**, 属複 ～〗ワタリガラス(大型のカラス). **chomh dubh leis an bhfiach** (カラスのように)真っ黒な.
fiach[3] [fʲiəx] 名男〖属単 **fiaigh**〗狩り；追跡.
―― 動I 他〖動名 **fiach**, 動形 **fiaigh**〗狩猟をする；追跡する.
fiachóir [fʲiəxoːrʲ] 名男〖属単 **fiachóra**, 複 **-í**〗借主, 借方.
fiacla [fʲiəklə] ☞ **fiacail**.
fiaclóir [fʲiəkloːrʲ] 名男〖属単 **fiaclóra**, 複 **-í**〗歯医者.
fiafraigh [fʲiəfrʲiː] 動II 他・自〖動名 **fiafraí**, 動形 **fiafraithe**〗尋ねる, 問う. (rud) **a fhiafraí de** (dhuine) (人)に(こと)を尋ねること.
fiafraím [fʲiəfrʲiːm] **fiafraigh** + **mé**.
fiafraitheach [fʲiəfrʲihəx] 形1 知りたがる；探究的；気遣う.
fiagaí [fʲiəɡiː] 名男〖属単 ～, 複 **fiagaithe**〗猟師, 狩猟家；供給者.
fiaile [fʲiəlʲə] 名女〖属単 ～, 複 **fiailí**〗雑草.

fiáin [fʹiːanʹ] 形1 野生の; 未墾の; 手に負えない; 大荒れの. ～ chun (ruda) (こと)を熱望して.
fial¹ [fʹiəl] 名男〚属単 **féil**, 主複 **-a**, 属複 ～〛ベール; カーテン; 覆うもの.
fial² [fʹiəl] 形1〚属単男 **féil**, 属単女・比較 **féile**, 主複 **-a**〛寛大な; 歓待する.
fianaise [fʹiənasʹə] 名女〚属単 ～, 複 **fianaisí**〛目撃者; 証拠; 存在. **i bhfianaise** (duine) (人)の面前で.
Fiann [fʹiən] 名女〚属単 **Féinne**, 主複 **-a**, 属複 ～〛(伝説)古代アイルランド大王護衛のフィアナ隊. **Fianna Fhinn** [na Fianna] フィンマックール(Fionn Mac Cumhaill)率いる戦士隊. **Fianna Fáil** フィアナフォイル(政)党.
fiannaíocht [fʹiəniː(ə)xt] 名女〚属単 **-a**〛フィアナ神話. **An Fhiannaíocht** フィアナ神話[オシアン神話]. フィンマックール隊長とそのフィアナ隊の武勇伝, 3世紀にできた物語とされている.
fiántas [fʹiːantəs] 名男〚属単 **fiántais**〛野生; 凶暴; 荒れ地.
fiaphoc [ˈfʹiəˌfok] 名男〚属単・主複 **fiaphoic**, 属複 ～〛雄(鹿).
fiar [fʹiər] 名男〚属単 **fiair**, 主複 **-a**, 属複 ～〛傾斜, 斜め; 曲がり. **trasna ar** ～ 対角線に.
―― 形1〚属単男 **féir**, 属単女・比較 **féire**, 主複 **-a**〛傾斜した, 斜めの; 対角線の.
―― 動I 他・自〚動名 **fiaradh**, 動形 **fiartha**〛傾斜させる; 曲げる; 方向を変える.
fiarlán [ˈfʹiərˌlaːn] 名男〚属単・主複 **fiarláin**, 属複 ～〛ジグザグ形.
fiarlaoid [fʹiərliːdʹ] 名 (成句) (ar) ～ 斜めに[迷って].
fiarsceabha [ˈfʹiərˌsʹkʹau] 名男〚属単 ～〛傾き. **ar** ～ ゆがんで.
fiarthrasna [ˈfʹiərˌhrasnə] 形3 対角線の, 斜めの.
―― 副 対角線に, 横に.
fiata [fʹiətə] 形3 野蛮な; 凶暴な; 怒った; 内気な.
fia-úll [ˈfʹiəˌuːl] 名男〚属単 **fia-úill**, 主複 **-a**, 属複 ～〛野生リンゴ.
fíbín [fʹiːbʹiːnʹ] 名男〚属単 ～〛遊び歩くこと. **go** ～ 気楽に[簡単に].
fiche [fʹixʹə] 名男〚属単 **-ad**, 複 **fichidí**; 与単・主複 **fichid**〛(数) 20.
―― 形 20 の; 多くの. **a** ～ 20. ～ **a haon** [a haon is ～] 21. **a deich is** ～ 30. **a trí déag is** ～ 33. **céad** ～ **a ceathair** 124. **tá sé sna fichidí** 彼は 20 代だ. **ceithre huaire fichead** 24 時間. **duine is** ～ 21 人. **ar fhiche bealach** 多くの方法で.
ficheall [fʹixʹəl] 名女〚属単 **fichille**〛(ゲーム)チェス.

fichiú [fʲixʲuː] 名男 〖属単 〜, 複 **fichithe**〗第20.
—— 形3 第20の. an 〜 huair 20回.
ficsean [fʲikʲsʲən] 名男 〖属単 **ficsin**〗フィクション, 小説.
fidil [fʲidʲəlʲ] 名女 〖属単 **fidle**, 複 **fidleacha**〗バイオリン.
fidléir [fʲidʲlʲeːrʲ] 名男 〖属単 **fidléara**, 複 -**í**〗バイオリン弾き.
fíf [fʲiːfʲ] 名女 〖属単 -**e**, 複 -**eanna**〗横笛.
fige [fʲigʲə] 名女 〖属単 〜, 複 **figí**〗イチジク(の木).
figh [fʲiɣʲ] 動I 他・自 〖動名 **fí**, 動形 **fite** ; 現 **fíonn**, 未 **fífidh**〗織る ; 編む ; 作曲 [詩] する.
figiúr [fʲigʲuːr] 名男 〖属単 **figiúir**, 複 **figiúirí**〗数, 数字 ; (複)統計 ; 数学.
file [fʲilʲə] 名男 〖属単 〜, 複 **filí**〗詩人.
fileata [fʲilʲətə] 形3 詩的, 叙情的 ; 想像力に富む.
filiméala [fʲilʲəmʲeːlə] 名男 〖属単 〜〗ナイチンゲール(ウグイスに似た大型の鳥).
filíocht [fʲilʲiː(ə)xt] 名女 〖属単 -**a**〗詩, 韻文.
fill [fʲilʲ] 動I 他・自 〖動名 **filleadh**, 動形 **fillte**〗折る ; 包む ; 戻る.
 fillte i bpáipéar 紙で包んで. **d'fhill sé ar an teach** 彼は家に引き返した.
filleán [fʲilʲtʲaːn] 名男 〖属単・主複 **filltáin**, 属複 〜〗ファイル ; 包む物.
filltín [fʲilʲtʲiːnʲ] 名男 〖属単 〜, 複 -**í**〗折り目 ; しわ.
fím [fʲiːm] figh＋mé.
fimíneach [fʲimʲiːnʲəx] 名男 〖属単・主複 **fimínigh**, 属複 〜〗偽善者.
—— 形1 偽善的な.
fine [fʲinʲə] 名女 〖属単 〜, 複 **finte**〗一家, 一族 ; 民族.
fínéagar [fʲiːnʲeːgər] 名男 〖属単 **fínéagair**〗酢, ビネガー.
fíneáil [fʲiːnʲaːlʲ] 名女 〖属単 **fíneála**, 複 **fíneálacha**〗罰金.
—— 動I 他 〖動名 **fíneáil**, 動形 **fíneála** ; 現 **fíneálann**〗罰金を課する.
fíneálta [fʲiːnʲaːltə] 形3 織り目の細かい ; 微妙な, 繊細な.
Fínín [fʲinʲiːnʲ] 名男 〖属単 〜, 複 -**í**〗(伝説)フィアナ隊(☞ Fiann) ; 19世紀のフィニアン運動員(アイルランド共和同盟主義者).
Fíníneachas [fʲinʲiːnʲəxəs] 名男 〖属単 **Fíníneachais**〗フィニアン主義 ; 19世紀のアイルランド共和主義.
fíniúin [fʲiːnʲuːnʲ] 名女 〖属単 **fíniúna**, 複 **fíniúnacha**〗ぶどうの木 ; ぶどう園.

finne [fʲinʲə] 名女〖属単 ～〗白；色白；金髪；fionn¹ の属単女・比較.
finné [finʲeː] 名男〖属単 ～, 複 **finnéithe**〗目撃者, 証人.
finscéal [ˈfʲinʲˌsʲkʲeːl] 名男〖属単 **finscéil**, 複 -ta〗ロマンス；寓話；伝説；小説.
finscéalaíocht [ˈfʲinʲˌsʲkʲeːliː(ə)xt] 名女〖属単 -a〗小説；伝説；空想物語.
fíoch [fʲiːx] 名男〖属単 **fích**, 主複 -a, 属複 ～〗怒り, 激怒.
fíochán [fʲiːxaːn] 名男〖属単・主複 **fíocháin**, 属複 ～〗織ること, 織物, 編み.
fíochmhaire [fʲiːxvərʲə] 名女〖属単 ～〗残忍, 蛮行.
fíochmhar [fʲiːxvər] 形 1 凶暴な, 残忍な.
fíodóir [fʲiː(ə)doːrʲ] 名男〖属単 **fíodóra**, 複 -í〗織り手, 織工.
fiodrince [ˈfʲidˌrinʲkʲə] 名男〖属単 ～, 複 **fiodrincí**〗回転すること；(ダンスの)つま先旋回.
fíon [fʲiːn] 名男〖属単 -a, 複 -ta〗ワイン, ぶどう酒.
fíonchaor [ˈfʲiːnˌxiːr] 名女〖属単 **fíonchaoire**, 主複 -a, 属複 ～〗ぶどう.
fíonghort [ˈfʲiːnˌɣort] 名男〖属単・主複 **fíonghoirt**, 属複 ～〗ぶどう園.
fionn¹ [fʲin] 名 1〖属単 **finn**, 主複 -a, 属複 ～〗白(色).
―― 形 1 白い；明るい；金髪の.
fionn² [fʲin] 動 I 他〖動名 **fionnadh**, 動名 **fionnta**〗確かめる；発見する；発明する.
fionnachtain [fʲinəxtənʲ] 名女〖属単・複 **fionnanchtana**〗発見；発明.
fionnadh [fʲinə] 名男〖属単 **fionnaidh**〗(体)毛, 毛皮. bhí ～ air chugam 彼は私に怒りをあらわにした. tá ～ fiáin air 彼は凶暴に見える.
fionnaitheach [fʲinihəx] 形 1 毛むくじゃらな；毛皮におおわれた.
fionnmhóin [ˈfʲinʲˌvoːnʲ] 名女〖属単 **fionnmhóna**〗泥炭地.
fionnuaire [ˈfʲinʲˌuərʲə] 名女〖属単 ～〗冷気；冷やすこと；冷静.
fionnuar [ˈfʲinʲˌuər] 形 1 涼しい；冷えた；冷静な.
fionraigh [fʲinriː] 動 II 自〖動名 **fionraí**, 動形 **fionraithe**〗～ ar [le] 待つ. bheith ag fionraí (ruda；le rud)(こと)を待つこと. b'fhada dom ag fionraí air 私は長く待たされた.
fiontar [fʲintər] 名男〖属単・主複 **fiontair**, 属複 ～〗危険, 冒険；事業. chuaigh sé i bhfiontar a anama leis 彼はそれを命がけでやった.
fiontraí [fʲintriː] 名男〖属単 ～, 複 **fiontraithe**〗冒険家；相場師.

fíor

fíor¹ [fʲiːr] 名女〖属単 **-ach**, 複 **-acha**〗形, 像, 外観；縁；象徴. ～ **na Croise** 手で十字をきること. ～ **na spéire** 地平線. ～ **aille** 崖っぷち.
fíor² [fʲiːr] 名女〖属単 **fíre**, 主格 **-a**, 属複 ～〗真実；誓約.
　── 形 1 真実の, 本当の. **is ～ duit** あなたは正しい. **más ～ dó féin** もし彼の言うことが本当ならば〔彼によると〕. **ní ～ liom é** 私はそれが本当とは信じられない.
fíor-³ [fʲiːr] 接頭 真実の；過激な；気高い.
fíoraigh¹ [fʲiːriː] 動 II 他〖動名 **fíorú**, 動形 **fíoraithe**〗考える；輪郭を描く；象徴する.
fíoraigh² [fʲiːriː] 動 II 他〖動名 **fíorú**, 動形 **fíoraithe**〗確かめる；遂行する.
fíoras [fʲiːrəs] 名男〖属単・主複 **fíorais**, 属複 ～〗事実.
fíorchaoin [ˈfʲiːrˌxiːnʲ] 名 (成句) ～ **fáilte** 心からの歓迎.
fíoruisce [ˈfʲiːrˌisˈkʲə] 名男〖属単 ～〗泉水.
fios [fʲis] 名男〖属単 **feasa**〗知識；情報. **tá a fhios agam** (**go**) (**go** 以下) を私は知っている. **cuir ～ ar an dochtúir** 医者を呼びにやる. (**rud**) **a chur i bhfios** [**a thabhairt le ～**] **do** (**dhuine**) (人) に (こと) を知らせること. **go bhfios dom** 私が知っている限り. **cá bhfios duit**? どうして分かったのか？
fiosrach [fʲisrəx] 形 1 不審そうな；探究的な.
fiosracht [fʲisrəxt] 名女〖属単 **-a**〗探究, 好奇心.
fiosraigh [fʲisriː] 動 II 他・自〖動名 **fiosrú**, 動形 **fiosraithe**〗尋ねる.
fiosrúchán [fʲisruːxaːn] 名男〖属単・主複 **fiosrúcháin**, 属複 ～〗質問すること；尋問.
fir [fʲir] ☞ **fear**¹.
fíre [fʲiːrʲə] 名女〖属単 ～〗真実；誠実；本物；**fíor**² の属単女・比較.
fíréan [fʲiːrʲeːn] 名男〖属単・主複 **fíréin**, 属複 ～〗公明正大な人；誠実な人.
　── 形 1 正義の；本物の.
fireann [fʲirʲən] 形 1 男性の, 男らしい.
fireannach [fʲirʲənəx] 名男〖属単・主複 **fireannaigh**, 属複 ～〗男性.
　── 形 1 男性の.
fíréanta [fʲiːrʲeːntə] 形 3 公明正大な；本物の；誠実な.
fíric [fʲiːrʲəkʲ] 名女〖属単 **-e**, 複 **-í**〗事実.
fírinne [fʲiːrʲənʲə] 名女〖属単 ～, 複 **fírinní**〗真実. **de dhéanta** [**de ráite**] **na ～** 実を言うと.

fírinneach [fʹiːrʹənʹəx] 形1 誠実な, 真実の. **go ～** 本当に.
firinscneach [fʹirʹənʹsʹkʹnʹəx] 形1 (文法) 男性の.
firmimint [fʹirʹəmʹəmʹənʹtʹ] 名女〖属単 **-e**, 複 **-í**〗天空. **ag imeacht sna firmimintí** 大急ぎで行くこと [凶暴になること].
fís[1] [fʹiːsʹ] 名女〖属単 **-e**, 複 **-eanna**〗視覚；幻想；想像.
fís[2] [fʹiːsʹ] 接頭 ビデオ.
físchaiséad [fʹiːsʹxaseːd] 名男〖属単・主複 **fischaiséid**, 属複 **～**〗ビデオカセット.
físcheamara [fʹiːsʹxʹamərə] 名男〖属単 **～**, 複 **-í**〗ビデオカメラ.
físeoireacht [fʹiːsʹoːrʹəxt] 名女〖属単 **-a**〗のぞくこと；詮索.
fiseolaíocht [ˈfʹisʹˌoːliː(ə)xt] 名女〖属単 **-a**〗生理学.
fisic [fʹisʹəkʹ] 名女〖属単 **-e**〗物理学.
fisiceach [fʹisʹəkəx] 形1 身体の；物質の.
fisiceoir [fʹisʹəkʹoːrʹ] 名男〖属単 **fisiceora**, 複 **-í**〗物理学者.
fisiteiripe [ˈfʹisʹəˌtʹerʹəpʹə] 名女〖属単 **～**〗物理 [理学] 療法.
fithis [fʹihəsʹ] 名女〖属単 **-e**, 複 **-í**〗小道；通路；軌道.
fístaifeadán [fʹiːsʹtafʹədaːn] 名男〖属単・主複 **fístaifeadáin**, 属複 **～**〗ビデオテープレコーダー.
fístéip [fʹiːsʹtʹeːp] 名女〖属単 **-e**, 複 **-eanna**〗ビデオテープ.
fithisigh [fʹihəsʹiː] 動II 自〖動名 **fithisiú**, 動形 **fithisithe**〗軌道に乗る.
fiú [fʹuː] 名 (動詞 is と共に) 価値；…さえも. **is ～ punt é** それは1ポンドの値打ちがある. **ní ～ trácht air** 言う価値もない. **an mór is ～** 壮大 [豪華] なもの. **～ le rá** 注目に値する. **gan ～ na mbróg** 靴さえもなく.
fiuch [fʹux] 動I 他・自〖動名 **fiuchadh**, 動形 **fiuchta**〗沸騰させる. **uisce fiuchta** 熱湯. **ar fiuchadh** 沸騰している. **fiuchadh feirge** こみあげてくる怒り.
fiúntach [fʹuːntəx] 形1 価値ある；まともな；寛大な.
fiúntas [fʹuːntəs] 名男〖属単 **fiúntais**〗価値；品位；寛大さ.
flainín [flanʹiːnʹ] 名男〖属単 **～**, 複 **-í**〗フランネル, 綿 (ネル).
flaith [flah] 名男〖属単・複 **flatha**〗支配者；…長.
flaitheas [flahəs] 名男〖属単・主複 **flaithis**, 属複 **～**〗支配；王国. **na Flaithis** 天国. **～ Dé** 神の国.
flaithiúil [flahuːlʹ] 形2 豪壮な；気前のよい.
flaithiúlacht [flahuːləxt] 名女〖属単 **-a**〗豪勢；壮大；寛大.
flannbhuí [ˈflanˌviː] 形3 オレンジ (橙) 色の. **tá trí dhath ar bhratach na hÉireann ; uaine, bán agus ～** アイルランド国旗は緑,

白、オレンジの3色から成る.
flaspóg [flaspoːg] 名女〖属単 **flaspóige**, 主複 **-a**, 属複 **~**〗(チュッと音をたてる)キス.
fleá [fʹlʹaː] 名女〖属単 **~**, 複 **-nna**〗祝宴；祭り. **~ cheoil** 音楽祭.
fleasc[1] [fʹlʹask] 名女〖属単 **fleisce**, 主複 **-a**, 属複 **~**〗棒；むち；背骨；帯[輪]状のもの. **ar fhleasc a dhroma**(＜droim) 仰向けになって.
fleasc[2] [fʹlʹask] 名男〖属単 **-a**, 複 **-anna**〗フラスコ；魔法瓶.
fleiscín [fʹlʹesʹkʹiːnʹ] 名男〖属単 **~**, 複 **-í**〗ハイフン(-).
fliche [fʹlʹixʹə] 名女〖属単 **~**〗湿気, 水気.
flichshneachta [fʹlʹixʹˌhnʹaxtə] 名男〖属単 **~**〗みぞれ.
flíp [fʹlʹiːpʹ] 名女〖属単 **-e**, 複 **-eanna**〗強打；ぽんとはじくこと；一吹き.
fliú [fʹlʹuː] 名男〖属単 **~**〗インフルエンザ.
fliuch [fʹlʹux] 形1〖属単男 **~**, 属単女・比較 **fliche**, 主複 **-a**〗湿った, 濡れた；雨の.
── 動I 他・自〖動名 **fliuchadh**, 動形 **fliuchta**〗濡らす；雨が降る；飲んで祝う.
fliuchán [fʹlʹuxaːn] 名男〖属単 **fliucháin**〗水分, 湿気；濡れること.
fliuchras [fʹlʹuxrəs] 名男〖属単 **fliuchrais**〗湿り；雨降り.
fliúit [fʹlʹuːtʹ] 名女〖属単 **-e**, 複 **-eanna**〗フルート.
fliúiteadóir [fʹlʹuːtʹədoːrʹ] 名男〖属単 **fliúiteadóra**, 複 **-í**〗フルート奏者.
flocas [flokəs] 名男〖属単 **flocais**〗(柔らかい)詰めもの, 詰め綿.
flosc [flosk] 名男〖属単 **-a**, 複 **-anna**〗流動；激流. **~ (chun) oibre** (＜obair) 仕事への熱意.
fluaraiseach [fluərəsʹəx] 形1 蛍光性の, 蛍光を放つ.
flúirse [fluːrsʹə] 名女〖属単 **~**〗豊富, 大量.
flúirseach [fluːrsʹəx] 形1 豊富な, 大量の.
flústar [fluːstər] 名男〖属単 **flústair**〗はためき；羽ばたき；こびへつらう人.
fo- [fo] 接頭 下位-；副-；変わった.
fo-bhaile [ˈfoˌvalʹə] 名男〖属単 **~**, 複 **fo-bhailte**〗郊外.
fo-bhailteach [ˈfoˌvalʹtʹəx] 名男〖属単・主複 **fo-bhailtigh**, 属複 **~**〗郊外居住者.
── 形1 郊外の.
fobhríste [ˈfoˌvrʹiːsʹtʹə] 名男〖属単 **~**, 複 **fobhrístí**〗ズボン下；パンツ.

focal [fokəl] 名男〘属単・主複 **focail**, 属複 ～〙言葉；伝言；約束. **níl ～ Gaeilge aige** 彼はゲール語は一言も話せない. **níl ～ as** 彼は黙っている. **sciorradh**[titim] **focail** 失言. ～ **a chur ar** (rud) (もの)を注文すること. **tá lámh is ～ eatarthu** 彼らは婚約している. **próiseálaí ～** ワープロ.

fócas [fo:kəs] 名男〘属単・主複 **fócais**, 属複 ～〙焦点. **i bhfócas** 焦点[ピント]があって；明確な. **as ～** 焦点がはずれて；はっきりしない.

fochaid [foxəd′] 名女〘属単 **-e**〙あざけり, あざ笑い. **ag ～** (ar; faoi) からかうこと.

fochair [foxər′] 名 (成句) **i bhfochair** と一緒に.

fochall [foxəl] 名男〘属単・主複 **fochaill**, 属複 ～〙堕落, たい廃；中身のないこと.

focheann [ˈfoˌx′an] 名男〘属単 **fochinn**〙変わった(特別な)もの.

fochéimí [ˈfoˌx′e:m′i:] 名男〘属単 ～, 複 **fochéimithe**〙(学部在学中の)大学生.

fochlásal [foxla:səl] 名男〘属単・主複 **fochlásail**, 属複 ～〙(文法)従属節.

fochma [foxmə] 名男〘属単 ～, 複 **-í**〙しもやけ.

fochoiste [foxost′ə] 名男〘属単 ～, 複 **fochoistí**〙小[分科]委員会.

fo-chomhfhios [foxo:ˈis] 名男〘属単 **fo-chomhfheasa**〙潜在意識.

fochomhlacht [foxo:ˈləxt] 名男〘属単 **-a**, 複 **-í**〙補助(物)；子会社.

fochupán [ˈfoˌxopa:n] 名男〘属単・主複 **fochupáin**〙受け皿.

foclach [fokləx] 形 1 口数の多い, くどい.

focleolaíocht [ˈfok(ə)lˌo:li:(ə)xt] 名女〘属単 **-a**〙言語学.

foclóir [foklo:r′] 名男〘属単 **foclóra**, 複 **-í**〙辞書；語彙.

fód [fo:d] 名男〘属単・主複 **fóid**, 属複 ～〙(細長くはぎ取った)芝(土)；地層. ～ **móna** 泥炭. **ar an bhfód** 現場で[即座に]. **an ～ a sheasamh** (<seas) 自分の意見[立場]を守ること. **an ～ dúchais** 故郷. **tá sé ag iompar na bhfód** 彼は葬られて[死亡して]いる.

fodar [fodər] 名男〘属単 **fodair**〙(家畜の)飼料, かいば.

fodhlí [ˈfoˌɣl′i:] 名男〘属単 ～, 複 **-the**〙内規, 定款；条例.

fodhuine [ˈfoˌɣin′ə] 名男〘属単 ～, 複 **fodhaoine**〙目下の者；風変わりな人.

fódúil [fo:du:l′] 形 2 安定した, 分別のある.

fo-éadach [ˈfoˌe:dəx] 名男〘属単 **fo-éadaigh**, 複 **fo-éadaí**〙下着. **ball fo-éadaigh** 下[肌]着.

fógair [fo:gər′] 動II 他・自〘動名 **fógairt**, 動形 **fógartha**；現

fógraíonn〛宣言する；知らせる；命令する. **earraí a fhógairt** 商品の宣伝.
fogas [fogəs] 名（成句）**i bhfogas do** (rud)（もの）の近くに.
fogha [fau] 名男〚属単 ～, 複 **-nna**〛突き, 突進. ～ **a thabhairt faoi** (dhuine)（人）を攻撃すること.
foghail [faul′] 名女〚属単 **foghla**, 複 **foghlacha**〛略奪すること；不法侵入；破壊.
foghar [faur] 名男〚属単・主複 **foghair**, 属複 ～〛音；声.
foghlaeireacht [faule:r′əxt] 名女〚属単 **-a**〛野鳥狩りをすること.
foghlaim [faulem′] 名女〚属単 **foghlama**〛学ぶこと；教えること.
―― 動II 他・自〚動名 **foghlaim**, 動形 **foghlamtha**；現 **foghlaimíonn**〛学ぶ；経験する；教える.
foghlaimeoir [faulem′o:r′] 名男〚属単 **foghlaimeora**, 複 **-í**〛学習者.
foghlaimím [faulami:m] **foghlaim** + **mé**.
foghlamtha [fauləmhə] 形3 学問のある；教養のある.
foghraíocht [fauri:(ə)xt] 名女〚属単 **-a**〛音声学.
fo-ghúna [ˈfo‚ɣu:nə] 名男〚属単 ～, 複 **-í**〛（女性用の）スリップ.
fógra [fo:grə] 名男〚属単 ～, 複 **-í**〛通知；警告；掲示；宣言.
fógraíocht [fo:gri:(ə)xt] 名女〚属単 **-a**〛広告, 宣伝.
fógróir [fo:gro:r′] 名男〚属単 **fógróra**, 複 **-í**〛告知者；広告者.
foighne [fain′ə] 名女〚属単 ～〛忍耐.
foighneach [fain′əx] 形1 忍耐強い. ～ **le** (duine)（人）に我慢する.
foighnigh [fain′i:] 動II 他・自〚動名 **foighneamh**, 動形 **foighnithe**〛我慢する, 耐える. **foighneamh le** (duine)（人）に我慢すること.
fóill [fo:l′] 形1 容易な；優しい；静かな. ～ **ort**! 気楽にやりなさい! **go** ～ まだ［すでに］. **fan go** ～ しばらく待ちなさい.
fóillíocht [fo:l′i:(ə)xt] 名女〚属単 **-a**〛レジャー, 暇.
foilmhe [fol′əv′ə] 名女〚属単 ～, 複 **foilmhí**〛空っぽ；中味のないこと, 空虚.
foilsceadh [fol′s′k′ə] 名男〚属単 **foilscidh**〛かき回し；動揺；ろうばい.
foilseachán [fol′s′əxa:n] 名男〚属単・主複 **foilseacháin**, 属複 ～〛発表, 出版.
foilsigh [fol′s′i:] 動II 他〚動名 **foilsiú**, 動形 **foilsithe**〛暴露する；出版する.
foilsitheoireacht [fol′s′iho:r′əxt] 名女〚属単 **-a**〛出版. **comh-**

lacht foilsitheoireachta 出版社.
fóin [fo:n′] 動I 自 〖動名 **fónamh**, 動形 **fónta**；現 **fónann**〗仕える, 役に立つ；適する. **fónamh do** (dhuine) (人)の為になること. **ní fhónann an lá sin dom** その日は都合が悪い.
foinse [fon′s′ə] 名 女〖属単 ～, 複 **foinsí**〗泉；源.
fóint [fo:n′t′] 名 女〖属単 **-e**〗有益, 効用.
fóinteach [fo:n′t′əx] 形 1 実際的な, 役立つ.
fóir[1] [fo:r′] 名 女〖属単 **-each**, 複 **-eacha**〗境界；地域；ふち. **dul thar ～ le** (rud) (こと)をやりすぎること. (rudaí) **a chur i bhfóiribh a chéile** (こと)をきちんと組み立てること.
fóir[2] [fo:r′] 動I 他・自〖動名 **fóirithint**, 動形 **fóirthe**〗助ける, 救助する；適する. **～ orm**！助けて！ **d'fhóir an bia dúinn** その食べ物は我々の口に合った.
foirceann [for′k′ən] 名 男〖属単・主複 **foircinn**, 属複 ～〗最後；末端；限界.
foirceanta [for′k′əntə] 形 3 限界のある, 有限の.
fóirdheontas [ˈfo:r′ɣo:ntəs] 名 男〖属単・主複 **fóirdheontais**, 属複 ～〗助成[補助]金；交付金.
foireann [for′ən] 名 女〖属単・複 **foirne**〗仲間；隊；一揃え. **～ loinge** 船のクルー. **～ iomána** ハーリングのチーム. **～ dráma** 劇の配役.
foirfe [for′əf′ə] 形 3 完全な；老齢の；成熟した.
foirfeacht [for′əf′əxt] 名 女〖属単 **-a**〗完全；高齢；成熟.
foirfigh [for′əf′i:] 動II 他・自〖動名 **foirfiú**, 動形 **foirfithe**〗完了させる；円熟させる.
foirgneamh [for′əg′n′əv] 名 男〖属単・主複 **foirgnimh**, 属複 ～〗建物；構造.
foirgníocht [for′əg′n′i:(ə)xt] 名 女〖属単 **-a**〗建築(術).
foirgthe [for′ək′ə] 形 3 ～ **le** 蜂の巣状の；荒らされた；群がる. **～ le daoine** 人でいっぱいの.
fóirithint [fo:r′ihən′t] ☞ **fóir**[2].
foirm [for′əm′] 名 女〖属単 **-e**, 複 **-eacha**〗形, 型. **i bhfoirm aingil** 天使の姿で.
foirmigh [for′əm′i:] 動II 他・自〖動名 **foirmiú**, 動形 **foirmithe**〗形成する；具体化する.
foirmiúil [for′əm′u:l′] 形 2 型にはまった；正式の；儀礼的な.
foirmiúlacht [for′əm′u:ləxt] 名 女〖属単 **-a**〗形式的なこと.
foirmle [for′əm′l′ə] 名 女〖属単 ～, 複 **foirmlí**〗式文, 処方, 決まり

文句.

foirnéis [foːrnʹeːsʹ] 名女〖属単 **-e**, 複 **-í**〗(暖)炉；かまど.
fóirsteanach [foːrsʹtʹənəx] 形 1 適している，ふさわしい．
foirtil [fortʹəlʹ] 形 1 強い．
fóisc [foːsʹkʹ] 名女〖属単 **-e**, 複 **-eacha**〗雌羊．
foisceacht [fosʹkʹəxt] 名女〖属単 **-a**〗接近. **i bhfoisceacht míle de** 1マイル以内に.
fóiséad [foːsʹeːd] 名男〖属単・主複 **fóiséid**, 属複 ～〗蛇口(ﾀﾞｸﾞﾁ)；栓；通風筒.
fola [folə] ☞ **fuil**.
folach [folex] 名男〖属単 **folaigh**〗隠す[覆う]こと，隠匿(ｲﾝﾄｸ). **i bhfolach** 隠れて. ～ **cruach** [～ **bíog**] **a dhéanamh** かくれんぼをすること.
folachánaí [foləxaːniː] 名男〖属単 ～, 複 **folachánaithe**〗密航者；無賃乗客.
folaigh [foliː] 動II 他・自〖動名 **folú**, 動形 **fulaithe**〗隠す，覆う；含む．
folaíocht [foliː(ə)xt] 名女〖属単 **-a**〗血統，家系. **ceart folaíochta** 生得権. **capall folaíochta** サラブレッド(馬)．
foláir [folaːrʹ] 名 (動詞 is の否定形と共に) **ní ～** 必要である. **ní ～ dom imeacht** 私は行かなければならない. **ní ～ liom mo scith a ligean** 私は休まねばならないと思う.
foláireamh [folaːrʹəv] 名男〖属単・主複 **foláirimh**, 属複 ～〗命令，指令；警告.
folaitheach [folihəx] 形 1 隠された，秘密の．
folamh [foləv] 形 1〖属単男 **folaimh**, 属単女・比較 **foilmhe**, 主複 **folmha**〗空(ｶﾗ)の；空虚な；無の. **buille ～** 空振り.
folc [folk] 動I 他〖動名 **folcadh**, 動形 **folctha**〗入浴させる，洗う；浸す. **ag folcadh fearthainne** どしゃ降り.
folcadán [folkədaːn] 名男〖属単・主複 **folcadáin**, 属複 ～〗入浴；風呂，浴槽.
foléim [foleːm] 名女〖属単 **-e**, 複 **-eanna**〗軽く跳ぶこと；スキップ.
foléine [ˈfolʹeːnʹə] 名女〖属単 ～, 複 **foéinte**〗肌着；ベスト.
folig [folag] 動I 他〖動名 **foligean**, 動形 **foligthe**〗また貸しする；下請けさせる.
folíne [ˈfolʹiːnʹə] 名女〖属単 ～, 複 **folinte**〗(電話)内線.
folláin [folaːnʹ] 形 1 健康的な；(食物が)健康によい；衛生的な.

follas [fоləs] 形1 〖属単男 **follais**, 属単女・比較 **foilse**, 主複 **-a**〗明るい; はっきりした; 明確な. is 〜 (go) (go 以下)は明白だ.
follasach [fоləsəx] 形1 はっきりした; 確信する; 潔白な.
folmhaigh [fоləvi:] 動II 他〖動名 **folmhú**, 動形 **folmhaithe**〗からにする; 荷をおろす; 使い果たす.
folracht [folrəxt] 名女〖属単 **-a**〗(傷から出た)血のかたまり; 血のり.
folt [folt] 名男〖属単・主複 **foilt**, 属複 〜〗頭髪.
foltfholcadh [ˈfoltˌolkə] 名男〖属単 **foltfholctha**, 複 **foltfholcthaí**〗シャンプーすること.
foluain [foluənʲ] 名女〖属単 **foluana**〗はためき; 飛行; ホバリング(空中停止).
folúil [folu:lʲ] 形2 純血種の. capall 〜 サラブレッド(馬).
folúntas [folu:ntəs] 名男〖属単・主複 **folúntais**, 属複 〜〗からっぽ, 空虚.
folús [folu:s] 名男〖属単 **folúis**〗真空; から; 空白.
folúsghlantóir [folu:sɣlanto:rʲ] 名男〖属単 **folúsghlantóra**, 複 **-í**〗電気掃除機.
fómhar [fo:vər] 名男〖属単・主複 **fómhair**, 属複 〜〗秋; 収穫(期). 〜 (beag) na ngéanna 小春日和(びより).
fomhórach [ˈfoˌvo:rəx] 名男〖属単・主複 **fomhóraigh**, 属複 〜〗海賊; 巨人.
fomhuireán [ˈfoˌvirʲaːn] 名男〖属単・主複 **fomhuireáin**, 属複 〜〗潜水艦.
fón [foːn] 名男〖属単・主複 **fóin**, 属複 〜〗電話. 〜 póca 携帯電話.
fónamh [foːnəv] 名男〖属単 **fónaimh**〗奉仕, 役立つこと; 効力. ar 〜 優れている. bheith ar 〜 元気であること. 〜 a dhéanamh do (dhuine) (人)に尽くすこと.
fondúir [fonduːrʲ] 名男〖属単 **fondúra**, 複 **-í**〗創立者.
fondúireacht [fonduːrʲəxt] 名女〖属単 **-a**, 複 **-aí**〗創立, 設立.
fonn[1] [fon] 名男〖属単・主複 **foinn**, 属複 〜〗曲; メロディ; 歌.
fonn[2] [fon] 名男〖属単 **foinn**〗気分; 欲望; 傾向. 〜 codlata 眠気. d'fhonn するために. d'fhonn is (go) (go 以下)するように(願って).
fonnmhar [fonəvər] 形1 望んで; 願って; 進んで. go 〜 喜んで[進んで].
fonóid [fono:dʲ] 名女〖属単 **-e**〗愚弄(ぐろう)すること; あざけり; からかい.
fonóideach [fono:dʲəx] 形1 あざけりの; からかう.

fonóta [fonoːtə] 名男〖属単 ～, 複 **-í**〗脚注.
fonsa [fonsə] 名男〖属単 ～, 複 **-í**〗円形の縁取り；みみずばれ.
fónta [foːntə] 形 3 役に立つ；健全な；適当な.
fóntas [foːntəs] 名男〖属単・主複 **fóntais**, 属複 ～〗効用, 有益. ～ **poiblí** 公益事業.
for- [for] 接頭 上方の；超-；外の.
forábhar [ˈforˌaːvər] 名男〖属単・主複 **forábhair**, 属複 ～〗補足, 追加.
foráil [foraːlʲ] 名女〖属単 **forála**, 複 **forálacha**〗規定. **forálacha reachta** 法令.
forainm [ˈforˌanʲəmʲ] 名男〖属単 ～, 複 **-neacha**〗(文法) 代名詞.
foráiste [foraːsʲtʲə] 名男〖属単 ～〗(牛馬の)飼料, まぐさ.
foraois [foriːsʲ] 名女〖属単 **-e**, 複 **-í**〗森林；奥地.
foraoiseacht [foriːsʲəxt] 名女〖属単 **-a**〗森林学；森林地.
foras [forəs] 名男〖属単・主複 **forais**, 属複 ～〗基礎；確立；協会.
forás [foraːs] 名男〖属単 **foráis**〗成長, 発達, 進歩.
forásach [foraːsəx] 形 1 発展中の；開発途上にある.
forasta [forəstə] 形 3 確立した；安定した；定着した.
forbair [forəbərʲ] 動 II 他・自〖動名 **forbairt**, 動形 **forbartha**；現 **forbraíonn**〗発達させる；増大させる. ～ **ar** いらいらさせる.
forbhás [forəvaːs] 名男〖属単 **forbháis**〗**ar** ～ 不安定な, 倒れそうな.
forbhríste [ˈforˌvʲrʲiːsʲtʲə] 名男〖属単 ～, 複 **forbhrístí**〗作業ズボン；オーバーオール.
forc [fork] 名男〖属単・主複 **foirc**, 属複 ～〗フォーク. ～ **féir**(< **féar**) くま手. **sceana agus foirc** ナイフとフォーク.
forcamás [forkəmaːs] 名男〖属単 **forcamáis**〗警戒, 注意, 見せかけ. ～ **cainte** 知ったかぶりの話.
forcháin [ˈforˌxaːnʲ] 名女〖属単 **forchánach**, 複 **forchánacha**〗付加税.
forchéimnigh [ˈforˌxʲeːmʲnʲiː] 動 II 自〖動名 **forchéimniú**, 動形 **forchéimnithe**〗進行する；進歩する.
forchraiceann [ˈforˌxrakʲən] 名男〖属単 **forchraicinn**, 複 **forchraicne**〗(動・植物の)表皮.
fordhaonna [ˈforˌɣiːnə] 形 3 超人的な；神技の.
fordheontas [ˈforˌɣʲoːntəs] 名男〖属単・主複 **fordheontais**, 属複 ～〗補助〖助成〗金.
foréigean [ˈforˌeːɡʲən] 名男〖属単 **foréigin**〗暴力；猛烈；強制. **le**

〜 力ずくで.
foréigneach [ˈforˌeːgʲnʲəx] 形1 乱暴な；激しい；無理強いの.
forghabh [ˈforˌɣav] 動I 他《動名 **forghabháil**, 動形 **forghafa**》つかむ；しっかり締める；侵害される.
forlámhas [ˈforˌlavəs] 名男《属単 **forlámhais**》統治；権威；専制政治.
forléas [ˈforˌlʲeːs] 名男《属単 **forléis**, 複 **-acha**》明かり取り, 天窓.
forleathan [ˈforˌlʲahən] 形1《属単男 **forleathain**, 属単女・比較 **forleithne**, 主複 **-a**》広がった；行きわたった；一般の.
forléine [ˈforˌlʲeːnʲə] 名女《属単 〜, 複 **forléinte**》上っ張り, スモック.
forlíon [ˈforˌlʲiːn] 動I 他・自《動名 **forlíonadh**, 動形 **forlíonta**》いっぱいにする；詰め込む；完成させる. **forlíonadh a chur le leabhar** 本の付録[増刊].
forluigh [ˈforlʲiː] 動I 他《動名 **forluí**, 動形 **forluite**；現 **forluíonn**》重ねる, 重複する.
forma [forəmə] 名男《属単 〜, 複 **-í**》ベンチ, 長いす.
formad [forəməd] 名男《属単 **formaid**》妬むこと；うらやみ；対抗.
formáidigh [formaːdi] 動II 他《動名 **formáidiú**, 動形 **formáidithe**》(コンピューター)フォーマットを作る. **diosca a formáidiú** ディスクをフォーマットすること.
formhéadaigh [ˈforˌveːdiː] 動II 他《動名 **formhéadú**, 動形 **formhéadaithe**》拡大する.
formheas [ˈforˌvʲas] 動I 他《動名 **formheas**, 動形 **formheasta**》許可[認可]する.
formhór [ˈforˌvoːr] 名男《属単 **formhóir**》大部分, 大多数. 〜 **an na ndaoine** 大多数の人. **d'fhormhór** 主として[たいてい].
formhothaithe [ˈforˌvohihə] 形3 気付かれないほどの, こっそりする. **tháinig sé isteach go** 〜 彼はいつの間にか入ってきた.
formhuinigh [ˈforˌvinʲiː] 動II 他《動名 **formhuiniú**, 動形 **formhuinithe**》(意見など)是認(承認)する；(手形など)裏書きする.
forneart [ˈforˌnʲart] 名男《属単 **fornirt**》強力；暴力.
forógra [ˈforˌoːgrə] 名男《属単 〜, 複 **-í**》宣言；法令；警告.
forrán [foraːn] 名男《属単・主複 **forráin**, 属複 〜》攻撃, 暴力. 〜 **a chur ar** (**dhuine**) (人)に近寄って声をかけること.
fórsa [foːrsə] 名男《属単 〜, 複 **-í**》力. **na fórsaí** 軍隊.
forsheomra [ˈforˌhoːmrə] 名男《属単 〜, 複 **-í**》控え室；ロビー.

forshonach [forhonəx] 形1 超音速の；超音波の.
forshuigh [forhiɣ'] 動II 他〖動名 **forshuí**, 動形 **forshuite**；現 **forshuíonn**〗重ねる；(映画)スーパーインポーズする.
fórsúil [fo:rsu:l'] 形2 力強い；無理強いの.
fortaigh [forti:] 動II 他・自〖動名 **fortacht**, 動形 **fortachta**〗救助[援助]する；安心させる；和らげる.
fortún [fortu:n] 名男〖属単・主複 **fortúin**, 属複 ～〗運, 幸運；運命.
fós [fo:s] 副 まだ；再び；その上.(比較級を強めて)なおいっそう. **níl a fhios agam fós** 私にはまだ分らない. **agus ceann eile ～** 続々と. **agus ～** その上. **ach ～** それにもかかわらず. **níos deise ～** さらに良い.
fosaíocht [fosi:(ə)xt] 名女〖属単 -a〗群がること；付き添うこと. **ag ～ le** (duine) (人)に近づくこと.
foscadh [foskə] 名男〖属単 **foscaidh**, 複 **foscaí**〗日陰；シェルター；隠れ家.
foscúil [fosku:l'] 形2 日陰になった；保護された；慎重な.
foshuiteach ['fo₁hit'əx] 名男〖属単 **foshuitigh**〗(文法)仮定法.
── 形1 仮定法の.
fosta [fostə] 副 さらに；もまた；同様に. **bhí mé ann ～** 私もそこにいた.
fostaí [fosti:] 名男〖属単 ～, 複 **fostaithe**〗被雇用者；従業員.
fostaigh [fosti:] 動II 他・自〖動名 **fostú**, 動形 **fostaithe**〗雇う；掴む, 握る. **dul i bhfostú i** (rud) (こと)に巻き込まれること.
fostaíocht [fosti:(ə)xt] 名女〖属単 -a〗雇用.
fostóir [fosto:r'] 名男〖属単 **fostóra**, 複 **-í**〗雇用者, 雇い主.
fóta(i)- [fo:tə] 接頭 写真の-.
fótachóip ['fo:tə₁xo:p'] 名女〖属単 -e, 複 -eanna〗写真複写, コピー.
fótagraf ['fo:tə₁graf] 名男〖属単・主複 **fótagraif**, 属複 ～〗写真.
fothaigh [fohi:] 動II 他・自〖動名 **fothú**, 動形 **fothaithe**〗創立[設立]する；養う；(原料, データなどを)送り込む.
fothain [fohən'] 名女〖属単 **fothana**〗避難(所)；保護；慎重さ.
fothainiúil [fohən'u:l'] 形2 避難する；隠れる；隠し立てする.
fothair [fohər'] 名女〖属単 **foithre**, 複 **foithreacha**〗木におおわれた谷間；断崖, 絶壁.
fotháirge ['fo₁ha:r'g'ə] 名男〖属単 ～, 複 **fotháirgí**〗副産物.
fotheideal ['fohed'əl] 名男〖属単・主複 **fotheidil**, 属複 ～〗サブタイトル, 副題.

fothoghchán [ˈfoˌhauxaːn] 名男〖属単・主複 **fothoghcháin**, 属複 **~**〗補欠選挙.
fothrach [fohrəx] 名男〖属単・主複 **fothraigh**, 属複 **~**〗廃墟.
fothraig [fohrəgʹ] 動I 他〖動名 **fothragadh**, 動形 **fothragtha**; 現 **fothragann**〗入浴させる; 洗う; 浸す.
fothram [fohrəm] 名男〖属単 **fothraim**〗騒音; 騒動; (精神的)動揺.
fothú [fohuː] 名男〖属単 **fothaithe**, 複 **fothuithe**〗創立; 養育; 給送(装置).
fothúill [fohuːlʹ] 形2 基礎のしっかりした; 固体の.
fraigh [fraɣʹ] 名女〖属単 **-e**, 複 **fraitheacha**〗(室内の)壁; 屋根.
fráma [fraːmə] 名男〖属単 **~**, 複 **-í**〗骨組み; 枠.
Francach¹ [fraŋkəx] 名男〖属単・主複 **Francaigh**, 属複 **~**〗フランス人.
── 形1 フランス人の.
francach² [fraŋkəx] 名男〖属単・主複 **francaigh**, 属複 **~**〗ねずみ.
fraoch¹ [friːx] 名男〖属単 **fraoigh**〗ヒース(の茂った地).
fraoch² [friːx] 名男〖属単 **fraoich**〗どう猛, 凶暴.
fraochmhar [friːxvər] 形1 ヒースの(多い).
fraochta [friːxtə] 形3 激しい, 凶暴な.
frapa [frapə] 名男〖属単 **~**, 複 **-í**〗支え, 支柱. **~ aille** 崖の岩だな.
fras [fras] 名女〖属単 **fraise**, 主複 **-a**, 属複 **~**〗にわか雨; 洪水.
── 形1 豊富な, おびただしい. **go ~** 多量に.
frása [fraːsə] 名男〖属単 **~**, 複 **-í**〗(文法)句.
fraschanna [ˈfrasˌxanə] 名男〖属単 **~**, 複 **-í**〗じょ(う)ろ.
freagair [fʹrʹagərʹ] 動I 他・自〖動名 **freagairt**, 動形 **freagartha**; 現 **freagraíonn**〗答える, 応じる; 遂行する; 露出する. **freagair do** (rud)(こと)に一致すること.
freagra [fʹrʹagrə] 名男〖属単 **~**, 複 **-í**〗解答. **ceist agus ~** 質疑応答.
freagrach [fʹrʹagrəx] 形1 答えることのできる; 説明できる; 都合のよい.
freagracht [fʹrʹagrəxt] 名女〖属単 **-a**, 複 **-aí**〗責任; 回答.
freagraím [fʹrʹagriːm] freagair+mé.
fréamh [fʹrʹeːv] 名女〖属単 **fréimhe**, 複 **-acha**〗根, 源, 生まれ.
fréamhaigh [fʹrʹeːviː] 動II 他・自〖動名 **fréamhú**, 動形 **fréamhaithe**〗根付かせる. **~ ó** から生じる.

freanga [fʲrʲaŋgə] 名女 〖属単 ～, 複 **-í**〗曲がり, ひねり ; けいれん.
freascó [fʲrʲaskoː] 名男 〖属単 ～, 複 **-nna**〗フレスコ画(法).
freastail [fʲrʲastəlʲ] 動II 他・自〖動名 **freastal**, 動形 **freastalta** ; 現 **freastalaíonn**〗世話をする ; 利用する ; 出席する.
freastalaí [fʲrʲastəliː] 名男 〖属単 ～, 複 **freastalaithe**〗出席者 ; 付添い ; 接客係.
freastalaín [fʲrʲastəliːn] freastail + mé.
freasúra [fʲrʲasuːrə] 名男 〖属単 ～, 複 **-í**〗反対 ; 抵抗. an ～ 野党.
freasúrach [fʲrʲasuːrəx] 形 1 対立する, 反対の.
freisin [fʲrʲesʲən] 副 …もまた ; 同様に.
fríd [fʲrʲiːdʲ] 名女 〖属単 **-e**, 複 **-í**〗極小動物 ; 少量 ; わずか. oiread na fríde de (rud) (もの)の最小.
frídín [fʲrʲiːdʲiːnʲ] 名男 〖属単 ～, 複 **-í**〗虫 ; 極小のもの.
frigháire [ˈfʲrʲiˌɣaːrʲə] 名男 〖属単 ～, 複 **frigháirí**〗微笑.
frimhagadh [ˈfʲrʲiˌvagə] 名男 〖属単 **frimhagaidh**〗軽い冗談.
frioch [fʲrʲix] 動I 他・自〖動名 **friochadh**, 動形 **friochta**〗油でいためる[揚げる].
friochtán [fʲrʲixtaːn] 名男 〖属単・主複 **friochtáin**, 属複 ～〗フライパン.
friofac [fʲrʲifək] 名男 〖属単・主複 **friofaic**, 属複 ～〗釣り針 ; 抑制.
friotaíocht [fʲrʲitiː(ə)xt] 名女 〖属単 **-a**〗抵抗.
friotal [fʲrʲitəl] 名男 〖属単・主複 **friotail**, 属複 ～〗演説 ; 表現 ; 発言.
friotháil [fʲrʲihaːlʲ] 名女 〖属単 **friothála**〗世話 ; 聖職 ; 奉仕. ～ a dhéanamh ar (dhuine) (人)の面倒をみること.
—— 動I 他・自〖動名 **friotháil**, 動形 **friotháilte** ; 現 **friotháłann**〗世話をする ; 奉仕する.
friothálaí [fʲrʲihaːliː] 名男 〖属単 ～, 複 **friothálaithe**〗接客係 ; 係員.
friothamh [fʲrʲihəv] 名男 〖属単・主複 **friothaimh**, 属複 ～〗屈折, 反射.
friseáilte [fʲrʲisʲaːlʲtʲə] 形 3 新鮮な ; 爽やかな.
frisnéis [fʲrʲisʲnʲeːsʲ] 名女 〖属単 **-e**, 複 **-í**〗対立, 対照.
frith- [fʲrʲi(h)] 接頭 (t の前では fri-) 反- ; 敵対- ; 逆-.
frithbheartaigh [ˈfʲrʲiˌvʲarti] 動II 他〖動名 **frithbheartú**, 動形 **frithbheartaithe**〗逆らう ; 中和する.
frithbheathach [ˈfʲrʲiˌvʲahəx] 名男 〖属単・主複 **frithbheathaigh**, 属複 ～〗抗生物質.

――形1 抗生物質の.
frithbhualadh [ˈfʲrʲiˌvuələ] 名男〖属単 **frithbhuailte**〗反響；脈拍, 動悸.
frithchaith [ˈfʲrʲiˌxah] 動I 他〖動名 **frithchaitheamh**, 動形 **frithchaite**〗反射する.
frithchioclón [ˈfʲrʲiˌxˈiklo:n] 名男〖属単・主複 **frithchioclóin**, 属複 〜〗(気象) 高気圧.
frithchosúil [ˈfʲrʲiˌxosuːlʲ] 形2 逆説の.
frithchosúlacht [ˈfʲrʲiˌxosuːləxt] 名女〖属単 -a〗逆説, パラドクス.
frithdhúnadh [ˈfʲrʲiˌɣuːnə] 名男〖属単 **frithdhúnta**〗ロックアウト, 締め出し.
frithghiniúint [ˈfʲrʲiˌɣʲinʲuːnʲtʲ] 名女〖属単 **frithghiniúna**〗避妊(法).
frithghníomh [ˈfʲrʲiˌɣʲnʲiːv] 名男〖属単 **frithghnímh**, 複 **-artha**〗阻止；中和；反作用.
frithir [fʲrʲihərʲ] 形1 痛い；柔らかい；激しい.
frithsheasmhacht [ˈfʲrʲiˌhasvəxt] 名女〖属単 -a〗抵抗；強固.
frithsheipteach [ˈfʲrʲiˌhepʲtʲəx] 形1 防腐剤の.
frithsheipteán [ˈfʲrʲiˌhepʲtʲaːn] 名男〖属単・主複 **frithsheipteáin**, 属複 〜〗防腐剤；消毒薬.
frithshuigh [ˈfʲrʲiˌhiɣʲ] 動I 他〖動名 **frithshuí**, 動形 **frithshuite**；現 **frithshuíonn**〗〜 le 比べる；対照する.
frog [frog] 名男〖属単 **froig**, 複 **-anna**〗カエル.
froigisí [frogʲəsʲiː] 名 (複) 非主流派；気取り；見せかけ.
fronsa [fronsə] 名男〖属単 〜, 複 **-í**〗笑劇；道化芝居.
fuacht [fuəxt] 名男〖属単 **-a**〗寒さ；冷え；冷淡.
fuachtán [fuəxtaːn] 名男〖属単・主複 **fuachtáin**, 属複 〜〗しもやけ.
fuadaigh [fuədiː] 動I 他・自〖動名 **fuadach**, 動形 **fuadaithe**〗強奪する；誘拐する. tá mo chroí ag fuadach 私は心臓がドキドキしている.
fuadaitheoir [fuədihoːrʲ] 名男〖属単 **fuadaitheora**, 複 **-í**〗誘拐犯；ハイジャッカー.
fuadar [fuədər] 名男〖属単 **fuadair**〗突進；活気；傾向. tá 〜 troda faoi 彼はけんか好きだ.
fuadrach [fuədrəx] 形1 忙しい；急ぎの；騒ぎ立てる.
fuafar [fuəfər] 形1 憎むべき；いまわしい；不愉快な.

fuaidrigh [fuəd′r′iː] 動I 自 〖動名 **fuaidreamh**, 動形 **fuaidrithe**〗放浪する; 煽動する.

fuaigh [fuəɣ′] 動I 他・自 〖動名 **fuáil**, 動形 **fuaite**; 現 **fuann**; 未 **fuafaidh**〗縫う. ~ **do** に粘着する.

fuaim [fuəm′] 名 女 〖属単 **-e**, 複 **-eanna**〗音.

fuaimdhíonach [fuəmiːnəx] 形 1 防音の.

fuaimint [fuəm′ən′t′] 名 女 〖属単 **-e**〗堅固; 固体; 実質.

fuaimintiúil [fuəm′ən′t′uːl′] 形 2 基本の; 堅固な; 実体のある.

fuaimíocht [fuəm′iːəxt] 名 女 〖属単 **-a**〗音響効果.

fuaimneach [fuəm′n′əx] 形 1 鳴り響く; 反響する.

fuaimnigh [fuəm′n′i] 動II 他・自 〖動名 **fuaimniú**, 動形 **fuaimnithe**〗音を出す; 発音する.

fuair [fuər′] ☞ faigh.

fuaire [fuər′ə] 名 女 〖属単 ~〗寒さ, 冷気; 冷淡. **tá an lá ag dul i bhfuaire** 日増しに寒くなっている.

fuairnimh [′fuər₁n′iv′] 名 女 〖属単 **-e**〗寒さで麻痺(ひ)すること.

fual [fuəl] 名 男 〖属単 **fuail**〗尿.

fuar [fuər] 形 1 寒い; 冷たい; 無関心な. **tá (sé)** ~ **agat a bheith ag caint air anois** 今そのことを話しても無駄だ. **feoil fhuar** 生肉.

fuaraigeanta [′fuər₁ag′əntə] 形 3 冷静な, 落ち着いた.

fuaraigh [fuəriː] 動II 他・自 〖動名 **fuarú**, 動形 **fuaraithe**〗冷やす; 冷淡になる; 亡くなる. **bhí na seanamhráin ag fuarú** 古い歌は消えかけている. **lig don scéal sin fuarú** そのことは徐々にやめよう.

fuarán [fuəraːn] 名 男 〖属単・主複 **fuaráin**, 属複 ~〗泉.

fuaránta [fuəraːntə] 形 3 極寒の; ひややかな; 無関心な.

fuarchúis [′fuər₁xuːs′] 名 女 〖属単 **-e**〗冷淡; 冷静; 無関心.

fuarchúiseach [′fuər₁xuːs′əx] 形 1 冷たい; 冷静な; 寒さが厳しい.

fuarthan [fuərhən] 名 男 〖属単 **fuarthain**〗冷却; 涼しい場所.

fuarthas [fuərhəs] ☞ faigh.

fuarthé [′fuər₁heː] 名 男 〖属単 ~, 複 **-anna**〗冷淡(な人).

fuascail [fuəskəl′] 動II 他 〖動名 **fuascailt**, 動形 **fuascailte**; 現 **fuasclaíonn**〗解放する; 買い戻す; 解決する. (duine) **a chur ar fuascailt** (人)を人質にして身の代金を要求すること.

fuath[1] [fuə] 名 男 〖属単 **-a**, 複 **-anna**〗幻影; 幽霊.

fuath[2] [fuə] 名 男 〖属単 **-a**〗憎悪, 嫌悪. **is** ~ **liom é** 私はそれが大嫌いだ.

fuathaigh [fuəhiː] 動II 他 〖動名 **fuathú**, 動形 **fuathaithe**〗憎む; 嫌う; 変心する.

fud [fud] 名 (成句) ar ～ すみからすみまで. ar ～ na háite 至るところに.
fúibh [fu:vʹ] ☞ faoi¹.
fuil [filʹ] 名女〖属単・複 **fola**〗血(液).
fuilaistriú [ˈfilʹˌasʹtʹrʹu:] 名男〖属単・複 **fuilaistrithe**〗輸血.
fuileadán [filʹədɑ:n] 名男〖属単・主複 **fuileadáin**, 属複 ～〗血管.
fuílleach [fi:lʹəx] 名男〖属単・主複 **fuílligh**, 属複 ～〗残り; 残骸; 余剰. ～ ama a bheith agat 時間がたっぷりあること.
fuilteach [filʹtʹəx] 形 1 血なまぐさい, 残忍な.
fuin [finʹ] 動Ⅰ 他・自〖動名 **fuineadh**, 動形 **fuinte**〗(肉など)焼く; (パンなど)こねて作る; 編んで作る. fuinte i ndán 詩(の形)にすること. fear fuinte 体の引き締まった男性.
fuineadh [finʹə] 名男〖属単 **fuinidh**〗日没. ～ gréine(＜grian) 日没. ～ lae 夕方.
fúinn [fu:nʹ] ☞ faoi¹.
fuinneamh [finʹəv] 名男〖属単 **fuinnimh**〗精力, 活力; 元気.
fuinneog [finʹo:g] 名女〖属単 **fuinneoige**, 主複 **-a**, 属複 ～〗窓.
fuinniúil [finʹu:lʹ] 形 2 精力的; 強健な.
fuinseog [finʹsʹo:g] 名女〖属単 **fuinseoige**, 主複 **-a**, 属複 ～〗トリネコ(の木).
fuíoll [fi:l] 名男〖属単・主複 **fuíll**, 属複 ～〗残り物; 余剰. ～ bia 残飯. bhí saol na bhfuíoll acu 彼らは裕福に暮らした. ～ tinnis 病気の後遺症. fuíoll-leabhar スクラップブック.
fuip [fipʹ] 名女〖属単 **-e**, 複 **-eanna**〗むち.
fuipeáil [fipʹa:lʹ] 動Ⅰ 他〖動名 **fuipeáil**, 動形 **fuipeála**; 現 **fuipeálann**〗むち打つ.
fuireachas [firʹəxəs] 名男〖属単 **fuireachais**〗待つこと; 警戒.
fuirigh [firʹi:] 動Ⅰ 他・自〖動名 **fuireach**, 動形 **fuirithe**〗待たせる; 遅らせる. fuireach ó (rud) (こと)の欠席.
fuirseoir [firso:rʹ] 名男〖属単 **fuirseora**, 複 **-í**〗道化師; コメディアン.
fuirsigh [firsʹi:] 動Ⅰ 他・自〖動名 **fuirseadh**, 動形 **fuirste**; 現 **fuirseann**〗苦しめる; 悩ませる; 苦闘する.
fuisce [fisʹkʹə] 名男〖属単 ～〗ウイスキー.
fuiseog [fisʹo:g] 名女〖属単 **fuiseoige**, 主複 **-a**, 属複 ～〗ヒバリ.
fuist [fisʹt] 間投 シッ!
fúithi [fu:hi] ☞ faoi¹.
fulacht [fuləxt] 名女〖属単 **-a**, 複 **-í**〗炊事場所; バーベキュー.

fulaing [fuləŋ/] 動II 他・自〖動名 **fulaingt**, 動形 **fulaingthe**；現 **fulaingíonn**〗耐える, 我慢する；苦しむ.
fulangach [fuləŋəx] 形1 苦しんでいる；我慢強い；寛容な.
fúm [fu:m] ☞ faoi¹.
furasta [furastə] 形3 〖比較 **fusa**〗簡単な, 容易な. is ～ **fearg a chur air** 彼はすぐに怒る.
fusacht [fusəxt] 名女〖属単 **-a**〗容易, 平易. **dá fhusacht é** どんなに簡単でも.
fústar [fu:stər] 名男〖属単 **fústair**〗から騒ぎ；落ち着きのなさ.
fústrach [fu:strəx] 形1 騒々しい；落ち着きのない.
fút [fu:t] ☞ faoi¹.
fúthu [fu:hu] ☞ faoi¹.
fútráil [fu:tra:l/] 名女〖属単 **fútrála**〗そわそわすること；不器用；不手際.

G

ga¹ [ga] 名男〖属単 ～, 複 **-thanna**〗槍；投げ矢；刺すこと. ～ **solais** 光線. ～ **ciorcail** (円の)半径.
ga² [ga] 名 (成句) **bhí ～ seá ann** 彼は息を切らしていた.
gá [ga:] 名男〖属単 ～〗必要；要求. **má tá ～ leis** もし必要ならば. **ní ～ duit imeacht** 君は行く必要はない.
gabh [gav] 動I 他・自〖動名 **gabháil**, 動形 **gafa**〗取る；捕らえる；獲得する；引き受ける；行く；来る. **amhrán a ghabháil** 歌を歌うこと. **tá an clog ag gabháil** 時計は動いている. {gabh＋前置詞} ㋐ ～ **ag** を(人に)尋ねる. **gabhaim pardún agat** すみません. ㋑ ～ **ar** を始める；攻撃する；引受ける. **tá sé ag gabháil ort** 彼は君をだましている. **gabhaim orm duit gur fíor é** それは本当だと私は保証する. ㋒ ～ **as** 消える. **tá an solas ag gabháil as** 明かりが消えている. ㋓ ～ **chun** へ行く. **ag gabháil chun coláiste** 大学へ行くこと. ㋔ ～ **do** 精を出す；似合う；付属する. **ag gabháil don staidéar** 勉強に専念すること. **gabhann sé go breá duit** それはあなたによく似合っている. ㋕ ～ **le** 伴う；調和する；賛成する；伝える. **tá costas ag gabháil leis** それには費用が要る. **gabhaim leat air sin** それに関しては君に賛成だ.

buíochas a bhabháil le (duine)(人)に感謝の言葉を言うこと. ⑬ ~ thar 越える；通り過ぎる；省略する. an tseachtain seo a ghabh tharainn 先週：gabháil trí choill 森を通り抜けること：gabháil umat (rud) a dhéanamh (こと)にとりかかること.

gábh [ga:v] 名男〖属単 **gáibh**, 主複 **-a**, 属複 ~〗危険. teacht (slán) as ~ 危険を切り抜けること.

gabha [gau] 名男〖属単 ~, 複 **gaibhne**〗金属細工師. ~ **dubh** 鍛冶屋.

gabháil [gava:lʲ] 名女〖属単 **gabhála**, 複 **gabhálacha**〗捕らえること；請負；忍耐；調節；ビール酵母. ~ **féir** ひとかかえの干し草. ~ **fhoinn** 歌うこと.

gabhair [gaurʲ] 名女〖属単 ~〗熱狂, 夢中. ar ~ **chun** (ruda)(もの)が大好きで.

gabhal [gaul] 名男〖属単・主複 **gabhail**, 属複 ~〗フォーク状のもの；分岐；支流；ジャンクション；(人体・ズボンの)また. ~ **crainn** 分枝. **teach gabhail éadain** 寄棟(よせむね)屋根の家.

gabhálaí [gava:li:] 名男〖属単 ~, 複 **gabhálaithe**〗侵略者, 征服者.

gabháltas [gava:ltəs] 名男〖属単・主複 **gabháltais**, 属複 ~〗つかむこと；占領；侵入.

gabhann [gaun] 名男〖属単・主複 **gabhainn**, 属複 ~〗(牛馬などの)囲い；おり；被告席.

gabhar [gaur] 名男〖属単・主複 **gabhair**, 属複 ~〗山羊(やぎ). **an Gabhar** 山羊座.

gabhdán [gauda:n] 名男〖属単・主複 **gabhdáin**, 属複 ~〗容器；受け入れ.

gabhlach [gauləx] 形 1 フォーク状の；二またに分かれた；枝を広げた.

gabhlaigh [gauli:] 動Ⅱ 他・自〖動名 **gabhlú**, 動形 **gabhlaithe**〗(食物を)フォークで刺す；(干し草などを)熊手で運ぶ；分岐する.

gabhlán [gaula:n] 名男〖属単・主複 **gabhláin**, 属複 ~〗(鳥の)朝のさえずり.

gabhlóg [gaulo:g] 名女〖属単 **gabhlóige**, 主複 **-a**, 属複 ~〗フォーク(状のもの). ~ **bhoird** 食卓用フォーク.

gabhlógach [gaulo:gəx] 形 1 フォークに似た；二またに分れた.

gach [gax] 形 すべての, どの…も皆. ~ **aon duine** だれでも. ~ **uile bhliain** 毎年. **os cionn** ~ **uile ní** とりわけ. ~ **dara** [~ **re**] 一つおきに. ~ **re seal** 交替に.

──[名] すべてのもの. ~ is toil leat 君が望むすべて. ~ a raibh aige 彼が持っているもの全部(全財産).
gad [gad] [名]男〖属単・主複 **gaid**, 属複 ~〗(薪を束ねる；かごを編む)しなやかな(柳などの)枝[つる]. ~ ar ghaineamh 無駄なやり方.
gada [gadə] ☞ **goid**.
gadaí [gadi:] [名]男〖属単 ~, 複 **gadaithe**〗泥棒.
gadaíocht [gadi:(ə)xt] [名]女〖属単 **-a**〗盗むこと, 窃盗.
gadhar [gair] [名]男〖属単・主複 **gadhair**, 属複 ~〗(fiaigh) 猟犬.
Gaeilge [ge:l′g′ə] [名]女〖属単 ~, 複 **Gaeilgí**〗(アイルランド)ゲール語. ~ na hAlban スコットランドゲール語. ~ na Mhanann マン島ゲール語.
Gaeilgeoir [ge:l′g′o:r′] [名]男〖属単 **Gaeilgeora**, 複 **-í**〗(アイルランド)ゲール語を話す[学ぶ]人.
Gael [ge:l] [名]男〖属単・主複 **Geil**, 属複 ~〗アイルランド人.
Gaelach [ge:ləx] [形]1 アイルランドの；アイルランド文化に属する, アイルランド生まれの. **stobhach** ~ アイリッシュシチュー.
Gaelachas [ge:ləxəs] [名]男〖属単 **Gaelachais**〗アイルランド人気質；アイルランド文化への愛着.
Gaeltacht [ge:ltəxt] [名]女〖属単 **-a**, 複 **-aí**〗ゲール語を話す地域.
gafa [gafə] [形]3 取られた；捕まった；夢中になった. ~ ag slaghdán 風邪を引いて. ~ in obair 仕事に熱中して. tá an suíochán ~ その席はふさがっている. ~ gléasta 盛装して.
gág [ga:g] [名]女〖属単 **gáige**, 主複 **-a**, 属複 ~〗裂け[割れ]目；(皮膚の)ひび.
gágach [ga:gəx] [形]1 裂けた, 割れた；痩せた；みすぼらしい.
gáibéal [ga:b′e:l] [名]男〖属単・主複 **gáibéil**, 属複 ~〗割れ目, すき間.
gaibhneacht [gav′n′əxt] [名]女〖属単 **-a**〗金属細工.
gáifeach [ga:f′əx] [形]1 危険な；恐ろしい；大声の；誇張した.
gaige [gag′ə] [名]男〖属単 ~, 複 **gaigí**〗ダンディ, しゃれ者.
gailbh [gal′əv′] [名]女〖属単 **-e**, 複 **-eacha**〗強風, 暴風雨.
gailbheach [gal′əv′əx] [形]1 嵐の, 暴風雨の.
gailearaí [gal′əri:] [名]男〖属単 ~, 複 **gailearaithe**〗回廊；画廊；見物人.
Gaill [gal′] [名] an Ghaill ガリア.
gáilleog [ga:l′o:g] [名]女〖属単 **gáilleoige**, 主複 **-a**, 属複 ~〗口一杯；一飲み.
gaimbín [gam′b′i:n′] [名]男〖属単 ~, 複 **-í**〗(法外な)利益. **fear** ~

高利貸し.
gaineamh [ganʹəv] 名男〖属単 **gainimh**〗砂.
gaineamhchloch [ˈganʹəvˌxlox] 名女〖属単 **gaineamhchloiche**, 主複 **-a**, 属複 ～〗砂岩.
gaineamhlach [ganʹəvləx] 名男〖属単・主複 **gaineamhlaigh**, 属複 ～〗砂地；砂漠.
gainmheach [ganʹəvʹəx] 形1 砂の, 砂質の.
gainne[1] [ganʹə] 名男〖属単 ～, 複 **gainní**〗(魚)うろこ.
gainne[2] [ganʹə] 名女〖属単 ～〗不足, 欠乏. **dul i ngainne** 不足すること.
gáinne [gaːnʹə] 名女〖属単 ～, 複 **gáinní**〗葦(ᵃˢ)；矢. **imeacht sna gáinní** 突進. **sna gáinní báis** 必死の努力で.
gair [garʹ] 動I 他・自〖動名 **gairm**, 動形 **gairthe**〗呼ぶ, 叫ぶ；宣言する；(人)を歓呼して迎える. **gairm ar** (dhuine)(人)を召喚すること.
gáir [gaːrʹ] 名女〖属単 **-e**, 複 **gártha**〗叫び；泣き声；評判.
── 動I 他・自〖動名 **gáire**, 動形 **gáirthe**〗叫ぶ；笑う. **ag gáire le** (duine)(人)に笑いかけること. **ag gáire faoi** (dhuine)(人)をあざ笑うこと.
gairbhéal [garʹəvʹeːl] 名男〖属単 **gairbhéil**〗砂利.
gairdeach [gaːrdʹəx] 形1 嬉しい, 楽しい.
gairdeas [gaːrdʹəs] 名男〖属単 **gairdis**〗喜び, 嬉しさ.
gairdín [gaːrdʹiːnʹ] 名男〖属単 ～, 複 **-í**〗庭.
gaire [garʹə] 名女〖属単 ～〗接近. **i ngaire áite** (ある)場所の近くに. **ná tar i mo ghaire** 私に近寄るな.
gáire [gaːrʹə] 名男〖属単 ～, 複 **gáirí**〗笑い, 微笑み. **d' imigh an ～ orm** 笑わずにはいられなかった.
gairéad[1] [garʹeːd] 名男〖属単 **gairéid**〗虚飾, けばけばしさ.
gairéad[2] [garʹeːd] 名男〖属単・主複 **gairéid**, 属複 ～〗屋根裏部屋.
gaireas [garʹəs] 名男〖属単・主複 **gairis**, 属複 ～〗装置；工夫.
gairfean [garʹəfʹən] 名男〖属単 **gairfin**〗荒れ, 粗雑；荒れ地.
gairge [garʹəgʹə] 名女〖属単 ～〗粗暴；どぎつさ；厳しさ.
gairgeach [garʹəgʹəx] 形1 短気な；耳ざわりな；無愛想な.
gairid [garʹədʹ] 形1 短い；足りない；ささいな；近い. **～ do mhíle** 約1マイル. **le ～** 最近. **is ～ ó bhí sé anseo** 彼がここへ来てから長くは経っていない.
gáiriteach [gaːrʹətʹəx] 形1 笑っている, 嬉しそうな；陽気な.
gairleog [gaːrlʹoːg] 名女〖属単 **gairleoig**〗ガーリック, ニンニク.

gairm [garʹəmʹ] 名女〖属単 **-e**, 複 **-eacha**〗鳴き声；召還；表題；職業. tá ~ dochtúra aige 彼の職業は医者だ.
gairmeach [garʹəmʹəx] 名男〖属単 **gairmigh**〗(文法) 呼格.
── 形1 (文法) 呼格の. an tuiseal ~ 呼格.
gairmí [garʹəmʹi:] 名男〖属単 ~, 複 **gairmithe**〗(スポーツなど) プロ.
gairmiúil [garʹəmʹu:lʹ] 形2 職業の.
gairmoideachas [ˈgarʹəmʹˌodʹəxəs] 名男〖属単 **gairmoideachais**〗職業教育.
gairmscoil [ˈgarʹəmʹˌskolʹ] 名女〖属単 **-e**, 複 **-eanna**〗職業訓練所[学校].
gairneoireacht [ga:rnʹoːrʹəxt] 名女〖属単 **~a**〗園芸学.
gáirsiúil [ga:rsʹuːlʹ] 形2 淫らな, わいせつな.
gaisce [gasʹkʹə] 名男〖属単 ~, 複 **gaiscí**〗武器；手柄；見せびらかし.
gaiscíoch [gasʹkʹiː(ə)x] 名男〖属単・主複 **gaiscígh**, 属複 ~〗戦士；英雄；自慢屋.
gaisciúil [gasʹkʹuːlʹ] 形2 好戦的な；勇敢な；自慢したがる.
gaiste [gasʹtʹə] 名男〖属単 ~, 複 **gaistí**〗輪なわ, わな. teacht as ~ わな[困難]から抜け出すこと.
gáitéar [ga:tʹeːr] 名男〖属単・主複 **gáitéir**, 属複 ~〗みぞ；排水管；水路.
gal [gal] 名女〖属単 **gaile**, 主複 **-a**, 属複 ~〗(戦闘の)武勇；蒸気；煙；発作.
gála[1] [ga:lə] 名男〖属単 ~, 複 **-í**〗強風.
gála[2] [ga:lə] 名男〖属単 ~, 複 **-í**〗(家賃など)定期的支払い. (rud) a íoc ina ghálaí (もの)の分割払い.
galaigh [gali:] 動II 他・自〖動名 **galú**, 動形 **galaithe**〗蒸発[気化]させる.
galamaisíocht [ˈgaləˌmasʹiː(ə)xt] 名女〖属単 **-a**〗ふざけ, 戯れ.
galánta [galaːntə] 形3 立派な；豪華な；洗練された.
galántacht [galaːntəxt] 名女〖属単 **-a**〗豪華さ；優雅さ；こぎれいなこと.
galar [galər] 名男〖属単・主複 **galair**, 属複 ~〗病気；苦悩. i ngalar na gcás (<cás) 途方に暮れて.
galbhánaigh [galəvaːniː] 動II 他〖動名 **galbhánú**, 動形 **galbhánaithe**〗電流を通じさせる；活気づかせる；刺激する.
galf [galf] 名男〖属単 **gailf**〗ゴルフ.

galfaire [galfərʹə] 名男〖属単 ～, 複 **galfairí**〗ゴルファー.
galfholcadán [ˈgalˌolkədaːn] 名男〖属単・主複 **galfholcadáin**, 属複 ～〗蒸し風呂；サウナ.
galinneall [galinʹəl] 名男〖属単・主複 **galinnill**, 属複 ～〗蒸気機関.
gall [gal] 名男〖属単・主複 **gaill**, 属複 ～〗外国人；Gall ガリア［ゴール］人；ヴァイキング；ノルマン人.
gallán [galaːn] 名男〖属単・主複 **galláin**, 属複 ～〗石柱；巨石遺跡.
gallchnó [ˈgalˌxnoː] 名男〖属単 ～, 複 **-nna**〗クルミ.
gallda [galdə] 形 3 外国の；英国風の.
galldachas [galdəxəs] 名男〖属単 **galldachais**〗外国風；英国化.
Galltacht [galtəxt] 名女〖属単 **-a**, 複 **-aí**〗(アイルランド/スコットランドの)英語を話す地域.
galltrumpa [ˈgalˌtrompə] 名男〖属単 ～, 複 **-í**〗クラリオン.
gallúnach [galuːnəx] 名女〖属単 **gallúnaí**, 主複 **-a**, 属複 ～〗石鹸.
galrach [galrəx] 形 1 病気の, 感染した；病的な.
galraigh [galriː] 動II 他・自〖動名 **galrú**, 動形 **galraithe**〗病気に感染する；予防接種をする.
galtán [galtaːn] 名男〖属単・主複 **galtáin**, 属複 ～〗汽船.
galún [galuːn] 名男〖属単・主複 **galúin**, 属複 ～〗ガロン(1 ガロン=約 4, 5 [3, 8] *l*)；容器.
gamhain [gaunʹ] 名男〖属単・複 **gamhna**〗子牛. scéal an ghamhna bhuí 長ったらしい話.
gan [gən] 前 (b, c, g, m, p は S 変化) …なしに；がなくて；を願望する. ～ mhoill 遅れないで. b'fhearr duit ～ fanacht leo 彼らを待たないほうがよい. ～ mé sa bhaile！私は家に居たい！imeacht ～ teach air！彼が出ていって戻ってこないように！ach ～ deifir a bheith ort 君が急がないなら. ～ ach an beagán ほんの少しだけ. (agus) ～ ann ach leanbh fós 彼はまだほんの子供だが.
ganfhiosach [ganəsəx] 形 1 秘密の；打ち解けない.
ganfhiosaíocht [ganəsiː(ə)xt] 名女〖属単 **-a**〗秘密, 隠しだて.
gangaid [gaŋgədʹ] 名女〖属単 **-e**〗悪意；恨み.
gangaideach [gaŋgədʹəx] 形 1 有毒な；悪意に満ちた；苦い.
gann [gan] 形 1〖属単男 ～, 属単女・比較 **gainne**, 主複 **-a**〗乏しい；希薄な；けちな. ～ i mbainne ミルクが不足して. ～ ar mhíle 1 マイルそこそこ.
gannchuid [ˈganˌxidʹ] 名女〖属単 **gannchoda**〗ほんのわずか；窮

乏 ; 不足. bheith ar an ngannchuid 生活に困っていること.

gannchúis [ˈganˌxuːsʲ] 名女〖属単 **-e**〗不足, 欠乏, 窮乏. ~ (ruda) a bheith ort (もの)に不足すること.

gannchúiseach [ˈganˌxuːsʲəx] 形1 不足する ; 貧乏な ; けちな.

ganntanas [gantənəs] 名男〖属単・主複 **ganntanais**, 属複 ~〗不足. ar an nganntanas 必要で.

gaobhar [giːvər] 名男〖属単・主複 **gaobhair**, 属複 ~〗近接. ar na gaobhair 近くに.

gaofar [giːfər] 形1 風の強い ; 空虚な. caint ghaofar 内容のない話.

gaois [giːsʲ] 名女〖属単 **-e**〗賢明 ; 抜け目なさ ; 知性.

gaoiseach [giːsʲəx] 形1 賢い ; すばしこい ; 知性的.

gaoithe [giːhə] ☞ gaoth¹.

gaol [giːl] 名男〖属単 **gaoil**, 複 **-ta**〗関係 ; 親族, 親戚. ~ a bheith agat le (duine) (人)と(親戚)関係があること. lucht gaoil 親類. tá ~ idir an dá fhocal その二つの語は関連がある.

gaolmhaireacht [giːlvərʲəxt] 名女〖属単 **-a**〗関係 ; 類似性.

gaolmhar [giːlvər] 形1 関係のある ; 親戚の.

gaorthadh [giːrhə] 名男〖属単 **gaorthaidh**, 複 **gaorthaí**〗(木におおわれた)川の流域 ; 川床.

gaosán [giːsaːn] 名男〖属単・主複 **gaosáin**, 属複 ~〗鼻.

gaoth¹ [giː] 名女〖属単 **gaoithe**, 主複 **-a**, 属複 ~〗風. imeacht ar nós na gaoithe 疾走. teacht ar dhroim na gaoithe (人)がひょっこりやって来ること. lucht gaoithe móire おしゃべり. ~ an fhocail (ヒントの)ひと言. ~ a chur i (rud) (もの)を(空気で)ふくらませること.

gaoth² [giː] 名男〖属単 **gaoith**, 主複 **-a**, 属複 ~〗入江 ; 瀬戸 ; 河口.

gaothaire [giːhərʲə] 名男〖属単 ~, 複 **gaothairí**〗通気口(孔) ; 換気口.

gaothrán [giːhraːn] 名男〖属単・主複 **gaothráin**, 属複 ~〗ファン ; 扇子 ; 扇風機.

gaothscáth [ˈgiːˌskaː] 名男〖属単 **-a**, 複 **-anna**〗(車の)フロントガラス.

gar¹ [gar] 名男〖属単 **gair**, 複 **-anna**〗近接 ; 便利 ; 好意. i ngar do (rud) (もの)のそばに. i ngar agus i gcéin 至る所に. ~ a dhéanamh do (dhuine) (人)に親切にすること. níl ~ ann 無駄である.

―― 形1 近い ; (時間が)短い. go ~ ina dhiaidh sin すぐ後に.

gar-² [gar] 接頭 近い ; おおよその.

garach [garəx] 形1 親切な, よく世話をする.
garaíocht [gari:(ə)xt] 名女〖属単 **-a**〗好意；奉仕. ag ～ do (dhuine)(人)のために奉仕[片手間の仕事]をすること.
garáiste [gara:sʹtʹə] 名男〖属単 ～, 複 **garáistí**〗ガレージ, 車庫.
garathair [ˈgarˌahərʹ] 名男〖属単 **garathar**, 複 **garaithreacha**〗曾(ᡇ̌ᡇ̌)祖父.
garbh [garəv] 形1 でこぼこの；粗い；粗野な. talamh ～ 荒れ地[開墾されていない土地]. focal ～ 下品な言葉.
garbhaigh [garəvi:] 動II 他・自〖動名 **garbhú**, 動形 **garbhaithe**〗粗くする；ざらざら[でこぼこ]にする.
garbhánach [garəva:nəx] 名男〖属単・主複 **garbhánaigh**, 属複 ～〗粗野(がさつ)な人；タイ科の食用魚.
garbhchríoch [ˈgarəvˌxrʹiːx] 名女〖属単 **garbhchríche**, 主複 **-a**, 属複 ～〗荒れ地；自然のままの地. Garbhchríocha na hAlban スコットランド高地地方.
garbhshíon [ˈgarəvˌhi:n] 名女〖属単 **garbhshíne**〗荒天.
garchabhair [ˈgarˌxaurʹ] 名女〖属単 **garchabhrach**〗応急手当, 救急療法.
garda [ga:rdə] 名男〖属単 ～, 複 **-í**〗警察, 警備. ～ (síochána) 警察官.
gardáil [ga:rda:lʹ] 動I 他・自〖動名 **gardáil**, 動形 **gardáilte**；現 **gardálann**〗警備する；警戒する.
garg [garəg] 形1 辛い；苦い；粗雑な；凶暴な. deoch gharg (舌を刺すような)ぴりぴりする飲物. ag gol go ～ 大泣きすること.
gariníon [ˈgarˌinʹiːn] 名女〖属単・主複 **garinínne**, 複 **-acha**〗孫娘.
garlach [ga:rləx] 名男〖属単・主複 **garlaigh**, 属複 ～〗子供；いたずらっ子.
garmhac [ˈgarˌvak] 名男〖属単・主複 **garmhic**, 属複 ～〗孫息子.
garmheastachán [ˈgarˌvʹastəxa:n] 名男〖属単・主複 **garmheastacháin**, 属複 ～〗概算(額).
gáróid [ga:ro:dʹ] 名女〖属単 **-e**, 複 **-í**〗大きな叫び；どよめき；緊急呼出し.
garraí [gari:] 名男〖属単 ～, 複 **garraithe**〗庭；小区画の地所[畑]；囲い；輪.
garraíodóir [gari:(ə)do:rʹ] 名男〖属単 **garraíodóra**, 複 **-í**〗庭師；園芸家.
garraíodóireacht [gari:(ə)do:rʹəxt] 名女〖属単 **-a**〗園芸.
garrán [gara:n] 名男〖属単・主複 **garráin**, 属複 ～〗小さい森.

garsún [garsu:n] 名男〘属単・主複 **garsúin**, 属複 〜〙少年.
garúil [garu:l′] 形 2 親切な, 世話好きな.
gas [gas] 名男〘属単・主複 **gais**, 属複 〜〙茎; 幹; 小枝. 〜 **arbhair** 穀類[トウモロコシ]の茎. 〜 **féir** 草の葉.
gás [ga:s] 名男〘属単・主複 **gáis**, 属複 〜〙ガス; 灯油.
gasóg [gaso:g] 名女〘属単 **gasóige**, 主複 **-a**, 属複 〜〙細い茎; 若芽; ボーイスカウト.
gasra [gasrə] 名男〘属単 〜, 複 **-í**〙若者の一隊[一団]; 組織の支部.
gasta [gastə] 形 3 速い; 賢い; きちんとした. **chomh** 〜 **le cú** (猟犬のように) 速い. **tá sé** 〜 **ar an scoil** 彼は学校の成績が良い. **go** 〜 速く; 利口で.
gastacht [gastəxt] 名女〘属単 **-a**〙急速; 迅速; 賢明; 整頓.
gastrach [gastrəx] 形 1 胃の.
gasúr [gasu:r] 名男〘属単・主複 **gasúir**, 属複 〜〙少年; 青年; 子供.
gátar [ga:tər] 名男〘属単 **gátair**〙必要; 欠乏; 貧苦. **in am an ghátair** 困った時に.
gátarach [ga:tərəx] 形 1 貧乏な, 困窮した.
gathaigh [gahi:] 動II 他・自〘動名 **gathú**, 動形 **gathaithe**〙刺す; 放射する.
gé [g′e:] 名女〘属単 〜, 複 **-anna**〙ガチョウ.
geab [g′ab] 名男〘属単 〜〙おしゃべり. **do gheab a chur isteach** 口出しすること.
geabaireacht [g′abər′əxt] 名女〘属単 **-a**〙おしゃべりすること; 饒舌(じょう).
geábh [g′a:v] 名男〘属単 **-a**, 複 **-anna**〙(短期の)走行[旅行; 仕事]. 〜 **a thabhairt ar áit** あわただしい訪問. 〜 **siúil a dhéanamh** ひと仕事.
geadán [g′ada:n] 名男〘属単・主複 **geadáin**, 属複 〜〙つぎ(あて布); 尻. 〜 **talún** 小さな畑.
geafáil [g′afa:l′] 動I 他〘動名 **geafáil**, 動形 **geafála**; 現 **geafálann**〙魚かぎで引き上げる. **iasc a gheafáil** 魚を魚かぎで引っ掛ける[やすで突く]こと. (duine) **a gheafáil** (人)をだます[から巻き上げる]こと.
géag [g′e:g] 名女〘属単 **géige**, 主複 **-a**, 属複 〜〙枝. **géaga duine** 人の肢(腕, 脚など). 〜 **den mhuir** 入り海. **géaga ginealaigh** 家系.
géagach [g′e:gəx] 形 1 枝を張った; 手足が長い; (毛髪が)長くたれている.
geaitín [g′at′i:n′] 名男〘属単 〜, 複 **-í**〙くぐり戸[門].

geáitse [gʲaːtʲsʲə] 名男『属単 〜, 複 **geáitsí**』気取った態度；見せかけ. **ag déanamh geáitsí** 気取ること.

geal [gʲal] 形 1 白い；輝く；純粋な；嬉しい. **fíon 〜** 白ワイン. **uisce 〜** 澄んだ水. **is 〜 an scéal liom é** 私には吉報だ. **a ghrá 〜！** 愛する人よ！ **is 〜 leis a bhfeiceann**(＜feic) **sé** 彼は物事を楽観的に見る.
── 動I 他・自『動名 **gealadh**, 動形 **gealta**』白くする；明るくする；喜ばせる. **nuair a gheal an lá** 夜が明けた時. **tá an fómhar ag gealadh** 穀物が実っている.

gealacán [gʲalakaːn] 名男『属単・主複 **gealacáin**, 属複 〜』(卵の)白身；(目の)白目.

gealach [gʲaləx] 名女『属単 **gealaí**, 主複 **-a**, 属複 〜；(成句) 与単 **gealaigh**』月. **〜 lán** 満月. **óiche ghealaí** 月夜.

gealán [gʲalaːn] 名男『属単・主複 **gealáin**, 属複 〜』きらめき；閃光；光線.

gealas [gʲaləs] 名男『属単 **gealais**, 複 **-acha**』ズボンつり.

gealbhan [gʲaləvən] 名男『属単・主複 **gealbhain**, 属複 〜』スズメ.

gealgháire [ˈgʲalˌɣaːrʲə] 名男『属単 〜, 複 **gealgháirí**』晴れやかな(明るい)笑い.

gealgháireach [ˈgʲalˌɣaːrʲəx] 形 1 微笑みをたたえた；日当たりのよい；輝く；喜ばしい.

geall [gʲal] 名男『属単 **gill**, 複 **-ta**』抵当；誓約；賭け；賞金. **chuir sé an talamh i ngeall** 彼は土地を抵当に入れた. **tá a chlú i ngeall air** 彼の信用はそれで保証される(それ次第だ). **beidh do shláinte i ngeall leis** そのために君は健康を害するだろう. **teach gill** 質屋. **bíodh 〜 air** (go) 私は(go 以下)を確信する. **i ngeall ar** [mar gheall ar] …のために. **mar gheall air** (go) (go 以下)という事実によって. **cad mar gheall air？** それについてはどうか？ **sin a bhfuil le rá agam mar gheall air** それについて言うべきことはそれだけだ.
── 動I 他・自『動名 **gealladh**, 動形 **geallta**』誓約する；割り当てる. **geallaim**(geall＋mé) **duit** (go) (go 以下)を私は保証する. **an rud a gheall Dia dúinn** 神が定められたこと.

geallchur [ˈgʲalˌxur] 名男『属単・主複 **geallchuir**, 属複 〜』賭けること；賭けたもの[人].

geallearb [ˈgʲalˌarəb] 動I 他『動名 **geallearbadh**, 動形 **geallearbtha**』質に入れる.

geallghlacadóir [ˈgʲalˌɣlakədoːrʲ] 名男『属単 **geallghlacadóra**, 複 **-í**』賭け屋(競馬賭博の胴元など).

geallmhar [gʹaləvər] 形1（成句）～ ar を好んで[望んで]．～ ar (rud) a dhéanamh（＜déan）（こと）を切望して．
gealltanas [gʹaltənəs] 名男〘属単・主複 **gealltanais**, 属複 ～〙保証，約束．～ **pósta** 婚約．
gealt [gʹalt] 名女〘属単 **geilte**, 主複 **-a**, 属複 ～〙熱狂者；あわてふためく人．
gealtachas [gʹaltəxəs] 名男〘属単 **gealtachais**〙熱狂；恐怖．
gealtlann [gʹaltlən] 名女〘属単 **gealtlainne**, 主複 **-a**, 属複 ～〙精神病院．
geamaireacht [gʹamərʹəxt] 名女〘属単 **-a**, 複 **-aí**〙パントマイム，無言劇．
geamhar [gʹaur] 名男〘属単 **geamhair**〙(穀物，草花の)若芽；(穂になっていない)葉．
geamhchaoch [ˈgʹavˌxiːx] 形1〘属単男 ～, 属単女・比較 **geamhchaoiche**, 主複 **-a**〙(目が)かすんだ；ぼやけた．
geamhoíche [ˈgʹavˌiːxʹə] 名女〘属単 ～, 複 **-anta**〙冬の夜．
geamhsholas [ˈgʹavˌholəs] 名男〘属単 **geamhsholais**〙薄明かり．
gean [gʹan] 名男〘属単 **-a**〙愛(情)．
geanas [gʹanəs] 名男〘属単 **geanais**〙純粋；清潔；謙虚．
geanasach [gʹanəsəx] 形1 純粋な；純潔な；つつましい．
geanc [gʹaŋk] 名女〘属単 **geince**, 主複 **-a**, 属複 ～〙しし鼻．
geanmnaíocht [gʹanəmniː(ə)xt] 名女〘属単 **-a**〙純潔．
geansaí [gʹansiː] 名男〘属単 ～, 複 **geansaithe**〙ジャージー；セーター；シャツ．
geanúil [gʹanuːl] 形2 愛情のある；愛すべき；好ましい．
geanúlacht [gʹanuːləxt] 名女〘属単 **-a**〙愛情；好感；謙遜．
géar [gʹeːr] 形1 鋭い；尖った；激しい；酸っぱい；ずるい．**fíon** ～ 辛口のぶどう酒．**súil ghéar a choinneáil ar** (rud)（もの）を油断なく見張ること．**dul** ～ **ar an gcúinne** 近道．
géaraigh [gʹeːriː] 動II 他・自〘動名 **géarú**, 動形 **géaraithe**〙鋭利にする；激しくする；辛らつにする．**do ghoile a ghéarú** 食欲をそそること．**do chluas a ghéarú** より熱心に聞くこと．**géarú ar shiúl** スピードを増すこと．
gearán [gʹaraːn] 名男〘属単・主複 **gearáin**, 属複 ～〙不平，不満；不快．
──〘動I 他・自〘動名 **gearán**, 動形 **gearánta**〙不平を言う，苦情を言う．**ní gearánta ar an aimsir** 天気はまあまあだ．
gearánach [gʹaraːnəx] 形1 不平[不満]をいう；(苦痛などを)訴え

géarchéim [ˈgʲeːrʲxˈeːmʲ] 图女『属単 **-e**, 複 **-eanna**』危機；緊急.
géarchúis [ˈgʲeːrʲxuːsʲ] 图女『属単 **-e**』敏感, 明敏, 抜け目のなさ.
géarchúiseach [ˈgʲeːrʲxuːsʲəx] 形 1 明敏な, 洞察力の鋭い；抜け目のない.
gearg [gʲarəg] 图女『属単 **geirge**, 主複 **-a**, 属複 ～』ウズラ.
géarghá [ˈgʲeːrʲɣaː] 图男『属単 ～』差し迫った必要；緊急(事態).
géarleanúint [ˈgʲeːrʲlʲanuːnʲtʲ] 图女『属単 **géarleanúna**, 複 **-í**』迫害.
Gearmáin [gʲarmaːnʲ] 图女 **An Ghearmáin** ドイツ.
Gearmáinis [gʲarmaːnəsʲ] 图女『属単 **-e**』ドイツ語.
Gearmáinach [gʲarmaːnəx] 图男『属単・主複 **Gearmánaigh**, 属複 ～』ドイツ人.
―― 形 1 ドイツ(人)の.
gearr[1] [gʲaːr] 形 1 『属単男 ～, 属単女・比較 **giorra**, 主複 **-a**』短い；近い. **is** ～ (**go**) (go 以下)は間もなくだろう. **is** ～ **ó bhí sé anseo** 彼はここへ来たばかりだ. **i bhfad agus i ngearr** あちこちと[あまねく].
―― 動I 他・自『動名 **gearradh**, 動形 **gearrtha**』切る；切り目をつける；彫る；短くする；減らす；(税など)徴収する. **fíor na croise a ghearradh ort féin** 十字を切ること. **gearradh punt orm** 私は 1 ポンドの罰金を取られた.
gearr-[2] [gʲaːr] 接頭 短い；簡略な；若い；並みの.
gearradh [gʲarə] 图男『属単 **gearrtha**, 複 **gearrthacha**』切断；削減；鋭さ；けん責；課税；速度. **tá** ～ **ina teanga** 彼女は辛らつだ. ～ **brád** 苦悩.
gearraim [gʲaːrəm] **gearr**[1] + **mé**.
gearrán [gʲaraːn] 图男『属単・主複 **gearráin**, 属複 ～』雄馬.
gearranálach [ˈgʲaːrʲanaːləx] 形 1 息がきれる；喘息の.
gearrbhodach [ˈgʲaːrʲvodəx] 图男『属単・主複 **gearrbhodaigh**, 属複 ～』若者, 少年；小地主.
gearrcach [gʲaːrkəx] 图男『属単・主複 **gearrcaigh**, 属複 ～』(巣立ち前の)ひな鳥；幼児.
gearrchaile [ˈgʲaːrʲxalʲə] 图男『属単 ～, 複 **gearrchailí**』女の子, 少女.
gearrchaint [ˈgʲaːrʲxanʲtʲ] 图女『属単 **-e**, 複 **-eanna**』でしゃばり[無作法]な言葉.
gearróg [gʲaroːg] 图女『属単 **gearróige**, 主複 **-a**, 属複 ～』小片；切れ端；わずか；そっけない返事.

gearr-radharcach [ˈgʲaː(r)ˌrairkəx] 形1 近視の.
gearrscéal [ˈgʲaːrˌsʲkʲeːl] 名男『属単 **gearrscéil**, 複 **-ta**』短編小説.
gearrscríobh [ˈgʲaːrˌsʲkʲrʲiːv] 名男『属単 **gearrscríofa**』速記.
gearrshaolach [ˈgʲaːrˌhiːləx] 形1 短命の; はかない.
gearrthóg [ˈgʲaːrhoːg] 名女『属単 **gearrthóige**, 主複 **-a**, 属複 ～』断片; 切れはし; (肉の薄い)カツレツ.
géarú [gʲeːruː] 名男 ☞ **géaraigh**.
geasróg [gʲasroːg] 名女『属単 **geasróige**, 主複 **-a**, 属複 ～』まじない, 魔力; 迷信.
geata [gʲatə] 名男『属単 ～, 複 **-í**』ゲート, 門.
géibheann [gʲeːvʲən] 名男『属単・主複 **géibhinn**, 属複 ～』束縛, 拘束.
géibheannach [gʲeːvʲənəx] 名男『属単・主複 **géibheannaigh**, 属複 ～』捕虜.
―― 形1 苦しませる; 非難する; 緊急の.
géill[1] [gʲeːlʲ] 動I 他・自『動名 **géilleadh**, 動形 **géillte**』～ **do** 屈伏する; 服従する. **géilleadh d'ordú** 命令に従うこと. ～ **slí** 道を譲る. ～ **gan chomha** 無条件降伏する.
géill[2] [gʲeːlʲ] ☞ **giall**[1,2].
geilleagar [gʲelʲəgər] 名男『属単 **geilleagair**』経済. ～ **na tíre** 国民経済.
géilliúil [gʲeːlʲuːlʲ] 形2 服従する, 従順な; 迎合的な.
géillsine [gʲeːlʲsʲənʲə] 名女『属単 ～』服従; 忠誠.
géillsineach [gʲeːlʲsʲənʲəx] 名男『属単・主複 **géillsinigh**, 属複 ～』国民.
géim[1] [gʲeːmʲ] 名女『属単 **-e**, 複 **-eanna**』牛の鳴き声; 叫び声: ラッパの音.
―― 動I 自『動名 **géimneach**, 動形 **géimní**』牛がモーと鳴く; 叫ぶ; ほえる; トランペットを吹く.
géim[2] [gʲeːmʲ] 名男『属単 ～』鳥の群れ; 狩猟; 遊び.
geimheal [gʲevʲəl] 名女『属単・複 **geimhle**』足かせ, 束縛, 拘束.
geimhleach [gʲevʲlʲəx] 名男『属単・主複 **geimhligh**, 属複 ～』捕虜, 囚人.
―― 形1 捕虜の.
geimhreadh [gʲevʲrʲə] 名男『属単 **geimhridh**, 複 **geimhrí**』冬.
geimhriúil [gʲevʲrʲuːlʲ] 形2 冬らしい[のような]; 寒々とした.
géimiúil [gʲeːmʲuːlʲ] 形2 狩猟の; 元気のいい.

géimneach [gʲeːmʲnʲəx] 名女 ☞ géim¹.
géin¹ [gʲeːnʲ] 名女〖属単 **-e**, 複 **-te**〗遺伝子.
géin² [gʲeːnʲ] 名女〖属単 **-e**〗ジーンズ. **bríste géine** ジーンズ(デニム製のズボン).
géineas [gʲeːnʲəs] 名男〖属単・主複 **géinis**, 属複 **~**〗種類, 部類；(分類上の)属.
géineasach [gʲeːnʲəsəx] 形 1 (分類上の)属の, 種類の.
géineolaíocht [ˈgʲeːnʲˌoːliː(ə)xt] 名女〖属単 **-a**〗遺伝学.
Geiniseas [gʲenʲəsʲəs] 名男〖属単 **Geinisis**〗創世記(旧約聖書の第一書).
géiniteach [gʲeːnʲətʲəx] 形 1 遺伝(上)の；起源(上)の.
geir [gʲerʲ] 名女〖属単 **-e**, 複 **-eacha**〗あぶら身；脂肪.
géire [gʲeːrʲə] 名女〖属単 **~**〗鋭敏；急勾配；激烈.
geireach [gʲerʲəx] 形 1 脂肪質の；脂っこい.
geiréiniam [ˌgʲeˈrʲeːnʲiəm] 名男〖属単 **~**, 複 **-aí**〗ゼラニウム.
geis [gʲesʲ] 名女〖属単 **-e**, 主複 **geasa**, 属複 **geas**〗タブー, 禁忌；禁制；呪文；魔法. **is ~ dom é a dhéanamh** 私はそれをすることを禁じられている. (rud) **a chur de gheasa ar** (dhuine) (人)に(こと)を義務として負わせること. **bheith faoi gheasa ag** (duine) (人)に魅せられること.
géis [gʲeːsʲ] 名女〖属単 **-e**, 複 **-eanna**〗白鳥.
geit [gʲetʲ] 名女〖属単 **-e**, 複 **-eanna**〗飛び上がり；驚き. **de gheit** 突然に.
──動I 自〖動名 **geiteadh**, 動形 **geite**〗飛び上がる；驚く.
geiteach [gʲetʲəx] 形 1 びっくりする；物に驚き易い.
geiteo [gʲetʲoː] 名男〖属単 **~**, 複 **-nna**〗ゲット(ユダヤ人地区).
geo(i)- [gʲoː] 接頭 地球の；土地の.
geocach [gʲoːkəx] 名男〖属単・主複 **geocaigh**, 属複 **~**〗放浪の楽士；旅回りの役者；行商人.
geografach [gʲoːgrəfəx] 形 1 地理学(上)の.
geografaíocht [gʲoːgrəfiː(ə)xt] 名女〖属単 **-a**〗地理学.
geoiméadrach [ˈgʲoːˌmʲeːdrəx] 形 1 幾何学(上)の.
geoiméadracht [ˈgʲoːˌmʲeːdrəxt] 名女〖属単 **-a**〗幾何学.
geoin [gʲoːnʲ] 名女〖属単 **-e**〗騒音；ブンブンいう音；ぶつぶつ言うこと.
geolaíocht [gʲoːliː(ə)xt] 名女〖属単 **-a**〗地質学.
geonaíl [gʲoːniːlʲ] 名女〖属単 **geonaíola**〗(蜂などが)ブンブンいう音；つぶやき；泣きごと.

gheobhadh [ɣ'oːx] ☞ faigh.
gheobhaidh [ɣ'oːiː] ☞ faigh.
gheofaí [ɣ'oːfiː] ☞ faigh.
gheofar [ɣ'oːfər] ☞ faigh.
giall[1] [g'iəl] 名男 〖属単 **géill**, 主複 **-a**, 属複 〜〗あご；頬(ほお)；(戸, 窓などの)抱き.
giall[2] [g'iəl] 名男 〖属単 **géill**, 主複 **-a**, 属複 〜〗人質.
giarsa [g'iərsə] 名男 〖属単 〜, 複 **-í**〗梁(はり)；けた.
gibiris [g'ib'ər'əs'] 名女 〖属単 **-e**〗訳のわからないおしゃべり；ちんぷんかんぷんな話.
gild [g'il'd'] 名男 〖属単 〜, 複 **-eanna**〗ギルド, 共同組合.
gile [g'il'ə] 名女 〖属単 〜〗白さ；輝き；色白；喜び. 〜 **an lae** 夜明け. **a ghile mo chroí!** 最愛の人よ！
gilidín [g'il'əd'iːn'] 名男 〖属単 〜, 複 **-í**〗(鱒, 鮭などの)稚魚.
gilitín [g'il'ət'iːn'] 名男 〖属単 〜, 複 **-í**〗ギロチン.
gin [g'in'] 名女 〖属単 **-e**, 複 **-te**〗誕生；胎児；子孫.
——動I 他・自 〖動名 **giniúint**, 動形 **ginte**〗産む；芽を出す；発生する；生産する.
gínea-, gíni- [g'iːn'ə] 接頭 女-；雌-.
gineadóir [g'in'ədoːr'] 名男 〖属単 **gineadóra**, 複 **-í**〗発電機.
ginealach [g'in'ələx] 名男 〖属単・主複 **ginealaigh**, 属複 〜〗家系；血統. **ó ghinealach go** 〜 代々.
ginealas [g'in'ələs] 名男 〖属単 **ginealais**〗家系；系図学.
ginearálta [g'in'əraːltə] 形3 一般の, 普遍的な. **cruinniú** 〜 総会. **go** 〜 一般に.
ginid [g'in'əd'] 名女 〖属単 **-e**, 複 **-í**〗妖精；小鬼；魔神.
ginideach [g'in'əd'əx] 名男 〖属単・主複 **ginidigh**, 属複 〜〗(文法) 属格[所有格].
——形1 属格[所有格]の.
giniúint [g'in'uːn't'] 名女 ☞ gin.
ginmhilleadh ['g'in',v'il'ə] 名男 〖属単 **ginmhillte**, 複 **ginmhilltí**〗妊娠中絶.
gintlí [g'in't'l'iː] 名男 〖属単 〜, 複 **gintlithe**〗異教徒.
——形3 異教徒の.
gintlíocht [g'in't'l'iː(ə)xt] 名女 〖属単 **-a**〗異教思想.
giob [g'ib] 名男 〖属単 〜, 複 **-anna**〗ひとかけら, 小片；切れ端.
——動I 他 〖動名 **giobadh**, 動形 **giobthe**〗つつく, ついばむ；摘む.

giobach [gʹibəx] 形1 （髪, 毛など）もじゃもじゃの; 乱雑な.
giobal [gʹibəl] 名男〖属単・主複 **giobail**, 属複 〜〗ぼろ布; ぼろ服.
gioblach [gʹibləx] 形1 ぼろぼろの; ずたずたの.
gioblachán [gʹibləxaːn] 名男〖属単・主複 **gioblacháin**, 属複 〜〗ぼろ服を着た人.
giobóg [gʹiboːg] 名女〖属単 **giobóige**, 主複 **-a**, 属複 〜〗スクラップ; 断片; わずか; ぼろ布.
giobógach [gʹiboːgəx] 形1 くずの; ぼろの; まとまりのない.
giodal [gʹidəl] 名男〖属単 **giodail**〗生意気, うぬぼれ; 虚栄.
giodalach [gʹidələx] 形1 自信にあふれた, うぬぼれの強い.
giodam [gʹidəm] 名男〖属単 **giodaim**〗落ち着かないこと; 不安定; めまい.
giodamach [gʹidəməx] 形1 そわそわした; 不安な; 目がまわるような.
giofóg [gʹifoːg] 名女〖属単 **giofóige**, 主複 **-a**, 属複 〜〗ジプシー.
gíog [gʹiːg] 名女〖属単 **gíge**, 主複 **-a**, 属複 〜〗（ひな, ネズミなど）ピヨピヨ［チューチュー, キーキー］鳴く声; かん高い声.
——動I 自〖動名 **gíogadh**, 動形 **gíogtha**〗ピヨピヨ［チューチュー］と鳴く; かん高い声を上げる.
giolc [gʹilk] 名男〖属単 **-a**, 複 **-acha**〗葦(あし); 背の高い草.
giolcach [gʹilkəx] 名女〖属単 **giolcaí**, 主複 **-a**, 属複 〜〗葦(あし); 籐(とう).
giolcadh [gʹilkə] 名男〖属単 **giolctha**〗（鳥が）チュンチュンと鳴くこと. **éirí leis an ngiolcadh an ghealbhain** 夜明けと共に起きること.
giolla [gʹilə] 名男〖属単 〜, 複 **-í**〗青年; 随行員; （ホテルの）ボーイ; ポーター.
giollaigh [gʹiliː] 動II 他〖動名 **giollacht**, 動形 **giollachta**〗案内する; 世話をする. **duine a ghiollacht** 人を案内すること. **bia a ghiollacht** 食事の用意.
gíománach [gʹiːmanəx] 名男〖属単・主複 **gíománaigh**, 属複 〜〗（昔の）従者; 御者; 不作法な男.
giomnáisiam [gʹimˈnaːsʹiəm] 名男〖属単 〜〗ジム, 体育館.
giongach [gʹiŋgəx] 形1 落ち着かない; そわそわしている; 気ぜわしい.
giorra [gʹirə] 名女〖属単 〜〗短いこと.
giorracht [gʹirəxt] 名女〖属単 **-a**〗短縮; 簡潔; 近さ. **is é a fhad is a ghiorracht é** (go) 要点は(go 以下)です. **i ngiorracht míle dúinn** 我々から1マイル以内に.
giorraigh [gʹiriː] 動II 他・自〖動名 **giorrú**, 動形 **giorraithe**〗短くする.

giorraisc [gʹirəsʹkʹ] 形1 短い；簡潔な；ぶっきらぼうな.
giorria [gʹiriə] 名男〖属単 ～, 複 -cha〗野ウサギ.
giorta [gʹirtə] 名男〖属単 ～, 複 -í〗(馬など)腹帯.
giortach [gʹirtəx] 形1 短い；ずんぐりした.
giosta [gʹistə] 名男〖属単 ～〗イースト，こうじ酵母.
giota [gʹitə] 名男〖属単 ～, 複 -í〗かけら；少し；断片. ～ aráin パンの小片. ó ghiota go ～ 少しずつ.
giotár [gʹəˈtaːr] 名男〖属単・主複 **giotáir**, 属複 ～〗ギター.
girseach [gʹirsʹəx] 名女〖属単 **girsí**, 主複 -a, 属複 ～〗少女.
giúiré [gʹuːrʹeː] 名男〖属単 ～, 複 -ithe〗陪審(員).
giuirléid [gʹuːrlʹeːdʹ] 名女〖属単 -e, 複 -í〗道具；(複) 用具一式.
giúis [gʹuːsʹ] 名女〖属単 -e, 複 -eanna〗モミ(の木)；松.
giúistís [gʹuːsʹtʹiːsʹ] 名男〖属単 ～, 複 -í〗治安判事；(複) 裁判官.
giúmar [gʹuːmər] 名男〖属単 **giúmair**〗気分；ユーモア.
giúmaráil [gʹuːmərəːlʹ] 動I 他〖動名 **giúmaráil**, 動形 **giúmaráilte**; 現 **giúmarálann**〗満足させる；適応させる.
giúsach [gʹuːsəx] 名女〖属単 -aí〗モミ［松］の木［木材］.
glac[1] [glak] 名女〖属単 **glaice**, 主複 -a, 属複 ～〗手；一握り；手一杯；分岐.
glac[2] [glak] 動I 他〖動名 **glacadh**, 動形 **glactha**〗手に入れる；掴む；操る；引き受ける. do shuaimhneas a ghlacadh くつろぎ. aicíd a ghlacadh 病気にかかること. misneach a ghlacadh 勇気を出すこと. fearg a ghlacadh le (duine) (人)に腹が立ってくること. pictiúr a ghlacadh 写真を撮ること. glacaimis le toil Dé 神の御意として受け入れよう. ghlac eagla é 彼は恐怖に襲われた.
glacadóir [glakədoːrʹ] 名男〖属単 **glacadóra**, 複 -í〗受信人；受話器.
glacadóireacht [glakədoːrʹəxt] 名女〖属単 -a〗受信. gléas glacadóireachta 受信［受像］機.
glacaim [glakəm] glac[2] +mé.
glacaireacht [glakərʹəxt] 名女〖属単 -a〗手に取ること；触れること；操縦すること.
glae [gleː] 名男〖属単 ～, 複 -nna〗にかわ；接着剤；ねばねばするもの.
glafadh [glafə] 名男〖属単 **glafaidh**〗吠え声；かみつき. ～ a thabhairt (<tabhair) ar (dhuine) (人)にがみがみ言うこと.
glafarnach [glafərnəx] 名女〖属単 **glafarnaí**〗ひっきりなしのやかましい音.

glagaireacht [glagərʹəxt] 名女〖属単 **-a**〗考えのない行為;中身のない話. **ag** ～ (chainte) くだらない話をすること.
glaine [glanʹə] 名女〖属単 ～〗清潔;明快;純粋.
glaise¹ [glasʹə] 名女〖属単 ～, 複 **glaisí**〗小川, 流れ.
glaise² [glasʹə] 名女〖属単 ～〗緑(色);光沢;冷えること.
glam [glam] 名女〖属単 **glaime**, 複 **-anna**〗吠え声, うなる声;叫び声.
—— 動I 自〖動名 **glamaíl**, 動形 **glamaíola**〗吠える, うなる;叫ぶ.
glám [glaːm] 名男〖属単 **gláim**, 複 **-anna**〗つかむこと, 把握.
—— 動I 他・自〖動名 **glámadh**, 動形 **glámtha**〗わしづかみにする;強く握る.
glan [glan] 名男〖属単 **glain**〗清潔, 潔白;雑草・障害物などのない場所.
—— 形1 きれいな;純粋な;はっきり[くっきり]した;見事な;完全な. **sé troithe** ～ ぴったり6フィート. **rinne mé dearmad** ～ **de** それをすっかり忘れた. **fan** ～ **air** 近寄るな. **tá mé** ～ **acu** 私はだまされた. **go díreach** ～ 正確に.
—— 動I 他・自〖動名 **glanadh**, 動形 **glanta**〗清潔にする;掃除する;精算する.
glanachar [glanəxər] 名男〖属単 **glanachair**〗清潔;きれい好き.
glanaim [glanəm] glan+mé.
glanmheabhair [ˈglanˈvʹaurʹ] 名 (成句) (rud) **a chur de ghlanmheabhair** (もの)を覚えていないこと.
glanoscartha [ˈglanˈoskərhə] 形3 (成句) **dul** ～ **thar** (rud) (もの)を一飛びで越えること.
glanscartha [ˈglanˈskarhə] 形3 (家屋, アパートなど)各戸が独立している.
glantach [glantəx] 形1 洗浄性の.
glantáirgeacht [ˈglanˈtaːrʹgʹəxt] 名女〖属単 **-a**, 複 **-aí**〗純生産高.
glantóir [glantoːrʹ] 名男〖属単 **glantóra**, 複 **-í**〗掃除機;洗剤;清掃人.
glao [gliː] 名男〖属単 ～, 複 **-nna**〗呼び声;叫び. ～ **gutháin** 電話をかけること.
glaoigh [gliːγʹ] 動I 他・自〖動名 **glaoch**, 動形 **glaoite**;現 **glaonn**;未 **glaofaidh**〗呼ぶ;叫ぶ;必要とする. **rolla a ghlaoch** 出席をとること. **glaoch ar Dhia** 神に(救いを求めて)祈ること. **glaoch chun áite** 場所に立ち寄ること.
glár [glaːr] 名男〖属単 **gláir**〗沈泥;柔らかいかたまり. ～ **éisc** 魚の

大群.

glas[1] [glas] 名男〖属単・主複 **glais**, 属複 ~〗錠. ~ **fraincín** 南京錠. **an ~ a chur ar** (rud) (もの)に鍵を掛けること. **an ~ a bhaint de** (rud) (もの)の鍵をあけること. **faoi ghlas** 鍵を掛けて.

glas[2] [glas] 名男〖属単 **glais**〗(植物)緑色;(動物. 眼. 衣服)灰色. ~ **smaragaide** エメラルドグリーン. ~ (an) **iarainn** 鉄灰色.
——形1 緑(色)の;灰色の;未熟な;寒い.

glas[3] [glas] 名女〖属単 **glaise**〗小川.

glas-[4] [glas] 接頭 緑(色)の;灰(色)の;青白い;未熟な.

glasáil [glasa:l'] 動II 他〖動名 **glasáil**, 動形 **glasáilte**;現 **glasálann**〗鍵を掛ける.

glasíoc [ˈglasˌi:k] 名男〖属単 **-a**, 複 **-aí**〗分割払い.

glasóg [glaso:g] 名女〖属単 **glasóige**, 主複 **-a**, 属複 ~〗(鳥)セキレイ.

glasra [glasrə] 名男〖属単 ~, 複 **-í**〗野菜. **siopa glasraí** 八百屋.

glasuaine [ˈglasˌuənʹə] 形3 鮮やかな[明るい]緑(色)の.

glé [gʹlʹe:] 形3 はっきりした;明るい;澄んだ.

gleacaí [gʹlʹaki:] 名男〖属単 ~, 複 **gleacaithe**〗レスラー;かるわざ師;体操選手.

gleacaíocht [gʹlʹaki:(ə)xt] 名女〖属単 **-a**〗レスリング;格闘;曲芸;体育.

gleadhair [gʹlʹairʹ] 動II 他〖動名 **gleadhradh**, 動形 **gleadhartha**;現 **gleadhrann**〗騒々しい音を出す. **ag gleadhradh báistí** 雨がはげしく降ること. **ag gleadhradh ceoil** 陽気に演奏すること. **gleadhradh daoine** おびただしい数の人.

gleadhrach [gʹlʹairəx] 形1 騒々しい;鳴り響く;燃える.

gleann [gʹlʹan] 名男〖属単 **-a**, 複 **-ta**〗峡谷, 谷間;窪み. ~ **seo na ndeor** (比喩)この涙の谷間(浮世). **an ~ is a bhfuil ann** 何[誰]もかも(全部). ~ **toite** もうもうとした煙.

gleanntán [gʹlʹanta:n] 名男〖属単・主複 **gleanntáin**, 属複 ~〗小渓谷.

gléas [gʹlʹe:s] 名男〖属単 **gléis**, 複 **-anna**〗順序;整理;適応;設備;道具. (rud) **a chur i ngléas** (もの)を調節すること. **i ngléas** 互いにかみ合って. **as ~** 故障して. ~ **beo** 生計の手段. ~ **ceoil** 楽器. ~ **facs** ファックス機.
——動I 他〖動名 **gléasadh**, 動形 **gléasta**〗調整する;装備する;準備する. ~ **an capall** 馬に馬具をつけること. **gléasta i síoda** 絹物で着飾った.

gléasra [gʲlʲeːsrə] 名男〖属単 ～〗設備, 装置；工場.
gleic [gʲlʲekʲ] 名女〖属単 -e, 複 **gleaca**〗レスリング, 格闘；競争. **dul i ngleic le** (rud) (こと)に取り組むこと.
gléigeal [ˈgʲlʲeːˌgʲal] 形1 純白の；光り輝く；透明な.
gléine [gʲlʲeːnʲə] 名女〖属単 ～〗明白, 潔白；輝き.
gléineach [gʲlʲeːnʲəx] 形1 明るい；澄んだ；透明な.
gleo [gʲlʲoː] 名男〖属単 ～, 複 **-nna**〗闘争；戦闘；騒音. **is beag an ～ a bhí timpeall air** 彼は物静かな男だった. **ag ～** 闘う[うるさくする]こと.
gleoiréiseach [gʲlʲoːrʲeːsʲəx] 形1 にぎやかな；騒がしい.
gleoite [gʲlʲoːtʲə] 形3 きちんとした；きれいな；好ましい.
glib [gʲlʲibʲ] 名女〖属単 -e, 複 -eanna〗前髪；たれ下がる[乱れ]髪.
glic [gʲlʲikʲ] 形1 利口な；才気ある；抜け目のない.
gliceas [gʲlʲikʲəs] 名男〖属単 **glicis**〗賢明さ；巧妙さ；ずるさ.
gligín [gʲlʲigʲiːnʲ] 名男〖属単 ～, 複 **-í**〗鈴；チリンチリン鳴る音；ガラガラ.
glinn [gʲlʲinʲ] 形1 はっきりした；鮮やかな.
glinne[1] [gʲlʲinʲə] 名女〖属単 ～〗明快；明瞭；鮮明.
glinne[2] [gʲlʲinʲə] 名女〖属単 ～, 複 **glinní**〗釣り糸巻き.
glinneáil [gʲlʲinʲaːlʲ] 動I 他・自〖動名 **glinneáil**, 動形 **glinneáilte**；現 **glinneálann**〗巻き上げる；巻き付ける. **snáithe a ghlinneáil** 糸を巻くこと.
glinnigh [gʲlʲinʲiː] 動II 他・自〖動名 **glinniúint**, 動形 **glinniúna**〗綿密に検査する；火花を出させる；**～ ar** 凝視する.
gliobach [gʲlʲibəx] 形1 (髪が)乱れた.
gliogar [gʲlʲigər] 名男〖属単 **gliogair**〗ガラガラ[リンリン]いう音；くだらない話.
gliogarnach [gʲlʲigərnəx] 名女〖属単 **gliogarnaí**〗ガタガタ[ガラガラ]いう音；おしゃべり.
gliograch [gʲlʲigrəx] 形1 ガタガタ[ガラガラ]鳴る；活発な.
gliogram [gʲlʲigrəm] 名男〖属単 **gliograim**〗ガタガタ[ガラガラ]いう音. **～ cos** バタバタ歩く音.
gliomach [gʲlʲiməx] 名男〖属単・主複 **gliomaigh**, 属複 ～〗ロブスター, 大エビ.
gliondar [gʲlʲindər] 名男〖属単 **gliondair**〗嬉しさ；喜び.
gliondrach [gʲlʲindrəx] 形1 喜びの, 嬉しそうな；陽気な.
glioscarnach [gʲlʲiskərnəx] 名女〖属単 **glioscarnaí**〗きらめくこと；輝き.

gliú [gʲlʲuː] 名男〖属単 ～, 複 **-nna**〗にかわ;接着剤,のり.
gliúáil [gʲlʲuːalʲ] 動I 他〖動名 **gliúáil**, 動形 **gliúáilte**;現 **gliúálann**〗にかわ[のり・接着剤]で接着する.
gliúc [gʲlʲuːk] 名男〖属単 **-a**, 複 **-anna**〗のぞき見,かいま見.
gliúcaíocht [gʲlʲuːkiː(ə)xt] 名女〖属単 **-a**〗のぞき見すること;こそこそすること.
gloine [glonʲə] 名女〖属単 ～, 複 **gloiní**〗ガラス;グラス. ～ **fuinneoige** 窓ガラス. ～ **uisce** コップ1杯の水. **gloiní a chaitheamh** めがねをかけていること. ～ **leanna a ól** グラス一杯のビールを飲むこと.
gloineadóireacht [glonʲədoːrʲəxt] 名女〖属単 **-a**〗ガラスをはめること;上塗りをかけること.
gloinigh [glonʲiː] 動II 他・自〖動名 **gloiniú**, 動形 **gloinithe**〗ガラスをはめる.
glóir [gloːrʲ] 名女〖属単 **-e**〗栄光,栄華. ～ **do Dhia** 神に栄光あれ.
glóirigh [gloːrʲiː] 動II 他〖動名 **glóiriú**, 動形 **glóirithe**〗栄光をたたえる;名誉を与える.
glóirmhian [ˈgloːrʲvʲiən] 名女〖属単 **glóirmhéine**, 複 **-ta**〗大望,野心.
glóirmhianach [ˈgloːrʲvʲiənəx] 形1 大望のある,熱望して.
glóir-réim [ˈgloː(rʲ)ˌrʲeːmʲ] 名女〖属単 **-e**, 複 **-eanna**〗勝利に酔った[凱旋の]行路;はでな行列.
glónraigh [gloːnriː] 動II 他〖動名 **glónrú**, 動形 **glónraithe**〗板ガラスをはめる;(焼き物など)うわ薬をかける;つやを出す.
glór [gloːr] 名男〖属単 **glóir**, 複 **-tha**〗声;発言;音.
glórach [gloːrəx] 形1 大声の;騒々しい.
glóraíl [gloːriːlʲ] 名女〖属単 **glóraíola**〗人声;怒号;騒音.
glórmhar [gloːrvər] 形1 栄光ある;名誉の.
glóthach [gloːhəx] 名女〖属単 **glóthaí**, 主複 **-a**, 属複 ～〗ゼリー. ～ **fhroig** カエルの卵.
glothar [glohər] 名男〖属単・主複 **glothair**, 属複 ～〗ガラガラ[ブクブク]いう音.
gluair [gluərʲ] 形1 明るい;大声の;金切り声の.
gluaire [gluərʲə] 名女〖属単 ～〗明瞭;大声;金切り声.
gluais[1] [gluəsʲ] 名女〖属単 **-e**, 複 **-eanna**〗注釈;用語集;語彙(ゐ).
gluais[2] [gluəsʲ] 動I 他・自〖動名 **gluaiseacht**, 動形 **gluaiseachta**〗動かす;進ませる. **gluaiseacht lasánta** 激しい衝動. **gluaiseacht chainte** 言葉の抑揚.
gluaisrothar [ˈgluəsʲˌrohər] 名男〖属単・主複 **gluaisrothair**, 属

複～】オートバイ.
gluaisteach [gluəsʲtəx] 形 1 可動性の, 移動性のある. **fón**[guthán] ～ 携帯電話.
gluaisteán [gluəsʲtʲaːn] 名男〖属単・主複 **gluaisteáin**, 属複 ～〗自動車.
gluaisteánaí [gluəsʲtʲaːniː] 名男〖属単 ～, 複 **gluaisteánaithe**〗ドライバー.
gluaisteánaíocht [gluəsʲtʲaːniː(ə)xt] 名女〖属単 **-a**〗ドライブ, 自動車旅行.
glúcós [gluːkoːs] 名男〖属単 **glúcóis**〗ぶどう糖.
glug [glug] 名男〖属単・主複 **gluig**, 属複 ～〗ドブン[ポチャン]という音.
glugar [glugər] 名男〖属単 **glugair**〗ドスンという音; グチャグチャいう音. **ubh ghlugair** 腐った卵.
glúin [gluːnʲ] 名女〖属単・主複 **-e**, 属複 **glún**〗膝(ひざ); 世代; 段階. **ríomhaire glúine** ラップトップコンピューター. **ó ghlúin go** ～ 代々. **trí ghlúin daoine** 三代(親, 子, 孫). ～ **ghaoil** 親等. **glúinbhearna** 世代間の断絶.
gnách [gnaːx] 形 1〖属単男 ～, 属単女・比較 **gnáiche**, 主複 **-a**〗習慣的な; 通例の; 普通の. **is** ～ (le) を習慣にしている. **mar is** ～ いつもの通りに. **go** ～ 通常.
gnaíúil [gniːuːlʲ] 形 2 美しい; 上品な; 寛大な.
gnaoi [gniː] 名女〖属単 ～〗美しさ; 優しさ; 愛情.
gnás[1] [gnaːs] 名男〖属単 **gnáis**, 複 **-anna**; (成句) 複 **-a**〗慣習; 手続き.
gnás[2] [gnaːs] 名女〖属単 **gnáise**, 主複 **-a**, 属複 ～〗割れ[裂け]目; 砕片.
gnáth[1] [gnaː] 名男〖属単 **gnáith**, 主複 **-a**, 属複 ～〗慣習; 慣用; 標準. **as an ngnáth** 異常に. **de ghnáth** 一般に. **bhí** ～ **againn ar an teach** その家にはよく行ったものだ.
gnáth-[2] [gnaː] 接頭 普通の; 標準の; 日常の.
gnáthaigh [gnaːhiː] 動II 他・自〖動名 **gnáthú**, 動形 **gnáthaithe**〗習慣とする; しばしば訪れる; (幽霊などが)よく現れる.
gnáthamh [gnaːhəv] 名男〖属単・主複 **gnáthaimh**, 属複 ～〗慣習; 日常の仕事; 頻繁(ひんぱん)に訪れること.
gnáthchléir [ˈgnaːxlʲeːrʲ] 名女〖属単 **-e**〗教区付き司祭.
gnáthdhochtúir [ˈgnaːɣoxtuːrʲ] 名男〖属単 **gnáthdhochtúra**, 複 **-í**〗一般開業医.

gnáthdhuine [ˈgnaːˌɣinʲə] 名男〖属単 ～, 複 **gnáthdhaoine**〗普通の人, 凡人.

gnáthghaoth [ˈgnaːˌɣiː] 名女〖属単 **gnáthghaoithe**, 主複 **-a**, 属複 ～〗一般的風潮.

gnáthóg [gnaːhoːg] 名女〖属単 **gnáthóige**, 主複 **-a**, 属複 ～〗住所；避暑［避寒］地；隠れ家.

gnáthóir [gnaːhoːrʲ] 名男〖属単 **gnáthóra**, 複 **-í**〗常客；常連.

gné [gʲnʲeː] 名女〖属単 ～, 複 **-ithe**〗種(類)；様子, 姿. ～ de (rud) (もの)の見方.

gnéas [gʲnʲeːs] 名男〖属単 **gnéis**, 複 **-anna**〗性(別).

gnéasach [gʲnʲeːsəx] 形 1 性の, 性的な.

gnéaschiapadh [gʲnʲeːsxiəpə] 名男〖属単 **gnéaschiaptha**〗性的いやがらせ, セクハラ.

gné-eolaíocht [ˈgʲnʲeːˌoːliː(ə)xt] 名女〖属単 **-a**〗人相(学)；外観；地相.

gníomh [gʲnʲiːv] 名男〖属単 **gnímh**, 複 **-artha**〗機能；作用；行動, Gníomhartha na nAspal (新約聖書) 使徒行伝. an chéad ghníomh den dráma 戯曲の第1幕.

gníomhach [gʲnʲiːvəx] 形 1 活動的な；忙しい；代理の. bainisteoir ～ 部長代理.

gníomhachtaigh [gʲnʲiːvəxtiː] 動II 他〖動名 **gníomhachtú**, 動形 **gníomhachtaithe**〗活動的にする；活性化する.

gníomhaigh [gʲnʲiːviː] 動II 他・自〖動名 **gníomhú**, 動形 **gníomhaithe**〗代理をする.

gníomhaíocht [gʲnʲiːviː(ə)xt] 名女〖属単 **-a**, 複 **-aí**〗働き；活動；演技.

gníomhaire [gʲnʲiːvərʲə] 名男〖属単 ～, 複 **gníomharí**〗代理人；仲介人.

gníomhaireacht [gʲnʲiːvərʲəxt] 名女〖属単 **-a**〗代理店；斡旋業.

gníomhas [gʲnʲiːvəs] 名男〖属単・主複 **gníomhais**, 属複 ～〗証書.

gnó [gnoː] 名男〖属単 ～, 複 **-thaí**〗仕事；職業；要求；成果；問題. ní de mo ghnó é それは私の知ったことではない. tá ～ agam díot 君に話がある. déanfaidh sé ～ それで充分です［間に合う］. tá sé ar son ～ 彼は本気だ. an Roinn Gnóthaí Eachtracha 外務省. d'aon ghnó 故意に［冗談で］. ag obair is ag ～ 懸命に働くこと.

gnó-eagraí [ˈgnoːˌagriː] 名男〖属単 ～, 複 **gnó-eagraithe**〗企業家；請負人.

gnólacht [gnoːləxt] 名男〖属単 **-a**, 複 **-aí**〗会社.

gnóthach [gnoːhəx] 形 1 忙しい；おせっかいな.
gnóthachan [gnoːhəxən] 名 男〖属単 **gnóthachain**〗獲得, 利益.
gnóthaigh [gnoːhiː] 動II 他・自〖動名 **gnóthú**, 動形 **gnóthaithe**〗働く；勝ちとる；獲得する. is beag a ghnóthaigh mé air 私はそれで少し得をした. go ngnóthaigh Dia duit (別れの挨拶)幸運を祈る.
gnóthas [gnoːhəs] 名 男〖属単・主複 **gnóthais**, 属複 ～〗事業；企業.
gnúis [gnuːsʲ] 名 女〖属単 **-e**, 複 **-eanna**〗顔(つき)；様子；しかめ面. ～ le ～ 向かい合って. i ngnúis an Spioraid Naoimh 聖霊の御前に.
gnúsacht [gnuːsəxt] 名 女〖属単 **-a**〗ブーブーいう音[声]；不平；不満.
go[1] [gə] 小 形容詞の前に置き副詞の働きをする. (語頭母音には h を加える). bheith go maith [go breá] 元気なこと. fuair sí bás go hóg 彼女は若いうちに死んだ. go feargach 怒って. go socair 静かに. go huile 全く.
go[2] [gə] 前 と(共に). (U 変化) go+a[4]→gona；go+ár[2]→gonár. fear go lí 立派な男. míle go leith 1マイル半. dhá bhliain go leith 2年半. go bhfios dom 私が知っている限り.
go[3] [gə] 前 へ；まで. (語頭母音には h を加える). dul go Meiriceá [hÉirinn] アメリカ[アイルランド]へ行くこと. suí go maidin 朝まで起きていること. go ham luí 寝る時間まで. go brách 永久に. ó mhaidin go hoiche 朝から夜まで. go dtí …へ. chuaigh sí go dtí an Fhrainc 彼女はフランスに行った. (慣用表現) ní féasta go rósta ロースト肉ほどのごちそうは他にはない.
go[4] [gə] 接 規則動詞の過去形の前では **gur**. (U 変化) ① 名詞節を導く. …ということ. deir sé go bhfuil deifir air 彼は急いでいると言う. ② 副詞節を導く. …まで；だから；するように；そして. fan go dtiocfaidh sé 彼が来るまで待ちなさい. níor fhéad mé teacht mar go raibh mé tinn 病気だったので来られなかった. tháinig sé anseo go bhfeicfeadh(<feic) sé í 彼は彼女に会うためにここへ来た. tháinig sé isteach sa seomra go bhfuair(<faigh) sé an leabhar 彼は部屋に入って来て本を取った.
go[5] [gə] 小 動詞に付き祈願, 願望を表す. …するように(祈る). go raibh maith agat ありがとう. go mba é duit あなたもご同様に.
gó [goː] 名 女〖属単 ～〗嘘, 虚偽. gan ghó 確かに.
gob [gob] 名 男〖属単 **goib**, 主複 **-a**, 属複 ～〗(鳥の)くちばし；先端. ～ a chur ort féin 口をとがらすこと(ふくれっつら). i ngob na huaire …時きっかりに.
—— 動I 他・自〖動名 **gobadh**, 動形 **gobtha**〗～ ar くちばしでつつく；芽を出す. ag gobadh amach 突き出ること.

gobach [gobəx] 形1 くちばしのある；突き出た；尖った.
gobadán [gobədaːn] 名男〖属単・主複 **gobadáin**, 属複 〜〗(鳥)イソシギ.
gobán[1] [gobaːn] 名男〖属単・主複 **gobáin**, 属複 〜〗先端；さるぐつわ；おしゃぶり.
gobán[2] [gobaːn] 名男〖属単・主複 **gobáin**, 属複 〜〗名匠；何でも屋；へぼ職人.
gobharnóir [govərnoːrʹ] 名男〖属単 **gobharnóra**, 複 **-í**〗知事；長官.
goblach [gobləx] 名男〖属単・主複 **goblaigh**, 属複 〜〗口一杯；一口；少量.
gocarsach [gokərsəx] 名女〖属単 **gocarsachaí**〗(鶏などが)コッコッと鳴く声；(人が)しくしく泣く声.
góchum [ˈgoːˌxum] 動II 他〖動名 **góchumadh**, 動形 **góchumthe**〗偽造[偽作]する.
gogaide [gogədʹə] 名男〖属単 〜, 複 **gogaidí**〗尻.
gogaideach [gogədʹəx] 形1 しゃがんだ，うずくまった；軽薄な.
gogail [gogəlʹ] 動II 自〖動名 **gogal**, 動形 **gogailte**；現 **gogalaíonn**〗(七面鳥が)ごろごろ鳴く；(めんどりが)クワックワッと鳴く；ぺちゃくちゃしゃべる.
gogán [gogaːn] 名男〖属単・主複 **gogáin**, 属複 〜〗木製の容器；ジョッキ；手おけ.
goic [gokʹ] 名女〖属単 **-e**, 複 **-eanna**〗斜め；傾き；攻撃. ar 〜 傾けて.
goiciúil [gokʹuːlʹ] 形2 傾いた；きびきびした.
goid [godʹ] 名女〖属単 **gada**〗盗むこと，窃盗；盗品.
—— 動I 他・自〖動名 **goid**〗盗む；持ち去る.
goil [golʹ] 動I 他・自〖動名 **gol**, 動形 **goil**〗泣く.
goile [golʹə] 名男〖属単 〜, 複 **goilí**〗胃；腹部；食欲.
góilín [goːlʹiːnʹ] 名男〖属単 〜, 複 **-í**〗入り江；小湾.
goill [golʹ] 動I 自〖動名 **goilleadh**〗悲しむ；苦しむ. ghoill an focal orm その言葉に私の心は痛んだ.
goilliúnach [golʹuːnəx] 形1 痛い；傷つきやすい；敏感な.
goimh [govʹ] 名女〖属単 **-e**〗刺すこと；激痛. bhí 〜 ar an lá 身を切るように寒い日だった.
goimhiúil [govʹuːlʹ] 形2 刺すように痛ませる；毒をもった；とげのある.
goin [gonʹ] 名女〖属単 **gona**, 複 **gonta**〗傷；苦痛；とげ. 〜 ghréine

日射病.
—— 動I 他〖動名 goin, 動形 gonta〗傷つける；刺す. ghoin mo choinsias mé 良心の呵責に苦しんだ.
goinbhlasta [ˈɡonˌvlastə] 形3（味が）ぴりっと辛い.
goineog [ɡonˈoːɡ] 名女〖属単 **goineoige**, 主複 **-a**, 属複 ～〗突き刺すこと；刺すような痛み；辛らつさ.
goirín [ɡorˈiːnʲ] 名男〖属単 ～, 複 **-í**〗にきび.
goirmín [ɡorʲəmˈiːnʲ] 名男〖属単 ～, 複 **-í**〗パンジー, スミレ.
goirt [ɡortʲ] 形1 塩分を含んだ；塩辛い. uisce ～ 塩水. chaoin sí go ～ 彼女は激しく泣いた.
goirteamas [ɡortʲəməs] 名男〖属単 **goirteamais**〗塩分；塩味；苦み.
góislín [ɡoːsʲlʲiːnʲ] 名男〖属単 ～, 複 **-í**〗ガチョウのひな.
gol [ɡol] 名男〖属単 **goil**〗泣くこと. bhris a ～ uirthi 彼女はワッと泣き出した.
goltraí [ɡoltriː] 名女〖属単 ～, 複 **goltraithe**〗ゆっくりとした悲しい曲.
gona [ɡonə] go^2+a^4.
gonár [ɡonaːr] go^2+ár^2.
gonc [ɡoŋk] 名男〖属単 **goinc**〗ひじ鉄砲；冷遇.
gonta [ɡontə] 形3 ① goin の動形容詞. ② 傷ついた；鋭い；きびきびした.
gontacht [ɡontəxt] 名女〖属単 **-a**〗鋭さ；辛らつさ.
gor [ɡor] 名男〖属単 **goir**〗ふ化. ～ a dhéanamh ar uibheacha(< ubh) 卵をかえすこと.
——動I 他・自〖動名 **goradh**, 動形 **gortha**〗暖める；ふ化させる；ひなをかえす.
goraille [ˌɡoˈrilʲə] 名男〖属単 ～, 複 **goraillí**〗ゴリラ.
gorlann [ɡorlən] 名女〖属単 **gorlainne**, 主複 **-a**, 属複 ～〗ふ化場.
gorm [ɡorəm] 名男〖属単 **goirm**〗青(色).
——形1 青(色)の.（人の肌）黒(色)の. duine ～ 黒人.
gort[1] [ɡort] 名男〖属単・主複 **goirt**, 属複 ～〗畑；作物. ar ghort an bhaile 間近に.
gort[2] [ɡort] 名男〖属単 **goirt**〗ツタ(つる植物).
gorta [ɡortə] 名男〖属単 ～〗飢え, 飢饉；みすぼらしさ. an Gorta Mór 大飢饉.
gortach [ɡortəx] 形1 飢えた；乏しい；けちな. áit ghortach 不毛の地.

gortaigh [gorti:] 動II 他〖動名 **gortú**, 動形 **gortaithe**〗怪我をさせる；傷つける；害する.

gortghlanadh [ˈgortˌɣlanə] 名男〖属単 **gortghlanta**〗(畑の)雑草を取り除くこと.

gorún [goru:n] 名男〖属単・主複 **gorúin**, 属複 ～〗尻；腰.

gotha [gohə] 名男〖属単 ～, 複 **-í**〗外観；身振り；態度. **gothaí a chur ort féin** 誇示すること.

gothaíocht [gohi:(ə)xt] 名女〖属単 **-a**〗わざとらしさ；マンネリズム(型にはまったやり方).

grá [gra:] 名男〖属単 **grá**〗愛すること；慈愛；愛する人. **bheith i ngrá le** (duine) (人)を恋していること. **a ghrá！**愛する人よ！ **mo ghrá thú！**愛しています[よくやった]！ **de ghrá an réitigh** 平和のために.

grabálaí [graba:li:] 名男〖属単 ～, 複 **grabálaithe**〗ひったくり；略奪.

grabhar [graur] 名男〖属単 **grabhair**〗くず；かけら. ～ **móra** 泥炭.

grách [gra:x] 形1〖属単男 ～, 属単女・比較 **gráiche**, 主複 **-a**〗愛情のある，愛する.

grád [gra:d] 名男〖属単・主複 **gráid**, 属複 ～〗等級；程度；学年. ～ **teasa** 温度. **ticéad den chéad ghrád** 1等席券.

grádaigh [gra:di:] 動II 他〖動名 **grádú**, 動形 **grádaithe**〗等級をつける；評価する；目盛りをつける.

gradam [gradəm] 名男〖属単 **gradaim**〗尊重；尊敬；賞. **bheith faoi ghradam ag** (daoine) (人)に尊敬されること.

gradamach [gradəməx] 形1 尊敬すべき；立派な.

grádán [gra:da:n] 名男〖属単・主複 **grádáin**, 属複 ～〗傾斜度；勾配；坂.

graf [graf] 名男〖属単・主複 **graif**, 属複 ～〗グラフ，図表.
―― 動I 他・自〖動名 **grafadh**, 動形 **grafa**〗グラフにする，図式に表す.

grafach [grafəx] 形1 図表による；生き生きとした.

grafadh [grafə] 名男〖属単 **grafa**〗(くわで)掘ること.

grafán [grafa:n] 名男〖属単・主複 **grafáin**, 属複 ～〗くわ；掘る道具.

grafóg [grafo:g] 名女〖属単 **grafóige**, 主複 **-a**, 属複 ～〗(小型の)くわ.

grág [gra:g] 名女〖属単 ～〗耳ざわりなきしる音[声]；(カラス，カ

エルなどの)カーカー[ガーガー]いう声.
grágaíl [graːgiːlʲ] 名女〖属単 **grágaíola**〗(カラスなど)カーカー鳴くこと.
grágán [graːgaːn] 名男〖属単・主複 **grágáin**, 属複 ～〗(木の)切り株; もじゃもじゃの髪.
graí [griː] 名女〖属単 ～, 複 **-onna**〗(種)馬.
graidhin [grainʲ] 名 (成句) **mo ghraidhin** (go deo) **thú**! ブラボー! うまいぞ!
gráig [graːgʲ] 名女〖属単 **-e**, 複 **-eanna**〗村, 村落.
gráigh [graːɣʲ] 動 I 他・自〖動名 **grá**, 動形 **gráite**; 現 **gránn**; 未 **gráfaidh**〗愛する.
graiméar [gramʲeːr] 名男〖属単・主複 **graiméir**, 属複 ～〗文法(書).
gráin [graːnʲ] 名女〖属単 **gránach**〗憎悪, 嫌悪; 醜さ. **is** ～ **liom é** それは大嫌いだ.
grainc [graŋʲkʲ] 名女〖属単 **-e**, 複 **-eanna**〗まゆをひそめること, しかめ面.
gráinigh [graːnʲiː] 動 II 他〖動名 **gráiniú**, 動形 **gráinithe**〗嫌う.
gráiniúil [graːnʲuːlʲ] 形 2 ひどく嫌う; 醜い; ぞっとするような.
gráinne [graːnʲə] 名男〖属単 ～, 複 **gráinní**〗穀物; 穀類.
gráinneach [graːnʲəx] 形 1 粒状の.
gráinneog [graːnʲoːg] 名女〖属単 **gráinneoige**, 主複 **-a**, 属複 ～〗ハリネズミ.
gráinnigh [graːnʲiː] 動 II 他〖動名 **gráinniú**, 動形 **gráinnithe**〗粒(状)にする.
gráinnín [graːnʲiːnʲ] 名男〖属単 ～, 複 **-í**〗微粒子; 少量.
gráinseach [graːnʲsʲəx] 名女〖属単 **gráinsí**, 主複 **-a**, 属複 ～〗農場, 農園; 穀倉地帯.
gráínteacht [graːiːnʲtʲəxt] 名女〖属単 **-a**〗かわいがること; 抱き締め.
graíre [griːrʲə] 名男〖属単 ～, 複 **graírí**〗種馬.
gráisciúil [graːsʲkʲuːlʲ] 形 2 俗悪な; 下品な; 低級な.
gram [gram] 名男〖属単・主複 **graim**, 属複 ～〗(単位) グラム.
gramadach [gramədəx] 名女〖属単 **gramadaí**〗文法.
gramadúil [graməduːlʲ] 形 2 文法の, 文法的.
gramaisc [graməsʲkʲ] 名女〖属単 **-e**〗野次馬連, 群衆.
grámhar [graːvər] 形 1 愛情のある; 愛すべき; 優しい.
gramhas [graus] 名男〖属単 **gramhais**〗にやっと笑うこと; しか

め面.
gramhsach [grausəx] 形1 にやりと笑う; 顔をゆがめる.
grán [gra:n] 名男 〖属単 **gráin**〗穀物; 小弾丸. ~ cruithneachta 小麦. gunna gráin 散弾銃.
gránach [gra:nəx] 名男 〖属単・主複 **gránaigh**, 属複 ~〗穀物, 穀草, 穀物食品.
——形1 穀物の.
gránáid [gra:na:dʹ] 名女 〖属単 **-e**, 複 **-í**〗手投げ弾.
gránaigh [gra:ni:] 動II 他・自 〖動名 **gránú**, 動形 **gránaithe**〗粒(状)にする; 削りとる.
gránbhiorach [ˈgra:nʲvʹirəx] 形1 球の. peann ~ ボールペン.
gránna [gra:nə] 形3 醜い; 不愉快な; 惨めな.
gránnacht [gra:nəxt] 名女 〖属単 **-a**〗醜悪; 不快; 険悪.
gránphlúr [ˈgra:nʲflu:r] 名男 〖属単 **gránphlúir**〗とうもろこし粉, 穀粉.
gránúll [ˈgra:nʲu:l] 名男 〖属単・主複 **gránúill**〗ザクロ.
graosta [gri:stə] 形3 淫らな, 下品な, 不潔な.
graostacht [gri:stəxt] 名女 〖属単 **-a**〗卑猥, 猥談.
grásaeir [gra:se:rʹ] 名男 〖属単 **grásaera**, 複 **-í**〗牧畜業者.
gráscar [gra:skər] 名男 〖属単 **gráscair**〗暴徒; けんか; 断片. ~ Béarla ちょっぴりかじっている英語. i gráscar (le) (と)乱闘して.
grásta [gra:stə] 名男 〖属単・主複 ~, 属複 **grást**〗好意; 慈悲; 神の恵み; (強調語として). ar stealladh na ngrást 泥酔して.
grástúil [gra:stu:lʹ] 形2 好意的な; 慈悲深い.
grástúlacht [gra:stu:ləxt] 名女 〖属単 **-a**〗親切; 慈悲.
gráta [gra:tə] 名男 〖属単 ~, 複 **-í**〗(暖炉などの)鉄格子; 焼き網.
grátáil[1] [gra:ta:lʹ] 名女 〖属単 **grátála**〗格子; 焼き網. ~ i ndoras ドアの格子窓.
grátáil[2] [gra:ta:lʹ] 動I 他 〖動名 **grátáil**, 動形 **grátála**; 現 **grátálann**〗(食べ物など)おろし金でおろす.
grathain [grahənʹ] 名女 〖属単 **-e**〗(昆虫, 鳥など)群れ; 野次馬.
gread [gʹrʹad] 動I 他・自 〖動名 **greadadh**, 動形 **greadta**〗激しく打つ; 打ちすえる; ずきずき[ひりひり]痛む. greadadh teanga ののしり. ar greadadh 非常なスピードで. greadadh airgid 大金.
greadhnach [gʹrʹainʹəx] 形1 騒々しい; 陽気な; 燃える.
greadóg [gʹrʹado:g] 名女 〖属単 **greadóige**, 主複 **-a**, 属複 ~〗平手打ち; 威勢のよいこと; 食欲を刺激するもの, 前菜.
Gréagach [gʹrʹagəx] 名男 ギリシャ人.

――形1 ギリシャ(人)の.

greagán [gʲrʲagaːn] 名男【属単 **greagáin**】少量の酒. ～ a dhiurnú グラスを飲み干すこと.

greagnaigh [gʲrʲagniː] 動II 他【動名 **greagnú**, 動形 **greagnaithe**】敷く; 舗装する; 撒き散らす.

greallach [gʲrʲaləx] 名女【属単 **greallaí**, 主複 **-a**, 属複 ～】ぬかるみ, 泥沼.

greama [gʲrʲamə] ☞ greim.

greamachán [gʲrʲaməxaːn] 名男【属単・主複 **greamacháin**, 属複 ～】止め具; 接着剤.

greamaigh [gʲrʲamiː] 動II 他・自【動名 **greamú**, 動形 **greamaithe**】取りつける; 締める; 固定する. ghreamaigh sé mé lena dhá shúil 彼は私をじっと見た. ciall a bhriathra(<briathar) a ghreamú 彼の言葉の意味をしっかり把握すること.

greamaire [gʲrʲamərʲə] 名男【属単 ～, 複 **greamairí**】ペンチ.

greamaitheach [gʲrʲamihəx] 形1 強く心をとらえる; 粘着性の.

grean[1] [gʲrʲan] 名男【属単 **grin**】砂利; 粒の粗い砂.

grean[2] [gʲrʲan] 動I 他【動名 **greanadh**, 動形 **greanta**】彫る; 刻み込む.

greanadóireacht [gʲrʲanədoːrʲəxt] 名女【属単 **-a**】彫刻.

greann [gʲrʲan] 名男【属単 **grinn**】楽しみ; 冗談; 愛情. ～ a dhéanmamh de (dhuine)(人)を笑い物にすること. ar son grinn a bhí mé 私はそれを冗談のつもりで言った. thug sé ～ di 彼は彼女に恋をしてしまった.

greannaigh [gʲrʲaniː] 動II 他【動名 **greannú**, 動形 **greannaithe**】いらいらさせる; 挑む; 詰(なじ)る.

greannán [gʲrʲanaːn] 名男【属単・主複 **greannáin**, 属複 ～】漫画.

greannmhaireacht [gʲrʲanuːrʲəxt] 名女【属単 **-a**】こっけい, おかしさ; 愛情.

greannmhar [gʲrʲanuːr] 形1 こっけいな; 変な; 愛情をいだいた.

greanntraigéide [ˈgʲrʲanˌtragʲeːdʲə] 名女【属単 ～, 複 **greanntraigéidí**】悲喜劇.

greanta [gʲrʲantə] 形3 彫られた; 磨かれた; 輪郭のはっきりした.

greantacht [gʲrʲantəxt] 名女【属単 **-a**】美しさ; 恰好(姿)のよさ; 優雅.

gréas [gʲrʲeːs] 名男【属単・主複 **-a**, 属複 ～】装飾(品); 装飾模様; 刺繍.

gréasaí [gʹrʹeːsiː] 名男〖属単 ～, 複 **gréasaithe**〗靴屋.
gréasaigh [gʹrʹeːsiː] 動II 他〖動名 **gréasú**, 動形 **gréasaithe**〗飾る; 刺繍する.
greasáil [gʹrʹasaːlʹ] 名女〖属単 **greasála**〗殴打すること, 痛撃.
―― 動I 他〖動名 **greasáil**, 動形 **greasáilte**; 現 **greasálann**〗たたきのめす; こらしめる.
gréasaíocht [gʹrʹeːsiː(ə)xt] 名女〖属単 **-a**〗靴(修理)屋.
gréasán [gʹrʹeːsaːn] 名男〖属単・主複 **gréasáin**, 属複 ～〗クモの巣; 織物; ネットワーク. ～ **bóithre** 道路網. ～ **snátha** 糸のもつれ. ～ **bréag** 嘘八百. ～ **domhanda**（コンピューター）www (world wide web). **láithreán gréasáin** ウェブサイト.
gréasta [gʹrʹeːstə] 形3 装飾的な; 刺繍した; 模様のついた.
gréibhlí [gʹrʹeːvʹlʹiː] 名（複）楽しい小（間）物, 小装身具.
greidimín [gʹrʹedʹəmʹiːnʹ] 名男〖属単 ～〗打つ[殴る]こと.
Gréig [gʹreːg] 名 **An Ghréig** ギリシャ.
Gréigis [gʹreːgəs] 名女〖属単 **-e**〗ギリシャ語.
greille [gʹrʹelʹə] 名女〖属単 ～, 複 **greillí**〗(鉄)格子; 焼き網.
greim [gʹrʹemʹ] 名男〖属単 **greama**, 複 **greamanna**〗摑(つか)み; 把握; かむこと; 縫い目. **rug sé** ～ **gualainne orm** 彼は私の肩をつかんだ. ～ **láimhe** 握手. ～ **coise** 足場. **dul i ngreim i** (rud)（こと）に捕まってしまうこと. **na greamanna dubha** 悪影響. **dul i ngreim**（歯車など）かみ合うこと. ～ **bia** 食べ物の一口.
greimlín [gʹrʹemʹlʹiːnʹ] 名男〖属単 ～, 複 **-í**〗絆創膏(ばんそうこう).
gréisc [gʹrʹeːsʹkʹ] 名女〖属単 **-e**〗グリース, 油, 脂.
―― 動I 他〖動名 **gréisceadh**, 動形 **gréiscthe**〗油を塗る[差す].
gréiscdhíonach [ˈgʹrʹeːsʹkʹˌɣiːnəx] 形1 油を通さない. **páipéar** ～ 油をはじく紙.
gréisceach [gʹrʹeːsʹkʹəx] 形1 油を塗った; 油だらけの.
gréisclí [ˈgʹrʹeːsʹkʹˌlʹiː] 名女〖属単 ～〗（俳優のメーキャップに用いる）ドーラン; 俳優の化粧.
gréithe [gʹrʹeːhə] 名（複）装身具; 食器; 陶器. ～ **tí** 家庭用品.
grian[1] [gʹrʹiən] 名女〖属単 **gréine**, 複 **-ta**;（成句）与単 **gréin**〗太陽. **lá gréine** 晴天の日. **éirí** (na) **gréine** 日の出. **luí** (na) **gréine** 日没.
―― 動I 他〖動名 **grianadh**, 動形 **grianta**〗日にさらす.
grian-[2] [gʹrʹiən] 接頭 太陽の.
grianach [gʹrʹiənəx] 形1 日が照る; 晴れた; 陽気な.
grianaíocht [gʹrʹiəniː(ə)xt] 名女〖属単 **-a**〗日光浴; 明るさ, 陽気.

grianán [gʹrʹiənaːn] 名男〖属単・主複 **grianáin**, 属複 ～〗サンルーム；夏の別荘.
grianchloch [ˈgʹrʹiənˌxlox] 名女〖属単 **grianchloiche**, 主複 **-a**, 属複 ～〗クォーツ(時計).
grianchlog [ˈgʹrʹiənˌxlog] 名男〖属単・主複 **grianchloig**, 属複 ～〗日時計.
grianghoradh [ˈgʹrʹiənˌɣorə] 名男〖属単 **grianghortha**〗日光浴すること.
grianghraf [ˈgʹrʹiənˌɣraf] 名男〖属単・主複 **grianghraif**, 属複 ～〗写真.
grianghrafadóir [ˈgʹrʹiənˌɣrafədoːrʹ] 名男〖属単 **grianghrafadóra**, 複 **-í**〗写真家, カメラマン.
grianghrafadóireacht [ˈgʹrʹiənˌɣrafədoːrʹəxt] 名女〖属単 **-a**〗写真撮影.
grianmhar [gʹrʹiənvər] 形1 日が照る；陽気な；快活な.
grainstad [ˈgʹrʹiənˌstad] 名男〖属単 ～, 複 **-anna**〗(夏至, 冬至の)至点. ～ **an tsamhraidh** 夏至. ～ **an gheimhridh** 冬至.
grideall [gʹrʹidʹəl] 名女〖属単 **gridille**, 複 **gridillí**〗フライパン；鉄板.
gríl [gʹrʹiːlʹ] 名女〖属単 **-e**, 複 **-eanna**〗焼き網(料理).
grinn [gʹrʹinʹ] 形1 知覚する；明敏な；洞察力のある. **amharc** ～ 鋭い洞察力.
grinneall [gʹrʹinʹəl] 名男〖属単 **grinnill**〗川底；海底；底. **dul go** ～ **le** (rud) (こと)の底をつく[真相をきわめる]こと.
grinneas [gʹrʹinʹəs] 名男〖属単 **grinnis**〗洞察力；明快；的確.
grinnigh [gʹrʹinʹiː] 動II 他〖動名 **grinniú**, 動形 **grinnithe**〗じろじろ見る；詳細に調べる.
gríobhán [gʹrʹiːvaːn] 名男〖属単 **gríobháin**〗(成句) **cathair ghríobháin** 迷宮, 迷路.
gríodán [gʹrʹiːdaːn] 名男〖属単 **gríodáin**〗かす；くず；残り物.
griofadach [gʹrʹifədəx] 名男〖属単 **griofadaigh**〗刺すこと；ひりひり[ちくちく]痛むこと.
―― 形1 (傷などが)うずく；ひりひりする.
griog [gʹrʹig] 名男〖属単 **-a**, 複 **-anna**〗いら立ち；痛み.
―― 動I 他〖動名 **griogadh**, 動形 **griogtha**〗いじめる；悩ます；いら立たせる.
griolsa [gʹrʹilsə] 名男〖属単 ～, 複 **-í**〗(初めて海から川へ戻ってくる)若雄鮭(⚥).

gríos [gʹrʹiːs] 名男〖属単 **grís**〗残り火；燃えさし；熱；発疹.
gríosach [gʹrʹiːsəx] 名女〖属単 **gríosaí**〗残り火；熱意. **déanfaidh sé ～** 彼は大荒れだろう.
——形1 燃えている，白熱する.
gríosaigh [gʹrʹiːsi] 動II 他〖動名 **gríosú**, 動形 **gríosaithe**〗火をつける；興奮させる.
gríosaitheach [gʹrʹiːsihəx] 名男〖属単・主複 **gríosaithigh**, 属複 ～〗興奮剤；刺激(物).
——形1 かき立てる；刺激的な.
gríosc [gʹrʹiːsk] 動I 他・自〖動名 **gríoscadh**, 動形 **gríosctha**〗(肉などを)あぶる，焼く.
gríosclann [gʹrʹiːsklən] 名女〖属単 **gríosclainne**, 主複 **-a**, 属複 ～〗グリル(ルーム)；食堂.
griotháil [gʹrʹihaːlʹ] 名女〖属単 **griothála**〗(豚の)ブーブー鳴く声；不平，不満.
——動I 自〖動名 **griotháil**, 動形 **griotháilte**；現 **griothálann**〗ブーブー鳴く[言う].
griothalán [gʹrʹihəlaːn] 名男〖属単 **griotháláin**〗から騒ぎ；ざわめき.
gríscín [gʹrʹiːsʹkʹiːnʹ] 名男〖属単 ～, 複 **-í**〗(焼き)肉の切り身. **～ muiceola** ポークチョップ.
gró [groː] 名男〖属単 ～, 複 **-ite**〗かなてこ.
grod [grod] 形1 突然の；急な；早い. **go ～ ina dhiaidh sin** そのすぐ後に. **go ～ sa bhliain** 年のはじめに.
——動I 他・自〖動名 **grodadh**, 動形 **grodta**〗速める；急がせる；駆り立てる.
grodfhoclach [ˈgrodˌokləx] 形1 急ぎの；手短の.
groí [griː] 形3 強い，精力的な；不思議な.
gróig [groːgʹ] 動I 他・自〖動名 **gróigeadh**, 動形 **gróigthe**〗(切りだした泥炭を)立てる；積み上げる. **móin a ghróigeadh** 泥炭を(乾かすために)立てること.
grósa [groːsə] 名男〖属単 ～, 複 **-í**〗総計.
grósaeir [groːseːrʹ] 名男〖属単 **grósaera**, 複 **-í**〗食料品商.
grósaeireacht [groːseːrʹəxt] 名女〖属単 **-a**〗食料品業.
grua [gruə] 名女〖属単 ～, 複 **-nna**〗頬；山の端；(宝石など)切り子面.
gruagach[1] [gruəgəx] 名男〖属単・主複 **gruagaigh**, 属複 ～〗(物語の)毛むくじゃらの鬼；小妖精.

gruagach² [gruəgəx] 形1 毛深い, 毛むくじゃらの.
gruagaire [gruəgərʹə] 名男〖属単 ～, 複 **gruagairí**〗美容師；美容院.
gruagaireacht [gruəgərʹəxt] 名女〖属単 **-a**〗美容(業).
gruaig [gruəgʹ] 名女〖属単 **-e**〗毛髪.
gruaim [gruəmʹ] 名女〖属単 **-e**〗陰気；憂うつ；落胆.
gruama [gruəmə] 形3 陰気な；元気のない；不機嫌な.
gruamaigh [gruəmi:] 動II 自〖動名 **gruamú**, 動形 **gruamaithe**〗暗くなる；陰うつになる.
grúdaigh [gru:di:] 動II 他・自〖動名 **grúdú**, 動形 **grúdaithe**〗(ビールなど)醸造する.
grúdaire [gru:dərʹə] 名男〖属単 ～, 複 **grúdairí**〗ビール醸造者.
grúdarlach [gru:dərləx] 名男〖属単 **grúdarlaigh**〗(飼料用)残飯；まずそうな食べ物；安物の酒.
grúdlann [gru:dlən] 名女〖属単 **grúdlainne**, 主複 **-a**, 属複 ～〗(ビール)醸造所.
grugach [grugəx] 形1 顔をしかめる；不機嫌な顔つきの.
gruig [grigʹ] 名女〖属単 **-e**, 複 **-eanna**〗まゆをひそめること；しかめ面.
grúm [gru:m] 名男〖属単 **grúim**, 複 **-anna**〗花婿.
grúnlach [gru:nləx] 名男〖属単 **grúnlaigh**〗かす；くず；ごみ.
grúnta [gru:ntə] 名男〖属単 ～〗深さ；水深.
grúpa [gru:pə] 名男〖属単 ～, 複 **-í**〗グループ, 集団.
grúpáil [gru:pa:lʹ] 動I 他・自〖動名 **grúpáil**, 動形 **grúpáilte**；現 **grúpálann**〗寄せ集める；群にする.
grus [grus] 名男〖属単・主複 **gruis**, 属複 ～〗しかめ面, 渋い顔.
grusach [grusəx] 形1 どら声の；ぶっきらぼうな.
grúscán [gru:ska:n] 名男〖属単・主複 **grúscáin**, 属複 ～〗ブーブー[ブツブツ]いう音[声]；うなり声.
gruth [gruh] 名男〖属単 **-a**〗凝乳(状の食品).
guagach [guəgəx] 形1 不安定な；気まぐれな.
guagacht [guəgəxt] 名女〖属単 **-a**〗不安定；ぐらつき；気まぐれ.
guailleadóireacht [guəlʹədo:rʹəxt] 名女〖属単 **-a**〗肩にかつぐこと；肩で風を切る(威張る)こと.
guailleáil [guəlʹa:lʹ] 動I 他・自〖動名 **guailleáil**, 動形 **guailláilte**；現 **guaillálann**〗かつぐ；肩で押す. **ag** ～ **thart** ぶらぶら散歩すること.
guailleán [guəlʹa:n] 名男〖属単・主複 **guailleáin**, 属複 ～〗肩ひ

も；ズボン吊り．
guaillí [guəl′i:] 名男〖属単 ～, 複 **guaillithe**〗仲間, 相手．
guaim [guəm′] 名女〖属単 **-e**〗自制(心)．
guairdeall [guərd′əl] 名男〖属単 **guairdill**〗回転；取り囲み；不安．
ag ～ i mo thimpeall 私の回りをうろつくこと．
guairdeallach [guərd′ələx] 形 1 回っている；囲んでいる；不安な．
guaire [guər′ə] 名男〖属単 ～, 複 **guairí**〗剛毛；ほおひげ．
guaireach [guər′əx] 形 1 剛毛質の；さか立った．
guairilleach [ˌguə|r′il′əx] 形 1 ゲリラ兵の；ゲリラ戦術の．
guairne [guərn′ə] 名女〖属単 ～〗回転；旋回．
guairneach [guərn′əx] 形 1 回転[旋回]する．
guairneán [guərn′a:n] 名男〖属単 **guairneáin**〗回転；渦巻き；こ
ろげ回り．ag ～ sa leaba 寝返りを打つこと．
guairneánach [guərn′a:nəx] 形 1 回転する；渦巻く；落ち着かない．
guais [guəs′] 名女〖属単 **-e**, 複 **-eacha**〗危険；ろうばい；心配．is
～ liom (go) (go 以下)を気づかう．
guaiseach [guəs′əx] 形 1 危険な．
gual [guəl] 名男〖属単 **guail**〗石炭．
gualach [guələx] 名男〖属単 **gualaigh**〗木炭．
gualainn [guələn′] 名女〖属単 **-e**, 複 **guaillí**〗肩．chuir siad a
nguaillí le chéile 彼らは共同で努力した．～ sléibhe 山肩．de[ar]
ghualainn (ruda) (もの)と匹敵する．
gualcheantar [ˈguəlˌx′antər] 名男〖属単・主複 **gualcheantair**,
属複 ～〗炭田．
gualda [guəldə] 形 3 真っ黒な；黒こげの．
guamach [guəməx] 形 1 計画された；きちんとした；快適な．
guigh [giɣ′] 動I 他・自〖動名 **guí**, 動形 **guite**；現 **guíonn**〗祈る．is
é mo ghuí (go) (go 以下)を強く望む．
guím [gi:m] guigh+mé．
guíodóireacht [gi:(ə)do:r′əxt] 名女〖属単 **-a**〗祈ること；嘆願．
gúm [gu:m] 名男〖属単・主複 **gúim**, 属複 ～〗計画．
guma [gomə] 名男〖属単 ～, 複 **-í**〗(チューイン)ガム．
gúna [gu:nə] 名男〖属単 ～, 複 **-í**〗ドレス；洋服；ガウン．
gúnadóireacht [gu:nədo:r′əxt] 名女〖属単 **-a**〗洋裁．
gúnga [gu:ŋgə] 名男〖属単 ～, 複 **-í**〗体の後部；尻．suí ar do
ghúngí しゃがむこと．
gúngach [gu:ŋgəx] 形 1 しゃがんだ；ちぢこまった；ぶざまな．
gúngáil [gu:ŋga:l′] 名女〖属単 **gúngála**〗揺れること；よろめき；

ふらつく足取り.

gunna [gonə] 名男〖属単 ～, 複 **-í**〗銃, ピストル.
gur[1] [gər] ☞ **go**[4].
gur[2] [gər], **gura** [gərə], **gurab** [gərəb], **gurb** [gərb], **gurbh** [gərv] ☞ **is**[1].
gus [gus] 名男〖属単 **-a**〗精力; 活力; 尊大.
gusmhar [gusvər] 形 1 力強い; 元気のよい; うぬぼれの強い.
gustal [gustəl] 名男〖属単 **gustail**〗家財; 資産; 資源.
gustalach [gustələx] 形 1 裕福な; 意欲的な; 尊大な.
guta[1] [gutə] 名男〖属単 ～, 複 **-í**〗母音.
guta[2] [gutə] 名男〖属単 ～, 複 **-í**〗汚染; 不潔(な場所).
guth [guh] 名男〖属単 **-a**, 複 **-anna**〗声; 歌声; 音; 発言. **d'aon ghuth** 満場一致で.
guthach [guhəx] 形 1 声の; 口頭の.
guthaíocht [guhi:(ə)xt] 名女〖属単 **-a**〗発声; 音声.
guthán [guha:n] 名男〖属単・主複 **gutháin**, 属複 ～〗電話.

H

haca [hakə] 名男〖属単 ～〗ホッケー. ～ **oighir** アイスホッケー.
haemaifilia [ˈhe:məˌfʼilʼiə] 名女〖属単 ～〗血友病.
haingear [haŋʼ(gʼ)ər] 名男〖属単・主複 **haingir**, 属複 ～〗納屋; 格納庫.
hairicín [harʼəkʼi:nʼ] 名男〖属単 ～, 複 **-í**〗ハリケーン, 台風.
haisis [hasʼəsʼ] 名女〖属単 ～〗ハシュシュ.
haiste [hasʼtʼə] 名男〖属単 ～, 複 **haistí**〗ハッチ; 昇降口; くぐり門.
halla [halə] 名男〖属単 ～, 複 **-í**〗大広間; 公会堂, ホール; (ビルの)廊下.
halmadóir [haləmədo:rʼ] 名男〖属単 **halmadóra**, 複 **-í**〗舵(かじ)の柄(え).
hamstar [hamstər] 名男〖属単・主複 **hamstair**, 属複 ～〗ハムスター.
hanla [hanlə] 名男〖属単 ～, 複 **-í**〗把手(とって), 柄.

hap [hap] 名男〖属単 〜, 複 -anna〗片[両]足跳び；ひと跳び. de 〜 突然に. ar 〜 an tairne すぐに. 〜 de mhaide 棒の強打.
hart [hart] 名男〖属単・主複 **hairt**, 属複 〜〗(トランプ)ハート.
hata [hatə] 名男〖属単 〜, 複 -í〗帽子. 〜 an tsagairt イソギンチャク.
hearóin [haroːnʹ] 名女〖属単 -e〗ヘロイン.
heicteár [hekʹtʹaːr] 名男〖属単・主複 **heicteáir**, 属複 〜〗(面積の単位)ヘクタール.
héileacaptar [ˈheːlʹəˌkaptər] 名男〖属単・主複 **héileacaptair**, 属複 〜〗ヘリコプター.
heirméiteach [herʹəmʹeːtʹəx] 形 1 密閉した, 気密の.
hibrideach [hibʹrʹədʹəx] 形 1 雑種の, 混種の.
hidrigin [ˈhidʹrʹəˌgʹinʹ] 名女〖属単 -e〗水素.
hiéana [ˌhiːˈeːnə] 名男〖属単 〜, 複 -í〗ハイエナ.
híleandóir [hiːlˈəndoːrʹ] 名〖属単 **híleandóra**, 複 -í〗ハイランダー(スコットランド高地人).
hiodrálaic [hidraːləkʹ] 名女〖属単 -e〗水力(工)学.
hiodrant [hidrənt] 名男〖属単・主複 **hiodraint**, 属複 〜〗給水栓(ぜん)；消火栓.
hiopnóis [hipnoːsʹ] 名女〖属単 -e, 複 -í〗催眠(状態)；催眠術.
hipideirmeach [ˈhipʹəˌdʹerʹəmʹəx] 形 1 皮下注射の；皮下(組織)の.
hipitéis [ˈhipʹəˌtʹeːsʹ] 名女〖属単 -e, 複 -í〗仮説, 仮定；前提.
hipitéiseach [ˈhipʹəˌtʹeːsʹəx] 形 1 仮説の, 仮定の.
histéire [hisʹtʹeːrʹə] 名女〖属単 〜〗ヒステリー, 病的興奮.
hob [hob] 名 (成句) **ní raibh** 〜 **ná hé as** 彼からの動きは何もなかった. **bhí sé ar** 〜 **imeacht** 彼は出て行くところだった.
holam halam [holəm haləm] 名 騒動, 大騒ぎ；混乱.
homaighnéasach [ˈhoməˌnʹeːsax] 名男〖属単・主複 **homaighnéasaigh**, 属複 〜〗同性愛者.
—— 形 1 同性愛の.
hormón [horəmoːn] 名男〖属単・主複 **hormóin**〗ホルモン.
húda [huːdə] 名男〖属単 〜, 複 -í〗フード(頭をおおうもの).
húm [huːm] 名 (成句) **ní raibh** 〜 **ná hám as** 彼は微動だにしなかった.
hurá [həˈraː] 間投 フレー(フレー)！
hurlamaboc [ˈhuːrləməˌbok] 名男〖属単 〜〗動揺, 興奮；騒動.

I

i [i] 前 〖前置詞+代名詞 **ionam, ionat, ann**(男), **inti**(女), **ionainn, ionaibh, iontu**〗(場所, 環境, 範囲など) の中に；(材料, 方法など) …で；を着て；(の形) をなして. (U 変化；後続語が母音で始まる時または bhur, dhá が続く場合→ **in**；(その他の結合語；i+an¹→ sa；i+an¹+(母音あるいは f+母音)→ san；i+na¹→ sna；i+a⁴→ ina；i+ár²→ inár；i+a⁵→ ina；i+ar³→ inar). **i dteach** 家で. **in eitleán** 機中で. **sa chathair** 街で. **in dhá áit** 二カ所で. **san earrach** 春に. **i ngach cearn** 四方八方に. **i bhfad ó bhaile** 家から遠く離れて. **i measc na ndaoine** 国民の間に. **i lár baill** 真ん中に. **sa chéad áit** 第一に. **in éide ghlas** 緑の制服を着て. **tá sé i mbun a chuid oibre** 彼は仕事に精を出している. **i mbliana** 今年に. **i gcónaí** いつも. **in aisce** 無料で. **in aice** そばに. **i láthair** 出席して. **i gcead duit** 失礼ですが. (rud) **a bheith ionat** (こと) ができること. **an bhfuil tú i do chodladh?** 君は寝ているのか？ **tá sé ina oide** 彼は先生です. **tá sé ina shamhradh** 夏のようだ. **bí i do thost!** 黙れ！ **tháinig siad i dtír** 彼らは上陸した. **tá sé ag dul i ndéanaí** だんだん遅くなる.

í [iː] 代 3人称単数女性主格・与格. 彼女は[が]；彼女に[を]. (女性名詞を指し) それは[が]；それに[を]. 能動動詞の主語にはならない. 動詞 is の主語にはなり得る. (☞ **sí**) **phós sé í** 彼は彼女と結婚した. **cé hí sin?** 彼女は誰か？ (自律動詞と共に) **pósadh í**. 彼女は結婚した. (動名詞の実質上の主語として) **cad d'imigh uirthi? í a thitim** 彼女がどうかしたのか？彼女が転んだ. **tháinig sí chugam agus í ag gol** 彼女は私の所へ来て (そして彼女は) 泣いた. **bean mar í** 彼女の様な女性. **is breá an bhean í** 彼女はすてきな女性だ. **is í an bhanaltra chéanna í** 彼女はあの (同じ) 看護師だ. (**bád, leabhar, clog** などの男性名詞を指すこともある) **bád álainn í** それはすばらしい船だ.

iad [iəd] 代 3人称複数主格・与格. 彼らは[が]；彼らに[を]；それらは[が]；それらに[を]. 能動動詞の主語にはならない. 動詞 is の主語にはなり得る. (☞ **siad**) **chualamar ag caint ~** 我々は彼らが話すのを聞いた. (動名詞の実質上の主語として) **~ a theacht go tobann air** 彼らが突然彼を襲ったこと. (**agus** の後) **d'imigh siad agus ~ sásta**

iadsan

lena gcuairt 彼らは出掛けて(そして彼らは)満足した. gan ～ それら[彼ら]なしで. ach ～ 彼らを除いて. is maith na húlla ～ それらは美味しいりんごだ. is ～ na cnoic is airde sa tír ～ それらは国で最も高い山だ.(成句) agus ～ その他. Peadar agus ～ ピーターとその他の人々.

iadsan [iədsən] 代 iad (与格)の強形.
iaidín [iəd′i:n′] 名男 〖属単 ～〗ヨウ素；ヨードチンキ.
iaigh [iəɣ′] 動I 他・自 〖動名 iamh, 動形 iata；現 iann；未 iafaidh〗閉じる；締め出す；止める；同封する. ～ le 結合する.
iall [iəl] 名女 〖属単 éille, 複 -acha；(成句) 与単 éill〗(革)ひも；一列. ～ bróige 靴ひも. ar éill (犬などを)ひもでつないで. ～ éan 連なる鳥の群れ.
iallach [iələx] 名男 〖属単 iallaigh〗強制；束縛. tá ～ orm labhairt leis 私は彼に話さなければならない.
ialtóg [iəlto:g] 名女 〖属単 ialtóige, 主複 -a, 属複 ～〗 ～ (leathair) コウモリ.
iamh [iəv] 名男 〖属単 iaimh〗囲い(込み)；構内；監禁. faoi ～ 取り囲まれて[保証されて].
iamhchríoch [′iəv‚x′r′i:x] 名女 〖属単 iamhchríche, 主複 -a, 属複 ～〗飛び領土(自国内に入り込んでいる他国の領土)；少数民族集団.
ian [iən] 名男 〖属単・主複 iain, 属複 ～〗イオン.
ianaisféar [iənəsfe:r] 名男 〖属単 ianaisféir〗イオン圏, 電離層.
iar[1] [iər] 前 (時間)…のあとに. ～ sin その後(に).
iar[2]**-** [iər] 接頭 後の-；次の-；前の；遠い；西(方)の.
iarann [iərən] 名男 〖属単・主複 iarainn, 属複 ～〗鉄；道具の鉄の部分. ～ scine ナイフの刃.
Iarannaois [iərəni:s′] 名女 〖属単 -e〗an ～ 鉄器時代.
iarbháis [iər′v′a:s′] 形 死後の；検死の.
iarchéimí [′iər‚x′e:m′i:] 名男 〖属単 ～, 複 iarchéimithe〗大学院生.
iarChríost [′iər‚hr′i:st] 名 A.D. 紀元.
iardheisceart [′iər‚ɣ′es′k′ərt] 名男 〖属単 iardheiscirt〗南西.
iarfhocal [′iər‚okəl] 名男 〖属単・主複 iarfhocail, 属複 ～〗エピローグ, 終幕.
iarghnó [′iər‚ɣno:] 名男 〖属単 ～〗悲嘆；後悔；困惑；落胆.
iarghnóch [′iər‚ɣno:x] 形1 〖属単男 ～, 属単女・比較 iarghnóiche, 主複 ～〗困って；落胆して；不幸な.

iargúil [ˈiərˌguːlʼ] 名女〖属単 **iargúlach**, 複 **iargúlacha**〗へんぴな場所, 人里はなれた場所.
iargúlta [ˈiərˌguːltə] 形3 引っ込んだ;離れた;風変わりな.
iarla [iərlə] 名男〖属単 〜, 複 **-í**〗伯爵.
iarlais [iərləsʼ] 名女〖属単 **-e**, 複 **-í**〗小妖精;長くわずらっている人;役に立たない人.
iarmhaireach [iərvərʼəx] 形1 不気味な;孤独な.
iarmhairt [iərvərtʼ] 名女〖属単 **iarmharta**, 複 **-í**〗結果, 成り行き;子孫.
iarmhar [iərvər] 名男〖属単 **iarmhair**〗子孫;残余;面影;後世.
iarmharach [iərvərəx] 形1 遺産の;残余の;なごりの.
iarmharán [iərvəraːn] 名男〖属単・主複 **iarmharáin**, 属複 〜〗最後の生存者;残骸.
iarmhartach [iərvərtəx] 形1 結果的に;重大な.
iarmhéid [iərvʼeːd] 名男〖属単 〜〗差引残高. 〜 **bainc** 銀行預金残高.
iarmhír [ˈiərˌvʼiːrʼ] 名女〖属単 **-e**, 複 **-eanna**〗接尾辞.
iarn- [iərn] 接頭 鉄の-.
iarnaí [iərniː] 形3 鉄の, 鉄製の;鉄のように堅い.
iarnaigh [iərniː] 動II 他〖動名 **iarnú**, 動形 **iarnaithe**〗鉄を加える, 鉄をかぶせる.
iarnáil [iərnaːlʼ] 動I 他〖動名 **iarnáil**, 動形 **iarnála**; 現 **iarnálann**〗アイロンをかける.
iarnóin [ˈiərˌnoːnʼ] 名女〖属単 **iarnóna**, 複 **iarnónta**〗午後.
iarnra [iərnrə] 名男〖属単 〜, 複 **-í**〗金物類.
iarnród [ˈiərnˌroːd] 名男〖属単・主複 **iarnróid**, 属複 〜〗鉄道, 線路.
iaróg [iəroːg] 名女〖属単 **iaróige**, 主複 **-a**, 属複 〜〗口げんか;騒動;妨害;後遺症.
iarógach [iəroːgəx] 形1 けんか好きな;後遺症のある.
iarr [iər] 動I 他〖動名 **iarraidh**, 動形 **iarrtha**〗頼む;要求する;捜し求める;試みる. **d'iarr sé punt orm** 彼は私に1ポンドを求めた. **ná hiarr an chloch sin a thógáil** あの石を持ち上げようとするな.
iarracht [iərəxt] 名女〖属単 **-a**, 複 **-aí**〗試み, 努力;努力の成果;時;順番. 〜 **a thabhairt ar**[faoi] (rud) **a dhéanamh** (こと)をしようと企てること. 〜 **a dhéanamh** 努力. 〜 **filíochta** 1編の詩. 〜 **den ghreann** ちょっぴりのユーモア. **an** 〜 **seo** 今ごろ. **seo m'iarrachtsa** 今度は私の番だ.

iarraidh [iəriː] 名女〖属単 **iarrata**, 複 **iarrataí**〗要求；試み；時期. tá 〜 ar an leabhar sin その本は売れている. gan 〜 求められていない. tabhair 〜 air (それを)やってみなさい. tá an leanbh ar 〜 子供が行方不明だ. fan le d'iarraidh 君の番まで待て. d'aon 〜 一気に.

iarraim [iərəm] iarr+mé.

iarratach [iərətəx] 形1 請願する，うるさくせがむ.

iarratas [iərətəs] 名男〖属単・主複 **iarratais**, 属複 〜〗求めること；請願，しつこさ；(公式の)申請. foirm iarratais 申込用紙.

iarratasóir [iərətəsoːrʲ] 名男〖属単 **iarratasóra**, 複 **-í**〗志願者, 申込み者, 応募者.

iarrthóir [iərhoːrʲ] 名男〖属単 **iarrthóra**, 複 **-í**〗請願者；候補者；受験者.

iarsma [iərsmə] 名男〖属単 〜, 複 **-í**〗遺物；生き残り；後遺症. (複) 遺骨.

iarsmalann [iərsmələn] 名女〖属単 **iarsmalainne**, 主複 **-a**, 属複 〜〗博物館；美術館.

iarta [iərtə] 名男〖属単 〜, 複 **-í**〗暖炉の内部の両側の棚.

iarthar [iərhər] 名男〖属単・主複 **iarthair**, 属複 〜〗西(方)；後方. 〜 Eorpa 西ヨーロッパ.

iartharach [iərhərəx] 名男〖属単・主複 **iartharaigh**, 属複 〜〗西国人，西部の人.
―― 形1 西部の；後方の；遠隔の.

iartheachtach [ˈiərˈhaxtəx] 形1 そのあとの，結果としておこる.

iarthuaisceart [ˈiərˈhuəsʲkʲərt] 名男〖属単 **iarthuaiscirt**〗北西.

iasacht [iəsəxt] 名女〖属単 **-a**, 複 **-aí**〗貸し；借り；貸付. ar 〜 ローンで. ón 〜 外国から. focal iasachta 借用語. teanga iasachta 外国語.

iasachtaí [iəsəxtiː] 名男〖属単 〜, 複 **iasachtaithe**〗借り方.

iasachtóir [iəsəxtoːrʲ] 名男〖属単 **iasachtóra**, 複 **-í**〗貸し方.

iasc[1] [iəsk] 名男〖属単・主複 **éisc**, 属複 〜〗魚. na hÉisc 魚座.

iasc[2] [iask] 動 I 他・自〖動名 **iascach**, 動形 **iasctha**〗釣りをする.

iascaire [iəskərʲə] 名男〖属単 〜, 複 **iascairí**〗漁師；釣り人.

iascaireacht [iəskərʲəxt] 名女〖属単 **-a**, 複 **-aí**〗漁業；水産業.

iascán [iəskaːnʲ] 名男〖属単・主複 **iascáin**, 属複 〜〗小魚.

iasceolaíocht [ˈiəskˌoːliː(ə)xt] 名女〖属単 **-a**〗魚類学.

iascúil [iəskuːlʲ] 形2 豊漁の；よく釣れる.

iata [iətə] 形3 ① iaigh の動形容詞. ②閉じられた；安全な；ふくれ

た. **spéir** ～ 今にも降りだしそうな空.
iatacht [iətəxt] 名女〖属単 **-a**〗便秘.
iatán [iəta:n] 名男〖属単・主複 **iatáin**, 属複 ～〗(手紙の)同封物.
íceach [i:kّəx] 形1 癒る; 治療の.
idé [idّe:] 名女〖属単 ～, 複 **-anna**〗アイディア, 考え.
íde [i:dّə] 名女〖属単 ～〗虐待; 酷使; 窮状; 根源. ～ **ar pháistí** 児童虐待.
idéal [idّe:l] 名男〖属単・主複 **idéil**, 属複 ～〗理想.
idéalach [idّe:ləx] 形1 理想的な. **go** ～ 理想的に.
idéalachas [idّe:ləxəs] 名男〖属単 **idéalachais**〗理想主義.
idéalaí [idّe:li:] 名男〖属単 ～〗理想主義者.
idé-eolaíoch [idّe:o:li:(ə)x] 形1 観念学の; イデオロギーの.
ídigh [i:dّi:] 動II 他〖動名 **ídiú**, 動形 **ídithe**〗使い果たす, 消費す る; 破壊する.
idir[1] [idّərّ] 前〖前置詞＋代名詞(複) **eadrainn**, **eadraibh**, **eatarthu**〗…の間に. ～ **thithe** 家々の間に. **tá míle eatarthu** それらは1マイル離れている. ～ **an dá linn** その間に. ～ **amanna** 時折り. **is mór eatarthu** それらの違いは大きい. ～ **fhir agus mhná** 男女(両方)共.
idir-[2] [idّər] 接頭 中間-; 中央-.
idirbheart [ˈidّərّˌvّart] 名男〖属単 **idirbhirt**, 複 **-a**, 属複 ～〗業務(処理); 取引.
idirbheartaíocht [idّərّvarti:(ə)xt] 名女〖属単 **-a**〗交渉, 折衝.
idirchum [idّərˌxəm] 名男〖属単 ～〗インターコム(内部通話装置).
idirchreidmheach [ˈidّərّˌxّrّedّvّəx] 形1 諸宗派(教派)間の.
idirdhealaigh [ˈidّərّˌɣali:] 動II 他〖動名 **idirdhealú**, 動形 **idirdhealuithe**〗区別する; 差別する; 識別する.
idirghabh [ˈidّərّˌɣav] 動I 他・自〖動名 **idirghabháil**, 動形 **idirghafa**〗入り込む; 介在する; 調停する; 干渉する.
idirghabhálaí [ˈidّərّˌɣava:li:] 名男〖属単 ～, 複 **idirghabhálaithe**〗仲裁者, 調停者; 仲人.
idirghuí [ˈidّərّˌɣi:] 名女〖属単 ～, 複 **-onna**〗仲裁, 調停; 懇願.
idirghuthán [ˈidّərɣəha:n] 名男〖属単 **idirghutháin**〗インターホン.
idirlinn [ˈidّərّˌlّinّ] 名女〖属単 **-e**, 複 **-te**〗間隔, 合間; 休止; 時差.
idirlíon [idّərli:n] 名男〖属単 **idirlín**, 複 **-ta**〗**an tidirlíon** インターネット.
idirmheánach [ˈidّərّˌvّa:nəx] 形1 中間の.

idirnáisiúnta [ˈidˌərˌnaːsˌuːntə] 形3 国際的な；国際間の.
idirscar [ˈidˌərˌskar] 動I 他・自〖動名 **idirscardh**, 動形 **idirscartha**〗離す；離婚する.
idirstad [idˌərˌstad] 名男〖属単 ～, 複 **-anna**〗(句読点)コロン.
idirthuras [idˌərhurəs] 名男〖属単・主複 **idirthurais**, 属複 ～〗乗り継ぎ，トランジット；通過.
íditheoir [iːdˌəhoːrˌ] 名男〖属単 **íditheora**, 複 **-í**〗消費者；破壊者.
ídiú [iːdˌuː] ☞ **ídigh**.
ifreanda [ifˌrˌəndə] 形3 地獄のような.
ifreann [ifˌrˌən] 名男〖属単 **ifrinn**〗地獄.
il- [ilˌ] 接頭 多くの；多様な；何倍もの-.
ilbhliantóg [ˈilˌvˌlˌiəntoːg] 名女〖属単 **ilbhliantóige**, 主複 **-a**, 属複 ～〗多年生植物.
ilbhliantúil [ˈilˌvˌlˌiəntuːlˌ] 形2 (植物)多年生の.
il-cheardscoil [ilˌxardsˌkol] 名女〖属単 **-e**, 複 **-eanna**〗工芸(工科)学校.
ilchineálach [ˈilˌxˌinˌaːləx] 形1 混合の；雑多な；異種の.
ilchodach [ˈilˌxodəx] 形1 混成の；合成の.
ilchomórtas [ˈilˌxomoːrtəs] 名男〖属単・主複 **ilchomórtais**, 属複 ～〗トーナメント，勝ち抜き試合.
ilchríoch [ˈilˌxˌrˌiːx] 名女〖属単 **ilchríche**, 主複 **-a**, 属複 ～〗大陸.
ilchumasc [ˈilˌxuməsk] 名男〖属単・主複 **ilchumaisc**, 属複 ～〗各種取り揃えたもの，詰め合わせもの.
ildánach [ˈilˌdaːnəx] 形1 多芸な，多才な；熟達した.
ildathach [ˈilˌdahəx] 形1 多色の，多彩な；玉虫色の.
íle [iːlˌə] 名女〖属単 ～〗油；石油.
ileochair [ˈilˌoxərˌ] 名女〖属単 **ileochrach**, 複 **ileochracha**〗合鍵.
ilfheidhmeannas [ˈilˌaimˌənəs] 名男〖属単 **ilfheidhmeannais**〗複数(性)；多様性；多元的共存.
ilghnéitheach [ˈilˌɣˌnˌeːhəx] 形1 種々の；異種の.
íligh [iːlˌiː] 動II 他〖動名 **íliú**, 動形 **ílithe**〗油を塗る[差す].
ilíocht [ilˌiː(ə)xt] 名女〖属単 **-a**〗多様(性).
ilroinnt [ˈilˌronˌtˌ] 名女〖属単 **-e**, 複 **ilrannta**〗分裂；粉砕.
ilsiamsa [ˈilˌsˌiəmsə] 名男〖属単 ～, 複 **-í**〗バラエティーショー，寄席演芸.
ilstórach [ˈilˌstoːrəx] 名男〖属単・主複 **ilstóraigh**, 属複 ～〗超高

層ビル, 摩天楼.
——形1 高層の.
ilteangach [ˈilʲtʲaŋɡəx] 名男 〖属単・主複 **ilteangaigh**, 属複 〜〗数ヵ国語を話す人; 数ヵ国語で記されたもの(特に聖書).
——形1 数ヵ国語を話す[で書かれた].
iltíreach [ˈilʲtʲiːrʲəx] 名男 〖属単・主複 **iltírigh**, 属複 〜〗世界人, コスモポリタン.
——形1 世界主義の; 国際的.
iltréitheach [ˈilʲtʲrʲeːhəx] 形1 多方面にわたる; 多才な.
im[1] [imʲ] 名男 〖属単 **-e**, 複 **-eanna**〗バター.
im-[2] [im] 接頭 大きい; 非常に; 周囲の.
im [im] i+mo.
imaistrigh [imasʲtʲri] 動II 他 〖動名 **imaistriú**, 動形 **imaistrithe**〗移転する; (霊魂が)生まれ変わる.
imbhualadh [ˈimʲvuələ] 名男 〖属単 **imbhuailte**, 複 **imbhuailtí**〗衝突.
imchruth [ˈimʲxruh] 名男 〖属単 **-a**, 複 **-anna**〗輪郭; 形状; 外形.
imchuairt [ˈimʲxuərtʲ] 名女 〖属単 **-e**, 複 **-eanna**〗巡回, 回路.
imdhearg [ˈimʲɣarəɡ] 動I 他 〖動名 **imdheargadh**, 動形 **imdheargtha**〗恥ずかしさで顔が赤くなる; 恥じる; 非難する.
imdhíonacht [ˈimʲɣiːnəxt] 名女 〖属単 **-a**〗免疫; 免除.
imdhruid [ˈimʲɣridʲ] 動I 他 〖動名 **imdhruidim**, 動形 **imdhruidime**〗取り囲む; 包囲する.
imeacht [imʲəxt] 名男 〖属単 **-a**, 複 **-aí**〗① imigh の動名詞. ②行くこと, 出発; 需要; 進路; 方角. in 〜 an lae その日のうちに. le himeacht aimsire 時が経つにつれて. ar aon 〜 amháin 一定の速度で. is breá an t-〜 atá faoi 彼は立派にふるまう. sna himeachtaí seo これらの地方では.
imeagla [ˈimʲaɡlə] 名女 〖属単 〜〗非常な恐怖.
imeaglach [ˈimʲaɡləx] 形1 恐ろしい, ぞっとする.
imeaglaigh [ˈimʲaɡliː] 動II 他 〖動名 **imeaglú**, 動形 **imeaglaithe**〗脅かす, 威かくする.
imeall [imʲəl] 名男 〖属単・主複 **imill**, 属複 〜〗縁, 端, へり. ar [in] 〜 na cathrach 郊外に. 〜 na spéire 地平線.
imeallach [imʲələx] 形1 接している; 縁(ゆ)の; 海岸の.
imeallbhord [ˈimʲəlvoːrd] 名男 〖属単・主複 **imeallbhoird**, 属複 〜〗境界; ふち; 海岸線.
imeartas [imʲərtəs] 名男 〖属単 **imeartais**〗遊び; 遊び好き. 〜

imeartha

focal しゃれ[だじゃれ]. le himeartas いたずらで.
imeartha [imʹərhə] 形3 ① imir² の動形容詞. ② 狡猾(こうかつ)な；ふざける；疲れ切った. ～ le (rud) (こと)に飽き飽きする.
imigéin [imʹəgʹeːnʹ] 名 (成句) in ～ 遠く離れて.
imigéiniúil [imʹəgʹeːnʹuːlʹ] 形2 ずっと離れた.
imigh [imʹiː] 動Ⅱ 自 〖動名 **imeacht**, 動形 **imithe**；現 **imíonn**〗出掛ける, 立ち去る；進む；逃げる；流行する；過ぎる；衰える. ㋐ ～ ar で行く；進む；から逃げる；に起こる. **imeacht ar rothaí** 自転車[車]で行くこと. **cad d'imigh ar a chlann?** 彼の子供達はどうなったか？ ㋑ ～ **as** を離れる；を失う. **d'imigh sé as airgead** 彼は金を使い果たした. **d'imigh as an téad** ロープがゆるんだ. ㋒ ～ **de** から離れる. **d'imigh an chos den scian** ナイフの柄が取れた. ㋓ ～ **í** に入る. ㋔ ～ **le** を持ち去る；に専念する. **d'imigh tú le mo pheann** 君は僕のペンを取った. ㋕ ～ **ó** から離れる；の範囲を越える. **imeacht ó smacht** 抑えきれなくなること.
imill [iməl] ☞ **imeall**.
imir¹ [imʹərʹ] 名 女 〖属単 **-e**, 複 **-eacha**〗色合い；…染みたところ.
imir² [imʹərʹ] 動Ⅱ 他・自 〖動名 **imirt**, 動形 **imeartha**；現 **imríonn**〗遊ぶ；試合をする；いたずらをする；影響を及ぼす. **bhí Éire ag imirt leis an mBeilg.** アイルランドはベルギーと試合をした. **ag imirt peile** サッカーをすること. **imirt ar** (dhuine) (人)にいたずらをすること. **arm a imirt** 武器を使うこと. **tá an tsláinte ag imirt air** 彼は健康を害している.
imirce [imʹərʹkʹə] 名 女 〖属単 ～, 複 **imircí**〗移住；(他国への)移民. **éan** ～ 渡り鳥.
imirceach [imʹərʹkʹəx] 名 男 〖属単・主複 **imircigh**, 属複 ～〗(他国への)移住者.
—— 形1 移住する.
imirt [imʹərtʹ] 名 女 〖属単 **imeartha**〗① imir² の動名詞. ② 遊び；使用；演技. **cé leis** (an) ～? 誰の番だ？
imithe [iməhə] ☞ **imigh**.
imleabhar [ʹimʹˌlʹaur] 名 男 〖属単・主複 **imleabhair**, 属複 ～〗(書物の)巻, 号.
imlíne [ʹimʹˌlʹiːnʹə] 名 女 〖属単 ～, 複 **imlínte**〗輪郭；境界線；円周.
imlínigh [ʹimʹˌlʹiːnʹiː] 動Ⅱ 他 〖動名 **imlíniú**, 動形 **imlínithe**〗輪郭を描く；はっきりさせる；概説する.
imlitir [ʹimʹˌlʹitʹərʹ] 名 女 〖属単 **imlitreach**, 複 **imlitreacha**〗回覧, 回状.

imní [imʹnʹiː] 名女〖属単 〜〗心配, 不安；気づかい. **tá 〜 orm** 私は心配だ.

imníoch [imʹnʹiː(ə)x] 形1〖属単男 〜, 属単女・比較 **imníche**, 主複 **-a**〗心配な, 不安な；勤勉な.

imoibrigh [ˈimʹˌobʹrʹiː] 動II 他〖動名 **imoibriú**, 動形 **imoibrithe**〗反応する. **imoibriú ceimiceach** 化学反応.

impí [imʹpʹiː] 名女〖属単 〜, 複 **-ocha**〗懇願, 請願；調停.

impigh [imʹpʹiː] 動II 他・自〖動名 **impí**〗請願する, 哀願する.

impíoch [imʹpʹiː(ə)x] 名男〖属単・主複 **impígh**, 属複 〜〗嘆願者；調停者.

——形1〖属単男 〜, 属単女・比較 **impíche**, 主複 **-a**〗懇願する, 哀願する；仲裁の.

impire [imʹpʹərʹə] 名男〖属単 〜, 複 **impirí**〗皇帝, 天皇.

impireacht [imʹpʹərʹəxt] 名女〖属単 **-a**, 複 **-aí**〗帝国, 王国.

impiriúil [imʹpʹərʹuːlʹ] 形2 帝国の；皇帝の；尊大な.

imprisean [ˌimʹˈpʹrʹisʹən] 名男〖属単・主複 **imprisin**, 属複 〜〗印象.

impriseanachas [ˌimʹˈpʹrʹisʹənəxəs] 名男〖属単 **impriseanachais**〗印象派［主義］.

imreas [imʹrʹəs] 名男〖属単 **imris**〗争い；不和；口げんか.

imreasach [imʹrʹəsəx] 形1 議論好きな；争い好きな.

imreasc [imʹrʹəsk] 名男〖属単・主複 **imrisc**, 属複 〜〗(眼球の)虹彩(こうさい). **mac imrisc** 瞳.

imreoir [imʹrʹoːrʹ] 名男〖属単 **imreora**, 複 **-í**〗選手.

imris [imris] ☞ **imreas**.

imrothlaigh [ˈimʹˌrohliː] 動II 自〖動名 **imrothlú**, 動形 **imrothlaithe**〗回転する.

imruathar [imʹˌruəhər] 名男〖属単・主複 **imruathair**, 属複 〜〗突撃, 攻撃；侵略.

imshaol [ˈimʹˌhiːl] 名男〖属単 **imshaoil**〗環境；周囲.

imshruthú [ˈimʹˌhruhuː] 名男〖属単 **imshruthaithe**〗〜 (na fola) (血液の)循環.

imshuigh [ˈimʹˌhiɣʹ] 動I 他〖動名 **imshuí**, 動形 **imshuite**；現 **imshuíonn**；未 **imshuífidh**〗包囲する.

imtharraingt [ˈimʹˌharənʹtʹ] 名女〖属単 **imtharraingthe**〗引力；重力. **〜 an domhain** 地球引力.

imtheorannaigh [ˈimʹˌhoːrəniː] 動II 他〖動名 **imtheorannú**, 動形 **imtheorannaithe**〗拘禁する；抑留する.

imthoisceach [ˈimˌhosˈkʲəx] 形1 事情による, 状況的な.
in[1] [inʲ] 代 (sin の変化形, is[1] の後に使われることが多い) **b'in**(ba＋in) é é 彼(それ)がそれ(彼)だった. **nach in é an fear?** あれがその男ではないか?
in-[2] [inʲ] 接頭 可能な; 適する.
in-[3] [inʲ] 接頭 無-; 不-; 非-.
in[4] [in] ☞ i.
-ín [iːnʲ] 接尾 小さい; かわいらしい.
ina [inə] ☞ i.
ináirithe [inaːrəhə] 形3 計算できる; 信頼できる.
inaistir [inastʲər] 形3 旅行に適した; (車が)道路での使用に適した.
inaistrithe [inastʲrəha] 形3 移すことのできる; 翻訳しうる.
inaitheanta [inahantə] 形3 認識できる; 見分けのつく.
ináitrithe [inaːtʲrəhə] 形3 住むことができる[適した].
inar [inər], **inár** [inaːr] ☞ i.
inathraithe [inahrahə] 形3 変わりやすい; 変えられる.
inbhear [inʲvʲər] 名男〘属単・主複 **inbhir**, 属複 ～〙河口.
inbhéartach [ˈinʲˌvʲeːrtəx] 形1 逆の, 反対の.
inbheirthe [ˈinʲˌvʲerhə] 形3 生まれつきの, 生来の, 先天的な.
inbhraite [ˌinʲvratʲə] 形3 知覚できる; 気づかれる; 明瞭な.
inbhreathnaitheach [ˈinʲˌvʲrʲahnihəx] 形1 内省的な, 自己反省の.
inchaite [ˌinʲxatʲə] 形3 着用できる; 使える; 食用に適する.
inchinn [inʲxʲənʲ] 名女〘属単 **-e**, 複 **-í**〙脳, 頭脳.
inchloiste [ˌinʲxlosʲtʲə] 形3 聞こえる, 聞き取れる.
inchomórtais [ˌinʲxomoːrtəsʲ] 形3 ～ **le** と比較できる, に匹敵して.
inchreidte [ˌinʲxrʲetʲə] 形3 信用できる, 確かな.
inchurtha [ˌinʲxurhə] 形3 ～ **le** と比較できる, に匹敵して, と対等で.
indéanta [ˌinʲˈdʲeːntə] 形3 実行できる; 実用向きの; 可能な.
indíreach [ˈinʲˌdʲiːrʲəx] 形1 遠回りの; 間接的な.
indíritheach [ˈinʲˌdʲiːrʲihəx] 形1 内向きの; 内向的な.
indiúscartha [indʲuːskarhə] 形3 処分できる. **tuáillí** ～ 使い捨てタオル.
indóite [ˌinʲdoːtʲə] 形3 燃えやすい; 可燃性の.
inearráide [ˌinʲˈaraːdʲə] 形3 誤りやすい; 誤りを免れられない.
infhaighte [ˌinʲaːtʲə] 形3 入手できる, 得られる.
infheicthe [ˌinʲˈekʲərʲ] 形3 目に見える.
infheidhme [ˌinʲˈaimʲə] 形3 使える, 役に立つ; 機能的な; (体の)強壮な.

infheistigh [ˈinˌesˈtʼiː] 動II 他〖動名 **infheistiú**, 動形 **infheistithe**〗投資する.

infheistíocht [ˈinˌesˈtʼiː(ə)xt] 名女〖属単 **-a**, 複 **-aí**〗投資(金).

infhill [ˈinˌilʼ] 動I 他〖動名 **infhilleadh**, 動形 **infhillte**〗内側に折る, 抱える;(文法)語尾を変化させる.

infhuascailte [ˌinˈuəskəlʼtʼə] 形3 買戻しできる;償還できる;解答できる.

infinideach [inˈfʼənʼədʼəx] 名男〖属単・主複 **infinidigh**, 属複 ～〗(文法)不定詞.
── 形1 不定詞の.

ingear [iŋˈgʼər] 名男〖属単・主複 **ingir**, 属複 ～〗垂直;縦.

ingearach [iŋˈgʼərəx] 形1 垂直の;縦の.

inghlactha [ˌinˈɣlakə] 形3 受諾できる, 容認できる.

ingne [iŋˈnʼə] ☞ ionga.

ingneach [iŋˈnʼəx] 形1 (鷹, 猛獣など)爪のある.

inimirce [ˈinˌimʼərkʼə] 名女〖属単 ～〗(他国からの)移住;入国審査.

inimirceach [ˈinˌimʼərˈkʼəx] 名男〖属単・主複 **inimircigh**, 属複 ～〗(他国からの)移住者.
── 形1 移住の.

iníoctha [ˌinˈiːkə] 形3 支払うべき;支払い満期の.

iníon [inˈiːn] 名女〖属単 **iníne**, 複 **-acha**〗娘;少女;(未婚女性に)…さん. **Iníon Uí Bhrian** オブリーアンさん. **Máire Iníon Uí Néill** モイラ・オニールさん.

iníor [inˈiːr] 名男〖属単 **inír**〗放牧;牧草地.

inis[1] [inˈəsʼ] 名女〖属単 **inse**, 複 **insí**〗島.

inis[2] [inˈəsʼ] 動II 他〖動名 **insint**, 動形 **inste**;現 **insíonn**〗話す, 物語る;知らせる;描写する.

inite [inˈitʼə] 形3 食べられる, 食用に適する.

iniúch [ˈinˌuːx] 動I 他〖動名 **iniúchadh**, 動形 **iniúchta**〗徹底的に調べる;綿密に検査する;会計監査をする.

inlasta [ˌinˈlastə] 形3 燃えやすい, 可燃性の.

inleighis [ˌinˈlʼaisʼ] 形3 治癒できる, 治せる.

inleog [inˈlʼoːg] 名女〖属単 **inleoige**, 主複 **-a**, 属複 ～〗装置;工夫;わな.

inmhaíte [ˌinˈviːtʼə] 形3 ～ ar 妬ましい, 羨ましい.

inmhe [inˈəvʼ] 名女〖属単 ～〗成熟;力;財産. **níl sé in ～ chuige** 彼はそれをする力はない.

inmheánach [ˈinˌvʼaːnəx] 名男〖属単 **inmheánaigh**〗内臓.

——形1 内部の; 内面的な; 国内の.
inmholta [ˌinˈvoltə] 形3 ほめるに足る, 立派な; 当を得た.
inne [inʼə] 名男 〖属単 〜, 複 **inní**〗中央; (複) 内臓, 腸.
inné [əˈnʼeː] 副名形 昨日(は; の).
innéacs [inʼeːks] 名男 〖属単 〜, 複 **-anna**〗索引.
innéacsaigh [inʼeːksiː] 動II 他・自〖動名 **innéacsú**, 動形 **innéacsaithe**〗索引を付ける.
inneall [inʼəl] 名男 〖属単・主複 **innill**, 属複 〜〗配置; 整備; 機械, エンジン. **in ord agus in 〜** 良い状態で. **〜 tí** 家具. **〜 a chur ort féin** 盛装すること.
innealra [inʼəlrə] 名男 〖属単 〜, 複 **-í**〗機械類; 機械設備.
innealta [inʼəltə] 形3 整然とした, きちんとした; 優雅な.
innealtóir [inʼəltoːrʼ] 名男 〖属単 **innealtóra**, 複 **-í**〗技師; 機械工.
innealtóireacht [inʼəltoːrʼəxt] 名女 〖属単 **-a**〗工学(技術).
innill[1] [inʼəlʼ] ☞ **inneall**.
innill[2] [inʼəlʼ] 動I 他〖動名 **inleadh**, 動形 **innealta**; 現 **inlíonn**〗調整する; 配置する; 装備する; 計画する.
inniu [əˈnʼu] 副名形 今日(は; の).
inniúil [inʼuːlʼ] 形2 **〜 ar** [chun, do] 可能な; 適する; 準備された.
inniúlacht [inʼuːləxt] 名女 〖属単 **-a**〗能力; 適性.
inoibrithe [ˌinˈobʼrʼihə] 形3 動かしうる, 運転できる; 実行できる.
inólta [ˌinˈoːltə] 形3 飲める, 飲用に適する.
inphósta [ˌinˈfoːstə] 形3 婚期に達した, 年頃の.
inrátaithe [ˌinˈraːtihə] 形3 評価できる; 課税すべき.
inroinnte [ˌinˈronʼtʼə] 形3 分けることができる; 割り切れる.
inscne [inʼsˈkʼnʼə] 名女 〖属単 〜, 複 **inscní**〗(文法) 性.
inscríbhinn [ˈinʼˌsˈkʼrʼiːvʼənʼ] 名女 〖属単 **-e**, 複 **-í**〗銘; 碑文; 題字.
inse[1] [inʼsʼə] 名男 〖属単 〜, 複 **insí**〗(ドアなど)ちょうつがい.
inse[2] [inʼsʼə] 名女 〖属単 〜, 複 **insí**〗冠水牧草地(河川の水をせき止めて入れ肥沃にする牧草地).
insealbhaigh [ˈinʼˌsʼaləviː] 動II 他〖動名 **insealbhú**, 動形 **insealbhaithe**〗就任させる, 任命する.
inseamhnaigh [ˈinʼˌsʼauniː] 動II 他〖動名 **inseamhnú**, 動形 **inseamhnaithe**〗種をまく; 受精させる.
inseolta [ˌinʼˈsʼoːltə] 形3 航行できる, 航海に適する.
insint [inʼsʼənʼtʼ] 名女 〖属単 **-e**, 複 **-í**〗話すこと; 説話; 物語; (文

法) 話法.
insíothlaigh [ˈinʲsʲiːhliː] 動II 自 〖動名 **insíothlú**, 動形 **insíothlaithe**〗しみこむ, 浸透する.
insligh [ˈinʲsʲlʲiɣʲ] 動II 他 〖動名 **insliú**, 動形 **inslithe**; 現 **inslíonn**〗隔離する; 孤立させる; 遮断する.
inspéise [ˌinˈspʲeːsʲə] 形3 興味を起こさせる.
inspioráid [inspʲəraːdʲ] 名女 〖属単 **-e**, 複 **-í**〗霊感, インスピレーション.
insteall [ˈinʲsʲtʲal] 動I 他 〖動名 **instealladh**, 動形 **insteallta**〗注入[注射]する.
institiúid [inʲsʲtʲətʲuːdʲ] 名女 〖属単 **-e**, 複 **-í**〗学会, 協会.
inti [inʲtʲi] ☞ i.
intinn [inʲtʲənʲ] 名女 〖属単 **-e**, 複 **-í**〗心, 精神(状態); 気質; 傾向; 意志; 合意. **tuirse intinne** 精神的疲労. **tá an dea-~ acu dúinn** 彼らは我々に好感を持っている. **cuir d'intinn leis** それに注意を向けなさい. **tá mé ar aon ~ leat faoi sin** それに関しては君に全く同意する.
intinneach [inʲtʲənʲəx] 形1 故意の; 強い意志の.
intíre [ˈinʲtʲiːrʲə] 形3 国内の.
intleacht [inʲtʲlʲəxt] 名女 〖属単 **-a**, 複 **-aí**〗知性, 知力; 工夫.
intleachtach [inʲtʲlʲəxtəx] 形1 知性的, 知性の; 巧妙な.
intreach [inʲtʲrʲəx] 形1 固有な, 本質的な.
intriacht [inʲtʲrʲiəxt] 名女 〖属単 **-a**, 複 **-aí**〗(文法) 間投詞, 感嘆詞.
intuaslagtha [ˌinˈtuəsləkə] 形3 溶ける, 溶解できる; 解決できる.
intuigthe [ˌinˈtikʲə] 形3 理解できる; それとなしの; 言外の.
íobair [iːbərʲ] 動II 他・自 〖動名 **íobairt**, 動形 **íobairtha**; 現 **íobraíonn**〗生けにえとして捧げる; 犠牲にする.
íobartach [iːbərtəx] 名男 〖属単・主複 **íobartaigh**, 属複 ~〗犠牲(者).
——— 形1 生けにえの; 犠牲的な.
íoc[1] [iːk] 名男 〖属単 **-a**, 複 **-aí**〗支払い, 料金.
——— 動I 他・自 〖動名 **íoc**, 動形 **íoctha**〗支払う.
íoc[2] [iːk] 名女 〖属単 **íce**, 主複 **-a**, 属複 ~〗治療.
——— 動I 他・自 〖動名 **íoc**, 動形 **íoctha**〗治療する.
íocaí [iːkiː] 名男 〖属単 ~, 複 **íocaithe**〗受取人.
íocaim [iːkəm] **íoc**[1,2] + mé.
íocaíocht [iːkiː(ə)xt] 名女 〖属単 **-a**, 複 **-aí**〗支払い.
íochtar [iːxtər] 名男 〖属単・主複 **íochtair**, 属複 ~〗下部; 底; (地

理) 北部. ~ **bróige** 靴底. **go híochtar** 徹底的に. ~ **na hÉireann** アイルランド北部.
íochtarach [í:xtərəx] 形1 より低い; 低い方の; 下位の.
ioclann [i:klən] 名女 〖属単 **ioclainne**, 主複 **-a**, 属複 ~〗薬局; 診療所.
íocóir [i:ko:rʹ] 名男 〖属単 **íocóra**, 複 **-í**〗支払い人.
iodálach [ida:ləx] 名男 〖属単・主複 **iodálaigh**, 属複 ~〗イタリック体.
―― 形1 イタリック(体)の, 斜体の.
íogair [i:gərʹ] 形1 敏感な; 怒りっぽい; 神経過敏な.
iógart [o:gərt] 名男 〖属単 **iógairt**〗ヨーグルト.
íol [i:l] 名男 〖属単 **íl**, 主複 **-a**, 属複 ~〗偶像, 崇拝物.
íoladhradh [ʹi:lˌairə] 名男 〖属単 **íoladhartha**〗偶像崇拝.
iolar [ilər] 名男 〖属単・主複 **iolair**, 属複 ~〗鷲(ﾜｼ).
iolarach [ilərəx] 形1 鷲のような.
iolartha [ilərhə] 形3 多くの, 多数の; 種々の.
íolbhriseadh [ʹi:lˌvʹrʹisʹə] 名男 〖属単 **íolbhriste**〗偶像破壊主義; 因襲打破.
iolra [ilrə] 名男 〖属単 ~, 複 **-í**〗多数, 複数; (文法) 複数.
―― 形3 複数の.
iolrach [ilrəx] 形1 多数の; 倍数の.
iolraigh [ilri:] 動II 他 〖動名 **iolrú**, 動形 **iolraithe**〗増す; 掛ける.
iomad [iməd] 名 多数; 多量.
iomadaigh [imədi:] 動II 他・自 〖動名 **iomadú**, 動形 **iomadaithe**〗増大[増加]させる; 掛ける.
iomadúil [imədu:lʹ] 形2 多数[多量]の; 豊富な; 過度の.
iomadúlacht [imədu:ləxt] 名女 〖属単 **-a**〗多数, 豊富.
iomaí[1] [imi:] 名女 〖属単 ~, 複 **iomaithe**〗寝椅子, ベッド.
iomaí[2] [imi:] 形3 多数の. **is** ~ **lá a bhí mé ann** 何日間も私はそこにいた. **go hiomaí** 何度も.
iomáin [ima:nʹ] 名女 〖属単 **iomána**〗ハーリング(アイルランド古来の球技). **cluiche iomána** ハーリングの試合.
―― 動I 自 〖動名 **iomáint**, 動形 **iomána**〗ハーリング(の試合)をする.
iomaíocht [imi:(ə)xt] 名女 〖属単 **-a**〗競争; 対抗. **céile iomaíochta** 競争相手.
iomair [imərʹ] 動I 他・自 〖動名 **iomramh**, 動形 **iomartha**; 現 **iomraíonn**〗漕(ｺ)ぐ. **bád a iomramh** ボートを漕ぐこと.

iomaire [imərʹə] 名男〖属単 〜, 複 **iomairí**〗畝(ﾗﾈ), あぜ.
iomaireach [imərʹəx] 形 1 畝のある；畝状の.
iomaitheoir [imiho:rʹ] 名男〖属単 **iomaitheora**, 複 **-í**〗競争者；競争相手.
iománaí [ima:ni:] 名男〖属単 〜, 複 **iománaithe**〗ハーリング選手.
iománaíocht [ima:ni:(ə)xt] 名女〖属単 **-a**〗ハーリングをすること.
iomann [imən] 名男〖属単・主複 **iomainn**, 属複 〜〗賛美歌.
iomarbhá [ˈimərˌva:] 名女〖属単 〜, 複 **-nna**〗争い；闘争；競争.
iomarca [imərkə] 名女〖属単 〜〗過度, 過多；優越. **tá an 〜 le rá aige** 彼はしゃべり過ぎる. **d'iomarca** その上.
iomarcach [imərkəx] 形 1 過度の；傲慢な；僭越な. **obair 〜** 働き過ぎ.
iomard [imərd] 名男〖属単 **iomaird**〗叱責, 非難；苦悩.
iomardach [imərdəx] 形 1 挑戦的な；非難する.
iomardaigh [imərdi:] 動II 他〖動名 **iomardú**, 動形 **iomardaithe**〗叱る, とがめる；挑戦する.
iomas [iməs] 名男〖属単 **iomais**〗直観, 直感.
iomasach [iməsəx] 形 1 直観[直感]的な.
iomchuí [ˈimˌxi:] 形 3 適当な, ふさわしい.
iomghaoth [ˈimˌɣi:] 名女〖属単 **iomghaoithe**〗旋風, つむじかぜ；目まぐるしさ.
íomhá [i:va:] 名女〖属単 〜, 複 **-nna**〗(彫)像；映像.
íomháineachas [i:va:nʹəxəs] 名男〖属単 **íomháineachais**〗彫像；形象；イメージ.
iomlachtadh [imləxtə] 名男〖属単 **iomlachtaidh**〗フェリー(ボート)で渡ること；渡航.
iomláine [imla:nʹə] 名女〖属単 〜〗全部, そっくりそのまま.
iomlaisc [iməsʹkʹ] 動I 他・自〖動名 **iomlasc**, 動形 **iomlasctha**；現 **iomlascann**〗転がる, 転げ回る；もがく.
iomlán [imla:n] 名男〖属単・主複 **iomláin**, 属複 〜〗全部；全体. **an t-iomlán againn** 我々(の)皆.
—— 形 1 全部の；完全な. **lá 〜** まる 1 日. **ó mo chroí go hiomlán** 心をこめて.
iomlaoid [imli:dʹ] 名女〖属単 **-e**, 複 **-í**〗交換；変動. **ag 〜 (rudaí)** (もの)を交換すること.
iomlaoideach [imli:dʹəx] 形 1 交換する；交替する.
iomlasc [imləsk] 名男 ☞ iomlaisc.
iomlat [imlət] 名男〖属単 **iomlait**〗いたずら.

iomlatach [imlətəx] 形1 いたずら(好き)な.
iomluaigh [ˈimˌluəɣ/] 動II 他・自 〖動名 **iomlua**, 動形 **iomluaite**〗動かす; 煽動する; 討論する.
iompaigh [impi:] 動II 他・自 〖動名 **iompú**, 動形 **iompaithe**〗回す; 向きを変える; 裏返す; 変化させる. d'iompaigh sé ina Chríostaí 彼はキリスト教に改宗した. tá an bainne iompaithe 牛乳が腐った.
iompair [impər/] 動II 他・自 〖動名 **iompar**, 動形 **iompartha**; 現 **iompraíonn**〗運ぶ; 伝える; 携帯する; 支える. (rud) a iompar ar do dhroim (<droim) (もの)をかついで運ぶこと. teachtaireacht a iompar 伝言を伝えること. scáth fearthainne a iompar 傘を持つこと. tú féin a iompar go maith 立派に振る舞うこと.
iompaitheach [impihəx] 名男 〖属単・主複 **iompaithigh**, 属複 ～〗転向者; 改宗者.
iompar [impər] 名男 〖属単 **iompair**〗輸送; 伝達; 携帯; 忍耐; 行動. ar ～ ag[le] によって持たれて. tá ualach trom ar ～ agat 君は重い荷を持っている.
iompórtáil [ˈimˌpoːrtaːl/] 名女 〖属単 **iompórtála**, 複 **iompórtálacha**〗輸入.
── 動I 他 〖動名 **iompórtáil**, 動形 **iompórtáilte**; 現 **iompórtálann**〗輸入する.
iompú [impu:] 名男 〖属単 **iompaithe**, 複 **iompuithe**〗回転. ar ～ [le hiompú] do bhoise ただちに. ～ (chun) bisigh 好転.
iomrá [imra:] 名男 〖属単 ～〗うわさ, 報告; 言葉. tá ～ leis と言われている. tá ～ mór leo 彼ら[それら]は評判がよい.
iomráiteach [imra:t/əx] 形1 よく知られた, 有名な.
iomrall [imrəl] 名男 〖属単 **iomraill**〗脱線(行為); 間違い. ar [in] ～ 間違って.
iomrallach [imrələx] 形1 迷って; 誤って; 脱線して. urchar ～ 狙いがはずれて.
iomramh [imrəv] 名男 〖属単 **iomraimh**〗漕ぐこと.
iomrascáil [imrəska:l/] 名女 〖属単 **iomrascála**〗レスリング(すること).
iomrascálaí [imrəska:li:] 名男 〖属単 ～, 複 **iomrascálaithe**〗レスラー.
iomróir [imro:r/] 名男 〖属単 **iomróra**, 複 **-í**〗漕ぎ手.
íon [i:n] 形1 〖属単男 ～, 属単女・比較 **íne**, 主複 **-a**〗純粋な; 誠実な.
íona [i:nə] 名 (複) 苦痛, 激痛.
íonacht [i:nəxt] 名女 〖属単 **-a**〗純粋.

ionad [inəd] 名男〖属単・主複 **ionaid**, 属複 ～〗場所; 用地; 地位; 代理. ～ **coinne** 会合場所. **as** ～ 場違いの. ～ **tí** 家の敷地. **rinne sí** ～ **máthar dó** 彼女は彼には母親同様だった. **in** ～ の代わりに.
ionadach [inədəx] 形1 代理の, 身代わりの; (場所を)はずれている.
ionadaí [inədi:] 名男〖属単 ～, 複 **ionadaíthe**〗代表; 代理.
ionadaigh [inədi:] 動II 他〖動名 **ionadú**, 動形 **ionadaithe**〗任命する; 代表する.
ionadaíocht [inədi:(ə)xt] 名女〖属単 **-a**〗代理.
ionadh [i:nə] 名男〖属単 **ionaidh**, 複 **ionaí**〗驚嘆; 不思議. **is** ～ **liom** (go) (go 以下)に私は驚く. **ní hionadh ar bith** 少しも不思議ではない.
ionaibh [inəv′] ☞ **i**.
íonaigh [i:ni:] 動II 他〖動名 **íonú**, 動形 **íonaithe**〗浄化する; 精錬する.
ionainn [inən′], **ionam** [inəm] ☞ **i**.
ion-análaigh [ˈinˌana:li:] 動II 他・自〖動名 **ion-análú**, 動形 **ion-análaithe**〗(息を)吸い込む.
ionann [inən] 形 同じ, 同一の; 同等の. **is** ～ **iad** それらは全く同じだ. **is** ～ **é** それは同じものだ. **is** ～ **an cás domsa é** 私にとってはどっちでもよい. ～ **is a rá** (go) (go 以下)と言わんばかりに. **murab** ～ **is tusa** 君の場合は違うだろうが. ～ **is** 殆ど.
ionannas [inənəs] 名男〖属単 **ionannais**〗同一性; 均一; 画一. **in** ～ **le** と揃いの.
ionar [inər] 名男〖属単・主複 **ionair**, 属複 ～〗上着; ベスト.
ionas [inəs] 名 ～ **go** …するように. ～ **nach** …しないように. **cuir i dtaisce é** ～ **nach gcaillfear** (<**caill**) **é** 失くさないようにかたづけなさい.
ionat [inət] ☞ **i**.
ionathar [inəhər] 名男〖属単 **ionathair**〗内臓.
ioncam [iŋkəm] 名男〖属単 **ioncaim**〗収入.
ionchas [inəxəs] 名男〖属単・主複 **ionchais**, 属複 ～〗期待; 予想. ～ **saoil** 平均余命. **ar** ～ [**le hionchas**] (go) (go 以下)を期待して.
ionchoirigh [ˈinˌxor′i:] 動II 他〖動名 **ionchoiriú**, 動形 **ionchoirithe**〗罪を負わせる; (望ましくないことの)原因であるとする.
ionchoisne [ˈinˌxos′n′ə] 名男〖属単 ～, 複 **ionchoisní**〗厳しい尋問; 審理.
ionchorpraigh [ˈinˌxorpri:] 動II 他〖動名 **ionchorprú**, 動形 **ion-**

chorpraithe』合体[合同 ; 合併]させる.
ionchúiseamh [ˈinˌxuːsʲəv] 名男〚属単・主複 **ionchúisimh**, 属複 ～〛起訴 ; 告発.
ionchúisitheoir [ˈinˌxuːsʲəhoːrʲ] 名男〚属単 **ionchúisitheora**, 複 **-í**〛検事, 検察官.
ionchur [ˈinˌxur] 名男〚属単 **ionchuir**〛入力, インプット.
iondúil [induːlʲ] 形2 通常の ; 習慣的な. is ～ (go) (go 以下)は普通のことだ. **go hiondúil** 概して.
ionga [iŋgə] 名女〚属単 **-n**, 複 **ingne**〛爪 ; (猫, 鷹などの)かぎ爪 ; (馬の)ひづめ. ～ **gairleoige** ニンニクの1片.
iongabháil [iŋgəvaːlʲ] 名女〚属単 **iongabhála**〛注意深い取扱い ; 慎重 ; 用心深さ. (duine) a ～ **go maith** (人)の世話をよくすること.
íonghlan [ˈiːnˌɣlan] 動I 他〚動名 **íonghlanadh**, 動形 **íonghlanta**〛浄化する ; 清める.
ionlach [inləx] 名男〚属単・主複 **ionlaigh**, 属複 ～〛洗浄剤 ; ローション.
ionnail [inəlʲ] 動II 他〚動名 **ionladh**, 動形 **ionnalta**, 現 **ionlann**〛(体を)洗う.
ionnaltán [inəltaːn] 名男〚属単・主複 **ionnaltáin**, 属複 ～〛洗面器 ; 洗面台.
ionnarb [inərb] 動I 他〚動名 **ionnarbadh**, 動形 **ionnarbtha**〛追放する. **dul ar** ～ 追放されること.
ionnús [inuːs] 名男〚属単 **ionnúis**〛富, 資産 ; 貴重品 ; 資源.
ionracas [inrəkəs] 名男〚属単 **ionracais**〛正直 ; 高潔 ; 純真.
ionradaíocht [ˈinˌradiː(ə)xt] 名女〚属単 **-a**〛発光 ; 啓発 ; 放射線照射.
ionradh [inrə] 名男〚属単 **ionraidh**, 複 **ionraí**〛侵入 ; 襲撃. ～ **tuile** 洪水.
ionraic [inrəkʲ] 形1 真っ直ぐな ; 正直な ; 純真な.
ionramh [inrəv] 名男〚属単 **ionraimh**〛管理, 処理 ; 取扱い.
ionramháil [inrəvaːlʲ] 名女〚属単 **ionramhála**〛取扱い ; 操縦 ; 管理.
―― 動I 他〚動名 **ionramháil**, 動形 **ionramháilte** ; 現 **ionramhálann**〛扱う ; 管理する ; 処理する.
ionróir [inroːrʲ] 名男〚属単 **ionróra**, 複 **-í**〛侵入者.
ionsaigh [insiː] 動II 他・自〚動名 **ionsaí**, 動形 **ionsaithe**〛前進する ; 攻撃する ; 接近する. **tháinig sé do m'ionsaí** 彼は私に近づいてきた. **tá sé ag ionsaí ar an Nollaig** クリスマスが近づいている.

ionsaitheach [insihəx] 形1 攻撃的な.
ionsar [ˌinˈserʲ] 前〖前置詞＋代名詞 **ionsorm**, **ionsort**, **ionsair**（男）, **ionsuirthi**（女）, **ionsorainn**, **ionsoraibh**, **ionsorthu**〗に(向かって)；の方へ. **ag teacht anall ～ an teach** 家にやってくること.
ionsma [insmə] 名男〖属単 ～, 複 -í〗ソケット.
ionsoraibh [ˌinˈsorəvʲ] ☞ ionsar.
ionsorainn [ˌinˈsorənʲ] ☞ ionsar.
ionsorm [ˌinˈsorəm] ☞ ionsar.
ionsort [ˌinˈsort] ☞ ionsar.
ionsorthu [ˌinˈsorhu] ☞ ionsar.
ionstraim [instrəmʲ] 名女〖属単 -e, 複 -í〗楽器；法律文書；手段.
ionstraimeach [instrəmʲəx] 形1 楽器の；の手段になって. 助けになって.
ionstraimigh [instrəmʲiː] 動II 他〖動名 **ionstraimiú**, 動形 **ionstraimithe**〗管弦楽(オーケストラ)用に作曲する.
ionsuigh [ˈinˌsiː] 動I 他〖動名 **ionsuí**, 動形 **ionsuite**; 現 **ionsuíonn**; 未 **ionsuífidh**〗プラグを差し込んで電流を通じさせる.
iontach [iːntəx] 形1 素晴らしい；驚くべき；極端な. **is ～ liom** (go)（go 以下）に私は驚いた. **más ～ le rá é** 奇妙なことに. **d'éirigh go hiontach leis** 驚くべき成功をおさめた. **tá sé ～ te** 大変に暑い.
iontaise [ˈinˌtasʲə] 名女〖属単 ～, 複 **iontaisí**〗化石.
iontaisigh [ˈinˌtasʲiː] 動II 他・自〖動名 **iontaisiú**, 動形 **iontaisithe**〗化石化する.
iontaobhach [ˌinˈtiːvəx] 形1 信用している.
iontaobhaí [ˌinˈtiːviː] 名男〖属単 ～, 複 **iontaobhaithe**〗理事；(他人の財産の)受託者.
iontaobhas [ˌinˈtiːvəs] 名男〖属単・主複 **iontaobhais**, 属複 ～〗委託；信託；信用貸し.
iontaofa [ˌinˈtiːfə] 形3 信用できる, 当てになる.
iontaofacht [ˌinˈtiːfəxt] 名女〖属単 -a〗信用できること, 当てになること.
iontaoibh [ˌinˈtiːvʲ] 名女〖属単 -e〗信用, 信頼. **ní haon ～ é** 彼は信用できない.
iontas [iːntəs] 名男〖属単・主複 **iontais**, 属複 ～〗驚き；不思議. **～ a bheith ort faoi** (rud)（もの）に驚くこと. **ag breathnú na n-iontas** 見物すること. **chuir siad ～ orm** 彼らは私を驚かせた.
iontlaise [intlasʲə] 形3 はめ込まれた；寄木細工の.

iontráil [intra:l′] 名女〖属単 **iontrála**, 複 **iontrálacha**〗入口; 入場; 記入. **táille iontrála** 入場料.
―― 動I 他・自〖動名 **iontráil**, 動形 **iontráilte**; 現 **iontrálann**〗入る; 加入する; 記入する.

iontrálaí [intra:li:] 名男〖属単 〜, 複 **iontrálaithe**〗入る人; 新入者; (競技)参加者.

iontu [intu] ☞ i.

ionú [inu:] 名男〖属単 〜〗時期; 好機. 〜 **na móna** 泥炭を切り出す時期. **as** 〜 時期はずれ.

íonú [i:nu:] 名男 ☞ **íonaigh**.

ionua [in′ə] 形 (成句) **b'**〜 **agamsa é**. 私も全く同じだった.

ionúin [inu:n′] 形 1 愛する, 親愛なる. **a chairde ionúine** 親愛なる友よ.

iora [irə] 名男〖属単 〜, 複 **-í**〗〜 **(rua)** (赤)リス.

íoróin [i:ro:n′] 名女〖属単 **-e**〗皮肉.

íorónta [i:ro:ntə] 形 3 皮肉な; 反語の. **go híorónta** 皮肉に(も).

íorpais [i:rpəs′] 名女〖属単 **-e**〗水腫; 毒; 悪意. **tá an** 〜 **ina chroí** 彼は悪意に満ちている.

iorras [irəs] 名男〖属単・主複 **iorrais**, 属複 〜〗岬.

íos- [i:s] 接頭 最小[少]の.

Íosa [i:sa] 名男〖属単 〜〗イエス(キリスト).

Íosánach [i:sa:nəx] 名男〖属単・主複 **Íosánaigh**, 属複 〜〗イエズス会.
―― 形 1 イエズス会の.

ioscaid [iskəd′] 名女〖属単 **-e**, 複 **-í**〗ひかがみ; 少量. **beidh mise sna hioscaidí agat** 君のすぐ後をついて行く. **go hioscaidí san uisce** ひざまでの水. 〜 **tae** ほんの少しの茶.

íosfaidh [i:si:] ☞ **ith**.

íoslach [i:sləx] 名男〖属単・主複 **íoslaigh**, 属複 〜〗地階, 地下室.

Ioslamachas [isləməxəs] 名男〖属単 **Ioslamachais**〗イスラム教.

íospair [i:spər′] 動II 他〖動名 **íospairt**, 動形 **íospartha**〗虐待する, 酷使する.

iosta [istə] 名男〖属単 〜, 複 **-í**〗倉庫, 貯蔵所; 保管.

íosta [i:stə] 形 3 最小[少]の; 極小の.

iostán [ista:n] 名男〖属単・主複 **iostáin**, 属複 〜〗小屋.

iostas [istəs] 名男〖属単・主複 **iostais**, 属複 〜〗宿, 宿泊; 下宿. **teach iostais** 簡易宿泊所. 〜 **mac léinn** 学生寮.

íota [i:tə] 名女〖属単 〜〗渇き; 渇望.

iothlainn [ihlən‹] 名女〖属単 **-e**, 複 **-eacha**〗野生の鷹(ﾀｶ)；やせ衰えた人．

ireas [ir‹əs] 名男〖属単・主複 **iris**, 属複 **〜**〗アイリス(の花)；アヤメ属の総称．

iris[1] [ir‹əs‹] 名女〖属単 **-e**, 複 **-í**〗吊りひも〔革；帯〕；持ちひも．

iris[2] [ir‹əs‹] 名女〖属単 **-e**, 複 **-í**〗日誌；雑誌. **〜 mhíosúil** 月刊誌．

iriseoir [ir‹əs‹o:r‹] 名男〖属単 **iriseora**, 複 **-í**〗ジャーナリスト．

iriseoireacht [ir‹əs‹o:r‹əxt] 名女〖属単 **-a**〗ジャーナリズム．

irisleabhar [ˈir‹əs‹ˌl‹aur] 名男〖属単・主複 **irisleabhair**, 属複 **〜**〗日誌；雑誌．

is[1] [is] 動 連結動詞, 文の主語と述語をつなぐ語. (連結動詞変化表参照). …(で)ある, …です.〖現 **is**(肯定), **ní**(否定), **an**(肯/疑問), **nach**(否/疑問)；**gur**[gurb](従/肯), **nach**(従/否)〗 **is mé**[mise] **Nóra** 私はノーラです. **is múinteoir é**[múinteoir is ea é] 彼は先生です. **ní dochtúir í** 彼女は医者ではない. **an ainmhí é? is ea/ní hea** それは動物ですか？はい/いいえ. **nach iriseoir é Brian?** ブリアンはジャーナリストではないのか？ **is dócha gur garda é** 彼は多分警官だろう. **an maith leat mo charr? is maith/ní maith** 私の車を好きですか？はい/いいえ. **is le Seán é sin** それはショーンのものです. **an leatsa é? is liom/ní liom** それは君のものか？はい/いいえ. **is fearr liom tae ná caife** コーヒーより紅茶が好きだ. **ba mhúinteoir é**[múinteoir ab ea é] 彼は先生だった. **chuala mé gur shiopadóir ab ea é** 彼は店主だと私は聞いた. **ar mhaith leat pionta? ba mhaith/níor mhaith** ビール一杯いかがですか？頂きます/結構です. **ba mhaith liom labhairt leat** 君に話があるのだが. **dúirt sé gurbh fhearr leis dul abhaile** 彼はむしろ家に帰りたいと言った. **nár mhaith léi dul ann?** 彼女はそこに行きたくなかったのではないか？ **níorbh fhíor an ráiteas sin** 言うことは真実ではなかった. **measaim gurb í an fhírinne í** それは真実だと(私は)思う. **is cosúil nárbh é an fear céanna é** 同じ男ではなかった様だ. **ba é an duine ab fhearr é** 彼は最高にいい男だった. **gura fad buan é!** 彼のご長寿を祈る！ **gurab amhlaidh duit!** ご同様に！

is[2] [is] 前 **〜 an**(時間が今から)前に. **mí 〜 an lá inniu** 1カ月前の今日. **bliain 〜 an t-am seo** 去年のこの時期．

is[3] [is] ＝agus．

ise [is‹ə] 代 **í** の強形. **〜 a dúirt é** それを言ったのは彼女だ. **ach amháin 〜** 彼女自身を除いて．

íseal [i:s‹əl] 名男〖属単 **ísil**, 複 **ísle**〗平凡な人；低地. **os 〜** 小声で[秘密に]．

ísleacht

——形〖属単男 **ísil**, 属単女・主複・比較 **ísle**〗低い；低地の. **marcanna ísle** 悪い点数. **gníomh ~** 下品な行動.

ísleacht [i:sˈlˈəxt] 名 女〖属単 **-a**, 複 **-aí**〗低いこと；低地.

ísleán [i:sˈlˈa:n] 名 男〖属単・主複 **ísleáin**, 属複 **~**〗低地；窪み；下り坂.

ísligh [i:sˈlˈi:] 動II 他・自〖動名 **ísliú**, 動形 **íslithe**〗低くする, 下げる；弱める. **an brat a ísliú**（劇の）幕を降ろすこと. **solas a ísliú** 明かりを暗くすること. **bhí m'aigne ag ísliú** 私はがっくり気落ちした.

ispín [isˈpˈi:nˈ] 名 男〖属単 **~**, 複 **-í**〗ソーセージ.

isteach [əˈsˈtˈax] 副前形（動作を伴い）中へ［に；の］. **~ sa teach** 家の中へ. **tar ~** 入りなさい. **~ (ar) an doras** ドアを通って. **~ leat！** 入れ！**míle ~ ón trá** 浜から1マイル. **tá an cíos ~ leis** それは賃貸料を含んでいる. **bheith ~ le** (duine)（人）と共同でやること. **doras ~** 入り口. **bíonn siad ~ agus amach le chéile** 彼らは親しい間柄である.

istigh [əˈsˈtˈiɣ] 副前形（状態を表し）中［内部］に［の］. **~ i dteach** 家に. **bhí mé ~ sa chathair** 私は都会に住んでいた. **is doiligh a bheith ~ lá mar seo** こんな日に家に閉じ込もっているのはつらい. **bhí lón bliana ~ againn** 我々は1年分の食糧を蓄えた. **an litir atá ~ leis seo** ここに同封の手紙. **tá béile maith ~ againn** 我々は美味しい食事をとった. **bhí sé ~ ag a mhac** 彼は息子と住んでいた. **bheith ~ ar** (rud)（もの）に慣れていること. **tá an uair ~** 時間切れだ. **an taobh ~ de** (rud)（もの）の内側. **an obair ~** 屋内の仕事.

istír [əˈsˈtˈi:rˈ] 副 陸（上）に；上陸して.

istoíche [əˈsti:xˈə] 副 夜に.

ith [ih] 動 他・自〖動名 **ithe**, 動形 **ite**〗（不規則動詞変化表参照）. 食べる；噛む；餌にする；（酸などが）腐食させる；消費する. **ná hith mé** 私を叱らないで. **tá siad ag ithe a chéile ar fad** 彼らはいつもけんかしている. **ag ithe is ag gearradh ar a chéile** 互いにののしり合うこと. **tá an fharraige ite** 海が波立っている. **ite ag an éad** 嫉妬にかられて. **ite le fiacha** 借金に苦しめられて.

itheachán [ihəxa:n] 名 男〖属単 **itheacháin**〗食べること. **teach itheacháin** 飲食店.

ithim [ihəm] **ith＋mé**.

ithiomrá [ˈihˌimra:] 名 男〖属単 **~**, 複 **-ite**〗陰口；悪口.

ithir [ihərˈ] 名 女〖属単 **ithreach**, 複 **ithreacha**〗土地, 土壌；耕作地.

iubhaile [u:vəlˈə] 名 女〖属単 **~**, 複 **iubhailí**〗記念祭；歓喜；（カトリック）25年毎の大赦の年.

iúd [u:d] 代 **siúd** の変形；**is**¹ に後続して使われることが多い. **b'iúd** (ba+iúd)é(é) その向こうにある. **b'iúd iad ag imeacht ar cosa in airde** 彼らは全速力で走り去った.
Iúil [u:l′] 名男〖属単 ～, 複 -eanna〗7月. **Mí ～** 7月.
iúl [u:l] 名男〖属単 **iúil**〗知識；方向；注意. **chuir sé a bhuíochas in ～ dúinn** 彼は我々に感謝の意を表した. **bhíomar ar an ～ céanna** 我々は同じ立場にあった. **bhí a ～ ar an obair** 彼は仕事に没頭していた.
Iúpatar [u:pətər] 名男〖属単 **Iúpatair**〗木星.
iúr [u:r] 名男〖属単・主複 **iúir**, 属複 ～〗イチイ(の木).

J

jab [dʲzʲab] 名男〖属単 ～, 複 **-anna**〗仕事；職業.
jabaire [dʲzʲabərʲə] 名男〖属単 ～, 複 **jabairí**〗家畜仲買人.
jacaí [dʲzʲaki:] 名男〖属単 ～, 複 **jacaithe**〗競馬の騎手.
jaingléir [dʲzʲaŋʲlʲe:rʲ] 名男〖属単 **jaingléara**, 複 **-í**〗放浪者.
jéiníos [dʲzʲe:nʲi:s] 名 (複) 陶器[土器]の破片.
jib [dʲzʲibʲ] 名男〖属単 **-e**, 複 **-eanna**〗ジブ, 船首に張る三角形の帆. **tá ～ air.** 彼は用意ができている.
jin [dʲzʲin] 名男〖属単 ～〗ジン, **～ agus athbhríoch** ジントニック.
jíp [dʲzʲi:pʲ] 名男〖属単 ～, 複 **-eanna**〗ジープ.
júdó [dʲzʲu:do:] 名男〖属単 ～〗柔道.

L

lá [la:] 名男〖属単 **lae**, 複 **laethanta**〗日；日中；時代；期間. **an ～ agus an oíche** 昼も夜も. **leis an ～** 夜明けに. **i gcaitheamh[i rith] an lae** 日中. **～ pá** 給料日. **～ saoire** 休日. **an chéad ～ den mhí** 月の第1日目. **an ～ faoi dheireadh** 先日. **an ～ arna mhárach**[an ～ ina dhiaidh sin】翌日. **cén ～ atá ann inniu**[cén ～ inniu é]? 今日は何曜日か? **～ breithe** 誕生日. **～ Fhéile Pádraig** 聖パトリック祝祭日. **ag baint lae as** なんとかやっていること. **m'athair mór ～ den saol** 生きていた時の祖父. **laethanta m'óige** 私の青春時代. **níl ～ eagla orm rompu** 私は全然彼ら[それら]が恐くない. **ní chreidfinn an ～ uait** 君の言うことは何も信じない.

lab [lab] 名男〖属単 ～, 複 **-anna**〗かたまり; 多額(の金).

lábach [la:bəx] 形 1 泥だらけの; ぬかるみの.

lábán [la:ba:n] 名男〖属単・主複 **lábáin**, 属複 ～〗泥; ぬかるみ; (魚) 白子.

labhair [laurʹ] 動II 他・自〖動名 **labhairt**, 動形 **labhartha**; 現 **labhraíonn**〗話す; 呼ぶ. **ná ～ air** どういたしまして. **ba mhaith liom labhairt leat** あなたと話がしたい. **～ sé i nGaeilge** 彼はゲール語で話した.

labhandar [lavəndər] 名男〖属単 **labhandair**〗ラベンダー(の花).

labharthach [laurhəx] 形 1 おしゃべりな; 騒々しい.

labhraím [lauri:m] labhair + mé.

labhras [laurəs] 名男〖属単・主複 **labhrais**, 属複 ～〗月桂樹.

lábúrtha [la:bu:rhə] 形 3 卑劣な; 趣味の悪い.

lacáiste [laka:sʹtʹə] 名男〖属単 ～, 複 **lacáistí**〗リベート; 払戻し; 割引き.

lách [la:x] 形 1〖属単男 ～, 属単女・比較 **láiche**, 主複 **-a**〗愛想のよい; 好ましい.

lacha [laxə] 名女〖属単・主複 **-n**, 主複 **-in**〗カモ[アヒル].

láchan [la:xən] 名女〖属単 **-a**〗① láigh の動名詞. ② 夜が明けること. **ar** [leis] **an ～** 夜明けに.

lachín [laxi:nʹ] 名女〖属単 ～, 複 **-í**〗カモ[アヒル]の子.

lachna [laxnə] 形 3 くすんだ灰色の; 灰褐色の, 焦げ茶色の.

lacht [laxt] 名男〖属単 **-a**, 複 **-anna**〗ミルク; 乳出量; 涙. **～ bó** 牛乳(出量). **súile ina ～** 涙でいっぱいの目.

lachtach [laxtəx] 形 1 (牛)乳の; 乳からとれる; 涙でいっぱいの.

lád [la:d] 名男〖属単・主複 **láid**, 属複 ～〗水流. 水路.

ládáil [la:da:lʹ] 名女〖属単 **ládála**, 複 **ládálache**〗荷を積むこと; 貨物.

―― 動I 他〖動名 **ládáil**, 動形 **ládáilte**; 現 **ládálann**〗荷を積む; 苦しめる.

ladar [ladər] 名男〖属単・主複 **ladair**, 属複 ～〗ひしゃく, 大さじ; 一すくいの量. **do ～ a chur i** (rud) (こと)に干渉すること.

ládasach [la:dəsəx] 形1 がんこな.
ladhar [lair] 名女〖属単 **laidhre**, 複 **ladhracha**〗指と指の間；つま先；爪；くま手.
ladhrach [lairəx] 形1 足指[つま先]の；爪の；先の尖った；フォーク状の.
ladhróg [lairo:g] 名女〖属単 **ladhróige**, 主複 **-a**, 属複 **~**〗(鉄道)ポイント；フォーク状[二またに分かれた]棒(状のもの).
ladúsach [ladu:səx] 形1 ずうずうしい；甘言でだます；たわ言を言う.
lae [le:] ☞ **lá**.
laethanta [le:həntə] ☞ **lá**.
laethúil [le:hu:l′] 形2 毎日の, 日常の.
laftán [lafta:n] 名男〖属単・主複 **laftáin**, 属複 **~**〗岩棚；草の茂った台地. **~ néalta** 雲のかたまり.
lag [lag] 名男〖属単 **laig**, 主複 **-a**, 属複 **~**〗弱々しい人[生き物]；虚弱. (le) **~ trá** 干潮に.
―― 形1 弱い；力のない；数が足りない；未熟な.
lagachar [lagaxər] 名男〖属単 **lagachair**〗弱さ；虚弱；もろさ.
lagaigh [lagi:] 動II 他・自〖動名 **lagú**, 動形 **lagaithe**〗弱める；衰弱させる；薄める. **~ sé mo chroí** そのことで私はがっかりした. **deoch a lagú** 飲物を(水などで)薄めること.
lagar [lagər] 名男〖属単 **lagair**, 複 **lagracha**〗弱いこと；微か；弱者. **thit sí i ~** 彼女は気絶した.
lágar [la:gər] 名男〖属単・主複 **lágair**, 属複 **~**〗ラガービール.
lagbhrí [′lag|v′r′i:] 名女〖属単 **~**〗弱さ；衰弱；無気力.
lagbhríoch [′lag|v′r′i:(ə)x] 形1〖属単男 **~**, 属単女・比較 **lagbhríche**, 主複 **-a**〗弱い；不活発な.
lagbhrú [′lag|vru:] 名男〖属単 **~**, 複 **-nna**〗低気圧.
laghad [laid] 名男〖属単 **~**〗小さい[少ない]こと. **dul i ~** 少なくなること. **ar a ~** 少なくとも.
laghairt [lairt′] 名女〖属単 **-e**, 複 **-eanna**〗トカゲ.
laghdaigh [laidi:] 動II 他・自〖動名 **laghdú**, 動形 **laghdaithe**〗小さく[少なく]する；減少させる；下げる.
laghdaitheach [laidihəx] 形1 小さくなる；減る.
lagmhisneach [′lag|v′is′n′əx] 名男〖属単 **lagmhisnigh**〗元気のなさ；低い士気.
lagú [lagu:] 名男〖属単 **~**, 複 **-onna**〗柱；棒；軸.
laí [li:] 名男〖属単 **~**, 複 **-onna**〗柱；軸.

láí [laːiː] 名女〖属単 ~, 複 **lánta**〗鋤(すき).
láib [laːbʲ] 名女〖属単 **-e**〗泥；ぬかるみ.
　——動I 他〖動名 **láibeadh**, 動形 **láibthe**〗泥だらけにする；はねかける.
laibhe [lavʲə] 名女〖属単 ~〗溶岩.
laicear [lakʲər] 名男〖属単・主複 **laicir**, 属複 ~〗ラッカー；漆(うるし).
Laidin [ladʲən] 名女〖属単 **-e**〗ラテン語.
Laidineach [ladəʲnəx] 名〖属単・主複 **Laidinigh**, 属複 ~〗ラテン(ラティウム；古代ローマ)；ラテン系民族.
　——形1 ラテン(語)の.
láidir [laːdʲərʲ] 名男〖属単 ~, 複 **láidre**〗強い人[生き物].
　——形1〖属単男 ~, 属単女・主複・比較 **láidre**〗強力な；頑丈な；多数の. (動詞 is と共に慣用表現) is ~ nár leagadh mé 僕が倒されなかったのは不思議だ. is ~ a sheas a shláinte é 彼が健康を保ち続けているのは驚きだ.
láidreacht [laːdʲrʲəxt] 名女〖属単 **-a**〗強さ；力.
láidrigh [laːdʲrʲiː] 動II 他・自〖動名 **láidriú**, 動形 **láidrithe**〗強くする；丈夫にする；増強する.
laige [lagʲə] 名女〖属単 ~, 複 **laigí**〗弱さ；未熟；気絶.
láigh [laːɣʲ] 動I 自〖動名 **láchan**, 動形 **láite**；現 **lánn**〗夜が明ける.
láimhdeachas [laːvʲdʲəxəs] 名男〖属単 **láimhdeachais**〗取り扱うこと；操縦.
láimh [laːv] ☞ lámh.
láimhe [laːvə] ☞ lámh.
láimhseáil [laːvʲsʲaːlʲ] 名女〖属単 **láimhseála**〗経営すること；管理；取扱い.
　——動I 他〖動名 **láimhseáil**, 動形 **láimhseála**；現 **láimhseálann**〗取り扱う；経営する；操縦する.
láimhsigh [laːvʲsʲiː] 動II 他〖動名 **láimhsiú**, 動形 **láimhsithe**〗処理する；操作する；握り締める.
láin [laːn] ☞ lán[1,2].
laincis [laŋʲkʲəsʲ] 名女〖属単 **-e**, 複 **-í**〗足かせ；拘束.
laindéar [lanʲdʲeːr] 名男〖属単・主複 **laindéir**, 属複 ~〗ランタン, ちょうちん.
láine [laːnʲə] 名女〖属単 ~〗充分；充満；lán[1] の属単女・比較.
lainse [lanʲsʲə] 名女〖属単 ~, 複 **lainsí**〗(船の)進水；(ロケットの)発射.
lainseáil [lanʲsʲaːlʲ] 動I 他〖動名 **lainseáil**, 動形 **lainseáilte**；現

lainseálann》進水させる. **bád a ~** ボートを浮かべること.

láinteacht [laːinʲtʲəxt] 名女〖属単 **-a**〗こび, へつらい, 甘言.

laíon [liːn] 名男〖属単 **laín**〗パルプ；(植物) 髄.

láir[1] [laːr] ☞ lár.

láir[2] [laːrʲ] 名女〖属単 **lárach**, 複 **láracha**〗雌［馬］.

láirig [laːrʲəgʲ] 名女〖属単 **-e**, 複 **-eacha**〗(体の) もも, 大腿.

laisce [lask] ☞ lasc.

laisteas [ˌlasʲtʲas] 副前形 の南側に［の］.

laistiar [ˌlasʲtʲiər] 副前形 の西側に［の］；後ろに［の］.

laistigh [ˌlasʲtʲiɣʲ] 副前形 の内側に［の］；屋内に［の］. **~ de bhliain** 一年以内で.

laistíos [ˌlasʲtʲiːs] 副前形 の下方に［の］.

láithreach[1] [laːhrʲəx] 名男〖属単・主複 **láithrigh**, 属複 **~**〗廃墟；跡；(文法) 現在(形).

láithreach[2] [laːhrʲəx] 形 1 現在の, 即座の.
── 副 **~ (bonn)** 直ちに.

láithreach[3] [laːhrʲəx] ☞ láthair.

láithreacht [laːhrʲəxt] 名女〖属単 **-a**〗あること, 存在.

láithreán [laːhrʲaːn] 名男〖属単・主複 **laithreáin**〗敷地；廃墟；床(ゆか)；舞台［映画］セット. **~ gréasáin** ウェブサイト.

láithrigh [laːhrʲiː] 動II自〖動名 **láithriú**, 動形 **láithrithe**〗出席する, 姿を表す.

lámh [laːv] 名女〖属単 **láimhe**, 主複 **-a**；(成句) 与単 **láimh**〗手；腕；方向；権力. **beir greim láimhe air** 彼の手を摑め. **~ dheas** 右側. **ar do ~ chlé** [ar thaobh do láimhe clé] 左側に. **ó thuaidh ~ siar** 北西へ. **tabhair ~ tharrthála air** 彼の救助に努力しよう. **(rud) a bheith idir lámha agat** (こと)に従事すること. **fág ar a láimh é** それは彼にまかせておきなさい. **d'aon ~** 一致団結し努力して. **tá ~ is focal eatarthu** 彼らは婚約している. **(rud) a chur de láimh** (こと)を処理すること. **ar eagla a láimhe** 彼の権力を恐れて. **suigh láimh liom** 私のそばに座りなさい. **as láimh** 即座に. **níl ~ ar gcúl againn** 我々に貯えは何もない..

lámhach [laːvəx] 名男〖属単 **lámhaigh**〗撃つこと, 射撃, 発砲.
── 動II他・自〖動名 **lámhú**, 動形 **lámhaite**〗撃つ, 発射する.

lamháil [lauaːlʲ] 名女〖属単 **lamhála**, 複 **lamhálacha**〗許可すること；免除；割引き.
── 動I他〖動名 **lamháil**, 動形 **lamháilte**；現 **lamhálann**〗許可する；認める；免除する.

lámhainn

lámhainn [la:vən′] 名女〖属単 **-e**, 複 **-í**〗手袋.
lámhaíocht [la:vi:(ə)xt] 名女〖属単 **-a**〗腕前；手助け；寄付.
lamháltas [laua:ltəs] 名男〖属単・主複 **lamháltais**, 属複 ～〗許可, 承認.
lámhcheird [ˈla:vɪx′e:rd′] 名女〖属単 **-e**, 複 **-eanna**〗手工芸.
lámhchleasaíocht [ˈla:vɪx′l′asi:(ə)xt] 名女〖属単 **-a**〗手品, 奇術；曲芸.
lámhchuimilt [ˈla:vɪx′uməlt] 名女〖属単 **-e**〗マッサージ.
lámhdhéanta [la:v′e:ntə] 形 3 手製の.
lámhiata [ˈla:vɪiətə] 形 3 けちな.
lámhleabhar [ˈla:vɪl′aur] 名男〖属単・主複 **lámhleabhair**〗手引, 案内書.
lámh-mhaisiú [ˈla:(v)ɪvas′u:] 名男〖属単 **-mhaisithe**〗マニキュア.
lamhnán [launa:n] 名男〖属単・主複 **lamhnáin**, 属複 ～〗(身体の)のう；膀胱；ふくらんだもの.
lámhráille [ˈla:vɪra:l′ə] 名男〖属単 ～, 複 **lámhráillí**〗手すり, らんかん.
lámhscaoil [ˈla:vɪski:l′] 動 I 他 〖動名 **lámhscaoileadh**, 動形 **lámhscaoilte**〗(奴隷状態から)開放する.
lámhscríbhinn [ˈla:vɪs′k′r′i:v′ən′] 名女〖属単 **-e**, 複 **-í**〗原稿；写本.
lámhscríbhneoireacht [ˈla:vɪs′k′r′i:v′norəxt] 名女〖属単 **-a**〗手書き.
lámhscríofa [ˈla:vɪs′k′r′i:fə] 形 3 手書きの.
lampa [lampə] 名男〖属単 ～, 複 **-í**〗ランプ.
lampróg [lampro:g] 名女〖属単 **lampróige**, 主複 **-a**, 属複 ～〗蛍 (ホタル).
lán[1] [la:n] 名男〖属単・主複 **láin**, 属複 ～〗大量；多数；内容；負担；傲慢. **cuir a** ～ **ann** 満たしなさい. **an** ～ **mara** 満ち潮. **is mór an** ～ **airgid é** それは大金だ. **a** ～ **uisce** 大量の水. **a** ～ **daoine** 多数の人.
―― 形 1 いっぱいの；充分な.
lán[2] [la:n] 名男〖属単・主複 **láin**, 属複 ～〗曲がり, 湾曲.
lána [la:nə] 名男〖属単 ～, 複 **-í**〗小[細]道.
lánaigh [la:ni:] 動 II 他・自〖動名 **lánú**, 動形 **lánaithe**〗ふくらませる；大きくする；(作物などに)土をかぶせる. **prátaí a lánú** ジャガイモに土をかけておくこと.
lánaimseartha [ˈla:nɪam′s′ərhə] 形 3 フルタイムの, 常勤の. **post** ～ 正社員[職員]の仕事.

lánán [laːnaːn] 名男〖属単・主複 **lánáin**, 属複 〜〗詰めること；充電.
lánchumhachtach [ˈlanˌxuːəxtəx] 形1 全権を委任された.
lánchumhachtóir [ˈlanˌxuːəxtoːrʲ] 名男〖属単 **lánchumhachtóra**, 複 **-í**〗全権委員［大使］.
landair [landərʲ] 名女〖属単 **-e**, 複 **-í**〗仕切り；奥まった所；貯蔵室.
lándáiríre [ˈlanˌdaːriːrə] 形3 真剣な；熱心な.
　——副 本気で.
lánléargas [ˈlanˌlʲeːrɡəs] 名男〖属単 **lánléargais**〗パノラマ，全景；洞察.
lánmhar [laːnvər] 形1 いっぱいの，充満している；うぬぼれた.
lánmhúchadh [ˈlanˌvuːxə] 名男〖属単 **lánmhúchta**〗停電；仮死；窒息.
lann [lan] 名女〖属単 **lainne**, 主複 **-a**〗薄板；鱗(うろこ)；刃.
lannach [lanəx] 形1 薄板［片］からなる；刃の.
lánoiread [ˈlanˌorʲəd] 名（成句）a 〜 同量［同数］の. bhí a 〜 daoine ann aréir 昨夜と同じ人数がいた.
lansa [lansə] 名男〖属単 〜, 複 **-í**〗槍(状の道具)；刀.
lánscoir [ˈlanˌskorʲ] 動II 他〖動名 **lánscor**, 動形 **lánscortha**〗(議会を)解散させる.
lánseol [ˈlanˌsʲoːl] 名（成句）faoi 〜 全速力で.
lánstad [ˈlanˌstad] 名男〖属単 〜, 複 **-anna**〗終止符，ピリオド.
lánstaonadh [ˈlanˌstiːnə] 名男〖属単 **lánstaonta**〗絶対禁酒主義.
lantán [lantaːn] 名男〖属単・主複 **lantáin**, 属複 〜〗平地；牧草地.
lánúin [laːnuːnʲ] 名女〖属単 **-e**, 複 **-eacha**〗夫婦；婚約者同志.
lánúnas [laːnuːnəs] 名男〖属単 **lánúnais**〗同棲.
lao [liː] 名男〖属単 〜, 複 **-nna**〗子牛.
laoch [liːx] 名男〖属単 **laoich**, 複 **-ra**〗戦士，英雄.
laochas [liːxəs] 名男〖属単 **laochais**〗英雄的行為；誇り；からいばり. scéalta laochais 英雄物語.
laochta [liːxtə] 形3 勇敢な；英雄的.
laofa [liːfə] 形3 かたよった；偏見を抱いた.
laofheoil [ˈliːˌoːlʲ] 名女〖属単 **laofheola**〗子牛の肉.
laoi [liː] 名女〖属単 〜, 複 **-the**〗(物語)詩. laoi Oisín オシーン物語詩.
laom [liːm] 名男〖属単 **-a**, 複 **-anna**〗きらめき，閃光；突発.
laomtha [liːmhə] 形3 燃える；輝く；強烈な.
lapa [lapə] 名男〖属単 〜, 複 **-í**〗動物の足；（アザラシなどの）ひれ

足；水かき.

lapadaíl [lapədiːlʲ] 名女〖属単 **lapadaíola**〗水をかいて進むこと；(水が)ぴちゃぴちゃ音をたてること.

lapadán [lapədaːn] 名男〖属単・主複 **lapadáin**, 属複 〜〗よちよち[よたよた]歩き.

lár [laːr] 名男〖属単・主複 **láir**〗中央；最中；地面；床. **i mo** 〜 私の胸に. **an Lár** 中心街. **i** 〜 **na hoíche** 真夜中に. **thit sé ar** 〜 彼は失敗した. **ar** 〜 紛失して. **na fág ar** 〜 **é** それを忘れない(抜かさない)ように.

láraigh [laːriː] 動II 他〖動名 **lárú**, 動形 **láraithe**〗中心に集める, 集中させる.

laraing [larəŋʲ] 名女〖属単 -e, 複 -í〗喉頭.

larbha [larəvə] 名男〖属単 〜, 複 -í〗幼虫.

larcán [larkaːn] 名男〖属単 **larcáin**〗〜 (gruaige) もじゃもじゃの髪.

lardrús [laːrdruːs] 名男〖属単・主複 **lardrúis**, 属複 〜〗食料貯蔵(室).

lárionad [ˈlaːrʲinəd] 名男〖属単・主複 **lárionaid**, 属複 〜〗中心(部)；中心施設.

lárlíne [ˈlaːrʲlʲiːnʲə] 名女〖属単 〜, 複 **lárlínte**〗直径；センターライン.

lárnach [laːrnəx] 形1 中心の, 中央の；一番奥の. **istigh** 〜 真ん中.

lártheifeach [ˈlaːrʲhefʲəx] 形1 中心から離れる(外に向かう)；遠心力の.

las [las] 動I 他・自〖動名 **lasadh**, 動形 **lasta**〗灯をつける；赤くする；燃え上がらせる. 〜 **an solas** 灯りをつけろ. 〜 **a haghaidh** 彼女は赤面した.

lása [laːsə] 名男〖属単 〜, 複 -í〗レース.

lasair [lasərʲ] 名女〖属単 **lasrach**, 複 **lasracha**〗炎；強い輝き.

lasairéan [ˈlasərʲeːn] 名男〖属単・主複 **lasairéin**, 属複 〜〗フラミンゴ.

lasán [lasaːn] 名男〖属単・主複 **lasáin**, 属複 〜〗炎；閃光；マッチ.

lasánta [lasaːntə] 形3 燃え上がる；炎のような；激しい.

lasbhus [ˌlasˈvus] 副前形 の近くに[の]. 〜 **den abhainn** 川のほとりに.

lasc [lask] 名女〖属単 **laisce**, 主複 -a, 属複 〜〗むち(打ち).
── 動I 他・自〖動名 **lascadh**, 動形 **lasctha**〗むちで打つ；蹴る；激しくぶつかる.

lascaine [laskən'ə] 名女 〖属単 ～, 複 **lascainí**〗割引；減額；(嵐，風など)和らぐこと．

lasc-chlár ['lask‚xlaːr] 名男 〖属単・主複 **-chláir**, 属複 ～〗電話交換盤；配電盤．

lasmuigh [‚las'miɣ'] 副前形 の外側に[の]；屋外に[の]．～ **den teach** 家の外(に)．～ **de sin** それは別として．

lasnairde [‚las'naːrd'ə] 副前形 上方に[の]．

lasóg [lasoːg] 名女 〖属単 **lasóige**, 主複 **-a**〗小さい炎(たいまつ)；マッチの火．

lasta[1] [lastə] 名男 〖属単 ～, 複 **-í**〗貨物，荷物；大量．

lasta[2] [lastə] ☞ **las**.

lastall [‚las'tal] 副前形 の向こうに[の]．～ **den droichead** 橋の向こうに．

lastas [lastəs] 名男 〖属単・主複 **lastais**, 属複 ～〗託送；貨物輸送．

lastoir [‚las'tor'] 副前形 の東側に[の]．～ **den tSionainn** シャノン川の東に．

lastóir [lastoːr'] 名男 〖属単 **lastóra**, 複 **-í**〗ライター．

lastuaidh [‚las'tuəɣ'] 副前形 の北側に[の]．～ **den Bhóinn** ボイン川の北に．

lastuas [‚las'tuəs] 副前形 の上方に[の]．**dul** ～ **de** (dhuine) (人)を負かすこと．

lathach [lahəx] 名女 〖属単 **latha** **í**, 複 **-a**〗泥；ぬかるみ；ヘドロ．

láthair [laːhər'] 名女 〖属単 **láithreach**, 複 **láithreacha**〗場所，地点；敷地；存在．**ar an** ～ **seo** 直ちに．**in aice láithreach** すぐそばに．**as** ～ 欠席して．**i** ～ 出席して．**faoi** ～ 現在．**i** ～ (duine) (人)の面前で．

le [l'ə] 前 〖前置詞＋代名詞 **liom**, **leat**, **leis** (男)，**léi** (女)，**linn**, **libh**, **leo**〗に接して；に面して；と共に；に対して；を持っている；を使って．(後続語が母音の時はその語頭に h を加える；**an** の前では **leis** となる)；**le**＋**a**[4]→**lena**；**le**＋**ár**[2]→**lenár**；**le**＋**a**[5]→**lena**；**le**＋**ar**[3]→**lenar**. **is le Nóra é** それはノーラのものだ．**thit sé leis an aill** 彼は崖を転げ落ちた．**bhí an t-ádh leis.** 彼は幸運であった．**sa teach linn** 我々と同じ家に．**tá mé leat amhlaidh** その点ではあなたと同じ(考え)です．**tá liom** 私は成功した．**ar mhaithe leat féin** 君自身のために．**leis sin** そのあとすぐに．**chomh mór le** 同じ大きさの．**cara liom** 私の友達．**d'oibrigh mé liom** 私は働き続けた．**le do thoil** どうぞ．**gearr le scian é** それをナイフで切りなさい．**dán le Céitinn** キーティング(著作)の詩．**bhí sé le cuthach** 彼は激怒した．**tá ciall leis sin** 道理にかなう．**a**

lé

naoi le a deich 9+10. **corradh le briain** 1年以上. **is dóigh liom** (go) (go 以下) と私は思う. **ní maith liom é** 私はそれが好きではない. **an miste leat?** かまいませんか? **mar is gnách leis** 彼にはいつものことだが. **éist liom** 私の話を聞きなさい. **tá sé le himeacht amárach** 彼は明日出掛けることになっている. **dá mbeadh sé le fáil** もし見つかったら. **bhí sé le críochnú agam** 私はそれを終えなければならなかった. **tá sé bog le siúl air** 歩くには柔らかすぎる. **níl sé blasta lena ól fuar** 冷たいのを飲むのは不味い. **le linn an tsamhraidh** 夏の間に.

lé [lʹeː] 名女 〖属単 ~〗傾き；好み；向き；範囲.

leá [lʹaː] 名男 ☞ **leáigh**.

leaba [lʹabə] 名女 〖属単 **leapa**, 複 **leapacha**〗ベッド, 寝台. **i ~ (ruda)** (もの)の代わりに. **i ~ a chéile** 次第に.

leabaigh [lʹabiː] 動II 他〖動名 **leabú**, 動形 **leabaithe**〗寝床を与える；(花壇などに)植えつける.

leabhair [lʹaurʹ] 形 1 細長い；しなやかな；柔軟な.

leabhairchruthach [ˈlʹaurʹˌxruhəx] 形 1 流線(形)の；簡素化された.

leabhar [lʹaur] 名男 〖属単・主複 **leabhair**, 属複 ~〗本, 書物. **Leabhar Cheanannais** ケルズの書. **~ móréilimh** ベストセラー(本).

leabhareolaíocht [ˈlʹaurˌoːliː(ə)xt] 名女 〖属単 **-a**〗図書目録；参考文献一覧表.

leabharlann [lʹaurlən] 名女 〖属単 **leabharlainne**, 主複 **-a**, 属複 ~〗図書館.

leabharlannaí [lʹaurləniː] 名男 〖属単 ~, 複 **leabharlannaithe**〗司書；図書館員.

leabharthaca [ˈlʹaurˌhakə] 名男 〖属単 ~, 複 **-í**〗ブックエンド, 本立て.

leabhlach [lʹauləx] 形 1 中傷の；不当に表現する.

leabhlaigh [lʹauliː] 動II 他〖動名 **leabhlú**, 動形 **leabhlaithe**〗中傷する；告訴する.

leabhragán [lʹaurəgaːn] 名男 〖属単・主複 **leabhragáin**, 属複 ~〗本箱, 書棚.

leabhraigh [lʹauriː] 動II 他・自〖動名 **leabhrú**, 動形 **leabhraithe**〗誓う.

leabhrán [lʹauraːn] 名男 〖属単・主複 **leabhráin**, 属複 ~〗小冊子, パンフレット.

leac [lʹak] 名女 〖属単 **leice**, 主複 **-a**, 属複 ~〗平らな石(岩)；厚い板；タイル. **~ oighir** 氷河. **cosán ~** 舗道. **ar leaca na sráide** 通りを

歩いて.

leaca [lʹakə] 名女〚属単・属複 **-n**, 主複 **leicne**〛横顔; 頬; 坂, 斜面.

leacach [lʹakəx] 形 1 敷石で舗装された; 石の.

leacaigh [lʹakiː] 動II 他・自〚動名 **leacú**, 動形 **leacaithe**〛平らにする; 打ち砕く; 崩す.

leacam [lʹakəm] 名男〚属単・主複 **leacaim**, 属複 ~〛横目で見ること; 遠回し.

leacanta [lʹakəntə] 形 3 器量のよい; 好ましい; 快適な.

leacht[1] [lʹaxt] 名男〚属単 **-a**, 複 **-anna**〛墓; 墓塚. ~ (cuimhneacháin) 記念碑.

leacht[2] [lʹaxt] 名男〚属単 **-a**, 複 **-anna**〛液体.

léacht [lʹeːxt] 名女〚属単 **-a**, 複 **-aí**〛講義, 講演.

leachtach [lʹaxtəx] 形 1 液体の.

leachtaigh [lʹaxtiː] 動II 他・自〚動名 **leachtú**, 動形 **leachtaiche**〛液化する; ジュースにする; (借金を)返済する.

leachtaitheoir [lʹaxtihoːrʹ] 名男〚属単 **leachtaitheora**, 複 **-í**〛ミキサー.

léachtán [lʹeːxtaːn] 名男〚属単・主複 **léachtáin**, 属複 ~〛聖書台; 書見台.

léachtóir [lʹeːxtoːrʹ] 名男〚属単 **léachtóra**, 複 **-í**〛講師; 講演者.

léachtóireacht [lʹeːxtoːrʹəxt] 名女〚属単 **-a**〛講義すること, 講演.

leadair [lʹadərʹ] 動II 他〚動名 **leadradh**, 動形 **leadartha**; 現 **leadraíonn**〛強打する; 伐採する; 切り取る.

leadhb [lʹaib] 名女〚属単 **leidhbe**, 複 **-anna**〛皮をむくこと; 服を脱ぐこと; ぼろ; 強打.
— 動I 他〚動名 **leadhbadh**, 動形 **leadhbtha**〛皮をむく[はぐ]; ぼろぼろに裂く; 殴る.

leadhbach [lʹaibəx] 形 1 ひきはがされた; ぼろの; 卑しい.

leadhbóg [lʹaiboːg] 名女〚属単 **leadhbóige**, 主複 **-a**, 属複 ~〛細長い切れ端; (垂れ下がった)ぼろ. ~ **leathair** コウモリ.

leadóg [lʹadoːg] 名女〚属単 **leadóige**, 主複 **-a**, 属複 ~〛テニス, 庭球. ~ **bhoird** 卓球.

leadrán [lʹadraːn] 名男〚属単 **leadráin**〛ぐずぐずすること; 長引き; のんびり.

leadránach [lʹadraːnəx] 形 1 のろい; ぐずぐずした; 遅い.

leafa [lʹafə] 名男 (成句) ~ **gáire** 微笑.

leafaos [ˈlʹaˌfiːs] 名男〚属単 **leafaois**〛のり; 練り物; ペースト.

leag [lʹag] 動I 他・自〚動名 **leagan**, 動形 **leagtha**〛打ち倒す; 降ろ

す；置く. ~ amach 設計する[整える]. ~ do lámh air 手をその上に置きなさい. leagadh as an obair iad 彼らは一時解雇を命ぜられた. leagan a bheith agat le (rud)（もの）に興味を持つこと. tá leagan breá air 彼は見かけがよい. ar leagan na súl 一目で. leagan cainte 話し方.

leagáid [l′aga:d′] 名女〖属単 **-e**, 複 **-í**〗遺産.

leagáideacht [l′aga:d′əxt] 名女〖属単 **-a**, 複 **-aí**〗公使館(員)；使節の派遣.

leagan [l′agən] 名男 ☞ leag.

leaid [l′ad′] 名男〖属単 ~, 複 **-eanna**〗少年, 若者.

leáigh [l′a:ɣ′] 動I 他・自〖動名 **leá**, 動形 **leáite**；現 **leánn**；未 **leáfaidh**〗溶かす；融解する；次第になくす. im a leá バターを溶かすこと. ~ sé a chuid airgid 彼は金を道楽に使ってしまった. nach leáite an duine é！彼は何と役に立たない人間だ！

leaisteach [l′as′t′əx] 形1 弾力のある；伸縮自在の.

leaisteachas [l′as′t′əxəs] 名男〖属単 **leaisteachais**〗弾力性；柔軟性.

leaistic [l′as′t′ək′] 名女〖属単 **-e**〗ゴムひも.

leáiteach [l′a:t′əx] 形1 融ける；だんだん小さく[少なく]なる；弱々しい.

leamh [l′av] 形1〖属単男 ~, 属単女・比較 **leimhe**, 主複 **-a**〗弱い；無味乾燥な；生気のない；愚かな. deoch ~ 生ぬるい[気の抜けた]飲物. scéal ~ 退屈な話.

léamh [l′e:v] 名男〖属単 **léimh**, 複 **-a**〗読むこと；解釈.

leamhachán [l′auxa:n] 名男〖属単・主複 **leamhacháin**, 属複 ~〗(菓子) マシュマロ.

leamhan [l′aun] 名男〖属単・主複 **leamhain**, 属複 ~〗(衣服の)虫(よけ玉).

leamhán [l′aua:n] 名男〖属単・主複 **leamháin**, 属複 ~〗ニレ(の木).

leamhas [l′aus] 名男〖属単 **leamhais**〗弱いこと；無味乾燥；無能；愚鈍.

leamhgháire [′l′av₁ɣa:r′ə] 名男〖属単 ~, 複 **leamhgháirí**〗微笑；皮肉たっぷりの笑い.

leamhnacht [l′aunəxt] 名女〖属単 **-a**〗新乳.

lean [l′an] 動I 他・自〖動名 **leanúint**, 動形 **leanúna**〗あとに続く；引き続いて起こる. riail a leanúint 規則に従うこと. mar ~ as 次の通りです. ~ ar do scéal (君の)話を続けなさい. ~ siad den chomhrá

彼らは会話を続けた. ~ leat 続けなさい.

léan [l′e:n] 名男〖属単 **léin**, 複 **-ta**〗苦悩；難儀；悲嘆. **bhí** ~ **ar an aimsir** ひどい悪天候だった. **mo** ~ **(géar)**! ああ悲しいかな！

léana [l′e:nə] 名男〖属単 ~, 複 **léanta**〗低地の草地；湿地牧草地；芝生.

leanaí [l′ani:] ☞ leanbh.

leanbaí [l′anəbi:] 形 3 子供らしい；子供っぽい；無邪気な.

leanbaíocht [l′anəbi:(ə)xt] 名女〖属単 **-a**〗幼年時代, 子供らしいこと.

leanbán [l′anəba:n] 名男〖属単・主複 **leanbáin**, 属複 ~〗かわいい子供；秘蔵っ子.

leanbh [l′anəv] 名男〖属単 **linbh**, 複 **leanaí**〗子供.

léanmhar [l′e:nvər] 形 1 つらい；痛ましい；悲しい.

leann [l′an] 名男〖属単 **-a**, 複 **-ta**〗ビール. ~ **dubh** 黒ビール.

léann [l′e:n] 名男〖属単 **léinn**〗学習；学問；教育.

leanna [l′anə] ☞ lionn.

leannán [l′ana:n] 名男〖属単・主複 **leannáin**, 属複 ~〗恋人, 愛人；(長期の)病気, 苦悩.

leannánta [l′ana:ntə] 形 3 長期にわたる；慢性の；常習的な.

leannlus [ˈl′an‚lus] 名男〖属単 **-a**, 複 **-anna**〗(植物) ホップ.

léannta [l′e:ntə] 形 3 学問のある, 博識な.

leantach [l′antəx] 形 1 連続した；継続する.

leantóir [l′anto:r′] 名男〖属単 **leantóra**, 複 **-í**〗弟子；支持者；トレーラー.

leanúint [l′anu:n′t′] 名女〖属単 **leanúna**〗① lean の動名詞. ② 続くこと；従うこと；追跡；執着. **ar** ~ (次回へ)続く.

leanúnach [l′anu:nəx] 形 1 連続する；継続的な；付着する.

leanúnachas [l′anu:nəxəs] 名男〖属単 **leanúnachais**〗連続；付着；忠実.

leapa [l′apə] ☞ leaba.

leapacha [l′apəxə] ☞ leaba.

leapachas [l′apəxəs] 名男〖属単 **leapachais**〗寝具類.

lear[1] [l′ar] 名男〖属単 **lir**〗海, 大洋. **thar** ~ 海を渡って.

lear[2] [l′ar] 名男〖属単 ~〗多数, 大量. ~ **(mór) daoine** 大勢の人.

léaráid [l′e:ra:d′] 名女〖属単 **-e**, 複 **-í**〗図形, 図表；挿絵.

learg [l′arəg] 名女〖属単 **leirge**, 主複 ~**a**, 属複 ~〗斜面, 傾斜地.

léargas [l′e:rgəs] 名男〖属単 **léargais**〗視野；洞察力；識別.

learóg [l′aro:g] 名女〖属単 **learóige**, 主複 **-a**, 属複 ~〗カラマツ

(の木).

léarscáil [ˈlʲeːrˌskaːlʲ] 名女〖属単 **-e**, 複 **-eanna**〗地図.
léarscáiligh [ˈlʲeːrˌskaːlʲiː] 動Ⅱ 他〖動名 **léarscáiliú**, 動形 **léarscáilithe**〗地図を作る, 地図に描く.
léarscáilíocht [ˈlʲeːrˌskaːlʲi(ə)xt] 名女〖属単 **-a**〗地図制作；(仕事などの)計画.
leas[1] [lʲas] 名男〖属単 **-a**〗善；利益；肥料.
leas-[2] [lʲas] 接頭 副-；代理の；義理の-；付随する.
léas[1] [lʲeːs] 名男〖属単 **léis**, 複 **-acha**〗光線；かすかな光；みみずばれ.
léas[2] [lʲeːs] 名男〖属単 **-a**, 複 **-anna**〗リース, 賃貸借契約.
léas[3] [lʲeːs] 名女〖属単 **léise**, 主複 **-a**, 属複 〜〗穀物[トウモロコシ]の茎；一握りのわら.
léas[4] [lʲeːs] 動Ⅰ 他〖動名 **léasadh**, 動形 **léasta**〗激しく打つ.
leasa [lʲasə] ☞ lios.
léasach [lʲeːsəx] 形 1 賃借りした.
leasachán [lʲasəxaːn] 名男〖属単・主複 **leasacháin**, 属複 〜〗肥料.
léasacht [lʲeːsəxt] 名女〖属単 **-a**, 複 **-aí**〗借地権；賃貸物件.
leasaigh [lʲasiː] 動Ⅱ 他・自〖動名 **leasú**, 動形 **leasaithe**〗修理する；改善する；保存する；仕上げをする；味つけをする.
léasaigh [lʲeːsiː] 動Ⅱ 他〖動名 **léasú**, 動形 **léasaithe**〗賃貸しする.
leasainm [ˈlʲasˌanʲəmʲ] 名男〖属単 〜, 複 **-neacha**〗ニックネーム, あだ名.
leasaitheach [lʲasihəx] 形 1 修正する；修理する；保存する.
leasaitheoir [lʲasihoːrʲ] 名男〖属単 **leasaitheora**, 複 **-í**〗改革[改良]者；保存[貯蔵]するもの.
leasc [lʲask] 形 1〖属単男 〜, 属単女・比較 **leisce**, 主複 **-a**〗怠慢な；動きののろい；気が進まない. **is 〜 liom éirí** 起きたくない. **is 〜 liom a rá** (go) 遺憾ながら(go 以下)です.
léaslíne [ˈlʲeːsˌlʲiːnʲə] 名女〖属単 〜, 複 **léaslínte**〗地平線.
leasmháthair [ˈlʲasˌvaːhərʲ] 名女〖属単 **leasmháthar**, 複 **leasmháithreacha**〗継母；義母.
léaspáin [lʲeːspaːnʲ] 名〖属複 **léaspán**〗(複)眩惑.
léaspairt [lʲeːspərtʲ] 名女〖属単 **-e**, 複 **-í**〗火花；才気.
leasrach [lʲasrəx] 名男〖属単 **leasraigh**〗腰；もも, 大腿部.
leasrí [lʲasˌriː] 名男〖属単 〜, 複 **-the**〗理事；摂政；総督.
leastar [lʲastər] 名男〖属単・主複 **leastair**, 属複 〜〗容器；樽；桶.

leasú [lʹasuː] 名男 ☞ leasaigh.
leasúchán [lʹasuːxaːn] 名男 〘属単・主複 **leasúcháin**, 属複 〜〙修正［改正］すること；改心.
leat [lʹat] ☞ le.
leataobh [ˈlʹaˌtiːv] 名男 〘属単 **leataoibh**〙片側；かたわら. **i** [do] 〜 わきに.
leataobhach [ˈlʹaˌtiːvəx] 形 1 一方的な；偏った；偏見を抱いた.
leath[1] [lʹah] 名女 〘属単 **leithe**, 主複 **-a**; 属複 〜; (成句)与単 **leith**〙側；部分；方向；半分. **ar leith** [faoi leith] 離れて［異なった；特別の］. **in aon áit ar leith** ある特別な場所に. **cás ar leith** 例外的な事. **〜 ar 〜** [leith ar leith] それぞれの. **do gach leith** 四方八方に. **i leith na láimhe deise** 右の方へ. **tá sé i leith na hoíche** 日が暮れようとしている. **bheith i leith** (duine) (人)に賛成すること. **déan i do leith féin é** 君自身のためにそれをしなさい. **tar i leith** ここへ来なさい. **ó shin i leith** その時から. **ceann go leith** 1(個)と半分. **trí huaire**(<uair) **go leith** 3時間［回］半. **déan trí 〜 de** それを3つに分けなさい.
leath[2] [lʹah] 動 I 他・自 〘動名 **leathadh**, 動形 **leata**〙広げる；まき散らす；2等分する.
leath-[3] [lʹah] 接頭 傾いた；半分の；片方の. **leathlá** 半日. **leathchiorcal** 半円.
leathaghaidh [ˈlʹahˌaiɣ] 名女 〘属単 **-e**, 複 **-eanna**〙横顔.
leathan [lʹahən] 名男 〘属単・主複 **leathain**, 属複 〜〙広い場所；平らな空き地.
—— 形 1 〘属単男 **leathain**, 属単女・比較 **leithne**, 主複 **-a**〙広い, 広々とした；幅の広い.
leathán [lʹahaːn] 名男 〘属単・主複 **leatháin**, 属複 〜〙(紙, 板ガラスなど)一枚.
leathanach [lʹahənəx] 名男 〘属単・主複 **leathanaigh**, 属複 〜〙(本, 新聞など)ページ. **〜 baile** ホームページ.
leathanaigeanta [ˈlʹahənˌagʹəntə] 形 3 偏見がない；寛大な.
leathar [lʹahər] 名男 〘属単・主複 **leathair**, 属複 〜〙革；皮.
leathbhádóir [ˈlʹaˌvaːdoːrʹ] 名男 〘属単 **leathbhádóra**, 複 **-í**〙(同じ船の)乗組員；仲間.
leathbhreac [ˈlʹaˌvʹrʹak] 名男 〘属単 **leathbhric**〙写し；(対をなすものの)片方；よく似た人［物］.
leathchéad [ˈlaˌxʹeːd] 名男 〘属単 **leathchéid**, 複 **-ta**〙50. **〜 duine** 50人.
leathcheann [ˈlʹaˌxʹan] 名男 〘属単・主複 **leathchinn**, 属複 〜〙

leathchruinne

頭の横の部分；首をかしげること；(酒類の)グラス半分の量.
leathchruinne [ˈlʲaɪxrinʲə] 名女〖属単 ～, 複 **leathchruinní**〗半球.
leathchúpla [ˈlʲaɪxuːplə] 名男〖属単 ～, 複 **-í**〗双子.
leathdhuine [ˈlʲaɪɣinʲə] 名男〖属単 ～, 複 **leathdhaoine**〗～ **cúpla** 双子の一人.
leathfhada [ˈlʲahˌadə] 形3 かなり長い；引き延ばされた.
leathfhocal [ˈlʲahˌokəl] 名男〖属単・主複 **leathfhocail**, 属複 ～〗暗示, ヒント.
leathlaí [ˈlʲaˌliː] 名男〖属単 ～, 複 **leathlaithe**〗轅(なが)え).
leathlámhach [ˈlʲaˌlaːvəx] 形1 片手の, 片腕の；人手の足りない.
leathnaigh [lʲahniː] 動II 他・自〖動名 **leathnú**, 動形 **leathnaithe**〗広くする；拡張する；伸ばす.
leathóg [lʲahoːg] 名女〖属単 **leathóige**, 主複 **-a**, 属複 ～〗ヒラメ, カレイの類の魚.
leathphionta [lʲafʲintə] 名男〖属単 ～, 複 **-í**〗½[ハーフ]パイント.
leathrach [lʲahrəx] 形1 革製の；革のような.
leathrann [ˈlʲaˌran] 名男〖属単・主複 **leathrainn**, 属複 ～〗二行連句, 対句.
leathscoite [ˈlʲaˌskotʲə] 形3 (家が)一方の仕切り壁が隣家と共有した二軒1棟の.
leathstad [ˈlʲaˌstad] 名男〖属単 ～, 複 **-anna**〗セミコロン(;).
leath-threascairt [ˈlʲaˌhrʲaskərtʲ] 名 (成句) (rud) **a fháil ar** ～ (もの)を超安値で手に入れること.
leath-thuairim [ˈlʲaˌhuərʲəm] 名女〖属単 **-e**, 複 **-í**〗あいまい, はっきりしないこと, 漠然.
leathuair [lʲahuərʲ] 名女〖属単・複 **-e**〗半時間, 30分. **tá sé** ～ **tar éis a trí** 3時半だ.
leatrom [lʲatrəm] 名男〖属単 **leatroim**〗均衡がとれていないこと；圧迫感；苦痛.
leatromach [lʲatrəməx] 形1 一方に傾いた；不均等な；圧迫する.
léi [lʲeːi] ☞ **le**.
leibhéal [lʲevʲeːl] 名男〖属単・主複 **leibhéil**, 属複 ～〗水平；水準. ～ **na farraige** 海抜.
léibheann [lʲeːvʲən] 名男〖属単・主複 **léibhinn**, 属複 ～〗平地；水平面；舞台；プラットホーム.
leibide [lʲebʲədʲə] 名女〖属単 ～, 複 **leibidí**〗きたならしい[だらしない]人；のろま.

leice [lʹekʹə] 形3 病気がちの；ひ弱な.
leiceacht [lʹekʹəxt] 名女〖属単 **-a**〗病弱, 虚弱；繊細.
leiceadar [lʹekʹədər] 名男〖属単・主複 **leiceadair**, 属複 ～〗平手うち.
leiceann [lʹekʹən] 名男〖属単 **leicinn**, 主複 **leicne**, 属複 ～〗頬.
léiche [lʹeːxʹə] ☞ liach¹.
leicneach [lʹekʹnʹəx] 名女〖属単 **leicní**〗不機嫌.
leictrea- [lʹekʹtʹrʹə] 接頭 電気-.
leictreach [lʹckʹtʹrʹəx] 形1 電気の.
leictreachas [lʹekʹtʹrʹəxəs] 名男〖属単 **leictreachais**〗電気.
leictreoir [lʹekʹtʹrʹoːrʹ] 名男〖属単 **leictreora**, 複 **-í**〗電気技術者.
leictreon [lʹekʹtʹrʹoːn] 名男〖属単 **leictreoin**〗電子.
leictreonach [lʹekʹtʹrʹoːnəx] 形1 電子(工学)の.
leictreonaic [lʹekʹtʹrʹoːnəkʹ] 名女〖属単 **-e**〗電子工学, エレクトロニクス.
leictrigh [lʹekʹtʹrʹiː] 動II 他〖動名 **leictriú**, 動形 **leictrithe**〗電気を通す；電化する；びっくりさせる.
leid [lʹedʹ] 名女〖属単 **-e**, 複 **-eanna**〗暗示, ヒント, 手がかり.
léidearnach [lʹeːdʹərnəx] 名女〖属単 **léidearnaí**〗打つこと, 強打；(雨の)強い降り.
leidhce [lʹaikʹə] 名男〖属単 ～, 複 **leidhcí**〗気力のない人；ひ弱い人.
leifteanant [lʹefʹtʹənənt] 名男〖属単・主複 **leifteanaint**, 属複 ～〗中尉；総督代理；副署長.
léig [lʹeːgʹ] 名女〖属単 **-e**〗腐食；衰退；放置. chuaigh(<téigh) sé i ～ 腐食[衰退]した；放置された.
léigear [lʹeːgʹər] 名男〖属単・主複 **léigir**, 属複 ～〗包囲；困らせる[悩ませる]こと.
léigh [lʹeːɣʹ] 動I 他・自〖動名 **léamh**, 動形 **léite**；現 **léann**；未 **léifidh**〗読む. léamh ar を読み取ること. léamh as から理解すること.
leigheas [lʹais] 名男〖属単 **leighis**, 複 **-anna**〗治療(法)；医学.
── 動I 他・自〖動名 **leigheas**, 動形 **leighis**〗治療する.
léigiún [lʹeːgʹuːn] 名男〖属単・主複 **léigiúin**, 属複 ～〗(古代ローマの)軍団；多数.
léigiúnach [lʹeːgʹuːnəx] 名男〖属単・主複 **léigiúnaigh**, 属複 ～〗(古代ローマの)軍団.
── 形1 軍団の；無数の.

léim

léim [l′e:m′] 名女〖属単 **-e**, 複 **-eanna**〗ジャンプ；急上昇．
── 動I 他・自〖動名 **léim**, 動形 **léime**〗跳ぶ；（驚いて）跳び上がる；とび出す．
léim [l′e:m] léigh+mé．
leimhe [l′ev′ə] 名女〖属単 〜〗無味乾燥；退屈；愚鈍．
léimim [l′e:məm] léim+mé．
léimneach [l′e:m′n′əx] 名女〖属単 **léimní**〗跳ぶこと．
── 形1 跳びはねる；急激に変化する．
léimrás [′l′e:m′₁ra:s] 名男〖属単 **-a**, 複 **-aí**〗障害物競馬［競争］．
léine [l′e:n′ə] 名女〖属単 〜, 複 **léinte**〗シャツ．
léinseach [l′e:n′s′əx] 名女〖属単 **léinsí**, 主複 **-a**, 属複 〜〗静かな水面の広がり；平地の大きな広がり．
leipreachán [l′ep′r′əxa:n] 名男〖属単・主複 **leipreacháin**, 属複 〜〗レプラコーン（アイルランド民話の小妖精）．
léir [l′e:r′] 形1 はっきりした；明らかな；正確な．is 〜（go）(go 以下）は明らかだ．go 〜 全部．iad go 〜 彼ら［それら］の全部．an lá go 〜 丸1日．an-mhaith go 〜！大変いい！
léirigh[1] [l′e:r′i:] 動II 他・自〖動名 **léiriú**, 動形 **léirithe**〗明らかにする；説明する；製作する．
léirigh[2] [l′e:r′i:] 動II 他〖動名 **léiriú**, 動形 **léirithe**〗打つ，打ち倒す．
léiritheach [l′e:r′ihəx] 形1 説明的な；描写的な．
léiritheoir [l′e:r′iho:r′] 名男〖属単 **léiritheora**, 複 **-í**〗（映画など）プロデューサー．
léirléamh [l′e:rle:v] 名男〖属単 **léirléimh**, 複 **-í**〗（地図など）説明．
léirmheas [′l′e:r′₁v′as] 名男〖属単 **-a**, 複 **-anna**〗批評，評論．
léirmheastóir [′l′e:r′₁v′asto:r′] 名男〖属単 **léirmheastóra**, 複 **-í**〗批評家，評論家．
léirmheastóireacht [′l′e:r′₁v′asto:r′əxt] 名男〖属単 **-a**〗評論；批判．
léirmhínigh [′l′e:r′vi:ni:] 動II 他〖動名 **léirmhíniú**, 動形 **léirmhínithe**〗説明する；解釈する．
léirscrios [′l′e:r′₁s′k′r′is] 名男〖属単 **-ta**〗破壊すること，破滅；荒廃．
── 動I 他〖動名 **léirscrios**, 動形 **léirscriosta**〗破壊する；荒廃させる．
léirsigh [′l′e:r′s′i:] 動II 自〖動名 **léirsiú**, 動形 **léirsithe**〗（政治）示威運動［デモ］をする．
léirsitheoir [l′e:rs′iho:r′] 名男〖属単 **léirsitheora**, 複 **-í**〗（政治）

示威運動[デモ]参加者.
léirsmaoinigh [ˈlʲeːrˈsmiːnʲiː] 動Ⅱ 他・自 〖動名 **léirsmaoineamh**, 動形 **léirsmaointe**〗熟慮する；めい想する.
léirsteanach [lʲeːrsˈtʲənəx] 形1 知覚の；鋭敏な；気を配り過ぎの.
léirthuisceanach [ˈlʲeːrhisˈkʲənəx] 形1 鑑識眼のある，理解力のある.
leis[1] [lʲesʲ] 名女〖属単 **-e**, 複 **leasracha**〗(体の)もも, 大腿部.
leis[2] [lʲesʲ] 副 もまた，さらに．
leis[3] [lʲesʲ] 副 おおいがなく，むき出しで．
leis[4] [lʲesʲ] ☞ le.
leisce [lʲesʲˈkʲə] 名女〖属単 ～〗怠慢；気が進まないこと；内気．～ **an dearmaid** 間違いを恐れて(間違わないように). **bhí ～ orm labhairt leo** 彼らと話をするのは気が進まなかった.
leisceoir [lʲesʲˈkʲoːrʲ] 名男〖属単 **leiscora**, 複 **-í**〗怠け者.
leisciúil [lʲesʲˈkʲuːlʲ] 形2 怠惰な；いやいやながら；はにかみ屋の．
leisciúlacht [lʲesʲˈkʲuːləxt] 名女〖属単 **-a**〗怠惰；気の進まなさ．
leite [lʲetʲə] 名女〖属単 **-an**〗ポリッジ(オートミール，牛乳などを混ぜたかゆ)；かき混ぜ.
leith [lʲeh] ☞ leath[1].
léith [lʲeː] ☞ liath.
leithcheal [ˈlʲeçxʲal] 名男〖属単 **-a**〗差別；除外, 排斥.
léithe [lʲeːhə] 名女〖属単 ～〗灰色；白髪.
leithead [lʲehəd] 名男〖属単・主複 **leithid**, 属複 ～〗幅；広さ；うぬぼれ. **dhá mhéadar ar ～** 幅(が)2メートル．
leitheadach [lʲehədəx] 形1 広い；広範囲の；うぬぼれた.
leitheadaigh [lʲehədiː] 動Ⅱ 自 〖動名 **leitheadú**, 動形 **leitheadaithe**〗広がる；広範囲に及ぶ．
leitheadúlacht [lʲehəduːləxt] 名女〖属単 **-a**〗普及；流行．
leithéid [lʲeheːdʲ] 名女〖属単 **-e**, 複 **-í**〗類似；似ている人[物]；そのような人[物]. **ina ～ seo d'áit** このような場所で. **a ～ seo** 例えば．
léitheoir [lʲeːhoːrʲ] 名男〖属単 **léitheora**, 複 **-í**〗読者．
léitheoireacht [lʲeːhoːrʲəxt] 名女〖属単 **-a**〗読むこと, 読書. **seomra léitheoireachta** 閲覧[読書]室．
leithinis [ˈlʲehinʲəsʲ] 名女〖属単 **leithinse**, 複 **leithinsí**〗半島．
leithleach [lʲehlʲəx] 形1 離れた；異なった；利己的な．
leithleachas [lʲehlʲəxəs] 名男〖属単 **leithleachais**〗離れていること；特異性；利己主義．
leithligh [lʲehlʲiː] 名 (成句) **ar ～** 離れて[わきへ；特に].

leithlis [lʹehlʹəsʹ] 名女〖属単 **-e**〗孤立；隔離．
leithliseach [lʹehlʹəsʹəx] 形1 孤立した；隔離された；(文法) 独立的に．
leithlisigh [lʹehlʹəsʹi:] 動II 他〖動名 **leithlisiú**, 動形 **leithlisithe**〗孤立させる．
leithne [lʹehnə] ☞ leathan．
leithreas [lʹehrʹəs] 名男〖属単・主複 **leithris**, 属複 〜〗トイレット, 化粧室．
leithreasaigh [lʹehrʹəsi:] 動II 他 〖動名 **leithreasú**, 動形 **leithreasaithe**〗充当する；使用する．
leithscaradh [lʹesʹkʹərə] 名男〖属単 **leithscartha**〗分離, 隔離；人種[性別]的分離(待遇)．
leithscéal [ˈlʹe̞sʹkʹe:l] 名男〖属単 **leithscéil**, 複 **-ta**〗弁解；謝罪．**gabh mo** 〜 ごめんなさい[失礼します]．
leithscéalach [ˈlʹe̞sʹkʹe:ləx] 形1 すまなさそうな；謝罪する, 弁解する．
leitís [lʹetʹi:sʹ] 名女〖属単 **-e**, 複 **-í**〗レタス．
lena [lenə] le＋a⁴,⁵．
lenar [lenar] le＋ar³．
lenár [lena:r] le＋ár²．
leo [lʹo:] ☞ le．
leochaileach [lʹo:xəlʹəx] 形1 虚弱な；もろい；柔らかい．
leoga [lʹo:gə] 間投 まあ！；へえ！；まさか！
leoicéime [ˌlʹo:ˈkʹe:mʹə] 名女〖属単 〜〗白血病．
leoiste [lʹo:sʹtʹə] 名男〖属単 〜, 複 **leoistí**〗怠け者．
leoithne [lʹo:hnʹə] 名女〖属単 〜, 複 **leoithní**〗微風, そよ風．
leomh [lʹo:v] 動I 他・自〖動名 **leomhadh**, 動形 **leofa**〗大胆にも[思い切って]…する；許す．
leon¹ [lʹo:n] 名男〖属単・主複 **leoin**, 属複 〜〗ライオン．
leon² [lʹo:n] 動I 他〖動名 **leonadh**, 動形 **leonta**〗捻挫(ねん)する；怪我する．
leor [lʹo:r] 形1 充分な, 豊富な．**is** 〜 **sin** それで充分だ．**is** 〜 **a rá** (go) (go 以下)と言えば十分だ[と言うに留めておこう]．**go** 〜 十分に．**ceart go** 〜 元気です[はい結構です]．
leoraí [lʹori:] 名男〖属単 〜, 複 **leoraíthe**〗トラック．
leorghníomh [ˈlʹo:rˌɣnʹi:v] 名男〖属単 **leorghnímh**〗修復；回復．
lí [lʹi:] 名女〖属単 〜, 複 **-ocha**〗色；顔色；光沢．
lia¹ [lʹiə] 名男〖属単 〜, 主複 **-ga**, 属複 **-g**〗石；石柱．

lia[2] [lʲiə] 名 男 〖属単 ～, 複 -nna〗内科医. ～ ban 婦人科医.
lia[3] [lʲiə] 形 比較(否定語と共に)より多くの. ní ～ tir ná nós 十人十色.
liach[1] [lʲiəx] 名 女 〖属単 **léiche**, 主複 -a, 属複 ～〗ひしゃく;大さじ.
liach[2] [lʲiəx] 名 男 〖属単 **liaich**, 主複 -a, 属複 ～〗悲嘆;苦悩;災難.
liacharnach [lʲiəxərnəx] 名 女 〖属単 **liacharnaí**〗悲鳴をあげること, 泣き叫ぶこと.
liacht[1] [lʲiəxt] 名 女 〖属単 -a〗開業医;治療.
liacht[2] [lʲiəxt] 名 (成句) a ～ 数多く. dá ～ uair a déarfá é 君が何度(それを)言おうとも.
liag [lʲiəg] 名 女 〖属単 **léige**, 主複 -a, 属複 ～〗石;墓標. tuile ～ どしゃぶり.
liagóir [lʲiəgoːrʲ] 名 男 〖属単 **liagóra**, 複 -í〗舵手(だゅ), かじ取り;(ボートの)コックス.
liamhás [lʲiəvaːs] 名 男 〖属単 **liamháis**, 主複 -a〗(肉類)ハム.
lián [lʲiːaːn] 名 男 〖属単・主複 **liáin**, 属複 ～〗(左官)こて;プロペラ.
liath [lʲiə] 名 男 〖属単 **léith**, 主複 -a, 属複 ～〗灰色;白髪の人;灰色の馬.
――形 1 〖属単男 **léith**, 属単女・比較 **léithe**, 主複 -a〗灰色の;白髪の.
――動I 他・自 〖動名 **liathadh**, 動形 **liata**〗灰色にする, 白髪まじりにする.
liathán [lʲiəhaːn] 名 男 〖属単・主複 **liatháin**, 属複 ～〗脾(ひ)臓.
liathróid [lʲiəhroːdʲ] 名 女 〖属単 -e, 複 -í〗ボール, 球. ～ a imirt ボール遊びをすること.
libh [lʲivʲ] ☞ le.
líbín [lʲiːbʲiːnʲ] 名 男 〖属単 ～, 複 -í〗しずくがしたったり落ちるもの. bheith i do ～ (báite) ずぶぬれ.
licéar [lʲikʲeːr] 名 男 〖属単・主複 **licéir**, 属複 ～〗リキュール.
Life [lʲifə] 名 女 An ～ リフィ川.
lig [lʲigʲ] 動I 他・自 〖動名 **ligean**, 動形 **ligthe**〗…させる;許可する;解放する;貸す. níor ～ mé dóibh dul amach 私は彼らを出ていかせなかった. teach a ligean 貸家. ㋐ ～ amach 解放する. ～ amach mé 私を行かせて[離して]. ㋑ ～ ar ふりをする. ～ sé air (féin) liom go raibh sé tinn 彼は私に病気のふりをした. ㋒ ～ as (声など)出す. ná ～ focal as do bhéal 声を出すな. ㋓ ～ chuig[chun](秘密など)漏らす. ～ sé a rún chugam 彼は私に自分の秘密を教えた. ㋔ ～ de 断念する. ligean de ghol 泣くのをやめること. ㋕ ～ do そのままに

しておく. ～ dom féin！(私に)かまわないで！ⓑ ～ faoi 落着く. ～ fút 落ち着け. ⓒ ～ le 伸ばす. ligean le rópa ロープを長くすること. ⓙ ～ síos 下げる. ⓧ ～ trí 漏らす. tá an póta ag ligean tríd ポットは水漏れしている.

ligh [lʲiɣʲ] 動I 他・自〖動名 lí, 動形 lite；現 líonn；未 lífidh〗(舌で)なめる；こびへつらう.

ligthe [lʲikʲə] 形3 柔軟な；～ ar[le] にふけって. ar an ól 酒におぼれて. ～ le staidéar 勉強に没頭して.

lile [lʲilʲə] 名女〖属単 ～, 複 lilí〗百合.

limistéar [lʲimʲəsʲtʲeːr] 名男〖属単・主複 limistéir〗地域, 領域；範囲.

linbh [linʲv] ☞ leanbh.

líne [lʲiːnʲə] 名女〖属単 ～, 複 línte〗(電)線；血統；人種；世代.

líneach [lʲiːnʲəx] 形1 線引きした；直線状の.

líneadach [ˈlʲiːnʲˌeːdəx] 名男〖属単 líneadaigh, 複 líneadaí〗リネン, 亜麻繊維；綿製品.

ling [lʲiŋʲ] 動I 他・自〖動名 lingeadh, 動形 lingthe〗跳ぶ；跳びかかる；攻撃する；ひるむ.

lingeach [lʲiŋʲgʲəx] 形1 バネのような, 弾力ある；泉の多い.

línigh [lʲiːnʲiː] 動II 他・自〖動名 líniú, 動形 línithe〗線を引く；輪郭を描く.

líníocht [lʲiːnʲiː(ə)xt] 名女〖属単 -a, 複 -aí〗線をひくこと.

linn[1] [lʲinʲ] 名女〖属単 -e, 複 -te〗水たまり；池. ～ snámha (水泳)プール.

linn[2] [lʲinʲ] 名女〖属単 -e〗期間, 時期. na linne 時事[時局]. le ～ の間ずっと. idir an dá ～ その間に. lena ～ sin その間[その点で].

linn[3] [lʲinʲ] ☞ le.

lintéar [lʲinʲtʲeːr] 名男〖属単・主複 lintéir, 属複 ～〗排水[下水]溝.

liobair [lʲibərʲ] 動II 他〖動名 liobairt, 動形 liobartha；現 liobraíonn〗(ぼろぼろに)裂く；ひどく叱りつける.

liobar [lʲibər] 名男〖属単・主複 liobair, 属複 ～〗ぶらさがっているもの；しまりのない(ぐにゃぐにゃな)もの.

liobarnach [lʲibərnəx] 形1 ゆるんだ；ぶら下がった；ぼろの.

liobrálach [lʲibraːləx] 形1 自由主義の.

liobrálachas [lʲibraːləxəs] 名男〖属単 liobrálachais〗自由主義.

líofa [lʲiːfə] 形3 滑らかな；鋭い. tá Spáinnis ～ aici 彼女は流暢にスペイン語を話す. lann ～ 鋭い刃.

líofacht [lʹiːfəxt] 名女〖属単 **-a**〗鋭利さ；滑らかさ；機敏さ.
liom [lʹom] ☞ le.
líomanáid [lʹiːmənaːdʹ] 名女〖属単 **-e**〗レモネード.
líomatáiste [lʹiːmətaːsʹtʹə] 名男〖属単 ～, 複 **líomatáistí**〗限度, 範囲；区域；地方.
líomh [lʹiːv] 動I 他〖動名 **líomhadh**, 動形 **líofa**〗挽く；滑らかにする；磨く.
líomhain [lʹiːvənʹ] 名女〖属単 **líomhna**, 複 **-tí**〗主張すること；弁明；罵倒.
——動II 他〖動名 **líomhain**, 動形 **líomhna**〗主張する；口実とする；ののしる.
líomhán [lʹiːvaːn] 名男〖属単・主複 **líomháin**〗ファイル, 綴じ込み.
liomóg [lʹimoːg] 名女〖属単 **liomóige**, 複 **-a**〗つまむこと[もの]；はさむこと[もの].
líomóid [lʹiːmoːdʹ] 名女〖属単 **-e**, 複 **-í**〗レモン.
líon[1] [lʹiːn] 名男〖属単 **lín**〗亜麻繊維, リネン. **éadach lín** リネン生地.
líon[2] [lʹiːn] 名男〖属単 **lín**, 複 **-ta**〗網；クモの巣.
líon[3] [lʹiːn] 名男〖属単 **lín**, 複 **-ta**〗総数；定員. ～ **tí** 家族. **an ～ daoine atá san áit** その地方の人口. ～ **suíochán an halla** ホールの座席数[定員].
——動I 他・自〖動名 **líonadh**, 動形 **líonta**〗満たす, いっぱいにする；氾濫させる.
líonmhaireacht [lʹiːnvərʹəxt] 名女〖属単 **-a**〗多数, 大量；豊富.
líonmhar [lʹiːnvər] 形1 多数の；豊富な；完全な.
lionn [lʹin] 名男〖属単 **leanna**, 複 **-ta**〗体液. ～ **fuar** たん. ～ **dubh** 憂うつ.
líonra [lʹiːnrə] 名男〖属単 ～, 複 **-í**〗網状組織, ネットワーク；クモの巣. ～ **ríomhairí** コンピューターネットワーク.
líonrith [ˈlʹiːnˌrih] 名男〖属単 ～〗動悸；興奮；恐慌.
lionsa [lʹinsə] 名男〖属単 ～, 複 **-í**〗レンズ. ～ **méadaithe** 虫めがね. **lionsaí tadhaill** コンタクトレンズ.
líontán [lʹiːntaːn] 名男〖属単・主複 **líontáin**, 属複 ～〗小網；網細工.
liopa [lʹipə] 名男〖属単 ～, 複 **-í**〗口；垂れ下がっているもの；耳たぶ.
liopard [lʹipərd] 名男〖属単・主複 **liopaird**, 属複 ～〗豹(ヒョウ). ～ **fiaigh** チーター.

liopasta [lʹipəstə] 形 3 だらしない; 乱雑な; ぶかっこうな.
lios [lʹis] 名 男 〚属単 **leasa**, 複 **-anna**〛円形の要塞; 塚; 光輪.
liosta[1] [lʹistə] 名 男 〚属単 ～, 複 **-í**〛リスト, 一覧表.
liosta[2] [lʹistə] 形 3 退屈な, つまらない; しつこい.
liostacht [lʹistəxt] 名 女 〚属単 **-a**〛退屈; うるさいこと; しつこいこと.
liostaigh [lʹisti:] 動II 他 〚動名 **liostú**, 動形 **liostaithe**〛一覧表に載せる; 列挙する.
liothrach [lʹihrəx] 名 男 〚属単 **liothraigh**〛かゆ; (かゆ状の)どろどろしたもの; 押しつぶすこと.
liotúirge [lʹitu:rʹgʹə] 名 男 〚属単 ～, 複 **liotúirgí**〛礼拝式.
liotúirgeach [lʹitu:rʹgʹəx] 形 1 礼拝[典礼]の.
lipéad [lʹipʹe:d] 名 男 〚属単・主複 **lipéid**, 属複 ～〛ラベル; 付せん; 荷札.
líreacán [lʹi:rʹəka:n] 名 男 〚属単・主複 **líreacáin**, 属複 ～〛棒つき飴.
liric [lʹirʹəkʹ] 名 女 〚属単 **-e**, 複 **-í**〛叙情詩.
liriceach [lʹirʹəkʹəx] 形 1 叙情詩の.
liteagraf [ˈlʹitʹəˌgraf] 名 男 〚属単・主複 **liteagraif**, 属複 ～〛石版(画).
——動I 他 〚動名 **liteagrafadh**, 動形 **liteagrafa**〛石版印刷する.
liteagrafaíocht [ˈlʹitʹəˌgrafi:(ə)xt] 名 女 〚属単 **-a**〛石版印刷, リトグラフ.
lítear [lʹi:tʹər] 名 男 〚属単・主複 **lítir**, 属複 ～〛リットル.
liteartha [lʹitʹərhə] 形 3 文学の; 読み書きできる; 文字の.
litir [lʹitʹərʹ] 名 女 〚属単 **litreach**, 複 **litreacha**〛文字; 手紙.
litreoireacht [lʹitʹrʹo:rʹəxt] 名 女 〚属単 **-a**〛レタリング, 文字を図案化すること.
litrigh [lʹitʹrʹi:] 動II 他 〚動名 **litriú**, 動形 **litrithe**〛綴る.
litríocht [lʹitʹrʹi:(ə)xt] 名 女 〚属単 **-a**, 複 **-aí**〛文学.
liúdramán [lʹu:drəma:n] 名 男 〚属単・主複 **liúdramáin**, 属複 ～〛怠け者.
liúigh [lʹu:ɣʹ] 動I 自 〚動名 **liú**, 動形 **liúite**; 現 **liúnn**; 未 **liúfaidh**〛叫ぶ; 大声を出す.
liúir [lʹu:rʹ] 名 女 〚属単 **liúrach**, 複 **liúracha**〛小形帆船.
liúireach [lʹu:rʹəx] 名 女 〚属単 **liúirí**〛叫ぶこと.
liúit [lʹu:tʹ] 名 女 〚属単 **-e**, 複 **-eanna**〛リュート(ギターに似た弦楽器).

lód

liúntas [lʼuːntəs] 名男〚属単・主複 **liúntais**〛手当, 給与; 費用.
liúr [lʼuːr] 名男〚属単 **liúir**, 複 **-acha**〛長い棒, 竿.
　── 動I 他〚動名 **liúradh**, 動形 **liúrtha**〛強打する.
Liútarach [lʼuːtərəx] 名男〚属単・主複 **Liútaraigh**, 属複 ～〛ルター派[主義]; ルーテル教会(の人).
　── 形1 ルーテル教会の.
lobh [lov] 動I 他・自〚動名 **lobhadh**, 動形 **lofa**〛腐る, 腐敗する.
lobhra [laurə] 名女〚属単 ～〛ハンセン病.
loc [lok] 動I 他〚動名 **locadh**, 動形 **loctha**〛囲い[おり]に入れる; 閉じ込める.
loca[1] [lokə] 名男〚属単 ～, 複 **-í**〛囲い, おり; 駐車場.
loca[2] [lokə] 名男〚属単 ～, 複 **-í**〛(毛髪, 糸, 紙などの)小さな束; 少量.
locair [lokərʼ] 動II 他〚動名 **locrú**, 動形 **locraithe**; 現 **locraíonn**〛かんなをかける; 滑らかにする.
lócaiste [loːkəsʼtʼə] 名男〚属単 ～, 複 **lócaistí**〛バッタ; イナゴ; セミ.
locar [lokər] 名男〚属単・主複 **locair**, 属複 ～〛かんな.
loc-chomhla [ˈlokˌxoːlə] 名女〚属単 ～, 複 **-í**〛水門.
loch [lox] 名男〚属単 **-a**, 複 **-anna**〛湖; 入り江. **loch nEathach** ネイ湖(アイルランド最大湖).
lochán [loxaːn] 名男〚属単・主複 **locháin**〛小さい湖; 池; 水たまり.
lóchán [loːxaːn] 名男〚属単 **lócháin**〛もみがら; 無価値の物.
Lochlannach [loxlʼanəx] 名〚属単・主複 **Lochlannaigh**, 属複 ～〛スカンジナビア人; 古代ノルウェー人; バイキング.
　── 形1 スカンジナビア(人)の.
lóchrann [loːxrən] 名男〚属単・主複 **lóchrainn**〛ちょうちん; ランプ; たいまつ.
locht [loxt] 名男〚属単 **-a**, 複 **-anna**〛欠点, 欠陥; 誤り. **is ormsa atá an** ～ 私の責任だ.
lochta [loxtə] 名男〚属単 ～, 複 **-í**〛屋根裏(部屋); (教会, 講堂などの)上階. ～ **féir**(馬小屋などの2階の)干し草置場.
lochtach [loxtəx] 形1 欠点のある; 誤った; 非難に値する.
lochtaigh [loxtiː] 動II 他〚動名 **lochtú**, 動形 **lochtaithe**〛あら探しをする, 非難する.
lochtaitheach [loxtihəx] 形1 難癖をつける, あげ足とりの.
lód[1] [loːd] 名男〚属単・主複 **lóid**, 属複 ～〛(積み)荷. ～ **imní** 心配.
lód[2] [loːd] 名男〚属単・主複 **lóid**, 属複 ～〛鉱脈.

lódáil [lo:da:l′] 名〖属単 **lódála**〗荷を積むこと.
　——動I 他・自〖動名 **lódáil**, 動形 **lódáilte**; 現 **lódálann**〗(荷物を)積む;(乗客を)乗せる.
lodartha [lodərhə] 形3 卑屈な;下劣な.
lofa [lofə] 形3 ☞ **lobh**.
lofacht [lofəxt] 名女〖属単 **-a**〗腐敗, 腐食.
log[1] [log] 名男〖属単・主複 **loig**, 属複 ～〗場所;穴;へこみ. ～ **margaidh** 市場. ～ **súile** 眼窩(がん). **bhí** ～ **den oíche caite** 夜が更けてきた.
log[2] [log] 動I 自 (副詞と共に) ～ **ann** (コンピューター) ログイン[オン]する. ～ **as** ログオフ[アウト]する.
logainm [′log₁an′əm] 名男〖属単 ～, 複 **-neacha**〗地名.
logán [loga:n] 名男〖属単・主複 **logáin**, 属複 ～〗小さな穴;くぼみ;低地.
logánta [loga:ntə] 形3 地方の.
logh [lau] 動I 他〖動名 **loghadh**, 動形 **loghtha**〗免じる, 免除する;(神が罪を)許す.
logha [lau] 名男〖属単 ～, 複 **-nna**〗(カトリック) 免罪;恩恵.
lógóireacht [lo:go:r′əxt] 名女〖属単 **-a**〗泣くこと, 嘆き.
loic [lok′] 動I 他・自〖動名 **loiceadh**, 動形 **loicthe**〗しりごみする;おじける;回避する.
loicéad [lok′e:d] 名男〖属単・主複 **loicéid**, 属複 ～〗(首に下げる)ロケット.
loighciúil [laik′u:l′] 形2 論理的な.
loighic [laik′] 名女〖属単 **loighce**〗論理学.
loilíoch [lol′i:(ə)x] 名女〖属単 **loilí**, 主複 **-a**, 属複 ～〗乳牛.
loime [lom′ə] 名女〖属単 ～〗裸, むき出し;寒々しさ;わびしさ.
loine [lon′ə] 名女〖属単 ～, 複 **loiní**〗ピストン.
loingeán [loŋ′g′a:n] 名男〖属単・主複 **loingeáin**, 属複 ～〗軟骨.
loingeas [loŋ′g′əs] 名男〖属単・主複 **loingis**〗船;航海;艦隊.
loingseoir [loŋ′s′o:r′] 名男〖属単 **loingseora**, 複 **-í**〗船員.
loingseoireacht [loŋ′s′o:r′əxt] 名女〖属単 **-a**〗航海(術). **bealach loingseoireachta** 遠洋航路.
loinneog [lon′o:g] 名女〖属単 **loinneoige**, 主複 **-a**, 属複 ～〗(歌の)リフレイン, 反復句.
loinnir [lon′ər′] 名女〖属単 **loinnreach**〗光;輝き;明るさ.
lóis [lo:s′] 名女〖属単 ～, 複 **-eanna**〗洗浄剤;化粧水, ローション.
loisc [los′k′] 動I 他〖動名 **loscadh**, 動形 **loiscthe**〗燃やす, 焦がす.

loisceoir [losʹkʹoːrʹ] 名男〚属単 **loisceora**, 複 **-í**〛焼却炉.
loiscneach [losʹkʹnəx] 名男〚属単 **loiscnigh**〛発火；薪(なぎ).
── 形1 燃えている；焼けつくような；刺すような.
lóiste [loːsʹtʹə] 名男〚属単 ～, 複 **lóistí**〛小屋；支部.
lóisteáil [loːsʹtʹaːlʹ] 動I 他〚動名 **lóisteáil**, 動形 **lóisteáilte**；現 **lóistálann**〛預ける. **airgead a** ～ 現金を預けること.
lóistéir [loːsʹtʹeːrʹ] 名男〚属単 **lóistéara**, 複 **-í**〛下宿人；宿泊者.
lóistín [loːsʹtʹiːnʹ] 名男〚属単 ～, 複 **-í**〛宿泊(設備). **teach** ～ 間貸し屋[簡易宿泊所].
loit [lotʹ] 動I 他〚動名 **lot**, 動形 **loite**〛傷つける, 害する.
loiteach [lotʹəx] 形1 有害な, 傷つけている；損害を与えている.
loitiméireacht [lotʹəmʹeːrʹəxt] 名女〚属単 **-a**〛破壊；暴力行為.
lom [lom] 名男〚属単 **loim**〛裸；露出；無防備；困窮. ～ **na fírinne** 赤裸々な真実. **ar** ～ **an urláir** 広々とした床. **de** ～ 故意に.
── 形1 裸の；むき出しの. **ballaí loma** 装飾物のない壁. **teanga** ～ 毒舌. ～ **díreach** 真っ直ぐ[直ちに]. **bheith** ～ **dáiríre** 大まじめであること.
── 動I 他・自〚動名 **lomadh**, 動形 **lomtha**〛むき出しにする；取り去る. **caora a lomadh** 羊毛を刈り取ること.
lomair [lomərʹ] 動II 他〚動名 **lomairt**, 動形 **lomartha**；現 **lomraíonn**〛(羊の)毛を刈る；裸にする；略奪する.
lomaire [lomərʹə] 名男〚属単 ～, 複 **lomairí**〛羊の毛を刈る人.
lomán [lomaːn] 名男〚属単・主複 **lomáin**, 属複 ～〛丸太. **ar** ～ 等しい.
lomchlár [ˈlomˌxlaːr] 名 (成句) ～ **na fírinne** 明白な事実.
lomlán [ˈlomˌlaːn] 名男〚属単 **lomláin**〛充満；充足.
── 形1 充満する.
lomnocht [ˈlomˌnoxt] 形1〚属単男 ～, 属単女・比較 **lomnoichte**, 主複 **-a**〛丸裸の.
lomnochtacht [ˈlomˌnoxtəxt] 名女〚属単 **-a**〛裸(でいること)；率直さ；貧困.
lomra [lomrə] 名男〚属単 ～, 複 **-í**〛(羊など)毛；(綿雲など)羊毛に似たもの；フリース.
lomrach [lomrəx] 形1 羊毛製の；羊毛のような.
lon [lon] 名男〚属単 **loin**, 複 **-ta**〛(一般に)黒い鳥. ～ **dubh** クロウタドリ.
lón [loːn] 名男〚属単 **lóin**, 複 **-ta**〛供給；食料；軽食；昼食. **am lóin** ランチタイム.

lónadóir

lónadóir [loːnədoːrʲ] 名男〚属単 **lónadóra**, 複 **-í**〛(パーティなど)まかない人；(娯楽など)提供者.
lónadóireacht [loːnədoːrʲəxt] 名女〚属単 **-a**〛(パーティなど)料理[サービス]を調達すること；食物の仕出し.
long [loŋ] 名女〚属単 **loinge**, 主複 **-a**〛船；容器.
longadán [loŋɡədaːn] 名男〚属単 **longadáin**〛揺れること, 揺さぶること.
longbhriseadh [ˈloŋˌvʲrʲisʲə] 名男〚属単 **longbhriste**, 複 **longbhristeacha**〛難破(船)；破滅.
longfort [ˈloŋˌfort] 名男〚属単・主複 **longfoirt**, 属単 〜〛野営(キャンプ)；砦(とりで).
longlann [loŋlən] 名女〚属単 **longlainne**, 主複 **-a**, 属複 〜〛造船所.
lonnaigh [loniː] 動II 他・自〚動名 **lonnú**, 動形 **lonnaithe**〛止める；滞在する；よく行く. 〜 **an ceol ar mo chluasa** その音楽が耳から離れなかった.
lonnaitheoir [lonihoːrʲ] 名男〚属単 **lonnaitheora**, 複 **-í**〛うずくまる人(動物)；(公有地の)不法占拠者.
lonrach [lonrəx] 形 1 輝く；明るい；きらびやかな.
lonradh [lonrə] 名男〚属単 **lonraidh**〛明るさ；輝き；光.
lonraigh [lonriː] 動II 他・自〚動名 **lonrú**, 動形 **lonraithe**〛光る；輝く；照らす.
lorg [lorəg] 名男〚属単・主複 **loirg**, 属複 〜〛印すこと；記号；跡. **ar** 〜 の途中で[を追って]. **tá siad ar do** 〜 彼らは君を探している. ── 動I 他・自〚動名 **lorg**, 動形 **lorgtha**〛追跡する；跡をたどる；探す.
lorga [lorəɡə] 名女〚属単 〜, 複 **-í**〛向こうずね；杖；軸；幹.
lorgaire [lorəɡərʲə] 名男〚属単 〜, 複 **lorgairí**〛探偵；追跡者；捜索者.
lorgaireacht [lorəɡərʲəxt] 名女〚属単 **-a**〛追跡すること；捜索；探偵. **scéal lorgaireachta** 探偵[推理]小説.
losaid [losədʲ] 名女〚属単 **-e**, 複 **-í**〛(粉を)こねる桶(おけ)；浅い木製の桶.
losainn [losənʲ] 名女〚属単 **-e**, 複 **-í**〛ひし形；(菓子)ハッカドロップ.
loscadh [loskə] 名男〚属単 **loiscthe**〛① **loisc** の動名詞. ② 燃焼；熱；刺すような痛み.
loscann [loskən] 名男〚属単・主複 **loscainn**, 属複 〜〛蛙；おたま

じゃくし.
lot [lot] 名男〖属単・主複 **loit**, 属複 ～〗① loit の動名詞. ② 負傷すること; 損害.
lú [lu:] ☞ beag.
lua [luə] ☞ luaigh.
luach [luəx] 名男〖属単 **-a**, 複 **-anna**〗価値; 値段; 報酬.
lucháil [luəxa:l′] 名女〖属単 **luachála**, 複 **luachálacha**〗評価, 査定.
―― 動I 他〖動名 **lucháil**, 動形 **lucháilte**; 現 **luachálann**〗評価する; 見積もる; 尊重する.
luachair [luəxər′] 名女〖属単 **luachra**〗イグサ.
luachliosta [luəxl′istə] 名男〖属単 ～, 複 **-í**〗価格表.
luachmhar [luəxvər] 形1 価値のある, 高価な, 貴重な.
luadar [luədər] 名男〖属単 **luadair**〗動き, 活動; 活力.
luaidhe [luəɣ′ə] 名女〖属単 ～, 複 **-anna**〗鉛. peann ～ 鉛筆.
luaidhiúil [luəɣ′u:l′] 形2 鉛の; 重い; 鈍い.
luaidreán [luəd′r′a:n] 名男〖属単・主複 **luaidreáin**, 属複 ～〗報告; 評判; 噂. tá sé ina ～ (go) (go 以下)という噂だ.
luaigh [luəɣ′] 動I 他・自〖動名 **lua**, 動形 **luaite**; 現 **luann**; 未 **luafaidh**〗言及する; 引用する. lua le の割り当て.
luail [luəl′] 名女〖属単 **-e**, 複 **-í**〗動き, 運動. ar ～ 動いている.
luain [luən′] 名女〖属単 **-e**〗活動; 労働. ag obair is ag ～ あくせく働くこと.
luaineach [luən′əx] 形1 動きの早い; 不安定な; 変わりやすい.
luaineacht [luən′əxt] 名女〖属単 **-a**〗素早いこと; 不安定; 変わりやすさ.
luainigh [luən′i:] 動II 自〖動名 **luainiú**, 動形 **luainithe**〗素早く動く; 動揺する; 変わる.
luaíocht [luəi:(ə)xt] 名女〖属単 **-a**, 複 **-aí**〗功績, 手柄; 真価.
luaiteachas [luət′əxəs] 名男〖属単・主複 **luaiteachais**, 属複 ～〗言及, 陳述.
luaith [luə] 名女〖属単 **luatha**〗灰, 燃えがら.
luaithe [luəhə] 名女〖属単 ～〗速さ; 早さ; 迅速さ.
luaithreach [luəhr′əx] 名男〖属単 **luaithrigh**〗灰; 塵.
luaithreadán [luəhr′əda:n] 名男〖属単・主複 **luaithreadáin**, 属複 ～〗灰皿.
luaithriúil [luəhr′u:l′] 形2 灰色の; 灰の.
luamh [luəv] 名男〖属単・主複 **luaimh**, 属複 ～〗ヨット; 水先案内.

luamhaire [luəvərʹə] 名男〚属単 ～, 複 **luamhairí**〛ヨット操縦者；水先案内人.

luamhán [luəvaːn] 名男〚属単・主複 **luamháin**, 属複 ～〛てこ, レバー.

Luan [luən] 名男〚属単 **Luain**, 複 **-ta**〛月曜日. ar an ～ 月曜日に. Dé Luain seo chugainn 次の月曜日(に).

luas [luəs] 名男〚属単 **luais**, 複 **-anna**〛スピード，速度；早さ. d'imigh sé ar ～ na gaoithe 彼は風のように去った. ar ～ nó ar moille 遅かれ早かれ.

luasaire [luəsərʹə] 名男〚属単 ～, 複 **luasairí**〛アクセル.

luasc [luəsk] 動I 他・自〚動名 **luascadh**, 動形 **luasctha**〛揺れる, 振動する.

luascach [luəskəx] 形1 揺れている, 振動する.

luascadán [luəskədaːn] 名男〚属単・主複 **luascadáin**, 属複 ～〛振り子.

luascán [luəskaːn] 名男〚属単・主複 **luascáin**, 属複 ～〛ブランコ.

luasghéaraigh [ˈluəsˌɣʹeːriː] 動II 他・自〚動名 **luasghéarú**, 動形 **luasghéaraithe**〛加速させる；促進させる.

luasmhéadar [ˈluəsˌvʹeːdər] 名男〚属単・主複 **luasmhéadair**, 属複 ～〛速度計.

luath [luə] 形1 速い；早い；迅速な. chomh ～ le giorria (野うさぎのように)足が速い. go ～ ar maidin 朝早く. ～ nó mall 遅かれ早かれ. chomh ～ is (＜agus) is féidir できるだけはやく.

luathaigh [luəhiː] 動II 他・自〚動名 **luathú**, 動形 **luathaithe**〛速める, 急がせる, 加速させる. ～ ort! 急げ!

luathintinn [ˈluəhˌinʹtʹənʹ] 名女〚属単 **-e**〛気まぐれ；移り気.

luathintinneach [ˈluəhˌinʹtʹənʹəx] 形1 気まぐれな；あわただしい.

luathscríbhneoireacht [ˈluəsˌkʹrʹiːvʹnʹoːrʹəxt] 名女〚属単 **-a**〛速記.

lúb [luːb] 名女〚属単 **lúibe**, 主複 **-a**, 属複 ～〛輪, 環；巻き；ねじり；絞り；網の目；悪知恵. i ～ chruinnithe 群衆の中に.
── 動I 他・自〚動名 **lúbadh**, 動形 **lúbtha**〛輪にする；巻き込む；曲げる.

lúbach [luːbəx] 形1 輪にした；ひねった；狡猾(こう)な.

lúbaireacht [luːbərʹəxt] 名女〚属単 **-a**〛騙すこと, 詐欺；悪だくみ.

lúbán [luːbaːn] 名男〚属単・主複 **lúbain**, 属複 ～〛ループ, 輪；(とぐろ)巻き.

lúbánach [luːbaːnəx] 形1 輪[環]になった；巻いた.

lúbarnaíl [luːbərniːlʲ] 名女〖属単 **lúbarnaíola**〗ねじる［ひねる］こと；のたうち；もがき.
lubhóg [luvoːg] 名女〖属単 **lubhóige**, 主複 **-a**, 属複 **～**〗薄片. **～ shneachta** 雪片.
lubhógach [luvoːgəx] 形1 薄片の；はがれやすい.
lúbóg [luːboːg] 名女〖属単 **lúbóige**, 主複 **-a**, 属複 **～**〗(小さい)輪；ボタン穴.
lúbra [luːbrə] 名男〖属単 **～**, 複 **-í**〗迷路；混乱.
luch [lux] 名女〖属単 **luiche**, 主複 **-a**, 属複 **～**〗(ハツカ)ネズミ.
lúcháir [luːxaːrʲ] 名女〖属単 **-e**〗歓喜, 狂喜.
lúcháireach [luːxaːrʲəx] 形1 嬉しい, 喜ばしい.
lucharachán [luxərəxaːn] 名男〖属単・主複 **lucharacháin**, 属複 **～**〗レプラコーン(小妖精).
luchóg [luxoːg, loxoːg] 名女〖属単 **luchóige**, 主複 **-a**, 属複 **～**〗ネズミ；(コンピューター) マウス.
lucht [loxt] 名男 ①〖属単 **-a**, 複 **-anna**〗内容；収容能力；積み荷. ②〖属単 **～**〗人々. **～ cathrach** 市民. **～ taistil** 観光客. **～ imeartha** 選手. **an ～ éisteachta** 聴衆.
luchtaigh [loxtiː] 動II 他〖動名 **luchtú**, 動形 **luchtaithe**〗満たす；積む；充電する.
luchtmhar [loxtvər] 形1 たくさん積んだ；包容力のある；感情豊かな.
lúdrach [luːdrəx] 名女〖属単 **lúdraí**, 主複 **-a**, 属複 **～**〗(ドアなど)ちょうつがい；支え.
lúfaireacht [luːfərʲəxt] 名女〖属単 **-a**〗敏しょう；機敏；柔軟.
lúfar [luːfər] 形1 敏しょうな；元気のいい.
lug [lug] 名 (成句) **thit an ～ ar an lag orm** (私は)落胆した.
luí [liː] 名男〖属単 **～**〗① **luigh** の動名詞. ②横になること；休息；傾向. **bhí mé i mo ～ le slaghdán** 私は風邪で床についていた. **am ～** 就寝時間. **le ～ gréine** 日没に. **～ na tíre** 地勢. **～ le hobair** 仕事へのうち込み.
luibh [livʲ] 名女〖属単 **-e**, 主複 **-eanna**〗ハーブ, 薬用(香料)植物.
luibheach [livʲəx] 形1 草本の；草のような；草質の.
luibheolaíocht [ˈlivʲˌoːliː(ə)xt] 名女〖属単 **-a**〗植物学.
luibhiteach [ˈlivʲˌitʲəx] 形1 (動物が)草食の.
luibhre [livʲrʲə] 名男〖属単 **～**〗草本類[植物]；牧草.
lúibín [luːbʲiːnʲ] 名男〖属単 **～**, 複 **-í**〗小さい輪[環]；ボタン穴；巻き毛；括弧(かっこ).

luiche [luxə] ☞ **luch**.
luid [lid/] 名女〖属単 **-e**, 複 **-eanna**〗切れ端, 断片; ぼろ.
lúide [lu:d/ə] {**lú**(beag の比較)+**de**} より少ない; を引いた. **ní ～ sin mo chion air** それでもやはり彼が好きだ. **a naoi ～ a sé** 9-6. **～ a deich faoin gcéad** 10%引き.
lúidín [lu:d/i:n/] 名男〖属単 **～**, 複 **-í**〗小指.
luifearnach [lif/ərnəx] 名女〖属単 **luifearnaí**〗雑草; かす, くず.
―― 形1 雑草の(ような).
luigh [liɣ/] 動I 自〖動名 **luí**, 動形 **luite**; 現 **luíonn**; 未 **luífidh**〗横たわる; 定住する; 待ち伏せする; (太陽が)沈む. **luí amach ar** (rud) (こと)に熱心に着手する[にふける]こと. **níor ～ m'intinn air** 私の心はそれから離れられなかった. **luí faoi smacht** 権力に屈すること. **luí isteach le** (duine) (人)の近くにいること. **～ siad isteach ar an obair** 彼らは熱心に仕事をやり始めた. **bheith i do luí le fliú** 流感で引きこもること. **tá sé ag luí le réasún** それは当然である.
luím [li:m] **luigh+mé**.
luíochán [li:(ə)xa:n] 名男〖属単・主複 **luíocháin**, 属複 **～**〗横たわること; 床につくこと; 待ち伏せ. **～ le** 傾向.
lúipín [lu:p/i:n/] 名男〖属単 **～**, 複 **-í**〗ルピナス(の花).
luis [lis/] 名女〖属単 **-e**〗ナナカマド(の木).
luisne [lis/n/ə] 名女〖属単 **～**, 複 **luisní**〗紅潮; 輝き; 赤らみ. **～ na hóige** 若い盛り.
luisnigh [lis/n/i:] 動II 自〖動名 **luisniú**, 動形 **luisnithe**〗顔を赤める; 真っ赤になる.
luisniúil [lis/n/u:l/] 形2 赤くなる; 赤らんだ; 輝く.
luiteach [lit/əx] 形1 (服などが)ぴったりした. **～ le** くっついている[ふけっている].
lúitéis [lu:t/e:s/] 名女〖属単 **-a**〗こびへつらい.
lúitéiseach [lu:t/e:s/əx] 形1 こびへつらう, 追従的な.
lúitheach [lu:həx] 名女〖属単 **lúithí**, 主複 **-a**, 属複 **～**〗腱(けん); (複)筋肉.
―― 形1 筋肉の.
lúithnire [lu:hn/ər/ə] 名男〖属単 **～**, 複 **lúithnirí**〗運動選手.
lumpa [lumpə] 名男〖属単 **～**, 複 **-í**〗こぶ; かたまり.
Lúnasa [lu:nəsə] 名男〖属単 **～**, 複 **-í**〗8月. **Lá ～** 8月1日(収穫祭). **Mí ～** 8月.
lupadán [lupəda:n] 名(成句) **～ lapadán** (水音)ザブ(ン)ザブ(ン).
lus [lus] 名男〖属単 **-a**, 複 **-anna**〗植物; 草. **Garraith na ～** 植物園.

〜 an chromchinn スイセン. 〜 na gréine ヒマワリ.
lusach [lusəx] 形 1 草の; 草のような.
lusca [luskə] 名男〖属単 〜, 複 **-í**〗(聖堂)地下室.
lusra [lusrə] 名男〖属単 〜〗草本類; 牧草.
lústar [luːstər] 名男〖属単 **lústair**〗こびへつらうこと; 激しく揺り動かすこと.
lútáil [luːtaːlʲ] 名女〖属単 **lútála**〗こびへつらい.
——動I 自〖動名 **lútáil**, 動形 **lútáilte**; 現 **lútálann**〗こびへつらう.
lúth [luː] 名男〖属単 **lúith**〗活力; 体力.
lúthaíocht [luːhiː(ə)xt] 名女〖属単 **-a**〗運動, 体操.
lúthchleas [ˈluːˌxlʲas] 名男〖属単 **lúthchlis**, 主複 **-a**, 属複 〜〗運動(競技), スポーツ.
lúthchleasaí [ˈluːˌxlʲasiː] 名男〖属単 〜, 複 **lúthchleasaithe**〗運動選手, スポーツマン.
lúthchleasaíocht [ˈluːˌxlʲasiː(ə)xt] 名女〖属単 **-a**〗運動競技, スポーツ.

M

m' [m] ☞ mo.
má[1] [maː] 名〖属単 〜, 複 **-nna**〗平原, 平野.
má[2] [maː] 接 (仮定, 条件)もし…ならば; という条件では. ① 現在・過去・習慣・未来は S 変化(但し tá, deir は除く) **má tá ciall aige** もし彼に分別があれば. 〜 **bhí fearg air** もし彼が腹を立てていたら. **má bhíonn an lá maith suím amuigh** 天気がよければ私は(いつも)外に出て座っている. **má bheadh imní uirthi ghuíodh sí Dia** もし彼女に心配事があれば神に祈るでしょう. ② (動詞 is と共に; **má+is**[1]→**más**) **más fíor é** それが本当なら. **más mian leat imeacht** あなたが行きたいなら. **más olc maith leat é** あなたが好きであろうとなかろうと. **más ea** そうであっても. **más é sin é** たとえそうでも. **is beag má tá cuidiú ar bith aige** 彼に助けはまずないだろう. **tá, agus má tá** 全くその通り.
mabóg [maboːg] 名女〖属単 **mabóige**, 主複 **-a**, 属複 〜〗(飾り)ふ

さ.

mac [mak] 名男 〖属単・主複 **mic**, 属複 〜〗息子；子孫；少年；(男性に)…さん. 〜 **léinn** 学生. 〜 **tíre** 狼. **ní raibh** 〜 **an aoin ann** そこには人っこひとりいなかった. **Mac Mathúna**[**Mac Uí Mhathúna**] マクマホン[オマホニー]さん.

macalla [ˌmakˈalə] 名男 〖属単 〜, 複 -**í**〗こだま, 反響, エコー.

macánta [makaːntə] 形 3 優しい, 温和な；正直な. **páistí** 〜 行儀のよい子供達.

macántacht [makaːntəxt] 名女 〖属単 -**a**〗優しさ；正直；少年期.

macaomh [makiːv] 名男 〖属単・主複 **macaoimh**, 属複 〜〗若い人, 青年；少年.

macarón [makəroːn] 名男 〖属単 **macaróin**〗マカロニ.

macasamhail [ˈmakəˌsaulʲ] 名女 〖属単・複 **macasamhla**〗同様；相対物；再生；複写.

macha [maxə] 名男 〖属単 〜, 複 -**í**〗牧草地；家畜を入れる囲い.

máchail [maːxəlʲ] 名女 〖属単 -**e**, 複 -**í**〗欠点；傷, 害.

máchaileach [maːxəlʲəx] 形 1 傷(汚点)をつけた；欠点のある.

machaire [maxərʲə] 名男 〖属単 〜, 複 **machairí**〗平地, 平野；野原. 〜 **gailf** ゴルフコース.

machnaigh [maxniː] 動II 他・自 〖動名 **machnamh**, 動形 **machnaite**〗考える, 熟考する.

machnaím [maxniːm] machnaigh＋mé.

machnamhach [maxnəvəx] 形 1 思慮深い；反省(熟考)する；黙想的な.

macnas [maknəs] 名男 〖属単 **macnais**〗戯れ；気まぐれ；わがまま.

macnasach [maknəsəx] 形 1 遊び好きな, ふざけたがる；放縦な.

macra [makrə] 名男 〖属単 〜, 複 -**í**〗(複) 少年達, 若者達.

macúil [makuːlʲ] 形 2 子としてふさわしい；子らしく.

madhmadh [maimə] 名男 〖属単 **madhmtha**, 複 **madhmthaí**〗噴出；爆発；敗走.

madhmaim [maiməm] maidhm＋mé.

madra [madrə] 名男 〖属単 〜, 複 -**í**〗犬. 〜 **rua** 狐. 〜 **uisce** カワウソ.

madrúil [madruːlʲ] 形 2 犬の；意地悪な；がみがみ言う.

magadh [magə] 名男 〖属単 **magaidh**〗あざ笑うこと, あざけり；冗談. **ag** 〜 **faoi**[ar] (**dhuine**) (人)をからかうこと.

magairle [magərlʲə] 名男 〖属単 〜, 複 **magairlí**〗睾丸, 精巣.

magairlín [magərl‎ˈiːn‎ˈ] 名男〖属単 ～, 複 -í〗ラン(の花).
máguaird [ˌmaːˈɡuərd‎ˈ] 副 周囲に, 四面に.
magúil [maɡuːl‎ˈ] 形 2 あざけりの, からかいの, ばかにする.
mahagaine [məˈhaɡən‎ˈə] 名男〖属単 ～〗マホガニー(材).
maicín [mak‎ˈiːn‎ˈ] 名男〖属単 ～, 複 -í〗わがままな子供.
maicne [mak‎ˈn‎ˈə] 名女〖属単 ～〗子孫; 親族, 血縁.
maicréal [mak‎ˈr‎ˈeːl] 名男〖属単・主複 **maicréil**, 属複 ～〗鯖(さば).
maide [mad‎ˈə] 名男〖属単 ～, 複 **maidí**〗棒; 枝木; 梁(はり); 丸太. ～ corrach シーソー. ～ luascáin 空中ブランコ. ～ rámha オール.
maidhm [maim‎ˈ] 名女〖属単 -e, 複 -eanna〗破裂; 爆発. ～ thalún 地滑り.
──── 動I 他・自〖動名 **madhmadh**, 動形 **madhmtha**; 現 **madhmann**〗破裂させる; 爆発させる; 敗れる.
maidhmitheoir [maim‎ˈihoːr‎ˈ] 名男〖属単 **maidhmitheora**, 複 -í〗起爆装置.
maidin [mad‎ˈən‎ˈ] 名女〖属単 -e, 複 -eacha〗朝. ar ～ inné 昨日の朝に. suí go ～ 徹夜. tá sé ina mhaidin 朝だ. ～ mhaith! おはよう!
maidir [mad‎ˈər‎ˈ] (成句) ～ le に関しては; と同様に. ～ leis sin その点については. ～ liomsa de 私はどうかといえば. chuaigh mé ann ～ le gach aon duine eile 皆と同じように私も行った.
maidneachan [ma(d‎ˈ)n‎ˈəxən] 名男〖属単 **maidneachain**〗夜が明けること. leis an ～ [le ～ an lae] 夜明けに. tá sé ag ～ 夜が明ける.
maidrín [mad‎ˈr‎ˈiːn‎ˈ] 名男〖属単 ～, 複 -í〗～ lathaí 最下層社会(どん底)の人たち.
maig [maɡ‎ˈ] 名女〖属単 -e, 複 -eanna〗傾き, 傾斜.
maígh [miːɣ‎ˈ] 動I 他・自〖動名 **maíomh**, 動形 **maíte**; 現 **maíonn**; 未 **maífidh**〗述べる; 宣言する; 自慢する; うらやむ.
maighdean [maid‎ˈən] 名女〖属単 **maighdine**, 主複 -a, 属複 ～〗少女. ～ mhara 人魚. an Mhighdean Mhuire 聖母マリア. an Mhaighdean 乙女座.
maighdeanas [maid‎ˈənəs] 名男〖属単 **maighdeanais**〗処女[童貞]であること.
maighdeog [maid‎ˈoːɡ] 名女〖属単 **maighdeoige**, 主複 -a, 属複 ～〗中心, かなめ; 旋回軸.
maighnéad [main‎ˈeːd] 名男〖属単・主複 **maighnéid**, 属複 ～〗磁石.
maighnéadach [main‎ˈeːdəx] 形 1 磁石の, 磁気の.

maighnéadaigh [main′eːdiː] 動II他〖動名 **maighnéadú**, 動形 **maighnéadaithe**〗磁気を帯びさせる；魅了する.

maighnéadas [main′eːdəs] 名男〖属単 **maighnéadais**〗磁力；磁気学.

maighreán [mair′aːn] 名男〖属単・主複 **maighreáin**, 属複 ～〗(海から初めて川へ戻ってくる)若鮭(⁂).

maignéisiam [mag′n′eːs′iəm] 名男〖属単 ～〗マグネシウム.

máilín [maːl′iːn′] 名男〖属単 ～, 複 -í〗小さい袋, 小型のバッグ. ～ **domlais** 胆のう.

mailís [mal′iːs′] 名女〖属単 -e〗悪意, 敵意；(病気の)悪性.

mailíseach [mal′iːs′əx] 形1 悪意のある；意地の悪い；(病気など)悪性の.

maille [mal′ə] 前 ～ **le** と共に, と一緒に.

máille [maːl′ə] 名女〖属単 ～, 複 **máillí**〗よろい；構成分子.

mailléad [maːl′eːd] 名男〖属単・主複 **mailleid**, 属複 ～〗木づち；(スポーツ)打球づち；打つ(突く)人.

mailp [mal′p′] 名女〖属単 -e, 複 -eanna〗カエデ, モミジ.

maindilín [man′d′əl′iːn′] 名男〖属単 ～, 複 -í〗マンドリン.

máineach [maːn′əx] 名男〖属単・主複 **máinigh**, 属複 ～〗躁病；マニア.
　──形1 躁病の.

mainéar [man′eːr] 名男〖属単・主複 **mainéir**, 属複 ～〗荘園, 領地；(領主の)邸宅.

maingléis [maŋ′l′eːs′] 名女〖属単 -e〗けばけばしさ, 虚飾；軽薄.

mainicín [man′ək′iːn′] 名男〖属単 ～, 複 -í〗マネキン, モデル.

mainicíneacht [man′ək′iːn′əxt] 名女〖属単 -a〗(衣服の)モデル.

mainistir [man′əs′t′ər′] 名女〖属単 **mainistreach**, 複 **mainistreacha**〗修道院.

máinlia [ˈmaːn′ˌl′iə] 名男〖属単 ～, 複 -nna〗外科医.

máinliacht [ˈmaːn′ˌl′iəxt] 名女〖属単 -a〗外科.

mainneachtain [man′əxtən′] 名女〖属単 **mainneachtana**〗怠慢, 不履行；(法廷への)欠席.

máinneáil [maːn′aːl′] 名女〖属単 **máinneála**〗揺れていること；ぶらぶら歩き；ぐずぐずすること. **ag** ～ **thart** ぶらぶら歩きまわること.

mainséar [man′s′eːr] 名男〖属単・主複 **mainséir**, 属複 ～〗かいば[まぐさ]おけ.

maintín [man′t′iːn′] 名女〖属単 -e, 複 -í〗ドレスメーカー.

maintíneacht [man′t′iːn′əxt] 名女〖属単 -a〗洋裁, 洋服仕立て.

maíomh [miːv] 名男〖属単 **maímh**〗声明, 主張; 自慢; 嫉妬.
mair [marʹ] 動Ⅰ他・自〖動名 **maireachtáil**, 動形 **martha**〗住む; 生きる; 存続する. (祝辞) go maire tú！いつまでもお元気で[おめでとう]! go maire tú an lá 幾久しくご長寿を祈る. go maire sibh bhur saol nua！ご結婚おめでとう！
mairbhiteach [marʹəvʹətʹəx] 形 1 だるい; 元気がない; 無感覚の.
mairbhití [marʹəvʹətʹiː] 名女〖属単 ～〗倦怠; 無気力; まひ.
mairbhleach [marʹəvʹlʹəx] 形 1 感覚を失った, しびれた.
maireachtáil [marʹəxtaːlʹ] 名男 ☞ mair.
mairfeacht [marʹəfʹəxt] 名女〖属単 **-a**, 複 **-aí**〗流産, 妊娠中絶.
mairg [marʹəgʹ] 名女〖属単 **-e**, 複 **-í**〗悲哀, 悲嘆. mo mhairg！ああ[悲しいかな]!
mairgneach [marʹəgʹnʹəx] 名女〖属単 **mairgní**〗嘆き悲しむこと, 哀惜.
mairim [marəm] mair + mé.
mairnéalach [maːrnʹeːləx] 名男〖属単・主複 **mairnéalaigh**, 属複 ～〗船乗り, 船員.
mairnéalacht [maːrnʹeːləxt] 名女〖属単 **-a**〗船舶操縦術.
máirseáil [maːrsʹaːlʹ] 名女〖属単 **máirseála**, 複 **máirseálacha**〗行進; パレード.
── 動Ⅰ他・自〖動名 **máirseáil**, 動形 **máirseáilte**; 現 **máirseálann**〗行進する.
mairseálaí [maːrsʹaːliː] 名男〖属単 ～, 複 **máirseálaithe**〗行進者.
Máirt [maːrtʹ] 名女〖属単 ～, 複 **-eanna**〗火曜日. ar an ～ 火曜日に. tháinig sé Dé ～ 彼は(この前の)火曜日に来た.
mairteoil [ˈmartʹiolʹ] 名女〖属単 **mairteola**〗牛肉, ビーフ.
mairtíneach [martʹiːnʹəx] 名男〖属単・主複 **mairtínigh**, 属複 ～〗身体障害者.
mairtíreach [martʹiːrʹəx] 名男〖属単・主複 **mairtírigh**, 属複 ～〗殉教者, 受難者.
mairtíreacht [martʹiːrʹəxt] 名女〖属単 **-a**〗殉教, 受難.
maise [masʹə] 名女〖属単 ～〗装飾; 美しさ; (行動などが)適切なこと. faoi mhaise 繁栄して. athbhliain faoi shéan agus faoi mhaise duit！新年おめでとう! ba mhaith an mhaise dó é 彼は見事だった.
maisigh [masʹiː] 動Ⅱ他〖動名 **maisiú**, 動形 **maisithe**〗飾る, 美しくする.
maisitheoir [masʹəhoːrʹ] 名男〖属単 **maisitheora**, 複 **-í**〗装飾

家；デザイナー.

maisiúchán [masʹuːxaːn] 名男〘属単・主複 **maisiúcháin**, 属複 ～〙装飾. **maisiúcháin na Nollag** クリスマスの飾りつけ.

maisiúil [masʹuːlʹ] 形2 装飾した，美しい；優雅な.

maisiúlacht [masʹuːləxt] 名女〘属単 -a〙装飾，美；似合うこと.

máisiún [maːsʹuːn] 名男〘属単・主複 **máisiúin**, 属複 ～〙フリーメーソン.

maistín [masʹtʹiːnʹ] 名男〘属単 ～, 複 -í〙マスチフ（毛の短い大型犬）；ろくでなし.

máistir [maːsʹtʹərʹ] 名男〘属単 ～, 複 **máistrí**〙主人；先生；熟練者. ～ **stáisiúin** 駅長.

máistreacht [maːsʹtʹrʹəxt] 名女〘属単 -a〙精通；熟練.

maistreán [masʹtʹrʹaːn] 名男〘属単 **maistreáin**〙湯でどろどろにした家畜の飼料.

máistreás [maːsʹtʹrʹaːs] 名女〘属単 -a, 複 -aí〙女主人；女教師；主婦. ～ **phoist** 女性の郵便局長.

maistrigh [masʹtʹrʹi:] 動II 他・自〘動名 **maistreadh**, 動形 **maistrí**〙（クリーム・ミルクを）かき回す，攪乳器でバターを造る. **tá sí ag maistreadh** 彼女はミルクをかき回してバターを造っている.

máistríúil [maːsʹtʹrʹuːlʹ] 形2 横柄な, 傲慢な；名手の.

máite [maːtʹə] ☞ **mámh**.

maiteach [matʹəx] 形1 許す；寛大な.

maíteach [miːtʹəx] 形1 自慢したがる；ねたむ. **bheith** ～ **as** (rud) (もの)を自慢すること.

maiteachas [matʹəxəs] 名男〘属単 **maiteachais**〙容赦，免除；寛大さ.

maith[1] [mah] 名女〘属単・複 -e〙善，徳；利益；価値；成果；(土地の)肥沃. **go raibh** ～ **agat** ありがとう.
── 形1〘比較 **fearr**〙良い；優秀な；善良な；親しい；親切な. **maidin mhaith duit** おはよう. **oíche mhaith agat** おやすみなさい. ～ **thú** うまいぞ[ありがとう]. **an** ～ **leat caife? is** ～/**ní** ～ コーヒーは好きですか？ はい/いいえ. **ar mhaith leat dul ag snámh? ba mhaith/níor mhaith** 泳ぎに行きませんか？はい/いいえ. **is** ～ **liom tae** 私は茶が好きだ. **ba mhaith leis labhairt leat** 彼はあなたと話したがっている. **is fearr liom mar sin é** 私はそのやり方の方が好きだ. ～ **go leor** 結構です[元気です]. **go** ～! いいぞ[うまい]!

maith[2] [mah] 動I 他〘動名 **maitheamh**, 動形 **maite**〙許す, 勘弁する. **mhaith sí dom é** 彼女は(そのことで私を)許してくれた.

maithe [mahə] 名女〖属単 ～〗善, 徳. **ar mhaithe le** のために.
maitheamh [mahəv] 名男〖属単 **maithimh**〗許可, 容赦；免除.
maitheas [mahəs] 名女〖属単 **-a**, 複 **-aí**〗善；利益；親切. **lá maitheasa** 労働日［1日の仕事］.
maithiúnas [mahu:nəs] 名男〖属単 **maithiúnais**〗許し；免除；寛大さ.
máithreacha [ma:hrʹəxə] ☞ **máthair**.
máithreachas [ma:hrʹəxəs] 名男〖属単 **máithreachais**〗母であること；母性.
máithreánach [ma:hrʹa:nəx] 名男〖属単・主複 **máithreánaigh**, 属複 ～〗(大学)入学許可.
── 形1 入学許可された.
máithriúil [ma:hrʹu:lʹ] 形2 母のような；優しい；慈悲深い.
mál [ma:l] 名男〖属単 **máil**〗物品税.
mala [malə] 名女〖属単 ～, 複 **-í**〗額(ひたい)；眉(毛)；山の斜面.
mála [ma:lə] 名男〖属単 ～, 複 **-í**〗袋. ～ **láimhe** ハンドバッグ. ～ **droma** リュックサック. ～ **scoile** 通学かばん.
maláire [ˌmaˈla:rʹə] 名女〖属単 ～〗マラリア.
malairt [malərtʹ] 名女〖属単 **-e**, 複 **-í**〗取り替え, 交換. **níl a mhalairt le déanamh agam** (私は)他にはどうしようもない. **is fearr é ná a mhalairt** ないよりはまし. **a mhalairt glan** [**ar fad**] 全く正反対.
malartach [malərtəx] 形1 変える；変えられる；交換できる.
malartaigh [malərti:] 動II 他〖動名 **malartú**, 動形 **malartaithe**〗取り替える, 交換する.
malartán [malərta:n] 名男〖属単・主複 **malartáin**, 属複 ～〗両替；交換. ～ **eachtrach** 外国為替.
mall [mal] 形1〖属単男 ～, 属単女・比較 **moille**, 主複 **-a**〗手間取る；遅い；遅れた. **tá an clog** ～ 時計は遅れている.
mallacht [maləxt] 名女〖属単 **-a**, 複 **-aí**〗呪い, たたり.
mallachtach [maləxtəx] 名女〖属単 **mallachtaí**〗呪うこと.
── 形1 呪っている；呪われた.
mallaibh [maləvʹ] 名 (成句) **ar na** ～ 最近.
mallaigh [mali:] 動II 他・自〖動名 **mallú**, 動形 **mallaithe**〗呪う；ののしる；苦しめる. **fear mallaithe** 邪悪な男.
malltriallach [malʹˌtʹrʹiələx] 名男〖属単・主複 **malltriallaigh**, 属複 ～〗行動［理解］の遅い人.
── 形1 のろい；動きの遅い.

malluaireach [ˈmalˌuərʲəx] 名男〖属単・主複 **malluairigh**, 属複 ～〗遅参者；最近現れたもの.
malrach [malrəx] 名男〖属単・主複 **malraigh**, 属複 ～〗少年；青年.
mam [mam] 名女〖属単 **maime**, 複 **-anna**〗おかあさん(-ちゃん).
mám[1] [maːm] 名男〖属単 **-a**, 複 **-anna**〗山道.
mám[2] [maːm] 名女〖属単 **-a**, 複 **-anna**〗一握り, ひとつかみ；少量.
mamach [maməx] 名男〖属単・主複 **mamaigh**, 属複 ～〗哺乳動物.
── 形 1 乳房の.
mamaí [mamiː] 名女〖属単 ～〗おかあさん(-ちゃん).
mamat [mamət] 名男〖属単・主複 **mamait**, 属複 ～〗マンモス；巨大なもの.
mámh [maːv] 名男〖属単 **máimh**, 複 **máite**〗(トランプ)切り札；奥の手.
mamó [ˌmaˈmoː] 名女〖属単 ～, 複 **-nna**〗おばあさん(-ちゃん).
mana [manə] 名男〖属単 ～, 複 **-í**〗前兆；見通し；モットー(座右銘).
manach [manəx] 名男〖属単・主複 **manaigh**, 属複 ～〗修道僧.
manachas [manəxəs] 名男〖属単 **manachais**〗修道院生活[制度].
manachúil [manəxuːlʲ] 形 2 修道院の；修道僧の.
Manainn [manan] 名女 Oileán Mhanann マン島.
Manainnis [mananisʲ] 名〖属単 **-e**〗マン島語.
Manannach [mananax] 名〖属単・主複 **Manannaigh**, 属複 ～〗マン島人.
── 形 1 マン島(人)の.
mandáil [mandaːlʲ] 名女〖属単 **mandála**〗(カトリック)洗足式.
Déardaoin Mandála 洗足木曜日(復活祭直前の木曜日).
mandairín [mandərʲiːnʲ] 名男〖属単 ～, 複 **-í**〗(ミカン類)マンダリン.
mangaire [maŋɡərʲə] 名男〖属単 ～, 複 **mangairí**〗呼び売り商人, 行商人.
manglam [maŋləm] 名男〖属単 **manglaim**〗ごちゃまぜのもの；ごった煮；カクテル.
mánla [maːnlə] 形 3 優しい；優雅な；感じのよい.
mánlacht [maːnləxt] 名女〖属単 **-a**〗優しさ, 親切さ.
mantach [mantəx] 形 1 歯のすけた；ぎざぎざの.
maoil [miːlʲ] 名女〖属単 **-e**, 複 **-eanna**〗丸みのある山の頂上；塚；

頭；王冠. **ag cur thar ～ le**（rud）（もの）であふれるばかりになること. **as ～ do chonláin**［de mhaoil do mhainge; de mhaoil an bhaige］その場のはずみで［できごころで］.

maoildearg [ˈmiːlʲdʲarəg] 名女〖属単 **maoildeirge**, 主複 **-a**, 属複 **～**〗桑(くわ)（の木）.

maoile [miːlʲə] 名女〖属単 **～**〗裸；毛のないこと；（刃先など）鈍いこと.

maoileann [miːlʲən] 名男〖属単 **maoilinn**, 主複 **-a**, 属複 **～**〗丸みのある頂上；小山；峰.

maoin [miːnʲ] 名女〖属単・複 **-e**〗繁栄, 富.

maoineach [miːnʲəx] 名男〖属単・主複 **maoinnigh**, 属複 **～**〗財宝.
──形 1 裕福な；貴重な；愛する.

maoineas [miːnʲəs] 名男〖属単・主複 **maoinis**, 属複 **～**〗寄付, 寄贈.

maoinigh [miːnʲiː] 動II 他〖動名 **maoiniú**, 動形 **maoinithe**〗寄付する；資金を融通する.

maoinlathas [ˈmiːnʲlahəs] 名男〖属単・主複 **maoinlathais**, 属複 **～**〗金権政治（主義）.

maoirseacht [miːrsʲəxt] 名女〖属単 **-a**〗執事［給仕；世話役；幹事］の仕事；監督.

maoirseoir [miːrsʲoːrʲ] 名男〖属単 **maoirseora**, 複 **-í**〗監督者；管理人；長官；部長.

maoithneach [miːhnʲəx] 形 1 感情的, 情緒的；憂鬱な.

maoithneachas [miːhnʲəxəs] 名男〖属単 **maoithneachais**〗感傷；憂鬱；落胆.

maol [miːl] 名男〖属単・主複 **maoil**, 属複 **～**〗素のままのもの, 飾りのないもの；鈍感な人.
──形 1 裸の；無防備な；（牛など）角のない；鈍い.

maolaigh [miːliː] 動II 他・自〖動名 **maolú**, 動形 **maolaithe**〗あらわにする；鈍くする；低くする；減らす；和らげる.

maolaire [miːlərʲə] 名男〖属単 **～**, 複 **maolairí**〗（車）バンパー；（コンピューター）バッファー.

maolchúiseach [ˈmiːlxuːsʲəx] 形 1 不適当な；的はずれの；不条理な.

maolscríobach [ˈmiːlʲsʲkrʲiːbəx] 形 1 汚い；不精な；ぞんざいな.

maonáis [meːnaːsʲ] 名女〖属単 **-e**〗マヨネーズ.

maor [miːr] 名男〖属単・主複 **maoir**, 属複 **～**〗執事；世話役；監督.

maorga [miːrgə] 形3 堂々とした, 威厳のある；落ち着いた.

maorgacht [miːrgəxt] 名女〖属単 **-a**〗威厳；品位.

maorlathas ['miːrˌlahəs] 名男〖属単・主複 **maorlathais**, 属複 〜〗官僚政治[主義].

maos [miːs] 名男〖属単 **maois**〗浸透. ar 〜 浸して[染み込んで].

maoth [miː] 形1 柔らかい；弱い；湿った；感傷的な.

maothaigh [miːhiː] 動II他・自〖動名 **maothú**, 動形 **maothaithe**〗柔らかくする；湿らせる；浸す.

maothán [miːhaːn] 名男〖属単・主複 **maotháin**, 属複 〜〗耳たぶ；わき腹；若芽.

maothlach [miːhləx] 名男〖属単 **maothlaigh**〗かゆ(状のもの)；ぬかるみ.

mapa[1] [mapə] 名男〖属単 〜, 複 **-í**〗地図.

mapa[2] [mapə] 名男〖属単 〜, 複 **-í**〗モップ(柄つきぞうきん).

mapáil[1] [mapaːl] 動I他〖動名 **mapáil**, 動形 **mapáilte**；現 **mapálann**〗地図を作る.

mapáil[2] [mapaːl] 動I他〖動名 **mapáil**, 動形 **mapáilte**；現 **mapálann**〗モップでふく[掃除する].

mar [mar] 前 のような；として；に一致して. (S変化). duine 〜 sin あのような人. tá sé ag obair 〜 mhúinteoir 彼は教師として働いている. 〜 an gcéanna 同様に. 〜 shampla 例えば. tar 〜 seo こちらへ来て下さい. míle nó 〜 sin 1マイルほど. 〜 sin de 従って. agus 〜 sin de など. 〜 sin féin たとえそうでも.
──接 の通りに；につれて；なぜならば. déan 〜 is ceart é 正確にやりなさい. d'fhan sí san oifig 〜 bhí obair le déanamh aici 彼女はするべき仕事があったので会社にいた. faoi 〜 に従って. 〜 atá [〜 a bhí] すなわち. 〜 liomsa de 私に関しては.
──副 する[した]場所[時間など]に. 〜 a bhfuil sé 彼がいる場所に. 〜 ar chuir tú iad 君がそれらを置いた場所に. 〜 dhea 本当に. 〜 dhia go 〜 (go 以下)のふりをして.

mara [marə] ☞ muir.

márach [maːrəx] 名(成句)(lá) arna mhárach 翌日(に).

maraí [mariː] 名男〖属単 〜, 複 **maraithe**〗水夫, 船員.

maraigh [mariː] 動II他〖動名 **marú**, 動形 **maraithe**〗殺す；参らせる；腐らせる. iasc a mharú 魚を捕ること.

marana [marənə] 名女〖属単 〜〗熟考, 黙想. tá sé ar a mharana 彼は考え込んでいる.

maranach [marənəx] 形1 考え込んだ；思いやりのある.

maránta [maraːntə] 形3 穏やかな, 温和な, 優しい.
maratón [marətoːn] 名男〖属単・主複 **maratóin**, 属複 〜〗マラソン.
marbh [marəv] 名男〖属単・主複 **mairbh**, 属複 〜〗死者; 死.
── 形1 死んだ; 無感覚の; 動かない; 気の抜けた; 通じない. **uisce** 〜 よどんだ水. **pian mharbh** 鈍痛.
marbhán [marəvaːn] 名男〖属単・主複 **marbháin**, 属複 〜〗死者, 死体.
marbhánta [marəvaːntə] 形3 生命のない; 活気のない; 不景気な. **aimsir mharbhánta** うっとうしい天候.
marbhghin [marəvɣin] 名女〖属単 **-e**, 複 **-te**〗死産児.
marbhlann [marəvlən] 名女〖属単 **marbhlainne**, 主複 **-a**, 属複 〜〗死体公示所(モルグ).
marbhna [marəvnə] 名男〖属単 〜, 複 **-í**〗悲歌, 哀歌, エレジー.
marbhsháinn [ˈmarəvˌhaːnʲ] 名女〖属単 **-e**〗(チェス)王手詰み, 敗北.
marc [mark] 名男〖属単 **mairc**, 複 **-anna**〗目標; 目印; 傷あと.
marcach [markəx] 名男〖属単・主複 **marcaigh**, 属複 〜〗乗馬者; 騎手; 騎兵.
marcaigh [markiː] 動II 他・自〖動名 **marcaíocht**, 動形 **marcaíochta**〗乗馬する; 乗る. **cé a thug marcaíocht duit?** 誰が車に乗せてくれたのか?
marcáil [markaːlʲ] 動I 他〖動名 **marcáil**, 動形 **marcáilte**; 現 **marcálann**〗印をつける; 計画を立てる.
marcaím [markiːm] **marcaigh**+**mé**.
marc-chlaíomh [ˈmarkˌxliːv] 名男〖属単 **marc-chlaímh**, 複 **marc-chlaimhte**〗サーベル.
marcóir [markoːrʲ] 名男〖属単 **marcóra**, 複 **-í**〗マーカー(ペン).
marcra [markrə] 名男〖属単 〜, 複 **-í**〗(複)騎手; 騎兵隊.
marcshlua [ˈmarkˌhluə] 名男〖属単 〜, 複 **-ite**〗騎兵隊; 騎馬行列.
marfach [marəfəx] 形1 致命的な, 死ぬべき運命の; 激しい.
marfóir [marəfoːrʲ] 名男〖属単 **marfóra**, 複 **-í**〗殺人者.
margadh [marəgə] 名男〖属単 **margaidh**, 複 **margaí**〗市(場); 取り引き; 契約. **bíodh ina mhargadh!** それに決めた(それで手を打とう)!
margaigh [marəgiː] 動II 他〖動名 **margú**, 動形 **margaithe**〗市場に出す, 売りに出す.
margáil [marəgaːlʲ] 名女〖属単 **margála**〗取り引きすること; 値

切ること.
margairín [marəgər'i:n'] 名男〖属単 ～〗マーガリン.
marglann [marəglən] 名女〖属単 **marglainne**, 主複 **-a**, 属複 ～〗市場；定期市.
marla [ma:rlə] 名男〖属単 ～〗泥灰土；模型を作る粘土.
marmaláid [marəməla:d'] 名女〖属単 **-e**, 複 **-í**〗マーマレード.
marmar [marəmər] 名男〖属単・主複 **marmair**, 属単 ～〗大理石.
maróg [maro:g] 名女〖属単 **maróige**, 主複 **-a**, 属複 ～〗プディング[プリン]. ～ **Nollag** クリスマスプディング.
Mars [ma:rs] 名男〖属単 **-a**〗火星.
mart [mart] 名男〖属単・主複 **mairt**, 属複 ～〗若雌牛；牛肉.
Márta [ma:rtə] 名男〖属単 ～, 複 **-í**〗3月. **Mí an Mhárta** 3月.
marthain [marhən'] 名女〖属単 **marthana**〗生存；実在；食物. **ar** ～ 生きて. **le mo mharthain** 私の一生.
marthanach [marhənəx] 形1 永続する, 長持ち[長続き]する.
marthanas [marhənəs] 名男〖属単 **marthnais**〗生き残ること, 生存.
marthanóir [marhəno:r] 名男〖属単 **marthanóra**, 複 **-í**〗生存者.
marú [maru:] 名男〖属単 **maraithe**, 複 **maruithe**〗殺すこと, 殺害；死ぬほどつらいこと.
marún [mə'ru:n] 名男〖属単 **marúin**〗栗色.
Marxachas [marksəxəs] 名男〖属単 **Marxachais**〗マルクス主義.
más[1] [ma:s] 名男〖属単 **máis**, 主複 **-a**, 属複 ～〗尻；大腿.
más[2] [ma:s] **má**[2]＋**is**[1].
másach [ma:səx] 形1 大きな尻をした；太いももの.
másailéam [ma:səl'e:m] 名男〖属単・主複 **másailéim**, 属複 ～〗霊廟(れいびょう).
masc [mask] 名男〖属単・主複 **maisc**, 属複 ～〗(仮)面, マスク.
── 動I 他〖動名 **mascadh**, 動形 **masctha**〗仮面をかぶせる.
mascalach [maskələx] 名男〖属単・主複 **mascalaigh**, 属複 ～〗男性；勇ましい人.
── 形1 男性的, 雄々しい.
masla [maslə] 名男〖属単 ～, 複 **-í**〗侮辱；恥辱；酷使.
maslach [masləx] 形1 侮辱的な；罵倒する；酷使する.
maslaigh [masli:] 動II 他〖動名 **maslú**, 動形 **maslaithe**〗侮辱する；過度に働かせる.
masmas [masməs] 名男〖属単 **masmais**〗吐き気, むかつき.
masmasach [masməsəx] 形1 吐き気を催させるような, ひどくいやな

mata [matə] 名男〖属単 ～, 複 **-í**〗マット, 下敷き.
matal [matəl] 名男〖属単・主複 **matail**, 属複 ～〗マントルピース, 暖炉棚
matalang [matələŋ] 名男〖属単・主複 **matalaing**, 属複 ～〗災害, 大惨事.
matamaitic [ˈmatəˌmatʹək/] 名女〖属単 **-e**〗数学.
matamaiticeoir [ˈmatəˌmatʹək/oːr/] 名男〖属単 **matamaiticeora**, 複 **-í**〗数学者.
matamaiticiúil [ˈmatəˌmatʹək/uːl/] 形2 数学の, 数理的な.
matán [mataːn] 名男〖属単・主複 **matáin**, 属複 ～〗筋肉.
matánach [mataːnəx] 形1 筋肉の; 強い.
máthair [maːhər/] 名女〖属単 **máthar**, 複 **máithreacha**〗母; 源. ～ **mhór**[**chríonna**] 祖母. ～ **chéile** 義母.
máthairab [ˈmaːhər/ˌab] 名女〖属単 **-a**, 複 **-aí**〗女子修道院長.
máthartha [maːhərhə] 形3 母(方)の. **teanga mháthartha** 母国語.
mathshlua [ˈmaˌhluə] 名男〖属単 ～, 複 **-ite**〗大群衆; 集合.
matrarc [ˈmatˌrark] 名男〖属単 ～, 複 **-aí**〗女家長.
matrarcach [ˈmatˌrarkəx] 形1 女家長(制)の.
mátrún [maːtruːn] 名男〖属単・主複 **mátrúin**, 属複 ～〗既婚女性; 寮母; 婦長.
mé [m/eː] 代1人称単数主格・与格 私は[が]; 私に[を]. **tá mé go maith** 私は元気です. **chonaic sé mé** 彼は私を見た. **ach mé** 私を除いて.
meá[1] [m/aː] 名女〖属単 ～, 複 **-nna**〗秤(はかり); 測定; 均衡. **idir dhá cheann na** ～ 不安定な[未決定]状態で. **an Mheá** 天秤座.
meá[2] [m/aː] 名女〖属単 ～, 複 **-nna**〗釣り場.
meabhair [m/aur/] 名女〖属単 **meabhrach**〗記憶; 意識; 考え. **tá** ～ **mhaith agam air** 私はそれをよく覚えている. ～ **chinn** 知性.
meabhairghalar [m/aruɣələr] 名男〖属単・主複 **meabhairghalair**, 属複 ～〗精神病.
meabhal [m/aul] 名男〖属単 **meabhail**〗詐欺(さぎ), ぺてん.
meabhlach [m/auləx] 形1 詐欺の, 偽りの; 人を惑わす.
meabhlaigh [m/auliː] 動II 他〖動名 **meabhlú**, 動形 **meabhlaithe**〗だます; 裏切る; 惑わす.
meabhrach [m/aurəx] 形1 心に留める; 思いやりのある; 聡明な; 気づいている.
meabhraigh [m/auriː] 動II 他・自〖動名 **meabhrú**, 動形 **meabhraithe**〗記憶する; 思い出させる; 理解する; 知覚する.

meabhraíocht [mʹauri:(ə)xt] 名女〖属単 -a〗意識；知覚；知性．
meabhrán [mʹaura:n] 名男〖属単・主複 **meabhráin**, 属複 ～〗覚書，メモ．
meacan[1] [mʹakən] 名男〖属単・主複 **meacain**, 属複 ～〗根，地下茎．～ **dearg** にんじん．
meacan[2] [mʹakən] 名男〖属単 **meacain**〗すすり[しくしく]泣く声．
meáchan [mʹa:xən] 名男〖属単・主複 **meáchain**, 属複 ～〗重さ，重量．**an** ～ **glan** 正味重量．
méad [mʹe:d] 名男 量；数．**cá**[**cé**] **mhéad**？どの位の量[数]か？**cá mhéad atá air**？値段はいくらか？**cá mhéad duine atá ann**？何人いるか？**dá mhéad é** いかに大きくとも．**ar a mhéad** せいぜい．
méadaigh [mʹe:di:] 動II 他・自〖動名 **méadú**, 動形 **méadaithe**〗大きくする；増大させる．
méadail [mʹe:dəlʹ] 名女〖属単 **méadla**, 複 **méadlacha**〗（太鼓）腹．
meadáille [mʹada:lʹə] 名男〖属単 ～, 複 **meadáillí**〗大メダル；円形浮彫り；円形模様．
méadaíocht [mʹe:di:(ə)xt] 名女〖属単 -a〗成熟；増加；うぬぼれ．
méadaitheach [mʹe:dihəx] 形1 増大する，広がる，拡大する．
meadar [mʹadər] 名女〖属単 **meidre**, 複 **meadracha**〗木製のカップ[容器]；撹乳器．
méadar [mʹe:dər] 名男〖属単・主複 **méadair**, 属複 ～〗メートル；（ガス，水道などの）メーター．
meadhg [mʹaig] 名男〖属単 **meidhg**〗乳漿（にゅうじょう）（チーズ製造時に凝乳と分離した水溶液）；血清．
meadhrán [mʹaira:n] 名男〖属単 **meadhráin**〗めまい；陽気さ；当惑．
méadrach [mʹe:drəx] 形1 メートル（法）の．
méadú [mʹe:du:] ☞ méadaigh.
meafar [mʹafər] 名男〖属単・主複 **meafair**, 属複 ～〗隠喩．
meafarach [mʹafərəx] 形1 比喩的な，隠喩的な．
meáigh [mʹa:ɣʹ] 動I 他・自〖動名 **meá**, 動形 **meáite**；現 **meánn**〗重さを計る；見積る；評価する．
meaingeal [mʹaŋʹgʹəl] 名男〖属単・主複 **meaingil**, 属複 ～〗飼料用ビート．
meaisín [mʹasʹi:nʹ] 名男〖属単 ～, 複 -í〗機械．～ **níocháin** 洗濯機．
meaisíneoir [mʹasʹi:nʹo:rʹ] 名男〖属単 **meaisíneora**, 複 -í〗機械工．
meáite [mʹa:tʹə] 形3 ① meáigh の動形容詞．② **bheith** ～ **ar**（rud）a

dhéanamh (こと)をすることを決心すること.
meala [mʹalə] ☞ mil.
méala [mʹeːlə] 名男〖属単 ～〗深い悲しみ, 悲嘆; 悲しみのもと.
méalaigh [mʹeːliː] 動II他〖動名 **méalú**, 動形 **méalaithe**〗恥をかかせる, 失敗させる.
mealbhacán [mʹalvakaːn] 名男〖属単・主複 **mealbhacáin**, 属複 ～〗メロン. ～ uisce スイカ.
mealbhóg [mʹaləvoːg] 名女〖属単 **mealbhóige**, 主複 -a, 属複 ～〗小袋; 財布.
méaldráma [ˈmʹeːlˌdraːmə] 名男〖属単 ～, 複 -í〗メロドラマ, 通俗劇.
meall[1] [mʹal] 名男〖属単 **mill**, 複 -ta〗球; 膨張; こぶ, 腫れ物.
meall[2] [mʹal] 動I他・自〖動名 **mealladh**, 動形 **meallta**〗魅了する; そそのかして…させる; 騙(だま)す.
meallacach [mʹaləkəx] 形1 魅惑的な, うっとりさせるような.
mealltach [mʹaltəx] 形1 だます; なだめすかす; がっかりさせる.
mealltóir [mʹaltoːrʹ] 名男〖属単 **mealltóra**, 複 -í〗さぎ師.
meamhlach [mʹauləx] 名女〖属単 **meamhlaí**〗(猫が)ニャーニャーと鳴くこと.
meamraiméis [mʹamrəmʹeːsʹ] 名女〖属単 -a〗官庁用語, お役所言葉.
meamram [mʹamrəm] 名男〖属単・主複 **meamraim**, 属複 ～〗メモ; 羊皮紙(の文書).
meán[1] [mʹaːn] 名男〖属単・主複 **meáin**, 属複 ～〗真ん中; 媒介; 平均; 腰. ～ lae 正午[真昼]. Meán Fómhair 9月. an mhéar mheáin 中指. na meáin chumarsáide マスメディア. ar ～ 平均して. thar [os] ～ 過度に.
meán-[2] [mʹaːn] 接頭 中間の; 媒介の; 平均の.
meana [mʹanə] 名男〖属単 ～, 複 -í〗錐(きり), 千枚通し.
meánach [mʹaːnəx] 形1 中間の; 平均的; 中庸(ちゅうよう)な.
meánaicmeach [ˈmʹaːnˌakʹmʹəx] 形1 中流階級の.
meánaíocht [mʹaːniː(ə)xt] 名女〖属単 -a〗中庸, 適度, 穏健.
meánaois [ˈmʹaːnˌiːsʹ] 名女〖属単 -e, 複 -eanna〗中年, 熟年. an Mheánaois 中世(紀).
meánaoiseach [ˈmʹaːnˌiːsʹəx] 形1 中世の.
méanar [mʹeːnər] 形 (動詞 is と共に) 幸福な. is ～ duit 君は運がいい[ついているやつだ].
meánchiorcal [ˈmʹaːnˌxʹirkəl] 名男〖属単・主複 **meánchiorcail**,

属複 ~〛赤道.
meánchiorclach [ˈmʲaːnʲxˈirkləx] 形1 赤道の.
meancóg [mʲaŋkoːg] 名女〚属単 **meancóige**, 主複 **-a**, 属複 ~〛間違い, 大失敗.
meandar [mʲandər] 名男〚属単・主複 **meandair**, 属複 ~〛瞬間, 瞬時.
méanfach [mʲeːnfəx] 名女〚属単 **méanfaí**〛あくび(をすること).
meang [mʲaŋ] 名女〚属単 **meinge**, 主複 **-a**, 属複 ~〛企み; 狡猾(こう)(かつ); 騙(だま)し.
meangadh [mʲaŋgə] 名男〚属単 **meangtha**〛~ (gáire) 微笑み.
meanma [mʲanəmə] 名女〚属単 **-n**〛考え; 勇気; 好み; 予感. glac ~! 元気を出せ!
Meánmhuirí [mʲanəviriː] 形1 地中海の.
meanmnach [mʲanəmnəx] 形1 元気のよい, 活発な, 快活な.
meann [mʲan] 形1 (名称) an Mhuir Mheann アイルランド海.
meannán [mʲanaːn] 名男〚属単・主複 **meannáin**, 属複 ~〛~ (gabhair) 子ヤギ.
meánoideachas [ˈmʲaːnʲodʲəxəs] 名男〚属単 **meánoideachais**〛中等教育.
meánoirthear [ˈmʲaːnorhar] 名男 an ~ 中東.
meánscoil [ˈmʲaːnʲskolʲ] 名女〚属単 **-e**, 複 **-eanna**〛中(等)学校.
meánúil [mʲaːnuːlʲ] 形2 温和な, 節度のある, 控え目の.
mear [mʲar] 形1〚属単男 ~, 属単女・比較 **mire**, 主複 **-a**〛迅速な; 元気のよい; 手短の.
méar [mʲeːr] 名女〚属単 **méire**, 主複 **-a**, 属複 ~〛指. ~ (coise) 足指.
méara [mʲeːrə] 名男〚属単 ~, 複 **-í**〛市長; 町長.
méaracán [mʲeːrəkaːn] 名男〚属単・主複 **méaracáin**, 属複 ~〛(裁縫用)指ぬき. ~ dearg ジギタリス(の花). ~ gorm ブルーベル(の花); 野性のヒアシンス.
mearadh [mʲarə] 名男〚属単 **mearaidh**〛狂気; 熱狂, 夢中.
mearaí [mʲariː] 名女〚属単 ~〛狂気; 動揺. ar ~ 熱狂した[困惑した].
méaraí [mʲeːriː] 形3 デジタル(方式)の.
mearaigh [mʲariː] 動II 他・自〚動名 **mearú**, 動形 **mearaithe**〛当惑させる; 興奮させる; 激怒させる.
méaraigh [mʲeːriː] 動II 他・自〚動名 **méarú**, 動形 **méaraithe**〛(指で)さわる; (曲を)弾く; めくる.

méaraíocht [mʲeːriː(ə)xt] 名女〖属単 **-a**〗指でさわること；指を使って演奏すること. **ag ～ ar éadach** 布に手を触れること.
mearaithne [ˈmʲarˌahnʲə] 名女〖属単 ～〗ちょっとした知り合い. **tá ～ agam air** 彼とは顔見知りなだけだ.
mearbhall [mʲarəvəl] 名男〖属単 **mearbhaill**〗混乱；めまい；間違い. **tháinig ～ air** 彼は面くらった.
mearbhia [mʲarviə] 名男〖属単 ～, 属複 **-nna**〗ファーストフード. **siopa ～** ファーストフード店.
mearbhlach [mʲarəvləx] 形 1 困惑した；ふらついた；気まぐれな.
mearcair [mʲarkərʲ] 名男〖属単 ～〗水銀；**Mearcair** 水星.
méarchlár [ˈmʲeːrˌxlaːr] 名男〖属単・主複 **méarchláir**, 属複 ～〗鍵盤, キーボード.
meargánta [mʲarəɡa:ntə] 形 3 向こう見ずな, 無鉄砲な, 無謀な.
mearghrá [ˈmʲarˌɣraː] 名男〖属単 ～〗夢中にさせること, 心酔, のぼせ上がり.
méarlorg [mʲeːrˌloːɡ] 名男〖属単・主複 **méarloirg**, 属複 ～〗指紋.
mearóg [mʲarɔːɡ] 名女〖属単 **mearóige**, 主複 **-a**, 属複 ～〗西洋カボチャ(の一種).
méaróg[1] [mʲeːroːɡ] 名女〖属単 **méaróige**, 主複 **-a**, 属複 ～〗小石；小玉. **ag imirt ～** ジャックストンズ(小石)遊びをすること.
méaróg[2] [mʲeːroːɡ] 名女〖属単 **méaróige**, 主複 **-a**, 属複 ～〗指状のもの. **～ éisc** フィッシュフィンガー(魚の切り身を揚げたもの).
mearsháile [ˈmʲarˌhaːlʲə] 名男〖属単 ～〗塩(気のある)水.
mearú [mʲaruː] 名男 ☞ **mearaigh**.
meas[1] [mʲas] 名男〖属単 **-a**〗評価すること；見積り；意見；尊重. **cad é do mheas orthu?** 彼らをどう思うか？ **tá ～ mór air** 彼は非常に尊敬されている.
── 動I 他・自〖動名 **meas**, 動形 **measa**；2 単現 **measann tú**〗判断する, 見積もる；熟考する.
meas[2] [mʲas] 名男〖属単・主複 **-a**, 属複 ～〗(ブナ, クリなどの)実.
measa [mʲasə] ☞ **olc**.
measaim [mʲasəm] **meas**[1] + **mé**.
measartha [mʲasərhə] 形 3 控え目の, 節度のある；かなりの；まずまずの. **～ maith** かなりよい[まあまあ].
measarthacht [mʲasərhəxt] 名女〖属単 **-a**〗適度；節制；かなりの量.
measc[1] [mʲask] 名 (成句) **i ～** の中で. **as ～** の中から. **toghadh as a ～ é** 彼は彼らの中から選ばれた.

measc[2] [mʹask] 動I 他・自 〘動名 **meascadh**, 動形 **measctha**〙混ぜる；混乱させる.

meascán [mʹaskaːn] 名男 〘属単・主複 **meascáin**, 属複 〜〙大きなかたまり；混合；混乱. 〜 **mearaí** 混乱[幻覚].

meascra [mʹaskrə] 名男 〘属単 〜, 複 **-í**〙(曲)メドレー；寄せ集め.

meastachán [mʹastəxaːn] 名男 〘属単・主複 **meastacháin**, 属複 〜〙見積り.

meastóir [mʹastoːrʹ] 名男 〘属単 **meastóra**, 複 **-í**〙評価する人, 査定者.

measúil [mʹasuːlʹ] 形2 尊重すべき, 敬意を表する, 立派な.

measúlacht [mʹasuːləxt] 名女 〘属単 **-a**〙体面；尊敬.

measúnacht [mʹasuːnəxt] 名女 〘属単 **-a**〙評価, 査定, 分析評価.

measúnaigh [mʹasuːniː] 動II 他 〘動名 **measúnú**, 動形 **measúnaithe**〙査定する；分析する.

meata [mʹatə] 形3 臆病な；青白い, 活気のない.

meatach [mʹatəx] 形1 臆病な；衰弱する；退化する.

meatachán [mʹatəxaːn] 名男 〘属単・主複 **meatacháin**, 属複 〜〙虚弱者；弱虫.

meatacht [mʹatəxt] 名女 〘属単 **-a**〙衰退；腐敗；堕落.

meath[1] [mʹah] 名男 〘属単 **-a**〙減退；腐食；退廃.
―― 動I 他・自 〘動名 **meath**, 動形 **meata**〙衰えさせる；腐らせる；浪費する.

meath-[2] [mʹah] 接頭 衰えさせる；弱まる；中位の；かなりの.

meathán [mʹahaːn] 名男 〘属単・主複 **meatháin**, 属複 〜〙若木；砕片.

meathlaigh [mʹahliː] 動II 自 〘動名 **meathlú**, 動形 **meathlaithe**〙衰退する；腐敗する；病気になる.

méathras [mʹeːhrəs] 名男 〘属単 **méathrais**〙脂肪, あぶら身.

meicneoir [mʹekʹnʹoːrʹ] 名男 〘属単 **meicneora**, 複 **-í**〙機械工, 修理工.

meicnic [mʹekʹnʹək] 名女 〘属単 **-e**〙力学, 機械学.

meicnigh [mʹekʹnʹiː] 動II 他 〘動名 **meicniú**, 動形 **meicnithe**〙機械化する.

meicniúil [mʹekʹnʹuːlʹ] 形2 機械の；機械による；機械的.

méid [mʹeːdʹ] 名 ①男 〘属単 〜〙量；数；程度；範囲. an 〜 ata uait 君の要求する量. sa mhéid sin その程度まで. sa mhéid go である限りは. ②女 〘属単 **-e**, 複 **-eanna**〙大きさ. tá 〜 mhór ann それは非常に大きい. dul i 〜 大きくなること. teacht i 〜 成長すること. tá sé

os ~ gach fir 彼は皆の中で一番大きい[大男だ].
meidhir [mʲairʲ] 名女〚属単 **meidhre**〛歓喜；陽気；ふざけ. ag ~ 浮かれ騒ぐこと.
meidhreach [mʲairʲəx] 形 1 陽気な；ふざけた；はね回る.
meidhréis [mʲairʲeːsʲ] 名女〚属単 **-e**〛陽気；冗談；じゃれること.
meidre [mʲedʲrʲə] ☞ meadar.
meigeall [mʲegʲəl] 名男〚属単・主複 **meigill**, 属複 ~〛あごひげ；ヤギのひげ.
meigeallach [mʲegʲələx] 名女〚属単 **meigeallaí**〛(羊, ヤギが)メーと鳴くこと.
meil [mʲelʲ] 動 I 他・自〚動名 **meilt**, 動形 **meilte**〛製粉する；細かく砕く；研ぐ；浪費する.
méile [mʲeːlʲə] 名男〚属単 ~, 複 **méilte**〛砂丘.
méileach [mʲeːlʲəx] 名女〚属単 **méilí**〛(羊が)メーと鳴くこと.
meilt [mʲelʲtʲ] 名女〚属単 **-e**〛挽くこと.
meilteoir [ˈmʲelʲtʲoːrʲ] 名男〚属単 **meilteora**, 複 **-í**〛粉砕機. ~ caife コーヒー挽き.
méin [mʲeːnʲ] 名女〚属単 **-e**〛物腰；態度, 様子.
méine [mʲeːnʲəː] ☞ mian.
méiniúil [mʲeːnʲuːlʲ] 形 2 好意を抱く, 友好的な；(土地)肥沃な.
meirbh [mʲerʲəvʲ] 形 1 元気のない, 弱々しい；(天気)うっとうしい.
meirbhe [mʲerʲəvʲə] 名女〚属単 ~〛無気力；蒸し暑さ, うっとうしさ.
meirbhligh [mʲerʲəvʲlʲiː] 動 II 他〚動名 **meirbhliú**, 動形 **meirbhlithe**〛弱める, 力を奪う.
meirfean [mʲerʲəfʲən] 名男〚属単 **meirfin**〛微弱, 衰弱；蒸し暑さ.
meirg [mʲerʲəgʲ] 名女〚属単 **-e**〛さび；いらいら, 短気. iarann ag tógáil meirge 鉄がさびること.
meirge [mʲerʲəgʲə] 名男〚属単 ~, 複 **meirgí**〛旗.
meirgeach [mʲerʲəgʲəx] 形 1 さびついた；怒りっぽい；気短かな.
meirgire [mʲerʲəgʲərʲə] 名男〚属単 ~, 複 **meirgirí**〛旗手；首唱者.
Meiriceá [mʲerikaː] 名男〚属単 ~〛アメリカ.
Meiriceánach [mʲerikaːnəx] 名男〚属単・主複 **Mericeánaigh**, 属複 ~〛アメリカ人.
―― 形 1 アメリカ人の.
méirínteacht [mʲeːrʲiːnʲtʲəxt] 名女〚属単 **-a**〛指でさわること；バイオリンを弾くこと. ~ ar[le] いじくりまわすこと.

meirleach [m'e:rl'əx] 名男〖属単・主複 **meirligh**, 属複 ～〗泥棒, 強盗; 無法者.
meirleachas [m'e:rl'əxəs] 名男〖属単 **meirleachais**〗山賊, 群盗; 極悪.
méirscre [m'e:rs'k'r'ə] 名男〖属単 ～, 複 **méirscrí**〗傷跡; ひび; 裂け目.
meirtne [m'ert'n'ə] 名女〖属単 ～〗虚弱, 薄弱; 疲労.
meirtneach [m'ert'n'əx] 形 1 弱々しい; 疲労した; 意気消沈した.
meisce [m'es'k'ə] 名女〖属単 ～〗酔い. **ar** ～ 酔って.
meisceoir [m'es'k'o:r'] 名男〖属単 **meisceora**, 複 **-í**〗酔っぱらい; 大酒飲み.
meisciúil [m'es'k'u:l'] 形 2 酔わせる; 酒飲みの.
méise [m'e:s'ə] ☞ mias.
Meisias [m'es'iəs] 名男〖属単 ～〗メシア, 救世主.
meiteamorfóis ['m'et'ə|morfo:s'] 名女〖属単 **-e**〗変形, 変態, 変容.
meitéar [m'et'e:r] 名男〖属単・主複 **meitéir**, 属複 ～〗流星; 隕石(いんせき); 大気現象.
meitéareolaí ['m'et'e:r|o:li:] 名男〖属単 ～, 複 **meitéareolaithe**〗気象学者.
meitéareolaíocht ['m'et'e:r'o:li:(ə)xt] 名女〖属単 **-a**〗気象学.
méith [m'e:] 名女〖属単 **méithe**〗脂肉; 豊富; 肥沃(よく).
―― 形 1 脂肪質の; 太った, 豊かな; 肥沃な.
méithe [m'e:hə] 名女〖属単 ～〗肥満; 豊かさ; 熟していること.
meitheal [m'ehəl] 名女〖属単 **meithle**, 複 **meithleacha**〗作業班; 分遣隊; (労働者などの)一組[隊].
Meitheamh [m'ehəv] 名男〖属単・主複 **Meithimh**, 属複 ～〗6月; 中旬. ～ **an Fhómhair** 中秋; 9月.
meitibileacht ['m'et'ə|b'il'əxt] 名女〖属単 **-a**〗新陳[物質]代謝; 代謝作用.
Meitidisteach ['m'et'ə|d'is't'əx] 名男〖属単・主複 **Meitidistigh**, 属複 ～〗メソジスト教徒.
―― 形 1 メソジスト教徒の.
meitifisic ['m'et'ə|f'is'ək'] 名女〖属単 **-e**〗形而上学.
meon [m'o:n] 名男〖属単 **meoin**, 複 **-ta**〗性癖[気性], 性格; 精神.
meonúil [m'o:nu:l'] 形 2 気まぐれな, むら気な.
mí[1] [m'i:] 名女〖属単 **-osa**, 複 **-onna**〗月. ～ **ré** 太陰月, 恒星月. ～ **féilire** カレンダー月. **bia míosa** 一月分の食物. ～ **na meala** ハネムーン.

mí-[2] [mʲiː] 接頭 悪い, 不吉な; 不, 非, 無.
mí-ádh [ˈmʲiːaː] 名男〖属単 **mí-áidh**〗不運[不幸], 災難, 時宜の悪さ. **mar bharr ar an ～** 不運にも, あいにく.
mí-áireamh [ˈmʲiːaːrʲəv] 名男〖属単 **mí-áirimh**〗誤算, 見込違い.
mí-áisiúil [ˈmʲiːaːsʲuːlʲ] 形1 不恰好な; 不器用な; 不便な.
mí-ámharach [ˈmʲiːaːvərəx] 形1 運の悪い, 不幸な.
mian [mʲiən] 名女〖属単 **méine**, 複 **-ta**〗欲求; 願望; 欲しいもの; 願い事. **tá an saol ar a mhian aige** 彼は望み通りの生活をしている. **tabhair leat do mhian de** (それから)君が欲しいだけとりなさい. (動詞 is と共に) **más ～ leat** もし望むなら[どうぞ]. **mar is ～ leat (féin)** 好きなように. **ba mhian liom** 私は…したい.
mianach [mʲiənəx] 名男〖属単・主複 **mianaigh**, 属複 **～**〗鉱石; 鉱坑; 機雷; 素質; 可能性; 能力. **～ guail** 炭鉱. **～ talún** 地雷. **～ duine** 人の生得の特質.
mianadóir [mʲiənədoːrʲ] 名男〖属単 **mianadóra**, 複 **-i**〗鉱山[炭坑]労働者.
mianadóireacht [mʲiənədoːrʲəxt] 名女〖属単 **-a**〗探鉱すること; 深く掘ること.
miangas [mʲiəŋɡəs] 名男〖属単・主複 **miangais**, 属複 **～**〗切望; 願望; 要求.
miangasach [mʲiəŋɡəsəx] 形1 欲しがる, 願う; 情欲の.
mianra [mʲiənrə] 名男〖属単 **～**, 複 **-í**〗鉱物; 無機物. **uiscí mianraí** ミネラルウォーター.
mianrach [mʲiənrəx] 形1 鉱物(性)の, 鉱物を含んだ; 無機質の.
mianúil [mʲiənuːlʲ] 形2 **～ ar**[chun]…を願って, 望んで(いる).
mias [mʲiəs] 名女〖属単 **méise**, 主複 **-a**, 属複 **～**〗皿(さら); 皿に盛った料理; (浅い)水鉢[茶わん].
míbhéasach [ˈmʲiːvʲeːsəx] 形1 行儀の悪い; 不しつけな.
míbhuíoch [ˈmʲiːviː(ə)x] 形1 感謝しない; 骨折り損の; 不愉快な.
míbhuntáiste [ˈmʲiːvuntaːsʲtʲə] 名男〖属単 **～**, 複 **míbhuntáistí**〗不利[不便]; 損害.
mic [mʲikʲ] ☞ **mac**.
míchaidreamhacht [ˈmʲiːxadʲrʲəvəxt] 名女〖属単・主複 **míchaidreamhaigh**, 属複 **～**〗人間嫌いの人.
mícháiliúil [ˈmʲiːxaːlʲuːlʲ] 形 悪名の高い; 破廉恥な.
míchairdiúil [ˈmʲiːxardʲuːlʲ] 形 友情のない; 不親切な.
míchaoithiúlacht [ˈmʲiːxihʲuːləxt] 名女〖属単 **-a**〗不便[迷惑]; 折の悪さ.

mícheadfach [ˈmʲiːxʲeːdfəx] 形1 気難しい；怒りっぽい；無感覚な；無作法な．
mícheart [ˈmʲiːxʲart] 形1 間違った，不正確な，不適当な．
míchéillí [ˈmʲiːxʲeːlʲiː] 形3 愚かな；良識を欠いた．
míchiall [ˈmʲiːxiəl] 名女〘属単 **míchéille**〙誤解；誤訳；愚かさ．
michlú [ˈmʲiːxluː] 名男〘属単 〜〙悪評(判)；不人気；不名誉．
míchomhairle [mʲiːxoːrlʲə] 名女〘属単 〜〙誤った助言，悪影響．mac na 〜 道を踏みはずした子，片意地な人．
míchompord [mʲiːxompoːrd] 名男〘属単 **míchompoird**〙不(愉)快；不安．
míchothrom [ˈmʲiːxohrəm] 名男〘属単 **míchothroim**〙不均衡；でこぼこ；一様でないこと；不公平．ar 〜 でこぼこしている；平均していない．
——形1 でこぼこの；平衡の破れた；一様でない，不公平な．
míchruinn [ˈmʲiːxrinʲ] 形1 厳密でない，不正確な，誤りのある．
míchruinneas [ˈmʲiːxrinʲəs] 名男〘属単 **míchruinnis**〙不正確，非厳密，間違い．
míchuí [ˈmʲiːxiː] 形3 節度を欠いた；不適当な；過度の．
míchuibheasach [ˈmʲiːxivʲɔsəx] 形3 節度のない；過度の[極端な]．
míchumas [ˈmʲiːxuməs] 名男〘属単 **míchumais**〙無能，無力；(法的)無能力．
míchumasach [ˈmʲiːxuməsəx] 形1 能力が無い；…が出来ない；肢体障害の．
míchumtha [ˈmʲiːxumhə] 形1 形を損った；醜い．
micrea- [mʲikʲrʲə] 接頭3（連結される語が広子音で始まる場合．狭子音の場合は **micri-**）小，微(小)，ミクロ．
micreafón [ˈmʲikʲrʲəfoːn] 名男〘属単・主複 **micreafóin**, 属複 〜〙マイクロホン．
micreascannán [ˈmʲikʲrʲəskanaːn] 名男〘属単・主複 **micreascannáin**, 属複 〜〙マイクロフィルム．
micreascóp [ˈmʲikʲrʲəskoːp] 名男〘属単・主複 **micreascóip**, 属複 〜〙顕微鏡．
micridhéanmhas [ˈmʲikʲrʲəɣeːnvəs] 名男〘属単 **micridhéanmhais**〙微(小)[ミクロ]構造．
mídhaonna [ˈmʲiːɣiːnə] 形1 不人情な；残酷な；非人間的な．
mídhíleá [ˈmʲiːɣiːlʲaː] 名男〘属単 〜〙消化不良．
mídhílis [ˈmʲiːɣiːləsʲ] 形1 不誠実な，不忠(な)の；不実の．
mídhleathach [ˈmʲiːɣlʲahəx] 形1 法で禁じられた，不法の．

mídhlisteanach [ˈmʲiːɣlʲisʲtʲənəx] 形1 非合法の；不忠な.
mífhabhrach [ˈmʲiːˌaurəx] 形1 都合の悪い；好意的でない.
mífheiliúnach [ˈmʲiːelʲuːnəx] 形1 (do, chun と共に)不適当な，不似合いな.
mífhoighne [ˈmʲiːˌainʲə] 名女〖属単 ～〗短気；焦慮.
mífhoighneach [ˈmʲiːˌainʲəx] 形1 短気な, 我慢出来ない.
mífholláin [ˈmʲiːˌolaːnʲ] 形1 不健康な；健康によくない.
mífhonn [ˈmʲiːˌon] 名男〖属単 **mífhoinn**〗気が進まないこと；不本意.
mífhortún [ˈmʲiːˌortuːn] 名男〖属単・主複 **mífhortúin**, 属複 ～〗不運, 不幸；災難.
mífhortúnach [ˈmʲiːˌortuːnəx] 形1 不運な, 不幸な；遺憾な.
mígheanas [ˈmʲiːˌɣʲanəs] 名男〖属単 **mígheanais**〗慎みのなさ, 下品.
míghléas [ˈmʲiːˌɣlʲeːs] 名男〖属単 **míghléis**〗調整不良；(機械)故障；(器官)機能不全. ar ～ 調子が悪くて；乱れて.
míghnaoi [ˈmʲiːˌɣniː] 名女〖属単 ～〗醜さ；見苦しさ；不快, 下劣.
míghníomh [ˈmʲiːˌɣnʲiːv] 名男〖属単 **míghnímh**, 複 -artha〗悪い行為, 犯罪；(法)不法行為.
míghreann [ˈmʲiːˌɣrʲan] 名男〖属単 **míghrinn**〗有害な[意地悪い]噂話；いたずら.
mígréin [mʲiːgrʲeːnʲ] 名女〖属単 **-e**〗偏頭痛.
mí-iompar [ˈmʲiːˌimpər] 名男〖属単 **mí-iompair**〗無作法；不品行；不正行為.
mí-ionracas [ˈmʲiːˌinrəkəs] 名男〖属単 **mí-ionracais**〗不正直；不正(行為).
mí-ionraic [ˈmʲiːinrəkʲ] 形1 不正直な, 不誠実な；不正の.
mil [mʲilʲ] 名女〖属単 **meala**〗はちみつ；心地よいもの. **briathra meala** 甘言.
míle [mʲiːlʲə] 名男〖属単 ～, 複 **mílte**〗(名詞の単数形が続く.)(数)1,000；多数[多量]；マイル. ～ **bliain** 1,000年.(成句) **go raibh** ～ **maith agat** 本当にありがとうございます. **na mílte** ～ **acu** 幾千も[無数]のそれら[あの人たち]. **rinne sé a mhíle dícheall** 彼は死力を尽くして頑張った. ～ **mór** [～ **gaelach**] アイルランドマイル.
míleáiste [mʲiːlʲaːsʲtʲə] 名男〖属単 ～, 複 **míleáistí**〗マイル数, (旅費, 運賃などの)マイル計算.
míleata [mʲiːlʲətə] 形3 軍隊の, 軍人の, 軍の.
míleatach [mʲiːlʲətəx] 形1 戦闘的な, 好戦的な, 闘争的な.

mílemhéadar [ˈmiːlʼəvʼeːdər] 名男〖属単・主複 **mílemhéadair**, 属複 ～〗マイル表示走行距離計.

mileoidean [mʼəˈlʼoːdʼən] 名男〖属単・主複 **mileoidin**, 属複 ～〗小型足踏オルガン.

mílí [ˈmʼiːlʼiː] 名女〖属単 ～〗色の悪さ；病的な青白さ.

milis [mʼilʼəsʼ] 形 1〖属単男 ～, 属単女・主複・比較 **milse**〗甘い, おいしい；新鮮な；お世辞のうまい. uisce ～ 清水[新鮮な真水]. bheith ～ le (duine) (人)にへつらうこと.

míliste [mʼiːlʼiːsʼtʼə] 名男〖属単 ～, 複 **mílístí**〗国民軍, 市民軍.

mílítheach [ˈmʼiːlʼiːhəx] 形 1 血の気のない, 青ざめた.

míliú [mʼiːlʼuː] 名男〖属単 ～, 複 **mílithe**〗1,000 番目(のもの), 1,000 分の 1.

―― 形 3 (後続語の語頭母音に h をつける) 第 1,000 番目の, 1,000 分の 1 の. an ～ bean 第 1,000 番目の女の人.

mill [mʼilʼ] 動 1 他・自〖動名 **milleadh**, 動形 **millte**〗台無しにする；破壊する；だめになる.

milleadh [mʼilʼə] 名男〖属単 **millte**〗破滅, 破壊. (成句) a mhilleadh sin そ(れ)の反対(のもの).

milleagram [ˈmʼilʼəˌgram] 名男〖属単・主複 **milleagraim**, 属複 ～〗ミリグラム.

milleán [mʼilʼaːn] 名男〖属単 **milleáin**〗非難, (過失の)責任.

milliméadar [ˈmʼilʼəmʼeːdər] 名男〖属単・主複 **milliéadair**, 属複 ～〗ミリメーター.

millín [mʼilʼiːnʼ] 名男〖属単 ～, 複 -í〗小塊, 球体；コロッケ；芽. millíní leamhan 玉状防虫剤[モスボール].

millliún [mʼilʼuːn] 名男〖属単・主複 **milliúin**, 属複 ～〗(基数詞扱い. 名詞の単数形が続く) 100 万；(複) 多数, 多量.

milliúnaí [mʼilʼuːniː] 名男〖属単 ～, 複 **milliúnaithe**〗大富豪.

milliúnú [mʼilʼuːnuː] 名男〖属単 ～, 複 **milliúnuithe**〗100 万番目(のもの), 100 万分の 1.

―― 形 3 (後続名詞の語頭母音に h をつける) 第 100 万番目の, 100 万分の 1 の.

millteach [mʼilʼtʼəx] 形 1 破壊的な；有害な；恐ろしい. (形容詞を強めて 副詞的にも用いる). ～ fuar[fada] すこぶる寒い[すごく長い].

millteanach [mʼilʼtʼənəx] 形 1 ものすごい, 恐ろしい；巨[莫]大な, (形容詞を強めて副詞的にも用いる).

millteanas [mʼilʼtʼənəs] 名男〖属単 **millteanais**〗破壊；破滅；損害；(子供の)いたずら.

milseacht [mʲilʲsʲəxt] 名女〖属単 **-a**〗甘さ；調子よさ；滑らかさ.
milseán [mʲilʲsʲaːn] 名男〖属単・主複 **milseáin**, 属複 ～〗甘味；甘い物, ボンボン.
milseog [mʲilʲsʲoːg] 名女〖属単 **milsoige**, 主複 **-a**, 属複 ～〗甘い物；デザート.
milseogra [mʲilʲsʲoːgrə] 名男〖属単 ～〗菓子類；菓子工場[店].
milsigh [mʲilʲsʲiː] 動II 他・自〖動名 **milsiú**, 動形 **milsithe**〗甘くする；(香・味など)良くする.
mílte [miːlʲtʲə] ☞ **míle**.
mím [mʲiːmʲ] 名女〖属単 **-e**, 複 **-eanna**〗無言[身振り]道化芝居；身振り.
mímhacánta [ˈmʲiːˌvakaːntə] 形3 不正直な, 不誠実な；不正の.
mímhacántacht [ˈmʲiːˌvakaːntəxt] 名女〖属単 **-a**〗不正直, 不誠実.
mímhaiseach [ˈmʲiːˌvasʲəx] 形1 似合わない.
mímhorálta [ˈmʲiːˌvoraːltə] 形3 社会的倫理に反する, 不道徳な.
mímhoráltacht [ˈmʲiːˌvoraːltəxt] 名女〖属単 **-a**〗不道徳(な行為).
mímhuinín [ˈmʲiːˌvinʲiːn] 名女〖属単 **-e**〗不信, 疑惑
mímhúinte [ˈmʲiːˌvuːnʲtʲə] 形3 不作法な, 無礼な；粗野な.
min [mʲinʲ] 名女〖属単 **-e**〗(穀物などの)粗粉[ひき割り]．～ **bhuí** ひき割りとうもろこし．～ **choirce** オートミール．～ **sáibh** おがくず．
mín [mʲiːnʲ] 名女〖属単 **-e**, 複 **-te**〗(物事の)滑らかさ[繊細さ]；(山間の)平坦な土地, 草原．
── 形1 滑らかな；微細な；当りのよい；静穏な．
mínádúrtha [ˈmʲiːˌnaːduːrhə] 形3 不自然な；人道に反する；無情な．
mináireach [ˈmʲiːˌnaːrʲəx] 形1 恥知らずな, 無遠慮な；狂暴な．
minc [mʲiŋʲkʲ] 名女〖属単 **-e**, 複 **-eanna**〗ミンク．
míndána [ˈmʲiːnʲˌdaːnə] 名〖属複 **míndán**〗(複)美術(品).
míne [mʲiːnʲə] 名女〖属単 ～〗滑らかさ；繊細さ；優しさ；静穏．
míneas [mʲiːnʲəs] 名男〖属単・主複 **mínis**, 属複 ～〗マイナス(記号).
minic [mʲinʲəkʲ] 副 ひん繁に, 常習的に．
── 形 ひん繁な, 度々の．
minicíocht [mʲinʲəkʲiː(ə)xt] 名女〖属単 **-a**〗周波数．
mínigh [mʲiːnʲiː] 動II 他〖動名 **míniú**, 動形 **mínithe**〗説明[詳述]する；滑らかにする；均(なら)す．
mínineacht [mʲiːnʲiːnʲəxt] 名女〖属単 **-a**, 複 **-aí**〗優美；洗練；鋭敏；珍味．(動名詞扱い) **ag** ～ くよくよすること．
ministir [mʲinʲəsʲtʲərʲ] 名男〖属単 ～, 複 **ministrí**〗牧師．

mínitheach [mʲiːnʲihəx] 形1 説明的な；釈明的な.
míniú [mʲiːnʲuː] 名男〖属単・複 **mínithe**〗説明；解釈；了解. **ba é ~ is réiteach an scéil** (go) あの話[事件]の結末は(go 以下)になった.
míniúchán [mʲiːnʲuːxaːn] 名男〖属単・主複 **míniúcháin**〗説明.
mínleach [mʲiːnʲlʲəx] 名男〖属単・主複 **mínligh**, 属複 ~〗(ゴルフ)フェアウェイ；平らな草地.
mínormálta [ˈmʲiːˌnorəmaːltə] 形3 異常な；並はずれた；変則の.
mínós [ˈmʲiːˌnoːs] 名男〖属単 **mínóis**, 複 **-anna**〗不作法, 無礼.
minseach [mʲinʲsʲəx] 名女〖属単 **minsí**, 主複 **-a**, 属複 ~〗雌ヤギ.
míntír [ˈmʲiːnʲˌtʲiːrʲ] 名女〖属単 **-e**〗平地；耕地；本土.
míntíreachas [ˈmʲiːnʲˌtʲiːrʲəxəs] 名〖属単 **míntíreachais**〗開墾；埋め立て.
míobhán [mʲivaːn] 名男〖属単 **míobháin**〗めまい；耳鳴り；揺れ.
míochaine [mʲiːxənʲə] 名女〖属単 ~〗薬物, 医薬品, 治療の材料.
miochair [mʲixərʲ] 形1 優しい[親切な]；洗練された身ごなしの.
miocrób [mʲikroːb] 名男〖属単・主複 **miocróib**, 属複 ~〗微生物, 細菌.
miodamas [mʲidəməs] 名男〖属単 **miodamais**〗生ごみ[くず].
miodóg [mʲidoːg] 名女〖属単 **miodóige**, 主複 **-a**, 属複 ~〗(両刃の)短刃.
míodún [mʲiduːn] 名男〖属単・主複 **míodúin**, 属複 ~〗(牧)草地.
míofar [mʲiːfər] 形1 醜い, 見苦しい；不快な.
míog [mʲiːg] 名女〖属単 **míge**, 主複 **-a**, 属複 ~〗(雛鳥・千鳥など)鳴く声.
―― 動I 自〖動名 **míogadh**, 動形 **míogtha**〗ピヨピヨ[チーチー]と鳴く.
míogarnach [mʲiːgərnəx] 名女〖属単 **míogarnaí**〗居眠りすること；眠気.
mí-oiriúnach [ˈmʲiːˌorʲuːnəx] 形1 不適当な, 適合しない.
míol [mʲiːl] 名男〖属単 **míl**, 複 **-ta**〗動物；昆虫；しらみ. **~ buí** 野兎. **~ mór** くじら.
míolach [mʲiːləx] 形1 しらみ[虫]のたかった；きたない；卑劣な；みすぼらしい.
míoleolaí [ˈmʲiːˌloːliː] 名男〖属単 ~, 複 **mioleolaithe**〗動物学者.
míoleolaíocht [ˈmʲiːˌloːliː(ə)xt] 名女〖属単 **-a**〗動物学.
míolra [mʲiːlrə] 名男〖属単 ~〗害虫[鳥]；有害な小動物.
míoltóg [mʲiːltoːg] 名女〖属単 **míoltóige**, 主複 **-a**, 属複 ~〗蚊, ブユ.

mion¹ [mʹin] 形1 細かい；微細［小］な；粉(状)の；詳細な.

mion-² [mʹin] 接頭 小(さい)；微小；狭い；重［主］要でない；少ない.

mionaigh [mʹini:] 動II 他・自 〖動名 **mionú**, 動形 **mionaithe**〗粉(々)にする；細かく刻む；ぼろぼろにする.

mionairgead [ˈmʹinˌarʹəgʹəd] 名男〖属単 **mionairgid**〗小口現金；つり銭.

mionaoiseach [ˈmʹinˌi:sʹəx] 形1 (法)未成年(者)の.

mionarm [ˈmʹinˌarm] 名男〖属単・主複 **mionairm**, 属複 〜〗小型武器；(複)携帯兵器.

mionbhrístín [ˈmʹinˌvʹrʹi:sʹtʹi:nʹ] 名男〖属単 〜, 複 **-í**〗ブリーフ.

mionchaint [ˈmʹinˌxantʹ] 名女〖属単 **-e**〗雑談, おしゃべり.

mionchóir [ˈmʹinˌxo:rʹ] 名 (成句) **ar mhionchóir** 小規模で.

mionchruinn [ˈmʹinˌxrinʹ] 形1 詳細な；精密な；正確な.

mionchúiseach [ˈmʹinˌxu:sʹəx] 形1 細かいことにこせこせした；非常に几帳面な.

mionda [mʹində] 形3 小さい；きゃしゃな；小柄(でいき)な.

miondealaigh [mʹinʹˌdʹali:] 動II 他〖動名 **miondealú**, 動形 **miondealaithe**〗詳細に区分する；(文法)(文を)分析［解剖］する.

miondíol [ˈmʹinʹˌdʹi:l] 名男〖属単 **-a**〗小売り.
—— 動I 他〖動名 **miondíol**, 動形 **miondíolta**〗小売りする.

miondíoltóir [ˈmʹinʹˌdʹi:lto:rʹ] 名男〖属単 **miondíoltóra**, 複 **-í**〗小売商.

mionéadach [ˈmʹinʹˌe:dəx] 名男〖属単 **mionéadaigh**, 複 **mionéadaí**〗小間物(店)；男子用装身雑貨(店).

mionearraí [ˈmʹinˌariː] 名男 (複)〖属複 〜〗小間物［雑貨］.

mionfheoil [ˈmʹinˌoːlʹ] 名女〖属単 **mionfheola**〗ひき肉, 刻み肉.

mionghadaíocht [ˈmʹinˌɣədiː(ə)xt] 名女〖属単 **-a**〗くすねること.

miongháire [ˈmʹinˌɣaːrʹə] 名男〖属単 〜, 複 **miongháirí**〗微笑, 含み笑い.

mionghearr [ˈmʹinˌɣaːr] 動I 他〖動名 **mionghearradh**, 動形 **mionghearrtha**〗細かく切る［刻む］.

mionghléas [mʹinɣlʹeːs] 名男〖属単 **mionghléis**〗(音楽)短調.

míonla [mʹiːnlə] 形3 穏やかな；優しい.

mionlach [mʹinləx] 名男〖属単・主複 **mionlaigh**, 属複 〜〗少数派, 少数民族.

mionn [mʹin] 名男〖属単 **-a**, 主複 **-aí**, 属複 〜〗(高位・威厳などの)象徴；王冠；誓い. (成句) 〜 **mór** 悪口, ののしり；呪い.

míonna [mʹiːnə] ☞ **mí**¹.

mionnaigh [mʹini:] 動II 他・自 〘動名 **mionnú**, 動形 **mionnaithe**〙宣誓させる；誓う．

mionnscríbhinn [ˈmʹinʹˌsʹkʹrʹiːvʹənʹ] 名女 〘属単・主複 **-e**, 属複 **-í**〙宣誓供述書．

mionphláinéad [ˈmʹinʹˌfla:nʹe:d] 名男 〘属単・主複 **mionphláinéid**, 属複 ～〙小惑星，小遊星．

mionra [mʹinrə] 名男 〘属単 ～〙細かく刻んだ肉，ひき肉．

mionrabh [ˌmʹinʹrav] 名女 〘属単 **mionraibhe**〙微細なもの，やすりくず．

mionrud [ˌmʹinʹrud] 名男 〘属単 **-a**, 複 **-aí**〙小間物；雑事；雑費．

mionsamhail [ˈmʹinʹˌsaulʹ] 名女 〘属単 **mionsamhla**, 複 **mionsamhlacha**〙縮小模型．

mionta [mʹintə] 名男 〘属単 ～, 複 **-í**〙造幣局．

miontas [mʹintəs] 名男 〘属単 **miontais**〙(植物) はっか，ミント．

mionthionscal [ˈmʹinʹhʹinskəl] 名男 〘属単・主複 **mionthionscail**, 属複 ～〙小規模産業 [工業]，零細企業．

miontóir [mʹinto:rʹ] 名男 〘属単 **miontóra**, 複 **-í**〙細かく刻む人 [道具]；ひき肉器．

miontuairisc [ˈmʹinʹˌtuərʹəsʹkʹ] 名女 〘属単 **-e**, 複 **-í**〙詳細な説明 [報告]；(複) 議事録．

mionúr [mʹinu:r] 名男 〘属単・主複 **mionúir**, 属複 ～〙(スポーツのメジャーに対して) マイナー．

míorúilt [mʹi:ru:lʹtʹ] 名女 〘属単 **-e**, 複 **-í**〙奇跡，不可思議．

míorúilteach [mʹi:ru:lʹtʹəx] 形1 奇跡の，驚くべき．

míosa [rʹi:sə] ☞ **mí**¹.

míosachán [mʹi:səxa:n] 名男 〘属単・主複 **míosacháin**, 属複 ～〙月1回の刊行物．

mioscais [mʹiskəsʹ] 名女 〘属単 **-e**〙憎しみ，恨み，悪意．

mioscaiseach [mʹiskəsʹəx] 形1 意地の悪い，悪意のある，執念深い．

míosta [mʹi:stə] 形3 月経(時)の．**fuil mhíosta** 月経(期間)．

míosúil [mʹisu:lʹ] 形2 毎月の，月極めの，月1回の．

miosúr [mʹisu:r] 名男 〘属単・主複 **miosúir**, 属複 ～〙寸法 [大きさ]；測定器．**as** ～ 過度に，法外な．～ (duine) **a thógáil le** (rud) (あるもの) 用に (人) の寸法をとること．

miotaigh [mʹiti:] 動II 他 〘動名 **miotú**, 動形 **mitaithe**〙(少しずつ) かじり取る [減らす・削る].

miotal [mʹitəl] 名男 〘属単・主複 **miotail**, 属複 ～〙金属 (製品)；勇気，気概．

miotalach [mʹitələx] 形1 金属(質)の; 威勢の良い.
miotas [mʹitəs] 名男〖属単・主複 **miotais**, 属複 ～〗神話; 架空の人[物].
miotasach [mʹitəsəx] 形1 神話の, 神話に基づく; 架空の.
miotaseolaíocht [ˈmʹitəsˌoːliː(ə)xt] 名女〖属単 **-a**〗神話学; 神話(集).
miotóg¹ [mʹitoːg] 名女〖属単 **miotóige**, 主複 **-a**, 属複 ～〗手袋, ミトン.
miotóg² [mʹitoːg] 名女〖属単 **miotóige**, 主複 **-a**, 属複 ～〗つねり[つまみ], 1 かじり; 小片.
mír [mʹiːrʹ] 名女〖属単 **-e**, 複 **-eanna**〗1 部(分), 切[小]片; 分節; 分け前;(音楽)楽句;(読み物・プログラム) 1 項目;(書物) 節, 項;(論争)論点. **míeanna mearaí** ジグソーパズル.
mírcheann [mʹiːrʹxʹən] 名男〖属単・主複 **mírchinn**, 属複 ～〗表題, 見出し.
mire [mʹirʹə] 名女〖属単 ～〗迅速; 逆上, 激しい興奮.
míréasúnta [ˈmʹiːˌreːsuːntə] 形3 非理性的な, 不合理な, 不条理な.
mírialta [ˈmʹiːˌriəltə] 形3 規則に従わない;(文法) 変則的な.
míriar [ˈmʹiːˌriər] 名男〖属単 **míréire**〗管理[処置]を誤ること.
——動I 他〖動名 **míriaradh**, 動形 **míriartha**〗管理[処置]を誤る.
mirlín [mʹirlʹiːnʹ] 名男〖属単 ～, 複 **-í**〗おはじき.
mírún [ˈmʹiːˌruːn] 名男〖属単 **mírúin**〗悪意, 敵意, 恨み.
mísc [mʹiːsʹkʹ] 名女〖属単 **-e**〗害; 困ったこと; 悪さ.
mise [mʹisʹə] 代 **mé** の強形.
misean [mʹisʹən] 名男〖属単・主複 **misin**, 属複 ～〗使節[派遣・代表]団; 伝導団.
míshásamh [ˈmʹiːˌhaːsəv] 名男〖属単 **míshásaimh**〗不満; 不快, 不興.
míshásta [ˈmʹiːˌhaːstə] 形3 不満な; 不快[不機嫌]な; 不格好な.
míshásúil [ˈmʹiːˌhaːsuːlʹ] 形2 不満足な, 不十分な.
mísheans [ˈmʹiːˌhans] 名男〖属単 ～, 複 **-anna**〗不運, 不幸, 災難.
míshibhialta [ˈmʹiːˌhʹivʹiəltə] 形3 不作法な; ざっとした.
míshlachtmhar [ˈmʹiːˌhlaxtvər] 形1 乱雑な; 見苦しい.
míshláintiúil [ˈmʹiːˌhlaːnʹtʹuːlʹ] 形2 健康によくない; 不健全な.
míshuaimhneach [ˈmʹiːˌhuə(vʹ)nʹəx] 形1 不安な, 落ち着かない.
míshuaimhneas [ˈmʹiːˌhuə(vʹ)nʹəs] 名男〖属単 **míshuaimhnis**〗不安; 動揺.
misinéir [mʹisʹənʹeːrʹ] 名男〖属単 **misineára**, 複 **-í**〗宣教師.

mismín [mˈisˈmˈiːnˈ] 名男〖属単 ～, 複 -í〗(植物)ミント, はっか.
misneach [mˈisˈnˈəx] 名男〖属単 **misnigh**¹〗勇気; 志気; 快気.
misnigh² [mˈisˈnˈiː] 動II 他〖動名 **misniú**, 動形 **misnithe**〗勇気づける, 励ます.
misniúil [mˈisˈnˈuːlˈ] 形2 勇気のある; 希望に満ちた.
místá [ˈmˈiːˌstaː] 名男〖属単 ～〗苦々しい顔つき, しかめ面.
miste [mˈisˈtˈə] 形 (=measa+de. 動詞 is と共に) **is** ～ (do) (にとって)重大である. **is** ～ **don tír é** それは国にとって重大である. **ní** ～ **a rá** (go) (go 以下)のように言っても構わない. (is ～+le) **is** ～ **liom faoi** 私はそれを重要視する. **ní** ～ **liom** 私は気にしない. **mura** ～ **leat** もし構わなければ.
misteach [mˈisˈtˈəx] 形1 秘法の; 神秘的な, 不思議な.
mistéir [mˈisˈtˈerˈ] 名女〖属単 **-e**, 複 **-í**〗神秘, 不可思議.
mistéireach [mˈisˈtˈeːrˈəx] 形1 神秘的な, 不可思議な.
místuama [ˈmˈiːˌstuəmə] 形3 思慮のない; 軽率な; ぎこちない.
mítéar [mˈiːtˈeːr] 名男〖属単・主複 **mítéir**, 属複 ～〗司教の法冠.
míthapa [ˈmˈiːˌhapə] 名男〖属単 ～〗不幸な出来事; 早まった行動; 不活発. **a mhíthapa a bhaint as** (duine) (人)に軽率な行動をさせること[短気を起こさせること].
―― 形3 用意が出来ていない; のろい; 不活発な.
mithid [mˈihədˈ] 形〖複 **-í**〗(動詞 is と共に) **is** ～ (とうに)…してよい時刻である. **is** ～ **dom imeacht** 私にとってもう出掛ける時刻だ. (複 **-í** を名詞扱い) 相応な時. **ag brath ar a** [ag feitheamh lena] **mhithidí** 彼の都合のよい時を待ち望んで(いる).
míthráthúil [ˈmˈiːˌhraːhuːlˈ] 形2 時機を誤った, あいにくの.
míthreoir [ˈmˈiːˌhrˈoːrˈ] 名女〖属単 **míthreorach**〗誤った指導; 混乱.
míthuiscint [ˈmˈiːˌhisˈkˈənˈtˈ] 名女〖属単 **míthuisceana**, 複 **-í**〗誤解; 誤り.
mitín [mˈitˈiːnˈ] 名男〖属単 ～, 複 **-í**〗ミトン, グローブ, 手袋.
miúil [mˈuːlˈ] 名女〖属単 **-e**, 複 **-eanna**〗ラバ(雄ロバと雌馬の雑種).
mí-úsáid [ˈmˈiːˌuːsaːdˈ] 名女〖属単 **-e**〗誤用, 乱用, 悪用.
mná [mnaː] ☞ **bean**.
mo [mə] 形 所有形容詞1人称単数. (S 変化. 母音または fh+母音の前では m' となる) 私の. (間投詞的成句) **mo léan!** ああ(悲しい)! **mo thrua iad!** まあ気の毒な人たち! **mo ghrá thú!** 大好き[愛してる]! **m'anam** 誓って, 確かに. ～ **dhearmad!** 忘れた! (動名詞の目的語と

して) **tá sé do mo ghortú** それは私を傷つけている. **níl siad do m'iarraidh**(<iarr) 彼らは私を必要としていない.

mó¹ [mo:] 形3 (数の疑問文に) **an ~?** どれ程(多数)の(…があるか)? **an ~ focal ann?** その中にどれ程の語がありますか? **an ~ uair a chonaic tú iad?** 彼らを見かけたのは何回ぐらいですか?

mó² [mo:] ☞ **mór**¹.

moch [mox] 形1 〖属単男 **~**, 属単女・比較 **moiche**, 主複 **-a**〗(時刻・季節の)早い. **go ~ ar maidin** 朝早くに. **~ (nó) is mall é** 遅かれ早かれ. (名詞扱い) **le ~ na maidine**[**i ~ (an) lae**] 朝早く.

mochóirí [moxo:r'i:] 名男 〖属単 **~**〗早起き. **ar ~** 早起き後の; 朝早く.

modartha [modərhə] 形3 暗い; 濁った; 気難しい. **leacht ~** 不透明な液体. **súile ~** 黒い眼; 冴えない眼. **duine ~** 色の浅黒い人; 気難しい人.

modh [mo:] 名男 〖属単 **-a**, 複 **-anna**〗方法, 様式; 手順; 音階; 敬意; (文法)法. **i ~ rúin** 秘密裏に. **ar an ~ sin** そのような方法で; こんな風に. **ar mhodh ar bith** 何としても; とにかく.

Modhach [mo:əx] 名男 〖属単・主複 **Modhaigh**, 属複 **~**〗メソジスト教徒.
―― 形1 メソジスト教徒の.

modhnaigh [mo:ni] 動Ⅱ他 〖動名 **modhnú**, 動形 **modhnaithe**〗変更[修正]する; 加減する; 調節[整]する.

modhúil [mo:ul'] 形2 礼儀正しい; 上品な; 謙そんな.

modhúlacht [mo:u:ləxt] 名女 〖属単 **-a**〗礼儀正しさ; しとやかさ; 謙そん.

modúl [modu:l] 名男 〖属単・主複 **modúil**, 属複 **~**〗モジュール(度量の単位・建材基準寸法・コンピューターの単位・ロケットの一部).

mogall [mogəl] 名男 〖属単・主複 **mogaill**, 属複 **~**〗網目; 殻 (か̣ら); さや; (果実の)房, 球形のもの. **~ súile** 眼球.

mogalra [mogəlrə] 名男 〖属単 **~**〗網状組織; 格子; ネットワーク.

mogh [mau] 名男 〖属単・主複 **-a**, 属複 **~**〗奴隷, 農奴.

moghsaine [mausən'ə] 名女 〖属単 **~**〗農奴[奴隷]の境遇・身分.

mogóir [mogo:r'] 名男 〖属単 **mogóra**, 複 **-í**〗ばらの実.

móid [mo:d'] 名女 〖属単 **-e**, 複 **-eanna**〗誓い, 誓約.

móide [mo:d'ə] 形 (=**mór**(比較)+**de**) (動詞 **is** と共に) 更に付け加えた, もっと多くの; …を加えて. **ní ~ go** ほとんど[多分](**go** 以下)でない. **ní ~ ar bith é** それはほとんどありそうにない. **ní ~ rud de** あるいは…かも知れない. **a trí ~ a ceathair** 3に4を加えて.

móidigh

móidigh [mo:d′i:] 動II 他・自 〖動名 **móidiú**, 動形 **móidithe**〗誓う；誓約する．
moiglí [mog′l′i:] 形3 温和な；静かで落着いた；くつろいだ．
moiglíocht [mog′l′i:(ə)xt] 名女 〖属単 **-a**〗温和, 平静さ．
móihéar [mo:he:r] 名男 〖属単 **móihéir**〗モヘア．
moileasc [mol′əsk] 名男 〖属単・主複 **moilisc**, 属複 ～〗軟体動物．
móilín [mo:l′i:n′] 名男 〖属単 ～, 複 **-í**〗(物理・化学) 分子；微粒子．
moill [mol′] 名女 〖属単 ～, 複 **-eanna**〗遅延；妨げ；休止. **aga moille** 時間の遅れ. **gan mhoill** 間もなく. **ar thoradh moille** 多少遅れて；ついに；詳細に．
moille [mol′ə] 名女 〖属単 ～〗(動き・時間の)遅いこと．
moilleadóireacht [mol′ədo:r′əxt] 名女 〖属単 **-a**〗遅延すること；延期すること；ぶらぶら(時を)空費すること．
moilligh [mol′i:] 動II 他・自 〖動名 **moilliú**, 動形 **moillithe**〗遅らせる；延期する；遅延する．
móimint [mo:m′ən′t′] 名女 〖属単 **-e**, 複 **-í**〗瞬間[時]；(力学) モーメント, 回転偶力．
móiminteam [ˌmo:ˈm′in′t′əm] 名男 〖属単 **móimintim**〗惰性, 勢い；(力学) 運動量．
móin [mo:n′] 名女 〖属単 **móna**, 複 **móinte**〗泥炭；泥炭質の荒地．
móincheart [ˈmo:n′ˌx′art] 名男 〖属単 **móinchirt**, 主複 **-a**, 属複 ～〗泥炭採掘権．
móinéar [mo:n′e:r] 名男 〖属単・主複 **móinéir**, 属複 ～〗(牧)草地, 緑草地帯．
moing [moŋ′] 名女 〖属単 **-e**, 複 **-eanna**〗たてがみ；長くふさふさした頭髪；雑草などが生い茂った泥沼地．
móinteach [mo:n′t′əx] 名男 〖属単・主複 **móintigh**, 属複 ～〗荒地；荒野；沼地．
móinteán [mo:n′t′a:n] 名男 〖属単・主複 **móinteáin**, 属複 ～〗荒野[沼地]の広がり．
móiréis [mo:r′e:s′] 名女 〖属単 **-e**〗高慢, 横柄；てらい, 見せかけ．
móiréiseach [mo:r′e:s′əx] 形1 横柄な；うぬぼれた．
moirfeolaíocht [ˈmor′f′ˌo:li:(ə)xt] 名女 〖属単 **-a**〗形態[構造]学；(文法) 形態[語形]論．
moirfín [mor′f′i:n′] 名男 〖属単 ～〗モルヒネ．
moirt [mort′] 名女 〖属単 ～〗(酒類の)おり；沈殿物；ぬかるみ．
moirtéal [ˌmort′e:l] 名男 〖属単 **moirtéil**〗モルタル, しっくい．
moirtéar [mort′e:r] 名男 〖属単・主複 **moirtéir**, 属複 ～〗臼砲；迫

撃砲；すり鉢.

moirtís [mortʹiːsʹ] 名女〚属単 **-e**, 複 **-í**〛(木材のほぞ接ぎ用)ほぞ穴；(版面の)くりぬき穴.

móitíf [moːtʹiːfʹ] 名女〚属単 **-e**, 複 **-eanna**〛(芸術作品の)主題, モチーフ.

mol[1] [mol] 名男〚属単・主複 **moil**, 属複 ～〛(車輪の)ハブ[こしき](中心部)；ピボット[旋回中心軸]；(天[地]球の)極. **an Mol Thuaidh [Theas]** 北[南]極.

mol[2] [mol] 動Ⅰ他・自〚動名 **moladh**, 動形 **molta**〛褒める；勧告する；提案する. ～ **le** 同意する. **moladh dom labhairt leat** 君と話すように勧められた. **mhol sé liom ar an scéal** その件について彼は私に同意した[その件を(続行するよう)奨励してくれた].

moladh [molə] 名男〚属単 **molta**, 複 **moltaí**〛称賛[称揚]；提案；推挙.

molás [molaːs] 名男〚属単 **moláis**〛糖蜜.

molaim [moləmʹ] mol[2]＋mé.

molchaidhp [molxaipʹ] 名女〚属単 **-e**, 複 **-eanna**〛(車)ホイールキャップ.

moll [mol] 名男〚属単 **moill**, 複 **-ta**〛(うず高い)山；多数[多量・多額].

moltach [moltəx] 形 1 称賛の；賛美する；お世辞の；是認する.

moltóir [moltoːrʹ] 名男〚属単 **moltóra**, 複 **-í**〛指名[推薦]者；提案者；審判[裁定]者.

mómhaireacht [moːvərʹəxt] 名女〚属単 **-a**〛礼儀正しさ；優雅さ.

mómhar [moːvər] 形 1 礼儀正しい；奥床しい, 上品で威風のある.

mona [monə] 名男〚属単 ～, 複 **-í**〛通貨, 硬貨；種類. **de gach** ～ あらゆる種類の.

móna [moːnə] ☞ **móin**.

monabhar [monəvər] 名男〚属単 **monabhair**〛雑音；ささやき, つぶやき.

monagamas [ˈmonəˌgaməs] 名男〚属単 **monagamais**〛一夫一婦制.

monalóg [ˈmonəˌloːg] 名女〚属単 **monalóige**, 主複 **-a**, 属複 ～〛会話の独占；独白(劇).

monaplacht [ˈmonəˌplaxt] 名女〚属単 **-a**, 複 **-aí**〛独占[専売](権・事業).

monaplaigh [ˈmonəˌpliː] 動Ⅱ他〚動名 **monaplú**, 動形 **monaplaithe**〛を専売[占有]する, の専売[独占]権を得る.

monaraigh [monəri:] 動II 他 〖動名 **monarú**, 動形 **monaraithe**〗(大量に)製造する.

monarc [monərk] 名 男 〖属単 〜, 複 **-aí**〗(世襲)君主.

monarcacht [monarkəxt] 名 女 〖属単 **-a**, 複 **-aí**〗君主政治[国].

monarcha [monərxə] 名 女 〖属単 **-n**, 複 **-na**〗工場, 製造所.

monatóir [monəto:rʹ] 名 男 〖属単 **mónatóra**, 複 〜〗モニター.

moncaí [moŋki:] 名 男 〖属単 〜, 複 **moncaithe**〗猿.

mongach [moŋgəx] 形 1 たてがみのある; 長髪の; 湿地の(様な).

mónóg [mo:no:g] 名 女 〖属単 **mónóige**, 主複 **-a**, 属複 〜〗ツルコケモモ(の実); ビーズ.

monsún [monsu:n] 名 男 〖属単・主複 **monsúin**, 属複 〜〗(インド洋・南アジアの)季節風, モンスーン.

monuar [məˈnuər] 間投 ああ(悲しい)!

mór[1] [mo:r] 名 男 〖属単 **móir**, 主複 **-a**, 属複 〜〗(量・数・形・規模・度量その他)大きい[壮大な]こと; 好意; 誇り.

——形 1 〖比較 **mó**〗(数・量・形・範囲・規模・度量・成長度・年その他)大きい; 偉大な; 主要な; 親しい. **bealach**[bóthar] 〜 主要[幹線]道路. **deoine móna** 成人たち. **duine** 〜 **le rá** 著名人. **tá sé** 〜 **as féin** 彼は自分を偉いと思っている. **baile** 〜 町. **an fharraige mhór** 公海[大海]. **bheith** 〜 **le** (duine) (人)と親しくしていること. **ní** 〜 **liom duit é** あなたにそれを(出し)渋っているのではない. (副詞扱い) **go** 〜 かなり. **go** 〜 **fada**(かなり)長い間. **go** 〜 〜 とりわけ. **an** 〜 **é?** それは幾ら[どの位]か? **ní** 〜 (**do**) (do 以下にとって)必要である. **nach** 〜 ほとんど[もう少しで]. **ní mó ná** (**go**) ほとんど(go 以下)でない. **níos mó**(それ)以上の.

——動I 他・自 〖動名 **móradh**, 動形 **mórtha**〗拡大する; 増やす; 称揚する; 祝う. 〜 **as** を自慢する. 〜 **ar** 惜しむ; ねたむ.

mór-[2] [mo:r] 接頭 大きい; 壮麗な; 主要な; 重大な; 全般的な.

mora [morə] 名 (成句) 〜 **duit** (ar maidin) [〜 **na maidine duit**] おはようございます.

móradh [mo:rə] 名 男 〖属単 **mórtha**〗① **mór**[1] の動名詞. ② 拡大; 称賛, 称揚.

móraí [mo:ri:] 名 女 〖属単 〜, 複 **móraithe**〗祖母(幼児言葉).

móráil [mo:ra:lʹ] 名 女 〖属単 **mórála**〗高慢[うぬぼれ]; 誇り.

móraim [mo:rəmʹ] **mór**[1]+mé.

móráireamh [ˈmo:rʲarʹəv] 名 男 〖属単・主複 **móráirimh**, 属複 〜〗国勢[人口]調査.

mórálach [mo:ra:ləx] 形 1 高慢の; 得意顔の, 思い上った. 〜 **as**

(rud)(もの)を大いに自慢して.
morálta [moraːltə] 形3 道徳の; 倫理的な; 良心的な; 精神的な.
moráltacht [moraːltəxt] 名女〖属単 **-a**〗道徳; 倫理; 徳性.
móramh [moːrəv] 名男〖属単・主複 **móraimh**, 属複 ～〗大多数, 大部分, 過半(数).
morán [moːraːn] 名男〖属単 **móráin**〗多数, 多量, たくさん;（副詞扱い）ほとんど;（否定文で）あまり. ～ **daoine** 大勢の人たち. **nil seo** ～ **níos fearr** これはあまり良くない.
mórbhonn [ˈmoːrˌvon] 名男〖属単・主複 **mórbhoinn**, 属複 ～〗大メダル;（肖像画などの）円形浮彫り.
mórchóir [ˈmoːrˌxoːrʲ] 名 (成句) **ar an** ～ 大規模に, 大量に.
mórchroí [ˈmoːrˌxriː] 名男〖属単 ～〗心の広いこと; 気前のよさ.
mórchuid [ˈmoːrˌxidʲ] 名女〖属単 **mórchoda**, 複 **mórchodanna**〗多量[多数], 多大; 大部分.
mórchúis [ˈmoːrˌxuːsʲ] 名女〖属単 **-e**, 複 **-eanna**〗自負; うぬぼれ; 尊大.
mórchúiseach [ˈmoːrˌxuːsʲəx] 形1 うぬぼれの強い, 尊大な, もったいぶった.
mórdhíol [ˈmóːrˌɣiːl] 名男〖属単 **-a**〗卸売り.
mórfhoclach [ˈmoːrˌokləx] 形1 大げさな表現の, 演説調の.
morg [morəg] 動Ⅰ 他・自〖動名 **morgadh**, 動形 **morgtha**〗腐敗させる; 分解する; 堕落させる.
mórga [moːrgə] 形3 高貴の; 威風のある; 高潔な.
mórgacht [moːrgəxt] 名女〖属単 **-a**, 複 **-aí**〗高貴; 王威; 高潔. **A Mhórgacht**（敬称）陛下, 殿下.
morgadh [morəgə] 名男〖属単 **morgtha**〗腐敗(物); 腐敗作用; 堕落; えそ[脱そ].
morgáiste [morəgaːsʲtʲə] 名男〖属単 ～, 複 **morgáistí**〗抵当; 抵当証書.
morgáistigh [morəgaːsʲtʲiː] 動Ⅱ 他〖動名 **morgáistiú**, 動形 **morgáistithe**〗抵当に入れる.
mórghléas [ˈmoːrˌɣlʲeːəs] 名男〖属単 **mórghléis**, 複 **-anna**〗(音楽) 長調.
mórleabhar [ˈmoːrˌlʲaur] 名男〖属単・主複 **mórleabhair**, 属複 ～〗大冊. ～ (**cuntas**) 元帳, 台帳.
mórluachach [ˈmoːrˌluəxəx] 形1 高価[貴重]な; 重要な; 非常にうぬぼれの強い.
Mormannach [morəmənəx] 名男〖属単・主複 **Mormannaigh**, 属

複 〜〗モルモン教徒.
── 形1 モルモン教の[教徒の].
mórphianó [ˈmoːrˌfʲiˈanoː] 名男〖属単 〜, 複 -nna〗グランドピアノ.
mór-roinn [ˈmoː(r)ˌronʲ] 名女〖属単 -e, 複 **mór-ranna**〗大陸.
mórsheisear [ˈmoːrˌhesʲər] 名男〖属単 **mórsheisir**〗7人. 〜 **fear** [ban] 男[女] 7人.
mórshiúl [ˈmoːrˌxʲuːl] 名男〖属単 **mórshiúil**, 複 -ta〗行進, 行列.
mórtas [moːrtəs] 名男〖属単 **mórtais**〗自慢, うぬぼれ；誇り；上機嫌；(波の) うねり.
mórtasach [moːrtəsəx] 形1 高慢な；自慢する；非常に喜んでいる.
mórthaibhseach [ˈmoːrˌhavʲsʲəx] 形1 見世物的な, 壮観な；はなばなしい.
mórthimpeall [ˌmoːrˈhimʲpʲəl] 名男〖属単 **mórthimpill**〗迂回路；周囲の状況, 環境.
── 前 を回って, を取り巻いて.
── 副 (場所の) 回りに, 取り巻いて, ぐるっと一回りして.
mórthír [ˈmoːrˌhiːrʲ] 名女〖属単 -e〗(島に対し) 大陸, 本土.
mortlaíocht [mortliː(ə)xt] 名女〖属単 -a〗死亡数[率]；致命的なこと.
mos[1] [mos] 名男〖属単 **mois**〗におい；香り, 香気.
mos[2] [mos] 名男〖属単 **mois**〗無愛想, 不機嫌；ぶっきらぼうなこと.
mós [moːs] 副 (動詞 bí と共に) どちらかといえば；幾分. **tá sé 〜 fada** それは幾分長い.
mosach [mosəx] 形1 毛むくじゃらの；むっつりした, 不機嫌な.
mósáic [ˌmoːˈsaːkʲ] 名女〖属単 -e, 複 -í〗モザイク (画), 寄木細工.
Moslamach [mosləməx] 名男〖属単・主複 **Moslamaigh**, 属複 〜〗イスラム教.
── 形1 イスラム教の.
móta [moːtə] 名男〖属単 〜, 複 -í〗堀 [掘割り]；土手, 築堤.
mótar [moːtər] 名男〖属単・主複 **mótair**, 属複 〜〗原動力；モーター；自動車.
mothaigh [mohiː] 動II 他・自〖動名 **mothú**, 動形 **mothaithe**〗触れる；感知する；の感じがする；気付く；聞こえる. **ocras a mhothú** 空腹を感じること. **boladh a mhothú** においに気付くこと. **mothaím uaim iad** 私は彼らがいなくて寂しく思う.
mothaitheach [mohihəx] 形1 知覚力のある；知覚の鋭い.
mothálach [mohaːləx] 形1 敏感な, 感応しやすい.

mothall [mohəl] 名男〖属単・主複 **mothaill**, 属複 ～〗～ (gruaige) もじゃもじゃの髪.
mothallach [mohələx] 形 1 毛のふさふさした, 毛深い；毛むくじゃらの.
mothaolach [mohi:ləx] 形 1 単純な；世間ずれしていない；だまされやすい.
mothar [mohər] 名男〖属単・主複 **mothair**, 属複 ～〗やぶ[茂み・ジャングル]；大きな塊.
mothchat [mohxat] 名男〖属単・主複 **mothchait**, 属複 ～〗雄猫.
mothrach [mohrəx] 形 1 一面に生い茂った；かさばった；曇った.
mothú [mohu:] 名男〖属単 **mothaithe**〗① mothaigh の動名詞. ② 感覚(作用), 知覚(作用), 意識；感触.
mothúchán [mohu:xa:n] 名男〖属単・主複 **mothúcháin**, 属複 ～〗感情[情緒]；感動.
muc [muk] 名女〖属単 **muice**, 主複 **-a**, 属複 ～〗豚；堆積(物). ～ i mála a cheannach 調べもせずに買ったもの[安請け合い]. ～ ghuine モルモット. ～ ghainimh 砂丘；砂州. ～ shneachta 雪の吹きだまり. ～ ar mala しかめっ面.
mucais [mukəsʹ] 名女〖属単 **-e**, 複 **-í**〗豚小屋[舎].
múcas [mu:kəs] 名男〖属単 **múcais**〗粘液, やに.
múch [mu:x] 名女〖属単 **múiche**〗(息詰まらせる)煙(霧)；蒸気. ——動Ⅰ他・自〖動名 **múchadh**, 動形 **múchta**〗窒息(死)させる；消す；いやす；鈍らせる. solas a mhúchadh 明かりを消すこと. tart a mhúchadh 渇きをいやすこと. gáire a mhúchadh 笑いをこらえること.
múchadh [mu:xə] 名男〖属単 **múchta**〗息苦しさ[窒息]；消す[鎮める]こと；ぜん息.
múchaim [mu:xəmʹ] múch＋mé.
múchán [mu:xa:n] 名男〖属単・主複 **múcháin**, 属複 ～〗煙道.
múchtach [mu:xtəx] 形 1 息苦しい, 窒息させる；ぜん息の.
múchtóir [mu:xto:rʹ] 名男〖属単 **múchtóra**, 複 **-í**〗消すもの；消(火)器. ～ dóiteáin 消火器.
muclach [mukləx] 名男〖属単・主複 **muclaigh**, 属複 ～〗養豚所, 豚小屋；豚の群れ；下劣な男.
mufa [mofə] 名男〖属単 ～, 複 **-í**〗マフ(毛皮などの手を暖める筒状の婦人用品)；(内燃機関の)消音装置[器], マフラー.
muga [mogə] 名男〖属単 ～, 複 **-í**〗手つきコップ, マグ.
muiceoil [ˈmikʹˌo:lʹ] 名女〖属単 **muiceola**〗豚肉. ～ (shaillte) ベ

ーコン.

muid [mid′] 代 1人称複数主格・目的格. 私達は[が]; 私達に[を]. (動詞 is と共に) is ～ atá freagrach ann それに答えられるのは私達です. lean sé ～ 彼は私達についてきた. (代名詞と結合しない前置詞と共に) ach ～ 私達を除いて. gan ～ 私達抜きで.
muidne [mid′n′ə] 代 muid の強形. 私達(自身).
muifín [mif′i:n′] 名男 〖属単 ～, 複 -í〗マフィン.
muifléad [mif′l′e:d] 名男 〖属単・主複 muifléid, 属複 ～〗マフラー, スカーフ.
muileann [mil′ən] 名男 〖属単 muilinn, 複 muilte〗ひき臼(㋖), 製粉機; 粉ひき所; 工場. ～ uisce 水車(場). ～ caife コーヒーひき器.
muileata [mil′ətə] 名男 〖属単 ～, 複 í〗(トランプ)ダイヤ. aon[rí] ～ ダイヤのエース[キング].
muilleoir [mil′o:r′] 名男 〖属単 muilleora, 複 -í〗製粉業者, 粉ひき場の所有者.
muilleoireacht [mil′o:r′əxt] 名女 〖属単 -a〗ひき臼(㋖)でひくこと.
muin [min′] 名女 〖属単 -e, 複 -í〗背(中), 背面; 上. ar ～ capaill 馬の背に. ～ ar mhuin 続けざまに. tubaiste ar mhuin tubaiste 災難につぐ災難. ar mhuin mhairc a chéile 寄せ集めてでっち上げた, いい加減にやった; ごった返しの. níor fhág siad cloch ar mhuin cloiche 彼らは八方手を尽くした.
múin [mu:n′] 動I 他・自 〖動名 múineadh, 動形 múinte〗教える, しつける; 仕込む; 学ぶ.
muince [miŋ′k′ə] 名女 〖属単 ～, 複 muincí〗ネックレス, (金属の)首飾り.
muinchille [min′x′əl′ə] 名女 〖属単 ～, 複 muinchillí〗袖(㋖); (機械の)スリーブ.
muine [min′ə] 名女 〖属単 ～, 複 -acha〗茂み, やぶ; 雑木林.
múineadh [mu:n′ə] 名男 〖属単 múinte〗教育, 教え; 礼儀作法, しつけ. ～ scéil 寓話の教訓.
muineál [min′a:l] 名男 〖属単・主複 muiníl, 属複 ～〗首; 襟; (料理用)首肉. ～ fada 長い首. ～ gúna ドレスの襟. ～ tíre 岬.
muinín [min′i:n′] 名女 〖属単 -e〗信頼[信用]; 依存(状態). ～ a bheith agat as (duine[rud]) 君が(人[もの])を信頼していること. (rud) a chur i ～(duine) (人)に(もの)を(信頼して)任せること. dul i ～ (ruda) (もの)に頼ること. bheith i ～(duine) (人)に依存すること.
muiníneach [min′i:n′əx] 形 1 ～ as を信頼[信用]している; 信頼で

きる.

muinisean [ˌmiˈnʲisʲən] 名男〖属単・主複 **muinisin**, 属複 ～〗弾薬；武器.

múinte [muːnʲtʲə] 形3 ① múin の動形容詞. ② よく教育された, 行儀の良い.

muintearas [minʲtʲərəs] 名男〖属単 **muintearais**〗友情；親交；親族関係.

muineartha [minʲtʲərhə] 形3 友人らしい；友好的な；関係のある, 縁続きの. duine ～ a dhéanfadh é それをしてくれて本当にありがとう [それをするとは友だちにふさわしい]. mo dhuine ～ 私の親類.

múinteoir [muːnʲtʲoːrʲ] 名男〖属単 **múinteora**, 複 **-í**〗教師, 先生.

múinteoireacht [muːnʲtʲoːrʲəxt] 名女〖属単 **-a**〗教えること. dul le ～ 教職につくこと.

muintir [minʲtʲərʲ] 名女〖属単 **-e**, 複 **-eacha**〗親族 [家族]；人々 [国民]. ～ na hÉireann アイルランドの人々 [国民]. ～ m'athar 父方の親族. (成句) teach muintire 住宅. fear na muintire 近親者. Muintir Dhorchaigh ダルシイ一家.

muir [mirʲ] 名女〖属単・複 **mara**〗海, 海洋. an mhuir mhór 公海 [大洋]. ～ intíre 内海. (成句) ～ théachta 凍結した海；莫大な量.

muirbheach [mirʲəvʲəx] 名男〖属単・主複 **muirbhigh**, 属複 ～〗(海岸に沿った)砂地, (海辺の)砂丘.

muirbhrúcht [ˈmirʲˌvruːxt] 名男〖属単 **-a**, 複 **-anna**〗高波, 津波.

muirdhreach [ˈmirʲˌɣrʲax] 名男〖属単・主複 **-a**, 属複 ～〗海の景色；海の絵.

Muire [mirʲə] 名女〖属単 ～〗(聖母)マリア.

muirear [mirʲər] 名男〖属単・主複 **muirir**, 属複 ～〗負担；荷(物)；保護；管理；(扶養)家族.

muireolaíocht [ˈmirʲˌoːliː(ə)xt] 名女〖属単 **-a**〗海洋学.

muirgha [ˈmirʲˌɣa] 名男〖属単 ～, 複 **muirghathanna**〗(捕鯨などの)もり.

muirí [mirʲiː] 形3 海の, 海事の.

muirín[1] [mirʲiːnʲ] 名女〖属単 **-e**, 複 **-eacha**〗(扶養)家族；荷物.

muirín[2] [mirʲiːnʲ] 名男〖属単 ～, 複 **-í**〗ほたて貝.

muiríne [mirʲiːnʲə] 名男〖属単 ～, 複 **muiríní**〗マリーナ.

múirling [muːrlʲəŋʲ] 名女〖属単 **-e**, 複 **-í**〗ひどい夕立, にわか雨.

muirmhíle [ˈmirʲˌvʲiːlʲə] 名男〖属単 ～, 複 **muirmhílte**〗ノット, 海里.

muirn [muːrʲn] 名女〖属単 **-e**〗愛情, 優しさ, いつくしみ.

muirneach [muːrnʲəx] 形 1 愛情の細やかな；最愛の；愛ぶするような.

muirnigh [muːrnʲiː] 動Ⅱ 他 〖動名 **muirniú**, 動形 **muirnithe**〗かわいがる，抱きしめる.

muirnín [muːrnʲiːnʲ] 名 男 〖属単 ～, 複 **-í**〗最愛の人，お気にいり.

muirtheacht [ˈmirʲˌhexːt] 名 女 〖属単 **-a**, 複 **-aí**〗革命.

múisc [muːsʲkʲ] 名 女 〖属単 **-e**〗吐くこと；吐き気；けん悪.

muiscít [misʲkʲiːtʲ] 名 女 〖属単 **-e**, 複 **-í**〗蚊.

múisciúil [muːsʲkʲuːlʲ] 形 2 吐き気を催させる；じめじめした；重苦しい.

muise [misʲə] 間投 mhuise! いかにも［まったく］；～！～！おやまあ，やれやれ.

múisiam [muːsʲiəm] 名 男 〖属単 ～, 複 **-aí**〗(気の)転倒；憤慨；吐き気；重苦しさ；眠気.

muisiriún [misʲərʲuːn] 名 男 〖属単・主複 **muisiriúin**, 属複 ～〗きのこ，マッシュルーム.

muislín [misʲlʲiːnʲ] 名 男 〖属単 ～〗モス(リン)(綿織物の一種).

múitseáil [muːtʲsʲaːlʲ] 名 女 〖属単 **múistseála**〗うろつくこと；ずる休み.

mullach [muləx] 名 男 〖属単 **mullaigh**, 複 **-aí**〗頂(上)；頭(頂)；高台. (成句) **i ～ a chéile** 互いに折り重なって. **ar mhullach a chéile** あわてふためいて. **sa mhullach ar** に差し迫って；に押し寄せて. **tá an obair sa mhullach orm** 私は緊急の仕事を抱え窮している. **ná bí anuas sa mhullach air** 彼にそう手厳しくするな.

mullachán [muləxaːn] 名 男 〖属単・主複 **mulacháin**, 属複 ～〗こんもりした堆積，小山；～ (**gasúir**) がっしりした体格の少年.

mullán [mulaːn] 名 男 〖属単・主複 **mulláin**, 属複 ～〗高台，丘陵.

mullard [molərd] 名 男 〖属単・主複 **mullaird**, 属複 ～〗(波止場などの)係船柱；(自動車など進入禁止用)短い柱列.

mumaí [momiː] 名 男 〖属単 ～, 複 **mumaithe**〗ミイラ.

mún [muːn] 動Ⅰ 他・自 〖動名 **mún**, 動形 **múnta**〗小便をする；放尿する；小便でぬらす.

―― 名 男 〖属単 **múin**〗尿，小便.

mungail [muŋɡəlʲ] 動Ⅱ 他・自 〖動名 **mungailt**, 動形 **mungailte**〗むしゃむしゃ食べる；かむ；不鮮明に発音する；つぶやく.

múnla [muːnlə] 名 男 〖属単 ～, 複 **-í**〗鋳型；鋳造；かたち.

múnlach [muːnləx] 名 男 〖属単 **múnlaigh**〗(下水の)汚物，汚水；腐敗した溶液.

múnlaigh [muːnliː] 動II 他 〖動名 **múnlú**, 動形 **múnlaithe**〗(型に入れて)造る, (貨幣を)鋳造する；形作る.
múr [muːr] 名男 〖属単 **múir**, 複 **-tha**〗(塁)壁；(防御用)土手；激しいにわか雨；(複) 潤沢.
―― 動I 他 〖動名 **múradh**, 動形 **múrtha**〗壁で囲いこむ, 閉じ込める.
mura [murə] 接 (U 変化). (規則動詞の過去形の前では murar. 動詞 is と結合 mura (現在・未来), murab (母音の前)；murar (過去・条件法), murarbh (母音の前)となる.) もし…でなければ[でないとしても], …の外は, …を除いては. **murar chaill sé é** もし彼がそれを無くさなかったら. ~ **mbeadh ann ach sin** もしそれだけならば. ~ **miste dom a rá** もしそのように言って差し支えなければ. **murab ionann is tusa** 君に似合わず.
murach [murəx] 接 もし…がなければ；…ということさえなければ. (~＋名詞・代名詞) ~ **an teas** (あの)暑さがなければ. ~ **sin** あれがなかったなら. (~ **go**[**nach**]＋動詞) ~ **nach bhfeicim é** 私はそれを見さえしなければ. ~ **go n-aithním iad** 私は彼らを見てすぐ分かりさえしなければ.
múraíl [muːriːlʲ] 名女 〖属単 **múraíola**〗驟雨(じゅう)がちの状態. (動名詞扱い) **ag** ~ にわか雨が降って(いること).
murascaill [ˈmurˌaskəlʲ] 名女 〖属単 **-e**, 複 **-í**〗湾, 入り海, ガルフ.
murdar [mordər] 名男 〖属単・主複 **murdair**, 属複 ~〗殺人, 殺害. (成句) **is mór an** ~ **é** とても恐ろしいことだ.
murdaróir [mordəroːr] 名男 〖属単 **murdaróra**, 複 **-í**〗殺人者.
murlán [muːrlaːn] 名男 〖属単・主複 **murláin**, 属複 ~〗(ドアの)取っ手, ノブ；ころころしたもの.
murlas [mu(ː)rləs] 名男 〖属単・主複 **murlais**, 属複 ~〗サバ.
murnán [muːrnaːn] 名男 〖属単・主複 **murnáin**, 属複 ~〗くるぶし, 足首.
mursanta [mursəntə] 形3 横暴な, 横柄な.
múrtha [muːrhə] ☞ **múr**.
murúch [muruːx] 名女 〖属単 **murúiche**, 主複 **-a**, 属複 ~〗(女性の)人魚；泳ぎの上手な女. ~ **fir** (男性の)人魚, 泳ぎの上手な男.
músaem [muːseːm] 名男 〖属単・主複 **músaeim**, 属複 ~〗博物館, 美術館.
muscaed [moskeːd] 名男 〖属単・主複 **muscaeid**, 属複 ~〗マスケット銃, ライフル銃.
múscail [muːskəlʲ] 動II 他・自 〖動名 **múscailt**, 動形 **múscailte**；現

múscail músclaíonn』起こす, 目を覚まさせる; 起きる. **duine a mhúscailt** (as a chodladh) 人を(眠りから)目覚させること. ~ **do mhisneach** 勇気を奮いなさい.

múscailt [mu:skəlʹtʹ] 名女『属単 **-e**』目覚ること, 覚醒(かくせい)状態; 奮起.

músclaím [mu:skli:mʹ] múscail＋mé.

múscailteach [mu:skəlʹtʹəx] 形 1 眠れない; 眠らない; 用心深い.

múscán [mu:ska:n] 名男『属単・主複 **múscáin**, 属複 ~』海綿質のもの, スポンジ; にじみ出ること.

múscánta [mu:ska:ntə] 形 3 海綿質の; 湿った, じくじくした.

músclóir [mu:sklo:rʹ] 名男『属単 **músclóra**, 複 **-í**』活性剤.

mustairt [mostərtʹ] 名女『属単 **-e**』(梳毛(そもう)繊維の)毛糸; ウーステッド.

mustar [mostər] 名男『属単・主複 **mustair**, 属複 ~』集合[群れ]; (軍事：閲兵などで集められた)兵士; 召集, 点呼; ごう慢, 気どり.

mustard [mostərd] 名男『属単 **mustaird**』からし, マスタード.

mustrach [mostrəx] 形 1 気取った; うぬぼれの強い; ごう慢な, 威張って歩く.

mútóg [mu:to:g] 名女『属単 **mútóige**, 主複 **-a**, 属複 ~』指サック; (アザラシなどの)ひれ足; (潜水用の)足ひれ.

N

na[1] [nə] ☞ an[1].

-na[2] [nə] 接尾 (強形を表す) **ár gceantarna**(＜ceantar) 我々の地方. **dár bpáistí beagana** 私達の幼い子供達へ. **ár gcábán-na** 私達の船室. **thugamarna a ndúshlán** 我々は彼らに反抗した.

ná[1] [na:] 小 動詞用否定小詞. (命令形と共に)(後続語の母音に h を付ける)…するな. **ná labhair** 話すな. **ná habair é** それを言うな. **ná bíodh eagla ort** 恐がるな. **ná feicim arís iad** 私を彼らに二度と会わせるな.

ná[2] [na:] 小 動詞用否定小詞. (動詞 bí の仮定法現在形に付き願望を表わす) **dealbh ~ raibh sé** 彼が生活に困ることが決してありませんように.

ná³ [na:] 接 …もまた…ない；少しも…ない. **níl mac ~ iníon aige** 彼は息子も娘もいない. "**Níl sé agam**" "**Níl ~ agamsa**" 「私はそれを持っていない」「私も持っていない」. **ní raibh eagla ~ eagla air** 彼は全然恐くなかった. "**An bhfuil tú réidh?**" "**Níl ~ réidh**". 「用意はできたか？」「全くできていない」.

ná⁴ [na:] 接 …よりも. **is sine é ~ mé** 彼は私よりも年上だ. **ní mó ~ gur fiú duit é** 君がやる価値はない（むだな骨折りだ）.

ná⁵ [na:] 接 …の他には；…を除いて. **cad a bheadh romham ~ asal?** そこには（ロバ以外の何がいようか）ロバがいた. **cá bhfios ~ gur goideadh iad?** それらは盗まれたのかも知れない（そうでないとは誰が知るであろうか？）.

ná⁶ [na:] 接 (動詞 is と共に) **is é ainm a bhí air ~ Séadna** 彼の (持つ) 名前はシェナだった.

nach¹ [nax] 小 動詞用否定疑問小詞. (規則動詞の過去形以外の動詞と共に) (**U** 変化) **~ bhfeiceann tú féin go bhfuil an ceart agam?** 君には私が正しいことが分かりませんか？

nach² [nax] 小 従属節動詞用否定小詞. (規則動詞の過去形以外の動詞と共に) (**U** 変化) …でないところの人［もの］. **an té ~ bhfuil ciall aige** 分別のない男. **rún ~ sceithfinn** 私が漏らさない秘密.

nach³ [nax] 接 (**U** 変化) ① (名詞節を導いて) …ではないということ. **is fíor ~ gcreidim é** 私がそれを信じていないことは本当だ. **i gcás ~ bhfeicfinn iad** 万一私が彼等を見かけない場合. ② (副詞節を導いて) …ではないので；…しないように. **mar ~ raibh an t-ádh orainn** 我々はついていなかったので. **tá sé chomh láidir is ~ gcloífear é** 彼はとても強いので負けないだろう.

nach⁴ [nax] (成句) **~ mór** [**~ beag**] 殆ど.

nach⁵ [nax] ☞ **is**¹.

nádúr [na:du:r] 名 男 『属単・主複 **nádúir**, 属複 **~**』自然；生来の性格；親切心；愛情. **dlíthe an nádúir** 自然の法則.

nádúraí [na:du:ri:] 名 男 『属単 **~**, 複 **nádúraithe**』自然主義者.

nádúrtha [na:du:rhə] 形 3 自然の；正常な；親切な. **aimsir ~** 穏やかな天気.

nádúrthacht [na:du:rhəxt] 名 女 『属単 **-a**』自然なこと；親切；穏和. **~ oibre a dhéanamh** まずまずの量の仕事をすること.

naí [ni:] 名 男 『属単 **~**, 複 **-onna**』幼児, 赤ん坊.

naíbhí [na:vʹi:] 名 男 『属単 **~**, 複 **náibhithe**』人夫；さく土機.

naíchóiste [ˈniːxoːsʹtʹə] 名 男 『属単 **~**, 複 **naíchóistí**』乳母車.

náid [na:dʹ] 名 女 『属単 **-e**, 複 **-eanna**』ゼロ, 無. **níl ~ aige** 彼は何

も持っていない.
naigín [nag'i:n'] 名男〖属単 ～, 複 **-í**〗小酒杯;(酒の)少量;4分の1パイント;液量.
naimhdeach [nav'd'əx] 形1 敵[悪]意のある;仲の悪い.
naimhdeas [nav'd'əs] 名男〖属単 **naimhdis**〗敵意, 悪意, 意地悪.
naíolann [ni:lən] 名女〖属単 **naiolainne**, 主複 **-a**, 属複 ～〗育児室;保育園.
naíonacht [ni:nəxt] 名女〖属単 **-a**〗幼時, 幼年時代.
naíonán [ni:na:n] 名男〖属単・主複 **naíonáin**, 属複 ～〗幼児.
naíonda [ni:ndə] 形3 子供のような;無邪気な;美しい.
naipcín [nap'k'i:n'] 名男〖属単 ～, 複 **-í**〗ナプキン. ～ **boird** 食卓用ナプキン.
náir [na:r'] 形1 高貴な, 気高い;賞賛に値する. (動詞 is と共に) ㋑ (le を伴って) **is** ～ **le** を恥じて. **is** ～ **liom é a rá leat** (ach) (恥ずかしくて) 話したくはないのですが…. ㋺ (do を伴い否定形で) **ní** ～ **duit a bheith bratógach** 君がぼろ服を着ているのもむりはない.
nairciseas [ˌnar'ˈk'is'əs] 名男〖属単・主複 **naircisis**, 属複 ～〗水仙(すいせん).
náire [na:r'ə] 名女〖属単 ～〗恥ずかしさ;恥じょく, 不名誉. **mo** ～ **thú**! だめじゃないか(みっともない)!
náireach [na:r'əx] 形1 恥ずべき;不面目な;内気な. **dreach** ～ 恥ずかしそうな様子.
náirigh [na:r'i:] 動II 他〖動名 **náiriú**, 動形 **náirithe**〗恥をかかせる;不名誉[恥じょく]をもたらす.
naisc [nas'k] ☞ nasc.
naíscoil [ˈni:ˌskol'] 名女〖属単 **-e**, 複 **-eanna**〗幼稚園.
náisiún [na:s'u:n] 名男〖属単・主複 **náisiúin**, 属複 ～〗国民;国家;民族. **Na Náisiúin Aontaithe** 国際連合.
náisiúnach [na:s'u:nəx] 名男〖属単・主複 **náisiúnaigh**, 属複 ～〗(ある国の)国民;(外国居住の)同胞.
náisiúnachas [na:s'u:nəxəs] 名男〖属単 **náisiúnachais**〗民族主義, 国家主義;愛国心[運動].
náisiúnaí [na:s'u:ni:] 名男〖属単 ～, 複 **náisiúnaithe**〗民族(独立)主義者, 国家主義者.
náisiúnta [na:s'u:ntə] 形3 全国的な;形式ばらない;自然な.
náisiúntacht [na:s'u:ntəxt] 名女〖属単 **-a**〗国籍;国民(性).
Naitseachas [nat's'əxəs] 名男〖属単 **Naitseachais**〗ナチズム.
Naitsíoch [nat's'i:(ə)x] 形1 ナチスの.

namhaid [naudʹ] 名男〖属単 **namhad**, 複 **naimhde**〗敵；有害なもの. **na dean ～ de do rún** 腹立ちまぎれに君の損になることはするな.
naofa [ni:fə] 形3 神聖な, 聖なる. **Pádraig Naofa** 聖パトリック.
naofacht [ni:fəxt] 名女〖属単 **-a**〗神聖.
naoi [ni:] 名男〖属単 ～, 複 **naonna**〗(数) 9.
――形 9の. **a ～** 9. **a ～ déag** 19. **fiche a ～** [a ～ is fiche] 29. **céad is a ～** 109. **～ n-oíche** 9夜. **～ mbliana is daichead** 49年.
naomh [ni:v] 名男〖属単・主複 **naoimh**, 属複 ～〗聖人. **～ Pádraig** 聖パトリック.
――形1 聖なる.
naomhaigh [ni:vi:] 動II他〖動名 **naomhú**, 動形 **naomhaithe**〗神聖にする；清める.
naomhainmnigh [ˈni:vˌanʹəmʹnʹi:] 動II他〖動名 **naomhainmniú**, 動形 **naomhainmnithe**〗聖者の列に加える.
naomhaithis [ˈni:vˌahəsʹ] 名女〖属単 **-e**, 複 **-í**〗神聖を汚すこと, 冒とく.
naomhóg [ni:vo:g] 名女〖属単 **naomhóige**, 主複 **-a**, 属複 ～〗カラ(ハシバミの枝などの細工に獣皮などを張ったアイルランド独特の小舟).
naomhsheanchas [ˈni:vˌhanəxəs] 名男〖属単 **naomhsheanchais**〗聖人伝(研究)；聖人(伝)文学.
naonúr [ni:nu:r] 名男〖属単・主複 **naonúir**, 属複 ～〗9人. **～ fear** 9人の男性.
naoscach [ni:skəx] 名女〖属単 **naoscaí**, 主複 **-a**, 属複 ～〗(鳥)シギ；狙撃(げき).
naoscaire [ni:skərʹə] 名男〖属単 ～, 複 **naoscairí**〗シギ狩人；狙撃兵.
naoú [ni:u:] 名男〖属単 ～, 複 **naoithe**〗第9.
――形3 第9の. **an ～ háit** 第9番目の場所.
naprún [napru:n] 名男〖属単・主複 **naprúin**, 属複 ～〗エプロン；ひざ掛け.
nár[1] [na:r] 小 動詞用否定小詞. (仮定法現在形と共に. 願望を表わす) **～ fheicimid arís é** (我々が)二度と彼に会わないように(願う). **～ lige Dia** 決してそうではない.
nár[2] [na:r] 小 動詞用否定疑問小詞. (規則動詞の過去形と共に) **～ cheannaigh tú é?** 君はそれを買わなかったのか？
nár[3] [na:r] 小 従属節動詞用否定小詞. (規則動詞の過去形と共に) …

nár

しなかったところの人［もの］. an fear ～ labhair 話さなかった男. teach ～ chónaigh aon duine ann 誰も住んでいなかった家.

nár[4] [na:r] 接 (規則動詞の過去形と共に) …ということではなかった；…でなかったので. sílim ～ éirigh leis 私は彼が成功したとは思わない. bíodh is ～ cuireadh moill orainn 我々が遅れなかったとしても.

nár[5] [na:r], **nára** [na:rə], **nárab** [na:rəb], **nárbh** [na:rv] ☞ is[1].

nasc [nask] 名男 『属単・主複 **naisc**, 属複 ～』つなぎひも；輪；連結；留め金.

―― 動 I 他・自 『動名 **nascadh**, 動形 **nasctha**』結ぶ, 縛る.

nath [nah] 名男 『属単 **-a**, 複 **-anna**』詩；ことわざ；警句. tá sé ina ～ againn 我々には言い習わされたことだ. ní haon ～ aige é 彼には苦もなくできることだ. ná cuir aon ～ ann それに耳をかすな.

nathach [nahəx] 形 1 金言の, 警句的な.

nathaíocht [nahi:(ə)xt] 名女 『属単 **-a**』警句；しゃれ.

nathair [nahərʹ] 名女 『属単 **nathrach**, 複 **nathracha**』ヘビ.

nathán [naha:n] 名男 『属単・主複 **natháin**』ことわざ, 格言.

-ne [nʹə] 接尾 (強形を表す) ár muintirne 我々国民. bheimisne sásta leis sin 我々はそれに満足するだろう. sinne sinn の強形. muidne muid の強形. dúinne dúinn の強形.

neach [nʹax] 名男 『属単・主複 ～, 属複 **-a**』存在；人間；精神. ～ ar bith だれか［だれも…ない］. gach aon ～ だれでも.

neacht [nʹaxt] 名女 『属単 **-a**, 複 **-anna**』姪(めい).

neachtar[1] [nʹaxtər] 名男 『属単 **neachtair**』(花の)蜜；果汁；甘露.

neachtar[2] [nʹaxtər] 代 (成句) nó ～ acu fan sa bhaile さもなければ家にいなさい.

neachtlann [nʹaxtlən] 名女 『属単 **neachtlainne**, 主複 **-a**』洗濯屋, クリーニング屋.

nead [nʹad] 名女 『属単 **neide**, 複 **-acha**』巣；寝床.

neadaigh [nʹadi:] 動 II 他・自 『動名 **neadú**, 動形 **neadaithe**』巣をつくる；落ち着く.

neafaiseach [nʹafəsʹəx] 形 1 ささいな, つまらない.

néal [nʹe:l] 名男 『属単 **néil**, 複 **-ta**』雲；憂うつ；発作；うたたね. níor fhan ～ aige 彼は逆上した. thit ～ orm 私は居眠りした. i néalta báis 死んだように感覚がなくなって.

néalfartach [nʹe:lfərtəx] 名女 『属単 **néalfartaí**』眠いこと；居眠り.

néalmhar [nʹe:lvər] 形 1 曇った；憂うつな；眠い.

néaltach [nʹe:ltəx] 形 1 曇った；かすんだ.

néaltraithe [nʹeːltrihə] 形3 狂った, 頭のおかしくなった.
neamaiteach [ˈnʹaˌmatʹəx] 形1 寛大でない.
neamaitheach [ˈnʹaˌmahəx] 形1 不親切な; 役に立たない.
neamart [nʹamərt] 名男『属単・主複 **neamairt**, 属複 ～』怠慢; 無視. ～ a dhéanamh i (rud) (こと)をするのを怠ること.
neamartach [nʹamərtəx] 形1 怠慢な; 不注意な; 無頓着な.
neamh[1] [nʹav] 名女『属単 **neimhe**』天国; 空. dul ar ～ 天国へ行くこと. níl a fhios agam ó ～ anuas [na néal] 私は全然知らない.
neamh-[2] [nʹav] 接頭 不-; 非-; 無-.
neamhábalta [ˈnʹavˌaːbəltə] 形3 能力がない; 無資格の.
neamhábhartha [ˈnʹavˌaːvərhə] 形3 実体のない; 見当違いの.
neamhacra [ˈnʹavˌakrə] 名 (成句) ar an ～ 独立した[楽な身分で].
neamhaí [nʹaviː] 形3 天上の; (話が)退屈な.
neamhaird [ˈnʹavˌardʹ] 名女『属単 **-e**』不注意; 無頓着. ～ a thabhairt ar (rud) (もの)を無視すること.
neamháiseach [ˈnʹavˌaːsʹəx] 形1 不便な, 不都合な; 親切でない.
neamh-aistear [ˈnʹavˌasʹtʹər] 名男『属単 **neamh-aistir**』怠惰; 軽率; いたずら.
neamhaithnid [ˈnʹavˌahnʹədʹ] 形1 知られていない; 不案内の.
néamhanda [nʹeːvəndə] 形3 真珠のような.
néamhann [nʹeːvən] 名男『属単・主複 **néamhainn**, 属複 ～』宝石; 真珠層.
neamhbhailbhe [ˈnʹa(v)ˌvalʹəvʹə] 名女『属単 ～』率直; 誠実; 単刀直入.
neamhbhailí [ˈnʹa(v)ˌvalʹiː] 形3 無価値な; 無効な; (論拠) 薄弱な.
neamhbhalbh [ˈnʹa(v)ˌvaləv] 形1 率直な; 無遠慮な; ずばりと言う.
neamhbhásmhaireacht [ˈnʹa(v)ˌvaːsvərʹəxt] 名女『属単 **-a**』不死, 不滅, 不朽.
neamhbhásmhar [ˈnʹa(v)ˌvaːsvər] 形1 不死身の; 不滅の.
neamhbheartaithe [ˈnʹa(v)ˌvartihə] 形3 故意でない, 無意識の.
neamhbheo [ˈnʹa(v)ˌvʹoː] 形3 生命のない; 活気のない; 静止した.
neamhbhlasta [ˈnʹa(v)ˌvlastə] 形3 退屈な; 風味のない.
neamhbhríoch [ˈnʹa(v)ˌvʹrʹiː(ə)x] 形1『属単男 ～, 属単女・比較 **neamhbhríche**, 主複 **-a**』重要でない; 効果のない.
neamhbhuan [ˈnʹa(v)ˌvuən] 形1 永久的でない; はかない.
neamhcháilithe [ˈnʹavˌxaːlʹihə] 形3 資格のない; 制限されない.
neamhcharthanach [ˈnʹavˌxarhənəx] 形1 無慈悲な; 不親切な.
neamhchásmhar [ˈnʹavˌxaːsvər] 形1 無関心な; 思いやりがない.

neamhchead [ˈnʲavʲxʲad] 名 (成句) ar ～ do 許可なしで[にもかかわらず]. ar ～ duitse 君が好むと好まないとにかかわらず.
neamhchiontach [ˈnʲavʲxʲintəx] 名男〖属単・主複 **neamhchiontaigh**, 属複 ～〗無実の人; 無邪気な人.
―― 形 1 無実の, 潔白な; 無邪気な.
neamhchodladh [ˈnʲavʲxoləʲ] 名男〖属単 **neamhchodlata**〗不眠 (症).
neamhchoitianta [ˈnʲavʲxotʲiəntə] 形 3 珍しい, まれな.
neamhchorrach [ˈnʲavʲxorəx] 形 1 しっかりした, 安定した.
neamhchorraithe [ˈnʲavʲxorəhʲə] 形 3 不動の; 冷静な, 穏やかな.
neamhchostasach [ˈnʲavʲxostəsəx] 形 1 安価な, 費用のかからない.
neamhchosúil [ˈnʲavʲxosuːlʲ] 形 2 似ていない; ありそうもない.
neamhchríochnaithe [ˈnʲavʲxʲrʲiːxnihə] 形 3 未完成の, 不備の.
neamhchruinn [ˈnʲavʲxrinʲ] 形 1 不正確な; 間違った, 誤った.
neamhchúiseach [ˈnʲavʲxuːsʲəx] 形 1 心配しない; 冷静な.
neamhdhuine [ˈnʲavʲɣinʲə] 名男〖属単 ～, 複 **neamhdhaoine**〗取るに足らぬ人[物].
neamheaglach [ˈnʲavʲagləx] 形 1 恐れを知らない, 大胆不敵な.
neamheolas [ˈnʲavʲoːləs] 名男〖属単 **neamheolais**〗無学, 無知.
neamhfheiceálach [ˈnʲavʲekʲaːləx] 形 1 目立たない.
neamhfhoirmiúil [ˈnʲavʲorʲəmʲuːlʲ] 形 2 形式ばらない; 略式の.
neamhfhreagrach [ˈnʲavʲrʲagrəx] 形 1 ～ i[as] に対し責任がない; ～ do と両立しない.
neamhghnách [ˈnʲavʲɣnaːx] 形 1〖属単男 ～, 属単女・比較 **neamhghnáiche**, 主複 **-a**〗普通でない, 異常な.
neamhinniúil [ˈnʲavʲinʲuːlʲ] 形 2 無能の; (法的に)無資格の.
neamhiontas [ˈnʲavʲiːntəs] 名男〖属単 **neamhiontais**〗無関心な事. rinne siad ～ de mo chuid cainte 彼らは私の言うことには無関心だった.
neamhliteartha [ˈnʲavʲlʲitʲərhə] 形 3 文盲の, 無学の.
neamhlonrach [ˈnʲavʲlonrəx] 形 1 光沢のない, つや消しの.
neamh-mheabhair [ˈnʲa(v)ʲvʲaurʲ] 名女〖属単 **neamh-mheabhrach**〗忘れること; 無意識; うわの空.
neamh-mheisce [ˈnʲa(v)ʲvʲesʲkʲə] 名女〖属単 ～〗酒に酔っていないこと, しらふ.
neamh-mheisciúil [ˈnʲa(v)ʲvʲesʲkʲuːlʲ] 形 2 アルコールの入っていない; 酒に酔っていない.
neamh-mheontach [ˈnʲa(v)ʲvʲoːntəx] 形 1 でしゃばりな; 無遠慮な.

neamhní [nʹavnʹiː] 名男〚属単 ～, 複 **neamhnithe**〛無, 何もないこと. **dul ar ～** 無(駄)になること. **～ a dhéanamh de** (rud)(こと)を何とも思わないこと.
neamhnigh [nʹavnʹiː] 動II〚動名 **neamhniú**, 動形 **neamhnithe**〛無効にする; 取り消す.
neamhoifigiúil [ˈnʹavˌofʹəgʹuːlʹ] 形2 非公式の.
neamhoilte [ˈnʹavˌolʹtə] 形3 無経験の, 未熟な.
neamhoiriúnach [ˈnʹavˌrʹuːnəx] 形1 不適当な, 不相応な.
neamhphearsanta [ˈnʹavˌfʹarsəntə] 形3 非個人的な; 非人格的な.
neamhphósta [ˈnʹavˌfoːstə] 形3 未婚の, 独身の.
neamhphraiticiúil [ˈnʹavˌfratʹəkʹuːlʹ] 形2 実行不可能な, 実用に適さない.
neamhréasúnach [ˈnʹavˌreːsuːnəx] 形1 理性のない; 不合理な.
neamhréir [ˈnʹavˌreːrʹ] 名女〚属単 **-e**, 複 **-eanna**〛矛盾, 不一致.
neamhréireach [ˈnʹavˌreːrʹəx] 形1 矛盾する, 一貫性のない.
neamhréiteach [ˈnʹavˌreːtʹəx] 名男〚属単 **neamhréitigh**〛相違, 不一致; 食い違い.
neamhriachtanach [ˈnʹavˌriəxtənəx] 形1 不必要な; 余計な, 無益の.
neamhrialta [ˈnʹavˌriəltə] 形3 不規則の.
neamhscagach [ˈnʹavˌskagəx] 形1 貫き通せない; 不浸透性の.
neamhscrupallach [ˈnʹavˌskrupələx] 形1 遠慮のない; 良心のない.
neamh-shainchreidmheach [ˈnʹavˌhanʹˌxʹrʹedʹvʹəx] 形1 宗派[分派]に属さない.
neamhshaolta [ˈnʹavˌhiːltə] 形3 現世[世俗]的でない; 神の.
neamhsheasmhach [ˈnʹavˌhʹasvəx] 形1 移り気の; 不安定な.
neamhshiméadrach [ˈnʹavˌhimʹeːdrəx] 形1 均整のとれていない.
neamhshocracht [ˈnʹavˌhokraxt] 名女〚属単 **-a**〛不安, 心配.
neamhshotalach [ˈnʹavˌhotələx] 形1 服従しない; 生意気な.
neamhshrianta [ˈnʹavˌhriəntə] 形3 抑制のない; 気まぐれな.
neamhshuim [ˈnʹavˌhimʹ] 名女〚属単 **-e**〛無視, 無関心; 軽視.
neamhshuimiúil [ˈnʹavˌhimʹuːlʹ] 形2 重要でない, 取るに足らない; **～ i** 興味がない.
neamhshuntasach [ˈnʹavˌhuntəsəx] 形1 目立たない, 注意を引かない.
neamhspéis [ˈnʹavˌspeːs] 名女〚属単 **-e**〛無視, 軽視.
neamhspéisiúil [ˈnʹavˌspeːsʹuːlʹ] 形2 興味のない; 重要でない.
neamhspleách [ˈnʹavˌsplʹaːx] 形1〚属単男 ～, 属単女・比較

neamhspláiche, 主複 **-a**』～ **ar**[**le**] に頼らない.
neamhspleáchas [ˈnʲavˌsplʲaːxəs] 名 男『属単 **neamhspleáchais**』独立.
neamhthábhachtach [ˈnʲavˌhaːvəxtəx] 形 1 重要でない.
neamhthairbheach [ˈnʲavˌharvax] 形 1 利益のない, 無駄な.
neamhthoilteanach [ˈnʲavˌholʲtʲənəx] 形 1 不本意の, いやいやながら.
neamhthorthúil [ˈnʲavˌhorhuːlʲ] 形 2 不毛の; 無益な.
neamhthrócaireach [ˈnʲavˌhroːkʲarʲəx] 形 2 無慈悲な, 冷酷な.
neamhthruaillithe [ˈnʲavˌhruəlʲihə] 形 3 損われていない, 害されていない.
neamhthuairimeach [ˈnʲavˌhuərʲəmʲəx] 形 1 考えがない, 軽率な; 期待しない.
neamhthuilleamaí [ˈnʲavˌhilʲəmiː] 名 男『属単 ～』(生活の)独立, 自立. **bheith ar an** ～ 自活していること.
neamhthuisceanach [ˈnʲavˌhiskʲanəx] 形 1 思いやりのない.
neamhúdaraithe [ˈnʲavuːdərəhə] 形 3 認定されていない.
neamhurchóideach [ˈnʲavˌurəxoːdʲəx] 形 1 害のない, 悪気のない.
neantóg [nʲantoːg] 名 女『属単 **neantóige**, 主複 **-a**, 属複 ～』イラクサ; いらいらさせること[もの]; イラクサのように刺すこと.
neantúil [nʲantuːlʲ] 形 2 刺すような, いらいらさせる, じらす.
néar(a)- [nʲeːr(ə)] 接頭 神経の.
néarailge [ˈnʲeːrʲalʲəgʲə] 名 女『属単 ～』神経痛.
néaróg [nʲeːroːg] 名 女『属単 **néaróige**, 主複 **-a**, 属複 ～』神経.
néaróiseach [nʲeːroːsʲəx] 形 1 神経(症)の.
neart [nʲart] 名 男『属単 **nirt**』力; 権力; 豊富; 救済; 治療; 能力. **tá sé ina** ～ 彼は男盛りだ. **tá** ～ **ama agat** あなたの時間は充分ある. **níl** ～ **air** それは仕方がない. **níl** ～ **agam dul leat** 私はあなたと一緒に行かれない.
neartaigh [nʲartiː] 動II 他・自『動名 **neartú**, 動形 **neartaithe**』強くする. ～ **le** を補強する. **tá sé ag neartú sa saol** 彼は出世した.
neartmhar [nʲartvər] 形 1 強い; 精力的な; 強健な.
neas- [nʲas] 接頭 だいたい, 約; 接近した.
neasa [nʲasə] 形 (比較級) ～ **do** により近い.
neascóid [nʲaskoːdʲ] 名 女『属単 **-e**, 複 **-í**』おでき, 腫れ物.
neasghaol [ˈnʲasˌɣiːl] 名 男『属単 **neasghaoil**, 複 **-í**』近親.
néata [nʲeːta] 形 3 きちんとした, 整った.
néatacht [nʲeːtəxt] 名 女『属単 **-a**』几帳面, 整頓; 清潔.

neimhe [nʲevʲə] ☞ neamh¹.
néimhe [nʲe:vʲə] ☞ niamh.
Neiptiún [nʲepʲtʲu:n] 名男〚属単 **Neiptiúin**〛ネプチューン(海神).
neirbhís [nʲerʲəvʲi:sʲ] 名女〚属単 **-e**〛神経質なこと, いらいらすること.
neirbhíseach [nʲerʲəvʲi:sʲəx] 形 1 神経質な, いらいらする; 神経(性)の.
neodar [nʲo:dər] 名男〚属単・主複 **neodair**〛中性; 無.
neodrach [nʲo:drəx] 形 1 中性の; 中立の; はっきりしない.
neodracht [nʲo:drəxt] 名女〚属単 **-a**〛中立.
neodraigh [nʲo:dri:] 動II 他〚動名 **neodrú**, 動形 **neodraithe**〛中立化する; 無効にする; 中和する.
Neoiliteach [ˈnʲo:ˌlʲitʲəx] 形 1 新石器時代の.
neon [nʲo:n] 名男〚属単 **neoin**〛ネオン. soilse neoin ネオンライト.
Ní [nʲi:] 名女 (未婚女性の姓の前におく. ó¹の変形) **Nuala Ní Bhriain** ヌアラ ニー ブリアン(ヌアラ オブライアン). **Máire Ní Ogáin** モイラ ニー オガーン(メアリ ホーガン).
ní¹ [nʲi:] 名男〚属単 ～, 複 **nithe**〛① 物; こと; 何か. ② (否定語扱い) 何もない物(こと), 無. is mór an ～ é それは大変なことだ. níor tharla aon ～ 何も起こらなかった. bhí siad ～ ba ghile ná an sneachta それらは雪より白かった. níor imigh sé ～ ba mhó 彼はそれ以上行かなかった. ní ～ liom é 私は気にしない. ～ nach ionadh なるほど(道理で).
ní² [nʲi:] ☞ nigh.
ní³ [nʲi:] 小 動詞用否定小詞. ① S 変化.｛規則動詞(過去形を除く)と共に｝～ fheiceann sé iad 彼はそれらを見ない. ～ fheicfidh sé iad 彼はそれらを見ないだろう.｛不規則動詞(の一部)の過去形と共に｝～ fhaca sé mé 彼は私を見なかった. ～ raibh focal as 彼は一言も発しなかった. ② U 変化.｛不規則動詞 faigh の過去形, 未来形, 条件法｝～ bhfuair sé é 彼はそれを得なかった. ③ 不規則動詞 abair の変化形で, d で始まるものは, 語頭変化しない. ～ dúirt sí é 彼女はそれを言わなかった.
ní⁴ [nʲi:] (成句) ～ mé 私は…を不思議に思う.
ní⁵ [nʲi:] ☞ is¹.
nia [nʲiə] 名男〚属単 ～, 複 **-nna**〛甥(おい).
niachas [nʲiəxəs] 名男〚属単 **niachais**〛勇気; 武勇; 騎士道.
nialas [nʲiələs] 名男〚属単 **nialais**〛0, ゼロ.
niamh [nʲiəv] 名女〚属単 **néimhe**〛輝き, 光沢, つや.

niamhrach [nʲiəvrəx] 形1 輝く, 光沢のある, ぴかぴかする.
Nic [nʲikʲ] 名（未婚女性の姓の前におく. mac の変形）**Máire Nic Shuibhne** モイラ ニク ヒーネ（メアリ スイーニ）．**Bríd Nic an Ghoill** ブリージ ニク アニル（ブリジッド マクギル）．
nicil [nʲikʲəlʲ] 名女〘属単 **-e**, 複 **-í**〙ニッケル.
nicitín [nʲikʲətʲiːnʲ] 名男〘属単 ～〙ニコチン.
nigh [nʲiɣʲ] 動I 他・自〘動名 **ní**, 動形 **níte**; 現 **níonn**; 未 **nífidh**〙洗う.
níl [nʲiːlʲ] ☞ **bí**.
ním [nʲiːm] nigh+mé.
nimfeach [nʲimʲfʲəx] 名女〘属単 **nimfí**, 主複 **-a**〙ニンフ; 美少女.
nimh [nʲivʲ] 名女〘属単 **-e**, 複 **-eanna**〙毒(性); 憎悪. **dúil nimhe** 強烈な欲望.
nimheanta [nʲivʲəntə] 形3 有毒な; 悪意に満ちた; 不快な.
nimhigh [nʲivʲiː] 動II 他〘動名 **nimhiú**, 動形 **nimhithe**〙毒を入れる; 毒を塗る.
nimhíoc [ˈnʲivʲiːk] 名女〘属単 **nimhíce**, 主複 **-a**, 属複 ～〙解毒剤.
nimhiúil [nʲivʲuːlʲ] 形2（猛）毒の.
nimhneach [nʲivʲnʲəx] 形1 痛い; 苦痛を与える; 意地悪な.
níochán [nʲiː(ə)xaːn] 名男〘属単 **níocháin**〙洗い, 洗濯. **meaisín níocháin** 洗濯機.
níolón [nʲiːloːn] 名男〘属単・主複 **níolóin**, 属複 ～〙ナイロン.
nion [nʲin] 名男〘属単 **neana**〙トネリコ（の木）．
níor¹ [nʲiːr] 小 動詞用否定小詞．（規則動詞過去形と共に）～ **chreid sé mé** 彼は私を信じなかった. ～ **ith tú mórán** 君は沢山食べなかった. ～ **cuireadh suim ann** それには何の注意も払われなかった.
níor² [nʲiːr] ☞ is¹.
níorbh [nʲiːrv] ☞ is¹.
níos [nʲiːs] 副（形容詞の比較級の前におく）…よりもっと. **tá tú** ～ **óige**(<**óg**) **ná mé** 君は私より若い. ～ **lú**(<**beag**) **ná bliain ó shin** 1 年足らず前. **dá mbeadh**(<**bí**) ～ **mó**(<**mór**) **airgid agam** もし僕がもっと金を持っていたら. ～ **fearr ná** よりよい.
nirt [nirt] ☞ neart.
nite [nitə] ☞ nigh.
nithe [nʲihə] ☞ ní¹.
nithiúil [nʲihuːlʲ] 形2 現実の; 具体的な; 実際の.
nithiúlacht [nʲihuːləxt] 名女〘属単 **-a**〙現実, 実在.
nítrea-, nítri- [nʲiːtʲrʲə] 接頭 ニトロの.

nítrigin [ˈnʲiːtʲrʲəɡʲinʲ] 名女〖属単 **-e**〗窒素.
niúmóine [ˌnʲuːˈmoːnʲə] 名男〖属単 ～〗肺炎.
nó [noː] 接 または, あるいは. **dubh ～ bán** 白か黒か. **punt ～ mar sin** 1ポンドほど. **ní féidir ～ fuair sé é** 彼はそれを手に入れたに違いない. **ní bréag ～ dúirt sé é** 確かに彼はそれを言った. **～ go** …まで[…するように]. **bain díot é ～ go nífear é** 洗うためにそれを脱ぎなさい.
nócha [noːxə] 名男〖属単 **-d**, 複 **-idí**〗(数) 90.
──形 90の. **～ a haon** 91.
nóchadú [noːxədu:] 名男〖属単 ～, 複 **nóchaduithe**〗第90.
──形3 第90の. **an ～ bean** 第90番目の女性.
nocht [noxt] 名男〖属単・主複 **noicht**, 属複 ～〗裸の人.
──形1〖属単男 ～, 属単女・比較 **noichte**, 主複 **-a**〗裸の, むき出しの; 素の.
──動I 他・自〖動名 **nochtadh**, 動形 **nochta**〗裸にする, 露出させる; 現れる.
nochtacht [noxtəxt] 名女〖属単 **-a**〗裸[むき出し]; 裸体画[像].
nod [nod] 名男〖属単 **noid**, 主複 **-a**, 属複 ～〗省略; 短縮; 暗示.
nód [noːd] 名男〖属単・主複 **nóid**, 属複 ～〗(枝などの)こぶ; (茎の)ふし; 中心点.
nódaigh [noːdiː] 動II 他〖動名 **nódú**, 動形 **nódaithe**〗移植手術をする; 接ぎ木をする.
nodaireacht [nodərʲəxt] 名女〖属単 **-a**〗表記法, 記号法; 注釈.
nóibhéine [ˌnoːˈvʲeːnʲə] 名女〖属単 ～, 複 **nóibhéiní**〗(カトリック)9日間の祈り; 信心修行.
nóibhíseach [noːvʲiːsʲəx] 名男〖属単・主複 **nóibhísigh**, 属複 ～〗初心者; 新教会員.
nóiméad [noːmʲeːd] 名男〖属単・主複 **nóiméid**, 属複 ～〗分; 瞬間. **fiche ～ tar éis a trí** 3時20分. **deich ～ ó shin** 10分前に. **an ～ a tháinig sé** 彼は来るとすぐに.
nóin [noːnʲ] 名女〖属単 **nóna**, 複 **nónta**〗午後; 夕方; 正午. **faoi** [um] **～** 正午に.
nóinín [noːnʲiːnʲ] 名男〖属単 ～, 複 **-í**〗デージー, ひな菊.
nóinléiriú [ˈnoːnʲˌlʲeːrʲuː] 名男〖属単・複 **nóinléirithe**〗マチネー(芝居などの昼間興行).
nóisean [noːsʲən] 名男〖属単・主複 **nóisin**, 属複 ～〗(奇抜な)考え; 好み.
noitmig [notʲmʲəɡʲ] 名女〖属単 **-e**, 複 **-í**〗ナツメグ.

Nollaig [noləgʹ] 名女〖属単 **Nollag**, 複 **-í**〗クリスマス. **Oíche Nollag** クリスマスイヴ. **Mí na Nollag** 12月. ～ **Shona**! メリークリスマス! **Lá Nollag Beag** 元日.

normálta [norəma:ltə] 形3 普通の; 平均的な.

nós [no:s] 名男〖属単 **nóis**, 複 **-anna**〗慣習; 作法; 方法; 型. ～ **imechta** 手続き. **ar aon** ～ とにかく. **ar** ～ のやり方で. **cén** ～ **a bhfuil tú**? お元気ですか?

nósmhaireacht [no:svərʹəxt] 名女〖属単 **-a**〗慣習; 形式; 礼儀.

nósmhar [no:svər] 形1 習慣的な; 正式な; 礼儀正しい.

nósúil [no:su:lʹ] 形2 気むずかしい; 好みのむずかしい; 儀礼的な.

nósúlacht [no:su:ləxt] 名女〖属単 **-a**〗気むずかしさ; わざとらしさ.

nóta [no:tə] 名男〖属単 ～, 複 **-í**〗音色; メモ; 短信.

nótáil [no:ta:lʹ] 動I 他〖動名 **nótáil**, 動形 **nótáilte**; 現 **nótálann**〗書き留める.

nua [nuə] 名男〖属単 ～〗新しさ. **as an** ～ 新たに.
―― 形3〖属単男・複 ～, 属単女・比較 **-í**〗新しい, 新鮮な; 最新の.

nua- [nuə] 接頭 新-; 近代の-.

nua-aimseartha [ˈnuəˌamʹsʹərhə] 形3 近代の; 現代の.

nua-aoiseach [ˈnuəˌi:sʹəx] 形1 近代の; 現代の.

nua-aoiseachas [ˈnuəˌi:sʹəxəs] 名男〖属単 **nua-aoiseachais**〗現代[近代]主義.

nuabheirthe [ˈnuəˌvʹerhə] 形3 生まれたばかりの; 産みたての.

nuachar [nuəxər] 名男〖属単・主複 **nuachair**, 属複 ～〗配偶者.

nuacht [nuəxt] 名女〖属単 **-a**〗ニュース; 目新しさ; 革新.

nuachtán [nuəxta:n] 名男〖属単・主複 **nuachtáin**, 属複 ～〗新聞.

nuachtánachas [nuəxta:nəxəs] 名男〖属単 **nuachtánachais**〗ジャーナリズム特有の型にはまった表現.

nuachtánaí [nuəxta:ni:] 名男〖属単 ～, 複 **nuachtánaithe**〗新聞雑誌販売業者[店].

nuachtghníomhaireacht [ˈnuəxtˌɣnʹiːvərʹəxt] 名女〖属単 **-a**, 複 **-aí**〗通信社; 新聞販売業.

nuachtóir [nuəxto:rʹ] 名男〖属単 **nuachtóra**, 複 **-í**〗(報道) 記者.

nuachtóireacht [nuəxto:rʹəxt] 名女〖属単 **-a**〗ジャーナリズム, 報道.

Nua-Eabhrac [nua:urək] 名 ニューヨーク.

Nua-Ghaeilge [ˈnuəˌɣe:lʹgʹə] 名女〖属単 ～〗現代ゲール語.

nuair [nuərʹ] 接 …する時(はいつでも); …するとすぐに; …だから. ～ **a chuaigh mé isteach** 私が入っていった時. ～ **is mian leat é** 君が

望む時はいつでも. ～ a shéidfidh sé an fheadóg 彼が笛を吹くとすぐに. ～ nach bhfuil neart air 仕方がないので.

nuálaí [nuːaːliː] 名男〖属単 ～, 複 **nuálaithe**〗an ～ 革新者; 導入者.

nuasachán [nuəsəxaːn] 名男〖属単・主複 **nuasacháin**, 属複 ～〗聖職志願者.

núicleach [nuːkʲlʲeːx] 形 1〖属単男 ～, 属単女 **núicléiche**, 主複 -a〗原子核の.

núicléas [nuːkʲlʲeːs] 名男〖属単・主複 **núicléis**, 属複 ～〗核, 心; 原子核.

nuige [nigʲə] 副 (成句) go ～ …する限り. go ～ seo 今までは.

nuinteas [ninʲtʲəs] 名男〖属単・主複 **nuintis**, 属複 ～〗ローマ教皇大使.

núíosach [ˈnuːiːsəx] 名男〖属単・主複 **núíosaigh**, 属複 ～〗新人, 初心者; 世間知らず.
―― 形 1 新しい; ～ ag に不慣れな; 経験不足の.

núíosacht [ˈnuːiːsəxt] 名女〖属単 -a〗新しさ; 未経験.

núis [nuːsʲ] 名女〖属単 -e, 複 -eanna〗困ったこと; やっかいなもの.

nús [nuːs] 名男〖属単 **núis**〗牛の初乳.

nuta [notə] 名男〖属単 ～, 複 -í〗切り株; (鉛筆, ろうそくなどの)短い使い残り; ずんぐりしたもの.

O

ó[1] [oː] 名男〖属単 ～, 複 **ói**; 属単 **uí** (姓名に); 主複 **uí** (歴史的氏族名に); 属複・複与格 **uíbh** (慣用的用法で地名に)〗孫(息子), 子孫. mac agus ó 息子と孫息子. Flann Ó Briain フラン・オブライエン. Dochtúir Ó hUiginn オヒギン博士. Uí Néill ニアルの子孫たち. Nuala (Bean) Uí Néill ヌアラ・オニール夫人.

ó[2] [oː] 前〖前置詞＋代名詞 uaim, uait, uaidh (男), uaithi (女), uainn, uaibh, uathu〗(その他の結合形; ó＋an[1]→**ón**. ó＋a[4]→**óna**. ó＋ár[2]→**ónár**. ó＋a[5]→**óna**. ó＋ar[3]→**ónar**) (S 変化)(起点, 出所, 起源, 時, 距離, 方向, 限界, 根拠, 継続, 必要, 奪取, 分離, 動機, 回避, 保護, 区

別など)…から；…で；…を[に]. **míle ón stáisiún** 駅から1マイル. ～ **mhaidin** 朝から. **níor thit siad uathu féin** それらはひとりでに[彼らは自ら進んで]落ちたのではなかった. **níor thuig mé focal uaidh** 私は一言も彼の言ったことを理解できなかった. ～ **mo thaobhsa de** 私としては. **airím uaim iad** 私は彼らがいないのを寂しく[それらがないのを不自由に]思う；彼らがいないのに[それらがないのに]気付く. **cad tá uait?** 何か用ですか[何が欲しいのですか]？**ná lig ～ mhaith é** それを無駄にするな. **ó thús go deireadh** 始めから終わりまで. **fág uait é** それを脇に置きなさい.
　——接 (動詞の現在・未来形はS変化)(is^1+ó →**ós**).…の時から[以来]；…だから[の理由で]. ～ **chuala mé an scéala** そのニュースを聞いた時から(ずっと). ～ **bhí tú anseo cheana** あなたが以前ここにいた時以来. ～ **dúirt tú é** 君がそう言ったのだから. **ós teach nua é** それは新しい家だから.

ó[3] [oː] 副 (成句) **ó thuaidh**[**dheas**] 北[南]方へ. **taobh ó dheas**[**thuaidh**] …の南[北].

ó[4] [oː] 間投 おお, まあ. **ó, Dhia!** おお, 神様！ **ó, gan píonta agam!** ああ, ビール一杯あればなぁ！ **ó, mo dhearmad!** あっ, 忘れた！

ob [ob] 動Ⅰ他・自〚動名 **obadh**, 動形 **obtha**〛拒絶する；避ける；期待に背く. **seic a obadh** 小切手を不渡りにすること.

obair [obərʲ] 名 女〚属単 **oibre**, 複 **oibreacha**〛労働；働き；仕事；努力；行為；事業. ～ **scoile** 学業. ～ **bhaile** 宿題. ～ **láimhe** 手細工, 手仕事. ～ **ghloine** ガラス製品. ～ **a fháil** 仕事を見つけること. **oibreach uisce** 水道設備. **ba mhór an ～ nár maraíodh é** 彼が死ななかったとは驚きだ. **a leithéid d'obair!** 君のそんな振る舞いは(どういうつもりか)！(動名詞扱い) **ag ～** 働いて(いる). **níl an clog ag ～** 時計は時を刻んでいない. **ar ～** 進行[活動・始動]状態に. **bí ar ～ air** それを始動させなさい.

óbó [oːboː] 名 男〚属単 ～, 複 **óbónna**〛(楽器)オーボエ.

obráid [obraːdʲ] 名 女〚属単 **-e**, 複 **-í**〛手術.

ócáid [oːkaːdʲ] 名 女〚属単 **-e**, 複 **-í**〛(特定の)場合；必要；(特殊な)出来事. **ar ócáidí** 時々. **rugadh air san ～** 彼はその行為中に捕えられた. **níl ～ agam leis** 私にはその使い道がない[私にそれは不要だ]. (rud) **a chur in**[ó] ～ (もの)を有効利用[無駄に]すること.

ócáideach [oːkaːdʲəx] 形 1 時々の；臨時の；時機のよい.

ocastóireacht [okəstoːrʲəxt] 名 女〚属単 **-a**〛呼び売りすること.

och [ox] 間投名 ああ, おお；ため息, うめき声.

ochlán [oxlaːn] 名 男〚属単・主複 **ochláin**, 属複 ～〛ため息, うめき.

ochón [oˈxoːn] 間投名 ああ；おお；悲しみ, 嘆き；叫び.

ocht [oxt] 名男〖属単 ～, 複 **-anna**〗(数) 8. **a hocht** 8. **a hocht déag** 18. **fiche a hocht**[a hocht is fiche] 28. **faoi** ～ 8回, 八重. **an t-ocht muileata** (トランプ)ダイヤの8.
—— 形 (U 変化) (数) 8 の. ～ **gcaora**[n-uan] 8匹の羊[小羊]. ～ **mbliana is daichead** 48 年.

ócht [oːxt] 名女〖属単 **-a**〗処女[童貞]であること；新鮮さ.

ochtach [oxtəx] 名男〖属単・主複 **ochtaigh**, 属複 ～〗(音楽)オクターブ.

ochtagán [oxtəgaːn] 名男〖属単・主複 **ochtagáin**, 属複 ～〗八角形, 八辺形.

ochtapas [oxtəpəs] 名男〖属単・主複 **ochtapais**, 属複 ～〗蛸(たこ).

ochtar [oxtər] 名男〖属単・主複 **ochtair**, 属複 ～〗8人.

ochtó [oxtoː] 名男〖属単 **ochtód**, 複 **-idí**〗(数) 80.
—— 形 (単数名詞が続く) 80 の.

ochtódú [oxtoːduː] 名男〖属単 ～, 複 **ochtóduithe**〗第 80 番目, 80 分の 1.
—— 形 3 (後続語の語頭母音に h を付ける) 第 80 の, 80 番目の.

ochtú [oxtuː] 名男〖属単 ～, 複 **ochtuithe**〗第 8(番目), 8 分の 1.
—— 形 3 (後続語の語頭母音に h を付ける) 第 8 の, 8 番目の.

ocrach [okrəx] 名男〖属単・主複 **ocraigh**, 属複 ～〗飢えた人, 貧窮者.
—— 形 1 飢えた, 空腹の；(土地)やせた. **na blianta ocracha** 凶年.

ocras [okrəs] 名男〖属単 **ocrais**〗空腹, ひもじさ；貧乏[窮乏]；渇望. **tá** ～ **air** 彼は空腹だ. ～ **a fháil** ひもじい思いをすること. **bheith ar an** ～ 貧乏暮しである[欠乏している]こと.

ocsaigin [ˈoksəˌgʲinʲ] 名女〖属単 **-e**〗酸素.

odhar [aur] 形 1〖主複 **odhra**〗こげ茶の；月毛の.

ofráil [ofraːlʲ] 名女〖属単 **ofrála**, 複 **ofrálacha**〗奉納(物)；(キリスト教の)献金；奉献(文・唱).
—— 動 I 他〖動名 **ofráil**, 動形 **ofráilte**；現 **ofrálann**〗(神)に捧げる；提供する.

óg [oːg] 名男〖属単 **óig**, 主複 **-a**, 属複 ～〗若い人[動物・鳥].
—— 形 1 若い, 幼少の, 年下の；新鮮な. **Seán Óg** ショーン・ジュニア[息子の方のショーン]. **tá sé** ～ **sa bhliain** まだ年月が浅い.

óganach [oːgaːnəx] 名男〖属単・主複 **óganaigh**, 属複 ～〗若者, 青年, 少年.

ógbhean [ˈoːgʲˌvʲan] 名女〖属単・主複 **ógmhná**, 属複 **ógbhan**〗若

い女性, 少女.
ógchiontóir [ˈoːgʲxʲintoːrʲ] 名男〖属単 **ógchiontóra**, 複 **-í**〗未成年犯罪者; 非行少年[少女].
ógfhear [ˈoːgʲar] 名男〖属単・主複 **ógfhir**, 属複 ~〗若い男, 若者.
ógh [oː] 名女〖属単 **óighe**, 主複 **-a**, 属複 ~〗処女. Muire Ógh 聖母マリア. Mac na hÓighe キリスト.
ogham [oːm] 名男〖属単 **oghaim**〗オアム[オガム]文字.
óglach [oːglǝx] 名男〖属単・主複 **óglaigh**, 属複 ~〗若者; (若い)戦士; 従者; 志願兵.
ógra [oːgrǝ] 名男〖属単 ~〗(集合的)青年男女, 若い人たち.
ói ☞ ó¹.
oibiacht [obʲǝxt] 名女〖属単 **-a**, 複 **-aí**〗(文法)目的語, (哲学)対象.
oibiachtúil [obʲiǝxtuːlʲ] 形 2 客観的な.
oibleagáid [obʲlʲǝgaːdʲ] 名女〖属単 **-e**, 複 **-í**〗義務[責務]; 恩義, 感謝の念. ~ a dhéanamh do (dhuine) (人)に義務を負わせること. bheith faoi ~ do (dhuine) (人)に恩義があること.
oibleagáideach [obʲlʲǝgaːdʲǝx] 形 1 義務として負わされる; 必須の; 親切な, よく人の世話をする.
oibre [obʲrʲǝ], **oibreacha** [obʲrʲǝxǝ] ☞ obair.
oibreoir [obʲrʲoːrʲ] 名男〖属単 **oibreora**, 複 **-í**〗(機械など)操作員[オペレーター].
oibrí [obʲrʲiː] 名男〖属単 ~, 複 **oibrithe**〗働く人, 労働者.
oibrigh [obʲrʲi] 動 II 他・自〖動名 **oibriú**, 動形 **oibrithe**〗働かせる, (人・馬など)を使う; かき立てる; 動かす. do neart a oibriú ar (rud) 人の力を(もの)のために使うこと. (duine) a oibriú (人)をかき立てること. bhí an míol mór á oibriú féin クジラはあばれ回っていた.
oibríocht [obʲrʲiːxt] 名女〖属単 **-a**, 複 **-aí**〗(軍)作戦; (数学)運算.
oibriú [obʲrʲuː] 名男〖属単・複 **oibrithe**〗働き; 操作; 製作(過程); 実施; かき立てること; 動揺; (数学)運算. ~ (an choirp[na colainne]) 便通.
oíche [iːxʲǝ] 名女〖属単 ~, 複 **-anta**〗夜(間); 夕べ; (祝日などの)前夜. ar feadh na hoíche 一晩中. faoi scáth na hoíche 夜陰に紛れて. bhí mé ann ~ 私は一晩そこにいた. ~ cheoil 音楽の夕べ. ~ Nollag クリスマス・イヴ. ~ chinn bliana 大晦日.
oíchí [iːxʲiː] 形 3 夜の; 夜行性の; (植物)夜咲きの.
óid [oːdʲ] 名女〖属単 **-e**, 複 **-eanna**〗オード, 頌(歌), 賦.
oide [odʲǝ] 名男〖属単 ~, 複 **oidí**〗(家庭・個人)教師, 先生, 指導者.

oideachas [odʲəxəs] 名男〖属単 **oideachais**〗教育, 訓育; 学識.
oideachasóir [odʲəxəsoːrʲ] 名男〖属単 **oideachasóra**, 複 **-í**〗教育家[学者].
oideachasúil [odʲəxəsuːlʲ] 形2 教育の, 教育的な.
oideam [odʲəm] 名男〖属単・主複 **oidim**, 属複 ～〗格言, 処世訓.
oideas [odʲəs] 名男〖属単・主複 **oidis**, 属複 ～〗教育, 教授; 調理法; 処方箋(ｾﾝ).
oidhe [iːɣə] 名女〖属単 ～, 複 **-anna**〗惨殺すること; 悲劇; 悲運; 当然の報い. **is maith an ～ ort é** あなたはそれを受ける資格が十分ある.
oidhre [airʲə] 名男〖属単 ～, 複 **oidhrí**〗後継者, 相続人. **níl aon ～ ar a athair ach é** 彼は父親の生き写しだ.
oidhreacht [airʲəxt] 名女〖属単 **-a**, 複 **-aí**〗相続; 世襲財産; 遺産.
oidhreachtúil [airʲəxtuːlʲ] 形2 世襲の, 親譲りの; 遺伝(性)の.
oifig [ofʲəgʲ] 名女〖属単 **-e**, 複 **-í**〗事務所[オフィス]; (官公庁の)省[庁・局・部など]; 在職(期間).
oifigeach [ofʲəgʲəx] 名男〖属単・主複 **oifigigh**, 属複 ～〗(陸・海・空軍の)将校[士官]; 公務員.
oifigiúil [ofʲəgʲuːlʲ] 形2 公の; 公式[公認]の; 職務上の.
oifigiúlachas [ofʲəgʲuːləxəs] 名男〖属単 **oifigiúlachais**〗官界; 官僚; 形式[官僚]主義.
óige [oːgʲə] 名女〖属単 ～〗① 若さ; 青春期; 児童期. **le linn ár n-óige** 私たちの青春の頃. **ag dul in ～ atá tú** 君はだんだん若くなって(いる). ② ☞ **óg**.
óigeanta [oːgʲəntə] 形3 若々しい, 若者らしい; 若く見える.
óighe ☞ **ógh**.
oigheann [ain] 名男〖属単・主複 **oighinn**, 属複 ～〗オーブン.
oighear [air] 名男〖属単 **oighir**〗氷.
oighearaois [airiːsʲ] 名女〖属単 ～〗氷河期[時代].
oighreata [airʲətə] 形3 氷で覆われた; 氷の(ような); 氷のように冷たい.
oighrigh [airʲiː] 動II 他・自〖動名 **oighriú**, 動形 **oighrithe**〗凍らせる; 氷で覆う; 冷やす.
oigiséad [ogʲəsʲeːd] 名男〖属単・主複 **oigiséid**, 属複 ～〗大樽[桶].
oil [olʲ] 動I 他〖動名 **oiliúint**, 動形 **oilte**〗養育する; 熟達させる[養成する]; 訓練する. (duine) **a oiliúint ar** (rud) **a dhéanamh** (もの)をするため(人)を仕込むこと. **bheith oilte ar** (rud) (もの)に習熟していること.

oilbheart [ˈolʲvʲart] 名男 〖属単 **oilbhirt**, 主複 **-a**, 属複 **〜**〗邪悪な[恥ずべき]行い.

oilbhéas [ˈolʲvʲeːs] 名男 〖属単・主複 **-a**, 属複 **〜**〗悪癖; 御し難さ; 意地悪さ.

oilbhéasach [ˈolʲvʲeːsəx] 形 1 手に負えない[悪さをする]; (動物が)癖の悪い, 御し難い.

oilbhéim [ˈolʲvʲeːmʲ] 名女 〖属単 **-e**, 複 **-eanna**〗(法・習慣の)違反; 醜聞.

oileán [olʲaːn] 名男 〖属単・主複 **oileáin**, 属複 **〜**〗島; 孤立した場所; (道路の)安全地帯. **Oileán Mhanann** マン島.

oileánach [olʲaːnəx] 名男 〖属単・主複 **oileánaigh**, 属複 **〜**〗島民. ── 形 1 島に富んだ[が多い]; 島国的な.

oileánrach [olʲaːnrəx] 名男 〖属単・主複 **oilánraigh**, 属複 **〜**〗列島, 群島.

Oilimpeach [ˌolʲimʲpʲəx] 名男 〖属単・主複 **Oilimpigh**, 属複 **〜**〗オリンポス山の神; オリンピック競技出場選手. ── 形 1 (古代の)オリンピア競技の; (近代)国際オリンピック競技の.

oilithreach [olʲəhrəx] 名男 〖属単・主複 **oilithrigh**, 属複 **〜**〗巡礼者; 放浪者.

oilithreacht [olʲəhrəxt] 名女 〖属単 **-a**, 複 **-aí**〗巡礼; 聖地もうで.

oiliúint [olʲuːnʲtʲ] 名女 〖属単 **oiliúna**〗① oil の動名詞. ② 栄養物; 養育; 訓練.

oiliúnach [olʲuːnəx] 形 1 滋養分の多い; 教育的な; 養育する.

oilte [olʲtʲə] 形 3 ① 熟達した; 訓練された; 練習を積んだ. ② ☞ oil.

oilteacht [olʲtʲəxt] 名女 〖属単 **-a**〗教育, 訓練, しつけ; 熟練.

oilteanas [olʲtʲənəs] 名男 〖属単 **oilteanais**〗育ちの良さ, 教養; (上品な)行儀作法.

oineach [onʲəx] 名男 〖属単 **oinigh**〗名誉, 声望; 気前のよさ, 寛大.

oineachúil [onʲəxuːlʲ] 形 2 気前のよい; 気立てのよい.

óinmhid [oːnʲvʲədʲ] 名女 〖属単 **-e**, 複 **-í**〗愚か者; 道化.

oinniún [onʲuːn] 名男 〖属単・主複 **oinniúin**, 属複 **〜**〗ねぎ.

óinseach [oːnʲsʲəx] 名女 〖属単 **óinsí**, 主複 **-a**, 属複 **〜**〗愚か者.

óinsiúil [oːnʲsʲuːlʲ] 形 2 愚かな, ばかな.

oir [orʲ] 動 I 自 〖動名 **oiriúint**, 動形 **oirte**〗適(合)する, 似合う; 〜 **do** 望み[入用]である. **ní oireann an bia dom** その食物は私に合わない. **oireann dom labhairt leat** 私はあなたと話したい.

óir[1] [oːrʲ] 接 というのは, …だから.

óir[2] ☞ ór.

oirbheart [orʲəvʲərt] 名男〖属単 **oirbhirt**, 主複 **-a**, 属複 **~**〗使うこと; 処置; 功績; 武勇; 成熟.
oirbheartach [orʲəvʲərtəx] 形 1 手先が器用な, 上手な; 勇ましい; 成熟した.
oirbheartaíocht [orʲəvʲərtiː(ə)xt] 名女〖属単 **-a**〗戦術.
oirchill [orʲəxʲəlʲ] 名女〖属単 **-e**〗備えること; 用意; 待ち伏せ; 裏切り. **in ~ an bháis** 死を見越して. **~ a dhéanamh faoi chomhair duine**[**ruda**] 人[もの]のために準備を調えること. **bheith in ~ ar (dhuine)** (人)を待ち伏せること.
oirchilleach [orʲəxʲəlʲəx] 形 1 準備の整った.
oirdheisceart [ˈorʲˠesʲkʲərt] 名男〖属単 **oirdheiscirt**〗南東.
oireachas [orʲəxəs] 名男〖属単 **oireachais**〗優越; 優位; 主権(者の地位); 身分, 地位.
oireachtas [orʲəxtəs] 名男〖属単・主複 **oireachtais**, 属複 **~**〗協議会, 審議会; 祝祭. **An tOireachtas** 国会, 立法議会. **Oireachtas na Gaeilge** ゲール同盟の(年に1度の)祭典.
oiread [orʲəd] 名〖属単 **~**〗(時・空間・距離の)長さ; 量[数]; 程度; 寸法. **tá a ~ le déanamh agam** 私はすることが沢山ある. **ach ~** と同様…でない; どちらの…も(…ない). **~ agus**[**is**] …ほど[だけ]. **a ~ is is mian leat** あなたが望むだけ. **a dhá ~** (その)2倍(の量). **a ~ eile** もうそれだけ[…の2倍だけ]. (定冠詞と共に) **bhí an ~ sin feirge orm** 私はひどく腹が立っていた. **an ~ céanna** 同量; 同額. **an ~ seo** それだけの; それと同量の. **d'oiread féin d'fhear** 君と同サイズの男. **~ na fride** 一番ちっぽけなもの.
oireas [orʲəs] 名男〖属単 **oiris**〗出来事の記録[知識]; 歴史; 予知. **leabhar oiris** 年代記.
oirfide [orʲfʲədʲə] 名男〖属単 **~**〗音楽; もてなし; 娯楽; 催し物.
oirfideach [orʲfʲədʲəx] 名男〖属単・主複 **oirfidigh**, 属複 **~**〗音楽家; ミュージシャン, エンターテイナー.
── 形 1 面白い; 楽しませる; 音楽的な.
oirirc [orʲərʲkʲ] 形 1 著名な, 傑出した; 地位[身分]の高い.
oirirceas [orʲərʲkʲəs] 名男〖属単 **oirircis**〗名声, 高名; (地位・身分・名声など)高いこと; 卓越. **A Oirirceas** カトリック枢機卿の尊称. **A Oirircis** (呼び掛け)猊下(<ruby>猊<rt>げい</rt></ruby>下).
oiriúint [orʲuːnʲtʲ] 名女〖属単 **oiriúna**, 複 **-í**〗① **oir** の動名詞. ② 適合, ふさわしさ; (複)建具, 備品, 付属品. **in ~** 整然として; 準備の整った. **in ~ do** にふさわしい; 調和している. **as ~** 乱雑になって. **oiriúintí oifige** 事務所の備品[建具].

oiriúnach [or'u:nəx] 形1 適合する, ふさわしい；…するばかりの；相応で品のよい.
oiriúnaigh [or'u:ni:] 動II 他〖動名 **oiriúnú**, 動形 **oiriúnaithe**〗に適合[応]させる；にぴったり合う.
oirmhinneach [or'əv'ən'əx] 名男〖属単・主複 **oirmhinnigh**, 属複 ～〗(聖職者に対する敬称)師, 尊師. An tOirmhinneach Seoirse de Búrca ジョージ・バーク尊師. A Oirmhinnigh (呼び掛け).
oirmhinnigh [or'əv'ən'i:] 動II 他〖動名 **oirmhinniú**, 動形 **oirmhinnithe**〗名誉を与える；崇拝する.
oirní [o:rn'i:] 形3 (正式に)就任させられた；(司祭などに)叙品された；高名な.
oirnigh [o:rn'i:] 動II 他〖動名 **oirníu**, 動形 **oirnithe**〗(式を行なって正式に人を)就任させる；(公共施設など)開始式を行ない一般に使用させる；(司祭などに)叙品する.
oirthear [orhər] 名男〖属単 **oirthir**〗東, 東部；前(部). Oirthear Eorpa 東部ヨーロッパ.
oirthearach [orhərəx] 名男〖属単・主複 **oirthearaigh**, 属複 ～〗東洋(人).
―― 形1 東洋の, 東洋風の；東方の. an Eaglais Oirthearach (キリスト教) 東方(正)教会. teangacha oirthearacha 東洋の言語.
oirthuaisceart [ˈorˈhuəsˈkˈərt] 名男〖属単 **oirthuaiscirt**〗北東.
oiseoil [ˈosˈˌoːlˈ] 名女〖属単 **oiseola**〗鹿肉；(猟でとった獣の)肉.
oisín [osˈiːnˈ] 名男〖属単 ～, 複 **-í**〗若い鹿. ～ róin 若いあざらし.
oisre [osˈrˈə] 名男〖属単 ～, 複 **-í**〗カキ[オイスター].
oitir [otˈərˈ] 名女〖属単 **oitreach**, 複 **oitreacha**〗浅瀬, (砂)州；土手.
ól [o:l] 名男〖属単 **óil**〗飲み物；アルコール飲料；飲酒, 一杯. bheith ar an t-ól 酒にひたって(いること). teach (an) óil 酒場[パブ]. ～ a chur ar (dhuine) (人)に飲酒を強いること.
―― 動I 他・自〖動名 **ól**, 動形 **ólta**〗飲む；飲酒する. deoch uisce [leanna] a ～ 水[エール]を飲むこと. tá sé ólta 彼は酔っ払っている. tobac a ～ 煙草をふかすこと.
ola [olə] 名女〖属単 ～, 主複 **-í**〗油, オイル. ～ mhór パラフィン油. ～ phlanda 植物油. an ～ dhéanach (キリスト教) 終油の秘跡.
olach [oləx] 形1 油の；油を塗った；油っこい.
ólachán [o:ləxa:n] 名男〖属単 **ólacháin**〗飲むこと[飲酒].
olacheantar [ˈoləˌxˈantər] 名男〖属単・主複 **olacheantair**, 属複 ～〗油田.

olagón [oləgo:n] 名男〖属単・主複 **olagóin**, 属複 ～〗泣き叫ぶこと; 悲嘆; (風の)泣くような音.
ólaim [o:ləm⁄] ól+mé.
olanda [oləndə] 形3 羊毛の; 羊毛に覆われた; もじゃもじゃの.
olann [olən] 名女〖属単 **olla**, 主複 **olanna**, 属複 ～〗羊毛; 毛糸; 毛織物.
olannacht [olənəxt] 名女〖属単 **-a**〗羊毛質, 羊毛状.
olartha [olərhə] 形3 油[脂]のような; 油性の; 滑らかな.
olc [olk] 名男〖属単・主複 **oilc**, 属複 ～〗害悪; うらみ; 怒り. ～ **a chur ar** (dhuine) (人)を激昂させること. **an t-olc a dhéanamh** 悪事を働くこと.
—— 形1〖比較 **measa**〗悪い; 有害な; (身体)健全でない; 好意を持たない. **bheith go holc** ひどく病んでいること. **maith nó ～ leat é** 君がそれを好きであろうとなかろうと. **is ～ a chreidim é** 私はそれをほとんど信じない. **～ ná maith** 少しも[全然]. (**measa** の成句) **is measa liom mo chás féin** 私は私自身の問題の方がより重要だ. **cé is measa leat?** だれにより一層好意を持っているか? **is measaide** (measa+de) **sibh é**[daoibh é] あなたたちは彼[それ]のために一層悪くなっている.
olcas [olkəs] 名男〖属単 **oscais**〗悪; 悪い状態; 悪意. **dul in ～** [chun olcais] 一層悪くなっていくこと.
oll- [ol] 接頭 大きく重い, 多量, 多数, 強大な.
olla [olə] ☞ olann.
ollach [oləx] 形1 羊毛質の; 羊毛で覆われた; ふわふわした.
ollamh [oləv] 名男〖属単 **ollaimh**, 複 **ollúna**〗教授, 学識者; オラヴ(大詩人).
ollás [ˈolˌa:s] 名男〖属単 **olláis**〗荘厳, 華麗; 歓喜, 喜悦.
ollchóiriú [ˈolˌxo:r⁄u:] 名男〖属単 **ollchóirithe**〗オーバーホール.
ollchruinniú [ˈolˌxrin⁄u:] 名男〖属単・複 **ollchruinnithe**〗大集会.
ollchumhacht [ˈolˌxuəxt] 名女〖属単 **-a**, 複 **-aí**〗強大な力; 超大国.
olldord [ˈolˌdord] 名男〖属単・主複 **olldoird**, 属複 ～〗(音楽)ダブルベース, コントラバス.
ollghairdeas [ˈolˌɣa:rd⁄əs] 名男〖属単 **ollghairdis**〗歓喜, 大喜び.
ollmhaitheas [ˈolˌvahəs] 名男〖属単 **-a**, 複 **-aí**〗豊かな財産; 富裕; 豪華; (複)ご馳走, 素晴らしいもの.
ollmhaithiúnas [ˈolˌvahu:nəs] 名男〖属単・主複 **ollmhaithiúnais**, 属複 ～〗大赦.
ollmhargadh [ˈolˌvarəɡə] 名男〖属単 **ollmhargaidh**, 複 **oll-**

ollmhór

mhargaí』スーパーマーケット.
ollmhór [ˈolˌvoːr] 形1 非常に大きい, 巨大な;計り知れない.
ollphéist [ˈolˌfʼeːsʼtʼ] 名女『属単 **-e**, 複 **-eanna**』(大)ヘビ;(ヘビに似た)怪物.
ollphuball [ˈolˌfubəl] 名男『属単・主複 **ollphubaill**, 属複 〜』(園遊会などの)大テント, (ホテル, 劇場入口などの)大ひさし.
ollscartaire [ˈolˌskartərʼə] 名男『属単 〜, 複 **ollscartairí**』ブルドーザー.
ollscoil [ˈolˌskolʼ] 名女『属単 **-e**, 複 **-eanna**』大学.
ollscolaíocht [ˈolˌskoliː(ə)xt] 名女『属単 **-a**』大学教育.
ollsmachtach [ˈolˌsmaxtəx] 形1 全体主義の, 完全独裁の.
ollstailc [ˈolˌstalʼkʼ] 名女『属単 **-e**, 複 **-eanna**』ゼネスト.
olltáirg [ˈolˌtaːrʼgʼ] 動I 他『動名 **olltáirgeadh**, 動形 **olltáirgthe**』大量生産する.
olltáirgeacht [ˈolˌtaːrʼgʼəxt] 名女『属単 **-a**』総生産, 総生産高.
olltáirgeadh [ˈolˌtaːrʼgʼə] 名男『属単 **olltáirgthe**』大量生産.
olltoghchán [ˈolˌtauxaːn] 名男『属単・主複 **olltoghcháin**, 属複 〜』総選挙.
ollúna [oluːnə] ☞ ollamh.
ollúnacht [oluːnəxt] 名女『属単 **-a**, 複 **-aí**』教授の職[地位].
ológ [oloːg] 名女『属単 **olóige**, 主複 **ológa**, 属複 〜』オリーブ.
craobh olóige オリーブの枝(平和の象徴).
ólta [oːltə] ☞ ól.
óltach [oːltəx] 形1 酒中毒の;(ぐでんぐでんに)酔った.
óltóir [oːltoːrʼ] 名男『属単 **óltóra**, 複 **óltóirí**』飲む人;酒飲み.
olúil [oluːlʼ] 形2 油(性)の, 油質の;油っこい;口先のうまい.
ómós [oːmoːs] 名男『属単 **ómóis**』尊敬, 敬意;栄誉;賛辞. in 〜 … に敬意を表して[を考慮して;その代りに].
ómósach [oːmoːsəx] 形1 うやうやしい;尊敬の念に満ちた.
ómra [oːmrə] 名男『属単 〜』琥珀(こはく).
ómrach [oːmrəx] 形1 琥珀(こはく)の;琥珀色の, 黄褐色の.
ón[1] [oːn] 代 指示代名詞. これ, それ.
ón[2] [oːn], **óna** [oːnə] ☞ ó[2].
onamataipé [ˈonəˌmatəˈpʼeː] 名女『属単 〜』擬声語[音].
ónar [oːnər], **ónár** [oːnaːr] ☞ ó[2].
onfais [onfəsʼ] 名女『属単 **-e**』潜水;飛込み;のたうち回ること.
onfaiseoir [onfəsʼoːrʼ] 名男『属単 **onfaiseora**, 複 **-í**』潜水夫, ダイバー.

onnmhaire [ˈonˌvarʼə] 名女〖属単 ～, 複 **onnmhairí**〗輸出商品; 輸出.

onnmhaireoir [ˈonˌvarʼoːrʼ] 名男〖属単 **onnmhaireora**, 複 **-í**〗輸出業者, 輸出商.

onnmhairigh [ˈonˌvarʼiː] 動II 他〖動名 **onnmhairiú**, 動形 **onnmhairithe**〗輸出する.

onóir [onoːrʼ] 名女〖属単 **onóra**, 複 **onóracha**〗名誉, 面目; 敬意; 名誉[信用]を重んじる心. ～ **a thabhairt do** (dhuine)(人に)敬意を表する[面目を施す]こと; の名誉となること. **cúrsa onóracha**(大学の)特別優等課程. **príosúnach ar a ～** 解放宣誓捕虜. **ag seasamh na honóra** 体面を保って(いる).

onórach [onoːrəx] 形 1 立派な, 名誉[尊敬]に値する; 名誉上の.

onóraigh [onoːriː] 動II 他〖動名 **onórú**, 動形 **onóraithe**〗名誉を与える; 尊敬する.

ópal [oːpəl] 名男〖属単・主複 **ópail**, 属複 ～〗オパール.

optach [optəx] 形 1 目の; 視覚の, 視力の.

optaic [optəkʼ] 名女〖属単 **-e**〗光学.

ór [oːr] 名男〖属単 **óir**〗金; 富; 高貴なもの. ～ **teilgthe** 金の延べ棒. **tá an t-ór buí aige** 彼は金持ちだ. **is fiú ～ é** 彼は金のように高貴だ. ～ **muire** マリーゴールド(の花).

oraibh [orəvʼ] ☞ **ar**[1].

óráid [oːraːdʼ] 名女〖属単 **-e**, 複 **-í**〗演説, 式辞[祝辞], スピーチ.

óráidí [oːraːdʼiː] 名男〖属単 ～, 複 **óráidithe**〗演説者, 弁士.

óráidíocht [oːraːdʼiː(ə)xt] 名女〖属単 **-a**〗雄弁; 弁論術; 演説.

óraigh [oːriː] 動I 他〖動名 **órú**, 動形 **óraithe**〗金箔(はく)をきせる, 金めっきする.

orainn [orənʼ] ☞ **ar**[1].

oráiste [oraːsʼtʼə] 名男〖属単 ～, 複 **oráistí**〗オレンジ.
―― 形 オレンジの.

Oráisteach [oraːsʼtʼəx] 名男〖属単・主複 **Oráistigh**, 属複 ～〗オレンジ党員(1795年アイルランドの新教擁護のため結成された秘密結社の党員).
―― 形 1 オレンジ党員の.

órcheardaí [oːrxʼərdiː] 名男〖属単 ～, 複 **órcheardaithe**〗金細工師[商].

ord[1] [oːrd] 名男〖属単・主複 **oird**, 属複 ～〗大づち.

ord[2] [oːrd] 名男〖属単・主複 **oird**, 属複 ～〗順序; (事物・社会)秩序; 階級; 地位; 団. ～ **aibítre** アルファベット順. **an tOrd Oráisteach** オ

レンジ党秘密結社.
ordaigh [oːrdiː] 動II 他『動名 **ordú**, 動形 **ordaighe**』命令[指示]する；注文する；奨励する. **earraí a ordú as siopa** 品物を店から取り寄せること. **mar a d' ordaigh Dia** 神が定めた通り. **na cógais a d' ordaigh an dochtúir dom** 医者が私のために処方した薬.
ordaitheach [oːrdihəx] 名男『属単・主複 **ordaithigh**, 属複 〜』（文法）命令法.
── 形1 命令法の.
ordanás [oːrdənaːs] 名男『属単 **ordanáis**』（大）砲；兵器.
órdhonn [ˈoːrˌɣon] 形1 赤褐色の, 金褐色の, とび色の.
ordóg [oːrdoːg] 名女『属単 **ordóige**, 主複 **-a**, 属複 〜』（手足の）親指. **tá sé faoi ordóga uile** 彼は不器用だ. **bheith faoina 〜 ag** (duine) (人)の言いなりになっていること. **〜 portáin** カニのはさみ.
ordú [oːrduː] 名男『属単 **ordaithe**, 複 **orduithe**』① **ordaigh** の動名詞. ② 命令(書)；為替；(物事の)順[秩]序；本来の状態；注文. **in** [**as**] 〜 整然[雑然]として. **in 〜 maith** よい状態に. **〜 airgid**[**poist**] 為替[郵便為替].
ordúil [oːrduːlʲ] 形2 きちんとした, 整然とした；順序づけられた.
orduimhir [ˈoːrdʲivʲərʲ] 名女『属単 **orduimhreach**, 複 **orduimhreacha**』序数.
ordúlacht [oːrduːləxt] 名女『属単 **-a**』秩序整然；清楚, 小奇麗さ.
órga [oːrgə] 形3 金色の, 金色に輝く；金(製)の.
orga'n [orəgaːn] 名男『属単・主複 **orgáin**, 属複 〜』オルガン；器官.
orgánach [orəgaːnəx] 名男『属単・主複 **orgánaigh**, 属複 〜』有機体, 有機的組織体.
── 形1 有機(体)の；器官の；組織的な.
orgánaí [orəgaːniː] 名男『属単 〜, 複 **orgánaithe**』オルガン奏者.
orla [oːrlə] 名男『属単 〜』吐く[むかつく]こと；おう吐物.
orlach [oːrləx] 名男『属単 **orlaigh**, 複 **orlaí**』インチ（長さの単位）；かけら；少し；小部分. **shiúil mé ina orlaí beaga é** 私はそれを徹頭徹尾調べた. **níl tusa 〜 níos fearr ná é** 君は彼と比べて少しも良くはない.
orm [orəm:] ☞ **ar**[1].
ornáid [oːrnaːdʲ] 名女『属単 **-e**, 複 **-í**』飾り, 装飾；小装身具.
ornáideach [oːrnaːdʲəx] 形1 装飾的な, 装飾を施した, 飾り立てた.
ornáidigh [oːrnaːdʲiː] 動II 他『動名 **ornáidiú**, 動形 **ornáidithe**』（飾って）美しくする；装飾する.

órnite [ˈoːrˌnʲitʲə] 形3 金めっきした, 金箔(ﾊｸ)をきせた；金ぴかの.
oró [oroː] 間投 あぁ, おぉ, おやまあ.
órscoth [ˈoːrˌskoh] 名女〖属単 **-a**, 複 **-anna**〗菊.
ort [ort] ☞ **ar**¹.
ortaipéideach [ˈortəˌpʲeːdʲəx] 形1 整形外科(学)の.
ortha [orhə] 名女〖属単 ～, 複 **-í**〗呪文；魔法；お守り.
órthaisce [oːrhasˈkʲə] 名女〖属単 ～, 複 **órthaiscí**〗正貨準備.
orthu [orhuː] ☞ **ar**¹.
os¹ [os] 前 …の上に, を覆って, を越えて. ～ **cionn** の上に；より多く；を預かっている；…以上の. ～ **coinne** [～ **comhair**] …の前[正面]に；向かい合って, 向い側に.
os-² [os] 接頭 上の, 覆った, 越[超]えた.
ós [oːs] ☞ **ó**².
ósais [oːsəsʲ] 名女〖属単 **-e**, 複 **-í**〗オアシス.
osán [osaːn] 名男〖属単・主複 **osáin**, 属複 ～〗ズボンの脚部.
oscail [oskəlʲ] 動II 他・自〖動名 **oscailt**, 動形 **oscailte**；現 **osclaíonn**〗開ける, 開く. **bosca**[**beart**]**a oscailt** 箱[包み]を開けること. **cuntas a oscailt** 口座を開くこと.
oscailt [oskəlʲtʲ] 名女〖属単 **-e**, 複 **-í**〗開くこと；すき間；空き. ～ **idir charraigeacha** 岩と岩のすき間. ～ **súl** (目をかっと開かせる程)驚嘆的な物事. **tá an doras ar** ～ ドアが開いている.
oscailte [oskəlʲtʲə] 形1 開いた；公然の；腹蔵のない. **cneá** ～ パックリ口を開いた傷. **intinn** ～ わだかまりのない心.
osclaím [oskəliːmʲ] **oscail**＋**mé**.
osclóir [oskloːrʲ] 名男〖属単 **osclóra**, 複 **-í**〗開く人；あける道具.
osna [osnə] 名女〖属単 ～, 複 **-í**〗ため息, 嘆息. ～ **a ligeann** ため息をつくこと.
osnádúrtha [ˈosˌnaːduːrhə] 形3 超自然の, 神秘的な, 不可思議な.
osnaíl [osniːlʲ] 名女〖属単 **osnaíola**〗ため息をつくこと.
óspairt [oːspərtʲ] 名女〖属単 **-e**, 複 **-í**〗不慮の出来事；けが.
ospidéal [ospʲədʲeːl] 名男〖属単・主複 **ospidéil**, 属複 ～〗病院.
osréalachas [ˈosˌreːləxəs] 名男〖属単 **osréalachais**〗超現実主義, シュールレアリズム.
ósta [oːstə] 名男〖属単 ～, 複 **óstaí**〗宿泊(所). **teach** ～ 宿屋[居酒屋；パブ].
óstach [oːstəx] 名男〖属単・主複 **óstaigh**, 属複 ～〗客をもてなす人, ホスト, ホステス.
óstaíocht [oːstiː(ə)xt] 名女〖属単 **-a**〗(旅人の)接待, 宿泊(所).

osteilgeoir [ˈosˌtʲelʲəgʲoːrʲ] 名男 〖属単 **osteilgeora**, 複 **-í**〗オーバーヘッドプロジェクター.

óstlann [oːstlən] 名女 〖属単 **óstlainne**, 主複 **-a**, 属複 ~〗ホテル.

óstlannaí [oːstləniː] 名男 〖属単 ~, 複 **óstlannaithe**〗ホテル経営者.

óstóir [oːstoːrʲ] 名男 〖属単 **óstóra**, 複 **-í**〗宿屋[居酒屋]の主人.

ostrais [ostrəsʲ] 名女 〖属単 **-e**, 複 **-í**〗ダチョウ.

otair [otərʲ] 形1 〖属単男 ~, 属単女・主複・比較 **otra**〗不潔な;下品な;でっぷりした.

oth [oh] 名 (成句) is ~ le (go) (go 以下)を残念[気の毒]に思う, 遺憾である;悼む;すまないと思う. is ~ liom do chás 私は貴方の事情を気の毒に思う. b'oth linn sin a chloisteáil 私たちはそれを聞いて心残りがした.

othar [ohər] 名男 〖属単・主複 **othair**, 属複 ~〗病弱者[患者];病;傷;化のう. ag déanamh othair うずいて[うんで](いること).

otharcharr [ˈohərˌxaːr] 名男 〖属単 **otharchairr**, 複 **-anna**〗救急車.

otharlann [ohərlən] 名女 〖属単 **otharlainne**, 主複 **-a**, 属複 ~〗(小)病院, 診療所;(僧院・学校・工場などの)付属診療所[医務室].

othras [ohrəs] 名男 〖属単・主複 **othrais**, 属複 ~〗病気;潰瘍(かいよう).

othrasach [ohrəsəx] 形1 病の;傷ついた;潰瘍(かいよう)にかかった.

otrach [otrəx] 名男 〖属単 **otraigh**〗糞(ふん), 排泄物;堆肥.

otracht [otrəxt] 名女 〖属単 **-a**〗不潔;粗野;肥満.

ózón [oːzoːn] 名男 〖属単 **ózóin**〗オゾン.

P

pá [paː] 名男 〖属単 ~, 複 **-nna**〗給料, 賃金.

pábháil [paːvaːlʲ] 名女 〖属単 **pábhála**, 複 **pábhálacha**〗舗装すること;舗道.

── 動I 他 〖動名 **pábháil**, 動形 **pábháilte**; 現 **pábhálann**〗舗装する.

paca [pakə] 名男 〖属単 ~, 複 **-í**〗包み;荷物.

pacáil [pakaːlʲ] 名女 〖属単 **pacála**〗包むこと;包装.

——動I 他・自〖動名 pacáil, 動形 pacáilte；現 pacálann〗包む；荷作りする；詰め込む.
pacaireact [pakar′əxt] 名女〖属単 -a〗行商.
pacáiste [paka:s′t′ə] 名男〖属単 ～, 複 pacáistí〗包み；小包；荷.
padhsán [paisa:n] 名男〖属単・主複 padhsáin, 属複 ～〗繊細な人.
pádhuille ['pa:ɣil′ə] 名男〖属単 ～, 複 pádhuillí〗給料明細表.
págánach [pa:ga:nəx] 名男〖属単・主複 págánaigh, 属複 ～〗異教徒.
págánta [pa:ga:ntə] 形3 異教(徒)の.
págántacht [pa:ga:ntəxt] 名女〖属単 -a〗異教信奉；無宗教.
paicéad [pak′e:d] 名男〖属単・主複 paicéid, 属複 ～〗小さな束；小包み.
paidhc [paik′] 名女〖属単 -e, 複 -eanna〗有料道路(料金).
paidir [pad′ər′] 名女〖属単 paidre, 複 paidreacha〗主の祈り. ná déan ～ chapaill de 話をだらだらと長引かせるな.
paidreoireacht [pad′r′o:r′əxt] 名女〖属単 -a〗祈ること.
paidrín [pad′r′i:n′] 名男〖属単 ～, 複 -í〗(カトリック)ロザリオ；数珠.
páil [pa:l′] 名女〖属単 -e, 複 -eacha〗杭(くい), 囲い. an Pháil (歴史) 英国の支配下にあったアイルランド東部地方.
pailé(a)-, pailé(i)- [pal′e:] 接頭 古-, 旧-, 原始-.
pailéad [pal′e:d] 名男〖属単・主複 pailéid, 属複 ～〗パレット(上の一揃えの絵の具).
pailin [pal′ən′] 名女〖属単 -e〗花粉.
pailis [pal′əs′] 名女〖属単 -e, 複 -í〗柵；要塞；城.
pailliún [pal′u:n] 名男〖属単・主複 pailliúin, 属複 ～〗大型テント；パビリオン.
pailm [pal′əm′] 名女〖属単 -e, 複 -eacha〗掌(てのひら). crann pailme シュロ[ヤシ].
paimfléad [pam′f′l′e:d] 名男〖属単・主複 paimfléid, 属複 ～〗パンフレット, 小冊子.
paincréas [paŋ′k′re:s] 名男〖属単・主複 paincréis, 属複 ～〗すい臓.
painéal [pan′e:l] 名男〖属単・主複 painéil, 属複 ～〗パネル, 板.
páinteach [pa:n′t′əx] 名男〖属単・主複 páintigh, 属複 ～〗太った人.
——形1 ふくよかな, 丸々とした, 太った.
paintéar [pan′t′e:r] 名男〖属単・主複 paintéir, 属複 ～〗わな, 落

とし穴.

páipéar [pa:pʼe:r] 名男〖属単・主複 **páipéir**, 属複 ～〗紙. ～ nua-chta 新聞.

páipéarachas [pa:pʼe:rəxəs] 名男〖属単 **páipéarachais**〗文房具.

páirc [pa:rʼkʼ] 名女〖属単 **-e**, 複 **-eanna**〗野原；畑；球場；公園.

páirceáil [pa:rʼkʼa:lʼ] 動I 他〖動名 **páirceáil**, 動形 **páirceáilte**；現 **páirceálann**〗駐車させる.

páircíneach [pa:rʼkʼi:nʼəx] 形 1 格子縞の, チェックの.

pairifín [parʼəfʼi:nʼ] 名男〖属単 ～〗パラフィン.

pairilis [parʼəlʼəsʼ] 名女〖属単 **-e**〗麻痺(症).

páirín [pa:rʼi:nʼ] 名男〖属単 ～, 複 **-í**〗紙やすり, サンドペーパー.

páirt[1] [pa:rtʼ] 名女〖属単 **-e**, 複 **-eanna**〗部分；役割；共同. **chuaigh sé i mo pháirt** 彼は私の味方をした. **tá sé i bpáirt le gach duine** 彼は皆から好かれている. **i bpáirt an airgid** 金に関しては. **i bpáirt mhaitheasa** 善意から出た. **i mo pháirtse (de)** 私に関する限り.

páirt-[2] [pa:rtʼ] 接頭 部分的-；一部の.

páirtaimseartha [ˈpa:rtʼˌamʼsʼərhə] 形 3 非常勤の, パートタイムの.

páirteach [pa:rtʼəx] 形 1 関与する；共有する；同情する.

páirteachas [pa:rtʼəxəs] 名男〖属単 **páirteachais**〗参加, 関与.

páirteagal [pa:rtʼəgəl] 名男〖属単・主複 **páirteagail**, 属複 ～〗(文法) 不変化詞, 小詞.

páirtghlacadh [pa:rtɣlakə] 名男〖属単 **páirtghlactha**〗役割演技, ロールプレイング.

páirtí [pa:rtʼi:] 名男〖属単 ～, 複 **páirtithe**〗(政)党；集まり；仲間.

páirtíneach [pa:rtʼi:nʼəx] 名男〖属単・主複 **páirtínigh**, 属複 ～〗同志；パルチザン.

páirtíocht [pa:rtʼi:(ə)xt] 名女〖属単 **-a**〗共同, 協力；連帯感. **i bpáirtíocht liomsa de** 私としては.

páis [pa:sʼ] 名女〖属単 **-e**〗受難. **An Pháis** キリストの受難.

paisean [pasʼən] 名男〖属単・主複 **paisin**, 属複 ～〗激情；激怒.

paiseanta [pasʼəntə] 形 3 熱烈な, 情熱的な；激怒した.

paisinéir [pasʼənʼe:rʼ] 名男〖属単 **paisinéara**, 複 **-í**〗乗客.

paisinéireacht [pasʼənʼe:rʼəxt] 名女〖属単 **-a**, 複 **-aí**〗渡航；運賃.

paiste [pasʼtʼə] 名男〖属単 ～, 複 **paistí**〗つぎあて；小さな畑；ひと仕事；場所.

páiste [paːsʲtʲə] 名男〖属単 〜, 複 **páistí**〗子供.
paisteáil [pasʲtʲaːlʲ] 名女〖属単 **paisteála**〗つぎを当てること；あて布.
—— 動I 他・自〖動名 **paisteáil**, 動形 **paisteáilte**；現 **paisteálann**〗つぎを当てる.
paisteár [pasʲtʲeːr] 動II 他〖動名 **paisteáradh**, 動形 **paisteártha**〗低温殺菌する.
paistéarachán [pasʲtʲeːrəxaːn] 名男〖属単 **paistéaracháin**〗低温殺菌.
paistil [pasʲtʲəlʲ] 名女〖属単 **-e**, 複 **-í**〗パステル.
páistiúil [paːsʲtʲuːlʲ] 形2 子供らしい；子供じみた.
páistiúlacht [paːsʲtʲuːləxt] 名女〖属単 **-a**〗子供らしさ；おとなげないこと.
paiteana [patʲənə] 名男〖属単 〜, 複 **-í**〗（キリスト教）聖体（用パン）皿.
paiteanta [patʲəntə] 形3 明白な；きちんとした；正確な.
paiteog [patʲoːg] 名女〖属単 **paiteoige**, 主複 **-a**, 属複 〜〗小さなかたまり.
paiteolaíocht [ˈpatʲoliː(ə)xt] 名女〖属単 **-a**〗病理学；病状.
paitinn [patʲənʲ] 名女〖属単 **-e**, 複 **-í**〗特許（権）, パテント.
pálás [paːlaːs] 名男〖属単・主複 **páláis**, 属複 〜〗宮殿.
paltóg [paltoːg] 名女〖属単 **paltóige**, 主複 **-a**, 属複 〜〗強打, ゴツンと打つこと.
pán [paːn] 名男〖属単・主複 **páin**, 属複 〜〗質屋.
pána [paːnə] 名男〖属単 〜, 複 **-í**〗窓ガラス.
pánaí [paːniː] 名男〖属単 〜, 複 **pánaithe**〗太った人.
pánáil [paːnaːlʲ] 動I 他〖動名 **pánáil**, 動形 **pánáilte**；現 **pánálann**〗質に入れる.
pancóg [paŋkoːg] 名女〖属単 **pancóige**, 主複 **-a**, 属複 〜〗パンケーキ.
panda [pandə] 名男〖属単 〜, 複 **-í**〗パンダ.
panna [panə] 名男〖属単 〜, 複 **-í**〗（平）鍋.
pantaimím [ˈpantəmʲiːmʲ] 名女〖属単 **-e**, 複 **-eanna**〗無言劇, パントマイム.
pantar [pantər] 名男〖属単・主複 **pantair**, 属複 〜〗豹（ヒョウ）.
pantrach [pantrəx] 名女〖属単 **pantraí**, 主複 **-a**, 属複 〜〗食料貯蔵室；食器室.
paor [piːr] 名男〖属単 〜〗嘲笑の的；恨み.

pápa [pa:pə] 名男〖属単 〜, 複 -í〗ローマ法王.
pápach [pa:pəx] 形1 ローマ法皇の；ローマカトリック教会の.
pápacht [pa:pəxt] 名女〖属単 -a〗教皇の位.
pápaire [pa:pərʲə] 名男〖属単 〜, 複 **pápairí**〗カトリック教徒.
pár [pa:r] 名男〖属単・主複 **páir**, 属複 〜〗羊皮紙.
para(i)- [parə] 接頭 側；以上；不正；不規則.
parabal [parəbəl] 名男〖属単・主複 **parabail**, 属複 〜〗たとえ(話), 比喩.
paradacsa [ˈparəˌdaksə] 名男〖属単 〜, 複 -í〗逆説, パラドックス.
paragraf [ˈparəˌgraf] 名男〖属単・主複 **paragraif**, 属複 〜〗(文章の)節, 段落, パラグラフ.
paráid [para:dʲ] 名女〖属単 -e, 複 -í〗行列, 行進, パレード.
paráil [pa:ra:lʲ] 動I 他〖動名 **páráil**, 動形 **párailte**；現 **páralann**〗(果物など)皮をむく；(爪など)切り整える.
parailéal [ˈparəlʲeːl] 名男〖属単・主複 **parailéil**, 属複 〜〗平行(線)；類似.
parailéalach [ˈparəlʲeːləx] 形1 平行の；相等しい.
paraisiút [ˈparəsʲuːt] 名男〖属単・主複 **paraisiúit**, 属複 〜〗パラシュート.
paranóia [ˈparəˌnoːiə] 名女〖属単 〜〗パラノイア, 偏執症.
parasól [ˈparəˌsoːl] 名男〖属単・主複 **parasóil**, 属複 〜〗パラソル, (日)傘.
pardóg [pa:rdo:g] 名女〖属単 **pardóige**, 主複 -a, 属複 〜〗馬の鞍敷き；荷かご.
pardún [pa:rdu:n] 名男〖属単・主複 **pardúin**, 属複 〜〗許し. gabh- aim 〜 (agat) ごめんなさい [失礼しました].
parlaimint [pa:rləmʲənʲtʲ] 名女〖属単 -e, 複 -í〗議会, 国会.
parlaiminteach [pa:rləmʲənʲtʲəx] 形1 議会の.
parlús [pa:rlu:s] 名男〖属単・主複 **parlúis**, 属複 〜〗パーラー；居間.
paróiste [paro:sʲtʲə] 名男〖属単 〜, 複 **paróistí**〗教区.
paróisteach [paro:sʲtʲəx] 名男〖属単・主複 **paróistigh**, 属複 〜〗小教(会)区民.
―― 形1 小教(会)区の.
párpháipéar [ˈpa:rˌfa:pʲeːr] 名男〖属単・主複 **párpháipéir**, 属複 〜〗ベラム(子牛[羊]皮)紙.
parsáil [parsa:lʲ] 動I 他〖動名 **parsáil**, 動形 **parsáilte**；現 **parsálann**〗(文法)文を分析する.

parthas [parhəs] 名男〖属単・主複 **parthais**, 属複 〜〗天国, 楽園.
parúl [paru:l] 名男〖属単・主複 **parúil**, 属複 〜〗仮釈放；誓言.
pas [pas] 名男〖属単 〜, 複 **-anna**〗狭い通路；山道；無料乗車券；合格；パスポート；少量. 〜 **deacair** ちょっと難しい.
pasáil[1] [pasa:l/] 動I 他〖動名 **pasáil**, 動形 **pasáilte**；現 **pasálann**〗押える；踏みつける.
pasáil[2] [pasa:l/] 動I 他・自〖動名 **pasáil**, 動形 **pasáilte**；現 **pasálann**〗通す；合格する；(球技)パスする.
pasáiste [pasa:s/t/ə] 名男〖属単 〜, 複 **pasáistí**〗通路；水路；通行料.
pasfhocal [pasokəl] 名男〖属単・主複 **pasfhocail**, 属複 〜〗パスワード.
pastae [paste:] 名男〖属単 〜, 複 **-tha**〗(肉)パイ；ケーキ類.
pastal [pastəl] 名男〖属単 **pastail**〗パステル.
patrarc [ˈpatˌrark] 名男〖属単 〜, 複 **-aí**〗族長；総大司教.
patról [patro:l] 名男〖属単・主複 **patróil**, 属複 〜〗巡視, パトロール.
patrún [patru:n] 名男〖属単・主複 **patrúin**, 属複 〜〗模範；様式；模様, パターン.
pátrún [pa:tru:n] 名男〖属単・主複 **pátrúin**, 属複 〜〗後援者；保護者；パトロン；守護聖人.
pátrúnacht [pa:tru:nəxt] 名女〖属単 **-a**〗後援；保護；ひいき.
patuaire [ˈpatˌuər/ə] 名女〖属単 〜〗生ぬるいこと；熱意のなさ；無感動.
patuar [ˈpatˌuər] 形 1 生ぬるい. 〜 **i** 気乗りしない[無関心な].
pé [p/e:] 代形接 ① …するものは何でも；どんな…でも；〜 **hé féin** 彼が誰であろうとも. 〜 [〜 **ar bith**] **duine** どんな人でも. ② …であろうとなかろうと. 〜 **ceann is fearr leat** 君がどちらが好きであろうとも. 〜 **áit a bhfuil sí** 彼女がどこにいようとも. 〜 **scéal é** とにかく. 〜 **olc maith leat é** 君が好む好まないにかかわらず. ③ {acu(<ag)と共に} 〜 **acu den bheirt a bhí ann** 二人のどちらかがそこにいた. 〜 **acu againn** 我々のどちらか.
péac [p/e:k] 名女〖属単 **péice**, 主複 **-a**, 属複 〜〗山頂；先端；新芽；突き；噴出.
―― 動I 他・自〖動名 **péacadh**, 動形 **péactha**〗芽を出す；急速に成長する；突く；刺激する.
peaca [p/akə] 名男〖属単 〜, 複 **-í**〗(宗教, 道徳上の)罪. 〜 **an tsinsir** (キリスト教)原罪. **is mór an** 〜 **é** 非常に残念なことだ.

peacach [pʲakəx] 名男〖属単・主複 **peacaigh**, 属複 〜〗(宗教, 道徳上の)罪人, 罪深い者.

péacach [pʲeːkəx] 形1 尖った；けばけばしい；派手なドレスを着た.

peacaigh [pʲakiː] 動II自〖動名 **peacú**, 動形 **peacaithe**〗(宗教, 道徳上の)罪を犯す.

péacán [pʲeːkaːn] 名男〖属単・主複 **péacáin**, 属複 〜〗(新)芽.

péacóg [pʲeːkoːg] 名女〖属単 **péacóige**, 主複 **-a**, 属複 〜〗クジャク.

péacógach [pʲeːkoːgəx] 形1 派手なドレスを着た；めかしこんだ；虚栄心の強い.

peacúil¹ [pʲakuːlʲ] 形2 罪のある, 罪深い.

peaindí [pʲanʲdʲiː] 名男〖属単 〜, 複 **peaindithe**〗スズ製のジョッキ；マッシュポテト.

peann [pʲan] 名男〖属単・主複 **pinn**, 属複 〜〗ペン. 〜 **luaidhe** 鉛筆.

peannaid [pʲanədʲ] 名女〖属単 **-e**〗ざんげ；償い；苦行；罰.

peannaideach [pʲanədʲəx] 形1 刑(罰)の；苦痛を与える.

peannaireacht [pʲanərʲəxt] 名女〖属単 **-a**〗筆跡, 習字.

péarla [pʲeːrlə] 名男〖属単 〜, 複 **-í**〗真珠, パール.

pearóid [pʲaroːdʲ] 名女〖属単 **-e**, 複 **-í**〗オウム.

pearsa [pʲarsə] 名女〖属単・属複 **-n**, 主複 **-na**〗人間, 人格. **na pearsana sa dráma** 戯曲の登場人物.

pearsanaigh [pʲarsəniː] 動II他〖動名 **pearsanú**, 動形 **pearsanaithe**〗役を演じる；名をかたる.

pearsanra [pʲarsənrə] 名男〖属単 〜〗職員；隊員；人事課[部].

pearsanta [pʲarsəntə] 形3 個人の；品のある. **go** 〜 個人的に.

pearsantacht [pʲarsəntəxt] 名女〖属単 **-a**〗個性.

pearsantaigh [pʲarsəntiː] 動II他〖動名 **pearsantú**, 動形 **pearsantaithe**〗(事, 物を)人格[擬人]化する.

péarsla [pʲeːrslə] 名男〖属単 〜, 複 **-í**〗さえずり；歌.

péas [pʲeːs] 名男〖属単・複 〜〗警官. **na** 〜 警察.

peasghadaí [ˈpʲasˌɣadiː] 名男〖属単 〜, 複 **peasghadaithe**〗すり.

peata [pʲatə] 名男〖属単 〜, 複 **-í**〗ペット；お気に入りの人.

peataireacht [pʲatərʲəxt] 名女〖属単 **-a**〗かわいがること, 愛撫, 甘やかし.

peic [pʲekʲ] 名女〖属単 **-e**, 複 **-eanna**〗ペック(穀物などの単位)；約9リットル；大量.

peidléir [pʲedʲlʲeːrʲ] 名男〖属単 **peidléara**, 複 **-í**〗行商人.

peil [pʹelʹ] 名女〖属単 **-e**, 複 **-eanna**〗フットボール[サッカー]. an pheil Ghaelach ゲーリックフットボール.
peileacán [pʹelʹəka:n] 名男〖属単・主複 **peileacáin**, 属複 〜〗ペリカン.
peileadóir [pʹelʹədo:rʹ] 名男〖属単 **peileadóra**, 複 **-í**〗サッカーをする人; サッカー選手.
péindlí [ˈpʹe:nˌdʹlʹi:] 名男〖属単 〜, 複 **-the**〗刑法.
péine[1] [pʹe:nʹə] 名男〖属単 〜〗松. crann 〜 松(の木).
péine[2] [pʹe:nʹə] ☞ pian.
péineas [pʹe:nʹəs] 名男〖属単・主複 **péinis**, 属複 〜〗ペニス.
péint [pʹe:nʹtʹ] 名女〖属単 **-e**, 複 **-eanna**〗ペンキ, 塗料; 絵の具.
peinteagán [pʹenʹtʹəga:n] 名男〖属単・主複 **peinteagáin**, 属複 〜〗五角形.
péinteáil [pʹe:nʹtʹa:lʹ] 名女〖属単 **péinteála**〗絵を描くこと; 塗装. ── 動I 他・自〖動名 **péinteáil**, 動形 **péinteáilte**; 現 **péinteálann**〗ペンキで塗る; 絵を描く.
péintéir [pʹe:nʹtʹe:rʹ] 名男〖属単 **péintéara**, 複 **-í**〗画家; ペンキ屋.
péintéireacht [pʹe:nʹtʹe:rʹəxt] 名女〖属単 **-a**〗(油)絵, 水彩画.
peipteach [pʹepʹtʹəx] 形1 消化の.
péire [pʹe:rʹə] 名男〖属単 〜, 複 **péirí**〗一対, 一組. 〜 bróg 靴一足.
péireáil [pʹe:rʹa:lʹ] 動I 他〖動名 **péireáil**, 動形 **péireáilte**; 現 **péireálann**〗二人[二つ]ずつ組にする.
peiriméadar [ˈpʹerʹəˌmʹe:dər] 名男〖属単・主複 **peirimédair**, 属単 〜〗(平面図形の)周囲の長さ.
peiriúic [pʹerʹu:kʹ] 名女〖属単 **-e**, 複 **-í**〗かつら.
péirse[1] [pʹe:rsʹə] 名女〖属単 〜, 複 **péirsí**〗パーチ(食用魚).
péirse[2] [pʹe:rsʹə] 名男〖属単 〜, 複 **péirsí**〗パーチ(長さ[面積]の単位); 5,029 m; 25.3 m²; 棒.
peirsil [pʹersʹəlʹ] 名女〖属単 **-e**〗パセリ.
peirspictíocht [ˌpʹerʹˈspʹikʹtʹi:(ə)xt] 名女〖属単 **-a**, 複 **-aí**〗遠近(画)法, 透視画法.
péist [pʹe:sʹtʹ] 名女〖属単 **-e**, 複 **-eanna**〗虫; ヘビ.
peiteal [pʹetʹəl] 名男〖属単・主複 **peitil**, 属複 〜〗花弁, 花びら.
peith [pʹeh] 名〖属単 **-e**〗ニワトコ(の木).
peitreal [pʹetʹrʹəl] 名男〖属単 **peitril**〗ガソリン.
peitriliam [ˌpʹeˈtʹrʹilʹiəm] 名男〖属単 〜〗石油.
péitse [pʹe:tʹsʹə] 名男〖属単 〜, 複 **péitsí**〗ボーイ; 使い走りの少年.

péitseog [pʲeːtʲsʲoːg] 图女〖属単 **péitseoige**, 主複 **-a**, 属複 ～〗桃.
piachán [pʲiəxaːn] 图男〖属単 **piacháin**〗かすれ声, しわがれ声.
piachánach [pʲiəxaːnəx] 形1(声が)かすれた.
pian [pʲiən] 图女〖属単 **péine**, 複 **-ta**; (成句)与単 **péin**〗痛み; 苦悩; 罰.
── 動Ⅰ 他〖動名 **pianadh**, 動形 **pianta**〗苦痛を与える; 罰する.
pianmhar [pʲiənvər] 形1痛い; 苦痛を与える; 骨の折れる.
pianmhúchán [ˈpʲiənˌvuːxaːn] 图男〖属単・主複 **pianmhúcháin**, 属複 ～〗鎮痛剤.
pianó [ˌpʲiˈano:] 图男〖属単 ～, 複 **-nna**〗ピアノ.
pianódóir [ˌpʲiˈanoːdoːrʲ] 图男〖属単 **pianódóra**, 複 **-í**〗ピアニスト.
pianpháis [ˈpʲiənˌfaːsʲ] 图女〖属単 **-e**〗(心身の)激しい苦痛, 苦悩.
pianúil [pʲiənuːlʲ] 形2(刑)罰の.
piara[1] [pʲiərə] 图男〖属単 ～, 複 **-í**〗同僚, 仲間.
piara[2] [pʲiərə] 图男〖属単 ～, 複 **-í**〗桟橋, 埠頭.
piardáil [pʲiərdaːlʲ] 動Ⅰ 他・自〖動名 **piardáil**, 動形 **piardáilte**; 現 **piardálann**〗くまなく捜す; かき回して捜す.
piardóg [pʲiərdoːg] 图女〖属単 **piardóige**, 主複 **-a**, 属複 ～〗ザリガニ; イセエビ.
piasún [pʲiəsuːn] 图男〖属単・主複 **piasúin**, 属複 ～〗キジ.
píb [pʲiːbʲ] 图女〖属単 **-e**, 主複 **píoba**, 属複 **píob**〗笛; 管; のど. ～ (mhála) バグパイプ.
pic [pʲikʲ] 图女〖属単 **-e**〗ピッチ; タール.
píce [pʲiːkʲə] 图男〖属単 ～, 複 **pící**〗槍; くまで; 先端; 帽子のひさし.
picéad [pʲikʲeːd] 图男〖属単・主複 **picéid**, 属複 ～〗杭(⠰); ピケ隊, デモ隊.
picéadaigh [pʲikʲeːdiː] 動Ⅱ 他〖動名 **picéadú**, 動形 **picéadaithe**〗杭で柵を巡らす; (動物を)杭につなぐ; ピケを張る.
píceáil[1] [pʲiːkʲaːlʲ] 動Ⅰ 他・自〖動名 **píceáil**, 動形 **píceáilte**; 現 **píceálann**〗(くまでなどで)(わらなどを)かき上げる; 頂点に達する.
píceáil[2] [pʲiːkʲaːlʲ] 動Ⅰ 自〖動名 **píceáil**, 動形 **píceáilte**; 現 **píceálann**〗のぞき見する.
picil [pʲikʲəlʲ] 图女〖属単 **-e**, 複 **-í**〗漬物; 苦境.
── 動Ⅰ 他〖動名 **picilt**, 動形 **picilte**〗漬物にする.
picnic [pʲikʲnʲəkʲ] 图女〖属単 **-e**, 複 **-í**〗ピクニック.
pictiúr [pʲikʲtʲuːr] 图男〖属単・主複 **pictiúir**, 属複 ～〗絵; 写真;

映画. ～ a thógáil 写真を撮ること. dul chuig ～ 映画を見に行くこと.

pictiúrlann [pʹikʹtʹuːrlən] 名女〖属単 **pictiúrlainne**, 主複 **-a**, 属複 ～〗映画館.

pictiúrtha [pʹikʹtʹuːrhə] 形3 絵画の；絵のような.

pigín [pʹigʹiːnʹ] 名男〖属単 ～, 複 **-í**〗手おけ, バケツ.

píle [pʹiːlʹə] 名男〖属単 ～, 複 **pílí**〗(建造物の基礎として打ち込む)パイル, 杭.

piléar[1] [pʹilʹeːr] 名男〖属単・主複 **piléir**, 属複 ～〗銃弾, 弾丸.

piléar[2] [pʹilʹeːr] 名男〖属単・主複 **piléir**, 属複 ～〗柱；橋脚.

pílear [pʹiːlʹəːr] 名男〖属単・主複 **pílir**, 属複 ～〗(俗) 警官.

piléardhíonach [pʹilʹeːrɣiːənax] 形1 防弾の.

pilibín [pʹilʹəbʹiːnʹ] 名男〖属単 ～, 複 **-í**〗チドリ.

piliúr [pʹilʹuːr] 名男〖属単・主複 **piliúir**, 属複 ～〗まくら.

pillín [pʹilʹiːnʹ] 名男〖属単 ～, 複 **-í**〗小クッション；(椅子などの)敷き物.

pinc [pʹiŋkʹ] 名男〖属単 ～〗ピンク(桃)色.
—— 形1 ピンク色の.

pingin [pʹiŋʹənʹ, pʹiːnʹ] 名女〖属単 **-e**, 複 **-í**；(数詞と共に)複 **-e**〗ペニー(1/100 ポンド)；1 ペニー. **dhá phingin** 2 ペンス. **trí pingine** 3 ペンス. ～ **mhaith** (airgid) かなりの大金.

pinniún [pʹinʹuːn] 名男〖属単・主複 **pinniúin**, 属複 ～〗鳥の羽先.

pinniúr [pʹinʹuːr] 名男〖属単・主複 **pinniúir**, 属複 ～〗(建築)切妻.

pinse [pʹinʹsʹə] 名男〖属単 ～, 複 **pinsí**〗つまむ[はさむ]こと；少量.

pinsean [pʹinʹsʹən] 名男〖属単・主複 **pinsin**, 属複 ～〗年金. **dul** (amach) **ar** ～ 年金をもらって退職すること.

pinsinéir [pʹinʹsʹənʹeːrʹ] 名男〖属単 **pinsinéara**, 複 **-í**〗年金受給者.

píob [pʹiːb] 動I 他〖動名 **píobadh**, 動形 **píobtha**〗しわがれ声にする.

píobaire [pʹiːbərʹə] 名男〖属単 ～, 複 **píobairí**〗笛[バグパイプ]奏者.

píobaireacht [pʹiːbərʹəxt] 名女〖属単 **-a**〗笛[バグパイプ]を吹くこと；バグパイプ音楽.

píobán [pʹiːbaːn] 名男〖属単・主複 **píobáin**, 属複 ～〗(気)管；のど；首, (複) 気管支.

piobar [pʹibər] 名男〖属単 **piobair**〗こしょう.

piobarán [pʹibəraːn] 名男〖属単・主複 **piobaráin**, 属複 ～〗こしょう入れ.

píobarnach [pʹiːbərnəx] 名女〖属単 **píobarnaí**〗ぜいぜい息をすること；耳なりがすること．
píoblach [pʹiːbləx] 名男〖属単 **píoblaigh**〗鳥がピヨピヨ鳴くこと．
pioc[1] [pʹik] 名男〖属単 ～〗わずか，少量．**níl ～ aige** 彼には何もない．**níor ith sé ～** 彼は全然食べなかった．
pioc[2] [pʹik] 動I 他・自〖動名 **piocadh**, 動形 **pioctha**〗摘む；採集する；選ぶ；身なりを整える；むしりとる．
piocaire [pʹikərə] 名男〖属単 ～, 複 **piocairí**〗つつく人［鳥］．～ **pócaí** すり．
piocarsach [pʹikərsəx] 名男〖属単 **piocarsaigh**〗草の少ない牧草地．
piochán [pʹixaːn] 名男〖属単・主複 **piocháin**, 属複 ～〗毛穴．
piocóid [pʹikoːdʹ] 名女〖属単 **-e**, 複 **-í**〗つるはし．
pioctha [pʹikə] 形3 きちんとした，こぎれいな．
pióg [pʹiːoːg] 名女〖属単 **pióige**, 主複 **-a**, 属複 ～〗パイ．～ **úll** アップルパイ．
piollaire [pʹilərʹə] 名男〖属単 ～, 複 **piollairí**〗錠剤；小玉，小粒．
píolóta [pʹiːloːtə] 名男〖属単 ～, 複 **-í**〗（水先）案内人；パイロット，操縦士．
píolótaigh [pʹiːloːtiː] 動II 他〖動名 **píolótú**, 動形 **píolótaithe**〗案内する；(飛行機，船を)操縦する．
piongain [pʹiŋgənʹ] 名女〖属単 **-e**, 複 **-í**〗ペンギン．
pionna [pʹinə] 名男〖属単 ～, 複 **-í**〗ピン，留め針；掛け釘．
pionós [pʹinoːs] 名男〖属単・主複 **pionóis**, 属複 ～〗刑罰，罰．
pionósach [pʹinoːsəx] 形1 処罰［刑罰］のための；(刑)罰を科する．
pionsa [pʹinsə] 名男〖属単 ～, 複 **-í**〗フェンシング（の剣）．
pionsail [pʹinsəlʹ] 名男〖属単 ～, 複 **-í**〗鉛筆．
pionsóireacht [pʹinsoːrʹəxt] 名女〖属単 **-a**〗フェンシング．
pionsúirín [pʹinsuːrʹiːnʹ] 名男〖属単 ～, 複 **-í**〗毛抜き，ピンセット．
pionsúr [pʹinsuːr] 名男〖属単・主複 **pionsúir**, 属複 ～〗ペンチ；くぎ抜き．
pionta [pʹintə] 名男〖属単 ～, 複 **-í**〗パイント（約0.5リットル）．
píopa [pʹiːpə] 名男〖属単 ～, 複 **-í**〗管，筒；(刻みたばこ用の)パイプ．
píopáil [pʹiːpaːlʹ] 名女〖属単 **píopála**〗笛を吹くこと；パイプでタバコを吸うこと；ぜいぜい息をすること．
píoráid [pʹiːraːdʹ] 名男〖属単 ～, 複 **-í**〗海賊；略奪者．
piorra [pʹirə] 名男〖属単 ～, 複 **-í**〗梨．

piorróg [pʹiroːg] 名女〖属単 **piorróige**, 主複 **-a**, 属複 ～〗梨の木.
píosa [pʹiːsə] 名男〖属単 ～, 複 **-í**〗断片；あて布；出来高仕事. ～ páipéir 1枚の紙. culaith amach as an bpíosa 新品のスーツ. tríd an bpíosa 概して. ～ dheich bpingine 10ペンス貨1枚.
píosáil [pʹiːsaːlʹ] 動I 他〖動名 **píosáil**, 動形 **píosáilte**；現 **píosálann**〗つぎを当てる；つなぎあわせる.
piostal [pʹistəl] 名男〖属単・主複 **piostail**, 属複 ～〗ピストル, 拳銃.
píotón [pʹiːtoːn] 名男〖属単・主複 **píotóin**, 属複 ～〗ニシキヘビ；霊；悪魔.
pirea-, piri- [pʹirʹə] 接頭 火-, 熱-.
piréis [pʹirʹeːsʹ] 名女〖属単 **-e**〗パイレックス, 耐熱ガラス.
pirimid [pʹirʹəmʹədʹ] 名女〖属単 **-e**, 複 **-í**〗ピラミッド.
pis [pʹisʹ] 名女〖属単 **-e**, 複 **-eanna**〗エンドウ(豆). ～ talún (< talamh) ピーナツ.
piscín [pʹisʹkʹiːn] 名男〖属単 ～, 複 **-í**〗子猫.
piseánach [pʹisʹaːnəx] 名男〖属単 **piseánaigh**〗エンドウ(豆)；豆類.
piseog [pʹisʹoːg] 名女〖属単 **piseoige**, 主複 **-a**, 属複 ～〗魔法；まじない；迷信.
piseogach [pʹisʹoːgəx] 形1 迷信の；迷信深い.
pistil [pʹisʹtʹəlʹ] 名女〖属単 **-e**, 複 **-í**〗めしべ.
piteogach [pʹitʹoːgəx] 形1 柔弱な.
pitseáil [pʹitʹsʹalʹ] 動I 他〖動名 **pitseáil**, 動形 **pitseáilte**〗(テントなど)張る；投げる；定める.
pitseámaí [pʹitʹsʹaːmiː] 名男(複) パジャマ.
pitséar [pʹitʹsʹeːr] 名男〖属単・主複 **pitséir**, 属複 ～〗水差し.
piúratánach [pʹuːrətaːnəx] 名男〖属単・主複 **piúratánaigh**, 属複 ～〗ピューリタン, 清教徒.
——形1 清教徒の.
plá [plaː] 名女 ☞ **pláigh**.
plab [plab] 名男〖属単 ～, 複 **-anna**〗ポチャン[ドブン；バタン]という音.
——動I 他・自〖動名 **plabadh**, 動形 **plabtha**〗ポチャン[ドブン；バタン]と音を立てる；ドスンと落ちる.
plac [plak] 動I 他・自〖動名 **placadh**, 動形 **plactha**〗がつがつ食べる.
plaic[1] [plakʹ] 名女〖属単 **-e**, 複 **-eanna**〗飾り額；バッジ, 勲章.
plaic[2] [plakʹ] 名女〖属単 **-e**, 複 **-eanna**〗大きなひと口, 口一杯.

pláigh

pláigh [pla:γ′] 動I 他〘動名 **plá**, 動形 **pláite**；現 **plánn**；未 **pláfaidh**〙疫病(災い)にかからせる；悩ます.

plainéad [pla:n′e:d] 名男〘属単・主複 **pláinéid**, 属複 **～**〙惑星.

plaisteach [plas′t′əx] 名男〘属単・主複 **plaistigh**, 属複 **～**〙プラスチック.
── 形1 プラスチック(製)の.

pláistéir [pla:s′t′e:r′] 名男〘属単 **pláistéara**, 複 **-í**〙左官.

pláistéireacht [pla:s′t′e:r′əxt] 名女〘属単 **-a**〙しっくい塗り；左官工事.

plait [plat′] 名女〘属単 **-e**, 複 **-eanna**〙つぎはぎだらけのこと；毛がない頭；頭皮.

plaiteach [plat′əx] 形1 つぎはぎだらけの；髪のない.

pláitín [pla:t′i:n′] 名男〘属単 **～**, 複 **-í**〙小皿；ひざがしら.

plámás [pla:ma:s] 名男〘属単 **plámáis**〙お世辞, 甘言, おべっか.

plámásach [pla:ma:səx] 形1 へつらいの, お世辞の.

plámásaí [pla:ma:si:] 名男〘属単 **～**, 複 **plánásaithe**〙おべっか使い.

plána [pla:nə] 名男〘属単 **～**, 複 **-í**〙かんな；平面.

plánáil [pla:na:l′] 動I 他〘動名 **plánáil**, 動形 **plánáilte**；現 **plánálann**〙かんなをかける.

planc [plaŋk] 動I 他〘動名 **plancadh**, 動形 **planctha**〙(げんこで)打つ.

plancstaí [plaŋksti:] 名男〘属単 **～**, 複 **plancstaithe**〙プランクスティ(アイルランドの3拍子のハープ曲；それに合わせるダンス).

planctón [plaŋkto:n] 名男〘属単・主複 **planctóin**, 属複 **～**〙プランクトン.

planda [plandə] 名男〘属単 **～**, 複 **-í**〙植物；苗；若木.

plandaigh [plandi:] 動II 他〘動名 **plandú**, 動形 **plandaithe**〙植える.

plandáil [planda:l′] 名女〘属単 **plandála**, 複 **plandálacha**〙農園；植民地.
── 動I 他〘動名 **plandáil**, 動形 **plandáilte**；現 **plandálann**〙植民地を建設する.

plandóir [plando:r′] 名男〘属単 **plandóra**, 複 **-í**〙栽培者；種まき機；入植者.

plandúil [plandu:l′] 形2 野菜の.

plapa [plapə] 名男〘属単 **～**, 複 **-í**〙はためき(の音).(ポケット, 封筒の)たれぶた；(魚の)えらぶた.

plás [plaːs] 名男〖属単・主複 **pláis**, 属複 ~〗平地; 畑の広がり.
plásánta [plaːsaːntə] 形3 人当たりのよい; 表面をとりつくろう; きげんを取る.
plásántacht [plaːsaːntəxt] 名女〖属単 **-a**〗こび, へつらい.
plásóg [plaːsoːg] 名女〖属単 **plásóige**, 主複 **-a**, 属複 ~〗平地; 芝生; (ゴルフ) グリーン.
plástar [plaːstər] 名男〖属単・主複 **plástair**, 属複 ~〗膏薬(こう); しっくい.
plástráil [plaːstraːlʲ] 動他・自〖動名 **plástráil**, 動形 **plastráilte**; 現 **plástrálann**〗しっくいを塗る.
pláta [plaːtə] 名男〖属単 ~, 複 **-í**〗皿; 平板; 板金.
plátáil [plaːtaːlʲ] 名女〖属単 **plátála**〗板金.
—— 動I 他〖動名 **plátáil**, 動形 **plátáilte**; 現 **plátálann**〗(金などで) メッキする; 板金でおおう.
platanam [platənəm] 名男〖属単 **platanaim**〗プラチナ, 白金.
platónach [platoːnəx] 形1 プラトン (哲学) の; 観念的な.
plé [pʲlʲeː] 名男〖属単 ~[-ite]〗① pléigh の動名詞. ② 討論すること; 討議; 取引. **ná bíodh aon phlé agat leo** 彼らと関わりあうな.
pléadáil [pʲlʲeːdaːlʲ] 名女〖属単 **pléadála**, 複 **pléadálacha**〗抗弁 (すること); 論争.
—— 動I 他・自〖動名 **pléadáil**, 動形 **pléadáilte**; 現 **pléadálann**〗弁論する; 議論する.
plean [pʲlʲan] 名男〖属単 ~, 複 **-anna**〗計画, 案.
pleanáil [pʲlʲanaːlʲ] 動I 他・自〖動名 **pleanáil**, 動形 **pleanáilte**; 現 **pleanálann**〗計画する.
pleanálaí [pʲlʲanaːliː] 名男〖属単 ~, 複 **pleanálaithe**〗計画者, 立案者.
pléaráca [ˌpʲlʲeːˈraːkə] 名男〖属単 ~, 複 **-í**〗お祭り [浮かれ] 騒ぎ.
pléasc [pʲlʲeːsk] 名女〖属単 **pléisce**, 複 **-anna**〗爆発; 衝撃音.
—— 動I 他・自〖動名 **pléascadh**, 動形 **pléasctha**〗爆発させる [する]; 打ち砕く; ドンドン叩く.
pléascach [pʲlʲeːskəx] 名男〖属単・主複 **pléascaigh**, 属複 ~〗爆薬 [爆発物]; (音声学) 破裂音.
—— 形1 爆発性の; けばけばしい; 出目の; (音声学) 破裂音の.
pléascadh [pʲlʲeːskə] 名男〖属単 **pléasctha**, 複 **pléascthaí**〗爆発 [破裂]; (音声学) 破裂音.
pléascán [pʲlʲeːskaːn] 名男〖属単・主複 **pléascáin**, 属複 ~〗爆薬; 砲弾.

pléascánta [pʹlʹeːskaːntə] 形3 快活な, 陽気な.
pléascóg [pʹlʹeːskoːg] 名女〖属単 **pléascóige**, 主複 **-a**, 属複 ～〗クラッカー[爆竹・かんしゃく玉].
pléata [pʹlʹeːtə] 名男〖属複 ～, 複 **-í**〗プリーツ, ひだ; 細長い土地.
pléatáil [pʹlʹeːtaːlʹ] 動Ⅰ 他〖動名 **pléatáil**, 動形 **pléatáilte**; 現 **pléatálann**〗ひだを取る.
pleidhce [pʹlʹaikʹə] 名男〖属単 ～, 複 **pleidhcí**〗愚か者.
pleidhcíocht [pʹlʹaikʹiː(ə)xt] 名女〖属単 **-a**〗ばかなまねをする[おどける]こと.
pleidhciúil [pʹlʹaikʹuːlʹ] 形2 ばかな, 愚かな.
pléigh [pʹlʹeːɣ] 動Ⅰ 他・自〖動名 **plé**, 動形 **pléite**; 現 **pléann**, 未 **pléifidh**〗討議[弁論]する; 審議する. ～ **le** 従事[処理]する.
pléim [pʹlʹeːmʹ] **pléigh**+mé.
pléineáilte [pʹlʹeːnʹaːlʹtʹə] 形3 飾りのない, 有りのままの, 簡素な.
pléireacht [pʹlʹeːrʹəxt] 名女〖属単 **-a**〗どんちゃん騒ぎ; (異性と)遊び歩くこと.
pléiseam [pʹlʹeːsʹam] 名男〖属単 ～〗愚かな振舞い; 愚か者.
pléisiúr [pʹlʹeːsʹuːr] 名男〖属単・主複 **pléisiúir**, 属複 ～〗楽しみ, 喜び; 満足; 愉快(な物・事). ～ **a bhaint as** (rud) (もの)を楽しむこと. ～ **a chur ar** (dhuine) (人)を喜ばすこと.
pléisiúrtha [pʹlʹeːsʹurhə] 形3 楽しい, 愉快な; 気持[心地]のいい.
pleist [pʹlʹesʹtʹ] 名女〖属単 **-e**, 複 **-eanna**〗ドサッ[ザブン]という音; 跳ねかす音; 跳ね.
pléite [pʹlʹeːtʹə] 形3 ① **pléigh** の動形容詞. ② 疲れ切った; 使い尽くされた. ③ ☞ **plé**.
pleota [pʹlʹoːtə] 名男〖属複 ～, 複 **-í**〗愚か者.
plimp [pʹlʹimʹpʹ] 名女〖属単 **-e**, 複 **-eanna**〗突然落ちる[砕ける]こと[音]; 大音響; ～ **thoirní** 雷鳴.
plionta [pʹlʹintə] 名男〖属単 ～, 複 **-í**〗(建築)柱礎; 土台回り; 幅木; (彫像などの)台座.
plobaireacht [plobərʹəxt] 名女〖属単 **-a**〗おいおい泣くこと; おしゃべりすること.
plobarnach [plobərnəx] 名女〖属単 **plobarnaí**〗ブクブク音を立てること; 跳ね飛ばすこと; ゴボゴボ流れ出ること[音]; (赤子・鳥など)のどを鳴らすこと.
plocóid [plokoːdʹ] 名女〖属単 **-e**, 複 **-í**〗栓[詰物]; (歯の)充てん物, プラグ.
plód [ploːd] 名男〖属単・主複 **plóid**, 属複 ～〗群衆, 雑踏.

plódaigh [ploːdiː] 動II 他・自 〖動名 **plódú**, 動形 **plódaithe**〗(廻りに)群がる；押し込める. **plódú isteach in** (áit)(ある場所)に押し合って入ること.

plota [plotə] 名男 〖属単 ～, 複 **plotaí**〗計略；計画；構想.

pluais [pluəsʹ] 名女 〖属単 **-e**, 複 **-eanna**〗巣穴；洞(ほら)穴；私室.

pluc [pluk] 名女 〖属単 **pluice**, 主複 **-a**, 属複 ～〗(ふくらませた)頬(ほお)；(樽(たる)などの)胴, ふくらみ；ひだ.

—— 動I 他・自 〖動名 **plucadh**, 動形 **pluctha**〗ふくらませる；詰め込む.

plucach [plukəx] 形1 丸々太った；ふっくら頬(ほお)の；ひだを取った.

plucáil [plokaːlʹ] 動I 他 〖動名 **plucáil**, 動形 **plucáilte**；現 **plucálann**〗むしる；詐取する；から強奪する；摘む.

plucamas [plukəməs] 名男 〖属単 **plucamais**〗おたふく風邪.

plúch [pluːx] 動I 他・自 〖動名 **plúchadh**, 動形 **plúchta**〗窒息(死)させる；(感情を)抑さえる；(雪)降り積る；殺到する. **ag plúchadh sneachta** 雪がしきりに降り積もって(いる).

plúchadh [pluːxə] 名男 〖属単 **plúchta**〗窒息(死), 呼吸困難(にすること)；ぜんそく；(雪・雨などの)大降り.

plúchtach [pluːxtəx] 形1 窒息させる, 息苦しくする；通風の悪い.

pluda [pludə] 名男 〖属単 ～〗泥, ぬかるみ；雪解け.

pludach [pludəx] 形1 ぬかるみの；雪解けの；泥まみれの.

pludchlár [ˈpludˌxlaːr] 名男 〖属単・主複 **pludchláir**, 属複 ～〗(乗物)計器盤；泥[波]よけ.

pludgharda [ˈpludˌɣaːrdə] 名男 〖属単 ～, 複 **-í**〗(乗物)泥よけ, フェンダー.

pluga [plogə] 名男 〖属単 ～, 複 **-í**〗栓, 詰物.

pluid [plidʹ] 名女 〖属単 **-e**, 複 **-eanna**〗毛布；毛布状の覆い.

pluiméir [plimʹeːrʹ] 名男 〖属単 **pluiméara**, 複 **-í**〗鉛管工, 配管工.

pluiméireacht [plimʹeːrʹəxt] 名女 〖属単 **-a**〗鉛管[配管]工事をすること.

plúirín [pluːrʹiːnʹ] 名男 〖属単 ～, 複 **-í**〗小花；藍(あい)；洋藍.

pluma[1] [plomə] 名男 〖属単 ～, 複 **-í**〗西洋すもも, プラム.

pluma[2] [plomə] 名男 〖属単 ～, 複 **-í**〗鉛錘, 測鉛, 下げ振り(定規).

plúr [pluːr] 名男 〖属単 **plúir**〗小麦粉, 粉末；(草)花. ～ **na gréine** ヘリオトロープ(花). ～ **na mban** 選り抜きの女性.

plúrach [pluːrəx] 形1 粉(状)の；花のような, 奇麗な.

plus [plos] 副 …に加えて, の上に.

—— 名男 〖属単 ～, 複 **-anna**〗正数；プラス(記号). **an** ～ プラス

記号.

plútacratachas [ˌpluːtəˌkratəxəs] 名男〖属単 **plútacratachais**〗金権政治; 富豪階級, 財閥.

plútóiniam [ˌpluːˈtoːnʲiəm] 名男〖属単 ～〗プルトニウム.

Plútón [pluːtoːn] 名男〖属単 **Plútóin**〗冥(めい)王星;(ギリシャ神話)プルトン.

pobal [pobəl] 名男〖属単・主複 **pobail**, 属複 ～〗人々; 社会; 人口;(宗教的)集会; 教区. ～ **na tíre** その国の人口.

pobalbhreith [ˈpobəlˌvʲrʲeh] 名女〖属単 -**e**, 複 -**eanna**〗国民投票, 世論.

pobalscoil [ˈpobəlˌskolʲ] 名女〖属単 -**e**, 複 -**eanna**〗コミュニティスクール.

poblacht [pobləxt] 名女〖属単 -**a**, 複 -**aí**〗共和国.

poblachtach [pobləxtəx] 名男〖属単・主複 **poblachtaigh**, 属複 ～〗共和制支持者, 共和主義者.
── 形1 共和国の; 共和主義の.

poblachtachas [pobləxtəxəs] 名男〖属単 **poblachtachais**〗共和政治; 共和主義.

poc [pok] 名男〖属単・主複 **poic**, 属複 ～〗(鹿・ヤギなど動物の)雄; 頭突き, 一撃;(家畜の)発作;(ハーリングの)パック. ～ **tinnis** (家畜の)ひとしきりの発作.

póca [poːkə] 名男〖属単 ～, 複 -**í**〗ポケット; 懐中小袋; 金銭, 資力. **do phócaí a líonadh** 懐を肥やすこと. **do lámh a chur i do phóca é** (慈善などに)金を出すこと. **is beag as a phóca é** 彼には大した出費ではない.

pocadán [pokədaːn] 名男〖属単・主複 **pocadáin**, 属複 ～〗ビーグル犬.

pocáil [pokaːlʲ] 動I 他・自〖動名 **pocáil**, 動形 **pocáilte**; 現 **pocálann**〗突き当たる;(打棒で)打つ, たたく.

pocán [pokaːn] 名男〖属単・主複 **pocáin**, 属複 ～〗雄ヤギ.

pócar [poːkər] 名男〖属単 **pócair**〗(トランプ)ポーカー.

pocléimneach [ˈpokˌlʲeːmʲnʲəx] 名女〖属単 **procléimní**〗浮かれ騒ぐこと, はしゃぐこと;(馬が乗手をきらって)跳ね上がること.

póg [poːg] 名女〖属単 **póige**, 主複 -**a**, 属複 ～〗キス.
── 動I 他・自〖動名 **pógadh**, 動形 **pógtha**〗口づけする, キスする;(二つの物が)軽く触れる.

poibleog [pobʲlʲoːg] 名女〖属単 **poibleoige**, 主複 -**a**, 属複 ～〗ポプラ. ～ **bhán** ハコヤナギ.

poiblí [pobʹlʹiː] 形3 公の ; 公共の ; 公立の ; 公開の.
poibligh [pobʹlʹi:] 動II 他〖動名 **poibliú**, 動形 **poiblithe**〗公にする ; 公布する ; 一般に知らせる.
poiblíocht [pobʹlʹiː(ə)xt] 名女〖属単 **-a**〗周知 ; 公表 ; 宣伝 ; 人々. **an phoiblíocht** 公衆[人民].
póicéad [poːkʹeːd] 名男〖属単・主複 **póicéid**, 属複 〜〗ポケット, (狭い薄暗い地形の)くぼみ.
póilín [poːlʹiːnʹ] 名男〖属単 〜, 複 **-í**〗警官, 巡査.
póilínigh [poːlʹiːnʹiː] 動II 他〖動名 **póilíniú**, 動形 **póilínithe**〗の治安を保つ, を取締る ; 警察制度を敷く.
poimpéis [pomʹpʹeːsʹ] 名女〖属単 **-e**〗豪華, 壮麗 ; もったいぶり.
poimpéiseach [pomʹpʹeːsʹəx] 形1 豪華な ; もったいぶった ; 横柄な.
pointe [ponʹtʹə] 名男〖属単 〜, 複 **pointí**〗点 ; 先[末]端 ; 項目 ; 区別的特色 ; 瞬間 ; 究極. **a haoin 〜 a dó** 1.2 (小数点). **ar an bpointe boise** 即時に. **ag na pointí deiridh** 最後[土壇場]に(ある). **as gach uile phointe** あらゆる点から.
pointeáil[1] [ponʹtʹaːlʹ] 動I 他〖動名 **pointeáil**, 動形 **pointeáilte** ; 現 **pointeálann**〗指(し示)す ; (武器・指など)向ける ; 点を打つ ; しっくいを塗る.
pointeáil[2] [ponʹtaːlʹ] 動I 他〖動名 **pointeáil**, 動形 **pointeáilte** ; 現 **pointeálann**〗磨き上る ; (小)綺麗にする ; (日時・場所を)定める.
pointeáilte [ponʹtʹaːlʹtʹə] 形3 (小)綺麗な ; (作法など)几(き)帳面な ; 時間[期限]を守る ; (小事に)騒ぎ立てる.
pointiúil [ponʹtʹuːlʹ] 形2 時間[期限]に遅れない.
poipín [popʹiːnʹ] 名男〖属単 〜, 複 **-í**〗けし, ポピー.
póir[1] [poːrʹ] 名女〖属単 **-e**, 複 **-eanna**〗毛穴 ; 気孔.
póir[2] ☞ **pór**.
poirceallán [porʹkʹəlaːn] 名男〖属単・主複 **poircealláin**, 属複 〜〗磁器(製品).
póirín [poːrʹiːnʹ] 名男〖属単 〜, 複 **-í**〗小さいジャガイモ ; (丸い)小石.
póirse [poːrsʹə] 名男〖属単 〜, 複 **póirsí**〗玄関, ポーチ, 車寄せ.
póirseáil [poːrsʹaːlʹ] 名女〖属単 **póirseála**〗(かき回して)捜すこと ; (場所を)捜索すること ; 手探りすること.
póirtéir [poːrtʹeːrʹ] 名男〖属単 **póirtéara**, 複 **-í**〗運搬人, ポーター.
poist [posʹtʹ] ☞ **post**.
poit [potʹ] 名女〖属単 **-e**, 複 **-eanna**〗ひじで軽く突くこと.

póit

——動I 他〘動名 **poiteadh**, 動形 **poite**〙軽く小突く.
póit [po:t′] 名女〘属単 **-e**, 複 **-eanna**〙過度の飲酒；二日酔い.
poitigéir [pot′əg′e:r′] 名男〘属単 **poitigéara**, 複 **-í**〙薬剤師, 薬局.
poitigéireacht [pot′əg:e:r′əxt] 名女〘属単 **-a**〙製薬[薬剤]学.
poitín [pot′i:n′] 名男〘属単 ～〙密造ウィスキー.
póitiúil [po:t′u:l] 形2 酔わせる；夢中にさせる.
póitseáil [po:t′s′a:l′] 名女〘属単 **póitseála**〙(人の領分を)侵害すること；(テニス)ポーチすること.
póitseálaí [po:t′s′a:li:] 名男〘属単 ～, 複 **póitseálaithe**〙侵入者, 密漁[猟]者.
pol [pol] 名男〘属単・主複 **poil**, 属複 ～〙極；極地；電極；磁極；(細胞の)極.
pola(i)- [polə] 接頭 (数・量)多い.
polagamas [′poləˌgaməs] 名男〘属単 **polagamais**〙一夫多妻制.
polagán [poləga:n] 名男〘属単・主複 **polagáin**, 属複 ～〙多角形, 多辺形.
polaimiailíteas [′poləm′iə′l′i:t′əs] 名男〘属単 **polaimiailítis**〙小児麻痺⁽ᵛ⁾, ポリオ.
polaitéin [polət′e:n′] 名女〘属単 **-e**〙ポリエチレン.
polaiteoir [polət′o:r′] 名男〘属単 **polaiteora**, 複 **-í**〙政治屋[策士], 政治家.
polaitíocht [polət′i:(ə)xt] 名女〘属単 **-a**〙政治(学)；政策；政略.
polaitiúil [polət′u:l′] 形2 政治[学](上)の, 政界の.
polaróideach [poləro:d′əx] 名男〘属単・主複 **polaróidigh**, 属複 ～〙ポラロイド(カメラ).
——形1 ポラロイド(カメラ)の.
polasaí [poləsi:] 名男〘属単 ～, 複 **polasaithe**〙政策[方針]；保険証書[券].
polca [polkə] 名男〘属単 ～, 複 **-í**〙ポルカ(音楽・ダンス).
poll [pol] 名男〘属単・主複 **poill**, 複 ～〙穴；くぼみ；漏れ口；ミシン目；パンク. ～ **uisce** 水たまり[池]. ～ **aeir** 通気孔. ～ **sróine** 鼻孔. **dul go tóin poill** (船)沈むこと. ～ **a chur i** (rud) (もの)に穴を開けること. **chuir sé** ～ **san airgead** 彼は金の大半を使い果した. **chuireamar** ～ **san obair** 私たちは大いに働いた.
——動I 他・自〘動名 **polladh**, 動形 **pollta**〙穴を開ける；貫通する；掘る. **bonn a pholladh** タイヤをパンクさせること. **pholl an ghaoth mé** 風が通り抜けていった.
polla [polə] 名男〘属単 ～, 複 **-í**〙棒；柱(状のもの).

polladh [polə] 名男『属単 **pollta**』穴を開けること；打ち抜き，ミシン目.
polláire [pola:rʹə] 名男『属単 ～, 複 **polláirí**』鼻孔；ボタンホール.
pollóg [polo:g] 名女『属単 **pollóige**, 主複 -a, 属複 ～』タラの類（魚）.
polltach [poltəx] 形1 刺し通す，染み込む.
póló [po:lo:] 名男『属単 ～』ポロ（馬上競技の一種）. ～ uisce 水球.
pomagránait [ˈpoməˌgra:nətʹ] 名女『属単 -e, 複 -í』ザクロ（の木）.
póna [po:nə] 名男『属単 ～, 複 -í』（ペットなどの）収容所；おり.
pónaí [po:ni:] 名男『属単 ～, 複 **pónaithe**』小型の馬，ポニー.
pónaire [po:nərʹə] 名女『属単 ～, 複 **pónairí**』豆. ～ dhuánach [fhada] インゲン. ～ leathan ソラマメ.
ponc [poŋk] 名男『属単 **poinc**, 複 -anna』（小数・句読）点，終止符；時点；細目，事項. ～ a chur ar litir 文字に点を打つこと. ～ dlí 法の条項. (成句) (duine) a chur i bponc (人)を当惑させる〔窮地に立たせる〕こと.
poncaigh [poŋki:] 動II 他『動名 **poncú**, 動形 **poncaithe**』（句読）点を打つ.
poncaíocht [poŋki:(ə)xt] 名女『属単 -a』句読点.
Poncán [poŋka:n] 名男『属単・主複 **Poncáin**, 属複 ～』ヤンキー.
poncúil [poŋku:lʹ] 形2 時間を厳守する，定刻の.
poncúlacht [poŋku:ləxt] 名女『属単 -a』時間厳守；几(ⁿ)帳面.
pontaif [pontəfʹ] 名男『属単 ～, 複 -í』（カトリック）教皇；司教.
pontaifiúil [pontəfʹuːlʹ] 形2 教皇の；司教の.
popcheol [ˈpopˌxʹo:l] 名男『属単 **popcheoil**』ポップミュージック.
pór [po:r] 名男『属単 **póir**, 複 **pórtha**』種〔塊茎・球根〕；種畜；種類. ～ prátaí[cabáiste] ジャガイモ[キャベツ]の種. práta póir 種ジャガイモ. ～ a chur 種を播くこと. ～ agus síol 種塊茎[球根]と穀物の種.
póraigh [po:ri:] 動II 他・自『動名 **pórú**, 動形 **póraithe**』繁殖[増殖]させる.
porainséar [porənʹsʹe:r] 名男『属単・主複 **porainséir**, 属複 ～』（かゆなどの）深皿.
pórghlan [po:rləbn] 形1 純血種の.
pornagrafaíocht [ˈpo:rnəˌgrafi:(ə)xt] 名女『属単 -a, 複 -aí』好色文学，ポルノ.
port[1] [port] 名男『属単・主複 **poirt**, 属複 ～』旋律，曲；正調；ジッグ（舞曲）；調和. tá aon phort amháin agat 君は同じことをくどくど繰り返している. tá a phort seinnte 彼は万事休している.

port 474

port² [port] 名男〖属単・主複 **poirt**, 属複 ～〗上陸地, 港(湾); 堤防; 避難所; 駐屯地. ～ **a bhualadh**[ghabháil] 入港すること. **teacht i bport** 上陸すること. ～ (coisithe) (街路上の)安全地帯. ～ **cabhlaigh** 海軍の本拠的軍港.

pórt [po:rt] 名男〖属単・主複 **póirt**, 属複 ～〗ポート(ワイン).

portach [portəx] 名男〖属単・主複 **portaigh**, 属複 ～〗湿地, 沼地.

portaireacht [portərʹəxt] 名女〖属単 **-a**〗快活で調子のよいリズムにのること, 浮き浮きした快活な調子で歌うこと.

portán [porta:n] 名男〖属単・主複 **portáin**, 属複 ～〗カニ. ～ **dearg** 食用のカニ. **an Portán** カニ座.

pórtar [po:rtər] 名男〖属単 **pórtair**〗黒ビール, ポーター酒.

pórtha [porhə] ☞ **pór**.

pórtheastas [ʹpo:rˌhastəs] 名男〖属単・主複 **pórtheastais**, 属複 ～〗系統; 血統(表[書]).

portráid [portra:dʹ] 名女〖属単 **-e**, 複 **-í**〗肖像(画), ポートレート.

portráidí [portra:dʹi:] 名男〖属単 ～, 複 **portráidithe**〗肖像画家.

portús [portu:s] 名男〖属単・主複 **portúis**, 属複 ～〗(カトリック)日読祈禱(きとう)書; 要約.

pórú [po:ru:] 名男〖属単 **póraithe**〗① **póraigh** の動名詞. ②(種の)繁殖; 育種.

pós [po:s] 動I 他・自〖動名 **pósadh**, 動形 **pósta**〗結婚させる.

pósadh [po:sə] 名男〖属単 **pósta**, 複 **póstaí**〗結婚(式); 結婚生活. ～ **a dhéanamh** 結婚させる[結婚式の司祭を勤める]こと. **tá siad in aois a bpósta** 彼らは結婚適齢(期)だ.

pósae [po:se:] 名男〖属単 ～, 複 **-tha**〗花, 花束.

pósaim [po:səmʹ] **pós**+mé.

post¹ [post] 名男〖属単・主複 **poist**, 属複 ～〗郵便. **litir a chur sa phost** 手紙を投函(とうかん)すること. (rud) **a chur leis an bpost**[tríd an bpost] (もの)を郵便で送ること.

post² [post] 名男〖属単・主複 **poist**, 属複 ～〗職, 仕事; 地位. ～ **a fháil** 職を得ること. ～ **a thabhairt do** (dhuine) (人)に仕事を与えること.

pósta [po:stə] 形3 ① 既婚の; 結婚の. ② ☞ **pós**, **pósadh**.

póstaer [po:ste:r] 名男〖属単・主複 **póstaeir**, 属複 ～〗ポスター.

póstaí [po:sti:] ☞ **pósadh**.

postaigh [posti:] 動II 他〖動名 **postú**, 動形 **postuithe**〗(番兵・軍隊などを)位置に付ける.

postáil [posta:lʹ] 動I 他〖動名 **postáil**, 動形 **postáilte**; 現 **post-**

álann】郵送する, 投函(%)する. litir [beart] a phostáil 手紙 [小包] を郵送すること.
postas [postəs] 名男【属単 **postais**】郵便料(金).
postdíol [ˈpostˌdʲiːl] 名男【属単 **-a**】通信販売.
postluí [ˈpostˌliː] 名男【属単 〜】留置き郵便；局留(郵便物に書く指定文句).
postmharc [ˈpostˌvark] 名男【属単 **postmhairc**, 複 **-anna**】(郵便の)消印.
postoifig [ˈpostˌofʲəɡʲ] 名女【属単 **-e**, 複 **-í**】郵便局.
postúil [postuːlʲ] 形2 自己中心の, うぬぼれの強い.
postúlacht [postuːləxt] 名女【属単 **-a**】自己中心, うぬぼれ.
pota [potə] 名男【属単 〜, 複 **-í**】つぼ, 鉢, びん, 深鍋, ポット.
potaire [potərʲə] 名男【属単 〜, 複 **potairí**】陶芸家［陶工］.
pótaire [poːtərʲə] 名男【属単 〜, 複 **pótairí**】大酒家, 酔っ払い.
potaireacht [potərʲəxt] 名女【属単 **-a**】陶器；陶器製造(所).
potaisiam [ˌpoˈtasʲiəm] 名男【属単 〜, 複 **-aí**】カリウム.
potrálaí [potraːliː] 名男【属単 〜, 複 **potrálaithe**】のらくらする人；やぶ医者.
prácás [praːkaːs] 名男【属単 **prácáis**】ごった煮；混乱；ごた混ぜ.
prae [preː] 名女【属単 〜】餌食(<ruby>えじき<rt>ﾞ</rt></ruby>)；(有益な)取得物.
praghas [prais] 名男【属単 **praghais**, 複 **praghsanna**】値(段), 価格；物価；代償.
praghsáil [praisaːlʲ] 名女【属単 **praghsála**】値をつけること, 競り［入札］をすること.
pragmatach [pragmətəx] 名男【属単・主複 **pragmataigh**, 属複 〜】実際主義者.
――形1 実際的な；実利主義の；おせっかいの.
práinn [praːnʲ] 名女【属単 **-e**, 複 **-eacha**】緊急, 切迫；急行.
práinneach[1] [praːnʲəx] 形1 緊急の；…を要する；たっての.
práinneach[2] [praːnʲəx] 形 (i, as と共に) が好きで, 喜んで；にふける.
práiscín [praːsʲkʲiːnʲ] 名男【属単 〜, 複 **-í**】粗織地の前掛け.
praiseach [prasʲəx] 名女【属単 **praisí**】ポタージュ；(薄い)雑炊；(野性)キャベツ, ケール. 〜 **a dhéanamh de** (rud) (もの)を台無しにすること.
praiticiúil [pratʲəkʲuːlʲ] 形2 実際的な；実用的な；実行可能な.
praitinniúil [pratʲənʲuːlʲ] 形2 鋭い；賢い；分別のある.
pram [pram] 名男【属単 〜, 複 **-anna**】うば車, (ベビー)バギー.
pramsach [pramsəx] 名女【属単 **pramsaí**, 複 **-a**】跳ね回ること；

遊び騒ぐこと.
　　──形1 跳ね回る；浮かれ気分の.
pramsáil [pramsaːlʲ] 動I 自〚動名 **pramsáil**, 動形 **pramsáilte**；現 **pramsálann**〛(浮かれて)飛び跳ねる；ふざける；(馬が)後足で跳ね回る.
prap [prap] 形1 即座の；突然の, 不意の.
prapaireacht [prapərʲəxt] 名女〚属単 **-a**〛ごう慢；生意気なこと.
prapanta [prapəntə] 形3 生意気な, 横柄な, 無礼な.
pras [pras] 形1 素早い, 敏速な, 即座の. **freagra ～** 即答.
prás [praːs] 名男〚属単・主複 **práis**, 属複 ～〛真ちゅう；金属楽器；(複)真ちゅう製品. **banna práis** 吹奏楽団.
prásach [praːsəx] 形1 真ちゅう製[色]の；耳障りな；厚かましい.
prásaí [praːsiː] 名男〚属単 ～, 複 **prásaithe**〛真ちゅう細工師.
praslacha [ˈprasˌlaxə] 名女〚属単・属複 **-n**, 主複 **-in**〛小型カモ(マガモ属).
prásóg [praːsoːg] 名女〚属単 **prásóige**, 主複 **-a**, 属複 ～〛アーモンド入り砂糖菓子[マージパン].
práta [praːtə] 名男〚属単 ～, 複 **-í**〛ジャガイモ.
preab [pʲrʲab] 名女〚属単 **preibe**, 主複 **-a**, 属複 ～〛びくっとすること；跳ぶこと；弾むこと；どきどきすること；けいれん. **de phreab** 一飛びで；不意に. **i ndeireadh na preibe** いまわの際に(ある)；切羽詰って(いる). **ag cur ～ san ól** 勢いよく[おいしそうに]飲んで(いる).
　　──動I 自〚動名 **preabadh**, 動形 **preabtha**〛びくっとする, ピクピク動く；(飛び)跳ねる；(ボールが)弾む；鼓動する；動揺する；(光)ゆらめく. **phreab sé den chathaoir** 彼ははっと椅子から立ち上がった. **solas ag preabadh** 明かりが明滅していること.
preabach [pʲrʲabəx] 形1 跳ねる；元気のいい；どきどきする.
preabadh [pʲrʲabə] 名男〚属単 **preabtha**〛① preab の動名詞. ② 飛び跳ね, 驚き；鼓動.
preabaire [pʲrʲabərʲə] 名男〚属単 ～, 複 **preabairí**〛威勢のいい人；たくましい人. **～ linbh** 元気な赤ん坊. **～ na mbánta** カササギ；(カササギのように)おしゃべりな人.
preabaireacht [pʲrʲabərʲəxt] 名女〚属単 **-a**〛跳ぶ[弾む]こと；活発.
preabán [pʲrʲabaːn] 名男〚属単・主複 **preabáin**, 属複 ～〛つぎ, 当て布；靴のかかとの皮；(土地)小区画.
preabanta [pʲrʲabəntə] 形3 元気な, 活発な；陽気な.

preabarnach [pʲrʲabərnəx] 名女〖属単 **preabarnaí**〗飛び上がること；動悸を打つこと.

preabchlár [ˈpʲrʲabˌxlaːr] 名男〖属単・主複 **preabchláir**, 属複 〜〗(水泳)飛込板；(体操)跳躍板.

preabúil [pʲrʲabuːlʲ] 形2 元気のよい, 敏活な；役に立つ.

préach [pʲrʲeːx] 動I 他〖動名 **préachadh**, 動形 **préachta**〗(寒さ・飢えなどが)苦しめる；痛める. **préachadh le fuacht sinn** 私達は寒さで弱り果てた.

préachán [pʲrʲeːxaːn] 名男〖属単・主複 **préacháin**, 属複 〜〗カラス；真っ黒い髪の人；しわがれ声の人. 〜 **dubh** ミヤマガラス. 〜 **breac** カササギ.

prealáid [pʲrʲalaːdʲ] 名女〖属単 〜, 複 -**í**〗(カトリック)大修道院長；高位聖職者.

preas [pʲrʲas] 名男〖属単 -**a**, 複 -**anna**〗報道機関(関係者)；印刷[捺染]機.

preasagallamh [ˈpʲrʲasˌagələv] 名男〖属単・主複 **preasagallaimh**, 属複 〜〗記者会見.

preasáil¹ [pʲrʲasaːlʲ] 動I 他〖動名 **preasáil**, 動形 **preasáilte**；現 **preasálann**〗アイロンをかける.

preasáil² [pʲrʲasaːlʲ] 名女〖属単 **preasála**〗強制徴用. **buíon phreasála** 水兵[兵士]強制徴募隊.
—— 動I 他〖動名 **preasáil**, 動形 **preasáilte**；現 **preasálann**〗強制的に兵役につかせる.

preiceall [pʲrʲekʲəl] 名女〖属単 **preicille**, 複 **preicillí**〗二重あご, のどの(皮の)たるみ.

preicleach [pʲrʲekʲlʲəx] 形1 二重あごの.

préimh [pʲrʲeːvʲ] 名女〖属単 -**e**, 複 -**eanna**〗保険料.

Preispitéireach [pʲrʲesˈpʲətʲeːrʲəx] 名男〖属単・主複 **Preispitéirigh**, 属複 〜〗長老教会員, 長老制主義者.
—— 形1 長老教会の, 長老制の.

priacal [pʲrʲiəkəl] 名男〖属単・主複 **priacail**, 属複 〜〗危険；危難；冒険. **ar do phriacal féin** 君が(危険・損害などの)責任を負う覚悟で[君の危険負担で]. (成句) **bean i bpriacal** 出産中の女性.

priaclach [pʲrʲiəkləx] 形1 危険な；冒険的な；心配な, 不安な.

pribhéad [pʲrʲivʲeːd] 名男〖属単 **pribhéid**〗西洋イボタ(垣根用の常緑低木).

pribhléid [pʲrʲivʲlʲeːdʲ] 名女〖属単 -**e**, 複 -**í**〗特権[特典]；特恵.

pribhléideach [pʲrʲivʲlʲeːdʲəx] 形1 特権を与えられた；天賦の才あ

る；発言できる；ずうずうしい．

prímeáil [p/r/i:m/a:l/] 動I 他〖動名 **prímeáil**, 動形 **prímeáilte**；現 **prímeálann**〗（特定作業・目的のため）下準備する．

princeam [p/r/iŋ/k/əm] 名男〖属単 **princim**〗跳ね回ること．

printéir [p/r/in/t/e:r/] 名男〖属単 **printéara**, 複 **-í**〗印刷機(械)．

printéireacht [p/r/in/t/e:r/əxt] 名女〖属単 **-a**〗印刷(術), 印刷業．

printíseach [p/r/in/t/i:s/əx] 名男〖属単・主複 **printísigh**, 属複 **～**〗徒弟, 見習い．

príobháid [p/r/i:va:d/] 名女〖属単 **-e**, 複 **-í**〗プライバシー, 私生活；私有地；私邸．

príobháideach [p/r/i:va:d/əx] 形1 個人的な, 私用の；内密の．

prioc [p/r/ik] 動I 他・自〖動名 **priocadh**, 動形 **prioctha**〗突く, 刺す；刺激する；ちくちく痛む．

priocadh [p/r/ikə] 名男〖属単 **prioctha**〗刺し傷；トゲ, 針．

priocaire [p/r/ikər/ə] 名男〖属単 **～**, 複 **priocairí**〗火かき棒．

prioll [p/r/ol] 名女〖属単 **prille**, 主複 **-a**, 属複 **～**〗愚か者．

príomh- [p/r/i:v] 接頭 最初の；根本的な；首位の；主[重]要な．

príomha [p/r/i:və] 形3 最初の；根本的な；主要な；首位の．**uimhir phríomha**（数学）素数．

príomhach [p/r/i:vəx] 名男〖属単・主複 **príomhaigh**, 属複 **～**〗霊長類の動物．
　── 形1 霊長類の．

príomháidh [¦p/r/i:v¦a:γ/] 名男〖属単 **～**, 複 **príomháithe**〗（カトリック）首席大司教；大主教．

príomh-aire [¦p/r/i:v¦ar/ə] 名男〖属単 **～**, 複 **príomh-airí**〗総理大臣, 首相．

príomhaisteoir [¦p/r/:v¦as/t/ər/] 名男〖属単 **príomhaisteora**, 複 **-í**〗主演男・女優．

príomhalt [¦p/r/i:v¦alt] 名男〖属単・主複 **príomhailt**, 属複 **～**〗（新聞・雑誌の）トップ記事；論説, 社説．

príomhbhean [¦p/i:v¦v/an] 名女〖属単 **príomhmhná**〗ファーストレディー．

príomhchathair [¦p/r/i:v¦xahər/] 名女〖属単 **príomhchathrach**, 複 **príomhchathracha**〗首都, 首府．

príomhchlásal [¦p/r/i:v¦xla:səl] 名男〖属単・主複 **príomhchlásail**, 属複 **～**〗（文法）主節．

príomhoide [¦p/r/i:v¦od/ə] 名男〖属単 **～**, 複 **príomhoidí**〗校長．

príomhshuim [p/r/i:vhim/] 名女〖属単 **-e**, 複 **-eanna**〗元本；元金．

príomhthionscal [ˈpˈrˈiːvˈhˈinskəl] 名 男 【属単・主複 **príomhthinscail**, 属複 〜】基幹産業.
príomhúil [pˈrˈiːvuːlˈ] 形 2 首位の, 本来の, 主要な.
prionsa [pˈrˈinsə] 名 男 【属単 〜, 複 **-í**】王子, プリンス.
prionsabal [pˈrˈinsəbəl] 名 男 【属単・主複 **prionsabail**, 属複 〜】原理[原則]; 信条.
prionsabálta [pˈrˈinsəbaːltə] 形 3 高い節操に基づいた; 几(きちょう)帳面な.
prionsabáltacht [pˈrˈinsəbaːltəxt] 名 女 【属単 **-a**】道義, 良心.
prionsacht [pˈrˈinsəxt] 名 女 【属単 **-a**, 複 **-aí**】公国; 公国君主の位.
prionta [pˈrˈintə] 名 男 【属単 〜, 複 **-í**】印刷(物); 字体; 写真の焼付, 陽画.
priontáil [pˈrˈintaːlˈ] 動I 他・自 【動名 **priontáil**, 動形 **priontáilte**; 現 **priontálann**】印刷[出版]する; 捺(なっ)染する; 焼き付ける.
prios [pˈrˈis] 名 男 【属単 **-a**, 複 **-anna**】戸棚(だな).
priosla [pˈrˈislə] 名 男 【属単 〜, 複 **-í**】滴り, よだれ; しずく.
priosma [pˈrˈismə] 名 男 【属単 〜, 複 **-í**】プリズム.
príosún [pˈrˈiːsuːn] 名 男 【属単・主複 **príosúin**, 属複 〜】刑務所; 投獄.
príosúnach [pˈrˈiːsuːnəx] 名 男 【属単・主複 **príosúnaigh**, 属複 〜】囚人, 刑事被告人; 捕虜.
príosúnacht [pˈrˈiːsuːnəxt] 名 女 【属単 **-a**】投獄, 収監; 監禁.
prislín [pˈrˈisˈlˈiːnˈ] 名 男 【属単 〜, 複 **-í**】(口もとの)滴り.
próca [proːkə] 名 男 【属単 〜, 複 **-í**】つぼ, かめ, 広口びん.
prócáil [proːkaːlˈ] 名 女 【属単 **prócála**】探ること; ぶらつくこと.
prochóg [proxoːg] 名 女 【属単 **prochóige**, 主複 **-a**, 属複 〜】(動物・人の)隠れ穴; ほら穴; 物置.
profa [profə] 名 男 【属単 〜, 複 **-í**】校正刷り, ゲラ(刷り).
prognóis [prognoːs] 名 女 【属単 **-e**, 複 **-í**】(病気などの)予後.
proifid [profˈədˈ] 名 女 【属単 **-e**, 複 **-í**】利益, 収益.
próifíl [proːfˈiːlˈ] 名 女 【属単 **-e**, 複 **-í**】プロフィール; 側面[断面].
proifisiún [ˌproˈfˈisˈuːn] 名 男 【属単・主複 **proifisiúin**, 属複 〜】職業, 専門職; (宗教) 信仰告白.
proifisiúnta [ˌproˈfˈisˈuːntə] 形 3 職業(上)の; 専門職[プロ]の.
proinn [pronˈ] 名 女 【属単 **-e**, 複 **-te**】食事(時間); 一食(分).
proinnseomra [ˈpronˌsˈoːmrə] 名 男 【属単 〜, 複 **-í**】食事室, 食堂.
proinnteach [ˈpronˌtˈax] 名 男 【属単 **proinntí**, 複 **proinntithe**】軽食堂, レストラン, (大学・僧院などの)食堂.
Proinsiasach [pronˈsˈiəsəx] 名 男 【属単・主複 **Proinsiasaigh**, 属

複 ～》フランシスコ会の修道士.
──形1 聖フランシスコの；フランシスコ修道会の.
próis [proːsʹ] 名女〘属単 **-e**, 複 **-eanna**〙製造法[過程]；訴訟手続き；進行, 経過.
próiseáil [proːsʹaːlʹ] 動Ⅰ他〘動名 **próiseáil**, 動形 **próiseáilte**；現 **próiseálann**〙加工[処理]する；複製[複写]する.
próiseálaí [proːsʹaːliː] 名男〘属単 ～, 複 **próiseálaithe**〙加工[処理]機器.
próiseas [proːsʹəs] 名男〘属単・主複 **próisis**, 属複 ～〙(化学[心理]的)作用；経過；手順.
próiste [proːsʹtʹə] 名男〘属単 ～, 複 **próistí**〙スピンドル, 紡錘.
próitéin [proːtʹeːnʹ] 名女〘属単 **-e**, 複 **-í**〙たん白質.
prólatáireach [ˈproːlətaːrʹəx] 名男〘属単・主複 **prólatáirigh**, 属複 ～〙プロレタリア, 労働者[無産]階級の人.
──形1 プロレタリアの, 労働者[無産]階級の.
prólatáireacht [ˈproːlətaːrʹəxt] 名女〘属単 **-a**, 複 **-aí**〙無産階級.
promanád [promənaːd] 名男〘属単・主複 **promanáid**, 属複 ～〙散歩[遊歩]；遊歩道, プロムナード.
promh [prov] 動Ⅰ他〘動名 **promhadh**, 動形 **profa**〙試みる；検査[試験]する.
promhadán [provədaːn] 名男〘属単・主複 **promhadáin**, 属複 ～〙試験管.
promhadh [provə] 名男〘属単 **promhaidh**〙試験[テスト]；保護観察. bheith ar ～ 保護観察中であること.
prompa [prompə] 名男〘属単 ～, 複 **-í**〙尻(⸺), でん部；残部.
propán [propaːn] 名男〘属単 **propáin**〙プロパン.
prós [proːs] 名男〘属単 **próis**〙散文(体), 散文詩.
prósach [proːsəx] 形1 散文(体)の；散文的な；単調な.
prosóid [prosoːdʹ] 名女〘属単 **-e**〙韻律学, 詩形論, 作詩法.
próstatach [proːstətəx] 形1 前立腺(⸺)の.
Protastúnach [protəstuːnəx] 名男〘属単・主複 **Protastúnaigh**, 属複 ～〙プロテスタント, 新教徒.
──形1 プロテスタントの, 新教徒の.
Protastúnachas [protəstuːnəxəs] 名男〘属単 **Protastúnachais**〙新教の教義；新教(徒・教会).
prúna [pruːnə] 名男〘属単 ～, 複 **prúnaí**〙プルーン, 西洋スモモ.
puball [pubəl] 名男〘属単・主複 **pubaill**, 属複 ～〙テント, 天幕.
púbasach [puːbəsəx] 形1 下腹部の, 陰部の.

púca [puːkə] 名男〖属単 ～, 複 **púcaí**〗プーカ(アイルランド伝説の妖精), いたずらな小妖精[パック]. ～ **na n-adharc** お化け, 怖いもの. ～ **peill** 毒きのこ.
púcán [puːkaːn] 名男〖属単・主複 **púcáin**, 属複 ～〗漁船, 小型帆船.
puchóid [puxoːdʲ] 名女〖属単 **-e**, 複 **-í**〗膿疱(のうほう); (動・植物の)いぼ.
púdal [puːdəl] 名男〖属単・主複 **púdail**, 属複 ～〗プードル(犬).
púdar [puːdər] 名男〖属単・主複 **púdair**, 属複 ～〗粉(末); 散薬. ～ **airgid** 磨き粉. ～ **bácála** ベーキングパウダー. ～ **a dhéanamh de** (rud) (もの)を粉砕すること. ～ **snua** 白粉.
púdrach [puːdrəx] 形1〖属単男 **púdraigh**〗粉(状)の; 粉末にした; 白粉を塗った.
púdraigh [puːdriː] 動II 他〖動名 **púdrú**, 動形 **púdraithe**〗粉にする[砕く]; (液体)霧状にする.
púdráil [puːdraːlʲ] 動I 他〖動名 **púdráil**, 動形 **púdráilte**; 現 **púdrálann**〗粉にする; 粉を振りかける; 白粉を塗る.
púic [puːkʲ] 名女〖属単 **-e**, 複 **-eanna**〗目隠し; (保温)カバー; しかめっ面. ～ **tae** 急須カバー.
púiceach [puːkʲəx] 形1 むっつりした, しかめ面した.
púicín [puːkʲiːnʲ] 名男〖属単 ～, 複 **-í**〗① **púic** の指小語. ② 目隠し, (馬の)目隠し皮. ～ **a chur ar** (dhuine) (人)に目隠しをすること, (人)の目をくらますこと. ～ **ar chapall** 馬の目に覆いをすること.
puilín [pilʲiːnʲ] 名男〖属単 ～, 複 **-í**〗滑車, ベルト車.
puilpid [pilʲpʲədʲ] 名女〖属単 **-e**, 複 **-í**〗説教壇.
puimcín [pimʲkʲiːnʲ] 名男〖属単 ～, 複 **-í**〗カボチャ.
puinn [pinʲ] 名 (否定的に)ほんの少し; (疑問文に)沢山, 幾らか. **níl** ～ **céille aige** 彼はあまり分別がない. **an bhfuil** ～ **airgid agat?** 君お金を沢山持っているかい?
puins[1] [pinʲsʲ] 名男〖属単 ～, 複 **-eanna**〗パンチ, 穴あけ器.
puins[2] [pinʲsʲ] 名〖属単 ～〗(飲物)パンチ.
puipéad [pipʲeːd] 名男〖属単・主複 **puipéid**, 属複 ～〗(操り)人形.
púir[1] [puːrʲ] 名女〖属単 **-e**〗失うこと; 悲劇; 苦難.
púir[2] [puːrʲ] 名女〖属単 **-e**, 複 **-eanna**〗煙道; 熱気送管; (昆虫の)大群. ～ **dheataigh** 煙突からあふれる煙の流れ. ～ **beach** (巣別れする)蜂の群.
púirín [puːrʲiːnʲ] 名男〖属単 ～, 複 **-í**〗小屋[おり]; 煙道.
puirtleog [pirʲtʲlʲog] 名女〖属単 **puirtleoige**, 主複 **-a**, 属複 ～〗毛羽, 綿毛; 産毛.
puisín[1] [pisʲiːnʲ] 名男〖属単 ～, 複 **-í**〗(幼児語)猫; 子猫.

puisín² [pisʹiːnʹ] 名男〖属単 ～, 複 -í〗唇；(小牛の)鼻口部.
puiteach [pitʹəx] 名男〖属単 **puitigh**〗湿地, ぬかるみ；窮地.
puití [pitʹiː] 名男〖属単 ～〗パテ(接合用材).
púitse [puːtʹsʹə] 名男〖属単 ～, 複 **púitsí**〗小袋, 袋.
pulc [pulk] 動Ⅰ他・自〖動名 **pulcadh**, 動形 **pulctha**〗がつがつ食べる；詰め込む；込み合う；群がる；詰め込み教育をする.
pulcadh [pulkə] 名男〖属単 **pulctha**, 複 **pulcthaí**〗群衆, 大集団.
púma [puːmə] 名男〖属単 ～, 複 -í〗ピューマ.
pumpa [pompə] 名男〖属単 ～, 複 -í〗ポンプ, 水揚機.
pumpáil [pompaːlʹ] 動Ⅰ他・自〖動名 **pumpáil**, 動形 **pumpáilte**；現 **pumpálann**〗ポンプで(水を)揚げる[くみ出す], ポンプで(空気を)入れる.
punann [punən] 名女〖属単 **punainne**, 主複 **-a**, 属複 ～〗(穀草・書類などの)束.
punt [punt] 名男〖属単・主複 **puint**, 属複 ～〗ポンド(重量・貨幣の単位). (rud) a dhíol de réir an phuint (もの)を1ポンド幾らで売ること. **nóta puint** (1)ポンド紙幣.
punta [pontə] 名男〖属単 ～, 複 -í〗平底船.
púrach [puːrəx] 形 1 悲劇的な；災難をもたらす；悲嘆にくれた.
púráil [puːraːlʹ] 名女〖属単 **púrála**〗打つこと, ひどく殴ること.
purgadóir [purəgədoːrʹ] 名女〖属単 **purgadóra**〗(カトリック)煉(れん)獄(魂浄化の場所).
purgaigh [purəgiː] 動Ⅱ他〖動名 **purgú**, 動形 **purgaithe**〗清める；粛清する；通じをつける.
purgóid [purəgoːdʹ] 名女〖属単 **-e**, 複 **-í**〗下剤；(牛馬用)水薬. ～ aisig 催吐薬, 吐剤.
púróg [puːroːg] 名女〖属単 **púróige**, 主複 **-a**, 属複 ～〗丸い小石, 小さい玉石；(内臓に出来る)石.
pus [pus] 名男〖属単 **puis**, 主複 **-a**, 属複 ～〗(とがらせた)口, 不機嫌な表情, すねること；(小牛・犬など)鼻面. bhí ～ caointe ar an leanbh その子は(子犬のように)メソメソ泣いていた.
pusach [pusəx] 形 1 むくれた；不機嫌な, すねた.
púscán [puːskaːn] 名男〖属単・主複 **púscáin**, 属複 ～〗にじみ出ること；(海[川]底の)軟泥.
puslach [pusləx] 名男〖属単・主複 **puslaigh**, 属複 ～〗(動物の)鼻面, 鼻口部.
puth [puh] 名女〖属単 **puithe**, 主複 **-a**, 属複 ～〗一吹き(の量)；(タバコ)一服(の煙)；息. ～ ghaoithe 一陣の風. níl ann ach an

phuth 彼はかろうじて生きている.
puthaíl [puhi:l′] 名女〖属単 **puthaíola**〗ぷっと一吹き[一服]すること；(発作的に)咳(*)をすること.
putóg [puto:g] 名女〖属単 **putóige**, 主複 **-a**, 属複 ～〗腸；腸詰め. ～ **an aon chinn** 盲腸.
puzal [puzəl] 名男〖属単・主複 **puzail**, 属複 ～〗なぞ；当惑；難題.

R

rá [ra:] 名男〖属単 ～, 複 **-ite**〗abair の動名詞. 言うこと，発言. ～ **béil** 声明. **de ráite na fírinne** 実を言うと.
rábach [ra:bəx] 形 1 大胆な；向こう見ずな；たっぷりの. **fás** ～ 繁茂. **go** ～ 容易に.
rábaire [ra:bər′ə] 名男〖属単 ～, 複 **rábairí**〗活動家；威勢のいい男.
rabairne [rabərn′ə] 名男〖属単 ～〗放蕩(*)；道楽；浪費.
rabairneach [rabərn′əx] 形 1 浪費する；ぜいたくな；放蕩な.
rábálaí [ra:ba:li:] 名男〖属単 ～, 複 **rábálaithe**〗放蕩者；(スポーツ)スプリンター.
rabhadh [rauə] 名男〖属単・主複 **rabhaidh**, 属複 ～〗警戒, 警報.
rabhán[1] [rauən] 名男〖属単・主複 **rabháin**, 属複 ～〗発作, 咳きこみ. ～ **cainte** 一気に話すこと.
rabhán[2] [rauən] 名男〖属単 **rabháin**〗(植物)ハマカンザシ, アルメリア.
rabharta [raurtə] 名男〖属単 ～, 複 **-í**〗満潮；奔流, 有り余り. ～ **feirge** こみあげてくる怒り.
rabhcán [rauka:n] 名男〖属単・主複 **rabhcáin**, 属複 ～〗小(歌)曲.
rabhchán [rauxa:n] 名男〖属単・主複 **rabhcháin**, 属複 ～〗警報；標識；指針.
rabhlaer [raule:r] 名男〖属単・主複 **rabhleir**, 属複 ～〗胸当てつき作業ズボン, オーバーオール.
rabhlóg [raulo:g] 名女〖属単 **rabhlóige**, 主複 **-a**, 属複 ～〗早口言葉.
rabhnáilte [rauna:l′t′ə] 形 3 丸い.

raca¹ [rakə] 名男 〖属単 〜, 複 -í〗置きだな；ベンチ, 長椅子.
raca² [rakə] 名男 〖属単 〜, 複 -í〗(髪の)丸形のくし.
rácáil [ra:ka:l′] 動1 他・自〖動名 **rácáil**, 動形 **rácáilte**；現 **rácálann**〗(土を)かいてならす；(熊手などで)かき集める；念入りに調べる.
racán [raka:n] 名男 〖属単・主複 **racáin**, 属複 〜〗大騒ぎ；口論；騒動.
racánach [raka:nəx] 形1 乱暴な, けんか好きな；騒々しい.
racánaíocht [raka:ni:(ə)xt] 名女 〖属単 -a〗乱暴；騒々しさ.
rachadh [raxəx], **rachaidh** [raxi:] ☞ **téigh²**.
ráchairt [ra:xərt′] 名女 〖属単 -e〗(大)需要. **tá 〜 mhór ar thicéid don chluiche** その試合の入場券はとぶような売れ行きだ.
rachmas [raxməs] 名男 〖属単 **rachmais**〗富裕, 豊富；資本.
rachmasach [raxməsəx] 形1 裕福な, 豊富な.
rachmasaí [raxməsi:] 名男 〖属単 〜, 複 **rachmasaithe**〗金持ち, 資本家.
racht [raxt] 名男 〖属単 -a, 複 -anna〗うっぷん；激情；発作；爆発. **do 〜 a ligean** (怒りなど)感情をぶちまけること. **〜 gáire** どっと笑い出すこと.
rachtúil [raxtu:l′] 形2 感情的；情熱的；心からの.
racún [ˌraˈku:n] 名男 〖属単・主複 **racúin**, 属複 〜〗アライグマ.
rad [rad] 動1 他・自〖動名 **radadh**, 動形 **radta**〗投げる；(馬が)あばれだす；跳ね回る.
rada(i)- [radə] 接頭 放射-；ラジウム-；無線-.
radacach [radəkəx] 名男 〖属単・主複 **radacaigh**, 属複 〜〗過激論者.
—— 形1 急進的, 過激な.
radacachas [radəkəxəs] 名男 〖属単 **radacachais**〗急進主義.
radagrafaíocht [ˈradəˌgrafi:(ə)xt] 名女 〖属単 -a〗X線撮影.
radaighníomhaíocht [ˈradəˌɣ′n′i:vi:(ə)xt] 名女 〖属単 -a〗放射能[性].
radaíocht [radi:(ə)xt] 名女 〖属単 -a, 複 -aí〗放熱, 放射物[線].
radaireacht [radər′əxt] 名女 〖属単 -a〗わめくこと, どなり立てること；ふざけること.
radaitheoir [radiho:r′] 名男 〖属単 **radaitheora**, 複 〜〗ラジエーター, 放熱器.
radar [radər] 名男 〖属単 **radair**〗レーダー, 電波探知機.
radharc [rairk] 名男 〖属単・主複 **radhairc**, 属複 〜〗視力；視野；景色；場面. **fad mo radhairc uaim** 見渡すかぎり. **teacht i 〜** 見えて

くること.
radharcach [rairkəx] 形1 見える; 視覚による; 目の.
radharceolaí [ˈrairkˌoːliː] 名男〖属単 〜, 複 **radharceolaithe**〗眼鏡屋.
radharcra [rairkrə] 名男〖属単 〜〗(劇など)舞台, 場面.
radúil [raduːlʹ] 形2 放射状の.
rafar [rafər] 形1 繁栄する, 盛んな; 多産の.
ráfla [raːflə] 名男〖属単 〜, 複 **-í**〗噂. níl ann ach 〜 それは噂に過ぎない.
rafta [raftə] 名男〖属単 〜, 複 **-í**〗いかだ.
ragairne [ragərnʹə] 名男〖属単 〜〗夜に浮かれて大騒ぎすること.
ragairneach [ragərnʹəx] 形1 浮かれて, (飲み)騒ぐ; 放蕩な.
ragobair [ˈragˌobərʹ] 名女〖属単 **ragoibre**〗時間外労働, 超過勤務.
ragús [raguːs] 名男〖属単 **ragúis**〗衝動; 欲望; 一時的興奮.
ráib [raːbʹ] 名女〖属単 **-e**, 複 **-eanna**〗突進, 全力疾走, 短距離競争.
raibh [revʹ] ☞ **bí**.
raibí [rabʹiː] 名男〖属単 〜, 複 **raibithe**〗ラビ; 律法学者.
raic[1] [rakʹ] 名女〖属単 **-e**〗難破, 海難.
raic[2] [rakʹ] 名女〖属単 **-e**, 複 **-eanna**〗騒動, 騒音.
raicéad [rakʹeːd] 名男〖属単・主複 **raicéid**, 属複 〜〗ラケット. 〜 leadóige テニスラケット.
raiceáil [rakʹaːlʹ] 名女〖属単 **raiceála**, 複 **raiceálacha**〗難破すること, 遭難.
―― 動I 他〖動名 **raiceáil**, 動形 **raiceáilte**; 現 **raiceálann**〗難破させる; めちゃめちゃに破壊する; (健康を)そこねる.
raicíteas [ˌrakʹiːtʹəs] 名男〖属単 **raicítis**〗骨軟化症.
raid- [radʹ] 接頭 放射-; ラジウム-; 無線.
raideog [radʹoːg] 名女〖属単 **raideoige**, 主複 **-a**, 属複 〜〗投げとばし; 蹴とばし; (植物)ヤチヤナギ.
raideolaíocht [ˈradʹˌoːliː(ə)xt] 名女〖属単 **-a**〗放射[X]線使用.
raidhfil [raifʹəlʹ] 名男〖属単 〜, 複 **-í**〗ライフル銃.
raidhse [raisʹə] 名女〖属単 〜〗豊富, 多量.
raidhsiúil [raisʹuːlʹ] 形2 豊富な, たっぷりの.
raidiam [radʹiəm] 名男〖属単 〜〗ラジウム(放射性元素).
raidió [radʹiːo] 名男〖属単 〜, 複 **-nna**〗ラジオ(放送).
raidis [radʹəsʹ] 名女〖属単 **-e**, 複 **-í**〗ハツカダイコン. 〜 fhiáin 西洋ワサビ.
raifil [rafʹəlʹ] 名男〖属単 〜, 複 **-í**〗富くじ.

ráig [ra:gʹ] 名女〖属単 **-e**, 複 **-eanna**〗突進, 突発；発作. de ~ 突然に.

ráille [ra:lʹə] 名男〖属単 ~, 複 **ráillí**〗レール；手すり.

raiméis [ramʹe:sʹ] 名女〖属単 **-e**〗ナンセンス, 無意味な言葉；くだらない長話.

raimhre [ravʹrʹə] 名女〖属単 ~〗厚さ；太さ；濃さ. dul i ~ 太ること.

raimsce [ramʹsʹkʹə] 名男〖属単 ~, 複 **raimscí**〗やくざ者, ろくでなし.

raingléis [raŋʹlʹe:sʹ] 名女〖属単 **-e**, 複 **-í**〗(家, 体制など)今にも倒れそうなこと. ~ tí(＜teach) がたがたの家.

ráinigh [ra:nʹi] 動 欠如動詞.〖現 **ráiníonn**；未 **ráineoidh**〗到着する；起こる. ~ le 成功する. ~ leis é a dhéanamh 彼はそれをどうにかやった. ~ sé ann 彼はたまたまそこに居た.

rainse [ranʹsʹə] 名男〖属単 ~, 複 **rainsí**〗牧場, 農場.

rainseoir [ranʹsʹo:r] 名男〖属単 **rainseora**, 複 **-í**〗牧場主；牧童.

ráipéar [ra:pʹe:r] 名男〖属単・主複 **ráipéir**, 属複 ~〗細身の小剣.

raispín [rasʹpʹi:nʹ] 名男〖属単 ~, 複 **-í**〗(軽べつ的) がき.

ráite[1] [ra:tʹə] 接 を考慮して；のために. ~ go のため(理由)に.

ráite[2] [ra:tʹə] ☞ abair.

ráiteachas [ra:tʹəxəs] 名男〖属単・主複 **ráiteachais**, 属複 ~〗発言, 言葉；諺；報告.

ráiteas [ra:tʹəs] 名男〖属単・主複 **ráitis**, 属複 ~〗声明, 陳述；計算書.

ráithe [ra:hə] 名女〖属単 ~, 複 **ráithí**〗3カ月, 四半期；季節. ceithre ~ na bliana 四季.

ráitheachán [ra:həxa:n] 名男〖属単・主複 **ráitheacháin**, 属複 ~〗季刊物[誌], 年4回発行するもの.

ráithiúil [ra:hu:lʹ] 形 2年4回の；季ごとの.

raithneach [rahnʹəx] 名女〖属単 **raithní**〗シダ；ワラビ.

ramallach [ramələx] 形 1 ぬるぬるした, 粘液性の；泥だらけの.

ramallae [raməle:] 名男〖属単 ~〗ヘドロ；(カタツムリ・魚・植物などの)粘液.

rámh [ra:v] 名男〖属単 **-a**, 複 **aí**〗オール, 櫂(か)；櫓(ろ).

rámhaigh [ra:vi:] 動 II 他・自〖動名 **rámhaíocht**, 動形 **rámhaíochta**〗漕(こ)ぐ.

rámhaille [ra:vəlʹə] 名女〖属単 ~〗荒れ狂うこと；うわごと；精神錯乱.

rámhailleach [ra:vəl′əx] 形1 荒れ狂う; 無我夢中の; 気まぐれな.
rámhainn [ra:vən′] 名女〚属単 **-e**, 複 **-í**〛シャベル状の鋤(ｽｷ).
ramhar [raur] 形1〚属単男 **ramhair**, 属単女・比較 **raimhre**, 主複 **ramhra**〛太った; 厚い; 濃厚な; 丸い. ～ **le** で一杯の.
ramhraigh [rauri:]〚動II〛他・自〚動名 **ramhrú**, 動形 **ramhraithe**〛太らせる; 厚くする; 濃くする.
rampar [rampər] 名男〚属単・主複 **rampair**, 属複 ～〛城壁.
rancás [raŋka:s] 名男〚属単 **rancáis**〛ふざけること; はしゃぐこと.
rancásach [raŋka:səx] 形1 陽気な, ふざけて跳ね回る.
rang [raŋ] 名男〚属単 **-a**, 複 **-anna**〛等級; 列; 順序; (学校)クラス.
rangabháil [raŋɡəva:l′] 名女〚属単 **rangabhála**, 複 **rangabhálacha**〛分詞.
rangaigh [raŋɡi:]〚動II〛他〚動名 **rangú**, 動形 **rangaithe**〛分類する; 等級をつける.
rangalam [raŋɡələm] 名男〚属単 **rangalaim**〛くだらない長話 [長文].
rann[1] [ran] 名男〚属単・主複 **rainn**, 属複 ～〛詩, 連(一定の韻律を持つ4行以上から成る詩).
rann[2] [ran], **ranna** [ranə] ☞ **roinn**.
rannach [ranəx] 形1 部門の.
rannaireacht [ranər′əxt] 名女〚属単 **-a**〛作詩すること; 詩歌.
ranníocaíocht [rani:ki:əxt] 名女〚属単 **-a**, 複 **-aí**〛保険金.
rannóg [rano:ɡ] 名女〚属単 **rannóige**, 主複 **-a**, 属複 ～〛部門, 部, 課.
rannpháirt [′ran|fa:rt′] 名女〚属単 **-e**〛参加; 関与; 役割.
rannpháirteach [′ran|fa:rt′əx] 形1 参加する; 関与する.
rannta [rantə] ☞ **roinnt**.
ransaigh [ransi:]〚動II〛他・自〚動名 **ransú**, 動形 **ransaithe**〛くまなく[かき回して]捜す, 捜索する.
raon [ri:n] 名男〚属単 **raoin**, 複 **-ta**〛道, 道筋; 走路, トラック. ～ **rásaí** 競馬[競争]場. ～ **cluas** 声の届く距離.
rapáil [rapa:l′]〚動I〛他・自〚動名 **rapáil**, 動形 **rapáilte**; 現 **rapálann**〛コツコツ[トントン]と叩く.
rapsóid [rapso:d′] 名女〚属単 **-e**, 複 **-í**〛ラプソディー, 狂詩曲.
rás [ra:s] 名男〚属単 **-a**, 複 **-aí**〛競争, レース.
rásaíocht [ra:si:(ə)xt] 名女〚属単 **-a**〛競争すること. ～ **chapall** 競馬.

raspa [raspə] 名男〖属単 〜, 複 -í〗(目の粗い)やすり.
raspáil [raspa:l′] 動I 他・自〖動名 **raspáil**, 動形 **raspáilte**; 現 **raspálann**〗石目やすりをかける; ガリガリ削る; かきむしる. **ag 〜 ar fhidil** ヴァイオリンを(下手に)ギーギーと鳴らすこと.
rásúr [ra:su:r] 名男〖属単・主複 **rásúir**, 属複 〜〗(電気)かみそり.
ráta [ra:tə] 名男〖属単 〜, 複 -í〗割合, 率; 料金. **faoi 〜** 割引きして.
rátáil [ra:ta:l′] 動I 他〖動名 **rátáil**, 動形 **rátáilte**; 現 **rátálann**〗見積もる, 評価する.
rath [rah] 名男〖属単 -a〗繁栄; 成功; 有益. **faoi 〜** 順調にいっている. **〜 Dé ort!** 幸あれ!.
ráth[1] [ra:] 名男〖属単 -a, 複 -anna〗土塀; 城壁; 層, 積み. **〜 sneachta** 雪の吹きだまり.
ráth[2] [ra:] 名女〖属単 -a, 複 -anna〗(魚)群.
rathaigh [rahi:] 動II 他・自〖動名 **rathú**, 動形 **rathaithe**〗繁栄する; 成功する.
ráthaigh [ra:hi:] 動II 他〖動名 **ráthú**, 動形 **ráthaithe**〗保証する, 請け合う.
ráthaíocht [ra:hi:(ə)xt] 名女〖属単 -a〗保証, 保証書[人]; 被保証人.
ráthóir [ra:ho:r′] 名男〖属単 **ráthóra**, 主複 -í〗保証人.
rathúil [rahu:l′] 形2 繁栄する, 成功した; 幸運な.
rathúnas [rahu:nəs] 名男〖属単 **rathúnais**〗繁栄; 豊富.
re [re] (成句) **gach 〜** …おきに. **gach 〜 duine** 1人おきに. **gach 〜 seachtain** 1週間おきに.
ré[1] [re:] 名女〖属単 〜, 複 -anna〗月; 期間; 年齢; 時代. **lán na 〜** 満月. **uair sa 〜** 月に一度. **an Ré Orga** 黄金時代. **le mo 〜** 私の生涯に. **roimh 〜** 予め.
ré[2] [re:] 名女〖属単 〜, 複 -ite〗土地の広がり, 平地.
ré-[3] [re:] 接頭 平らな; 安らかな; 適度な.
réab [re:b] 動I 他・自〖動名 **réabadh**, 動形 **réabtha**〗裂く; 粉砕する; 痛める. **tá 〜 croí air** それは人の心をかき乱す.
réabhlóid [re:vlo:d′] 名女〖属単 -e, 複 -í〗革命.
réabhlóideach [re:vlo:d′əx] 形1 革命的な.
réabhlóidí [re:vlo:d′i:] 名男〖属単 〜, 複 **réabhlóidithe**〗革命論者.
réablach [re:bləx] 名女〖属単 **réablaí**, 複 -a〗押し寄せ, 大波, 殺到.

reacaire [rakərʹə] 名男〖属単 ～, 複 **reacairí**〗呼び売り商人；詩を朗唱する人；おしゃべり.
reacaireacht [rakərʹəxt] 名女〖属単 **-a**〗物を売ること；朗読[朗唱]；うわさ話.
reacht [raxt] 名男〖属単 **-a**, 複 **-anna**〗法律；法令；規則.
reachta [raxtə] ☞ riocht.
reachtach [raxtəx] 形1 立法上の.
reachtaigh [raxtiː] 動II 他・自〖動名 **reachtú**, 動形 **reachtaithe**〗法律[条例]を制定する.
reáchtáil [raːxtaːlʹ] 名女〖属単 **reáchtála**〗走ること；経営. ag ～ thart 走り回ること. ～ gnó 事業を営むこと.
reachtaíocht [raxtiː(ə)xt] 名女〖属単 **-a**〗法律(制定).
reachtaire [raxtərʹə] 名男〖属単 ～, 複 **reachtairí**〗行政官；管理者；司祭；議長.
reachtas [raxtəs] 名男〖属単 **reachtais**〗管理；経営；政治；行政.
reachtmhar [raxtvər] 形1 法律(上)の；合法の.
reachtúil [raxtuːlʹ] 形2 制定法の, 法令の.
réadach [reːdəx] 形1 不動産の. eastát ～ 不動産.
réadaigh [reːdiː] 動II 他〖動名 **réadú**, 動形 **réadaithe**〗悟る；実現する.
réadán [reːdaːn] 名男〖属単・主複 **réadáin**, 属複 ～〗キクイムシ.
réadlann [reːdlən] 名女〖属単 **réadlainne**, 主複 **-a**, 属複 ～〗観測所, 天文台.
réadúil [reːduːlʹ] 形2 実際的な, 現実的な.
réal¹ [reːl] 名男〖属単 **réil**, 複 **-acha**〗(旧) 6ペンス.
réal² [reːl] 動I 他〖動名 **réaladh**, 動形 **réalta**〗(フィルムを)現像する；明らかにする.
réalachas [reːləxəs] 名男〖属単 **réalachais**〗現実主義, リアリズム.
réalaí [reːliː] 名男〖属単 ～, 複 **réalaithe**〗現実主義者.
réalt- [reːlt] 接頭 星；宇宙-.
réalta [reːltə] 名女〖属単 ～, 複 **-í**〗星；星印. ～ eolais 道しるべの星(北極星). ～ na maidine 金星. ～ eireabaill 彗(すい)星. ～ reatha 流星. ～ scannán 映画スター.
réaltach [reːltəx] 形1 星の(多い)；星のように輝く.
réaltbhuíon [ˈreːltˌvʲiːn] 名女〖属単 **réaltbhuíne**, 複 **-ta**〗星座.
réalteolaíocht [ˈreːltˌoːliː(ə)xt] 名女〖属単 **-a**〗天文学.
réaltóg [reːltoːg] 名女〖属単 **réaltóige**, 主複 **-a**, 属複 ～〗(小さ

い)星.
réaltógach [reːltoːgəx] 形1 星の多い, 星月夜の.
réaltra [reːltrə] 名男〘属単 ～, 複 **-í**〙星雲, 銀河系.
réamach [reːməx] 形1 (鼻・涙など)粘液を分泌する; 風邪にかかった.
réamh- [reːv] 接頭 前-; 予-; 序-.
réamhaisnéis [ˈreːvˌasʹnʹeːsʹ] 名女〘属単 **-e**〙予測, 予報.
réamhaisnéiseoir [ˈreːvˌasʹnʹeːsʹoːrʹ] 名男〘属単 **réamhaisnéiseora**, 複 **-í**〙予測者. ～ aimsire 天気予報アナウンサー.
réamhaithris [ˈreːvˌahrʹəsʹ] 名女〘属単 **-a**〙予言, 予報.
── 動II 他・自〘動名 **réamhaithris**, 動形 **réamhaithriste**〙予言する.
réamhcheol [ˈreːvˌxʹoːl] 名男〘属単 **réamhcheoil**, 複 **-ta**〙序曲.
réamhchlaonadh [ˈreːvˌxliːnə] 名男〘属単 **réamhchlaonta**〙偏見, 先入観.
réamhchlaonta [ˈreːvˌxliːntə] 形3 偏見のある.
réamhchúram [ˈreːvˌxuːrəm] 名男〘属単 **réamhchúraim**, 複 **réamhchúraimí**〙警戒, 用心.
réamheolaire [ˈreːvˌoːlərʹə] 名男〘属単 ～, 複 **réamheolairí**〙内容見本; 大学便覧.
réamhfhocal [ˈreːvˌokəl] 名男〘属単・主複 **réamhfhocail**, 属複 ～〙前置詞.
réamhghabháil [ˈreːvˌɣavaːlʹ] 名女〘属単 **réamhghabhála**〙予想, 予感, 期待.
réamhimeachtaí [ˈreːvˌimʹəxtiː] 名 (複)予備段階; 予選.
réamhléiriú [ˈreːvˌlʹeːrʹuː] 名男〘属単・複 **réamhléirithe**〙(公演などの)リハーサル.
réamhrá [ˈreːvˌraː] 名男〘属単 ～, 複 **-ite**〙序文; 序論.
réamhráite [ˈreːvˌraːtʹə] 形3 前述の.
réamhshampla [ˈreːvˌhamplə] 名男〘属単 ～, 複 **-í**〙前例, 先例.
réamhstairiúil [ˈreːvˌstarʹuːlʹ] 形2 先史時代の, 有史以前の.
réamhtheachtach [ˈreːvˌhaxtəx] 形1 先行する; 前置きの.
réamhtheachtaí [ˈreːvˌhaxtiː] 名男〘属単 ～, 複 **réamhtheachtaithe**〙先駆者; (文法)先行詞.
réamhtheachtaire [ˈreːvˌhaxtərʹə] 名男〘属単 ～, 複 **réamhtheachtairí**〙先駆者; 先発者.
reangach[1] [raŋgəx] 形1 むちで打たれた, みみずばれの; 傷あとのある.

reangach² [raŋgəx] 形1 糸のような; 筋(ﾋﾞ)だらけの; やせて骨ばった.
reann [ran], **reanna** [ranə] ☞ **rinn**¹,².
réasún [reːsuːn] 名男〖属単・主複 **réasúin**, 属複 〜〗理由; 原因; 分別; 道理. **tá sé le** 〜 それは当然だ.
réasúnach [reːsuːnəx] 形1 理性のある; 合理的な.
réasúnachas [reːsuːnəxəs] 名男〖属単 **réasúnachais**〗合理主義.
réasúnaigh [reːsuːniː] 動II 他・自〖動名 **réasúnú**, 動形 **réasúnaithe**〗(理路整然と)論じる.
réasúnta [reːsuːntə] 形3 理にかなった; 分別がある; 中庸な.
reatha [rahə] ☞ **rith**.
reathach [rahəx] 形1 (筆跡が)筆記体の, 草書体の.
reathaí [rahiː] 名男〖属単 〜, 複 **reathaithe**〗ランナー, 走者.
réchaite [ˈreːˌxatʹə] 形3 かなり疲れきった; 半分すり切れた.
réchas [ˈreːˌxas] 動I 他・自〖動名 **réchasadh**, 動形 **réchasta**〗ゆっくりとねじる[曲げる]; (車)アイドリングする.
réchnocach [ˈreːˌxnokəx] 形1 低い丘の; ゆるやかな起伏の.
réchúiseach [ˈreːˌxuːsʹəx] 形1 のんきな, 無頓着な.
rédhorcha [ˈreːˌɣorəxə] 形3 月が出ていない, 闇夜の.
réibhe [reːvʹə] ☞ **riabh**.
reic [rekʹ] 名男〖属単 **reaca**, 複 **-eanna**〗販売; 呼び売り; 朗読; 浪費.
── 動I 他・自〖動名 **reic**, 動形 **reicthe**〗売る, 呼び売りする; 朗読[朗唱]する; 裏切る; 浪費する.
réice [reːkʹə] 名男〖属単 〜, 複 **réicí**〗道楽者, 遊び人.
réiciúil [reːkʹuːlʹ] 形2 放蕩な, 不品行な.
réidh [reːɣʹ] 形1 滑らかな, 平らな; 気楽な; 準備された. **talamh** 〜 平地. **glac** [**tóg**] **go** 〜 **é** 気楽にやりなさい. **bheith** 〜 **i** (**rud**) (こと)に無関心であること. **tá an dinnéar** 〜 夕食ができた. **tá mé** 〜 **leis an obair seo** 私はこの仕事を終えた.
réidhe [reːɣʹə] 名女〖属単 〜〗平坦; 気楽; 準備.
Reifirméisean [refʹərmeːsʹən] 名男〖属単 **Reifirméisin**〗**an** 〜 (キリスト教)宗教改革.
reifreann [refʹrʹən] 名男〖属単・主複 **reifrinn**, 属複 〜〗国民投票.
réigiún [reːgʹuːn] 名男〖属単・主複 **réigiúin**, 属複 〜〗地帯, 地方.
réigiúnach [reːgʹuːnəx] 形1 地方の.
réileán [reːlʹaːn] 名男〖属単・主複 **réileáin**, 属複 〜〗平地; スポ

ツ用の芝生；広がり．
reilig [rel′əg′] 名女〖属単 **-e**, 複 **-í**〗墓地．
reiligire [rel′əg′ər′ə] 名男〖属単 ～, 複 **reiligirí**〗寺男；墓掘り人．
reiligiún [rel′əg′u:n] 名男〖属単・主複 **reiligiúin**, 属複 ～〗宗教．
reiligiúnach [rel′əg′u:nəx] 形1 宗教の．
réiltín [re:l′t′i:n′] 名男〖属単 ～, 複 **-í**〗(小さい)星；星印．
réim [re:m′] 名女〖属単 **-e**, 複 **-eanna**〗経歴；権威；範囲；養生法．
réimeas [re:m′əs] 名男〖属単 **réimis**〗統治；時代；期間；一生．
réimír [′re:ˌm′i:r′] 名女〖属単 **-e**, 複 **-eanna**〗(文法) 接頭辞．
réimnigh [re:m′n′i:] 動II 他・自〖動名 **réimniú**, 動形 **réimnithe**〗順序よく並べる；(文法) 活用(変化)する．
réimse [re:m′s′ə] 名男〖属単 ～, 複 **réimsí**〗広がり；領域．～ **féaraigh** 牧草地．～ **radhairc** 視野．
réinfhia [′re:n′ˌiə] 名男〖属単 ～, 複 **-nna**〗トナカイ．
réir [re:r′] 名女〖属単 **-e**〗意志，願い．**tá mé faoi do** ～ 僕はいつでも君のために尽くす．**de** ～ に一致して．**de** ～ **Bhriain** ブリアンによれば．**ag fás de** ～ **a chéile** 徐々に成長していること．**dá** ～ **sin** に従って．**má tá tú faoi** もし君にやる気があるなら．
réisc [re:s′k′] ☞ riasc．
réise [re:s′ə] 名女〖属単 ～, 複 **réisí**〗スパン(約9インチ, 23cm)；全長；全期間．
reisimint [res′əm′ən′t′] 名女〖属単 **-e**, 複 **-í**〗連隊；大群．
réiteach [re:t′əx] 名男〖属単・主複 **réitigh**, 属複 ～〗解決；同意；除去．
réiteoir [re:t′o:r′] 名男〖属単 **réiteora**, 複 **-í**〗仲裁人；(スポーツ)審判員，レフェリー．
reithe [rehə] 名男〖属単 ～, 複 **reithí**〗雄羊．**an Reithe** 牡羊座．
réitigh [re:t′i:] 動II 他〖動名 **réiteach**, 動形 **réitithe**〗平らにする；片付ける；解く．～ **le** 同意する．**ní réitíonn sé le mo ghoile** その食べ物は私に合わない．
reitric [ret′r′ək′] 名女〖属単 **-e**〗修辞法；雄弁術．
reitriciúil [ret′r′ək′u:l′] 形2 修辞学の；美辞麗句の．
reo [ro:] 名男〖属単 ～〗reoigh の動名詞；霜．
reoán [ro:a:n] 名男〖属単 **reoáin**〗(菓子などの)アイシング，糖衣．
reoch [ro:x] 形1〖属単男 ～, 属単女・比較 **reoiche**, 主複 **-a**〗凍るような；霜が降りた．
reodóg [ro:do:g] 名女〖属単 **reodóige**, 主複 **-a**, 属複 ～〗つらら．
reoigh [ro:ɣ′] 動I 他・自〖動名 **reo**, 動形 **reoite**；現 **reonn**；未 reo-

faidh》凍らせる；凝結させる.
reoiteach [roːtʼəx] 形1 凍るような；冷たい.
reoiteog [roːtʼoːg] 名女〖属単 **reoiteoige**, 主複 **-a**, 属複 ～〗アイスクリーム.
reoiteoir [roːtʼoːrʼ] 名男〖属単 **reoiteora**, 複 **-í**〗冷凍室.
reomhar [roːvər] 形1 極寒の.
reón [reːoːn] 名男〖属単 **reóin**〗レーヨン糸.
reophointe [roːhonʼtʼə] 名男〖属単 ～, 複 **reophointí**〗氷点.
reríomhaire [ˈreːˌriːvərʼə] 名男〖属単 ～, 複 **reríomhairí**〗計算早見表.
réscaip [ˈreːˌskapʼ] 動I 他・自〖動名 **réscaipeadh**, 動形 **réscaipthe**〗(光を)放散[拡散]する.
ré-uimhir [reːivʼərʼ] 名女〖属単 **ré-uimhreach**, 複 **ré-uimhreacha**〗偶数.
rí[1] [riː] 名男〖属単 ～, 複 **-the**;(成句)属複 ～〗(国)王. ～ Teamhrach(歴史)タラ国王.
rí[2] [riː] 名女〖属単 ～, 複 **-theacha**〗前腕；手足.
rí-[3] [riː] 接頭 国王の；超-.
riabh [riəv] 名女〖属単 **réibhe**, 主複 **-a**, 属複 ～〗縞(しま).
riabhach [riəvəx] 形1 縞[筋]のある；さえない；(天候)暗い.
riach [riəx] 名男〖属単 **-aigh**〗(婉曲表現の)悪魔. **téigh sa** ～！くたばれ！ **is cuma sa** ～ それがどうした(かまうもんか).
riachtanach [riəxtənəx] 形1 必要な. **más** ～ 必要ならば.
riachtanas [riəxtənəs] 名男〖属単・主複 **riachtanais**, 属複 ～〗必要物. 不可欠な物.
riail [riəlʼ] 名女〖属単 **rialach**, 複 **rialacha**〗規則；支配力.
riailbhéas [ˈriəlʼˌvʼeːs] 名男〖属単・主複 **-a**, 属複 ～〗規則正しい習慣；規律, しつけ.
rialachán [riələxaːn] 名男〖属単・主複 **rialacháin**, 属複 ～〗規則, 規定.
rialaigh [riəliː] 動II 他・自〖動名 **rialú**, 動形 **rialaithe**〗支配する；管理する；調整する；(紙に)線[罫]を引く.
rialóir [riəloːrʼ] 名男〖属単 **rialóra**, 複 **-í**〗定規.
rialta [riəltə] 形3 規則的な；宗教的な. (文法) **briathar** ～ 規則動詞. **mná** ～ 修道女. **go** ～ 規則正しく.
rialtacht [riəltəxt] 名女〖属単 **-a**〗規則正しさ；信仰生活.
rialtas [riəltəs] 名男〖属単・主複 **rialtais**, 属複 ～〗政府.
rialtóir [riəltoːrʼ] 名男〖属単 **rialtóra**, 複 **-í**〗支配者.

riamh [riəv] 副 いつも；いつまでも；(否定) 決して…しない. **bhí sé ～ cointinneach** 彼はけんかばかりしていた. **níor labhair sé ～ air** 彼はその事を決して言わなかった. **go raibh tú ～ amhlaidh** いつまでもそのままで(いて下さい). **anois nó ～** 今こそ(絶好の機会だ). **gach aon duine ～ agaibh** 君達の一人残らず. **an chéad lá ～** まさに最初の日.

rian [riən] 名男 〖属単 **riain**, 複 -**ta**, (成句)属複 ～〗進路；跡；活力. ～ **coise** 足跡. **fear cinn riain** 指導者.

rianaigh [riəniː] 動II 他 〖動名 **rianú**, 動形 **rianaithe**〗印[跡]をつける；測定する.

rianta [riəntə] 形 3 印の付いた；準備のできた；完成された.

rianúil [riənuːl′] 形 2 整頓された；秩序だった.

riar [riər] 名男 〖属単 ～〗経営, 管理；供給；分担；充足. **tá ～ a gcáis**(<**cás**) **acu** 彼らは生活には困っていない.
── 動I 他 〖動名 **riar**, 動形 **riartha**〗管理する；分配する, 供給する；従う. **～ ar mhuirín** 家族を扶養すること.

riarachán [riərəxaːn] 名男 〖属単 **riaracháin**〗管理, 経営；当局.

riaráiste [riəraːs′t′ə] 名男 〖属単 ～, 複 **riaráistí**〗支払い残金, 延滞金；(商品, 仕事など)未処理の蓄積.

riarthach [riərhəx] 形 1 管理の；行政上の；分配の.

riarthóir [riərhoːr′] 名男 〖属単 **riarthóra**, 複 -**í**〗管理者；行政官；(会社・学校など)役員, 理事.

riasc [riəsk] 名男 〖属単 **réisc**, 主複 -**a**, 属複 ～〗沼地, 湿地.

riascach [riəskəx] 形 1 湿地(帯)の, 沼沢地の多い.

riast [riəst] 名男 〖属単 -**a**, 複 -**aí**〗みみずばれ；縁かがり[飾り]；筋, 縞.

riastach [riəstəx] 形 1 みみずばれの；縁飾りの；筋[縞]の.

riastáil [riəstaːl′] 動I 他 〖動名 **riastáil**, 動形 **riastáilte**；現 **riastálann**〗強打する；畝($\frac{3}{2}$)をつける.

rib [rib′] 動I 他 〖動名 **ribeadh**, 動形 **ribthe**〗わなで捕る；ひったくる.

ribe [rib′ə] 名男 〖属単 ～, 複 **ribí**〗(一本の)毛, 剛毛；刃. **～ féir** 草の葉. **～ róibéis** 小エビ. **ar an ～** 時間どおりに[即座に].

ribeach [rib′əx] 形 1 毛深い；ぼろぼろの；身を切るように寒い.

ribeadach [rib′ədəx] 形 1 毛細(血)管の.

ribín [rib′iːn′] 名男 〖属単 ～, 複 -**í**〗リボン；ひも；帯.

ríchathaoir [′riːˌxahiːr′] 名女 〖属単 -**each**, 複 -**eacha**〗王座, 王位.

ridire [rid′ər′ə] 名男〘属単 ～, 複 **ridirí**〙騎士；(敬称) 卿(きょう).
ridireacht [rid′ər′əxt] 名女〘属単 **-a**〙騎士道.
righ [riɣ′] 動I他〘動名 **ríochan**, 動形 **rite**；現 **ríonn**〙引き伸ばす；緊張させる.
righin [ri:n′] 形1〘属単男 ～, 属単女・比較 **righne**〙強い；頑固な；ぐずぐずする. **feoil** ～ 堅い肉. **galar** ～ 長引く病気.
righneáil [ri:n′a:l′] 名女〘属単 **righneála**〙ぐずぐず[だらだら]すること, 道草を食うこと.
righneas [ri:n′əs] 名男〘属単 **righnis**〙堅いこと；頑丈さ；頑固；のろいこと.
righnigh [ri:n′i:] 動II他・自〘動名 **righniú**, 動形 **righnithe**〙強くする；堅くする；辛抱する.
rigín [rig′i:n′] 名男〘属単 ～, 複 **-í**〙(船) 索具, リブ編み.
ríl [ri:l′] 名女〘属単 **-e**, 複 **-eanna**〙(ダンス) 旋回；ひと巻き, リール.
rill [ril′] 動I他〘動名 **rilleadh**, 動形 **rillte**〙(砂利, 穀物など) ふるいにかける；注ぐ；(雨が) 激しく降る.
rím [ri:m′] 名女〘属単 **-e**, 複 **-eanna**〙韻, 脚韻；韻文.
ríméad [ri:m′e:d] 名男〘属単 **ríméid**〙喜び, 嬉しさ；自慢.
ríméadach [ri:m′e:dəx] 形1 喜ぶ；得意げな.
rinc[1] [riŋ′k′] 名女〘属単 **-e**, 複 **-eanna**〙スケートリンク；カーリング場.
rinc[2] [riŋ′k′] 動I他〘動名 **rince**, 動形 **rincthe**〙ダンスをする, 踊る.
rinceoir [riŋ′k′o:r′] 名男〘属単 **rinceora**, 複 **-í**〙ダンサー, 踊る人.
rinn[1] [rin′] 名女〘属単 **-e**, 主複 **reanna**, 属複 **reann**〙先(端), 頂点, 最高点. **ó** ～ **go sáil** 全身. ～ (**tíre**) 岬(みさき).
rinn[2] [rin′] 名男〘属単・主複 **reanna**, 属複 **reann**〙星, 惑星.
rinne [rin′ə] ☞ **déan**[2].
rinneach [rin′əx] 形1 尖った, 鋭い；身を切るような(寒さ).
rinnfheitheamh [rin′ˌehəv] 名男〘属単 **rinnfheithimh**〙黙想.
rinse [rin′s′ə] 名男〘属単 ～, 複 **rinsí**〙レンチ, スパナ.
rinseáil [rin′s′a:l′] 名女〘属単 **rinseála**〙ゆすぎ；リンス剤.
—— 動I他〘動名 **rinseáil**, 動形 **rinseáilte**；現 **rinseálann**〙すすぐ；洗い落とす.
ríochan [ri:(ə)xən] 名女〘属単 **-a**〙① **righ** の動名詞. ② 引き伸ばすこと, 緊張；抑制；制限.
ríochas [ri:(ə)xəs] 名男〘属単 **ríochais**〙王位；印税；著作権使用料.
riocht [rixt] 名男〘属単 **reachta**, 複 **-aí**；与複 **reachtaibh**〙形；

外観；状態. an fhírinne a chur as a ～ 真実をゆがめること. sa ～ sin の状態に. i ～ (agus) go …するように.
ríocht [riː(ə)xt] 名女〖属単 **-a**, 複 **-aí**〗王国.
ríochtán [rixtaːn] 名男〖属単・主複 **riochtáin**, 属複 ～〗マネキン人形.
ríog [riːg] 名女〖属単 **ríge**, 主複 **-a**, 属複 ～〗けいれん, ひきつけ；衝動.
ríoga [riːgə] 形 3 王者らしい；国王の, 王室の.
ríogach [riːgəx] 形 1 発作的な, 衝動的な；けいれん性の.
ríomh [riːv] 名男〖属単 **-a**〗数えあげること；計算；物語ること.
―― 動 I 他〖動名 **ríomh**, 動形 **ríofa**〗数える, 計算する；物語る.
ríomhaire [riːvərʹə] 名男〖属単 ～, 複 **ríomhairí**〗計算機；コンピューター. ～ pearsanta パソコン.
ríomhaireacht [riːvərʹəxt] 名女〖属単 **-a**〗計算(結果)；コンピューター操作.
ríomhchláraitheoir [ˈriːvˌxlaːrihoːrʹ] 名男〖属単 **ríomhchláraitheora**, 複 **-í**〗コンピュータープログラマー.
ríomhchlárú [ˈriːvˌxlaːruː] 名男〖属単 **ríomhchláraithe**〗コンピュータープログラミング.
ríomhphost [riːvost] 名男〖属単・主複 **ríomhphoist**, 属複 ～〗電子メール.
ríon [riːn] 名女〖属単 **-a**, 複 **-acha**〗女王；貴婦人.
ríora [riːrə] 名男〖属単 ～, 複 **-í**〗王族, 王家, 王朝.
ríoraíoch [riːriː(ə)x] 形 1 王朝の, 王家の.
riospráid [rispraːdʹ] 名女〖属単 **-e**〗呼吸(作用).
rírá [ˈriːˈraː] 名男〖属単 ～〗がやがや(いう音), ざわめき, 大騒ぎ.
ris [risʹ] 副 裸で, むき出しに.
rís [riːsʹ] 名女〖属単 **-e**〗米.
ríshliocht [ˈriːˌhlʹixt] 名男〖属単・複 **ríshleachta**〗王族, 王家.
rísín [riːsʹiːnʹ] 名男〖属単 ～, 複 **-í**〗干しぶどう, レーズン.
rístíocht [riːsʹtʹiː(ə)xt] 名女〖属単 **-a**〗ぶらぶらしていること, 怠けていること.
rite[1] [ritʹə] 形 3 緊張した；鋭い；険しい. ～ le gaoth 風雨にさらされた. ～ chun oibre 仕事に熱心な. chuaigh sé ～ leis é a dhéanamh 彼はそれをようやくできた.
rite[2] [ritʹə] 形 3 消耗した, 絶滅した. ～ anuas [síos] (健康を)害して.
riteoga [ritʹoːgə] 名女〖属複 **riteog**〗(複) タイツ；パンティストッキング.

rith [rih] 名男〖属単 **reatha**, 複 **rití**〗走ること；コース；流れ；連続；効力. ~ **croí** 動悸. ~ **focail** 失言. i ~ のうちに[その間ずっと]. i ~ **an ama** その間中ずっと. **cúrsaí reatha** 時事問題. **cuntas reatha** 当座預金.
—— 動I 他・自〖動名 **rith**, 動形 **rite**〗走る；経営する；流れる；通用する. ~ **sé liom** (go) (go 以下)が私の頭に浮かんだ. ~ **an t-ádh liom** 私は幸運だった. **rún a** ~ 決議. **má ritheann leat** もし君がうまくやれたら.

rithim[1] [rihəm] rith+mé.
rithim[2] [rihəm′] 名女〖属単 **-e**, 複 **-í**〗リズム.
ríúil [ri:u:l′] 形2 王の；荘厳な；華麗な.
ró[1] [ro:] 名男〖属単 ~〗繁栄；成功；温厚；穏和.
ró[2] [ro:] 名男〖属単 ~, 複 **-nna**〗列, 並木；座席の列.
ró-[3] [ro:] 接頭 非常な；過度の-.
róba [ro:bə] 名男〖属単 ~, 複 **-í**〗ローブ, 長くゆったりした衣服；礼服.
robáil [roba:l′] 名女〖属単 **robála**, 複 **robálacha**〗泥棒すること, 強盗.
—— 動I 他・自〖動名 **robáil**, 動形 **robáilte**；現 **robálann**〗強奪[略奪]する.
robálaí [roba:li:] 名男〖属単 ~, 複 **robálaithe**〗泥棒, 強盗(人).
roc [rok] 名男〖属単・主複 **roic**, 属複 ~〗しわ, ひだ.
—— 動I 他・自〖動名 **rocadh**, 動形 **roctha**〗しわを寄せる；波形をつける.
rocach [rokəx] 形1 しわだらけの, ひだのついた.
rochtain [roxtən′] 名女〖属単 **rochtana**〗近づく方法；接近；(コンピューター)アクセス. **ama rochtana** 面会時間.
róchuma [′ro:ˌxumə] 名 (動詞 is と共に) **is** ~ **liom** 私は何とも思っていない. **níl aon** ~ **air** そんなに良いとは思えない.
ród [ro:d] 名男〖属単・主複 **róid**, 属複 ~〗道路；停泊地.
ródadh [ro:də] 名男〖属単 **ródta**〗ゆとり；風圧；遅れ.
ródaideandrón [′ro:dəˌd′e:ndro:n] 名 男 〖属単・主複 **ródaideandróin**, 属複 ~〗ツツジ, シャクナゲ, サツキ.
ródaíocht [ro:di:(ə)xt] 名女〖属単 **-a**〗(徒歩)旅行すること, 行脚；船が停泊すること.
rodta [rotə] 形3 腐敗した；(飲物)気の抜けた.
rógaire [ro:gər′ə] 名男〖属単 ~, 複 **rógairí**〗悪漢；わんぱく小僧.
rógaireacht [ro:gər′əxt] 名女〖属単 **-a**〗悪事；いたずら.

rógánta [roːgaːntə] 形3 無頼の, 悪事をする；いたずらをする.
rogha [rau] 名女〖属単 ～, 複 **-nna**〗選択；抜粋；二者択一；最善. **de ～ air** …よりもむしろ, …に優先して. **is ～ liom imeacht anois** 私は今出かける方がいい. **do ～ rud** あなたの好きなもの何でも.
roghnach [raunəx] 形1 任意の, 選択の.
roghnachas [raunəxəs] 名男〖属単 **roghnachais**〗選択；好み.
roghnaigh [rauniː] 動II他〖動名 **roghnú**, 動形 **roghnaithe**〗選ぶ, 選択する.
roicéad [rokʹeːd] 名男〖属単・主複 **roicéid**, 属複 ～〗ロケット.
roimh [rivʹ] 前〖前置詞＋代名詞 **romham, romhat, roimhe** (男); **roimpi** (女); **romhainn, romhaibh, rompu**〗…の前に；より先に；に用意されて；に出会って. **shiúil siad romhainn** 彼らは我々の前方を歩いていた. ～ **Chríost** [R.Ch.] 紀元前[B.C.]. (**tar** [téigh] ～) ⑦ さえぎる, 阻止する. ⓒ 予見する, 機先を制する. ⓗ 邪魔する. **ní ag teacht romhat é** お邪魔してすみません. (喜び, 歓迎；恐れ, いや気などの慣用表現) **fáiltiú ～ (dhuine)** (人)を歓迎. **fáilte romhat!** いらっしゃい! **eagla a bheith ort ～ (rud)** (もの)を恐がること.
roimhe[1] [rivʹə] 副 以前に, かつて. ～ **seo** 以前は[昔].
roimhe[2] [rivʹə] ☞ roimh.
Róimn [roːv] **An Róimn** ローマ.
roimpi [rimʹpʹi] ☞ roimh.
roinn [ronʹ] 名女 I.〖属単・主複 **ranna**, 属複 **rann**〗分け前；分配；取引. **níl cuid ranna ann** 分ける程のこと[価値]はない. II.〖属単 **-e**, 複 **ranna**〗分配[分割]されたもの；区分；地域；部門；(行政)省. **ranna stáit** 国務省庁. **an Roinn Gnóthaí Eachtracha** 外務省. **ranna cainte** (文法) 品詞.
―― 動I他・自〖動名 **roinnt**, 動形 **roinnte**〗分割する；分配する；取り扱う；巻き込む. **tá trioblóid ag roinnt leis** 迷惑をこうむることになる. **céad a roinnt ar dheich** (数) 100÷10.
roinnt [ronʹtʹ] 名女〖属単 **-e**, 複 **rannta**〗分割；分け合うこと；(数学)割算；(トランプ)札の配分；(不特定数・量を示し)幾らか, (副詞的に)幾分. ～ **mhaith** かなり. **tá sé ～ fuar** 少し寒い.
roinnteach [ronʹtʹəx] 形1 分配の, 配分的な.
rois[1] [rosʹ] 名女〖属単 **-e**, 複 **-eanna**〗連発；突風；破裂. **tá roiseanna móra Gaeilge aige** 彼はゲール語はぺらぺらだ.
rois[2] [rosʹ] 動I他・自〖動名 **roiseadh**, 動形 **roiste**〗(縺れた糸, 編物など)ほどく；引き裂く. **ag roiseadh bréag** 嘘を並べ立てて(いる).
rois[3] ☞ ros[1].

roiseadh [ros'ə] 名男〖属単 **roiste**, 複 **roistí**〗裂け目, ほころび；裂傷；(ストッキング)伝染.
roisín [ros'i:n'] 名男〖属単 〜〗樹脂；松やに.
róiste [ro:s't'ə] 名男〖属単 〜, 複 **róistí**〗ゴキブリ.
roithleagadh ['ro,l'agə] 名男〖属単 **roithleagtha**〗転がすこと, 回転させること.
roithleán [rohl'a:n] 名男〖属単・主複 **roithleáin**, 属複 〜〗車輪；滑車；(釣り竿の)リール；回転盤.
roithleánach [rohl'a:nəx] 形1 回転する, 渦巻いている.
ról [ro:l] 名男〖属単・主複 **róil**, 属複 〜〗役(割)；役目.
roll [rol] 名男〖属単 〜, 複 **-anna**〗回転；うねり.
── 動I 他・自〖動名 **rolladh**, 動形 **rollta**〗転がす；巻く；丸める.
rolla [rolə] 名男〖属単 〜, 複 **-í**〗(巻物になった羊皮紙などの)記録；一巻き；公文書；名簿；目録.
rollach [roləx] 形1 転がる；波うつ.
rollaigh [roli:] 動II 他〖動名 **rollú**, 動形 **rollaithe**〗会員にする, 登録する.
rollán [rola:n] 名男〖属単・主複 **rolláin**, 属複 〜〗(小型の)巻物；円筒形のもの, ローラー.
rollóg [rolo:g] 名女〖属単 **rollóige**, 主複 **-a**, 属複 〜〗(小型の)巻物；丸いもの. 〜 **aráin** ロールパン.
rollóir [rolo:r'] 名男〖属単 **rollóra**, 主複 **-í**〗(機械・道具など)ローラー；キャスター；(髪用)カール器.
rómánsach [ro:ma:nsəx] 形1 ロマンチックな, 空想的な；ロマン主義[派]の. **na teangacha Rómánsacha** ロマンス語(系).
rómánsaíocht [ro:ma:nsi:(ə)xt] 名女〖属単 **-a**〗ロマン主義；空想的なこと.
romhaibh [ro:v'], **romhainn** [ro:n'] ☞ **roimh**.
rómhair [ro:vər'] 動II 他・自〖動名 **rómhar**, 動形 **rómhartha**；現 **rómhraíonn**〗掘る；(勉強, 仕事を)こつこつやる.
romham [ro:m] ☞ **roimh**.
Rómhánach [ro:va:nəx] 名男〖属単・主複 **Rómhánaigh**, 属複 〜〗(古代)ローマ人.
── 形1 ローマ(人)の.
romhat [ro:t], **rompu** [rompu] ☞ **roimh**.
rón [ro:n] 名男〖属単 **róin**, 複 **-ta**〗アザラシ, アシカ, オットセイ. 〜 **mór** アシカ, トド.
ronna [ronə] 名男〖属単 〜, 複 **-í**〗よだれ；粘液.

ronnach[1] [ronəx] 名男〖属単・主複 **ronnaigh**, 属複 〜〗鯖(さば).
ronnach[2] [ronəx] 形1 よだれをたらす；したたらす.
rop [rop] 名男〖属単 **-a**, 複 **-anna**〗押し，突き刺し；突進.
—— 動I 他・自〖動名 **ropadh**, 動形 **roptha**〗刺す，突く；突進する.
rópa [ro:pə] 名男〖属単 〜, 複 **-í**〗ロープ，なわ，綱.
ropaire [ropərʹə] 名男〖属単 〜, 複 **ropairí**〗刺客；泥棒；悪党.
ropaireacht [ropərʹəxt] 名女〖属単 **-a**〗突き刺すこと；盗み；悪事.
ros[1] [ros] 名男〖属単 **rois**〗亜麻の種子.
ros[2] [ros] 名男〖属単・主複 **-a**, 属複 〜〗森；岬.
rós [ro:s] 名男〖属単 **róis**, 複 **-anna**〗バラ(の花).
rosach [rosəx] 形1 堅い，角質の；ざらざらした.
rósach [ro:səx] 形1 ばら色の；幸せな.
rosc[1] [rosk] 名男〖属単・主複 **roisc**, 属複 〜〗目.
rosc[2] [rosk] 名男〖属単・主複 **roisc**, 属複 〜〗韻律が強調された作曲；叙事詩風の歌；(音楽)狂想曲.
rosca [roskə] 名男〖属単 〜, 複 **-í**〗ラスク；柔らかいビスケット.
roscach [roskəx] 形1 修辞的な，美辞麗句の，おおげさな.
rósóg [ro:so:g] 名女〖属単 **rósóige**, 主複 **-a**, 属複 〜〗バラの木.
róst [ro:st] 動I 他・自〖動名 **róstadh**, 動形 **rósta**〗焼く，ローストする；炒る.
rosta [rostə] 名男〖属単 〜, 複 **-í**〗手首.
rósta [ro:stə] 名男〖属単 〜, 複 **-í**〗ロースト(肉).
rostram [rostrəm] 名男〖属単・主複 **rotstraim**, 属複 〜〗演[講]壇；説教壇.
rosualt [roʹsuəlt] 名男〖属単・主複 **rosuailt**, 属複 〜〗セイウチ.
roth [roh] 名男〖属単 **-a**, 複 **-aí**〗輪，車輪；(運命)歯車. 〜 **tosaigh** [**deiridh**] 車の前[後]輪. **ag gabháil**[**imeacht**] **ar rothaí** 円滑に運んで(いる). **fear an rotha** そのハンドルを握って[運転して]いる男.
rothaí [rohi:] 名男〖属単 〜, 複 **rothaithe**〗自転車[バイク]の乗手.
rothaigh [rohi:] 動II 自〖動名 **rothaíocht**, 動形 **rothaíochta**〗自転車[バイク]に乗る.
rothaíocht [rohi:(ə)xt] 名女〖属単 **-a**〗サイクリング.
rothán [roha:n] 名男〖属単・主複 **rotháin**, 属複 〜〗小車輪，キャスター；小さい輪[束].
rothánach [roha:nəx] 形1 循環する；巡回する.
rothar [rohər] 名男〖属単・主複 **rothair**, 属複 〜〗自転車；バイク.
rótharraingt [ʹro:ˌharənʹtʹ] 名女〖属単 **rótharraingthe**, 複 **-í**〗

(銀行)当座貸越し.
rothlach [rohləx] 形1 回転する, 循環する, 環状の.
rothlaigh [rohli:] 動II 他・自〖動名 **rothlú**, 動形 **rothlaithe**〗回転させる;ぐるぐる回す.
RTÉ [a:rti:i:] 名 **Radió Teilifís Éireann** アイルランド国営放送局.
rua [ruə] 形3 赤い(髪の);赤茶色の;猛烈な;激しい.
ruacan [ruəkən] 名男〖属単・主複 **ruacain**, 属複 ～〗(貝)ザルガイの総称;トリガイ.
ruacht [ruəxt] 名女〖属単 **-a**〗赤い髪.
ruadhóigh [ˈruəˌɣoːɣ/] 動I 他・自〖動名 **ruadhó**, 動形 **ruadhóite**, 現 **ruadhónn**〗焦がす, 焼く.
ruaig [ruəgʹ] 名女〖属単 **-e**, 複 **-eanna**〗追跡, 追撃;襲撃;慌しい訪問.
―― 動I 他〖動名 **ruaigeadh**, 動形 **ruaigthe**〗追跡する;追い出す. ～ **ar** 攻撃する.
ruaigh [ruəɣʹ] 動I 他・自〖動名 **ruachan**, 動形 **ruaite**;現 **ruann**;未 **ruafaidh**〗赤くする.
ruaille [ruəlʹə] 名(成句)～ **buaille** 動揺;大騒ぎ;騒動.
ruaim[1] [ruəmʹ] 名女〖属単 **-e**〗赤(茶)色(染料).
ruaim[2] [ruəmʹ] 名女〖属単 **-e**, 複 **-eanna**〗釣り糸.
ruaimneach [ruəmʹnʹəx] 形1 (水)濁った;変色した;赤(茶)色の.
ruaimneacht [ruəmʹnʹəxt] 名女〖属単 **-a**〗(水)変色;赤いこと.
ruaimnigh [ruəmʹnʹi:] 動II 他・自〖動名 **ruaimniú**, 動形 **ruaimnithe**〗赤く染める;赤面する;(水)変色させる.
ruainne [ruənʹə] 名男〖属単 ～, 複 **ruainní**〗(1本の)毛髪;糸;断片. **níl** ～ **den fhírinne ann** 僅かの真実もない. ～ **páipéir** 紙の切れ端.
ruainneach [ruənʹəx] 名女〖属単 **ruainní**〗馬の毛.
rualoisc [ˈruəˌlosʹkʹ] 動I 他〖動名 **rualoscadh**, 動形 **rualoiscthe**〗焦がす, 焼く.
ruán [ruːaːn] 名男〖属単・主複 **ruáin**, 属複 ～〗ソバ(の実).
ruathar [ruəhər] 名男〖属単・主複 **ruathair**, 属複 ～〗突進, 急襲.
ruatharach [ruəhərəx] 名男〖属単 **ruatharaigh**〗突進[撃]すること;(群をなして)ぐるぐる歩き回ること.
―― 形1 殺到する, 突撃する;衝動的な.
rubar [robər] 名男〖属単・主複 **rubair**, 属複 ～〗ゴム.
rud [rud] 名男〖属単 **-a**, 複 **-aí**〗物事;事象;生き物;利益, 富;心配;愛情. ～ **beag** 多少の[小さな]. **an** ～ **seo**[**sin**] この[あの]事(柄)[物]. **gach** ～ 何もかも. **an** ～ **is tábhachtaí** 一番大事なこと[物]. **ós**

rufach

～ é (go) たまたま(go 以下)であるので. ～ eile de その上. (副詞的に) ～ beag fuar 少し寒い. ～ beag oibre ちょっとした仕事. ～ a dhéanamh ar (dhuine) (人)の頼み事に従うこと. ná bíodh ～ ort faoi そのことで悲しむな. tá an-rud agam orthu 私は彼ら[それら]が大変好きだ.

rufach [rufəx] 形1 ひだ襟(フリル)のある.

rug [rug] ☞ beir.

ruga [rogə] 名男〖属単 ～, 複 -í〗敷物;(厚手の)上掛け;ひざ掛け.

rugbaí [rogbi:] 名男〖属単 ～〗ラグビー.

ruibh[1] [riv′] 名女〖属単 -e〗硫黄.

ruibh[2] [riv′] 名女〖属単 -e〗毒液;とげ;悪意;熱心.

ruibheach [riv′əx] 形1 硫黄の.

ruibheanta [riv′əntə] 形3 有害な, 悪意に満ちた, 毒舌の.

ruibhiúil [riv′u:l′] 形2 硫黄の, 硫黄くさい.

rúibín [ru:b′i:n′] 名男〖属単 ～, 複 -í〗ルビー.

rúibric [ru:b′r′ək′] 名女〖属単 -e, 複 -í〗(キリスト教)典礼法規;朱書き題目, 赤刷り.

rúid [ru:d′] 名女〖属単 -e, 複 -eanna〗全力疾走;短距離競走.

rúidbhealach [′ru:d′ˌv′aləx] 名男〖属単 rúidbhealaigh, 複 rúidbhealaí〗(滑)走路;通り道.

ruifíneach [rif′i:n′əx] 名男〖属単・主複 ruifínigh, 属複 ～〗悪党.

rúiléid [ru:l′e:d′] 名女〖属単 -e, 複 -í〗ルーレット.

ruis [ris′] 名女〖属単 -e〗ニワトコ(の木).

rúisc [ru:s′k′] 名女〖属単 -e, 複 -eanna〗放出, 排出;騒々しさ.
―― 動1 他・自〖動名 rúiscadh, 動形 rúiscthe〗はぎ取る;突く;かき立てる;打つ, 投げつける.

ruithne [rihn′ə] 名女〖属単 ～, 複 ruithní〗発光, 輝き;光線.

ruithneach [rihn′əx] 形1 光[熱]を放つ, きらめいている.

rúitín [ru:t′i:n′] 名男〖属単 ～, 複 -í〗くるぶし, 足首.

rum [rom] 名男〖属単 ～, 複 -anna〗ラム酒.

rún [ru:n] 名男〖属単・主複 rúin, 属複 ～〗秘密;意志, 意図, 決議(案), 動議;愛情. faoi ～ 内緒で. tá ～ aige imeacht 彼は去るつもりだ. a ～! かわいい人[恋人]よ!

rúnaí [ru:ni:] 名男〖属単 ～, 複 rúnaithe〗秘書(官);書記(官);(省庁の)長官, 大臣.

rúnaíocht [ru:ni:(ə)xt] 名女〖属単 -a〗秘書の仕事;事務[書記]局.

rúnchara [′ru:nˌxarə] 名男〖属単 -d, 複 rúnchairde〗腹心の友, 親友.

rúnda [ruːndə] 形3 神秘的な；秘密の；親密な；信任された.
rúndacht [ruːndəxt] 名女〖属単 **-a**〗秘密, 内密.
rúndaingean [ˈruːn̩daŋˈɡʲən] 形1〖属単男 **rúndaingin**, 属単女・主複・比較 **rúndaingne**〗毅然［断固］とした.
rúndiamhair [ˈruːnʲd'iəvərʲ] 名女〖属単 **-e**, 複 **rúndiamhra**〗(宗教の)秘法, 神秘的教義.
—— 形1〖属単男 ～, 属単女・比較 **-e**, 主複 **rúndiamhra**〗神秘的, 不可思議な.
runga [ruŋɡə] 名男〖属単 ～, 複 **-í**〗(はしご)段；(椅子の)横桟；(枠組などの)丈夫な棒.
rúnmhar [ruːnvər] 形1 隠し立てする, 秘密主義の.
rúnpháirteach [ˈruːn̩faːrtʲəx] 形1 着手された；手ほどきを受けた；手始めの；入会［入門］の.
rúnpháirtí [ˈruːn̩faːrtʲiː] 名男〖属単 ～, 複 **rúnpháithe**〗新加入者, 入門［会］者；秘伝を受けた人.
rúnscríbhinn [ˈruːnʲsʲkʲrʲiːvʲənʲ] 名女〖属単 **-e**, 複 **-í**〗アラビア数字；ルーン文字；暗号(文).
rúnseirbhís [ˈruːn̩sʲerʲəvʲiːsʲ] 名女〖属単 **-e**, 複 **-í**〗(要人などの)シークレットサービス.
Rúraíocht [ruːriː(ə)xt] 名女〖属単 **-a**〗アルスター神話［赤枝(Craobh Ruadh)神話］. コノールマクネサ Conchobhar Mac Nessa 王時代(1世紀頃)の英雄戦士クーハラン(Cúchulainn)の活躍を中心とする叙事詩.
rúsc [ruːsk] 名男〖属単・主複 **rúisc**, 属複 ～〗樹皮.
rúscadh [ruːskə] 名男〖属単 **rúiscthe**〗① rúisc の動名詞. ② 皮をはぐこと；騒ぎを起こすこと；突き；殴打.
rúta [ruːtə] 名男〖属単 ～, 複 **-í**〗根；(切り)株；家系.
ruthag [ruhəɡ] 名男〖属単・主複 **ruthaig**, 属複 ～〗一走り, 短距離競走；突進；弾道；連続；資産. thar mo ～ 私の資力の及ばない.

S

sa [sə] ☞ i.
-sa [sə] 接尾 強調を表す. ① 所有形容詞に続き, 広母［子］音で終わる名詞, 形容詞に付く. **seo mo pheannsa** これ(こそ)が私のペンだ. **cá**

sá   504

bhfuil do leabharsa?(一体)君の本はどこにあるのか？②広母[子]音で終わる1・2人称単数の動詞に付く．**fansa anseo** ここに(必ず)居なさい．③広子音で終わる1・2人称の前置詞付き代名詞に付く．**an liomsa nó leatsa é?** それは(一体)僕のものか君のものか？

sá [sa:] 名男〖属単 ～, 複 **-ite**〗① **sáigh** の動名詞. ②刺すこと; 押し; 突き.

sabaitéir [sabətʲeːrʲ] 名男〖属単 **sabaitéara**, 複 **-í**〗妨害(破壊)行為をする人．

sabaitéireacht [sabətʲeːrʲəxt] 名女〖属単 **-a**〗サボタージュ, 故意に妨害(破壊)すること．

sábh [sa:v] 名男〖属単 **sáibh**, 主複 **-a**, 属複 ～〗のこぎり．

—— 動I 他・自〖動名 **sábhadh**, 動形 **sáfa**〗のこぎりで切る．

sábháil [sa:va:lʲ] 名女〖属単 **sábhála**〗救助; 蓄え; 安心. **cuir an bád ar** ～ ボートを固定しなさい．

—— 動I 他・自〖動名 **sábháil**, 動形 **sábháilte**; 現 **sábhálann**〗救う; 蓄える; 節約する; (作物を)刈り入れる．

sábháilte [sa:va:lʲtʲə] 形3 安全な．

sábháilteacht [sa:va:lʲtʲəxt] 名女〖属単 **-a**〗安全, 無事．

sabhaircín [saurʲkʲiːnʲ] 名男〖属単 ～, 複 **-í**〗サクラソウ．

sábhálach [sa:va:ləx] 形1 節約する, 倹約な．

sabhall [saul] 名男〖属単・主複 **sabhaill**, 属複 ～〗納屋, 小屋．

sabhdánach [saudaːnəx] 名男〖属単・主複 **sabhdánaigh**, 属複 ～〗小粒の干しぶどう．

sabóid [sabo:dʲ] 名女〖属単 **-e**〗安息日．

sabóideach [sabo:dʲəx] 形1 安息日の; 休息の．

sac [sak] 名男〖属単・主複 **saic**, 属複 ～〗袋．

—— 動I 他〖動名 **sacadh**, 動形 **sactha**〗(大)袋に入れる; むりに詰め込む; 突っ込む．

sacáil [saka:lʲ] 動I 他〖動名 **sacáil**, 動形 **sacáilte**; 現 **sacálann**〗解雇する．

sacar [sakər] 名男〖属単 **sacair**〗サッカー．

sách [sa:x] 名男〖属単・主複 **sáigh**, 属複 ～〗栄養十分な人, 太った人．

—— 形1 充分な; 満足する．

sácráil [sa:kra:lʲ] 名女〖属単 **sácrála**〗神聖化. **an tSácráil** (カトリック)聖変化(ミサでパンとぶどう酒を聖体化させること)．

sacrailéideach [sakrəlʲeːdʲəx] 形1 神聖を汚す; 神を恐れない．

sácráilteacht [sa:kra:lʲtʲəxt] 名女〖属単 **-a**〗気楽さ; 怠惰; 好き

放題.

sacraimint [sakrəmʹənʹt] 名女〖属単 **-e**, 複 **-í**〗聖さん式.
sacraimintiúil [sakrəmʹənʹtʹuːlʹ] 形2 聖さん式の.
sacsafón [ˈsaksəˌfoːn] 名男〖属単・主複 **sacsafóin**, 属複 **~**〗(楽器)サキソホーン.
sádach [saːdəx] 名男〖属単・主複 **sádaigh**, 属複 **~**〗サディスト.
── 形1 サディズムの.
sádar [saːdər] 名男〖属単 **sádair**〗はんだ；結びつけるもの，きずな.
sadhlann [sailən] 名女〖属単 **sadhlainne**, 主複 **-a**, 属複 **~**〗サイロ.
sadhlas [sailəs] 名男〖属単 **sadhlais**〗(サイロに入れた)貯蔵生牧草.
sádráil [saːdraːlʹ] 動II 他・自〖動名 **sádráil**, 動形 **sádráilte**；現 **sádrálann**〗はんだづけする.
sáfach [saːfəx] 名女〖属単 **sáfaí**, 主複 **-a**, 属複 **~**〗(道具の)とっ手；柄；軸部.
sága [saːgə] 名男〖属単 **~**, 複 **-í**〗サガ；冒険談；大河小説.
sagart [sagərt] 名男〖属単・主複 **sagairt**, 属複 **~**〗(カトリック)司祭；聖職者. **~ paróiste** 教区司祭.
sagartacht [sagərtəxt] 名女〖属単 **-a**〗聖職，司祭の職.
sagartúil [sagərtuːlʹ] 形2 聖職者の，司祭の.
saghas [sais] 名男〖属単 **saghais**, 複 **saghsanna**〗種類. **cén ~ é?** 彼の職業は何か？
── 副 少々；かなり. **~ fuar** やや寒い.
saibhir [sevʹərʹ] 名男〖属単 **~**, 複 **saibhre**〗金持ち.
── 形1〖属単男 **~**, 属単女・主複・比較 **saibhre**〗裕福な；肥沃な；豪華な.
saibhreas [sevʹrʹəs] 名男〖属単 **saibhris**〗富，財宝；豊富.
saibhrigh [sevʹrʹiː] 動II 他〖動名 **saibhriú**, 動形 **saibhrithe**〗富ませる，豊富にする.
saidléir [sadʹlʹeːrʹ] 名男〖属単 **saidléara**, 複 **-í**〗馬具屋.
saifír [safʹiːrʹ] 名女〖属単 **-e**, 複 **-í**〗サファイア.
sáigh [saːɣʹ] 動I 他・自〖動名 **sá**, 動形 **sáite**；現 **sánn**；未 **sáfaidh**〗突き刺す；押し出す；突き出す.
saighdeoir [saidʹoːrʹ] 名男〖属単 **saighdeora**, 複 **-í**〗弓術家，射手.
saighdeoireacht [saidʹoːrʹəxt] 名女〖属単 **-a**〗アーチェリー，洋

弓術.
saighdiúir [said′u:r′] 名男〖属単 **saighdiúra**, 複 **-í**〗軍人;闘士.
saighdiúireacht [said′u:r′əxt] 名女〖属単 **-a**〗兵役, 軍隊生活.
saighdiúrtha [said′u:rhə] 形3 軍人らしい;勇ましい.
saighead [said] 名女〖属単 **saighde**, 主複 **-a**, 属複 ~〗矢;ボルト, ねじ釘. **bogha is** ~ 弓矢.
saighean [sain] 名女〖属単 **saighne**, 複 **saighní**〗(地)引き網.
saighid [said′] 動I 他〖動名 **saighdeadh**, 動形 **saighdte**; 現 **saighdeann**〗かき立てる;刺激する;挑発する.
saighneáil [sain′a:l′] 動I 他・自〖動名 **saighneáil**, 動形 **saighneáilte**; 現 **saighneálann**〗署名する.
saighneán [sain′a:n] 名男〖属単・主複 **saighneáin**, 属複 ~〗いなびかり;閃光;ひらめき.
sail[1] [sal′] 名女〖属単・属複 **-each**, 主複 **-eacha**〗柳(の木).
sail[2] [sal′] 名女〖属単 **-e**, 複 **-eanna**〗角材;こん棒;つっかい棒.
sail[3] [sal′] 名女〖属単 **-e**〗汚れ;あか;ほこり. ~ **chnis** (頭の)ふけ.
sáil[1] [sa:l′] 名女〖属単 **-e**, 主複 **sála**, 属複 **sál**〗(靴の)かかと. **tá siad ag teacht go tiubh ar shála a chéile** 彼らは続けざまに入って来る. **thug sé na sála leis** 彼はかろうじて逃れた.
sáil[2] [sa:l′] 形1 くつろいだ, ゆったりした;わがままな.
sailchearnach [ˈsal′/x′a:rnəx] 名女〖属単 **sailchearnaí**〗ネコヤナギ.
sailchuach [ˈsal′/xuəx] 名女〖属単 **sailchuaiche**, 主複 **-a**, 属複 ~〗スミレ(の花).
sáile[1] [sa:l′ə] 名男〖属単 ~〗海水;海;塩水.
sáile[2] [sa:l′ə] 名女〖属単 ~〗気楽;勝手気まま;繁茂.
saileach [sal′əx] 名女〖属単 **sailí**〗柳(の木).
sailéad [sal′e:d] 名男〖属単・主複 **sailéid**, 属複 ~〗サラダ.
sáilín [sa:l′i:n′] 名男〖属単 ~, 複 **-í**〗(小さい)かかと;(鳥の)けづめ;小さい突起部.
saill [sal′] 名女〖属単 **-e**〗塩漬けの肉;肉のあぶら身.
―― 動I 他・自〖動名 **salleadh**, 動形 **saillte**〗塩で味をつける, 塩漬けにする.
sailleach [sal′əx] 形1 脂肪質の, 脂肪の多い.
sáimhe [sa:v′ə] 名女〖属単 ~〗平和, 安らかさ, 落ち着き.
sáimhín [sa:v′i:n′] 名男〖属単 ~〗安楽;平静;快適.
sáimhrigh [sa:v′r′i:] 動II 他〖動名 **sáimhriú**, 動形 **sáimhrithe**〗

静める, 落ち着かせる; 眠くさせる.
sain- [san′] 接頭 特別の; 固有の; 特徴的.
sainaithin [sanəhin] 動II 他〖動名 **sainaithint**, 動形 **sainaitheanta**; 現 **sainaithníonn**〗(人, 物を)同一視する[確認する].
sainchomhartha [san′xovarhə] 名男〖属単 ～, 複 **-í**〗特質, 特色.
sainchreideamh [′san′ˌx′r′ed′əv] 名男〖属単・主複 **sainchreidimh**, 属複 ～〗宗派.
saineolaí [′san′ˌo:li:] 名男〖属単 ～, 複 **saineolaithe**〗専門家, 熟練者.
saineolaíocht [′san′ˌo:li:(ə)xt] 名女〖属単 **-a**〗専門化, 特殊化.
sainigh [san′i:] 動II 他〖動名 **siniú**, 動形 **sainithe**〗明確に述べる; 定義する.
sainiúil [san′u:l′] 形2 特定の; 特異な; 特別の.
sainmharc [′san′ˌvark] 名男〖属単 **sainmhairc**, 複 **-anna**〗品質証明; 太鼓判.
sainmhíniú [′san′ˌv′i:n′u:] 名男〖属単・複 **sainmhínithe**〗定義.
sáinn [sa:n′] 名女〖属単 **-e**, 複 **-eacha**〗引っ込んだ所; わな; 窮地.
sáinnigh [sa:n′i:] 動II 他〖動名 **sáinniú**, 動形 **sáinnithe**〗押し込める; 窮地に追い込む.
sainordú [′san′ˌo:rdu:] 名男〖属単 **sainordaithe**, 複 **sainorduithe**〗委任統治(領土; 植民地; 権限).
saint [san′t′] 名女〖属単 **-e**〗欲張り; 野望.
saintréith [san′tre:h] 名女〖属単・複 **-e**〗特性, 特徴.
saíocht [si:(ə)xt] 名女〖属単 **-a**〗学問, 博識.
sairdín [sa:rd′i:n′] 名男〖属単 ～, 複 **-í**〗イワシ.
sáirsint [sa:rs′ən′t′] 名男〖属単 ～, 複 **-í**〗軍曹; 巡査部長.
sais [sas′] 名女〖属単 **-e**, 複 **-eanna**〗サッシュ, 飾り帯.
sáiste [sa:s′t′ə] 名女〖属単 ～, 複 **sáistí**〗サルビア; (ハーブ)セージ.
sáiteach [sa:t′əx] 形1 刺すような; でしゃばりの; しつこい.
sáiteán [sa:t′a:n] 名男〖属単・主複 **sáiteáin**, 属複 ～〗杭(ⁱ); 若木.
sáith [sa:] 名女〖属単 **-e**〗いっぱいの量; 腹一杯; 充分.
saithe [sahə] 名女〖属単 ～, 複 **saithí**〗(蜂などの)群れ.
sáithigh [sa:hi:] 動II 他〖動名 **sáithiú**, 動形 **sáithithe**〗(食欲, 欲望を)充分に満足させる.
salach [saləx] 形1 汚れた; 陰気な; 不調な.
salachar [saləxər] 名男〖属単 **salachair**〗泥; ごみ; 汚物.
salaigh [sali:] 動II 他・自〖動名 **salú**, 動形 **salaithe**〗汚す.
  shalaigh an aimsir 天気が悪くなった.

salanda [saləndə] 形3 塩分を含む, 塩からい.
salann [salən] 名男〖属単 **salainn**〗塩, 食塩.
sall [sal] 副 遠く離れたところに, 向こうに, 越えて.
salm [saləm] 名男〖属単・主複 **sailm**, 属複 〜〗賛美歌.
salmaireacht [saləmərʹəxt] 名女〖属単 **-a**〗賛美歌を歌うこと.
salón [saloːn] 名男〖属単・主複 **salóin**, 属複 〜〗サロン, 大広間, 客間.
salún [səˈluːn] 名男〖属単・主複 **salúin**, 属複 〜〗酒場；大広間；一等客室.
sámh [saːv] 名女〖属単 **sáimhe**〗平和, 落ち着き；休息.
—— 形1 平和な, 落ち着いた；楽しい.
samhail [saulʹ] 名女〖属単 **samhla**, 複 **samhlacha**〗外観；像；幻. **cuir a shamhail air** それがどのようなものか説明しなさい.
samhailchomhartha [ˈsaulʹˌxoːrhə] 名男〖属単 〜, 複 **-í**〗象徴, シンボル.
samhailteach [saulʹtʹəx] 形1 想像(上)の, 架空の.
Samhain [saunʹ] 名女〖属単 **Samhna**, 複 **Samhnacha**〗11月. **Oíche Shamhna** ハロウィーン. **Mí na Samhna** 11月.
samhalta [saultə] 形3 幻想の；実現不可能な.
samhaltach [saultəx] 形1 象徴的な.
samhaltán [saultaːn] 名男〖属単・主複 **samhaltáin**, 属複 〜〗象徴, 表象.
sámhán [saːvaːn] 名男〖属単・主複 **sámháin**, 属複 〜〗昼寝；居眠り.
samhlachúil [sauləxuːlʹ] 形2 典型的な, 表象して.
samhlaigh [sauliː] 動II 他・自〖動名 **samhlú**, 動形 **samhlaithe**〗想像する；思う. 〜 **le** にたとえる. **samhlaítear dom** (go) (go以下)と私には思われる. **ní shamhlóinn rud mar sin leis** 彼のことは全然思ってもいなかった.
samhlaíoch [sauliː(ə)x] 形1〖属単男 〜, 属単女・比較 **samhlaíche**, 主複 **-a**〗想像力に富む；想像を好む.
samhlaíocht [sauliː(ə)xt] 名女〖属単 **-a**〗想像(力)；構想(力).
samhlaoid [sauliːdʹ] 名女〖属単 **-e**, 複 **-í**〗比喩的描写. (複)心像.
samhnas [saunəs] 名男〖属単 **samhnais**〗吐き気；嫌悪.
sámhnas [saːvnəs] 名男〖属単 **sámhnais**〗一休み；なぎ, 小止み.
samhnasach [saunəsəx] 形1 吐き気を催させる；ひどくいやな.
samhradh [saurə] 名男〖属単 **samhraidh**, 複 **samhraí**〗夏. **i rith an tsamhraidh** 夏の間に.

samhrata [saurətə] 形 3 夏の(ような), 夏らしい.
sampla [samplə] 名男『属単 ～, 複 -í』例；前兆；不幸な人. **mar shampla** 例えば.
samplach [sampləx] 形 1 例証する, 表象する, 典型的.
San[1] [san] 名 (敬称) 聖. ～ **Doiminic** 聖ドミニク. ～ **Nioclás** 聖ニコラス[サンタクロース].
-san[2] [sən] 接尾 強調を表す. ① 3 人称単数男・複数の所有形容詞に続き, 広母[子]音で終わる名詞, 形容詞に付く. **a theachsan**(＜teach) 彼の家. **a dtheachsan** 彼らの家. **a mhac mórsan**(＜mór) **agus a bpáistí beagasan**(＜beag) 彼の成人した息子と彼らの幼い子供達. ② 3 人称複数の -(e)adar 形の動詞に付く. **ach rinneadarsan an obair** がその仕事をしたのは彼らだった. ③ 3 人称複数の代名詞・広母[子]音で終わる 3 人称単数男・複数の前置詞付き代名詞に付く. **dósan**(＜dó) **a thug mé é** 私は彼に与えたのだ.
san[3] [sən] ☞ i.
sanas [sanəs] 名男『属単・主複 **sanais**, 属複 ～』ささやき；暗示；注釈.
sanasaíocht [sanəsi:(ə)xt] 名女『属単 -a』語源学.
sanasán [sanəsa:n] 名男『属単・主複 **sanasáin**, 属複 ～』小辞典；用語集.
sanatóir [sanəto:r'] 名男『属単 **sanatóra**, 複 -í』療養所, サナトリウム.
sanctóir [saŋkto:r'] 名男『属単 **sanctóra**, 複 -í』神聖な場所.
sann [san] 動 I 他『動名 **sannadh**, 動形 **sannta**』譲渡する.
santach [santəx] 形 1 貪欲な；欲しがる.
santaigh [santi:] 動 II 他『動名 **santú**, 動形 **santaithe**』むやみに欲しがる, 欲求する.
saobh [si:v] 形 1 傾斜した；ねじれた；曲がった.
── 動 I 他『動名 **saobhadh**, 動形 **saofa**』斜めにする；ねじる；曲解する.
saobhghrá [si:vɣra:] 名男『属単 ～』夢中にさせること, 心酔.
saobhnós ['si:vˌno:s] 名男『属単 **saobhnóis**』(心の)動揺；心酔；愚行.
saochan [si:xən] 名男 (成句) ～ **céille** 精神異常.
saofacht [si:fəxt] 名女『属単 -a』常軌を逸すること；湾曲；強情.
saoi [si:] 名男『属単 ～, 複 -the』賢人；熟練者.
saoire [si:r'ə] 名女『属単 ～』祝祭日；休日.
saoirse [si:rs'ə] 名女『属単 ～』自由, 解放；免除.

saoirseacht [siːrsʹəxt] 名女〖属単 **-a**〗職人の技能；熟練.
saoirsigh [siːrsʹiː] 動II 他・自〖動名 **saoirsiú**〗安くする，値引きする．
saoiste [siːsʹtʹə] 名男〖属単 〜, 複 **saoistí**〗親方；大波．
saoithín [siːhiːnʹ] 名男〖属単 〜, 複 **-í**〗物知りぶる人．
saoithiúil [siːhuːlʹ] 形2 教養のある；熟達した；楽しませる．
saoithiúlacht [siːhuːləxt] 名女〖属単 **-a**〗賢明；学問；笑い；風変わり．
saol [siːl] 名男〖属単 **saoil**, 複 **-ta**, 属複 〜；(成句) 〜〗生命；人生；世間；生活．ar feadh mo shaoil 私の生涯．an 〜 seo この世．an 〜 mór 世界中(の人)．os comhair an tsaoil 公然と．tar éis an tsaoil 結局．
saolach [siːləx] 形1 長命の．
saolaigh [siːliː] 動II 他〖動名 **saolú**, 動形 **saolaithe**〗産む，命を与える．
saolré [ˈsiːlˌreː] 名女〖属単 〜, 複 **-anna**〗ライフサイクル；生活史．
saolta [siːltə] 形3 世俗的な；現世の；世間体を気にする．
saoltacht [siːltəxt] 名女〖属単 **-a**〗俗事，俗なもの(金，財産など)．
saonta [siːntə] 形3 信じやすい，だまされやすい．
saontacht [siːntəxt] 名女〖属単 **-a**〗純真，天真らんまん．
saor[1] [siːr] 名男〖属単・主複 **saoir**, 属複 〜〗職人；名工；熟練者．
saor[2] [siːr] 名男〖属単・主複 **saoir**, 属複 〜〗自由人．
—— 形1 自由な；自主の；無実の；安価な．〜 in aisce 無料の．〜 ó dhleacht 免税の．
—— 動I 他〖動名 **saoradh**, 動形 **saortha**〗自由にする，解放する；救う；免除する．
saor-[3] [siːr] 接頭 自由な；独立した．saoririseoir フリーの記者．saorfhiontraíocht 自由企業．saorthrádáil 自由貿易．
saoráid [siːraːdʹ] 名女〖属単 **-e**, 複 **-í**〗容易さ；便宜；気がねのなさ．
saoráideach [siːraːdʹəx] 形1 容易な．
saorálaí [siːraːliː] 名男〖属単 〜, 複 **saorálaithe**〗志願者，ボランティア．
saoránach [siːraːnəx] 名男〖属単・主複 **saoránaigh**, 属複 〜〗市民，町民．
saoránacht [siːraːnəxt] 名女〖属単 **-a**〗市民権．
saorbhriathar [siːrvʹrʹiəhər] 名男〖属単 **saorbhriathair**, 複 **saoirbhriathra**〗(文法)自律動詞．
saorealaíona [ˈsiːrˌaliːnə] 名(複)(大学の)教養課程(科目)；(中世

の)文芸.
saorga [siːrgə] 形3 人工の.
saorshealbhóir [ˈsiːrˌhalǝvoːrʹ] 名男〖属単 **saorshealbhóra**, 複 **-í**〗自由土地保有者.
saorsheilbh [ˈsiːrˌhelʹǝvʹ] 名女〖属単 **-e**〗自由土地保有(権).
saorstát [ˈsiːrˌstaːt] 名男〖属単・主複 **saorstáit**, 属複 ∼〗(政治)自由国[州]. **Saorstát na hÉireann** アイルランド自由国(アイルランド共和国の旧称 1922-37).
saorthuras [ˈsiːrˌhurǝs] 名男〖属単・主複 **saorthurais**, 属複 ∼〗周遊旅行.
saothar [siːhǝr] 名男〖属単・主複 **saothair**, 属複 ∼〗労働; 努力; 骨折り; 業績. le ∼ 苦労して. gan ∼ 苦労もなく. bhí ∼ air 彼は息を切らしていた.
saotharlann [siːhǝrlǝn] 名女〖属単 **saotharlainne**, 主複 **-a**, 属複 ∼〗実験室, 研究室.
saothrach [siːhrǝx] 形1 骨の折れる; 労働する; 勤勉な.
saothraí [siːhriː] 名男〖属単 ∼, 複 **saothraithe**〗労働者; 稼ぎ手.
saothraigh [siːhriː] 動II 他・自〖動名 **saothrú**, 動形 **saothraithe**〗働く; 耕作する; 稼ぐ.
sár- [saːr] 接頭 過度な; 最大の; 超-.
sáraigh [saːriː] 動II 他・自〖動名 **sárú**, 動形 **sáraithe**〗(法律を)犯す; 挫折させる; 克服する; 悩ます. ∼ ar に失敗する. argóint a shárú 議論でやりこめること. tá mé sáraithe 私は疲れきった. sháraigh an obair orm その仕事は私の手に余った.
sáraíocht [saːriː(ǝ)xt] 名女〖属単 **-a**〗論争すること, 討論.
saranáid [sarǝnaːdʹ] 名女〖属単 **-e**, 複 **-í**〗セレナード, 小夜曲.
sárchéim [ˈsaːrˌxʹeːmʹ] 名女〖属単 **-e**, 複 **-eanna**〗(文法) 最上級.
sármhaith [ˈsaːrˌvah] 形1 優秀な.
sás [saːs] 名男〖属単 **sáis**, 複 **-anna**〗わな; 工夫; 装置.
sásaigh [saːsiː] 動II 他〖動名 **sásamh**, 動形 **sásta**〗満足させる, 喜ばせる.
Sasana [sasǝnǝ] 名 イングランド; イギリス.
Sasanach [sasǝnǝx] 名〖属単・主複 **Sasanaigh**, 属複 ∼〗イングランド[イギリス]人.
——形1 イギリス(人)の.
sásar [saːsǝr] 名男〖属単・主複 **sásair**, 属複 ∼〗(カップ)受皿.
sáslach [saːslǝx] 名男〖属単 **sáslaigh**〗機械装置, 機械(類).
sáspan [saːspǝn] 名男〖属単・主複 **sáspain**, 属複 ∼〗シチュー鍋

（長柄の蓋つき深鍋）；スズ製のジョッキ.

sásta [sa:stə] 形3 ① sásaigh の動形容詞. ② 満足した；喜んだ；扱いやすい；便利な. **go** ～ 楽に.

sástacht [sa:stəxt] 名女〖属単 **-a**〗満足；安楽；喜んですること；便利さ.

sásúil [sa:su:l'] 形2 満足する，申し分のない.

satail [satəl'] 動II 他・自〖動名 **satailt**, 動形 **satailte**；現 **satlaíonn**〗歩く；踏みつける.

satailít [satəl'i:t'] 名女〖属単 **-e**, 複 **-í**〗(人工)衛星.

Satarn [satərn] 名男〖属単 **Satairn**〗土星.

Satharn [sahərn] 名男〖属単・主複 **Sathairn**, 属複 ～〗土曜日. **Dé Sathairn** 土曜日(に). **ar an** ～ 土曜日に.

scabhaitéir [skaut'e:r'] 名男〖属単 **scabhaitéara**, 複 **-í**〗悪党，悪人.

scabhat [skaut] 名男〖属単・主複 **scabhait**, 属複 ～〗裂け目；渓谷；小道.

scabhtáil [skauta:l'] 名女〖属単 **scabhtála**〗偵察すること.

scadán [skada:n] 名男〖属単・主複 **scadáin**, 属複 ～〗ニシン.

scafa [skafə] 形3 ① scamh の動形容詞. ② 熱心な；しきりに欲しがる.

scafall [skafəl] 名男〖属単・主複 **scafaill**, 属複 ～〗足場(組み).

scafánta [skafa:ntə] 形3 大きくてがっしりした；速い.

scáfar [ska:fər] 形1 恐ろしい，ぞっとするような；臆病な.

scag [skag] 動I 他・自〖動名 **scagadh**, 動形 **scagtha**〗濾過(ろか)する；ふるいにかける；精製する；由来する.

scagach [skagəx] 形1 浸透性のある；薄い.

scagaire [skagər'ə] 名男〖属単 ～, 複 **scagairí**〗フィルター，漉し器；網.

scaglann [skaglən] 名女〖属単 **scaglainne**, 主複 **-a**, 属複 ～〗精製所.

scaif [skaf'] 名女〖属単 **-e**, 複 **-eanna**〗スカーフ；襟巻き.

scáil [ska:l'] 名女〖属単 **-e**, 複 **-eanna**〗影；陰；反射.

scáileán [ska:l'a:n] 名男〖属単・主複 **scáileáin**, 属複 ～〗(映画の)スクリーン.

scaileathan [skal'e:hən] 名男〖属単 **scaileathain**〗誇張；興奮. **ag** ～ 大ぼらをふくこと.

scailp [skal'p'] 名女〖属単 **-e**, 複 **-eanna**〗(岩の)裂け目；洞窟；堆(たい)積；しばらくの期間. ～ **chodlata** ひと眠り.

scailtín [skal't'i:n] 名男〖属単 ～〗ウイスキーパンチ；ホットウィ

スキー.
scaimh [skavʹ] 名女〖属単 **-e**, 複 **-eanna**〗削りくず；しかめっ面.
scáin [skaːnʹ] 動Ⅰ 他・自〖動名 **scáineadh**, 動形 **scáinte**〗裂く；散らばす；すり減って薄くなる.
scaineagán [skanʹəgaːn] 名男〖属単 **scaineagáin**〗小石, 砂利.
scáinne [skaːnʹə] 名女〖属単 〜, 複 **scáinní**〗（糸の）かせ.
scáinte [skaːnʹtʹə] 形3 希薄な, まばらな；すりきれた.
scaip [skapʹ] 動Ⅰ 他・自〖動名 **scaipeadh**, 動形 **scaipthe**〗まき散らす；広げる；分散させる.
scaipeach [skapʹəx] 形1 散らばった；浪費する；支離滅裂の.
scaipthe [skapʹə] 形3 散在する；落ち着きのない；混乱した. **caint** 〜 まとまりのない話.
scair [skarʹ] 名女〖属単 **-e**, 複 **-eanna**〗分け前；株(券)；地層；重なり.
scairbh [skarʹəvʹ] 名女〖属単 **-e**, 複 **-eacha**〗浅瀬；礁.
scaird [skaːrdʹ] 名女〖属単 **-e**, 複 **-eanna**〗噴出, 噴射.
—— 動Ⅰ 他・自〖動名 **scairdeadh**, 動形 **scairdte**〗噴出する；噴射する；注ぐ.
scairdeán [skaːrdʹaːn] 名男〖属単・主複 **scairdeáin**, 属複 〜〗噴出；小滝.
scairdeitleán [ˈskaːrdʹˌetʹəlʹaːn] 名男〖属単・主複 **scairdeitleáin**, 属複 〜〗ジェット機.
scairp [skarʹpʹ] 名女〖属単 **-e**, 複 **-eanna**〗サソリ. **an Scairp** さそり座.
scairshealbhóir [skarhʹəlvoːr] 名男〖属単 **scairshealbhóra**, 複 **-í**〗株主.
scairt[1] [skartʹ] 名女〖属単 **-e**, 複 **-eacha**〗（横）隔膜.
scairt[2] [skartʹ] 名女〖属単 **-e**, 複 **-eanna**〗叫び, 大声；呼出し. 〜 **ar dhochtúir** 医者を呼ぶこと.
—— 動Ⅰ 他・自〖動名 **scairteadh**, 動形 **scairte**〗叫ぶ, 呼ぶ. 〜 **ar** 召還する. 〜 **le** 叫ぶ. 〜 **ar chuidiú** 助けを求める. 〜 **siad amach ag gáire** 彼らはどっと笑い出した.
scairteach [skartʹəx] 名女〖属単 **scairtí**〗叫ぶこと；呼ぶこと.
—— 形1 叫んでいる；騒々しい.
scaitheamh [skahəv] 名男〖属単 **scaithimh**, 複 **scaití**〗しばらくの間, 一時. (複)時々.
scal [skal] 名女〖属単 **scaile**, 主複 **-a**, 属複 〜〗破裂, 爆発.
—— 動Ⅰ 自〖動名 **scaladh**〗突発する, 急に出る.

scála¹ [ska:lə] 名男〘属単 ～, 複 -í〙鉢, (容器)ボウル；(複)はかり.
scála² [ska:lə] 名男〘属単 ～, 複 -í〙はかり, 天秤.
scalán [skala:n] 名男〘属単・主複 **scaláin**, 属複 ～〙破裂；閃き；恐怖.
scall [skal] 動Ⅰ 他・自〘動名 **scalladh**, 動形 **scallta**〙やけどさせる；叱る；煮沸する. **ubh a scalladh** 卵をゆでること.
scallamán [skaləma:n] 名男〘属単・主複 **scallamáin**, 属複 ～〙(巣立ち前の)ひな鳥.
scalltach [skaltəx] 形1 やけどするような, 熱い.
scalltán [skalta:n] 名男〘属単・主複 **scalltáin**, 属複 ～〙巣立ち前の[巣立ちしたばかりの]ひな鳥.
scamall [skaməl] 名男〘属単・主複 **scamaill**, 属複 ～〙雲；(水鳥の)水かき.
scamallach [skamələx] 形1 曇った, 雲の多い；水かきのある.
scamh [skav] 動Ⅰ 他・自〘動名 **scamhadh**, 動形 **scafa**〙皮をむく；剝(は)ぐ；削り取る. **na fiacla a scamhadh** 怒って歯をむくこと.
scamhard [skauərd] 名男〘属単 **scamhaird**〙滋養物, 栄養.
scamhardach [skauərdəx] 形1 滋養になる, 栄養のある.
scamhóg [skavo:g] 名女〘属単 **scamhóige**, 主複 **-a**, 属複 ～〙肺.
scan [skan] 動Ⅰ 他〘動名 **scanadh**, 動形 **scanta**〙精密検査する；走査(スキャン)する；(詩の)韻律を調べる.
scannal [skanəl] 名男〘属単・主複 **scannail**, 属複 ～〙醜聞, スキャンダル；恥辱.
scannalach [skanələx] 形1 恥ずべき, 外聞の悪い；中傷的な.
scannán [skana:n] 名男〘属単・主複 **scannáin**, 属複 ～〙フィルム；映画；(薄)膜.
scannánaíocht [skana:ni:(ə)xt] 名女〘属単 **-a**〙映画.
scanóir [skano:r'] 名男〘属単 **scanóra**, 複 -í〙映像走査機, スキャナー. ～ **barrachód** バーコードスキャナー.
scanradh [skanrə] 名男〘属単 **scanraidh**〙恐怖；恐怖の種. **chuir sé ～ orm** それにぎょっとした.
scanraigh [skanri:] 動Ⅱ 他・自〘動名 **scanrú**, 動形 **scanraithe**〙怖がらせる.
scanrúil [skanru:l'] 形2 怖がらせる, おびえさせる；臆病な.
scaob [ski:b] 名女〘属単 **scaoibe**, 主複 **-a**, 属複 ～〙シャベル；ひとすくい.
── 動Ⅰ 他〘動名 **scaobadh**, 動形 **scaobtha**〙すくう, すくい上げる.

scaoil [ski:l/] 動I 他・自〖動名 **scaoileadh**, 動形 **scaoilte**〗ゆるめる；(結び目を)ほどく；解放する；解消する；露出させる；発砲する. **fadhb a scaoileadh** 問題を解くこと. **rún a scaoileadh** 秘密をもらすこと. **ualach a scaoileadh** 荷をおろすこと. **scaoileadh faoi** (rud) (こと)に取りかかること. (rud) **a scaoileadh tharat** (こと)を無視すること. ～ **thart an salann** 塩を回して下さい. **scaoileadh na Dála** (アイルランド)議会の解散.

scaoilteach [ski:l/t/əx] 形1 緩やかな；分散した；口の軽い；放蕩な.

scaoilteacht [ski:l/t/əxt] 名女〖属単 **-a**〗解放；緩和；だらしなさ.

scaoll [ski:l] 名男〖属単 **scaoill**〗恐怖；非常な驚き；恐慌.

scaollmhar [ski:lvər] 形1 うろたえさせる；恐慌の；臆病な.

scaoth [ski:] 名女〖属単 **scaoithe**, 主複 **-a**, 属複 ～〗群れ, 大群；群衆. ～ **éan** 鳥の群れ.

scaothaireacht [ski:hər/əxt] 名女〖属単 **-a**〗大げさな話, 大言壮語.

scar [skar] 動I 他・自〖動名 **scaradh**, 動形 **scartha**〗離す；分ける；広げる.

scaraoid [skari:d/] 名女〖属単 **-e**, 複 **-í**〗～ (bhoird) テーブルクロス. ～ **leapa** ベッドカバー.

scarbháil [skarəva:l/] 名女〖属単 **scarbhála**〗堅くなること；乾燥.
―― 動I 自〖動名 **scarbháil**, 動形 **scarbháilte**; 現 **scarbhálann**〗堅くなる；乾燥する. **tá an mhóin ag** ～ 泥炭は乾燥して堅くなってきている.

scarlóid [ska:rlo:d/] 名女〖属単 **-e**〗緋色, 深紅色.

scarlóideach [ska:rlo:d/əx] 形1 緋色の, 深紅色の.

scata [skatə] 名男〖属単 ～, 複 **-í**〗群衆, 集団；多数.

scáta [ska:tə] 名男〖属単 ～, 複 **-í**〗スケート. **scátaí rothacha** ローラースケート.

scátáil [ska:ta:l/] 動I 自〖動名 **scátáil**, 動形 **scátáilte**; 現 **scátálann**〗スケートをする.

scáth [ska:] 名男〖属単 **-a**, 複 **-anna**〗(日)陰；影；反射；恐怖. ～ **báistí**[**fearthainne**] かさ. **ar** ～ **ar miste liom** 私の知ったことではない(ちっともかまわない)が. ～ **a chur ar** (dhuine) (人)を怖がらせること.

scáthaigh [ska:hi:] 動II 他・自〖動名 **scáthú**, 動形 **scáthaithe**〗陰にする；暗くする；おおう.

scáthán [ska:ha:n] 名男〖属単・主複 **scátháin**, 属複 ～〗鏡.

scáthbhrat ['ska:ˌvrat] 名男〖属単・主複 **scáthbhrait**, 属複 ～〗日よけ.

scáthchruth [ˈskaːˌxruh] 名男〖属単 **-a**, 複 **-anna**〗シルエット, 影絵.
scáthlán [skaːhlaːn] 名男〖属単・主複 **scáthláin**, 属複 ～〗避難所; つい立て. ～ **lampa** ランプの笠.
sceabha [sʲkʲau] 名男〖属単 ～〗ゆがみ; 傾斜. **ar** ～ 斜めに.
sceach [sʲkʲax] 名女〖属単 **sceiche**, 主複 **-a**, 属複 ～〗とげ, イバラ. ～ **(gheal)** セイヨウサンザシ.
sceachóir [sʲkʲaxoːrʲ] 名男〖属単 **sceachóra**, 複 **-í**〗サンザシの実.
scead [sʲkʲad] 名女〖属単 **sceide**, 主複 **-a**, 属複 ～〗(牛, 馬などの)白いぶち; 木に道しるべをつけること; つぎ当て.
sceadach [sʲkʲadəx] 形 1 (牛, 馬の顔面に)白い流れ星のある; まだらな; つぎはぎの.
sceadamán [sʲkʲadəmaːn] 名男〖属単・主複 **sceadamáin**, 属複 ～〗のど.
scéal [sʲkʲeːl] 名男〖属単 **scéil**, 複 **-ta**〗(歴史)物語; 説明; 報告; 様子. ～ **nua** ニュース. **sin** ～ **eile ar fad** それは別の話だ(またの折にしよう).
scéala [sʲkʲeːlə] 名男〖属単 ～〗ニュース, 情報; 伝言.
scéalach [sʲkʲeːləx] 形 1 ニュースを伝える, 噂話の.
scéalaí [sʲkʲeːliː] 名男〖属単 ～, 複 **scéalaithe**〗語り部; 物語作家.
scéalaíocht [sʲkʲeːliː(ə)xt] 名女〖属単 **-a**〗物語り; 噂話.
sceallán [sʲkʲalaːn] 名男〖属単・主複 **scealláin**, 属複 ～〗小ジャガイモ; ジャガイモの一切れ.
sceallóg [sʲkʲaloːg] 名女〖属単 **sceallóige**, 主複 **-a**, 属複 ～〗小片; 薄切り. **sceallóga prátaí** ポテトチップス[揚げたポテト].
scealp [sʲkʲalp] 名女〖属単 **sceilpe**, 主複 **-a**, 属複 ～〗砕[細]片.
── 動I 他・自〖動名 **scealpadh**, 動形 **scealptha**〗裂く; 割る; 薄く切る.
sceamh [sʲkʲav] 名女〖属単 **sceimhe**, 複 **-anna**〗(犬など)キャンキャン鳴く声; かん高い声.
── 動I 自〖動名 **sceamhaíl**〗(犬が)キャンキャン吠える; 悲鳴をあげる.
scean [sʲkʲan] 動I 他・自〖動名 **sceanadh**, 動形 **sceanta**〗ナイフで切る[刺す]; 切り刻む.
sceanairt [sʲkʲanərtʲ] 名女〖属単 **-e**〗切り取ったもの, むいた皮, 切り(削り)くず; 手術.
sceanra [sʲkʲanrə] 名男〖属単 ～〗(食卓用)ナイフ, フォーク, スプーン類.

sceanúil [sˈkˈanuːlˈ] 形2 鋭い；辛辣な；(海が)荒れた.
sceart [sˈkˈart] 名女〖属単 **sceirte**, 主複 **-a**, 属複 ～〗太鼓腹.
sceartán [sˈkˈartaːn] 名男〖属単・主複 **sceartáin**, 属複 ～〗ダニ；シラミ.
sceathrach [sˈkˈahrəx] 名女〖属単 **-aí**, 主複 **-a**, 属複 ～〗(魚, カエルなど)卵を産むこと；吐くこと.
sceideal [sˈkˈedˈəl] 名男〖属単・主複 **sceidil**, 属複 ～〗予定, スケジュール.
sceidealta [sˈkˈedˈəltə] 形3 予定された.
sceidín [sˈkˈedˈiːnˈ] 名男〖属単 ～〗脱脂乳, スキムミルク.
sceilg [sˈkˈelˈəgˈ] 名女〖属単 **-e**, 主複 **scealga**, 属複 **scealg**〗険しい岩山.
scéilín [sˈkˈeːliːn] 名男〖属単 ～, 複 **-í**〗逸話.
sceilp [sˈkˈelˈpˈ] 名女〖属単 **-e**, 複 **-eanna**〗平手打ち.
sceilpín [sˈkˈelpiːn] 名男〖属単 ～, 複 **-í**〗(成句) ～ **gabhair** 身代わり, スケープゴート.
scéim [sˈkˈeːmˈ] 名女〖属単 **-e**, 複 **-eanna**〗計画；陰謀.
scéiméir [sˈkˈeːmˈeːrˈ] 名男〖属単 **scéiméara**, 複 **-í**〗計画者；策略家.
scéimh[1] [sˈkˈeːvˈ] 名女〖属単 **-e**, 複 **-eanna**〗美貌；美しさ；外観.
scéimh[2] [sˈkˈeːvˈ] 名女〖属単 **-e**, 複 **-eanna**〗張り出し, 突出部分；ふち.
sceimheal [sˈkˈevˈəl] 名女〖属単 **sceimhle**, 複 **sceimhleacha**〗(家の)軒(のき)；(城)壁.
sceimhle [sˈkˈevˈlˈə] 名男〖属単 ～, 複 **-acha**〗恐怖.
sceimhligh [sˈkˈevˈlˈiː] 動II 他・自〖動名 **sceimhliú**, 動形 **sceimhlithe**〗恐れさせる；威嚇(いかく)する.
sceimhlitheoir [sˈkˈevˈlˈihoːrˈ] 名男〖属単 **sceimhlitheora**, 複 **-í**〗テロリスト.
sceimhlitheoireacht [sˈkˈevˈlˈihoːrˈəxt] 名女〖属単 **-a**〗テロリズム.
scéin [sˈkˈeːnˈ] 名女〖属単 **-e**〗恐怖；にらみ；狂暴.
scéiniúil [sˈkˈeːnˈuːlˈ] 形2 おびえた様子の；にらみつける；ぎらぎら光る.
scéinséir [sˈkˈeːnsˈeːr] 名男〖属単 **scéinséara**, 複 **-í**〗スリラー(物).
sceipteach [sˈkˈepˈtˈəx] 名男〖属単・主複 **sceiptigh**, 属複 ～〗懐疑論者；キリスト教を信じない人.

sceiptiúil [sʹkʹepʹtʹuːlʹ] 形2 懐疑的な；無神論の.
sceir [sʹkʹerʹ] 名女〖属単 **-e**, 複 **-eacha**〗岩の多い小島；岩礁地帯. ～ **chioreil** サンゴ礁.
sceird [sʹkʹeːrdʹ] 名女〖属単 **-e**, 複 **-eanna**〗吹きさらしの場所.
sceirdiúil [sʹkʹeːrdʹuːlʹ] 形2 吹きさらしの；荒涼とした.
sceireog [sʹkʹerʹoːg] 名女〖属単 **sceireoige**, 主複 **-a**, 属複 ～〗ささいな[罪のない]うそ.
sceiteach [sʹkʹetʹəx] 形1 ぼろぼろに崩れる, 砕ける, もろい.
sceith [sʹkʹeh] 名女〖属単 **-e**, 複 **-eanna**〗吐くこと；（魚, カエルの）卵；流出.
━━ 動I 他・自〖動名 **sceitheadh**, 動形 **sceite**〗吐く；大量に生じる；放出する；突然始める.
scéithe [sʹkʹeːhə] ☞ sciath.
sceithire [sʹkʹehərʹə] 名男〖属単 ～, 複 **sceithirí**〗密告者；告げ口する人.
sceithphíopa [ʹsʹkʹeɪfʹiːpə] 名男〖属単 ～, 複 **-í**〗排気管.
sceitimíní [sʹkʹetʹəmʹiːnʹiː] 名（複）有頂天；恍惚状態.
sceitse [sʹkʹetʹsʹə] 名男〖属単 ～, 複 **sceitsí**〗写生, スケッチ.
sceitseáil [sʹkʹetʹsʹaːlʹ] 動I 他・自〖動名 **sceitseáil**, 動形 **sceitseáilte**；現 **sceitseálann**〗写生する.
scí [sʹkʹiː] 名男〖属単 ～, 複 **-onna**〗スキー（板）.
sciáil [sʹkʹiːalʹ] 動I 自〖動名 **sciáil**, 動形 **sciáilte**；現 **sciálann**〗スキーをする.
sciamhach [sʹkʹiəvəx] 形1 美しい.
scian [sʹkʹiən] 名女〖属単 **scine**, 複 **sceana**〗ナイフ.
sciar [sʹkʹiər] 名男〖属単 ～, 複 **-tha**〗鋤(すき)べら.
sciath [sʹkʹiə] 名女〖属単 **scéithe**, 主複 **-a**, 属複 ～〗盾(たて).
sciathán [sʹkʹiəhaːn] 名男〖属単・主複 **sciatháin**, 属複 ～〗翼, 羽；（建物の）そで；腕. ～ **leathair** コウモリ.
scibhéar [sʹkʹivʹeːr] 名男〖属単・主複 **scibhéir**, 属複 ～〗串（状のもの）.
scigaithris [ʹsʹkʹigʹˌahrʹəsʹ] 名女〖属単 **-e**〗風刺的模倣, パロディー.
scigdhráma [ʹsʹkʹigʹˌɣraːmə] 名男〖属単 ～, 複 **-í**〗笑劇, 道化芝居.
scige [sʹkʹigʹə] 名女〖属単 ～〗くすくす笑い；からかい.
scigiúil [sʹkʹigʹuːlʹ] 形2 くすくす笑う；もの笑いにする；あざけりの.
scigmhagadh [ʹsʹkʹigʹˌvagə] 名男〖属単 **scigmhagaidh**〗くすくす笑うこと；あざ笑うこと.
scigphictiúr [ʹsʹkʹigʹˌfʹikʹtuːr] 名男〖属単・主複 **scigphictiúir**, 属

複 ～〗風刺漫画, 戯画.
scil[1] [sʹkʹilʹ] 名女〖属単 **-e**, 複 **-eanna**〗腕前; 技能.
scil[2] [sʹkʹilʹ] 動I 他・自〖動名 **scileadh**, 動形 **scilte**〗殻をとる, さや(皮)をむく; 穂からとる; (秘密を)もらす.
scilléad [sʹkʹilʹe:d] 名男〖属単・主複 **silléid**, 属複 ～〗シチュー鍋; フライパン.
scillig [sʹkʹilʹəgʹ] 動I 他・自〖動名 **scilligeadh**, 動形 **scilligthe**〗殻(さや, 皮)をとる; 細かく切る; ぺちゃくちゃしゃべる.
scilling [sʹkʹilʹəŋʹ] 名女〖属単 **-e**, 複 **-í**; (数詞と共に)複 **-e**〗(旧貨幣単位)シリング. **trí scillinge** 3 シリング.
scim [sʹkʹimʹ] 名女〖属単 **-e**〗薄皮, 薄膜; 心配. (rud) **a bheith ag déanamh scime duit** (こと)を心配すること.
scimeáil [sʹkʹimʹa:lʹ] 動I 他・自〖動名 **scimeáil**, 動形 **scimeáilte**; 現 **scimeálann**〗(液体の浮遊物を)すくって澄ませる. **bainne a ～** 牛乳の乳脂をすくい取ること.
scine [sʹkʹinʹə] ☞ scian.
scinn [sʹkʹinʹ] 動I 自〖動名 **scinneadh**, 動形 **scinnte**〗(突然)始める; 突進する; 逃げる; (矢が)かすめる. **scinneadh ó bhreoiteacht** 病気が回復すること.
scinnideach [sʹkʹinʹədʹəx] 形1 びくびくする, 臆病な; 軽はずみな.
sciob [sʹkʹib] 動I 他・自〖動名 **sciobadh**, 動形 **sciobtha**〗ひったくる, 強奪する.
sciobalta [sʹkʹibəltə] 形3 きちんとした, こぎれいな; 機敏な.
scíobas [sʹkʹi:bəs] 名男〖属単・主複 **scíobais**, 属複 ～〗ひと口, ひとすすり.
scioból [sʹkʹibo:l] 名男〖属単・主複 **sciobóil**, 属複 ～〗納屋, 小屋.
sciobtha [sʹkʹipə] 形3 速い, 迅速な. **go ～**! 速く!
scioll [sʹkʹil] 動I 他・自〖動名 **sciolladh**, 動形 **sciollta**〗(厳しく)叱る.
sciomair [sʹkʹimər] 動II 他・自〖動名 **sciomradh**, 動形 **sciomartha**; 現 **sciomraíonn**〗(ごしごし)磨く; ごしごし洗う.
scíontachán [sʹkʹi:ntəxa:n] 名男〖属単・主複 **scíontacháin**, 属複 ～〗落後者.
sciorr [sʹkʹir] 動I 自〖動名 **sciorradh**, 動形 **sciorrtha**〗滑る; 滑るように進む.
sciorrach [sʹkʹirəx] 形1 つるつるした, よく滑る; つかみにくい.
sciorta [sʹkʹirtə] 名男〖属単 ～, 複 **-í**〗スカート; へり; 一部分.
sciot [sʹkʹit] 名男〖属単 **-a**, 複 **-anna**〗(ウサギなどの)短い尾.

sciotach

―― 動I 他 〖動名 **sciotadh**, 動形 **sciota**〗はさみでチョキンと切る；(木を)刈り込む；(羊の)毛を刈る.

sciotach [sʲkʲitəx] 形 1 切り取られた, 刈り込まれた；乏しい.

sciotaíl [sʲkʲitiːlʲ] 名 女 〖属単 **sciotaíola**〗くすくす笑うこと.

sciotán [sʲkʲitaːn] 名 男 〖属単・主複 **sciotáin**, 属複 〜〗〜 (eireaball) 短い尾. de 〜 突然に.

scipéad [sʲkʲipʲeːd] 名 男 〖属単・主複 **scipéid**, 属複 〜〗小引き出し. 〜 airgid レジスター.

scipeáil [sʲkʲipʲaːlʲ] 動I 自 〖動名 **scipeáil**, 動形 **scipeáilte**；現 **scipeálann**〗跳ね回る；スキップする.

scíth [sʲkʲiː] 名 女 〖属単 **-e**〗疲労；休息. 〜 nóna 昼寝. lig do 〜 一休みしなさい.

scítheach [sʲkʲiːhəx] 形 1 疲労した.

scitsifréine [ˈsʲkʲitʲsʲəˌfʲrʲeːnʲə] 名 女 〖属単 〜〗精神分裂症.

sciúch [sʲkʲuːx] 名 女 〖属単 **sciúiche**, 主複 **-a**, 属複 〜〗のど；気管；声.

―― 動I 他 〖動名 **sciúchadh**, 動形 **sciúchta**〗窒息させる.

sciuird [sʲkʲuːrdʲ] 名 女 〖属単 **-e**, 複 **-eanna**〗突進；疾走；慌しい訪問.

sciúirse [sʲkʲuːrsʲə] 名 男 〖属単 〜, 複 **sciúirsí**〗むち；苦しみ；天罰.

sciúr [sʲkʲuːr] 動I 他・自 〖動名 **sciúradh**, 動形 **sciúrtha**〗ごしごしこすって洗う；磨く；打ちのめす.

sciurd [sʲkʲuːrd] 動I 自 〖動名 **sciurdadh**, 動形 **sciurdtha**〗急ぐ；殺到する.

sciúrsáil [sʲkʲuːrsaːlʲ] 名 女 〖属単 **sciúrsála**, 複 **sciúrsálacha**〗むち打ち；天罰；災難.

―― 動I 他 〖動名 **sciúrsáil**, 動形 **sciúrsáilte**；現 **sciúrsálann**〗むち打つ；大いに苦しめる.

sciútam [sʲkʲuːtəm] 名 男 〖属単 **sciútaim**〗先を争うこと；争奪.

sclábhaí [sklaːviː] 名 男 〖属単 〜, 複 **sclábhaithe**〗奴隷；奴隷のようにあくせく働く人.

sclábhaíocht [sklaːviː(ə)xt] 名 女 〖属単 **-a**〗奴隷制度；(単調な)骨折り仕事；重労働.

sclábhánta [sklaːvaːntə] 形 3 奴隷の；卑屈な.

sclábhúil [sklaːvuːlʲ] 形 2 奴隷のような仕事の, 骨の折れる.

sclamh [sklav] 名 女 〖属単 **sclaimhe**, 複 **-anna**〗噛むこと, 強いひと噛み.

―― 動I 他・自 〖動名 **sclamhadh**, 動形 **sclafa**〗噛みつく；ののし

る.

sclár [skla:r] 動I 他〘動名 **scláradh**, 動形 **sclártha**〙切り刻む, 切り裂く.

scláta [skla:tə] 名男〘属単 ～, 複 **-í**〙(粘板岩の)スレート, 石板, 瓦.

scléip [sˈkˈlˈe:pˈ] 名女〘属単 **-e**, 複 **-eanna**〙虚飾；華やかさ；けんか.

scléipeach [sˈkˈlˈe:pˈəx] 形1 見せびらかす；けばけばしい；陽気な.

scleondar [sˈkˈlˈo:ndər] 名男〘属単 **scleondair**〙意気揚々；大得意.

scleondrach [sˈkˈlˈo:ndrəx] 形1 意気盛んな；自慢する.

sclimpíní [sˈkˈlˈimˈpˈi:nˈi:] 名〘(複)〙眩惑.

scliúchas [sˈkˈlˈu:xəs] 名男〘属単・主複 **scliúchais**, 属複 ～〙けんか騒ぎ.

sclog [sklog] 動I 他・自〘動名 **sclogadh**, 動形 **sclogtha**〙あえぐ；窒息する.

sclóin [sklo:nˈ] 名女〘属単 **-e**, 複 **-te**〙回転. **cathaoir sclóine** 回転椅子.

sclotrach [sklotrəx] 形1 やせ細った.

scóid [sko:dˈ] 名女〘属単 **-e**〙華やかさ；けばけばしさ.

scóig [sko:gˈ] 名女〘属単 **-e**, 複 **-eanna**〙首；絞り弁.

scoil [skolˈ] 名女〘属単 **-e**, 複 **-eanna**〙学校；流派；群れ. **dul ar** ～ 学校へ行くこと. ～ **éisc** 魚の群れ.

scoilt [skolˈtˈ] 名女〘属単 **-e**, 複 **-eanna**〙裂け目；ひび；しわ.
── 動I 他・自〘動名 **scoilteadh**, 動形 **scoilte**〙割る；裂く；分ける.

scoilteach [skolˈtˈəx] 名女〘属単 **scoiltí**, 主複 **-a**, 属複 ～〙激痛；(複)リューマチ.

scoiltire [skolˈtˈərˈə] 名男〘属単 ～, 複 **scóiltirí**〙(肉屋の)大包丁；長刃の手斧.

scóip [sko:pˈ] 名女〘属単 **-e**〙範囲；大望；得意.

scóipiúil [sko:pˈu:lˈ] 形2 広い；縛られない；元気な.

scoir [skorˈ] 動I 他・自〘動名 **scor**, 動形 **scortha**〙(牛などの)くびきをはずす；分離させる；止める.

scoite [skotˈə] 形3 ① scoith の動形容詞. ② 切断された；断絶した；孤立した.

scoiteach [skotˈəx] 名女〘属単 **scoití**, 主複 **-a**, 属複 ～〙分散.

scoith [skoh] 動I 他・自〘動名 **scoitheadh**, 動形 **scoite**〙切り取る；引き離す；隔離する. **leanbh a scoitheadh** 赤ん坊を乳離れさせること. (duine) **a scoitheadh i rás** 競争で(人)をはるかに引き離すこと.

scol [skol] 名男〘属単・主複 **-a**, 属複 ～〙かん高い声, 叫び(声).

scól [skoːl] 動I 他・自〖動名 **scóladh**, 動形 **scólta**〗(熱湯など)やけどさせる；苦しめる；ねじれさせる.
scolaí [skoliː] 名男〖属単 ～, 複 **scolaithe**〗(学校)教師；学者ぶる人.
scolaíoch [skoliː(ə)x] 形1 学校の；学者の；教育の.
scolaíocht [skoliː(ə)xt] 名女〖属単 **-a**〗学校教育.
scoláire [skolaːrʹə] 名男〖属単 ～, 複 **scoláirí**〗学者；大学生.
scoláireacht [skolaːrʹəxt] 名女〖属単 **-a**, 複 **-í**〗学問；奨学金.
scolardach [ˈskolˈaːrdəx] 名男〖属単・主複 **scolardaigh**, 属複 ～〗物知りぶる人.
scolártha [skolaːrhə] 形3 学問的, 学術的.
scolb [skoləb] 名男〖属単・主複 **scoilb**, 属複 ～〗ぎざぎざ(のあること)；ホタテ貝；刻み目.
scolbánta [skoləbaːntə] 形3 屈強な；柔軟で強い.
scolfairt [skolfərtʹ] 名女〖属単 **-e**〗叫ぶこと；大笑い；鳥の大きな鳴き声.
scolgarnach [skoləgərnəx] 名女〖属単 **scolgarnaí**〗クワックワッと鳴くこと；おしゃべり.
scolgháire [ˈskolˌɣaːrʹə] 名男〖属単 ～, 複 **scolgháirí**〗(下品な)大笑い.
scológ [skoloːg] 名女〖属単 **scolóige**, 主複 **-a**, 属複 ～〗農場主；よく働く若者.
sconna [skonə] 名男〖属単 ～, 複 **-í**〗(噴水, ポンプなど)噴出口；蛇口；奔流.
sconnóg [skonoːg] 名女〖属単 **sconnóige**, 主複 **-a**, 属複 ～〗噴出；噴水.
sconsa [skonsə] 名男〖属単 ～, 複 **-í**〗囲い, 柵；堀.
scor[1] [skor] 名男〖属単 **scoir**〗① scoir の動名詞. ② つながれていないこと；断絶；終結；引退. ～ **capaill** 馬のくびきを取りはずすこと. ～ **cruinnithe** 散会. mar fhocal scoir 結論として.
scor[2] [skor] 名 (成句) ar ～ ar bith とにかく.
scor[3] [skor] 動I 他・自〖動名 **scoradh**, 動形 **scortha**〗切る；刻み目をつける.
scór[1] [skoːr] 名男〖属単 **scóir**〗刻み目；勘定；(試合の)得点.
scór[2] [skoːr] 名男〖属単 **scóir**, 複 **scórtha**〗(数)20；多数. dhá ～ 40. trí ～ bliain 60 年.
scorach [skorəx] 名男〖属単・主複 **scoraigh**, 属複 ～〗若者, 青年.
scóráil [skoːraːlʹ] 動I 他・自〖動名 **scóráil**, 動形 **scóráilte**；現

scórálann〗(競技で)得点する.
scoraíocht [skori:(ə)xt] 名女〘属単 **-a**, 複 **-aí**〙夕方の娯楽; 社交のための夕べ.
scorán [skora:n] 名男〘属単・主複 **scoráin**, 属複 ～〙ピン, 留め針.
scorn [sko:rn] 名男〘属単・主複 **scoirn**〙軽べつ, あざけり. **níor** ～ **leis é** 彼は(ぬけぬけと)何のためらいもなくそれをした.
scornach [sko:rnəx] 名女〘属単 **scornaí**, 主複 **-a**, 属複 ～〙のど.
scornúil [sko:rnu:l′] 形2 のどの; 喉頭音の.
scot [skot] 名男〘属単・主複 **scoit**, 属複 ～〙支払い; 勘定書.
Scot [skot] 名男〘属単・主複 **Scoit**, 属複 ～〙(歴史)アイルランド人.
scoth[1] [skoh] 名女〘属単 **-a**, 複 **-anna**〙最上; 精選物; 束. **den chéad** ～ 最高級の.
scoth[2] [skoh] 名女〘属単 **-a**, 複 **-anna**〙先(端); 突出部; 礁.
scoth-[3] [skoh] 接頭 半-; 中間の-; まずまずの.
scoth-[4] [skoh] 接頭 ふさのついた.
scothán [skoha:n] 名男〘属単・主複 **scotháin**, 属複 ～〙やぶ, 茂み.
scothbhruite [skohvrit′ə] 形3 半熟の. **ubh** ～ 半熟卵. **feoil** ～ 中位に焼いた肉.
scothóg [skoho:g] 名女〘属単 **scothóige**, 主複 **-a**, 属単 ～〙花ふさ.
scothúil [skohu:l′] 形2 花のような; 美しい; 極上の.
scrábach [skra:bəx] 形1 走り書きの; ぞんざいな.
scrábáil [skra:ba:l′] 名女〘属単 **scrábála**〙落書き; 走り書きしたもの; にわか仕立ての仕事.
scrabh [skrav] 動I 他・自〘動名 **scrabhadh**, 動形 **scrabhaite**〙引っかく; 削り取る; 溝を作る.
scrabha [skrau] 名男〘属単 ～, 複 **-nna**〙かき傷; かき集め; にわか雨.
scragall [skragəl] 名男〘属単・主複 **scragaill**, 属複 ～〙金属の薄片, 箔(はく).
scráib [skra:b′] 名女〘属単 **-e**, 複 **-eacha**〙こすった傷; 削りおとしたもの[くず].
scraiste [skras′t′ə] 名男〘属単 ～, 複 **scraistí**〙怠け者.
scraith [skrah] 名女〘属単 **-e**, 複 **-eanna**〙芝土; 層, 上塗り.
scraithín [skrahi:n′] 名男〘属単 ～, 複 **-í**〙土のかたまり; 一片の芝生.
scréach [s′k′r′e:x] 名女〘属単 **scréiche**, 主複 **-a**, 属複 ～〙鋭い叫び声, 金切り声.
―― 動I 自〘動名 **scréachach**〙金切り声[かん高い声]をあげる.

scread [sʹkʹrʹad] 名女〖属単 **-a**, 複 **-anna**〗金切り声, 叫び.
　——動I 自〖動名 **screadach**〗金切り声[悲鳴]をあげる.
screamh [sʹkʹrʹav] 名女〖属単 **screimhe**, 主複 **-a**, 属複 〜〗外皮；薄皮；浮き泡.
screamhóg [sʹkʹrʹavo:g] 名女〖属単 **screamhóige**, 主複 **-a**, 属複 〜〗外皮；パンの耳；薄片.
scríbhinn [sʹkʹrʹi:vʹənʹ] 名女〖属単 **-e**, 複 **-í**〗執筆；文書；著述業.
scríbhneoir [sʹkʹrʹi:vʹnʹo:rʹ] 名男〖属単 **scríbhneora**, 複 **-í**〗作家；著者.
scríbhneoireacht [sʹkʹrʹi:vʹnʹo:rʹəxt] 名女〖属単 **-a**〗手書き；筆跡；著述業.
scrimisc [sʹkʹrʹimʹəsʹkʹ] 名女〖属単 **-e**, 複 **-í**〗つかみ合い, 乱闘；(ラグビー)スクラム.
scrín [sʹkʹrʹi:nʹ] 名女〖属単 **-e**, 複 **-te**〗聖堂；神社.
scríob [sʹkʹrʹi:b] 名女〖属単 **scríbe**, 主複 **-a**, 属複 〜〗こすった跡；切り傷；ひと続き；努力. 〜 oibre ひと仕事. ceann scríbe 目的地. i ndeireadh na scríbe 結局.
　——動I 他・自〖動名 **scríobadh**, 動形 **scríobtha**〗引っかく；こすり落とす.
scríobach [sʹkʹrʹi:bəx] 名男〖属単・主複 **scríobaigh**, 属複 〜〗研磨剤, 磨き粉.
　——形1 こする；引っかき傷のある；引っかかる.
scríobán [sʹkʹrʹi:ba:n] 名男〖属単・主複 **scríobáin**, 属複 〜〗シュレッダー, 書類寸断機；おろし金.
scríobh [sʹkʹrʹi:v] 名男〖属単 **scríofa**〗書くこと.
　——動I 他・自〖動名 **scríobh**, 動形 **scríofa**〗書く；著作する.
scríobhaí [sʹkʹrʹi:vi:] 名男〖属単 〜, 複 **scríobhaithe**〗筆記者, 書記.
scriobláil [sʹkʹrʹibla:lʹ] 名女〖属単 **scrioblála**〗走り書き；落書き.
scrioptúr [sʹkʹrʹiptu:r] 名男〖属単・主複 **scrioptúir**, 属複 〜〗聖書.
scrios [sʹkʹrʹis] 名男〖属単 **-ta**〗破壊, 破滅；削り(切り)くず.
　——動I 他・自〖動名 **scriosadh**, 動形 **scriostha**〗削り取る(落とす)；削除する；破壊する.
scriosach [sʹkʹrʹisəx] 形1 破壊的な；荒廃した.
scriosán [sʹkʹrʹisa:n] 名男〖属単・主複 **scriosáin**, 属複 〜〗黒板ふき；消しゴム.
scriostóir [sʹkʹrʹisto:rʹ] 名男〖属単 **scriostóra**, 複 **-í**〗破壊者.

script [sˈkˈrˈipˈtˈ] 名女〖属単 **-e**, 複 **-eanna**〗台本, 脚本.
sciú [sˈkˈrˈuː] 名男〖属単 ～, 複 **-nna**〗ねじ；ひとひねり.
sciúáil [sˈkˈrˈuːaːlˈ] 動I 他・自〖動名 **sciúáil**, 動形 **sciúáilte**；現 **sciúálann**〗ねじで締める；ねじる.
sciúire [sˈkˈrˈuːərˈə] 名男〖属単 ～, 複 **sciúirí**〗ねじ回し，ドライバー.
scrobanta [skrobəntə] 形3 発育不良の；劣等の；栄養不良の.
scrobarnach [skrobərnəx] 名女〖属単 **scrobarnaí**〗やぶ；低木.
scrobh [skrov] 動I 他〖動名 **scrobhadh**, 動形 **scrofa**〗(卵を) かきまぜながら焼く. **ubh scrofa** いり卵.
scroblach [skrobləx] 名男〖属単 **scroblaigh**〗残飯；残りくず；くだらない人間.
scroblachóir [skrobləxoːrˈ] 名男〖属単 **scroblachóra**, 複 **-í**〗ごみをあさる動物[人].
scrogall [skrogəl] 名男〖属単・主複 **scrogaill**, 属複 ～〗細長い首；首を思わせる細長いもの. ～ (buidéil) びんの首〖交通渋滞の所〗.
scroid [skrod] 名女〖属単 **-e**, 複 **-eanna**〗スナック, 軽食. **scroid-chuntar** スナック (バー).
scroigeach [skrogˈəx] 形1 細長い首の；やせこけた.
scrolla [skrolə] 名男〖属単 ～, 複 **-í**〗巻物；渦巻き形の模様.
scrúd [skruːd] 動I 他〖動名 **scrúdadh**, 動形 **scrúdta**〗苦しめる；困らせる. **scrúdta ag an ocras** 飢えで苦しむ.
scrúdaigh [skruːdiː] 動II 他〖動名 **scrúdú**, 動形 **scrúdaithe**〗調査[検査]する；試験する. **scrúdú cainte** 面接試験.
scrúdaitheoir [skruːdihoːrˈ] 名男〖属単 **scrúdaitheora**, 複 **-í**〗試験官, 審査官.
scrupall [skrupəl] 名男〖属単・主複 **scrupaill**, 属複 ～〗良心の呵責；哀れみ.
scrupallach [skrupələx] 形1 良心的な；周到な.
scuab [skuəb] 名女〖属単 **scuaibe**, 主複 **-a**, 属複 ～〗ほうき；ブラシ；束. ～ **ghruaige** ヘアブラシ.
—— 動I 他・自〖動名 **scuabadh**, 動形 **scuabtha**〗掃除する；一掃する.
scuabach [skuəbəx] 形1 さっと掃くような；流れるように垂れている.
scuabáil [skuəbaːlˈ] 名女〖属単 **scuabála**, 複 **-í**〗足をひきずること.
scuabgheall [ˈskuəbˌɣˈal] 名男〖属単 **scuabghill**, 複 **-ta**〗富くじ；賞金レース.
scuad [skuəd] 名男〖属単・主複 **scuaid**, 属複 ～〗隊；チーム；群れ.

scuaid [skuəd′] 名女〖属単 **-e**, 複 **-eanna**〗(水などを)はねかけること.
scuaine [skuən′ə] 名女〖属単 〜, 複 **scuainí**〗長い列, 行列; 群れ.
scuais [skuəs′] 名女〖属単 **-e**, 複 **-í**〗スカッシュ(ラケット).
scubaid [skubəd′] 名女〖属単 **-e**, 複 **-í**〗おてんば娘.
sculcaireacht [skolkər′əxt] 名女〖属単 **-a**〗こそこそ隠れること.
scun [skun] 名 (成句) 〜 scan 徹底的に.
scúnc [skuːŋk] 名男〖属単・主複 **scúinc**, 属複 〜〗スカンク.
scúp [skuːp] 名男〖属単・主複 **scúip**, 属複 〜〗シャベル; スクープ(特種).
scútar [skuːtər] 名男〖属単・主複 **scútair**, 属複 〜〗スクーター.
-se [s′ə] 接尾 強調を表す. ①所有形容詞に続く狭母[子]音で終わる名詞・形容詞に付く. **mo chuidse**(＜cuid) 私の分担. **tá a cairdese**(＜cara) **in aice léi** 彼女の友達がそばにいる. ②狭母[子]音で終わる1[2]人称単数・2人称複数の動詞に付く. **ach táimse go maith** しかし私は元気だ. ③狭母[子]音で終わる1[2]人称単数・3人称単数女・2人称複数の前置詞付き代名詞に付く. **ceann duitse agus ceann dise** 君へのものと彼女へのもの. ④2人称複数の代名詞 sibh に付く. **sibhse a dúirt é** それを言ったのは君たちだ.
sé[1] [s′eː] 代 3人称単数男性主格. 彼は[が]; (男性名詞を指し)それは[が]. 動詞 is の主語には用いられない. **tá 〜 go maith** 彼は元気だ. **tá 〜 ag cur go trom** 雨が激しく降っている. **tá 〜 a dó a chlog** 2時だ.
sé[2] [s′eː] 名男〖属単 〜, 複 **-anna**〗(数) 6.
——形 6 の. **a 〜** 6. **a 〜 déag** 16. **fiche a 〜** [**a 〜 is fiche**] 26. **céad is a 〜** 106. **〜 mní** 6カ月.
sea[1] [s′a] 名男〖属単 〜〗順番; 時間. **thug sé a shea** 彼は日の目を見た.
sea[2] [s′a] 名男〖属単 〜〗活力; 全盛; 留意.
sea[3] [s′a] ＝is ea.
sea[4] [s′a] (成句) **go 〜** これまでは.
seabhac [s′auk] 名男〖属単・主複 **seabhaic**, 属複 〜〗鷹, ハヤブサ.
seabhrán [s′auraːn] 名男〖属単 **seabhráin**〗めまい; うなり, ヒュー[ブンブン]という音.
séabra [s′eːbrə] 名男〖属単 〜, 複 **-í**〗シマウマ.
seac [s′ak] 名男〖属単・主複 **seaic**, 属複 〜〗ジャッキ.
seaca [s′akə] ☞ sioc.
seach[1] [s′ax] 名 (成句) **faoi 〜** 順番に[時々, それぞれ].
seach[2] [s′ax] 前〖前置詞＋代名詞 **seacham**, **seachad**, **seacha**,

seachainn, seachaibh, seacha】を通り過ぎて；以外の **tabhair súil seachad** よく見ろ. **peann ~ an ceann seo** これ以外のペン.

seachaid [sʹaxədʹ] 動II 他 〖動名 **seachadadh**, 動形 **seachadta**；現 **seachadann**〗配達する；手渡す. **íoc ar sheachadadh** (í. a. s) 代金引換え渡し. **an liathróid a sheachadadh** ボールをパスすること.

seachain [sʹaxənʹ] 動II 他 〖動名 **seachaint**, 動形 **seachanta**；現 **seachnaíonn**〗避ける；免れる；世話する. **~ an leanbh ar an tine** 子供を火に近づけるな. **~ thú féin!** 気をつけて!

seachantach [sʹaxəntəx] 形1 責任逃れの；回避的な；控え目な. **freagra ~** 言いのがれの返答.

seachas [sʹaxəs] 前 の他に[は]；と比べて. **daoine ~ eisean** 彼以外の人々.

seachghalar [ˈsʹaxˌɣalər] 名男 〖属単・主複 **seachghalair**, 属複 **~**〗併発症, 合併症.

seachghlórtha [ˈsʹaxˌɣloːrhə] 名 (複) 音響効果；擬音.

seachmall [sʹaxməl] 名男 〖属単・主複 **seachmaill**, 属複 **~**〗異常；幻覚；錯覚.

seachrán [sʹaxraːn] 名男 〖属単・主複 **seachráin**, 属複 **~**〗放浪すること；思い違い；混乱. **dul ar ~** 道に迷うこと.

seachránaí [sʹaxraːniː] 名男 〖属単 **~**, 複 **seachránaithe**〗放浪者.

seachród [ˈsʹaxˌroːd] 名男 〖属単・主複 **seachróid**, 属複 **~**〗バイパス, 迂回路.

seacht [sʹaxt] 名男 〖属単 **~**, 複 **-anna**〗(数) 7.
—— 形 7 の. **a ~** 7. **a ~ déag** 17. **fiche a ~** [**a ~ is fiche**] 27. **céad is a ~** 107. **~ gcaora** 7 匹の羊.

seachtain [sʹaxtənʹ] 名女 〖属単 **-e**, 複 **-í**；(数詞と共に)複 **-e**〗週. **deireadh na seachtaine** 週末. **an tseachtain seo caite** 先週. **uair sa tseachtain** 週に一度. **trí seachtaine** 3 週間.

seachtainiúil [sʹaxtənʹuːlʹ] 形2 毎週の, 週間の.

seachtanán [sʹaxtənaːn] 名男 〖属単・主複 **seachtanáin**, 属複 **~**〗週刊誌.

seachtar [sʹaxtər] 名男 〖属単・主複 **seachtair**, 属複 **~**〗7 人. (**an**) **~** (**againn**) 我々7 人.

seachtháirge [ˈsʹaxˌhaːrʹgʹə] 名男 〖属単 **~**, 複 **seachtháirgí**〗副産物.

seachtó [sʹaxtoː] 名男 〖属単 **-d**, 複 **-idí**〗(数) 70.
—— 形 70 の. **~ a trí** 73. **~ teach** 70 軒の家.

seachtódú [sˈaxtoːduː] 名男〖属単 ～, 複 **seachtóduithe**〗第 70.
—— 形3 第 70 の. an ～ huair 第 70 回.
seachtrach [sˈaxtrəx] 形1 外部の, 外側の. othar ～ 外来患者.
seachtú [sˈaxtuː] 名男〖属単 ～, 複 **seachtuithe**〗第 7.
—— 形3 第 7 の. an ～ habhainn 第 7 番目の川.
séacla [sˈeːklə] 名男〖属単 ～, 複 -**í**〗やせ細った人；小エビ.
seacláid [sˈaklaːdʲ] 名女〖属単 -**e**, 複 -**í**〗チョコレート.
sead[1] [sˈad] 名女〖属単 **seide**, 主複 -**a**, 属複 ～〗巣.
sead[2] [sˈad] 動I 他・自〖動名 **seadadh**, 動形 **seadtha**〗吹く；あえぐ；排出させる.
séad [sˈeːd] 名男〖属単・主複 -**a**, 属複 ～〗宝石, 貴重品. ～ **fine** 家宝.
seadaigh [sˈadiː] 動II 他・自〖動名 **seadú**, 動形 **seadaithe**〗定住させる；留まる.
séadchomhartha [ˈsʲeːdʲxoːrhə] 名男〖属単 ～, 複 -**í**〗記念碑.
seadóg [sˈadoːg] 名女〖属単 **seadóige**, 主複 -**a**, 属複 ～〗グレープフルーツ.
seafaid [sˈafədʲ] 名女〖属単 -**e**, 複 -**í**〗若い雌牛.
seafóid [sˈafoːdʲ] 名女〖属単 -**e**〗無意味な言葉, ナンセンス.
seafóideach [sˈafoːdʲəx] 形1 無意味な, ばかげた.
seagal [sˈagəl] 名男〖属単 **seagail**〗ライ麦.
seagalach [sˈagələx] 名女〖属単 **seagalaí**, 主複 -**a**, 属複 ～〗ライグラス；（飼料用）ホソムギなど.
seaghais [sˈaisʲ] 名女〖属単 -**e**〗楽しみ, 喜び.
seaghsach [sˈaisəx] 形1 愉快な, 嬉しい.
seaicéad [sˈakʲeːd] 名男〖属単・主複 **seaicéid**, 属複 ～〗上着, ジャケット.
seaimpéin [sˈamʲpʲeːnʲ] 名男〖属単 ～〗シャンパン.
seaimpín [sˈamʲpiːnʲ] 名男〖属単 ～, 複 -**í**〗チャンピオン. ～ **domhain** 世界選手権保持者.
seal [sˈal] 名男〖属単 -**a**, 複 -**anna**〗順番；しばらくの間；期間. is é mo sheal é 私の番だ. ～ míosa 1 カ月間.
seál [sˈaːl] 名男〖属単 **seáil**, 複 -**ta**〗ショール, 肩掛け.
séala [sˈeːlə] 名男〖属単 ～, 複 -**í**〗判, 印（鑑）；印章. ar shéala …するところである.
sealad [sˈaləd] 名男〖属単・主複 **sealaid**, 属複 ～〗順番；短い間, しばらく.
sealadach [sˈalədəx] 形1 一時の, 仮の, 臨時の.
séalaigh [sˈeːliː] 動II 他〖動名 **séalú**, 動形 **séalaithe**〗判を押す, 捺

印する.
sealaíocht [sʹaliː(ə)xt] 名女〖属単 **-a**〗交替(交代)すること；リレー.
sealán [sʹalaːn] 名男〖属単・主複 **sealáin**, 属複 **~**〗輪なわ；きずな.
sealbhach [sʹaləvəx] 名男〖属単・主複 **sealbhaigh**, 属複 **~**〗(文法)所有格, 属格.
—— 形1 所有格の, 属格の.
sealbhaigh [sʹaləviː] 動II 他・自〖動名 **sealbhú**, 動形 **sealbhaithe**〗所有する；手に入れる.
sealbhaíocht [sʹaləviː(ə)xt] 名女〖属単 **-a**〗所有；(不動産)保有.
sealbhán [sʹaləvaːn] 名男〖属単・主複 **sealbháin**, 属複 **~**〗群れ, 群衆.
sealbhóir [sʹaləvoːrʹ] 名男〖属単 **sealbhóra**, 複 **-í**〗借家人；持主；入れもの.
sealgaire [sʹaləgərʹə] 名男〖属単 **~**, 複 **sealgairí**〗狩猟家, ハンター.
sealgaireacht [sʹaləgərʹəxt] 名女〖属単 **-a**〗狩猟をすること；探究, 捜索.
sealúchas [sʹaluːxəs] 名男〖属単 **sealúchais**〗所有, 財産, 不動産.
seamaide [sʹamədʹə] 名男〖属単 **~**, 複 **seamaidí**〗葉, 葉片；小枝.
seamair [sʹamərʹ] 名女〖属単 **seimre**, 主複 **seamra**, 属複 **seamar**〗クローバー.
seamhrach [sʹaurəx] 形1 精力的な, 強壮な.
seamlas [sʹamləs] 名男〖属単・主複 **seamlais**, 属複 **~**〗屠殺場.
seampú [ˌsʹamˈpuː] 名男〖属単 **~**, 複 **-anna**〗シャンプー.
seamróg [sʹamroːg] 名女〖属単 **seamróige**, 主複 **-a**, 属複 **~**〗シャムロック(クローバー類の三つ葉の植物, アイルランドの国花).
seamsán [sʹamsaːn] 名男〖属単 **seamsáin**〗単調な音；ブンブンいう音. **~ a dhéanamh de** (rud) (こと)を騒ぎ立てること.
sean[1] [sʹan] 名男〖属単・属複 **~**, 主複 **-a**〗年長者, 年上；古い物.
—— 形1〖比較 **sine**〗古い；年取った；成熟した. **bheith níos sine ná** (duine) (人)より年上であること. **an mac is sine aige** 彼の長男.
sean-[2] [sʹan] 接頭 古い；老いた；偉大な；過度の-.
-sean [sʹən] 接尾 強調を表す. ① 所有形容詞3人称単数男・複数に続く狭母[子]音で終わる名詞・形容詞に付く. **a chuidsean**(＜**cuid**) **agus a gcuidsean**(＜**cuid**) 彼の分担と彼らの分担. ② 狭母[子]音で終わる3人称複数の動詞に付く. **ceannaídís-sean é más mian leo** 彼らが欲しければそれを買わせよう. ③ 狭母[子]音で終わる3人称単数男・複数の前置詞付き代名詞に付く. **is leis-sean é agus ní linne** それは彼の

ものであって私達のものではない.
séan[1] [sʲeːn] 名男〖属単 **séin**, 主複 **-a**, 属複 **~**〗前兆; 吉兆; 幸運.
séan[2] [sʲeːn] 動I 他・自〖動名 **séanadh**, 動形 **séanta**〗否定する. **~ ar** 拒絶する.
seanad [sʲanəd] 名男〖属単・主複 **seanaid**, 属複 **~**〗議会; 上院.
seanadóir [sʲanədoːrʲ] 名男〖属単 **seanadóra**, 複 **-í**〗議員; 上院議員.
seanaimseartha [ˈsʲanˌamʲsʲərhə] 形3 流行遅れの; 古い; 経験ずみの.
seanaois [ˈsʲanˌiːsʲ] 名女〖属単 **-e**〗老齢.
seanársa [sʲanaːrsə] 形3 原始的な; 旧式の.
seanathair [ˈsʲanˌahərʲ] 名男〖属単 **seanathar**, 複 **seanaithreacha**〗祖父.
seanbhlas [ˈsʲanˌvlas] 名男〖属単 **seanbhlais**〗かびくさい味; 軽視, 軽べつ.
seanchaí [sʲanəxiː] 名男〖属単 **~**, 複 **seanchaithe**〗語り部; 古来の伝説 (伝承) を暗唱して聞かせる人.
seanchairteacha [ˈsʲanˌxartʲəxə] 名女 (複) (成句) **~ a tharraingt ort** 過去をあばき出すこと.
seanchaite [ˈsʲanˌxatʲə] 形3 すり切れた; すたれた; ありふれた.
seanchas [sʲanəxəs] 名男〖属単 **seanchais**〗伝説, 伝承; 物語.
seanchríonna [ˈsʲanˌxrʲiːnə] 形3 (子供が) ませた; 賢い; 老練な.
seanda [sʲandə] 形3 年取った; 昔の; 陳腐な.
seandacht [sʲandəxt] 名女〖属単 **-a**, 複 **-aí**〗古さ; (複) 骨董品, 古代の遺物.
seandálaí [ˈsʲanˌdaːliː] 名男〖属単 **~**, 複 **seandálaithe**〗考古学者.
seandálaíocht [ˈsʲanˌdaːliː(ə)xt] 名女〖属単 **-a**〗考古学.
seanduine [ˈsʲanˌdinʲə] 名男〖属単 **~**, 複 **seandaoine**〗老人; 古代人; 老齢.
seanfhaiseanta [ˈsʲanˌasʲəntə] 形3 流行遅れの.
seanfhocal [ˈsʲanˌokəl] 名男〖属単・主複 **seanfhocail**, 属複 **~**〗諺, 格言.
seanfhondúir [ˈsʲanˌonduːrʲ] 名男〖属単 **seanfhondúra**, 複 **-í**〗原住民; 古参.
seang [sʲaŋ] 形1〖属単男 **~**, 属単女・比較 **seinge**, 主複 **-a**〗ほっそりした; やせた; 貧弱な.
seangán [sʲaŋgaːn] 名男〖属単・主複 **seangáin**, 属複 **~**〗蟻(ぁり).
seanléim [ˈsʲanʲˌlʲeːmʲ] 名女〖属単 **-e**〗跳躍. **bheith ar do shean-**

léim arís 完全に回復すること.
séanmhar [sʹeːnvər] 形1 幸運な; 繁栄する.
seanmháthair [ˈsʹanˌvaːhərʹ] 名女〖属単 **seanmháthar**, 複 **seanmháithreacha**〗祖母.
seanmóir [sʹanəmoːrʹ] 名女〖属単 **seanmóra**, 複 **-í**〗説教, 訓戒.
seanmóireacht [sʹanəmoːrʹəxt] 名女〖属単 **-a**〗説教すること; 伝導.
sean-nós [ˈsʹa(n)ˌnoːs] 名男〖属単 **sean-nóis**, 複 **-anna**〗慣習, 伝統.
seanóir [sʹanoːrʹ] 名男〖属単 **seanóra**, 複 **-í**〗老齢者; 長老.
seanphinsean [ˈsʹanˌfʹinʹsʹən] 名男〖属単・主複 **seanphinsin**, 属複 〜〗老齢年金.
seans [sʹans] 名男〖属単 〜, 複 **-anna**〗機会; 好機; 幸運.
seansáil [sʹansaːlʹ] 動I 他〖動名 **seansáil**, 動形 **seansáilte**; 現 **seansálann**〗思い切ってやってみる.
seansailéir [sʹansəlʹeːrʹ] 名男〖属単 **seansailéara**, 複 **-í**〗大臣; 大学総長.
seansúil [sʹansuːlʹ] 形2 当てにならない; 危険な; 幸運な.
séantach [sʹeːntəx] 形1 否定する, 否認する.
Sean-Tiomna [ˈsʹanʹˌtʹimnə] 名男〖属単 〜〗an 〜 旧約聖書.
seáp [sʹaːp] 名男〖属単 〜, 複 **-anna**〗突進, 突撃.
Seapáin [sʹapaːn] 名女 an tSeapáin 日本.
Seapáinis [sʹapaːnəsʹ] 名女〖属単 **-e**〗日本語.
Seapánach [sʹapaːnəx] 名女〖属単・主複 **Seapánaigh**, 属複 〜〗日本人.
―― 形1 日本(人)の.
séarach [sʹeːrəx] 名男〖属単・主複 **séaraigh**, 属複 〜〗下水管.
séarachas [sʹeːrəxəs] 名男〖属単 **séarachais**〗下水処理, 下水道.
searbh [sʹarəv] 名男〖属単・主複 **seirbh**, 属複 〜〗酸.
―― 形1〖属単男 〜, 属単女・比較 **seirbhe**, 主複 **-a**〗すっぱい; 苦い.
searbhánta [sʹarəvaːntə] 形3 苦い; (味など)ぴりぴりする; 辛らつな.
searbhas [sʹarəvəs] 名男〖属単 **searbhais**〗酸味; 苦み.
searbhasach [sʹarəvəsəx] 形1 苦い; 辛い; 辛らつな.
searbhónta [sʹarəvoːntə] 名男〖属単 〜, 複 **-í**〗使用人.
searc [sʹark] 名女〖属単 **seirce**, 主複 **-a**, 属複 〜〗愛; 愛する人.
searg [sʹarəg] 動I 他・自〖動名 **seargadh**, 動形 **seargtha**〗衰えさ

せる；しぼませる；縮ませる.

searmanas [sʼarəmənəs] 名男〖属単・主複 **searmanais**, 属複 〜〗儀式, 式典.

searr [sʼaːr] 動I 他〖動名 **searradh**, 動形 **searrtha**〗引き伸ばす, 広げる. **searradh a bhaint asat féin** 手足をいっぱいに伸ばすこと.

searrach [sʼarəx] 名男〖属単・主複 **searraigh**, 属複 〜〗子馬. 〜 **asail** ロバの子.

seas [sʼas] 動I 他・自〖動名 **seasamh**, 動形 **seasta**〗立つ；続く；我慢する. **fad a sheas an t-airgead** 金がもつ間は. **do cheart a sheasamh** 権利を守り抜くこと. **sheas an lá amach go maith** 天気がもった. **seasamh ar do shláinte** 健康次第. 〜 **ar** 主張する. **seasaim air**（go）（go 以下）を私は主張する. 〜 **do** を表す；弁護する. 〜 **le** 支持する.

seasaim [sʼasəm] seas＋mé.

seasamh [sʼasəv] 名男〖属単 **seasaim**〗① seas の動名詞. ②立っていること；停止；持続；主張；忍耐. **tá mé i mo sheasamh ó mhaidin** 1日中立ち続けだ. **tá an teach ina sheasamh go fóill** その家はまだある. **tá 〜 maith sa leathar sin** 実に長持ちする皮だ. **níl 〜 ag aon duine leis** 誰もが彼には我慢ならない.

seasc [sʼask] 形1〖属単男 〜, 属単女・比較 **seisce**, 主複 **-a**〗不毛の；作物のできない. **bó sheasc** 乳を出さない牛.

seasca [sʼaskə] 名男〖属単 **-d**, 複 **-idí**〗（数）60.
——形 60 の. 〜 **a dó** 62. **céad** 〜 **a cúig** 165. 〜 **duine** 60人.

seascacht [sʼaskəxt] 名女〖属単 **-a**〗不毛；（牛など）乳の出ないこと.

seascadú [sʼaskəduː] 名男〖属単 〜, 複 **seascaduithe**〗第60.
——形3 第60の. **an** 〜 **bean** 60人目の女性.

seascair [sʼaskərʼ] 形1 気持ちのよい, 居心地のよい.

seascaireacht [sʼaskərʼəxt] 名女〖属単 **-a**〗居心地のよさ, 快適さ.

seascann [sʼaskən] 名男〖属単・主複 **seascainn**, 属複 〜〗スゲの茂った湿原, 沼地.

seasmhach [sʼasvəx] 形1 固定した；しっかりした；安定した.

seasmhacht [sʼasvəxt] 名女〖属単 **-a**〗固定；強固；不変.

seasta [sʼastə] 形3 ① seas の動形容詞. ②支持する；規則的な；喜ばしい.

seastán [sʼastaːn] 名男〖属単・主複 **seastáin**, 属複 〜〗台；…掛け. 〜 **ceoil** 楽譜台.

séasúr [sʼeːsuːr] 名男〖属単・主複 **séasúir**, 属複 〜〗季節；調味（料）. **i** 〜 旬の.

séasúrach [sʲeːsuːrəx] 形1 季節にふさわしい；味つけした．
seic[1] [sʲekʲ] 名男〖属単 ～, 複 -eanna〗小切手．～ -chárta(銀行発行の)クレジットカード．
seic[2] [sʲekʲ] 名男〖属単 ～〗(織物の)チェック(市松模様)．
seiceáil [sʲekʲaːlʲ] 動I 他・自〖動名 seiceáil, 動形 seiceáilte；現 seiceálann〗調査する；検査する．
seicheamh [sʲexʲəv] 名男〖属単・主複 seichimh, 属複 ～〗連続して起こること；一続きの場面．
seicin [sʲekʲənʲ] 名女〖属単 seicne〗外皮；皮膚；細胞膜．
seict [sʲekʲtʲ] 名女〖属単 -e, 複 -eanna〗宗派；派閥．
seicteach [sʲekʲtʲəx] 形1 宗派の；学派の．
seicteachas [sʲekʲtʲəxəs] 名男〖属単 seicteachais〗(宗教上の)派閥主義．
séid [sʲeːdʲ] 動I 他・自〖動名 séideadh, 動形 séidte〗(風が)吹く；吹きとばす；(笛を)鳴らす；膨らます. gloine a shéideadh ガラスを吹いて作ること．séideadh faoi (dhuine) (人)を刺激して怒らせること．
séideán [sʲeːdʲaːn] 名男〖属単・主複 séideáin, 属複 ～〗突風；風に吹かれているもの；荒い鼻息．
séideog [sʲeːdʲoːg] 名女〖属単 séideoige, 主複 -a, 属複 ～〗一陣の風；ひと吸い；ひと嗅ぎ．
SEIF (省略) siondróm easpa imdhíonachta faighte. (医)エイズ．
seift [sʲefʲtʲ] 名女〖属単 -e, 複 -eanna〗方策, 工夫；手段．
seifteoir [sʲefʲtʲoːrʲ] 名男〖属単 seifteora, 複 -í〗扶養者；資力のある人．
seiftigh [sʲefʲtʲiː] 動II 他・自〖動名 seiftiú, 動形 seiftithe〗工夫する；提供する．
seiftiúil [sʲefʲtʲuːlʲ] 形2 工夫(機知)に富む；資力のある．
seilbh [sʲelʲəv] 名女〖属単 ～, 主複 sealbha, 属複 sealbh〗占有；所有；不動産．
seile [sʲelʲə] 名女〖属単 ～, 複 seilí〗つば, 唾液．
seilf [sʲelʲfʲ] 名女〖属単 ～, 複 -eanna〗棚．～ leabhar 本棚．
seilg [sʲelʲəgʲ] 名女〖属単 -e, 複 -í〗狩り；獲物；食糧あさり．
―― 動I 他・自〖動名 seilg, 動形 seilgthe〗狩猟をする；探し回る．
seilide [sʲelʲədʲə] 名男〖属単 ～, 複 seilidí〗カタツムリ；なまけ者．
seiligh [sʲelʲiː] 動II 自〖動名 seiliú〗つばを吐く．
séimh [sʲeːvʲ] 形1 優しい, 穏やかな；静かな．
séimhigh [sʲeːvʲiː] 動II 他・自〖動名 séimhiú, 動形 séimhithe〗穏やかにする；柔らかにする；(文法)音を緩和させる．

seimineár [sʹemʹənʹaːr] 名男 〖属単・主複 **seimineáir**, 属複 〜〗セミナー, 演習.
séine [sʹeːnʹə] ☞ sian.
seinge [sʹeŋʹgʹə] 名女 〖属単 〜〗ほっそりしていること, 細いこと.
seinm [sʹenʹəmʹ] 名女 〖属単 **seanma**〗楽器を演奏すること;(鳥の)さえずり; おしゃべり.
seinn [sʹenʹ] 動I 他・自 〖動名 **seinm**〗演奏する; 歌う; さえずる.
seinnteoir [sʹenʹtʹoːrʹ] 名男 〖属単 **seinnteora**, 複 **-í**〗演奏者; 演奏装置. 〜 **dlúthdhioscaí** CD プレーヤー.
séipéal [sʹeːpʹeːl] 名男 〖属単・主複 **séipéil**, 属複 〜〗礼拝堂, チャペル; 教会.
séiplíneach [sʹeːpʹlʹiːnʹəx] 名男 〖属単・主複 **séiplínigh**, 属複 〜〗牧師.
seipteach [sʹepʹtʹəx] 形1 腐敗の; 敗血(病)の.
seirbhe [sʹerʹəvʹə] 名女 〖属単 〜〗苦み; 酸味.
seirbheáil [sʹerʹəvʹaːlʹ] 名女 〖属単 **seirbheála**, 複 **seirbheálacha**〗令状; 規定.
── 動I 他 〖動名 **seirbheáil**, 動形 **seirbheáilte**; 現 **seirbheálann**〗(令状などを)送達する;(目的, 必要などが)かなう.
seirbhís [sʹerʹəvʹiːsʹ] 名女 〖属単 **-e**, 複 **-í**〗奉仕, 役に立つこと; サービス; 礼拝.
seirbhíseach [sʹerʹəvʹiːsʹəx] 名男 〖属単・主複 **seirbhísigh**, 属複 〜〗使用人, 召使い.
séire [sʹeːrʹə] 名男 〖属単 〜, 複 **séirí**〗食事.
séiream [sʹeːrʹəm] 名男 〖属単・主複 **séirim**, 属複 〜〗血清;(牛乳の)乳清.
seirfean [sʹerʹəfʹən] 名男 〖属単 **seirfin**〗憎しみ, 憤慨.
seirglí [ˈsʹerʹəgʹlʹiː] 名男 〖属単 〜〗寝たきりの状態; 衰弱.
seiris [sʹerʹəsʹ] 名女 〖属単 **-e**, 複 **-í**〗シェリー酒.
séirse [sʹeːrsʹə] 名男 〖属単 〜, 複 **séirsí**〗突撃, 突進.
séis [sʹeːsʹ] 名女 〖属単 **-e**, 複 **-eanna**〗メロディー; 曲, 調べ; 雑談.
seisean [sʹesʹən] 代 sé¹ の強調形. 彼は[が]; それは[が]. ① 主語として. **ar seisean** 彼は言った. ② 強調を表す接尾辞として. **a chuid 〜 den obair** 仕事の彼の分担.
seisear [sʹesʹər] 名男 〖属単・主複 **seisir**, 属複 〜〗6人. 〜 **ban** 6人の女性. (an) 〜 **againn** 我々6人.
seisiún [sʹesʹuːn] 名男 〖属単・主複 **seisiúin**, 属複 〜〗開会, 開廷; 会合.

seisreach [sʹesʹrʹəx] 名女 【属単 **seisrí**, 主複 **-a**, 属複 ～】(車, 鋤(﹅)などを引く2頭以上の)馬[牛]; 鋤(﹅); 耕作地. **an tSeisreach** 大熊座.

séitéireacht [sʹeːtʹeːrʹəxt] 名女 【属単 **-a**】(トランプで)いかさまをすること.

seitgháire [ˈsʹetʹˌɣaːrʹə] 名男 【属単 ～, 複 **seitgháirí**】嘲笑; くすくす笑い.

seithe [sʹehə] 名女 【属単 ～, 複 **seithí**】皮膚, 獣皮, 毛皮.

seitreach [sʹetʹrʹəx] 名女 【属単 **seitrí**】(馬の)いななき.

seitríl [sʹetʹrʹiːlʹ] 名女 【属単 **seitríola**】くすくす笑うこと, 忍び笑い.

seo [sʹo] 代 (指示)これ(は); こちら; 今. **ól** ～ これを飲みなさい. ～ **do dheoch** これが君の飲物だ. **ó** ～ **go Doire** ここからデリーまで. **go dtí** ～ 現在まで. **is é** ～ **mo pheannasa** これは私のペンだ. **an iad** ～ **do chlannsa?** こちら(の子供)は君の子供か? **tá sé aige** ～ **ina phóca** この男はそれをポケットの中に持っている. **faoi** ～ 今までに. **as** ～ **amach** これからは. ～ **is siúd** あれやこれや.

── 形 この. **an duine** ～ この人. **an cailín óg** ～ この少女. **a bhean** ～ 私の愛する女性よ. **an teach** ～ **agamsa** 私の家. **an bhliain** ～ **chugainn** 来年. **an mhí** ～ **caite** 先月.

── 副 これほど, こんなに. **chomh hard** ～ このように高い. **chomh holc** ～ これと同じように悪い. ～ **dhuit** (é) これをどうぞ(お取り下さい). ～ **chugainn é** ほら彼が来ましたよ.

seó [sʹoː] 名男 【属単 ～, 複 **-nna**】見世物, ショー; 娯楽.

seobhaineachas [sʹoːvənʹəxəs] 名男 【属単 **seobhaineachais**】熱狂的愛国主義.

seodóir [sʹoːdoːrʹ] 名男 【属単 **seodóra**, 複 **-í**】宝石商.

seodóireacht [sʹoːdoːrʹəxt] 名女 【属単 **-a**】宝石で飾ること; 宝石商.

seodra [sʹoːdrə] 名男 【属単 ～】宝石類; 装身具類.

seoid [sʹoːdʹ] 名女 【属単 **-e**, 主複 **seoda**, 属複 **seod**】宝石; 貴重なもの[人].

seoigh [sʹoːɣʹ] 形1 素晴らしい; 驚くべき.

seoinín [sʹoːnʹiːnʹ] 名男 【属単 ～, 複 **-í**】おべっか(使い).

Seoirseach [sʹoːrsʹəx] 形1 (英国)ジョージ王朝時代(風)の.

seoithín [sʹoːhiːnʹ] 名男 【属単 ～, 複 **-í**】(風で木が)ざわざわいう音; ささやき. ～ **seó**[～ **seothó**]子守歌.

seol[1] [sʹoːl] 名男 【属単 **seoil**, 複 **-ta**】帆; 方向; 針路.

── 動I 他・自 【動名 **seoladh**, 動形 **seolta**】航海する; (船, ヨット

を)操縦する；案内する；発送する.

seol[2] [sʼoːl] 名男〖属単 **seoil**〗ベッド，寝いす. **i luí seoil** 出産の床にいる.

seoladh [sʼoːlə] 名男〖属単 **seolta**, 複 **seoltaí**〗航海すること；方向；宛名；住所. **ainm agus ~** 住所氏名.

seolaí [sʼoːliː] 名男〖属単 **~**, 複 **seolaithe**〗受信人.

seolta [sʼoːltə] 形 3 正しい方向の；なめらかに動く；満足のゆく.

seoltóir [sʼoːltoːrʼ] 名男〖属単 **seoltóra**, 複 **-í**〗船乗り；発信人；送金人.

seoltóireacht [sʼoːltoːrʼəxt] 名女〖属単 **-a**〗航海すること.

seomra [sʼoːmrə] 名男〖属単 **~**, 複 **-í**〗部屋，室. **~ folctha** 浴室.

seomradóir [sʼoːmrədoːrʼ] 名男〖属単 **~**, 複 **-í**〗侍従；会計係.

seordán [sʼoːrdaːn] 名男〖属単 **seordáin**〗サラサラ[カサカサ]いう音；ぜいぜいいう音[息].

séú [sʼeːuː] 名男〖属単 **~**, 複 **séithe**〗第6.

—— 形 3 第6の. **an ~ huair** 第6回. **cúig shéú de** (rud) (もの)の6分の5.

sféar [sfʼeːr] 名男〖属単・主複 **sféir**, 属複 **~**〗球(形)；天体.

sféarúil [sfʼeːruːlʼ] 形 2 球形の；天体の.

sfioncs [sfʼiŋks] 名男〖属単 **~**, 複 **-anna**〗スフィンクス(の像).

sí[1] [sʼiː] 名男〖属単 **~**, 複 **-the**〗妖精；妖精の住む丘. **bean ~** (女の)妖精.

—— 形 妖精の；魔法にかかった；魅惑的な.

sí[2] [sʼiː] 名男〖属単 **~**〗 **~ gaoithe** 旋風，つむじ風.

sí[3] [sʼiː] 代 3人称単数女性主格. 彼女は[が]；(女性名詞を指し)それは[が]. 動詞 **is** の主語には用いられない. **ta ~ ag obair** 彼女は働いている. **phós ~ é** 彼女は彼と結婚した.

sia [sʼiə] 形 より長く；さらに遠く. **níos ~ ar aghaidh** もっと先に.

siabhrán [sʼiəvraːn] 名男〖属単・主複 **siabhráin**, 属複 **~**〗妄想，思い違い；精神錯乱.

siad[1] [sʼiəd] 名男〖属単 **-a**, 属複 **-aí**〗腫瘍(しゅよう)，はれもの.

siad[2] [sʼiəd] 代 3人称複数主格. 彼らは[が]；それらは[が]. 動詞 **is** の主語には用いられない. **tháinig ~ isteach duine ar duine** 彼らは相次いで入ってきた.

siamsa [sʼiəmsə] 名男〖属単 **~**, 複 **-í**〗(音楽)会；娯楽.

sian [sʼiən] 名女〖属単 **séine**, 複 **-ta**〗口笛のもの悲しい音；すすり泣き；がやがやいう人声.

sianaíl [sʼiəniːlʼ] 名女〖属単 **sianaíola**〗哀れな(鼻)声を出すこと；

金切り声.
siansa [sʲiənsə] 名男〖属単 ～, 複 -í〗曲, 旋律.
siansach [sʲiənsəx] 名男〖属単・主複 **siansaigh**, 属複 ～〗響きわたる音.
　──形1 音楽的な；調子の美しい；交響曲の.
siar [sʲiər] 副前形 西方へ[の]；後ろへ[の]. ～ ó thuaidh 北西(へ). ～ is aniar あちこちに. i bhfad ～ 離れて[昔]. ar deireadh is ar ～ やっとのことで.
sibh [sʲivʲ] 代 2人称複数. あなたたちは[が]；あなたたちに[を]. tá ～ déanach 君達は遅い. ligfidh mé isteach ～ 私は君達を入れよう. is ～ is cúis leis それは君達のせいだ.
sibhialta [sʲivʲiəltə] 形3 市民[公民]の；礼儀正しい.
sibhialtach [sʲivʲiəltəx] 名男〖属単・主複 **sibhialtaigh**, 属複 ～〗一般人.
　──形1 一般人の, 民間の.
sibhialtacht [sʲivʲiəltəxt] 名女〖属単 -a〗文明；礼儀正しさ.
síbhruíon [sʲivrʲiːn] 名女〖属単 **síbhruíne**, 複 -ta〗(伝説) 妖精の館.
sibhse [sʲivsʲə] 代 sibh の強調形. ～ a bheidh thíos leis それを払うのは君たちだろう.
síbín [sʲiːbʲiːnʲ] 名男〖属単 ～, 複 -í〗もぐり(安)酒場.
síceach [sʲiːkʲəx] 形1 精神的な；心霊的な.
síceapatach [ˈsʲiːkʲəˌpatəx] 名男〖属単・主複 **síceapataigh**, 属複 ～〗精神病者.
　──形1 精神病の.
síceolaí [ˈsʲiːkʲˌoːliː] 名男〖属単 ～, 複 **síceolaithe**〗心理学者.
síceolaíocht [ˈsʲiːkʲˌoːliː(ə)xt] 名女〖属単 -a〗心理学.
síciatracht [sʲiːkʲiətrəxt] 名女〖属単 -a〗精神医学.
sicín [sʲikʲiːnʲ] 名男〖属単 ～, 複 -í〗ひよこ；鶏肉.
sifín [sʲifʲiːnʲ] 名男〖属単 ～, 複 -í〗(草木の)茎, 軸；わら.
sil [sʲilʲ] 動I 他・自〖動名 **sileadh**, 動形 **silte**〗(液体が)したたる；流す；垂れ下がる. ag sileadh i mbrí 力が弱まってくること.
síl [sʲiːlʲ] 動I 他・自〖動名 **síleadh**, 動形 **sílte**〗思う, 考える；意図する. ní shílim é 私はそうは思わない.
síleáil [sʲiːlʲaːlʲ] 名女〖属単 **síleála**, 複 **síleálacha**〗天井；羽目板.
siléar [sʲilʲeːr] 名男〖属単・主複 **siléir**, 属複 ～〗地下室；貯蔵室.
siléig [sʲilʲeːgʲ] 名女〖属単 -e〗たるみ；引き延ばし；怠慢.
sílim [sʲiːlʲim] síl＋mé.

silín¹ [sʲilʲiːnʲ] 名男〖属単 〜, 複 -í〗さくらんぼ. **crann silíní** 桜(の木).
silín² [sʲilʲiːnʲ] 名男〖属単 〜, 複 -í〗しずく, したたり；ペンダント.
sill [sʲil] 動I 他・自〖動名 **silleadh**, 動形 **sillte**〗見る；ちらりと見る.
sil-leagan [ˈsʲi(lʲ)ˌlʲagən] 名男〖属単 **sil-leagain**〗堆積；鉱床；埋蔵物.
silteach [sʲilʲtʲəx] 形1 したたり落ちる；垂れ下がる；流れる.
silteán [sʲilʲtʲaːn] 名男〖属単・主複 **silteáin**, 属複 〜〗細い溝；水路；小川.
siméadrach [sʲimʲeːdrəx] 形1 (左右)対称の；釣り合った；調和のとれた.
siméadracht [sʲimʲeːdrəxt] 名女〖属単 -a〗対称；均整.
simléar [sʲimʲlʲeːr] 名男〖属単・主複 **simléir**, 属複 〜〗煙突.
simpeansaí [ˈsʲimʲˌpʲansiː] 名男〖属単 〜, 複 **simpeansaithe**〗チンパンジー.
simplí [sʲimʲpʲlʲiː] 形3 簡単な；単純な；愚かな.
simpligh [sʲimʲpʲlʲiː] 動II 他〖動名 **simpliú**, 動形 **simplithe**〗簡単にする, 単純化する.
simplíocht [sʲimʲpʲlʲiː(ə)xt] 名女〖属単 -a〗簡単；愚直.
sin [sʲinʲ] 代 (指示) あれ(は)；それ；あちら；そちら. **ith 〜** それを食べなさい. **is leor 〜** それで充分だ. **〜 〜** それでおしまい. **mar 〜 de** その場合には. **agus mar 〜 de** …など. **go dtí 〜** その時まで. **iar 〜** その後で. **a mhac 〜** あの男の息子. **faoi 〜** その時まで. **cé 〜 chugainn?** 我々に近づいて来るのは誰だ？ **fada ó shin** 昔. **bliain ó shin** 1年前.
── 形 あの；その. **an teach mór 〜** あの大きい家. **an áit 〜 agamsa** 私のあの場所.
── 副 それほど, それだけ. **chomh díreach 〜** それと同じように真っ直ぐな. **tá sé fuar, tá(sé) 〜** 寒い, まったく(寒い).
sín [sʲiːnʲ] 動I 他・自〖動名 **síneadh**, 動形 **sínte**〗引き伸ばす；広げる；差し出す.
sinc [sʲiŋkʲ] 名女〖属単 -e〗亜鉛.
sindeacáit [sʲinʲdʲəkaːtʲ] 名女〖属単 -e, 複 -í〗シンジケート, 企業組合.
sine¹ [sʲinʲə] 名女〖属単 〜, 複 **siní**〗乳首.
sine² [sʲinʲə] ☞ **sean**¹.
sineach [sʲinʲəx] 名女〖属単 **siní**, 主複 -a, 属複 〜〗哺乳動物.
singil [sʲiŋʲɡʲəlʲ] 形1 ただひとつ[独り]の；細い. **leaba shingil** シン

グルベッド.
sínigh [s′i:n′i:] 動II 他・自〖動名 **síniú**, 動形 **sínithe**〗署名する.
sinn [s′in′] 代 1人称複数. 私達は[が]; 私達に[を]. **nach ～ a bhí amaideach!** 私達は何とばかなんだ! **Sinn Féin** (政治)シンフェイン党.
sinne [s′in′ə] 代 sinnの強調形. 私達は[が]; 私達に[を]. **～ a dúirt é** それを言ったのは私達だ. **ár gcuid**(＜cuid)**～** 私達の割当て.
sin-seanathair [ˈs′in′ˈs′anˌahər′] 名男〖属単 **sin-seanathar**, 複 **sin-seanaithreacha**〗曾祖父.
sin-seanmháthair [ˈs′in′ˈs′anˌva:hər′] 名女〖属単 **sin-seanmháthar**, 複 **sin-seanmháithreacha**〗曾祖母.
sinsear [s′in′s′ər] 名男〖属単・主複 **sinsir**, 属複 ～〗年長; 先祖.
sinséar [s′in′s′e:r] 名男〖属単 **sinséir**〗ショウガ.
sinsearach [s′in′s′ərəx] 名男〖属単・主複 **sinsearaigh**, 属複 ～〗年長者, 先輩; 先祖.
―― 形1 年上の; 先祖の.
sinsearacht [s′in′s′ərəxt] 名女〖属単 **-a**〗年上, 先輩; 祖先.
sinseartha [s′in′s′ərhə] 形3 先祖(代々)の.
sínteach [s′i:n′t′əx] 形1 引き伸ばす, 広げる; 長期の.
sínteán [s′i:n′t′a:n] 名男〖属単・主複 **sínteáin**, 複 ～〗担架.
sintéiseach [s′in′t′e:s′əx] 形1 総合的な; 合成の.
sínteoireacht [s′i:n′t′o:r′əxt] 名女〖属単 **-a**〗引き伸ばすこと. **～ aimsire** 遅延.
síntiús [s′i:n′t′u:s] 名男〖属単・主複 **síntiúis**, 属複 ～〗寄付; 予約購買.
síntiúsóir [s′i:n′t′u:so:r′] 名男〖属単 **síntiúsóra**, 複 **-í**〗記名者; 寄付者; 申込者.
síob [s′i:b] 名女〖属単 **síbe**, 主複 **-a**, 属複 ～〗漂流; 突風; 乗ること.
―― 動I 他・自〖動名 **síobadh**, 動形 **síobtha**〗吹く; 爆破する; 吹き流す.
síobaire [s′i:bər′ə] 名男〖属単 ～, 複 **síobairí**〗ヒッチハイカー.
sioc [s′ik] 名男〖属単 **seaca**〗霜.
―― 動I 他・自〖動名 **sioc**, 動形 **sioctha**〗凍る, 氷が張る; 凝結させる.
siocair [s′ikər′] 名女〖属単 **siocrach**, 複 **siocracha**〗(直接の)原因; 口実, 弁解. **～ bháis** 死因. (**as**; **ar**) **～ go** なぜならば.
siocán [s′ika:n] 名男〖属単 **siocáin**〗霜; 冷え冷えするもの; 冷淡

な人.
síocanailís [ˈsʲiːkˌanəlʲiːsʲ] 名女 〘属単 **-e**〙精神分析学.
siocánta [sʲikaːntə] 形3 凍った; 固まった; 堅い.
siocdhó [ˈsʲikˌɣoː] 名男 〘属単 ～〙しもやけ, 凍傷.
síocháin [sʲiːxaːnʲ] 名女 〘属単 **síochána**〙平和.
síochánachas [sʲiːxaːnəxəs] 名男 〘属単 **síochánachais**〙平和主義.
síochánta [sʲiːxaːntə] 形3 平和な; 無抵抗の.
siocúil [sʲikuːlʲ] 形2 霜の降りる; 凍る寒さの.
siod [sʲid] 代 (指示) これは. (é, í, iad の前に置く). ～ é an toradh atá air これはその結果だ.
síoda [sʲiːdə] 名男 〘属単 ～, 複 **-í**〙絹.
síodúil [sʲiːduːlʲ] 形2 絹の(ような); 都会風の; 洗練された.
siofón [sʲifoːn] 名男 〘属単・主複 **siofóin**, 属単 ～〙サイフォン, 吸い上げ管.
――動I 〘動名 **siofónadh**, 動形 **siofóntha**〙(サイフォンで)吸い上げる.
síofra [sʲiːfrə] 名男 〘属単 ～, 複 **-í**〙(小)妖精; ませた子供.
sióg [sʲiːoːg] 名女 〘属単 **sióige**, 主複 **-a**, 属複 ～〙妖精.
síog [sʲiːg] 名女 〘属単 **síge**, 主複 **-a**, 属複 ～〙筋; 縞(しま); 線.
――動I 他 〘動名 **síogadh**, 動形 **síogtha**〙筋[縞]をつける; 線を引いて消す.
síogaí [sʲiːgiː] 名男 〘属単 ～, 複 **síogaithe**〙(小)妖精; 弱虫; 物知り.
siogairlín [sʲigərlʲiːnʲ] 名男 〘属単 ～, 複 **-í**〙垂れ下がっている飾り, ペンダント.
siogairlíneach [sʲigərlʲiːnʲəx] 形1 垂れ飾りの, ふさ飾りの.
síol [sʲiːl] 名男 〘属単 **síl**, 複 **-ta**〙種; 子孫.
síolchur [ˈsʲiːlˌxur] 名男 〘属単 **síolchuir**〙繁殖; 宣伝; 普及.
siolla [sʲilə] 名男 〘属単 ～, 複 **-í**〙音節, シラブル; 一言. ～ ceoil 曲の音色. ～ gaoithe 一陣の風.
siollabas [sʲiləbəs] 名男 〘属単・主複 **siollabais**, 属複 ～〙(講演などの)概要; 判決の要旨.
siollach [sʲiləx] 形1 音節の; 発音が明確な.
síollann [sʲiːlən] 名女 〘属単 **síollainne**, 主複 **-a**, 属複 ～〙卵巣; 子房(ぼう).
síolmhar [sʲiːlvər] 形1 肥沃な, 実りの多い.
siolp [sʲilp] 動I 他・自 〘動名 **siolpadh**, 動形 **siolptha**〙(液体を)吸

う；飲み干す.

siolpaire [sʼilpərʼə] 名男〖属単 ～, 複 **siolpairí**〗乳児.
síolphlanda [ˈsʼiːlˌflandə] 名男〖属単 ～, **-í**〗若木, 苗木.
síolrach [sʼiːlrəx] 名男〖属単 **síolraigh**〗品種；種族；子孫.
síolraigh [sʼiːlriː] 動II 他・自〖動名 **síolrú**, 動形 **síolraithe**〗繁殖させる. ～ ó の子孫である.
siombail [sʼimbəlʼ] 名女〖属単 **-e**, 複 **-í**〗象徴, シンボル.
siombalach [sʼimbələx] 形1 象徴的な.
siompóisiam [sʼimpoːsʼiəm] 名男〖属単 ～, 複 **-aí**〗討論会, シンポジウム.
síon [sʼiːn] 名女〖属単 **síne**, 複 **-ta**〗（荒れた）天候.
Sionainn [sʼinan] 名 an tSionainn シャノン川.
síonchaite [ˈsʼiːnˌxatʼə] 形3 風雨で傷んだ.
sioncrónaigh [ˈsʼiŋˌkroːniː] 動II 他〖動名 **sioncrónú**, 動形 **sioncrónaithe**〗同時性をもたせる；一致させる.
siondróm [sʼindroːm] 名男〖属単・主複 **siondróim**, 属複 ～〗症候群, シンドローム.
sionnach [sʼinəx] 名男〖属単・主複 **sionnaigh**, 属複 ～〗狐.
sionnachúil [sʼinəxuːlʼ] 形2（顔つきなど）狐のような；ずるい；抜け目のない.
siopa [sʼipə] 名男〖属単 ～, 複 **-í**〗店. ～ ilranna デパート.
siopadóir [sʼipədoːrʼ] 名男〖属単 **siopadóra**, 複 **-í**〗小売店主.
siopadóireacht [sʼipədoːrʼəxt] 名女〖属単 **-a**〗買物（すること）.
síor[1] [sʼiːr] 形1 永遠の；継続的. de shíor 永久に.
síor-[2] [sʼiːr] 接頭 永久の；継続する.
sioráf [ˈsʼiˌraːf] 名男〖属単・主複 **sioráif**, 属複 ～〗キリン.
síoraí [sʼiːriː] 形3 永遠の；不朽の；絶え間のない. go ～ 永久に.
síoraíocht [sʼiːriː(ə)xt] 名女〖属単 **-a**〗永遠；恒久不変；永続.
siorc [sʼirk] 名男〖属単 **-a**, 複 **-anna**〗鮫(さめ).
síorghlas [sʼiːrɣləs] 形1 常緑の.
síorghnách [ˈsʼiːrˌɣnaːx] 形1〖属単男 ～, 属単女 **síorghnáiche**, 主複 **-a**〗平凡な；単調な.
síoróip [sʼiːroːpʼ] 名女〖属単 **-e**, 複 **-í**〗シロップ.
siorradh [sʼirə] 名男〖属単 **siorraidh**, 複 **siorraí**〗一陣の風；すき間風.
siortaigh [sʼirtiː] 動II 他・自〖動名 **siortú**, 動形 **siortaithe**〗くまなく探す；捜索する.
síos [sʼiːs] 副前 下方に[の]；北に[の]；遠方へ；垂れ下がっている. ～

siosach

go Cúige Uladh 北部のアルスターへ. tá an áit ～ suas acu 彼らは逆の場所を曲がった. d'fhág sé ～ siar sa rás sinn 彼は競争で我々を大きく引き離した.
siosach [sʹisəx] 形1 シューシュー[シー]という.
siosarnach [sʹisərnəx] 名女〖属単 -aí〗シッということ；シュー[シュッ]という音；ささやき. ～ na gaoithe sna crainn 木が風でさわさわいうこと.
siosc [sʹisk] 動I 他・自〖動名 **sioscadh**, 動形 **siosctha**〗シューシュー[ジュージュー]いう；ひそひそ話をする. sioscadh cainte がやがやいう話し声. sioscadh síoda 絹ずれの音.
siosma [sʹismə] 名男〖属単 ～, 複 -í〗(教派などの)分裂.
siosmach [sʹisməx] 名男〖属単・主複 **siocmaigh**, 属複 ～〗教会(宗派)分離論者.
―― 形1 分離(分裂)の；反対意見の；口論する.
siosúr [sʹisuːr] 名男〖属単・主複 **siosúir**, 属複 ～〗はさみ.
siota [sʹitə] 名男〖属単 ～, 複 -í〗突風；突進.
síota [sʹiːtə] 名男〖属単 ～, 複 -í〗チータ.
síothaigh [sʹiːhiː] 動II 他〖動名 **síothú**, 動形 **síothaithe**〗静める；平和を回復させる；鎮圧する.
síothlaigh [sʹiːhliː] 動II 他・自〖動名 **síothlú**, 動形 **síothlaithe**〗漉(こ)す；水が切れる；死ぬ.
síothlán [sʹiːhlaːn] 名男〖属単・主複 **síothláin**, 属複 ～〗漉(こ)し器；パーコレーター, ふるい.
síothmhaor [ˈsʹiːˌviːr] 名男〖属単・主複 **síothmhaoir**, 属複 ～〗警官；保安官.
síothóilte [sʹiːhoːlʹtʹə] 形3 落ち着いた；平和な.
sip [sʹipʹ] 名女〖属単 **-e**, 複 **-eanna**〗ピュッ[ビュッ]という音.
sípéir [sʹiːpʹeːrʹ] 名男〖属単 **sípéara**, 複 -í〗羊飼い；牧羊犬, コリー(犬).
sirriam [sʹirʹiəm] 名男〖属単 ～, 複 -aí〗郡保安官；州長官.
sirtheach [sʹirʹhəx] 形1 探し求める；嘆願する；しつこくせがむ.
sirtheoir [sʹirʹhoːrʹ] 名男〖属単 **sirtheora**, 複 -í〗捜索者；請願者；物乞い.
sirtheoireacht [sʹirʹhoːrʹəxt] 名女〖属単 **-a**〗捜索；嘆願；うろつき.
síscéal [sʹisʹkeːl] 名男〖属単 **síscéil**, 複 **-ta**〗おとぎ話.
sise [sʹisʹə] 代 sí³の強調形. 彼女は[が]. ① 主語として **dúirt ～ é** 彼女がそれを言ったのだ. **tá ～ beo go fóill ach níl seisean** 彼女[妻]はま

だ生きているが彼[夫]は死亡した. ② 強調を表す接尾辞として **a cuid** ～ 彼女の分担.

siséal [sʲisʲeːl] 名男〖属単・主複 **siséil**, 属複 ～〗のみ; 彫刻刀.
——動I 他・自〖動名 **siséaladh**, 動形 **siséaltha**〗彫る;(人を)だます.

sistéal [sʲisʲtʲeːl] 名男〖属単・主複 **sistéil**, 属複 ～〗タンク, 水槽; 貯水池.

síth [sʲiː] 名女〖属単 **-e**〗平和.

sítheach [sʲiːhəx] 形1 平和な; 仲のよい.

sitheadh [sʲihə] 名男〖属単 **sithidh**, 複 **sithí**〗突進; 急襲; うねり.

siúcra [sʲuːkrə] 名男〖属単 ～〗砂糖, 糖. ～ **garbh** グラニュー糖. ～ **bainne** 乳糖.

siúcraigh [sʲuːkriː] 動II 他〖動名 **siúcrú**, 動形 **siúcraithe**〗砂糖を入れる, 甘くする.

siúcrúil [sʲuːkruːlʲ] 形2 砂糖の; 甘い; 甘美な.

siúd [sʲuːd] 代(指示)(時空の隔たり・既了解事項などを暗示して)それ, あれ, その事[人], あの事[人]. **ceannaigh** ～ **dom**(私が話していた)あれを買ってください.(暗に 動詞 is を補って) ～ **é an t-oileán** あれが(その)島だ.(前置詞・前置詞句と共に) **go dhí** ～ それまで.(所有形容詞〈3人称〉＋名詞) あの男[女・人たち]の… **a theach** ～ あの男の家.(人称代名詞〈3人称〉＋～) あの男[女・人たち]. **tá sé** ～ **marbh le fada** あの男が亡くなってもうずいぶん経つ.(疑問代名詞と共に) **cé**[**cad, céard**] ～ あれ[あの事]は何か. **céard** ～ **a dúirt sé?** 彼が言っていたあれは何だったのか.
——副(指示)…と同様に. **chomh mór** ～ それと同じほど大きい.(成句) ～ **chun siúil iad** 彼らは出て行った. ～ **chun oibre sinn** それから私たちは仕事に取りかかった. ～ **ort!** あなたのために(乾杯)!; あなたの幸運を願って[健康を祝して]! ～ **is go** たとえ…でも, もし…にせよ.

siúicrín [sʲuːkʲrʲiːnʲ] 名男〖属単 ～, 複 **-í**〗サッカリン.

siúil [sʲuːlʲ] 動I 他・自〖動名 **siúl**, 動形 **siúlta**; 現 **siúlann**〗歩く[徒歩で行く], 散歩する; 旅行する. **shiúil mé an sliabh** 私はあの山越えの旅をした. ～ **ar** 踏む, 通る; はう; 目を通す; 感染する. **ag siúl ar na plandaí** 植物を踏みつけて(いる). **le** ～ 同伴する; 特徴を表わす; あふれる. **tá an mí-ádh ag siúl leis** 彼は不運に付きまとわれている.(再帰的用法) ～ **leat**(**linn**)(私たちと)一緒に来なさい. ～ **uait!** 出ろ!

síúil [sʲiːuːlʲ] 形2 妖精のような, 小妖精の; 小人の.

siúinéir [sʹuːnʹeːrʹ] 名男〘属単 **siúinéara**, 複 **-í**〙指物師, 建具屋, 大工.

siúinéireacht [sʹuːnʹeːrʹəxt] 名女〘属単 **-a**〙指物職, 大工仕事.

siúl [sʹuːl] 名男〘属単 **siúil**, 複 **-ta**〙歩くこと[遠足]；歩き方；動き；速さ；旅行. ar ～ 進行[行動続行]中で. (rud) a chur ar ～（もの）を始動させること. ar shiúl 去って. dul chun siúil[i gceann siúil] 旅に出ること. faoi shiúl 動いて, 運転中で. an ～ atá faoi rud ものが動いている速さ. sa ～ 始終移動中. lucht siúil 旅行者[行商人].

siúlach [sʹuːləx] 形 1 歩いて[動いて]いる；旅行がちの.

siúlaim [sʹuːləmʹ] siúil+mé.

siúlóid [sʹuːloːdʹ] 名女〘属単 **-e**, 複 **-í**〙歩くこと, 散歩, ハイキング.

siúlóir [sʹuːloːrʹ] 名男〘属単 **siúlóra**, 複 **-í**〙歩行[散歩]する人.

siúlta [sʹuːltə] ☞ siúil, siúl.

siúnta [sʹuːntə] 名男〘属単 ～, 複 **-í**〙継ぎ[合わせ]目；裂け[割れ]目.

siúntaigh [sʹuːntiː] 動II 他〘動名 **siúntú**, 動形 **siúntaithe**〙接合する, 継ぎ合せる.

siúr [sʹuːr] 名女〘属単 **-ach**, 複 **-acha**〙姉妹；親類の女；修道女.

siúráilte [sʹuːraːlʹtʹə] 形 3 確信している, 信頼できる, 必ず…する. go ～ 確かに, 勿論(です).

slaba [slabə] 名男〘属単 ～, 複 **-í**〙泥, 軟泥；だらしない人.

slabhra [slaurə] 名男〘属単 ～, 複 **-í**〙鎖；連鎖；一連. ar ～ 縛られて, 支配されて.

slabhrúil [slauruːlʹ] 形 2 鎖の(ような), 一連の.

slac [slak] 動I 他・自〘動名 **slacadh**, 動形 **slactha**〙バットで打つ；球を打つ；打者となる.

slacaí [slakiː] 名男〘属単 ～, 複 **slacaithe**〙打者.

slacán [slakaːn] 名男〘属単・主複 **slacáin**, 属複 ～〙バット, 打棒.

slacht [slaxt] 名男〘属単 **-a**〙仕上げ(の出来栄え)；端正[小綺麗].

slachtmhar [slaxtvər] 形 1 出来栄えよく仕上がった, 小綺麗な, きちんとした.

slad [slad] 名男〘属単 **-a**, 複 **-anna**〙略奪品, 戦利品；壊滅, 荒廃. ── 動I 他・自〘動名 **sladadh**, 動形 **sladta**〙略奪[強奪]する；破壊する；荒廃する.

sladmhargadh [ˈsladˌvarəgə] 名男〘属単 **sladmhargaidh**, 複 **sladmhargaí**〙安い買物, 特価品, 掘出物.

slaghdán [slaidaːn] 名男〘属単・主複 **slaghdáin**, 属複 ～〙風邪, 感冒. ～ sa cheann 鼻風邪. ～ a thógáil 風邪をひくこと.

slaimice [slamʹəkʹə] 名男〘属単 ～, 複 **slaimicí**〙塊, 厚切り, 切れ

端. ～ feola 肉の塊.

slaimiceáil [slamʹəkʹaːlʹ] 名女〖属単 **slaimiceála**〗乱雑にすること；むさぼること.

sláine [slaːnʹə] 名女〖属単 ～〗全体, 完全であること；強健, 健康なこと.

sláinte [slaːnʹtʹə] 名女〖属単 ～, 複 **sláintí**〗健康[健全]；乾杯. ～ (duine) a ól (人)の健康を祝して杯をあげること. ～ agus saol (chugat)! (あなたの)健康と長寿を祝って乾杯!

sláinteach [slaːnʹtʹəx] 形 1 衛生的な, 健康的な；衛生学の.

sláinteachas [slaːnʹtʹəxəs] 名男〖属単 **sláinteachais**〗衛生(学), 衛生状態；健康法.

sláintíocht [slaːnʹtʹiː(ə)xt] 名女〖属単 **-a**〗公衆衛生；衛生設備.

sláintiúil [slaːnʹtʹuːlʹ] 形 2 健康的な, 健康によい, 健全な.

slám[1] [slaːm] 名男〖属単 ～, 複 **-anna**〗小さい房[束], 一握り, 少量.

slám[2] [slaːm] 動 I 他・自〖動名 **slámadh**, 動形 **slámtha**〗(羊毛など)すく；(ウール地)毛羽立つ.

slán [slaːn] 名男〖属単 **sláin**, 主複 **-a**, 属複 ～〗健康[健全](な人)；別れの挨拶；挑戦. ～ agat! さようなら(去って行く人が言う). ～ leat! さようなら(～ agat に対する返辞). ～ codlata! おやすみ!
—— 形 1 健康[健全]な；安全な；完全な；手付かずの；免除の. codladh ～ 熟睡. tá an bhliain ～ aige 彼は満一歳だ. bhí an chuid eile den airgead ～ 残りの金は手が付けられていなかった.

slánaigh [slaːniː] 動 II 他・自〖動名 **slánú**, 動形 **slánaithe**〗救う；いやす；買いもどす；達する；保護[保障]する. anamacha a shlánú 魂を救うこと. aois áirithe a shlánú ある年齢に達する[を過ぎる]こと. conradh a shlánú 契約を成就すること. (duine) a shlánú ar (rud) (物事)に対し(人)を保護する[に保障する].

slánaíocht [slaːniː(ə)xt] 名女〖属単 **-a**, 複 **-aí**〗保証[障]；補償.

slánaitheoir [slaːnihoːrʹ] 名男〖属単 **slánaitheora**, 複 **-í**〗救済者；買いもどす人.

slándáil [slaːndaːlʹ] 名女〖属単 **slándála**〗安全；保安[護]；保証.

slánú [slaːnuː] 名男〖属単 **slánaithe**, 複 **slánuithe**〗① slánaigh の動名詞. ②(災害などからの)救助[救済]；回復；(損害の)保障.

slánuimhir [ˈslaːnʲivʹərʹ] 名女〖属単 **slánuimhreach**, 複 **slánuimhreacha**〗完全数, 整数.

slaod [sliːd] 名男〖属単 **-a**, 複 **-anna**〗一刈りの分量；まとまった垂れ；いかだ. sloadanna gruaige なだらかに垂れている豊かな髪.
—— 動 I 他・自〖動名 **sloadadh**, 動形 **sloadta**〗(草などを)刈る；

slapach

なぎ倒す；(髪)美しく垂れる；引きずる．
slapach [slapəx] 形1 ずさんな；だらしない．
slapar [slapər] 名男〘属単・主複 **slapair**, 属複 ～〙ゆったりした衣服；垂れ下っているもの．～ **bó** 牛の喉(?)袋(喉の下の皮のたるみ)．
slaparnach [slapərnəx] 名女〘属単 **slaparnaí**〙(水・泥)はね飛ばすこと；がぶがぶ飲むこと．
slat [slat] 名女〘属単 **slaite**, 主複 **-a**, 属複 ～〙棒, 杖；さお；むち；(細長い)横棒；棒状のもの．～ **bhéil**[bhoird] (船の)舷(?)縁．～ **chuirtín** カーテンの吊し棒．～ **draíochta** 魔法の杖．～ **droichid** 橋のらんかん．～ **droma** 背骨．～ **an Rí** オリオン座の三星．～ **tomhais** 物差し．
slatbhalla ['slat‚valə] 名男〘属単 ～, 複 **-í**〙(露台, 橋などの)らんかん[手すり]．
sláthach [sla:həx] 名男〘属単 **sláthaigh**〙軟泥, へどろ．
sleá [s′l′a:] 名女〘属単 ～, 複 **-nna**〙槍(?), 投げ槍[矢]；やす；とげ．
sleabhac [s′l′auk] 名男〘属単 **sleabhaic**〙うなだれ, 前かがみ；しおれ．
―― 動I 自〘動名 **sleabhcadh**, 動形 **slabhctha**；現 **sleabhcann**〙うなだれる；しおれる；倒れる．
sléacht¹ [s′l′e:xt] 名男〘属単 **-a**, 複 **-anna**〙屠殺；虐殺；大破壊．
sléacht² [s′l′e:xt] 動I 自〘動名 **sléachtadh**, 動形 **sléachta**〙ひざまずく, 片ひざをつく；おじぎする．
sleachta [s′l′axtə] ☞ sliocht．
sleádóir [s′l′a:do:r′] 名男〘属単 **sleádóra**, 複 **-í**〙槍使い；泥炭を切り出す人．
sleamchúis ['s′l′am‚xu:s′] 名女〘属単 **-e**〙怠慢, 不熱心, 無責任．
sleamchúiseach ['s′l′am‚xu:s′əx] 形1 怠慢な, 無責任な, 不注意な．
sleamhain [s′l′aun′] 形1〘属単男 ～, 属単女・比較 **sleamhaine**, 主複 **sleamhna**〙滑り易い；滑らかな；口先のうまい．
sleamhnaigh [s′l′auni:] 動II 自・他〘動名 **sleamhnú**, 動形 **sleamhnaithe**〙滑る, 滑らせる；こっそり出る[入る]；(髪を)なでつける．
sleamhnán¹ [s′l′auna:n] 名男〘属単・主複 **sleamhnáin**, 属複 ～〙滑走；船架；滑り台；(そり, スケート, 引き出しなどの)滑走部；(写真)スライド；滑走運搬装置, 投下装置[シュート]；そり．
sleamhnán² [s′l′auna:n] 名男〘属単・主複 **sleamhnáin**, 属複 ～〙(目の)ものもらい．
sleán [s′l′a:n] 名男〘属単 **sleáin**, 複 **-ta**〙泥炭用すき[シャベル]．
sleasa [sl′asə] ☞ slios．

sleasach [sʹlʹasəx] 形1 多面の；面のある；側面の.
sléibhe [sʹlʹe:vʹə], **sléibhte** [sʹlʹe:vʹtʹə] ☞ sliabh.
sléibhteánach [sʹlʹe:vʹtʹa:nəx] 名男〖属単・主複 **sléibhteánaigh**, 属複 ～〗山岳居住者, 山地の住人.
sléibhteoir [sʹlʹe:vʹtʹo:rʹ] 名男〖属単 **sléibhteora**, 複 **-í**〗登山家［者］.
sléibhteoireacht [sʹlʹe:vʹtʹo:rʹəxt] 名女〖属単 **-a**〗山に登ること.
sléibhtiúil [sʹlʹe:vʹtʹu:lʹ] 形2 山地の；山の多い.
slí [sʹlʹi:] 名女〖属単 ～, 複 **slite**〗道；方向；進路；道程；手段；空間. ～ **amach**[**isteach**] 出口［入口］. ～ **a dhéanamh do** (dhuine)（人）に道を空けること. **ar aon** ～ とにかく, いずれにしても. **ar shlí** ある意味では；幾分. **ar shlí** [i ～ is] **go** (go 以下）のように. ～ (bheatha) 生活の手段. **tá** ～ **mhaith aige** 彼は暮し向きが良い. **rud a dhéanamh as an tslí** 間違った事をすること. **tá sé míle** ～ **as seo**（それは）ここから 1 マイルだ.
sliabh [sʹlʹiəv] 名男〖属単 **sléibhe**, 複 **sléibhte**〗山, 山岳；荒野. **droim sléibhe** 尾根. **thug sé an** ～ **air féin** 彼は逃亡・失踪した.
sliabhraon [sʹlʹəvri:n] 名男〖属単 **sliabhraoin**, 複 **-ta**〗山脈.
sliasaid [sʹlʹiəsədʹ] 名女〖属単 **-e**, 複 **sliasta**〗（脚の）もも；わき腹；（壁面の）出っ張り.
slíbhín [sʹlʹi:vʹi:nʹ] 名男〖属単 ～, 複 **-í**〗ずる賢い人.
slibire [sʹlʹibʹirʹə] 名男〖属単 ～, 複 **slibirí**〗しなやかな小枝；ぶらぶら垂れ下ったもの；ひょろ長い人.
slige [sʹlʹigʹə] 名男〖属単 ～, 複 **sligí**〗（動・植物の）堅い外皮；うろこ・殻・さや.
sligreach [sʹlʹigʹrʹəx] 名女〖属単 **sligrí**〗貝；殻（の集り）；かけら（の集り）；（ガラガラ蛇の）音響器官.
―― 形1 堅い外皮（貝殻・豆のさや等）で覆われた.
slim [sʹlʹimʹ] 形1 滑らかな；きゃしゃで優美な；ずるい.
slinn [sʹlʹinʹ] 名女〖属単 **-e**, 複 **-te**〗板石, タイル屋根板, スレート.
slinneadóir [sʹlʹinʹado:rʹ] 名男〖属単 **slinneadóra**, 複 **-í**〗スレート職人.
slinneán [sʹlʹinʹa:n] 名男〖属単・主複 **slinneáin**, 属複 ～〗肩甲骨.
slinneánach [sʹlʹinʹa:nəx] 形1 肩幅の広い.
slíob [sʹlʹi:b] 動I 他・自〖動名 **slíobadh**, 動形 **slíobtha**〗滑らかにする, 磨く；はぐ.
slíoc [sʹlʹi:k] 動I 他・自〖動名 **slíocadh**, 動形 **slíoctha**〗なでる, 軽くたたく；こそこそ逃る；こびる. **shlíoc sé leis** 彼はこっそり逃げた.

sliocht

sliocht [sʹlʹixt] 名男〖属単・複 **sleachta**〗しるし,痕(ﾞ)跡；子孫；引用語句. ～ **cos** 足跡. ～ **a méar** 彼女の指紋. **tá a shliocht air** それには痕跡がある. **ní raibh** ～ **orthu** 彼らには子がいなかった.
sliochtach [sʹlʹixtəx] 名男〖属単・主複 **sliochtaigh**, 属複 ～〗子孫.
slíoctha [sʹlʹi:kə] 形 3 滑らかな,口先のうまい.
sliogán [sʹlʹiga:n] 名男〖属単・主複 **sliogáin**, 属複 ～〗貝；貝殻；砲弾.
slíom [sʹlʹi:m] 動I 他・自〖動名 **slíomadh**, 動形 **slíomtha**〗滑らかにする；磨く.
slíomadóir [sʹlʹi:mədo:rʹ] 名男〖属単 **slíomadóra**, 複 **-í**〗愛想の良い[お世辞のうまい]人.
sliopach [sʹlʹipəx] 形 1 よく滑る；手からよく物を落とす,不器用な.
slios [sʹlʹis] 名男〖属単・複 **sleasa**〗横,側面；傾斜,傾向；細長い小片. ～ **tí** 家の横側. ～ **loinge** 船べり. ～ **a ligean ar** (rud) (もの)に勾配をつけること. ～ **talún** 半島[岬].
sliospholl [ˈsʹlʹisˌfol] 名男〖属単・主複 **sliosphoill**, 属複 ～〗舷(ﾞ)窓；銃眼；砲門.
sliotán [sʹlʹita:n] 名男〖属単・主複 **sliotáin**, 属複 ～〗細長い穴[溝],(自動販売機などの)料金差し入れ口.
sliotar [sʹlʹitər] 名男〖属単・主複 **sliotair**, 属複 ～〗ハーリングボール.
slipéar [sʹlʹipʹeːr] 名男〖属単・主複 **slipéir**, 属複 ～〗スリッパ.
slis [sʹlʹisʹ] 名女〖属単 **-e**, 複 **-eanna**〗破片；削りくず；細長い[薄い]一片；(マイクロ)チップ；木舞(ﾞ).
――― 動I 他・自〖動名 **sliseadh**, 動形 **sliste**〗(布・亜麻を槌で)打つ；叩く；(球)切る；(オール)ブレードを水平に返す[抜く].
slisín [sʹlʹisʹi:nʹ] 名男〖属単 ～, 複 **-í**〗ベーコン[ハム]の薄切り.
slisne [sʹlʹisʹnʹə] 名男〖属単 ～, 複 **slisní**〗切片.
slisneach [sʹlʹisʹnʹəx] 名男〖属単 **slisnigh**〗木端類,木づり.
slisneoir [sʹlʹisʹnʹo:rʹ] 名男〖属単 **slisneora**, 複 **-í**〗削り器；連打する人.
slite [slʹitʹə] ☞ **slí**.
slítheánta [sʹlʹi:ha:ntə] 形 3 ずるい,こうかつな；こそこそする.
sloc [slok] 名男〖属単・主複 **sloic**, 属複 ～〗穴,くぼみ；採掘坑；縦坑；オーケストラ席.
slocach [slokəx] 形 1 溝をつけた,くぼみのある.
slocán [sloka:n] 名男〖属単・主複 **slocáin**, 属複 ～〗受け口,ソケッ

slócht [slo:xt] 名男〖属単 **-a**〗声がれ；しわがれ声.
slodán [sloda:n] 名男〖属単・主複 **slodáin**, 属複 **〜**〗水たまり.
slog [slog] 名男〖属単 **sloig**, 複 **-anna**〗飲み込むこと；がぶ飲み；一飲み(の量).
―― 動I 他・自〖動名 **slogadh**, 動形 **slogtha**〗飲み下す；(深く)吸い込む；引っ込む. **tá an talamh gainimh**(＜**gaineamh**) **ag slagadh na báistí** 砂地が雨を一気に吸い込んでいる.
slóg [slo:g] 動I 他・自〖動名 **slógadh**, 動形 **slógtha**〗動員する；組織される.
slogadh [slogə] 名男〖属単 **slogtha**〗飲み[吸い]込むこと, 一飲み. **tá 〜 ar an iask i mhliana** 今年は魚への需要が多い.
slógadh [slo:gə] 名男〖属単 **slógaidh**, 複 **slógaí**〗動員；集会.
slogaide [slogəd′ə] 名女〖属単 **〜**, 複 **slogaidí**〗吸い込み口；食道.
slogóg [slogo:g] 名女〖属単 **slogóige**, 主複 **-a**, 属複 **〜**〗がぶ食み, ごくごく飲むこと；一飲みの量.
sloigisc [slog′is′k′] 名女〖属単 **-e**〗野次馬；つまらない連中[もの].
sloinn [slon′] 動I 他〖動名 **sloinneadh**, 動形 **sloinnte**〗言う；命名する.
sloinne [slon′ə] 名男〖属単 **〜**, 複 **sloinnte**〗姓, 名字.
sloinnteoir [slon′t′o:r′] 名男 〖属単 **sloinnteora**, 複 **sloinnteoirí**〗系譜[系図]学者.
slua [sluə] 名男〖属単 **〜**, 複 **-ite**〗群集, 人だかり；軍勢[隊]；大勢. **an 〜** 民衆. **bhí na sluaite ar na sráideanna** 通りという通りは群衆で埋め尽くされていた. **ar cheann** [**thosach**]**an tslua** 先駆者になって；陣頭に立って. **éirí 〜** 召集[点呼]すること. **〜 muirí** 海軍.
sluaisteáil [sluəs′t′a:l′] 動I 他・自〖動名 **sluaisteáil**, 動形 **sluaisteáilte**；現 **sluaisteálann**〗シャベルですくう[掘る]；(大量に)かき集める.
sluaistrigh [sluəs′t′r′i:] 動II 他・自〖動名 **sluaistriú**, 動形 **sluaistrithe**〗土中に埋める；(耕作物)に土をかける. **prátaí a shluaistriú** じゃがいもに土をかけること.
sluasaid [sluəsəd′] 名女〖属単 **sluaiste**, 複 **sluaistí**〗シャベル(一杯).
sluma [slomə] 名男〖属単 **〜**, 複 **-í**〗貧民くつ, スラム街.
slusaí [slusi:] 名男〖属単 **〜**, 複 **slusaithe**〗偽善者, おべっか使い.
smacht [smaxt] 名男〖属単・主複 **-a**, 属複 **〜**〗支配(力)；抑制；規則. **tír a chur faoi 〜** 一国を支配下に置くこと. **〜 a bheith agat ort**

smachtaigh 550

féin 自制出来ること.
smachtaigh [smaxti:] 動II 他〖動名 **smachtú**, 動形 **smachtaithe**〗支配する;抑制する;鍛錬する.
smachtbhanna ['smaxtˌvanə] 名男〖属単 ～, 複 -í〗(国際法違反国に加える)制裁, 通商停止.
smachtín [smaxtʲiːnʲ] 名男〖属単 ～, 複 -í〗こん棒, 警棒, バトン, (ゴルフ)クラブ.
smachtúil [smaxtuːlʲ] 形2 支配[抑圧]する;訓練の(ための).
smailc [smalʲkʲ] 名女〖属単 -e, 複 -eacha〗口一杯, 一口分;一吹き, 一服, 一杯.
── 動I 他・自〖動名 **smailceadh**, 動形 **smailcthe**〗むさぼり食う;ぷっと吹く.
smailleac [smalʲək] 名女〖属単 **smaillice**, 主複 -a, 属複 ～〗舌鼓[打ち].
smál [smaːl] 名男〖属単・主複 **smáil**, 属複 ～〗染み, 汚点;暗雲[影];不名誉. ～ a chur ar chlú (duine) (人)の評判を汚すこと. ～ grís(＜gríos)でき物;残り火の被覆灰. ～ na hoíche 夜のとばり.
smalóg [smaloːg] 名女〖属単 **smalóige**, 主複 -a, 属複 ～〗指ではじくこと, 軽く打つこと.
smaoineamh [smiːnʲəv] 名男〖属単 **smaoinimh**, 複 **smaointe**〗考え, 思いつき;沈思, 熟考.
smaoinigh [smiːnʲiː] 動II 他・自〖動名 **smaoineamh**, 動形 **smaointe**〗考える, 思う;心に抱く;思案[熟考]する;考察する;回顧する. smaoineamh ar (rud) (もの)について考えること. ～ sé tamall sular labhair sé 彼は少しの間思案した後話しだした. ～ mé go 私はふと(go 以下)のことを考えた.
smaoiním [smiːnʲiːmʲ] smaoinigh＋mé.
smaointeach [smiːnʲtʲəx] 形1 考えにふける;思慮深い;思案に暮れた.
smaragaid [smarəgədʲ] 名女〖属単 -e, 複 -í〗エメラルド.
smeach [smʲax] 名男〖属単 -a, 複 -anna〗軽打, 指はじき;チュッという口びるの音, 舌打ち[舌鼓](の音);あえぎ.
── 動I 他・自〖動名 **smeachadh**, 動形 **smeachta**〗(軽く)打つ;カチリと鳴る;舌鼓を打つ;あえぐ.
smeachaíl [smʲaxiːlʲ] 名女〖属単 **smeachíola**〗(舌・唇を)ピシャリ・チュッといわせること, 舌鼓を打つこと, 舌打ちすること.
smeachán [smʲaxaːn] 名男〖属単・主複 **smeacháin**, 属複 ～〗(味見など)少量をつまむ[かむ・すする]こと.

smeacharnach [sm'axa:nəx] 名女〖属単 **smeacharnaí**〗すすり[むせび]泣くこと.
smeachóid [sm'axo:d'] 名女〖属単 **-e**, 複 **-í**〗燃えている石炭, 燃えさし, おき.
smeadar [sm'adər] 名男〖属単 **smeadair**〗汚れ, 染み; のり; 生かじりの知識.
smeadráil [sm'adra:l'] 名女〖属単 **smeadrála**, 複 **smeadrálacha**〗汚れ, しみ.
smeámh [sm'a:v] 名男〖属単 **smeáimh**〗呼吸, 一吹き; そよぎ.
smear [sm'ar] 動I 他〖動名 **smearadh**, 動形 **smeartha**〗こすって汚す; しみをつける; 脂を塗る; 打ちすえる.
sméar [sm'e:r] 名女〖属単 **sméire**, 主複 **-a**, 属複 ～〗イチゴ類の果実; ブラックベリー.
smeara [sm'arə] ☞ smior.
smearadh [sm'arə] 名男〖属単 **smearaidh**, 複 **smearthaí**〗塗料; 汚れ; 潤滑油; 磨き剤; 生かじり.
sméaróid [sm'e:ro:d'] 名女〖属単 **-e**, 複 **-í**〗おき[残り火]; ひらめき, 火花; 燃えている石炭. ～ chéille 知覚[感覚]能力のひらめき.
sméid [sm'e:d'] 動I 他・自〖動名 **sméideadh**, 動形 **sméidte**〗まばたきする; うなずく; (頭の動きで)合図を送る; (手・あごで)指図[合図]する. ～ anall air こちらへ来るよう彼に手招きしなさい. ～ orthu imeacht 出ていくようあの人たちに合図しなさい.
sméideadh [sm'e:d'ə] 名男〖属単・複 **sméidte**〗まばたき, 目くばせ, (頭の動作による)合図.
smid [sm'id'] 名女〖属単 **-e**, 複 **-eanna**〗呼吸, 一息; 一句, 一言.
smideadh [sm'id'ə] 名男〖属単 **smididh**〗化粧; 扮装, メーク.
smidiríní [sm'id'ər'i:n'i:] 名 (複) 粉微塵, 小破片.
smig [sm'ig'] 名女〖属単 **-e**, 複 **-eanna**〗あご. lán go ～ あふれんばかりに一杯な.
smionagar [sm'inəgər] 名男〖属単 **smionagair**〗かけら, 小破片, 断片.
smior [sm'ir] 名男〖属単 **smeara**〗髄; 骨髄; 精髄[真髄]; 気力. chuaigh an focal sin go ～ ionam あの言葉は私を深く傷つけた. níl ～ ná smúsach ann 彼は意気地がない.
smiot [sm'it] 動I 他〖動名 **smiotadh**, 動形 **smiota**〗(強く)打つ; 粉砕する; (のみ・おので)切る.
smíst [sm'i:s't'] 動I 他〖動名 **smísteadh**, 動形 **smíste**〗打ち砕く, 続けざまに叩く; ひどく殴る.

smíste [smʲiːsʲtʲə] 名男 『属単 〜, 複 -í』 こん棒；強打.
smitín [smʲitʲiːnʲ] 名男 『属単 〜, 複 -í』 強打, 平手打ち；叩くこと.
smol [smol] 名男 『属単 -a』胴枯れ病, 腐朽[敗].
── 動I 他・自 『動名 smoladh, 動形 smolta』（植物を）害する[枯らす]；しおれる.
smól [smoːl] 名男 『属単・主複 smóil, 属複 〜』（残り火の中の）赤い石炭, おき[燃え残り]；黒焦げになったもの. 〜 coinnle ローソクの芯の黒く燃えた部分.
smólach [smoːləx] 名男 『属単・主複 smólaigh, 属複 〜』ツグミ（鳥）. 〜 mór ヤドリギツグミ.
smolchaite [ˈsmolˌxatʲə] 形3 着古した, すり切れた.
smúdáil [smuːdaːlʲ] 動I 他・自 『動名 smúdáil, 動形 smúdáilte；現 smúdálann』アイロンをかける；アイロンがかかる.
smúdar [smuːdər] 名男 『属単 smúdair』くず[ちり], 粉末；粗粒砂岩. 〜 adhmaid おがくず. 〜 guail 粉炭.
smuga [smugə] 名男 『属単 〜, 複 -í』やに, 粘液；鼻汁.
smugairle [smugərlʲə] 名男 『属単 〜, 複 smugairlí』（吐いた）濃密なつば,（虫の）吹きあわ. 〜 róin くらげ.
smuigleáil [smigʲlʲaːlʲ] 動I 他・自 『動名 smuigleáil, 動形 smuigleáilte；現 smuigleálann』密輸入[輸出]する；密入国[出国]する.
smuigléir [smigʲlʲeːrʲ] 名男 『属単 smuigléara, 複 -í』密輸業者[船].
smuigléireacht [smigʲleːrʲəxt] 名女 『属単 -a』密輸入[輸出]すること；密航すること.
smuilc [smilʲkʲ] 名女 『属単 -e, 複 -eanna』（動物の）鼻づら；不機嫌な表情.
smuilceach [smilʲkʲəx] 形1（豚の）鼻のような；横柄な；不機嫌な.
smúit [smuːtʲ] 名女 『属単 -e』煙, 霧[もや・蒸気］；ちり；陰うつ. bhain sé 〜 as a chuid airgid 彼は持ち金を気前よく使った.
smúitiúil [smuːtʲuːlʲ] 形2 煙った；くすんだ；陰気な；重苦しい.
smúr[1] [smuːr] 名男 『属単 smúir』かす[さび]；すす[あか]；ほこり.
smúr[2] [smuːr] 動I 他・自 『動名 smúradh, 動形 smúrtha』鼻で吸う；においをかぐ.
smúrach [smuːrəx] 形1 ほこりっぽい, すすけた, 汚れた.
smúránta [smuːraːntə] 形3 どんよりした, かすんだ.
smúrthacht [smuːrhəxt] 名女 『属単 -a』かぎ回ること,（獲物を求めて）うろうろすること, せん索すること. ag 〜 romhat 進路を手探りして(いる).

smúsach [smuːsəx] 名男〖属単 **smúsaigh**〗(木)髄；パルプ；西洋赤カボチャ.

smut [smut] 名男〖属単・主複 **smuit**, 属複 〜〗(豚・ワニの)鼻口部；不機嫌な表情；切株；部分.
—— 動I〖動名 **smutadh**, 動形 **smuta**〗(木・円錐などの)先端を切る, 切り詰める.

smutach [smutəx] 形1 しし鼻の；不機げんな；切り株のような.

smután [smutaːn] 名男〖属単・主複 **smutáin**, 属複 〜〗切り株, 木の厚断片.

sna [snə] ☞ i.

snab [snab] 名男〖属単 **-a**, 複 **-anna**〗(鉛筆・ローソクなどの)使い残り, 残り株. an 〜 a bhaint de choinneal ローソクの芯を切りとって消すこと.

snafa [snafə] ☞ snamh.

snáfa [snaːfə] ☞ snámh.

snag[1] [snag] 名男〖属単 **-a**, 複 **-anna**〗息切れ；激しいすすり泣き；しゃっくり；一時的凪(な)ぎ.

snag[2] [snag] 名男〖属単 **-a**, 複 **-anna**〗キバシリ(鳥). 〜 breac カササギ. 〜 darach キツツキ.

snagach [snagəx] 形1 あえいで[すすり泣いて]いる；断音の；しゃっくりしている.

snagaireacht [snagərʹəxt] 名女〖属単 **-a**〗息を切らすこと, すすり泣くこと；どもる[口ごもる]こと；ちびちび飲むこと.

snagcheol [ˈsnagˌxʹoːl] 名男〖属単 **snagcheoil**〗シンコペーションの音楽, ジャズ.

snaidhm [snaimʹ] 名女〖属単 **-e**, 複 **-eanna**〗結び目；絆；(身体的)収縮, ねじれ；つなぎ材；困難.
—— 動I 他・自〖動名 **snaidhmeadh**, 動形 **snaidhmthe**〗結ぶ, 絡み合わせる；接合させる；(骨が)ゆ着する.

snáith [snaː] 動I 他〖動名 **snáthadh**, 動形 **snáite**〗少しずつ飲む[すする]. 〜 le 賞味する.

snáithe [snaːhə] 名男〖属単 〜, 複 **-anna**〗糸；単繊維；縫い目；木目, 粒状[繊維]組織；髄. 〜 an droma (<droim) 脊髄. (成句) ba é lán a shnáithe é それが彼には精一杯だった. ná cuir thar a shnáithe é 彼を狼狽させるな[彼の調子を乱すな].

snáitheach [snaːhəx] 形1 粒状の；木目[石目]のある；繊維の.

snáithín [snaːhiːnʹ] 名男〖属単 〜, 複 **-í**〗繊維；単繊維.

snáithíneach [snaːhiːnʹəx] 形1 繊維状の, 筋の多い.

snamh [snav] 名男〖属単 **snaimh**〗樹皮；皮膚；顔の色つや；きらい；不愉快；反感.
―― 動I 他〖動名 **snamhadh**, 動形 **snafa**〗樹皮[さや・殻など]をはぎ取る, 皮をむく.

snámh [sna:v] 名男〖属単 **-a**〗水泳；滑ること；浮いていること；(船の)喫水. ～ **brollaiagh**[**uchta**] 平泳ぎ. ～ **madra** 犬かき. ～ **a bheith ag**＋人 人が泳げること. **dul sa**[**ar** (**an**)] ～ 泳ぎ始める[水に馴染む]こと. **long a chur ar** ～ 船を浮かべること.
―― 動I 他・自〖動名 **snámh**, 動形 **snáfa**〗泳ぐ；漂う；(水に)浮かす；はう；(ヘビなど)滑るように進む. ～ **ar** (所有形容詞＋**droim**) 背泳ぎする. **an abhainn a shnámh** 川を泳いで渡ること. **ag** ～ **ar an aer** 空中に浮かんで(いる). **ag** ～ (所有形容詞＋**bolg**) 腹ばいになって. **ag** ～ **thart** ぶらついて.

snámhach [sna:vəx] 形 1 浮んでいる；浮揚性の；浮力のある；はうように動く；ぐずぐずする.

snámhacht [sna:vəxt] 名女〖属単 **-a**〗浮力；浮揚性.

snámhaí [sna:vi:] 名男〖属単 ～, 複 **snámhaithe**〗はうもの；泳ぐもの；のらくら者；卑劣な人.

snámhaim [sna:vəmʼ] **snámh**＋**mé**.

snámhán [sna:va:n] 名男〖属単・主複 **snámháin**, 属複 ～〗浮袋；浮き, 浮く物.

snámhóir [sna:vo:rʼ] 名男〖属単 **snámhóra**, 複 **-í**〗泳ぐ人.

snap [snap] 名男〖属単 ～, 複 **-anna**〗素早く食いつくこと；引ったくること；一続き[ひとしきり]. **bhain sé** ～ **as an úll** 彼はりんごがぶっとかじった. ～ **codlata** 一眠り.
―― 動I 他・自〖動名 **snapadh**, 動形 **snaptha**〗素早く食いつく[かみ取る・つかむ・飛びつく].

snas [snas] 名男〖属単 **-a**, 複 **-anna**〗仕上げ, 磨き；つや；見掛けの良さ；(言語・動作の)独特のくせ.

snasaigh [snasi:] 動II 他〖動名 **snasú**, 動形 **snasaithe**〗磨く, 仕上げをする.

snasán [snasa:n] 名男〖属単・主複 **snasáin**, 属複 ～〗つや出し, 光沢剤.

snaschraiceann [ˈsnasˌxrakʼən] 名男〖属単 **snaschraicinn**〗ベニヤ板, 化粧板.

snasleathar [ˈsnasʼˌlʼahər] 名男〖属単 **snasleathair**〗パテント皮, エナメル皮.

snasta [snastə] 形 3 完成された, 磨き上げられた, 光沢のある.

snáth [sna:] 名男〖属単 **-a**〗糸, 縫い[紡ぎ]糸；(金属・ガラスの)糸；糸のような線；網状組織. ～ **mara** 高潮位線.

snáthadán [sna:hədɑ:n] 名男〖属単・主複 **snáthadáin**, 属複 ～〗網すき針；～ (cogaidh) ガガンボ, 昆虫.

snáthaid [sna:hədʲ] 名女〖属単 **-e**, 複 **-í**〗針；目盛り, 指示針[器]. ～ **bheag**[chaol] 細針. ～ **bheag**[mhór] (cloig) (時計の)短針[長針]. ～ **lín** 編み針. ～ **mhór**[ramhar] 太針.

sneachta [sʲnʲaxtə] 名男〖属単 ～, 複 **-í**〗雪(降り). **ag cur** ～ 雪が降って(いる).

sneachtúil [sʲnʲaxtu:lʲ] 形 2 雪の, 雪の多い, 雪のような.

sní [sʲnʲi:] 名女〖属単 ～〗流れ, 流出；流量[降水量]；(液体の)透過.

snigh [sʲnʲiɣʲ] 動Ⅰ 自〖動名 **sní**, 動形 **snite**, 現 **sníonn**〗流れ出る, 勢いよく注ぐ；しみ出る；滑るように行く.

sniog [sʲnʲig] 動Ⅰ 他〖動名 **sniogadh**, 動形 **sniogtha**〗搾り尽す, 干上がらせる.

sníomh [sʲnʲi:v] 名男〖属単 **-a**〗紡ぐこと, より合せること；捻挫(ねんざ). ～ **snátha** 紡績. ～ **lámh** 手を堅く握ること.
── 動Ⅰ 他・自〖動名 **sníomh**, 動形 **sníofa**〗紡ぐ；より合せる；曲りくねる；くじく. ～ **le** 奮闘する.

sníomhaí [sʲnʲi:vi:] 名男〖属単 ～, 複 **sníomhaithe**〗紡績工[機], 紡績業者.

snípéir [snʲi:pʲe:rʲ] 名男〖属単 **snípéara**, 複 **-í**〗そ撃兵.

snítheach [sʲnʲi:həx] 形 1 流れるような, 流れに従う, 滑るような.

snoí [sni:] 名男〖属単 ～〗切ること, 彫ること；(不要部分を)削り取ること；消耗すること.

snoigh [snoɣʲ] 動Ⅰ 他・自〖動名 **snoí**, 動形 **snoite**, 現 **snoíonn**, 未来 **snoífidh**〗切る[切り倒す], 彫る[削る]；形づくる；洗練する；擦り切らす. **dair a shnoí** オークの木を切り倒すこと. **bata a shnoí** 木の枝[棒切れ]を削ること. **ag snoí dáin** 芸術的な詩にまとめて(いる).

snoím [snʲi:mʲ] snoigh＋mé.

snoíodóir [sni:(ə)do:rʲ] 名男〖属単 **snoíodóra**, 複 **-í**〗彫刻家.

snoíodóireacht [sni:(ə)do:rʲəxt] 名女〖属単 **-a**〗切ること, 彫る[削る]こと, 彫刻.

snoite [snotʲə] 形 3 やつれた[衰弱した]；洗練された.

snua [snuə] 名男〖属単 ～, 複 **-nna**〗顔の色つや；外観, 風ぼう.

snuaphúdar [ˈsnuəˌfu:dər] 名男〖属単・主複 **snuaphúdair**, 属複 ～〗おしろい.

snúcar [snu:kər] 名男〖属単 **snúcair**〗スヌーカー(玉突き).

snúda [snu:də] 名男〖属単 ～, 複 **-í**〗ヘアバンド；袋形のヘアネット．
snúúil [snu:u:lʹ] 形2 健康そうな, 血色のよい, 顔色のよい．
so- [so] 接頭（母音の前ではハイフンをつける．また bh, dh, gh, mh の次に a, la, ra が続く場合にもハイフンをつける）～＋動形容詞または動形容詞から派生した名詞．…し易い；…の良い．**so-adhainte** 燃え易い．**sobriste** 壊れ易い．
só [so:] 名男〖属単 ～, 複 **-nna**〗慰め；気楽, 満足；楽しむこと；ぜいたく, 快楽；幸運．**bheith ar do shó** [faoi shó] 心地よく満ち足りて申し分ないこと．
so-adhainte [ˌsoˈainʹtʹə] 形3 燃え易い, 発火し易い．
so-athraithe [ˌsoˈahrihə] 形3 合わせ易い, 調節可能な．
sobal [sobəl] 名男〖属単 **sobail**〗泡；石けんの泡；泡汗．
so-bhlasta [ˌsoˈvlastə] 形3 風味のよい, 味のよい．
sobhriste [soˈvʹrʹisʹtʹə] 形3 壊れ易い, もろい, 砕け易い．
sóbráilte [so:braːlʹtʹə] 形3 酔っていない, 白面の；真面目な．
soc [sok] 名男〖属単・主複 **soic**, 属複 ～〗鼻状の突出部, 突き出た先端, (動物)鼻面．～ **céachta** 鋤(🔧)の刃．～ **píobáin** ホースのノズル．
socadán [sokəda:n] 名男〖属単・主複 **socadáin**, 属複 ～〗おせっかい者．
socair [sokərʹ] 形1〖属単女・主複・比較 **socra**〗静かな；平穏な；落ち着いた；くつろいだ．
sócamas [so:kəməs] 名男〖属単・主複 **sócamais**, 属複 ～〗糖菓, キャンデイ；(複)珍味；菓子類．
sóch [so:x] 形1〖属単男 ～, 属単女・比較 **sóiche**, 主複 **-a**〗快適な；充足した；ぜいたくな．
sochaí [soxi:] 名女〖属単 ～, 複 **sochaithe**〗社会(集団), 共同体；多数, 大群．
sochaideartha [ˌsoˈxadʹərhə] 形3 近付き易い, 親しみ易い, 社交的な．
sochar [soxər] 名男〖属単・主複 **sochair**, 属複 ～〗正当の権利［報い］；利益；便宜；福利；製品．
sóchas [so:xəs] 名男〖属単 **sóchais**〗慰め, 喜び, 楽しいこと．
socheolaí [ˈsoxˌoli:] 名女〖属単 ～, 複 **socheolaithe**〗社会学者．
socheolaíocht [ˈsoxˌoːliː(ə)xt] 名女〖属単 **-a**〗社会学．
sochma [soxmə] 形3 のんきな；穏やかな, 落ち着いた．
sochomhairleach [ˌsoˈxoːrlʹəx] 形1 従順な；教え易い, 扱い易い．
sochorraithe [ˌsoˈxorihə] 形3 感情を動かし易い, 興奮し易い．
sochrach [soxrəx] 形1 有益[用]な；利益を生じる, もうかる．

sochraid [soxrəd/] 名女〖属単 **-e**, 複 **-í**〗葬式, 告別式；葬列. **dul i ~** [ar shochraid] (duine) (人)の葬式に出席すること.
sochraideach [soxrəd/əx] 名男〖属単・主複 **sochraidigh**, 属複 **~**〗哀悼者, 会葬者.
sochreidte [ˌso¦x/r/et/ə] 形3 信用出来る, 確かな.
sócmhainn [so:kvən/] 名女〖属単 **-e**, 複 **-í**〗資産, 財産；(無形有用で)貴重なもの.
sócmhainneach [so:kvən/əx] 形1 支払い[解く]能力のある.
sócmhainneacht [so:kvən/əxt] 名女〖属単 **-a**〗支払い能力, 資力.
socra [sokrə] ☞ socair.
socracht [sokrəxt] 名女〖属単 **-a**〗穏やかなこと；平安, 休息. **bheith ar do shocracht** くつろいでいること. **dul chun socrachta** (心・感情などが)鎮静すること.
socraigh [sokri:] 動II 他・自〖動名 **socrú**, 動形 **socraithe**〗安定させる；静める；落ち着かせる；手はずを定める. **~ ar** 決める. **tá an aimsir ag socrú** 天気は安定している. **cás a shocrú** 事件に結末をつけること. **socrú ar** (rud) **a dhéanamh** (こと)をしようと決めること.
socraím [sokri:m/] socraigh+mé.
socraíocht [sokri:əxt] 名女〖属単 **-a**, 複 **-aí**〗処理(法)；清算；セツルメント.
socrú [sokru:] 名男〖属単 **socraithe**, 複 **socruithe**〗鎮静；処理；決定；手配.
sócúl [so:ku:l] 名男〖属単 **sócúil**〗慰安；救われた気持；休養.
sócúlach [so:ku:ləx] 形1 安楽な, くつろいだ, 心地よい.
sodar [sodər] 名男〖属単 **sodair**〗(馬など)だく足[トロット], 急ぎ足. **ar ~** 速歩[だく足]で.
sodhéanta [soɣ/e:ntə] 形3 容易に出来る；実行出来る, 実用向きの.
sodóg [sodo:g] 名女〖属単 **sodóige**, 主複 **-a**, 属複 **~**〗ソーダケーキ；肉付きのよい魅力的な女性.
sofaisticiúil [sofəs/t/ək/u:l/] 形2 洗練された, 耳[目]の肥えた；純真さを失った.
sofheicthe [ˌso¦ek/ə] 形3 目に見える；明らかな, 明白な.
sofhulaingthe [ˌso¦uləŋ/hə] 形3 我慢できる, 耐えられる.
soghluaiste [ˌso¦ɣluəs/t/ə] 形3 移動し易い, 動かし易い；手に入れ易い. **airgead ~** 現金.
soghluaisteacht [ˌso¦ɣluəs/t/əxt] 名女〖属単 **-a**〗動き易さ；はかなさ；手に入れ易いこと.
soghonta [ˌso¦ɣontə] 形3 傷つき易い, 抵抗力のない.

soibealta [sob/əltə] 形3 無遠慮な, ずうずうしい.
soicéad [sok/e:d] 名男 〖属単・主複 **soicéid**, 属複 ～〗受け口, ソケット.
soicind [sok/ən/d/] 名男 〖属単 ～, 複 **-í**〗(時間の)秒.
sóid [so:d/] 名女 〖属単 **-e**, 複 **-eanna**〗ソーダ, 重曹.
sóidiam [so:d/iəm] 名男 〖属単 ～〗ナトリウム, ソジウム.
soighe [soɣ/ə] 名男 〖属単 ～〗大豆; しょう油.
soilbhir [sol/əv/ər/] 形1 〖属単女・主複・比較 **soilbhre**〗快活な; 陽気な, 愉快な; 言葉遣いの上品な; 話し上手な.
soilbhreas [sol/əv/r/əs] 名男 〖属単 **soilbhris**〗快活さ, 愉快なこと; 楽しさ.
soiléir [sol/e:r/] 形1 澄んだ; はっきりした; 明白な.
soiléireacht [sol/e:r/əxt] 名女 〖属単 **-a**〗明快さ, 透明; 明白.
soiléirigh [sol/e:r/i:] 動II 他 〖動名 **soiléiriú**, 動形 **soiléirithe**〗明らかにする; はっきりさせる; 透明にする.
soiléirse [sol/e:rs/ə] 名女 〖属単 ～, 複 **soiléirsí**〗自明の理; 原理, 原則; (論理・数学) 公理.
soilíos [sol/i:s] 名男 〖属単 **soilís**〗満足; 安楽; 恩恵; 親切.
soilíosach [sol/i:səx] 形1 親切な, 人によく尽くす.
soilire [sol/ər/ə] 名男 〖属単 ～〗セロリ.
soilse[1] [sol/s/ə] 名女 〖属単 ～, 複 **soilsí**〗光, 輝き; (尊称) 閣下 [夫人]. a Shoilse 閣下.
soilse[2] [sol/s/ə] ☞ solas.
soilseach [sol/s/əx] 形1 〖属単男 **soilsigh**〗光る; (さん然と) 輝く; 明るい.
soilseán [sol/s/a:n] 名男 〖属単・主複 **soilseáin**, 属複 ～〗光源, 発光体; たいまつ.
soilsigh [sol/s/i:] 動II 他・自 〖動名 **soilsiú**, 動形 **soilsithe**〗照らす [輝かせる]; 輝く; 啓発する; (隠れているものを) 表に出す.
soilsiú [sol/s/u:] 名男 〖属単 **soilsithe**〗明るくすること; 照明; 電飾; 啓発.
soinéad [son/e:d] 名男 〖属単・主複 **soinéid**, 属複 ～〗ソネット, 14行詩.
soineann [son/ən] 名女 〖属単 **soininne**〗好天, 晴天; 平穏; 純真.
soineanta [son/əntə] 形3 (天候) 穏やかな; 人好きのする; 純真な.
soinneán [son/a:n] 名男 〖属単・主複 **soinneáin**, 属複 ～〗突風; 一吹き.
sóinseáil [so:n/s/a:l/] 名女 〖属単 **sóinseála**〗変化; 両替. ～ bheag

つり銭.
——［動I］他・自〖動名 **sóinseáil**, 動形 **sóinseáilte**〗変える；両替する.
sóinseálaim [so:n′s′a:l′əm′] sóinseáil＋mé.
so-iompair [soimpər′] ［形］ (iompar の属単由来) 持ち運びのできる, ポータブル.
soiprigh [sop′r′i:] ［動II］ 他〖動名 **soipriú**, 動形 **soiprithe**〗心地よく横たえる；抱き寄せる.
soir [sor′] ［副］ 東へ［に］, 東方へ［に］.
——［前］ を通って東へ, の東にあたって.
——［形］ 東方への, 東向きの, 東寄りの. ～ **lámh ó dheas** 東微南向きの.
soirbh [sor′əv′] ［形］1 安楽な；愉快な, 楽しい.
soirbhigh [sor′əv′i:] ［動II］ 他・自〖動名 **soirbhiú**, 動形 **soirbhithe**〗安らかにする；心地よくする. ～ **do** 栄える. **go soirbhí Dia duit** あなたのご成功［ご無事］を祈ります.
soirbhíoch [sor′əv′i:(ə)x] ［名］男〖属単・主複 **soirbhígh**, 属複 ～〗楽天主義者.
soirbhíochas [sor′əv′i:(ə)xəs] ［名］男〖属単 **soirbhíochais**〗楽天主義, 楽天観.
soiscéal [sos′k′e:l] ［名］男〖属単・主複 **soiscéil**, 属複 ～〗福音(書)；キリスト教の教え.
soiscéalach [sos′k′e:ləx] ［形］1 福音(書)の；福音教会派の.
soiscéalaí [sos′k′e:li:] ［名］男〖属単 ～, 複 **soiscéalaithe**〗説教師［牧師］.
sóisear [so:s′ər] ［名］男〖属単・主複 **sóisir**, 属複 ～〗年少者, 後輩；(4年制大学の)3年生［(3年制高校の)2年生］.
sóisearach [so:s′ərəx] ［形］1 年少の, 後輩の, (4年制大学の)3年生の［(3年制高校の)2年生の］.
sóisialach [so:s′iələx] ［形］1 社会主義的な.
sóisialachas [so:s′iələxəs] ［名］男〖属単 **sóisialachais**〗社会主義.
sóisialaí [so:s′iəli:] ［名］男〖属単 ～, 複 **sóisialaithe**〗社会主義者.
sóisialta [so:s′iəltə] ［形］3 社会の, 社会的な；社会主義の.
soith [soh] ［名］女〖属単 **-e**, 複 **-eanna**〗雌犬；(狼・狐など)雌.
soitheach [sohəx] ［名］男〖属単 **soithigh**, 複 **soithí**〗船［船舶］；容器, 皿類. ～ **cogaidh** 戦艦. ～ **anraith** スープ用(ふたつき)深皿. ～ **cré** 陶器.
sól [so:l] ［名］男〖属単・主複 **sóil**, 属複 ～〗シタビラメ, シタガレイ.

solad [soləd] 名男〖属単・主複 **solaid**, 属複 ～〗固体, 固形物.
soláimhsithe [ˌsoˈlaːvʲsʲihə] 形 3 扱いやすい, 操作[管理]できる.
sólaisteoir [soːləsʲtʲoːrʲ] 名男〖属単 **sólaisteora**, 複 **-í**〗菓子製造人[販売人]; 菓子屋.
sólaistí [soːləsʲtʲiː] 名 (複)おいしい物, 珍味, ごちそう.
solamar [soləmər] 名男〖属単 **solamair**〗食欲をそそる[滋養分に富んだ]食物; うま味豊かな事物; 収益.
solámhach [ˌsoˈlaːvəx] 形 1 巧みな, 手先の器用な.
sólann [soːlan] 名女〖属単 **sólainne**, 主複 **-a**, 属複 ～〗レジャーセンター.
solaoid [soliːdʲ] 名女〖属単 **-e**, 複 **-í**〗挿し絵[図解], 具体例.
solas [soləs] 名男〖属単 **solais**, 複 **soilse**〗光, 輝き; 明かり; 光明; 啓発; 火炎. ～ **na gréine** 日光. ～ **an lae** 日の光[日中]. **le mo sholas** 私が生きている限り. ～ **sráide** 街灯.
sólás [soːlaːs] 名男〖属単・主複 **sóláis**, 属複 ～〗慰め(となるもの)[人]).
sólásach [soːlaːsəx] 形 1 慰めになる; 元気づける.
sólásaigh [soːlaːsi] 動Ⅱ 他〖動名 **sólású**, 動形 **sólásaithe**〗慰める; 元気づける; 安心させる.
solasmhar [soləsvər] 形 1 輝く, 明るい; 明快な, 明白な.
so-lasta [solastə] 形 3 燃え易い; 怒り易い.
solathach [soləhəx] 形 1 許される, 酌量される.
soláthair [solaːhərʲ] 動Ⅱ 他・自〖動名 **soláthar**, 動形 **soláthartha**; 現 **soláthraíonn**〗集める; 調達する; 供給する.
soláthar [solaːhər] 名男〖属単 **soláthair**, 複 **soláthairtí**〗収集, 調達; 用意, 供給.
soláthraí [solaːhriː] 名男〖属単 ～, 複 **soláthraithe**〗集める人; 供給者; 勤勉な人.
soléite [soˈlʲeːtʲə] 形 3 読みやすい, 判読出来る.
sollúnta [soluːntə] 形 3 荘厳[厳粛]な, 儀式にかなった.
sollúntacht [soluːntəxt] 名女〖属単 **-a**〗荘厳[厳粛]; 儀式.
solúbtha [ˌsoˈluːpə] 形 3 柔軟な, 順応[適応]性のある.
sómas [soːməs] 名男〖属単 **sómais**〗気楽, くつろぎ, 安楽.
sómasach [soːməsəx] 形 1 安らかな, 心地よい; のんきな.
sómhar [soːvər] 形 1 心地よい; 不自由のない, ぜいたくな.
somheanmnach [ˌsoˈvʲanəmnəx] 形 1 機嫌のよい, 陽気な, 快活な.
somhianaithe [ˌsoˈvʲiənihʲə] 形 3 望ましい, 願わしい.
somhúinte [ˌsoˈvuːnʲtʲə] 形 3 教えやすい, 導きやすい, 扱いやすい.

son[1] [son] 名男〖属単・主複 **soin**, 属複 〜〗音, 音響.

son[2] [son] 名 (成句) ar 〜 のために；の代わりに, (ある理由) のため；返礼に. **ar 〜 na síochána** 平和のために. **ar 〜 grinn** (＜greann) **a bhí mé** 私はただ冗談を言ったまでだ. **bronntanas beag ar 〜 do chuidithe** あなたの援助に対するささやかなプレゼント. **ar a shon go** (go 以下) にもかかわらず. **ar a shon sin** それでもやはり.

sona [sonə] 形3 幸福な；幸運な；うれしい. **Nollaig Shona**! クリスマスおめでとう！

sonach [sonəx] 形1 音の；音波の；音速の.

sonáid [sonaːdʲ] 名女〖属単 **-e**, 複 **-í**〗(音楽) ソナタ.

sonas [sonəs] 名男〖属単 **sonais**〗幸せ, 満足, 幸運, 喜び. 〜 **ort**! ありがとう；幸運を[成功を] (祈って)！

sonasach [sonəsəx] 形1 幸福[幸せ]な, 運のよい. 〜 **go raibh tú**! ありがとう！

sonc [soŋk] 名男〖属単 〜, 複 **-anna**〗(ひじ・棒で) 突くこと；軽い突き, 急な押し.

sonda [sondə] 形3 音の (ある)；(鳴り) 響く.

sonite [ˌsoˈnʲitʲə] 形3 洗うことが出来る, 洗濯のきく.

sónna [soːnə] ☞ **só**.

sonnach [sonəx] 名男〖属単・主複 **sonnaigh**, 属複 〜〗杭 (٤)[柵 (٣)](を巡らすこと).

sonóg [sonoːg] 名女〖属単 **sonóige**, 複 **-a**〗マスコット.

sonra [sonrə] 名男〖属単 〜, 複 **-í**〗細目[事項]；特質[特色]；(奇怪な) 物の姿[かたち]. **de shonra** とりわけ；厳密にいえば. **próiseáil sonraí** データ[情報]処理. **bunachar sonraí** データベース.

sonrach [sonrəx] 形1 (ある) 特定の, 特別の. **go 〜** 顕著に, 明白に；特に.

sonraigh [sonriː] 動II 他・自〖動名 **sonrú**, 動形 **sonraithe**〗詳述する；見分ける；に気づく；明確にする.

sonraíoch [sonriː(ə)x] 形1〖属単男 〜, 属単女・比較 **sonraíche**, 主複 **-a**〗目立つ；注目すべき；顕著な.

sonraíocht [sonriː(ə)xt] 名女〖属単 **-a**, 複 **-aí**〗(複) 仕様書；異常[非凡] なこと；優れていること.

sonrasc [sonrəsk] 名男〖属単・主複 **sonraisc**, 属複 〜〗送り状[インボイス].

sonrú [sonruː] 名男〖属単 **sonraithe**〗① sonraigh の動名詞. ② 認識, 人目を引くこと；詳記[詳述].

sonuachar [ˌsoˈnuəxər] 名男〖属単・主複 **sonuachair**, 属複 〜〗配

偶者.

sop [sop] 名男〖属単・主複 **soip**, 属複 〜〗(干草・わらの)小束；か細いもの；寝わら. **tabhair 〜 don bhó** 牛に飼い葉をやりなさい. **〜 a chur faoin eallach** 寝わらを敷いて牛を寝かせること.

sópa [so:pə] 名男〖属単 〜〗石けん.

soprán [sopra:n] 名男〖属単・主複 **sopráin**, 複 〜〗ソプラノ.

sor [sor] 名男〖属単・主複 **soir**, 属複 〜〗動物のシラミ・ダニ.

során [sora:n] 名男〖属単・主複 **soráin**, 属複 〜〗針金虫.

so-ranna [ˌsoˈranə] 形3 社交的な, 愛想のよい, 人付き合いのよい.

sorcas [sorkəs] 名男〖属単・主複 **sorcais**, 属複 〜〗サーカス.

sorcha [sorəxə] 名女〖属単 〜〗輝き, 明るさ.
—— 形3 明るい, 輝かしい；陽気な.

sorcóir [sorko:rʹ] 名男〖属単 **sorcóra**, 複 **-í**〗シリンダー.

sorn [so:rn] 名男〖属単・主複 **soirn**, 属複 〜〗(料理用)レンジ, 炉；暖房炉；溶鉱炉.

sornóg [so:rno:g] 名女〖属単 **sornóige**, 主複 **-a**, 属複 〜〗(暖房・料理用)ストーブ；(調理用)レンジ.

sórt [so:rt] 名男〖属単・主複 **sóirt**, 属複 〜/複 **-anna**〗そのようなもの；種類[部類]；(副詞扱い)やや, 幾分, 多少. **an 〜 duine atá ann** 彼はそのような人だ. **〜 amaideach** 多少ばかげた.

sórtáil [so:rta:lʹ] 動I 他・自〖動名 **sórtáil**, 動形 **sórtáilte**；現 **sórtálann**〗分類[区分け]する.

sos [sos] 名男〖属単 **-a**, 複 **-anna**〗一時的休止；休憩, 小休止；交替救援. **〜 cogaidh** 停戦[休戦]. **〜 ó obair** 仕事の小休止. **〜 ó phian** 苦痛の小康[軽減]. **〜 fear** (男性)交替者. **〜 plúir** 救援小麦粉.

sotal [sotəl] 名男〖属単 **sotail**〗横柄, ごう慢；無遠慮. **fear sotail** 厚かましい男. **a leithéid de shotal !** あの鉄面皮！ **bheith faoi shotal do dhuine** 人に屈従すること.

sotalach [sotələx] 形1 横柄な, ごう慢な；厚かましい.

sotar [sotər] 名男〖属単・主複 **sotair**, 属複 〜〗セッター(猟犬).

sothuigthe [ˌsoˈhikʹə] 形3 容易に理解できる, 易しい.

sóúil [so:u:lʹ] 形2 満ち足りた, ぜいたくな；美味な.

spá [spa:] 名男〖属単 〜, 複 **-nna**〗温泉(場).

spád [spa:d] 名女〖属単 **spáide**, 主複 **-a**, 属複 〜〗シャベル状のすき, 踏みぐわ.

spadach [spadəx] 形1 重くてぬれた；(土地)ぬかるんだ.

spadalach [spadələx] 名男〖属単・主複 **spadalaigh**, 属複 〜〗びしょぬれのもの, 水浸し状のもの.

spadánta [spada:ntə] 形3 怠惰な；ものうげな；不活発な.
spadhar [spair] 名男〖属単・主複 **spadhair**, 属複 〜〗(感情の)激発, かんしゃく. **bhuail 〜 é** 彼はかんしゃくを起こした.
spadhrúil [spairu:l′] 形2 気まぐれな；わがままな；気むずかしい.
spág [spa:g] 名女〖属単 **spáige**, 主複 **-a**, 属複 〜〗不格好な大足, 扁平足.
spaga [spagə] 名男〖属単 〜, 複 **-í**〗小袋, 財布.
spágach [spa:gəx] 形1 不格好な足の；扁平足の.
spágáil [spa:ga:l′] 動Ⅰ 自〖動名 **spágáil**, 動形 **spágáilte**〗よろよろ歩く.
spaigití [spa|g′it′i:] 名男〖属単 〜〗スパゲッティ.
spailp [spal′p′] 名女〖属単 **-e**, 複 **-eanna**〗一続き [一しきり]；しばらくの間；順番.
spailpín [spal′p′i:n′] 名男〖属単 〜, 複 **-í**〗季節労働者, 出かせぎ.
spáinnéar [spa:n′e:r] 名男〖属単・主複 **spáinnéir**, 属複 〜〗スパニエル(犬)；青二才.
spairn [spa:rn′] 名女〖属単 **-e**〗戦い；争い；論争；苦闘. **cnámh spairne** 争いのもと.
—— 動Ⅰ 他・自〖動名 **spairneadh/spairn**, 動形 **spairnthe**〗戦う；争う；主張する. **〜 le** 取り組む；(賞など)争う；論争する.
spairt [spart′] 名女〖属単 **-e**, 複 **-eanna**〗湿った土くれ；ふやけたもの.
spaisteoireacht [spas′t′o:r′əxt] 名女〖属単 **-a**〗ぶらつくこと, 散歩すること.
spall [spal] 動Ⅰ 他・自〖動名 **spalladh**, 動形 **spallta**〗焦がす；からからに乾かす；しなびさせる.
spalla [spalə] 名男〖属単 〜, 複 **-í**〗(鉱石など)かけら；小石.
spalladh [spalə] 名男〖属単 **spallta**〗焦がすこと, (熱で)からからにさせること；(感情の)急激な高ぶり. **bhí 〜 náire orm** 私は恥ずかしさでかっと熱くなった.
spallaíocht [spali:(ə)xt] 名女〖属単 **-a**〗ふざけること；生かじりの知識. **〜 le** いちゃつくこと. **〜 ar** 毒づくこと.
spallta [spaltə] 形3 ① spall の動形容詞. ② 乾き切った, ひからびた.
spalp [spalp] 動Ⅰ 他・自〖動名 **spalpadh**, 動形 **spalptha**〗突然見えてくる；とうとうとしゃべる. **〜 an ghrian** にわかに太陽が照りつけだした. **ag spalpadh bréag** ぺらぺら嘘をついて(いる).
spanla [spanlə] 名男〖属単 〜, 複 **-í**〗すね [向こうずね]；脚；(牛の)すね肉.

spáráil [spa:ra:l′] 名女〖属単 **spárála**〗節約, 倹約.
—— 動I 他・自〖動名 **spáráil**, 動形 **spárálte**；現 **spárálann**〗(目的のために)取っておく；分けてやる；倹約する.
spárálach [spa:ra:ləx] 形1 節約する, つましい, 惜しむ.
spárálaim [spa:ra:l′əm′] spáráil + mé.
sparán [spara:n] 名男〖属単・主複 **sparáin**, 属複 〜〗財布. 〜 **na scillinge** 無尽蔵(な供給源).
sparánacht [spara:nəxt] 名女〖属単 **-a**〗(大学・修道院の)会計課；(大学の)奨学金.
sparánaí [spara:ni:] 名男〖属単 〜, 複 **sparánaithe**〗(大学・修道院の)会計係.
sparra [sparə] 名男〖属単 〜, 複 **-í**〗スパイク；円材；横木.
spartach [spartəx] 形1 スパルタ式の；質実剛健な.
spártha [spa:rhə] 形3 予備の, 残しておいた.
spás [spa:s] 名男〖属単 **spáis**, 複 **-anna**〗空間；宇宙；間隔, 距離；余地, (時の)間；猶予. **gan** 〜 ぐずぐずせずに；突然に.
spásáil [spa:sa:l′] 名女〖属単 **spásála**〗間隔を置くこと.
—— 動I 他〖動名 **spásáil**, 動形 **spásáilte**；現 **spásálann**〗間隔[行間]をあける.
spásaire [spa:sər′ə] 名男〖属単 〜, 複 **spásairí**〗宇宙飛行士.
spásárthach [ˈspa:sˌa:rhəx] 名男〖属単 **spásárthaigh**, 複 **spásárthaí**〗宇宙船.
spásas [spa:səs] 名男〖属単 **spásais**〗猶予期間；執行延期.
spásmhar [spa:svər] 形1 広大な, 広々とした.
speabhraíd [sp′auri:d′] 名女〖属単 **-e**, 複 **-í**〗幻覚, 幻視；(複)幻影；幻想.
speach [sp′ax] 名女〖属単 **speiche**, 主複 **-a**, 属複 〜〗蹴ること；はね返り；はじくこと.
—— 動I 他・自〖動名 **speachadh**, 動形 **speachta**〗蹴飛ばす, 蹴る；はじく；(銃など)はね返る.
spéacla [sp′e:klə] 名男〖属単 〜, 複 **-í**〗(複)眼鏡.
spéacláireacht [sp′e:kla:r′əxt] 名女〖属単 **-a**〗思索；推測；投機.
speal [sp′al] 名女〖属単 **speile**, 主複 **-a**, 属複 〜〗(長柄の)大[草刈り]がま.
—— 動I 他・自〖動名 **spealadh**, 動形 **spealta**〗大[草刈り]かまで刈る；撒き散らす；まばらになる[衰退する].
spealadóir [sp′alədo:r′] 名男〖属単 **spealadóra**, 複 **-í**〗(大がまで)刈る人.

speár [spʹaːr] 名男〖属単 ～, 複 **-anna**〗殴り合い[けん闘].
speic [spʹekʹ] 名女〖属単 **-e**, 複 **-eanna**〗(帽子の)まびさし;傾斜; 横目でちらりと見ること.
spéice [spʹeːkʹə] 名男〖属単 ～, 複 **spéicí**〗柱;棒[枝]切れ;大くぎ.
speiceas [spʹekʹəs] 名男〖属単・主複 **speicis**, 属複 ～〗(生物分類の)種;種類.
speictreach [spʹekʹtʹrʹəx] 形 1 スペクトルの.
speictream [spʹekʹtʹrʹəm] 名男〖属単・主複 **speictrim**, 属複 ～〗スペクトル, 分光.
speir [spʹerʹ] 名女〖属単 **-e**, 複 **-eacha**〗膝腱(けん);(四足獣の後脚の)飛節の腱;(人の)ひかがみの腱(ひざ後部の屈曲筋);(懸崖状に突き出た)尾根.
── 動I 他・自〖動名 **speireadh**, 動形 **speirthe**〗膝腱を切って不具にする.
spéir [spʹeːrʹ] 名女〖属単 **-e**, 複 **spéartha**〗空, 大気;通気のよさ, 明るさ. (成句) **faoin** ～ 一体全体.
spéirbhean [ˈspʹeːrʹˌvʹan] 名女〖属単・主複 **spéirmhná**, 属複 **spéirbhan**〗美女, 麗人.
spéireata [spʹeːrʹətə] 名男〖属単 ～, 複 **-í**〗(トランプ)スペード.
spéirghealach [ˈspʹeːrʹˌɣʹaləx] 名女〖属単 **spéirghealaí**〗ぴかぴかする光, 星の光.
spéiriúil [spʹeːrʹuːlʹ] 形 2 優美な;人を引きつける;輝く;陽気な.
spéirléas [ˈspʹeːrʹˌlʹeːs] 名男〖属単 **spéirléis**, 複 **-acha**〗(屋根・天井)明かり取り, 天窓.
spéirling [spʹeːrlʹəŋʹ] 名女〖属単 **-e**, 複 **-í**〗(雷を伴う)嵐;争い, 暴力(行為).
speirm [spʹerʹəm] 名女〖属単 **-e**, 複 **-eacha**〗精液;精子.
spéis [spʹeːsʹ] 名女〖属単 **-e**〗興味[関心];愛好[愛着], 愛慕心. **tá** ～ **agam ann** [is ～ liom é] 私はそれに興味がある.
speisialach [spʹesʹiələx] 名男〖属単・主複 **speisialaigh**, 属複 ～〗臨時警(察)官.
speisialta [spʹesʹiəltə] 形 3 特別[特殊]の;専門の;特定の.
speisialtacht [spʹesʹiəltəxt] 名女〖属単 **-a**〗特性, 特質;専門.
speisialtóir [spʹesʹiəltoːrʹ] 名男〖属単 **speisialtóra**, 複 **-í**〗専門家[医].
speisialtóireacht [spʹesʹiəltoːrʹəxt] 名女〖属単 **-a**〗特殊化;限定, 制限;専門化.
spéisiúil [spʹeːsʹuːlʹ] 形 2 興味をそそる;端麗な;人目を引く.

spiacánach [spʼiəkaːnəx] 形1 ぎざぎざの；大くぎのような；頑固な.
spiagaí [spʼiəgiː] 形3 けばけばしい，これ見よがしの.
spiaire [spʼiərʼə] 名男《属単 ～, 複 **spiairí**》スパイ，密告者.
spiaireacht [spʼiərʼəxt] 名女《属単 **-a**》諜報活動すること，密告[情報提供]すること.
spíce [spʼiːkʼə] 名男《属単 ～, 複 **spící**》大くぎ；スパイク；スパイク波形. ～ solais 光束[線].
spíceach [spʼiːkʼəx] 形1 大くぎのような；穂のある，穂状花序の.
spíd [spʼiːdʼ] 名女《属単 **-e**》中傷，悪口.
spideog [spʼidʼoːg] 名女《属単 **spideoige**, 主複 **-a**, 属複 ～》こま鳥.
spídigh [spʼiːdʼiː] 動II 他《動名 **spídiú**, 動形 **spídithe**》悪口をいう，中傷する.
spídiúchán [spʼiːdʼuːxaːn] 名男《属単 **spídiúcháin**》中傷すること；非難.
spídiúil [spʼiːdʼuːlʼ] 形2 非難する，軽蔑した，侮辱的な.
spiléireacht [spʼilʼeːrʼəxt] 名女《属単 **-a**》はえなわ漁をすること.
spinéar [spʼinʼeːr] 名男《属単・主複 **spinéir**, 属複 ～》(釣り)毛ばり，スピナー(おびき餌).
spinéireacht [spʼinʼeːrʼəxt] 名女《属単 **-a**》スピニング(釣り)をすること.
spiogóid [spʼigoːdʼ] 名女《属単 **-e**, 複 **-í**》(樽の)栓(せん)；コック.
spíon[1] [spʼiːn] 名女《属単 **spíne**, 複 **-ta**》脊柱[脊椎]；(植物・動物の)とげ，針.
spíon[2] [spʼiːn] 動I 他・自《動名 **spíonadh**, 動形 **spíonta**》(髪・羊毛など)すく；徹底的に調べる；使い尽す；消耗する.
spíonach [spʼiːnəx] 形1 とげがある[の多い]，針のある.
spionáiste [spʼinaːsʼtʼə] 名男《属単 ～》ホウレン草.
spíonán [spʼiːnaːn] 名男《属単・主複 **spíonáin**, 属複 ～》西洋スグリ，グーズベリー.
spionnadh [spʼinə] 名男《属単 **spionnaidh**》(芸術作品の)活気，力；元気，生気，活力. ～ a chur i nduine 人を元気づけること.
spíonta [spʼiːntə] 形3 使い尽した；疲れ果てた；すり切れた.
spior [spʼir] 名《(成句) ～ spear a dhéanamh de (rud) (もの)を軽視する[鼻であしらう]こと；最小限度にすること.
spiora [spʼirə] 名男《属単 ～, 複 **-í**》鋭い突起；細枝，鋭い切り株.
spiorad [spʼirəd] 名男《属単・主複 **spioraid**, 属複 ～》精神[心]；霊，魂；幽霊. an Spiorad Naomh 聖霊.

spioradálta [spʲirəda:ltə] 形3 霊的な；精神の, 崇高な.
spioradáltacht [spʲirəda:ltəxt] 名女〖属単 **-a**〗霊性；精神性.
spioradúil [spʲirədu:lʲ] 形2 元気のよい, 活発な, 勇気のある.
spíosra [spʲi:srə] 名男〖属単 ～, 複 **-í**〗スパイス, 香辛料；調味料.
spíosrach [spʲi:srəx] 形1 香辛料[スパイス]の入った, 芳ばしい.
spladhas [splais] 名男〖属単 **spladhais**, 複 **spladhsanna**〗(ロープ)組継ぎ, より継ぎ；(テープ・フィルム)接合；(材木)重ね継ぎ.
splanc [splaŋk] 名女〖属単 **splaince**, 複 **-acha**〗閃光；ひらめき；一瞬. **tá ～ chéille aige** 彼にはセンスのひらめきがある. **～ chodlata** 一睡.
—— 動I 自〖動名 **splancadh**, 動形 **splanctha**〗きらめく, ぴかっと光る；かっとなる.
spleách [splʲa:x] 形1〖属単男 ～, 属単女・比較 **spleáiche**, 主複 **-a**〗**～ ar** 依存[従属]的な；**～ le** 追従的な；ずるい.
spléachadh [splʲe:xə] 名男〖属単 **spléachaidh**〗一見[一べつ], ちらっと見ること.
spleáchas [splʲa:xəs] 名男〖属単 **spleáchais**〗頼ること；依存状態；へつらい. **gan ～** (do; le) に依存しないで[から独立して]；をものともせず.
spleodar [splʲo:dər] 名男〖属単 **spleodair**〗快活, 元気；(生気, 元気などの)横いつ.
spleodrach [splʲo:drəx] 形1 快活な；嬉しそうな, 生気[元気]に満ちあふれた.
splinc [splʲiŋʲkʲ] 名女〖属単 **-e**, 複 **-eacha**〗小尖塔；先鋒, 頂点.
splinceáil [splʲiŋʲkʲa:lʲ] 名女〖属単 **splinceála**〗横目[細目]で見ること, ちらっと見ること.
splíontaíocht [splʲi:nti:(ə)xt] 名女〖属単 **-a**〗酷使；苦難[辛苦].
spóca [spo:kə] 名男〖属単 ～, 複 **-í**〗(車輪の)スポーク.
spoch [spox] 動I 他・自〖動名 **spochadh**, 動形 **spochta**〗去勢する；(不都合な箇所を)削除する[骨抜きにする]；**～ as**[le] (つきまとって)困らせる, からかう.
spól [spo:l] 名男〖属単・主複 **spóil**, 属複 ～〗糸巻き；(フィルムなど)巻きわく.
spóla [spo:lə] 名男〖属単 ～, 複 **-í**〗(骨付きの)大きい肉塊.
sponc [spoŋk] 名男〖属単・主複 **spoinc**, 属複 ～〗フキタンポポ；火口[付け木]；勇気, 元気.
sponcúil [spoŋku:lʲ] 形2 元気のよい；勇気のある, 勇敢な.
spontáineach [sponta:nʲəx] 形1 自然発生的な, 自発的な.

spor [spor] 名男〖属単・主複 **spoir**, 属複 〜〗拍車；鼓舞[激励].
── 動I 他・自〖動名 **sporadh**, 動形 **sportha**〗(馬に)拍車をかける, 鼓舞[激励]する；疾駆する.

spór [spo:r] 名男〖属単・主複 **spóir**, 属複 〜〗胞子, 芽胞；胚種.

spórt [spo:rt] 名男〖属単 **spóirt**〗スポーツ；気晴らし, 娯楽；戯れ；面白味. **is mór an 〜 é** それはとても素晴らしい[楽しい]；彼はとても愉快だ. **is mór an 〜 an t-iasc úr**. 新鮮な魚はなによりのごちそうだ.

sportha [sporhə] 形3 使いきった, …し尽くした；文無しの.

spórtúil [spo:rtu:l′] 形2 スポーツの；スポーツマンらしい；きびきびした, 遊び好きな, ふざける.

spota [spotə] 名男〖属単 〜, 複 -í〗(斑)点；汚れ, 汚点；細片；地点. **ar an 〜** 現場で；即座に.

spotach [spotəx] 形1 染み[斑点]の付いた, まだらになった.

spotsolas [ˈspotˌsolas] 名男〖属単 **spotsolais**, 複 **spotsoilse**〗スポットライト.

sprae [spre:] 名男〖属単 〜〗しぶき, 水煙；噴霧.

spraeáil [spre:a:l′] 動I 他・自〖動名 **spraeáil**, 動形 **spraeáilte**；現 **spraeálann**〗吹きかける；水煙を立てる, 霧を吹く.

spraeire [spre:ər′ə] 名男〖属単 〜, 複 **spraeirí**〗霧吹き, 噴霧器；噴霧する人.

spraic [sprak′] 名女〖属単 -e, 複 -eanna〗(知らない人に)呼び掛ける[話し掛ける]こと；叱責.

sprais [spras′] 名女〖属単 -e, 複 -teacha〗跳ね掛ける[跳ね飛ばす]こと；(土砂降りの)にわか雨.

spraíúil [spri:u:l′] 形2 遊び戯れる, 遊び好きな, 陽気な.

spraoi [spri:] 名男〖属単 〜, 複 **spraíonna**〗楽しみ, 喜び；遊興；浮かれ騒ぎ.

spré[1] [sp′r′e:] 名女〖属単 〜, 複 **-anna**〗家畜；財産；(新婦の)持参金.

spré[2] [sp′r′e:] 名女〖属単 〜, 複 **-acha**〗きらめき；ひらめき；生気. **〜 thine** 火花；残り火.

spré[3] [sp′r′e:] 名男〖属単 **spréite**〗① **spréigh** の動名詞. ② (スカートの)フレアー；広がり；流布；(光)散乱.

spreacadh [sp′r′akə] 名男〖属単 **spreactha**〗力, 強さ；精力；気概.

spréach [sp′r′e:x] 名女〖属単 **spréiche**, 主複 **-a**, 属複 〜〗きらめき, せん光；活気, 情熱. **adhaint spréiche** 火花放電, スパーク. **fear a bhfuil 〜 ann** 活気に満ちた人；気が短い人.

—— 動I 他・自〖動名 spréachadh, 動形 spréachta〗火花を出す，パチパチ跳ねる；跳ね掛ける；水煙を立てる；散布する；激怒させる．

spréacharnach [spʹrʹeːxərnəx] 名女〖属単 **spréacharnaí**〗きらめくこと；火花を発すること．

spréachphlocóid [spʹrʹeːxflokoːdʹ] 名女〖属単 **-e**, 複 **-í**〗(車の内燃機関の)点火栓．

spreag [spʹrʹag] 動I 他〖動名 **spreagadh**, 動形 **spreagtha**〗奮い立たせる；駆り立てる；鼓舞する；思いつかせる．~ sé mé (go) 私は(go 以下)を考えついた．ag spreagadh Béarla 英語でぺらぺらまくし立てて(いる)．

spreagaim [spʹrʹagəmʹ] spreag+mé.

spreagadh [spʹrʹagə] 名男〖属単 **spreagtha**, 複 **spreagthaí**〗奨励；激励；刺激；動機づけ．~ a chur i (nduine)(人)を奮い立たせること．

spreagúil [spʹrʹaguːlʹ] 形2 奮起させる；元気づける；勇ましい．

spreang [spʹrʹaŋ] 名男〖属単 **-a**, 複 **-anna**〗飛ぶ[跳ねる]こと；衝動, 発作．

spreangach [spʹrʹaŋgəx] 形1 感情にかられた；怒り易い．

spreangadh [spʹrʹaŋgə] 名男〖属単 **spreangaidh**〗ねんざ．

spreasán [spʹrʹasaːn] 名男〖属単・主複 **spreasáin**, 属複 ~〗小枝，細い薪；役立たずの人．

spreasánta [spʹrʹasaːntə] 形3 役立たずの, 無価値な, つまらない．

spréigh [spʹrʹeːɣʹ] 動I 他・自 〖動名 **spré**, 動形 **spréite**；現 **spréann**〗広げる, 開く；跳ね[振り]掛ける；分散させる．éadach a spré (ar rud)(物の上に)布を掛けること．rós spréite 満開のバラ．solas a spré 分光すること．

spréim [spʹrʹeːmʹ] spréigh+mé.

spréire [spʹrʹeːərʹə] 名男〖属単 ~, 複 **spréirí**〗散水装置[スプリンクラー]．

spréite [spʹrʹeːtʹə] 形3 広がった；満開の．sciorta ~ フレアスカート．

spreota [spʹrʹoːtə] 名男〖属単 ~, 複 **-í**〗~ (adhmaid) 一定の長さの材木；ぶった切り；切れ端．

spreotáil [spʹrʹoːtaːlʹ] 名女〖属単 **spreotála**〗叩き切る[切り刻む]こと；いじくりまわすこと．(成句) ná bí ag ~ mar sin そのように遠回しに言うな．

sprid [spʹrʹidʹ] 名女〖属単 **-e**, 複 **-eanna**〗(亡)霊；精神；勇気．

spridiúil [spʹrʹidʹuːlʹ] 形2 勇気のある, 意気の盛んな, 元気のよい．

sprioc[1] [spʹrʹik] 名女〖属単 **sprice**, 複 **-anna**〗標的[目標]；定め

られた時点[場所・地点]；境界線. súil sprice 金的. ag imirt ar 〜 輪[鉄環・コイン]投げをして(いる). nuair a tháinig sé go dhí an 〜 いざとなれば. ceann sprice a bhaint amach (人の)目標[目的地]に到達すること.
——動I 他・自《動名 spriocadh, 動形 sprioctha》くいで区画する；境界線を引く；(日取りなど)決める, 調整する.
sprioc-[2] [sp/r/ik] 接頭 固定した, 確定した；定められた.
spriocdháta [ˈsp/r/ikˌɣaːtə] 名男《属単 〜, 複 -í》締切日.
spriocúlacht [sp/r/ikuːləxt] 名女《属単 -e》きっかりなこと；時間厳守.
sprioladh [sp/r/ilə] 名男《属単 spriollaidh》元気；勇気；気概.
sprionga [sp/r/iŋɡə] 名男《属単 〜, 複 -í》ばね, ぜんまい.
sprionlaithe [sp/r/inlihə] 形 3 けちな；劣った.
sprionlaitheacht [sp/r/inlihəxt] 名女《属単 -a》貧弱さ；けち.
sprionlóir [sp/r/inloːr/] 名男《属単 sprionlóra, 複 -í》非常なけちん坊；さもしい人.
sprochaille [sproxəl/ə] 名女《属単 〜, 複 sprochaillí》たるんだ皮膚；二重あご；(七面鳥)肉垂；(牛)喉(♀)袋；(魚)えら, ひげ. sprochaillí faoi na súile 目の下のたるみ.
spruadar [spruədər] 名男《属単 spruadair》粉々に砕けた物, くず；残存物.
sprúille [spruːl/ə] 名男《属単 〜, 複 sprúillí》くず, かけら.
sprús [spruːs] 名男《属単・主複 sprúis, 属複 〜》トウヒ(エゾマツなど常緑針葉樹).
spruschaint [ˈsprusˌxan/t/] 名女《属単 -e》おしゃべり, 雑談.
spuaic [spuək/] 名女《属単 -e, 複 -eanna》火[水]ぶくれ；気泡；(小)尖塔；立腹.
spuaiceach [spuək/əx] 形 1 火[水]ぶくれ[気泡]の出来た；(小)尖塔のある；怒っている.
spúinse [spuːn/s/ə] 名男《属単 〜, 複 spúinsí》海綿, スポンジ. mála 〜 (携帯用)化粧品袋.
spúinseáil [spuːn/s/aːl/] 動I 他《動名 spúinseáil, 動形 spúinseáilte；現 spúinseálann》海綿でふく；海綿で吸い取る.
spúinsiúil [spuːns/uːl/] 形 2 海綿状の；ふわふわした；吸収性の.
spúnóg [spuːnoːɡ] 名女《属単 spúnóige, 主複 -a, 属複 〜》さじ, スプーン；さじ一杯.
srac[1] [srak] 動I 他・自《動名 sracadh, 動形 sractha》引き裂く；引き抜く；(重いものを)引く, 引きずる；苦闘する.

srac-² [srak] 接頭 通り一遍の, 概略だけの, わずかな.

sracadh [srakə] 名男 〖属単 **sracaidh**, 複 **sracaí**〗急に強く引くこと；急なひねり；活力；元気おう盛なこと；(職権乱用による)財物強要(罪)；細長い小片. **fear a bhfuil ~ ann** 気概のある人.

sracfhéachaint [ˈsrakˌeːxəntʲ] 名女 〖属単 **sracfhéachana**, 複 **-í**〗ちらっと見ること, 一べつ.

sracshúil [ˈsrakˌhuːlʲ] 名女 〖属単 **-e**〗ざっと目を通すこと.

sracúil [srakuːlʲ] 形 2 強くて元気な[活発な].

sráid [sraːdʲ] 名女 〖属単 **-e**, 複 **-eanna**〗街路, 通り；家の回りの平地；村.

sráidbhaile [ˈsraːdʲˌvalʲə] 名男 〖属単 **~**, 複 **sráidbhailte**〗村.

sraith [srah] 名女 〖属単 **-e**, 複 **-eanna**〗広がり；層；連続, シリーズ；帯状のもの；列；リーグ；(数学)級数[数列]；(音楽)進行. **~ choirce** 刈り取ったカラス麦の一列[カラス麦の刈り跡]. **comórtas sraithe** リーグ競技. **~ brící** レンガの層.

sraithadhmad [ˈsrahˌaimǝd] 名男 〖属単 **sraithadhmaid**〗合板, ベニヤ板.

sraithchomórtas [ˈsraˌxomoːrtəs] 名男 〖属単・主複 **sraithchomórtais**, 属複 **~**〗リーグ戦.

sraithuimhir [ˈsrahˌivʲərʲ] 名女 〖属単 **sraithuimhreach**, 複 **sraithuimhreacha**〗通し番号.

sram [sram] 名男 〖属単 **-a**, 複 **-aí**〗目やに；(動・植物の分泌する)粘液；よだれ.
—— 動I 他・自 〖動名 **sramadh**, 動形 **sramtha**〗(目やになどで)かすむ；粘液を分泌する；(粘液で)汚す.

sramach [sramǝx] 形 1 目のかすんだ；ねばねばした；(天候)冷たく湿っぽい；卑劣な.

srann [sran] 名女 〖属単 **srainne**, 主複 **-a**, 属複 **~**〗いびき；荒い鼻息；鼻を鳴らすような音.
—— 動I 自 〖動名 **srannadh**, 動形 **srannta**〗いびきをかく；鼻を鳴らす；ぜーぜー息をする.

sraoill¹ [sriːlʲ] 名女 〖属単 **-e**, 複 **-eanna**〗(動物・人・物の残した)跡, こん跡；(煙・ほこりなどの)たなびき.

sraoill² [sriːlʲ] 動I 他・自 〖動名 **sraoilleadh**, 動形 **sraoillte**〗引き裂く；引きずる；とぼとぼ歩く.

sraoilleach [sriːlʲəx] 形 1 ぼろぼろの；引きずっている；だらしない.

sraoilleán [sriːlʲaːn] 名男 〖属単・主複 **sraoilleáin**, 属複 **~**〗垂れているもの；吹き流し；(映画館)上映予告.

sraon [sri:n] 動I 他・自 〖動名 **sraonadh**, 動形 **sraonta**〗引く；苦労しながら進む；(一方に)そらす. **shraon sé leis abhaile** 彼はとぼとぼ家に向かった.

sraoth [sri:] 名男 〖属単 **-a**, 複 **-anna**〗くしゃみ；荒い鼻息.

sraothartach [sri:hərtəx] 名女 〖属単 **sraothartaí**〗くしゃみすること；鼻息を荒くすること.

srathach [srahəx] 形 1 層を成した；段々に並んだ；連続的な.

srathair [srahərʹ] 名女 〖属単 **srathrach**, 複 **srathracha**〗またぐ[またがる]こと；二またかけること.

srathnaigh [srahni:] 動II 他・自 〖動名 **srathnú**, 動形 **srathnaithe**〗広げる；伸ばす.

srathraigh [srahri:] 動II 他 〖動名 **srathrú**, 動形 **srathraithe**〗またがる；日和見をする；馬具をつける.

sreabh [srav] 名女 〖属単 **sreibhe**, 主複 **-a**, 属複 〜〗流れ, ほとばしり；しずく；一続きの間. 〜 **chodlata** 一眠り.
―― 動I 自 〖動名 **sreabhadh**, 動形 **sreafa**〗流れる, 流れ出る.

sreabhach [sraux] 形 1 流れ出る(ような)；流体の, 流動性の.

sreabhán [srava:n] 名男 〖属単・主複 **sreabháin**, 属複 〜〗(動・植物)分泌液；流体；小川.

sreabhann [sraun] 名男 〖属単・主複 **sreabhainn**, 属複 〜〗膜, 薄膜[皮膜]；ガーゼ[シフォン].

sreang[1] [sraŋ] 名女 〖属単 **sreinge**, 主複 **-a**, 属複 〜〗コード, ひも；針金, 電線；一連. 〜 **sheolta** (電話の)引き込み線. 〜 **bogha** 弓の弦. 〜 **trucailí** 数珠つなぎの車の列. **an tsreang a bhaint den mhála** 財布のひもをゆるめること；ぺらぺらしゃべらせること. **ina** 〜 一列縦隊で.

sreang[2] [sraŋ] 動I 他 〖動名 **sreangadh**, 動形 **sreangtha**〗引く；引きずる；引き抜く；ひねる.

sreangach [sraŋgəx] 形 1 弦のある；糸の(ような)；(目)血走った.

sreangadh [sraŋgə] 名男 〖属単 **sreangtha**〗引っ張ること, 引き；ねじり.

sreangaigh [sraŋgi:] 動II 他 〖動名 **sreangú**, 動形 **sreangaithe**〗針金でしばる；電線を引く；電報を打つ.

sreangán [sraŋga:n] 名男 〖属単・主複 **sreangáin**, 属複 〜〗ひも；より糸[麻糸]. **ar** 〜 意のままになって.

sreangscéal [ˈsraŋsʹkʹe:l] 名男 〖属単 **sreangscéil**, 複 **-ta**〗電報.

sreangshiopa [ˈsraŋhʹopə] 名男 〖属単 〜, 複 **-í**〗チェーンストア.

sreangshúil [ˈsraŋhu:lʹ] 名女 〖属単・主複 **-e**, 属複 **sreangshúl**〗

充血した目.

srian [sriən] 名男〖属単 **sriain**, 複 **-ta**〗馬勒(ばろく)(おもがい・くつわ・手綱など);拘束(物・力);制御, 抑制. ~ **a chur ar chapall** 馬に馬勒を装着すること. ~ **a chur le capall** 馬を統御すること. **coinnigh** ~ **ort féin** 自制しなさい. **tabhair** ~ **dó** 彼を自由にさせなさい.
── 動I 他〖動名 **srianadh**, 動形 **srianta**〗馬勒(?)を着ける;拘束[抑制]する.

srianta [sriəntə] 形3 限定[制限]された. **príbhléid shrianta** 条件付の特典[特権]. **caint shrianta** 抑えた話(方).

sroich [srox'] 動I 他・自〖動名 **sroicheadh**, 動形 **sroichte**〗着く[届く], 達する;達成する. **áit a shroicheadh** ある場所に着くこと. **aois áirithe a shroicheadh** 一定の年齢に達すること. **cuspóir a shroicheadh** 目標を達成すること.

sról [sro:l] 名男〖属単 **sróil**〗しゅす, サテン. **páipéar sróil** しゅす仕上げ光沢紙.

srón [sro:n] 名女〖属単 **sróine**, 主複 **-a**, 属複 ~〗鼻;嗅覚;突出部, 船首[機首]. (成句) **ná bíodh do shrón san aer agat chuig** (daoine) 尊大な態度で(人)を見下すな. **ná bain an tsrón díom** 私にがみがみ言うな[八つ当りしないで]. **bhris tú mo shrón** 君は僕の鼻を明かした. **tá a shrón sáite**(<**sáigh**) **i ngach uile rud aige** 彼は万事に口ばしを入れる.

srónach [sro:nəx] 形1 鼻(音)の;詮索好きな;尊大な.

srónaíl [sro:n:l'] 名女〖属単 **srónaíola**〗鼻声;(動名詞扱い) **ag** ~ 鼻声で話すこと;鼻音化;詮索すること.

srónbheannach ['sro:n|v'anəx] 名男〖属単・主複 **srónbheannaigh**, 属複 ~〗(動物) サイ.

srúill [sru:l'] 名女〖属単 **-e**, 複 **-í**〗川, 流れ;潮流.

sruithléann ['sru|l'e:n] 名男〖属単 **sruithléinn**〗(学問分野) 古典言語[文学]研究;(自然科学に対し)人文科学(研究).

sruth [sruh] 名男〖属単 **-a**, 複 **-anna**〗川, 小川;流れ;潮[海]流, 気流, 電流;流出(量);はん濫. ~ **trá**[tuile] 引き潮[上げ潮]. **in aghaidh an tsrutha** 流れ[時流・風潮]に逆らって. ~ **deor** あふれる涙. ~ **daoine** 人の流れ. ~ **ailtéarnach**[díreach] 交流[直流].

sruthaigh [sruhi:] 動II 自〖動名 **sruthú**, 動形 **sruthaithe**〗流れ(出)る;めぐる;わき出る.

sruthán [sruha:n] 名男〖属単・主複 **srutháin**, 属複 ~〗小川;流れ.

sruthlaigh [sruhli:] 動II 他〖動名 **sruthlú**, 動形 **sluthlaithe**〗すすぐ, 洗い落とす;(水など)どっと流す.

sruthlam [sruhləm] 名男〖属単・主複 **sruthlaim**, 属複 ～〛(風・波)大荒れ；(人心・社会)混乱, 動乱.

sruthlíneach [ˈsruˌlʲiːnʲəx] 形1 流線型の, すらりとした.

sruthlíon [ˈsruˌlʲiːn] 名男〖属単 **sruthlín**, 複 **-ta**〛流し網.

sruthshoilseach [ˈsruˌholʲsʲəx] 形1 蛍光性の, 蛍光を発する.

sruthshoilsiú [ˈsruˌholʲsʲuː] 名男〖属単 **sruthshoilsithe**〛蛍光灯照明.

stá [staː] 名男〖属単 ～〛良好な外観；つや, ばら色.

stábla [staːblə] 名男〖属単 ～, 複 **-í**〛馬小屋.

stáca [staːkə] 名男〖属単 ～, 複 **-í**〛くい[棒・柱]；賭(か)け金[利害関係]；(干し草などの)山.

stad [stad] 名男〖属単 ～, 複 **-anna**〛止まること；休止, 停止；阻止；(バス・タクシー・車を)止める所；口ごもり. **baineadh ～ asam** 私は不意を突かれた.
────動1 他・自〖動名 **stad**, 動形 **stadta**〛止める, 停止させる；やめる；立ち止る；とどまる；やむ.

stadach [stadəx] 形1 どもる, 口ごもる；断音[スタッカート]の.

stádar [staːdər] 名男〖属単 **stádair**〛あちこち歩くこと；巡回区域. **ar ～** 持ち場を巡回中で.

stádas [staːdəs] 名男〖属単・主複 **stádais**, 属複 ～〛地位；身分；状態.

stadchló [ˈstadˌxloː] 名男〖属単 ～, 複 **-nna**〛輪転機を止めて差し込んだ最新記事.

staic [stakʲ] 名女〖属単 **-e**, 複 **-eanna**〛くい[止め棒]；元[切り]株. **fágadh ina ～ é** 彼はその場に釘づけにされていた. **～ mhagaidh** 笑い草[物笑い(の種)].

staid¹ [stadʲ] 名女〖属単 **-e**, 複 **-eanna**〛スタディオン, ファーロング(長さの単位).

staid² [stadʲ] 名女〖属単 **-e**, 複 **-eanna**〛状態, 状況, 有様.

stáid [staːdʲ] 名女〖属単 **-e**, 複 **-eanna**〛跡, こん跡；筋, 線；航跡.

stáidbhean [ˈstaːdʲˌvʲan] 名女〖属単・主複 **stáidmhná**, 属複 **stáidbhan**〛威厳のある女.

staidéar [stadʲeːr] 名男〖属単 **staidéir**〛学ぶこと；研究；熟考；分別；滞在(場所). **～ a dhéanamh** (le haghaidh) (何かに備えて)勉学すること. **duine a bhfuil ～ ann** 分別のある人.

staidéarach [stadʲeːrəx] 形1 勉強好きな；落ち着いた；分別のある.

stáidiúil [staːdʲuːlʲ] 形2 堂々とした；もったいぶった.

staidiúir [stadʲuːrʲ] 名女〖属単 **-e**, 複 **-í**〛姿勢；(気取った)態度；

staidreamh [stadʼrʼəv] 名男〖属単 **staidrimh**〗統計学；統計(資料).

staighre [stairʼə] 名男〖属単 ～, 複 **staighrí**〗階段の一段；階段；階. **dul suas**[síos] **an** ～ 階上[階下]へ行くこと. ～ **beo** エスカレーター.

stail [stalʼ] 名女〖属単 **-e**, 複 **-eanna**〗種馬.

stailc[1] [stalʼkʼ] 名女〖属単 **-e**, 複 **-eanna**〗ストライキ；強情, 頑固；すねること. **chuir sé** ～ **suas** 彼はすねて[それは(馬など)後ずさりして]手に負えなかった. **dul ar** ～ ストライキに突入すること.

stailc[2] [stalʼkʼ] 名女〖属単 **-e**〗でんぷん, 片栗粉.

stailceoir [stalʼkʼoːrʼ] 名男〖属単 **stailceora**, 複 **-í**〗ストライキ中の労働者.

stainc [staŋkʼ] 名女〖属単 **-e**〗立腹, 憤慨；恨み.

stainceach [staŋkʼəx] 形1 怒りっぽい, いらいらする.

stainnín [stanʼiːnʼ] 名男〖属単 ～, 複 **-í**〗露店, 売店, スタンド.

stair [starʼ] 名女〖属単 **-e**, 複 **startha**〗歴史；物語.

stáir [staːrʼ] 名女〖属単 **-e**, 複 **startha**〗ひとしきり；しばらくの間；(散歩)一回り；突進；一仕事；(感情)激発. ～ **oibre** 一仕事. **d'aon** ～ **amháin** 一気に, 一挙に. **tá sé ar na startha** 彼はぐでんぐでんに酔っている.

stairiúil [starʼuːlʼ] 形2 歴史(上)の, 歴史[伝説・物語]に名高い.

stáirse [staːrsʼə] 名男〖属単 ～〗のり.

stáirseáil [staːrsʼaːlʼ] 名女〖属単 **stáitseála**〗のりづけすること.

stáisiún [staːsʼuːn] 名男〖属単・主複 **stáisiúin**, 属複 ～〗駅[停留所]；(官公庁)署, 部, 局, 所. ～ **aimsire** 測候所[気象台]. ～ **dóiteáin** 消防署. ～ **peitril** 給油所. ～ **tarchuir** 中継局.

staitistic [ˌstatʼisʼtʼəkʼ] 名女〖属単 **-e**, 複 **-í**〗統計要素, 統計項目.

stáitse [staːtʼsʼə] 名男〖属単 ～, 複 **stáitsí**〗舞台, ステージ；足場. **dráma a chur ar** ～ 劇を上演すること. **dul ar an** ～ 役者になること. **ar chúl** ～ 舞台裏で；陰で(こっそりと).

stáitsigh [staːtʼsʼiː] 動II 他〖動名 **stáitsiú**, 動形 **stáitsithe**〗上演する；演出する.

stáitsiúil [staːtʼsʼuːlʼ] 形2 俳優の；演技の；芝居じみた.

stálaigh [staːliː] 動II 他・自〖動名 **stálú**, 動形 **stálaithe**〗新鮮味をなくす；硬化する；乾燥する. **arán**[leann] **ag stálú** 硬くなりかけたパン[気が抜けはじめたビール]. **adhmad a stálú** 材木を乾燥すること. **cnámha ag stálú** 硬直している骨.

stálaithe

stálaithe [staːlihə] 形3 新鮮でない;(木材)よく乾かした;硬直した;頑強な.

stalc [stalk] 動I 他・自〖動名 **stalcadh**, 動形 **stalctha**〗堅くする;詰め込む. **glóthach ag stalcadh** ゼリーが固まってきて(いる). **tú féin a stalcadh** (le bia) (食物を)たらふく食べること;便秘すること.

stalcach [stalkəx] 形1 頑固な;不機嫌な;堅い;こってりした.

stalla [stalə] 名男〖属単 ～, 複 **-í**〗畜舎の一仕切り;劇場一階の特別席;露店.

stamhlaí [stauliː] 形3 吹き荒れる, 吹きすさぶ.

stampa [stampə] 名男〖属単 ～, 複 **-í**〗印章, スタンプ;切手, 印[証]紙;しるし. ～ **rubair** ゴム印. ～ **cánach** 収入印紙. **bailiú stampaí** 切手収集.

stampáil [stampaːlʲ] 動I 他・自〖動名 **stampáil**, 動形 **stampáilte**;現 **stampálann**〗刻みつける, 打ち出す;(印を)押す;切手[印紙]を貼る;踏みつける.

stán[1] [staːn] 名男〖属単・主複 **stáin**, 属複 ～〗すず, ブリキ;すず[ブリキ]容器, なべ. **earraí stáin** ブリキ製品[すず細工]. **canna stáin** ブリキ缶.

stán[2] [staːn] 動I 自〖動名 **stánadh**, 動形 **stánta**〗凝視する, じろじろ見る.

stánadh [staːnə] 名男〖属単 **stánaidh**〗凝視, 注視.

stánaigh [staːni] 動II 他〖動名 **stánú**, 動形 **stánaithe**〗すずで覆う;缶詰にする.

stang[1] [staŋ] 動I 他〖動名 **stangadh**, 動形 **stangtha**〗(土地)杭(⑁)で境界を定める;(火器)弾丸を込める;たらふく食べる.

stang[2] [staŋ] 動I 他・自〖動名 **stangadh**, 動形 **stangtha**〗ひずませる;たるませる;たわむ;遅れる.

stangadh [staŋgə] 名男〖属単 **stangtha**〗曲り[たわみ・ひずみ];(急激な)ひねり. **baineadh** ～ **asam** 私は不意を突かれた[当惑した].

stangaireacht [staŋgərʲəxt] 名女〖属単 **-a**〗(口うるさく)値切ること;しつこく論争すること;言いくるめること.

stánosclóir [ˈstaːnˌoskloːrʲ] 名男〖属単 **stánosclóra**, 複 **-í**〗缶切り.

staon [stiːn] 動I 自〖動名 **staonadh**, 動形 **staonta**〗止む. ～ **ó** 控える. ～ **de** 中止する, やめる.

staonadh [stiːnə] 名男〖属単 **staonta**〗節制;停止;抑制.

staonaire [stiːnərʲə] 名男〖属単 ～, 複 **staonairí**〗絶対禁酒家;草分け.

staontach [stiːntəx] 形1 絶対禁酒(主義)の, 禁欲的な.
stápla [staːplə] 名男〖属単 ～, 複 **-í**〗つぼくぎ；ホチキスの針.
stápláil [staːplaːlʲ] 動I 他・自〖動名 **stápláil**, 動形 **stápláilte**；現 **stáplálann**〗ステープル(針)で留める.
stáplóir [staːploːrʲ] 名男〖属単 **stáplóra**, 複 **-í**〗ステープラー.
staraí [stariː] 名男〖属単 ～, 複 **staraithe**〗歴史家；語り部.
staróg [staroːg] 名女〖属単 **staróige**, 主複 **-a**, 属複 ～〗秘話[秘史], 逸話.
starr[1] [staːr] 名女〖属単 **-a**, 複 **-tha**〗突起；突出部.
starr-[2] [staːr] 接頭 突出している.
starrach [starəx] 形1 突出した；でこぼこのある；粗野な.
starragán [starəgaːn] 名男〖属単・主複 **starragáin**, 属複 ～〗小突起[小障害物]；でこぼこの地面. **bhain** ～ **dó** 彼はつまずいた.
starraic [starəkʲ] 名女〖属単 **-e**, 複 **-í**〗尖端, 頂点；(岩など)とがってそそり立っている部分.
starraiceach [starəkʲəx] 形1 先のとがった, 突出した；飾り房[羽]がついた.
starrfhiacail [ˈstaːrˌiəkəlʲ] 名女〖属単 **-e**, 複 **starrfhiacla**〗出っ歯；牙(状のもの).
startha [starhə] ☞ **stair**.
stártha [staːrhə] ☞ **stáir**.
stát [staːt] 名男〖属単・主複 **stáit**, 属複 ～〗国(家)；威信. ～ **spleách** 衛星国. **na Stáit Aontaithe** 合衆国.
statach [statəx] 形1 静止(状態)の；動きのない；(電気)空[静]電の.
státaire [staːtərʲə] 名男〖属単 ～, 複 **státairí**〗政治家.
státaireacht [staːtərʲəxt] 名男〖属単 **-a**〗国政[外交]の技術；政治家の能力.
státchiste [ˈstaːtʲxʲisʲtʲə] 名男〖属単 ～, 複 **státchistí**〗国庫.
státseirbhís [ˈstaːtʲsʲerʲəvʲiːsʲ] 名女〖属単 **-e**, 複 **-í**〗行政事務.
státseirbhíseach [ˈstaːtʲsʲerʲəvʲiːsʲəx] 名男〖属単・主複 **státseirbhísigh**, 属複 ～〗公務員.
státúil [staːtuːlʲ] 形2 威厳のある, 堂々たる.
státurraithe [ˈstaːtˌurihə] 形3 国の発起[主催・後援]による.
steall [sʲtʲal] 名女〖属単 **steille**, 複 **-ta**〗はね, しぶき；ほとばしり[噴出]；一注ぎの量. ～ **bhranda** (紅茶用など)少々のブランデー.
── 動I 他・自〖動名 **stealladh**, 動形 **steallta**〗跳ね掛ける；ほとばしる；土砂ぶりに降る；(激しく)打つ；突進する.
stealladh [sʲtʲalə] 名男〖属単 **steallaidh**, 複 **steallaí**〗ほとばしり

[流出]；降り注ぎ. ar ～ cos in airde 全速力で. ar steallaí (dearga) mire 怒り狂って.
steallaire [sʹtʹalərʹə] 名男〖属単 ～, 複 **steallairí**〗注射器；噴霧器.
steanc [sʹtʹaŋk] 名男〖属単 ～, 複 **-anna**〗(細い口からの)噴出, ほとばしり；跳ねかし, しぶき.
━━動I 他・自〖動名 **steancadh**, 動形 **steanctha**〗(細い口から)噴出させる, 噴出する；跳ね掛ける.
stéig [sʹtʹeːgʹ] 名女〖属単 **-e**, 複 **-eacha**〗(肉・魚の調理用)薄切り, 切り身；ステーキ；腸. ～ **chaoldroma** サーロインステーキ. an ～ **bheag** 小腸.
stéigeach [sʹtʹeːgʹəx] 形1 腸の, 腸管の.
steillbheatha [ˈsʹtʹelʹˌvʹahə] 名 (成句) ina ～ 実物[等身]大で；(é) **féin ina ～ é** 当の本人.
steip [sʹtʹepʹ] 名女〖属単 **-e**, 複 **-eanna**〗(階段の)段；(ダンス)ステップ；大草原.
steiréafón [ˈsʹtʹerʹeːˌfoːn] 名男〖属単・主複 **steiréafóin**, 属複 ～〗ステレオ.
steiriligh [sʹtʹerʹəlʹiː] 動II 他〖動名 **steiriliú**, 動形 **steirilithe**〗不妊にする；滅菌する, 殺菌消毒する.
steiteascóp [ˈsʹtʹetʹəˌskoːp] 名男〖属単・主複 **steiteascóip**, 属複 ～〗聴診器.
stiall [sʹtʹiəl] 名女〖属単 **stéille**, 複 **-acha**〗細長い小片, 切片；(むちの)一打ち.
━━動I 他〖動名 **stialladh**, 動形 **stiallta**〗引き裂く；細長く切る；痛烈に非難する；ひどく傷つける. ～ **de**[as] むしり取る.
stiallach [sʹtʹiələx] 形1 引き裂かれた；ぼろぼろの, 粉砕された.
stiallaire [sʹtʹiələrʹə] 名男〖属単 ～, 複 **stiallairí**〗シュレッダー.
stiallbhratacha [ˈsʹtʹiəlˌvratəxə] 名 (複)〖属複 **stiallbhratach**〗旗類；まん幕；(飾り用)垂れ布[紙].
stiallchartún [ˈsʹtʹiəlˌxartuːn] 名男〖属単・主複 **stiallchartúin**, 属複 ～〗(新聞・雑誌の)続き漫画.
stíbheadóir [sʹtʹiːvʹədoːrʹ] 名男〖属単 **stíbheadóra**, 複 **-í**〗ステベ, 港湾労働者.
stil [sʹtʹilʹ] 名女〖属単 **-e**, 複 **-eanna**〗蒸留器.
stíl [sʹtʹiːlʹ] 名女〖属単 **-e**, 複 **-eanna**〗(芸術)流儀[芸風], スタイル.
stíleach [sʹtʹiːlʹəx] 形1 文体(論)の.
stiléir [sʹtʹilʹeːrʹ] 名男〖属単 **stiléara**, 複 **-í**〗蒸留酒製造業者；蒸留器.

stiléireacht [sʹtʹilʹeːrʹəxt] 名女〖属単 **-a**〗蒸留すること；(アイルランド)ウイスキーを密造すること.
stílí [sʹtʹiːlʹiː] 名男〖属単 ～, 複 **stílithe**〗名文家；デザイナー；スタイリスト.
stíobhard [sʹtʹiːvərd] 名男〖属単・主複 **stíobhaird**, 属複 ～〗執事；給仕, 乗客係.
stiogma [sʹtʹigmə] 名男〖属単 ～, 複 **-í**〗(皮膚)紅斑；(キリスト教)聖こん.
stionsal [sʹtʹinsəl] 名男〖属単・主複 **stionsail**, 属複 ～〗ステンシル.
stíoróip [sʹtʹiːroːpʹ] 名女〖属単 **-e**, 複 **-í**〗(馬具)あぶみ, あぶみ金.
stiúg [sʹtʹuːg] 動I自〖動名 **stiúgadh**, 動形 **stiúgtha**〗(暴力・飢えで)死ぬ；弱る.
stiuideo [sʹtʹuːdʹoː] 名男〖属単 ～, 複 **-nna**〗スタジオ, (画家・彫刻家など)仕事場[アトリエ].
stiúir [sʹtʹuːrʹ] 名女〖属単 **stiúrach**, 複 **stiúracha**〗(船など)かじ；かじ取り；(猟犬)立ち止まって獲(ˣ)物を示すこと；姿勢；傾き；攻撃的態度. **bheith ar an ～** かじを取っていること；実権を握っていること. **chuir sé ～ air féin liom** 彼は私につんとした表情をした[態度をとった].
── 動I他・自〖動名 **stiúradh**, 動形 **stiúrtha**；現 **stiúrann**〗操縦する；導く；管理する.
stiúradh [sʹtʹuːrə] 名男〖属単 **stiúrtha**〗かじ取り；指導；管理, 監督. **bord stiúrtha** 理事会. **coiste stiúrtha** 運営委員会.
stiúrthóir [sʹtʹuːrhoːrʹ] 名男〖属単 **stiúrthóra**, 複 **-í**〗かじ取りする者；車掌；指揮[指導]者.
stiúsaí [sʹtʹuːsiː] 名男〖属単 ～, 複 **stiúsaithe**〗おてんば娘.
stobh [stov] 動I他〖動名 **stobhadh**, 動形 **stofa**〗とろ火で煮る, シチューにする.
stobhach [stovəx] 名男〖属単 **stobhaigh**〗シチュー.
stoc[1] [stok] 名男〖属単・主複 **stoic**, 属複 ～〗幹, 茎；親株；支え, 台座；家系；貯え；家畜；株式, 株；スカーフ. **～ daoine** 民族. **～ earraí** 在庫品. **～ (anraith)** スープストック.
stoc[2] [stok] 名男〖属単・主複 **stoic**, 属複 ～〗ラッパ, トランペット. **～ fógartha** メガホン.
stoca [stokə] 名男〖属単 ～, 複 **-í**〗(片方の)靴下, ストッキング. **～ gearr** ソックスの片方.
stócach [stoːkəx] 名男〖属単・主複 **stócaigh**, 属複 ～〗(未婚の)青年, 成人した若者. **tá ～ aici** 彼女にはボーイフレンドがいる.

stócáil [stoːkaːlʹ] 名女〖属単 **stócála**〗手はず, 用意万端.
　── 動1 他・自〖動名 **stócáil**, 動形 **stócáilte**; 現 **stócálann**〗(火を)たく; 用意[準備]する.

stocaire [stokərʹə] 名男〖属単 ～, 複 **stocairí**〗トランペット奏者; (ゲームの)残り鬼(コイン投げで選ばれた人); 押し掛け客, 無切符入場者, 居候.

stocaireacht [stokərʹəxt] 名女〖属単 **-a**〗トランペットを吹くこと; 自画自賛すること; 居候すること.

stocáireamh [ˈstokˌaːrʹəv] 名男〖属単 **stocáirimh**〗在庫品調べ[棚卸].

stócálaí [stoːkaːliː] 名男〖属単 ～, 複 **stócálaithe**〗火をたく人, 機関員, 火夫.

stocbhróicéir [ˈstokˌvroːkʹeːrʹ] 名男〖属単 **stocbhróicéara**, 複 **-í**〗株式仲買人.

stóch [stoːx] 名男〖属単・主複 **stóich**, 属複 ～〗ストア哲学者; 禁欲主義者.

stóchas [stoːxəs] 名男〖属単 **stóchais**〗ストア哲学; 禁欲主義.

stocmhalartán [ˈstokˌvalərtaːn] 名男〖属単・主複 **stocmhalartáin**, 属複 ～〗株式取引(所).

stocmhargadh [ˈstokˌvarəgə] 名男〖属単 **stocmhargaidh**, 複 **stocmhargaí**〗株式市場[相場].

stocshealbhóir [ˈstokˌhʹaləvoːrʹ] 名男〖属単 **stocshealbhóra**, 複 **-í**〗株主.

stoda [stodə] 名男〖属単 ～, 複 **-í**〗飾りびょう[ボタン]; 根株.

stoidiaca [stodʹiəkə] 名男〖属単 ～〗黄道帯; 黄道12宮図(星占の12星座).

stoil [stolʹ] 名女〖属単 **-e**, 複 **-eacha**〗(聖職者用)ストール[ストラ].

stoirm [storʹəmʹ] 名女〖属単 **-e**, 複 **-eacha**〗あらし; 猛威; 激怒. tá ～ air あらしが吹き荒れている. tá ～ ar Brian ブリアンが怒り猛(たけ)っている.

stoirmeach [storʹəmʹəx] 形1 あらしの, 大荒れの, 激しい.

stoith [stoh] 動1 他〖動名 **stoitheadh**, 動形 **stoite**〗根こそぎにする; むしる; 引き[抜き]出す.

stoitheadh [stohə] 名男〖属単 **stoite**〗引き抜くこと; 抜取り.

stól [stoːl] 名男〖属単 **stóil**, 複 **-ta**〗(背のない)腰掛け, スツール; (踏み)台.

stoll [stol] 動1 他・自〖動名 **stolladh**, 動形 **stollta**〗引き裂く; ずたずたにする; 引きちぎる.

stolladh [stolə] 名男〖属単 **stollta**〗引き裂くこと; 多量. ~ **gaoithe** 吹き荒れる風.

stollaire [stolərʲə] 名男〖属単 ~, 複 **stollairí**〗大きく強い人[動物]; 頑固な人[手に負えない動物].

stolp [stolp] 動I自〖動名 **stolpadh**, 動形 **stolptha**〗腹にもたれる; 堅くなる.

stolpach [stolpəx] 形1 こわばった; こってりした; 便秘している.

stop [stop] 名男〖属単 ~, 複 **-anna**〗停止, 中止, 休止, 阻止.
—— 動I他・自〖動名 **stopadh**, 動形 **stoptha**〗止める; 終らせる; 中止する; 滞在する. **duine a stopadh ó** (rud) **a dhéanamh** 人が(こと)をするのを阻止すること.

stopadh [stopə] 名男〖属単 **stoptha**〗やめること, 止まること; 休止; 途絶え.

stopainn [stopənʲ] 名女〖属単 **-e**〗阻止, 妨害; 障害物.

stopallán [stopəlaːn] 名男〖属単・主複 **stopalláin**, 属複 ~〗ふさぐ[せき止める]もの, 栓.

stór[1] [stoːr] 名男〖属単 **stóir**, 複 **-tha**〗貯蔵[備蓄](所); (知識の)蓄積; 秘蔵; 富[宝]. **a** ~! (呼び掛け)いとしい人よ, ねえあなた. **mo mhíle** ~ 私の最愛の人.

stór[2] [stoːr] 名男〖属単 **stóir**, 複 **-tha**〗(建物の)階, 層.

stóráil [stoːraːlʲ] 名女〖属単 **stórála**〗貯蔵; 倉庫, 保管倉庫.
—— 動I他〖動名 **stóráil**, 動形 **stóráilte**; 現 **stórálann**〗貯える; 供給する; 倉庫に保管する.

stóras [stoːrəs] 名男〖属単・主複 **stórais**, 属複 ~〗倉庫, 貯蔵室; 貯蔵品; 富.

storrúil [storuːlʲ] 形2 強い; 活力旺盛な; 断固とした; 感動させる.

stoth [stoh] 名男〖属単 **stoith**, 複 **-anna**〗モップ状[もじゃもじゃ]の小房. **in aghaidh stoith** 性分に反して; 不本意に.

stothach [stohəx] 形1 毛深い; (髪に)くしを入れない, だらしない.

strabhas [straus] 名男〖属単・主複 **strabhais**, 属複 ~〗しかめ面.

strácáil [straːkaːlʲ] 名女〖属単 **strácála**〗一生懸命になること, 骨折ること.

stradúsach [straduːsəx] 形1 うぬぼれた, 自信満々の; 気取った.

strae [streː] 名男〖属単 ~〗道に迷うこと; さまようこと. **ar** ~ 迷って.

straeire [streːərʲə] 名男〖属単 ~, 複 **straeirí**〗迷子, さまよう人.

stráice [straːkʲə] 名男〖属単 ~, 複 **stráicí**〗細長い切[小]片; (船)外板の条列; 装飾品. ~ **aráin** パンの厚切り.

straidhn [strain′] 名女〖属単 **-e**〗(心身の)強い緊張; 憤激, 狂気. faoi ~ 緊張して[懸命の努力をして].

straigléir [strag′l′e:r′] 名男〖属単 **straigléara**, 複 **-í**〗落後者.

stráinín [stra:n′i:n′] 名男〖属単 ~, 複 **-í**〗こし器, 茶こし; 野菜の水切り.

strainseartha [stran′s′e:rhə] 形3 見[聞き]馴れない; 不案内な. tá an obair ~ agam 私はその仕事は未経験だ.

strainsearthacht [stran′s′e:rhəxt] 名女〖属単 **-a**〗未知; 不案内; 遠慮.

strainséir [stran′s′e:r′] 名男〖属単 **strainséara**, 複 **-í**〗見知らぬ人; 訪問客; 門外漢. **i measc na strainséirí** 見知らぬ人々の中で[外国で]. **tá mé i mo ~ anseo** 私はここは不案内です.

straitéis [strat′e:s′] 名女〖属単 **-e**〗戦略, 策略[謀略].

straitéiseach [strat′e:s′əx] 形1 戦略[策略]上の, 戦略上重要な.

strambánaí [stramba:ni:] 名男〖属単 ~, 複 **strambánaithe**〗長話しする人; のろまな人; 遅参者.

straois [stri:s′] 名女〖属単 **-e**, 複 **-eanna**〗にっと笑うこと, 作り笑い; 歯をむき出すこと.

strapa¹ [strapə] 名男〖属単 ~, 複 **-í**〗革ひも, 吊り革, ストラップ. ~ **rásúir** 剃刀の研ぎ革.

strapa² [strapə] 名男〖属単 ~, 複 **-í**〗崖の段々道; (柵(き)や塀などに設けられた)踏み越し段.

strapaire [strapər′ə] 名男〖属単 ~, 複 **strapairí**〗大柄の人.

strataisféar [ˈstratəsf′e:r] 名男〖属単 **strataisféir**〗成層圏.

streachail [s′t′r′axəl′] 動Ⅱ 他・自〖動名 **streachailt**, 動形 **streachailte**; 現 **streachlaíonn**〗引く; 引きずる; 骨折る, 奮闘する.

streachailt [s′t′r′axəl′t′] 名女〖属単 **-e**〗苦闘, 奮闘, 努力.

streachlánach [s′t′r′axla:nəx] 形1 はぐれた; 引きずっている.

streachlaím [s′t′r′axəli:m′] streachail+mé.

streancán [s′t′r′aŋka:n] 名男〖属単・主複 **streancáin**, 属複 ~〗旋律, 調べ; (弦を)かき鳴らす音.

streancánacht [s′t′r′aŋka:nəxt] 名女〖属単 **-a**〗(弦楽器を)かき鳴らす[つま弾く]こと.

streill [s′t′r′el′] 名女〖属単 **-e**〗間の抜けた笑い; 作り笑い.

striapach [s′t′r′iəpəx] 名女〖属単 **striapaí**, 主複 **-a**, 属複 ~〗売春婦.

stríoc [s′t′r′i:k] 名女〖属単 **stríce**, 主複 **-a**, 属複 ~〗筋, しま, 線; (字の)一画[一筆]; (髪の)分け目.

──動I 他・自〖動名 **stríocadh**, 動形 **stríoctha**〗(旗・帆などを)降ろす; 屈伏する.
stríocach [sʹtʹrʹiːkəx] 形1 筋・しまのある[線を引いた]; 服従的な, 従順な.
stríocadh [sʹtʹrʹiːkə] 名男〖属単 **stríoctha**〗屈伏すること, 服従.
stró [stroː] 名男〖属単 ～〗緊張; 努力; 財産; 遅滞; 誇示; 大得意.
stróc [stroːk] 名男〖属単 ～, 複 -anna〗発作, 卒中.
stróic [stroːkʹ] 名女〖属単 -e, 複 -eacha〗一働き[一打ち]; 突進; 裂け目; ぼろ切れ. **tá sé ag obair leis ar a** ～ 彼はせっせと働き続けている.
　　──動I 他・自〖動名 **stróiceadh**, 動形 **stróicthe**〗引き裂く, ねじり取る; 迅速に成し遂げる. ～ **sé aníos as an talamh iad** 彼はそれを根こそぎにした.
stroighin [strainʹ] 名女〖属単 **stroighne**〗セメント, 接合剤.
stroighnigh [strainʹiː] 動II 他〖動名 **stoighniú**, 動形 **stroighnithe**〗セメントで接合する[固める]; セメントを打つ.
stróinéiseach [stroːnʹeːsʹəx] 形1 強引な; 積極的な; 高圧的な.
stromp [stromp] 動I 他〖動名 **strompadh**, 動形 **stromptha**〗堅くする, 硬直させる.
stróúil [stroːuːlʹ] 形2 これ見よがしの; うぬぼれた; 得意満面の.
struchtúr [struxtuːr] 名男〖属単・主複 **struchtúir**, 属複 ～〗構造, 組立; 建造物.
struipeáil [stripʹaːlʹ] 動I 他・自〖動名 **struipeáil**, 動形 **struipeáilte**; 現 **struipeálann**〗裸にする; 脱衣する.
strus [strus] 名男〖属単・主複 **struis**, 属複 ～〗緊張, ストレス; 圧力[応力]; 財産.
stua [stuə] 名男〖属単 ～, 複 -nna〗弧(形), アーチ. ～ **ceatha** にじ.
stuacach [stuəkəx] 形1 尖った; (髪が)突立って流れない; むっつりした, 頑固な.
stuacacht [stuəkəxt] 名女〖属単 -a〗不機嫌; 頑固, 強情.
stuach [stuəx] 形1〖属単男 ～, 属単女・比較 **stuaiche**, 主複 -a〗アーチ形の, アーチのある.
stuaic [stuəkʹ] 名女〖属単 -e, 複 -eanna〗頂[先端]; 尖塔; 不機嫌.
stuáil [stuːaːlʹ] 名女〖属単 **stuála**〗荷積み; 詰め込むこと; 詰め物をすること; 貯蔵, 保管.
　　──動I 他・自〖動名 **stuáil**, 動形 **stuáilte**; 現 **stuálann**〗(容器などに)仕舞い[詰め]込む; (衣服などに)詰め物をする; 蓄える.
stuaim [stuəmʹ] 名女〖属単 -e〗良識のあること; 慎重; 発明[工夫]

の才；創意. as a ～ féin a rinne sé é 彼はそれを彼自身が率先して行なった.

stuaire [stuər′ə] 名女〖属単 ～, 複 **stuairí**〗りりしい顔の美女.
stuama [stuəmə] 形 3 良識[分別]のある；用心深い；熟練した；気転の利く.
stuamaigh [stuəmi:] 動II 他〖動名 **stuamú**, 動形 **stuamaithe**〗静める；落ち着かせる.
stuara [stuərə] 名男〖属単 ～, 複 **-í**〗アーケード.
stuif [stif′] 名男〖属単 ～, 複 **-eanna**〗材料[原料]；素材；資料.
stuifín [stif′i:n′] 名男〖属単 ～, 複 **-í**〗稚魚, 幼魚；小魚, 雑魚(ざこ).
stumpa [stumpə] 名男〖属単 ～, 複 **-í**〗根株；歯の根；(ローソク)燃えさし；(植物)茎.
sú[1] [su:] 名男〖属単 ～, 複 **-nna**〗(果実・野菜・樹などの)汁[液]；体液；滋養物；スープ；生気.
sú[2] [su:] 名女〖属単 ～, 複 **-tha**〗ベリー(イチゴなどの小果実).
sú[3] [su:] 名男〖属単 **-ite**〗① súigh の動名詞. ② 吸収[吸引・摂取]. tá ～ san simsir seo この天候では土地がすぐ乾燥する.
suáilce [su:a:l′k′ə] 名女〖属単 ～, 複 **suáilcí**〗徳；生来の効力；天恵；喜び, 幸福. ～ ó Dhia 神の恵み.
suáilceach [su:a:l′k′əx] 形 1 有徳の；楽しく幸福な, 愉快な.
suáilceas [su:a:l′k′əs] 名男〖属単 **suáilcis**〗有徳；愉快, 幸福.
suaill [suəl′] 名女〖属単 **-e**〗かさが増すこと；(波)うねり.
suaimhneach [suə(v′)n′əx] 形 1 平和な, 平穏な；気楽な.
suaimhneas [suə(v′)n′əs] 名男〖属単 **suaimhnis**〗平和, 静けさ；安楽.
suaimhneasach [suə(v′)n′əsəx] 形 1 和らげる, 鎮める.
suaimhneasán [suə(v′)n′əsa:n] 名男〖属単・主複 **suaimhneasáin**, 属複 ～〗鎮静剤, トランキライザー.
suaimhnigh [suə(v′)n′i:] 動II 他・自〖動名 **suaimhniú**, 動形 **suaimhnithe**〗なだめる, 静める.
suairc [suər′k′] 形 1 愉快な, 楽しい, 陽気な.
suairceas [suər′k′əs] 名男〖属単 **suaircis**〗楽しさ[愉快].
suaite [suət′ə] 形 3 混乱した；疲れ切った；動揺した..
suaiteacht [suət′əxt] 名女〖属単 **-a**〗混乱, 動乱；消耗.
suaiteoir [suət′o:r′] 名男〖属単 **suaiteora**, 複 **-í**〗ミキサー；扇動者.
suaith [suə] 動I 他・自〖動名 **suaitheadh**, 動形 **suaite**〗混ぜ合わせる；こねる；(トランプ)混ぜて切る；混乱させる；議論する；疲労さ

せる. **matáin a shuaitheadh** 筋肉をもみほぐすこと.

suaitheadh [suəhə] 名男〖属単 **suaite**〗混合；揺[振]り動かすこと；疲れ；討論.

suaitheantas [suəhəntəs] 名男〖属単・主複 **suaitheantais**, 属複 ～〗バッジ，エンブレム；クレスト(家紋)；旗(印).

suaithinseach [suəhənˊsˊəx] 形1 顕著な；珍しい，独特の.

suaithne [suəhnˊə] 名男〖属単 ～, 複 **suaithní**〗ひも，細なわ.

suaithní [suəhnˊiː] 形3 目立った；風変わりな；非常な.

suan [suən] 名男〖属単 **suain**〗眠り，睡眠；まどろみ.

suanach [suənəx] 形1 嗜(ね)眠の；無感動の；(火山活動)休止中の.

suanán [suənaːn] 名男〖属単・主複 **suanáin**, 属複 ～〗鎮静剤；居眠り.

suanbhruith [ˈsuənˌvrih] 動II 他・自〖動名 **suanbhruith**, 動形 **suanbhruite**〗ぐつぐつ煮る；ふつふつ煮立つ，(湯)沸騰する；(怒・笑)今にも爆発する.

suanchógas [ˈsuənˌxoːgəs] 名男〖属単・主複 **suanchógais**, 属複 ～〗睡眠薬.

suanlaíoch [suənliː(ə)x] 形1〖属単男 ～, 属単女・比較 **suanlaíche**, 主複 -a〗催眠性の；眠い，眠そうな.

suanlios [ˈsuənˌlˊis] 名男〖属単 **suanleasa**, 複 -anna〗寮.

suanmhar [suənvər] 形1 眠い；眠気を誘う；眠たげな.

suansiúlaí [suansˊuːliː] 名男〖属単 ～, 複 **suansiúlaithe**〗夢遊病者.

suantraí [ˈsuənˌtriː] 名女〖属単 ～, 複 **suantraithe**〗子守歌.

suarach [suərəx] 形1 わずかな；卑劣な；みじめな；くだらない.

suarachán [suərəxaːn] 名男〖属単・主複 **suaracháin**, 属複 ～〗取るに足りない人；狭量で卑しい人；悪漢.

suarachas [suərəxəs] 名男〖属単 **suarachais**〗ささいなこと；さもしさ.

suaraigh [suəriː] 動II 他〖動名 **suarú**, 動形 **suaraithe**〗品位を下げる；(品性・品質)を落す.

suas [suəs] 副 (低位から)上(方)へ[に]；(値など)高めて；現存して；(北から)南へ；体を起こして；(動詞に伴い完成などを表して)しっかり，すっかり；(主要な中心地へ)向って，到達して.
── 前 の上へ[に]；の上流へ；に沿って；の南(方)に.
── 形 上へ向かう；上りの；売却用の. ～ **go Corcaigh** 南部コークへ. (動詞を暗示) ～ **leat!** 行ってしまえ. **seas** ～ 起立しなさい. **an t-aos óg atá** ～ **anois** 今世間にいる若者たち. **míle** ～ **an abhainn** 1マイル程川の上流へ[に]. **tá na costais** ～ 費用が高くなっている. **tá**

an talamh ～ aige 彼は土地を売りに出している.
suathaireacht [suəhərʹəxt] 名女〖属単 **-a**〗マッサージ.
subh [suv] 名女〖属単 **suibhe**, 主複 **-a**, 属複 ～〗ジャム.
subhach [suːəx] 形1 うれしい, 楽しい; 陽気な.
subhachas [suːəxəs] 名男〖属単 **subhachais**〗うれしさ, 楽しさ; 上機嫌.
substaint [substənʹtʹ] 名女〖属単 **-e**, 複 **-í**〗実質; 本質; こく; 富.
substainteach [substənʹtʹəx] 形1 実在を示す; 資産のある; (文法) 存在の; 実詞の.
substaintiúil [substənʹtʹuːlʹ] 形2 実質的な; 現実的な; 相当な.
súdaire [suːdərʹə] 名男〖属単 ～, 複 **súdairí**〗鞣(なめ)工, 製革業者.
súdaireacht[1] [suːdərʹəxt] 名女〖属単 **-a**〗鞣(なめ)すこと.
súdaireacht[2] [suːdərʹəxt] 名女〖属単 **-a**〗甘言でだますこと.
súgach [suːgəx] 形1 ほろ酔いの; 浮かれ気分の; 楽しい.
súgán [suːgaːn] 名男〖属単・主複 **súgáin**, 属複 ～〗わら縄; わらぶとん.
súgrach [suːgrəx] 形1 遊び好きな, いたずらな, ふざける.
súgradh [suːgrə] 名男〖属単 **súgartha**〗遊ぶ[戯れる]こと; 面白さ. ～ le おもちゃにすること.
suí [siː] 名男〖属単 ～, 複 **-onna**〗① suigh の動名詞.② 座っている姿勢[状態]; 起きて[目覚めて]いる状態; 所在, (置かれている)状態, (会議・議会・法廷など)開いていること. **bí i do shuí** 座りなさい. (duine) **a chur ina shuí** (人)を起こすこと. **níl an Dáil ina** ～ 国会は開会中でない. **tá an urchóid ina** ～ 悪い事が起き始めている. **tá siad ina** ～ **go te** 彼らは快適な状態にある[暮らし向きがよい].
suibiacht [sibʹiəxt] 名女〖属単 **-a**〗主体, 主観.
suibiachtúil [sibʹiəxtuːlʹ] 形2 主体の, 主観的.
súiche [suːxʹə] 名男〖属単 ～〗すす, ばい煙.
súicheach [suːxʹəx] 形1 すすの, すすけた.
suigh [siɣʹ] 動I 自・他〖動名 **suí**, 動形 **suite**; 現 **suíonn**〗座る; 着席させる; 置く; 位置を占める; 開会[廷]する; 賃貸する; 整える. **suí ar na rámhaí** 漕ぎ始めること. **suí ar thalamh duine eile** 他人の土地に居座ること. **suí le duine tinn** 病人を寝ずに看病すること. **suí go déanach** 夜更かしすること. **suí ar choiste** 委員会の一員であること. **talamh a shuí** (le duine) (人に)土地を賃貸すること.
súigh [suːɣʹ] 動I 他〖動名 **sú**, 動形 **súite**; 現 **súnn**; 未来 **súfaidh**〗吸収する, 吸込む.
súil [suːlʹ] 名女〖属単・主複 **-e**, 属複 **súl**〗目; 眼力[識]; 注意; 期待

［希望］；目に似たもの；中心. (rud) **a chur ar a shúile** (do dhuine)(人に)(もの)を悟らせる［気付かせる］こと. **rinne sé mo shúile dom** それによって私は啓発された. **ag ~ le** (rud) (もの)に期待［希望］を寄せて. **níl aon ~ agam** (go) 私は(go 以下は)少しも期待してない. **~ sprice** 的の中心点［金的］. **~ droichid** 橋下のアーチ状開口部. **i ~ na gaoithe** 風にまともに向かって.

súilaithne [ˈsuːlʲˌahnʲə] 名女 『属単 ~』(顔を)見て分ること.

súilfhéachaint [suːlʲexənʲtʲ] 名女 『属単 **súilfhéachana**, 複 **-í**』 ちらっと見ること、一べつ.

súilín [suːlʲiːnʲ] 名男 『属単 ~, 複 **-í**』飾り［ひも］穴；のぞき穴；小球体；ビーズ；泡.

súilíneach [suːlʲiːnʲəx] 形 1 泡立つ；玉［ビーズ］のついた.

súilíocht [suːlʲiːəxt] 名女 『属単 **-a**』予期［期待］(すること).

súil-lia [ˈsuː(lʲ)ˌlʲiə] 名男 『属単 ~, 複 **-nna**』眼科医.

suim [simʲ] 名女 『属単 **-e**, 複 **-eanna**』総額；金額；価値；評価；考慮；範囲；概要；興味. (rud) **a chur i ~** [chun suime] (もの)を勘定に入れる［に重要性を置く］こと、**~ a chur i** (rud) (もの)に興味をもつこと. **le ~ achair** 暫時さかのぼって.

suím [siːmʲ] **suigh**＋**mé**.

súim [suːmʲ] **súigh**＋**mé**.

suimigh [simʲiː] 動 II 他 『動名 **suimiú**, 動形 **suimithe**』加える、合計する.

súimín [suːmʲiːnʲ] 名男 『属単 ~, 複 **-í**』一すすり、一吸い、一口.

suimint [simʲənʲtʲ] 名女 『属単 **-e**』セメント.

suimiú [simʲuː] 名男 『属単・複 **suimithe**』加えること、添加；足算.

suimiúchán [simʲuːxaːn] 名男 『属単・主複 **suimiúcháin**, 属複 ~』和［合計］；加算.

suimiúil [simʲuːlʲ] 形 2 興味を引く、面白い；かなりの；うぬぼれた.

suíochán [siː(ə)xaːn] 名男 『属単・主複 **suíocháin**, 属複 ~』(座)席；(議会)開会、会期；固定した位置. (rud) **a chur ar ~** [i ~] (もの)を適所に置くこと；ものを定着させること.

suíomh [siːv] 名男 『属単・主複 **suímh**, 属複 ~』場所；所在(地)；配置、形勢.

suíonn ☞ **suigh**.

suíonna ☞ **suí**.

suipéar [sipʲeːr] 名男 『属単・主複 **suipéir**, 属複 ~』夕食［夜食］；夕食会.

suirbhé [sirʲəvʲeː] 名男 『属単 ~, 複 **-anna**』実地調査；測量.

suirbhéir [sirʹəvʹeːrʹ] 名男〖属単 **suirbheára**, 複 **-í**〗測量技師；(度量衡など)検査官.
suirbhéireacht [sirʹəvʹeːrʹəxt] 名女〖属単 **-a**〗検分[測量]すること.
suirí [sirʹiː] 名女〖属単 〜〗人の機嫌をとること；求愛すること.
suiríoch [sirʹiː(ə)x] 名男〖属単・主複 **suirígh**, 属複 〜〗求婚者.
súisín [suːsʹiːnʹ] 名男〖属単 〜, 複 **-í**〗掛け布団, (ベッドの)上掛け.
súiste [suːsʹtʹə] 名男〖属単 〜, 複 **súistí**〗殻竿(からさお)；殻竿状の武器.
súisteáil [suːsʹtʹaːlʹ] 名女〖属単 **súisteála**, 複 **súisteálacha**〗殻竿(からさお)で打つこと[打穀]；(棒・むちなどで)打つこと.
── 動I 他・自〖動名 **súisteáil**, 動形 **súisteáilte**；現 **súisteálann**〗殻竿(からさお)で打つ；殻竿打ちの仕事をする；むち打つ.
suite [sitʹə] 形 3 ① suigh の動形容詞. ② に位置している；固定した；確定した；確信した.
súiteach [suːtʹəx] 形 1 吸収力のある, 吸収性の.
suiteáil [sitʹaːlʹ] 名女〖属単 **suiteála**〗設置, 取り付け.
── 動I 他〖動名 **suiteáil**, 動形 **suiteáilte**；現 **suiteálann**〗取り付ける；(電話)引く.
súiteán[1] [suːtʹaːn] 名男〖属単・主複 **súiteáin**, 属複 〜〗吸い込むこと；吸収(作用)；引き波；吸取り紙.
súiteán[2] [suːtʹaːn] 名男〖属単 **súiteáin**〗水気の多いこと；みずみずしさ.
suiteoireacht [sitʹoːrʹəxt] 名女〖属単 **-a**〗しゃがむ[うずくまる]こと.
súl [suːl] ☞ súil.
sula [sulə] 接 (後続動詞は U 変化. 規則動詞過去形の前では sular となる. 未来や条件付の行動は現在[叙想法過去]形, または直説法未来形と条件法の動詞が続く.) まだ…しないうちに, …する前に；…しないように. 〜 **mbíonn an ghrian ina suí** まだ太陽が昇らないうちに. 〜 **n-éiríonn siad ar maidin** 朝彼らが起きる前に. **sular casadh orm é** 私が彼と会う以前に. 〜 **ngoidfí iad** それらが盗まれないように.
── 前 …の前[先]に, …より早く. 〜 **i bhfad** やがて, まもなく.
súlach [suːləx] 名男〖属単 **súlaigh**〗(果実・肉などの)汁, ジュース；グレービー；樹液.
sulfáit [solfaːtʹ] 名女〖属単 **-e**, 複 **-í**〗硫酸塩.
sulfar [solfər] 名男〖属単 **sulfair**〗硫黄(色).
sult [sult] 名男〖属単 **suilt**〗(味わう)楽しみ[充足感]；喜び, 楽しみ, 面白味. **bia a bhfuil** 〜 **ann** 喜び楽しめる食物. **tá** 〜 **ina chomhmá** 彼の話を聞いていると楽しい.

sultmhar [sultvər] 形1 (食物) 満ち足りて楽しめる；(人)ふくよかで人好きのする；楽しく愉快な.

súmadóir [suːmədoːrʲ] 名男〖属単 **súmadóra**, 複 **-í**〗オタマジャクシ.

súmaire [suːmərʲə] 名男〖属単 ～, 複 **-í**〗血を吸うもの；ヒル；吸血鬼[器]；かっ払い[たかり]；沼地.

súmhar [suːvər] 形1 汁の多い, ジューシーな.

súmóg [suːmoːg] 名女〖属単 **súmóige**, 複 **-a**, 属複 ～〗ちびちび飲むこと；一すすり, 一飲み(の量).

súnás [suːnaːs] ＝saobhnós.

suncáil [suŋkaːlʲ] 動I 他・自〖動名 **suncáil**, 動形 **suncáilte**；現 **suncálann**〗沈める；沈没する；投資する.

suntas [suntəs] 名男〖属単 **suntais**〗注意, 注目；認知.

suntasach [suntəsəx] 形1 人目を引く, 顕著な, 目立つ.

súp [suːp] 名男〖属単 **súip**〗スープ.

súrac [suːrək] 名男〖属単 **súraic**〗吸うこと. **poll súraic** 水を吸い込む穴；渦(巻き). **gaineamh súraic** 流砂.

súraic [suːrəkʲ] 動I 他・自〖動名 **súrac**, 動形 **súraicthe**〗吸う[吸い込む].

súram [suːrəm] 名男〖属単 **súraim**〗煎じ汁, エキス. ～ **mairteola** ビーフティー(病人用スープで牛肉を煮込んだもの).

sursaing [sursəŋʲ] 名女〖属単 **-e**, 複 **-í**〗ガードル, コルセット；(馬用)腹ベルト；(法衣用)帯.

súsa [suːsə] 名男〖属単 ～, 複 **-í**〗毛布, 覆い.

súsán [suːsaːn] 名男〖属単 **súsáin**〗ミズゴケ, ピートモス.

sútán [ˌsuːˈtaːn] 名男〖属単・主複 **sútáin**, 属複 ～〗スータン(カトリックの司祭の黒い平服).

suth [suh] 名男〖属単 **-a**, 複 **-anna**〗子[子孫]；胎児.

sútha [suːhə] ☞ **sú**².

suthach [suhəx] 形1 実りのよい, 多産の；胎児の.

suthain [suhənʲ] 形1 間断のない；永遠の.

suthaire [suhərʲə] 名男〖属単 ～, 複 **suthairí**〗暴飲[食]する人.

suthaireacht [suhərʲəxt] 名女〖属単 **-a**〗暴食[飲]すること.

svae [sweː] 名男〖属単 ～〗勝利；支配；征服.

svaeid¹ [sweːdʲ] 名男〖属単 ～, 複 **-eanna**〗カブハボタン(油菜科の食用植物).

svaeid² [sweːdʲ] 名女〖属単 **-e**〗スエード(革).

svaistice [svasʲtʲikə] 名女〖属単 ～, 複 **-í**〗卍(まん)；かぎ十字(章).

T

tá [ta:] ☞ **bí**.
tábhacht [ta:vəxt] 名女〖属単 **-a**〗重要(性)；意味；実質；勤勉.
tábhachtach [ta:vəxtəx] 形1 重要な；意味のある；実質のある；勤勉な.
tabhaigh [taui:] 動II 他〖動名 **tabhú**, 動形 **tabhaithe**〗もうける；に値する.
tabhair [tu:rʹ/taurʹ/to:rʹ] 動I 他・自〖動名 **tabhairt**, 動形 **tugtha**；現 **tugann**；過 **thug**；未 **tabharfaidh**〗(不規則動詞変化表参照). 与える；(行動・物事など) 取る[する, 生じさせる]；持って[連れて]行く[来る]. **cath a thabhairt** 戦闘をすること. **móid a thabhairt** 誓いを立てること. **thug an fiabhras a bhás** 熱病で彼は死んだ. **thug sí timpeall na háite sinn** 彼女はあちこち私たちを案内してくれた. {**tabhair**＋前置詞} ㋐ ～ **amach** 発する；分配する；持ち出す, 叱る. **ná bí ag tabhairt amach mar sin** そんなにがみがみ言うな. ㋑ ～ **ar** (対象目指して)行動する；代償として与える；と呼ぶ；強いる；へ行く；退く. **thug sé rúid orm** 彼は私めがけて突進してきた. ～ **orthu suí síos** 彼らを座らせなさい. ～ **an leaba ort féin** 床に就きなさい. ㋒ ～ **as** 運び[連れ]出す. ㋓ ～ **chuig**[**chun**] 持って行く[来る]. ㋔ ～ **do** に与える；もたらす. ㋕ ～ **faoi** の下に[状態に]置く；に取りかかる；攻撃する. **tabhairt faoi** (**rud**) **a dhéanamh** (もの)をすることに着手すること. ㋖ ～ **i** に関して与える[行なう]；取り込む, 持ち込む. **faillí** [cúiteamh] **a thabhairt i** (rud) (もの)を怠る[に償いをする]こと. ㋗ ～ **isteach** 中へ持[連れ]込む；取り戻す；に屈する. ㋘ ～ **le** 把握する；運び去る；捧げる；提出する. ～ **le**＋**do** …するために与える. **thug sé a bheo leis** 彼は命からがら逃げた. ㋙ ～ **ó** 崩れる；から持ち[連れ]出す. **thug an balla uaidh** 壁が崩れた. ㋚ ～ **suas** 放棄する.
tábhairne [ta:vərnʹə] 名男〖属単 ～, 複 **tábhairní**〗居酒屋；～ **teach** パブ.
tábhairneoir [ta:vərnʹo:rʹ] 名男〖属単 **tábhairneora**, 複 **-í**〗居酒屋の主人.
tabhairt [tu:rtʹ/taurtʹ/to:rtʹ] 名女〖属単 **tabhartha**〗① **tabhair**

の動名詞. ② 授与；認可；送達；産出；ほとばしり；(トランプ)先手. ~ amach 発行；展示, 表示. ~ faoi 沈下, 減退, 沈静. ~ isteach 導入[輸入]；収穫. ~ suas 明け渡し；産出；養育.

tabhall [taul] 名男〚属単 **tabhaill**, 複 **taibhle**〛投石器.

tabharfaidh [tu:rhi/taurhi/to:rhi] ☞ tabhair.

tabhartas [tu:rtəs/taurtəs/to:rtəs] 名男〚属単・主複 **tabhartais**, 属複 ~〛寄贈；天分. ~ ó Dhia 天賦の才.

tabhartasach [tu:rtəsəx] 形 1 寛容な, 気前のよい；豊富な.

tabharthach [taurhəx/to:rhəx] 名男〚属単・主複 **tabharthaigh**, 属複 ~〛(文法) 与格(の語).
── 形 1 与格の.

tabharthóir [taurho:r′/to:rho:r′] 名男〚属単 **tabharthóra**, 複 **-í**〛贈与者, 寄贈者.

tábla [ta:blə] 名男〚属単 ~, 複 **-í**〛(食)卓；料理；平板；表, (算数)九九表.

táblaigh [ta:bli:] 動II 他〚動名 **táblú**, 動形 **táblaithe**〛(一覧)表にする；平板状にする.

taca [takə] 名男〚属単 ~, 複 **-í**〛支え, 支援；時点, (考慮の)点. ~ a bhaint as (rud) (もの)にもたれる[頼る]こと. **do chosa a chur i dtaca** しっかり地面を踏みしめること；少しでも譲歩するのを拒むこと. **fear** ~ 大黒柱；(ボクシング)セコンド. **an** ~ **seo den bhliain** (一年で)今時分. **as cosa i dtaca** その場で；不意に. **i dtaca le** については. **i dtaca le holc** あれこれ考慮して.

tacaí [taki:] 名男〚属単 ~, 複 **tacaithe**〛支援者；(ボクシング)セコンド.

tacaigh [taki:] 動II 他〚動名 **tacú**, 動形 **tacaithe**〛支える；支援する；挙げる.

tacaíocht [taki:(ə)xt] 名女〚属単 **-a**〛支持；支援；保証.

tacar[1] [takər] 名男〚属単・主複 **tacair**, 属複 ~〛落ち穂拾い；(情報など)断片的収集；コレクション；(数学)集合.

tacar[2] [takər] 名男〚属単 **tacair**〛人工；工夫；(tacair は限定形容詞扱い) 人工の；工夫された. **marmar tacair** 模造大理石. **rubar tacair** 合成ゴム.

tacas [takəs] 名男〚属単・主複 **tacais**, 属複 ~〛画架, イーゼル.

tachrán [taxra:n] 名男〚属単・主複 **tachráin**, 属複 ~〛幼児；児童.

tacht [taxt] 動I 他・自〚動名 **tachtadh**, 動形 **tachta**〛窒息(死)させる；詰まらせる；(電波)妨害する. (duine) **a thachtadh** (人)を窒息(死)させること. **píopaí tachta** 詰まっているパイプ. **glór tachta** 息

を詰めた声.
tachtach [taxtəx] 形1 息詰まるような, 息苦しい.
tachtaire [taxtərʹə] 名男〖属単 〜, 複 **tachtairí**〗窒息させる人；詰まらせるもの.
tácla [taːklə] 名男〖属単 〜, 複 **táclaí**〗道[用]具；巻揚機, (船)索具.
tacóid [takoːdʹ] 名女〖属単 -e, 複 -í〗(留め)びょう；クローブ(香料). **tacóidí a chur i mbrat urláir** カーペットを留めびょうで留めること. 〜 **ordóige** 画びょう.
tacsaí [taksiː] 名男〖属単 〜, 複 **tacsaithe**〗タクシー.
tacúil [takuːlʹ] 形2 支え[頼り]になる；丈夫な；時宜を得た. **fear** 〜 たくましい男. **bia** 〜 体力をつける食物.
tada [tadə] ＝dada.
tadhaill [tailʹ] 動I 他・自〖動名 **tadhall**, 動形 **tadhaillte**；現 **tadhlaíonn**〗触れる；接触させる.
tadhall [tail] 名男〖属単 **tadhaill**〗触ること；触感；接触.
tadhlach [tailəx] 形1 隣接する；人の心に触れる；触知出来る.
tae [teː] 名男〖属単 〜, 複 -nna〗茶；茶葉. 〜 **beag** 午後のお茶.
taephota [ˈteːˌfotə] 名男〖属単 〜, 複 -í〗ティーポット.
tafann [tafən] 名男〖属単 **tafainn**〗吠えること.
tagaim [tagəmʹ] tar¹＋mé.
tagair [tagərʹ] 動II 他・自〖動名 **tagairt**, 動形 **tagartha**；現 **tagraíonn**〗について言う. 〜 **do** 参照する；引き合いに出す；ほのめかす.
tagairt [tagərtʹ] 名女〖属単 **tagartha**, 複 -í〗参照；言及. **leabhar tagartha** 参考図書.
tagann [tagən] ☞ tar¹.
taghd [taid] 名男〖属単 **taighd**, 複 -anna〗発作；感情の激発；衝動. **as** 〜 かっとして；気まぐれに.
taghdach [taidəx] 形1 怒りっぽい；不きげんな；気まぐれな.
tagrach [tagrəx] 形1 ほのめかしの, 暗示的な；生意気な.
tagtha [takə] ☞ tar¹.
taibhreamh [tavʹrʹəv] 名男〖属単・主複 **taibhrimh**, 属複 〜〗夢(を見ること)；先見.
taibhrigh [tavʹrʹiː] 動II 他・自〖動名 **taibhreamh**, 動形 **taibhrithe**〗夢を見る；想像する；明示する.
taibhriúil [tavʹrʹuːlʹ] 形2 想像上の, 架空の.
taibhse [tavʹsʹə] 名女〖属単 〜, 複 **taibhsí**〗亡霊；出現；外観.
taibhseach [tavʹsʹəx] 形1 極彩色の；はでな；てらった.

taibhsigh [tav'sʹiː] 動II 自〚動名 **taibhsiú**, 動形 **taibhsithe**〛ぬーっと現われる, 見えてくる ; らしく見える.
taibhsiúil [tav'sʹuːlʹ] 形 2 幽霊の(ような) ; 惑わせる ; 実態のない.
táibléad [taːbʹlʹeːd] 名 男〚属単・主複 **táibléid**, 属複 ～〛平板 ; 銘板 ; 錠剤.
taidhiúir [taiuːrʹ] 形 1 涙で一杯の ; もの悲しい ; 旋律の美しい.
taidhleoir [tailʹoːrʹ] 名 男〚属単 **taidhleora**, 複 **-í**〛外交官 ; 折衝に巧みな人.
taidhleoireacht [tailʹoːrʹəxt] 名 女〚属単 **-a**〛外交 ; 駆け引き.
taifeach [tafʹəx] 名 男〚属単・主複 **taifigh**, 属複 ～〛分析, 解析.
taifead [tafʹəd] 名 男〚属単・主複 **taifid**, 属複 ～〛(公)記録.
―― 動I 他〚動名 **taifeadadh**, 動形 **taifeadta**〛記録する, 記録に残す.
taifeadán [tafʹədaːn] 名 男〚属単・主複 **taifeadáin**, 属複 ～〛記録器 ; レコーダー. ～ **fuaime** 録音器[機].
taifí [tafʹiː] 名 男〚属単 ～〛タフィー(砂糖菓子).
taighd [taidʹ] 動I 他・自〚動名 **taighde**, 動形 **taighdte**〛調査[研究]する ; (深く)探る.
taighde [taidʹə] 名 男〚属単 ～〛調査[研究・探究].
táille [taːlʹə] 名 女〚属単 ～, 複 **táillí**〛料金 ; 費用 ; 謝礼 ; 勘定 ; 運賃 ; 値段表 ; 報償金 ; 保険料.
táilliúir [taːlʹuːrʹ] 名 男〚属単 **táilliúra**, 複 **-í**〛洋服屋, テーラー.
táilliúrtha [taːlʹuːrhə] 形 3 テーラーメードの, あつらえの.
tailm [talʹəmʹ] 名 女〚属単 **-e**, 複 **-eacha**〛(どしん・ばたんなど)突然の音を伴う強打.
tailte [talʹtə] ☞ **talamh**.
táimhe [taːvʹə] 名 女〚属単 ～〛無気力 ; 不活発, ものぐさ.
táin [taːnʹ] 名 女〚属単 **tána**, 複 **-te**〛群れ, 駆り集め ; (複) 富 ; 豊富 ; 襲撃. **tá na táinte** (ar cnoc) **aige** 彼はとても裕福だ. **chosain sé na táinte** それにはばく大な金がかかった.
tainnin [tanʹənʹ] 名 女〚属単 **-e**〛タンニン.
táinrith [ˈtaːnʹrih] 名 男〚属単 **táinreatha**, 複 **táinrití**〛(群れが)どっと逃げ出すこと.
táinséirín [taːnʹsʹeːrʹiːnʹ] 名 男〚属単 ～, 複 **-í**〛ミカン(の一種).
taipéis [tapʹeːsʹ] 名 女〚属単 **-e**, 複 **-í**〛タペストリー, つづれ錦(にし).
taipióca [tapʹiːoːkə] 名 男〚属単 ～〛タピオカ.
táiplis [taːpʹlʹəsʹ] 名 女〚属単 **-e**〛チェッカー(の盤[こま]). ～ (**bheag**) チェッカー. ～ **mhór** 西洋スゴロク.

táir [taːrʹ] 形1 さもしい；みすぼらしい；悲惨な；不潔な.
── 動Ⅰ 他 〖動名 **táireadh**, 動形 **táirthe**〗振舞う, (地位・品位などを)下げる.

tairbhe [tarʹəvʹə] 名 女 〖属単 ～, 複 **tairbhí**〗利益, 収益；得. (成句) de thairbhe の力で, の結果として. dá thairbhes sin その結果. de mo thairbhe féin de 私に関する限り.

tairbheach [tarʹəvʹəx] 形1 有益[利]な；もうかる.

tairbhí [tarʹəvʹiː] 名 男 〖属単 ～, 複 **tairbhithe**〗受益者；受取人.

tairbhigh [tarʹəvʹiː] 動Ⅱ 他・自 〖動名 **tairbhiú**, 動形 **tairbhithe**〗益[利]する；～ do の為になる；～ de 得をする.

táire [taːrʹə] 名 女 〖属単 ～〗粗悪；卑劣さ；卑しさ.

táireach [taːrʹəx] 形1 (品位・地位など)落としめる.

tairg [tarʹəgʹ] 動Ⅰ 他・自 〖動名 **tairiscint**, 動形 **tairgthe**〗提供する；申し出る；試みる.

táirg [taːrʹgʹ] 動Ⅰ 他 〖動名 **táirgeadh**, 動形 **táirgthe**〗産する；作り出す；製造する.

táirge [taːrʹgʹə] 名 男 〖属単 ～, 複 **táirgí**〗生成物；生産品；製品.

táirgeadh [taːrʹgʹə] 名 男 〖属単 **táirgthe**〗生産；製作；産出高.

tairgeoir [tarʹəgʹoːrʹ] 名 男 〖属単 **tairgeora**, 複 **-í**〗提供者, 申し出人；入札者.

táirgeoir [taːrʹgʹoːrʹ] 名 男 〖属単 **táirgeora**, 複 **-í**〗生産者；製作者；プロデューサー.

táirgiúil [taːrʹgʹuːlʹ] 形2 生産的な；を生み出す；豊かな.

táirgiúlacht [taːrʹgʹuːləxt] 名 女 〖属単 **-a**〗生産性.

tairiscint [tarʹəsʹkʹənʹtʹ] 名 女 〖属単 **tairisceana**, 複 **-í**〗入札；申し出；提案.

tairise [tarʹəsʹə] 名 女 〖属単 ～〗忠誠；誠実；信頼性.

tairiseach [tarʹəsʹəx] 形1 確実な；誠実な；信頼できる.

táiríseal [taːrʹiːsʹəl] 形 〖属単男 **táirísil**, 属単女・主複・比較 **táirísle**〗奴隷のような, 悲惨な.

tairne [taːrnʹə] 名 男 〖属単 ～, 複 **tairní**〗くぎ；びょうくぎ.

tairneáil [taːrnʹaːlʹ] 動Ⅰ 他・自 〖動名 **tairneáil**, 動形 **tairneáilte**；現 **tairneálann**〗くぎを打つ；くぎで固定する；くぎ付けになる.

tairneálaim [taːrnʹaːləmʹ] tairneáil + mé.

tairngeartach [tarəŋʹgʹərtəx] 形1 予言者の；予言的な.

tairngir [tarəŋʹgʹərʹ] 動Ⅱ 他・自 〖動名 **tairngreacht**, 動形 **tairngirthe**；現 **tairngríonn**〗予言[予報]する.

tairngire [tarəŋʹgʹərʹə] 名 男 〖属単 ～, 複 **tairngirí**〗予言者；早

熟な子；賢人．

tairngreacht [tarəŋˈgʲərʲəxt] 名女〖属単 **-a**, 複 **-aí**〗予言；予報．

tairseach [tarsʲəx] 名女〖属単 **tairsí**, 主複 **-a**, 属複 〜〗敷居；入口，戸口． 〜 **bus** バスの乗降口． 〜 **fuinneoige** 窓敷居[の下わく]．

tais [tasʲ] 形1 湿気のある；温和な；寛大な．(成句) **ní taise domsa é** 私とて同じだ．

taisc [tasʲkʲ] 動I 他・自〖動名 **taisceadh**, 動形 **taiscthe**〗蓄える；死[秘]蔵する；預ける． **airgead a thaisceadh** 貯金すること．

taisce [tasʲkʲə] 名女〖属単 〜, 複 **taiscí**〗蓄え；秘蔵(品)；貯蔵所[物]；預金． **airgead** 〜 預金． **cuntas** 〜 預金口座．(成句) **a thaisce!** (呼び掛け)いとしい人[子]！

taisceadán [tasʲkʲədaːn] 名男〖属単・主複 **taisceadáin**, 属複 〜〗貯蔵所；金庫；ロッカー．

taiscéal [tasʲkʲeːl] 動I 他・自〖動名 **taiscéaladh**, 動形 **taiscéalta**〗踏査する；探る；偵察する． **ag taiscéaladh óir** 金を求めて試掘して(いる)．

taiscéalaí [tasʲkʲeːliː] 名男〖属単 〜, 複 **taiscéalaithe**〗踏査者；探鉱者；偵察者．

taiscéalaíocht [tasʲkʲeːliː(ə)xt] 名女〖属単 **-a**〗実地踏査；偵察．

taisceoir [tasʲkʲoːrʲ] 名男〖属単 **taisceora**, 複 **-í**〗貯蔵者；節約家；預金者．

taiscthéitheoir [ˈtasʲkʲheːhoːrʲ] 名男〖属単 **taiscthéitheora**, 複 **-í**〗(夜間蓄積した)蓄熱ヒーター．

taiscumar [ˈtasʲkʲumər] 名男〖属単・主複 **taiscumair**, 属複 〜〗貯蔵用タンク．

taise[1] [tasʲə] 名女〖属単 〜〗湿気；湿度；思いやり；優しさ；温和．

taise[2] [tasʲə] 名女〖属単 〜, 複 **taisí**〗生霊；幽霊；(複)遺体．

taiséadach [ˈtasʲeːdəx] 名男〖属単 **taiséadaigh**, 複 **taiséadaí**〗(埋葬用)白布，経帷子(きょうかたびら)．

taiseagán [tasʲəgaːn] 名男〖属単・主複 **taiseagáin**, 属複 〜〗聖骨[聖物]箱．

taisiúil [tasʲuːlʲ] 形2 慈悲深い，温情的な．

taisleach [tasʲlʲəx] 名男〖属単 **taisligh**〗湿気；水分；細かい水滴．

taisléine [ˈtasʲlʲeːnʲə] 名女〖属単 〜, 複 **taisléinte**〗(埋葬用)白布．

taisme [tasʲmʲə] 名女〖属単 〜, 複 **taismí**〗事故；偶然(の出来事)． **de thaisme** たまたま．

taismeach [tasʲmʲəx] 名男〖属単・主複 **taismigh**, 属複 〜〗事故の死傷者；災害．

——形1 偶発の[不慮の]；悲劇的な.
taispeáin [tasʹpʹaːnʹtʹ] 動I 他〘動名 **taispeáint**, 動形 **taispeánta**；現 **taispeánann**〙見せる；表示する；知らせる；(感情・行動・能力など)表す；陳列する. **thaispeáin sé an áit dúinn** 彼は私たちにその場所を案内してくれた.
taispeáint [tasʹpʹaːnʹtʹ] 名女〘属単 **taispeána**〙見せること；表示；展示.
taispeánadh [tasʹpʹaːnə] 名男〘属単 **taispeánta**, 複 **taispeántaí**〙啓示；不思議な現象；例証.
taispeánaim [tasʹpʹaːnʹəmʹ] taispeáin+mé.
taispeántach [tasʹpʹaːntəx] 形1 あらわに示す；人目を引く.
taispeántas [tasʹpʹaːntəs] 名男〘属単・主複 **taispeántais**, 属複 ～〙展覧[展示](会)；催し物.
taisrigh [tasʹrʹiː] 動II 他・自〘動名 **taisriú**, 動形 **taisrithe**〙湿らせる；結露する.
taisteal [tasʹtʹəl] 名男〘属単・主複 **taistil**, 属複 ～〙旅行.
taistealaí [tasʹtʹəliː] 名男〘属単 ～, 複 **taistealaithe**〙旅行者.
taistealaím [tasʹtʹəliːmʹ] taistil+mé.
taistil [tasʹtʹəlʹ] 動II 他・自〘動名 **taisteal**, 動形 **taistealta**；現 **taistealaíonn**〙旅行する.
taithí [tahiː] 名女〘属単 ～〙常に出入りすること；よく親しむこと；練習；経験.
taithigh [tahiː] 動II 他・自〘動名 **thaithí**, 動形 **thaithithe**〙度々通う；常に出入りする；練習する；経験する. ～ **le** と交際する. **taithí le** (duine) 人と親しくなること.
táithín [taːhiːnʹ] 名男〘属単 ～, 複 **-í**〙小房；小束. ～ **cadáis** 綿棒[綿球].
taithíoch [tahiː(ə)x] 形1〘属単男 ～, 属単女・比較 **taithíche**, 主複 **-a**〙～ **ar** に慣れた；詳しい；親しい.
taithíocht [tahiː(ə)xt] 名女〘属単 **-a**〙親交[親密]；精通.
taitin [tatʹənʹ] 動II 他・自〘動名 **taitneamh**, 動形 **taitnithe**；現 **taitníonn**〙照らす；光る, 輝く；(**le** と共に) 喜ぶ[好む]. **tá an ghrian ag taitneamh** 太陽が輝いている. **ní thaitníonn na bréaga liom** 私は嘘はいやだ.
taitneamh [tatʹnʹəv] 名男〘属単 **taitnimh**〙光, 輝き；楽しみ；好み.
taitneamhach [tatʹnʹəvəx] 形1 光る；明るい；楽しい；好ましい.
taitním [tatʹnʹiːmʹ] taitin+mé.
tál [taːl] 名男〘属単 **táil**〙乳汁分泌；分泌(作用)；(乳の)出.

——動I 他・自〘動名 **tál**, 動形 **tálta**〙(乳を)出す；流す；分泌する.
talamh [taləv] 名 男・女〘属単男 **talaimh**, 属単女 **talún**, 複 **tailte**〙地球；大地；陸(地)；土地；土；地表；国土. **neamh agus ~** 天と地. **ar ~** 地上に；生存して. **ní fheadar ó thalamh an domhain** 私は全然知らない. **ar thalamh slán** 安全な立場に. **~ slán a dhéanamh de** (rud) (こと)を当然なことと思うこと. (成句) **ó thalamh** 徹底的に [根本的に].
talamhiata [ˈtaləvˌiətə] 形 3 陸地に囲まれた；海に接していない.
talcam [talkəm] 名 男〘属単 **talcaim**〙滑石, タルク.
tallann [talən] 名 女〘属単 **tallainne**, 主複 **-a**, 属複 **~**〙衝動；激発；才能；タラント(古代ギリシャなどの通貨単位). **~ feirge** 激怒. **~ óir** タラント金貨.
tallannach [talənəx] 形 1 衝動的な, 気まぐれの；才能のある.
talmhaí[1] [taləviː] 名 男〘属単 **~**, 複 **talmhaithe**〙農業(専門)家.
talmhaí[2] [taləviː] 形 3 地上の；世俗の；太くがっしりした.
talmhaigh [taləviː] 動II 他・自〘動名 **talmhú**, 動形 **talmhaithe**〙ざんこうを掘って身を守る；(電気)アースする；(フットボール)タッチダウンする.
talmhaíocht [taləviː(ə)xt] 名 女〘属単 **-a**〙農業；農耕.
talún [taluːn] ☞ talamh.
támáilte [taːmaːlʹtʹə] 形 3 のろい；怠惰な；(土)粘土質の.
tamall [taməl] 名 男〘属単・主複 **tamaill**, 属複 **~**〙間；空間；一続き, わずかの間隔[期間]. **~ oibre** 一仕事. **ar feadh tamaill** [go ceann tamaill] 暫くの間. **bhí me ann ~** 私は一時そこにいた. **~ ina dhiaidh sin** その後暫くして. **~ ó shin** つい先程. **níl sé ach ~ as seo** それはここからほんの少しの距離だ. **thug sé ~ den leabhar dom** 彼は暫くその本を私に貸してくれた.
tambóirín [tamboːrʹiːnʹ] 名 男〘属単 **~**, 複 **-í**〙タンバリン(楽器).
támh [taːv] 名 女〘属単 **táimhe**, 主複 **-a**, 属複 **~**〙昏睡；夢うつつ；うたた寝；無感覚. **dul i dtámh** うっとりする[失神する]こと. **níor chodail mé ~** 私は一睡もしなかった. **níl ~ air** 彼はすっかり目覚めている.
——形 1 ①不活性の, 容易に化合しない. **gas ~** 不活性ガス. ② = támhach.
támhach [taːvəx] 形 1 昏睡(状態)の；自動力のない；不活発な.
tamhan [taun] 名 男〘属単・主複 **tamhain**, 属複 **~**〙幹；茎.
támhnéal [ˈtaːvˌnʹeːl] 名 男〘属単 **támhnéil**, 複 **-ta**〙気が遠くなること；夢うつつ.

tanaí[1] [tani:] 名女〖属単 〜, 複 -ocha〗浅瀬.
tanaí[2] [tani:] 形 3 薄い；やせた；繊細な；水っぽい；浅い.
tanaigh [tani:] 動II 他・自〖動名 **tanú**, 動形 **tanaithe**〗やせる；薄める；希薄にする；(目方を)減らす. **tá an pobal ag tanú** 人口が減少している. **péint a thanú** ペンキを薄めること.
tanaíocht [tani:(ə)xt] 名女〖属単 **-a**〗希薄；貧弱；浅いこと.
tánaiste [taːnəsʲtʲə] 名男〖属単 〜, 複 **tánaistí**〗(古代アイルランド)族長後継者；副首相；第二の地位；二番目. **i dtánaiste do** に次いで；殆ど. **i dtánaiste a anama** 命からがら.
tánaisteach [taːnəsʲtʲəx] 形 1 第二(位)の；二次的な.
tanalacht [tanələxt] 名女〖属単 **-a**, 複 **-aí**〗浅瀬[砂洲]；浅いこと.
tanc [taŋk] 名男〖属単 〜, 複 **-anna**〗戦車, タンク.
tancaer [taŋkeːr] 名男〖属単・主複 **tancaeir**, 属複 〜〗タンカー.
tancard [taŋkərd] 名男〖属単・主複 **tancaird**, 属複 〜〗(ふた付き)大ジョッキ.
tangant [taŋgənt] 名男〖属単・主複 **tangaint**, 属複 〜〗(三角法)正接.
tanú [tanuː] 名男〖属単 **tanaithe**〗① tanaigh の動名詞. ② 希薄化；減少；希釈.
taobh [tiːv] 名男〖属単 **taoibh**, 複 **-anna**〗側；側面；横腹；方面；端. 〜**sleibhe** 山の斜面. 〜 **na láimhe clé** 左手側. 〜 **na gréine** 明るい面. **ar gach** 〜 四方八方. 〜 **tíre** いなか. **ó mo thaobh féin de** 私に関する限り. 〜 **a athar** 彼の父方. (成句) 〜 **amuigh de** (sin)(それ)の他に. **ar an** 〜 **amuigh de** せいぜい. 〜 **i dtaobh le** [〜 le] 当てにして. **tá sé** 〜 **leis féin** 彼は自活しなければならない；一人ぽっちだ. **i dtaobh** 関して. **i dtaobh** (is)**go** (go 以下)の理由で. **fá dtaobh de** のまわりに；に就いて. **le** 〜 と比較して；その上. 〜 **le** 並んで；結託して. **d'aon** 〜 一つになって；一方(で). 〜 **thiar den** …の西側[後側]に. **cad ina thaobh？** 何故？.
taobhach [tiːvəx] 形 1 側面の；片寄った；一部分の.
taobhaí [tiːviː] 名男〖属単 〜, 複 **taobhaithe**〗連れ；仲間；支持者.
taobhaigh [tiːviː] 動II 他〖動名 **taobhú**, 動形 **taobhaithe**〗(通常 〜 **le**) に近づく；味方する；を用いる；信頼を置く. **taobhú suas le duine** 横歩きで人ににじり寄ること. **ag thaobú leis an ól** 酒に目が無くなって.
taobhaitheoir [tiːvihoːrʲ] 名男〖属単 **taobhaitheora**, 複 **-í**〗支持者, シンパ.

taobhán [tiːvaːn] 名男〖属単・主複 **taobháin**, 複 **-í**〗棟木, はり.
taobhlach [tiːvləx] 名男〖属単・主複 **taobhlaigh**, 属複 〜〗(鉄道)待避線.
taobhmhaor [ˈtiː(v)vˌiːr] 名男〖属単・主複 **taobhmhaoir**, 属複 〜〗(スポーツ)線審.
taobhsholas [ˈtiːvˌholəs] 名男〖属単 **taobhsholais**, 複 **taobhshoilse**〗側光[灯].
taoibhín [tiːvʹiːnʹ] 名男〖属単 〜, 複 **-í**〗① taobh の指小語. ②(修理・装飾用)パッチ;つぎ. 〜 **ar shúil** 眼帯.
taoide [tiːdʹə] 名女〖属単 〜, 複 **taoidí**〗潮;潮流;潮の干満. 〜 **thrá** 干潮. 〜 **thuile** 満潮.
taodimhear [tiːdʹvʹər] 形 1 潮の;干満のある;周期的な.
taoiseach [tiːsʹəx] 名男〖属単・主複 **taoisigh**, 属複 〜〗(族)長;指導者;首相.
taom [tiːm] 名男〖属単 **-a**, 複 **-anna**〗(病気)発作[引き付け・けいれん], (感情)激発. 〜 **croí** 心臓発作. 〜 **feirge** 激怒.
taomach [tiːməx] 形 1 発作的な;けいれん性の;気まぐれな.
taos [tiːs] 名男〖属単 **taois**〗練り粉, パン生地;ペースト. 〜 **fiacla** 練り歯みがき. **an** 〜 **a bheith leis an oigheann** 収支を合わせるのに奮闘すること.
taosc [tiːsk] 動I 他・自〖動名 **taoscadh**, 動形 **taosctha**〗汲み出す;排水する;シャベルですくう[掘る]. **bád a thaoscadh** ボートの中に入った水を汲み出すこと. **uisce a thaoscadh** 排水すること. **ag toascadh prátaí** ジャガイモをシャベルで掘り出して(いる).
taoscadh [tiːskə] 名男〖属単 **taosctha**〗水を汲み出すこと, 排水(すること).
taoscán [tiːskaːn] 名男〖属単・主複 **taoscáin**, 属複 〜〗(液体)少量(の加味);1滴. 〜 **bainne** ミルク一口分. 〜 **branda** 加味された少量のブランデー.
taoschnó [tiːsxnoː] 名男〖属単 〜, 複 **-nna**〗ドーナツ.
taosrán [tiːsraːn] 名男〖属単・主複 **taosráin**, 属複 〜〗練り粉菓子, ペーストリー.
tapa [tapə] 名男〖属単 〜〗急速;敏速;活力. 〜 **a dhéanamh** 急ぐこと. **de thapa na huaire** たまたま.
―― 形 3 急速な;即座の;活動的な.
tapaigean [tapəgʹən] 名男〖属単・主複 **tapaigin**, 属複 〜〗びくっとすること;飛び上がり;災難.
tapaigh [tapiː] 動II 他〖動名 **tapú**, 動形 **tapaithe**〗急がせる;素

早く取る[つかむ]. ~ do dheis 時を移さず機会をつかみなさい.
tapúil [tapu:l/] 形2 速い；素早い；活動的な.
tapúlacht [tapu:ləxt] 名女 〖属単 **-a**〗迅速；素早さ.
tar[1] [tar] 動 自〖動名 **teacht**, 動形 **tagtha**；現 **tagann/tig**；未 **tiocfaidh**；過 **tháinig**〗(不規則動詞変化表参照). 来る；(話者が相手の方へ)行く；出て来る；帰って来る；近付く；起こる；至る, (ある状態に)移る. **teacht abhaile** 帰宅すること. ~ **an bealach seo** どうぞこちらへ. **bhí na deora ag teacht** 涙があふれてきた. **bádh**(<**báigh**) **eisean is**(=**agus**) **tháinig mise** 彼は溺れてしまったが私は助かった. {**tar**+前置詞} ㋐ ~ **ag** …し始める；…するようになる. **tháinig trua agam dóibh** 私は彼らを哀れむようになった. ㋺ ~ **amach** 出て来る；世に出る. **tháinig an leabhar amach** 例の本が出版された. ㋩ ~ **aníos** 上る；(上に)出て来る. ㊁ ~ **anuas** 下がる；を降りて来る；(伝統などが)伝わる；(**ar** と共に)非難する. **nós a tháinig anuas chugainn** 私たちに代々伝えられてきた風習[習慣]. ㋭ ~ **ar** 到着する；徐々に…になる；(身に)振りかかる；(偶然)見つける, にふと気付く；で来る, に乗る；余儀なく…させる. **tá mé ag teacht ort anois** 僕は君のことが分かりかけてきた. **tháinig an bás uirthi** 彼女は致命的な病気に取りつかれた. **cád é a tháinig ort?** どうかしたか？(形容詞と共に) **ná** ~ **salach air** 彼と争うな. ㋬ ~ **as** 源を発する；逃れる[(病)回復する]；(結果として)起こる；発(散)する；延[伸]びる. **tiocfaidh boladh bréan as** それはいやな匂いを発するだろう. **tháinig as an éadach** 布地[衣服]が伸びた. ㋣ ~ **chuig/chun** 到達する；回復する；になる. **tá sé ag teacht chuige féin** 彼は正気づいて来ている. ㋠ ~ **de** 結果として起こる；の出である. ㋷ ~ **do** (偶然)する；帰着する；(似)合う. **ta an dath ag teacht duit** その色は君に似合っている. ㋦ ~ **faoi** 到達する；の為に来る；に届く. ㋾ ~ **gan** なしでする. ㋐ ~ **i** 入る；(ある状態)に至る；受け継ぐ；(目的で)来る；(所有形容詞と共に)に[と]なる. **tháinig sé ina stoirm** 嵐(のよう)になってきた. ㋑ ~ **isteach** 入って来る；実現する；(**ar** を伴い)(使い方・こつなど)会得する；受け継ぐ. ㋓ ~ **le** を通って来る；一緒に来る；と一致する, と(折り)合う；我慢する, でやっていく；出来る. **teacht le** (**duine**) **ar** (**rud**)(もの)について(人)に同意すること. **tiocfaidh mé leis** それで(何とか)やって行こう. **ní thiocfadh liom a leithéid sin a dhéanamh** そんなことは私にはとても出来なかった. ㋔ ~ **ó** から来る；の出身である；免れる；(難事)乗り越える. **tiocfaidh tú uaidh** あなたはそれを乗り越えるだろう. ㋕ ~ **roimh** 先行する；さえぎる. ㋖ ~ **suas** (**ar** を伴い)で生計を立てる. (**le** を伴い)追い付く. **táim ag teacht suas**

leis an obair 私は仕事の遅れを取り戻している. ⑦ ～ thar (踏み)越えて来る；言及する. ⑧ ～ thart 回って来る；回転する；回復する. ㉙ ～ trí 通って出て来る；にじみ出る；(病・困難)切り抜ける.

tar-[2] [tar] 接頭 上にある；越す[越えて], 横切って.

tarathar [tarəhər] 名男〖属単・主複 **tarathair**, 属複 ～〗らせん錐(きり).

tarbh [tarəv] 名男〖属単・主複 **tairbh**, 属複 ～〗雄牛. **an Tarbh** 牡牛座.

tarbhadóir [tarəvədo:r′] 名男〖属単 **tarbhadóra**, 複 **-í**〗闘牛士.

tarbhánta [tarəva:ntə] 形 3 雄牛のような；強力な；勢力のある.

tarbhghadhar [ˈtarəvəˌɣair] 名男〖属単・主複 **tarabhghair**, 属複 ～〗ブルドッグ.

tarcaisne [tarkəsˈnʹə] 名女〖属単 ～, 複 **tarcaisní**〗軽べつ, 侮辱；無礼.

tarcaisneach [tarkəsˈnʹəx] 形 1 侮辱的な；無礼な；軽んじる.

tarcaisnigh [tarkəsˈnʹi:] 動II 他〖動名 **tarcaisniú**, 動形 **tarcaisnithe**〗侮辱する；軽べつする.

tarchuir [ˈtarˌxirʹ] 動I 他〖動名 **tarchur**, 動形 **tarchurtha**〗(法律) 差し戻す；付託する；(電波・音・光)を送る, 伝える.

tarchur [ˈtarˌxur] 名男〖属単 **tarchuir**〗送信；(法律) 移送, 付託.

targaid [tarəgədʹ] 名女〖属単 **-e**, 複 **-í**〗標的.

tarlaigh[1] [ta:rli:] 動II 自〖動名 **tarlú**, 動形 **tarlaithe**, 過 **tharla**〗偶然起こる. **tharla ann é** それはただ偶然にそうなっただけだ.

tarlaigh[2] [ta:rli:] 動II 他・自〖動名 **tarlú**, 動形 **tarlaithe**〗引っ張る；(船) 引き綱で引く；(作物) 取り入れる.

tarlaím [ta:rli:mʹ] tarlaigh[1,2] + mé.

tarlú [ta:rlu:] 名男〖属単 **tarlaithe**, 複 **tarluithe**〗出来事；偶発事件.

tarnocht [ˈta:rˌnoxt] 形 1 〖属単男 ～, 属単女 **tarnoichte**, 主複 **-a**〗裸の；ありのままの.

tarpól [tarpo:l] 名男〖属単・主複 **tarpóil**, 属複 ～〗防水シート；(水夫用)防水服[帽].

tarr [ta:r] 名男〖属単・主複 **tairr**, 属複 ～〗腹, 腹部.

tarra [tarə] 名男〖属単 ～〗タール.

tarracóir [tarəko:rʹ] 名男〖属単 **tarracóra**, 複 **-í**〗トラクター.

tarraiceán [tarəkʹa:n] 名男〖属単・主複 **tarraiceáin**, 属複 ～〗(家具) 引き出し.

tarraing [tarəŋʹ] 動II 他・自〖動名 **tarraingt**, 動形 **tarraingthe**；

tarraingeoireacht

現 **tarraingíonn**〗引く；引きつける；引っ張る；抜き取る；引き出す；吸い込む；引き起す；運搬する. **anáil a tharraingt** 呼吸すること. **cogadha tharraingt** 戦争を引き起こすこと.｛**tarraing**＋前置詞｝㋑ ～ **amach** 引き出す. ㋺ ～ **anuas** 持ち出す；を引き降す. **scéal a tharraingt anuas** 話を切り出す. ㋩ ～ **ar** 着る；に近づく；手繰り寄せる. ～ **ort an t-arán** 自由にパンを召し上がれ. **tá sé ag tarraingt ar an Nollaig** もうじきにクリスマスだ. ㊁ ～ **as** 引き抜く；(口座から)引き出す. ㋭ ～ **isteach** 片側に寄せる；引き込む. ㋬ ～ **le** と一致する；調和している. **tá siad ag tarraingt go maith le chéile** 彼らは互いにうまくやっている. ㋣ ～ **siar** 引き戻す；回収する.

tarraingeoireacht [tarəŋ'oːrʲəxt] 名女〖属単 **-a**, 複 **-aí**〗図解，挿し絵［イラスト］.

tarraingím [tarəniːmʲ] **tarraing**＋**mé**.

tarraingt [tarənʲtʲ] 名女〖属単 **tarraingthe**, 複 **-í**〗引くこと；引っ張り；引く物；抜き取ること；引き出すこと；吸い込むこと；誘引力. ～ **na téide** 綱引き. ～ **fola** 瀉血(しゃけつ). **bain do tharraingt as** 君が欲しいものを取りなさい. **tiocfaidh** ～ **as** 伸びるであろう. **tá** ～ **na dúiche ar an siopa sin** 土地の人は皆あの店へ行く. **tá** ～ **ar shiúcra inniu** 今日は砂糖の需要が多い. ～ **tríd** 混乱. **d'ól sé** ～ **chinn den leann** 彼はエールをがぶ飲みした.

tarraingteach [tarənʲtʲəx] 形1 心を奪うような；人を引きつける.

tarramhacadam [ˌtaravaˈkadəm] 名男〖属単 **tarramhacadaim**〗アスファルト舗装.

tarrtháil [taːrhaːlʲ] 名女〖属単 **tarrthála**, 複 **tarrthálacha**〗救助［出］；海難救助.
—— 動Ⅰ 他〖動名 **tarrtháil**, 動形 **tarrtháilte**；現 **tarrthálann**〗救う，救い出す；安全に守る；廃物利用する.

tarrthálaí [taːrhaːliː] 名男〖属単 ～, 複 **tarrthálaithe**〗救助者.

tarsann [tarsən] 名男〖属単・主複 **tarsainn**, 属複 ～〗調味料，香辛料.

tart [tart] 名男〖属単 **-a**〗(のどの)渇き；乾き.

tartar [tartər] 名男〖属単 **tartair**〗歯石；酒石.

tartmhar [tartvər] 形1 のどの渇[乾]いた；渇望する.

tasc [task] 名男〖属単 **taisc**, 複 **-anna**〗(課せられた)仕事；割当仕事；出来高払いの仕事.

tásc [taːsk] 名男〖属単 **táisc**, 主複 **-a**, 属複 ～〗死亡(通知)；消息；評判.

táscach [taːskəx] 名男〖属単 **táscaigh**〗(文法)直説[叙実]法.

——形1 (文法) 直説[叙実]法の.
táscaire [ta:skərʲ] 名男〖属単 ～, 複 **táscairí**〗指示[表示]するもの；(コンピューター)カーソル.
táscmhar [ta:skvər] 形1 有名[高名]な, 名声のある.
tascobair [ˈtaskˌobərʲ] 名女〖属単 **tascoibre**〗出来高払いの仕事.
tástáil [ta:sta:lʲ] 名女〖属単 **tástála**, 複 **tástálacha**〗味見；見本；試み.
——動I 他〖動名 **tástáil**, 動形 **tástáilte**；現 **tástálann**〗味をみる；試食[飲]する；試験する.
tátal [ta:təl] 名男〖属単 **tátail**〗推論；推断, 結論.
táth [ta:] 名男〖属単 -a, 複 -anna〗(髪・糸などの)房, 束.
tathag [tahəg] 名男〖属単 **tathaig**〗実質；実；充満；堅固；こく.
tathagach [tahəgəx] 形1 頑丈な；実のある；こくのある.
táthaigh [ta:hi:] 動II 他・自〖動名 **táthú**, 動形 **táite**〗溶接する；結合する；密着させる；固める. **tá an chnámh ag táthú** 骨は(徐々に)つながっている.
táthán [ta:ha:n] 名男〖属単 **táthain**〗(歯) 充てん(材)；(建物) パテ.
tathant [tahənt] 名男〖属単 -a〗鼓舞, 奨励；強要.
tathantaigh [tahənti:] 動II 他・自〖動名 **tathant**, 動形 **tathantaithe**〗しきりに勧める；駆り立てる.
táthar [ta:hər] ☞ **bí**.
táthchuid [ˈta:ˌxidʲ] 名女〖属単 **táthchoda**, 複 **táthchodanna**〗成分, 原料；要素.
tatú [tatu:] 名男〖属単 ～, 複 -nna〗いれずみ.
TD = **Teachta Dála** 国会議員.
te [tʲe] 形3〖属単 ～, 主複・比較 **teo**〗熱[暑]い；暖[温]かい；(気質・味・程度など)激烈な. **uisce** ～ 湯. **aimsir the** 温暖な気候. **croí** ～ 温かい心.
té [tʲe:] 代 不定人称代名詞. (冠詞と共に使用.) 人. **an** ～ **atá in aice liom** 私の隣にいる人.
téac [tʲe:k] 名女〖属単 **téice**〗チーク(材).
teach [tʲax] 名男〖属単 **tí**, 複 **tithe**；(成句)与単 **tigh**〗家；建物；家庭. ～ **agus talamh** 土地つきの住宅. ～ **pobail** 教会[礼拝堂]. ～ **spéire** 摩天楼. **tigh seo againne** 我家では.
teachín [tʲaxi:nʲ] 名男〖属単 ～, 複 -í〗小屋, 小さな家.
teacht [tʲaxt] 名男〖属単 -a〗① **tar**¹ の動名詞. ② 到着；出現；接近；生長. ～ **an earraigh** 春の到来. ～ **Chríost** キリストの降誕. ～ **ar** (**rud**) (もの)に近付く手段. (成句) ～ **amach** 発行. ～ **aniar** スタミ

téacht

ナ；(衣服)耐久力. ~ ar aghaidh[~ chun cinn] 進歩. ~ as (危機)免れること. ~ isteach 収入. ~ le chéile 調和. ~ thar (rud) (もの)の言及. ~ trasna 欲求不満[挫折].

téacht [t′e:xt] 動I 他・自〖動名 **téachtadh**, 動形 **téachta**〗凍る；凍結[凝結]する.

teachta [t′axtə] 名男〖属単 ~, 複 **-í**〗使者；使節；代議士.

téachtadh [t′e:xtə] 名男〖属単 **téachta**〗凝固(すること)；凍結；結束.

teachtaire [t′axtər′ə] 名男〖属単 ~, 複 **teachtairí**〗使者；伝達吏[夫].

teachtaireacht [t′axtər′əxt] 名女〖属単 **-a**, 複 **-aí**〗伝言, 通信；使い走り. ~ an Aingil 受胎告知.

téachtán [t′e:xta:n] 名男〖属単・主複 **téachtáin**, 属複 ~〗ぬるぬるした固まり. ~ fola 血のり.

teachtmhar [t′axtvər] 形1 適切な；便利な, 手頃な.

téacs [t′e:ks] 名男〖属単 ~, 複 **-anna**〗原文；本文；引用(文).

téacsach [t′e:ksəx] 形1 原文[本文]の；原文[本文]に則した.

téacsleabhar [′t′e:ks₁l′aur] 男男〖属単・主複 **téacsleabhair**, 属複 ~〗教科書.

téad [t′e:d] 名女〖属単 **téide**, 主複 **-a**, 属複 ~〗綱；線；弦. ceol ~ 弦楽. ~ léimní なわ飛び用のなわ. téada gutha 声帯. (成句) ná bí i gcónaí ar an ~ sin それを繰り返し(しゃべり)続けるな. téada damháin alla クモの巣.

téadán [t′e:da:n] 名男〖属単・主複 **téadáin**, 属複 ~〗短い綱ひも・線.

téadléimneach [′t′e:d′₁l′e:m′n′əx] 名女〖属単 **téadléimní**〗なわ飛びすること.

téagar [t′e:gər] 名男〖属単 **téagair**〗かさ；実質；頑丈；心地よさ.

téagartha [t′e:gərhə] 形3 内実のある；かさ張った；心地よい.

teagasc [t′agəsk] 名男〖属単 **teagaisc**, 主複 **-a**, 属複 ~〗教えること；教義.
── 動II 他・自〖動名 **teagasc**, 動形 **teagasctha**〗教える, 教育する, 教授する.

teagascóir [t′agəsko:r′] 名男〖属単 **teagascóra**, 複 **-í**〗教師, 家庭教師, インストラクター.

teaghlach [t′ailəx] 名男〖属単・主複 **teaghlaigh**, 属複 ~〗家族；所帯.

teaghlachas [t′ailəxəs] 名男〖属単 **teaghlachais**〗家政, 家計.

teaghrán [t′aira:n] 名男〖属単・主複 **teaghráin**, 属複 ~〗(牛馬

用)つなぎ綱[鎖].

teaglaim [tʼagləmʼ] 名女〖属単 **teaglama**, 複 **teaglamaí**〗収集；集り；編集；(数学)組合せ.

teagmhaigh [tʼagvi:] 動Ⅱ 自〖動名 **teagmháil**〗偶然生じる，偶然…になる；(ar, do le と共に)に(出)会う；(do, le と共に)と[に]接触する；交渉する.

teagmháil [tʼagva:lʼ] 名女〖属単 **teagmhála**, 複 **teagmhálacha**〗会うこと，遭遇；交渉；接触.

teagmhálaí [tʼagva:li:] 名男〖属単 ~, 複 **teagmhálaithe**〗遭遇者；媒介者；対抗者；お節介者.

teagmhas [tʼagvəs] 名男〖属単・主複 **teagmhais**, 属複 ~〗偶然の出来事；付随事件.

teagmhasach [tʼagvəsəx] 形 1 偶発の；臨時の；付随の.

teallach [tʼaləx] 名男〖属単・主複 **teallaigh**, 属複 ~〗暖炉；炉床；(冶金)火床；炉辺.

téaltaigh [tʼe:lti:] 動Ⅱ 他・自〖動名 **téaltú**, 動形 **téaltaithe**〗こそこそ歩く；くすねる.

téama [tʼe:mə] 名男〖属単 ~, 複 **-í**〗主題；話題，テーマ.

téamh [tʼe:v] 名男〖属単 **téimh**〗① téigh¹ の動名詞. ② 暖めること.

teamhair [tʼaurʼ] 名女〖属単 **teamhrach**, 複 **teamhracha**〗高台, 高地.

teampall [tʼampəl] 名男〖属単・主複 **teampaill**, 属複 ~〗神殿, 聖堂；教会(特に中世の).

teamparálta [tʼampəra:ltə] 形 3 現世の；時の.

téana [tʼe:nə] 動 欠如動詞.〖動名 **téanachtaint**〗(命令法で使用.)来る，向かう. ~ **ort** 来なさい. **téanam abhaile** さあうちへ帰ろう. **bhí siad ag tathant orm téanachtaint lena gcois** 彼らは私に一緒に来るようにと強要した.

teanchair [tʼanəxərʼ] 名女〖属単 **-e**, 複 **-í**〗物をはさむ道具；やっとこ[ペンチ]；ピンセット.

teanga [tʼaŋgə] 名女〖属単 ~, 複 **-cha**〗舌；舌状物；言語. ~ **liom leat** つじつまの合わない話；二枚舌の人. **an ~ Ghaeilge** ゲール語. ~ **labhartha** スポークスマン；通訳者. ~ **cloig** (鐘・鈴の)舌. **teangacha tine** 紅蓮(ぐれん)の炎.

teangaire [tʼaŋgərʼə] 名男〖属単 ~, 複 **teangairí**〗通訳者.

teangeolaí [tʼaŋgoli:] 名男〖属単 ~, 複 **teangeolaithe**〗諸外国語に通じた人；言語学者.

teangeolaíocht [ˈtʼaŋgo:li:(ə)xt] 名女〖属単 **-a**〗言語学, 語学.

teann [t'an] 名男〖属単・主複 **-a**, 属複 **～**〗力; 確信; 支持(物・者); 強制; 強勢. le **～** na gaoithe 風の勢いで. **～** a chur le focal 単語に強勢を置くこと. teacht i dteann 権勢を得ること. cuir **～** leis an doras 戸締まりをしっかりしなさい. le **～** nirt (＜neart) 力ずくで.
── 形1〖属単男 **～**, 複 **-a**〗ぴんと張った; 堅固な; 自信のある; 不動の; (力)強い.
── 動1 他・自〖動名 **teannadh**, 動形 **teannta**〗ぴんと張る; きつく締める; 膨らませる; 強く抱く; 握り締める; 安全にする. **～** ar [le] 迫る; 近づく. theann sé mo lámh 彼は私の手を握り締めた. theann sí an leanmh lena croí 彼女は赤ん坊を胸に抱き締めた. tá an geimhreadh ag teannadh linn 冬が近づいている.

téann [té:n] ☞ téigh[1,2].

teannadh [t'anə] 名男〖属単 **teannaidh**〗引き締めること; 押すこと; 握りしめ; 強勢.

teannaire [t'anər'ə] 名男〖属単 **～**, 複 **teannairí**〗膨らませるもの, 空気入れ.

teannán [t'ana:n] 名男〖属単・主複 **teannáin**, 属複 **～**〗腱(けん); 鉄筋.

teannas [t'anəs] 名男〖属単 **teannais**〗ぴんと張ること; 緊張.

teannta [t'antə] 名男〖属単 **～**, 複 **-í**〗困難(さ); 窮地; 援助; 足場. (成句) i dteannta と一緒に; に加えて.

teanntaigh [t'anti:] 動II 他・自〖動名 **teanntú**, 動形 **teanntaithe**〗(取り)囲む; 窮地に追い込む; 支える; 援助する.

teanntaíocht [t'anti:(ə)xt] 名女〖属単 **-a**〗補助金, 助成金.

teanntán [t'anta:n] 名男〖属単・主複 **teanntáin**, 属複 **～**〗締め金.

teanntás [t'anta:s] 名男〖属単 **teanntáis**〗大胆(不敵); せん越; 親密さ.

teanntásach [t'anta:səx] 形1 独善的な; 出過ぎた; 親しい.

teanór [t'ano:r] 名男〖属単・主複 **teanóir**, 属複 **～**〗テノール.

tearc [t'ark] 形1〖属単男 **～**, 属単女・比較 **teirce**, 主複 **tearca**〗少ない, 乏しい; まばらの.

tearcamas [t'arkəməs] 名男〖属単 **tearcamais**〗不足; 飢饉; 珍しいこと.

téarma [t'e:rmə] 名男〖属単 **～**, 複 **-í**〗期限; 期日; 条件; 学期; (裁判所)開期; 術語.

téarmach [t'e:rməx] 形1 末の; 致命的な; 定期の.

téarmaíocht [t'e:rmi:(ə)xt] 名女〖属単 **-a**〗用語(論); 術語(学).

tearmann [t'arəmən] 名男〖属単・主複 **tearmainn**, 属複 **～**〗聖域; 避難所; (公の)保護区域; 保護.

téarnaigh [tʹeːrniː] 動II 自〖動名 **téarnamh**〗生き残る；(危機)免れる；回復する；死ぬ.

téarnamh [tʹeːrnəv] 名男〖属単 **téarnaimh**〗免れること；回復；死. teach téarnaimh 回復期の患者療養所.

teas [tʹas] 名男〖属単 **-a**〗熱；暑さ, 暖かさ；情熱. ～ an tsamhraidh 夏の暑さ. tá ～ ina éadan 彼は熱がある. cuir ～ ort féin 何か暖かいものを着なさい.

teasaí [tʹasiː] 形3 熱い；熱のある；熱烈な；短気な.

teasaíocht [tʹasiː(ə)xt] 名女〖属単 **-a**〗熱さ；情熱；短気.

teasairg [tʹasərʹ(ə)gʹ] 動I 他〖動名 **teasargan**, 動形 **teasairgthe**；現 **teasargann**〗救う, 救助する.

teasargan [tʹasər(ə)gən] 名男〖属単 **teasargain**〗救出；仲裁(人).

teasc¹ [tʹask] 名女〖属単 **teisce**, 主複 **-a**, 属複 ～〗(競技用)円盤, ディスク.

teasc² [tʹask] 動I 他〖動名 **teascadh**, 動形 **teasctha**〗切断[切除]する.

teascán [tʹaskaːn] 名男〖属単・主複 **teascáin**, 属複 ～〗切片；分節, 部分.

teascóg [tʹaskoːg] 名女〖属単 **teascóige**, 主複 **-a**, 属複 ～〗分野；領域.

teasdíon [ˈtʹasʹˌdʹiːn] 動I 他〖動名 **teasdíonadh**, 動形 **teasdíonta**〗断熱する.

teaspach [tʹaspəx] 名男〖属単 **teaspaigh**〗蒸し暑さ；横溢；思い上り.

teaspúil [tʹaspuːlʹ] 形2 暮らし向きのよい；ごう慢な；(活力)溢れるばかりの.

teastaigh [tʹastiː] 動II 自〖動名 **teastáil**〗(～ ó)に必要とされている. teastaíonn cabhair uaim 私には援助が必要だ. an dteastaíonn uait labhairt leis? 君は彼と話したいのか？ "cócaire ag teastáil" (求人広告)コックさん求む.

teastas [tʹastəs] 名男〖属単・主複 **teastais**, 属複 ～〗証明書；免許証；推薦状.

téatar [tʹeːtər] 名男〖属単・主複 **téatair**, 属複 ～〗劇場.

teibí [tʹebʹiː] 形3 抽象的な.

teibíocht [tʹebʹiː(ə)xt] 名女〖属単 **-a**〗抽象性；抽象；抽象的概念.

teicneoir [tʹekʹnʹoːrʹ] 名男〖属単 **teicneora**, 複 **-í**〗専門家；技巧家.

teicneolaíocht [ˈtʹekʹˌnʹoːliː(ə)xt] 名女〖属単 **-a**〗科学[工業]技術,

テクノロジー.
teicnic [tʹekʹnʹi:kʹ] 名女〖属単 **-e**〗工芸[学], テクノロジー.
teicníocht [tʹekʹnʹi:(ə)xt] 名女〖属単 **-a**〗技術; 技巧.
teicniúil [tʹekʹnʹu:lʹ] 形2 技術的な; 科学技術の; 工業[芸]の.
teicniúlacht [tʹekʹnʹu:ləxt] 名女〖属単 **-a**〗専門的であること[な事項].
teicstíl [tʹekʹsʹtʹi:] 名女〖属単 **-e**, 複 **-í**〗織物; 織物の原料.
teideal [tʹedʹəl] 名男〖属単・主複 **teidil**, 属複 ～〗表題; 肩書き; (当然の)権利. **bheith i dteideal ruda** (もの)に対し権利があること.
teidhe [tʹai(ə)] 名男〖属単 ～, 複 **-anna**〗気まぐれ, 出来心.
teidheach [tʹai(ə)x] 形1 気まぐれな; 風変わりな.
teifeach [tʹefʹəx] 名男〖属単・主複 **teifigh**, 属複 ～〗逃亡[亡命]者, (避)難民.
―― 形1 逃走[亡]する; つかの間の.
téigh[1] [tʹe:ɣʹ] 動1 他・自〖動名 **téamh**, 動形 **téite**; 現 **téann**; 未 **téifidh**〗熱する, 温める; 燃え立つ.
téigh[2] [tʹe:ɣʹ] 動 他・自〖動名 **dul**, 動形 **dulta**; 現 **téann**; 過 **chuaigh**, (従) **deachaigh**; 未 **rachaidh**〗(不規則動詞変化表参照). 行く; …で売れる; 達する; 存続する; (～+動名詞)…しに行く. **dul a chodladh** 就寝すること. {**téigh**+前置詞} ㋐ ～ **ag** 成功する, 打ち勝つ. **má théann agat air** もし君がそれを何とか処理出来れば; もし君が彼に勝てば. ㋑ ～ **amach ar** 通り抜ける; 理解するようになる. **ní rachadh an saol amach air** だれにも彼の心を推し測れなかった. ㋒ ～ **ar** 先へ進む; (ある手段に)に訴える; 課す; …の不利に終わる; (ある状態に)なる. **chuaigh an costas orm** 私は費用を持たねばならなかった. **chuaigh an lá orainn** その日は我々の不利に終わった. ㋓ ～ **as** から出て行く; (火・明かり)消える; 衰える. **dul as amharc** 視界から消えること. ㋔ ～ **chuig/chun** へ向かう; となる. ㋕ ～ **de** 去る; しくじる. **chuaigh díom é a dhéanamh** 私はそれをしそびれた. ㋖ ～ **do** へ行く; に資格がある; 当然…に支払うべき; 作用する. **ní dheachaigh an bia do mo ghoile** その食べ物は私に合わなかった. ㋗ ～ **faoi** の下へ行く; しに行く; への責任を負う. **tá an ghrian ag dul faoi** 日が沈んで行く. **rachaidh mé faoi duit** (go) (go 以下)を君に請け合う. ㋘ ～ **i** へ(入って)行く; (会などに)に入る; 引き受ける; (ある状態に)入る; 縮む. **dul i gcomhairle le** (duine) (人)に相談すること. **dul i aois** 年老いること. ㋙ ～ **isteach ar** (ドアなど)から入る; に参加する. ㋚ ～ **le** 同行する; 似る, 釣り合う; 従事する; うまくいく. **chuaigh sí lena máthair** 彼女は母親に似てきた. **ní rachadh an mac**

feirmeoireacht dó あの息子は彼に代わって農業には就かないだろう. ㋇ ～ ó から離れる；避ける；限度を超える. ag dul ó mhaith 役に立たなくなっていくこと. ㋇ ～ roimh の前を行く；予見する. ㋕ ～ siar ar もと来た道を戻る；(約束)破る. ㋛ ～ síos 降りる；沈む. ㋳ ～ thar 越えて行く；通り過ぎる；(制限・範囲など)を越える. ní rachadh sé thar a fhocal 彼は約束を破ることはない. ㋺ ～ thart 回る；(時間)過ぎて行く. ㋕ ～ trí 通り抜ける；貫通する；使い果たす.

téigle [téːgʹlʹa] 名女 〖属単 ～〗平穏, 静穏.
téiglí [tʹeːgʹlʹiː] 形3 平穏な, 静かな；活気のない.
teile [tʹelʹə] 名女 〖属単 ～, 複 teilí〗菩提(ぼだい)樹. crann ～ 菩提樹の木.
teiléacs [tʹelʹeːks] 名男 〖属単 ～, 複 -aí〗テレックス.
teileafón [ˈtʹelʹəˌfoːn] 名男 〖属単・主複 teileafóin, 属複 ～〗電話.
teileafónaí [ˈtʹelʹəˌfoːniː] 名男 〖属単 ～, 複 teileafónaithe〗電話交換手[技師].
teileagraf [ˈtʹelʹəˌgraf] 名男 〖属単・主複 teileagraif, 属複 ～〗電信(機).
teileagram [ˈtʹelʹəˌgram] 名男 〖属単・主複 teileagraim, 属複 ～〗電報.
teileapaite [ˈtʹelʹəˌpatʹə] 名女 〖属単 ～〗テレパシー.
teileascóp [tʹelʹəˌskoːp] 名男 〖属単・主複 teileascóip, 属複 ～〗望遠鏡.
teilg [tʹelʹəgʹ] 動I 他・自 〖動名 teilgean, 動形 teilgthe〗投げ(付け)る；(脱ぎ)捨てる；(振り)落す；打つ；鋳造する. bia a theilgean 食べ物を吐くこと.
teilgean [tʹelʹəgʹən] 名男 〖属単 teilgin〗投げること；鋳造；耐久性. ～ cainte イディオム. ～ pictiúir ar scáileán 写真のスクリーン投写. ～ cinn 聡明.
teilgeoir [tʹelʹəgʹoːrʹ] 名男 〖属単 teilgeora, 複 -í〗投げる人；投写[射]機；鋳物師.
teilifís [ˈtʹelʹəˌfʹiːsʹ] 名女 〖属単 -e〗テレビ放送.
teilifíseán [ˈtʹelʹəfʹiːsʹaːn] 名男 〖属単・主複 teilifíseáin, 属複 ～〗テレビ(受像機).
teilifísigh [ˈtʹelʹəfʹiːsʹiː] 動II 他 〖動名 teilifísiú, 動形 teilifísithe〗テレビ放送[放映]する.
téim [tʹeːmʹ] téigh[1,2]＋mé.
teimheal [tʹevʹəl] 名男 〖属単・主複 teimhil, 属複 ～〗染み；曇り；痕跡.

teimhleach [tʹevʹlʹəx] 形1 暗い；汚れた；汚点の付いた.
teimhligh [tʹevʹlʹiː] 動II 他・自〖動名 **teimhliú**, 動形 **teimhlithe**〗(薄)黒くする；曇らせる；染みを付ける.
teip [tʹepʹ] 名 女〖属単 **-e**, 複 **-eanna**〗失敗；不足；衰弱.
―― 動I 自〖動名 **teip**, 動形 **teipthe**〗失敗する；不足する；衰える.
téip [tʹeːpʹ] 名 女〖属単 **-e**, 複 **-eanna**〗テープ.
téipthaifeadán [ˈtʹeːpʹˌhafʹədaːn] 名 男〖属単・主複 **téipthaifeadáin**, 属複 ～〗テープレコーダー.
teirce [tʹerʹkʹə] 名 女〖属単 ～〗不足[欠乏]；稀薄なこと.
téirim [tʹeːrʹəmʹ] 名 女〖属単 **-e**〗急ぎ，緊急.
teiripe [tʹerʹəpʹə] 名 女〖属単 ～, 複 **teiripí**〗治療；療法.
teirmeach [tʹerʹəmʹəx] 形1 熱(量)の；熱による；暖かい.
teirmeastat [ˈtʹerʹəmʹəˌstat] 名 男〖属単・主複 **teirmeastait**, 属複 ～〗温度調節器，サーモスタット.
teirmiméadar [ˈtʹerʹəmʹəˌmʹeːdər] 名 男〖属単・主複 **teirmiméadair**, 属複 ～〗温度計，寒暖計.
teirminéal [tʹerʹəmʹənʹeːl] 名 男〖属単・主複 **teirminéil**, 属複 ～〗(電気・電池の)端子，電極；(コンピューター)端末(装置).
téis [tʹeːsʹ] 名 女〖属単 **-e**, 複 **-eanna**〗論題；学位論文.
teiscinn [tʹesʹkʹənʹ] 名 女〖属単 **-e**〗外洋；公海.
téisclim [tʹeːsʹkʹlʹəmʹ] 名 女〖属単 **-e**〗備えること，準備.
téisiúil [tʹeːsʹuːlʹ] 形2 出しゃばりな，恥知らずな.
teist[1] [tʹesʹtʹ] 名 女〖属単 **-e**, 複 **-eanna**〗証言；推薦；世評.
teist[2] [tʹesʹtʹ] 名 女〖属単 **-e**, 複 **-eanna**〗試験，検査.
teisteán [tʹesʹtʹaːn] 名 男〖属単・主複 **teisteáin**〗(化学)傾しゃ器，(ワインなど)デカンター.
teistiméireacht [tʹesʹtʹəmʹeːrʹəxt] 名 女〖属単 **-a**, 複 **-aí**〗(資格など)証明(書)，推薦状；照会(先).
teiteanas [tʹetʹanəs] 名 男〖属単 **teiteanais**〗破傷風.
teith [tʹeh] 動I 自〖動名 **teitheadh**, 動形 **teite**〗逃げ(去)る.
teitheadh [tʹehə] 名 男〖属単 **teite**〗逃走[脱出]；逃避.
téitheoir [tʹeːhoːrʹ] 名 男〖属単 **téitheora**, 複 **-í**〗加熱器，ヒーター.
teo- [tʹoː] 接頭 熱の；熱い，暖かい.
teochreasach [ˈtʹoːˌxʹrʹasəx] 形1 熱帯の；熱帯性の.
teochrios [ˈtʹoːˌxʹrʹis] 名 男〖属単 **teochreasa**, 複 **-anna**〗熱帯地方.
teocht [tʹoːxt] 名 女〖属単 **-a**〗暖かさ；温度；体温.
teoiric [tʹoːrʹəkʹ] 名 女〖属単 **-e**, 複 **-í**〗理論；学説；理屈.

teoiricí [t'o:r'ək'i:] 名男〖属単 ～, 複 **teoiricithe**〗理論[理屈]家.

teoiriciúil [t'o:r'ək'u:l'] 形2 理論(上)の; 仮定上の; 理論好きな.

teoirim [t'o:r'əm'] 名女〖属単 **-e**, 複 **-í**〗(数学・論理学) 定理; 法則, 一般原理.

teolaí [t'o:li:] 形3 暖かい;(居)心地のよい; 安楽好きな; 虚弱な.

teorainn [t'o:rən'] 名女〖属単 **teorann**, 複 **-eacha**〗縁, 端; 境界(線); 限界; 範囲. **níl ～ leis** それは際限がない; 彼[それ]にはもう我慢出来ない. **～ aois** 年齢制限.

teorannaigh [t'o:rəni:] 動II 他〖動名 **teorannú**, 動形 **teorann-aithe**〗範囲を定める; 制限する; 制止する.

teoranta [t'o:rəntə] 形3 限られた, 制限された; 有限の.

teorantach [t'o:rəntəx] 形1 限定[制限]する; 境を接する.

thagadh [hagəx], **tháinig** [ha:n'əg'] ☞ tar[1].

thall [hal] 副形 (はるか)彼方に[の], (はるか)向こう[側]へ[の]; 至る所に. **～ úd** はるか彼方に. **an taobh ～ den ghleann** 谷のはるか向う側. **breith ～ ar (dhuine)** (人)に不意打ちを食わすこと. **sa tír ～** 来世で.

thángthas [ha:nəkəs] ☞ tar[1].

thar [har] 前〖前置詞＋代名詞: **tharam** [harəm]; **tharat** [harat]; **thairis** [har'əs'](男), **thairsti** [hars't'i](女); **tharainn** [harən']; **tharaibh** [harəv']; **tharstu** [harstu]〗横切って; (能力・範囲・限界)を越えて; の上に; (より)以上に; を通り過ぎて; に先立って. **～ sáile** 海外へ. **níl dul thairis agat** 君はそれを避けられない. **tá siad ag dul ～ smacht orm** 彼らは私の手に余るようになっている. **tá sé ～ a bheith maith** それはずば抜けてよい. **thairis sin** 更に. **～ a bhfaca tú riamh** どの点から見ても. **tusa ～ dhuine ar bith eile** 人もあろうに貴方とは. **scéal thairis anois é** その件はもう済んだことだ.

tharla [ha:rlə] ☞ tarlaigh[1].

thart [hart] 副 過ぎ(去っ)て, 通って; 回って; あちこちに; 周囲に. ——前 のそばを通って; の回りに; の至る所に; を一周して.

théadh [he:x] ☞ téigh[2].

theas [has] 副 南へ[に], 南方へ[に]. ——形 南の, 南部の. **an cósta ～** 南部海岸.

thiar [hiər] 副 西へ[に]; 後ろへ[に]; 遅れて. ——形 西の, 後ろの, 遅い. **～ thuaidh** 北西(に). **～ ～ theas** 西南西(に). **～ lámh thuaidh** 西微北(に). **tráthnóna ～** 夜遅く. **beidh ～ orainn ag an drochaimsir** 悪天候のため私たちは遅れるだろう.

thiocfadh [hikəx] ☞ tar[1].

thíos [hiːs] 副 下へ[に]; 下手へ[に]; (南から)北へ[で].
── 形 下(方へ)の; 下位の. **an ceann ～ den bhord** 食卓の下手. **mar atá ráite ～** 以下に述べてあるように. (成句) **mise a bhí ～ leis** 私はそれを甘受しなければならない. **ní raibh mé ～ ná thuas leis** 私はそれによる損も得もしなかった. **～ i Málainn** 北のマリンでは.

thoir [horʹ] 副 東(方)へ[に・から].
── 形 東(寄り)の. **～ theas** 南東(に) **～ thuaidh** 東北東に. **～ lámh theas** 東微南(に).

thú [huː] ☞ tú.

thuaidh [huəɣʹ] 副 北(方)に[で・へ].
── 形 北(方)の; (ó と共に) 北へ. **～ thoir** 北北東に. **～ lámh thoir** 北微東に. **～ soir ó ～** 北北東へ. **ó ～ lámh soir** 北微東へ.

thuas [huəs] 副 上へ[に]; 上手へ[に]; (北から)南へ[で].
── 形 上の; 上階の. **an seomra ～** 上階の部屋. (成句) **beidh tú ～ leis** あなたはそれで得をするでしょう. **～ i gGúige Mumhan** 南のマンスターでは.

thug [hug] ☞ tabhair.

thusa [husə] ☞ tusa.

tí[1] [tʹiː] 名 女 〖属単 ～, 複 -the〗 こん跡, 軌跡. (成句) **ar ～** を追跡して; まさに…しようとして.

tí[2] [tʹiː] 名 男 〖属単 ～, 複 **tíonna**〗 (ゴルフ) ティー.

tí[3] [tʹiː] ☞ teach.

tiachóg [tʹiəxoːg] 名 女 〖属単 **tiachóige**, 主複 **-a**, 属複 ～〗 小カバン, 学生カバン; 札入れ.

tiara [tʹiərə] 名 男 〖属単 ～, 複 **-í**〗 ティアラ(冠形の頭飾り); (キリスト教) 教皇の三重冠, 教皇冠.

tiarach [tʹiərəx] 名 女 〖属単 **tiaraí**, 主複 **-a**, 属複 ～〗 (馬の)しりがい[しり当て].

tiaráil [tʹiəraːlʹ] 名 女 〖属単 **tiarála**〗 精を出すこと; 骨折り(仕事).

tiarcais [tʹiərkəsʹ] 名 (成句) **a thiarcais !** おやおや!

tiargáil [tʹiərgaːlʹ] 名 女 〖属単 **tiargála**〗 準備すること.

tiarna [tʹiərnə] 名 男 〖属単 ～, 複 **-í**〗 君主; 主人; 支配者; (王・貴族の)尊称; 貴族. **an Tiarna (Dia)** 主, キリスト(神). **tiarnaí na cruinne** 万物の霊長. **～ talún** 地主.

tiarnas [tʹiərnəs] 名 男 〖属単・主複 **tiarnais**, 属複 ～〗 君主の地位[身分]; 統治権.

tiarnúil [tʹiərnuːlʹ] 形 2 主人ぶる; 横柄な, 横暴な.

tiarpa [tʹiərpə] 名 男 〖属単 ～, 複 **-í**〗 後部, 背部; でん部.

tibhe [t′iv′ə] ☞ tiubh.
tic [t′ik′] 名男〖属単 ～, 複 -eanna〗チェック印；カチカチ音.
ticead [t′ik′e:d] 名男〖属単・主複 **ticéid**, 属複 ～〗切符；券, 札.
ticeáil [t′ik′a:l′] 動I 他・自〖動名 **ticeáil**, 動形 **ticeáilte**； 現 **ticeálann**〗カチカチ(時を)刻む；チェック印を付ける.
tífeas [t′i:f′əs] 名男〖属単 **tífis**〗発疹チフス.
tig [t′ig′] ☞ tar¹.
tigh [t′i] ☞ teach.
tíl [t′i:l′] 名女〖属単 **-e**, 複 **-eanna**〗タイル.
tim- [t′im′] 接頭 の回りに, を取り巻いて；の近くに.
tím [t′i:m′] 名女〖属単 **-e**〗(植物)タイム(香味料に使用).
timbléar [t′im′b′l′e:r] 名男〖属単・主複 **timbléir**, 属複 ～〗タンブラー, 大コップ.
time [t′im′ə] 名女〖属単 ～〗優しさ；気の弱いこと.
timire [t′im′ər′ə] 名男〖属単 ～, 複 **timirí**〗付人, 雑用係；組織者. ～ **Gaeilge** (ゲール同盟の)ゲール語組織委員.
timireacht [t′im′ər′əxt] 名女〖属単 **-a**〗雑役をすること；雑用.
timpeall [t′im′p′əl] 名男〖属単・主複 **timpill**, 属複 ～〗一回り；回り道；範囲；周囲. **tá ～ amháin eile le déanamh agam** 私はもう一回りしなければならない. **sheas siad ina thimpeall** 彼らは彼の周囲に立った. (副詞扱い) あたりに；ぐるりと；循環して. **ag siúl ～** あちこち歩き回って(いる). (前置詞扱い) の近辺に；の回りに；に就いて. ～ **na Nollag** クリスマス頃に. ～ (is) **fiche bliain ó shin** およそ20年前に.
timpeallach [t′im′p′ələx] 形 1 回り道の；遠回しの；近辺の.
timpeallacht [t′im′p′ələxt] 名女〖属単 **-a**〗周囲の状況[事情], 周辺.
timpeallaigh [t′im′p′əli:] 動II 他〖動名 **timpeallú**, 動形 **timpeallaithe**〗一回りする；取り囲む；出し抜く.
timpeallán [t′im′p′əla:n] 名男〖属単・主複 **timpealláin**, 属複 ～〗ロータリー.
timpireach [t′im′p′ər′əx] 形 1 肛門(部)の.
timpireacht [t′im′p′ər′əxt] 名女〖属単 **-a**, 複 **-aí**〗肛門.
timpiste [t′im′p′əs′t′ə] 名女〖属単 ～, 複 **timpistí**〗不慮の出来事, 偶発事件, 事故. **de thimpiste** 偶然に.
timpisteach [t′im′p′əs′t′əx] 形 1 思いがけない, 偶然の；付随的な.
timthriall [t′im′h′r′iəl] 名男〖属単 **-a**, 複 **-ta**〗(植物)輪生；(数学・物理) サイクル.

timthriallach [t'im'h'r'iələx] 形1 循環の; 再び起る; 繰り返しの.
tincéir [t'iŋ'k'e:r'] 名男 〖属単 **tincéara**, 複 **tincéirí**〗鋳掛け屋.
tincéireacht [t'iŋ'k'e:r'əxt] 名女 〖属単 **-a**〗鋳掛けをすること. ag ～ ar[le] (rud) (もの)をいじくり回して(いる).
tine [t'in'ə] 名女 〖属単 ～, 複 **tinte**〗火; 炉火; 火事. ～ champa キャンプファイアー. ～ a chur síos 火をつけること.
tinn [t'in'] 形1 病気の; 痛い; 苦しめる.
tinneall [t'in'əl] 名 (成句) ar ～ 用意が出来て; (神経)過敏で. tá a chorp ar ～ 彼(の身体)は緊張している.
tinneas [t'in'əs] 名男 〖属単・主複 **tinnis**, 属複 ～〗痛み; 病気(状態); 苦しみ. ～ cinn[fiacaile] 頭痛[歯痛]. ～ farraige 船酔い. ～ clainne 出産の苦しみ.
tinreamh [t'in'r'əv] 名男 〖属単 **tinrimh**〗出席; 付添い; 奉仕.
tinsil [t'in's'əl'] 名男 〖属単 ～〗金ぴか; ラメ.
tinteán [t'in't'a:n] 名男 〖属単・主複 **tinteáin**, 属複 ～〗暖炉[炉床]; 炉辺. níl aon ～ mar do thinteán féin 我が家に勝る所はない.
tintiúr [t'in't'u:r] 名男 〖属単・主複 **tintiúir**, 属複 ～〗チンキ剤.
tintreach [t'in't'r'əx] 名女 〖属単 **tintrí**, 主複 **-a**, 属複 ～〗稲妻[光]; (複)せん光, 火花.
tintrí [t'in't'r'i:] 形3 熱烈な; 激しい; 短気な. caint thintrí 熱弁.
tintríocht [t'in't'r'i:(ə)xt] 名女 〖属単 **-a**〗短気; 激しさ.
tiocfaidh [t'iki:] ☞ tar¹.
tíofóideach [t'i:fo:d'əx] 名男 〖属単 **tíofóidigh**〗腸チフス.
—— 形1 腸チフスの.
tíofún [t'i:fu:n] 名男 〖属単・主複 **tíofúin**, 属複 ～〗台風.
tíogar [t'i:gər] 名男 〖属単・主複 **tíogair**, 属複 ～〗虎.
tíolacadh [t'i:ləkə] 名男 〖属単 **tíolactha**, 複 **tíolacthaí**〗授与; 贈与; 贈り物.
tíolacaim [t'i:lak'əm'] tíolaic＋mé.
tíolaic [t'i:lək'] 動I 他・自 〖動名 **tíolacadh**, 動形 **tíolactha**; 現 **tíolacann**〗与える; (法律)譲渡する; 捧げる.
tiomáin [t'ima:n'] 動I 他・自 〖動名 **tiomáint**, 動形 **tiománta**〗追う; 追い立てる; (人)強いて…に至らせる; 推進する; 運転する; 車で運ぶ.
tiomáinim [t'ima:n'əm'] tiomáin＋mé.
tiomáint [t'ima:n't'] 名女 〖属単 **tiomána**〗追うこと; 運転; ドライブ; 急ぎ; 速さ.
tiomairg [t'imər'(ə)g'] 動I 他・自 〖動名 **tiomargadh**, 動形

tiomargtha；現 **tiomargann**〗集める；集まる.
tiománaí [tʹimaːniː] 名男〖属単 〜, 複 **tiománaithe**〗運転する人；(ゴルフ)ドライバー；(動物を)追う人.
tiomanta [tʹimənta] 形3 誓った；決心した.
tiomna [tʹimnə] 名男〖属単 〜, 複 **-í**〗遺言(書)；聖書.
tiomnaigh [tʹimniː] 動II 他・自〖動名 **tiomnú**, 動形 **tiomnaithe**〗遺贈する；ゆだねる；捧げる；委譲する.
tiomnóir [tʹimnoːrʹ] 名男〖属単 **tiomnóra**, 複 **-í**〗遺言者.
tiomnú [tʹimnuː] 名男〖属単 **tiomnaithe**〗遺贈；奉献.
tiompán [tʹimpaːn] 名男〖属単・主複 **tiompáin**, 属複 〜〗薄い膜；〜 (na cluaise) 鼓膜；太鼓(の皮).
tiomsaigh [tʹimsiː] 動II 他・自〖動名 **tiomsú**, 動形 **tiomsaithe**〗集める；編集する；ためる，くま無く捜す.
tiomsaitheach [tʹimsihəx] 形1 集められた，累積的な.
tiomsaitheoir [tʹimsihorʹ] 名男〖属単 **tiomsaitheora**, 複 **-í**〗編集者；収集家，採集者.
tiomsú [tʹimsuː] 名男〖属単 **tiomsaithe**, 複 **tiomsuithe**〗収集；集積；編さん；集まり.
tionchar [tʹinəxər] 名男〖属単・主複 **tionchair**, 属複 〜〗影響(力)；効果.
tionlacaí [tʹinləkiː] 名男〖属単 〜, 複 **tionlacaithe**〗伴奏者.
tionlacan [tʹinləkən] 名男〖属単・主複 **tionlacain**, 属複 〜〗随伴者；付添う人；護衛(隊).
tionlaic [tʹinləkʹ] 動I 他〖動名 **tionlacan**, 動形 **tionlactha**；現 **tionlacann**〗に付添う；護衛する；伴奏する.
tionlacaim [tʹinləkəmʹ] tionlaic＋mé.
tionóil [tʹinoːlʹ] 動I 他・自〖動名 **tionól**, 動形 **tionóilte**；現 **tionólann**〗を集める；召集する；会合する.
tionóisc [tʹinoːsʹkʹ] 名女〖属単 **-e**, 複 **-í**〗事故，不幸な出来事.
tionól [tʹinoːl] 名男〖属単・主複 **tionóil**, 属複 〜〗会合；会議；(数学)集合.
tionólaim [tʹinoːləmʹ] tionóil＋mé.
tionónta [tʹinoːntə] 名男〖属単 〜, 複 **-í**〗借地[家]人，テナント.
tionóntacht [tʹinoːntəxt] 名女〖属単 **-a**, 複 **-aí**〗(土地・家の)賃借(期間).
tionóntán [tʹinoːntaːn] 名男〖属単・主複 **tionóntáin**, 属複 〜〗家屋；住居；(アパート)貸室.
tionscadal [tʹinskədəl] 名男〖属単・主複 **tionscadail**, 属複 〜〗計

[企]画;事業;研究課題.
tionscain [t'inskən'] 動II 他・自〖動名 **tionscnamh**, 動形 **tionscanta**; 現 **tionscnaíonn**〗(事を)始める;設立する;巧みに計画する.
tionscal [t'inskəl] 名男〖属単・主複 **tionscail**, 属複 ～〗産業,工業.
tionscantach [t'inskəntəx] 形1 最初の;独創的な;企業心に富む.
tionsclach [t'inskləx] 形1 よく働く,勤勉な,熱心な.
tionsclaí [t'inskli:] 名男〖属単 ～, 複 **tionsclaithe**〗実業家;生産[製造]業者.
tionsclaigh [t'inskli:] 動II 他〖動名 **tionsclú**, 動形 **tionsclaithe**〗産業[工業]化する.
tionsclaíoch [t'inskli:(ə)x] 形1〖属単男 ～, 属単女・比較 **tionsclaíche**, 主複 **-a**〗産業[工業]の(発達した).
tionsclaíocht [t'inskli:(ə)xt] 名女〖属単 **-a**〗産業[工業]主義.
tionscnamh [t'insknəv] 名男〖属単 **tionscnaimh**〗① tionscain の動名詞. ② 起源;創始;開始(の式);設立;率先.
tionscnóir [t'insknoːr'] 名男〖属単 **tionscnóra**, 複 **-í**〗発起人;創始者;初心者.
tiontaigh [t'intiː] 動II 他・自〖動名 **tiontú**, 動形 **tiontaithe**〗回す;曲る;裏返す;帰る;変える. thiontaigh siad ar ais abhaile 彼らは自宅へ帰った. leabhar a thiontú ón Laidin, go Gaeilge 本をラテン語からゲール語に翻訳すること.
tiontaire [t'intar'ə] 名男〖属単 ～, 複 **tiontairí**〗(電気)コンバーター.
tiontú [t'intuː] 名男〖属単 **tiontaithe**, 複 **tiontuithe**〗回転;転換,戻すこと. ～ chun creidimh 改宗. ～ goile 嘔(おう)吐. ～ focal 言葉の翻訳.
tíor [t'iːr] 動I 他〖動名 **tíoradh**, 動形 **tíortha**〗すっかり乾かす.
tíoránach [t'iːraːnəx] 名男〖属単・主複 **tíoránaigh**, 属複 ～〗暴君;がき大将.
tíoránta [t'iːraːntə] 形3 暴虐な;圧制的な;激しい.
tíorántacht [t'iːraːntəxt] 名女〖属単 **-a**, 複 **-aí**〗暴政;圧制;強烈さ.
tíoróideach [t'iːroːd'əx] 名男〖属単 **tíoróidigh**〗甲状腺.
tíos [t'iːs] 名男〖属単 **tís**〗家政;節約. dul i dtíos 家庭を持つこと. bean a bhfuil ～ inti 切り盛りの上手な主婦.
tíosach [t'iːsəx] 名男〖属単・主複 **tíosaigh**, 属複 ～〗家政担当者;ホスト.

——形1 むだ遣いしない, 経済的な；客扱いのよい.
típiciúil [tʲipʲəkʲuːlʲ] 形2 典型的な, 代表的な；象徴的な.
tír [tʲiːrʲ] 名女 〘属単 -e, 複 **tíortha**〙国；国民；陸；地域[領域]. **tá sé i dtír** 彼は上陸している. (形容詞扱い) 地方の；その土地固有の；普通の. **ceol tíre** 民族音楽. (成句) **teacht i dtír ar** (rud) (もの)で暮らして行くこと. **teacht i dtír ar** (dhuine) (人の弱みに)付け込むこと；(人を)愚ろうすること. (男性扱い) ～ **mór** 本土.
tírdhreach [ˈtʲiːrʲɣrʲax] 名男 〘属単・主複 **-a**, 属複 ～〙風景(画).
tíreachas [tʲiːrʲəxəs] 名男 〘属単 **tíreachais**〙家庭的なこと；家庭生活.
tíreolaíocht [ˈtʲiːrʲoːliː(ə)xt] 名女 〘属単 **-a**〙地理学；地形, 地理.
tírghrá [ˈtʲiːrʲɣraː] 名男 〘属単 ～〙愛国心, 愛国.
tírghrách [ˈtʲiːrʲɣraːx] 形1 〘属単男 ～, 属単女・比較 **tírghráiche**, 主複 **-a**〙愛国の, 愛国心の強い.
tirim [tʲirʲəmʲ] 形1 乾いた；湿気のない；無味乾燥の. **tá an bhó** ～ その雌牛は乳が出ない. **tá mo scornach** ～ 私の喉(?)はからからだ. **airgead** ～ 現金.
tirimghlanadh [ˈtʲirʲimʲɣlanə] 名男 〘属単 **tirimghlanta**〙ドライクリーニング.
tíriúil [tʲiːrʲuːlʲ] 形2 愛想のよい；人付合いのよい；家庭的な.
tír-raon [ˈtʲiː(r)ˌriːn] 名男 〘属単 **tír-raoin**, 複 **-ta**〙地形, 地勢.
tit [tʲitʲ] 動I 自 〘動名 **titim**, 動形 **tite**〙落ちる；下がる；傾く；崩壊する；衰弱する. {tit＋前置詞} ④ ～ **amach** 仲たがいする；起こる. **thit siad amach le chéile** 彼らは互いに反目した. **cad é a thit amach?** どうかしたのか？ ⑤ ～ **ar** の上に落ちる；に当たる. **thit néal orm** 私はうとうとした. ⑧ ～ **chuig/chun** 次第になる. **ag titim chun feola** 太くなって(いる). ⑤ ～ **i** 落ち込む；次第に陥る；衰える. ⑪ ～ **le** 伝い落ちる；(分配・遺産など)のものとなる；(考えなど)心に浮かぶ；～ **isteach le**. (慣行など)に従う. **thit sé le m'intinn** (go) 私は(go 以下)をふと考えた. **tá siad ag titim isteach le chéile** 彼らは互いに親しくなっている.
tithe [tʲihə] ☞ **teach**.
tithíocht [tʲihiː(ə)xt] 名女 〘属単 **-a**〙住居；住宅.
titim [tʲitʲəmʲ] 名女 〘属単 **-e**〙① tit＋mé. ② 落ちること；転倒；陥落；低下；衰え. ～ **aille** 崖の下り傾斜. ～ **sneachta** 降雪(量). ～ **luacha** 価格[価値]の下落. (成句) ～ **amach** 仲たがい. ～ **cainte** イディオム. ～ **focail** 失言.
titimeas [tʲitʲəmʲəs] 名男 〘属単 **titimis**〙(病理)てんかん.

tiúb [tʹuːb] 名女〖属単 **tiúibe**, 主複 **-a/-anna**, 属複 **〜/-anna**〗管［筒］, チューブ.

tiubh [tʹuv] 名男〖属単 **〜**〗太い［厚い］部分；茂み；群がりなどの最も密な部分.
　── 形 1〖属単男 **〜**, 属単女・比較 **tibhe**, 主複 **-a**〗厚い［太い］；濃密な；早い. **ola thiubh** 濃厚なオイル. **miotal 〜** 厚手の金属板. **ag cur go 〜** 雨がどしゃ降りに降ること.

tiubhaigh [tʹuviː] 動II 他・自〖動名 **tiúchan**, 動形 **tiubhaithe**〗厚くする, 濃くする.

tiúilip [tʹuːlʹəpʹ] 名女〖属単 **-e**, 複 **-í**〗チューリップ.

tiúin [tʹuːnʹ] 名女〖属単 **-e**, 複 **-eanna**〗ふし；（歌）曲；調子；気分. **i dtiúin** [as **〜**] 調子が合って［外れて］.
　── 動I 他・自〖動名 **tiúnadh**, 動形 **tiúnta**；現 **tiúnann**〗調音［調律］する；（機械類）調整する.

tiús [tʹuːs] 名男〖属単 **tiúis**〗厚さ；濃さ；密度.

tláith [tlaː] 形 1 青白い；柔らかい；優しい.

tláithíneach [tlaːhiːnʹəx] 形 1 お世辞を言う；口車に乗せる.

tláithínteacht [tlaːhiːnʹtʹəxt] 名女〖属単 **-a**〗お世辞；甘言.

tlás [tlaːs] 名男〖属単 **tláis**〗弱々しさ；柔和, 温和.

T-léine [tʹeːlʹeːnʹə] 名女〖属単 **〜**, 複 **T-léinte**〗Tシャツ.

tlú [tluː] 名男〖属単 **〜**, 複 **-nna**〗はさむ道具. **〜 siúcra** 砂糖はさみ.

tnáite [tnaːtʹə] 形 3 疲れ果てた, ぐったりした.

tnáith [tnaː] 動I 他〖動名 **tnáitheadh**, 動形 **tnáite**〗疲れ切らせる, 精力を消耗させる.

tnúth [tnuː] 名男〖属単 **-a**〗期待；熱望；嫉妬. **〜 leis an Nollaig** クリスマスを待ち望むこと.
　── 動I 他・自〖動名 **tnúth**, 動形 **tnúite**〗熱望する；うらやむ. **bhí mé ag 〜 le do theacht** 君が来るのを切望していた.

tnúthach [tnuːhəx] 形 1 妬んでいる；羨ましそうな；嫉妬深い.

tnúthán [tnuːhaːn] 名男〖属単 **tnútháin**〗期待すること；待望；切望. **ag 〜 le (rud)** （もの）に憧れること.

tnúthánach [tnuːhaːnəx] 形 1 期待する；切望する；憧れる.

tobac [təˈbak] 名男〖属単 **〜**〗（刻み）タバコ.

tobacadóir [təˈbakadoːrʹ] 名男〖属単 **tobacadóra**, 複 **-í**〗タバコ屋.

tobainne [tobənʹə] 名女〖属単 **〜**〗突然, 不意；短気.

tobairín [tobərʹiːnʹ] 名男〖属単 **〜**, 複 **-í**〗えくぼ；小さな窪み.

tobán [tobaːn] 名男〖属単・主複 **tobáin**, 属複 **〜**〗桶, たらい. **〜**

folctha 浴槽.
tobann [tobən] 形1 突然の；衝動的な；短気な. go ～ 突然に.
tobar [tobər] 名男〖属単 **tobair**, 複 **toibreacha**〗井戸；泉；源.
tobhach [taux] 名男〖属単 **tobhaigh**〗課税；徴収.
tóch [to:x] 動I 他・自〖動名 **tóch**, 動形 **tóchta**〗掘る；探す.
tochail [toxəl′] 動II 他・自〖動名 **tochailt**, 動形 **tochailte**；現 **tochalaíonn**〗(穴を)掘る；掘り出す.
tochais [toxəs′] 動I 他・自〖動名 **tochas**；現 **tochasann**〗(かゆいところを)かく.
tochaltach [toxəltəx] 形1 掘る；掘り抜く；掘って探す.
tochaltán [toxəlta:n] 名男〖属単・主複 **tochaltáin**, 属複 ～〗採掘；穴掘り.
tóchar [to:xər] 名男〖属単・主複 **tóchair**, 属複 ～〗土手道；街道；排水渠(きょ).
tochas [toxəs] 名男〖属単 **tochais**〗かゆいこと, かゆみ.
tochasach [toxəsəx] 形1 かゆい；むずむず[そわそわ]する.
tochrais [toxrəs′] 動I 他・自〖動名 **tochras**, 動形 **tochraiste**〗(毛糸などを)巻く；(ねじ, 時計などを)巻く.
tocht[1] [toxt] 名男〖属単 **-a**, 複 **-anna**〗マットレス；敷きふとん.
tocht[2] [toxt] 名男〖属単 **-a**〗感動, 感激；障害. bhí ～ orm 感動して言葉も出なかった.
tochtmhar [toxtvər] 形1 深く感動する.
tocsaineach [toksən′əx] 形1 中毒性の；有毒の.
todhchaí [tauxi:] 名女〖属単 ～〗未来. sa ～ 将来(は).
todóg [todo:g] 名女〖属単 **todóige**, 主複 **-a**, 属複 ～〗葉巻(たばこ).
tofa [tofə] 形3 ① togh の動形容詞. ② 極上の, 高級の；顕著な.
tóg [to:g] 動I 他・自〖動名 **tógáil**, 動形 **tógtha**〗取る；上げる；建てる；育てる. ①取(上げ)る. cúpán a thógáil カップを(持ち上げて)取ること. ②建てる；揚げる. teach a thógáil 家を建てること. an bhratach a thógáil 旗を揚げること. ③育てる. clann a thógáil 家族を養うこと. ④向上させる；元気付ける. ～ do chroí 元気を出しなさい. ⑤(声など)発する. gáir a thógáil 大声を出すこと. ⑥登る sliabh a thógáil 登山すること. ⑦集める cíos a thógáil 貸借料(家賃など)を集金すること. ⑧(車などに)(途中で)乗せる. paisinéirí a thógáil 乗客を乗せること. ⑨理解する；学ぶ. teanga a thógáil 言語を身につけること. ⑩得る；(病気に)かかる. aicíd a thógáil 病気にかかること. ⑪持っていく；片づける. thóg tú mo leabhar 君は僕の本を持ち去った. ⑫占領する；手に入れる. suíochán a thógáil 席を占めるこ

と. ⑬ 受け止める；確かめる **pictiúr a thógáil** 写真を撮ること. ⑭ 使い切る；要する **thóg an obair sin trí blian** その仕事には3年かかった. ⑮ 捕まえる；掴む **thóg na gardaí é** 警察は彼を逮捕した. ⑯ 勝つ **thóg sí an duais** 彼女は賞を獲得した. {**tóg**＋前置詞} ㋐ ~ **ar** 責める；引受ける. **ná ~ ormsa é** 許してください. ㋑ ~ **as** から引き[持ち]上げる. ㋒ ~ **de** から持ち[取り]去る. ㋓ ~ **do** に好感[反感]を持つ. ㋔ ~ **i** 取り入れる. ㋕ ~ **isteach** 取り込む；減らす. ㋖ ~ **le** で持ち上げる. ㋗ ~ **ó** を起こす；から取り去る.

tógáil [toːgaːlʲ] 名 女 《属単 **tógála**, 複 **tógálacha**》① **tóg** の動名詞. ② 取(上げ)ること；獲得；養育. ~ **tithe** 住宅建設. ~ **teaghlaigh** 家族の扶養. ~ **trioblóide** もんちゃくを起こすこと. ~ **cnoic** 丘の登り.

tógaim [toːgəm] **tóg**＋mé.

tógaíocht [toːgiː(ə)xt] 名 女 《属単 **-a**》興奮；思いつき.

togair [togərʲ] 動II 他・自 《動名 **togradh**, 動形 **togartha**；現 **tograíonn**》強く望む；選ぶ；試みる.

tógálach [toːgaːləx] 形 1 伝染性の；神経過敏な.

tógálaí [toːgaːliː] 名 男 《属単 ~, 複 **tógálaithe**》建築(業)者；持ち上げる人.

togh [tau] 動I 他・自 《動名 **toghadh**, 動形 **tofa**》選ぶ；選挙する；えり分ける.

togha [tau] 名 男 《属単 ~》選りすぐったもの[人]. **is den ~ é** それは一級品だ. ~ **fir**[**mná**]！いいぞ！

toghaim [tauəm] **togh**＋mé.

toghair [ˈtoɣarʲ] 動II 他 《動名 **toghairm**, 動形 **toghartha**》召喚する, 呼び出す；祈願する.

toghchán [tauxaːn] 名 男 《属単・主複 **toghcháin**, 属複 ~》選挙.

toghchánaíocht [tauxaːniː(ə)xt] 名 男 《属単 **-a**》選挙運動.

toghlach [tauləx] 名 男 《属単・主複 **toghlaigh**, 属複 ~》選挙民；地盤.

toghroinn [ˈtauˌronʲ] 名 女 《属単 **-e**, 主複 **toghranna**, 属複 **toghrann**》選挙区.

toghthóir [tauhoːrʲ] 名 男 《属単 **toghthóra**, 複 **-í**》選挙人；構成要素.

toghthóireacht [tauhoːrʲəxt] 名 女 《属単 **-a**, 複 **-aí**》選挙民.

tograch [togrəx] 形 1 準備ができて；しきりに求めて. ~ **do** に感染しやすい. ~ **d'fhuacht** 風邪にかかりやすい.

togradh [togrə] 名 男 《属単 **togartha**》① **togair** の動名詞. ② 意向, 傾向. **ar** ~ 思いのままに.

tógtha [toːghə] ☞ **tóg**.
toibhigh [tovʹiː] 動II 他〖動名 **tobhach**, 動形 **toibhithe**〗(税を)課する; 徴収する.
toice [tokʹə] 名女〖属単 ～〗富, 繁栄.
toicí [tokʹiː] 名男〖属単 ～, 複 **toicithe**〗裕福な人; (実業界の)巨頭.
toiciúil [tokʹuːlʹ] 形2 裕福な, 繁栄する.
toighis [taisʹ] 名女〖属単 **toighse**〗好み, 趣味. **thug mé ～ dóibh** 彼ら[それら]が気に入った.
toil [tolʹ] 名女〖属単 **tola**〗意志; 傾向, 望み. **le do thoil** [más é do thoil é] どうぞ. **thug mé ～ don cheol** 私はその音楽が好きだった. **bain do thoil as** 好きなだけ(それを)取りなさい. **tá Gaeilge ar a thoil aige** 彼は流暢にゲール語を話す.
toiligh [tolʹiː] 動II 他・自〖動名 **toiliú**, 動形 **toilithe**〗望む; 同意する.
toilíocht [tolʹiː(ə)xt] 名女〖属単 **-a**〗進んですること; 同意.
toiliúil [tolʹuːlʹ] 形2 故意の.
toill [tolʹ] 動I 自〖動名 **toilleadh**〗合う. ～ **i**[ar] (間に)うまくはまる; ぴったり合う.
toilleadh [tolʹə] 名男〖属単 **toillte**〗収容能力, 容量.
toilteanach [tolʹtʹənəx] 形1 進んで, 自発的に.
toilteanas [tolʹtʹənəs] 名男〖属単 **toilteanais**〗喜んで[進んで]すること.
toimhde [tovʹdʹə] 名女〖属単 **-an**〗仮定, 推定, 推測.
toimhdigh [tovʹdʹiː] 動II 自〖動名 **toimhdiú**〗考える, 思う; 推定する.
tóin [toːnʹ] 名女〖属単 **tóna**, 複 **-eanna**〗底; 後部; 下部; 奥. ～ **canna** 缶の底. **thit an ～ as** 崩壊した.
tointe [tonʹtʹə] 名男〖属単 ～, 複 **tointí**〗糸; ひと針; 縫い目.
tointeáil [tonʹtʹaːlʹ] 名女〖属単 **tointeála**〗定期往復便, シャトル便.
tóir [toːrʹ] 名女〖属単 **tóra**, 複 **-eacha**〗追跡; 探究. ～ **a bheith ort** 人気があること.
toirbheartach [torʹəvʹərtəx] 形1 気前のいい, 寛大な.
toirbheartas [torʹəvʹərtəs] 名男〖属単・主複 **toirbheartais**, 属複 ～〗贈呈; 気前のよさ.
toirbhir [torʹəvʹərʹ] 動II 他・自〖動名 **toirbhirt**, 動形 **toirbhearta**; 現 **toirbhríonn**〗手渡す; 配達する; 贈る; 発表する.
toirceoil [ˈtorʹkʹoːlʹ] 名女〖属単 **toirceola**〗猪(いのしし)の肉.

toircheas [tor′əx′əs] 名男〖属単・主複 **toirchis**, 属複 ～〗妊娠；子孫.

toircheasach [tor′əx′əsəx] 形1 妊娠している.

toirchigh [tor′əx′i:] 動II 他〖動名 **toirchiú**, 動形 **toirchithe**〗(生物)受精させる.

toirchim [tor′əx′əm′] 名女〖属単 **-e**〗深い眠り；まひ状態.

tóireacht [to:r′axt] 名女〖属単 **-a**〗専門化(専攻)すること；限定すること.

toireasc [tor′əsk] 名男〖属単・主複 **toirisc**, 属複 ～〗のこぎり.

toirm [tor′əm′] 名女〖属単 **-e**〗騒ぎ；がやがや；ドシンドシンという音.

toirmeasc [tor′əm′əsk] 名男〖属単・主複 **toirmisc**, 属複 ～〗禁止；いたずら；不運.

toirmeascach [tor′əm′əskəx] 形1 禁止する；いたずら好きな；偶然の.

toirmisc [tor′əm′əs′k′] 動I 他・自〖動名 **toirmeasc**, 動形 **toirmiscthe**〗禁止する；妨げる.

toirneach [to:rn′əx] 名女〖属単 **toirní**, 主複 **-a**, 属複 ～〗雷, 雷鳴；激怒.

toirnéis [to:rn′e:s′] 名女〖属単 **-e**〗騒動, 暴動.

toirniúil [to:rn′u:l′] 形2 雷鳴のする；騒がしい.

tóirse [to:rs′ə] 名男〖属単 ～, 複 **tóirsí**〗たいまつ.

tóirsholas [′to:r′ˌholas] 名男〖属単 **tóirsholais**, 複 **tóirshoilse**〗サーチライト.

toirt [tort′] 名女〖属単 **-e**, 複 **-eanna**〗大量, かさ；容積. ar an ～ 即座に[現場で].

toirtéis [tort′e:s′] 名女〖属単 **-e**〗傲慢, うぬぼれ；自慢.

toirtéiseach [tort′e:s′əx] 形1 横柄な；うぬぼれる；誇らしげな.

toirtín [tort′i:n′] 名男〖属単 ～, 複 **-í**〗小型のケーキ；スコーン.

toirtís [tort′i:s′] 名女〖属単 **-e**, 複 **-í**〗亀.

toirtiúil [tort′u:l′] 形2 大型の, かさばる；体重の重い.

toisc [tos′k′] 名女〖属単 **-e**, 複 **tosca**〗用事；状況；要因. ～ [de thoisc] の理由で. d'aon ～ 故意に.

toise [tos′ə] 名男〖属単 ～, 複 **toisí**〗寸法；面積；測定.

toistiún [tos′t′u:n] 名男〖属単・主複 **toistiúin**, 属複 ～〗(旧) 4 ペンス銀貨；4 ペンス(の価).

toit [tot′] 名女〖属単 **-e**, 複 **-eanna**〗煙, 蒸気.

toitcheo [′tot′ˌx′o:] 名男〖属単 ～〗スモッグ.

toiteach [tot′əx] 形1 煙る；(色など)くすんだ．
toitín [tot′i:n′] 名男『属単 ～, 複 -í』(紙巻き)たばこ．
toitrigh [tot′r′i:] 動II 他『動名 **toitriú**, 動形 **toitrithe**』(たばこを)吸う；いぶす；燻製にする．
tola [tolə] ☞ toil.
tólamh [to:ləv] 名 (成句) **i dtólamh** いつも．
tolg¹ [toləg] 名男『属単・主複 **toilg**, 属複 ～』寝いす；ソファー．
tolg² [toləg] 名男『属単・主複 **toilg**, 属複 ～』攻撃；不和，裂け目．
―― 動I 他・自『動名 **tolgadh**, 動形 **tolgtha**』突っ込む；寄せ集める；(病気に)かかる．**tá sé ag tolgadh stoirme** 嵐が今にもきそうだ．**slaghdán a tholgadh** 風邪をひくこと．
tolgach [toləgəx] 形1 激しい；乱暴な；打ちのめす．
tolglann [toləglən] 名女 (バーなどの)ラウンジ, ロビー；席．
toll¹ [tol] 名男『属単・主複 **toill**, 属複 ～』穴；へこみ；尻．(rudaí) **a chur i dtoll a chéile** (こと)をまとめること．～ **in airde** 混乱して．
toll² [tol] 形1 突き通した；空虚な；(音, 声が)こもった．
―― 動I 他・自『動名 **tolladh**, 動形 **tollta**』穴をあける；貫通させる．
tollán [tola:n] 名男『属単・主複 **tolláin**, 属複 ～』トンネル．
tom [tom] 名男『属単・主複 **toim**, 属複 ～』やぶ, 茂み；群生．
tomhail [to:l′] 動I 他・自『動名 **tomhailt**, 動形 **tomhailte**』食べる；食い(飲み)尽くす．
tomhais [to:s′] 動I 他・自『動名 **tomhas**, 動形 **tomhaiste**』測定する；見積もる；推量する．
tomhaisiúil [to:s′u:l′] 形2 (衣服が)ぴったりの．
tomhaltóir [to:lto:r′] 名男『属単 **tomhaltóra**, 複 -í』消費者．**treoiruimhir praghsanna do thomhaltóirí** 消費者物価指数．
tomhas [to:s] 名男『属単・主複 **tomhais**, 属複 ～』測定；推量；なぞ．
tomhsaire [to:s′ərə] 名男『属単 ～, 複 **tomhsairí**』計測器, ゲージ．
ton [ton] 名男『属単・主複 **toin**, 属複 ～』音色；色調．
tónacán [to:nəka:n] 名男『属単 **tónacáin**』こそこそすること；もじもじすること．
tónáiste [to:na:s′t′ə] 名男『属単 ～, 複 **tónáistí**』(積荷の)トン税；重荷；苦難．
tónáisteach [to:na:s′t′əx] 形1 負担となる；苦しい；難儀な．
tonn¹ [ton] 名女『属単 **toinne**, 複 -ta；(成句)与単 **toinn**, 属複 ～』波；表面．**thar toinn** 海を越えて．**faoi mo thoinn** 内心では．**clár toinne** サーフボード．**seoltóireacht toinne** サーフィン．

tonn[2] [ton] 動I 他・自〖動名 **tonnadh**, 動形 **tonnta**〗波のように押し寄せる；どっと流れ出る；波打つ.

tonna [tonə] 名男〖属単 ～, 複 **-í**〗トン.

tonnadóir [tonədo:rʹ] 名女〖属単 **tonnadóra**, 複 **-í**〗じょうご；換気孔.

tonnaíl [toni:lʹ] 名女〖属単 **tonnaíola**〗波立つこと；波打つこと.

tonnán [tona:n] 名男〖属単・主複 **tonnáin**, 属複 ～〗小波, さざ波.

tonnaois [ˈtonˌi:sʹ] 名女〖属単 **-e**〗高齢.

tonnaosta [ˈtonˌi:stə] 形 3 年をとっている.

tonnchosc [ˈtonˌxosk] 名男〖属単 **tonnchoisc**, 複 **-anna**〗防波堤.

tonnchreathach [ˈtonˌxʹrʹahəx] 形 1 振動する；反響する.

tonnchreathaire [ˈtonˌxʹrʹaharə] 名男〖属単 ～, 複 **tonnchreathairí**〗バイブレーター.

tonnchrith [ˈtonˌxʹrʹih] 名男〖属単 **tonnchreatha**, 複 **tonnchreathanna**〗震えること, 振動.
── 動I 自〖動名 **tonnchrith**, 動形 **tonnchrite**〗揺れる；震える.

tonnfhad [tonad] 名男〖属単・主複 **tonnfhaid**, 属複 ～〗波長.

tonnmhar [tonvər] 形 1 大波の立つ；大波のような.

tonnúil [tonu:lʹ] 形 2 波のように揺れる；うねる.

tonúil [tonu:lʹ] 形 2 音色の；色調の.

topagrafaíocht [ˈtopəˌgrafi:(ə)xt] 名女〖属単 **-a**〗地勢(図)；地形学.

tor [tor] 名男〖属単・主複 **toir**, 属複 ～〗茂み；かたまり；群生.

toradh [torə] 名男〖属単 **toraidh**, 複 **torthaí**〗果実；産物；結果；注意. ～ **bó** 乳製品. ～ **scrúdaithe** 試験の結果. **de thoradh m'iarrachta** 私の努力の結果.

tóraí [to:ri:] 名男〖属単 ～, 複 **tóraithe**〗追跡者；泥棒；無法者.

tóraigh [to:riʹ] 動II 他・自〖動名 **tóraíocht**, 動形 **tóraithe**〗追跡する；捜す；狩猟をする.

torann [torən] 名男〖属単・主複 **torainn**, 属複 ～〗騒音. **ag** ～ 音をたてること.

torannach [torənəx] 形 1 騒々しい.

torathar [torəhər] 名男〖属単・主複 **torathair**, 属複 ～〗(民話)鬼, 怪物.

torbán [torəba:n] 名男〖属単・主複 **torbáin**, 属複 ～〗オタマジャクシ.

torc [tork] 名男〖属単・主複 **toirc**, 属複 ～〗猪(♂).

torcán [torka:n] 名男〖属単・主複 **torcáin**, 属複 ～〗猪の子.

tórmach [toːrməx] 名男〖属単 **tórmaigh**〗増加[増大]すること；膨張.

tormáil [torəmaːlʹ] 名女〖属単 **tormála**〗ゴロゴロ[ガラガラ]いう音.

tormán [torəmaːn] 名男〖属単・主複 **tormáin**, 属複 ～〗騒音.

tormánach [torəmaːnəx] 形1 騒々しい, 鳴り響く.

tormas [torəməs] 名男〖属単 **tormais**〗口やかましいこと；ぶつぶつ不平をいうこと；不機嫌.

tornapa [tornəpə] 名男〖属単 ～, 複 **-í**〗蕪(ﾀ).

torpa [torpə] 名男〖属単 ～, 複 **-í**〗(土などの)かたまり.

torpánta [torpaːntə] 形3 (人が)太鼓腹の；(酒びんなど)太くて丸型の；ゆるやかな.

torrach [torəx] 形1 妊娠した.

tórraigh [toːriː] 動II 他〖動名 **tórramh**, 動形 **tórraithe**〗葬式をする；通夜をする.

tortaobh [ˈtorʲtiːv] 名 (成句) **i dtortaobh le** 単独で.

torthaigh [torhiː] 動II 自〖動名 **torthú**, 動形 **torthaithe**〗(植物)実を結ぶ；(努力)実る.

torthúil [torhuːlʹ] 形2 実りの多い, 豊作の.

torthúlacht [torhuːləxt] 名女〖属単 **-a**〗成果[収穫]の多いこと；肥沃；豊富.

tortóg [tortoːg] 名女〖属単 **tortóige**, 主複 **-a**, 属複 ～〗小山, 丘；草むら.

tosach [tosəx] 名男〖属単・主複 **tosaigh**, 属複 ～〗始まり；前部；先頭；(靴の)底. **i dtosach** 最初は. **níl ann ach ～ oíche fós** 夜はまだ始まったばかりだ. **na suíocháin tosaigh** 前部座席. **focal tosaigh** 前置き(序説). **an carr tosaigh** 先導車.

tosaigh [tosiː] 動II 他・自〖動名 **tosú**, 動形 **tosaithe**〗始める, 開始する.

tosaím [tosiːm] tosaigh+mé.

tosaíocht [tosiː(ə)xt] 名女〖属単 **-a**〗先立つこと, 先行；優先. **de réir tosaíochta** 順番に.

tosaitheoir [tosihoːrʹ] 名男〖属単 **tosaitheora**, 複 **-í**〗初学者, 初心者, ビギナー.

tosca [toskə] ☞ toisc.

toscaire [toskərʹə] 名男〖属単 ～, 複 **toscairí**〗代表(者)；代理(人).

toscaireacht [toskərʹəxt] 名女〖属単 **-a**, 複 **-aí**〗代表派遣(団)；代理委員(団).

tost [tost] 名男 〖属単 -a, 複 -anna〗沈黙；静寂. **bí i do thost!** 静かに！
── 動I 自〖動名 **tost**〗静かになる.
tósta [toːstə] 名男 〖属単 ～〗トースト, 焼きパン.
tostach [tostəx] 形1 無口な；静かな.
tóstaer [toːsteːr] 名男 〖属単・主複 **tóstaeir**, 属複 ～〗トースター.
tostaíl [tostiːlʲ] 名女 〖属単 **tostaíola**〗沈黙；無口.
tóstáil [toːstaːlʲ] 動I 他〖動名 **tóstáil**, 動形 **tóstáilte**；現 **tóstálann**〗(パンを)こんがりと焼く. **arán a thóstáil** パンを焼く(トーストする)こと.
tóstal [toːstəl] 名男 〖属単・主複 **tóstail**, 属複 ～〗集会；見もの；虚飾.
tóstalach [toːstələx] 形1 横柄な；うぬぼれの強い.
tosú [tosuː] ☞ tosaigh.
tothlaigh [tohliː] 動II 他〖動名 **tothlú**, 動形 **tothlaithe**〗強く望む, しきりに欲しがる.
trá[1] [traː] 名女 〖属単 ～, 複 -nna〗岸辺, 浜.
trá[2] [traː] 名男 〖属単 -ite〗引き潮, 干潮；減退.
trácht[1] [traːxt] 名男 〖属単 -a, 複 -anna〗足の裏[甲]；タイヤの地面に触れる部分；面積.
trácht[2] [traːxt] 名男 〖属単 -a〗行くこと；旅行；交通. **brú tráchta** 交通渋滞.
── 動I 他・自〖動名 **trácht**, 動形 **tráchta**〗行く, 進む；旅行する.
trácht[3] [traːxt] 名男 〖属単 -a, 複 -anna〗言及すること；論説.
── 動I 他・自〖動名 **trácht**, 動形 **tráchta**〗述べる；論評する. **～ ar** (rud) (こと)を話題にすること. **ná ～ air** どういたしまして.
tráchtáil [traːxtaːlʲ] 名女 〖属単 **tráchtála**〗商売すること；商業.
tráchtaire [traːxtərʲə] 名男 〖属単 ～, 複 **tráchtairí**〗評論者, コメンテーター.
tráchtaireacht [traːxtərʲəxt] 名女 〖属単 -a〗論評すること；注釈(書).
tráchtas [traːxtəs] 名男 〖属単・主複 **tráchtais**, 属複 ～〗(学術)論文.
tráchtearra [ˈtraːxtʲarə] 名男 〖属単 ～, 複 -í〗商品.
trádáil [traːdaːlʲ] 名女 〖属単 **trádála**〗商業, 商売.
trádálach [traːdaːləx] 形1 商業(上)の.
trádmharc [traːdark] 名男 〖属単 **trádmhairc**, 複 -anna〗(登録)商標, トレードマーク.

trae [tre:] 名男〖属単 ～, 複 **-nna**〗盆, トレイ.

traein [tre:n′] 名女〖属単 **traenach**, 複 **traenacha**〗列車, 電車. **ar an** ～ 電車で. ～ **luais** 急行電車.

traenáil [tre:na:l′] 名女〖属単 **traenála**〗訓練すること.
―― 動I 他・自〖動名 **traenáil**, 動形 **traenáilte**; 現 **traenálann**〗訓練する; 養成する.

tragóid [trago:d′] 名女〖属単 **-e**, 複 **-í**〗悲劇(的場面).

tragóideach [trago:d′əx] 形1 悲劇的な, 悲壮な.

traidhfil [traif′əl′] 名女〖属単 ～〗つまらないもの; 少量.

traidín [trad′i:n′] 名男〖属単 ～, 複 **-í**〗包み, 荷物, 背負うもの.

tráidire [tra:d′ər′ə] 名男〖属単 ～, 複 **tráidirí**〗盆, トレイ.

traidisiún [ˌtradʹisʹuːn] 名男〖属単・主複 **traidisiúin**, 属複 ～〗伝承; 伝統.

traidisiúnta [ˌtradʹisʹuːntə] 形3 伝統的な, 伝来の.

traigéide [trag′e:d′ə] 名女〖属単 ～, 複 **traigéidí**〗悲劇.

tráigh [tra:ɣ′] 動I 他・自〖動名 **trá**, 動形 **tráite**; 現 **tránn**; 未 **tráfaidh**〗潮が引く; 減る; 干上がる.

traipisí [trap′əs′i:] 名 (複) 手回り品, 携帯品; 廃棄物. **caite i dtraipisí** 廃物[鉄くず].

tráithnín [tra:hn′i:n′] 名男〖属単 ～, 複 **-í**〗葉(の茎); わら. **ní fiú** ～ **é** わら1本ほどの価値もない. **chomh caol le** ～ 草の葉ほどに薄い.

trál [tra:l] 名男〖属単・主複 **tráil**, 属複 ～〗トロール網, 底引き網.

trálaeireacht [tra:ler′əxt] 名女〖属単 **-a**〗トロール網を引くこと.

trálaer [tra:le:r] 名男〖属単・主複 **trálaeir**, 属複 ～〗トロール漁業者; トロール船.

tralaí [trali:] 名男〖属単 ～, 複 **tralaithe**〗市街電車; (複)トラック.

tram [tram] 名男〖属単 ～, 複 **-anna**〗市街[路面]電車.

tranglam [traŋləm] 名男〖属単 **tranglaim**〗混乱, 乱雑.

traoch [tri:x] 動I 他〖動名 **traochadh**, 動形 **traochta**〗消費する; 征服する.

traoith [tri:] 動I 他・自〖動名 **traoitheadh**, 動形 **traoite**〗やわらげる; 弱める; 減少させる; 浪費する.

Trapach [trapəx] 名男〖属単・主複 **Trapaigh**, 属複 ～〗(カトリック)トラピスト(修道)会.
―― 形1 トラピスト修道会の.

tras- [tras] 接頭 横切る-; 越える-.

trasghearradh [trasɣərə] 名男〖属単 **trasghearrtha**, 複 **trasghearrthacha**〗横断図, 断面図.

trasna [trasnə] 前副形名 横切って；交差して；幅が…；斜めの. **dul ～ na habhann** 川を渡ること. **trí troithe**(＜troigh) ～ 幅3フィート. **teacht ～ ar** (dhuine) (人)に逆らうこと. **bealach ～** 近道. **ar a thrasna** 十文字に.

trasnaigh [trasni:] 動II 他・自 〖動名 **trasnú**, 動形 **trasnaithe**〗横切る；交差させる；逆らう.

trasnáil [trasna:l/] 名女 〖属単 **trasnála**〗横断すること；交差；反対, 妨害.

trasnaíocht [trasni:(ə)xt] 名女 〖属単 **-a**〗反対, 反駁(ばく)；干渉.

trasnán [trasna:n] 名男 〖属単・主複 **trasnáin**, 属複 ～〗横木[材]；（スポーツ）クロスバー；対角線.

trasnánach [trasna:nəx] 形1 十文字の, 斜(は)の；対角線の.

trasraitheoir [trasriho:r/] 名男 〖属単 **trasraitheora**, 複 **-í**〗トランジスター.

trasrian [ˈtrasˌriən] 名男 〖複 **-ta**〗横断. ～ **coisithe**(＜**coisí**) 横断歩道.

trastomhas [ˈtrasˌto:s] 名男 〖属単・主複 **trastomhais**, 属複 ～〗直径.

trasuigh [ˈtraˌsiɣ/] 動I 他 〖動名 **trasuí**, 動形 **trasuite**；現 **trasuíonn**；未 **trasuífidh**〗置き[入れ]換える；言い直す；配置する.

tráta [tra:tə] 名男 〖属単 ～, 複 **-í**〗トマト. **sú trátaí** トマトジュース.

tráth [tra:] 名男 〖属単 **-a**, 複 **-anna**；（成句）主複 **-a**, 属複 ～〗時[間]；時代；期間, 昔(ある時). **tá ～ éirí ann** 起きる時間だ. ～ (**bia**) 食事. **an ～ a mhair siad** 彼らの生前に. ～ **éigin** いつか. **i dtrátha na Nollag** クリスマスの頃.

tráthchlár [ˈtra:ˌxla:r] 名男 〖属単・主複 **tráthchláir**, 属複 ～〗時刻表, 時間割.

tráthnóna [ˌtra:ˈno:nə] 名男 〖属単 ～, 複 **tráthnónta**〗午後；夕方.

tráthrialta [ˌtra:ˈriəltə] 副 （成句）**go ～** 時間通りに[規則正しく].

tráthúil [tra:hu:l/] 形2 時を得た；適当な；機知に富んだ.

tráthúlacht [tra:hu:ləxt] 名女 〖属単 **-a**〗好機；適切；機知.

tré- [t/r/e:] 接頭 通す；貫く.

treabh [t/r/av] 動I 他・自 〖動名 **treabhadh**, 動形 **treafa**〗耕す；（船が）波を切って進む. 骨折って進む；仲良くやる.

treabhchas [t/r/auxəs] 名男 〖属単・主複 **treabhchais**, 属複 ～〗種族, 部族, 民族.

treabhdóir [t′r′avdo:r] 名男〖属単 **treabhdóra**, 複 **-í**〗農夫；農場労働者.

treabhsar [t′r′ausər] 名男〖属単・主複 **treabhsair**, 属複 ～〗ズボン.

tréad [t′r′e:d] 名男〖属単・主複 **-a**, 属複 ～〗群れ；集まり；集団.

tréadach [t′r′e:dəx] 形 1 田園生活の, 牧歌的な；牧師の.

tréadaí [t′r′e:di:] 名男〖属単 ～, 複 **tréadaithe**〗羊飼い；牧師.

tréadaíocht [t′r′e:di:(ə)xt] 名女〖属単 **-a**〗群れること. **ag ～ caorach** 羊が群れていること.

tréadúil [t′r′e:du:l′] 形 2 群居[群生](性)の.

treáigh [t′r′a:y′] 動 I 他〖動名 **treá**, 動形 **treáite**；現 **treánn**；未 **treáfaidh**〗突き通す；突き刺す.

treáiteach [t′r′a:t′əx] 形 1 突き刺すような；(寒さなど)身にしむ；洞察力のある.

trealamh [t′r′aləv] 名男〖属単・主複 **trealaimh**, 属複 ～〗装備, 設備. **～ tí** 家具.

treall [t′r′al] 名男〖属単 **-a**, 複 **-anna**〗短期間, しばらくの間；気まぐれ；つぎはぎ.

treallach [t′r′aləx] 形 1 発作的な；断続的な；つぎだらけの.

treallús [t′r′alu:s] 名男〖属単 **treallúis**〗事業, 積極性；自己主張.

treallúsach [t′r′alu:səx] 形 1 勤勉な, 積極的な；自己主張の強い.

trealmhaigh [t′r′aləvi:] 動 II 他〖動名 **trealmhú**, 動形 **trealmhaithe**〗装備する.

tréan [t′r′e:n] 名男〖属単・主複 **tréin**, 属複 ～〗強者(ﾂﾜﾓﾉ), 戦士；強力；豊富. **le ～ a nirt** 彼の力によって. **tá ～ le rá aige** 彼は言うべきことがたくさんある.
── 形 1〖比較 **treise/tréine**〗力強い；激しい. **teas ～** 酷暑. **pianta tréana** 激痛.

tréanphléascach [′t′r′e:n,hl′e:skəx] 形 1 高性能爆発性の.

treas[1] [t′r′as] 名男〖属単・主複 **-a**, 属複 ～〗列.

treas[2] [t′r′as] 名男〖属単・主複 **-a**, 属複 ～〗戦闘, けんか.

treas[3] [t′r′as] 形 第 3 の. **an ～ duine** 3 人目.

tréas [t′r′e:s] 名男〖属単 **-a**〗反逆(罪)；不忠実.

tréasach [t′r′e:səx] 形 1 反逆の；不実の.

treascair [t′r′askər′] 動 II 他・自〖動名 **treascairt**, 動形 **treascartha**；現 **treascraíonn**〗打ち倒す；ひっくり返す；負かす.

treascrach [t′r′askrəx] 形 1 圧倒的な；屈伏させる；衰弱させる.

tréaslaigh [t′r′e:sli:] 動 II 他〖動名 **tréaslú**, 動形 **tréaslaithe**〗祝

treaspás

う. (rud) **a thréaslú do** (dhuine) (人)に(こと)の祝いの言葉を述べること.

treaspás [t/r/aspaːs] 名男〖属単 **treaspáis**〗不法侵入.
tréasúil [t/r/eːsuːl/] 形2 反逆的な; 非道な.
tréatúrtha [t/r/eːtuːrhə] 形3 裏切る; 不実な.
trébhealach ['t/r/eːˌv/aləx] 名男〖属単 **trébhealaigh**, 複 **trébhealaí**〗高速道路.
trédhearcach ['t/r/eːˌɣ/arkəx] 形1 透き通った; (布が)透明な.
treibh [t/r/ev/] 名女〖属単 **-e**, 複 **-eanna**〗家族; 人種, 民族.
treibheach [t/r/ev/əx] 形1 種族の, 部族の.
tréidlia ['t/r/eːd/ˌl/iə] 名男〖属単 ～, 複 **-nna**〗獣医.
tréig [t/r/eːg/] 動I 他・自〖動名 **tréigean**, 動形 **tréigthe**〗(見)捨てる; しおれさす; (色を)あせさせる; 衰えさせる.
treighid [t/r/aid/] 名女〖属単 **treighde**, 複 **treighdeanna**〗激痛, さしこみ.
tréigtheach [t/r/eːk/əx] 形1 見捨てた, 見放した; 色があせがちな.
tréimhse [t/r/eːv/s/ə] 名女〖属単 ～, 複 **tréimhsí**〗3カ月; 期間; 周期.
tréimhseachán [t/r/eːv/s/əxaːn] 名男〖属単・主複 **tréimhseacháin**, 属複 ～〗定期刊行物; 雑誌.
tréimhsiúil [t/r/eːv/s/uːl/] 形2 定期刊行の.
tréine [t/r/eːn/ə] 名女〖属単 ～〗力, 勢力; 強さ.
treis [t/r/es/] 名 (成句) **i dtreis** 権力で[争って; 繁栄して]. **teacht i dtreis** 力をつけてくること. **an rud atá i dtreis eadrainn** 我々の間の問題点. **níl mé i dtreis sna gnóthaí sin** それらのことに私は関係ない.
treise [t/r/es/ə] 名女〖属単 ～〗力; 支配; 強調.
treisigh [t/r/es/iː] 動II 他・自〖動名 **treisiú**, 動形 **treisithe**〗強化する, 補強する; 増強する. **bainne treisithe** 強化牛乳.
treisiúil [t/r/es/uːl/] 形2 丈夫な, 精力的な, 強力な.
tréith[1] [t/r/eː] 名女〖属単・複 **-e**〗特徴; 成就; 悪ふざけ.
tréith[2] [t/r/eː] 形1 弱い, 虚弱な.
tréitheach [t/r/eːhəx] 形1 才能のある; 見込みのある; ふざけた; 特有の.
tréithlag ['t/r/eːˌlag] 形1 無気力な, 疲れ切った.
tréithrigh [t/r/eːhr/iː] 動II 他〖動名 **tréithriú**, 動形 **tréithrithe**〗特徴づける, 特色とする.
treo [t/r/oː] 名男〖属単 ～, 複 **-nna**〗方向; 傾向, 動き; **i ngach** ～

triaileadán

[i ngach aon ～ baill] 四方八方に. **i dtreo** (is) **go** そのようにして. **i dtreo** (do) の方へ[と一緒に]. **cuir i dtreo a chéile iad** それらを一緒に置きなさい.

treocht [t'r'o:xt] 名女〖属単 **-a**, 複 **-aí**〗傾向；方向.

treodóireacht [t'r'o:do:r'əxt] 名女〖属単 **-a**〗オリエンテーリング.

treoir [t'r'o:r'] 名女〖属単 **treorach**, 複 **treoracha**〗案内；指導；標識；索引；進歩；努力；力. (duine) **a bhaint dá threoir** (人) を混乱させる[迷わす]こと. **ag imeacht gan ～** 当てもなくさまようこと. **bhí gach uile rud i dtreoir againn** すべての準備はできた. **ó threoir** 動かないで[破損して].

treoirlíne [t'r'o:r'li:nə] 名女〖属単 ～, 複 **treoirlínte**〗指針, ガイドライン.

treoiruimhir [t'r'o:r'iv'ər'] 名女〖属単 **treoiruimhreach**, 複 **treoiruimhreacha**〗(統計)指数.

treorach [t'r'o:rəx] 形 1 指導的；精力的.

treoraí [t'r'o:ri:] 名男〖属単 ～, 複 **treoraithe**〗案内人, 指導者.

treoraigh [t'r'o:ri:] 動II 他・自〖動名 **treorú**, 動形 **treoraithe**〗案内する, 指導する.

treorán [t'r'o:ra:n] 名男〖属単・主複 **treoráin**, 属複 ～〗索引.

treoshuíomh ['t'r'o:ˌhi:v] 名男〖属単 **treoshuímh**〗方向づけ；オリエンテーション.

tréscaoilteach ['t'r'e:ˌski:l't'əx] 形 1 (液体に)浸透性の.

tréshoilseach ['t'r'e:ˌhol's'əx] 形 1 半透明の.

trí[1] [t'r'i:] 名男〖属単 ～, 複 **-onna**〗(数) 3.
── 形 3 の. **a ～** 3. **a ～ déag** 13. **fiche a ～** [**a ～ is fiche**] 23. (a) **～ nó** (a) **ceathair thithe**(<**teach**) 3, 4軒の家. **dhá thrí** 3分の2. **～ bhó** 3頭の雌牛. **～ uan** 3匹の子羊.

trí[2] [t'r'i:] 前〖前置詞＋代名詞 **tríom, tríot, tríd**(男), **tríthi**(女), **trínn, tríbh, tríothu**〗を通り抜けて；を貫いて；の間じゅう；によって. 〖a[2]＋trí→**trína**；ár[2]＋trí→**trínár**；a[5]＋trí→**trína**；ar[2]＋trí→**trínar**〗**tá sé i bhfad tríd** 彼は遠くに行った. **tiocfaidh sé tríd** 彼は回復するだろう. **tríd síos** 概して. **tríd amach** 完全に. **tríd is tríd** 徹底的に. **～ chéile** [**trína chéile**] 混乱した.

triail [t'r'iəl'] 名女〖属単 **trialach**, 複 **trialacha**〗試すこと；試験, テスト.
── 動I 他・自〖動名 **triail**/(法学)**triaileadh**, 動形 **triailte**〗試験[検査]する, 試す.

triaileadán [t'r'iəl'ədα:n] 名男〖属単・主複 **triaileadáin**, 属複

〜》試験管.
trialach [tʲrʲiələx] 形1 試験的な, 実験的な.
triall [tʲrʲiəl] 名男〘属単 **-a**, 複 **-ta**〙出掛けること, 旅行; 試み. **cá bhfuil do thriall?** どこへ行くのか?
── 動I 他・自〘動名 **triall**, 動形 **triallta**〙出掛ける, 旅行する; 試みる.
trian [tʲrʲiən] 名男〘属単 **triain**, 複 **-ta**; (数詞 3-10 に後続する時は) **treana**〙第 3; 3 分の 1. 〜 **de** (rud) (もの)の 3 分の 1. **trí treana a dhéanamh de** (rud) (もの)を三つに分けること.
triantán [tʲrʲiəntaːn] 名男〘属単・主複 **triantáin**, 属複 〜〙三角形.
triantánach [tʲrʲiəntaːnəx] 形1 三角形の.
triarach [tʲrʲiərəx] 形1 3倍[重]の.
tríbh [tʲrʲiːvʲ] ☞ trí².
tric [tʲrʲikʲ] 形1 すばやい, 突然の.
tríd [tʲrʲiːdʲ] ☞ trí².
trillín [tʲrʲilʲiːnʲ] 名男〘属単 〜, 複 **-í**〙重荷, 負担.
trilseach [tʲrʲilʲsʲəx] 形1 編んだ; 輝く, 光る.
trilseán [tʲrʲilʲsʲaːn] 名男 編んだ髪; たいまつ.
trilsigh [tʲrʲilʲsʲiː] 動II 他・自〘動名 **trilsiú**, 動形 **trilsithe**〙(ひも, 髪などを)組む, 編む; きらめく, 光る.
trína [tʲrʲiːnə] ☞ trí².
trínar [tʲrʲiːnər] ☞ trí².
trínár [tʲrʲiːnaːr] ☞ trí².
trínn [tʲrʲiːnʲ] ☞ trí².
trioblóid [tʲrʲiblod̩ʲ] 名女〘属単 **-e**, 複 **-í**〙悩み, 苦悩.
trioblóideach [tʲrʲiblod̩ʲəx] 形1 面倒な, 厄介な; 手におえない.
trioc [tʲrʲik] 名男〘属単 〜〙家具.
tríocha [tʲrʲiːxə] 名男〘属単 **-d**, 複 **-idí**〙(数) 30.
── 形 30 の. 〜 **a haon** 31. 〜 **a dó** 32. **ceithre bliana tríochad** [ceithre bliana is 〜] 34 年 〜 **bean** 30 人の女性.
tríochadú [tʲrʲiːxədu:] 名男〘属単 〜, 複 **tríochaduithe**〙第 30.
── 形3 第 30 の. **an** 〜 **huair** 第 30 回.
tríom [tʲrʲiːm] ☞ trí².
triomach [tʲrʲiməx] 名男〘属単 **triomaigh**〙日照り続き(の天気).
triomacht [tʲrʲiməxt] 名女〘属単 **-a**〙乾燥.
triomadóir [tʲrʲimədoːrʲ] 名男〘属単 **triomadóra**, 複 **-í**〙ドライヤー, 乾燥機(器).
triomaigh [tʲrʲimiː] 動II 他・自〘動名 **triomú**, 動形 **triomaithe**〙

乾かす.

Tríonóid [t′r′i:no:d′] 名女〖属単 **-e**〗(キリスト教) 三位一体.

triopall [t′r′ipəl] 名男〖属単・主複 **triopaill**, 属複 ～〗(ブドウなどの)房; 束; 群れ.

triopallach [t′r′ipələx] 形1 群れをなした; 整然とした; きちんとした.

tríot [t′r′i:t] ☞ trí².

tríothu [t′r′i:hu] ☞ trí².

trírín [t′r′i:r′i:n′] 名男〖属単 ～, 複 **-í**〗三つ子; 三つ組; 三つ揃い.

trírothach ['t′r′i:ˌrohəx] 名男〖属単・主複 **trírothaigh**, 属複 ～〗三輪車.

tríthi [t′r′i:hi] ☞ trí².

tríthoiseach ['t′r′i:ˌhos′əx] 形1 3次元の; 立体の.

tríú [t′r′i:u:] 名男〖属単 ～, 複 **tríthe**〗第3.
── 形3 第3の. an ～ huair 第3回.

triuch [t′r′ux] 名男〖属単 **treacha**〗百日ぜき.

triúr [t′r′u:r] 名男〖属単・主複 **triúir**, 属複 ～〗3人. bhí siad ～ ann 3人がそこにいた.

triús [t′r′u:s] 名男〖属単・主複 **triúis**, 属複 ～〗ズボン.

trócaire [tro:kər′ə] 名女〖属単 ～〗慈悲; 哀れみ.

trócaireach [tro:kər′əx] 形1 慈悲深い; 寛大な, 哀れみ深い.

troch [trox] 名男〖属単・主複 **-a**, 属複 ～〗哀れな人, 惨めな人.

trochailte [troxəl′t′ə] 形3 衰弱させる; 惨めな状態の.

trochlaigh [troxli:] 動II 他・自〖動名 **trochlú**, 動形 **trochlaithe**〗だめにする; 腐らせる; 汚す.

trodach [trodəx] 形1 闘争的な, けんか好きな.

trodaí [trodi:] 名男〖属単 ～, 複 **trodaithe**〗闘士; けんか好きな人.

tródam [tro:dəm] 名男〖属単・主複 **tródaim**, 属複 ～〗非常[警戒]線.

troid [trod′] 名女〖属単 **troda**, 複 **-eanna**〗闘うこと; けんか.
── 動I 他・自〖動名 **troid**, 動形 **troidte**〗闘う, けんかする.

troigh [troɣ′] 名女〖属単 **-e**, 複 **troithe**〗(長さ)フィート; 足どり.

troime [trom′ə] 名女〖属単 ～〗重み, 重量.

troimpéad [trom′p′e:d] 名男〖属単・主複 **troimpéid**, 属複 ～〗トランペット.

troisc [tros′k′] 動I 自〖動名 **troscadh**, 動形 **troiscthe**〗絶食[断食]する.

troitheán [trohɑ:n] 名男〖属単・主複 **troitheáin**, 属複 ～〗ペダ

ル. ~ rothair 自転車のペダル.
trom[1] [trom] 名男〖属単・主複 **troim**, 属複 ~〗ニワトコ(の木).
trom[2] [trom] 名男〖属単 ~〗重量；重荷；大部分；非難.
trom[3] [trom] 形1〖属単男 ~, 属単女・比較 **troime**, 主複 **-a**〗重い；豊富な；厳しい；重要な. ceo ~ 濃霧. bhí fomhar ~ acu i mbliana (<bliain) 今年は豊作だった. gortú ~ 重傷. aimsir ~ どんよりとした天気.
tromaí [tromiː] 形3 重い；重大な；ふさぎ込んだ.
tromaigh [tromiː] 動II 他・自〖動名 **tromú**, 動形 **tromaithe**〗重くさせる；激しくする；深くする.
tromaíocht [tromiː(ə)xt] 名女〖属単 **-a**〗非難すること, とがめ.
tromán [tromaːn] 名男〖属単・主複 **tromáin**, 属複 ~〗重し, 重り. ~ **páipéir** 文鎮.
trombóis [tromboːsʲ] 名女〖属単 **-e**〗血栓症.
trombón [tromboːn] 名男〖属単・主複 **trombóin**, 属複 ~〗トロンボーン.
tromchúis [ˈtromˌxuːsʲ] 名女〖属単 **-e**, 複 **-eanna**〗重大なこと；容易ならぬこと.
tromchúiseach [ˈtromˌxuːsʲəx] 形1 (ことが)重大な；(人が)尊大な.
tromlach [tromləx] 名男〖属単 **tromlaigh**〗大部分, 大多数.
tromluí [ˈtromˌliː] 名男〖属単 ~, 複 **tromluithe**〗悪夢.
trópaic [troːpəkʲ] 名女〖属単 **-e**, 複 **-í**〗熱帯(地方).
trópaiceach [troːpəkʲəx] 形1 熱帯(地方)の.
trosc [trosk] 名男〖属単・主複 **troisc**, 属複 ~〗鱈(タラ).
troscadh [troskə] 名男〖属単 **troscaidh**, 複 **troscaí**〗① troisc の動名詞. ② 断食すること.
troscán [troskaːn] 名男〖属単・主複 **troscáin**, 属複 ~〗家具.
trostal [trostəl] 名男〖属単 **trostail**〗ドシンドシンと歩く音；馬のひづめの音.
trua [truə] 名女〖属単 ~, 複 **-nna**〗哀れみ, 同情；惨めな人.
── 形3 哀れな, かわいそうな；やせた；(肉が)脂肪のない. is ~ (go) (go 以下)は残念だ.
truacánta [truəkaːntə] 形3 哀れな, 痛ましい.
truaill [truəlʲ] 名女〖属単 **-e**, 複 **-í**〗(刃物の)さや；おおい, カバー, ケース.
truaillí [truəlʲiː] 形3 頽廃(たいはい)した；不道徳な；惨めな.
truailligh [truəlʲiː] 動II 他〖動名 **truailliú**, 動形 **truaillithe**〗汚染する；堕落させる；神聖を汚す.

truaillitheach [truəl′ihəx] 形1 汚れた；汚染する, 堕落した.
truamhéala [′truə₁v′e:lə] 名女〖属単 〜〗悲しみ, 哀れ；同情.
truamhéalach [′truə₁v′e:ləx] 形1 哀れな, 悲しげな；痛ましい.
truán [tru:a:n] 名男〖属単・主複 **truáin**, 属複 〜〗惨めな人；やせた人[動物].
trucail [trukəl′] 名女〖属単 **-e**, 複 **-í**〗トラック；貨車；(複) 所持品.
truflais [trufləs′] 名女〖属単 **-e**〗がらくた, ごみ, くず.
truicear [trik′ər] 名男〖属単・主複 **truicir**, 属複 〜〗(銃の)引き金；誘因.
trúig [tru:g′] 名女〖属単 **-e**〗原因, きっかけ.
truip [trip′] 名女〖属単 **-e**, 複 **-eanna**〗旅行. **dul ar** 〜 旅行すること.
trumpa [trompə] 名男〖属単 〜, 複 **-í**〗トランペット；ジューズハープ(口琴).
trunc [troŋk] 名男〖属単 **-a**, 複 **-aí**〗トランク(大型カバン)；象の鼻.
trup [trup] 名男〖属単 〜, 複 **-anna**〗ドシンドシンと歩く音；騒音.
trúpa [tru:pə] 名男〖属単 〜, 複 **-í**〗(軍)隊.
truslóg [truslo:g] 名女〖属単 **truslóige**, 主複 **-a**, 属複 〜〗片足跳び；大またで歩くこと.
tú [tu:] 代2人称単数. あなたは[が]；あなたに[を](目的語の場合は **thú**). 〜 **féin** あなた自身. **tá** 〜 **déanach** 君は遅い. **ní** 〜 **a rinne é** それをやったのは君ではない. **ach** 〜 君を除いて. **aithním thú** 君を知っている. **ní fhaca**(<**feic**) **sí thú** 彼女は君を見なかった.
tua [tuə] 名女〖属単 〜, 複 **-nna**〗斧(おの)；手斧.
tuáille [tu:a:l′ə] 名男〖属単 〜, 複 **tuáillí**〗タオル.
tuaiplis [tuəp′l′əs′] 名女〖属単 **-e**, 複 **-í**〗間違い；へま.
tuaiplisiúil [tuəp′l′əs′u:l′] 形2 へまな；そこつな；ぎこちない.
tuairgneach [tuər′g′n′əx] 形1 叩く, 連打する.
tuairgnín [tuər′g′n′i:n′] 名男〖属単 〜, 複 **-í**〗大づち；すりこ木；きね.
tuairim [tuər′əm′] 名女〖属単 **-e**, 複 **-í**〗意見, 見解. **i mo thuairim** [**de réir mo thuairime**] 私の考えでは. **faoi thuairim** の方向へ[の目的で]. **níl** 〜 **faoin spéir agam** 私は分らない.
　—— 前 〜 (**is**) およそ, …ごろに. **beimid ann** 〜 **is a seacht**. 我々はそこに7時頃には着く.
tuairimeach [tuər′əm′əx] 形1 思索的な；洞察力のある.
tuairimigh [tuər′əm′i:] 動II 他・自〖動名 **tuairimiú**, 動形 **tuairimithe**〗考える, 思う, 推測する.

tuairimíocht [tuərʲəmʲiː(ə)xt] 名女〖属単 **-a**〗推測すること；あてずっぽう；投機.

tuairisc [tuərʲəsʲkʲ] 名女〖属単 **-e**, 複 **-í**〗情報；通知；音信；報告. **bhí siad ag cur do thuairisce** 彼らは君に会いたがっていた.

tuairisceoir [tuərʲəsʲkʲoːrʲ] 名男〖属単 **tuairisceora**, 複 **-í**〗記者, 通信員.

tuairiscigh [tuərʲəsʲkʲiː] 動II 他〖動名 **tuairisciú**, 動形 **tuairiscithe**〗報道する；記事を書く.

tuairisciúil [tuərʲəsʲkʲuːlʲ] 形2 記述的な, 叙述的な.

tuairt [tuərtʲ] 名女〖属単 **-e**, 複 **-eanna**〗ドシン；ドサッ(重いものの落ちる音)；ガチャン(ものの壊れる音). **thit siad de thuairt** それらはドスンと落ちた.

tuairteáil [tuərtʲaːlʲ] 動I 他〖動名 **tuairteáil**, 動形 **tuairteáilte**; 現 **tuairteálann**〗ドンドン打つ；打ちのめす.

tuairteálach [tuərtʲaːləx] 形1 打ちつける, 強[連]打する.

tuairteoir [tuərtʲoːrʲ] 名男〖属単 **tuairteora**, 複 **-í**〗バンパー.

tuaisceart [tuəsʲkʲərt] 名男〖属単 **tuaiscirt**〗北(部).

tuaisceartach [tuəsʲkʲərtəx] 名男〖属単・主複 **tuaisceartaigh**, 属複 **~**〗北国人, 北部の人.
―― 形1 北(部)の；無愛想な.

tuama [tuəmə] 名男〖属単 **~**, 複 **-í**〗墓；墓石, 墓碑.

tuar[1] [tuər] 名男〖属単 **tuair**, 複 **-tha**〗前兆；縁起.
―― 動I 他〖動名 **tuar**, 動形 **tuartha**〗占う；前兆を示す；値する.

tuar[2] [tuər] 動I 他・自〖動名 **tuar**, 動形 **tuartha**〗漂白する；乾燥させる；慣れる.

tuarascáil [tuərəskaːlʲ] 名女〖属単 **tuarascála**, 複 **tuarascálacha**〗報告；説明；叙述.

tuarascálaí [tuərəskaːliː] 名男〖属単 **~**, 複 **tuarascálaithe**〗(報道)記者, レポーター.

tuarastal [tuərəstəl] 名男〖属単・主複 **tuarastail**, 属複 **~**〗給料, 賃金.

tuargain [tuərgənʲ] 動II 他〖動名 **tuargaint**, 動形 **tuarganta**; 現 **tuairgníonn**〗強く打つ；突き砕く；(ドンと)ぶつかる.

tuarúil [tuəruːlʲ] 形2 前兆のある；不吉な.

tuaslagán [tuəsləgaːn] 名男〖属単・主複 **tuaslagáin**, 属複 **~**〗溶解；溶液.

tuaslaig [tuəsləgʲ] 動II 他〖動名 **tuaslagadh**, 動形 **tuaslagtha**; 現 **tuaslagann**〗解く, 解決する；分解する.

tuata [tuətə] 名男〖属単 ～, 複 **-í**〗(聖職者に対して)信者;素人.
── 形3 信者の;俗人の.

tuath [tuə] 名女〖属単 **tuaithe**, 主複 **-a**, 属複 ～〗部族;国;地方;信者たち. amuigh faoin ～ 郊外.

tuathal [tuəhəl] 名男〖属単 **tuathail**〗太陽と逆の方向;違う方角;失敗. dul ～ 時計回りとは逆に行くこと. casadh[ar ～] 左に曲がること. an taobh tuathail 左側に[逆の;裏側の].

tuathalach [tuəhələx] 形1 左方向に;時計回りと反対に;不器用な.

tuathánach [tuəha:nəx] 名男〖属単・主複 **tuathánaigh**, 属複 ～〗いなか者.

tuathúil [tuəhu:l′] 形2 いなか風の;素朴な.

tubaiste [tubəs′t′ə] 名女〖属単 ～, 複 **tubaistí**〗大惨事, 災害.

tubaisteach [tubəs′t′əx] 形1 悲惨な, 惨事(災難)をもたらす.

Túdarach [tu:dərəx] 形1 (英国)チューダー王朝の.

tuga [tugə] 名男〖属単 ～, 複 **-í**〗引き網;タグボート.

tugann [tugən] ☞ tabhair.

tugtha [tukə] 形3 使い切った;疲れきった. ～ do の傾向がある.

tuí [ti:] 名女〖属単 ～〗わら;(草)かや. ceann ～ かやぶき屋根. cur ～ (屋根を)わら[かや]でふくこと.

tuig [tig′] 動I 他・自〖動名 **tuiscint**, 動形 **tuigthe**〗理解する, 知る. tuigim duit 君に同情する[同感]する. ～ é nó ná ～ 信じないだろうが. thuig mé as a chuid cainte (go) 彼の言うことから(go 以下)を推察した.

tuil [til′] 動I 他・自〖動名 **tuile**, 動形 **tuilte**〗(川を)氾濫させる, 水浸しにする;満ちあふれさせる.

tuill [til′] 動I 他〖動名 **tuilleamh**, 動形 **tuillte**〗稼ぐ, もうける;受けるに値する. do chuid [do bheatha] a thuilleamh 生計を立てること.

tuilleadh [til′ə] 名男〖属単 **tuillidh**〗加えること, 増加;より多くのもの;余分のもの. gan a thuilleadh moille それ以上は遅れることなく. ～ eile[fós] さらに. ní raibh eagla uirthi a thuilleadh 彼女はもう恐がってはいなかった. ～ ar mhíle leabhar 1000 冊以上の本. ～ le céad bliain ó shin 100 年以上前. an mbeidh ～ agat? もっといかがですか?

tuilleamaí [til′əmi:] 名男〖属単 ～〗依存. bheith i dtuilleamaí (duine) (人)に頼ること.

tuilleamaíoch [til′əmi:(ə)x] 形1〖属単男 ～, 属単女・比較 **tuilleamaíche**, 主複 **-a**〗頼っている.

tuilleamh [til′əv] 名男〖属単 **tuillimh**〗利益；所得；賃金.
tuillmheach [til′əv/əx] 形1 生産的な, 利益のある.
tuillteanach [til′t′ənəx] 形1 に値する.
tuillteanas [til′t′ənəs] 名男〖属単 **tuillteanais**〗価値；報い.
tuilsolas ['til/ˌsoləs] 名男〖属単 **tuilsolais**, 複 **tuilsoilse**〗投光照明.
tuilteach [til′t′əx] 形1 氾濫する, こぼれるほど一杯の.
tuin [tin′] 名女〖属単 **-e**, 複 **-eacha**〗口調；なまり, アクセント.
tuineach [tin′əx] 名女〖属単 **tuiní**, 主複 **-a**, 属複 ～〗上衣, 上着.
tuineanta [tin′əntə] 形3 しつこい, 頑固な.
tuire [tir′ə] 名女〖属単 ～〗乾燥；無味乾燥.
tuireamh [tir′əv] 名男〖属単・主複 **tuirimh**, 属複 ～〗葬送歌；悲歌.
tuirling [tuːrl′əŋ′] 動II 自〖動名 **tuirlingt**, 動形 **tuirlingthe**；現 **tuirlíonn**〗降りる, 下降する.
tuirne [tuːrn′ə] 名男〖属単 ～, 複 **tuirní**〗紡ぎ車, 糸車.
tuirse [tirs′ə] 名女〖属単 ～〗疲労；不幸のもと.
tuirseach [tirs′əx] 形1 疲れた；うんざりした；悲しい.
tuirsigh [tirs′iː] 動II 他・自〖動名 **tuirsiú**, 動形 **tuirsithe**〗疲れさせる；退屈させる.
tuirsiúil [tirs′uːl′] 形2 疲れさせる, うんざりさせる.
túis [tuːs′] 名女〖属単 **-e**〗香り；お世辞.
túisce [tuːs′k′ə] 形 より早い, よりむしろ；最初の. **an té is** ～ **a labhair** 最初に話した人. **ba thúisce liom suí ná seasamh** 立つよりはむしろ座りたい.（副詞句）**an** ～ **is féidir** できるだけ早く.
tuisceanach [tis′k′ənəx] 形1 物わかりのよい；賢明な；思いやりのある.
tuiscint [tis′k′ən′t′] 名女〖属単 **tuisceana**〗理解すること；賢明；思いやり.
tuiseal [tis′əl] 名男〖属単・主複 **tuisil**, 属複 ～〗(文法) 格.
túiseán [tuːs′aːn] 名男〖属単・主複 **túiseáin**, 属複 ～〗教会の(つり)香炉.
tuisle [tis′l′ə] 名男〖属単 ～, 複 **tuislí**〗つまずき；よろめき；失敗.
tuisleach [tis′l′əx] 形1 つまずく；よろめく.
tuisligh [tis′l′iː] 動II 自〖動名 **tuisliú**, 動形 **tuislithe**〗つまずく, よろめく.
tuismeá ['tis′ˌm′aː] 名女〖属単 ～, 複 **-nna**〗占星術.
tuismitheoir [tis′m′ihoːr′] 名男〖属単 **tuismitheora**, 複 **-í**〗両親.
tulach [tuləx] 名女〖属単 **tulaí**, 主複 **-a**, 属複 ～〗小さい丘；塚.

tulán [tulaːn] 名男〖属単・主複 **tuláin**, 属複 ~〗隆起；小山；塚.

túlán [tuːlaːn] 名男〖属単・主複 **túláin**, 属複 ~〗やかん.

tulca [tulkə] 名男〖属単 ~, 主複 **-í**〗洪水；豪雨；波.

tulcach [tulkəx] 形 1 ほとばしる，噴出する.

tulchach [tuləxəx] 形 1 小山の多い；小山のような.

tum [tum] 動 I 他・自〖動名 **tumadh**, 動形 **tumtha**〗浸す；沈める.

tumadóir [tumədoːrʹ] 名男〖属単 **tumadóra**, 複 **-í**〗潜水夫.

tumaire [tumərʹə] 名男〖属単 ~, 複 **tumairí**〗ひしゃく；ピストン.

tur [tur] 形 1 乾燥した；冷淡な；無味乾燥な. **bia** ~ 味つけのしていない食べ物. **freagra** ~ そっけない返事.

túr [tuːr] 名男〖属単・主複 **túir**, 属複 ~〗塔.

turadh [turə] 名男〖属単 **turaidh**〗雨がやむこと.

turas [turəs] 名男〖属単・主複 **turais**, 属複 ~〗旅；巡礼の旅；機会. **dul ar** ~ 旅行すること. **bhí mé ann** ~ 私はそこへ一度行った. **d'aon** ~ 故意に［ふざけて］.

turasóir [turəsoːrʹ] 名男〖属単 **turasóra**, 複 **-í**〗観光客.

turasóireacht [turəsoːrʹəxt] 名女〖属単 **-a**〗旅すること；観光旅行.

turcaí [torkiː] 名男〖属単 ~, 複 **turcaithe**〗七面鳥.

turcaid [turkədʹ] 名女〖属単 **-e**, 複 **-í**〗トルコ石.

turgnamh [turəgnəv] 名男〖属単・主複 **turgnaimh**, 属単 ~〗実験.

turnaimint [tuːrnəmʹənʹtʹ] 名女〖属単 **-e**, 複 **-í**〗トーナメント，勝ち抜き試合.

turnamh [tuːrnəv] 名男〖属単 **turnaimh**〗降下すること；没落；衰退.

turraing [turəŋʹ] 名女〖属単 **-e**, 複 **-í**〗衝撃；攻撃；感電.

turraingeach [turəŋʹəx] 形 1 突き刺す；凶暴な.

turtar [tortər] 名男〖属単・主複 **turtair**, 属複 ~〗(海)亀.

tús [tuːs] 名男〖属単 **túis**〗開始；起源；先行. **ó thús** 始めから. **ar dtús** 最初は. **tá** ~ **agat orm** 君は僕より優位に立っている.

tusa [tusə] 代 **tú** の強形. あなた(こそ)は［が］；あなた(のみ)に［を］(目的語の場合は **thúsa**). **bhí** ~ **ann freisin** 君もまたそこにいた.

tútach [tuːtəx] 形 1 不器用な；愚かな；不作法な.

tútachas [tuːtəxəs] 名男〖属単 **tútachais**〗不器用；不作法.

tuth [tuh] 名女〖属単 **tuithe**〗悪臭.

tuthógach [tuhoːgəx] 形 1 プッと吹き出た；放屁した.

U

uabhar [uəvər] 名男〖属単 **uabhair**〗高慢, うぬぼれ；傷つけられた誇り. **tháinig ～ air** 彼は感情を害した.

uachais [uəxəsʹ] 名女〖属単 **-e**, 複 **-í**〗ほら穴；(うさぎ・きつねなどの)穴, (野獣の)巣穴.

uacht [uəxt] 名女〖属単 **-a**, 複 **-anna**〗意志, 決意；遺言(書). **fágaim le huacht** (go) 私は正式に(go 以下)を発表します. **bheith in ～ an bháis** 死を覚悟していること.

uachtaigh [uəxtiː] 動II 他〖動名 **uachtú**, 動形 **uachtaithe**〗遺言する；遺贈する；(正式に)発表[宣言]する.

uachtar [uəxtər] 名男〖属単・主複 **uachtair**, 属複 **～**〗(場所・地位など)最高部；より上[高]部；表面. **～ (bainne)** クリーム. **～ reoite** アイスクリーム. **ar ～ an uisce** 水面に. **an lámh in ～**[an lámh uachtair] **a fháil ar** (dhuine) (人)より優勢であること.

uachtarach [uəxtərəx] 形1 (場所・位置・地位など)上の方の；上手の. **an t-urlár ～** 最上階. **an giall ～** 上あご. **oifigeach ～** 上級官吏.

uachtarán [uəxtəraːn] 名男〖属単・主複 **uachtaráin**, 属複 **～**〗大統領；長；上司；当局. **～ tíre** 大統領. **Uachtarán na hÉireann** アイルランド共和国大統領.

uachtaránacht [uəxtəraːnəxt] 名女〖属単 **-a**〗大統領の職(務)[地位]；権威, 力.

uachtarlann [uəxtərlən] 名女〖属単 **uachtarlainne**, 主複 **-a**, 属複 **～**〗乳製品製造[販売]所.

uachtóir [uəxtoːrʹ] 名男〖属単 **uachtóra**, 複 **-í**〗遺言者；遺言作成者.

uafar [uəfər] 形1 恐ろしい, ぞっとする, ひどく不快な.

uafás [uːfaːs] 名男〖属単・主複 **uafáis**, 属複 **～**〗恐怖；驚き；莫大な数[量]. **～ a chur ar** (dhuine) (人)をぞっとさせること. **is mór an t-uafás é** それは肝をつぶすような驚きだ. **bhí an t-uafás** (daoine) **ann** そこには非常に大勢(の人達)がいた.

uafásach [uəfaːsəx] 形1 恐ろしい, すさまじい；莫大な. **scread ～** すさまじい叫び. **tá neart ～ ann** 彼はものすごい力持ちだ.

uaibh [uəvʹ] ☞ ó².
uaibhreach [uəvʹrʹəx] 形1 横柄な；気概のある；富裕な. **caint** ～ 横柄な話し方. **bia** ～ 栄養に富んだ食物.
uaidh [uəɣʹ] ☞ ó².
uaiféalta [uəfʹeːltə] 形3 恐ろしい；ひどい.
uaigh [uəɣʹ] 名女〘属単 **-e**, 複 **-eanna**〙墓.
uaigneach [uəgʹnʹəx] 形1 寂しい；孤立した；秘密の. **tá méin** ～ **aige** 彼は内気な性格だ. **peaca** ～ 人知れぬ罪.
uaigneas [uəgʹnʹəs] 名男〘属単 **uaignis**〙孤独であること；人里離れていること；寂しさ.
uail [uəlʹ] 名女〘属単 **-e**〙群れ, グループ.
uaill¹ [uəlʹ] 名女〘属単 **-e**, 複 **-eacha**〙泣き叫ぶこと；わめき声；遠吠え.
uaill² [uəlʹ] 名女〘属単 **-e**〙うぬぼれ, 慢心, 自尊心.
uaillbhreas [ˈuəlʹˌvʹrʹas] 名男〘属単・主複 **-a**, 属複 ～〙（文法）感嘆文［詞］.
uaillmhian [ˈuəlʹˌvʹiən] 名女〘属単 **uaillmhéine**, 複 **-ta**〙野心；意欲.
uaillmhianach [ˈuəlʹˌvʹiənəx] 形1 野心のある；意欲的な.
uaim¹ [uəmʹ] 名女〘属単 **uama**, 複 **uamanna**〙縫い目；縫合；頭韻. ―― 動I 他〘動名 **uamadh**, 動形 **uamtha**；現 **uamann**〙とじ合わせる, 結合させる.
uaim² [uəmʹ] ☞ ó².
uaimh [uəvʹ] 名女〘属単 **-e**, 複 **-eanna**〙ほら穴；ほら穴状小部屋.
uaimheadóireacht [uəvʹədoːrʹəxt] 名女〘属単 **-a**〙洞窟探検すること.
uain [uənʹ] 名女〘属単 **-e**, 複 **-eacha**,（成句）与格・複 **-ibh**〙自由時間；好機；順番；天気；時節, ひと続きの期間. **a huain ar an seol.** 彼の生涯. **ag fanacht leis an** ～ 好機を待って（いる）. **is é m'uain** (mo+～) **é** 私の番だ. **ar uainibh** 時々.
uainchlár [ˈuənʹxlaːr] 名男〘属単・主複 **uainchláir**, 属複 ～〙勤務当番表；当番.
uaine [uənʹə] 名女〘属単 ～, 複 **uainí**〙（鮮やかな）緑, 新緑. ―― 形3 鮮やかな緑の, あおあおとした；草木でおおわれた.
uaineadh [uənʹə] 名男〘属単 **uainidh**〙雨の止み間. **tháinig** ～ **beag** 雨が少し小止みになった.
uaineoil [ˈuənʹˌoːlʹ] 名女〘属単 **uaineola**〙小羊の肉.
uainíocht [uənʹiː(ə)xt] 名女〘属単 **-a**〙交互, 交替, 輪番. ～ **a**

dhéanamn ar (dhuine) (人)と交替すること.

uainn [uənʹ] ☞ ó².

uair [uərʹ] 名女〖属単 **-e**, 複 **-eanta**, (数詞と共に) **-e**；(成句)与複 **-ibh**〗時, 時間；時期；機会；(…)倍[回, 度]. **ar feadh uaire** 1 時間(の間). **ar ～ an mheán lae** 正午に. **den chéad ～** 初めて. **uaireanta scoile** 授業時間. **cá huair**[cén ～]？いつか？ **an ～ sin** あの時. **～ sa bhliain** 年に1度. **～ nó dhó** 1, 2回. **trí huaire chomh fada** 3 倍長い. **uaireanta** 時々. **ar uairibh** 時折.

uaireadóir [uərʹədoːrʹ] 名男〖属単 **uaireadóra**, 複 **-í**〗時計.

uaisle [uəsʹlʹə] ① 名女〖属単 **～**〗貴族階級；高貴な身分. ② ☞ **uasal**.

uaisleacht [uəsʹlʹəxt] 名女〖属単 **-a**〗貴族, 高貴な生まれ；上品さ.

uaisligh [uəsʹlʹiː] 動II他〖動名 **uaisliú**, 動形 **uaislithe**〗気高くする, (地位・品位を)高める；昇進させる.

uait [uətʹ], **uaithi** [uəhi] ☞ ó².

ualach [uələx] 名男〖属単 **ualaigh**, 複 **ualaí**〗荷物；積載量；負担, 重荷. (rud) **a chur ina ～ ar** (dhuine) (人)に(もの)を負わせること. **bhí sé ina ～ ar mo chroí** それは私の心に重くのしかかっていた.

ualaigh [uəliː] 動II他〖動名 **ualú**, 動形 **ualaithe**〗積む[載せる]；(負担などを)負わせる.

uallach [uələx] 形1 そわそわした, 散慢な；興奮し易い；自惚れの強い；高慢な.

uallachas [uələxəs] 名男〖属単 **uallachais**〗軽率なこと；激高；自惚れ.

uallfairt [uəlfərtʹ] 名女〖属単 **-e**, 複 **-í**〗うなり声[遠吠え], 叫び声；ぶうぶういう声.

uallfartach [uəlfərtəx] 名女〖属単 **uallfartaí**〗吠えること, 叫ぶこと.

uamanna [uəmənə] ☞ uaim¹.

uamhan [uəvən] 名男〖属単 **uamhain**, 主複 **uamhna**, 属複 **～**〗恐怖, 不安；恐怖の対象. **～ clóis** 閉所恐怖症.

uamhnach [uəvnəx] 形1 恐ろしい；恐れさせる；おびえた.

uan [uən] 名男〖属単・主複 **uain**, 属複 **～**〗小羊. **an tUan**[Uan De] 神の小羊[キリスト].

uanach [uənəx] 形1 泡の, 泡立った；(泡のように)空虚な.

uanán [uənaːn] 名男〖属単 **uanáin**〗泡；空疎なもの.

uas- [uəs] 接頭 最高の[上位の]；最大の.

uasaicme [ˈuəsˌakʹmʹə] 名女〖属単 **～**, 複 **uasaicmí**〗上流階級；貴

uasal [uəsəl] 名男〖属単 **uasail**, 複 **uaisle**〗貴族, 紳士. An tUasal 様[さん](敬称).
　——形1〖属単男 **uasail**, 属単女・主複・比較 **uaisle**〗高貴の, 身分[地位]の高い; 貴重な. fear[bean] ~ 紳士[淑女]. A Dhuine Uasail 拝啓(一男性に対する敬辞). A Bhean ~ 拝啓(一女性に対する敬辞). A Dhaoine Uaisle (紳士淑女の)皆様. Brian Uasal Baireid ブリアン・バレット氏. cloch ~ 宝石.

uasalathair [ˈuəsəlˌahərʹ] 名男〖属単 **uasalathar**, 複 **uasalaithreacha**〗族長; 創始者; 長老.

uasbhealach [ˈuəsˌvʹalǝx] 名男〖属単 **uasbhealaigh**, 複 **uasbhealaí**〗高架交差道(歩道橋).

uascán [uəskaːn] 名男〖属単・主複 **uascáin**, 属複 ~〗お人好し; 去勢した雄豚.

uascánta [uəskaːntə] 形3 愚かな; 無邪気な.

uaschamóg [ˈuəsˌxamoːg] 名女〖属単 **uaschamóige**, 主複 **-a**, 属複 ~〗アポストロフィー; 引用符.

uaschúirt [ˈuəsˌxuːrtʹ] 名女〖属単 **-e**, 複 **-eanna**〗上位裁判所.

uaslathach [ˈuəsˌlahəx] 形1 貴族政治の.

uaslathaí [ˈuəsˌlahiː] 名男〖属単 ~, 複 **uaslathaithe**〗貴族政治主義者.

uaslathas [ˈuəsˌlahəs] 名男〖属単 **uaslathais**〗貴族政治.

uasluach [ˈuəsˌluəx] 名男〖属単 **-a**, 複 **-anna**〗最大価格; 最高値; (数学)極大[最大]値.

uasta [uəstə] 形3 最高(位)の, 最大の, 極限の.

uath- [uəh/uə(子音が続く時)] 接頭 自らの, 自然発生的な.

uatha [uəhə] 名男〖属単 ~, 複 **-í**〗(文法)単数.
　——形3 単数の.

uathdhó [ˈuəˌɣoː] 名男〖属単 ~〗自然発火.

uathfheidhmeach [ˈuəhˌaimʹəx] 形1 自動の; 機械的な; 無意識的な.

uathlathach [ˈuəˌlahəx] 形1 専制の; 独裁的な.

uathlathas [ˈuəˌlahəs] 名男〖属単・主複 **uathlathais**, 属複 ~〗専制[独裁](政治).

uathoibreán [ˈuəhˌobʹrʹaːn] 名男〖属単・主複 **uathoibreáin**, 属複 ~〗ロボット; 自動機械(装置).

uathoibríoch [ˈuəhˌobʹrʹiː(ə)x] 形1〖属単男 ~, 属単女 **uathoibríche**, 主複 **-a**〗自動の; 機械的な.

uathoibriú [ˈuəhˌobʲrʲuː] 名男〖属単 **uathoibrithe**〗オートメーション, 自動操作[装置].
uathphíolóta [ˈuəˌfʲiːloːtə] 名男〖属単 ～, 属複 **-í**〗自動操縦装置.
uathriail [ˈuəˌriəlʲ] 名男〖属単 **uathrialach**〗自主(性); 自治(権); 自治体.
uathu [uəhu] ☞ ó².
uathúil [uəhuːlʲ] 形 2 唯一の; 類のない; ユニークな.
ubh [uv] 名女〖属単 **uibhe**, 複 **uibheacha**, (数詞と共に)**uibhe**〗卵. ～ **scallta** 落し卵. ～ **scrofa** スクランブルエッグ.
ubhach [uvəx] 形 1 卵形の, だ円形の.
ubhagán [uvəgaːn] 名男〖属単・主複 **ubhagáin**, 属複 ～〗卵巣; (植物)子房.
úbhal [uːvəl] 名男〖属単 **úbhail**〗口蓋(がい)垂[のどひこ].
ubhán [uvaːn] 名男〖属単・主複 **ubháin**, 属複 ～〗卵[卵子].
ubhchruthach [ˈuvˌxruhəx] 形 1 卵形の, だ円形の.
ubhchupán [ˈuvˌxopaːn] 名男〖属単・主複 **ubhchupáin**, 属複 ～〗卵立て.
ubhsceitheadh [ˈuvˌsʲkʲehə] 名男〖属単 **ubhsceite**〗排卵.
úc [uːk] 動I 他〖属単 **úcadh**, 複 **úctha**〗(布地)湯通しをする, (蒸気等を通して)布目を密にする.
úcaire [uːkərʲə] 名男〖属単 ～, 複 **úcairí**〗(織物)縮絨(じゅくじゅう)業者; 湯のし屋; (3本とげの)トゲウオ.
ucht [uxt] 名男〖属単 **-a**, 複 **-anna**〗胸; 胸中; ひざ; (山・丘の)中腹. **theann sí an leanbh lena hucht**. 彼女はその子を胸に抱きしめた. **suí in** ～ (**duine**) (人の)ひざに掛けること. ～ **cnoic** 丘の斜面[中腹]. **as** ～ のために; の代りに. **as** ～ **go** なぜならば[…なので]. **in** ～ に向かって[面して]. **le hucht** の前に; を期待して; の目的で.
uchtach [uxtəx] 名男〖属単 **uchtaigh**〗勇気; 希望; (声)張り.
uchtaigh [uxtiː] 動II 他〖動名 **uchtú**, 動形 **uchtaithe**〗養子にする.
uchtbhalla [ˈuxtˌvalə] 名男〖属単 ～, 複 **-í**〗手すり, らんかん.
uchtleanbh [ˈuxtˌlʲanəv] 名男〖属単 **uchtlinbh**, 複 **uchtleanaí**〗養子.
uchtóg [uxtoːg] 名女〖属単 **uchtóige**, 主複 **-a**, 属複 ～〗一抱え; (積み重ねた)小山; (地面・道路の)隆起.
uchtú [uxtuː] 名男〖属単 **uchtaithe**, 複 **uchtuithe**〗養子縁組.
uchtúil [uxtuːlʲ] 形 2 胸の張った; 度胸のある, 勇しい.
úd¹ [uːd] 形 指示形容詞. 向こうの[あそこの]; さらに遠くの; (空間・時間の隔たりを暗示して)あの. **an cnoc** ～ **thall** 向こうのあの丘. **an**

fear ~ a rabhamar ag caint leis inné 昨日私たちが話しかけたあの男. ná bac leis an diúlach ~ あの男には構うな.

úd[2] [u:d] 名男 〖属単・主複 **úid**, 属複 ~〗(ラグビー)トライ.

údar [u:dər] 名男 〖属単・主複 **údair**, 属複 ~〗著者；創始者；根源；権威(者)；典拠. **ní mé is ~ leis** それをやり始めたのは私ではない. **is é sin ~ gach oilc** あれが諸悪の根源だ. **tá sé ina ~ ar an ábhar** 彼はその研究課題の権威だ. **tá ~ maith agam leis** それに関し私には立派な根拠がある. **bhí ~ gearáin aici** 彼女には不平の理由があった.

údarach [u:dərəx] 形 1 真正の[本物の]；拠り所がある.

údaracht [u:dərəxt] 名女 〖属単 **-a**〗確実(性)；真正(であること).

údaraigh [u:dəri:] 動II 他〖動名 **údarú**, 動形 **údaraithe**〗に権限を与える；始める；ひき起こす；(に)…させる.

údarás [u:dəra:s] 名男 〖属単・主複 **údaráis**, 属複 ~〗権力；権限；威信；(複)当局；典拠. **tá ~ lena chuid cainte** 彼は権威[説得力]を持って話をする. **scéal gan ~** 確証されてない話. **na húdaráis** その筋.

údarásach [u:dəra:səx] 形 1 権威のある；独断的な, 専横な.

ugach [ugəx] 名男 〖属単 **ugaigh**〗激励；勇気, 自信.

uí [i:], **uíbh** [i:vʹ] ☞ ó[1].

uibhe [ivʹə] ☞ ubh.

uibheacha [ivʹəxə] ☞ ubh.

uibheagán [ivʹəga:n] 名男 〖属単・主複 **uibheagáin**, 属複 ~〗オムレツ.

uige [igʹə] 名女 〖属単 ~, 複 **uigí**〗(薄い)織物；くもの巣；くもの巣状の織物. **~ chadáis** 綿ゴース. **~ mhiotail** 目の細い金網. **gach ~ mar a hábhar** この親にしてこの子あり.

uigeacht [igʹəxt] 名女 〖属単 **-a**〗織り, 生地；織物.

Uigingeach [igʹəŋʹəx] 名男 〖属単・主複 **Uigingigh**, 属複 ~〗バイキング.
　——形 1 バイキングの(ような).

uile [ilʹə] 形 (後続の名詞は S 変化) 皆, どの…も, 毎…, あらゆる, すべての. **na huile dhaoine** すべての人々. **gach ~ dhuine** どの人も **gach ~ lá** 毎日. **an scéal ~** 余すところのない[すべての]話. **tá siad ~ anseo** 彼ら[それら]は皆ここにいる[ある].
　——名 (語尾変化なし) 全てのもの. **an ~** 全部. **gach is ~** 何もかも, どれもこれも.
　——副 全く, すっかり；完全に. **bhí mo chuid éadaigh fliuch ~** 私の服はすっかり濡れてしまった. **go huile agus go hiomlán** 全くそしてことごとく.

uilechoiteann [ˈilʲəˌxotʲən] 形1 万人の, 一般の; 普遍的な.
uilechumhachtach [ˈilʲəˌxuːəxtəx] 形1 全能の; 絶大な力をもつ.
uilefheasach [ˈilʲəˌasəx] 形1 全知の, 博識の.
uileghabhálach [ˈilʲəˌɣavaːləx] 形1 包括的な; 徹底的な; 簡明な.
uileloscadh [ˈilʲəˌloskə] 名男〖属単 **uileloiscthe**, 複 **uileloiscthí**〗大惨害; 全滅; 大虐殺.
uilig [ilʲəgʲ] = uile.
uilíoch [ilʲiː(ə)x] 形1〖属単男 ～, 属単女 **uilíche**, 主複 **-a**〗一般の; 普遍的な; 万有の.
uilíocht [ilʲiː(ə)xt] 名女〖属単 **-a**〗一般性[普遍性]; 博識.
uiliteach [ˈilʲitʲəx] 形1 何でも食べる; (動物が)雑食性の.
uilleach [ilʲəx] 形1 角を成す; 角の, 角張った; 堅苦しい.
úillín [uːlʲiːn] 名男〖属単 ～, 複 **-í**〗**úll** の指小語; お気に入り.
uillinn [ilʲənʲ] 名女〖属単 **-e**, 複 **-eacha**; (成句)属単・属複 **uilleann**〗ひじ, ひじ形のもの; (数学)角[角度]. ～ ar ～ 腕を組み合って. **cathaoir uilleann** ひじかけ椅子. ～ **istigh** 内角.
úim [uːmʲ] 名女〖属単 **úma**, 複 **úmacha**〗馬具; 装具; (複)荷かご. ── 動I 他〖動名 **úmadh**, 動形 **úmtha**; 現 **úmann**〗馬具をつける; しばりつける; 管理する.
uime [imʲə] ☞ um.
uimhir [ivʲərʲ] 名女〖属単 **uimhreach**, 複 **uimhreacha**〗数; 数字; (通し)番号, 版; 総数. ～ **chorr** 奇数. ～ **réadach** 実数. ～ **Arabach** アラビア数字. ～ **ticéid** 切符[チケット]番号. ～ **de pháipéar nuachta** 新聞の版. **an** ～ **a tháinig** 出席した人の総数.
uimhrigh [ivʲrʲiː] 動II 他・自〖動名 **uimhriú**, 動形 **uimhrithe**〗に番号をつける; (総数が)に達する; 数える; 算入する.
uimhríocht [ivʲrʲiː(ə)xt] 名女〖属単 **-a**〗算数; 勘定.
uimhríochtúil [ivʲrʲiː(ə)xtuːlʲ] 形2 算数の; 勘定の.
uimhriúil [ivʲrʲuːlʲ] 形2 数の, 数を表す; 数値の.
uimpi [imʲpʲiː] ☞ um.
úinéir [uːnʲeːrʲ] 名男〖属単 **úinéara**, 複 **-í**〗持主[所有者]; 経営者.
úinéireacht [uːnʲeːrʲəxt] 名女〖属単 **-a**〗持主であること; 所有権.
úir [uːrʲ] 名女〖属単 **-e**〗大地, 土. **dul san** ～ 埋葬されること.
uirbeach [irʲəbʲəx] 形1 都市の; 都会に住む; 都会風の.
uirbiú [irʲəbʲuː] 名男〖属単 **uirbithe**〗(地方の)都市化.
úire [uːrʲə] 名女〖属単 ～〗新鮮さ; さわやかさ; 生であること; 気前のよさ. **as** ～ 新たに. ～ **ime** 無塩バター. **tá** ～ **oinigh ann** 彼は気前よくもてなす.

uireasa [irʹəsə] 名女〖属単 ～〛欠乏; 必要; 不備; 不在. **ar ～ céille** 常識を欠いていること. **d'uireasa cúnaimh** 援助不足のため. **d'uireasa a bheith ag caint leatsa** 君と話しをすることに加えて.

uireasach [irʹəsəx] 形 1 が欠けている; 不足している. (文法) **briathar ～** 欠如動詞.

uiríseal [ʹirʹˌiːsʹəl] 形 1〖属単男 **uirísil**, 属単女・主複・比較 **uirísle**〛つつましい, 控え目な; 卑劣な, 卑屈な.

uirísligh [ʹirʹˌiːsʹlʹiː] 動II 他〖動名 **uirísliu**, 動形 **uiríslithe**〛さげすむ; 自尊心を傷つける; はずかしめる.

uirísliú [ʹirʹˌiːsʹlʹuː] 名男〖属単 **uiríslithe**〛辱めること; 屈辱; 低下.

uirlis [uːrlʹəsʹ] 名女〖属単 **-e**, 複 **-í**〛道具, 器具, 用具.

uirthi [erhi] 前 ☞ ar¹.

uisce [isʹkʹə] 名男〖属単 ～, 複 **uiscí**〛水. **～ bog** 軟水; 生温い水. **～ crua** 硬水. **～ beatha** ウイスキー. **idir dhá ～** 部分的に浸水した, びしょびしょの. **～ faoi thalamh** 地下水; (転義)陰謀. **uiscí intíre** 内海.

uisceadán [isʹkʹədaːn] 名男〖属単・主複 **uisceadáin**, 属複 ～〛水族館; 水槽; (金魚)ガラス鉢.

uiscealach [isʹkʹələx] 名男〖属単 **uiscealaigh**〛水で薄めた飲み物. **～ bainne** 水っぽいミルク.

uiscedhath [ʹisʹkʹəˌrəh] 名男〖属単 **-a**, 複 **-anna**〛水彩絵の具; 水彩画.

uiscedhíonach [ʹisʹkʹəˌɣiːnəx] 形 1 防水の, 耐水性の.

uiscerian [ʹisʹkʹəˌriən] 名男〖属単 **uisceriain**, 複 **-ta**〛水路, (高架式)水道.

uiscigh [isʹkʹiː] 動II 他〖動名 **uisciú**, 動形 **uiscithe**〛水をやる[まく]; 灌漑(かんがい)する.

uisciú [isʹkʹuː] 名男〖属単 **uiscithe**〛灌漑(かんがい).

uisciúil [isʹkʹuːlʹ] 形 2 水気の多い; 雨模様の; (食物)水っぽい.

uiséir [isʹeːrʹ] 名男〖属単 **uiséara**, 複 **-í**〛案内係; 受付; 先導役.

uisinn [isʹənʹ] 名女〖属単 **-e**, 複 **-í**〛こめかみ.

úisiúil [uːsʹuːlʹ] 形 2 鼻につく; 度の過ぎた.

úithín [uːhiːnʹ] 名男〖属単 ～, 複 **-í**〛袋状組織(膀胱(ぼう), 胆のう).

ula [ulə] 名女〖属単 ～, 複 **-cha**〛人々が集まる目標となる所; (…の)的; 埋葬地. **～ mhagaidh** 嘲笑の的.

ulcha [uləxə] 名女〖属単 ～, 複 **-í**〛(あご)ひげ.

ulchabhán [uləxəvaːn] 名男〖属単・主複 **ulchabháin**, 属複 ～〛フクロウ.

ulchach [uləxəx] 形 1 ひげを生やした, ひげのある.

úll [uːl] 名男〖属単 **úill**, 主複 **-a**, 属複 ～〗リンゴ, リンゴ様の果実; 球状のもの; (球状の)関節. ～ **gráinneach** ザクロ. ～ **milis**[**géar**] 食用[料理用]リンゴ. ～ **na haithne** 禁断の果実. ～ **na brád**[**na scornaí**] のどぼとけ. ～ **dorais** ドアのノブ.

úllagán [uːləgaːn] 名男〖属単・主複 **úllagáin**, 属複 ～〗プディング, だんご.

ullamh [uləv] 形 1 準備の出来た; 即座の; 完了した; (～ chun) の傾向がある; (自ら)進んでする. **bí** ～ 準備をしておきなさい. ～ **chun imeacht** 直ぐにも出かけられる. ～ **chun trioblóide** 問題を引き起こしがちな. **an bhfuil tú** ～ **leis fós**? あれはもう終わったのか?

ullmhaigh [uləviː] 動II 他・自〖動名 **ullmhú**, 動形 **ullmhaithe**〗用意する; 覚悟をする; 下調べする.

ullmhóid [uləvoːdʹ] 名女〖属単 **-e**, 複 **-í**〗支度; 調製; 調製品.

ullmhúchán [uləvuːxaːn] 名男〖属単・主複 **ullmhúcháin**, 属複 ～〗準備(となるもの).

úllord [ˈuːlˌoːrd] 名男〖属単・主複 **úlloird**, 属複 ～〗果樹園; 果樹.

ulóg [uloːg] 名女〖属単 **ulóige**, 複 **-a**, 属複 ～〗滑車, 巻き揚げ機; (骨の)滑車, 軟骨輪.

ulpóg [ulpoːg] 名女〖属単 **ulpóige**, 主複 **-a**, 属複 ～〗伝染しまん延し易い病気(風邪・インフルエンザなど).

ultra- [ultrə] 接頭 …を越えた, 超-.

um [um] 前 (c, d, f, g, s, t は S 変化)〖前置詞＋代名詞 **umam**, **umat**, **uime** (男) **uimpi** (女), **umainn**, **umaibh**, **umpu**〗…に, の頃; の回りに; のあたりに; に沿って; を伴って; について(の). ～ **Nollaig** クリスマスに. ～ **an am sin** あの頃. ～ **thráthnóna** 夕方に. **tá sé ag cur uime** 彼は身仕度[着替え]をしている. ～ **Shionainn** シャノン川に沿って. **ag fonóid uime** 彼をあざ笑って. **an fáth** ～ **a ndearna é** 彼がそれを行なった理由.

úmacha [uːməxə] ☞ **úim**.

úmadóir [uːmədoːrʹ] 名男〖属単 **umadóra**, 複 **-í**〗馬具職人.

umaibh [uməvʹ], **umainn** [umənʹ], **umam** [uməm] ☞ **um**.

umar [umər] 名男〖属単・主複 **umair**, 属複 ～〗木製の細長い飼葉桶(桁); 水槽; (醸造用の)大桶; 溜(た)め; (聖水・洗礼用の)盤. ～ **peitril**(＜**peitreal**) ガソリン[石油]タンク. ～ **ola** (エンジンの)油溜め.

umat [umət] ☞ **um**.

umha [uː] 名男〖属単 ～〗銅, ブロンズ.

umhal [uːəl] 形 1〖属単男 **umhail**, 属単女・比較 **umhaile**, 主複

umhla》つつましい；従順な；柔軟な；進んでする. **tá sé ~ sna cosa** 彼はしなやかな足をしている. **is ~ an mac é** 彼は実に従順な息子だ. **capall ~ a sporadh** 必要もないのに刺激すること.

umhlaigh [u:li:] 動II 他・自《動名 **umhlú**, 動形 **ulmhlaithe**》(意志など)をくじく；(頭を)下げる；(礼拝)ひざまずく；服従する. **tú féin a umhlú** 謙遜すること. **umhlú do thoil** (duine) (人)の意のままになること.

umhlaíocht [u:li:(ə)xt] 名女《属単 **-a**》謙虚；従順；敬意. **dul ar an ~** 自尊心を押さえること. **~ do na sinsir** 目上に対する敬意.

umhlóid [u:lo:dʲ] 名女《属単 **-e**》従順；謙遜(ｹﾝ)，奉仕；援助；柔軟さ；(身体)運動すること. **~ slaite** (<slat)棒のしなやかさ. **ag ~** [ag déanamh umhlóide] 体操をして(いる).

umhlú [u:lu:] 名男《属単 **umhlaithe**》ひざまずくこと；(女性)ひざを曲げ上体を傾けるお辞儀；敬意を表わすしぐさ；服従.

umpu [umpu] ☞ um.

uncail [uŋkəlʲ] 名男《属単 **~**, 複 **-í**》伯父[叔父].

únfairt [u:nfərtʲ] 名女《属単 **-e**》(泥・水中・草原などで)転げ回ること；いじくり回すこと. **ag ~ le** (rudaí) (もの)をもてあそんで(いる).

ung [uŋ] 動I 他《動名 **ungadh**, 動形 **ungtha**》油[軟こう]を塗る；(宗教)聖油を塗り清める.

ungadh [uŋgə] 名男《属単 **ungtha**, 複 **ungthaí**》軟こう；(傷や痛みを)癒やすもの；(化粧用)クリーム.

ungthach [ughəx] 名男《属単・主複 **ungthaigh**, 属複 **~**》聖油で清められた人. **An tUngthach** 救世主.

―― 形1 油状[質]の；滑らかな；お世辞たっぷりの.

unsa [unsə] 名男《属単 **~**, 複 **-í**》オンス(重量の単位).

upa [upə] 名女《属単 **~**, 複 **-í**》媚(ﾋﾞ)薬.

ur- [ur] 接頭 …の前の；前，先；(強調)非常に.

úr [u:r] 名男《属単 **úir**》新鮮な[新しい]もの；(羊毛)脂. **an t-úr is** (=agus) **an críon** 新鮮なものと萎(ﾅ)びたもの；若者と老人.

―― 形1 新鮮な，新しい；生(ｷ)の；ざん新な. **im ~** 生のバター.

uraiceacht [urəkʲəxt] 名男《属単 **-a**》手解き；原理；基礎. **~ léinn** 学問の基礎.

uraigh [uri:] 動II 他《動名 **urú**, 動形 **uraithe**》(天体が他の天体を)食する；覆い隠す.

úraigh [u:ri:] 動II 他・自《動名 **úrú**, 動形 **úraithe**》新鮮に[新しく]する；洗い落とす；湿気を帯びる. **olann a úrú** 羊毛脂を洗い落とすこと.

úráiniam [u:ˈra:nʲiəm] 名男《属単 **~**》ウラニウム.

Úránas [ˌuːˈraːnəs] 名男〖属単 **Úránais**〗(ギリシャ神話)ウラヌス神;天王星.

urchall [urəxəl] 名男〖属単・主複 **urchaill**, 属複 ～〗足かせ,動物の前脚を縛る輪縄.

urchar [urəxər] 名男〖属単・主複 **urchair**, 属複 ～〗発射;射程;砲弾;ねらい;射手. ～ **a scaoileadh** 発砲すること. **d'urchar neimhe** 青天のへきれきのように.

urchóid [urəxoːdʲ] 名女〖属単 **-e**, 複 **-í**〗害;罪悪;悪意;(病気)悪性. **le teann urchoide** 全くいたずら半分に. **tá ～ sachnea sin** あの傷は悪性だ.

urchóideach [urəxoːdʲəx] 形1 有害な;悪意のある;悪性の.

urchoilleadh [urxolʲə] 名男〖属単 **urchoillte**〗抑制,禁止.

urchomhaireach [ˈurˌxoːrʲəx] 形1 向かい合った;反対側の,逆の.

urchosc [urxosˈkʲ] 名男〖属単・主複 **urchoisc**, 属複 ～〗しゃ断するもの;法廷;予防薬;予防法.

urghabháil [ˈurˌɣavaːlʲ] 名女〖属単 **urghabhála**, 複 **urghabhálacha**〗差押え,没収.

urghaire [urɣərʲə] 名女〖属単 ～, 複 **urghairí**〗(法の)禁止命令;(裁判所)強制命令;(宗教)聖職・聖務禁止令.

urgharda [ˈurˌɣaːrdə] 名男〖属単 ～, 複 **-í**〗前衛,先陣;先駆.

urghnách [ˈurˌɣnaːx] 形1〖属単男 ～, 属単女 **urghnáiche**, 主複 **-a**〗(議会・提議など)特別な;臨時の;緊急の.

urghránna [ˈurˌɣraːnə] 形3 見るも恐ろしい;ぞっとするような;名状しがたい.

urla [uːrlə] 名男〖属単 ～, 複 **-í**〗髪の房;前髪;房毛;柄などの太い端;取手. ～ **tí** (わらぶき)屋根のひさし.

urlabhra [ˈurˌlaurə] 名女〖属単 ～〗話す[言語]能力;話し方;言葉使い.

urlabhraí [ˈurˌlauriː] 名男〖属単 ～, 複 **urlabhraithe**〗代弁者[スポークスパーソン];(管・容器)口.

urlabhraíocht [ˈurˌlauriː(ə)xt] 名女〖属単 **-a**〗調音;話音;発音.

urlacan [uːrləkən] 名男〖属単・主複 **urlacain**, 属複 ～〗おう吐.

urlaic [uːrləkʲ] 動I 他・自〖動名 **urlacan**, 動形 **urlactha**; 現 **urlacann**〗吐く,戻す.

urlámhas [ˈurˌlaːvəs] 名男〖属単 **urlámhais**〗支配(力);権威;権限;司法権.

urlár [uːrlaːr] 名男〖属単・主複 **urláir**, 属複 ～〗床;階(層);平面. ～ **faoi thalamh** 地階. ～ **leacán** タイル張りの床. **teach aon urláir**

平屋建ての家.

urlios [ˈurˌlʲis] 名男〖属単 **urleasa**, 複 **-anna**〗前庭；前部囲い地；（ガソリンスタンド）給油場.

urnaí [uːrniː] 名女〖属単 ～, 複 **urnaithe**〗祈ること；（複）祈りの言葉.

urnaitheach [uːrnihəx] 形 1 よく祈りをする, 信心深い.

úrnua [ˈuːrˌnuə] 形 3 真新しい；未使用の；新鮮な.

úrnuacht [ˈuːrˌnuəxt] 名女〖属単 **-a**〗新鮮さ；目新しさ.

urphost [ˈurˌfost] 名男〖属単・主複 **urphoist**, 属複 ～〗前しょう（地）；出先機関.

urra [urə] 名男〖属単 ～, 複 **-í**〗保証人；担保；権威；力；（広告放送など）スポンサー. ceann ～ 長. faoi ～ 保証されて. tá ～ maith agam leis 私は確かな筋からそれを得ている. le tréan ～ 力ずくで.

urraigh [uriː] 動II 他〖動名 **urrú**, 動形 **urraithe**〗の保証[引受]人になる；保証する；（広告放送・スポーツ）スポンサーになる.

urraim [urəmʲ] 名女〖属単 **-e**〗尊敬；敬意；崇敬を伴う顧慮. le hurraim do dhuine 人に敬意を表して.

urraíocht [uriː(ə)xt] 名女〖属単 **-a**〗保証人であること．（広告放送・スポーツ）スポンサーであること. dul in ～ ar (dhuine)（人）の保証人になること.

urramach [urəməx] 名男〖属単・主複 **urramaigh**, 属複 ～〗崇敬すべき人. An tUrranmach Mac dónaill マクドナルド師.
―― 形 1 敬意を払う；尊敬される；尊敬すべき.

urramacht [urəməxt] 名女〖属単 **-a**〗丁重さ；敬意；尊敬.

urramaigh [urəmiː] 動II 他〖動名 **urramú**, 動形 **urramaithe**〗守る, 遵守する；尊敬する. cúnant a urramú 契約[誓約]を守ること.

urrann [urən] 名女〖属単 **urrainne**, 主複 **-a**, 属複 ～〗区分；（客車・船）仕切り客室, 個室.

urróg [uroːg] 名女〖属単 **urróige**, 主複 **-a**, 属複 ～〗（重いものを）持ち上げること；ぐいと動かすこと；ジャーク.

urrúnta [uruːntə] 形 3 強壮な, 強健な, 頑丈な.

urrús [uruːs] 名男〖属単 **urrúis**〗保証；担保；安全；力；せん越.

urrúsach [uruːsəx] 形 1 気力のある；自信満々の；生意気な.

ursain [ursənʲ] 名女〖属単 **-e**, 複 **-eacha**〗（戸口）側柱,（建築）抱（だき）.

ursal [ursəl] 名男〖属単・主複 **ursail**, 属複 ～〗火ばし.

urscaoil [ˈurˌskiːlʲ] 動I 他〖動名 **urscaoileadh**, 動形 **urscaoilte**〗（法的命令・義務を）取り消す, 免じる

úrscéal [ˈuːrˌsʲkʲeːl] 名男〖属単 **úrscéil**, 複 **-ta**〗小説.

úrscéalaí [ˈuːrˌsʲkʲeːliː] 名男〖属単 〜, 複 **úrscéalaithe**〗小説家.
úrscéalaíocht [ˈuːrˌsʲkʲeːliː(ə)xt] 名女〖属単 **-a**〗小説の著述. **an 〜** 小説文学.
urthrá [ˈurˌhraː] 名女〖属単 〜, 複 **-nna**〗前浜；水辺の土地.
urú [uruː] 名男〖属単 **uraithe**, 複 **uruithe**〗① uraigh の動名詞. ②（天体の）食；光の喪失；（文法）ウルー変化（語頭の無声音を有声音化し, 有声音を鼻音化する）. **〜 gréine**[**gealaí**] 日食[月食].
úrú [uːruː] 名男〖属単 **úraithe**, 複 **úruithe**〗① úraigh の動名詞. ②軽食；（飲食による）元気回復；（衣類のしみなどを）洗い去ること.
ús [uːs] 名男〖属単 **úis**〗利子, 利息.
úsáid [uːsaːdʲ] 名女〖属単 **-e**, 複 **-í**〗使用[利用]（すること）；用法；取扱い；収益(権). **〜 a bhaint as**[**〜 a dhéanamh de**]（rud）（もの）を利用すること.
——動I他〖動名 **úsáid**, 動形 **úsáidte**〗使う, 利用する；乱用する.
úsáideach [uːsaːdʲəx] 形 1 役に立つ, 有益な；有効な.
úsáideoir [uːsaːdʲoːrʲ] 名男〖属単 **úsáideora**, 複 **-í**〗使用者；消費者.
úsáidim [uːsaːdʲəmʲ] úsáid＋mé.
úsaire [uːsərʲə] 名男〖属単 〜, 複 **úsairí**〗高利貸し.
úsc [uːsk] 名男〖属単 **úisc**〗油[脂]性物質；脂肪；浸出物, 液汁. **〜 éisc** 魚油. **〜 na heorna** ウイスキー.
——動I他・自〖動名 **úscadh**, 動形 **úsctha**〗しみ出させる；にじみ出る；漏らす.
úscach [uːskəx] 形 1 油[脂]っぽい；汁気の多い.
úscadh [uːskə] 名男〖属単 **úsctha**, 複 **úsethaí**〗浸出；抽出.
úscra [uːskrə] 名男〖属単 〜, 複 **-í**〗抽出物, 煎じ汁, エッセンス.
úspánta [uːspaːntə] 形 3 無様な；無器用な.
útamáil [uːtəmaːlʲ] 名女〖属単 **útamála**〗手探りすること；しくじること；ぶらぶらすること. **ag 〜 thart** あちこちまさぐって.
útamálaí [uːtəmaːliː] 名男〖属単 〜, 複 **útamálaithe**〗不器用な人；のらくらする人.
útaras [uːtərəs] 名男〖属単 **útarais**〗（動物）子宮.
úth [uː] 名男〖属単 **-a**, 複 **-anna**〗（乳首が多い動物の）乳房.
úthach [uːhəx] 名男〖属単 **úthaigh**〗**〜**（tarta）強度の渇き.
Útóipe [uːˈtoːpʲ] 名女〖属単 〜〗理想郷, ユートピア.
Útóipeach [ˌuːˈtoːpʲəx] 形 1 理想郷の, ユートピアの.

V

vác [va:k] 名男〖属単 ～, 複 -anna〗(あひるの鳴声・おしゃべりの騒音)ガーガー[グワッグワッ].

vácarnach [va:kərnəx] 名女〖属単 **vácarnaí**〗ガーガー[グワッグワッ]と鳴くこと, おしゃべりすること.

vacsaín [vaksi:nʹ] 名女〖属単 **-e**, 複 **-í**〗ワクチン; 痘(とう)苗.

vacsaínigh [vaksi:nʹi:] 動II 他〖動名 **vacsaíniú**, 動形 **vacsaínithe**〗に種痘(とう)を施す, 予防接種をする.

vacsaíniú [vaksi:nʹu:] 名男〖属単 **vacsaínithe**〗種痘(とう), ワクチン接種.

vaidhtéir [vaitʹe:rʹ] 名男〖属単 **vaidhtéara**, 複 **-í**〗新郎の付添人; ～ (cuain)沿岸警備隊.

vaigín [vagʹi:nʹ] 名男〖属単 ～, 複 **-í**〗ワゴン車; 貨車; 荷馬車.

vailintín [valʹəntʹi:nʹ] 名男〖属単 ～, 複 **-í**〗バレンタイン(カード), バレンタインの贈り物.

vaimpír [vamʹpʹi:rʹ] 名女〖属単 **-e**, 複 **-í**〗吸血鬼.

valbaí [valəbi:] 名男〖属単 ～, 複 **valbaithe**〗ワラビー(小型のカンガルー).

válcaeireacht [va:lke:rʹəxt] 名女〖属単 **-a**〗ぶらぶら歩くこと, 散歩すること.

vallait [valətʹ] 名女〖属単 **-e**, 複 **-í**〗札入れ; 名刺入れ.

válsa [va:lsə] 名男〖属単 ～, 複 **-í**〗ワルツ, 円舞曲.

válsáil [va:lsa:lʹ] 動I 自〖動名 **válsáil**, 動形 **válsáilte**; 現 **válsálann**〗ワルツを踊る; 小躍りする.

vardrús [va:rdru:s] 名男〖属単・主複 **vardrúis**, 属複 ～〗衣装だんす; 持ち衣装.

vása [va:sə] 名男〖属単 ～, 複 **-í**〗花びん, つぼ, かめ(生花用).

vásta [va:stə] 名男〖属単 ～〗浪費, 空費; 廃物.

vástáil [va:sta:lʹ] 動I 他〖動名 **vástáil**, 動形 **vástáilte**〗浪費する.

vástchóta [ˈva:stˌxo:tə] 名男〖属単 ～, 複 **-í**〗ベスト, チョッキ.

vata [vatə] 名男〖属単 ～, 複 **-anna**〗ワット(電力の単位).

vatacht [vatəxt] 名女〖属単 **-a**〗ワット数.

veain [vʲanʲ] 名女〖属単 〜, 複 **-eanna**〗バン, 貨物自動車.
vearanda [vʲəˈrandə] 名男〖属単 〜, 複 **-í**〗ベランダ.
vearnais [vʲaːrnəsʲ] 名女〖属単 **-e**, 複 **-í**〗ニス; (マニキュア) エナメル.
véarsa [vʲeːrsə] 名男〖属単 〜, 複 **-í**〗詩節; 詩の一行; 詩(編).
véarsaíocht [vʲeːrsiː(ə)xt] 名女〖属単 **-a**〗作詩; 詩.
veasailín [vʲasəlʲiːnʲ] 名男〖属単 〜〗ワセリン.
veidhleadóir [vʲailʲədoːrʲ] 名男〖属単 **veidhleadóra**, 複 **-í**〗バイオリン奏者.
veidhlín [vʲailʲiːnʲ] 名男〖属単 〜, 複 **-í**〗バイオリン.
veigeatóir [vʲegʲətoːrʲ] 名男〖属単 **veigeatóra**, 複 **-í**〗菜食主義者.
veilbhit [vʲelʲəvʲət] 名女〖属単 **-e**〗ビロード, ベルベット.
veiliúr [vʲelʲuːr] 名男〖属単 **veiliúir**〗ベロア.
Véineas [vʲeːnʲəs] 名女〖属単 〜〗ビーナス.
veinír [vʲenʲiːrʲ] 名女〖属単 **-e**〗ベニヤ板; 化粧張り.
veirteabrach [vʲertʲəbrəx] 名男〖属単・主複 **veirteabraigh**, 属複 〜〗脊椎動物. ── 形1 脊椎[背骨]のある.
veist [vʲesʲtʲ] 名女〖属単 〜, 複 **-eanna**〗ベスト, チョッキ.
Victeoiriach [vʲikʲtʲoːrʲiəx] 名男〖属単・主複 **Victeoiriaigh**, 属複 〜〗ビクトリア女王時代の人, ビクトリア朝の文学者. ── 形3 ビクトリア女王の; ビクトリア朝(時代)の.
vinil [vʲinʲəlʲ] 名女〖属単 **-e**〗(化学) ビニール基.
vióla [ˌvʲiːˈoːlə] 名女〖属単 〜, 複 **-í**〗ビオラ.
víosa [vʲiːsə] 名女〖属単 〜, 複 **-í**〗査証, ビザ.
víreas [vʲiːrʲəs] 名男〖属単・主複 **víris**, 属複 〜〗(医学・電算機) ウイルス, ビールス.
vitimín [vʲitʲəmʲiːnʲ] 名男〖属単 〜, 複 **-í**〗ビタミン.
vitrial [vʲitʲrʲiəl] 名男〖属単 **vitriail**〗硫酸; 硫酸塩.
volta [voltə] 名男〖属単 〜, 複 **-nna**〗ボルト(電圧の単位).
voltas [voltəs] 名男〖属単 **voltais**〗電圧, ボルト数.
vóta [voːtə] 名男〖属単 〜, 複 **-í**〗投票[票決]; 票; 選挙権.
vótáil [voːtaːlʲ] 名女〖属単 **vótála**〗投票. ──動I他・自〖動名 **vótáil**, 動形 **vótáilte**; 現 **vótálann**〗に投票する; を投票によって選ぶ.
vótálaí [voːtaːliː] 名男〖属単 〜, 複 **vótálaithe**〗投票者; 有権者.
vuinsciú [vinʲsʲkʲuː] 名男〖属単 〜, 複 **-nna**〗頂層; (屋根) 笠石[笠木]; (内装壁) 腰板張り; 腰羽目板.

X

X-gha [ˈekˌsˌɣa] 名男〖属単 ～, 複 **-thanna**〗X 線.
X-ghathaigh [ˈekˌsˌɣahiː] 動II他〖動名 **X-ghathú**, 動形 **X-ghthaithe**〗X 線写真を撮る；X 線治療をする.
xileafón [ˈzʲilʲəˌfoːn] 名男〖属単・主複 **xileafóin**, 属複 ～〗木琴.

Y

Y-chruthach [waixruhəx] 形 1 Y 字形の.
yóyó [ˈɣʲoːˌɣʲoː] 名男〖属単 ～, 複 **-nna**〗ヨーヨー.

Z

zó-eolaíocht [ˈzoːˌoliː(ə)xt] 女女〖属単 **-a**〗動物学.
zú [zuː] 名男〖属単 ～, 複 **-nna**〗動物園.

日本語―ゲール語

あ

アーチ　áirse, stua
アーモンド　almóinn
あい　愛　grá ; cion, gean. ～する graigh
あいかわらず　相変わらず　riamh, i gcónaí [dtólamh]
あいさつ　挨拶　beannú, beannacht. ～する beannaigh, cuir ceiliúr ar
あいず　合図　comhartha
アイスクリーム　uachtar (reoite), reoiteog
あいた　開[空]いた　oscailte ; folamh
あいだ　間　idir. (特定期間の継続) ar feadh, i rith, le linn
あいて　相手　páirtí. (競争) iomaitheoir
あいまい　曖昧　doiléir ; éiginnte
アイルランド　Éire. ～人 Éireannach. ～語 Gaeilge
あう　合う　(服装・色) feil[oir] do, tar go maith. (意見) socraigh
あう　会う　(出会う) cas ar[do/le] ; buail le. (遭遇) tar rud sa bhealach ort
あお　青　gorm ; glas. ～い gorm ; glas. (顔色) mílítheach
あか　赤　dearg. ～い dearg; rua
あかり　明かり　solas ; lampa
あがる　上[揚]がる　éirigh, ardaigh, téigh suas. 上げる ardaigh, tóg
あかるい　明るい　(光) geal, fionn, glan, glé. (陽気) meanmnach
あかんぼう　赤ん坊　naíonán, leanbán
あき　秋　fómhar
あきらかな　明らかな　soiléir, follasach, léir
あきらめる　諦める　tabhair suas, éirigh as
あきる　飽きる　bí bréan de
あく　悪　olc, urchóid
あく　開く　oscail, tosaigh. 開ける oscail
あく　空く　folmhaigh
あくしゅ　握手　lámh a chroitheadh le
アクセサリー　gabhálas
アクセント　blas, aiceann
あくま　悪魔　diabhal, deamhan
あける　明ける　tosaigh ; críochnaigh
あご　顎　smig, giall. ～ひげ féasóg
あさ　朝　maidin
あさい　浅い　éadomhain
あさって　明後日　arú amárach
あし　足[脚]　cos. (犬猫) lapa. (牛馬) crúb

あじ 味　blas. 〜がする blais
あした 明日　amárach
あずかる 預かる　coinnigh; tabhair aire do
あずける 預ける　cuir[fág] rud faoi chúram le; cuir duine ar a aire le. (預金) taisc
あせ 汗　allas. 〜をかく cuir allas
あそこ　ansin, ansiúd, ann
あそび 遊び　imirt, súgradh. 遊ぶ imir, bí ag súgradh
あたえる 与える　tabhair do
あたたかい 暖[温]かい　te. (気分) teolaí, cluthar.
あたま 頭　ceann, cloigeann. (頭脳) inchinn. (知能) eagna chinn
あたらしい 新しい　nua, úr
あたり 辺り　(近隣) timpeall; comharsanacht. (…頃) thart ar
あたり 当たり　aimsiú. 当る(的中) aimsigh ar. (ぶつかる) buail
あちこち　thall agus abhus, ansiúd agus anseo, anonn is anall
あちら　thall ansin, ansiúd
あつい 暑[熱]い　te. 暑さ teas
あつい 厚い　tiubh
あつかう 扱う　láimhseáil, láimhsigh
あつまる 集まる　bailigh, cruinnigh. 集める bailigh, cruinnigh
あて 当て　(目的) cuspóir. (期待) dóchas
あてな 宛名　seoladh
あと 後　(以後) tar éis, i ndiaidh. (後部) ar chúl, ar deireadh
あと 跡　marc, lorg, smál
あな 穴　poll, oscailt, bearna
アナウンサー　bolscaire, fógróir
あなた　tú; tusa. 〜たち sibh; sibhse
あに 兄　deartháir
あね 姉　deirfiúr
あの　sin, siúd, úd
アパート　árasán
あばれる 暴れる　dul i bhfiáin
アヒル　lacha
あびる 浴びる　folc, fothraig
あぶない 危ない　baolach, contúirteach
あぶら 油　ola. 脂 geir, blonag
あふれる 溢れる　sceith
あま 尼　bean rialta
あまい 甘い　milis; binn
アマチュア　amaitéarach
あまやかす 甘やかす　loit, mill, lobh
あまり 余り　an chuid eile, an fuílleach
あまりに　ró-, barraíocht
あみ 網　líon, eangach
あみもの 編物　cniotáil. 編む cniotáil
あめ 雨　fearthainn, báisteach. 〜が降る tá sé ag cur fearthainn[báistí]
あめ 飴　candaí
アメリカ　Meiriceá. 〜人 Meiriceánach. 〜合衆国 Stáit Aontaithe Mheiriceá
あやまち 過ち　locht; dearmad, earráid

あやまり 誤り　earráid, dearmad, meancóg. 誤る déan dearmad
あやまる 謝る　iarr parudún
あらい 荒い　garbh.（激しい）foréigneach
あらう 洗う　nigh
あらし 嵐　stoirm
あらそい 争い　bruíon, gleic, troid ; argóint ; coimhlint. 争う bruíon, troid
あらたな 新たな　nua, úr
あらためる 改める　athraigh.（改正）athbhreithnigh.（刷新）athnuaigh
あらゆる　gach uile, ar fad, go léir
あらわす 表[現]わす　nocht, taispeáin.（表現する）cuir rud i gcaint
ありがとう　go raibh maith agat！sonas ort！
ある（存在）bí ann.（持つ）bí agat
ある 或る　éigin
あるいは（もしかすると）b'fhéidir, is dócha.（または）nó
あるく 歩く　siúil
アルコール　alcól
アルバイト　saothar páirtaimsire
アルバム　albam
アルファベット　aibítir
あれ　sin, siúd, úd
あれた 荒れた　garbh, ainmhín, garg
アレルギー　Ailéirge
あわ 泡　bolgán ; cúr

あわせる 合[併]わせる　cuir le chéile ; aontaigh
あわてる 慌てる　mearaigh, cuir trí chéile ; deifrigh
あわれ 哀れ　brón, trua. 〜む trua a ghlacadh do
あん 案　smaoineamh, idé.（計画）plean, scéim
あんかな 安価な　saor
あんきする 暗記する　meabhraigh
アングロアイリッシュ　Angla-Éireannach.
アングロサクソン　Angla-Sacsanach
アンケート　ceistiúchán
あんごう 暗号　cód
アンコール　athghirm. arís！
あんさつ 暗殺　feallmhrú
あんじ 暗示　leid, nod
あんしょう 暗唱[誦]　aithris
あんしん 安心　faoiseamh
あんぜん 安全　sábháilteacht. 〜な slán, sábháilte
あんそくび 安息日　Sabóid
あんてい 安定　cobhsaíocht, foras, seasmhacht
アンテナ　aintéine.（テレビ）aeróg theilfíse
あんな　mar, a leithéid ; sin
あんない 案内　treoraí, eolaí ; fógra
あんらくな 安楽な　compordach, socair

い

い 胃　goile

いい 好[良・善]い maith, brea, deas
いいわけ 言い訳 leithscéal
いいん 委員 coisteoir. 〜会 coiste
いう 言う abair, inis; labhair, bí ag caint
いえ 家 teach
イエス(キリスト) Íosa (Críost)
いか 以下 nó thíos; laistíos. (数量) nó faoi. 〜の通り mar lean
いがい 以外 ach (amháin), cé is moite (de). (に加えて) le cois
いがいな 意外な gan choinne
いがく 医学 eolaíocht leighis
いかり 怒り fearg, fíoch, cuthach
いき 息 anáil
いぎ 意義 brí; ciall. (重要性) tábhacht
いきおい 勢い brí, fuinneamh, spreacadh. (影響力) tionchar
いきもの 生き物 beo; dúil bheo; créatúr beo
いきる 生きる mair, bí beo. (有効) bí éifeachtach
いく 行く téigh, imigh, gabh
いくつ？ (数) cé [cá] mhéad？ (歳) cén aois？ cá haois？
いくら？ (量・額・数) cé [cá] mhéad？
いけ 池 lochán, linn
いけない (禁止) ná＋動詞. しなければ〜 caithfidh, ba chóir do. すると〜から ar eagla, ar fhaitíos

いけん 意見 barúil, tuairim
いご 以後 ó shin, tar éis, i ndiaidh
いさん 遺産 leagáid, oidhreacht
いし 石 cloch; carraig
いし 意志 toil, mian
いじ 維持 cothú, cothabháil
いしき 意識 aithne, mothú
いしゃ 医者 dochtúir
いじゅう 移住 imirce. (外国へ) eisimirce. (外国から) inimirce
いじょう 以上 thar, os cionn
いじょうな 異常な neamhghnách, neamhchitianta
いす 椅子 cathaoir
いずみ 泉 foinse, fuarán, tobar
いずれ (どちら) ceachtar. (どのみち) ar aon chaoi. (近々) roimh i bhfad
いせき 遺跡 fuílleach
いぜん 以前 ó shin, roimh
いそがしい 忙しい gnóthach, cruógach, broidiúil
いそぐ 急ぐ deifrigh, déan deifir, brostaigh
いた 板 clár, bord
いたい 痛い pianmhar, tinn, nimhneach. 痛み pian, tinneas
いだい 偉大 mór, mórgacht. 〜な mór, mórga
いたずら ábhaillí, diabhlaíocht, cleas magaidh
いち 一 aon, a haon, amháin. 第〜 an chéad.
いち 位置 láthair, áit
いちがつ 1月 (Mí) Eanáir
いちご 苺 sú talún

いちじ 一時　a haon a chlog.（しばらく）ar feadh tamaill
いちど 一度　(aon) uair amháin
いちば 市場　margadh
いちばん 一番　an chéad
いつ？　cathain? cén uair?
いつか　lá den saol, am éigin
いっさくじつ 一昨日　arú inné
いっしょう 一生　saol
いっしょうけんめいに 一生懸命に　go crua, go dian
いっしょに 一緒に　le chéile, in éineacht.（同時）san am céanna.
いっつい 一対　péire, cúpla
いっていの 一定の　seasta, rialta
いつでも　am ar bith (is mian leat).（常に）i gcónaí
いっぱいになる 一杯になる　líon go bruach
いっぱんの 一般　coiteannta; ginearálta
いつまで？　cá fhad?
いつまでも　go deo
いつも　i gcónaí, go hiondúil
いでん 遺伝　dúchas
いと 糸　snáth; sreang; líne
いど 井戸　tobar
いど 緯度　domhanleithead
いどう 移動　bogadh
いとこ 従兄弟[姉妹]　col ceathar
いとなむ 営む　déan; gníomhaigh; rith
いない 居ない　（彼は庭にいない）níl(<bí) sé sa ghairdín
いないに 以内に　istigh; i laistigh de

いなか 田舎　tuath, taobh tíre
イニシャル　túslitir
いぬ 犬　madra
いのしし 猪　collach
いのち 命　beatha, saol
いのり 祈り　guí, paidir. 祈る guigh
いはん 違反　sárú, cion. ～する sáraigh, ciontaigh
いふく 衣服　éadach, éide
いま 今　anois. ～まで go dtí seo
いま 居間　seomra teaghlaigh [suí]
いみ 意味　ciall, brí
いみん 移民　（外国へ）eisimirceach.（外国から）inimirceach
いも 芋　práta
いもうと 妹　deirfiúr
いやな 嫌な　déistineach, fuafar, míthaitneamhach
いよいよ　faoi dheireadh
いらい 以来　ó, ó shin
いらい 依頼　muinín.（願い）achainí; iarratas. ～する iarr ar
いらっしゃい　（お入り下さい）tar isteach.（歓迎）céad[míle] fáilte romhat!
いりぐち 入口　doras; bealach isteach; béal
いる 居る　（彼は庭に居る）tá (<bí) sé sa ghairdín
いるい 衣類　éadach
いれる 入れる　cuir isteach
いろ 色　dath
いろいろな 色々な　éagsúla;

difriúil
いわ 岩　carraig, creig
いわう 祝う　ceiliúir, comóir
いんさつ 印刷　clódóireacht, printéireacht
いんしょう 印象　tuairim. 〜的 suntasach
インスタント　gasta
いんたいする 引退する　éirigh as
インタビュー　agallamh
インチ　orlach
インフルエンザ　fliú
インフレ（ーション）　boilsciú
いんぶん 韻文　filíocht
いんよう 引用　athfhriotal
いんりょく 引力　imtharraingt

う

ウィスキー　uisce beatha, fuisce
ウール　olann
うえ 飢え　ocras; gorta. 〜る bí ocras ort
うえに 上に　ar, os cinn, suas, thar, thuas
うえる 植える　plandaigh, plandáil
うかがう 伺う　（訪問）tabhair cuairt ar. (問う) iarr
うかぶ 浮かぶ　fan ar uachtar; bí ar snámh. (心に) rith rud leat 浮かべる cuir ar snámh. 浮く snámh
うけいれる 受け入れる　glac; faigh
うけつぐ 受け継ぐ　téigh; gceannas ar; faigh le hoidhreacht
うけつけ 受付　（受理）glacadh. (受付) deasc fáiltithe. (人) fáilteoir
うけつける 受け付ける　faigh; glac
うける 受ける　faigh; gnóthaigh; tóg
うごかす 動かす　bog; corraigh; gluais. 動き bogadh; cor; gluaiseacht 動く bog; corraigh; gluais
うさぎ 兎　coinnín; giorria
うし 牛　(雄) tarbh. (雌) bó
うしなう 失う　caill
うしろ 後ろ　cúl; laistiar de; taobh thiar de
うすい 薄い　（厚さ）tanaí. (色) geal, bán. (飲物) uiscealach
うそ 嘘　bréag. 〜つき bréagadóir
うた 歌　amhrán; duan. 〜う abair, can, cas, ceiliúir
うたがい 疑い　amhras. 疑う bí amhras agat faoi. 疑わしい amhrasach
うち 家　teach
うちきな 内気な　cúthail
うちに 内に　istigh, laistigh. 内へ isteach. 内側 toabh istigh
うちゅう 宇宙　cruinne, spás. 〜飛行士(男 spásaire, 女 banspásaire)
うつ 打つ　buail. (ドアを) cnag (平手で) tabhair boiseog do.
うつ 撃つ　caith, lámhach
うつくしい 美しい　álainn, gnaíúil

うつし 写し　cóip. 写す cóipeáil.（写真）tóg grianghraf
うつす 移す　aistrigh, athraigh. 移る aistrigh, téigh ar
うつす 映す　frithchaith
うったえ 訴え　（訴訟）cúis [agra] dlí. 〜る cúisigh.（苦情）déan gearán faoi
うで 腕　láimh, géag láimhe
うなる 唸る　éagnaigh, cnead.（動物）búir
うぬぼれ 自惚れ　mórchúis, postúlacht
うばう 奪う　tóg le; robáil
うま 馬　capall, each; láir. うまや stábla
うまい 上手い　maith, deas. 上手く go maith
うまれ 生まれ　breith. 〜る beir; táirg
うみ 海　farraige, muir
うむ 生[産]む　beir; táirg
うめる 埋める　（土）adhlaic, cuir.（隙間）líon
うら 裏　cúl
うらぎり 裏切り　feall
うらない 占い　déanamh feasa
うらみ 恨み　fala olc
うらやむ 羨む　bheith ag éad le
うる 売る　díol
うるさい 煩い　（騒々しい）glórach.（厄介）bearránach
うれしい 嬉しい　áthsach, sona, sásta
うわぎ 上着　casóg; seaicéad
うわさ 噂　ráfla

うんそう 運送　iompair; gléas
うんてん 運転　tiomáint. 〜する tiomáin. 〜手 tiománaí. 〜免許証 ceadúnas tiomána
うんどう 運動　aclaíocht.（社会）gluaiseacht.（物体）oibreacha
うんめい 運命　cinniúint; dán

え

え 絵　pictiúr
えいえん 永遠　síoraíocht. 〜に go síoraí, go deo (na ndeor)
えいが 映画　scannán, pictiúr. 〜館 pictiúrlann
えいきょう 影響　anáil, tionchar
えいぎょう 営業　gnó, gnóthaíocht
えいご 英語　Béarla
えいこく 英国　An Bhreatain Mhór. 〜の Sasanach
えいよう 栄養　cothú, scamhard
えがく 描く　tarraing, línigh; samhlaigh
えき 駅　stáisiúm
えだ 枝　brainse. 大〜 craobh. 小〜 craobhóg
エネルギー　fuinneamh, brí
えらい 偉い　mór; uachtarach
えらぶ 選ぶ　togh, roghnaigh
えり 襟　bóna; coiléar. 〜首 muineál
える 得る　faigh, bain amach
エレクトロニクス　leictreonaic
エレベーター　ardaitheoir

えん 円　ciorcal; fáinne
えんかくの 遠隔の　iargúlta
えんき 延期　cur siar. 〜する cuir siar
えんぎ 演技　aisteoireacht
えんげき 演劇　dráma
エンジニア　innealtóir
えんしゅう 演習　cleachtas
えんしゅつか 演出家　stúrthóir
えんじょ 援助　cabhair, cúnamh
えんじる 演じる　cuir i láthair
エンジン　inneall
えんぜつ 演説　óráid
えんそうする 演奏する　seinn
えんそく 遠足　turas, aistear
えんちょう 延長　síneadh, fadú
えんとつ 煙突　simléar
えんぴつ 鉛筆　peann luaidhe

お

お 尾　eireaball
おい 甥　nia, mac dearthár [deirféar]
おいしい 美味しい　blasta
おう 王　rí. 〜妃 banríon. 〜子 prionsa. 〜女 banphrionsa. 〜国 ríocht
おう 追う　lean, ruaig, fiach
おうえん 応援　cabhair; tacaíocht; gárthaíl
おうし 雄牛　tarbh; damh
おうじる 応じる　(答) freagair. (応募) cuir isteach. (承諾) aontaigh le
おうたい 応対　fáiltiú
おうぼ 応募　iarratas. 〜する

déan iarratas ar
おおい 多い　a lán, mórán, is iomaí
おおう 覆う　clúdaigh, cumhdaigh. (隠す) folaigh
おおきい 大きい　mór; ard. 大きさ méid, tomhas; toirt
おかしい (面白い) greannmhar. (奇妙) aisteach. (不適当) míchuí
おかす 犯[侵]す　(罪) déan coir. (侵害) déan ionradh ar
おがわ 小川　sruthán
おき 沖　amach ón gcósta
おきる 起きる　dúisigh, múscail; éirigh. 起こす dúisigh, múscail; ardaigh
おく 置く　cuir
おくる 贈る　tabhair do; bronn ar. 贈物 bronntanas, féirín
おくる 送る　cuir, seol; tiomáin
おくれる 遅れる　bí mall ag; moilligh
おこす 興す　bunaigh
おこたる 怠る　faillí a dhéanamh
おこって 怒って　feargach
おこない 行い　gníomh; iompar. 行う déan
おこり 起こり　bunús, foinse. 起こる tarlaigh; tosaigh
おさえる 抑える　stad
おさない 幼い　leanbái, páistiúil
おさめる 治[納]める　(統治) rialaigh. (管理) stiúir (納付) íoc (しまう) coinnigh. (得る) faigh

おじ 伯[叔]父　uncail
おしえる 教える　múin, teagasc
おしゃべり　comhrá
おじょうさん お嬢さん　iníon; cailín beag[óg]
おす 雄　fireann
おす 押す　brúigh, sac
おそい 遅い　(時間) déanach, mall. (動作) fadálach, mall
おそう 襲う　ionsaigh
おそれる 恐れる　bheith eagla ar
おそろしい 恐ろしい　scanrúil, scáfar
おだやかな 穏やかな　ciúin, suaimhneach
おちつく 落ち着く　socraigh, réitigh
おちる 落ちる　tit, ísligh
おっと 夫　fear céile
おと 音　fuaim, glór
おとうと 弟　dearthár
おとこ 男　fear. 〜の子 buachaill
おどす 脅す　bagair
おとな 大人　duine fásta
おどり 踊り　damhsa, rince. 踊る déan damhsa[rince]
おどろき 驚き　ionadh, iontas. 驚く bí ionadh ort faoi
おなじ 同じ　céanna, ionann, cothrom
おば 伯[叔]母　aint(ín)
おはよう！ dia dhuit ar maidin!
おぼえる 覚える　meabhraigh; cuir rud de ghlanmheabhair
おもい 重い　trom. 重さ meáchan, tromán

おもいだす 思い出す　cuimhigh. 思い出 cuimhne
おもう 思う　smaoinigh, síl
おもしろい 面白い　siamsúil; greannmhar; spéisiúil
おもて 表 (表面) ceann. (戸外) lasmuigh
おもな 主な　ceann-, príomh-, ard-. 主に go príomha, go mór mór
おもに 重荷　eire, ualach
おや 親　tuismitheoir
おやすみ！ oíche mhaith agat!
おやゆび 親指　ordóg
およぐ 泳ぐ　snámh
おり 檻　cás, caighean; cró; príosún
おりもの 織物　fabraic, uige
おりる 降[下]りる　tuirling, tar anuas; téigh síos
おる 折る　bris; fill
おる 織る　figh
オルガン　orgán
オレンジ　oráiste
おろかな 愚かな　amaideach, bómánta
おろす 降[下]ろす　tóg anuas; cuir[léag] síos; ísligh
おわり 終わり　deireadh, críoch; ceann. 終わる críochnaigh
おんがく 音楽　ceol. 〜家 ceoltóir. 〜会 ceolchoirm
おんせい 音声　guth; faí. 〜学 foghraíocht
おんだんな 温暖な　te, séimh
おんど 温度　teocht. 〜計 teirmiméadar

おんな 女 bean. 〜の子 cailín

か

か 課 ceacht ; rannóg
カーテン cuirtín
カード cárta
カーブ cuar ; lúb
カーペット cairpéad, brat urláir
かい 会 cruinniú
かい 回 uair
かい 階 urlár ; stór
かい 貝 sliogán ; iasc sliogánach
がい 害 dochar, díobháil
かいいん 会員 ball ; comhalta
かいがいの 海外の thar lear ; ar an gcoigríoch
かいかく 改革 leasú. 〜する leasaigh
かいがん 海岸 cois farraige ; cladach
かいぎ 会議 comhdháil ; cruinniú. 〜を開く coinnigh ; tionóil
かいけい 会計 bille ; cuntais. 〜係 cuntasóir
かいけつ 解決 réiteach, fuascailt. 〜する réitigh, fuascail
かいけん 会見 agallamh
かいこ 解雇 briseadh as do phost. 〜する bris as
かいごう 会合 cruinniú, tionól
がいこう 外交 taidhleoireacht. 〜官 taidhleoir
がいこく 外国 coigríoch. 〜語 teanga iasachta. 〜人 coimhthíoch
かいし 開始 tús, tosach. 〜する tosaigh
かいしゃ 会社 comhlacht
かいしゃく 解釈 ciall ; míniú. 〜する ciallaigh, tuig as
がいしゅつする 外出する téigh amach
かいせい 改正 athbhreithniú, leasú
かいせつ 解説 míniú ; trácht-aireacht. 〜者 tráchtaire
かいそう 回想 cuimhne. 〜録 cuimhní cinn
かいたく 開拓 saothrú ; míntíriúchán
かいだん 会談 comhrá ; comhdháil ; comhchainteanna
かいだん 階段 staighre
かいてい 改訂 athbhreithniú
かいてきな 快適な cluthar, compordach
かいてんする 回転する imrothlaigh, cas (thart), tiontaigh
ガイド eolaí. 〜ブック eolaí, leabhrán eolais
かいとう 解答 freagra, réiteach
がいねん 概念 coincheap
かいはつ 開発 forbairt, forás
かいふく 回復 biseach
かいほう 開放 oscailt
かいほう 解放 fuascailt
かいほう 介抱 banaltracht
かいぼう 解剖 dioscadh ; mionscrúdú
がいむしょう 外務省 An Roinn Gnóthaí Eachtracha

かいもの 買物 siopadóireacht
かいらく 快楽 pléisiúr, sásamh
かいりょう 改良 feabhas; feabhsú; biseach
かいわ 会話 comhrá
かう 買う ceannaigh
かう 飼う tóg
カウンセラー comhairleoir
カウンター （店）cuntar
かえる 帰[返]る fill; tar ar ais
かえる 変える athraigh, malartaigh
かえる 換[代]える athraigh; malartaigh
かお 顔 aghaidh
かおり 香り boladh
がか 画家 ealaíontóir; péintéir
かかく 価格 praghas, luach
かがく 化学 ceimic; ceimiceán. 〜的 ceimiceach. 〜者 ceimiceoir
かがく 科学 eolaíocht; ealaín. 〜的 ealaíoch. 〜者 ealaí
かがみ 鏡 scáthán
かがやく 輝く drithligh; soilsigh, taitin
かぎ 鍵 eochair. 〜を掛ける cuir an glas ar
かぎる 限る teorannaigh
かく 核 núicléas. （中心）croí; eithne
かく 書く scríobh. （描く）tarraing
かぐ 家具 troscán
かぐ 嗅ぐ bolaigh
かくじつな 確実な cinnte, deimhin
がくしゃ 学者 scoláire

がくしゅう 学習 staidéar; foghlaim. 〜する foghlaim
かくしん 確信 creideamh, muinín. 〜する creid
かくす 隠す folaigh
がくせい 学生 mac léinn, dalta, scoláire
かくだい 拡大 formhéadú. 〜する formhéadaigh
かくてい 確定 cinneadh; cinntiú; socrú
かくとく 獲得 fáil. 〜する faigh
かくにんする 確認する cinntigh
かくめい 革命 réabhlóid
がくもん 学問 foghlaim, léann
かげ 影[陰] scáth; scáil
がけ 崖 aill, binn
かげきな 過激な antoisceach; radacach
かける 欠ける （壊れる）bris. （不足）tá easpa ... ar
かける 掛ける croch
かける 賭ける cuir geall ar
かこ 過去 an t-am atá thart. （文法）an aimsir chaite
かご 籠 bascaed, ciseán, cliabh. 鳥〜 éanadán
かこい 囲い fál. （家畜）cró. 囲む fálaigh, cuir fál timpeall ar
かこう 下降 tuirlingt, ísliú, meathlú
かこう 加工 próiseas
かさ 傘 scáth fearthainne
かさねる 重ねる carn
かざり 飾り maisiú; ornáid. 飾る maisigh; cóirigh

かざん 火山 bolcán
カシ 樫 dair
かし 菓子 cáca, císte. 〜店 milseogra, sócamais
かし 貸し（貸付金）iasacht.（賃貸）cíos. 貸す tabhair ... ar iasacht do
かじ 火事 dóiteán
かしこい 賢い críonna, cliste
かしつ 過失 earráid, dearmad locht
かじつ 果実 toradh
かしゅ 歌手 amhránaí
かじゅえん 果樹園 úllord
かじょう 過剰 farasbarr, barraíocht
かじる bain greim as; creim; miotaigh
かず 数 uimhir
ガス gás
かすかな 微かな fann, lag
かぜ 風 gaoth. 〜が吹く séid
かぜ 風邪 slaghdán
かせき 化石 iontaise
かぜぐ 稼ぐ tuill, saothraigh, gnóthaigh
カセット caiséad. 〜プレーヤー seinnteoir caiséad
かぞえる 数える cuntais, déan cuntas, áirigh
かぞく 家族 clann, teaghlach
ガソリン artola
かた 肩 gualainn
かた(ち) 型[形] cruth, múnla
かたい 堅[固・硬]い （石）crua.（肉）righin.（堅固）láidir
かたづける 片付ける cuir in ordú; socraigh

かたまり 塊 ailp; cnapán; torpa; alpán
かたまる 固まる cruaigh
かち 価値 luach, fiúntas
かつ 勝つ buaigh, buail, gnóthaigh
がっき 楽器 gléas ceoil
がっこう 学校 scoil. 小〜 bunscoil. 中〜 meánscoil
かっぱつな 活発な anamúil, beoga, briosc
カップ cupán
かつようする 活用する úsáid as
かてい 家庭 baile; teaglach
かてい 過程 próiseas
かてい 仮定 andóchas. 〜法 foshuiteach
かど 角 coirnéal
かどの 過度の iomarcach, ainmheasartha
カトリック Caitliceachas. 〜教徒 Caitliceach
かなしい 悲しい brónach, doilíosach. 悲しみ brón, dobrón, doilíos
かならず 必ず go cinnte, go deimhin
かなりの mór, cuid mhór
かにゅう 加入 dul isteach, iontráil
かね 金 airgead
かね 鐘 clog
かのうな 可能な féideartha
かのじょ 彼女 sí, í; sise, íse. 〜の a. 〜に í
カバー clúdach, cumhdach
かばん 鞄 mála

かびん 花瓶 bláthchuach
かぶ 株 (切株) stumpa. (株式) stoc
カフェ caife
かべ 壁 balla
かへい 貨幣 airgeadra
がまん 我慢 fulaingt
かみ 神 Dia
かみ 髪 gruaig
かみ 紙 páipéar
かみそり 剃刀 rásúr
かみなり 雷 toirneach
かむ 噛む (そしゃく) cogain. (かみつく) bain greim as
カメラ ceamara
かめん 仮面 masc
カモ lacha
かもしれない b'fhéidir
かもつ 貨物 lasta
かゆい tochasach
かよう 通う oibrigh, imir
かようび 火曜日 Máirt
…から ó; as; de
ガラス gloine. 窓～ pána fuinneoige
からだ 体 corp
からの 空の folamh
かり 狩り seilg, fiach
かりの 仮の sealadach
かりる 借りる faigh ar iasacht ó; tóg ar cíos
かる 刈る bain. (髪) bearr. (羊毛) lom
かるい 軽い éadrom; beag
かれ 彼 sé; seisean. ～の a. ～に é; eisean
ガレージ garáiste
かれら 彼等 said; siadsan. ～の a. ～に iad; iadsan
かれる 枯れる searg
カレンダー féilire
かわ 川[河] abhainn; sruth (án); sreabh
かわ 皮 craiceann, seithe; rúsc
かわ 革 leathar
かわいい 可愛い álainn, gleoite. 可愛がる gráigh, bí ceanúil ar
かわいそうな 可哀想な bocht; truamhéalach
かわかす 乾かす triomaigh. 乾く triomaigh. 乾いた tirim
かわせ 為替 ordú airgid
かわる 変わる athraigh
かんがえ 考え barúil, smaoineamh. ～る smaoinigh, ceap, síl
かんかく 感覚 céadfa; ciall
かんかく 間隔 spás
かんき 歓喜 áthas, lúcháir
かんきゃく 観客 lucht féachana
かんきょう 環境 timpeallacht
かんけい 関係 gaol, baint ceangal
かんげい 歓迎 fáilte
かんけつな 簡潔な achomair, comair
かんこう 観光 fámaireacht
かんごし 看護師 (女) banaltra
がんこな 頑固な ceanntréan, stalcach
かんさつ 観察 breathnóireacht
かんじ 感じ mothú; céadfa. ～る mothaigh
かんしゃ 感謝 buíochas

かんじゃ　患者　othar
かんしゅう　慣習　nós ; gnás
かんしょう　鑑賞　léirthuiscint
かんしょう　干渉　cur isteach
かんじょう　感情　mothú
かんじょう　勘定　（支払）íocaíocht
かんしん　関心　spéis, suim
かんしんして　感心して　le haoibhneas, le taitneamh
かんせい　完成　críochnú
かんぜい　関税　custaim
かんせつてき　間接的　indíreach
かんぜんな　完全な　foirfe, iomlán
かんそう　乾燥　triomacht
かんそう　感想　tuairim
かんそく　観測　breathnó ; nóta ; tuairim
かんそな　簡素な　simplí
かんだいな　寛大な　fial
かんたん　感嘆　meas. 〜符 comhartha uaillbhreasa
かんたんな　簡単な　simplí ; gearr
かんちょう　官庁　oifigí rialtais
かんづめ　缶詰　bia stáin
かんどう　感動　tocht
かんとく　監督　maoirseacht ; feitheoireacht ; stiúradh. （人）maoirseoir ; feitheoir ; stiúrthóir
かんねん　観念　barúil, smaoineamh
かんぱい　乾杯　sláinte
かんばつ　triomach
かんばん　看板　clár siopa
かんびょう　看病　banaltracht a dhéanamh ar
がんぼう　願望　mian, dúil, fonn
かんような　寛容な　caoinfhulangach
かんり　管理　riarachán ; bainistíocht
かんりょうする　完了する　críochnaigh, cuir i gcrích

き

き　木[樹]　crann ; adhmad
きえる　消える　téigh as[in] éag ; téigh as amharc [radharc]
きおく　記憶　meabhair ; cuimhne
きかい　機械　meaisín ; innealra
きかい　機会　áiméar, faill, seans
ぎかい　議会　dáil, parlaimint
きかん　期間　tréimhse
きき　危機　géarchéim, drochuair
ききん　飢饉　gorta. 大〜 an Droch Shaol
きく　聞く　cluin, clois ; éist le. 聞こえる cluin, clois
きく　効く　bí éifeachtach
きけん　危険　contúirt, baol ; guais
きげん　期限　tréimhse, téarma
きげん　起源　bunús, tús
きこう　気候　aeráid, clíoma
きし　岸　cladach ; cósta
きじ　記事　nuacht
ぎし　技師　innealtóir
ぎしき　儀式　deasghnáth,

きしゃ　searmanas
きしゃ　汽車　traein
きしゃ　記者　iriseoir, nuachtóir
きしゅ　騎手　jacaí, marcach
ぎじゅつ　技術　teicníocht. 科学～ teicneolaíocht
きじゅつする　記述する　cuir síos ar
きしょう　気象　aimsir
きず　傷　gortú ; cneá ; locht
きずく　築く　déan, tóg
キスする　póg
きせい　規制　smacht, riail
ぎせい　犠牲　íobairt
きせき　奇跡　míorúilt
きせつ　季節　séasúr
きそ　基礎　bonn, bunú, dúshraith
きそ　起訴　ionchúiseamh
きそう　競う　dul san iomaíocht le
きそく　規則　riail
きぞく　貴族　uasal
きた　北　tuaisceart. ～の tuaisceartach. ～へ ó thuaidh. ～風 aduaidh
ギター　giotár
きたい　気体　gás
きたいする　期待する　tá súil ag
きたない　汚い　salach
ぎちょう　議長　cathaoirleach
きちょうな　貴重な　luachmhar
きちんと　(正確) go cruinn. (整頓) go néata
きつい　(厳しい) dian, crua. (窮屈) dlúth
きつえん　喫煙　caitheamh tobac. ～室 seomra tobac

きづく　気付く　tabhair faoi deara
きって　切手　stampa poist
きっぷ　切符　ticéad
きにいる　気に入る　taitin [sásaigh] le
きねん　記念　cuimhneachán
きのう　昨日　(an lá) inné
きのう　機能　feidhm
きのどくな　気の毒な　bocht, daibhir
きびしい　厳しい　dian ; gear ; crua
きふ　寄付　síntiús
きぶん　気分　mothú, brath, giúmar
きぼう　希望　dóchas, dúir, súil
きほん　基本　bunús, dúshraith. ～的 bunúsach
きみょうな　奇妙な　anaithnid, aisteach, strainséartha
ぎむ　義務　dualgas
きめる　決める　socraigh[cinn] ar
きもち　気持　mothú, fonn, intinn
ぎもん　疑問　amhras ; ceist
きゃく　客　cuairteoir ; aoi. 顧～ custaiméir. 乗～ paisinéir
ぎゃくの　逆の　contrártha, codarsnach
きゅうか　休暇　saoire
きゅうきゅうしゃ　救急車　otharcarr
きゅうけい　休憩　sos, scíth
きゅうこう　急行　deifir. ～列車 luastraein
きゅうじつ　休日　saoire

きゅうしゅう 吸収　sú, ionsú
きゅうじょ 救助　sábháil, tarrtháil
きゅうでん 宮殿　pálás
きゅうな 急な　dithneasach, práinneach, cruógach
ぎゅうにく 牛肉　mairteoil
ぎゅうにゅう 牛乳　bainne
きゅうよう 休養　scíth
きょう 今日　inniu
きょういく 教育　oideachas, scolaíocht, léann
きょうかい 協会　cumann
きょうかい 教会　eaglais, teach pobail
きょうかい 境界　teorainn, ciumhais
きょうぎ 競技　comórtas ; cluiche
きょうきゅう 供給　soláthar, riar
きょうく 教区　paróiste
きょうくん 教訓　teagasc
きょうし 教師　múinteoir, oide
ぎょうじ 行事　imeachtaí
きょうしつ 教室　seomra ranga
きょうじゅ 教授　ollamh
きょうせい 強制　éigean, iallach
ぎょうせい 行政　riarachán
ぎょうせき 業績　éacht
きょうそう 競争　comórtas
きょうだい 兄弟　dearthair
きょうちょうする 強調する　cuir béimar
きょうちょうする 協調する　comhoibrigh
きょうつうの 共通の　coiteann, coitianta ; comónta
きょうてい 協定　comhaontú, aontú
きょうどうの 共同の　coiteann ; comh-
きょうはく 脅迫　bagairt. 〜する bagair
きょうふ 恐怖　eagla, faitíos
きょうみ 興味　spéis, suim
きょうよう 教養　cultúr
きょうりょく 協力　comhoibriú. 〜する comhoibrigh
きょうりょくな 強力な　tréan, láidir, cumhachtach
ぎょうれつ 行列　scuaine, ciú, líne
きょうわこく 共和国　poblacht
きょか 許可　cead. 〜する ceadaigh
きょくたんな 極端な　antoisceach
きょねん 去年　anuraidh
きょひ 拒否　séanadh, diúltú. 〜する diúltaigh
きょり 距離　achar, fad
きらい 嫌い　col. 嫌う fuathaigh, bí col agat
きり 霧　ceo
キリスト　Críost. 〜教（An) Críostaíocht. 〜教徒 Críostaí
きる 切る　gearr ; ciorraigh. (薄く) déan slisníde. (電気) cuir as. (電話) cuir síos
きる 着る　cuir ar
きれいな　álainn. (清潔) glan
きろく 記録　cuntas, taifead
ぎろん 議論　argóint
ぎわく 疑惑　amhras

きん 金 ór
ぎん 銀 airgead
きんえん! 禁煙 ná caith tobac!
きんがく 金額 suim
きんきゅうの 緊急の dithneasach, práinneach
ぎんこう 銀行 banc
きんしする 禁止する cros, coisc
きんじょ 近所 comharsanacht
きんぞく 金属 miotal
きんだい 近代 an saol atá inniu ann
きんちょう 緊張 teannas
きんにく 筋肉 féith(eog), matán
きんぱつの 金髪の fionn, bán
きんべんな 勤勉な dícheallach, saothrach, dlúsúil
きんむ 勤務 oibre, gnó
きんようび 金曜日 (An) Aoine. 〜に Dé hAoine

く

くうかん 空間 spás
くうき 空気 aer
くうこう 空港 aerfort
ぐうぜんに 偶然に de thaisme [thimspiste]
くうそう 空想 samhlaíocht
くうちゅうに 空中に san aer
くうふく 空腹 ocras
くがつ 9月 Meán Fómhair
くぎ 釘 tairne
くさ 草 féar
くさい 臭い déistineach
くさり 鎖 slabhra
くさる 腐る lobh
くすり 薬 cógas; leigheas. 〜屋 cógaslann
くずれる 崩れる tabhair uaidh
ぐたいてきな 具体的な nithiúil, coincréit
くだく 砕く bris, déan smidiríní de
くだもの 果物 toradh
くち 口 béal
くちびる 唇 béal, beola
くつ 靴 bróg
くつした 靴下 stoca; stoca gearr
くに 国 tír
くばる 配る dáil, riar
くび 首 muineál
くふう 工夫 cruthú, seift. 〜する cruthaigh, seiftigh
くべつ 区別 idirdhealú; leithcheal; difríocht
くみ 組 rang
くみあわせ 組み合わせ comhcheangal
くむ 組む (組み立て) cuir i gceann a chéile. (協同) dul i gcomhar le
くも 雲 scamall
くもりの 曇りの scamallach, néaltach
くらい 暗い dorcha; gruama
クラス rang
くらす 暮らす mair
グラス gloine
くらべる 比べる cuir i gcomórtas
グランド áit súgartha. (学校) clós scoile

くり 栗 castán
クリーニング níochán
クリーム （食品）uachtar.（化粧品）taos
くりかえし 繰り返し athrá；athdhéanamh
クリケット cruicéad
クリスマス Nollaig. ～イブ Oíche Nallag
くる 来る tar
グループ gasra
くるしい 苦しい pianmhar, nimhneach. 苦しみ pian；fulaingt
くるま 車 roth
クレジットカード cárta creidmheasa
クレヨン crián
くろ 黒 dubh. ～い dubh
くろう 苦労 anró, cruatan
くわ 鍬 grafóg
くわえる 加える suimigh；cuir le
くわしい 詳しい mion-
ぐん 郡 contae
ぐんしゅう 群衆 slua, scata
ぐんたい 軍隊 na Fórsaí (Armtha), arm, trúpaí
くんれん 訓練 oiliúint；traenáil

け

け 毛 （髪）gruaig.（動物）fionnadh
けいえい 経営 bainisteoireacht, riarachán
けいかい 警戒 faichill, airdeall
けいかく 計画 plean, scéim
けいかん 警官 garda, póilín
けいけん 経験 taithí. ～のある taithíoch
けいこう 傾向 claonadh (chun)
けいこく 警告 rabhadh
けいざい 経済 eacnamaíocht. ～学 eacnamaíocht. ～学者 eacnamaí
けいさつ 警察 gardaí (síochána)；na péas, poilíní
けいさん 計算 áiream, comhaireamh, ríomh. ～する áirigh, comhair
けいしき 形式 nósmhaireacht；foirmiúlacht. ～的 foirmiúil
けいしゃ 傾斜 claon
げいじゅつ 芸術 ealaín. ～家 ealaíontóir
けいたいの 携帯の so-iompair；iniompartha
けいべつ 軽蔑 tarcaisne；dímheas
けいやく 契約 conradh. ～する conraigh
けが 怪我 gortú, cnéa
げか 外科 máinliacht. ～医 máinlia
げき 劇 dráma. ～場 amharclann
けしき 景色 amharc, radharc
けしゴム 消しゴム scriosán
けしょう 化粧 smideadh
けす 消す （電気）cuir as
ゲスト aoi
けずる 削る （刃物で）bearr. （尖らす）bioraigh.（削除）

cealaigh
けつえき 血液 fuil
けっか 結果 toradh
けっかん 欠陥 fabht, máchail
けっきょく 結局 i ndeireadh na dála, faoi dheireadh
けつごう 結合 aontas; comhcheangal
けっこうな 結構な deas, breá, maith
けっこん 結婚 pósadh. ～する pós
けっさく 傑作 sárshaothat
けっしん 決心 socrú, cinneadh
けっせき 欠席 éagmais, easpa. ～者 neamhláithreacht
けってい 決定 cinneadh
けってん 欠点 locht, fabht
けつぼう 欠乏 ganntanas
げつようび 月曜日 (An) Luan. ～に Dé Luain
けつろん 結論 críoch, deireadh
げひんな 下品な gráisciúil
けむり 煙 toit, deatach
けもの 獣 beithíoch, ainmhí
ける 蹴る ciceáil, speach
ケルト Ceilteach. ～人 Ceilteach. ～語 Ceiltis
けれども ach
けん 券 ticéad
げんいん 原因 cúis, fáth
けんか 喧嘩 bruíon, troid
げんきな 元気な bríomhar, fuinniúil, sláintiúil
けんきゅう 研究 staidéar; taighde. ～所 saotharlann
げんきん 現金 airgead tirim. ～自動支払機 dáileoir airgid

げんご 言語 teanga, caint
けんこう 健康 sláinte, folláine
けんさ 検査 cigireacht; iniúchadh; scrúdú
げんざい 現在 faoi láthair, anis, an t-am i láthair
げんし 原子 adamh. ～爆弾 buama adamhach
げんじつ 現実 réaltacht. ～の fíor, ceart. ～的 réalaíoch, réadúil
げんしてきな 原始的な bunaíoch
げんしょう 現象 feiniméan
げんしょう 減少 laghdú
げんしりょく 原子力 cumhacht adamhach
けんせつ 建設 déantús, tógáil
けんぜんな 健全な sláintiúil, folláin
げんそう 幻想 fantaisíocht
げんぞう 現像 réaladh
げんそく 原則 prionsabal
げんだい 現代 comhaimseartha
けんちくする 建築する déan, tóg
げんてい 限定 teorannú, cúngú
げんど 限度 teorainn
けんとう 検討 scrúdú
げんばで 現場で ar an láthair
けんびきょう 顕微鏡 micreascóp
けんぶつする 見物する téigh ag fámaireacht
げんぶん 原文 bunchóip
けんぽう 憲法 bunreacht
げんみつな 厳密な docht, dian

けんめいな 賢明な críonna
けんり 権利 ceart
げんり 原理 prionsabal
げんりょう 原料 bunábhar
けんりょく 権力 cumhacht; brí
げんろん 言論 labhairt, caint

こ

こ 子 leanbh, páiste
こい 恋 grá. 〜人 muirnín
こい 濃い cron, dorcha, dubh. (茶など) láidir. (霧) tiubh
ごい 語彙 stór focal; foclóir
こうい 行為 gníomh; iompar
こううん 幸運 ádh mór. 〜な ádhúil, ámharach
こうえん 公園 páirc
こうえん 講演 léacht
こうか 効果 éifeacht
こうかい 後悔 aithreachas, aiféala
こうかい 航海 aistear (farraige), cúrsáil
こうがい 郊外 bruachbhaile
こうがい 公害 truailliú
こうがく 工学 innealtóireacht
ごうかくする 合格する faigh pas
こうかな 高価な daor
こうかんする 交換する malartaigh
こうぎ 講義 léacht; seanmóir
こうぎ 抗議 agóid
こうきしん 好奇心 fiosracht
こうきな 高貴な uasal
こうきゅうな 高級な tofa, scothúil
こうぎょう 工業 tionscal
こうぎょう 鉱業 mianadóireacht
こうきょうの 公共の poiblí
こうくう 航空 eitlíocht. 〜機 aerárthach
ごうけい 合計 iomlán, suim. 〜する suimigh
こうげき 攻撃 ionsaí. 〜的 ionsaitheach
こうこう 高校 ardscoil, scoil ghramadaí
こうこく 広告 fógra
こうさい 交際 caidreamh, comhluadar
こうしょう 交渉 idirbheartaíocht, caibidlíocht
こうじょう 工場 monarcha
こうしん 行進 máirseáil. 〜する máirseáil
こうずい 洪水 tuile, díle
こうせい 公正 coir, cothrom
こうせき 功績 éacht
こうたい 交代 seal, uainíocht. 〜で ar a seal
こうちゃ 紅茶 tae
こうちょう 校長 ardmháistir (男). ardmháistreás (女)
こうつう 交通 trácht
こうとう 高等 ard. 〜教育 ardoideachas
こうとう 口頭 béal. 〜の cainte, béil
こうどう 行動 gníomh, iompar
こうふく 幸福 séan, sonas
こうふん 興奮 fuadar
こうへいな 公平な cothrom

ごうほうてき　合法的　dleathach, dlíthiúil	こくはく　告白　admháil.（宗教）faoistin
こうまんな　高慢な　bródúil, uaibhreach	こくはつ　告発　ionchúiseamh
こうめいせいだいな　公明正大な　cothrom	こくばん　黒板　clár dubh
こうようの　公用の　oifigiúil	こくみん　国民　náisiún, cine, pobal
ごうりてき　合理的　réasúnach	こくもつ　穀物　arbhar, gráinne
こうりょく　効力　éifeacht, toradh	こくりつの　国立の　náisiúnta
こうろん　口論　conspóid, argóint	こげる　焦げる　ruadhóigh; dóigh
こえ　声　guth, glór	ごご　午後　iarnóin, tráthnóna
こえる　越える　téigh thar; trasnaigh	ココア　cócó
コース　cúrsa	ここちよい　心地よい　compordach, pléisiúrtha
コート　（上着・外套）casóg; cóta.（球技）cúirt	ここに　anseo, seo
コード　（電気）corda, sreangán.（電信暗号）cód	こころ　心　croí; intinn
コーナー　coirnéal	こころみ　試み　iarracht, triail
コーヒー　caife	こし　腰　leasrach.（ウェスト）básta, coim
コーラス　curfá, loinneog	こしょう　故障　trioblóid, cliseadh.　〜する clis, téigh as ord
こおり　氷　oighear	こす　越す　téigh trasna
こおる　凍る　reoigh, sioc	こたえ　答え　freagra.　〜る freagair
ごかい　誤解　míthuiscint	こちら　anseo.（方向）an bealach seo
こがいで　戸外で　taobh amuigh, amuigh faoin aer	こっか　国家　tír, stát
ごがつ　5月　Bealtaine	こっかい　国会　Dáil.
こきゅう　呼吸　anáil	こづつみ　小包　beart
こぐ　漕ぐ　iomair, rámhaigh	コップ　gloine
こくさいてき　国際的　idirnáisiúnta	こと　事　rud.　出来〜 eachtra
こくじ　告示　fógra	こどく　孤独　uaigneas, cumha
こくせき　国籍　náisiúntacht	ことし　今年　i mbliana
こくそ　告訴　cúiseamh, gearán	ことば　言葉　teanga, caint
こくど　国土　tír, dúiche	こども　子供　páiste, leanbh
こくないの　国内の　intíre	ことわざ　諺　seanfhocal
	ことわる　断わる　diúltaigh

こな 粉　púdar
この　seo
このごろ　この頃　sa lá atá inniu ann
このとおり　この通り　mar seo
このみ　好み　blas. 好む is maith le
コピー　cóip
こひつじ　子羊　uan.（食肉）uaineoil
こぶ　（打撲）tuairt.（腫れ物）cnapán
こぼす　doirt. こぼれる　tit, sil
コマーシャル　fógra
こまかい　細かい　beag, mion
こまる　困る　deacrachtaí a bheith ag
ごみ　bruscar
こむ　込む　plódaigh
こむぎ　小麦　cruithneacht. 〜粉　plúr
こや　小屋　bith, bothán
こゆうの　固有　leithleach, sainiúil
こゆび　小指　lúidín
ごらく　娯楽　caitheamh, cuideachta
こりつ　孤立　aonrú, uaigneas
これ　seo
これから　uaidh seo amach
これまで　go dtí seo
ころ　頃　aimsir
ころがす　転がす　roll. 転がる　roll ; leag
ころす　殺す　mataigh
ころぶ　転ぶ　tit
こわい　恐い　sceanrúil, uafar. 恐がる　tá eagla ar

こわす　壊す　bris ; scrios
こんげつ　今月　an mhí seo
こんごう　混合　meascán, cumasc
こんざつ　混雑　plódú
こんしゅう　今週　an tseachtain seo
こんど　今度　am seo ; an chéad uair eile
こんなんな　困難な　deacair, crua, doiligh
こんにち　今日　inniu ; na laethanta seo. 〜は！dia dhuit！
こんばん　今晩　anocht. 〜は！tráthnóna maith duit！
コンピューター　ríomhaire
コンマ　camóg
こんや　今夜　anocht
こんやく　婚約　gealltanas pósta
こんらん　混乱　tranglam ; mearbhall

さ

さ　差　difear, difríocht
サービス　seirbhís
さいがい　災害　tubaiste, matalang
さいきん　最近　le déanaí, ar na mallaibh, le deireanas
さいこうの　最高の　an ... is airde[fearr] ; ardcheannasach
さいごの　最後の　deireanach, déanach. 最後に　faoi dheireadh
ざいさん　財産　maoin, saibhreas
さいしょの　最初の　an chéad

さいなん 災難 tubaiste, mí-ádh
さいのう 才能 bua
さいばい 栽培 saothrú
さいばん 裁判 triail. 〜所 cúirt
さいふ 財布 sparán
さいほう 裁縫 obair shnáthaide
さいぼう 細胞 cill, cillín
ざいもく 材木 adhmad
さいよう 採用 altram
ざいりょう 材料 ábhar ;（データ）sonraí
さいれい 祭礼 féile
サイロ sadhlann
さいわい 幸い séan, sonas, aoibhneas
サイン （合図）comhartha ;（署名）síniú
さか 坂 fána
さかい 境 teorainn
さかえる 栄える rathaigh
さかさまに bunoscionn, béal faoi
さがす 探す lorg, cuardaigh
さかな 魚 iasc
さかば 酒場 teach tábhairne
さからう 逆らう cuir i gcoinne, cuir in aghaidh
さがる 下がる tit, téigh síos. 下げる ísligh ; laghdaigh
さかんな 盛んな rathúil, rafar
さき 先 （先端）barr, rinn.（未来）todhchaí
さぎょう 作業 obair
さく 咲く bláthaigh
さく 裂く stróic, réab
さくねん 昨年 an bhlian seo caite

さくぶん 作文 aiste
さけ 鮭 bradán
さけぶ 叫ぶ scairt, glaoigh
ささえる 支える tacaigh le
さしず 指図 orduithe, treoracha
さす 刺す rop, sáigh
ざせき 座席 suíochán
さそう 誘う （招く）tabhair cuireadh do.（誘惑）cuir cathú ar
ざっし 雑誌 iris
さとう 砂糖 siúcra
さばく 砂漠 fásach
さびしい 寂しい uaigneach, aonarach
さべつ 差別 idirdhealú ; leithcheal
さまざまな 様々な éagsúla
さます 冷ます fuaraigh. 冷める fuaraigh, téigh i bhfuaire
さます 覚ます dúisigh. 覚める dúisigh
さまたげる 妨げる cuir isteach ar, corraigh
さむい 寒い fuar. 寒さ fuacht
さよう 作用 gníomh ; oibriú
さようなら！ slán！
さら 皿 pláta
サラダ sailéad
さる 去る fág, imigh
さわがしい 騒がしい glórach, callánach. 騒ぎ torann, callán, gleo
さわる 触る teagmhaigh le
…さん （オーマフーナさん・男）An tUasal Ó Mathúna（オニールさん・女）Bean[Iníon] Uí

Néill
さん 酸 aigéad
さんか 参加 páirt a ghlacadh
さんかく 三角 triantán
さんがつ 3月 Márta
さんぎょう 産業 tionscal
さんこう 参考 tarchur; tagairt; teastas
ざんこくな 残酷な cruálach
さんすう 算数 uimhríocht, áireamh
さんせい 賛成 aontú, tacaíocht
サンタクロース daidí na Nollag
サンドイッチ ceapaire
ざんねんな 残念な aiféalach
さんびか 讃美歌 iomann, caintic
サンプル sampla
さんぶん 散文 prós
さんぽ 散歩 siúl
さんみゃく 山脈 sliabhraon

し

し 詩 filíocht
し 市 cathair
し 死 bás
じ 字 litir
…じ …時 a chlog. 何〜か？ 1〜です Cad a chlog é? A haon a chlog.
しあい 試合 cluiche; babhta
しあわせな 幸せな sona; ádhúil
しいる 強いる fórsáil
しお 塩 salann
しかい 視界 raon radhairc

[amhairc]
しかく 資格 cáilíocht
しかく 四角 cearnóg
じかく 自覚 meabhraíocht
しかし ach, áfach
しがつ 4月 Aibreán
しかる 叱る scioll
じかん 時間 am; uair
しき 式 searmanas, deasghnáth
しき 四季 séasúr
しき 指揮 ordú, maoirseacht
じき 時期 aimsir; tréimhse
じきの 磁気の maighnéadach, adhmainteach
しきゅうする 支給する soláthair, cuir ar fáil
しきゅうの 至急の dithneasach, práinneach
しきょう 司教 easpag. 大〜 ardeaspag
じぎょう 事業 gnóthas
しきん 資金 caipiteal
しく 敷く leag; leath
じく 軸 ais; seafta
しげき 刺激 spreagadh
しけん 試験 scrúdú
しげん 資源 acmhainn
じけん 事件 imeachtaí, cás
じこ 自己 féin
じこ 事故 timpiste, taisme
じこく 時刻 aimsir, am, tráth
じごく 地獄 ifreann
しごと 仕事 obair, gnó. 〜をする oibrigh
しさい 司祭 sagart
しじ 支持 tacaíocht; taca
じじ 時事 cúrsaí reatha

しじする 指示する　múin, teagasc
じじつ 事実　fíric, fíoras
じしゃく 磁石　maighnéad, adhmaint
ししゅつ 支出　casiteachas
じしょ 辞書　foclóir
じじょう 事情　cúinsí, cúrsaí, staideanna
しじん 詩人　file
じしん 自身　an duine féin
じしん 自信　féinmhuinín
じしん 地震　crith talún
しずかな 静かな　ciúin, suaimhneach
しずむ 沈む　téigh síos, suncáil
しせつ 施設　saoráidí; institúid
しぜんな 自然な　nádúrtha
じだい 時代　aois, ré
したがう 従う　lean; géill do, umhlaigh do
したがって 従って　dá réir sin; mar sin de. (につれて) de réir
したぎ 下着　fo-éadaí
したしい 親しい　cairdiúil, bí mór le
したに 下に　faoi, síos, thíos, anuas, bun
しちがつ 7月　Iúil
しちめんちょう 七面鳥　turcaí
しちょう 市長　méara
しつ 質　cáilíocht
しつぎょう 失業　dífhostaíocht
じつぎょう 実業　gnó; tionscal
しっけ 湿気　fliuchán, taisleach. 〜のある fliuch, tais
じっけん 実験　turgnamh
じっこうする 実行する cleacht, déan
じっさいてき 実際的　praiticiúil
じっしする 実施する　feidhmigh, cuir i bhfeidhm
じっせんする 実践する　cleacht, déan
しっそな 質素な　simplí
しっち 湿地　portach
しっと 嫉妬　éad
しつないに 室内に　istigh, laistigh. 室内の(プールなど) faoi dhíon
じつに 実に　dáiríre, go fírinneach. 実は déanta na fírinne, dáiríre píre
しっぱい 失敗　dearmad, earráid
しつぼう 失望　díomá
しつもん 質問　ceist, fiafraí. 〜する ceistigh, fiafraigh, iarr
じつようの 実用の　praiticiúil
じつりょく 実力　cumas, ábaltacht
しつれいな 失礼な　mímhúinte
していする 指定する　ceap
してきな 私的な　pearsanta; príobháideach
してん 支店　brainse, gasta
じでん 自伝　dírbheathaisnéis
じてんしゃ 自転車　rothar
しどう 指導　treoir
じどう 児童　páiste
じどうしゃ 自動車　carr, gluaisteán
じどうの 自動の　uathoibríoch
しなもの 品物　earraí, rud
シナリオ　script

しぬ 死ぬ　faigh bás, éag
しば 芝　léana, faiche
しはい 支配　riail, ceannas. 〜人 bainisteoir
しはらう 支払う　íoc, díol
しばらく　go ceann tamall ; ar feadh tamaill fhada
しばる 縛る　ceangail
じぶん 自分　an duine féin
しへい 紙幣　nóta bainc
しぼう 死亡　bás. 〜する faigh bás
しぼる 絞る　fáisc. (乳を) bligh, crúigh
しま 島　oileán, inis
しまい 姉妹　deirfiúr
しまる 閉まる　dún. 閉める dún, iaigh
しみん 市民　cathróir
じむしょ 事務所　oifig
しめい 氏名　ainm agus sloinne
しめす 示す　taispeán ; léirigh
しめる 占める　áitigh, coinnigh
じめん 地面　talamh
しや 視野　amharc, radharc
しゃかい 社会　sochaí ; an saol ; cumann
しゃげき 射撃　scaoileadh le
ジャケット　seaicéad
しゃこうてき 社交的　cuideachtúil
しゃしょう 車掌　stiúrthóir ; garda
しゃしん 写真　grianghraf. 〜を撮る glac grianghraf de
シャツ　léine
シャベル　spád ; sluasaid
しゃべる 喋る　labhair

しゃほん 写本　lámhscríbhinn
じゃまする 邪魔する　bac, cuir as do
ジャム　subh
シャムロック　seamróg
しゃりょう 車両　feithicil ; carráiste
しゃりん 車輪　roth
シャワー　cithfhoocadh
シャンプー　púdar foltfholcadh
しゅう 州　cúige
しゅう 周　timpeall cúrsa
しゅう 週　seachtain
じゆう 自由　saoirse
じゅう 銃　gunna
じゅうい 獣医　tréidlia
じゅういちがつ 11月　Samhain
しゅういに 周囲に　timpeall
しゅうえき 収益　pá
しゅうかい 集会　cruinniú
しゅうかく 収穫　fómhar
じゅうがつ 10月　Deireadh Fómhair
しゅうかん 習慣　gnás, nós
しゅうかんの 週刊の　seachtainiúil
しゅうき 周期　timthriall
じゅうきょ 住居　teach
しゅうきょう 宗教　reiligiún
じゅうぎょういん 従業員　fostaí, oibrí
しゅうげき 襲撃　ionsaí
しゅうごう 集合　cruinniú
じゅうじか 十字架　crois
じゅうじする 従事する　bí i mbun
じゅうしょ 住所　seoladh
ジュース　sú

じゅうだいな 重大な tábhachtach, tromchúiseach
しゅうだん 集団 gasra, grúpa
じゅうにがつ 12月 Mí na Nollag
しゅうにゅう 収入 fáltas, ioncam
じゅうぶん 十分 dóthain, sáith. 〜な go leor
じゅうような 重要な tábhachtach
しゅうり 修理 deisiú, cóiriú. 〜する deisigh, cóirigh
しゅうりょう 終了 críoch, deireadh. 〜する cuir deireadh le
じゅぎょう 授業 ceacht, rang
しゅくしょうする 縮小する laghdaigh
しゅくだい 宿題 obair bhaile
しゅくはくする 宿泊する fan
しゅさいする 主催する téigh in urrús ar
しゅじゅつ 手術 obráid
しゅしょう 首相 Taoiseach
しゅじん 主人 máisrir
じゅしん 受信 glacadh
しゅぞく 種族 treibh; cine
しゅだい 主題 ábhar, téama
しゅだん 手段 caoi
しゅちょう 主張 dearbhú
しゅっしんである 出身である is as
しゅっせき 出席 freastal; tinreamh
しゅっぱつする 出発する tosaigh, imigh
しゅっぱん 出版 foilsitheoireacht

しゅと 首都 príomhchathair
しゅとして 主として den chuid is mó
しゅふ 主婦 bean tí
しゅみ 趣味 spéis
じゅみょう 寿命 fad saoil
じゅよう 需要 éileamh
しゅような 主要な ceann-, príomh-
しゅりょう 狩猟 seilg, fiach
しゅるい 種類 sórt, saghas, cineál
じゅんかん 循環 cúrsaíocht
じゅんじょ 順序 eagar
じゅんすいな 純粋な íon, glan
じゅんちょうに 順調に go maith, go mín
じゅんばん 順番 ord; seal
じゅんび 準備 ullmhúchán, réiteach. 〜する ullmhaigh
しょう 賞 duais
しょう 省 aireacht
しょうがい 障害 constaic, bac
しょうがい 生涯 saol
しょうかいする 紹介する cuir in aithne
しょうかする 消化する díleáigh
じょうき 蒸気 gal
じょうきゃく 乗客 paisinéir
しょうぎょう 商業 tráchtáil, gnó
しょうきょくてきな 消極的な diúltach
じょうけん 条件 coinníoll
しょうご 正午 nóin; meán lae
じょうしき 常識 ciall
しょうじきな 正直な ionraic,

cóir
しょうじょ 少女　cailín
しょうすう 少数　beagán
じょうずな 上手な　maith, deas. 上手に go maith, go deas
しようする 使用する　bain úsáid as
しょうせつ 小説　úrscéal
じょうぞうする 醸造する　grúdaigh. 醸造所 grúdlann
しょうたい 招待　cuireadh
じょうたい 状態　staid
しょうだく 承諾　cead, deoin
じょうたつする 上達する　téigh chun cinn
じょうだん 冗談　magadh, cúis gháire
しょうち 承知　aontú, cead
しょうちょう 象徴　comhartha
しょうてん 商店　siopa. 〜街 ionad siopadóireachta
しょうてん 焦点　fócas
じょうとうの 上等の　thar barr, den chéad scoth
しょうどくする 消毒する　díghalraigh; aimridigh
しょうとつ 衝突　imbhualadh
しょうにん 承認　ceadú
しょうにん 商人　ceannaí
じょうねつ 情熱　paisean
しょうねん 少年　buachaill, garsún, stócach
じょうば 乗馬　marcaíocht
しょうばい 商売　gnó, gnóthas
じょうはつする 蒸発する　galaigh
しょうひ 消費　tomhaltas. 〜者 tomhaltóir

しょうひん 商品　earraí
じょうひんな 上品な　deismíneach
じょうぶな 丈夫な　láidir, righin
じょうへき 城壁　dún
じょうほ 譲歩　lamháltas
じょうほう 情報　ealas, faisnéis
しょうぼうたい 消防隊　briogáid dóiteáin
じょうみゃく 静脈　féith
じょうむいん 乗務員　criú
しょうめい 証明　cruthú
しょうめい 照明　soilsiú
しょうめんに 正面に　roimh; comhair
しょうもう 消耗　ídiú; traochadh
じょうやく 条約　conradh
しょうらい 将来　todhchaí
しょうりゃくする 省略する　fág ar lár
しょく 職　jab, task, post; gairm
しょくじ 食事　béile, proinn
しょくたく 食卓　bord
しょくどう 食堂　seomra bia, proinnseomra
しょくぶつ 植物　planda
しょくもつ 食物　bia; beatha
じょげんする 助言する　cuir comhairle ar
じょせい 女性　bean, bean uasal
しょとく 所得　incam, teacht isteach
しょめい 署名　síniú. 〜する sínigh

しょゆう 所有　seilbh, sealbhaíocht
しょりする 処理する　ionramháil
しょるい 書類　páipéir
しらがの 白髪の　liath, ceannliath
しらせ 知らせ　scéala, fógra. 〜る　scéala a dhéanamh ar, insint ar
しらべる 調べる　scrúdaigh, breathnaigh
しり 尻　mása, tóin
しりあい 知り合い　duine aitheantais
しりぞく 退く　(後退) céim a thabhairt ar gcúl. (引退) éirigh as
しりつの 私立の　príobháideach
しりょう 資料　ábhar ; sonraí
しりょく 視力　radharc na súl
しる 知る　(私はそれを知っている) tá a fhios sin agam ; tá sin ar eolas agam
しるし 印　comhartha
しろ 城　caisleán
しろい 白い　bán
しろうと 素人　amaitéarach
しわ (皮膚) roc. (布・紙) filltín
しんあいなる 親愛なる　ionúin
しんか 進化　forás ; éabhlóid
じんかく 人格　pearsantacht
しんくう 真空　folús
しんけい 神経　néaróg
しんけんに 真剣に　i ndáiríre
しんこう 信仰　creideamh
しんこう 進行　dul chun cinn

しんごう 信号　comhartha
じんこう 人口　daonra
じんこうてき 人工的　saorga
しんさ 審査　scrúdú ; breith
しんさつ 診察 (受ける) dul faoi scrúdú dochtúra
しんしゅつする 進出する　téigh chun tosaigh
しんじる 信じる　creid i ; bí muinín agat as
じんせい 人生　saol
しんせつな 親切な　cineálta
しんせんな 新鮮な　úr, nua, friseáilte
しんぞう 心臓　croí
しんちょうな 慎重な　cúramach, faichilleach
しんどうする 振動する　luasc
しんぱい 心配　imní
しんぱん 審判　moltóir ; réiteoir
しんぴてき 神秘的　mistéireach, rúndiamhair
しんぷ 神父　sagart
シンフォニー　siansa
じんぶつ 人物　duine
しんぶん 新聞　nuachtán
しんぼうする 辛抱する　fulaing, cuir suas le
しんぽする 進歩する　cuir chun cinn
しんみつな 親密な　dlúth ; cairdiúil
しんゆう 親友　cara cléibh
しんよう 信用　iontaoibh, muinín
しんらい 信頼　iontaoibh
しんり 真理　fírinne

しんりてき　心理的　intinne；
　síceolaíoch
しんりゃく　侵略　ionradh
しんりん　森林　coill
しんるい　親類　gaol, duine
　muinteartha
じんるい　人類　an duine, an
　cine daonna
しんわ　神話　miotas,
　miotaseolaíocht

す

す　巣　nead
す　酢　fínéagar
ず　図　pictiúl
すいえい　水泳　snámh
すいじゅん　水準　caighdeán,
　leibhéal
すいせん　推薦　mol
すいそ　水素　hidrigin
すいそくする　推測する
　tomhais
すいたい　衰退　meath, meathlú
すいちょくの　垂直の
　ingearach
スイッチ　lasc
すいていする　推定する　síl,
　meas
ずいひつ　随筆　aiste
すいへいの　水平の
　cothrománach
すいみん　睡眠　codladh
すいようび　水曜日　Céadaoin.
　～に　Dé Céadaoin
すいり　推理　réasúnaíocht
すいりょうする　推量する
　tomhais

すう　吸う　diúl, súigh
すうがく　数学　matamaitic
すうじ　数字　figiúr, uimhir
スーパーマーケット
　ollmhargadh
すうはいする　崇拝する　adhair
スープ　anraith
スカート　sciorta
スカーフ　scairf
すがた　姿　cuma, deilbh
すきである　好きである　is
　maith le
すぎる　過ぎる　gabh thar, téigh
　thar
すくう　救う　sábháil, tarrtháil
すくない　少ない　beag, tearc
すぐに　ar an bpointe,
　láithreach bonn
すごい　凄い　millteach,
　uafásach, uafar
すこし　少し　beagón, beag
すごす　過す　caith；ídigh；cuir
　amú
スコットランド　Albain. ～人
　Albanach
すずしい　涼しい　fionnuar
すすむ　進む　téigh chun
　tosaigh. 進める　cuir chun
　tosaigh
すすめる　勧める　mol
スタート　tosach
スタジアム　staid
スタッフ　foireann
スタンド　(観覧席) ardán. (売
　場) stainnín. (電気) lampa
スチール　(鋼鉄) cruach
ずつう　頭痛　tinneas cinn
すっかり　go hiomlán；ar fad

すっぱい 酸っぱい　géar, searbh
ステップ　céim
すでに　cheana (féin)
すてる 捨てる　caith, teilg
ステンレス　cruach dhomheirgthe
ストーブ　sorn
ストッキング　stoca
ストレス　straidhn
ストロー　sop
すな 砂　gaineamh
すなおな 素直な　ionraic ; umhal
すなわち　is é sin, atá, eadhon
スパゲティ　spaigití
すばらしい 素晴しい　iontach
スピード　luas
スプーン　spúnóg
スペースシャトル　spástointeálaí
すべての 総ての　gach uile, an uile
すべる 滑る　sciorr, sleamhnaigh
スポーツ　spórt
ズボン　bríste
スポンサー　urra
スポンジ　spúinse, múscán
すまい 住まい　teach ; seoladh
すみ 炭　fioghual, gualach
すみ 隅　cúinne ; coirnéal
すむ 住む　cónaigh
すむ 済む　críochnaigh
スモッグ　toitcheo
スリ　peasghadaí
する　dean, cuir ; imir
する 刷る　clóbhuail

するどい 鋭い　géar
すわる 座る　suigh

せ

せい 性　gnéas. (文法) inscne
せい 姓　sloinne
せいか 成果　toradh
せいかく 性格　pearsantacht, carachtar
せいかくな 正確な　beacht, cruinn
せいかつ 生活　beatha, maireachtáil
せいき 世紀　céad, aois
せいぎ 正義　cóir, ceart
せいきゅうする 請求する　éiligh, iarr
ぜいきん 税金　cáin
せいけい 生計　beatha, maireachtáil
せいけつな 清潔な　glan
せいげんする 制限する　teorainnaigh
せいこうする 成功する　éirigh le
せいさくする 制作する　táirg ; léirigh ; monaraigh
せいさん 生産　táirgeadh
せいじ 政治　polaitíocht. 〜家 státaire, polaiteoir
せいしきな 正式な　foirmiúil, oifigiúil
せいしつ 性質　nádúr, meon, dúchas
せいじゅくした 成熟した　aibí
せいしゅん 青春　óige. 〜期 óigeantacht

せいしょ 聖書　Bíobla
せいしん 精神　intinn, meabhair ; anam
せいじん 成人　duine fásta
せいせき 成績　marc
せいぞうする 製造する　déan, táirg, monaraigh
せいちょうする 成長する　fás
せいと 生徒　dalta
せいど 制度　córas
せいどう 青銅　umha
せいとうな 正当な　cóir, ceart
せいとんする 整頓する　slacht a chur ar
せいねん 青年　óganach
せいねん 成年　duine fásta
せいのう 性能　éifeachtacht
せいひん 製品　táirge
せいふ 政府　rialtas
せいふく 制服　éide culaith
せいふく 征服　gabháil ; bua
せいぶつ 生物　beo. 〜学 bitheolaíocht
せいほうけい 正方形　cearnóg
せいみつな 精密な　mion-
せいめい 生命　beatha, saol
せいめい 声明　fógra
せいめい 姓名　ainm
せいり 整理　eagar, ord
せいりつする 成立する　réadaigh ; cruthaigh
せいりょく 勢力　cumhacht, brí
せいれき 西暦　iarChríost [I.C]
セーター　geansaí
セールスマン[ウーマン]　fear [bean] díolacháin
せかい 世界　domhan
せき 席　suíochán

せき 咳　casacht
せきたん 石炭　gual
せきにん 責任　freagracht, cúram, muirear
せきひ 石碑　cloch chuimhne
せきゆ 石油　peitreal, artora
せだい 世代　glúin
せっきょくてきな 積極的な　dearfach, gníomhach
せっけいする 設計する　dear
せっけん 石鹸　gallúnach
ぜったいの 絶対の　absalóideach
せつび 設備　cóiríocht ; saoráidí
ぜつぼう 絶望　éadóchas
せつめいする 説明する　mínigh
せつりつする 設立する　bunaigh
せなか 背中　droim
ぜひ 是非　cinnte ; ar ais nó ar éigean
せまい 狭い　caol, cúng ; beag
せめる 責める　ciontaigh
せわ 世話　aire, cúram
せん 線　line ; sreang
せんい 繊維　snáithín
せんきょ 選挙　toghchán
せんげん 宣言　fófairt
せんこう 専攻　speisialtacht
せんこく 宣告　breith
せんざい 洗剤　glantóir
せんさいな 繊細な　fíneálta
せんし 戦士　gaiscíoch, laoch
せんじつ 先日　an lá faoi dheireadh
ぜんじつ 前日　an lá roimhe
せんしゅ 選手　imreoir

せんしゅう 先週　an tseachtain seo caite
ぜんしんする 前進する　cuir chum cinn
せんすい 潜水　tumadóireacht
せんせい 先生　múinteoir, oide
せんぞ 先祖　sinsear
せんそう 戦争　cogadh
センター　lár
ぜんたいの 全体の　uile, iomlán
せんたく 選択　roghnú, toghadh
せんたくする 洗濯する　nigh
せんたん 先端　bior, rinn
せんちょう 船長　captaen
ぜんちょう 前兆　tuar, mana
せんでん 宣伝　bolscaireacht, poiblíocht
せんとう 戦闘　cath
ぜんぱんの 全般の　gnáth-
ぜんぶ 全部　an uile
せんめいな 鮮明な　soiléir
せんめんじょ 洗面所　leithreas. 洗面台 báisín níocháin
せんもん 専門　speisialtacht
せんようの 専用の　príobháideach
せんりょう 占領　gabháil; lonnú
せんれい 洗礼　baisteadh
せんれんされた 洗練された　snasta, líofa
せんろ 線路　bóthar iarainn, iarnród

そ

ぞうか 増加　breis, ardú. 〜する ardaigh

そうこ 倉庫　stóras
そうごの 相互の　cómhalartach
そうごんな 荘厳な　sollúnta
そうさくする 捜索する　cuardaigh
そうしき 葬式　sochraid, tórramh
そうじする 掃除する　glan. 掃除機 folúsghlantóir
そうじゅう 操縦　stiúradh, píolótú. 〜士 píolóta
そうしょく 装飾　maisiúchán
そうぞうしい 騒々しい　callánach, glórach, torannach
そうぞうする 想像する　samhlaigh
そうぞうする 創造する　cruthaigh
ぞうだいする 増大する　méadaigh
そうだんする 相談する　comhairligh
そうち 装置　gaireas, trealamh
そうにゅうする 挿入する　cuir isteach
そうりだいじん 総理大臣　Taoiseach; príomh-aire
ソース　anlann
ソーセージ　ispín
そくざに 即座に　láithreach bonn, ar an toirt
そくしんする 促進する　cuir chun cinn
そくせきに 即席に　gan ullmhú
そくてい 測定　toisí
そくど 速度　luas
そくばくする 束縛する　cuir srian ar

そこ 底 bun, íochtar.
そこく 祖国 tír dhúchais
そこに ansin; ansiúd
そしき 組織 eagrú; córas
そして agus; ansin
そしょう 訴訟 cúis dlí
そそぐ 注ぐ doirt; cuir amach
そだつ 育つ fás. 育てる tóg; póraigh
そちら ansin
そつぎょうする 卒業する bain céim amach
ソックス stoca gearr
そっちょくに 率直に go hionraic
そで 袖 muinchille
そと 外 an taobh amuigh. 〜へ amach
そなえる 備える ullmhaigh
その sin, úd
そのうえ(に) le cois, chomh maith
そのうち go luath; gan mhoill
そのご その後 tar a éis sin; ó shin
そのた…など その他…など agus araile
そのため mar sin de, dá bharr sin
そのとき その時 ansin
そのほかの その他の eile
そば taobh. 〜の in aice láimhe. 〜に ar na gaobhair
そふ 祖父 seanathair
ソファ tolg
そぼ 祖母 seanmháthair
そぼくな 素朴な simplí
そまつな 粗末な bocht; uiríseal; ainnis
そめる 染める dathaigh
そら 空 an spéir
そる 剃る bearr
それ sin; sé, sí; é, í
それから (以来) ó shin. (次に) ansin
それぞれの gach
それだから dá bhrí sin
そろう 揃う iomlánaigh; cothromaigh. (集まる) cruinnigh le chéile
そん 損 caill
そんがい 損害 damáiste
そんけい 尊敬 meas; ómós

た

だい 題 teideal, ábhar
たいいく 体育 corpoideachas. 〜館 giomnáisiam
だいがく 大学 ollscoil
だいく 大工 siúinéir
たいくつな 退屈な tuirsiúil
たいこ 太鼓 druma
たいこう 対抗 coimhlint, iomaíocht
たいざいする 滞在する cónaigh, stad ag
たいし 大使 ambasadóir. 〜館 ambasáid
だいじな 大事な tábhachtach
たいしゅう 大衆 an pobal
たいしょう 対照 codarsnacht, contrárthacht
たいしょく 退職 scor; éirí
だいじん 大臣 aire
たいせいよう 大西洋 an

たいせつな 大切な tábhachtach
たいそう 体操 gleacaíocht
だいたい 大体 de ghnáth ; timpeall
だいたすう 大多数 den chuid is mó
たいだな 怠惰な leisciúil
たいだん 対談 agallamh
だいたんな 大胆な dána, dalba
たいど 態度 dearcadh
だいとうりょう 大統領 Uachtarán
だいどころ 台所 cistin
だいぶぶん 大部分 den chuid is mó ; go hiondúil
たいへいよう 太平洋 an tAigéan Ciúin
たいへん(に) 大変(に) go huafásach ; iontach ; an- ; fíor-
たいへんな 大変な （重大）dáiríre. （たくさん）ábhalmhór
たいほ 逮捕 gabháil
たいまんな 怠慢な falsa
タイヤ bonn
ダイヤモンド diamant
ダイヤル diail
たいよう 太陽 grian
たいらな 平らな cothrom
だいり 代理 ionadaíocht. 〜人 ionadaí
たいりく 大陸 mór-roinn, ilchríoch
たいわ 対話 comhrá, agallamh beirte
たえず 絶えず i gcónaí, de shíor
 tAigéan Atlantach

たえる 耐える fulaing, seas
たえる 絶える téigh in éag ; gearr, stad as
タオル tuáille
たおれる 倒れる tit, leag. 倒す leag, treascair
たかい 高い ard. 高さ airde
たがいに 互いに a chéile
たがやす 耕す treabh
たから 宝 ciste, seoid
だきょうする 妥協する comhréitigh
だく 抱く cuach, diurnaigh
たくさん 沢山 mórán, a lán, go leor
タクシー tacsaí
たくわえる 蓄える stóráil, taisc
たしかな 確かな cinnte, dearfa, deimhineach
たしかめる 確かめる cinntigh, deimhinigh
たしょう 多少 beagán, roinnt
たすう 多数 lear, mórán, mórchuid
たすける 助ける cuidigh, cabhraigh
たずねる 尋ねる cuir ceist ar
たずねる 訪ねる tabhair cuairt ar
たたかう 戦う troid
たたく 叩く buail ; cnag
ただしい 正しい ceart
たちいりきんし！立入禁止 coinnigh siar !
たちさる 立ち去る fág, imigh
たちば 立場 dearcadh
たつ 立つ seas

たつ 絶つ　scoith
たつ 経つ　imigh, téigh thart
だっしゅつ 脱出　éalú
たっする 達する　sroich; tar ar
たっせい 達成　éacht
たて 縦（長）fad.（高）ard.
　～に ar (a) fhad
たて 盾　sciath
たてもの 建物　foirgneamh
たてる 建てる　tóg, déan
たとえ（仮に）féin, (go) fiú
たとえば 例えば　mar shampla
たとえる　cuir i gcomparáid
たな 棚　seilf
たに 谷　gleann
たにん 他人　daoine eile
たね 種　síol, ～をまく cuir
たのしい 楽しい
　taitneamhach, pléisiúrtha. 楽
　しみ taitneamh, sásamh
たのむ 頼む　fiafraigh, iarr
たば 束　beart, burla.（書類）
　cual
たばこ　toitín. ～を吸う caith
たび 旅　taisteal
たびたび 度々　go minic
たぶん 多分　is dócha, de réir
　dealraimh
たべもの 食物　bia
たべる 食べる　ith
たま 球　liathróid
たまご 卵　ubh
たましい 魂　anam
だます 騙す　meall, cealg
たまたま　de thaisme
たまに　anois is arís
だまる 黙る　tost
ためす 試す　triail, tástáil

たもつ 保つ　coinnigh
たよる 頼る　braith ar; bí
　iontaoibh agat as
たりる 足りる　bí go leor; is
　leor
だれ 誰　cé. あの男の人は誰か？
　cé hé sin？
たんい 単位　aonad
たんけんする 探検する
　taiscéal
たんご 単語　focal
だんじき 断食　troscadh
たんじゅんな 単純な　simplí
たんしょ 短所　máchail, locht
たんじょう 誕生　breith. ～日
　breithlá
ダンス　damhsa, rince. ダンサー
　rinceoir, damhsóir
たんすいかぶつ 炭水化物
　carbaihiodráit
たんすうの 単数の（文法）
　uatha
だんせい 男性　fireannach.（文
　法）firinscneach
だんたい 団体　gasra, grúpa
だんだん（と）de réir a chéile
たんちょうな 単調な　liosta;
　leamh
たんてい 探偵　bleachtaire
だんていする 断定する　cuir
　críoch ar
たんどくの 単独の
　neamhspleách
たんにんする 担任する　aire a
　thabhairt do
だんねんする 断念する　éirigh
　as
たんぱくしつ 蛋白質　próitéin

だんぼう 暖房　téamh
たんぽぽ　caisearbhán
だんりょくのある 弾力のある　leaisteach
だんろ 暖炉　iarta, teallach

ち

ち 血　fuil
ちい 地位　post ; stádas
ちいき 地域　ceantar, limistéar
ちいさい 小さい　beag
ちえ 知恵　críonnacht, eagna
ちかい 近い　cóngarach, in aice. 近くに in aice le
ちかい 誓い　geall, mionn
ちがい 違い　difear, difríocht. 違う bí difriúil le
ちかづく 近づく　druid le
ちかてつ 地下鉄　traein faoi thalamh
ちかの 地下の　faoi thalamh
ちかみち 近道　aicearra
ちから 力　cumhacht, neart, brí
ちきゅう 地球　an Domhan
チキン　sicín ; circeoil
ちく 地区　ceantar
ちこくする 遅刻する　bí mall ag
ちしき 知識　fios, eolas
ちず 地図　mapa
ちち 父　athair
ちつじょ 秩序　ord ; smacht
ちのう 知能　intleacht, eagna
ちへいせん 地平線　bun na spéire
ちほう 地方　ceantar, dúiche
ちゃ 茶　tae

ちゃくりくする 着陸する　tuirling
ちゅういする 注意する　tabhair aird[aire] do
ちゅうがっこう 中学校　meánscoil
ちゅうかん 中間　meán, lár
ちゅうこくする 忠告する　comhairligh
ちゅうし 中止　stad ; cur ar ceal ; cealú
ちゅうじつな 忠実な　dílis
ちゅうしゃく 注釈　nótaí
ちゅうしゃする 駐車する　páirceáil. 駐車場 áit pháirceála
ちゅうしょうてき 抽象的　teibí
ちゅうしょく 昼食　lón
ちゅうしん 中心　lár, ceartlár
ちゅうせい 中世　an Mheánaois, na Meánaoiseanna. ～の meánaosta
ちゅうどく 中毒　nimhiú. 食～ nimhiú bia
ちゅうもく 注目　aire, aird
ちゅうもん 注文　ordú, iarratas
ちゅうりつの 中立の　neodrach
ちょう 蝶　féileacán
ちょうかく 聴覚　éisteacht
ちょうこう 兆候　airí
ちょうこく 彫刻　dealbhóireacht. ～家 dealbhóir
ちょうさ 調査　scrúdú
ちょうし 調子　fonn ; tuim
ちょうしゅう 聴衆　lucht éisteachta
ちょうしょ 長所　luaíocht, fiúntas
ちょうしょう 嘲笑　magadh

ちょうじょう 頂上　barr
ちょうしょく 朝食　bricfeasta
ちょうせい 調整　cóiriú.（価格）cóigeartú
ちょうせつ 調節　rialú; stiúir
ちょうせん 挑戦　dúshlán
ちょうぞう 彫像　dealbh
ちょうちょう 町長　méara
ちょうていする 調停する　déan eadráin
ちょうてん 頂点　barr
ちょうど 丁度　ceart, go beacht
ちょうほうけい 長方形　dronuilleog
ちょうわ 調和　comhcheol
チョーク　cailc
ちょきん 貯金　airgead i dtaisce
ちょくせつの 直接の　díreach
ちょしゃ 著者　scríbhneoir
ちょぞうする 貯蔵する　stóráil
ちょっけい 直径　trastomhas
ちり 塵　scaip, déan praiseach de
ちりょう 治療　cóireáil
ちる 散る　tit, scaip
ちんぎん 賃金　tuarastal, pá
ちんぼつする 沈没する　báigh
ちんもく 沈黙　ciúnas
ちんれつする 陳列する　taispeáin

つ

つい 対　péire
ついに 遂に　faoi dheireadh
つうがく 通学　dul ar scoil
つうこう 通行　pasáiste, trácht
つうしん 通信　cumarsáid. 〜衛星 saitilít cumarsáide
つうち 通知　fógra, tuairisc. 〜する tuairiscigh
つうやく 通訳　teangaireacht. 〜者 teangaire
つうろ 通路　pasáiste, dorchla
つえ 杖　bata siúil
つかう 使う　bain úsáid [feidhm] as
つかまえる 捕まえる　beir ar, gabh
つかむ 掴む　glac, faigh greim ar, beir ar
つかれる 疲れる　tuirsigh
つき 月　gealach.（暦）mí
つぎに 次に　ina dhiaidh sin. 次の人 an chéad duine eile. 次の日 an lá dar gcionn. 次の金曜日に Dé hAoine seo chugainn
つきる 尽きる　caith, ídigh
つく 突く　prioc
つく 付く　greamaigh. 付ける greamaigh; ceangail
つく 着く　scoich
つぐ 継ぐ　faigh le hoidhreacht
つぐ 注ぐ　cuir amach
つくえ 机　deasc
つぐなう 償う　fus cúitigh le
つくる 作る　déan; monaraigh; táirg
つげる 告げる　abair, aithris, inis
つごう 都合　áisiúlacht; áis, gar
つたえる 伝える　inis; labhair.（熱）seachaid.（テレビ）tarchuir

つち 土　ithir, talamh, cré
つつ 筒　píobán, tiúb; sorcóir
つづく 続く　lean, mair
つづける 続ける　lean ar
つつみ 包み　pacáiste. 包む pacáil
つづり 綴り　litriú. 綴る litrigh
つとめる 勤める　bí ag obair
つな 綱　rópa, téad, corda
つながり 繋がり　cónasc, baint. 繋ぐ ceangail, nasc
つの 角　adharc
つぶ 粒　gráinne; deoir
つぶす 潰す　brúigh; meil. 潰れる brúigh; bris
つぼ 壷　crúsca, pota
つま 妻　bean (chéile), banchéile
つまらない　strambánach, tur. (無価値) beagmhaitheasach
つまり　tar éis an tsaoil; mar atá
つみ 罪　coir. (道徳) peaca
つみに 積荷　lód, ualach
つむ 積む　lódáil; carn
つむ 摘む　pioc; bain
つめ 爪　ionga
つめたい 冷たい　fuar; dearóil
つめたくなる 冷たくなる fuaraigh, téigh i bhfuaire
つめる 詰める　líon, stuáil; pacáil
つや 通夜　faire
つゆ 露　drúcht
つよい 強い　láidir, neartmhar, tréan
つらい 辛い　pionmhar, nimhneach

つり 釣り　iascaireacht. 釣る iasc
つり 釣　（銭）athrú
つりあい 釣り合い　cóimheá; scálaí; cothrom
つるす 吊す　croth

て

て 手　lámh
てあて 手当　cóireáil
ていあんする 提案する　mol
ていきの 定期の　rialta
ていきょうする 提供する ofráil, tairg
ていこう 抵抗　cur in aghaidh
ていし 停止　stad; fionraíocht
ていしゅつする 提出する　cuir isteach, cuir faoi bhráid
ていせいする 訂正する ceartaigh
ていち 低地　ísealchríoch
ていど 程度　céim, grád
ていねいな 丁寧な　múinte, béasach
ていぼう 堤防　bruach
ていりゅうじょ 停留所　stad
ていれ 手入れ　（修繕）deisiú. （世話）aire
データ　sonraí
テープ　téip. 〜レコーダー téipthaifeadán
テーブル　bord, tábla
テーマ　téama
でかける 出掛ける　téigh, imigh, gabh
てがみ 手紙　litir
てがら 手柄　éacht, gaisce,

gníomh
てき 敵 namhaid
てきい 敵意 naimhdeas
てきおうする 適応する oiriúnú
できごと 出来事 taulú, eachta
てきせつな 適切な feiliúnach, oiriúnach
…できる is féidir
でぐち 出口 bearach[doras] amach
てつ 鉄 iarann
てつがく 哲学 fealsúnacht
てつだう 手伝う cuidigh le, cúnaigh le
てつどう 鉄道 bóthar iarainn
デパート siopa ilranna
てる 照る soilsigh, las
でる 出る téigh amach, tar amach
テレビ(ジョン) teilifís
テロ(リズム) sceimhlitheoireacht
てん 天 spéir
てん 点 ponc, pointe
てんいん 店員 díoltóir
てんかい 展開 forbairt; forás
てんかい 転回 réabhlóid; casadh
てんき 天気 aimsir
でんき 電気 leictreachas
でんき 伝記 beathaisnéis
でんきゅう 電球 bolgán
てんけいてき 典型的 samplach, tipiciúil
てんごく 天国 neamh, na flaithis
でんごん 伝言 teachtaireacht
てんさい 天才 sárintleachtach

でんし 電子 leictreon. ～工学 leictreonaic
てんじする 展示する taispeáin, léirigh
でんしゃ 電車 traein
てんしゅ 店主 siopadóir
てんじょう 天井 síleáil
でんしょう 伝承 béaloideas
でんしん 電信 teileagraf
でんせつ 伝説 finscéal; traidisiún
でんせん 伝染 galrú, ionfhabhtú
でんたつ 伝達 iompar; tarchur
でんち 電池 bataire
テント puball
てんとう 転倒 titim
でんとう 伝統 traidisiún
でんとう 電灯 solas
でんどう 伝道 misean
でんどうの 電動の leictreach
てんねんの 天然の nádúrtha
でんぱ 電波 raidió
てんぴ 天火 oigheann
てんぼう 展望 amharc, radharc
てんもんがく 天文学 réalteolaíocht
でんらいの 伝来の dúchasach, oidhreachtúil
てんらんかい 展覧会 taispeántas
でんりゅう 電流 sruth leictreach
でんわ 電話 guthán, teileafón

と

- ドア　doras
- とう　塔　túr
- とう　党　páirtí
- どう　胴　cabhail; colainn, corp
- どう　銅　copar
- どういする　同意する　deonaigh, toiligh
- といつする　統一する　aontaigh
- とうき　陶器　cré-earraí, potaireacht
- どうぐ　道具　uirlis, acra
- どうさ　動作　bogadh, gluaiseacht
- どうじに　同時に　san am céana
- どうじょう　同情　comhbhrón, trua; bá, dáimh
- とうぜん　当然　ar ndóigh
- どうぞ　le do thoil; más é do thoil é
- とうそう　逃走　éalú
- とうそう　闘争　gleic, comhrac, troid
- とうだい　灯台　teach solais
- とうたつする　到達する　bain amach, sroich, tar chuig
- とうちする　統治する　rialaigh, stiúir
- とうちゃくする　到着する　stoich, bain amach
- とうとう　faoi dheireadh; i ndiaidh an iomláin
- どうとく　道徳　moráltacht
- とうなん　盗難　robáil
- とうなん　東南　oirdheisceart
- どうにか　ar chaoi éigin, ar dhóigh éigin
- どうにゅう　導入　tionscnamh; tabhairt isteach; réamhrá
- とうばん　当番　dualgas; cúram
- とうひょうする　投票する　vótáil, caith vóta
- どうぶつ　動物　ainmí, beithíoch. ～園 sú, gairdín ainmithe
- とうぶん　当分　（しばらくの間）go ceann tamaill; ar feadh scaithimh. (今のところ) don am i láthair
- とうぼう　逃亡　éalú; teitheadh
- どうみゃく　動脈　artaire, cuisle mhór
- どうめい　同盟　comhaontas; conradh; aontas
- とうめいな　透明な　gléineach, trédhearcach
- トウモロコシ　arbhar
- とうよう　東洋　an t-Oirthear, an Domhan Thoir
- どうよう　動揺　croitheadh; creathán
- どうようの　同様の　céanna; ionann
- どうらん　動乱　círéib; cogadh
- どうり　道理　réasún, cúis, fáth
- どうりょう　同僚　comhghleacaí, comhalta
- どうろ　道路　bóthar, slí, bealach
- とうろくする　登録する　cláraigh
- とうろん　討論　díospóireacht, caibidil

どうわ 童話　síscéal	としより 年寄り　seanduine
とうわく 当惑　mearú, mearbhall	とじる 閉じる　dún
とおい 遠い　fada；i bhfad ar shiúl	どだい 土台　bunú；bonn
	とだな 戸棚　cupard, almóir
とおす 通す　téigh thar；scoith；ceadaigh	とち 土地　talamh, tír
	とちゅうで 途中で　ar an mbealach
とおす 透す　leath ar fud；snigh trí	どちら(の)　cé acu；cén
	とっきゅう 特急　〜列車 luastraein. 〜バス luasbhus
トースター　tóstaer	
トースト　tósta	とっしんする 突進する brostaigh；deifrigh
ドーナツ　taoschnó	
とおり 通り　stáid	とつぜん 突然　go tobann
とかい 都会　cathair	とって 取っ手　lámh；cos；murlán；cluas；hanla
とき 時　am；uair. …する〜 nuair	
	とっておく 取っておく coimeád；sábháil；coinnigh
ときどき 時々　corruair, uaireanta	
とく 得　brabús, brabach	どて 土手　bruach
とく 解く　tuaslaig；dícheangail	とどく 届く　scoich, bain amach. 届ける tuairiscigh；cuir in iúl
どく 毒　nimh	
どくしゃ 読者　léitheoir	ととのえる 整える　ullmhaigh；gléas；déan réidh
どくしょ 読書　léitheoireacht	
とくちょう 特徴　tréith, airí	とどまる 留[止]まる　fan；mair. 留める stad；éirigh as
どくとくの 独特の　uathúil	
とくに 特に　go mór mór, go speisialta	とどろく 轟く　búir；géim
	となり 隣り　béal dorais
とくべつな 特別な　speisialta	どの　cé acu；céard；cad；cén rud
どくりつ 独立　neamhspleáchas	
とけい 時計　clog	とばく 賭博　cearrbhachas
とける 溶ける　leáigh	とびあがる 飛び上がる　léim；preab；clis；éirigh
どこ　cá, cá háit, cén áit	
ところ 所　áit, láthair	とびこみ 飛び込み tumadóireacht
とざん 登山　sléibhteoireacht	
とし 年　bliain. (年令) aois	とぶ 飛ぶ　eitil. 飛ばす eitil；séid de
とし 都市　cathair	
としょかん 図書館　leabharlann	とぶ 跳ぶ　léim
	とぼしい 乏しい　gortach；

tearc ; gann
とほで 徒歩で de chois, de shiúl cos
トマト tráta
とまる 止まる stad, stop. 止める stad, stop
とまる 泊まる fan ; lonnaigh
とみ 富 saibhreas, maoin
とも(だち) 友(達) cara
ともしび 灯火 solas
ともす 灯[点]す loisc ; adhain ; las
ともなう 伴う comóir, tionlaic
ともに 共に le chéile, in éineacht ; araon
どようび 土曜日 Satharn. 〜に Dé Sathairn
ドライブ gluaisteánaíocht
とらえる 捕える beir ar, gabh
トラック trucail. (競技) raon
トランプ cárta
とり 鳥 éan
とりあつかう 取り扱う déileáil le ; láimhsigh
とりかえる 取り替える athraigh ; malartaigh
とりけす 取り消す cealaigh
とりひき 取り引き déileáil ; gnó
どりょく 努力 iarracht
とる 取[捕]る beir ; gabh ; glac ; tóg
どれ cé acu
トレーニング traenáil. 〜ウェア raonchlaith
トレーラー leantóir
ドレス éadach, éide ; gúna
ドレッシング anlann, blástán

どろ 泥 clábar, lábán
どろぼう 泥棒 gadaí, bradaí
どんかんな 鈍感な dúr ; neamh-mhothálach, gan mhothú
どんな cén chaoi, cad é mar, conas
トンネル tollán
どんよくな 貪欲な amplach ; santach

な

ナイフ scian
ないぶ 内部 an toabh istigh
ないよう 内容 lucht
なおす 直す deisigh ; ceartaigh
なおす 治す leigheas
ながい 長い fada. 長さ fad
ながし 流し (台所) doirteal
なかに 中に i ; istigh
なかま 仲間 cuideachta, compánach
ながめ 眺め amharc, radharc
ながれる 流れる sruthaigh ; imigh
なく 泣く caoin, goil
なく 鳴く glam ; búir
なぐさめ 慰め cluthaireacht, sólás, sócúl
なくす 無くす caill ; bain amach
なぐる 殴る buail
なげく 嘆く osnaigh ; cuir dobrón ar
なげる 投げる caith, teilg
…なしで gan
なぜ cén fáth, cad chuige, cad

ina thaobh
なぜならば　mar, oir, toisc
なぞ　tomhas
なつ　夏　samhradh
なづける　名付ける　ainmigh, baist
なっとく　納得　aontú; comhréiteach
…など　agus mar sin de, agus araile
ななめの　斜めの　fiar
なに　何　cad, céard
なまえ　名前　ainm
なまける　怠ける　bí díomhaoin, bí leisciúil
なまの　生の　amh
なみ　波　tonn
なみだ　涙　deoir
なやみ　悩み　imní, buairt, crá. 悩む　bí imní ort
ならう　習う　foghlaim
…ならば　dá ; má ; ar choinníoll go
ならぶ　並ぶ　ciúáil. 並べる　cuir i líne
なりたち　成り立ち　（起源）bunús.（構造）struchtúr
なる　鳴る　grúntáil ; cling ; fuaimnigh
なる　成る　éirigh, téigh chun
なれる　慣れる　éirigh cleachta le
なわ　縄　rópa, téad
なんきょく　南極　an Mol Theas
なんじ？何時？　cén t-am é?
なんせい　南西　iardheisceart
なんでも　（どれでも）rud ar bith, aon rud.（全て）gach (aon) rud
なんとう　南東　oirdheisceart
なんぱ　難破　longbhriseadh

に

にあう　似合う　feil do, oir do
におい　匂い　boladh ; cumhracht. 匂う　bolaigh
にがい　苦い　searbh
にがつ　2月　Feabhra
にぎやかな　賑やかな　anamúil, bíogúil ; callánach
にぎる　握る　forghabh
にく　肉　feoil
にくたい　肉体　an cholainn
にくむ　憎む　fuathaigh, gráinigh
にげる　逃げる　éalaigh
にし　西　iarthar. 〜の　iartharach. 〜へ　siar. 〜風　aniar
にじ　虹　tuar ceatha, bogha báistí
にじゅうの　二重の　dúbailte
ニシン　scadán
にせの　偽の　bréagach, falsa ; mídhílis
にそう　尼僧　bean rialta
にちじ　日時　dáta
にちじょうの　日常の　laethúil
にちぼつ　日没　luí gréine, dul faoi na gréine
にちようの　日用の　laethúil
にちようび　日曜日　Domhnach. 〜に　Dé Domhnaigh
にっき　日記　dialann, cín lae
にっこう　日光　solas na gréine, grian

にっちゅう 日中　i rith an lae, de sholas lae
にている 似ている　gabh le, téigh le
にぶい 鈍い　dúr, marbhánta, dobhránta
にほん 日本　an tSeapáin. 〜人 Seapánach. 〜語 Seapáinis
にもかかわらず　ina dhiaidh sin (is uile), ar a shon sin, fós
にもつ 荷物　ualach, eire, lód
ニュース　scéala, nuacht. 〜キャスター léitheoir nuachta
にる 似る　bí cosúil le
にる 煮る　cócaráil, bruith
にわ 庭　gairdín
にわとり 鶏　(雌) cearc. (雄) coileach
にんき 人気　toil mhór na daoine do; gnaoi na daoine ar
にんぎょう 人形　bábóg
にんげん 人間　duine daonna
にんしき 認識　meabhraíocht; aitheantas; tuiscint
ニンジン　cairéad, meacan dearg
にんたい 忍耐　foighne
にんめいする 任命する　ceap; ainmigh

ぬ

ぬう 縫う　fuaigh
ぬける 抜ける　tar amach; tit amach
ぬすむ 盗む　goid
ぬの 布　éadach, bréid; ceirt
ぬま 沼　portach, móinteán; seascann
ぬる 塗る　(ペンキ) péinteáil. (色) dathaigh
ぬれた 濡れた　fliuch. 濡れる fliuch

ね

ねがい 願い　mian, dúil; achainí. 願う is mian le, bí ag dúil le
ネクタイ　carbhat
ねこ 猫　cat
ネズミ　luch, luchóg
ねだん 値段　praghas
ねつ 熱　teas. (体温) fiabhras
ねっきょう 熱狂　fanaiceacht
ねっしん 熱心　díocas, díograis. 〜な díocasach
ねったい 熱帯　teochrios
ねっちゅうする 熱中する　díograis; fonn; mearadh
ネット　líon, eangach
ねつれつな 熱烈な　paiseanta, gorthach
ねばる 粘る　greamaigh
ねびき 値引き　lascaine
ねむい 眠い　codlatach
ねむり 眠り　codladh. 眠る codail
ねらい 狙い　aidhm; aimsiú. 狙う aimsigh
ねる 寝る　luigh (síos)
ねん 年　bliain; grád; rang
ねんきん 年金　pinsean
ねんど 粘土　cré, créafóg
ねんりょう 燃料　breosla, connadh

ねんれい 年令 aois

の

の 野 gort, má
のう 脳 inchinn
のうぎょう 農業 talmhaíocht, feirmeoireacht
のうふ 農夫 feirmeoir
のうりつ 能率 éifeachtacht
のうりょく 能力 ábaltacht, cumas
のこす 残す taisc, coinnigh
のせる 乗せる tabhair síob do; tabhair marcaíocht do
のせる 載せる cuir ar; foilsigh
のぞく 除く bain amach
のぞく 覗く spléach ar
のぞみ 望み fonn; mian, dúil. 望む is mian le; santaigh
のちに 後に níos moille; ar ball; amach anseo
ノック cnag
のど 喉 scornach, sceadamán
のばす 延ばす fadaigh; sín. 延びる fadaigh; sín
のべる 述べる abair, inis; sloinn
のぼる 上[登]る ardaigh, téigh suas, tóg; dreap
のみもの 飲物 deoch, ól
のむ 飲む ól
のり 糊 leafaos, taos; stailc
のりかえ 乗り換え （電車） aistriú
のりくみいん 乗組員 criú, foireann
のりもの 乗物 feithicil; iompar
のる 乗る marcaigh; tabhair geábh
のろい 呪い eascaine, mallacht

は

は 歯 fiacail; déad. 〜ブラシ scuab fiacla.
は 葉 duille, duilleog
ばあい 場合 cás, cúinse, ócáid
パーセント céatadán
パーティー cóisir
ハーリング iomáint, iománaíocht. 〜ボール sliotar. 〜スティック camán
はい 灰 luaith. 〜色 liath
はい 肺 scamhóg
バイオリン veidhlín
はいき 廃棄 cealú, cur ar ceal
はいきょ 廃墟 ballóg; fothrach
ハイキング slúid
バイク gluaisrothar
はいけい 背景 cúlra
はいざら 灰皿 luaithreadán
はいし 廃止 díobhadh, cur ar ceal
はいしゃ 歯医者 fiaclóir
はいたつする 配達する seachaid; tabhair do
はいち 配置 socrú; eagar
ばいてん 売店 both
はいとう 配当 cuid, roinnt; díbhinn
ばいばい 売買 ceannach agus díol
パイプ píobán; píopa

はいゆう 俳優　aisteoir
はいる 入る　téigh[tar] isteach
はか 墓　uaigh, tuama
はかい 破壊　scrios, léirscrios
はがき 葉書　cárta poist
はかせ 博士　dochtúir
はかり 秤　meá ; tomhas
はかる 計る　meáigh, tomhais
はく 履く　caith
はく 掃く　scuab
はくしゅ 拍手　bualadh bos
ばくだん 爆弾　buama. 原子〜 buama adamhach
ばくはつ 爆発　pléasc
はくぶつかん 博物館　iarsmalann
はげしい 激しい　foréigneach, dian ; géar
はげむ 励む　saothraigh. 励ます misnigh
はけん 派遣　seoladh, cur. 〜する seol, cuir
はこ 箱　bosca
はこぶ 運ぶ　iompair
はさみ 鋏　siosór
はさむ 挟む　ionsáigh, cuir isteach
はさん 破産　féimheacht
はし 端　ceann ; bruach, imeall
はし 橋　droichead
はじ 恥　náire
はしご　dréimire
はじまる 始まる　tosaigh, cuir tús le. 始める tosaigh, cuir tús le
はじめ 初[始]め　tosach, tús. 〜は i dtosach ; dtús. 〜に ar dtús
パジャマ　pitseámaí

ばしょ 場所　áit ; ionad ; láthair
はしら 柱　colún ; cuaille
はしる 走る　rith
バス　bus
バス （風呂）folcadán
バスケット　bascaed ; ciseán ; cis
バスケットボール　cispheil
はずす 外す　bain as, bain de ; tóg
バスト　bráid ; busta
パスポート　pas
はずれ 外れ　（端）ceann, bun. （町の）imeall.（失敗）loiceadh
はずれる 外れる　（失敗）teip, loic
パソコン　ríomhaire pearsanta
はた 旗　bratach
はだ 肌　craiceann
バター　im
はだかの 裸の　nocht ; lom
はたけ 畑　gort ; cuibhreann ; garraí
はだしの 裸足の　cosnochta
はたす 果たす　críochnaigh, cuir i grích
はたらき 働き　obair, saothar. 働く oibrigh, saothraigh
はち 鉢　babhla, cuach ; pota
はち 蜂　beach
はちがつ 8月　Lúnasa
ばつ 罰　pionós
はついく 発育　fás ; forás ; borradh
はつおん 発音　fuaimniú, foghraíocht
バッグ　mála
はっけん 発見　fionnachtain.

～する fionn, faigh amach
はつげん 発言 focal, caint.
～する abair
はっこう 発行 foilsitheoireacht
はっしゃ 発射 lámhach, scaoileadh. ～する lámhach, scaoil
はっせい 発生 （事件）tarlú. ～する tarlaigh
はったつ 発達 forbairt, forás. ～する forbair, fás
はってん 発展 fairsingiú, leathnú. ～する fairsingigh, leathnaigh
はっぴょう 発表 fógra. ～する fógair
はつめい 発明 aireagán. ～する cum, ceap. ～者 aireagóir
はでな 派手な feiceálach, péacach
はな 花 bláth, plúr
はな 鼻 srón
はなし 話 caint ; comhrá ; scéal. 話す labhair le ; abair, inis ; aithris
はなす 離す scar ó, dealaigh ó
はなす 放す lig amach do ghreim ; scaoil
はなむこ 花婿 grúm
はなよめ 花嫁 brídeach
はなれる 離れる fág, bí ar shiúl
はね 羽 cleite, cluimhreach
はねる 跳ねる leim
はは 母 máthair
はぶく 省く fág ar lár ; eisiaigh

はまべ 浜辺 trá, cladach
はめつ 破滅 scrios, milleadh
ばめん 場面 radharc ; suíomh ; ionad
はやい 速い tapa, gasta. 速く go tapaidh. 速める deifrigh
はやい 早い moch, luath. 早く go luath. 早める luathaigh
はやし 林 coill ; garrán
はら 腹 goile ; bolg
バラ rós
はらう 払う íoc, díol ; scuab
バランス cóimheá
はり 針 snáthaid
はりつける 貼り付ける greamaigh
はる 春 earrach
バルコニー balcóin, grianán
バレー bailé
パレード paráid, máirseáil
バレーボール eitpheil
はれつする 破裂する pléasc
バレリーナ rinceoir bailé
はれる 晴れる geal
はれる 腫れる borr, at
はん 判 séala
はん 版 eagrán ; cló
はん- 反- frith-
ばん 番 （見張り）faire.（番号）uimhir.（順番）seal
パン arán
はんい 範囲 raon, réimse ; teorainn
はんえい 反映 athmhachnamh ; scáil
はんえい 繁栄 rathúnas
はんが 版画 greanadh adhmaid ; fiodhghreanadh

ハンガー crochadán
ハンカチ ciarsúr; naipcín póca
はんぎゃく 反逆 ceannairc, feall
はんけつ 判決 breithiúnas
はんこう 反抗 frithbheart; easumhlaíocht. 〜的 easumhal
ばんごう 番号 uimhir
はんざい 犯罪 coir. 〜の coiriúil. 〜者 coirpeach
ばんざい 万歳 sláinte! hurá!
はんしゃ 反射 frithchaitheamh. 〜する frithchaith
はんじょう 繁盛 rath, séan
はんせい 反省 athmhachnamh. 〜する athmhachnaigh
はんたいする 反対する déan agóid, cuir in aghaidh, téigh in éadan
はんだん 判断 cinneadh. 〜する déan cinneadh faoi
パンツ （下着）fobhríste. （ズボン）bríste
はんてい 判定 breith, breithiúnas
パンティー brístín
ハンデ（ィキャップ） cis
はんてんのある 斑点のある breac; ballach
バンド （楽隊）banna
はんとう 半島 leithinis
はんどう 反動 freagairt
ハンドバッグ mála láimhe
はんにん 犯人 coirpeach
はんのう 反応 freagairt; frithghníomh
ハンバーガー martbhorgaire

はんばい 販売 díol, reic
パンフレット paimfléad; bróisiúr
はんぶん 半分 leath
ハンマー casúr
はんらん 反乱 éirí amach; ceannairc
はんらん 氾濫 tuile, rabharta

ひ

ひ 日 lá
ひ 火 tine
ピアノ piano. 〜奏者 pianódóir
ビール beoir
ひがい 被害 damáiste. 〜者 íobartach
ひかく 比較 comparáid. 〜的 comparáideach. 〜する cuir comparáid le
ひがし 東 oirthear
ひかり 光 solas, loinnir. 光る lonraigh, soilsigh
ひかんてき 悲観的 duairc
ひきうける 引き受ける glac ort féin, tabhair faoi
ひきだし 引き出し tarraiceán
ひきのばす 引き伸ばす sín; fadaigh
ひきょうな 卑怯な éagórach; leatromach
ひきわけ 引き分け comhscór
ひく 引く tarraing. （注意）tarraing. （引用）luaigh
ひく 挽く （粉）meil. （のこぎり）sábh
ひく 弾く seinn ar
ひくい 低い íseal

ひぐれ 日暮れ tráthnóna	ひとつ 一つ a haon. ただ〜 an t-aon amháin. 他方の〜 an ceann eile
ひげ 髭 féasóg ; meigeall ; ulcha	
ひげき 悲劇 traigéide, tubaiste. 〜的 taismeach, tubaisteach	ひとみ 瞳 mac imrisc
	ひとり 一人 duine (amháin). 〜で i do haonar
ひげそり bearradh. (道具) ráisúr	ひにく 皮肉 íoróin ; searbhas
	ひばな 火花 aithinne, spréach
ひこうき 飛行機 eitleán. 飛行場 aerfort	ヒバリ fuiseog
	ひはん 批判 léirmheastóireacht ; lochtú
ひこく 被告 an cúisí	
ひごろ 日頃 de ghnáth ; go hiondúil	ひびき 響き fuaim ; cling. 響く fuaimnigh ; buail ; glaoigh
ひざ 膝 glúin	ひひょう 批評 léirmheastóireacht ; trácht
ひさしぶりに 久しぶりに i gceann tamaill fhada ina dhiadh sin	
	ひふ 皮膚 craiceann
	ビフテキ stéig mhairteola
ひさんな 悲惨な ainnis, anóiteach ; dearóil	ひま 暇 am ; aimsir ; am saor ; fóillíocht
ひじ 肘 uillinn	ひまんした 肥満した ramhar ; méith
ビジネス gnó, gnóthas	
びじゅつ 美術 ealaíona uaisle	ひみつ 秘密 rún
ひしょ 秘書 rúnaí	びみょうな 微妙な fíneálta
ひじょうな 非常な mór ; an-. 〜に go mór ; mór-, an-, ró-	ひも 紐 sreang ; corda
	ひやく 飛躍 léim
ビタミン vitimín	ひやす 冷やす fuaraigh, fionnuaraigh
ひだり 左 clé. 〜側に ar clé, faoi chlé	
	ひゃっかじてん 百科事典 ciclipéid
びっくりする bain geit as ; cuir iontas[ionadh] ort faoi	ヒューマニズム daonnachas
	ビュッフェ cuntar bia ; buifé
ひづけ 日付 dáta	ひよう 費用 costas ; dola
ひつじ 羊 caora	ひょう 表 liosta ; clár
ひっぱる 引っ張る tarraing	ひょう 票 vóta ; vótáil
ひつような 必要な riachtanach do	ヒョウ 豹 liopard
	びょう 秒 soicind
ひてい 否定 diúltú	びょういん 病院 ospidéal
ひと 人 duine, pearsa	ひょうが 氷河 oighearshruth
ひとしい 等しい céanna	

ひょうかする 評価する luacháil; meas
びょうき 病気 tinneas; galar; aicíd
ひょうげん 表現 friotal; leagan; cainte
ひょうざん 氷山 cnoc oighir
ひょうし 拍子 rithim
ひょうし 表紙 clúdach
びようし 美容師 gruagaire
ひょうしき 標識 comhartha; fógra
ひょうじする 表示する taispeáin, léirigh
びょうしゃする 描写する cuir síos ar; inis; tarraing
ひょうじゅん 標準 caighdean
ひょうじょう 表情 dealramh; dreach
ひょうだい 表題 (ceann) teideal
びょうどうの 平等の comhíonann, ionann, cothrom
びょうにん 病人 easlán; othar
ひょうばん 評判 clú, cáil
ひょうめん 表面 dromchla
ひらく 開く oscail
ひりょう 肥料 leasachán; aoileach
ひる 昼 nóin, meán lae. 〜間 an geal lá. 〜寝 néal codlata
ビル (建物) foirgneamh
ビル (勘定書) bille
ひれいして 比例して i gcomhréir le
ひろい 広い leathan; fairsing. 広さ fairsinge; leithead
ひろう 疲労 tuirse

ひろう 拾う bailigh, cruinnigh
ひろがり 広がり fairsinge. 広がる sín; fairsingigh; tar as. 広げる leath, spréigh
ひろば 広場 cearnóg; plás
ひろまる 広まる leath, spréigh. 広める leath
びん 瓶 buidéal
ピン biorán, pionna
びんかんな 敏感な goilliúnach; leochaileach
ひんこん 貧困 bochtaineacht, anás
ひんし 品詞 ranna cainte
ひんしつ 品質 cáilíocht
ひんじゃくな 貧弱な bocht; umhal; uiríseal
ひんしゅ 品種 pór; sliocht
びんせん 便箋 páipéar scríofa
ヒント leid, nod
ひんど 頻度 minicíocht
ピント fócas
ひんぱんな 頻繁な minic
びんぼうな 貧乏な bocht

ふ

ぶ 部 roinn
ふあん 不安 imní
ふうけい 風景 radharc tíre, tírdhreach
ふうしゅう 風習 nós
ふうとう 封筒 clúdach litreach
プール linn snámha
ふうん 不運 mí-ádh
ふえ 笛 feadóg
ふえる 増える méadaigh
フォーク forc

ふかい 深い   domhain. 深さ doimhneacht
ふかけつな 不可欠な   éigeantach
ふかのうな 不可能な   dodhéanta
ふかんぜんな 不完全な   neamhfhoirfe
ぶき 武器   arm
ふきげんな 不機嫌な   stuacach; confach, dodach
ふきそくな 不規則な   mírialta, neamhrialta
ふきゅうする 普及する   spréigh
ふきょう 不況   meathlú, cúlú
ぶきような 不器用な   ciotach, ciotrúnta
ふきん 付近   comharsanacht
ふく 服   éadaí
ふく 副   leas-
ふく 拭く   cuimil; glan
ふく 吹く   séid; sead
ふくげんする 復元する   cuir ar ais; aisig; athchóirigh
ふくごう 複合   cumasc; coimpléasc
ふくざつな 複雑な   casta; achrannach
ふくし 福祉   leas, sochar
ふくしゃする 複写する   cóipeáil; atáirg
ふくしゅう 復讐   díoltas
ふくじゅう 服従   umhlaíocht
ふくしゅうする 復習する   athbhreithnigh
ふくすう 複数   iolra
ふくそう 服装   éadaí
ふくつう 腹痛   tinneas goile

ふくむ 含む   cuimsigh; coinnigh
ふくらむ 膨らむ   at, borr
ふくろ 袋   mála
ふけいき 不景気   lagar tráchtála
ふこう 不幸   míshonas, mí-ádh
ふこうへい 不公平   éagothrome
ふさぐ 塞ぐ   calc; coisc
ふさわしい 相応しい   oiriúnach, feiliúnach
ぶじ 無事   sábháilteacht
ふしぎな 不思議な   iontach
ふじゆうな 不自由な   mí-áisiúil
ふせい 不正   éagóir
ふせぐ 防ぐ   cosain
ふそく 不足   easnamh; ganntanas
ぶた 豚   muc. 〜肉 muiceoil
ぶたい 舞台   stáitse
ふたたび 再び   arís, athuair
ふだんの 普段の   gnách, coitianta. 普段どおり mar is gnách
ふち 縁   bruach; béal; ciumhais. (川) bruach. (帽子) duilleog
ふちゅういな 不注意な   míchúramach; neamh-airdiúil
ふつうの 普通の   gnáth-; coitianta
ぶっか 物価   praghas, luach
ふっかつ 復活   athbheochan; aiséirí
ぶつかる   buail le. ぶつける buail; caith; teilg
ふっこう 復興   athbheochan
ふつごう 不都合

ぶっしつ

		míchaoithiúlacht
ぶっしつ	物質	ábhar
ぶったい	物体	rud, ábhar
ふっとう	沸騰	fiuchadh
フットボール		peil
ぶつりがく	物理学	fisic
ふていの	不定の	míshocair, corrach, éiginnte
プディング		maróg; putóg
ふてきとうな	不適当な	mífhóirsteanach, mífheiliúnach
ふとい	太い	ramhar, tiubh. 太さ raimhre, tiús
ブドウ		fíonchaor. 〜酒 fíon
ふどうさん	不動産	eastát réadach
ふどうとくな	不道徳な	mímhorálta
ふとった	太った	ramhar, téagartha. 太る ramhraigh
ふとん	布団	córacha leapa
ふね	船	long; bád
ふはいした	腐敗した	lofa, morgtha
ふひつような	不必要な	neamhriachtanach
ぶぶん	部分	cuid, páirt
ふへい	不平	míshásamh; gearán
ふへんてき	普遍的	uilíoch
ふべんな	不便な	mí-oiriúnach; ciotach
ふぼ	父母	tuismitheoir
ふまん	不満	míshásamh
ふむ	踏む	satail ar
ふめいの	不明の	doiléir, gan iomrá
ふもうの	不毛の	seasc, aimrid
ふやす	増やす	méadaigh; iolraigh
ふゆ	冬	geimhreadh
ふゆかいな	不愉快な	míthaitneamhach
フライパン		friochtán
ブラウス		blús
ぶらさがる		croch
ブラシ		scuab
ブラジャー		cíochbheart
プラスチック		plaisteach
プラットホーム		ardán
ブランコ		luascán
ブランデー		branda
ふりをする	振りをする	cuir i gcéill
ふる	振る	bagair. (手) croith ar[le]
ふる	降る	(雨) bí ag báisteach
ふるい	古い	ársa, seanda
プレゼント		bronntanas, féirín
ふれる	触れる	teagmhaigh le
ふろ	風呂	folcadán
プロ		proifisiún. 〜の gairmiúil, proifisúnta
ブローチ		bróiste
プログラマー		ríomhláraitheoir
プログラム		clár
プロテスタント		Protastúnach
プロペラ		lián
ふん	分	nóiméad
ぶん	文	abairt; scríbhinn
ふんいき	雰囲気	aerbhrat, atmaisféar
ふんか	噴火	brúchtadh
ぶんか	文化	cultúr
ぶんかいする	分解する	

anailísigh ; déan anailís
ぶんがく 文学　litríocht. 〜の liteartha
ぶんかつ 分割　deighilt ; roinnt ; scoilt
ぶんげい 文芸　litríocht
ふんしつする 紛失する　caill
ぶんしょ 文書　scríbhinn
ぶんしょう 文章　abairt, aiste
ふんすい 噴水　fuarán, foinse
ぶんせき 分析　anailís
ふんそう 紛争　conspóid ; argóint
ぶんぱいする 分配する　dáil, riar, roinn
ふんべつのある 分別のある céillí ; stuama ; ciallmhar
ぶんぽう 文法　gramadach. 〜書 graiméar
ぶんぼうぐ 文房具　páipéarachas
ぶんみゃく 文脈　comhthéacs
ぶんめい 文明　sibhialtacht
ぶんや 分野　réim, raon
ぶんり 分離　scaradh
ぶんるいする 分類する aicmigh, rangaigh
ぶんれつ 分裂　scoilt ; briseadh ; deighilt

へ

へいきん 平均　meán
へいこうの 平行の comhthreomhar
へいさする 閉鎖する　dún, druid
へいじつ 平日　lá den tseachtain
へいじょう 平常　de ghnáth ; go hiondúil ; de reir gnáis
へいせい 平静　calm, ciúnas ; sáimhe
へいたい 兵隊　saighdiúir
へいほう 平方　cearnóg
へいぼんな 平凡な　coiteann ; gnáth-
へいめん 平面　cothrom ; leibhéal ; plána
へいや 平野　machaire, má
へいわ 平和　síocháin, suaimhneach
ベーコン　bagún
ページ　leathanach
へたな 下手な　anásta, místuama
ベッド　leaba
へや 部屋　seomra
ヘリコプター　héileacaptar
へる 減る　laghdaigh
ベル　clog, cloigín
ベルト　crios
ヘルメット　clogad
ペン　peann
へんか 変化　athrú. 〜する athraigh, iompaigh
べんかい 弁解　leithscéal
ペンキ　dath ; péint
べんきょう 勉強　staidéar ; obair. 〜する déan staidéar ar
へんけん 偏見　réamhchlaonadh
へんこうする 変更する athraigh
べんごし 弁護士　dlíodóir
べんごする 弁護する　cosain

へんじ 返事　freagra
へんしゅうする 編集する　cuir in eagar. 編集者 eagarthóir
べんじょ 便所　leithreas
ベンチ　binse
へんな 変な　ait, aisteach
べんりな 便利な　caoithúil, áisiúil

ほ

ほ 帆　seol
ほいく 保育　oiliúint; naíolann
ぼう 棒　bata, maide
ぼうえい 防衛　cosaint
ぼうえき 貿易　trádáil, tráchtáil
ぼうえんきょう 望遠鏡　teileascóp
ほうおう 法王　Pápa
ほうかい 崩壊　titim; cliseadh
ほうがく 方角　treo, aird
ほうがく 法学　dlí-eolaíocht
ほうき 箒　scuab
ほうきする 放棄する　éirigh as, tabhair suas; tréig
ぼうけん 冒険　eachtra
ほうけんせいど 封建制度　feodachas
ほうこう 方向　treo, aird
ほうこう 暴行　forneart, foréigean
ほうこく 報告　tuarascáil; tuairisc
ぼうし 帽子　hata; caipín
ほうしゅう 報酬　luach saothair, duais
ほうせき 宝石　seoid

ほうそう 放送　craolachán. ～する craol
ぼうちょう 膨張　borradh
ほうてい 法廷　cúirt dlí
ほうふ 豊富　flúirse
ほうほう 方法　caoi, dóigh, modh
ほうもん 訪問　cuairt
ほうよう 抱擁　barróg
ほうりつ 法律　dlí
ぼうりょく 暴力　foréigean
ほえる 吠える　glam; búir; déan tafann
ほお 頬　leiceann
ボーイ　garsún
ボート　bád
ボール　liathróid
ぼくし 牧師　eaglaiseach
ポケット　póca
ほけん 保険　árachas
ほご 保護　cosain; cumhdaigh; díon
ぼこく 母国　tír dhúchais. ～語 teanga dhúchais
ほこり 誇り　uabhar; díomas. 誇る maígh
ほこり 埃　deannach, smúit
ほし 星　réalta
ほしい 欲しい　ba mhaith le; santaigh
ほしくさ 干草　féar
ぼしゅうする 募集する　eacaigh; tabhair cuireadh do
ほしゅてき 保守的　coimeádach
ほしょう 保証　ráthaíocht. ～人 urra; bannaí
ほしょう 保障　sábháilteacht
ほす 干す　triomaigh

ポスター　póstaer
ポスト　post
ほそい　細い　tanaí, caol
ほぞん　保存　coimeád, caomhnú ; leasú
ボタン　cnaipe
ぼち　墓地　reilig
ほっきょく　北極　an Mol Thaidh. 〜星 an réalta thuaidh
ホック　crúca
ホッケー　haca
ポップコーン　grán (buí) rósta
ポップス　popcheol
ポテトチップ　sceallóga (prátaí) ; brioscáin (phrátaí)
ホテル　óstán ; óstlann
ほどう　歩道　cosán
ほどく　解く　scaoil
ほね　骨　cnámh
ほねおり　骨折り　dua, trioblóid ; iarracht
ほねぐみ　骨組み　creatlach
ほのお　炎　lasair, bladhm
ほほえむ　微笑む　déan mionghaire
ほめる　褒める　mol
ほりょ　捕虜　príosúnach
ほる　掘る　rómhair, tochail
ほる　彫る　snoigh ; grean
ほろびる　滅びる　éag. 滅ぼす creach, scrios, mill
ほん　本　leabhar
ほんしつてきに　本質的に　go bunúsach
ポンド　punt
ほんとうの　本当の　fíor, ceart
ほんのう　本能　dúchas, instinn
ほんばこ　本箱　leabhragán

ほんや　本屋　siopa leabhar. (人) díoltóir leabhar
ほんやく　翻訳　aistriú. 〜者 aistritheoir
ぼんやりした　（放心）dearmadach ; neamh-airdiúil. (不明瞭) doiléir

ま

マーケット　margadh
マーマレード　marmaláid
マイル　míle
まえ　前　aghaidh, tosach. (時間) roimh ; ó shin
まがる　曲がる　cam, cuar. 曲げる cam, cuar, lúb
まく　巻く　cas, tochrais
まく　蒔く　cuir
まく　撒く　croith, scaip
まける　負ける　buail, caill
まご　孫　clann clainne
まさつ　摩擦　cuimilt ; imreas, easaontas
まさる　勝る　sáraigh ; beir barr ar
まじない　呪い　draíocht ; ortha ; geis
まじめな　真面目な　stuama ; staidéarach ; dáiríre
まじゅつ　魔術　draíocht
まじる　混じる　measc, suaith. 混ぜる measc, suaith
ます　鱒　breac
ます　増す　ardaigh ; fás ; méadaigh
まず　先ず　i dús báire
まずい　不味い　domlasta,

leamh
マスコミ meáin chumarsáide
まずしい 貧しい bocht
ますます 益々 tulleadh fós
また 股 gabhal
また fosta, freisin, leis
まだ go fóill; i gcónaí, fós, ar fad
または nó; ná
まだらの 斑の ballach, breac; brocach
まち 町 baile
まちがい 間違い earráid, dearmad, mearbhall
まつ 待つ fan le
まっすぐな 真直ぐな díreach
まったく 全く ar fad; go léir
マッチ lasán (dubh)
まつり 祭 féile, feis
…まで go, go dtí
まと 的 marc, sprioc
まど 窓 fuinneog
まとめる 纏める eagraigh
まなぶ 学ぶ foghlaim, déan staidéar ar
まね 真似 aithris
マネージャー bainisteoir; bainistreás (女)
まねく 招く tabhair cuireadh do
まひ 麻痺 pairilis; leitís mharfach
まひる 真昼 meán lae
マフィン bocaire
まぶしい 眩しい drilseach, dallraitheach
まぶた 瞼 caipín súile
マフラー muifléad

まほう 魔法 draíocht
まぼろし 幻 scáil; aisling; fís
まめ 豆 pónaire
まもなく ar ball, go luath, gan mhoill
まもる 守る cosain; gardáil
まゆ(げ) 眉(毛) mala
まよう 迷う mearraigh, cuir mearbhall ar. 道に〜 téigh amú
まよなか 真夜中 meán-oíche
マヨネーズ maonáis
マラソン maratón
まる 丸 ciorcal; timpeall; fáinne. 〜い cruinn
まるで (全く) ar fad; go hiomlán. (あたかも) amhail is, faoi mar
まれな neamhghnách; annamh
まわす 回す cas; tiontaigh; imrothlaigh. 回る cas; tiontaigh
まわり 周り compás, timpeall
まん 万 deich míle
まんいんの 満員の lán
まんが 漫画 cartún
まんげつ 満月 iomlán gealaí
マンション bloc árasán
まんぞく 満足 sásamh, cúiteamh. 〜する sásaigh
マント fallaing, clóca
まんなか 真ん中 lár
まんぷく 満腹 iomláine

み

み 実 toradh
みえる 見える feic

みらい

みおくる 見送る	cuir slán le
みかいの 未開の	bunaíoch; barbartha
みがく 磨く	snasaigh; cuir loinnir ar
みかた 見方	dearcadh
みかた 味方	comhghuaillí; taobhaí
ミカン	oráiste
みかんせいの 未完成の	neamhchríochnaithe, gan chríochnú
みき 幹	ceap, stoc
みぎ 右	deas. 〜に ar dheis
みごとな 見事な	álainn, breá; ar fheabhas
ミサ	Aifreann
みじかい 短い	gearr, gairid
みじめな 惨めな	ainnis
みじゅくな 未熟な	anabaí; neamhoilte
みず 水	uisce
みずうみ 湖	loch
みせ 店	siopa
みせる 見せる	taispeáin; léirigh
みたす 満たす	líon. 満ちる líon
みち 道	bealach, bóthar, slí, sráid
みちの 未知の	anaithnid
みちびく 導く	stiúir, treoraigh
みつ 蜜	mil
みつける 見付ける	faigh amach, aimsigh, fionn
みつばち 蜜蜂	beach mheala
みつもり 見積り	meas. 見積もる meas
みていの 未定の	éiginnte; neamhchinnte
みとおし 見通し	peirspictíocht; ionchas
みとめる 認める	aithin; admhaigh
みどり(の) 緑(の)	glas, uaine
みな 皆	an uill
みなす 見なす	meas; síl
みなと 港	port, cuan
みなみ 南	deisceart. 〜の deisceartach. 〜へ ó dheas
みなもと 源	bunús; bunúdar; foinse
みにくい 醜い	gránna, míofar
みね 峰	binn, barr
みのがす 見逃す	caill; lig thar do shúile
みのる 実る	fás; aibigh
みはる 見張る	coimhéad; déan faire
みぶん 身分	stádas; céim
みほん 見本	sampla
みまい 見舞い	fiafraí
みまわり 見回り	patról; faireoir
みまんの 未満の	faoi
みみ 耳	cluas
みもと 身元	aitheantas
みゃく 脈	cuisle; frithbhualadh
みやげ 土産	cuimhneachán
みょうごにち 明後日	arú amárach
みょうじ 名字	sloinne
みょうな 妙な	aisteach; greannmhar
みょうにち 明日	amárach
みらい 未来	todhchaí. (文法) aimsir fháistineach

ミリメートル　milliméadar
みりょく　魅力　mealladh;
　imtharraingt
みる　見る　amharc, féach; feic
ミルク　bainne
みわける　見分ける
　idirdhealaigh, sonraigh
みんかんの　民間の
　príobháideach; sibhialta
みんしゅう　民衆　pobal; daoine
みんしゅしゅぎ　民主主義
　daonlathas
みんぞく　民族　náisiún; pobal
みんぞく　民俗　muintir, aos
みんよう　民謡　amhrán tíre
みんわ　民話　béaloideas

む

むかえる　迎える　téigh[tar] in
　araicis
むかし　昔　fadó. 〜の ársa,
　sean, seanda
むぎ　麦　小〜 cruithneacht. 大
　〜 eorna
むく　向く　tabhair aghaidh ar
むこう　向こう　os comhair, sa
　treo eile
むこう　無効　neamhbhailíocht
むざい　無罪　neamhchiontacht
むし　虫　feithid
むじゃき　無邪気　soineantacht
むじゅん　矛盾　bréagnú,
　neamhréir
むすうの　無数の　gan áireamh;
　líonmhar
むずかしい　難しい　crua;
　deacair

むすこ　息子　mac
むすぶ　結ぶ　ceangail;
　snaidhm; nasc
むすめ　娘　iníon
むせきにんな　無責任な
　meargánta
むせん　無線　raidió
むだな　無駄な　gan mhaith
むだんで　無断で　gan fógra
むち　鞭　lasc; fuip
むちな　無知な　ainbhiosach,
　aineolach
むちゅうになる　夢中になる
　báite i rud
むなしい　空しい　folamh
むね　胸　brollach; cíoch
むら　村　sráidbhaile
むらさき　紫　corcra
むりな　無理な　dodhéanta;
　míréasúnta
むりょうの　無料の　saor; in
　aisce
むれ　群　slua; tréad

め

め　目　súil
め　芽　bachlóg
めい　姪　neacht, iníon deirféar
　[dearthár]
めいし　名詞　ainm
めいせい　名声　cáil
めいそう　瞑想　meabhrú
めいはくな　明白な　soiléir,
　follasach
めいぼ　名簿　liosta
めいめいの　銘々の　gach (aon)
めいよ　名誉　onóir

めいれい 命令　ordú; ceannas
めいわく 迷惑　buairt; stró
メートル　méadar
めがね 眼鏡　spéaclaí, spéacla
めざめる 目覚める　dúisigh, múscail
めじるし 目印　comhartha, cuaille eolais
めずらしい 珍しい　annamh, neamhchoitianta
めだつ 目立つ　feiceálach, suntasach
メダル　bonn
メッセージ　teachtaireacht
めでたい　séanmhar, sona
メニュー　biachlár
めまい　meadhrán
メモ　meamram
メロディー　fonn
メロン　mealbhacán
めん 面　masc
めん 綿　cadás
めんかい 面会　agallamh
めんきょ 免許　ceadúnas
めんじょ 免除　fuascailt; díolúine
めんせき 面積　leithead, fairsinge
めんせつ 面接　agallamh
めんどうな 面倒な　trioblóideach; deacair
メンドリ 雌鳥　cearc
メンバー　ball

も

もうしこみ 申し込み　iarratas. 申し込む iarr, cuir isteach ar
もうふ 毛布　blaincéad, pluid
もうもく 盲目　daille
もえる 燃える　dóigh
もくざい 木材　adhmad
もくてき 目的　aidhm, cuspóir
もくひょう 目標　sprioc, cuspóir, marc
もくようび 木曜日　(An) Déardaoin
もぐる 潜る　tum, báigh
もし(…なら)　dá; má
もじ 文字　litir
もしもし　(呼びかけ) gabh mo leithsceál!(電話) haló!
もぞうの 模造の　bréige; aithriseach
もちあげる 持ち上げる　ardaigh, tóg
もちいる 用いる　úsáid
もちぬし 持ち主　úinéir
もちろん 勿論　ar ndóigh
もつ 持つ　(私は車を持っている) tá(<bí) carr agam
もってくる 持って来る　tabhair, beir
もっと　breis, níos mó, tuilleadh
もっとも 最も　bunáite; bunús; formhór; an-
モップ　mapa
もつれる 縺れる　achrann, aimhréidh
もてなし　aíocht, féile, oineach
モデル　samhail
もと 元　bunús,fréamh
もと 基　bonn, bun
もどす 戻す　fill, cas, tiontaigh. 戻る fill, cas, tiontaigh
もとめる 求める　(捜す) lorg.

もどる （要求）éiligh.（買う）ceannaigh
もどる 戻る　fill, tar ar ais
もの 物　ní; rud
もの 者　duine
ものがたり 物語　scéal
もはん 模範　eiseamláir, sampail
もほう 模倣　aithris. ～する aithris
もめん 木綿　cadás
もやす 燃やす　dóigh, bruith, loisc
もよう 模様　patrún, eiseamláir
もよおし 催し　eachtra, ócáid
もらう 貰う　beir, gabh, glac, tóg
もり 森　coill
もれる 漏れる　foilsigh; éalaigh; nocht
もん 門　geata
もんく 文句　focal, frása
もんしょう 紋章　séala
もんだい 問題　fadhb

や

や 矢　saighead
やおや 八百屋　siopa glasraí
やがいで 野外で　amuigh, lasmuigh
やがて　ar ball (beag), gan mhoill, ina dhiaidh sin
やかん　citeal
やぎ 山羊　gabhar
やく 約　thart, tuairim, timpeall
やく 役　úsáid, feidhm.（芝居）páirt, ról
やく 訳　aistriúchan. ～す aistrigh
やく 焼く　dóigh
やくしゃ 役者　aisteoir, ban-aisteoir（女）
やくしょ 役所　oifig rialtais [phoiblí]
やくそく 約束　gealltanas
やくにん 役人　státseirbhíseach, fostaí rialtais
やくわり 役割　páirt, ról
やけど 火傷　dó
やける 焼ける　dóigh, bruith
やさい 野菜　glasra
やさしい 易しい　furasta, saoráideach
やさしい 優しい　caoin, séimh, mánla
やしなう 養う　tóg, iompair, tacaigh
やすい 安い　saor
やすみ 休み　sos, scíth. 休む scíth, glac do scíth
やせいの 野生の　fiáin, allta
やせた 痩せた　tanaí, caol, lom
やっきょく 薬局　cógaslann
やっと　faoi dheireadh, i ndeireadh na dála
やど 宿　teach ósta
やとう 雇う　fostaigh
やね 屋根　díon, ceann
やはり　fosta; freisin; leis
やばんな 野蛮な　fiáin, allta
やぶる 破る　stróic, rois; bris
やま 山　sliabh; cnoc, tulach
やみ 闇　dorchadas, dorchacht
やめる 止める　stad, cuir deir-

eadh le. (断念) éirigh as, tréig
やめる 辞める　éirigh as (post), fág
やり 槍　sleá, ga, lansa
やりとげる　críochnaigh, cuir i gcrích
やる　tabhair; déan; tástáil; coinnigh
やわらかい 柔らかい　bog, maoth, mín
やわらげる 和らげる　bog, maothaigh, maolaigh

ゆ

ゆ 湯　uisce te
ゆいいつ 唯一　an t-aon amhán
ゆううつ 憂鬱　gruaim, droim dubhach
ゆうえきな 有益な　úsáideach; sochrach
ゆうえつ 優越　forlámhas, ardcheannas
ゆうがいな 有害な　dochrach
ゆうがた 夕方　tráthnóna
ゆうかんな 勇敢な　cróga, calma
ゆうき 勇気　misneach, uchtach
ゆうこうてきな 友好的な　cairdiúil
ゆうこうな 有効な　maith, éifeachtach
ゆうざい 有罪　ciontacht
ゆうしゅうな 優秀な　breá, ar fheabhas
ゆうしょう 優勝　bua, svae
ゆうじょう 友情　cairdeas
ゆうしょく 夕食　suipéar, dinnéar
ゆうそうする 郵送する　postáil
ゆうせん 優先　tosaíocht
ゆうだいな 雄大な　mórga
ゆうのうな 有能な　cumasach; éifeachtach
ゆうびん 郵便　post; litreacha. 〜ポスト bosca poist. 〜料金 postas. 〜切手 stampa poist. 〜局 oifig (an) phoist
ゆうべ 夕べ　tráthnóna
ゆうべ 昨夜　aréir
ゆうぼうな 有望な　dóchúil, tréitheach
ゆうめいな 有名な　cáiliúil, clúiteach, iomráiteach
ユーモア　greann, giúmar
ゆうりな 有利な　tairbheach
ゆうりょくな 有力な　cumhachtach, cumasach
ゆうれい 幽霊　taibhse, sprid, scáil
ゆうわく 誘惑　cathú
ゆえに 故に　dá bhrí sin, ar an ábhar sin
ゆか 床　urlár
ゆかいな 愉快な　taitneamhach, greannmhar
ゆき 雪　sneachta
ゆしゅつ 輸出　onnmhaire, easportáil
ゆする 揺する　croith, tolg
ゆずる 譲る　aistrigh; tabhair
ゆそう 輸送　iompar
ゆたかな 豊かな　fairsing, flúirseach, líonmhar
ゆだんする 油断する　failligh, dearmad

ゆっくり　go mall
ゆでる　茹でる　beirigh, fiuch, bruith
ゆにゅう　輸入　allmhaire, iomportáil
ゆび　指　méar.　〜輪 fáinne
ゆみ　弓　bogha；cuan
ゆめ　夢　brionglóid, taibhreamh
ゆりかご　cliabhán
ゆるい　緩い　bog, scaoilte
ゆるす　許す　ceadaigh, lamháil, leomh
ゆれる　揺れる　croith, crith；bagair

よ

よ　世　an domhan[saol]
よい　良い　maith, breá, deas；ceart
よい　酔い　meisce. 酔う téigh ar meisce
よういする　用意する　ullmhaigh
よういな　容易な　éasca；simplí；furasta
よういん　要因　cúis；fachtóir
ようき　容器　soitheach
ようきゅうする　要求する　éiligh, iarr
ようじ　用事　gnó；rud éigin a dhéanamh
ようじ　幼児　naíonán, leanbh, tachrán
ようじんする　用心する　faichill ar
ようす　様子　cúma, cruth；staid, dóigh
ようせい　妖精　sí, sióg
ようそ　要素　eilimint, fachtóir
ようち　幼稚　naíondacht, leanbaíocht.〜園 naíscoil, ciondargairdín
ようてん　要点　pointe
ようもう　羊毛　olann
よか　余暇　am saor
よく　欲　saint.〜深い santach.〜望 mian. 食〜 cíocras
よくしつ　浴室　seomra folctha
よくじつ　翌日　an lá dár gcionn
よげんする　予言する　réamhaithris, tairngir, tuar
よこ　横　fairsinge, leithead
よこぎる　横切る　cros, crosáil, trasnaigh
よこく　予告　fógra；fógairt
よごす　汚す　salaigh；truailligh
よごれた　汚れた　salach, cáidheach, broghach
よさん　予算　cáinaisnéis, buiséad
よしゅう　予習　réiteach, ullmhúchán
よそう　予想　réamhghabháil, súil, feitheamh
よち　余地　slí, áit, fairsingeacht
ヨット　luamh
よっぱらい　酔っ払い　meisceoir, pótaire
よてい　予定　plean, beart, scéim
よなか　夜中　meán oíche
よぶ　呼ぶ　glaoigh, gair, scairt
よぶんな　余分な　iomarcach, neamh-mheasartha

よほう 予報 réamhaisnéis
よぼうする 予防する bac, coisc, toirmisc
よむ 読む léigh. 読み物 léitheoireacht
よめ 嫁 brídeach ; bean (chéile)
よやくする 予約する taisc, coinnigh
よゆう 余裕 slí ; ciumhais ; fairsinge
よる 夜 oíche
よろこび 喜び áthas, lúcháir. 喜ぶ bí áthas ort as
よわい 弱い fann, lag. 弱る lagaigh, meathlaigh

ら

ライオン leon
らいげつ 来月 an mhí seo chugainn
らいしゅう 来週 an tseachtain seo chugainn
ライター lastóir
ラケット raicéad
ラジオ raidió. ラジカセ raidiócaiséad taifeadán
ラッシュアワー na tráthanna brúite
ラテンご ラテン語 Laidean
らん 欄 colún, roinn
らんざつな 乱雑な bunoscionn, mí-ordúil
ランチ lón
ランプ lampa
らんぼうな 乱暴な foréigneach

り

りえき 利益 brabach ; sochar
りか 理科 eolaíocht
りかいする 理解する tuig
りく 陸 talamh, tír
りこうな 利口な cliste, glic
りこてきな 利己的な leithleach, féinspéiseach
りこん 離婚 idirscaradh
リサイタル ceadal ; aithris
リスト liosta, clár
リズム rithim
りせい 理性 fáth, cúis
りそう 理想 barrshamhail, idéal
りつ 率 sraith, ráta
リットル lítear
りっぱな 立派な breá, calma, ollásach
りっぽう 立法 reachtaíocht
りっぽうたい 立方体 ciúb
りはつし 理髪師 bearbóir, gruagaire
リボン ribín
リモコン cianrialú
りゃくす 略す giorraigh, fág amach
りゃくだつする 略奪する creach, slad
りゅう 竜 dragan
りゆう 理由 ábhar, réasún, cúis
りゅうこう 流行 déanamh, dóigh, modh
リュックサック mála droma
りょう 量 méid

りょう 漁 iascaireacht. 〜師 iascaire
りょうかいする 了解する deoinaigh
りょうきん 料金 táille ; costas
りょうじ 領事 consal. 〜館 consalacht
りょうしん 両親 tuismitheoirí
りょうしん 良心 coinsias
りようする 利用する bain úsáid as
りょうど 領土 tiarnas
りょうほう 両方 araon
りょうり 料理 cócaireacht. 〜する cócaráil. 〜人 cócaire
りょかく 旅客 taistealaí, paisinéir
りょかん 旅館 óstlann
りょこう 旅行 taisteal. 〜する taistil. 〜者 taistealaí
りりく 離陸 éirí de thalamh
リレー sealaíocht
りれきしょ 履歴書 stairíocht go dtí seo
りろん 理論 teoiric
りんかく 輪郭 fíor, imlíne
リンゴ úll
りんじの 臨時の ar leith, áirithe
りんりがく 倫理学 eitic

る

るい 類 cineál, saghas, sórt
るいじ 類似 cosúlacht
ルール riail
るす 留守 díláthair. 〜である as baile

ルネッサンス athbheochan
ルビー rúibín

れ

れい 例 sampla
れい 礼 umhlú ; buíochas
れい 霊 spiorad, sprid
れいがい 例外 eisceacht
れいぎ 礼儀 dea-bhéasa, cúirtéis
れいせいな 冷静な socair
れいぞうこ 冷蔵庫 cuisneoir
れいたんな 冷淡な fuarchúiseach, fuarchroíoch
れいとうする 冷凍する sioc
れいはい 礼拝 adhradh
レース lása. (競争) rása
レール ráille
れきし 歴史 stair
レクリエーション caitheamh aimsire
レシート fáltas ; admháil
レジャー fóillíocht
レストラン bialann
レスリング iomrascáil
レタス leitís
れつ 列 líne, sraith
れっしゃ 列車 traein
レッテル lipéad
レポート tuairisc
レモン líomóid
れんあい 恋愛 grá, cion
レンガ bríce
レンジ sornóg. 電子〜 oigheann micreathoinne
れんしゅうする 練習する cleacht, traenáil

レンズ　lionsa
れんぞく　連続　leanúnachas, cointeanóideacht
れんめい　連盟　conradh, comhcheangal, aontas
れんらく　連絡　ceangal, tadhall, cumar

ろ

ろ　炉　teallach, tinteán
ろうか　廊下　dorchla
ろうじん　老人　seanduine
ろうそく　coinneal
ろうどう　労働　obair.〜する oibrigh
ろうひする　浪費する　diomail
ロープ　téad, rópa
ローン　iasacht
ろくおん　録音　taifeadadh
ろくがつ　6月　Meitheamh
ロケット　roicéad
ロッカー　taisceadán, cóifrín
ロバ　asal
ろんそう　論争　conspóid, díospóireacht
ろんぴょう　論評　léirmheastóireacht, plé
ろんぶん　論文　aiste; téis, tráchtas
ろんり　論理　loighic

わ

わ　輪　roth; lúb
ワイシャツ　léine
わかい　若い　óg
わかいする　和解する　déan athmhuintearas idir
わかす　沸かす　beirigh, fiuch. 沸く　beirigh, bruith
わがままな　leithleach
わかる　分かる　tuig, cuimsigh; aithin
わかれる　別れる　scar le, dealaigh le chéile
わき　脇　taobh; áit eile
わく　枠　fráma
わくせい　惑星　pláinéad
ワクチン　vacsaín
わけ　訳　fáth, cúis
わけまえ　分け前　cuid, cpáirt
わける　分ける　roinn, scar
わし　鷲　iolar
わすれる　忘れる　dearmad
わたし　私　mé; mise
わたる　渡る　téigh trasna [anonn]
わな　罠　gaiste, sás
わびる　詫びる　iarr pardún le, gabh do léithscéal le
わらい　笑い　gáire. 笑う　déan gáire, bí ag gáire
わりあい　割合　coibhneas
わりびき　割引　lascaine, lacáiste
わる　割る　roinn, gearr, scoilt. 割算　roinnt
わるい　悪い　olc, dona, droch-
わるもの　悪者　bithiúnach, cladhaire
われわれ　我々　sinn, muid; sinne, muidne
わん　湾　cuan, bá, camas
わんわん　（犬の吠え声）amh-amh

付録1. 数　詞　表

		基数 (例：capall 馬)	序数 (例：lá 日)
1.	a haon	aon chapall amháin	an chéad lá
2.	a dó	dhá chapall	an dara lá
3.	a trí	trí chapall	an triú lá
4.	a ceathair	ceithre chapall	an ceathrú lá
5.	a cúig	cúig chapall	an cúigiú lá
6.	a sé	sé chapall	an séú lá
7.	a seacht	seacht gcapall	an seachtú lá
8.	a hocht	ocht gcapall	an t-ochtú lá
9.	a naoi	naoi gcapall	an naoú lá
10.	a deich	deich gcapall	an deichiú lá
11.	a haon déag	aon chapall déag	an t-aonú lá déag
12.	a dó dhéag	dhá chapall déag	an dóú lá
13.	a trí déag	trí chapall déag	an triú lá déag
14.	a ceathair déag	ceithre chapall déag	an ceathrú lá déag
15.	a cúig déag	cúig chapall déag	an cúigiú lá déag
16.	a sé déag	sé chapall déag	an séú lá déag
17.	a seacht déag	seacht gcapall déag	an seachtú lá déag
18.	a hocht déag	ocht gcapall déag	an t-ochtú lá déag
19.	a naoi déag	naoi gcapall déag	an naoú lá déag
20.	fiche	fiche capall	an fichiú lá
21.	fiche a haon	capall is fiche	an t-aonú lá is fiche
30.	tríocha	tríocha capall	an tríochadú lá
40.	daichead	daichead capall	an daicheadú lá
50.	caoga	caoga capall	an caogadú lá
60.	seasca	seasca capall	an seascadú lá
70.	seachtó	seachtó capall	an seachtódú lá
80.	ochtó	ochtó capall	an t-ochtódú lá
90.	nócha	nócha capall	an nóchadú lá
100.	céad	céad capall	an céadú lá
1,000.	míle	míle capall	an míliú lá

付録２．　アイルランドの都市・川・湖など

Acail アキル島
An Bhóinn ボイン川
An Chanáil Mhór グランド運河
An Chanáil Ríoga ロイヤル運河
An Daingean ディングル
An Life リフィ川
An Longfort ロングフォード
An Mhí ミース
An Mhuir Cheilteach ケルト海
An tSionainn シャノン川
Ard Mhacha アーマー
Baile Átha Cliath ダブリン
Baile Átha Luain アスローン
Baile Átha Troim トリム
Béal Feirste ベルファスト
Cathair na Mart ウェストポート
Ceann Léime ループ岬
Cill Airne キラーニー
Cill Chainnigh キルケニー
Cill Dara キルデア
Cill Mhantáin ウィックロー
Cionn Mhálanna マリン岬
Co. an Chláir クレア郡
Co. Chiarraí ケリー郡
Co. Chorcaí コーク郡
Co. Mhaigh Eo メイヨー郡
Co. na Gaillimhe ゴールウェイ郡
Conamara コネマラ
Cora Droma Rúisc キャリックオン　シャノン
Corcaigh コーク
Cúige Connacht コナフト州
Cúige Laighean レンスター州
Cúige Mumhan マンスター州
Cúige Uladh アルスター州
Doire デリー
Doire Cholm Cille デリー(市)
Droichead Átha ドロヘダ
Dún Dealgan ダンドルク
Dún na nGall ドネガル
Éire アイルランド
Gaillimh ゴールウェイ
Inis エニス
Leitir Ceanainn レタケニー
Loch Coirib コリブ湖
Loch Eirne アーン湖
Loch Garman ウェクスフォード
Loch nEathach ネイ湖
Luimneach リムリック
Mainistir na Búille ボイル
Muir Éireann アイリッシュ海
Oileáin Arann アラン諸島
Poblacht na hÉireann アイルランド共和国
Port Láirge ウォーターフォード
Ros Comáin ロスコモン
Sligeach スライゴー
Tiobraid Arann ティパラリ
Trá Lí トロリー

付録3. 世界の国・都市・海など

Aeigéach エーゲ海
Aidriad アドリア海
Albain スコットランド
Amstardam アムステルダム
An Afganastáin アフガニスタン
An Afraic アフリカ
An Airgintín アルゼンチン
An Aise アジア
An Aithin アテネ
An Amasóin アマゾン川
An Araib アラビア
An Araib Shádach サウジアラビア
An Astráil オーストラリア
An Bheilg ベルギー
An Bheithil ベツレヘム
An Bhoisnia-Heirseagaivéin ボスニア ヘルツェゴビナ
An Bhrasaíl ブラジル
An Bhreatain ブリテン
An Bhreatain Bheag ウェールズ
An Bhreatain Mhór イギリス
An Bhriotáin ブルターニュ
An Bhruiséil ブリュッセル
An Bhulgáir ブルガリア
An Chambóid カンボジア
An Chóiré 韓国
An Cholóim コロンビア
An Danmhairg デンマーク
An Danóib ドナウ川
An Éigipt エジプト
An Eilvéis スイス
An Eoraip ヨーロッパ
An Fhionlainn フィンランド
An Fhrainc フランス
An Ghaill ガリア(ゴール)
An Ghearmáin ドイツ
An Ghinéiv ジュネーブ
An Ghraonlainn グリーンランド
An Ghréig ギリシャ
An Háig ハーグ
An Iaráic イラク
An Iaráin イラン
An Ibéir イベリア半島
An India インド
An Indinéis インドネシア
An Iodáil イタリア
An Iordáin ヨルダン
An Iorua ノルウェイ
An Íoslainn アイスランド
An Isiltír ; An Ollainn オランダ
An Iúgslaiv ユーゴスラビア
An Leithinis Bhalcánach バルカン半島
An Mheánmhuir 地中海
An Mhuir Bhailt バルト海
An Mhuir Chairib カリブ海
An Mhuir Chaisp カスピ海
An Mhuir Dhubh 黒海
An Mhuir Mharbh 死海
An Mhuir Rua 紅海
An Mhuir Thuaidh 北海
An Mhuir nIocht イギリス海峡
An Níl ナイル川
An Nua-Shéalainn ニュージーランド
An Ostair オーストリア

An Phacastáin パキスタン
An Phalaistín パレスチナ
An Pholainn ポーランド
An Phortaingéil ポルトガル
An Réin ライン川
An Ríocht Aontaithe 連合王国（英国）
An Róimh ローマ
An Rómáin ルーマニア
An Rúis ロシア
An Sahára サハラ砂漠
An Spáinn スペイン
An tAigéan Ciúin 太平洋
An tAigéan Indiach インド洋
An tAntartach 南極　an tAigéan Antartach 〜海
An tArtach 北極　an tAigéan Artach 〜海
An tAtlantach 大西洋
An tSeapáin 日本
An tSéin セーヌ川
An tSibéir シベリア
An tSíle チリ
An tSín 中国
An tSiria シリア
An tSualainn スエーデン
An Talamh Naofa (an Tír Bheannaithe) パレスチナ
An Tamais テムズ川
An Tuirc トルコ
An Ungáir ハンガリー
Aontas na nEimíríochtaí Arabacha アラブ首長国連邦
Beirlín ベルリン
Beirn ベルン
Bostún ボストン
Briostó ブリストル
Búdaipeist ブダペスト

Caireo カイロ
Ceanada カナダ
Cóbanháven コペンハーゲン
Críoch Lochlann スカンジナビア
Deilí Nua ニューデリー
Dún Éideann エジンバラ
Garbhchríocha na hAlban スコットランド高地方
Glaschú グラスゴー
Iarúsailéim エルサレム
Inis Iocht ワイト島
Iosrael イスラエル
Leithinis Mhalae マレー半島
Londain ロンドン
Maidrid マドリッド
Meicsiceo メキシコ
Meiriceá アメリカ
Moscó モスクワ
Murascaill Mheicsiceo メキシコ湾
Murascaill na Peise ペルシャ湾
Na hAlpa アルプス山脈
Na hOileáin Chanáracha カナリア諸島
Na Himiléithe ヒマラヤ山脈
Na Piréiní ピレネー山脈
Nua-Eabhrac ニューヨーク
Oileán Mhanann マン島
Páras パリ
Péicing 北京
Rinn an Dóchais 喜望峰
Sasana イングランド
Sléibhte na hUraile ウラル山脈
Sruth na Maoile ノース海峡
Stáit Aontaithe Mheiriceá アメリカ合衆国
Stát Chathair na Vatacáine バチカン市国
Tóiceo 東京

付録4. 前置詞付き代名詞一覧表

	単数				複数		
	1人称 (mé)	2人称 (tú)	3人称 男性 (é)	3人称 女性 (í)	1人称 (sinn)	2人称 (sibh)	3人称 (iad)
ag ～に	agam	agat	aige	aici	againn	agaibh	acu
ar ～の上に	orm	ort	air	uirthi	orainn	oraibh	orthu
as ～から	asam	asat	as	aisti	asainn	asaibh	astu
chun, chuig ～へ	chugam	chugat	chuige	chuici	chugainn	chugaibh	chucu
de ～から	díom	díot	de	di	dínn	díbh	díobh
do ～に	dom	duit	dó	di	dúinn	daoibh	dóibh
faoi ～の下に	fúm	fút	faoi (fé)	fúithi	fúinn	fúibh	fúthu
i ～の中に	ionam	ionat	ann	inti	ionainn	ionaibh	iontu
idir ～の間に	—	—	—	—	eadrainn	eadraibh	eatarthu
ionsar ～へ	ionsorm	ionsort	ionsair	ionsuirthi	ionsorainn	ionsoraibh	ionsorthu
le ～と共に	liom	leat	leis	léi	linn	libh	leo
ó ～から	uaim	uait	uaidh	uaithi	uainn	uaibh	uathu
roimh ～の前に	romham	romhat	roimhe	roimpi	romhainn	romhaibh	rompu
thar ～を越えて	tharam	tharat	thairis	thairsti	tharainn	tharaibh	tharstu
trí ～を通して	tríom	tríot	tríd	tríthi	trínn	tríbh	tríothu
um ～について	umam	umat	uime	uimpi	umainn	umaibh	umpu

付録５． 形容詞変化表

	主　格	属格単数/ 男	属格単数/ 女・比較級	複　数
第1 活用	ceolmhar 音楽の dubh 黒の imníoch 心配して glic 賢い tuirseach 疲れた	ceolmhair duibh imníoch glic tuirsigh	ceolmhaire duibhe imníche glice tuirsí	ceolmhara dubha imníocha glice tuirseacha
第2 活用	spreagúil 元気づける tuirsiúil 疲れている	spreagúil tuirsiúil	spreagúla tuirsiúla	spreagúla tuirsiúla
第3 活用	breoite 病気の cróga 勇敢な	breoite cróga	breoite cróga	breoite cróga

付録6． 連結動詞変化表

	現在・未来		過去・条件法	
	肯定	否定	肯定	否定
独立	is	ní	ba ; b'	níor ; níorbh
従属	gur ; gurb	nach	gur ; gurb	nár ; nárbh
疑問	an ?	nach ?	ar ? arbh ?	nár ? nárbh ?
関係詞節 直接	is	nach	ba ; ab	nár ; nárbh
間接	ar ; arb	nach	ar ; arb	nár ; nárbh
仮定法現在　肯定　gura ; gurab　　否定　nára ; nárab				

主な複合語

	現在・未来	過去・条件法
cá どこに	cárb	cár ; cárbh
cé だれが	cérb	cér ; cérbh
cha …でない	char	charbh
de/do …の[へ]	dar ; darb	dar ; darbh
má もし…ならば	más	má ba
mura もし…でなければ	murab	murar ; murarbh
ó …から	ós	

付録7． 規則動詞変化表

第1活用
tóg 取る

	現在	過去	習慣過去	未来
単1	tógaim	thóg mé	thógaim	tógfaidh mé
2	tógann tú	thóg tú	thógtá	tógfaidh
3	tógann sé	thóg sé	thógadh sé	tógfaidh sé
複1	tógaimid	thógamar	thógaimis	tógfaimid
2	tógann sibh	thóg sibh	thógadh sibh	tógfaidh
3	tógann siad	thóg siad	thógaidís	tógfaidh siad
非人称(自律)	tógtar	tógadh	thógtaí	tógfar
否定	ní thógann sé	níor thóg sé	ní thógadh sé	ní thógfaidh sé
疑問	an dtógann sé?	ar thóg sé?	an dtógadh sé?	an dtógfaidh sé?

	条件法	仮定法/現在(過去は習慣過去と同形)	命令法	動名詞
単1	thógfainn	go dtóga mé	tógaim	tógail
2	thógfá	go dtóga tú	tóg	
3	thógfadh sé	go dtóga sé	tógadh sé	動形容詞
複1	thógfaimis	go dtógaimid	tógaimis	tógtha
2	thógfadh sibh	go dtóga sibh	tógaigí	
3	thógfaidís	go dtóga siad	tógaidís	
非人称(自律)	thógfaí	go dtógtar	tógtar	
否定	ní thógfadh sé	nár thóga sé	ná tóg	
疑問	an dtógfadh sé?			

同様の変化をする主な動詞
    cas 曲げる   croch 吊るす   díol 売る
    dún 閉める   glan 掃除する   las 灯す

féach 見る

	現在	過去	習慣過去	未来
単1	féachaim	d'fhéach mé	d'fhéachainn	féachfaidh mé
2	féachann tú	d'fhéach tú	d'fhéachtá	féachfaidh tú
3	féachann sé	d'fhéach sé	d'fhéachadh sé	féachfaidh sé
複1	féachaimid	d'fhéachamar	d'fhéachaimis	féachfaimid
2	féachann sibh	d'fhéach sibh	d'fhéachadh sibh	féachfaidh sibh
3	féachann siad	d'fhéach siad	d'fhéachaidís	féachfaidh siad
非人称(自律)	féachtar	féachadh	d'fhéachtaí	féachfar
否定	ní fhéachann sé	níor fhéach sé	ní fhéachadh sé	ní fhéachfaidh sé
疑問	an bhféachann sé?	ar fhéach sé?	an bhféachadh sé?	an bhféachfaidh sé?

	条件法	仮定法/現在(過去は習慣過去と同形)	命令法	動名詞
単1	d'fhéachfainn	go bhféacha mé	féachaim	féachaint
2	d'fhéachfá	go bhféacha tú	féach	
3	d'fhéachfadh sé	go bhféacha sé	féachadh sé	動形容詞
複1	d'fhéachfaimis	go bhféachaimid	féachaimis	féachta
2	d'fhéachfadh sibh	go bhféacha sibh	féachaigí	
3	d'fhéachfaidís	go bhféacha siad	féachaidís	
非人称(自律)	d'fhéachfaí	go bhféachtar	féachtar	
否定	ní fhéachfadh sé	nár fhéacha sé	ná féach	
疑問	an bhféachfadh sé?			

同様の変化をする主な動詞
  fág 去る fan 待つ fás 成長する

siúil 歩く

	現在	過去	習慣過去	未来
単1	siúlaim	shiúil mé	shiúlainn	siúlfaidh mé
2	siúlann tú	shiúil tú	shiúltá	siúlfaidh tú
3	siúlann sé	shiúil sé	shiúladh sé	siúlfaidh sé
複1	siúlaimid	shiúlamar	shiúlaimis	siúlfaimid
2	siúlann sibh	shiúil sibh	shiúladh sibh	siúlfaidh sibh
3	siúlann siad	shiúil siad	shiúlaidís	siúlfaidh siad
非人称(自律)	siúltar	siúladh	shiúltaí	siúlfar
否定	ní shiúlann sé	níor shiúil sé	ní shiúladh sé	ní shiúlfaidh sé
疑問	an siúlann sé?	ar shiúil sé?	an siúladh sé?	an siúlfaidh sé?

	条件法	仮定法/現在(過去は習慣過去と同形)	命令法	
単1	shiúlfainn	go siúla mé	siúlaim	動名詞
2	shiúlfá	go siúla tú	siúil	siúl
3	shiúlfadh sé	go siúla sé	siúladh sé	動形容詞
複1	shiúlfaimis	go siúlaimid	siúlaimis	siúlta
2	shiúlfadh sibh	go siúla sibh	siúlaigí	
3	shiúlfaidís	go siúla siad	siúlaidís	
非人称(自律)	shiúlfaí	go siúltar	siúltar	
否定	ní shiúlfadh sé	nár shiúla sé	ná siúil	
疑問	an siúlfadh sé?			

bris 壊す

	現在	過去	習慣過去	未来
単1	brisim	bhris mé	bhrisinn	brisfidh mé
2	briseann tú	bhris tú	bhristeá	brisfidh tú
3	briseann sé	bhris sé	bhriseadh sé	brisfidh sé
複1	brisimid	bhriseamar	bhrisimis	brisfimid
2	briseann sibh	bhris sibh	bhriseadh sibh	brisfidh sibh
3	briseann siad	bhris siad	bhrisidís	brisfidh siad
非人称(自律)	bristear	briseadh	bhristí	brisfear
否定	ní bhriseann sé	níor bhris sé	ní bhriseadh sé	ní bhrisfidh sé
疑問	an mbriseann sé?	ar bhris sé?	an mbriseadh sé?	an mbrisfidh sé?

	条件法	仮定法/現在(過去は習慣過去と同形)	命令法	動名詞
単1	bhrisfinn	go mbrise mé	brisim	briseadh
2	bhrisfeá	go mbrise tú	bris	
3	bhrisfeadh sé	go mbrise sé	briseadh sé	動形容詞
複1	bhrisfimis	go mbrisimid	brisimis	briste
2	bhrisfeadh sibh	go mbrise sibh	brisigí	
3	bhrisfidís	go mbrise siad	brisidís	
非人称(自律)	bhrisfí	go mbristear	bristear	
否定	ní bhrisfeadh sé	nár bhrise sé	ná bris	
疑問	an mbrisfeadh sé?			

同様の変化をする主な動詞
buail 打つ　　caith 投げる　　cuir 置く
múin 教える　rith 走る　　　tuig 理解する

dóigh 燃える

	現在	過去	習慣過去	未来
単1	dóim	dhóigh mé	dhóinn	dófaidh mé
2	dónn tú	dhóigh tú	dhóiteá	dófaidh tú
3	dónn sé	dhóigh sé	dhódh sé	dófaidh sé
複1	dóimid	dhómar	dhóimis	dófaimid
2	dónn sibh	dhóigh sibh	dhódh sibn	dófaidh sibh
3	dónn siad	dhóigh siad	dhóidís	dófaidh siad
非人称(自律)	dóitear	dódh	dhóití	dófar
否定	ní dhónn sé	níor dhóigh sé	ní dhódh sé	ní dhófaidh sé
疑問	an ndónn sé?	ar dhóigh se?	an ndódh se?	an ndófaidh sé?

	条件法	仮定法/現在(過去は習慣過去と同形)	命令法	動名詞
単1	dhófainn	go ndó mé	dóim	dó
2	dhófá	go ndó tú	dóigh	
3	dhófadh sé	go ndó sé	dódh sé	動形容詞
複1	dhófaimis	go ndóimid	dóimis	dóite
2	dhófadh sibh	go ndó sibh	dóigí	
3	dhófaidís	go ndó siad	dóidís	
非人称(自律)	dhófaí	go ndóitear	dóitear	
否定	ní dhófadh sé	nár dhó sé	ná dóigh	
疑問	an ndófadh sé?			

同様の変化をする主な動詞
    beoigh 活気づける   clóigh 印刷する   reoigh 凍る

crúigh (牛の)乳を搾る

	現在	過去	習慣過去	未来
単1	crúim	chrúigh mé	chrúinn	crúfaidh mé
2	crúnn té	chrúigh tú	chrúiteá	crúfaidh tú
3	crúnn sé	chrúigh sé	chrúdh sé	crúfaidh sé
複1	crúimid	chrúmar	chrúimis	crúfaimid
2	crúnn sibh	chrúigh sibh	chrúdh sibh	crúfaidh sibh
3	crúnn siad	chrúigh siad	chrúidís	crúfaidh siad
非人称(自律)	crúitear	crúdh	chrúití	crúfar
否定	ní chrúnn sé	níor chrúigh sé	ní chrúdh sé	ní chrúfaidh sé
疑問	an gcrúnn sé	ar chrúigh sé?	an gcrúdh sé?	an gcrúfaidh sé?

	条件法	仮定法/現在(過去は習慣過去と同形)	命令法	動名詞
単1	chrúfainn	go gcrú mé	crúim	crú
2	chrúfá	go gcrú tú	crúigh	
3	chrúfadh sé	go gcrú sé	crúdh sé	動形容詞
複1	chrúfaimis	go gcrúimid	crúimis	cúite
2	chrúfadh sibh	go gcrú sibh	crúigí	
3	chrúfaidís	go gcrú siad	crúidís	
非人称(自律)	chrúfaí	go gcrúitear	crúitear	
否定	ní chrúfadh sé	nár chrú sé	ná crúigh	
疑問	an gcrúfadh sé?			

同様の変化をする主な動詞
　　brúigh 押しつぶす　　liúigh 叫ぶ　　súigh 吸う

buaigh 勝つ

	現在	過去	習慣過去	未来
単1	buaim	bhuaigh mé	bhuainn	buafaidh mé
2	buann tú	bhuaigh tú	bhuaiteá	buafaidh tú
3	buann sé	bhuaigh sé	bhuadh sé	buafaidh sé
複1	buaimid	bhuamar	bhuaimis	buafaimid
2	buann sibh	bhuaigh sibh	bhuadh sibh	buafaidh sibh
3	buann siad	bhuaigh siad	bhuaidís	buafaidh siad
非人称(自律)	buaitear	buadh	bhuaití	buafar
否定	ní bhuann sé	níor bhuaigh sé	ní bhuadh sé	ní bhuafaidh sé
疑問	an mbuann sé?	ar bhuaigh sé?	an mbuadh sé?	an mbuafaidh sé?

	条件法	仮定法/現在(過去は習慣過去と同形)	命令法	動名詞
単1	bhuafainn	go mbua mé	buaim	buachan
2	bhuafá	go mbua tú	buaigh	
3	bhuafadh sé	go mbua sé	buadh sé	動形容詞
複1	bhuafaimis	go mbuaimid	buaimis	buaite
2	bhuafadh sibh	go mbua sibh	buaigí	
3	bhuafaidís	go mbua siad	buaidís	
非人称(自律)	bhuafaí	go mbuaitear	buaitear	
否定	ní bhuafadh sé	nár bhua sé	ná buaigh	
疑問	an mbuafadh sé?			

同様の変化をする主な動詞
　　cruaigh 硬くする　　fuaigh 縫う　　laigh 囲む

nigh 洗う

	現在	過去	習慣過去	未来
単1	ním	nigh mé	nínn	nífidh mé
2	níonn tú	nigh tú	niteá	nífidh tú
3	níonn sé	nigh sé	níodh sé	nífidh sé
複1	nímid	níomar	nímis	nífimid
2	níonn sibh	nigh sibh	níodh sibh	nífidh sibh
3	níonn siad	nigh siad	nídís	nífidh siad
非人称(自律)	nitear	níodh	nití	nífear
否定	ní níonn sé	níor nigh sé	ní níodh sé	ní nífidh sé
疑問	an níonn sé？	ar nigh sé？	an níodh sé？	an nífidh sé？

	条件法	仮定法/現在(過去は習慣過去と同形)	命令法	動名詞
単1	nífinn	go ní mé	ním	ní
2	nífeá	go ní tú	nigh	
3	nífeadh sé	go ní sé	níodh sé	動形容詞
複1	nífimis	go nímid	nímis	nite
2	nífeadh sibh	go ní sibh	nígí	
3	nífidís	go ní siad	nídís	
非人称(自律)	nífí	go nitear	nitear	
否定	ní nífeadh sé	nár ní sé	ná nigh	
疑問	ní nífeadh sé？			

同様の変化をする主な動詞
    bligh 乳を搾る   figh 織る   guigh 祈る
    luigh 横になる   snoigh 刻む   suigh 座る

sábháil 救う

	現在	過去	習慣過去	未来
単1	sábhálaim	shábháil mé	shábhálainn	sábhálfaidh mé
2	sábhálann tú	shábháil tú	shábháilteá	sábhálfaidh tú
3	sábhálann sé	shábháil sé	shábháladh sé	sábhálfaidh sé
複1	sábhálaimid	shábhálamar	shábhálaimis	sábhálfaimid
2	sábhálann sibh	shábháil sibh	shábháladh sibh	sábhálfaidh sibh
3	sábhálann siad	shábháil siad	shábhálaidís	sábhálfaidh siad
非人称(自律)	sábháiltear	sábháladh	shábháiltí	sábhálfar
否定	ní shábhálann sé	níor shábháil sé	ní shábháladh sé	ní shábhálfaidh sé
疑問	an sábhálann sé?	ar shábháil sé?	an sábháladh sé?	an sábhálfaidh sé?

	条件法	仮定法/現在(過去は習慣過去と同形)	命令法	動名詞
単1	shábhálfainn	go sábhála mé	sábhálaim	sábháil
2	shábhálfá	go sábhála tú	sábháil	
3	shábhálfadh sé	go sábhála sé	sábháladh sé	動形容詞
複1	shábhálfaimis	go sábhálaimid	sábhálaimis	sábháilte
2	shábhálfadh sibh	go sábhála sibh	sábhálaigí	
3	shábhálfaidís	go sábhála siad	sábhálaidís	
非人称(自律)	shábhálfaí	go sábháiltear	sábháiltear	
否定	ní shábhálfadh sé	nár sábhála sé	ná sábháil	
疑問	an sábhálfadh sé?			

同様の変化をする主な動詞
　　bácáil 焼く　　cniotáil 編む　　robáil 奪う

taispeáin 見せる

	現在	過去	習慣過去	未来
単1	taispeánaim	thaispeáin mé	thaispeánainn	taispeánfaidh mé
2	taispeánann tú	thaispeáin tú	thaispeántá	taispeánfaidh tú
3	taispeánann sé	thaispeáin sé	thaispeánadh sé	taispeánfaidh sé
複1	taispeánaimid	thaispeánamar	thaispeánaimis	taispeánfaimid
2	taispeánann sibh	thaispeáin sibh	thaispeánadh sibh	taispeánfaidh sibh
3	taispeánann siad	thaispeáin siad	thaispeánaidís	taispeánfaidh siad
非人称(自律)	taispeántar	taispeánadh	taispeántaí	taispeánfar
否定	ní thaispeánann sé	níor thaispeáin sé	ní thaispeánadh sé	ní thaispeánfaidh sé
疑問	an dtaispeánann sé?	ar thaispeáin sé?	an dtaispeánadh sé?	an dtaispeánfaidh sé?

	条件法	仮定法/現在(過去は習慣過去と同形)	命令法	動名詞
単1	thaispeánfainn	go dtaispeána mé	taispeánaim	taispeáint
2	thaispeánfá	go dtaispeána tú	taispeáin	
3	thaispeánfadh sé	go dtaispeána sé	taispeánadh sé	動形容詞
複1	thaispeánfaimis	go dtaispeánaimid	taispeánaimis	taispeánta
2	thaispeánfadh sibh	go dtaispeána sibh	taispeánaigí	
3	thaispeánfaidís	go dtaispeána siad	taispeánaidís	
非人称(自律)	thaispeánfaí	go dtaispeántar	taispeántar	
否定	ní thaispeánfadh sé	nár thaispeána sé	ná taispeáin	
疑問	an dtaispeánfadh sé?			

同様の変化をする主な動詞
adhlaic 埋める　　ceiliúir 祝う　　tionóil 集合する

第2活用
beannaigh 祝福する

	現在	過去	習慣過去	未来
単1	beannaím	bheannaigh mé	bheannaínn	beannóidh mé
2	beannaíonn tú	bheannaigh tú	bheannaíteá	beannóidh tú
3	beannaíonn sé	bheannaigh sé	bheannaíodh sé	beannóidh sé
複1	beannaímid	bheannaíomar	bheannaímis	beannóimid
2	beannaíonn sibh	bheannaigh sibh	bheannaíodh sibh	beannóidh sibh
3	beannaíonn siad	bheannaigh siad	bheannaídís	beannóidh siad
非人称(自律)	beannaítear	beannaíodh	bheannaítí	beannófar
否定	ní bheannaíonn sé	níor bheannaigh sé	ní bheannaíodh sé	ní bheannóidh sé
疑問	an mbeannaíonn sé?	ar bheannaigh sé?	an mbeannaíodh sé?	an mbeannóidh sé?

	条件法	仮定法/現在(過去は習慣過去と同形)	命令法	動名詞
単1	bheannóinn	go mbeannaí mé	beannaím	beannú
2	bheannófá	go mbeannaí tú	beannaigh	
3	bheannódh sé	go mbeannaí sé	beannaíodh sé	動形容詞
複1	bheannóimis	go mbeannaímid	beannaímis	beannaithe
2	bheannódh sibh	go mbeannaí sibh	beannaígí	
3	bheannóidís	go mbeannaí siad	beannaídís	
非人称(自律)	bheannófaí	go mbeannaítear	beannaítear	
否定	ní bheannódh sé	nár bheannaí sé	ná beannaigh	
疑問	an mbeannódh sé?			

同様の変化をする主な動詞
    cabhraigh 助ける   ceannaigh 買う   méadaigh 増やす

bailigh 集める

	現在	過去	習慣過去	未来
単1	bailím	bhailigh mé	bhailínn	baileoidh mé
2	bailíonn tú	bhailigh tú	bhailíteá	baileoidh tú
3	bailíonn sé	bhailigh sé	bhailíodh sé	baileoidh sé
複1	bailímid	bhailíomar	bhailímis	baileoimid
2	bailíonn sibh	bhailigh sibh	bhailíodh sibh	baileoidh sibh
3	bailíonn siad	bhailigh siad	bhailídís	baileoidh siad
非人称(自律)	bailítear	bailíodh	bhailítí	baileofar
否定	ní bhailíonn sé	níor bhailigh sé	ní bhailíodh sé	ní bhaileoidh sé
疑問	an mbailíonn sé?	ar bhailigh sé?	an mbailíodh sé?	an mbaileoidh sé?

	条件法	仮定法/現在(過去は習慣過去と同形)	命令法	動名詞
単1	bhaileoinn	go mbailí mé	bailím	bailiú
2	bhaileofá	go mbailí tú	bailigh	
3	bhaileodh sé	go mbailí sé	bailíodh sé	動形容詞
複1	bhaileoimis	go mbailímid	bailímis	bailithe
2	bhaileodh sibh	go mbailí sibh	bailígí	
3	bhaileoidís	go mbailí siad	bailídís	
非人称(自律)	bhaileofaí	go mbailítear	bailítear	
否定	ní bhaileodh sé	nár bhailí sé	ná bailigh	
疑問	an mbaileodh sé?			

同様の変化をする主な動詞
    cuidigh 助ける   dúisigh 目覚める   mínigh 説明する

ceangail 結ぶ

	現在	過去	習慣過去	未来
単1	ceanglaím	cheangail mé	cheanglaínn	ceanglóidh mé
2	ceanglaíonn tú	cheangail tú	cheanglaíteá	ceanglóidh tú
3	ceanglaíonn sé	cheangail sé	cheanglaíodh sé	ceanglóidh sé
複1	ceanglaímid	cheanglaíomar	cheanglaímis	ceanglóimid
2	ceanglaíonn sibh	cheangail sibh	cheanglaíodh sibh	ceanglóidh sibh
3	ceanglaíonn siad	cheangail siad	cheanglaídís	ceanglóidh siad
非人称 (自律)	ceanglaítear	ceanglaíodh	cheanglaítí	ceanglófar
否定	ní cheanglaíonn sé	níor cheangail sé	ní cheanglaíodh sé	ní cheanglóidh sé
疑問	an gceanglaíonn sé?	ar cheangail sé?	an gceanglaíodh sé?	an gceanglóidh sé?

	条件法	仮定法/現在(過去は習慣過去と同形)	命令法	動名詞
単1	cheanglóinn	go gceanglaí mé	ceanglaím	ceangal
2	cheanglófá	go gceanglaí tú	ceangail	
3	cheanglódh sé	go gceanglaí sé	ceanglaíodh sé	動形容詞
複1	cheanglóimis	go gceanglaímid	ceanglaímis	ceangailte
2	cheanglódh sibh	go gceanglaí sibh	ceanglaígí	
3	cheanglóidís	go gceanglaí siad	ceanglaídís	
非人称 (自律)	cheanglófaí	go gceanglaítear	ceanglaítear	
否定	ní cheanglódh sé	nár cheanglaí sé	ná ceangail	
疑問	an gceanglódh sé?			

同様の変化をする主な動詞
  eitil 飛ぶ codail 眠る oscail 開く

bagair 脅迫する

	現在	過去	習慣過去	未来
単1	bagraím	bhagair mé	bhagraínn	bagróidh mé
2	bagraíonn tú	bhagair tú	bhagraíteá	bagróidh tú
3	bagraíonn sé	bhagair sé	bhagraíodh sé	bagróidh sé
複1	bagraímid	bhagraíomar	bhagraímis	bagróimid
2	bagraíonn sibh	bhagair sibh	bhagraíodh sibh	bagróidh sibh
3	bagraíonn siad	bhagair siad	bhagraídís	bagróidh siad
非人称(自律)	bagraítear	bagraíodh	bhagraítí	bagrófar
否定	ní bhagraíonn sé	níor bhagair sé	ní bhagraíodh sé	ní bhagróidh sé
疑問	an mbagraíonn sé?	ar bhagair sé?	an mbagraíodh sé?	an mbagróidh sé?

	条件法	仮定法/現在(過去は習慣過去と同形)	命令法	動名詞
単1	bhagróinn	go mbagraí mé	bagraím	bagairt
2	bhagrófá	go mbagraí tú	bagair	
3	bhagródh sé	go mbagraí sé	bagraíodh sé	動形容詞
複1	bhagróimis	go mbagraímid	bagraímis	bagartha
2	bhagródh sibh	go mbagraí sibh	bagraígí	
3	bhagróidís	go mbagraí siad	bagraídís	
非人称(自律)	bhagrófaí	go mbagraítear	bagraítear	
否定	ní bhagródh sé	nár bhagraí sé	ná bagair	
疑問	an mbagródh sé?			

同様の変化をする主な動詞
　　　freagair 答える　　imir 遊ぶ　　iompair 運ぶ

inis 話す

	現在	過去	習慣過去	未来
単1	insím	d'inis mé	d'insínn	inseoidh mé
2	insíonn tú	d'inis tú	d'insíteá	inseoidh tú
3	insíonn sé	d'inis sé	d'insíodh sé	inseoidh sé
複1	insímid	d'insíomar	d'insímis	inseoimid
2	insíonn sibh	d'inis sibh	d'insíodh sibh	inseoidh sibh
3	insíonn siad	d'inis siad	d'insídís	inseoidh siad
非人称(自律)	insítear	insíodh	d'insítí	inseofar
否定	ní insíonn sé	níor inis sé	ní insíodh sé	ní inseoidh sé
疑問	an insíonn sé?	ar inis sé?	an insíodh sé?	an inseoidh sé?

	条件法	仮定法/現在(過去は習慣過去と同形)	命令法	動名詞
単1	d'inseoinn	go n-insí mé	insím	insint
2	d'inseofá	go n-insí tú	inis	
3	d'inseodh sé	go n-insí sé	insíodh sé	動形容詞
複1	d'inseoimis	go n-insímid	insímis	inste
2	d'inseodh sibh	go n-insí sibh	insígí	
3	d'inseoidís	go n-insí siad	insídís	
非人称(自律)	d'inseofaí	go n-insítear	insítear	
否定	ní inseodh sé	nár insí sé	ná hinis	
疑問	an inseodh sé?			

規則動詞変化表　　744

cosain 守る

	現在	過去	習慣過去	未来
単1	cosnaím	chosain mé	chosnaínn	cosnóidh mé
2	cosnaíonn tú	chosain tú	chosnaíteá	cosnóidh tú
3	cosnaíonn sé	chosain sé	chosnaíodh sé	cosnóidh sé
複1	cosnaímid	chosnaíomar	chosnaímis	cosnóimid
2	cosnaíonn sibh	chosain sibh	chosnaíodh sibh	cosnóidh sibh
3	cosnaíonn siad	chosain siad	chosnaídís	cosnóidh siad
非人称(自律)	cosnaítear	cosnaíodh	chosnaítí	cosnófar
否定	ní chosnaíonn sé	níor chosain sé	ní chosnaíodh sé	ní chosnóidh sé
疑問	an gcosnaíonn sé?	ar chosain sé?	an gcosnaíodh sé?	an gcosnóidh sé?

	条件法	仮定法/現在(過去は習慣過去と同形)	命令法	動名詞
単1	chosnóinn	go gcosnaí mé	cosnaím	cosaint
2	chosnófá	go gcosnaí tú	cosain	
3	chosnódh sé	go gcosnaí sé	cosnaíodh sé	動形容詞
複1	chosnóimis	go gcosnaímid	cosnaímis	cosanta
2	chosnódh sibh	go gcosnaí sibh	cosnaígí	
3	chosnóidís	go gcosnaí siad	cosnaídís	
非人称(自律)	chosnófaí	go gcosnaítear	cosnaítear	
否定	ní chosnódh sé	nár chosnaí sé	ná cosain	
疑問	an gcosnódh sé?			

同様の変化をする主な動詞
　　aithin 認める　　cogain 噛む　　tionscain 制定する

díbir 追放する

	現在	過去	習慣過去	未来
単1	díbrím	dhíbir mé	dhíbrínn	díbreoidh mé
2	díbríonn tú	dhíbir tú	dhíbríteá	díbreoidh tú
3	díbríonn sé	dhíbir sé	dhíbríodh sé	díbreoidh sé
複1	díbrímid	dhíbríomar	dhíbrímis	díbreoimid
2	díbríonn sibh	dhíbir sibh	dhíbríodh sibh	díbreoidh sibh
3	díbríonn siad	dhíbir siad	dhíbrídís	díbreoidh siad
非人称(自律)	díbrítear	díbríodh	dhíbrítí	díbreofar
否定	ní dhíbríonn sé	níor dhíbir sé	ní dhíbríodh sé	ní dhíbreoidh sé
疑問	an ndíbríonn sé?	ar dhíbir sé?	an ndíbríodh sé?	an ndíbreoidh sé?

	条件法	仮定法/現在(過去は習慣過去と同形)	命令法	動名詞
単1	dhíbreoinn	go ndíbrí mé	díbrím	díbirt
2	dhíbreofá	go ndíbrí tú	díbir	
3	dhíbreodh sé	go ndíbrí sé	díbríodh sé	動形容詞
複1	dhíbreoimis	go ndíbrímid	díbrímis	díbeartha
2	dhíbreodh sibh	go ndíbrí sibh	díbrígí	
3	dhíbreoidís	go ndíbrí siad	díbrídís	
非人称(自律)	dhíbreofaí	go ndíbrítear	díbrítear	
否定	ní dhíbreodh sé	nár dhíbrí sé	ná díbir	
疑問	an ndíbreodh sé			

同様の変化をする主な動詞
    foghlaim 学ぶ   tarraing 引く   taistil 旅行する

付録8. 不規則動詞変化表

tar 来る

	現在	過去	習慣過去	未来
単1	tagaim	tháinig mé	thagainn	tiocfaidh mé
2	tagann tú	tháinig tú	thagatá	tiocfaidh tú
3	tagann sé	tháinig sé	thagadh sé	tiocfaidh sé
複1	tagaimid	tbángamar	thagaimis	tiocfaimid
2	tagann sibh	tháinig sibh	thagadh sibh	tiocfaidh sibh
3	tagann siad	tháinig siad	thagaidís	tiocfaidh siad
非人称(自律)	tagtar	thángthas	thagtaí	tiocfar
否定	ní thagann sé	níor tháinig sé	ní thagadh sé	ní thiocfaidh sé
疑問	an dtagann sé?	ar tháinig sé?	an dtagadh sé?	an dtiocfaidh sé?

	条件法	仮定法/現在(過去は習慣過去と同形)	命令法	動名詞
単1	thiocfainn	go dtaga mé	tagaim	teacht
2	thiocfá	go dtaga tú	tar	
3	thiocfadh sé	go dtaga sé	tagadh sé	動形容詞
複1	thiocfaimis	go dtagaimid	tagaimis	tagtha
2	thiocfadh sibh	go dtaga sibh	tagaigí	
3	thiocfaidís	go dtaga siad	tagaidís	
非人称(自律)	thiocfaí	go dtagtar	tagtar	
否定	ní thiocfadh sé	nár thaga sé	ná tar	
疑問	an dtiocfadh sé?			

clois 聞く

	現在	過去	習慣過去	未来
単1	cloisim	chuala mé	chloisinn	cloisfidh mé
2	cloiseann tú	chuala tú	chloisteá	cloisfidh tú
3	cloiseann sé	chuala sé	chloiseadh sé	cloisfidh sé
複1	cloisimid	chualamar	chloisimis	cloisfimid
2	cloiseann sibh	chuala sibh	chloiseadh sibh	cloisfidh sibh
3	cioiseann siad	chuala siad	chloisidís	cloisfidh siad
非人称(自律)	cloistear	chualathas	chloistí	cloisfear
否定	ní chloiseann sé	níor chuala sé	ní cnloiseadh sé	ní chloisfidh sé
疑問	an gcloiseann sé?	ar chuala sé?	an gcloiseadh sé?	an gcloisfidh sé?

	条件法	仮定法/現在(過去は習慣過去と同形)	命令法	動名詞
単1	chloisfinn	go gcloise mé	cloisim	cloisteáil
2	chloisfeá	go gcloise tú	―	
3	chloisfeadh sé	go gcloise sé	cloiseadh sé	動形容詞
複1	chloisfimis	go gcloisimid	cloisimis	cloiste
2	chloisfeadh sibh	go gcloise sibh	―	
3	chloisfidís	go gcloise siad	cloisidís	
非人称(自律)	cnloisfí	go gcloistear	cloistear	
否定	ní chloisfeadh sé	nár chloise sé	ná cloisim	
疑問	an gcloisfeadh sé?			

cluin 聞く

	現在	過去	習慣過去	未来
単 1	cluinim	chuala mé	chluininn	cluinfidh mé
2	cluineann tú	chuala tú	chluinteá	cluinfidh tú
3	cluineann sé	chuala sé	chluineadh sé	cluinfidh sé
複 1	cluinimid	chualamar	chluinimis	cluinfimid
2	cluineann sibh	chuala sibh	chluineadh sibh	cluinfidh sibh
3	cluineann siad	chuala siad	chluinidís	cluinfidh siad
非人称(自律)	cluintear	chualathas	chluintí	cluinfear
否定	ní chluineann sé	níor chuala sé	ní chluineadh sé	ní chluinfidh sé
疑問	an gcluineann sé?	ar chuala sé?	an gcluineadh sé?	an gcluinfidh sé?

	条件法	仮定法/現在(過去は習慣過去と同形)	命令法	動名詞
単 1	chluinfinn	go gcluine mé	cluinim	cluinstin
2	chluinfeá	go gcluine tú	—	
3	chluinfeadh sé	go gcluine sé	cluineadh sé	動形容詞
複 1	chluinfimis	go gcluinimid	cluinimis	cluinte
2	chluinfeadn sibh	go gcluine sibh	—	
3	chluinfidís	go gcluine siad	cluinidís	
非人称(自律)	chluinfí	go gcluintear	cluintear	
否定	ní chluinfeadh sé	nár chluine sé	ná cluinim	
疑問	an gcluinfeadh sé?			

feic 見る

	現在	過去	習慣過去	未来
単1	feicim	chonaic mé	d'fheicinn	feicfidh mé
2	feiceann tú	chonaic tú	d'fheicteá	feicfidh tú
3	feiceann sé	chonaic sé	d'fheiceadh sé	feicfidh sé
複1	feicimid	chonaiceamar	d'fheicimis	feicfimid
2	feiceann sibh	chonaic sibh	d'fheiceadh sibh	feicfidh sibh
3	feiceann siad	chonaic siad	d'fheicidís	feicfidh siad
非人称 (自律)	feictear	chonacthas	d'fheictí	feicfear
否定	ní fheiceann sé	ní fhaca sé	ní fheiceadh sé	ní fheicfidh sé
疑問	an bhfeiceann sé?	an bhfaca sé?	an bhfeiceadh sé?	an bhfeicfidh sé?

	条件法	仮定法/現在(過去は習慣過去と同形)	命令法	動名詞
単1	d'fheicfinn	go bhfeice mé	feicim	feiceáil
2	d'fheicfeá	go bhfeice tú	feic	
3	d'fheicfeadh sé	go bhfeice sé	feiceadh sé	動形容詞
複1	d'fheicfimis	go bhfeicimid	feicimis	feicthe
2	d'fheicfeadh sibh	go bhfeice sibh	feicigí	
3	d'fheicfidís	go bhfeice siad	feicidís	
非人称 (自律)	d'fheicfí	go bhfeictear	feictear	
否定	ní fheicfeadh sé	nár fheice sé	ná feic	
疑問	an bhfeicfeadh sé?			

téigh 行く

	現在	過去	習慣過去	未来
単1	téim	chuaigh mé	théinn	rachaidh mé
2	téann tú	chuaigh tú	théiteá	rachaidh tú
3	téann sé	chuaigh sé	théadh sé	rachaidh sé
複1	téimid	chuamar	théimis	rachaimid
2	téann sibh	chuaigh sibh	théadh sibh	rachaidh sibh
3	téann siad	chuaigh siad	théidís	rachaidh siad
非人称(自律)	téitear	chuathas	théití	rachfar
否定	ní théann sé	ní dheachaigh sé	ní théadh sé	ní rachaidh sé
疑問	an dtéann sé?	an ndeachaigh sé?	an dtéadh sé?	an rachaidh sé?

	条件法	仮定法/現在（過去は習慣過去と同形）	命令法	動名詞
単1	rachainn	go dté mé	téim	dul
2	rachfá	go dté tú	téigh	
3	rachadh sé	go dté sé	téadh sé	動形容詞
複1	rachaimis	go dtéimid	téimis	dulta
2	rachadh sibh	go dté sibh	téigí	
3	rachaidís	go dté siad	téidís	
非人称(自律)	rachfaí	go dtéitear	téitear	
否定	ní rachadh sé	nár thé sé	ná téigh	
疑問	an rachadh sé?			

abair 言う

	現在	過去	習慣過去	未来
単1	deirim	dúirt mé	deirinn	déarfaidh mé
2	deir tú	dúirt tú	deirteá	déarfaidh tú
3	deir sé	dúirt sé	deireadh sé	déarfaidh sé
複1	deirimid	dúramar	deirimis	déarfaimid
2	deir sibh	dúirt sibh	deireadh sibh	déarfaidh sibh
3	deir siad	dúirt siad	deiridís	déarfaidh siad
非人称(自律)	deirtear	dúradh	deirtí	déarfar
否定	ní deir sé	ní dúirt sé	ní deireadh sé	ní déarfaidh sé
疑問	an ndeir sé?	an ndúirt sé?	an ndeireadh sé?	an ndéarfaidh sé?

	条件法	仮定法/現在(過去は習慣過去と同形)	命令法	動名詞
単1	déarfainn	go ndeire mé	abraim	rá
2	déarfá	go ndeire tú	abair	
3	déarfadh sé	go ndeire sé	abradh sé	動形容詞
複1	déarfaimis	go ndeirimid	abraimis	ráite
2	déarfadh sibh	go ndeire sibh	abraigí	
3	déarfaidís	go ndeire siad	abraidís	
非人称(自律)	déarfaí	go ndeirtear	abairtear	
否定	ní déarfadh sé	nár dheire sé	ná habair	
疑問	an ndéarfadh sé?			

tabhair 与える

	現在	過去	習慣過去	未来
単1	tugaim	thug mé	thugainn	tabharfaidh mé
2	tugann tú	thug tú	thugtá	tabharfaidh tú
3	tugann sé	thug sé	thugadh sé	tabharfaidh sé
複1	tugaimid	thugamar	thugaimis	tabharfaimid
2	tugann sibh	thug sibh	thugadh sibh	tabharfaidh sibh
3	tugann siad	thug siad	tnugaidís	tabharfaidh siad
非人称(自律)	tugtar	tugadh	thugtaí	tabharfar
否定	ní thugann sé	níor thug sé	ní thugadh sé	ní thabharfaidh sé
疑問	an dtugann sé?	ar thug sé?	an dtugadh sé?	an dtabharfaidh sé?

	条件法	仮定法/現在(過去は習慣過去と同形)	命令法	動名詞
単1	thabharfainn	go dtuga mé	tugaim	tabhairt
2	thabharfá	go dtuga tú	tabhair	
3	thabharfadh sé	go dtuga sé	tugadh sé	動形容詞
複1	thabharfaimis	go dtugaimid	tugaimis	tugtha
2	thabharfadh sibh	go dtuga sibh	tugaigí	
3	thabharfaidís	go dtuga siad	tugaidís	
非人称(自律)	thabharfaí	go dtugtar	tugtar	
否定	ní thabharfadh sé	nár thuga sé	ná tabhair	
疑問	an dtabharfadh sé?			

ith 食べる

	現在	過去	習慣過去	未来
単1	ithim	d'ith mé	d'ithinn	íosfaidh mé
2	itheann tú	d'ith tú	d'iteá	íosfaidh tú
3	itheann sé	d'ith sé	d'itheadh sé	íosfaidh sé
複1	ithimid	d'itheamar	d'ithimis	íosfaimid
2	itheann sibh	d'ith sibh	d'itheadh sibh	íosfaidh sibh
3	itheann siad	d'ith siad	d'ithidís	íosfaidh siad
非人称(自律)	itear	itheadh	d'ití	íosfar
否定	ní itheann sé	níor ith sé	ní itheadh sé	ní íosfaidh sé
疑問	an itheann sé?	ar ith sé?	an itheadh sé?	an íosfaidh sé?

	条件法	仮定法/現在(過去は習慣過去と同形)	命令法	動名詞
単1	d'íosfainn	go n-ithe mé	ithim	ithe
2	d'íosfá	go n-ithe tú	ith	
3	d'íosfadh sé	go n-ithe sé	itheadh sé	動形容詞
複1	d'íosfaimis	go n-ithimid	ithimis	ite
2	d'íosfadh sibh	go n-ithe sibh	ithigí	
3	d'íosfaidís	go n-ithe siad	ithidís	
非人称(自律)	d'íosfaí	go n-itear	itear	
否定	ní íosfadh sé	nár ithe sé	ná hith	
疑問	an íosfadh sé?			

déan 行う

	現在	過去	習慣過去	未来
単1	déanaim	rinne mé	dhéanainn	déanfaidh mé
2	déanann tú	rinne tú	dhéantá	déanfaidh tú
3	déanann sé	rinne sé	dhéanadh sé	déanfaidh sé
複1	déanaimid	rinneamar	dhéanaimis	déanfaimid
2	déanann sibh	rinne sibh	dhéanadh sibh	déanfaidh sibh
3	déanann siad	rinne siad	dhéanaidís	déanfaidh siad
非人称(自律)	déantar	rinneadh	dhéantaí	déanfar
否定	ní dhéanann sé	ní dhearna sé	ní dhéanadh sé	ní dhéanfaidh sé
疑問	an ndéanann sé?	an ndearna sé?	an ndéanadh sé?	an ndéanfaidh sé?

	条件法	仮定法/現在(過去は習慣過去と同形)	命令法	動名詞
単1	dhéanfainn	go ndéana mé	déanaim	déanamh
2	dhéanfá	go ndéana tú	déan	
3	dhéanfadh sé	go ndéana sé	déanadh sé	動形容詞
複1	dhéanfaimis	go ndéanaimid	déanaimis	déanta
2	dhéanfadh sibh	go ndéana sibh	déanaigí	
3	dhéanfaidís	go ndéana siad	déanaidís	
非人称(自律)	dhéanfaí	go ndéantar	déantar	
否定	ní dhéanfadh sé	nár dhéana sé	ná déan	
疑問	an ndéanfadh sé?			

faigh 得る

	現在	過去	習慣過去	未来
単1	faighim	fuair mé	d'fhaighinn	gheobhaidh mé
2	faigheann tú	fuair tú	d'fhaighteá	gheobhaidn tú
3	faigheann sé	fuair sé	d'fhaigheadh sé	gheobhaidh sé
複1	faighimid	fuaireamar	d'fhaighimis	gheobhaimid
2	faigheann sibh	fuair sibh	d'fhaigheadh sibh	gheobhaidh sibh
3	faigheann siad	fuair siad	d'fhaighidís	gheobhaidh siad
非人称(自律)	faightear	fuarthas	d'fhaightí	gheofar
否定	ní fhaigheann sé	ní bhfuair sé	ní fhaigheadh sé	ní bhfaighidh sé
疑問	an bhfaigheann sé?	an bhfuair sé?	an bhfaigheadh sé?	an bhfaighidh sé?

	条件法	仮定法/現在(過去は習慣過去と同形)	命令法	動名詞
単1	gheobhainn	go bhfaighe mé	faighim	fáil
2	gheofá	go bhfaighe tú	faigh	
3	gheobhadh sé	go bhfaighe sé	faigheadh sé	動形容詞
複1	gheobhaimis	go bhfaighimid	faighimis	faighte
2	gheobhadh sibh	go bhfaighe sibh	faighigí	
3	gheobhaidís	go bhfaighe siad	faighidís	
非人称(自律)	gheofaí	go bhfaightear	faightear	
否定	ní bhfaigheadh sé	nár fhaighe sé	ná faigh	
疑問	an bhfaigheadh sé?			

beir 捕らえる

	現在	過去	習慣過去	未来
単1	beirim	rug mé	bheirinn	béarfaidh mé
2	beireann tú	rug tú	bheirteá	béarfaidh tú
3	beireann sé	rug sé	bheireadh sé	béarfaidh sé
複1	beirimid	rugamar	bheirimis	béarfaimid
2	beireann sibh	rug sibh	bbeireadh sibh	béarfaidh sibh
3	beireann siad	rug siad	bheiridís	béarfaidh siad
非人称(自律)	beirtear	rugadh	bheirtí	béarfar
否定	ní bheireann sé	níor rug sé	ní bheireadh sé	ní bhéarfaidh sé
疑問	an mbeireann sé?	ar rug sé?	an mbeireadh sé?	an mbéarfaidh sé?

	条件法	仮定法/現在(過去は習慣過去と同形)	命令法	動名詞
単1	bhéarfainn	go mbeire mé	beirim	breith
2	bhéarfá	go mbeire tú	beir	
3	bhéarfadh sé	go mbeire sé	beireadh sé	動形容詞
複1	bhéarfaimis	go mbeirimid	beirimis	beirthe
2	bhéarfadh sibh	go mbeire sibh	beirigí	
3	bhéarfaidís	go mbeire siad	beiridís	
非人称(自律)	bhéarfaí	go mbeirtear	beirtear	
否定	ní bhéarfadh sé	nár bheire sé	ná beir	
疑問	an mbéarfadh sé?			

bí （で）ある

	現在	習慣現在	過去	習慣過去
単1	táim (tá mé)	bím	bhí mé	bhínn
2	tá tú	bíonn tú	bhí tú	bhíteá
3	tá sé	bíonn sé	bhí sé	bhíodh sé
複1	táimid	bímid	bhíomar	bhímis
2	tá sibh	bíonn sibh	bhí sibh	bhíodh sibh
3	tá siad	bíonn siad	bhí siad	bhídís
非人称(自律)	táthar	bítear	bhíothas	bhítí
否定	níl sé	ní bhíonn sé	ní raibh sé	ní bhíodh sé
疑問	an bhfuil sé?	an mbíonn sé?	an raibh sé?	an mbíodh sé?

	未来	条件法	仮定法/現在（過去は習慣過去と同形）	命令法
単1	beidh mé	bheinn	go raibh mé	bím
2	beidh tú	bheifeá	go raibh tú	bí
3	beidh sé	bheadh sé	go raibh sé	bíodh sé
複1	beimid	bheimis	go rabhaimid	bímis
2	beidh sibh	bheadh sibh	go raibh sibh	bígí
3	beidh siad	bheidfs	go raibh siad	bídís
非人称(自律)	beifear	bheifí	go rabhthar	bítear
否定	ní bheidh sé	ní bheadh sé	ná raibh sé	ná bí
疑問	an mbeidh sé?	an mbeadh sé?	動名詞 bheith	

補遺

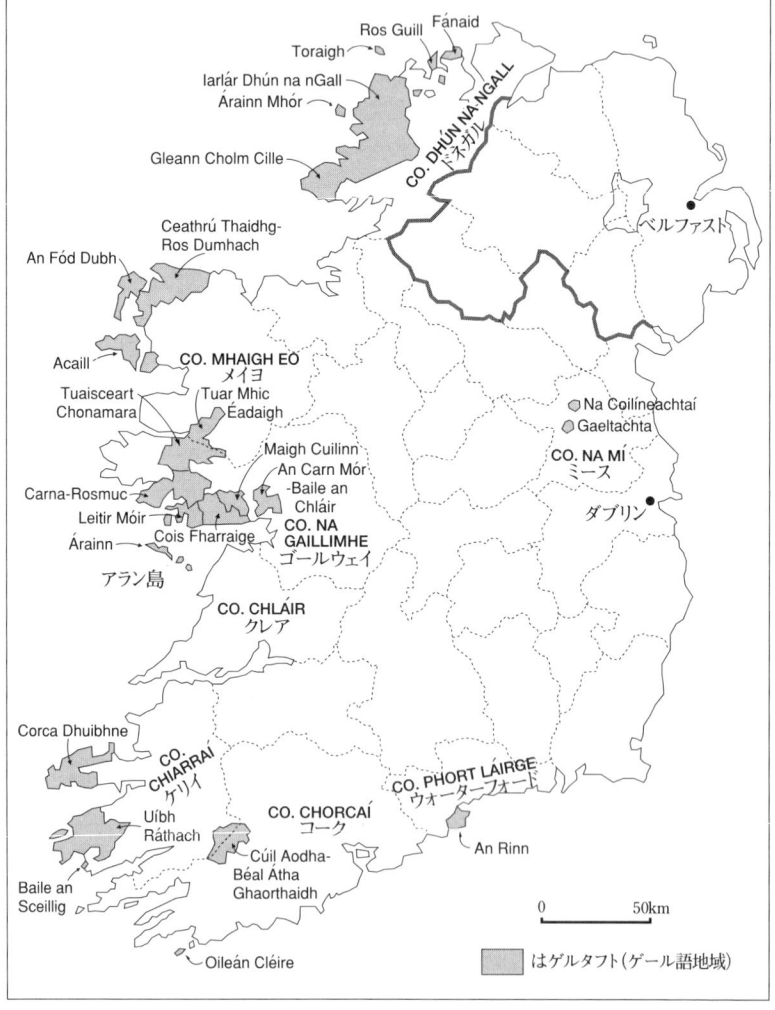

Éire エーラ（アイルランド）

(Údarás na Gaeltachta 資料)

補　遺

アイルランド・ゲール語はどこの言葉か

　この言語を公用語としている国は，エーラ Éire（憲法に規定されている国名）で，ヨーロッパの最北西に位置している。エーラは一般には英語名称のアイルランド（共和国）として知られている国である。この国の言葉もゲール語 Gaeilge というよりもアイルランド語 Irish として知られており，同じ語群のスコットランド・ゲール語と区別される。

アイルランドの歴史と人々

　アイルランド島には石器時代には，すでに人が住んでいたと言われている。以後種々の民族が移り住んでいく。中石器時代の紀元前6000年頃にブリテン島から最初の移住者である狩猟民族が定住した。紀元前3000年頃の新石器時代には農耕民族が移り住んだ。かれらは自給自足の生活を営み，斧類などの限られた交易も行っていたという。またこの移住者は宗教的巨石文化の担い手で，遺跡として巨石墳墓が現存している。

　青銅器時代の紀元前2000年頃には探鉱者や金属細工者が移住してきた。彼らは青銅や金製品を加工した。その品々は陶器や斧類などと共に残されている。紀元前1200年頃にはそれまで以上に多様化した武器や加工品を製造する人々が渡来した。

　紀元前6〜4世紀頃に中央ヨーロッパから，いくつもの部族に分かれたケルト族が西，南，東方へと勢力を拡大し始めた。西はゴール，ブリテン島へと渡った。紀元前6世紀に最初のケルト部族がヨーロッパ大陸からアイルランドに侵入した。その後波状的に紀元元年まで直接或いはブリテン島から，或いは一旦南下した部族がギリシャやスペインを経由して移動してきたと考えられている。これらケルトの侵入は古くは紀元前2000年頃の太古にもアイルランドに向けて行われていたと推定されている。

　2世紀にはラ・テーヌ文化がアイルランドにもたらされていた。ケルトの部族はアイルランドに定住開始間もなく先住者たちの中で優勢になる。アイルランドのケルトはゲールと呼ばれていた。紀元後のアイル

ランド島住民の殆どは,貴族を中心とするケルトの高度に組織化された社会制度の下にあった。約150の部族（tuath）の小王国から成り,それらが5地域に分かれていた。政治的には国としての統一は行われなかったが彼らは文化と言語を統一していた。

　800年頃からバイキングの波状襲撃がはじまり,10世紀まで来襲が繰り返された。11世紀初めにブライアン・ボルーに倒されるまで続いた。それまでに築き上げられていた文学書や多くの文献が焼き払われ,貴重品が略奪され,修道院は破壊された。
　一方でバイキングはダブリン,コーク,リムリック,ウオーターフォードなどの都市を建設し,交易を行いこの島を発展させた。

　12世紀にノルマン人の侵入と支配が始まり,その後約4世紀にも及ぶことになる。バイキングやノルマンの移住により言語が非常に多様化したが,その中でゲール語はまだ優勢なまま残り,文化もゲール化が進んだ。

　16世紀後半から,イングランドによるアイルランドの植民地化が始まる。1601年からは,全アイルランドが英国中央政府の統治下におかれ,統治のための法律が相次いで制定される。アイルランドの上流・支配階級,知識階級は英国からの植民と交替させられた。言葉も必然的に英語が優勢となり,ゲール語は地方の人々や,都市部では使用人階級の言葉として残っていった。
　アイルランドに住み着いた,カトリックのノルマン人の子孫たち（オールド・イングリッシュと呼ばれた）はイングランドのプロテスタントの宗教改革には反対であった。宗教対立,英国王の植民地政策に反対してのゲール人による反乱が続いたが次第に鎮圧され,特にアルスター（現在の北アイルランド）は多くのイングランド・プロテスタント及びスコットランドからの移住者がやってきて植民地化され,その後宗教的,政治的に長くその影響が続くことになる。
　1690年のボイン川の戦いと1691年のオーグリムの戦いでオールド・イングリッシュとゲール系アイリッシュの連合側は制圧された。

　1840年代のダニエル・オコンネル,1870年代のアイザック・バット,1880年代にはチャールズ・スチュワート・パネルによる自治獲得の試みがなされた。
　1916年の復活祭にダブリンでの武装蜂起は鎮圧されたが,1918年の総選挙で自治推進派は圧倒的勝利を得て,勝利したシン・フェイン（「我

ら自身」の意）は1919年初の国民議会を開いた。
　1922年，英国よりの独立戦争の終結後，アイルランド（26州）は完全な自治権を得て，北アイルランド（6州）は英国側に残った。

ゲール語の変遷

　ゲール語の歴史的区分は大体次のようになる。

① 6世紀頃まで；　原始ゲール語時代　　② 6 - 7世紀；古代初期ゲール語時代
③ 7 - 9世紀；　　古代ゲール語時代　　④ 9 -12世紀；中世ゲール語時代
⑤12-17世紀；近代初期ゲール語時代　　⑥17-20世紀中期；近代ゲール語時代
⑦20世紀中期以降；現代ゲール語時代

　ゲール語は，印欧（インド・ヨーロッパ）語族のケルト語派に属し，さらに分かれた島嶼ケルト語のゴイデル語 Goidelic 群の一つである。この語群にはスコットランド・ゲール語とマンクス語がある。

　紀元前3000―2000年頃に中央ヨーロッパからケルトの大移動が始まり，南はイベリア半島，西はゴール，ブリテン島まで勢力を拡大した。ケルト人はいくつかの部族に分かれアイルランドにも押し寄せてきたと推定されている。
　次の大移動期である紀元前500―400年頃に，高度な文明を携えたケルトの人々は，様々な経路を辿り，移動途中にも他の文明を吸収しながらアイルランドに波状的に侵入してきた。アイルランドに定住したこれら有史前・古代ケルト民族は自らをゴイデル Goedel（後の Gael）と称した。幸いにもアイルランドはヨーロッパ諸国や，ブリテン島で行われたローマ人による侵略を免れたため，この島に定住したゲールの人々はローマの影響を直接受けることなく，独自の社会制度，言語（古代 Góedelc―現代 Gaeilge）や文化を発展させることが出来た。6世紀から11世紀にかけてゲール語を駆使した文学は黄金時代を誇る。その時代を経た言葉が現代ゲール語の元になっている。アイルランドに渡来したケルトの一部はブリテン島にも繰り返し侵攻した。彼らはその北部に小王国をつくり，その地でもゲール文化，言語が拡大していった。その後歴史を経て今日のスコットランド・ゲール語となる。
　この他ケルト語派に属する言語にウェールズ語，ブルトン語などがある。

　ゲール語最古のオアム Ogham 文字は碑文として石に刻まれて残って

いる。それらは主に4〜5世紀のものといわれる。

　キリスト教がアイルランドに渡来し，その媒体としてラテン語の学問が導入された。その頃までにアイルランドは自国の法律や文学など学問の伝統を確立していた。学問の伝統はフィラ file やドルイドなどにより口碑伝承の形で保持されていた。かれらの学問の伝統は新しい学問も容易に吸収させた。ラテン語の学問を通じてラテン文字がアイルランドの自国語にも取り入れられた。これにより，口承文学の伝統に，「書き留める形態の文学」が加えられ，これがヨーロッパ大陸でギリシャ，ラテンに次ぐ最古の文学となり，アイルランドの黄金時代を築き，後の文芸復興へと繋がる。

　ゲール人により修道院がスコットランドやヨーロッパ大陸に建てられ，それらを拠点として修道士たちは各地で布教活動をした。それに伴いゲール語の影響も大きくなっていく。

　6世紀以降，ゲール語はアイルランドで唯一の国語であったばかりでなく，スコットランドやマン島においてもアイルランドの学僧や，修道士，植民により確立され始めていた。またアイルランドの部族からピクト族（ブリテン島で強い勢力をもつ部族でブリトニック語を話していた）の王に選出されたこともあり，11世紀初めには広く人々の日常言語となっていった。

　現存するこの時代の作品には散文による英雄物語，歴史物語，律法書，聖書の注釈，抒情詩，祈禱詩などがある。

　「ダロウの書」，「ケルズの書」として残っている福音書の豪華な装飾写本もケルト美術の傑作である。

　アイルランドは「聖者と学者」の島としてその文化を謳歌し，古代ゲール語時代は，文学，美術など芸術の「黄金時代」とよばれている。

　9世紀から10世紀にかけてバイキングの襲来が頻繁にあり，修道院内の貴重な文献は略奪され焼かれた。

　12世紀にはイングランドやウェールズからのノルマン人に征服され植民地化されていった。ノルマン人たちは新しい言語を持ち込んだが，ゲール語は優勢なまま残り，他の言語は次第にゲール語に同化し，文化もゲール化が進んだ。

　非宗教教育を行う学校では，吟唱詩歌を創作する詩人フィラ file が育成され，ゲール語はより洗練された。アイルランド島だけでなく，この頃のゲール社会であるスコットランドおよびマン島においても，学者でもあるフィラの文学や言葉がゲール語の規範となっていた。

　この時代には神話伝説を吟遊詩人たちが吟じた。中でもフィニアン伝説のノィン・マックール Fionn Mac Cumhaill とその騎士団やオシーン

Oisîn の武勇伝が好まれた。

　16世紀前半には，日常語の殆どはゲール語であったが，主要都市の公式機関は英語を使用するようになっていた。
　最も多くの人によって使われていたゲール語が16世紀後半から徐々にその地位を追われることになる。
　16世紀にはイングランドでは宗教改革が行われ，アイルランドに多大な影響をもたらした。英国国教会のプロテスタント勢力は政治的，経済的権力や土地所有権などを独占した。カトリックを差別する刑法まで施行した。
　17世紀にはアイルランド全体が英国の支配下におかれ，ゲール語の使用も禁止された。

　18世紀以降は英語による著作が開花し，アイルランドから多くの作家が生まれた。「ガリバー旅行記」のジョナサン・スイフト（1667-1745），オスカー・ワイルド（1854-1900），ジョージ・バーナード・ショー（1856-1950），ラフカディオ・ハーン（小泉八雲1850-1904）などがいる。
　一方，18世紀から19世紀にかけては，聖職者，教師，職人，詩人たちが，ゲール語で書き続けた。

　19世紀は古代ケルト文化に対する関心が高まった。ゲール文化にアイルランド人のアイデンティティを求める運動が強まった。
　1893年には，後に初代大統領になるダグラス・ハイドがゲール語とゲール文化保存目的のゲール同盟 Conradh na Gaeilge を創立する。
　ウイリアム・バトラー・イェーツ（1865-1939）の作品はアイルランド文芸復興運動（アイリッシュ・ルネッサンス；自国の「黄金時代」に帰る運動）の先駆けとなった。ハイド，グレゴリー婦人，エドワード・マーティンらと共にアビー国立劇場 Abbey Theater を設立した。そこでは，アイルランドの民間伝承，神話伝説に題材をとった戯曲が上演された。ジョン・ミリントン・シングやショーン・オケーシーの作品は現在でも人気がある。それらの文体は「アングロ・アイリッシュ」と呼ばれる。ゲール語の慣用語法が英語の中に入り，独特の活力と美を持つものになっているといわれる。ジェイムス・ジョイスもその作品にゲール語語法を多く取り入れている。
　アイルランド出身の作家は，他にサミュエル・ベケット，フランク・オコナー，シェーマス・ヒーニー等枚挙にいとまがないほどである。

　ゲール語により，ダグラス・ハイド，パトリック・ピアース，ポーリ

ック・オコンネル，ブレンダン・ビーハン，マレード・ニ・グローダなどがアイルランド文学を創り出した。現代の作家，詩人としては，リアム・オフラハティ，マーティン・オカイン，ショーセフ・マッグリーナ，マーティン・オディラン，ショーン・オリアドン，モーラ・マックアンティなどがいる。

19世紀初めにはゲール語の話し手は地方へと追いやられたので，地方では急増した。1835年には約400万人と見積もられる。しかし，1845-48年にジャガイモの不作が続き，未曾有の大飢饉が起き，100万人以上の死者を出し，100万人以上の人が移民せざるを得なかった。1841年の総人口は約820万人であったが，1851年には約655万人余となり，そのうちのゲール語人口は約150万人となった。1891年の調査ではゲール語を話す人口は68万人へと激減する。85％以上の人が英語しか話せなくなっていた。

1922年の独立後，1937年に制定された憲法に，古代からの歴史あるアイルランド本来の言葉であるゲール語 Gaeilge を，「国語としてのアイルランド語（ゲール語）を第一公用語とする。英語を第二公用語として認める」と明記した。

ゲール語庁 Foras na Gaeilge を設け，国語使用を奨励，推進している。ゲール語は初等・中等教育課程の主要科目になっている。ゲール語のみを使って教育している学校も増えている。

特色のあるゲール文字は手書きだけでなく，印刷にも20世紀まで使用されてきたが，徐々に実用的でないということになった。公式の新文字規範書が1945年に出版され，文法書，辞書と相次いで出版された。1970年には，すべての小・中学校でローマ字表記になった。

今日，ゲール語は主に西部沿岸地方のゲルタフト（Gaeltacht ゲール語地域）で話されている。現在その人口は約86,000人である。ゲルタフトはウーダラース・ナ・ゲルタフタ Údarás na Gaeltachta という国家機関が担当しており，同地区の産業開発の促進を図っている。

アイルランドの現在の総人口は約380万人である。最新の調査によれば，成人でゲール語の知識を持っている人は43％に達するという。

ゲール語の文法的特徴

①語順：動詞が文頭に置かれる。述語(動詞)－主語－目的語の順である。

例1　肯定文　　Léann　Brian　　leabhar.　ブリアンは本を読む。
　　　　　　　　読む　　　ブリアンは　本を
　　　（過去形）　Léigh　Brian　leabhar.
　　　　　　　　読んだ
例2　否定文　　Ní léann Brian leabhar.　ブリアンは本を読まない。
　　　　　　　　…ない
　　　（過去形）　Níor léigh Brian leabhar.
　　　　　　　　…なかった
例3　疑問文　　An léann Brian leabhar?　ブリアンは本を読むか?
　　　　　　　　（する）か?
　　　（過去形）　Ar léigh Brian leabhar?
　　　　　　　　（した）か?

　肯定文の語順を変えずに文頭に動詞を否定する小詞（時制などにより変化）や疑問符の役割を持つ小詞を置くことにより内容を変化させる。

②動詞：時制，法，人称により屈折（活用）する。人称代名詞が結びついて一語にもなる。

　例1　1人称単数と現在形動詞。
　　　　　léim　（＜léann＋mé）

　例2　1人称複数と現在形が結びついた場合。
　　　　　léimid　（＜léann＋muid）　　→動詞変化表参照

　一般動詞の他，連結動詞（is）と存在動詞（bí）があり，共に不規則変化する。

　連結動詞は A＝B，A は B である，の構文に用いられ，補語が動詞の次にくる。また，一部の前置詞と共に慣用表現にも用いられる。

　例1　Is　　fear　　Seán.　ショーンは男である。
　　　　である　男　　　ショーン
　例2　Is　　maith　liom　（＜le＋mé）ceol.　私は音楽が好きです。
　　　　である　好い　　私と共に　　　　　　音楽

　存在動詞（bí）はものの存在，主語についての形状，性格，状況描写などを表す場合に用いられる。この動詞の特徴は前置詞と共に一般動詞

の働きをしたり，感覚，感情を表わすなど多くの慣用表現の構文を作ることである。

 例1 Tá leabhar ann. そこに本がある。
    ある 本   そこに
 例2 Tá brón orm (＜ar＋mé). 私は悲しい。
    ある 悲しみ 私の上に
 例3 Tá Gaeilge aige (＜ag＋é). 彼はゲール語が話せる。
    ある ゲール語 彼のもとに

③名詞，形容詞は性，数，格により語形変化する。名詞には女性と男性があり，生物の性に一致するが，無性のものも少数ある。語尾の綴りによる例外もある。典型的なものが，「少女」cailín を表す名詞が男性である。名詞の前に置かれる定冠詞には，単数・複数形がある。英語のような不定冠詞はない。形容詞は通常名詞の後に置かれる。

④前置詞が人称代名詞と共に使われる場合は結びついて一語となる。
             →前置詞付き代名詞表参照

⑤顕著な特徴に語頭音変異がある。
 音変異の特徴については，「本書を使う前に」の発音の項を参照して頂きたい。

目録進呈　落丁本・乱丁本はお取替えいたします。

平成15年11月20日　　Ⓒ第1版発行

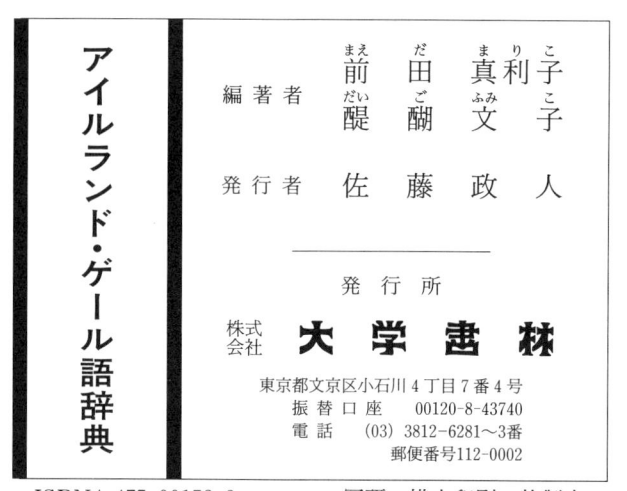

編著者	前田 真利子 醍醐 文子	
発行者	佐藤 政人	

発　行　所

株式会社　**大学書林**

東京都文京区小石川4丁目7番4号
振替口座　　00120-8-43740
電話　(03) 3812-6281〜3番
郵便番号112-0002

アイルランド・ゲール語辞典

ISBN4-475-00152-8　　　写研・横山印刷・牧製本

大学書林
語学参考書

著者	書名	判型	頁数
C.Ó.ガルホール／三橋敦子 著	ゲール語四週間	B6判	424頁
三橋敦子 編	ゲール語基礎1500語	新書判	184頁
C.Ó.ガルホール／三橋敦子・他 著	ゲール語会話	B6判	176頁
三橋敦子・他 著	やさしいゲール語読本Ⅰ	B6判	336頁
C.Ó.ガルホール／前田真利子／三橋敦子・他 著	たのしいゲール語読本Ⅱ	B6判	264頁
C.Ó.ガルホール 著	うつくしいゲール語読本Ⅲ	B6判	148頁
三橋敦子／前田真利子／醍醐文子・他 著	アングロ・アイリシュ語法解明へのアプローチ	A5判	334頁
大城光正／吉田和彦 著	印欧アナトリア諸語概説	A5判	392頁
千種眞一 著	古典アルメニア語文法	A5判	408頁
島岡茂 著	ロマンス語比較文法	B6判	208頁
小沢重男 著	蒙古語文語文法講義	A5判	336頁
津曲敏郎 著	満洲語入門20講	B6判	176頁
小泉保 著	ウラル語統語論	A5判	376頁
池田哲郎 著	アルタイ語のはなし	A5判	256頁
黒柳恒男 著	ペルシア語の話	B6判	192頁
大野徹 編	東南アジア大陸の言語	A5判	320頁
勝田茂 著	オスマン語文法読本	A5判	280頁
縄田鉄男 著	クルド語入門	A5判	208頁
切替英雄 編著	アイヌ神謡集辞典	A5判	512頁
小泉保 著	言語学とコミュニケーション	A5判	228頁
小泉保 著	改訂 音声学入門	A5判	256頁
下宮忠雄 編著	世界の言語と国のハンドブック	新書判	280頁

―― 目録進呈 ――